上海证券交易所统计年鉴

2014卷

STATISTICS ANNUAL
SHANGHAI STOCK EXCHANGE

上海證券交易所 编　　上海三联书店

1. 成交数量和成交金额两类指标均按交易的买方或卖方单向计算。

2. 交易数量和交易金额两类指标均按交易的买方和卖方双向计算。

3. 统计范围：在本所上市交易的各类证券，包括股票(A 股、B 股)、基金、权证、企业债(现货、回购)、公司债、国债(现货、回购)等。

4. 统计内容：包括本所上市的各类证券的交易状况和参与者的交易状况，上市公司的股本结构及财务状况，会员情况及其交易状况等。

5. 统计日期：2013 年 1 月 1 日至 2013 年 12 月 31 日。

6. 数据类型：证券数目及会员数目、股本、市值、市盈率、股价、指数等为月底或年底的时点数，不具有可加性；交易金额、交易数量等为全年或某月的时期数字，具有可加性，由相应时期内各交易日的实际数字累加而成。

7. 误差：本年鉴数字采用截尾方式计算，个别数字采用四舍五入方式计算。由于舍入误差，分类数字之和未必等于总额数字。

8. 席位数：包括本所会员申请的席位及其他非会员申请的特别席位，如国债专用席位、B 股境外券商特别席位。

9. 成交笔数：由交易系统完成配对交易的记录数。

10. 发行数量：指在交易所上市证券的已发行总量。

11. 市价总值：指在交易所上市的证券在某一时点按市价与发行数量计算的总金额：

$$\Sigma(\text{市价}\times\text{发行数量})$$

12. 流通数量：指在交易所上市证券的发行数量中可流通交易的数量。

13. 流通市值：指在交易所上市的证券在某一时点按市价与流通数量计算的总金额：

$$\Sigma(\text{市价}\times\text{流通数量})$$

14. 上年每股税后利润：指按上一年度年末股本计算，分配到每一股的净利润。

15. 到期年收益率：按人民银行发布的《银货政[2001]51 号》文件所提供的公式计算。

16. 市净率= $\dfrac{\text{每股价格}}{\text{每股净资产}}$

17. 市盈率= $\dfrac{\text{股票价格}}{\text{每股收益}}$

$$\text{平均市盈率}=\frac{\text{总市值}}{\text{总收益}}=\frac{\Sigma(\text{收盘价}\times\text{发行数量})}{\Sigma(\text{每股收益}\times\text{发行数量})}$$

18. 年换手率= Σ日换手率

19. 回购价格为该品种年收益率。

特别说明 1：股东情况统计是按投资者申请开设股票账户时填写的《上海证券中央登记结算公司记名证券名册登记表》上的身份证编号设置进行的。身份证号码是基本统计单位。目前的统计存在不可避免的误差，且以统计指标“其他”来表现的误差占据了相当的比例。主要原因：(1)因历史原因尚有部分股票账户缺乏身份证号码；(2)部分投资者未使用身份证而使用诸如军官证等特殊证件；(3)由于登记公司以前异地开户采用对异地登记会员先放空号由其代理开户再统一在一个时点汇总资料的方法，故每月统计时均有相当数量的空号出现。

特别说明 2：(1)股票除息时，上证指数不予修正，自然回落。(2)有些指标的绝对数是放大了计量单位的。(3)本年鉴中走势图均为日线图，其标明最高、最低与市场表现中最高最低不同，是因为其最高、最低为收盘价，而市场表现中最高最低为盘中价。(4)未注明成交数量、发行数量的，单位为亿。

特别说明 3：投资者包括：自然人投资者、一般法人及专业机构，其中专业机构包括券商自营、投资基金、社保基金、保险资金、资产管理及 QFII。数据说明：(1)投资者盈亏数据是根据对每个投资者账户每日的交易持股情况推算得出，不考虑过户费、佣金等交易费用的影响；(2)统计样本为沪市无限售条件 A 股，股份指无限售条件的股份，对于有限售条件的股份，按照解除限售条件后的交易持股情况进行推算；(3)考虑因素包括股票分红送配、增发、新股申购、股票非交易过户、限售股解禁、股权分置改革等。

特别说明 4：无备注单位的，一般均以人民币作为货币单位。

特别说明 5：会员及营业部成交合计不含权证。

特别说明 6：无备注单位的，股票以股作为数量单位，债券一般均以张作为数量单位，基金和权证以份作为数量单位。

目　录
Contents

一、 市场概况

二、 股价指数

三、 证券成交

四、 上市公司

五、会员公司

六、投资者

七、大事记

Market Overview

市场概况

市场概况
OverView

	2013 年	2012 年	2011 年
交易天数 No.of Trading Days	238	243	244
上市公司总数 No.of Listed Company	953	954	931
新上市公司数 No.of New Listed Company	1	26	39
上市证券总数 No.of Listed Security	2786	2098	1691
股票 Share	997	998	975
A 股 A-Share	944	944	921
B 股 B-Share	53	54	54
债券 Bond	1731	1059	680
政府债 G-Bond	218	191	213
公司债 C-Bond	1468	830	417
债券回购 Repo	45	38	50
基金 Fund	58	41	36
封闭式 Close Fund	9	12	13
ETF	47	29	23
交易型货币基金	2	-	-
权证	-	-	0
发行数量(亿) Issued Vol(100 M)			
股票 Share	25751.69	24617.62	23466.65
基金 Fund	768.30	849.92	795.54
集资总额(亿) Capital Raised(100 M)			
A 股 A Share	2515.72	2890.31	3199.69
B 股 B Share	0.000(US$)	0.00(USD)	0.00(USD)
股票流通数量(亿股) Negotiable Share(100 M)	23731.13	19521.33	17993.80
股票市价总值(亿) Market Capitalization(100 M)	151165.27	158698.44	148376.22
股票流通市值(亿) Negotiable Capitalization (100 M)	136526.38	134294.45	122851.36
解禁的存量限售股份(亿)	11735.91	8698.45	7837.35
年度解禁限售股份(亿)	3616.35	1138.66	1239.30
卖出的已解禁限售股份(亿)	544.82	277.55	243.78

市场概况
OverView

	2013 年	2012 年	2011 年
成交金额(亿)Trading Value(100 M)	865098.34	547535.22	454651.56
股票 Share	230266.03	164545.01	237560.45
A 股 A-Share	228918.82	164047.38	236809.12
B 股 B-Share	689.94	413.48	746.19
股票回购	657.27	84.14	5.15
债券 Bond	625839.41	379818.85	210714.87
政府债 G-Bond	771.60	905.56	1243.11
公司债 C-Bond	14540.88	7537.43	4850.47
债券回购 Repo	610526.93	371375.86	204621.29
基金 Fund	8989.48	3171.36	2901.41
封闭式 Close-end	231.86	144.53	202.28
ETF	6706.52	3026.59	2699.13
交易型货币基金	2050.41	-	-
权证 Warrant	-	-	3474.82
平均市盈率 P/E Ratio	10.99	12.30	13.40
A 股	10.99	12.29	13.41
B 股	11.62	13.18	12.28
股价指数 Index			
上证综合指数 SSE Composite Index	2115.98	2269.13	2199.42
上证 50 指数 SSE 50 Index	1574.78	1857.68	1617.61
上证 180 指数 SSE 180 Index	5040.27	5550.09	5009.29
上证 380 指数 SSE 380 Index	3352.49	2944.82	2978.89
会员公司数 Member Company	111	112	112
营业部数 Department Number	5785	5263	4996
交易单元数 Seats Number	9262	8311	7454
投资者(万户) Investor(10000)	9097.69	8996.40	8705.02
A 股总户数(万户)Investor of A-Share	155.75	8841.56	8550.85
B 股总户数(万户)Investor of B-Share	474.29	154.84	154.17
信息交易开户数(万户) Credit Investor(10000)	84.85	32.41	15.45
WFE 排名 WFE Rank			
总市值排名 Rank of Market Capitalization	6	7	6
总筹资额排名 Rank of Total Capital Raised	5	3	6
总成交金额排名 Rank of Total Trading Value	5	6	6

SSE

Indices

股价指数

上证综合指数历年数据
Data of SSE Composite Index, 1992-2013

上证指数数据
Data of SSE Indices

年份 Year	开盘 Open	最高 High	日期 Date	最低 Low	日期 Date	收盘 Close
1992	293.74	1429.01	05/26	292.76	01/02	780.39
1993	802.14	1558.95	02/16	750.46	12/20	833.80
1994	837.70	1052.94	09/13	325.89	07/29	647.87
1995	637.72	926.41	05/22	524.43	02/07	555.29
1996	550.26	1258.69	12/11	512.83	01/19	917.02
1997	914.06	1510.18	05/12	870.18	02/20	1194.10
1998	1200.95	1422.98	06/04	1043.02	08/18	1146.70
1999	1144.89	1756.18	06/30	1047.83	05/17	1366.58
2000	1368.69	2125.72	11/23	1361.21	01/04	2073.48
2001	2077.08	2245.44	06/14	1514.86	10/22	1645.97
2002	1643.49	1748.89	06/25	1339.20	01/29	1357.65
2003	1347.43	1649.60	04/16	1307.40	11/13	1497.04
2004	1492.72	1783.01	04/07	1259.43	09/13	1266.50
2005	1260.78	1328.53	02/25	998.23	06/06	1161.06
2006	1163.88	2698.90	12/29	1161.91	01/04	2675.47
2007	2728.19	6124.04	10/16	2541.53	02/06	5261.56
2008	5265.00	5522.78	01/14	1664.93	10/28	1820.81
2009	1849.02	3478.01	08/04	1844.09	01/05	3277.14
2010	3289.75	3306.75	01/11	2319.74	07/02	2808.08
2011	2825.33	3067.46	04/18	2134.02	12/28	2199.42
2012	2212.00	2478.38	02/27	1949.46	12/04	2269.13
2013	2289.51	2444.80	02/18	1849.65	06/25	2115.98

分类指数数据及图表
Data and Chart of Sector Indices

上证综合指数　SSE Composite Index

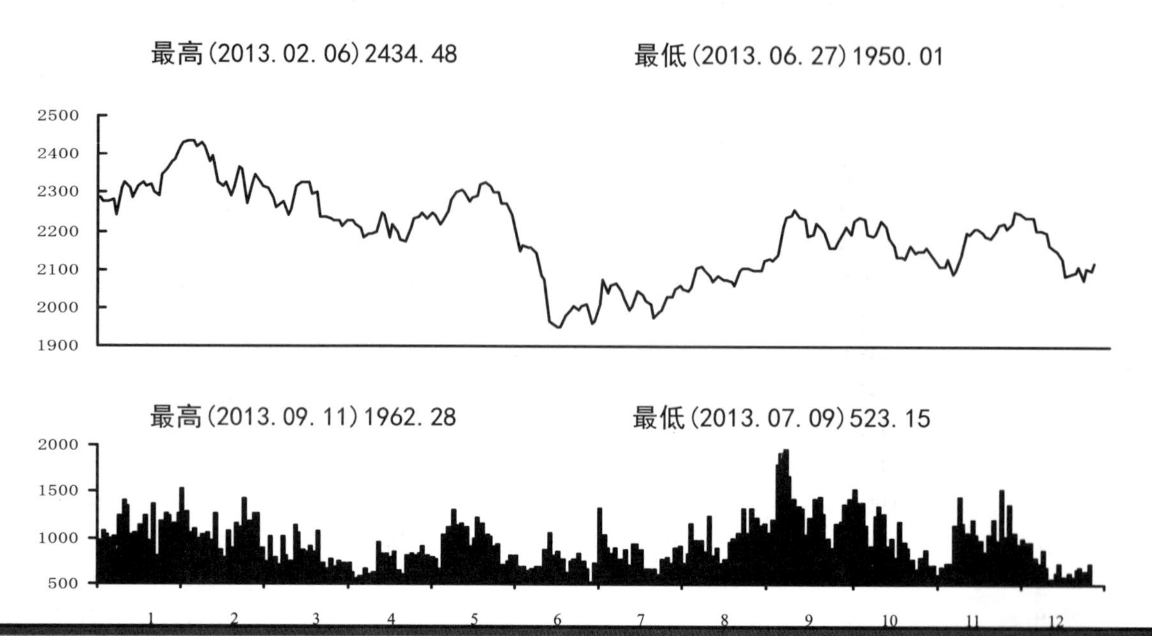

每日收盘指数 Daily Index

日期 Date	1月 Jan	2月 Feb	3月 Mar	4月 Apr	5月 May	6月 Jun	7月 Jul	8月 Aug	9月 Sep	10月 Oct	11月 Nov	12月 Dec
1	---	2419.02	2359.51	2234.40	---	---	1995.24	2029.07	---	---	2149.56	---
2	---	---	---	2227.74	2174.12	---	2006.56	2029.42	2098.45	---	---	2207.37
3	---	---	---	2225.30	2205.50	2299.25	1994.27	---	2123.11	---	---	2222.67
4	2276.99	2428.15	2273.40	---	---	2272.42	2006.10	---	2127.62	---	2149.63	2251.76
5	---	2433.13	2326.31	---	---	2270.93	2007.20	2050.48	2122.43	---	2157.24	2247.06
6	---	2434.48	2347.18	---	2231.17	2242.11	---	2060.50	2139.99	---	2139.61	2237.11
7	2285.36	2418.53	2324.29	---	2235.58	2210.90	---	2046.78	---	---	2129.40	---
8	2276.07	2432.40	2318.61	2211.59	2246.30	---	1958.27	2044.90	---	2198.20	2106.13	---
9	2275.34	---	---	2225.78	2232.97	---	1965.45	2052.24	2212.52	2211.77	---	2238.20
10	2283.66	---	---	2226.13	2246.83	---	2008.13	---	2237.98	2190.93	---	2237.49
11	2243.00	---	2310.59	2219.55	---	---	2072.99	---	2241.27	2228.15	2109.47	2204.17
12	---	---	2286.61	2206.78	---	---	2039.49	2101.28	2255.61	---	2126.77	2202.80
13	---	---	2263.97	---	2241.92	2148.36	---	2106.16	2236.22	---	2087.94	2196.08
14	2311.74	---	2270.28	---	2217.01	2162.04	---	2100.14	---	2237.77	2100.51	---
15	2325.68	---	2278.40	2181.94	2224.80	---	2059.39	2081.88	---	2233.41	2135.83	---
16	2309.50	---	---	2194.85	2251.81	---	2065.72	2068.45	2231.40	2193.07	---	2160.86
17	2284.91	---	---	2193.80	2282.87	2156.22	2044.92	---	2185.56	2188.54	---	2151.08
18	2317.07	2421.56	2240.02	2197.60	---	2159.29	2023.40	---	2191.85	2193.78	2197.22	2148.29
19	---	2382.91	2257.43	2244.64	---	2143.45	1992.65	2085.60	---	---	2193.13	2127.79
20	---	2397.18	2317.37	---	2299.99	2084.02	---	2072.60	---	---	2206.61	2084.79
21	2328.22	2325.95	2324.24	---	2305.11	2073.10	---	2072.96	---	2229.24	2205.77	---
22	2315.14	2314.16	2328.28	2242.17	2302.40	---	2004.76	2067.12	---	2210.65	2196.38	---
23	2320.91	---	---	2184.54	2275.67	---	2043.88	2057.46	2221.04	2183.11	---	2089.71
24	2302.60	---	---	2218.32	2288.53	1963.24	2033.33	---	2207.53	2164.32	---	2092.91
25	2291.30	2325.82	2326.72	2199.31	---	1959.51	2021.17	---	2198.52	2132.96	2186.12	2106.35
26	---	2293.34	2297.67	2177.91	---	1951.50	2010.85	2096.47	2155.81	---	2183.07	2073.10
27	---	2313.22	2301.26	---	2293.08	1950.01	---	2103.57	2160.03	---	2201.07	2101.25
28	2346.51	2365.59	2236.30	---	2321.32	1979.21	---	2101.30	---	2133.87	2219.37	---
29	2358.98	---	2236.62	---	2324.02	---	1976.31	2097.23	---	2128.86	2220.50	---
30	2382.48	---	---	---	2317.75	---	1990.06	2098.38	2174.67	2160.46	---	2097.53
31	2385.42	---	---	---	2300.60	---	1993.80	---	---	2141.61	---	2115.98
盘中最高	2391.82	H2444.8	2369.65	2253.42	2334.34	2313.43	2092.87	2198.85	2270.27	2242.98	2234.39	2260.87
盘中最低	2234.95	2289.89	2228.81	2165.78	2161.14	L1849.6	1946.37	1997.06	2078.46	2093.20	2078.99	2068.54

分类指数数据及图表

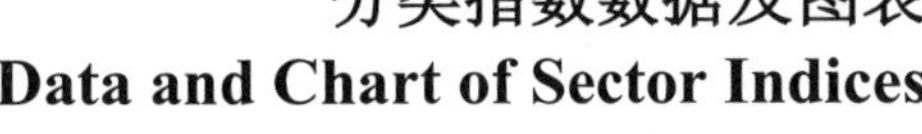

Data and Chart of Sector Indices

上证 180 指数　SSE 180 Index

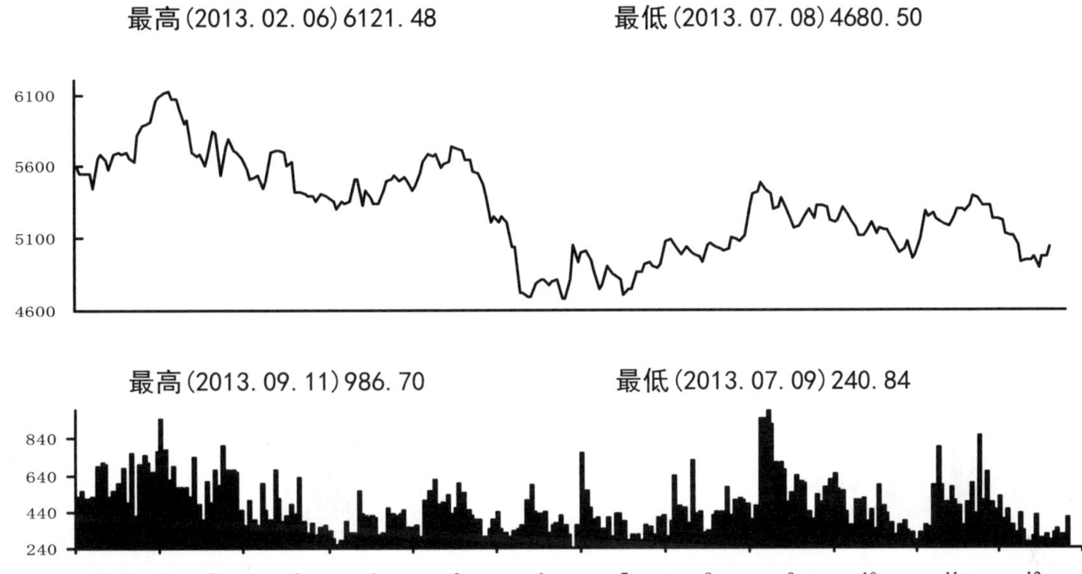

每日收盘指数 Daily Index

日期 Date	1月 Jan	2月 Feb	3月 Mar	4月 Apr	5月 May	6月 Jun	7月 Jul	8月 Aug	9月 Sep	10月 Oct	11月 Nov	12月 Dec
1	---	6053.90	5823.47	5407.04	---	---	4805.55	4859.21	---	---	5163.11	---
2	---	---	---	5395.57	5337.23	---	4813.09	4858.20	5021.90	---	---	5288.46
3	---	---	---	5396.67	5436.02	5641.52	4767.34	---	5096.53	---	---	5325.96
4	5567.78	6075.38	5544.79	---	---	5568.61	4802.13	---	5090.89	---	5153.39	5392.66
5	---	6106.81	5736.70	---	---	5548.37	4810.56	4917.16	5073.42	---	5151.29	5379.19
6	---	6121.48	5796.09	---	5503.92	5476.64	---	4936.88	5119.11	---	5090.44	5332.98
7	5597.80	6063.11	5715.30	---	5511.79	5390.75	---	4910.58	---	---	5067.76	---
8	5556.08	6070.07	5700.73	5360.26	5534.22	---	4680.50	4891.50	---	5275.14	4998.12	---
9	5548.80	---	---	5404.18	5494.77	---	4681.13	4914.55	5333.15	5298.43	---	5327.31
10	5557.17	---	---	5399.79	5527.42	---	4811.89	---	5409.08	5228.95	---	5332.01
11	5444.56	---	5656.43	5384.82	---	---	5052.38	---	5417.09	5327.93	5016.68	5239.03
12	---	---	5576.14	5351.09	---	---	4931.56	5070.22	5490.29	---	5073.59	5229.32
13	---	---	5513.70	---	5504.71	5212.66	---	5089.10	5439.06	---	4955.96	5215.42
14	5657.70	---	5523.91	---	5431.41	5241.38	---	5065.25	---	5326.89	4987.41	---
15	5689.27	---	5535.94	5304.14	5458.52	---	4996.44	5011.84	---	5314.69	5090.72	---
16	5638.80	---	---	5350.89	5553.85	---	5015.35	4985.79	5411.64	5222.08	---	5134.37
17	5581.20	---	---	5336.69	5635.41	5213.82	4941.93	---	5295.27	5201.67	---	5112.35
18	5679.32	5998.70	5447.19	5354.41	---	5248.21	4861.82	---	5308.71	5224.24	5283.18	5111.46
19	---	5894.30	5505.52	5514.14	---	5204.12	4748.23	5037.70	---	---	5246.53	5049.47
20	---	5916.21	5701.66	---	5679.90	5037.88	---	4996.79	---	---	5271.94	4927.15
21	5702.96	5698.56	5704.66	---	5671.19	5029.96	---	4987.56	---	5314.21	5236.65	---
22	5677.69	5665.46	5712.46	5506.47	5681.42	---	4772.31	4974.94	---	5259.76	5209.63	---
23	5703.40	---	---	5324.89	5595.92	---	4899.39	4936.62	5375.18	5218.66	---	4941.99
24	5656.23	---	---	5430.16	5621.36	4714.40	4855.80	---	5295.00	5172.40	---	4944.14
25	5630.49	5686.45	5701.78	5377.91	---	4712.93	4836.91	---	5262.20	5111.50	5188.85	4976.71
26	---	5604.24	5606.30	5337.29	---	4696.36	4812.08	5043.84	5167.66	---	5184.36	4894.08
27	---	5665.89	5627.68	---	5632.27	4693.58	---	5058.40	5186.44	---	5245.40	4976.07
28	5816.99	5845.61	5420.68	---	5738.05	4788.85	---	5036.74	---	5111.09	5295.83	---
29	5876.06	---	5421.62	---	5726.61	---	4705.98	5019.19	---	5136.40	5295.08	---
30	5900.78	---	---	---	5707.67	---	4740.78	5013.33	5213.53	5202.42	---	4970.26
31	5910.27	---	---	---	5649.97	---	4749.84	---	---	5127.42	---	5040.27
盘中最高	5925.54	H6147.7	5862.13	5534.03	5772.42	5690.77	5104.22	5330.24	5546.85	5349.52	5343.23	5422.56
盘中最低	5422.34	5597.53	5384.76	5253.17	5283.82	L4398.9	4651.47	4765.71	4977.03	5043.91	4936.89	4890.61

分类指数数据及图表
Data and Chart of Sector Indices

上证 50 指数 SSE 50 Index

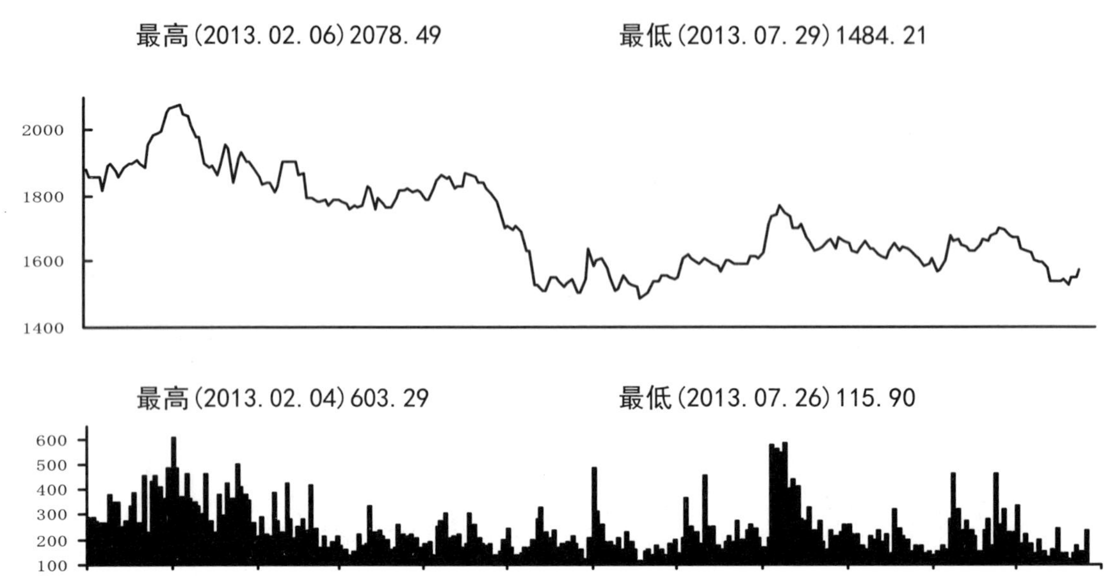

每日收盘指数 Daily Index

日期 Date	1月 Jan	2月 Feb	3月 Mar	4月 Apr	5月 May	6月 Jun	7月 Jul	8月 Aug	9月 Sep	10月 Oct	11月 Nov	12月 Dec
1	---	2055.72	1944.42	1784.07	---	---	1549.37	1537.81	---	---	1644.75	---
2	---	---	---	1783.22	1763.05	---	1541.34	1536.51	1591.93	---	---	1678.87
3	---	---	---	1789.67	1795.49	1838.64	1522.91	---	1614.54	---	---	1681.51
4	1870.50	2065.39	1841.62	---	---	1819.50	1535.32	---	1613.54	---	1638.51	1699.18
5	---	2068.95	1916.71	---	---	1806.82	1542.05	1554.19	1609.60	---	1633.66	1692.38
6	---	2078.49	1933.70	---	1816.60	1784.70	---	1556.30	1625.85	---	1614.21	1675.26
7	1880.26	2048.58	1902.37	---	1817.93	1760.22	---	1551.16	---	---	1610.58	---
8	1857.69	2042.42	1901.48	1773.10	1824.38	---	1506.73	1544.62	---	1659.71	1587.44	---
9	1855.34	---	---	1788.63	1807.86	---	1505.30	1553.04	1713.39	1668.48	---	1669.87
10	1855.49	---	---	1787.93	1819.12	---	1546.74	---	1737.58	1637.93	---	1670.55
11	1818.98	---	1879.82	1784.13	---	---	1635.66	---	1741.32	1669.27	1591.14	1639.18
12	---	---	1854.62	1774.51	---	---	1587.59	1610.27	1772.66	---	1610.78	1631.91
13	---	---	1835.61	---	1810.72	1700.80	---	1619.74	1749.24	---	1569.25	1626.41
14	1893.10	---	1838.36	---	1785.58	1704.15	---	1610.22	---	1662.17	1572.73	---
15	1900.05	---	1841.32	1759.80	1789.43	---	1604.66	1595.15	---	1656.26	1604.82	---
16	1877.00	---	---	1772.64	1821.45	---	1606.34	1592.79	1738.25	1634.22	---	1602.46
17	1854.94	---	---	1761.62	1843.81	1692.48	1582.14	---	1698.63	1627.18	---	1597.27
18	1886.79	2014.58	1811.24	1768.15	---	1704.22	1549.35	---	1700.59	1636.80	1675.16	1598.68
19	---	1981.07	1830.96	1827.98	---	1687.61	1511.40	1608.87	---	---	1659.53	1580.11
20	---	1978.30	1905.77	---	1861.25	1631.55	---	1594.54	---	---	1663.76	1537.41
21	1898.44	1897.90	1902.30	---	1851.08	1633.16	---	1588.08	---	1657.58	1648.09	---
22	1898.50	1883.48	1904.46	1823.95	1858.20	---	1514.05	1582.62	---	1640.07	1642.50	---
23	1910.14	---	---	1760.68	1823.74	---	1555.84	1566.29	1713.08	1638.50	---	1541.27
24	1900.18	---	---	1793.89	1829.14	1525.17	1532.35	---	1673.56	1621.61	---	1539.60
25	1886.45	1890.77	1901.93	1778.29	---	1526.80	1529.30	---	1661.61	1611.52	1633.78	1547.36
26	---	1865.13	1861.26	1766.04	---	1509.68	1521.61	1601.38	1632.70	---	1630.94	1524.88
27	---	1889.48	1868.44	---	1827.26	1512.20	---	1602.00	1639.15	---	1648.79	1550.22
28	1957.40	1956.61	1791.64	---	1870.09	1552.38	---	1592.87	---	1610.69	1664.63	---
29	1982.62	---	1793.19	---	1861.70	---	1484.21	1588.15	---	1633.72	1661.41	---
30	1989.32	---	---	---	1855.46	---	1500.94	1589.78	1643.06	1653.42	---	1547.92
31	1993.25	---	---	---	1841.37	---	1504.17	---	---	1631.05	---	1574.78
盘中最高	2000.65	H2088.4	1963.60	1836.61	1882.75	1854.38	1653.59	1711.43	1798.96	1673.04	1680.82	1709.58
盘中最低	1810.84	1863.01	1774.92	1739.22	1745.57	L1422.9	1478.20	1508.81	1579.72	1600.80	1559.57	1522.59

分类指数数据及图表

Data and Chart of Sector Indices

上证红利指数 SSE Dividend Index

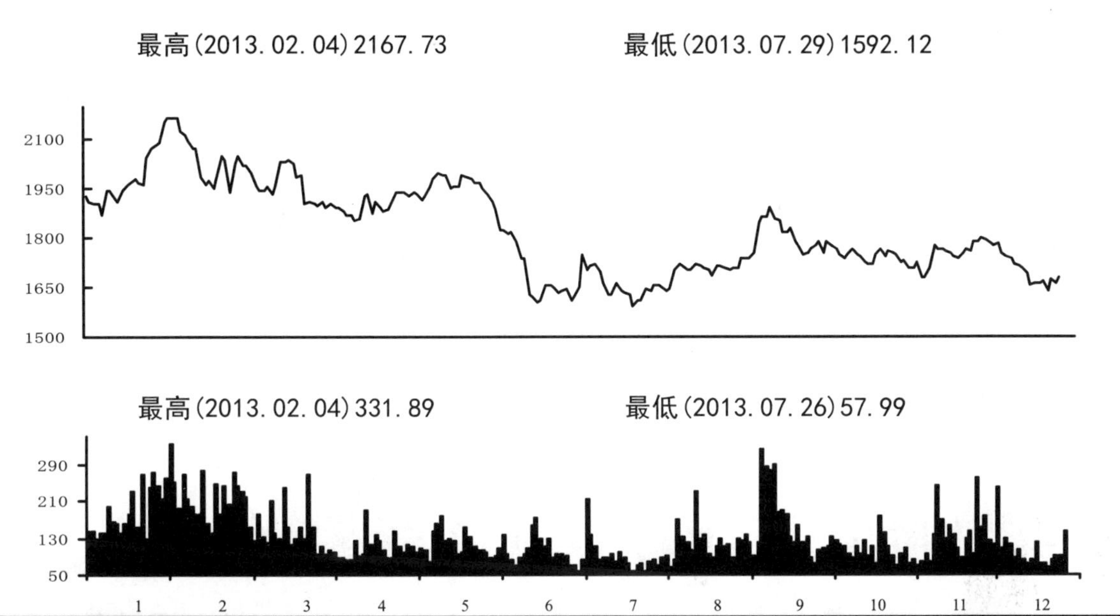

每日收盘指数 Daily Index

日期 Date	1月 Jan	2月 Feb	3月 Mar	4月 Apr	5月 May	6月 Jun	7月 Jul	8月 Aug	9月 Sep	10月 Oct	11月 Nov	12月 Dec
1	---	2155.51	2038.96	1902.77	---	---	1655.91	1643.50	---	---	1763.06	---
2	---	---	---	1900.85	1886.93	---	1650.25	1640.68	1709.81	---	---	1789.03
3	---	---	---	1910.39	1920.67	1970.07	1633.02	---	1735.79	---	---	1788.19
4	1908.27	2167.73	1938.52	---	---	1952.68	1640.16	---	1737.18	---	1754.71	1801.74
5	---	2163.94	2028.87	---	---	1934.78	1645.91	1655.01	1735.47	---	1748.97	1794.16
6	---	2167.13	2051.58	---	1937.41	1908.88	---	1657.65	1752.25	---	1727.78	1783.92
7	1927.09	2122.67	2019.78	---	1938.22	1886.61	---	1649.46	---	---	1730.43	---
8	1908.20	2112.01	2020.33	1894.07	1940.43	---	1610.19	1641.72	---	1777.29	1711.10	---
9	1902.77	---	---	1904.39	1928.02	---	1618.88	1643.49	1849.08	1788.82	---	1777.90
10	1904.77	---	---	1894.26	1941.18	---	1652.84	---	1863.73	1756.83	---	1785.17
11	1869.33	---	1995.14	1892.18	---	---	1748.48	---	1862.96	1789.74	1711.12	1753.05
12	---	---	1959.05	1880.73	---	---	1699.81	1704.71	1892.50	---	1726.37	1744.99
13	---	---	1942.65	---	1935.95	1822.04	---	1718.62	1857.67	---	1681.71	1734.35
14	1945.81	---	1947.64	---	1918.27	1824.52	---	1713.59	---	1779.34	1679.06	---
15	1948.33	---	1958.25	1869.02	1926.67	---	1714.82	1701.37	---	1768.41	1706.52	---
16	1924.10	---	---	1870.22	1957.17	---	1717.03	1703.26	1854.20	1746.11	---	1718.06
17	1909.77	---	---	1851.10	1978.63	1809.68	1694.45	---	1817.23	1739.91	---	1712.44
18	1943.71	2095.91	1932.59	1859.91	---	1816.70	1660.48	---	1817.17	1746.10	1779.82	1709.20
19	---	2075.04	1958.82	1930.95	---	1792.07	1627.21	1721.62	---	---	1763.41	1692.59
20	---	2070.66	2034.29	---	1999.28	1735.80	---	1713.13	---	---	1767.30	1657.24
21	1964.90	1985.47	2032.44	---	1989.46	1735.65	---	1705.43	---	1766.42	1760.55	---
22	1966.79	1961.10	2035.75	1934.38	1992.49	---	1629.09	1701.15	---	1747.40	1755.82	---
23	1979.03	---	---	1876.17	1953.99	---	1663.31	1682.62	1828.54	1744.28	---	1660.15
24	1970.12	---	---	1910.90	1958.31	1625.51	1640.23	---	1789.06	1727.59	---	1663.45
25	1961.67	1974.65	2028.46	1892.51	---	1622.83	1633.82	---	1778.43	1721.04	1741.23	1668.49
26	---	1952.98	1984.95	1879.48	---	1601.76	1627.14	1716.89	1750.00	---	1739.90	1641.07
27	---	1984.68	1994.47	---	1956.24	1610.05	---	1716.74	1757.10	---	1754.79	1672.74
28	2042.46	2050.40	1904.24	---	1994.24	1656.86	---	1708.72	---	1719.81	1766.48	---
29	2071.95	---	1910.44	---	1987.08	---	1592.12	1703.93	---	1749.29	1762.60	---
30	2082.88	---	---	---	1981.23	---	1612.32	1706.16	1766.11	1768.16	---	1664.67
31	2090.26	---	---	---	1968.14	---	1612.52	---	---	1744.53	---	1681.46
盘中最高	2094.41	H2195.6	2063.75	1941.34	2016.95	1985.57	1764.36	1829.31	1921.14	1794.53	1782.25	1811.43
盘中最低	1859.89	1951.00	1889.95	1825.96	1859.71	L1517.5	1584.23	1616.04	1697.03	1709.39	1666.78	1638.56

分类指数数据及图表
Data and Chart of Sector Indices

上证 A 股指数 SSE A Share Index

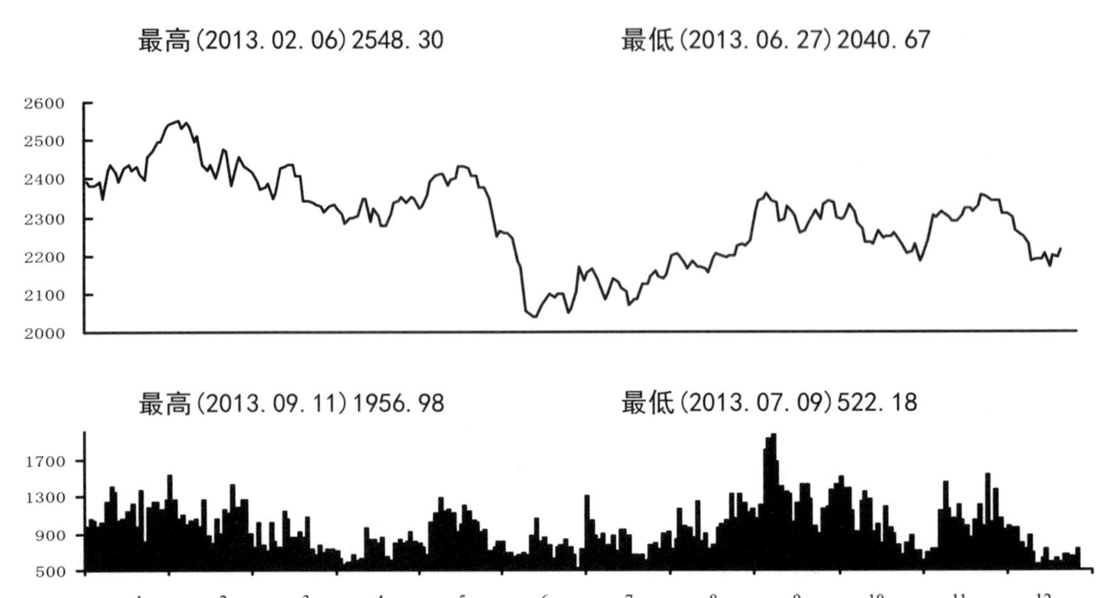

每日收盘指数 Daily Index

日期 Date	1月 Jan	2月 Feb	3月 Mar	4月 Apr	5月 May	6月 Jun	7月 Jul	8月 Aug	9月 Sep	10月 Oct	11月 Nov	12月 Dec
1	---	2532.13	2469.53	2338.53	---	---	2088.08	2123.69	---	---	2250.01	---
2	---	---	---	2331.49	2275.67	---	2099.97	2124.02	2196.60	---	---	2310.77
3	---	---	---	2328.99	2308.33	2406.69	2087.15	---	2222.44	---	---	2326.66
4	2384.19	2541.79	2379.38	---	---	2378.65	2099.53	---	2227.22	---	2250.10	2357.10
5	---	2547.01	2434.88	---	---	2377.08	2100.72	2146.16	2221.83	---	2258.03	2352.16
6	---	2548.30	2456.71	---	2335.17	2346.82	---	2156.65	2240.23	---	2239.59	2341.78
7	2392.59	2531.36	2432.66	---	2339.80	2314.05	---	2142.24	---	---	2228.84	---
8	2382.49	2545.86	2426.81	2314.73	2351.07	---	2049.54	2140.24	---	2300.95	2204.46	---
9	2381.87	---	---	2329.55	2337.07	---	2057.20	2147.91	2316.30	2315.14	---	2342.89
10	2390.59	---	---	2330.01	2351.61	---	2101.77	---	2342.86	2293.23	---	2342.15
11	2348.10	---	2418.43	2323.10	---	---	2169.71	---	2346.11	2332.20	2208.01	2307.26
12	---	---	2393.44	2309.67	---	---	2134.48	2199.25	2361.20	---	2226.32	2305.87
13	---	---	2369.80	---	2346.49	2248.56	---	2204.33	2341.05	---	2185.65	2298.74
14	2420.01	---	2376.38	---	2320.36	2262.84	---	2197.99	---	2342.38	2198.80	---
15	2434.62	---	2384.89	2283.90	2328.51	---	2155.35	2178.89	---	2337.76	2235.78	---
16	2417.63	---	---	2297.38	2356.81	---	2162.11	2164.85	2336.12	2295.51	---	2261.86
17	2391.81	---	---	2296.19	2389.41	2256.78	2140.38	---	2287.94	2290.70	---	2251.60
18	2425.51	2534.52	2344.65	2300.20	---	2260.06	2117.70	---	2294.40	2296.19	2300.17	2248.66
19	---	2494.53	2362.88	2349.37	---	2243.45	2085.49	2182.77	---	---	2295.84	2227.10
20	---	2509.36	2425.67	---	2407.36	2181.12	---	2169.07	---	---	2309.96	2181.94
21	2436.86	2434.64	2432.87	---	2412.73	2169.68	---	2169.47	---	2333.43	2309.06	---
22	2423.06	2422.30	2437.09	2346.77	2409.89	---	2098.32	2163.35	---	2313.94	2299.23	---
23	2429.00	---	---	2286.36	2381.92	---	2139.35	2153.17	2324.88	2285.07	---	2187.14
24	2410.05	---	---	2321.73	2395.36	2054.62	2128.25	---	2310.67	2265.31	---	2190.43
25	2398.29	2434.37	2435.45	2301.74	---	2050.79	2115.45	---	2301.24	2232.51	2288.46	2204.47
26	---	2400.30	2404.94	2279.54	---	2042.13	2104.62	2194.09	2256.68	---	2285.28	2169.56
27	---	2421.11	2408.70	---	2400.14	2040.67	---	2201.66	2261.05	---	2304.15	2199.06
28	2456.03	2475.97	2340.53	---	2429.76	2071.26	---	2199.54	---	2233.47	2323.23	---
29	2469.04	---	2340.92	---	2432.60	---	2068.39	2195.35	---	2228.34	2324.35	---
30	2493.78	---	---	---	2426.04	---	2082.83	2196.38	2276.27	2261.46	---	2195.11
31	2496.83	---	---	---	2408.25	---	2086.70	---	---	2241.64	---	2214.49
盘中最高	2503.61	H2558.8	2480.23	2358.45	2443.46	2421.55	2190.61	2302.00	2376.60	2347.80	2338.98	2366.63
盘中最低	2339.65	2396.67	2332.67	2267.02	2262.08	L1935.5	2037.07	2090.13	2175.58	2190.95	2176.24	2164.91

分类指数数据及图表

Data and Chart of Sector Indices

上证B股指数 SSE B Share Index

最高(2013.02.08)286.41

最低(2013.07.09)229.96

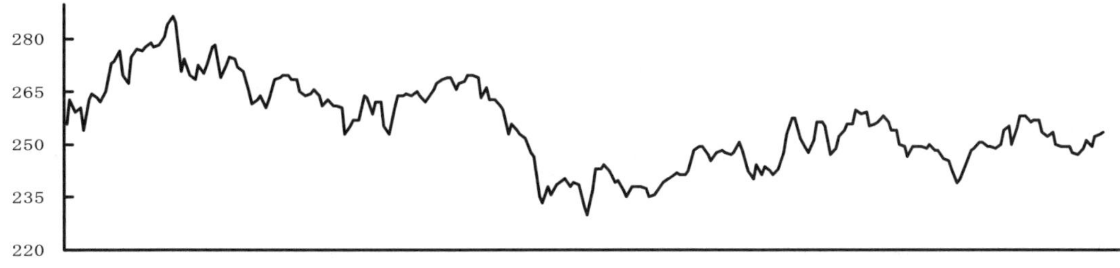

最高(2013.01.08)9.04 最低(2013.07.26)0.72

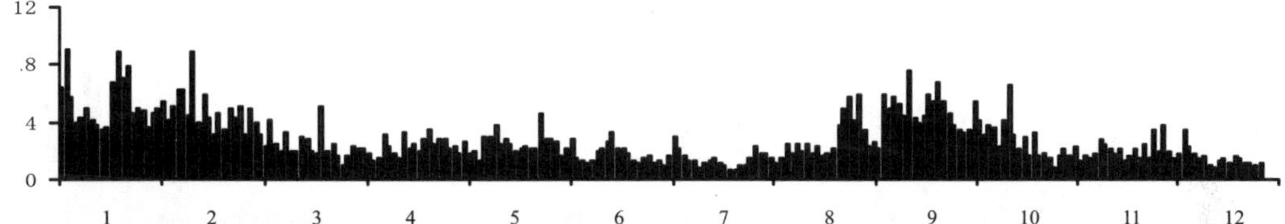

每日收盘指数 Daily Index

日期 Date	1月 Jan	2月 Feb	3月 Mar	4月 Apr	5月 May	6月 Jun	7月 Jul	8月 Aug	9月 Sep	10月 Oct	11月 Nov	12月 Dec
1	---	279.10	278.43	264.82	---	---	239.81	239.28	---	---	249.26	---
2	---	---	---	265.56	253.05	---	240.10	240.22	241.24	---	---	250.29
3	---	---	---	264.12	260.57	266.57	237.81	---	243.67	---	---	254.75
4	247.50	278.06	269.01	---	---	262.55	239.22	---	242.77	---	248.98	258.41
5	---	278.42	272.51	---	---	262.63	238.51	240.59	241.46	---	250.34	258.47
6	---	280.90	275.24	---	264.00	261.29	---	241.80	243.05	---	248.12	256.42
7	255.96	284.40	274.60	---	264.20	259.81	---	241.20	---	---	248.35	---
8	262.65	286.41	271.92	260.79	264.62	---	232.08	241.50	---	254.20	246.14	---
9	259.47	---	---	262.98	264.06	---	229.96	242.77	248.04	255.97	---	257.12
10	260.27	---	---	261.06	264.97	---	236.95	---	253.07	255.71	---	257.09
11	254.02	---	270.74	260.93	---	---	243.42	---	257.54	259.67	245.42	253.46
12	---	---	265.40	260.73	---	---	242.96	248.41	257.40	---	242.86	252.24
13	---	---	261.60	---	263.91	252.93	---	249.44	251.99	---	238.92	253.65
14	263.01	---	262.87	---	262.35	255.63	---	249.52	---	258.71	240.32	---
15	264.32	---	263.73	253.07	263.26	---	244.57	247.16	---	259.36	244.38	---
16	263.45	---	---	255.05	265.75	---	242.41	245.33	249.16	255.30	---	249.94
17	262.17	---	---	256.75	267.56	254.15	239.18	---	248.04	256.00	---	249.38
18	265.25	284.80	260.62	256.79	---	253.13	239.77	---	251.36	256.47	248.60	249.37
19	---	270.75	262.64	263.72	---	251.93	236.87	247.99	---	---	248.95	249.34
20	---	274.53	268.51	---	268.74	247.76	---	248.28	---	---	250.63	247.80
21	273.30	269.60	269.04	---	269.33	246.38	---	247.84	---	257.98	250.83	---
22	273.95	268.43	269.57	263.67	269.03	---	234.96	247.41	---	256.68	249.70	---
23	276.73	---	---	258.64	265.71	---	237.74	247.73	256.48	254.17	---	247.11
24	269.96	---	---	262.32	267.65	235.10	237.72	---	256.25	254.12	---	248.79
25	267.38	272.40	269.66	261.98	---	233.29	237.91	---	255.20	249.85	249.23	251.27
26	---	270.18	268.54	255.50	---	238.15	237.20	250.50	247.05	---	248.75	249.78
27	---	272.56	268.86	---	267.77	235.86	---	248.24	248.68	---	250.08	252.29
28	274.78	277.62	265.03	---	269.67	238.66	---	242.67	---	249.77	254.03	---
29	277.03	---	263.80	---	269.82	---	234.87	240.53	---	246.88	255.55	---
30	276.82	---	---	---	268.99	---	235.47	244.40	252.55	249.65	---	253.07
31	277.77	---	---	---	263.56	---	236.76	---	---	249.31	---	253.63
盘中最高	279.54	H288.09	278.63	267.19	270.53	267.69	245.87	251.13	258.33	260.37	255.60	260.58
盘中最低	245.79	265.48	259.28	250.13	251.29	L222.91	229.64	236.18	239.88	243.04	238.31	245.89

分类指数数据及图表

Data and Chart of Sector Indices

上证基金指数 SSE Fund Index

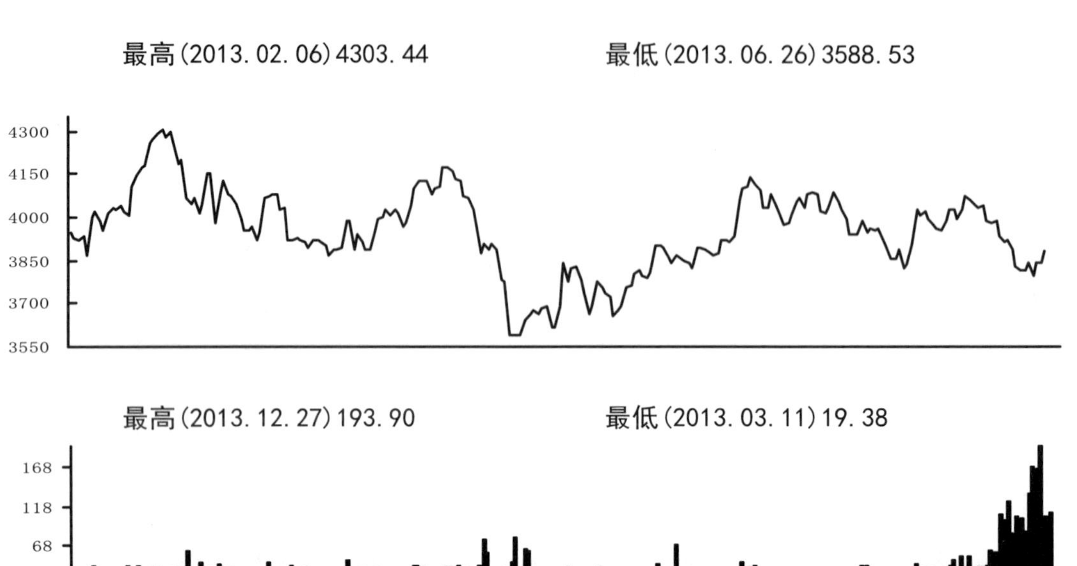

每日收盘指数 Daily Index

日期 Date	1月 Jan	2月 Feb	3月 Mar	4月 Apr	5月 May	6月 Jun	7月 Jul	8月 Aug	9月 Sep	10月 Oct	11月 Nov	12月 Dec
1	---	4260.55	4149.76	3924.47	---	---	3662.09	3758.15	---	---	3962.72	---
2	---	---	---	3922.68	3889.39	---	3674.53	3758.43	3873.33	---	---	3994.05
3	---	---	---	3915.01	3952.43	4126.24	3661.97	---	3919.49	---	---	4023.63
4	3936.58	4268.29	3979.77	---	---	4074.81	3684.32	---	3918.83	---	3955.90	4070.45
5	---	4290.68	4084.02	---	---	4066.63	3687.75	3799.19	3911.93	---	3957.70	4062.34
6	---	4303.44	4125.19	---	3993.87	4026.34	---	3815.65	3934.11	---	3923.20	4037.30
7	3946.49	4275.57	4079.76	---	4000.20	3975.52	---	3794.57	---	---	3901.13	---
8	3923.76	4298.44	4072.45	3896.00	4023.44	---	3614.01	3790.45	---	4053.32	3851.46	---
9	3921.42	---	---	3921.19	4006.53	---	3612.94	3808.66	4056.87	4065.62	---	4035.71
10	3931.04	---	---	3919.98	4023.86	---	3690.88	---	4096.29	4030.55	---	4038.86
11	3870.23	---	4045.27	3915.61	---	---	3841.34	---	4104.98	4081.96	3853.46	3986.64
12	---	---	3991.36	3899.88	---	---	3773.77	3901.36	4135.28	---	3886.46	3982.02
13	---	---	3950.92	---	4012.54	3874.77	---	3902.90	4111.11	---	3818.79	3983.82
14	3998.41	---	3955.80	---	3964.99	3903.94	---	3894.32	---	4085.25	3833.40	---
15	4019.33	---	3967.40	3865.02	3982.49	---	3818.60	3858.81	---	4079.92	3905.00	---
16	3987.93	---	---	3884.70	4040.40	---	3829.86	3842.07	4091.50	4022.26	---	3931.98
17	3953.68	---	---	3887.61	4097.71	3889.71	3783.67	---	4030.34	4011.24	---	3914.43
18	4013.14	4255.88	3918.18	3895.39	---	3907.34	3736.06	---	4031.31	4029.73	4028.52	3917.57
19	---	4182.45	3946.47	3987.25	---	3888.60	3664.64	3870.43	---	---	4005.04	3888.25
20	---	4200.70	4062.47	---	4126.95	3783.23	---	3851.09	---	---	4018.34	3829.28
21	4034.57	4067.97	4069.14	---	4126.96	3777.62	---	3849.85	---	4088.41	3993.46	---
22	4027.39	4046.50	4077.90	3985.16	4126.89	---	3686.85	3842.39	---	4054.61	3975.60	---
23	4036.90	---	---	3886.76	4081.97	---	3772.97	3823.50	4076.22	4023.69	---	3811.94
24	4018.02	---	---	3942.19	4101.41	3588.77	3752.66	---	4038.93	3991.59	---	3816.96
25	4003.08	4063.23	4078.75	3914.10	---	3589.05	3738.08	---	4019.79	3939.68	3959.59	3838.90
26	---	4011.33	4023.65	3886.70	---	3588.53	3723.69	3892.45	3973.09	---	3953.19	3794.97
27	---	4042.59	4035.91	---	4108.31	3590.78	---	3896.61	3982.40	---	3988.77	3842.96
28	4107.89	4154.70	3921.75	---	4170.99	3642.19	---	3886.61	---	3937.33	4025.04	---
29	4145.74	---	3918.72	---	4169.12	---	3657.73	3875.12	---	3939.41	4026.25	---
30	4169.44	---	---	---	4160.01	---	3678.44	3870.02	4006.39	3985.85	---	3841.87
31	4179.73	---	---	---	4129.59	---	3686.13	---	---	3943.68	---	3880.27
盘中最高	4185.82	H4319.1	4164.04	3995.99	4192.02	4153.70	3875.33	3976.92	4168.13	4098.61	4053.41	4086.43
盘中最低	3858.56	4008.30	3905.10	3838.68	3862.75	L3398.7	3598.43	3693.21	3851.09	3890.63	3803.75	3785.09

分类指数数据及图表

Data and Chart of Sector Indices

上证国债指数　SSE T-Bond Index

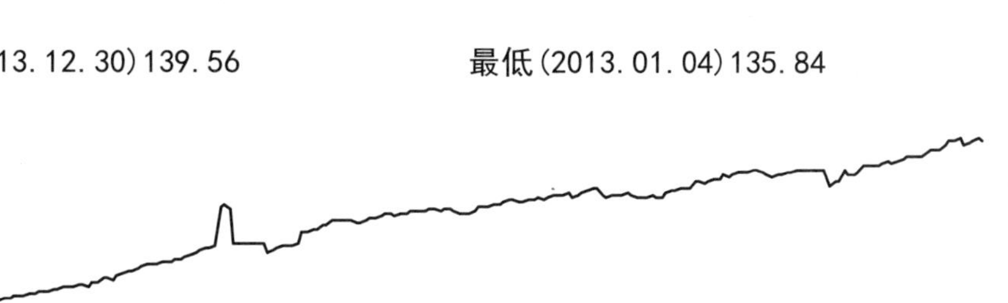

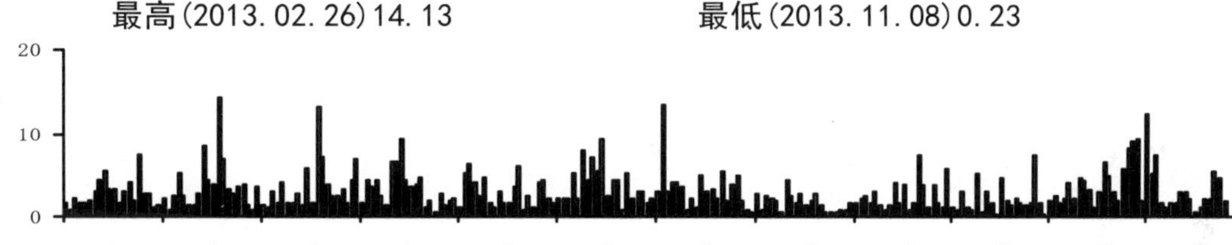

每日收盘指数 Daily Index

日期 Date	1月 Jan	2月 Feb	3月 Mar	4月 Apr	5月 May	6月 Jun	7月 Jul	8月 Aug	9月 Sep	10月 Oct	11月 Nov	12月 Dec
1	---	136.15	136.60	137.01	---	---	138.14	138.33	---	---	138.88	---
2	---	---	---	137.03	137.45	---	138.17	138.34	138.51	---	---	139.08
3	---	---	---	136.98	137.47	137.65	138.18	---	138.48	---	---	139.12
4	135.84	136.18	136.66	---	---	137.87	138.15	---	138.51	---	138.91	139.08
5	---	136.20	136.67	---	---	137.87	138.17	138.38	138.52	---	138.93	139.14
6	---	136.26	136.68	---	137.54	137.88	---	138.41	138.53	---	138.97	139.18
7	135.88	136.27	136.68	---	137.57	137.90	---	138.42	---	---	138.96	---
8	135.88	136.19	136.70	137.08	137.58	---	138.20	138.40	---	138.75	138.95	---
9	135.89	---	---	137.11	137.59	---	138.23	138.40	138.57	138.77	---	139.22
10	135.90	---	---	137.13	138.30	---	138.24	---	138.53	138.73	---	139.22
11	135.88	---	136.73	137.16	---	---	138.23	---	138.47	138.75	138.97	139.22
12	---	---	136.74	137.18	---	---	138.24	138.44	138.49	---	138.96	139.23
13	---	---	136.76	---	138.33	137.98	---	138.44	138.49	---	138.96	139.29
14	135.93	---	136.78	---	138.25	137.99	---	138.46	---	138.79	138.96	---
15	135.94	---	136.79	137.22	137.63	---	138.27	138.45	---	138.79	138.68	---
16	135.96	---	---	137.27	137.63	---	138.25	138.46	138.52	138.87	---	139.32
17	135.99	---	---	137.29	137.65	138.04	138.24	---	138.47	138.86	---	139.34
18	135.98	136.47	136.82	137.29	---	138.06	138.26	---	138.48	138.88	138.78	139.35
19	---	136.45	136.83	137.30	---	138.06	138.28	138.50	---	---	138.78	139.43
20	---	136.46	136.86	---	137.64	138.05	---	138.50	---	---	138.97	139.49
21	136.01	136.49	136.87	---	137.63	138.05	---	138.52	---	138.92	138.88	---
22	136.03	136.50	136.88	137.31	137.65	---	138.24	138.54	---	138.93	138.90	---
23	136.04	---	---	137.33	137.66	---	138.20	138.47	138.55	138.94	---	139.51
24	136.06	---	---	137.37	137.49	138.03	138.17	---	138.58	138.95	---	139.53
25	136.07	136.54	136.91	137.37	---	138.03	138.20	---	138.60	138.97	138.94	139.43
26	---	136.55	136.91	137.39	---	138.07	138.21	138.51	138.62	---	139.05	139.45
27	---	136.58	136.84	---	137.52	138.08	---	138.55	138.62	---	139.06	139.49
28	136.10	136.59	136.94	---	137.58	138.10	---	138.61	---	138.92	139.06	---
29	136.12	---	136.96	---	137.59	---	138.31	138.62	---	138.89	139.06	---
30	136.13	---	---	---	137.60	---	138.31	138.65	138.65	138.86	---	139.56
31	136.12	---	---	---	137.62	---	138.32	---	---	138.87	---	139.52
盘中最高	136.14	136.60	137.01	137.39	138.47	138.12	138.49	138.65	138.69	139.01	139.08	H139.91
盘中最低	L135.84	136.13	136.58	136.98	137.45	137.65	138.01	138.33	138.46	138.51	138.07	139.08

分类指数数据及图表
Data and Chart of Sector Indices

上证企业债指数 SSE C-Bond Index

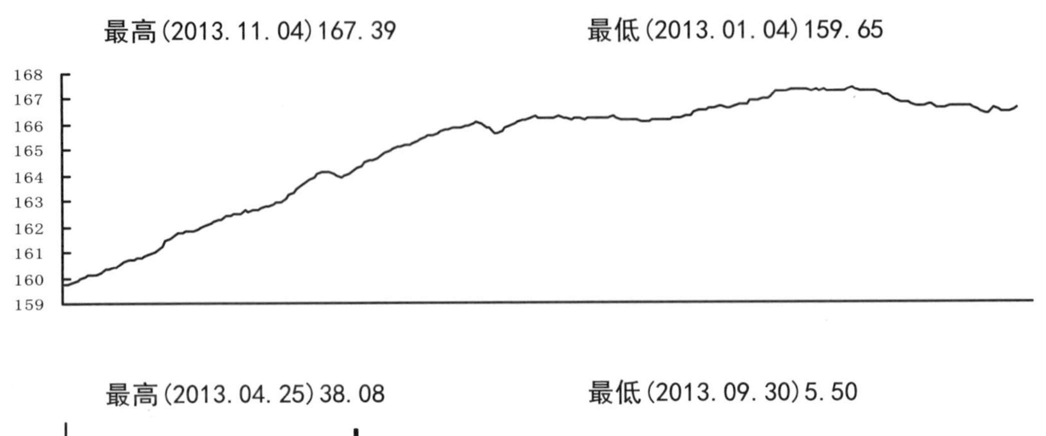

最高(2013.04.25)38.08　　最低(2013.09.30)5.50

34 24 14 4

1 2 3 4 5 6 7 8 9 10 11 12

每日收盘指数 Daily Index

日期 Date	1月 Jan	2月 Feb	3月 Mar	4月 Apr	5月 May	6月 Jun	7月 Jul	8月 Aug	9月 Sep	10月 Oct	11月 Nov	12月 Dec
1	---	160.80	161.95	163.08	---	---	165.96	166.24	---	---	167.30	---
2	---	---	---	163.21	164.31	---	166.06	166.29	166.52	---	---	166.70
3	---	---	---	163.33	164.39	165.77	166.11	---	166.48	---	---	166.61
4	159.65	160.88	162.05	---	---	165.80	166.14	---	166.51	---	167.39	166.61
5	---	160.93	162.11	---	---	165.84	166.19	166.25	166.55	---	167.32	166.62
6	---	161.03	162.18	---	164.47	165.83	---	166.16	166.58	---	167.27	166.65
7	159.72	161.10	162.25	---	164.55	165.87	---	166.14	---	---	167.22	---
8	159.76	161.21	162.29	163.50	164.61	---	166.26	166.11	---	167.25	167.27	---
9	159.84	---	---	163.60	164.68	---	166.22	166.15	166.64	167.25	---	166.66
10	159.92	---	---	163.76	164.78	---	166.20	---	166.64	167.28	---	166.69
11	159.99	---	162.40	163.81	---	---	166.21	---	166.61	167.25	167.29	166.67
12	---	---	162.45	163.89	---	---	166.20	166.14	166.59	---	167.26	166.68
13	---	---	162.46	---	164.90	165.94	---	166.10	166.63	---	167.18	166.69
14	160.04	---	162.49	---	164.98	165.94	---	166.09	---	167.31	167.08	---
15	160.08	---	162.53	164.05	165.04	---	166.25	166.10	---	167.31	167.08	---
16	160.09	---	---	164.12	165.09	---	166.26	166.12	166.70	167.30	---	166.55
17	160.14	---	---	164.16	165.12	166.00	166.23	---	166.72	167.30	---	166.52
18	160.20	161.47	162.61	164.10	---	166.03	166.21	---	166.76	167.30	166.96	166.45
19	---	161.52	162.60	164.09	---	165.96	166.16	166.15	---	---	166.85	166.38
20	---	161.58	162.61	---	165.16	165.86	---	166.17	---	---	166.84	166.38
21	160.32	161.72	162.65	---	165.19	165.86	---	166.17	---	167.29	166.78	---
22	160.32	161.78	162.70	164.00	165.25	---	166.19	166.17	---	167.33	166.81	---
23	160.39	---	---	163.88	165.31	---	166.18	166.20	166.88	167.29	---	166.55
24	160.43	---	---	164.01	165.36	165.63	166.17	---	166.87	167.31	---	166.52
25	160.54	161.85	162.80	164.09	---	165.59	166.19	---	166.87	167.29	166.71	166.46
26	---	161.86	162.82	164.16	---	165.72	166.23	166.23	166.94	---	166.64	166.46
27	---	161.85	162.86	---	165.47	165.81	---	166.25	166.93	---	166.64	166.44
28	160.63	161.89	162.92	---	165.52	165.89	---	166.26	---	167.24	166.64	---
29	160.68	---	162.96	---	165.58	---	166.22	166.32	---	167.26	166.71	---
30	160.72	---	---	---	165.59	---	166.18	166.43	167.06	167.23	---	166.51
31	160.77	---	---	---	165.70	---	166.22	---	---	167.25	---	166.56
盘中最高	160.77	161.90	162.97	164.19	165.70	166.06	166.31	166.44	167.07	167.38	H167.41	166.79
盘中最低	L159.63	160.75	161.89	163.01	164.25	165.45	165.93	166.07	166.44	167.17	166.52	166.28

Securities

Trading

证券成交

股票市场概貌
Share Market Overview

股票
Share

股票市场交易 Stock Market Data	2013 年	2012 年	增减(%) Change (%)
交易天数 Trading Days	238	243	-2.06
上市股票数 No. of Stocks	997	998	-0.10
A 股　A Share	944	944	0.00
B 股　B Share	53	54	-1.85
新上市股票数 No. of Stocks New Listed	1	26	-96.15
股票市价总值(亿)Total Market Cap(100M)	151165.27	158698.44	-4.75
A 股　A Share	150406.94	157912.65	-4.75
B 股　B Share	758.33	785.79	-3.49
股票非限售市值(亿) Negotiable Cap (100M)	136526.38	134294.45	1.66
A 股　A Share	135768.04	133508.66	1.69
B 股　B Share	758.33	785.79	-3.49
总成交金额 (亿) Total Trading Val(100M)	230266.03	164545.01	39.94
A 股　A Share	228918.82	164047.38	39.54
B 股　B Share	689.94	413.48	66.86
股票回购	657.27	84.14	681.12
日均成交金额(亿)Average Trading Val(100M)	967.50	677.14	42.88
A 股　A Share	961.84	675.09	42.48
B 股　B Share	2.90	1.70	70.59
股票回购	2.76	0.35	697.53
总成交量(亿) Total Trading Vol (100M)	26718.85	18948.94	41.00
A 股　A Share	26432.16	18850.54	40.22
B 股　B Share	131.57	77.89	68.92
股票回购	155.14	20.51	656.31
日均成交量(亿) Average Trading Vol(100M)	112.26	77.98	43.96
A 股　A Share	111.06	77.57	43.17
B 股　B Share	0.55	0.32	71.88
股票回购	0.65	0.08	672.20
总成笔数(百万)Total Number of Trades(M)	1153.21	925.55	24.60
A 股　A Share	1146.99	921.75	24.44
B 股　B Share	6.21	3.80	63.42
股票回购	0.02	0.002	601.14
大宗交易成交 Bulk Trading			
总成交金额（亿） Total Trading Val(100M)	910.65	565.50	61.03
总成交量（亿） Total Trading Vol(100M)	104.40	72.51	43.98
总成交笔数（笔） Number of Trades	2348.00	1842.00	27.47
股票换手率 Turnover Rate	123.60	101.60	21.65
A 股　A Share	123.83	101.92	21.50
B 股　B Share	89.42	57.52	55.46
股票平均价格 Average Price	8.62	8.68	-0.69
A 股　A Share	8.66	8.70	-0.46
B 股　B Share	5.24	5.31	-1.32
股票市盈率 P/E	10.99	12.30	-10.65
A 股　A Share	10.99	12.29	-10.58
B 股　B Share	11.62	13.18	-11.84

A 股每日成交(亿元/亿股) A Share Trading(100 M Yuan/100 M Shares)

股票 Share

日期 Date	1月 Jan		2月 Feb		3月 Mar		4月 Apr		5月 May		6月 Jun	
	金额 Value	数量 Vol	金额 Value	数量 Vol	金额 Value	数量 Vol	金额 Value	数量 Vol	金额 Value	数量 Vol	金额 Value	数量 Vol
1	---	---	1252.03	140.02	1111.28	119.49	669.56	77.30	---	---	---	---
2	---	---	---	---	---	---	775.04	89.56	596.85	67.94	---	---
3	---	---	---	---	---	---	685.79	81.39	797.32	89.65	914.80	96.46
4	1142.16	138.54	1521.55	166.93	1426.84	160.99	---	---	---	---	921.69	101.31
5	---	---	1270.44	150.49	1171.17	131.50	---	---	---	---	710.24	76.07
6	---	---	1044.87	116.25	1250.60	140.62	---	---	824.10	92.48	751.92	81.24
7	965.91	117.41	1089.25	119.08	1258.23	139.29	---	---	796.83	86.70	812.50	89.96
8	1056.14	121.24	983.51	108.00	885.29	98.71	735.93	86.01	817.66	90.26	---	---
9	1024.82	121.38	---	---	---	---	731.72	82.76	915.09	98.82	---	---
10	982.78	120.08	---	---	---	---	715.65	80.98	813.48	90.01	---	---
11	1013.84	124.59	---	---	739.58	83.92	623.52	73.92	---	---	---	---
12	---	---	---	---	1006.05	117.66	566.46	67.27	---	---	---	---
13	---	---	---	---	775.17	90.65	---	---	790.42	85.90	799.01	94.37
14	1237.64	144.82	---	---	703.92	82.17	---	---	755.77	82.99	688.25	77.91
15	1409.58	165.22	---	---	1014.18	116.15	582.40	71.59	667.08	71.81	---	---
16	1336.48	153.95	---	---	---	---	669.31	79.80	1021.83	109.82	---	---
17	1029.84	118.64	---	---	---	---	601.39	68.52	1111.46	125.69	685.64	75.68
18	1057.33	125.86	1033.19	115.63	813.04	92.76	617.60	71.36	---	---	635.34	69.45
19	---	---	1055.19	121.87	754.48	87.43	951.72	109.18	---	---	670.53	75.24
20	---	---	969.99	109.78	1137.92	130.83	---	---	1290.42	139.43	680.92	77.50
21	1126.88	134.08	1260.91	143.01	1046.87	118.85	---	---	1135.69	124.60	673.37	79.35
22	1225.38	147.86	871.60	96.14	859.47	101.13	820.76	94.87	1154.70	128.26	---	---
23	963.29	116.93	---	---	---	---	819.78	96.06	1114.27	124.13	---	---
24	1356.48	160.50	---	---	---	---	788.51	91.27	919.15	101.15	877.21	108.63
25	800.87	92.09	779.26	88.27	855.42	97.26	842.83	96.21	---	---	1045.09	137.56
26	---	---	1060.39	117.12	916.19	104.62	650.22	76.28	---	---	807.07	100.84
27	---	---	890.75	97.81	856.09	96.16	---	---	997.72	107.03	842.07	105.52
28	1168.56	127.97	1160.19	126.78	1073.50	127.20	---	---	1206.98	132.66	774.79	100.54
29	1247.79	141.42	---	---	733.82	85.43	---	---	1147.26	125.66	---	---
30	1245.62	149.43	---	---	---	---	---	---	1036.27	111.86	---	---
31	1160.96	139.33	---	---	---	---	---	---	1004.37	107.50	---	---
最高 high	1409.58	165.22	1521.55	166.93	1426.84	160.99	951.72	109.18	1290.42	139.43	1045.09	137.56
最低 low	800.87	92.09	779.26	88.27	703.92	82.17	566.46	67.27	596.85	67.94	635.34	69.45

A 股每日成交(亿元/亿股)
A Share Trading(100 M Yuan/100 M Shares)

股票
Share

日期 Date	7月 Jul		8月 Aug		9月 Sep		10月 Oct		11月 Nov		12月 Dec	
	金额 Value	数量 Vol	金额 Value	数量 Vol	金额 Value	数量 Vol	金额 Value	数量 Vol	金额 Value	数量 Vol	金额 Value	数量 Vol
1	631.67	78.65	772.99	90.99	---	---	---	---	765.21	89.26	---	---
2	740.47	86.39	787.18	93.22	1211.51	148.88	---	---	---	---	1518.42	173.80
3	767.20	93.34	---	---	1125.79	138.77	---	---	---	---	1011.15	113.70
4	826.32	100.14	---	---	1163.66	141.61	---	---	663.04	76.12	1353.14	156.78
5	750.44	91.06	733.33	85.42	1058.63	126.49	---	---	780.03	91.82	1062.04	122.53
6	---	---	889.97	105.65	1188.51	142.50	---	---	864.45	100.31	924.36	103.77
7	---	---	912.29	107.57	---	---	---	---	703.07	81.81	---	---
8	671.04	83.89	719.50	84.04	---	---	1148.10	126.32	701.31	82.79	---	---
9	522.18	64.45	829.40	95.09	1794.06	219.20	1178.00	130.67	---	---	981.27	104.45
10	727.69	89.58	---	---	1911.02	236.41	1363.70	149.56	---	---	955.30	108.71
11	1308.78	159.36	---	---	1956.98	243.44	1422.59	156.33	599.02	69.64	944.40	109.46
12	1030.12	121.03	1162.78	134.71	1674.26	209.25	---	---	690.75	79.89	788.93	89.40
13	---	---	962.62	117.37	1408.57	171.49	---	---	733.94	88.26	727.88	85.11
14	---	---	960.19	114.34	---	---	1515.44	165.67	722.47	83.96	---	---
15	878.57	101.15	846.68	99.20	---	---	1383.03	153.20	1132.44	125.56	---	---
16	828.77	96.59	1232.06	152.96	1338.69	154.92	1380.03	154.19	---	---	865.27	101.28
17	880.90	103.21	---	---	1323.66	154.26	1130.45	126.53	---	---	679.68	81.36
18	767.30	92.11	---	---	1022.73	115.70	906.28	103.38	1435.67	157.61	564.00	67.29
19	875.14	104.53	814.43	97.27	---	---	---	---	1160.57	125.09	614.97	73.02
20	---	---	889.94	107.07	---	---	---	---	1048.83	118.84	722.26	86.64
21	---	---	727.95	87.21	---	---	1236.48	136.10	1203.90	137.63	---	---
22	696.57	82.85	762.26	91.29	---	---	1345.32	148.07	1026.22	113.90	---	---
23	930.70	109.77	948.90	112.92	1212.27	132.68	1255.25	145.77	---	---	588.83	68.68
24	937.52	106.62	---	---	1429.39	159.65	902.46	103.14	---	---	621.97	70.42
25	862.06	98.36	---	---	1433.58	159.53	995.64	113.67	968.41	108.14	587.72	65.65
26	655.51	73.78	990.58	119.35	1255.60	139.95	---	---	844.96	100.28	667.41	78.44
27	---	---	1042.27	125.53	980.76	105.38	---	---	1026.14	115.63	673.67	77.63
28	---	---	1318.04	160.41	---	---	781.81	88.81	1200.12	134.74	---	---
29	659.25	78.84	1050.16	132.69	---	---	1171.24	142.62	978.45	106.86	---	---
30	663.95	77.39	1315.82	169.02	887.03	92.38	953.52	119.65	---	---	636.43	74.70
31	593.73	70.01	---	---	---	---	887.10	107.92	---	---	734.46	83.03
最高 high	1308.78	159.36	1318.04	169.02	H1956.98	H243.44	1515.44	165.67	1435.67	157.61	1518.42	173.80
最低 low	L522.18	L64.45	719.50	84.04	887.03	92.38	781.81	88.81	599.02	69.64	564.00	65.65

A 股　　股票
A Share　　Share

股票代码 Code	名称 Name	发行股本 Issued Vol	流通股本 Negotiable Vol	上年收盘 Last Year Close	本年开盘 Open	本年最高 High	本年最低 Low	本年收盘 Close	涨跌(%) Change(%)
600000	浦发银行	18653.47	14922.78	9.92	10.10	12.40	7.18	9.43	0.33
600004	白云机场	1150.00	1150.00	7.09	7.12	7.84	5.95	6.95	3.30
600005	武钢股份	10093.78	10093.78	2.77	2.83	3.10	2.14	2.20	-20.24
600006	东风汽车	2000.00	2000.00	2.99	3.00	3.73	2.54	2.91	-2.68
600007	中国国贸	1007.28	1007.28	11.49	11.54	13.95	8.60	10.61	-6.34
600008	首创股份	2200.00	2200.00	4.37	4.39	8.63	4.27	6.76	57.50
600009	上海机场	1926.96	1093.48	12.46	12.52	17.41	11.30	14.32	18.24
600010	包钢股份	8002.59	6423.64	5.40	5.53	5.77	3.67	4.31	-19.98
600011	华能国际	10500.00	10500.00	7.14	7.10	7.24	4.76	5.06	-26.18
600012	皖通高速	1165.60	1165.60	4.04	4.06	4.81	3.34	3.94	2.77
600015	华夏银行	8904.64	6487.69	10.35	10.59	12.43	6.13	8.57	13.33
600016	民生银行	22588.19	22588.19	7.86	8.10	11.91	7.50	7.72	1.62
600017	日照港	3075.65	2630.63	2.89	2.89	3.11	2.16	2.54	-12.11
600018	上港集团	22755.18	20990.80	2.63	2.65	7.50	2.33	5.28	111.04
600019	宝钢股份	16471.72	16471.72	4.89	4.96	5.21	3.85	4.09	-13.68
600020	中原高速	2247.37	2247.37	2.33	2.34	2.56	1.94	2.22	-0.10
600021	上海电力	2139.74	2139.74	4.64	4.68	6.20	3.90	4.64	3.66
600022	山东钢铁	6436.30	5343.16	2.19	2.24	2.33	1.50	1.67	-23.74
600023	浙能电力	9105.43	608.18	5.53	8.50	9.39	6.65	6.76	0.00
600026	中海发展	2108.55	2108.55	4.64	4.80	6.07	3.30	4.87	4.96
600027	华电国际	5940.06	5880.06	3.94	3.96	4.81	2.81	3.02	-21.81
600028	中国石化	91051.84	91051.84	6.92	6.96	7.73	4.05	4.48	-11.39
600029	南方航空	7022.65	7022.65	3.91	3.91	4.30	2.54	2.75	-28.33
600030	中信证券	9838.58	9814.66	13.36	13.60	15.97	9.29	12.75	-1.92
600031	三一重工	7616.50	7593.71	10.59	10.64	13.19	6.12	6.42	-37.25
600033	福建高速	2744.40	1339.75	2.23	2.24	2.41	1.81	2.14	0.53
600035	楚天高速	931.65	931.65	2.98	2.98	3.90	2.82	3.04	4.48
600036	招商银行	20628.94	20628.94	13.75	13.82	15.01	10.00	10.89	-15.23
600037	歌华有线	1060.37	1060.37	6.70	6.73	10.53	5.72	7.79	18.20
600038	哈飞股份	589.48	337.35	18.82	18.85	31.50	18.28	27.49	47.01
600039	四川路桥	1509.87	547.20	6.47	6.53	8.57	4.85	6.04	-4.35
600048	保利地产	7137.99	7137.99	13.60	13.80	14.64	7.89	8.25	-38.20
600050	中国联通	21196.60	21196.60	3.50	3.53	3.87	2.97	3.21	-7.09
600051	宁波联合	302.40	302.40	7.01	7.03	9.18	5.33	6.71	-2.94
600052	浙江广厦	871.79	871.79	4.23	4.19	4.29	2.76	3.44	-17.84
600053	中江地产	433.54	433.54	7.63	7.66	8.60	5.60	6.19	-18.65
600054	黄山旅游	315.35	117.62	12.58	12.58	14.76	9.81	10.26	-18.20
600055	华润万东	216.45	216.45	8.61	8.62	13.65	8.52	10.24	19.45
600056	中国医药	457.38	442.23	20.19	20.23	24.88	15.04	21.81	9.92
600057	象屿股份	859.84	429.84	4.53	4.57	7.14	3.39	6.81	50.33
600058	五矿发展	1071.91	1071.91	17.17	17.49	19.18	10.22	13.56	-21.03
600059	古越龙山	634.86	634.86	11.42	11.50	13.80	9.10	9.49	-16.21
600060	海信电器	1308.48	1308.48	10.11	10.19	16.74	9.50	11.54	17.31
600061	中纺投资	429.08	429.08	4.36	4.35	7.65	4.07	6.16	41.28
600062	华润双鹤	571.70	571.70	22.70	22.77	28.43	19.00	22.37	0.12
600063	皖维高新	1497.85	1497.85	2.65	2.67	3.04	1.85	2.07	-21.89
600064	南京高科	516.22	516.22	12.17	12.28	13.40	8.88	11.02	-7.07
600066	宇通客车	1273.71	1222.65	25.20	25.30	33.11	15.45	17.56	28.22
600067	冠城大通	1190.56	1190.56	6.56	6.69	9.25	5.55	6.47	1.22
600068	葛洲坝	3487.46	3487.46	5.49	5.55	6.01	3.69	3.96	-25.80

注：发行股本、流通股本、成交数量的单位为百万股，成交金额的单位为百万元。

A 股
A Share

涨跌值 Change	市盈率 P/E	市净率 P/B	换手率(%) Turnover Rate	成交数量 Trading Vol	成交金额 Trading Val
-0.49	5.15	0.86	261.25	38986.50	396534.77
-0.14	10.61	1.03	97.01	1115.57	7748.90
-0.57	105.72	0.62	38.39	3875.49	9803.47
-0.08	267.71	0.98	130.78	2615.54	8271.52
-0.88	27.94	2.20	31.92	321.54	3667.41
2.39	25.58	2.44	382.34	8411.56	59945.66
1.86	17.45	1.63	236.62	2587.34	37669.14
-1.09	134.65	1.82	161.80	10393.77	48952.70
-2.08	12.12	1.15	62.22	6226.50	37623.95
-0.10	8.59	0.93	67.97	792.32	3261.52
-1.78	5.96	0.89	165.56	9293.70	85069.16
-0.14	5.83	1.11	195.97	44265.13	422568.71
-0.35	9.93	0.83	89.40	2351.85	6400.69
2.65	24.18	2.41	76.73	16105.34	85353.11
-0.80	6.49	0.61	37.46	6268.58	28430.46
-0.11	9.60	0.72	46.92	1054.39	2437.35
0.00	11.24	1.25	115.34	2467.93	12284.81
-0.52	0.00	0.83	65.57	3503.32	6586.66
0.00	14.64	1.70	156.49	951.73	7356.80
0.23	224.84	0.78	93.37	1968.72	9043.75
-0.92	15.70	0.97	116.51	6642.61	22847.22
-2.44	8.22	0.92	15.07	12350.50	67605.97
-1.16	10.27	0.79	93.70	6479.15	21078.04
-0.61	33.15	1.60	270.42	26540.74	333492.70
-4.17	8.60	2.05	108.95	8201.83	73378.56
-0.09	14.30	0.78	145.12	1944.26	4192.94
0.06	14.50	0.80	89.11	830.19	2778.74
-2.86	6.07	1.04	110.90	20588.71	250214.57
1.09	27.77	1.43	371.26	3936.74	30847.54
8.67	140.23	2.75	374.01	1261.73	31911.94
-0.43	13.51	1.40	594.31	3252.08	21976.07
-5.35	6.98	1.14	207.20	14790.06	164650.13
-0.29	28.73	0.91	111.81	23699.56	81297.20
-0.30	61.28	1.14	335.77	1015.38	7779.88
-0.79	52.33	1.64	137.82	1201.52	4323.38
-1.44	212.20	3.31	105.95	459.36	3256.26
-2.32	20.15	2.38	459.39	540.34	6461.98
1.63	68.71	3.33	270.49	585.48	6662.57
1.62	28.62	2.90	260.17	943.87	19672.05
2.28	50.98	3.24	643.72	2766.98	13531.43
-3.61	0.00	1.70	111.12	1191.06	18487.83
-1.93	31.57	2.42	350.17	2197.37	25374.99
1.43	9.42	1.53	387.74	5067.04	62097.78
1.80	518.52	4.43	454.76	1951.28	11144.12
-0.33	20.81	2.40	204.51	1169.16	26272.47
-0.58	0.00	1.28	307.37	4603.93	11300.38
-1.15	14.82	1.14	239.63	1236.99	14179.25
-7.64	14.43	2.56	180.90	1865.63	37329.01
-0.09	9.27	1.64	495.51	5854.09	43593.59
-1.53	8.84	1.01	132.89	4634.61	22271.22

A 股
A Share

股票
Share

股票代码 Code	名称 Name	发行股本 Issued Vol	流通股本 Negotiable Vol	上年收盘 Last Year Close	本年开盘 Open	本年最高 High	本年最低 Low	本年收盘 Close	涨跌(%) Change(%)
600069	银鸽投资	825.37	825.37	5.22	5.45	6.24	3.94	4.09	-21.65
600070	浙江富润	182.88	182.88	7.64	7.71	9.84	6.34	8.03	8.80
600071	凤凰光学	237.47	237.47	6.09	6.15	8.32	4.82	5.93	-2.63
600072	中船股份	478.43	478.43	13.90	13.90	16.51	8.41	12.23	-12.01
600073	上海梅林	822.74	775.80	6.42	6.42	12.40	5.90	8.78	51.73
600074	*ST 中达	661.24	661.24	4.04	4.05	4.80	3.42	4.14	2.48
600075	新疆天业	438.59	438.59	6.70	6.75	8.68	5.74	6.42	-4.18
600076	青鸟华光	365.54	365.54	3.38	3.38	6.30	3.21	4.64	37.28
600077	宋都股份	1090.96	486.63	6.00	6.02	7.15	4.11	4.37	-26.66
600078	澄星股份	662.57	662.57	8.47	8.51	9.15	5.49	5.81	-31.22
600079	人福医药	528.78	461.35	23.39	23.13	34.76	22.20	28.35	21.67
600080	金花股份	305.30	305.30	6.78	6.81	10.55	5.95	8.26	22.31
600081	东风科技	313.56	313.56	6.50	6.48	10.77	5.07	8.55	33.92
600082	海泰发展	646.12	629.99	4.64	4.66	5.99	3.80	4.87	4.96
600083	博信股份	230.00	225.98	4.98	4.90	8.79	4.73	7.02	40.96
600084	中葡股份	809.92	809.92	5.45	5.48	6.24	3.76	3.94	-27.71
600085	同仁堂	1310.77	1310.77	17.82	17.99	25.30	17.34	21.40	21.35
600086	东方金钰	352.28	352.28	21.86	21.70	25.71	16.61	17.40	-20.40
600087	*ST 长油	3394.19	2989.19	1.41	1.35	1.73	1.27	1.63	15.60
600088	中视传媒	331.42	331.42	9.36	9.40	25.50	9.11	15.52	66.28
600089	特变电工	2635.56	2635.56	6.46	6.51	13.55	6.44	10.72	68.12
600090	啤酒花	367.92	367.92	6.91	6.93	8.13	5.40	6.93	0.29
600091	ST 明科	336.53	336.53	4.06	4.06	5.64	3.58	4.70	15.76
600093	禾嘉股份	322.45	322.45	5.34	5.24	7.00	4.80	5.89	10.30
600094	大名城	1312.84	199.38	6.95	6.99	7.46	4.49	5.05	-27.34
600095	哈高科	361.26	361.26	5.53	5.58	6.40	4.10	4.80	-13.20
600096	云天化	1129.08	364.19	12.96	12.98	14.32	7.70	8.90	-31.33
600097	开创国际	202.60	115.45	12.30	12.35	14.54	9.82	12.69	5.12
600098	广州发展	2742.22	2453.40	7.58	7.50	7.82	4.60	5.38	-27.31
600099	林海股份	219.12	219.12	5.65	5.68	6.59	4.42	5.19	-8.14
600100	同方股份	2197.88	1987.70	7.48	7.90	10.81	6.55	10.17	37.78
600101	明星电力	324.18	324.18	9.29	9.30	12.38	8.23	8.69	-5.91
600103	青山纸业	1061.84	1061.84	2.89	2.90	3.19	2.06	2.31	-20.07
600104	上汽集团	11025.57	9242.42	17.64	17.75	19.00	11.83	14.14	-16.11
600105	永鼎股份	380.95	380.95	5.24	5.25	7.62	4.50	7.08	37.91
600106	重庆路桥	907.74	907.74	4.00	4.03	4.44	3.11	3.74	-4.39
600107	美尔雅	360.00	360.00	7.46	7.51	8.68	5.50	6.36	-14.75
600108	亚盛集团	1946.92	1946.92	6.83	6.86	11.30	5.77	8.03	17.93
600109	国金证券	1294.07	1294.07	17.84	17.88	19.35	10.80	16.97	-4.30
600110	中科英华	1150.31	1150.31	3.61	3.97	6.98	3.97	6.09	68.70
600111	包钢稀土	2422.04	1479.47	37.45	38.05	38.18	19.32	22.27	-40.10
600112	天成控股	509.20	509.20	10.64	10.71	15.54	8.34	12.82	20.49
600113	浙江东日	318.60	318.60	10.07	10.09	12.88	7.00	8.83	-12.31
600114	东睦股份	205.50	107.68	7.99	8.03	15.50	7.81	14.89	88.93
600115	东方航空	8481.08	7782.21	3.51	3.52	3.79	2.31	2.77	-21.08
600116	三峡水利	267.53	267.53	12.13	12.23	14.16	8.31	10.32	-13.38
600117	西宁特钢	741.22	741.22	4.93	5.05	5.82	3.51	3.65	-25.79
600118	中国卫星	1182.49	1182.49	12.23	12.26	21.74	11.68	18.53	79.19
600119	长江投资	307.40	307.40	5.32	5.35	24.78	5.07	17.83	238.73
600120	浙江东方	505.47	505.47	8.55	8.60	15.55	8.10	12.55	49.67

注：发行股本、流通股本、成交数量的单位为百万股，成交金额的单位为百万元。

A 股
A Share

股票
Share

涨跌值 Change	市盈率 P/E	市净率 P/B	换手率(%) Turnover Rate	成交数量 Trading Vol	成交金额 Trading Val
-1.13	204.60	2.14	183.44	1514.06	7555.83
0.39	11.54	1.70	561.18	1026.27	8551.29
-0.16	225.90	2.37	388.12	921.69	6288.54
-1.67	0.00	5.13	428.35	2049.34	26851.87
2.36	51.56	3.64	464.02	3484.58	30839.39
0.10	0.00	39.54	111.86	739.64	3104.98
-0.28	0.00	1.87	359.64	1577.37	11269.54
1.26	44.90	12.28	495.65	1811.77	8762.13
-1.63	12.31	0.39	700.89	3287.71	19078.83
-2.66	139.73	2.19	379.57	2514.91	18677.02
4.96	36.92	3.45	253.25	1149.47	31313.10
1.48	56.98	2.53	560.25	1710.42	13830.54
2.05	27.67	3.20	226.35	709.74	5679.72
0.23	73.67	1.85	549.25	3457.71	16507.33
2.04	0.00	51.06	208.81	471.87	3190.52
-1.51	320.59	3.35	162.94	1319.68	6343.93
3.58	49.21	5.59	176.35	2299.84	49914.04
-4.46	38.24	6.87	375.21	1321.80	28799.75
0.22	0.00	0.00	68.37	2043.71	3064.54
6.16	113.77	4.65	332.07	1100.57	18315.23
4.26	28.81	1.94	404.58	10663.00	98003.92
0.02	178.15	4.71	347.42	1278.23	9061.01
0.64	133.48	3.53	149.30	502.43	2356.13
0.55	95.23	4.48	230.63	743.66	4475.14
-1.90	40.40	2.91	769.27	1533.75	9099.21
-0.73	70.80	2.47	418.92	1513.40	7987.42
-4.06	0.00	1.22	203.69	1349.53	14182.98
0.39	19.96	6.11	585.12	675.52	8377.85
-2.20	16.91	1.10	88.02	2042.93	11746.18
-0.46	2306.67	2.38	241.63	529.46	2967.86
2.69	36.86	2.09	435.99	8666.25	73602.03
-0.60	25.50	1.62	500.67	1623.06	15427.02
-0.58	0.00	1.82	207.39	2202.18	5884.67
-3.50	7.51	1.13	80.92	7423.03	110527.34
1.84	237.82	1.73	453.28	1726.80	10523.19
-0.26	14.59	1.50	341.61	3100.93	11851.31
-1.10	146.61	4.31	555.53	1999.91	14474.50
1.20	34.53	3.35	600.07	11478.43	98279.19
-0.87	80.03	3.26	427.37	4367.91	67102.11
2.48	1341.41	3.52	468.84	5393.08	32518.90
-15.18	35.71	6.90	587.34	8689.44	247547.10
2.18	87.21	5.50	359.93	1832.79	20792.25
-1.24	98.96	4.88	1069.56	3407.63	34516.64
6.90	80.68	4.12	1341.06	1444.02	15937.01
-0.74	10.24	1.43	72.25	5622.35	17169.82
-1.81	33.59	2.47	593.59	1528.98	17073.62
-1.28	85.92	0.96	173.48	1285.90	5792.79
6.30	80.99	5.41	569.42	5804.10	95256.69
12.51	166.98	7.33	712.50	2190.24	25512.99
4.00	15.87	1.46	634.96	3209.57	39793.64

A 股
A Share

股票
Share

股票代码 Code	名称 Name	发行股本 Issued Vol	流通股本 Negotiable Vol	上年收盘 Last Year Close	本年开盘 Open	本年最高 High	本年最低 Low	本年收盘 Close	涨跌(%) Change(%)
600121	郑州煤电	1015.34	629.14	7.67	7.71	8.60	4.69	5.04	-32.98
600122	宏图高科	1141.59	1132.79	4.00	4.03	5.02	3.12	4.02	1.02
600123	兰花科创	1142.40	1142.40	20.29	20.51	23.95	10.32	10.67	-44.79
600125	铁龙物流	1305.52	1305.52	7.19	7.17	8.27	5.04	5.69	-19.45
600126	杭钢股份	838.94	838.94	3.06	3.11	4.81	2.78	3.88	26.80
600127	金健米业	641.78	544.46	4.69	5.16	6.21	3.82	4.67	-0.43
600128	弘业股份	246.77	246.77	8.75	8.85	10.98	6.61	8.39	-3.18
600129	太极集团	426.89	426.89	6.80	6.89	10.42	6.47	8.61	26.62
600130	波导股份	768.00	768.00	3.36	3.38	4.57	2.60	3.62	7.74
600131	岷江水电	504.13	397.37	5.32	5.33	7.14	3.99	4.07	-22.66
600132	重庆啤酒	483.97	483.97	15.37	15.45	20.47	14.28	16.19	6.51
600133	东湖高新	634.26	426.62	5.55	5.56	7.22	4.79	5.64	1.62
600135	乐凯胶片	342.00	342.00	6.25	6.31	10.84	6.24	8.00	28.30
600136	道博股份	104.44	104.29	7.51	8.26	11.80	7.46	10.54	40.35
600137	浪莎股份	97.22	97.22	8.86	8.92	12.02	7.87	10.25	15.69
600138	中青旅	415.35	415.35	15.92	15.84	20.22	12.80	17.62	11.89
600139	西部资源	661.89	629.71	9.61	9.77	10.38	5.57	7.38	-19.38
600141	兴发集团	435.39	365.48	18.04	18.17	20.40	10.77	12.48	-29.29
600143	金发科技	2634.40	2634.40	5.39	5.45	7.03	4.36	5.56	7.43
600145	国创能源	377.69	377.69	5.31	5.38	6.21	3.45	3.84	-27.68
600146	大元股份	200.00	200.00	12.54	12.57	15.30	8.00	9.45	-24.64
600148	长春一东	141.52	141.52	7.12	7.15	10.96	5.92	9.45	32.72
600149	廊坊发展	380.16	330.11	9.09	9.10	9.45	5.57	5.61	-38.28
600150	中国船舶	1378.12	1378.12	23.24	23.34	25.95	14.98	24.19	4.14
600151	航天机电	1250.18	1204.70	5.37	5.43	11.18	5.39	8.56	59.40
600152	维科精华	293.49	293.49	4.38	4.43	6.43	3.74	4.52	3.20
600153	建发股份	2237.75	2237.75	7.03	7.04	8.00	5.65	7.15	4.14
600155	*ST 宝硕	412.50	412.50	3.24	3.21	3.94	2.71	3.67	13.27
600156	华升股份	402.11	402.11	4.07	4.07	4.89	3.09	4.44	9.09
600157	永泰能源	1767.56	1433.95	9.41	9.57	13.60	5.23	5.39	-40.88
600158	中体产业	843.74	657.50	5.77	5.82	9.56	4.54	7.65	33.20
600159	大龙地产	830.00	830.00	3.29	3.30	3.44	2.38	2.85	-13.37
600160	巨化股份	1810.92	1791.47	9.24	9.32	10.58	5.19	5.37	-35.90
600161	天坛生物	515.47	515.47	12.44	12.52	25.50	12.16	21.26	70.90
600162	香江控股	767.81	767.81	4.90	4.89	8.68	4.82	5.55	13.44
600163	福建南纸	721.42	721.42	3.81	3.82	5.65	3.52	3.66	-3.94
600165	新日恒力	273.95	193.95	6.08	6.10	8.65	5.90	7.02	15.46
600166	福田汽车	2809.67	2538.10	6.73	6.78	7.99	4.69	5.10	-22.21
600167	联美控股	211.00	211.00	9.73	9.74	13.64	9.20	10.17	5.91
600168	武汉控股	709.57	441.15	5.85	5.85	8.59	5.67	8.03	37.86
600169	太原重工	2423.96	2423.96	3.63	3.70	4.07	2.22	3.03	-16.53
600170	上海建工	2775.27	845.89	7.81	7.81	9.18	5.36	6.23	-1.41
600171	上海贝岭	673.81	673.81	4.75	4.79	10.29	4.02	9.03	90.46
600172	黄河旋风	533.36	496.68	6.78	6.82	8.40	5.66	6.61	-1.97
600173	卧龙地产	725.15	725.06	4.07	4.10	4.38	2.57	2.81	-29.90
600175	美都控股	1390.78	1371.28	2.89	2.92	6.58	2.55	4.75	64.95
600176	中国玻纤	872.63	641.09	10.15	10.15	10.18	6.98	7.57	-24.52
600177	雅戈尔	2226.61	2143.61	7.90	8.05	10.13	5.63	7.50	1.13
600178	东安动力	462.08	462.08	5.39	5.40	8.00	4.43	5.19	-3.71
600179	黑化股份	390.00	390.00	7.20	7.30	7.82	4.22	5.16	-28.33

注：发行股本、流通股本、成交数量的单位为百万股，成交金额的单位为百万元。

A 股
A Share

股票
Share

涨跌值 Change	市盈率 P/E	市净率 P/B	换手率(%) Turnover Rate	成交数量 Trading Vol	成交金额 Trading Val
-2.63	12.50	1.34	150.87	949.18	6071.00
0.02	19.51	0.79	282.86	3204.24	13306.88
-9.62	6.54	1.26	339.44	3877.74	63390.85
-1.50	16.08	1.71	416.59	5291.18	33904.80
0.82	0.00	0.99	223.69	1876.64	7053.51
-0.02	573.01	3.35	307.10	1672.01	7969.89
-0.36	31.69	1.46	461.07	1137.77	10499.73
1.81	0.00	3.88	324.97	1387.28	11721.72
0.26	40.58	3.37	402.21	3088.97	11091.84
-1.25	29.05	3.16	396.26	1574.60	8852.34
0.82	49.27	5.11	301.82	1460.72	25185.79
0.09	236.48	3.04	724.86	3092.38	18736.32
1.75	100.97	2.82	566.06	1935.93	16645.64
3.03	214.88	8.23	424.76	443.00	4629.88
1.39	96.13	2.17	386.08	375.34	3740.65
1.70	24.79	2.50	351.68	1460.71	23688.99
-2.23	26.20	3.79	299.41	1859.10	15287.06
-5.56	18.45	1.61	473.77	1719.08	27153.11
0.17	18.86	1.88	285.46	7520.23	44300.19
-1.47	534.82	13.48	456.17	1722.90	8411.45
-3.09	170.92	13.39	499.14	998.28	11568.01
2.33	398.40	3.95	251.46	355.85	3023.72
-3.48	343.54	8.00	450.00	1485.51	11357.61
0.95	1240.51	1.92	168.65	2324.21	47799.01
3.19	0.00	2.83	392.78	4310.15	35183.56
0.14	0.00	1.66	489.21	1435.81	7271.09
0.12	7.42	1.28	176.16	3942.06	27948.24
0.43	0.00	18.86	176.20	726.83	2472.27
0.37	425.70	2.53	308.43	1240.23	5212.34
-4.02	9.64	0.97	543.84	7450.19	57612.14
1.88	82.79	4.53	956.44	6288.53	43467.81
-0.44	0.00	1.18	144.47	1199.13	3528.21
-3.87	16.15	1.30	204.77	2874.94	22273.67
8.82	35.94	5.69	441.93	2197.74	39525.11
0.65	138.85	2.64	612.83	2723.12	18373.71
-0.15	116.49	4.01	469.75	3388.84	14895.04
0.94	45.47	1.86	802.62	1556.70	11204.51
-1.63	10.59	0.96	313.03	5083.56	31117.80
0.44	19.48	2.47	263.16	555.26	6390.07
2.18	111.02	1.48	342.84	1512.45	11006.53
-0.60	0.00	1.36	290.56	7042.94	23352.30
-1.58	10.81	1.33	664.15	5088.68	37669.78
4.28	182.17	3.45	455.59	3069.78	20839.87
-0.17	20.61	1.59	536.14	2662.88	18752.33
-1.26	27.44	1.39	188.96	1370.07	4608.21
1.86	76.65	3.03	403.04	5526.75	26799.40
-2.58	24.09	1.78	317.21	2033.58	16751.33
-0.40	10.45	1.20	179.37	3752.53	29361.93
-0.20	0.00	1.42	351.85	1625.83	9997.73
-2.04	116.61	6.45	640.43	2497.66	15763.49

A 股
A Share

股票
Share

股票代码 Code	名称 Name	发行股本 Issued Vol	流通股本 Negotiable Vol	上年收盘 Last Year Close	本年开盘 Open	本年最高 High	本年最低 Low	本年收盘 Close	涨跌(%) Change(%)
600180	瑞茂通	872.22	250.99	7.97	7.97	12.40	6.14	9.55	19.82
600182	S 佳通	340.00	170.00	8.19	8.26	15.16	7.81	13.10	61.91
600183	生益科技	1423.02	1400.51	4.21	4.22	5.70	3.99	4.94	20.97
600184	光电股份	209.38	117.65	19.42	19.49	30.80	18.60	21.40	10.20
600185	格力地产	577.59	577.59	6.96	7.02	10.29	5.18	8.37	24.36
600186	莲花味精	1062.02	1062.02	3.01	3.04	3.39	2.24	2.58	-14.29
600187	国中水务	1455.62	1068.06	8.09	8.10	15.05	4.61	4.94	52.66
600188	兖州煤业	2960.00	2960.00	18.23	18.58	20.18	8.66	8.88	-49.73
600189	吉林森工	310.50	310.50	6.44	6.48	8.88	5.70	7.49	17.94
600190	锦州港	1779.48	1338.98	3.67	3.68	5.15	3.30	3.79	4.04
600191	华资实业	484.93	484.93	5.79	5.83	7.18	5.31	5.67	-1.91
600192	长城电工	441.75	341.75	5.41	5.45	8.26	5.33	6.86	26.98
600193	创兴资源	425.37	425.37	12.07	12.20	13.49	6.19	6.60	-28.62
600195	中牧股份	429.80	390.00	12.62	12.79	16.18	10.32	15.73	26.70
600196	复星医药	1904.39	1904.39	10.49	10.54	20.88	9.75	19.59	90.32
600197	伊力特	441.00	441.00	15.15	15.17	16.98	9.45	10.91	-26.42
600198	大唐电信	741.71	450.86	8.13	8.16	16.76	7.89	13.28	63.35
600199	金种子酒	555.78	555.78	19.21	19.30	24.48	9.11	10.14	-46.05
600200	江苏吴中	623.70	522.09	7.20	7.25	19.19	7.11	11.39	58.43
600201	金宇集团	280.81	280.81	14.26	14.28	26.60	13.50	25.77	82.04
600202	哈空调	383.34	383.34	5.07	5.09	7.99	4.38	5.16	2.22
600203	福日电子	240.54	240.54	5.50	5.52	8.87	5.45	8.14	48.00
600206	有研硅股	277.85	217.50	9.86	9.86	19.85	9.71	19.35	96.25
600207	安彩高科	690.00	440.00	4.20	4.23	6.12	3.50	4.90	16.67
600208	新湖中宝	6258.86	6257.26	4.31	4.35	4.55	2.69	3.20	-24.41
600209	罗顿发展	439.01	375.30	10.39	10.38	13.37	8.04	9.54	-8.18
600210	紫江企业	1436.74	1436.74	3.51	3.53	3.74	2.60	3.25	-4.11
600211	西藏药业	145.59	114.11	14.76	14.80	19.98	14.10	17.74	20.69
600212	江泉实业	511.70	511.70	3.07	3.09	4.05	2.34	3.11	1.30
600213	亚星客车	220.00	220.00	5.58	5.56	7.74	4.82	5.88	5.38
600215	长春经开	465.03	465.03	4.69	4.71	5.10	3.61	4.01	-14.29
600216	浙江医药	936.11	936.10	21.02	21.22	24.59	10.24	10.45	-8.43
600217	秦岭水泥	660.80	660.80	7.09	7.07	7.70	3.85	4.84	-31.73
600218	全柴动力	283.40	283.40	9.70	9.82	12.33	7.75	9.08	-5.86
600219	南山铝业	1934.15	1934.15	6.82	6.88	7.47	4.47	5.21	-22.14
600220	江苏阳光	1783.34	1783.34	2.81	2.84	3.01	2.02	2.42	-13.88
600221	海南航空	11812.74	11812.06	4.23	4.24	5.25	1.86	2.00	-3.48
600222	太龙药业	496.61	412.40	4.42	4.43	6.88	4.39	6.36	43.89
600223	鲁商置业	1000.97	1000.97	5.67	5.73	5.98	3.40	3.87	-31.75
600225	天津松江	626.40	567.03	4.58	4.65	8.88	3.66	7.41	61.79
600226	升华拜克	405.55	405.55	6.00	6.01	7.83	4.26	6.15	3.39
600227	赤天化	950.39	950.39	3.65	3.68	3.95	2.59	2.74	-24.48
600228	昌九生化	241.32	241.32	14.79	15.00	40.60	9.21	11.60	-21.57
600229	青岛碱业	395.79	395.79	5.89	6.48	6.74	4.67	6.04	2.55
600230	沧州大化	259.33	259.33	15.72	15.95	19.19	10.13	11.53	-26.07
600231	凌钢股份	804.00	804.00	4.75	4.86	5.03	2.82	3.22	-31.35
600232	金鹰股份	364.72	364.72	4.35	4.39	5.70	3.70	4.76	11.40
600233	大杨创世	165.00	165.00	8.34	8.36	14.10	7.80	9.36	13.55
600234	*ST 天龙	202.45	202.45	4.52	4.75	6.20	4.37	5.77	27.65
600235	民丰特纸	351.30	263.40	6.73	6.82	9.20	5.65	6.12	-9.06

注：发行股本、流通股本、成交数量的单位为百万股，成交金额的单位为百万元。

A 股
A Share

涨跌值 Change	市盈率 P/E	市净率 P/B	换手率(%) Turnover Rate	成交数量 Trading Vol	成交金额 Trading Val
1.58	21.82	4.77	593.25	1489.00	13951.32
4.91	24.33	4.39	565.04	960.57	11303.43
0.73	21.74	1.59	133.81	1874.00	9195.61
1.98	1486.11	4.85	520.58	530.77	12538.44
1.41	15.04	1.63	349.33	2017.73	15186.75
-0.43	74.91	4.69	331.87	3193.53	9406.12
-3.15	97.07	2.86	709.06	3878.73	36060.48
-9.35	7.92	1.12	446.06	1995.06	26936.53
1.05	59.33	1.74	570.50	1771.41	12955.56
0.12	57.82	1.35	79.62	1066.08	4318.20
-0.12	514.99	1.65	193.30	937.40	5866.79
1.45	63.04	1.70	335.52	1146.65	7965.90
-5.47	25.14	3.95	668.71	2275.79	23552.83
3.11	28.82	2.62	332.83	1298.05	17547.40
9.10	28.06	2.86	297.74	5667.22	82744.11
-4.24	20.33	3.26	369.49	1629.46	20029.39
5.15	58.32	4.27	542.37	2388.98	31227.72
-9.07	10.04	2.60	592.24	3291.53	48111.86
4.19	151.66	7.36	1460.47	7624.93	101226.63
11.51	55.48	5.65	289.12	811.88	16877.80
0.09	94.01	2.37	375.72	1440.27	8689.56
2.64	45.48	4.06	459.30	1104.82	7582.62
9.49	0.00	4.42	475.08	1033.31	15775.20
0.70	0.00	3.25	433.03	1905.34	9052.35
-1.11	8.67	1.55	91.89	5749.84	20187.28
-0.85	2530.50	6.35	1849.72	6941.97	75693.40
-0.26	28.86	1.28	162.23	2330.86	7751.76
2.98	84.60	6.65	282.78	295.25	5120.44
0.04	0.00	1.55	387.85	1984.61	6442.97
0.30	218.83	6.79	265.37	583.81	3813.54
-0.68	186.60	0.77	180.29	838.41	3717.76
-10.57	11.53	1.52	314.15	1740.28	32188.93
-2.25	287.41	78.98	648.50	4285.30	24439.84
-0.62	137.51	2.42	847.06	2400.56	23305.68
-1.61	14.59	0.58	141.63	2739.40	15944.80
-0.39	0.00	2.65	128.08	2284.13	5856.79
-2.23	12.64	0.96	123.89	9617.00	25035.71
1.94	156.38	3.02	344.73	1421.65	7934.07
-1.80	15.71	2.12	149.00	1491.48	6747.19
2.83	54.26	4.99	420.12	2376.74	13743.41
0.15	73.51	1.84	516.65	2095.27	12928.46
-0.91	73.79	0.75	149.19	1414.84	4694.62
-3.19	0.00	0.00	844.34	2037.57	50904.41
0.15	0.00	2.23	507.97	2010.47	11470.81
-4.19	10.37	1.86	419.94	1089.03	16169.41
-1.53	59.40	0.68	220.21	1770.47	6779.21
0.41	206.33	1.47	329.17	1200.53	5722.13
1.02	20.06	1.51	730.33	1205.04	12835.83
1.25	0.00	26.51	102.33	207.16	1064.59
-0.61	134.59	1.53	457.59	1205.30	8842.34

A 股
A Share

股票
Share

股票代码 Code	名称 Name	发行股本 Issued Vol	流通股本 Negotiable Vol	上年收盘 Last Year Close	本年开盘 Open	本年最高 High	本年最低 Low	本年收盘 Close	涨跌(%) Change(%)
600236	桂冠电力	2280.45	1128.23	3.98	4.36	4.40	3.00	3.13	-20.46
600237	铜峰电子	564.37	400.00	6.58	6.62	7.02	4.58	5.20	-20.67
600238	海南椰岛	448.20	442.03	7.89	7.99	9.63	6.37	7.30	-6.17
600239	云南城投	823.43	823.43	8.65	8.81	9.07	4.77	5.37	-37.20
600240	华业地产	1424.25	1424.25	4.81	4.90	5.64	3.61	4.06	-15.59
600241	时代万恒	180.20	180.20	5.53	5.56	7.80	5.10	6.33	14.84
600242	中昌海运	273.34	266.84	5.41	5.45	7.18	4.41	5.58	3.14
600243	青海华鼎	236.85	236.85	5.52	5.52	7.30	4.91	6.52	18.12
600246	万通地产	1216.80	1216.80	3.82	3.89	4.04	2.82	2.92	-20.50
600247	成城股份	336.44	336.44	4.03	4.43	7.12	4.02	4.13	2.48
600248	延长化建	425.99	291.27	7.32	7.40	9.16	6.48	7.87	8.79
600249	两面针	450.00	450.00	4.61	4.65	6.46	4.40	5.53	21.12
600250	南纺股份	258.69	258.69	4.69	4.80	7.19	4.46	5.54	18.12
600251	冠农股份	362.10	362.10	16.36	16.46	23.09	12.75	15.10	-6.40
600252	中恒集团	1091.75	1091.75	9.13	9.21	17.18	9.08	13.64	51.58
600253	天方药业	420.00	419.40	6.26	6.11	6.26	6.26	6.26	3.61
600255	鑫科材料	625.50	449.50	5.64	5.69	7.58	4.06	7.10	25.89
600256	广汇能源	5221.42	3046.05	16.39	16.48	22.03	8.15	8.74	-19.81
600257	大湖股份	427.05	427.05	6.67	6.73	9.36	5.45	7.48	12.33
600258	首旅酒店	231.40	231.40	11.35	11.42	16.12	10.95	14.42	29.60
600259	广晟有色	249.40	249.40	58.48	59.03	65.30	32.28	38.85	-33.57
600260	凯乐科技	527.64	527.64	9.21	9.35	10.40	6.26	7.62	-17.26
600261	阳光照明	645.38	645.38	8.66	8.66	15.20	7.94	13.89	61.79
600262	北方股份	170.00	66.00	13.89	13.87	18.17	12.24	14.27	4.57
600265	*ST 景谷	129.80	129.80	6.00	6.00	10.48	5.59	7.72	28.67
600266	北京城建	889.20	889.20	14.89	15.00	15.09	9.01	9.68	-32.79
600267	海正药业	839.71	839.71	14.89	15.00	19.62	12.32	14.82	0.27
600268	国电南自	635.25	635.25	5.85	5.88	7.39	4.88	5.07	-12.09
600269	赣粤高速	2335.41	2335.41	3.42	3.44	3.74	2.64	2.92	-10.03
600270	外运发展	905.48	330.84	7.09	7.15	14.16	6.33	10.19	47.33
600271	航天信息	923.40	923.40	14.82	14.96	22.08	11.58	20.17	40.32
600272	开开实业	163.00	160.00	10.16	10.22	12.20	7.51	10.32	1.82
600273	华芳纺织	315.00	315.00	5.56	5.57	8.31	4.33	6.84	23.50
600275	武昌鱼	508.84	508.84	5.18	5.18	8.17	5.06	5.17	-0.19
600276	恒瑞医药	1360.22	1360.22	30.10	29.80	38.96	24.69	37.98	39.14
600277	亿利能源	2089.59	1533.29	5.94	5.96	10.60	5.46	7.56	28.17
600278	东方创业	522.24	416.00	6.08	6.10	14.85	5.51	11.29	88.50
600279	重庆港九	342.09	342.09	6.28	6.32	9.76	5.09	7.83	25.81
600280	中央商场	574.17	574.17	35.82	36.08	50.56	12.40	12.82	44.09
600281	太化股份	514.40	514.40	6.31	6.32	6.73	4.00	4.28	-32.17
600282	南钢股份	3875.75	3875.75	2.36	2.41	2.45	1.70	1.93	-18.22
600283	钱江水利	285.33	285.33	8.92	8.74	9.50	6.93	7.85	-10.88
600284	浦东建设	693.04	498.24	8.77	8.83	15.10	8.15	10.57	22.54
600285	羚锐制药	357.27	301.08	10.78	10.80	15.46	8.35	9.62	34.83
600287	江苏舜天	436.80	436.80	5.92	5.94	8.36	5.21	6.68	13.52
600288	大恒科技	436.80	436.80	6.47	6.50	9.35	5.66	7.31	13.71
600289	亿阳信通	571.54	567.38	5.80	5.84	12.60	5.62	8.96	55.69
600290	华仪电气	526.88	515.18	5.09	5.12	8.75	3.73	7.73	52.56
600291	西水股份	384.00	384.00	6.79	6.75	11.90	6.24	8.60	27.51
600292	中电远达	511.87	334.50	12.58	12.68	30.57	11.89	25.89	106.63

注：发行股本、流通股本、成交数量的单位为百万股，成交金额的单位为百万元。

A 股
A Share

股票
Share

涨跌值 Change	市盈率 P/E	市净率 P/B	换手率(%) Turnover Rate	成交数量 Trading Vol	成交金额 Trading Val
-0.85	24.90	2.06	119.99	1353.63	4851.62
-1.38	118.29	1.95	372.63	1490.52	8777.46
-0.59	20.68	3.68	513.31	2268.99	18394.17
-3.28	20.26	1.16	390.95	2892.52	18768.52
-0.75	25.04	1.68	369.99	5259.72	24482.69
0.80	90.96	2.53	395.89	713.39	4623.34
0.17	562.50	5.69	717.04	1135.09	6576.50
1.00	0.00	2.08	768.82	1820.94	11235.10
-0.90	9.48	0.95	104.09	1266.55	4447.62
0.10	61.49	0.00	766.47	2578.74	14414.94
0.55	21.56	2.70	271.58	791.04	6240.57
0.92	177.87	1.39	270.46	1217.08	6719.15
0.85	81.89	3.62	266.65	689.79	4174.37
-1.26	21.94	3.94	440.99	1596.83	28300.03
4.51	21.77	4.04	449.20	4904.09	65506.33
0.00	62.71	0.00	0.00	0.00	0.00
1.46	432.40	2.23	285.68	1284.12	7839.21
-7.65	47.34	4.90	328.91	8713.35	114529.14
0.81	203.32	4.16	941.64	4021.28	29435.12
3.07	29.69	3.12	281.39	651.13	9012.63
-19.63	160.37	21.35	434.41	1083.41	53460.69
-1.59	21.21	2.28	695.77	3671.18	31263.44
5.23	42.65	3.58	356.39	1849.34	21990.56
0.38	14.37	2.20	776.85	512.72	7739.17
1.72	0.00	17.90	184.53	239.52	1902.48
-5.21	7.86	1.01	186.99	1662.74	19486.38
-0.07	41.30	2.55	302.81	2542.68	39873.07
-0.78	22.05	1.37	215.15	1366.77	8222.27
-0.50	5.83	0.60	64.39	1503.75	4813.31
3.10	16.27	1.66	774.71	2563.08	25210.87
5.35	18.30	3.05	416.93	3849.92	63809.81
0.16	41.22	6.63	663.67	1061.88	10876.51
1.28	140.48	3.83	365.10	1150.06	7025.09
-0.01	513.92	12.27	419.14	2132.74	12946.73
7.88	47.95	8.13	127.03	1657.98	53547.10
1.62	74.57	1.80	215.74	3307.99	26734.93
5.21	38.28	2.23	548.23	2280.63	23756.66
1.55	40.99	1.27	483.46	797.60	5995.74
-23.00	126.83	5.66	187.06	668.92	13962.93
-2.03	117.55	3.25	101.48	522.00	2703.10
-0.43	0.00	0.90	44.05	820.77	1734.28
-1.07	122.87	2.44	433.65	1237.35	10229.33
1.80	20.40	1.59	426.58	2125.38	24496.89
-1.16	80.96	3.55	667.45	1732.68	18828.42
0.76	147.92	2.48	274.47	1198.85	8354.68
0.84	43.80	2.27	697.73	3047.67	23477.16
3.16	46.95	2.69	786.72	4463.69	35842.76
2.64	122.70	2.12	292.51	1506.94	8573.18
1.81	47.81	1.48	513.90	1973.39	17685.76
13.31	78.73	4.64	459.25	1536.18	30949.53

A 股
A Share

股票
Share

股票代码 Code	名称 Name	发行股本 Issued Vol	流通股本 Negotiable Vol	上年收盘 Last Year Close	本年开盘 Open	本年最高 High	本年最低 Low	本年收盘 Close	涨跌(%) Change(%)
600293	三峡新材	344.50	344.50	7.03	7.09	8.25	5.14	5.53	-21.08
600295	鄂尔多斯	612.00	612.00	8.89	8.99	9.90	6.10	8.90	1.33
600297	美罗药业	350.00	350.00	5.51	5.58	7.52	5.43	5.82	6.20
600298	安琪酵母	329.63	315.44	16.33	16.50	21.68	14.01	17.27	6.71
600299	蓝星新材	522.71	522.71	5.96	5.96	6.77	3.95	4.73	-20.64
600300	维维股份	1672.00	1672.00	6.89	6.91	7.75	4.06	4.78	-29.84
600301	*ST 南化	235.15	235.15	5.24	5.24	9.48	4.65	5.79	10.50
600302	标准股份	346.01	346.01	3.81	3.82	5.15	3.13	4.29	12.60
600303	曙光股份	574.51	574.51	4.38	4.40	5.49	3.28	4.25	-1.20
600305	恒顺醋业	254.30	254.30	16.25	16.26	38.90	14.50	16.58	104.06
600306	商业城	178.14	173.12	9.91	9.93	10.34	6.92	7.89	-20.38
600307	酒钢宏兴	6263.36	4091.36	3.28	3.35	3.68	2.55	2.62	-19.25
600308	华泰股份	1167.56	1167.56	3.47	3.47	3.65	2.53	2.83	-17.85
600309	万华化学	2162.33	2162.33	15.61	15.66	21.21	14.90	20.70	37.72
600310	桂东电力	275.93	275.93	10.25	10.30	14.08	8.22	11.09	11.12
600311	荣华实业	665.60	665.60	8.20	8.26	8.82	4.73	5.09	-37.93
600312	平高电气	818.97	818.97	7.27	7.34	12.20	7.14	10.10	39.54
600313	中农资源	367.29	304.20	7.14	7.19	10.50	6.12	8.16	14.29
600315	上海家化	672.44	649.68	50.99	50.00	76.48	38.50	42.23	25.51
600316	洪都航空	717.11	717.11	13.72	13.96	23.50	13.39	17.38	26.76
600317	营口港	2157.66	1097.57	3.68	3.69	3.98	2.93	3.51	-4.06
600318	巢东股份	242.00	242.00	11.09	11.13	14.02	8.32	9.98	-9.74
600319	*ST 亚星	315.59	315.59	4.36	4.36	5.46	3.45	3.73	-14.45
600320	振华重工	2768.33	2768.33	3.39	3.41	4.47	2.68	3.54	4.42
600321	国栋建设	1180.88	1180.88	2.72	2.74	2.93	1.86	2.06	-23.51
600322	天房发展	1105.70	1105.70	3.87	3.89	3.92	2.74	3.32	-12.10
600323	瀚蓝环境	579.24	487.92	6.52	6.53	12.23	5.71	10.59	64.74
600325	华发股份	817.05	817.05	8.50	8.64	8.86	5.40	7.45	-10.89
600326	西藏天路	547.20	547.20	8.73	8.77	10.20	5.74	6.19	-29.10
600327	大东方	521.71	521.71	4.59	4.61	6.80	3.37	5.01	11.21
600328	兰太实业	359.12	359.12	6.63	6.67	8.17	6.14	7.03	6.03
600329	中新药业	539.31	533.43	10.60	10.70	17.29	10.41	12.62	20.03
600330	天通股份	588.82	588.82	5.28	5.35	10.35	4.37	8.69	64.58
600331	宏达股份	1032.00	1032.00	6.69	6.75	7.20	3.90	4.07	-39.16
600332	白云山	1071.44	1036.60	19.42	19.98	40.73	19.60	27.66	42.43
600333	长春燃气	529.62	461.52	8.41	8.47	9.97	7.28	8.04	-4.40
600335	国机汽车	560.00	275.96	12.51	12.61	17.52	10.75	12.99	4.68
600336	澳柯玛	682.07	680.07	4.76	4.78	10.58	4.62	5.17	117.02
600337	美克股份	647.28	632.68	5.66	5.67	8.27	5.13	6.00	6.48
600338	西藏珠峰	158.33	158.33	7.10	7.46	12.58	7.46	9.66	36.06
600339	天利高新	578.15	578.15	4.67	4.69	5.85	3.21	4.34	-7.07
600340	华夏幸福	1322.88	523.17	28.23	28.60	39.09	19.40	20.23	8.69
600343	航天动力	319.10	239.68	9.76	9.83	17.33	9.53	14.24	45.90
600345	长江通信	198.00	198.00	11.79	11.85	22.38	11.30	13.38	15.21
600346	大橡塑	241.00	210.00	6.61	6.65	7.63	4.82	6.74	1.97
600348	阳泉煤业	2405.00	2405.00	14.53	14.65	17.30	6.82	7.06	-49.81
600350	山东高速	4811.17	3363.80	3.35	3.38	3.62	2.71	3.03	-5.34
600351	亚宝药业	692.00	632.95	5.34	5.36	7.28	5.08	6.24	17.81
600352	浙江龙盛	1515.87	1515.87	6.07	6.07	13.88	5.90	13.22	121.54
600353	旭光股份	271.86	258.25	6.40	6.48	9.18	4.89	6.67	6.80

注：发行股本、流通股本、成交数量的单位为百万股，成交金额的单位为百万元。

A 股
A Share

股票
Share

涨跌值 Change	市盈率 P/E	市净率 P/B	换手率(%) Turnover Rate	成交数量 Trading Vol	成交金额 Trading Val
-1.50	130.15	2.60	664.26	2288.39	15980.58
0.01	14.66	1.38	109.49	670.08	5227.46
0.31	43.97	2.14	247.90	867.66	5648.41
0.94	23.41	2.08	509.28	1547.45	26668.74
-1.23	0.00	3.24	158.32	827.52	4456.54
-2.11	102.95	3.27	287.14	4800.96	28220.04
0.55	0.00	55.28	713.45	1677.66	12005.60
0.48	0.00	1.23	211.24	730.90	2935.09
-0.13	14.82	1.19	541.29	3109.72	14439.89
0.33	0.00	7.70	272.52	398.71	9564.13
-2.02	0.00	20.90	423.86	733.67	6176.37
-0.66	33.87	1.00	30.58	1251.24	3853.72
-0.64	53.93	0.53	149.22	1742.23	5495.63
5.09	19.06	4.63	144.71	3129.17	54636.18
0.84	36.05	0.93	286.72	791.13	8668.00
-3.11	308.11	3.71	315.14	2097.57	13797.20
2.83	61.08	2.56	391.92	3209.71	31039.57
1.02	124.22	2.92	719.38	2188.36	17797.51
-8.76	46.20	8.54	200.67	1159.74	57303.23
3.66	142.25	2.63	457.57	3190.77	57387.47
-0.17	15.08	0.78	69.11	758.53	2719.97
-1.11	34.90	2.43	687.00	1662.54	18489.58
-0.63	0.00	3.13	203.12	641.02	2796.64
0.15	0.00	1.07	123.09	3407.60	11892.24
-0.66	555.26	1.13	349.95	4132.44	9859.66
-0.55	14.11	0.82	278.69	3081.46	10485.57
4.07	32.24	2.51	311.31	1518.95	12141.47
-1.05	11.15	0.95	319.91	2613.85	18740.26
-2.54	0.00	3.18	246.00	1346.10	10223.37
0.42	21.54	1.90	508.22	2651.43	13629.45
0.40	0.00	2.00	223.53	802.75	5537.23
2.02	21.14	3.86	304.64	1625.06	22193.03
3.41	0.00	4.37	562.56	3312.45	22230.46
-2.62	0.00	5.50	193.79	1999.96	10712.20
8.24	90.36	5.23	394.45	3216.02	103208.90
-0.37	410.83	2.25	352.26	1625.74	14108.72
0.48	13.09	2.04	175.79	485.11	6718.97
0.41	21.43	3.84	876.66	4420.56	26974.67
0.34	187.50	1.43	572.73	3370.47	22707.28
2.56	20.91	56.21	610.22	966.19	9747.19
-0.33	0.00	2.14	387.88	2242.52	10311.69
-8.00	15.00	4.02	261.52	998.75	27834.21
4.48	80.01	2.08	631.62	1513.88	19789.44
1.59	26.21	2.46	450.29	891.57	14454.56
0.13	84.56	2.83	235.71	494.99	3161.20
-7.47	7.42	1.32	151.06	3632.88	40962.73
-0.32	7.39	0.75	26.10	878.01	2771.80
0.90	38.45	2.57	271.85	1720.70	10572.08
7.15	24.14	2.19	292.58	4339.22	45698.95
0.27	15.67	1.89	617.42	1594.47	11371.53

A 股
A Share

股票
Share

股票代码 Code	名称 Name	发行股本 Issued Vol	流通股本 Negotiable Vol	上年收盘 Last Year Close	本年开盘 Open	本年最高 High	本年最低 Low	本年收盘 Close	涨跌(%) Change(%)
600354	敦煌种业	447.80	436.80	7.03	7.17	9.25	4.84	7.02	-0.14
600355	精伦电子	246.04	246.04	4.36	4.36	6.45	3.83	5.33	22.25
600356	恒丰纸业	252.33	252.33	6.41	6.45	6.92	5.12	5.64	-10.28
600358	*ST 联合	432.00	432.00	3.72	3.72	4.76	3.25	4.13	11.02
600359	新农开发	321.00	321.00	5.45	5.39	10.35	4.49	7.75	42.20
600360	华微电子	738.08	678.08	3.76	3.79	5.11	3.50	3.98	6.36
600361	华联综超	665.81	484.81	5.08	5.08	5.60	3.71	4.34	-13.10
600362	江西铜业	2075.25	2075.25	23.86	24.50	28.30	13.78	14.18	-38.71
600363	联创光电	443.48	422.81	6.81	6.82	9.20	5.91	7.67	12.93
600365	通葡股份	200.00	140.00	9.15	9.15	12.98	7.81	8.26	-9.73
600366	宁波韵升	514.50	514.50	15.87	16.10	20.65	13.37	13.76	-11.65
600367	红星发展	291.20	291.20	10.25	10.37	12.99	7.80	8.45	-17.28
600368	五洲交通	833.80	833.80	3.84	3.85	5.60	3.40	4.60	20.59
600369	西南证券	2322.55	2322.55	8.93	9.00	11.05	7.07	9.93	12.34
600370	三房巷	318.90	318.90	4.08	4.10	4.91	3.37	4.54	12.51
600371	万向德农	204.60	204.60	14.25	14.35	16.35	8.12	9.15	-21.51
600372	中航电子	1759.16	902.83	15.85	15.99	28.55	14.77	23.86	96.10
600373	中文传媒	658.71	567.25	14.26	14.35	24.20	13.16	17.88	26.17
600375	华菱星马	555.74	187.48	8.85	9.00	13.98	7.61	10.40	21.12
600376	首开股份	2242.01	2242.01	13.12	13.45	13.48	4.68	5.03	-41.12
600377	宁沪高速	3815.75	3792.76	5.21	5.26	6.27	4.94	5.58	14.74
600378	天科股份	297.19	297.19	8.83	8.98	12.05	7.60	10.36	18.17
600379	宝光股份	235.86	235.86	7.09	7.11	9.34	6.01	7.78	9.90
600380	健康元	1545.84	1545.84	4.50	4.53	6.06	3.87	4.82	8.06
600381	*ST 贤成	1601.85	1183.99	4.23	4.25	4.77	1.95	2.08	-50.83
600382	广东明珠	341.75	341.75	7.11	7.26	8.40	5.40	7.23	2.13
600383	金地集团	4471.51	4471.51	7.02	7.18	8.25	5.49	6.68	-3.68
600385	*ST 金泰	148.11	142.77	5.04	4.93	9.14	4.66	8.50	68.65
600386	北巴传媒	403.20	403.20	6.91	6.93	10.47	5.42	8.18	22.40
600387	海越股份	386.10	385.71	8.62	8.72	20.66	8.57	20.16	134.66
600388	龙净环保	427.62	424.07	21.90	22.25	58.76	19.41	33.52	208.23
600389	江山股份	198.00	198.00	14.19	14.15	49.09	13.35	39.13	177.34
600390	金瑞科技	390.66	320.10	10.64	10.75	22.70	7.60	8.19	53.95
600391	成发科技	330.13	330.13	9.36	9.38	16.45	9.09	12.07	29.36
600392	盛和资源	376.42	156.60	16.47	17.29	30.01	12.60	19.66	19.37
600393	东华实业	300.00	289.51	7.34	7.37	8.68	5.31	5.51	-24.39
600395	盘江股份	1655.05	1655.05	17.02	17.36	17.88	7.06	7.26	-55.16
600396	金山股份	340.60	340.60	5.92	5.96	7.95	5.66	7.34	25.91
600397	安源煤业	989.96	645.33	12.81	12.98	14.10	3.88	4.25	-33.70
600398	凯诺科技	646.60	646.60	3.72	3.74	7.30	2.90	7.08	93.44
600399	抚顺特钢	520.00	451.85	5.00	5.03	7.31	4.05	5.83	17.12
600400	红豆股份	560.40	560.40	4.04	4.05	6.33	3.12	4.77	18.66
600401	海润光伏	1036.42	308.72	5.63	5.89	9.60	5.43	7.84	53.16
600403	大有能源	2390.81	978.45	20.59	20.72	25.71	6.90	7.12	-29.45
600405	动力源	282.60	254.21	5.17	5.18	11.80	5.13	9.45	82.79
600406	国电南瑞	2205.75	2205.75	16.03	16.10	24.45	11.92	14.87	31.06
600408	安泰集团	1006.80	1006.80	3.98	4.05	4.47	2.57	2.70	-32.16
600409	三友化工	1850.39	1669.72	3.80	3.81	5.32	3.48	4.65	23.00
600410	华胜天成	646.03	637.45	6.35	6.38	8.64	5.75	6.75	8.01
600415	小商品城	2721.61	2721.61	6.64	6.69	8.13	4.90	5.87	-9.92

注：发行股本、流通股本、成交数量的单位为百万股，成交金额的单位为百万元。

A 股
A Share

股票
Share

涨跌值 Change	市盈率 P/E	市净率 P/B	换手率(%) Turnover Rate	成交数量 Trading Vol	成交金额 Trading Val
-0.01	0.00	3.15	946.93	4136.21	29711.39
0.97	385.39	3.18	663.06	1631.41	8689.80
-0.77	15.75	0.93	142.16	344.87	2076.24
0.41	0.00	3.89	141.79	612.54	2418.34
2.30	87.20	6.08	443.44	1423.44	10630.63
0.22	68.44	1.51	324.05	2197.30	9606.26
-0.74	56.28	0.95	258.61	1253.74	5848.34
-9.68	9.41	1.10	134.32	2787.43	55609.97
0.86	33.17	2.05	444.86	1662.01	12938.60
-0.89	125.97	2.42	423.25	592.54	5957.16
-2.11	15.72	2.38	545.67	2807.48	46031.30
-1.80	82.04	2.05	375.55	1093.60	11185.47
0.76	12.10	1.28	334.52	2789.25	12772.27
1.00	67.35	2.13	201.19	3866.50	36225.46
0.46	49.41	1.22	128.10	408.51	1748.45
-5.10	22.55	5.28	494.17	941.32	10767.83
8.01	89.34	8.58	243.50	1801.03	39374.07
3.62	23.25	2.05	1065.79	2016.88	36484.63
1.55	34.43	1.41	605.45	1135.10	12231.78
-8.09	6.97	0.81	224.56	4256.55	32224.56
0.37	12.05	1.43	15.57	587.19	3250.78
1.53	44.71	4.61	517.02	1536.54	15680.01
0.69	118.85	4.68	146.44	345.38	2582.74
0.32	43.95	1.83	151.54	2342.64	11920.10
-2.15	0.00	0.00	602.82	7137.36	23754.28
0.12	10.05	1.49	340.93	1165.11	8358.50
-0.34	8.82	1.03	335.71	15011.08	101875.70
3.46	0.00	73.80	136.89	195.44	1265.86
1.27	20.16	2.10	401.18	1617.55	12597.10
11.54	1442.06	6.95	453.55	1749.38	26018.11
11.62	49.25	5.15	1200.56	4119.95	129359.32
24.94	232.53	6.40	436.83	864.91	27374.41
-2.45	1397.61	3.46	848.34	2012.57	25160.11
2.71	106.36	2.41	511.82	1689.68	21442.73
3.19	47.88	6.97	977.09	1530.12	33615.74
-1.83	54.78	1.73	131.24	379.93	2698.76
-9.76	7.99	1.67	148.90	2464.43	31209.55
1.42	22.66	1.89	313.48	1067.72	7278.35
-8.56	12.36	1.08	399.46	2177.31	13334.91
3.36	43.79	2.12	404.91	2618.20	13776.68
0.83	147.93	1.77	624.39	2821.31	16919.93
0.73	96.70	1.91	348.03	1950.38	9455.25
2.21	3920.00	3.60	1167.86	3605.45	25703.94
-13.47	9.52	1.64	545.61	1282.73	15547.54
4.28	140.25	3.74	541.89	1377.56	11948.71
-1.16	31.06	5.95	232.53	4463.45	70324.65
-1.28	88.09	1.25	201.41	2027.77	6998.27
0.85	75.73	1.51	195.83	3146.64	14307.29
0.40	27.83	1.88	463.97	2957.58	21457.29
-0.77	22.60	1.84	188.20	5122.10	33439.99

A 股
A Share

股票
Share

股票代码 Code	名称 Name	发行股本 Issued Vol	流通股本 Negotiable Vol	上年收盘 Last Year Close	本年开盘 Open	本年最高 High	本年最低 Low	本年收盘 Close	涨跌(%) Change(%)
600416	湘电股份	608.48	608.48	5.10	5.14	7.96	4.46	6.87	34.71
600418	江淮汽车	1284.91	1069.04	6.83	6.85	10.37	5.81	8.73	29.68
600419	新疆天宏	86.39	80.16	11.02	10.97	25.28	10.00	16.99	54.17
600420	现代制药	287.73	287.73	12.73	12.73	20.06	12.09	16.29	27.97
600421	*ST 国药	195.60	195.60	4.74	4.77	8.41	4.50	6.43	35.65
600422	昆明制药	341.13	340.57	19.47	19.47	30.00	18.20	23.59	22.69
600423	柳化股份	399.35	399.35	5.54	5.58	6.62	3.90	4.14	-24.23
600425	青松建化	1378.79	1378.79	9.89	10.00	11.58	3.34	3.84	-21.63
600426	华鲁恒升	953.63	953.63	7.75	7.72	9.18	5.29	6.77	-10.29
600428	中远航运	1690.45	1690.45	3.93	4.00	4.75	2.69	3.51	-10.69
600429	三元股份	885.00	885.00	6.61	6.50	12.57	4.94	8.16	23.45
600432	吉恩镍业	811.12	811.12	13.50	13.60	14.40	7.51	7.73	-42.74
600433	冠豪高新	1190.28	1106.28	9.14	9.14	32.24	8.52	10.64	133.70
600435	北方导航	744.66	744.66	8.27	8.35	16.95	7.88	13.18	60.42
600436	片仔癀	160.88	160.88	108.92	109.99	144.74	92.75	94.31	-3.68
600438	通威股份	817.11	687.52	6.69	6.75	9.00	4.73	8.95	35.97
600439	瑞贝卡	943.32	943.32	4.38	4.41	5.19	2.96	5.02	16.88
600444	*ST 国通	105.00	105.00	11.16	11.16	14.00	9.56	12.28	10.04
600446	金证股份	262.61	262.61	6.68	6.73	19.76	6.50	15.45	132.04
600448	华纺股份	319.80	319.80	3.95	3.96	4.54	2.90	4.10	3.80
600449	宁夏建材	478.32	250.77	9.15	9.24	10.12	5.94	7.79	-14.33
600452	涪陵电力	160.00	160.00	9.22	9.22	9.53	6.57	7.94	-13.88
600455	博通股份	62.46	49.72	11.55	11.49	17.10	10.93	14.23	23.20
600456	宝钛股份	430.27	430.27	17.74	17.78	20.20	11.23	12.65	-28.46
600458	时代新材	661.42	661.42	13.05	13.18	14.02	8.75	9.99	-17.01
600459	贵研铂业	200.75	195.54	18.47	18.58	25.59	14.80	20.17	15.34
600460	士兰微	959.36	868.16	3.74	3.78	7.31	3.67	6.00	60.43
600461	洪城水业	330.00	330.00	7.34	7.40	9.35	6.11	8.42	16.19
600462	石岘纸业	533.78	533.78	4.61	4.56	7.13	3.54	5.02	8.89
600463	空港股份	252.00	252.00	7.03	7.07	9.35	5.34	7.78	12.33
600466	迪康药业	439.01	439.01	4.88	4.90	6.52	3.95	4.69	-3.89
600467	好当家	730.50	720.02	7.32	7.36	8.70	4.80	5.58	-22.68
600468	百利电气	456.19	456.19	10.60	10.60	13.95	8.99	9.58	-9.46
600469	风神股份	374.94	374.94	8.75	8.78	10.35	7.00	8.10	-6.38
600470	六国化工	521.60	521.60	9.18	9.21	9.91	5.50	6.50	-28.20
600475	华光股份	256.00	256.00	10.06	10.14	14.74	8.48	12.23	22.62
600476	湘邮科技	161.07	161.07	6.82	6.87	11.30	6.45	9.03	32.40
600477	杭萧钢构	463.46	463.46	4.50	4.50	4.82	3.28	3.69	-18.00
600478	科力远	314.82	314.82	22.46	22.59	29.79	17.90	25.94	15.49
600479	千金药业	304.82	304.82	12.00	12.10	15.00	9.44	12.59	7.27
600480	凌云股份	361.71	361.71	6.54	6.55	7.96	5.86	7.00	8.68
600481	双良节能	810.10	810.10	6.94	7.15	12.17	6.53	11.41	69.67
600482	风帆股份	531.38	461.00	7.66	7.75	12.47	7.00	10.24	34.39
600483	福建南纺	288.48	288.48	5.61	5.60	9.60	4.43	6.52	17.46
600485	中创信测	138.59	138.59	7.16	7.21	26.99	6.86	20.51	186.45
600486	扬农化工	172.17	172.17	19.96	20.13	43.53	19.25	34.99	77.04
600487	亨通光电	207.08	166.12	20.55	20.82	27.26	16.30	21.13	3.32
600488	天药股份	960.85	814.33	5.31	5.35	8.20	3.74	4.22	19.55
600489	中金黄金	2943.23	2943.23	16.63	16.70	16.99	7.85	8.55	-47.71
600490	鹏欣资源	870.00	495.00	14.79	14.85	24.25	9.01	11.76	19.27

注：发行股本、流通股本、成交数量的单位为百万股，成交金额的单位为百万元。

A 股
A Share

股票
Share

涨跌值 Change	市盈率 P/E	市净率 P/B	换手率(%) Turnover Rate	成交数量 Trading Vol	成交金额 Trading Val
1.77	0.00	1.98	272.95	1660.88	9875.12
1.90	22.67	1.64	505.92	5424.68	43735.39
5.97	0.00	5.78	734.29	588.61	9996.57
3.56	40.43	4.71	273.69	787.51	12360.58
1.69	10.50	382.62	392.09	766.93	4885.19
4.12	44.28	4.58	239.16	783.68	19016.44
-1.40	40.32	1.24	255.45	1020.13	5149.65
-6.05	52.86	0.98	323.19	2524.04	16219.12
-0.98	14.30	1.10	325.64	3105.37	21665.74
-0.42	309.80	0.92	174.18	2944.33	11084.12
1.55	220.18	4.58	315.68	2793.79	20660.33
-5.77	0.00	2.11	101.37	822.24	8890.77
1.50	62.64	7.56	411.09	3697.91	57556.50
4.91	817.11	4.69	916.83	6827.30	88955.43
-14.61	43.53	6.05	137.38	204.69	23939.78
2.26	76.20	3.23	210.89	1449.90	9534.90
0.64	29.87	2.10	244.92	2310.36	9722.50
1.12	0.00	264.09	135.14	141.89	1698.88
8.77	57.06	5.94	868.32	2276.63	30337.47
0.15	158.12	3.12	304.77	974.66	3718.38
-1.36	60.85	0.91	655.75	1644.40	13324.87
-1.28	44.91	2.96	218.57	349.72	2933.20
2.68	54.58	7.11	492.88	245.05	3347.37
-5.09	929.46	1.50	220.41	948.36	14286.81
-3.06	41.89	2.16	281.63	1531.34	17518.19
1.70	135.12	2.40	529.27	959.29	18878.99
2.26	314.96	2.55	476.77	4139.09	23842.71
1.08	27.59	1.59	392.71	1295.95	10223.54
0.41	4.44	8.42	181.11	966.71	5042.26
0.75	26.53	2.51	334.73	843.52	6310.97
-0.19	96.05	3.52	449.38	1972.83	10792.92
-1.74	18.81	1.40	386.15	2780.31	18104.59
-1.02	149.50	7.28	165.98	757.19	8535.00
-0.65	11.13	1.23	291.08	1091.39	9668.15
-2.68	47.43	1.50	618.36	3225.34	24598.16
2.17	37.77	2.39	477.49	1222.37	14245.65
2.21	238.01	6.52	330.97	533.10	4412.90
-0.81	0.00	2.17	199.18	867.96	3505.96
3.48	0.00	8.54	308.71	971.91	23598.16
0.59	31.94	3.81	356.15	1085.60	13396.16
0.46	21.58	1.32	332.16	1185.37	8292.82
4.47	42.82	3.71	344.03	2786.99	25033.25
2.58	69.93	2.79	440.28	2029.68	18857.67
0.91	82.75	2.53	393.79	1136.03	7658.96
13.35	0.00	6.16	693.51	961.11	15351.05
15.03	31.04	2.63	434.05	747.29	24208.44
0.58	12.68	1.62	512.78	851.84	18499.54
-1.09	41.02	1.76	270.88	1985.74	10329.28
-8.08	16.16	2.52	163.96	4825.76	58063.23
-3.03	80.05	6.76	346.20	1467.60	20984.07

A 股
A Share

股票
Share

股票代码 Code	名称 Name	发行股本 Issued Vol	流通股本 Negotiable Vol	上年收盘 Last Year Close	本年开盘 Open	本年最高 High	本年最低 Low	本年收盘 Close	涨跌(%) Change(%)
600491	龙元建设	947.60	947.60	5.68	5.72	5.94	3.42	3.54	-35.92
600493	凤竹纺织	272.00	272.00	4.46	4.48	5.30	3.54	5.15	16.09
600495	晋西车轴	419.51	302.24	14.18	14.26	16.65	9.52	13.15	-6.70
600496	精工钢构	586.57	586.57	8.03	8.05	9.47	6.00	7.00	-12.42
600497	驰宏锌锗	1667.56	1667.56	14.15	14.33	17.18	8.46	9.37	-29.53
600498	烽火通信	965.72	965.72	22.76	22.85	35.40	13.80	15.40	36.59
600499	科达机电	666.25	640.94	8.76	8.85	22.40	8.48	20.09	131.62
600500	中化国际	2083.01	1437.59	5.78	5.82	7.69	4.46	7.60	35.04
600501	航天晨光	389.28	389.28	8.02	8.03	12.31	6.37	9.37	17.24
600502	安徽水利	501.93	501.93	11.70	11.80	13.49	6.20	8.32	7.31
600503	华丽家族	1139.08	1099.48	4.65	4.66	7.07	4.10	4.17	-10.14
600505	西昌电力	364.57	364.57	8.26	8.28	10.69	7.22	9.19	11.66
600506	香梨股份	147.71	147.71	8.70	8.81	12.69	8.24	9.45	8.62
600507	方大特钢	1310.72	1310.72	3.89	3.94	6.60	3.12	3.67	12.66
600508	上海能源	722.72	722.72	16.09	16.38	17.58	9.26	9.91	-36.35
600509	天富热电	905.70	655.70	8.08	8.13	10.97	7.40	8.81	10.85
600510	黑牡丹	795.52	795.52	7.84	7.82	8.33	4.42	6.09	-20.59
600511	国药股份	478.80	277.64	14.57	14.62	20.30	13.61	18.87	31.30
600512	腾达建设	736.94	736.94	3.16	3.25	3.45	2.55	3.05	-2.81
600513	联环药业	156.70	152.10	8.61	8.75	14.00	8.20	10.72	25.14
600515	海岛建设	422.77	295.56	6.12	6.16	10.89	5.85	7.66	25.16
600516	方大炭素	1719.16	1534.89	8.88	8.95	11.94	7.07	7.61	5.64
600517	置信电气	691.40	618.71	13.80	13.90	17.47	11.28	14.80	8.32
600518	康美药业	2198.71	2198.71	13.14	13.21	23.22	13.12	18.00	38.29
600519	贵州茅台	1038.18	1038.18	209.02	212.00	217.65	122.50	128.38	-36.56
600520	中发科技	113.04	113.04	9.08	9.10	10.60	7.24	9.25	1.87
600521	华海药业	785.30	780.88	11.40	11.48	20.10	11.13	13.55	56.66
600522	中天科技	704.50	704.50	7.89	8.00	12.20	7.30	10.92	38.40
600523	贵航股份	288.79	288.60	9.66	9.65	15.65	8.39	12.11	26.65
600525	长园集团	863.51	863.51	6.32	6.36	10.09	5.47	8.85	41.62
600526	菲达环保	203.44	140.00	12.04	12.11	24.98	11.81	20.41	70.61
600527	江南高纤	802.09	802.09	4.63	4.65	8.15	4.02	6.98	53.18
600528	中铁二局	1459.20	1459.20	6.68	6.72	7.60	4.58	5.12	-21.87
600529	山东药玻	257.38	257.38	8.90	8.97	10.56	8.11	10.00	14.19
600530	交大昂立	312.00	312.00	6.85	6.86	10.12	6.26	7.89	17.47
600531	豫光金铅	295.25	295.25	17.13	17.30	17.99	8.50	9.28	-45.62
600532	宏达矿业	396.23	165.10	11.08	12.19	14.75	7.08	7.55	-31.86
600533	栖霞建设	1050.00	1050.00	4.58	4.70	4.73	3.03	3.35	-24.65
600535	天士力	1032.84	1032.84	55.27	54.54	82.18	36.01	42.89	55.58
600536	中国软件	247.28	225.69	10.57	10.61	51.98	9.81	37.67	258.26
600537	亿晶光电	485.87	230.03	7.97	8.18	15.38	7.77	10.88	36.51
600538	*ST 国发	279.22	279.22	5.42	5.44	5.93	3.84	4.85	-10.52
600539	ST 狮头	230.00	160.44	5.93	5.92	6.43	4.35	5.81	-2.02
600540	新赛股份	302.71	302.71	5.60	5.64	7.03	4.83	5.93	5.89
600543	莫高股份	321.12	321.12	9.98	10.01	11.06	6.81	9.09	-8.54
600545	新疆城建	675.79	675.79	6.21	6.24	8.46	4.42	6.37	4.11
600546	山煤国际	1982.46	1982.46	20.35	20.55	23.57	4.80	4.95	-50.12
600547	山东黄金	1423.07	1423.07	38.16	37.80	39.00	17.04	17.25	-54.57
600548	深高速	1433.27	1433.27	3.40	3.42	4.06	2.63	3.37	3.09
600549	厦门钨业	681.98	681.98	38.98	39.68	43.20	23.12	24.04	-37.81

注：发行股本、流通股本、成交数量的单位为百万股，成交金额的单位为百万元。

A 股
A Share

股票
Share

涨跌值 Change	市盈率 P/E	市净率 P/B	换手率(%) Turnover Rate	成交数量 Trading Vol	成交金额 Trading Val
-2.14	8.51	1.08	216.45	2051.06	9420.55
0.69	115.89	2.23	391.03	1063.61	4770.48
-1.03	45.11	1.87	687.31	2077.32	29210.12
-1.03	19.57	1.78	237.67	1394.09	10702.73
-4.78	44.92	2.13	154.65	2403.38	28036.89
-7.36	29.93	2.63	448.40	3685.20	70522.13
11.33	48.98	4.65	350.42	2232.07	34241.87
1.82	27.10	1.50	166.15	2388.51	15080.49
1.35	113.03	3.09	474.23	1616.41	14576.91
-3.38	16.20	2.69	765.18	3315.55	31416.11
-0.48	134.04	2.41	1411.65	15520.73	86670.95
0.93	46.66	3.81	145.41	530.10	4680.06
0.75	0.00	4.87	402.18	594.04	6317.87
-0.22	9.19	1.88	190.76	2487.69	10930.17
-6.18	7.77	0.90	110.44	798.14	9957.57
0.73	31.09	1.85	259.66	1702.57	15301.31
-1.75	14.10	1.07	275.58	1611.42	10175.40
4.30	26.90	4.29	307.55	853.89	14639.05
-0.11	111.84	1.89	222.32	1638.38	5008.04
2.11	58.62	4.18	700.26	1065.10	11875.47
1.54	23.41	4.10	1435.96	4241.60	36232.41
-1.27	27.92	2.36	273.23	3999.72	37187.15
1.00	67.24	4.83	207.78	1285.55	17632.16
4.86	27.46	3.29	279.58	6147.07	110616.88
-80.64	10.02	3.13	94.76	983.75	166735.83
0.17	0.00	5.19	489.70	553.56	5125.70
2.15	31.19	3.54	382.69	2689.05	40944.80
3.03	18.26	1.47	600.66	4231.65	41932.16
2.45	30.65	2.00	578.29	1344.39	16571.03
2.53	35.77	3.03	327.29	2826.19	20128.86
8.37	218.59	3.20	1055.10	1477.14	26585.42
2.35	25.78	3.11	378.62	3036.87	17607.91
-1.56	12.86	1.26	194.03	2831.32	17423.84
1.10	21.48	1.27	341.81	879.76	8262.77
1.04	29.60	1.86	297.37	927.79	7716.15
-7.85	56.46	2.04	217.78	643.00	8007.76
-3.53	24.45	2.82	705.61	1074.71	11692.25
-1.23	11.12	0.95	136.54	1433.66	5435.47
-12.38	57.59	11.56	144.65	1220.66	58047.87
27.10	160.48	4.91	522.19	1178.56	31108.04
2.91	0.00	4.23	1129.47	2598.17	27342.89
-0.57	0.00	30.45	292.15	815.73	3910.20
-0.12	536.97	2.82	241.88	388.07	2214.00
0.33	51.45	2.65	362.78	1098.17	6651.14
-0.89	58.03	2.78	641.20	2059.03	18307.78
0.16	27.64	2.08	410.51	2774.15	18325.78
-15.40	12.79	1.23	262.76	3927.33	35208.93
-20.91	11.31	2.90	183.49	2611.25	69433.39
-0.03	10.74	0.74	44.50	637.80	2112.93
-14.94	31.16	3.94	260.09	1773.74	57604.60

A 股
A Share

股票
Share

股票代码 Code	名称 Name	发行股本 Issued Vol	流通股本 Negotiable Vol	上年收盘 Last Year Close	本年开盘 Open	本年最高 High	本年最低 Low	本年收盘 Close	涨跌(%) Change(%)
600550	天威保变	1372.99	1372.99	6.51	6.62	7.83	5.11	5.20	-20.12
600551	时代出版	505.83	505.83	9.49	9.56	19.90	8.30	16.31	75.31
600552	方兴科技	239.33	175.50	25.79	26.00	34.47	15.11	18.84	9.95
600555	*ST 九龙	973.50	973.50	3.32	3.36	4.25	2.19	2.97	-10.54
600556	*ST 北生	394.79	259.44	3.15	4.90	5.38	3.10	3.58	13.65
600557	康缘药业	415.65	307.11	20.80	20.60	32.87	19.70	30.42	46.59
600558	大西洋	207.26	206.24	9.33	9.33	11.40	5.50	7.03	13.81
600559	老白干酒	140.00	140.00	36.99	36.96	46.88	21.41	25.97	-28.44
600560	金自天正	223.65	223.65	7.40	7.40	9.49	6.25	8.55	17.03
600561	江西长运	237.06	185.72	8.40	8.47	13.00	8.12	10.85	30.97
600562	国睿科技	128.53	66.15	34.40	34.52	56.58	34.11	45.09	31.08
600563	法拉电子	225.00	225.00	14.87	14.90	23.97	14.21	22.71	57.50
600565	迪马股份	720.00	720.00	3.86	3.91	4.42	3.16	3.41	-10.93
600566	洪城股份	138.20	138.20	6.62	6.61	20.90	6.52	19.94	201.21
600567	山鹰纸业	3766.94	1498.52	3.00	2.99	3.05	1.93	2.11	-29.67
600568	中珠控股	366.23	188.03	9.10	9.18	11.54	7.20	8.50	-6.59
600569	安阳钢铁	2393.68	2393.68	2.22	2.28	2.31	1.52	1.73	-22.07
600570	恒生电子	617.81	617.81	11.21	11.32	23.80	10.55	20.86	87.49
600571	信雅达	202.69	200.16	8.95	9.06	16.85	8.48	15.88	79.38
600572	康恩贝	809.60	700.96	9.75	9.68	15.03	9.45	13.51	39.80
600573	惠泉啤酒	250.00	250.00	6.16	6.17	6.93	5.10	5.93	-3.73
600575	芜湖港	2435.30	1423.20	7.11	7.10	8.60	2.11	3.24	-8.37
600576	万好万家	218.09	218.09	7.53	7.56	9.19	6.23	7.23	-3.98
600577	精达股份	709.57	709.57	4.68	4.72	5.56	3.50	3.85	-17.39
600578	京能电力	4617.32	1534.77	7.48	7.50	8.82	3.57	3.63	-1.76
600579	*ST 黄海	396.24	255.60	4.83	4.69	8.13	4.59	6.41	32.71
600580	卧龙电气	1110.53	687.73	3.94	4.33	7.54	4.33	6.23	59.63
600581	八一钢铁	766.45	766.45	5.93	6.08	6.42	3.87	4.13	-29.42
600582	天地科技	1213.92	1213.92	11.35	11.55	12.45	5.86	7.03	-36.87
600583	海油工程	4421.35	3889.44	5.87	5.88	9.69	5.55	7.76	32.73
600584	长电科技	853.13	853.13	4.24	4.26	7.15	4.16	6.40	50.94
600585	海螺水泥	3999.70	3999.70	18.45	18.63	22.10	11.88	16.96	-6.49
600586	金晶科技	1422.71	967.11	3.42	3.47	4.74	3.10	3.16	-7.60
600587	新华医疗	198.77	174.05	31.11	30.80	70.00	28.80	69.91	125.24
600588	用友软件	959.25	959.25	9.86	9.96	15.95	8.21	13.84	43.38
600589	广东榕泰	601.73	601.73	5.52	5.55	6.50	4.86	5.03	-8.05
600590	泰豪科技	500.33	500.33	5.89	5.92	7.95	5.10	6.69	15.62
600592	龙溪股份	399.55	300.00	6.60	6.65	9.11	6.57	7.41	13.80
600593	大连圣亚	92.00	92.00	11.82	11.84	16.01	10.20	13.14	11.17
600594	益佰制药	360.63	355.91	20.01	19.89	36.08	19.53	32.62	63.92
600595	中孚实业	1741.54	1514.87	4.94	5.02	5.34	3.20	3.66	-25.57
600596	新安股份	679.18	679.18	7.50	7.50	17.17	7.17	10.59	42.43
600597	光明乳业	1224.50	1222.39	9.83	9.78	26.10	9.22	22.20	128.72
600598	北大荒	1777.68	1777.68	8.16	8.21	14.66	6.77	11.31	38.60
600599	熊猫烟花	166.00	126.00	11.31	11.27	12.50	6.90	9.76	-13.70
600600	青岛啤酒	695.91	695.91	33.06	33.07	49.90	31.70	48.95	49.48
600601	方正科技	2194.89	2194.89	2.37	2.38	3.32	2.14	2.78	17.75
600602	仪电电子	879.57	879.57	3.49	3.51	6.35	3.13	5.65	61.89
600603	*ST 兴业	194.64	194.64	4.42	4.33	6.22	4.08	5.26	19.00
600604	市北高新	333.52	333.52	7.17	7.17	11.08	6.47	9.51	33.15

注：发行股本、流通股本、成交数量的单位为百万股，成交金额的单位为百万元。

A 股
A Share

股票
Share

涨跌值 Change	市盈率 P/E	市净率 P/B	换手率(%) Turnover Rate	成交数量 Trading Vol	成交金额 Trading Val
-1.31	0.00	112.65	191.74	2632.62	17093.97
6.82	26.45	2.44	457.59	2109.99	28761.47
-6.95	33.92	2.79	283.43	398.60	9505.42
-0.35	0.00	2.36	125.86	1225.21	3725.73
0.43	131.91	1027.85	358.68	907.69	3742.12
9.62	52.76	6.73	356.26	1094.10	30318.79
-2.30	52.37	1.32	245.15	444.40	3459.76
-11.02	32.39	5.82	476.17	666.64	20487.78
1.15	24.24	2.72	288.06	644.23	5233.05
2.45	20.11	1.85	186.39	346.17	3683.44
10.69	421.48	7.47	242.84	160.64	7255.37
7.84	21.11	3.17	376.12	846.27	15681.36
-0.45	20.84	1.92	163.46	1176.91	4520.80
13.32	0.00	6.37	563.94	779.37	10415.09
-0.89	0.00	0.88	520.94	7806.35	19752.74
-0.60	51.69	3.02	952.31	1790.59	16465.35
-0.49	0.00	0.58	64.47	1543.27	2914.66
9.65	64.50	7.81	270.33	1676.03	25564.76
6.93	45.86	5.26	504.64	999.76	12936.36
3.76	36.99	4.62	215.73	1512.16	18665.22
-0.23	0.00	1.39	185.94	464.85	2785.55
-3.87	20.50	1.64	216.78	2792.08	10400.88
-0.30	0.00	3.15	315.21	687.46	5461.15
-0.83	23.64	1.68	277.49	1990.26	8974.41
-3.85	10.38	1.28	182.83	1629.64	11055.83
1.58	256.81	4.10	153.01	391.09	2466.67
2.29	58.87	1.93	435.71	2996.48	18063.04
-1.80	20.52	0.87	209.49	1605.59	7685.59
-4.32	7.52	1.46	170.92	2074.79	16702.72
1.89	40.45	2.07	223.67	8699.54	65208.45
2.16	524.59	2.25	455.28	3884.12	23025.82
-1.49	14.25	1.60	162.46	6497.74	109887.74
-0.26	0.00	1.09	441.40	4268.78	16180.48
38.80	85.09	5.76	156.31	272.06	12526.95
3.98	34.97	4.17	368.24	3534.17	41771.38
-0.49	28.67	1.50	319.60	1923.12	10884.75
0.80	48.17	1.57	291.98	1414.54	9390.75
0.81	30.45	1.59	410.26	1230.77	9721.56
1.32	96.07	3.79	201.73	185.59	2422.70
12.61	35.30	6.12	178.54	635.00	18692.22
-1.28	109.58	1.18	84.62	1281.93	5518.80
3.09	54.79	1.64	548.21	3723.35	46146.01
12.37	87.32	6.35	182.81	2050.49	37005.50
3.15	0.00	4.12	381.65	6784.53	71730.27
-1.55	181.04	2.46	511.63	644.65	6277.09
15.89	37.60	4.72	77.04	536.16	21258.82
0.41	75.79	1.41	251.97	5530.42	15286.95
2.16	61.81	2.65	220.99	1943.76	8602.05
0.84	58.03	119.09	299.56	583.07	3071.32
2.34	36.75	4.17	280.93	936.97	8370.68

A 股
A Share

股票
Share

股票代码 Code	名称 Name	发行股本 Issued Vol	流通股本 Negotiable Vol	上年收盘 Last Year Close	本年开盘 Open	本年最高 High	本年最低 Low	本年收盘 Close	涨跌(%) Change(%)
600605	汇通能源	147.34	147.34	7.20	7.19	10.05	6.08	8.47	17.78
600606	金丰投资	518.32	518.32	6.21	6.21	7.43	4.71	5.23	-14.81
600608	上海科技	328.86	309.54	6.08	6.10	7.72	5.01	6.07	-0.16
600609	金杯汽车	1092.67	1092.67	3.91	3.91	4.38	2.68	2.93	-25.06
600610	S 中纺机	236.97	25.74	13.31	13.40	26.33	11.98	24.77	86.10
600611	大众交通	1042.21	1042.21	4.83	4.85	7.86	4.59	6.18	29.71
600612	老凤祥	317.11	317.11	21.55	21.70	33.28	15.70	23.32	12.09
600613	神奇制药	399.43	102.28	17.13	17.17	20.59	11.90	13.62	-20.49
600614	鼎立股份	446.76	446.76	11.68	11.75	15.86	9.76	10.43	-10.45
600615	丰华股份	188.02	186.81	9.40	9.48	12.77	8.21	9.80	4.26
600616	金枫酒业	438.67	438.67	8.85	8.92	10.69	6.75	8.61	-1.32
600617	*ST 联华	498.48	102.64	8.98	9.00	21.98	8.31	20.98	133.63
600618	氯碱化工	749.84	749.84	8.14	8.24	9.68	5.75	6.69	-17.81
600619	海立股份	383.57	318.57	6.51	6.53	8.83	5.03	7.08	11.22
600620	天宸股份	457.78	457.78	3.56	3.58	11.24	3.45	9.00	153.23
600621	华鑫股份	524.08	524.08	4.65	4.65	7.76	3.65	5.98	31.56
600622	嘉宝集团	514.30	514.30	6.94	6.97	7.82	5.08	6.17	-8.26
600623	双钱股份	646.37	646.37	8.37	8.39	11.60	7.68	9.60	15.90
600624	复旦复华	345.16	345.16	5.41	5.44	11.36	5.33	9.28	72.36
600626	申达股份	710.24	710.24	3.43	3.44	9.03	2.80	8.95	168.02
600628	新世界	531.80	531.80	6.75	6.79	9.83	5.30	8.47	28.55
600629	棱光实业	348.00	348.00	7.13	7.18	10.77	5.85	9.35	31.14
600630	龙头股份	424.86	424.86	5.37	5.40	9.38	4.63	9.38	74.67
600633	浙报传媒	594.14	152.05	13.50	13.55	51.00	12.73	30.37	128.04
600634	ST 澄海	304.48	87.21	8.71	8.60	12.80	8.18	10.73	23.19
600635	大众公用	1644.87	1644.87	4.14	4.17	6.30	3.57	5.48	34.47
600636	三爱富	381.95	381.95	13.23	13.35	17.20	9.37	11.38	-13.18
600637	百视通	1113.74	835.52	15.87	15.92	52.76	15.46	36.97	132.96
600638	新黄浦	561.16	561.16	10.10	10.17	15.95	8.22	12.24	22.08
600639	浦东金桥	656.65	656.65	9.00	9.02	17.07	6.50	11.76	32.61
600640	号百控股	535.36	206.41	7.62	7.70	32.00	7.03	17.85	134.25
600641	万业企业	806.16	806.16	4.26	4.26	6.00	2.99	4.30	2.24
600642	申能股份	4552.04	4552.04	4.42	4.44	5.17	3.70	4.55	5.88
600643	爱建股份	1105.49	817.92	7.93	7.98	15.65	5.87	11.35	43.13
600644	乐山电力	326.48	326.48	9.10	9.15	9.55	6.28	8.07	-10.68
600645	中源协和	349.29	324.81	17.94	18.02	39.45	17.10	23.96	33.56
600647	同达创业	139.14	139.14	11.32	11.40	13.29	9.04	10.05	16.07
600648	外高桥	810.22	810.22	9.61	9.57	64.16	8.97	32.23	238.84
600649	城投控股	2987.52	2987.52	5.47	5.55	10.27	5.25	8.33	55.54
600650	锦江投资	390.56	390.56	6.81	6.82	14.40	5.54	10.04	52.67
600651	飞乐音响	739.07	739.07	4.70	4.75	7.36	4.56	5.71	22.47
600652	爱使股份	557.00	557.00	4.62	4.66	5.68	3.23	4.07	-9.05
600653	申华控股	1746.38	1746.38	2.54	2.55	3.12	1.98	2.49	-1.97
600654	飞乐股份	755.04	755.04	4.15	4.15	9.39	4.01	7.30	77.42
600655	豫园商城	1437.32	1437.32	7.18	7.23	10.17	5.90	7.76	11.48
600656	博元投资	190.34	190.33	5.94	5.92	9.39	5.27	5.94	0.00
600657	信达地产	1524.26	1524.26	4.23	4.29	4.85	2.83	3.23	-22.15
600658	电子城	580.10	580.10	7.67	7.67	13.78	7.15	11.74	56.65
600660	福耀玻璃	2002.99	2002.99	8.77	8.78	9.27	6.68	8.29	0.09
600661	新南洋	173.68	173.68	5.78	5.79	16.88	5.63	12.04	108.30

注：发行股本、流通股本、成交数量的单位为百万股，成交金额的单位为百万元。

A 股
A Share

股票
Share

涨跌值 Change	市盈率 P/E	市净率 P/B	换手率(%) Turnover Rate	成交数量 Trading Vol	成交金额 Trading Val
1.27	189.06	2.60	443.22	653.06	5355.26
-0.98	25.83	1.24	310.86	1611.23	9841.80
-0.01	76.06	1923.93	378.51	1149.25	7456.17
-0.98	139.59	7.99	303.35	3314.59	11889.49
11.46	0.00	101.31	326.89	84.14	1483.56
1.35	25.03	1.76	307.75	3207.44	19841.79
1.77	19.96	3.66	224.18	551.68	12396.52
-3.51	442.35	3.40	471.98	482.73	7924.96
-1.25	105.35	6.64	455.41	2034.59	24889.88
0.40	448.92	3.85	429.57	802.48	8346.47
-0.24	36.57	2.86	382.70	1678.79	14666.48
12.00	0.00	10.33	180.62	180.04	2977.49
-1.45	75.45	2.72	128.04	960.08	7323.49
0.57	31.98	2.00	271.02	863.39	6184.70
5.44	300.50	4.97	929.38	4254.55	29994.35
1.33	17.12	1.87	355.04	1860.68	10814.50
-0.77	10.47	1.18	355.26	1827.13	12282.18
1.23	29.23	3.14	86.73	560.58	5553.82
3.87	114.12	5.39	968.70	3343.51	28250.04
5.52	38.59	2.96	701.98	4985.78	28213.03
1.72	19.02	1.88	407.73	2168.29	17407.90
2.22	332.74	4.19	176.13	564.27	4758.05
4.01	87.28	2.54	664.74	2824.22	19942.84
16.87	81.53	5.09	1037.19	1577.05	44180.47
2.02	137.58	1.84	189.13	164.94	1708.27
1.34	26.77	2.28	302.68	4978.62	25173.54
-1.85	31.16	2.60	471.79	1802.02	23247.00
21.10	79.72	11.07	408.24	3410.91	102908.67
2.14	33.02	2.05	225.87	1267.48	15260.33
2.76	32.72	2.37	393.41	2583.29	30502.47
10.23	72.05	3.88	1313.27	2710.68	42920.57
0.04	31.22	1.30	231.83	1868.90	8385.74
0.13	13.31	0.98	106.48	4892.33	22183.08
3.42	39.06	2.66	783.90	6411.67	73619.76
-1.03	57.42	5.79	438.37	1431.19	11874.80
6.02	602.16	16.69	424.10	1372.45	37316.10
-1.27	63.47	6.40	318.27	397.18	4473.94
22.62	73.93	6.04	275.82	2234.72	71840.94
2.86	18.56	1.74	163.32	4879.19	37060.14
3.23	29.97	2.50	342.72	1338.54	14503.67
1.01	40.17	3.57	435.78	3220.72	18632.88
-0.55	11.47	2.36	472.58	2632.26	11905.42
-0.05	29.39	2.14	140.16	2447.74	6245.68
3.15	52.56	3.71	280.55	2118.31	15269.64
0.58	11.52	1.70	218.82	3145.12	25399.69
0.00	61.98	14.78	741.59	1411.45	10036.61
-1.00	8.02	0.69	119.44	1820.59	7015.64
4.07	16.00	2.55	316.09	1833.65	18910.00
-0.48	10.89	2.12	132.88	2646.14	21920.59
6.26	0.00	5.96	530.80	921.88	11060.96

A 股
A Share

股票
Share

股票代码 Code	名称 Name	发行股本 Issued Vol	流通股本 Negotiable Vol	上年收盘 Last Year Close	本年开盘 Open	本年最高 High	本年最低 Low	本年收盘 Close	涨跌(%) Change(%)
600662	强生控股	1053.36	549.04	3.96	3.97	5.15	3.18	4.55	17.95
600663	陆家嘴	1358.08	1358.08	11.90	11.97	29.19	9.65	16.99	44.74
600664	哈药股份	1917.48	1053.39	6.18	6.23	7.87	5.58	6.13	-0.81
600665	天地源	864.12	864.12	4.20	4.28	4.38	2.96	3.24	-21.20
600666	西南药业	290.15	290.15	6.42	6.44	7.99	5.73	6.94	8.24
600667	太极实业	1191.27	1191.27	3.84	3.86	4.34	2.49	3.44	-10.42
600668	尖峰集团	344.08	343.72	10.09	10.29	12.53	7.90	9.70	-2.05
600671	天目药业	121.78	121.72	8.30	8.21	15.57	7.89	11.21	35.06
600673	东阳光铝	827.47	822.61	7.56	7.63	9.74	5.90	9.54	27.99
600674	川投能源	1981.87	1981.87	8.36	8.40	12.65	8.26	11.16	34.21
600675	中华企业	1555.88	1555.88	5.29	5.36	8.27	4.21	6.91	33.69
600676	交运股份	862.37	782.14	4.14	4.17	6.85	3.61	6.24	54.73
600677	航天通信	416.43	326.17	7.52	7.58	15.89	6.45	11.55	55.04
600678	四川金顶	348.99	348.99	5.45	5.35	10.00	5.05	5.74	5.32
600679	金山开发	182.02	182.02	8.06	8.14	17.44	6.66	12.83	59.18
600680	上海普天	257.43	257.43	9.75	9.79	11.89	7.15	9.19	-5.74
600681	万鸿集团	251.48	221.23	4.19	4.28	5.74	3.53	4.28	2.15
600682	南京新百	358.32	357.39	8.13	8.23	12.90	7.56	11.36	41.34
600683	京投银泰	740.78	740.78	5.10	5.09	6.88	4.09	4.39	-12.83
600684	珠江实业	474.14	474.14	14.95	15.15	16.37	6.83	7.22	-26.21
600685	广船国际	438.46	438.46	12.40	12.35	18.10	8.72	16.91	38.05
600686	金龙汽车	442.60	442.60	6.77	6.81	11.41	6.52	8.73	30.94
600687	刚泰控股	377.11	126.89	16.31	16.38	19.56	11.02	11.36	-30.07
600688	上海石化	7305.00	1620.00	5.29	5.31	8.20	2.75	3.05	-12.59
600689	上海三毛	152.20	152.20	7.53	7.62	11.45	4.96	8.83	17.26
600690	青岛海尔	2720.84	2720.84	13.40	13.42	21.16	10.01	19.50	50.03
600691	阳煤化工	1467.86	902.61	15.79	15.97	30.00	6.07	6.20	-1.84
600692	亚通股份	351.76	255.01	5.94	5.98	10.44	5.90	8.31	39.90
600693	东百集团	343.22	299.01	7.25	7.27	8.15	5.16	6.53	-9.93
600694	大商股份	293.72	293.72	35.27	35.30	40.70	25.35	28.88	-15.76
600695	大江股份	366.47	329.57	4.12	4.13	6.69	3.26	5.80	40.78
600696	多伦股份	340.57	340.57	6.97	7.00	7.60	4.69	6.06	-13.06
600697	欧亚集团	159.09	155.16	22.15	22.14	23.80	16.85	18.73	-14.07
600698	ST 轻骑	741.82	428.74	4.86	5.00	5.19	3.38	3.73	-23.25
600699	均胜电子	636.14	185.72	8.79	8.85	16.94	8.51	15.41	75.31
600701	工大高新	498.78	498.78	3.67	3.68	5.75	3.58	4.35	18.79
600702	沱牌舍得	337.30	337.30	28.81	28.61	31.09	12.59	15.04	-46.78
600703	三安光电	1444.01	1349.51	13.68	13.76	25.64	10.93	24.79	83.16
600704	物产中大	790.52	790.52	7.30	7.34	11.73	4.98	11.35	60.04
600705	中航投资	1522.47	744.64	13.66	13.78	22.16	12.98	16.98	25.55
600706	曲江文旅	179.51	85.02	11.48	11.60	15.78	8.79	11.79	2.70
600707	*ST 彩虹	736.76	734.72	5.50	5.65	8.37	4.35	8.24	49.82
600708	海博股份	510.37	508.38	4.02	4.04	9.55	3.96	7.46	89.06
600710	常林股份	640.28	640.28	4.20	4.23	4.78	2.91	3.05	-27.38
600711	盛屯矿业	453.50	176.67	11.49	11.70	12.19	6.71	7.94	-30.90
600712	南宁百货	544.66	537.73	4.61	4.62	5.16	3.80	3.97	-13.09
600713	南京医药	693.58	693.58	4.58	4.60	5.95	3.92	5.28	15.28
600714	金瑞矿业	273.40	273.40	11.32	11.45	11.96	6.70	7.87	-30.48
600715	松辽汽车	224.26	224.26	5.98	5.96	7.30	5.08	5.21	-12.88
600716	凤凰股份	740.60	740.60	5.18	5.25	7.41	4.38	7.30	40.93

注：发行股本、流通股本、成交数量的单位为百万股，成交金额的单位为百万元。

A 股
A Share

股票
Share

涨跌值 Change	市盈率 P/E	市净率 P/B	换手率(%) Turnover Rate	成交数量 Trading Vol	成交金额 Trading Val
0.59	26.21	1.61	315.71	1733.40	7373.60
5.09	31.39	2.82	169.44	2301.16	43717.57
-0.05	23.53	1.44	330.51	3481.56	22749.69
-0.96	11.57	1.18	142.79	1233.85	4571.14
0.52	55.37	4.69	353.25	1024.94	7247.32
-0.40	80.92	2.63	453.34	5400.52	18868.56
-0.39	20.41	1.92	842.91	2897.30	29304.73
2.91	0.00	16.80	247.09	300.76	3775.45
1.98	51.23	3.22	206.23	1696.48	12831.07
2.80	53.90	2.19	134.18	2649.46	27470.44
1.62	19.02	1.88	523.36	8142.87	50986.52
2.10	19.47	1.70	279.61	2178.82	11896.51
4.03	57.27	2.68	941.24	3070.08	32799.49
0.29	4.41	33.42	709.88	2477.42	18177.36
4.77	1110.82	7.62	683.08	1243.33	14430.93
-0.56	0.00	2.59	229.83	591.64	5750.96
0.09	377.76	58.43	499.66	1026.40	4771.48
3.23	21.36	2.93	150.38	537.40	5271.13
-0.71	37.60	1.74	289.36	2143.50	11560.31
-7.73	9.94	1.87	866.49	3158.37	34574.75
4.51	1052.93	2.79	288.64	1265.58	16429.10
1.96	18.32	1.70	208.42	922.45	8047.97
-4.95	72.88	3.10	429.26	544.68	7720.73
-2.24	0.00	1.85	451.84	5011.05	21487.32
1.30	0.00	5.57	756.56	1151.52	9936.79
6.10	16.23	3.67	125.09	3373.83	48120.94
-9.59	44.18	2.04	360.69	1598.14	14265.12
2.37	148.08	5.76	1360.59	3469.65	28383.86
-0.72	58.37	2.10	214.22	640.55	4409.17
-6.39	8.68	1.60	295.91	869.14	26450.01
1.68	0.00	10.16	424.45	1398.88	7407.47
-0.91	84.91	3.94	949.50	3233.68	19914.02
-3.42	14.76	2.22	175.01	271.54	5367.38
-1.13	56.81	5.30	123.91	531.26	2025.81
6.62	47.39	4.29	944.98	1755.06	24272.53
0.68	87.44	2.37	534.70	2666.98	12390.37
-13.77	13.72	2.27	640.54	2160.54	41472.17
11.11	44.19	5.14	269.55	3483.71	64321.49
4.05	20.95	2.15	316.23	2410.77	18886.19
3.32	35.79	5.18	733.30	4688.14	79432.77
0.31	29.91	2.80	607.12	516.16	6299.93
2.74	0.00	2.97	310.25	1999.89	11987.21
3.44	25.19	2.59	505.67	2570.74	18838.08
-1.15	203.06	1.04	249.88	1599.94	6082.08
-3.55	232.37	1.48	380.11	639.06	6100.23
-0.64	33.57	2.02	212.58	1141.91	5207.43
0.70	338.46	3.61	413.99	2628.89	13133.89
-3.45	185.88	4.76	209.19	571.95	5311.22
-0.77	210.68	118.98	249.24	558.94	3337.49
2.12	71.34	2.65	160.03	1134.01	6252.72

A 股
A Share

股票
Share

股票代码 Code	名称 Name	发行股本 Issued Vol	流通股本 Negotiable Vol	上年收盘 Last Year Close	本年开盘 Open	本年最高 High	本年最低 Low	本年收盘 Close	涨跌(%) Change(%)
600717	天津港	1674.77	1674.77	6.04	6.07	10.54	4.90	8.55	46.02
600718	东软集团	1227.59	1227.59	7.69	7.69	18.35	7.38	12.27	62.25
600719	大连热电	202.30	202.30	6.65	6.69	8.68	5.53	7.61	14.44
600720	祁连山	776.29	776.16	10.60	10.70	12.71	6.26	6.69	-17.50
600721	百花村	268.85	119.96	9.96	9.91	10.85	6.17	7.58	-23.90
600722	金牛化工	680.32	421.42	5.29	5.34	7.24	3.58	4.79	-9.45
600723	首商股份	658.41	317.88	7.45	7.50	8.45	5.59	6.52	-8.84
600724	宁波富达	1445.24	1444.94	7.35	7.36	7.38	3.75	4.19	-41.96
600725	云维股份	616.24	616.24	4.16	4.19	5.15	3.04	3.75	-9.86
600726	华电能源	1534.68	720.58	2.74	2.75	2.96	2.23	2.45	-10.58
600727	鲁北化工	350.99	350.93	4.48	4.50	5.58	3.66	4.64	3.57
600728	佳都新太	499.77	362.80	8.62	9.48	17.89	9.48	15.70	82.13
600729	重庆百货	406.53	203.05	25.59	25.87	29.68	16.58	21.78	-12.80
600730	中国高科	293.33	293.33	5.65	5.67	11.15	5.54	9.49	67.96
600731	湖南海利	327.31	255.58	6.03	6.06	7.80	5.93	7.34	21.72
600732	上海新梅	446.38	446.38	6.98	7.03	12.83	3.58	5.24	36.16
600733	S 前锋	197.59	75.60	13.71	13.54	22.10	12.75	19.69	43.62
600734	实达集团	351.56	298.90	3.59	3.60	5.57	3.47	4.87	35.65
600735	新华锦	250.70	209.00	7.09	7.10	10.09	6.48	7.52	6.06
600736	苏州高新	1057.88	1057.88	4.72	4.74	5.06	3.36	4.04	-13.38
600737	中粮屯河	2051.88	805.60	5.24	5.25	7.30	4.50	5.33	1.72
600738	兰州民百	368.87	262.11	5.84	5.86	7.65	4.74	6.04	5.16
600739	辽宁成大	1364.71	1364.71	14.99	15.20	20.54	12.11	17.54	17.01
600740	山西焦化	765.70	456.83	8.50	8.66	10.08	5.60	6.00	-29.41
600741	华域汽车	2583.20	2583.20	11.18	11.18	11.47	7.20	10.14	-4.90
600742	一汽富维	211.52	211.52	17.70	17.89	20.98	13.21	17.91	4.74
600743	华远地产	1817.66	1817.66	3.96	4.02	4.12	2.29	2.55	-24.77
600744	华银电力	711.65	474.38	3.78	3.80	4.68	2.95	3.32	-12.17
600745	中茵股份	327.37	327.37	10.24	10.37	17.79	8.35	16.24	58.59
600746	江苏索普	306.42	304.66	4.39	4.39	7.06	4.20	6.00	36.67
600747	大连控股	1064.33	1064.33	4.59	4.64	5.38	3.38	3.79	-17.43
600748	上实发展	1083.37	1083.37	8.55	8.69	11.24	5.16	7.55	-10.81
600749	西藏旅游	189.14	189.14	8.68	8.65	10.28	6.67	7.72	-10.83
600750	江中药业	311.15	311.15	19.72	19.78	25.05	15.20	15.86	-18.48
600751	天津海运	566.50	237.62	7.44	5.22	8.23	3.10	6.20	50.85
600753	东方银星	128.00	128.00	6.53	6.55	14.38	6.33	10.77	64.93
600754	锦江股份	447.24	447.24	14.16	14.27	18.30	11.45	16.02	16.42
600755	厦门国贸	1330.84	1330.84	4.43	4.45	5.87	3.35	5.43	25.94
600756	浪潮软件	278.75	278.75	8.37	8.40	19.24	7.27	13.14	57.46
600757	长江传媒	1213.65	350.14	6.15	6.17	9.53	5.04	7.57	23.09
600758	红阳能源	207.68	115.05	7.41	7.47	8.79	6.27	6.74	-8.69
600759	正和股份	1220.12	1216.02	5.26	5.28	8.95	3.56	7.97	54.48
600760	*ST 黑豹	344.95	344.95	5.50	5.50	7.14	4.73	5.03	-8.55
600761	安徽合力	514.01	514.01	8.94	9.00	14.31	7.35	12.09	38.38
600763	通策医疗	160.32	160.32	20.63	20.60	37.09	19.21	32.02	55.21
600764	中电广通	329.73	329.73	5.23	5.26	9.48	5.13	8.16	56.45
600765	中航重机	778.00	778.00	7.61	7.66	19.68	7.40	12.52	64.94
600766	园城黄金	224.23	223.60	11.07	11.07	13.72	8.76	9.74	-12.01
600767	运盛实业	341.01	340.91	4.00	4.00	7.35	3.85	5.32	33.00
600768	宁波富邦	133.75	133.75	6.21	6.29	8.05	5.04	6.40	3.06

注：发行股本、流通股本、成交数量的单位为百万股，成交金额的单位为百万元。

A 股
A Share

股票
Share

涨跌值 Change	市盈率 P/E	市净率 P/B	换手率(%) Turnover Rate	成交数量 Trading Vol	成交金额 Trading Val
2.51	14.26	1.13	245.36	4109.26	31909.47
4.58	33.01	2.83	280.44	3442.64	39462.48
0.96	546.70	2.15	392.04	793.10	5792.83
-3.91	29.93	1.25	623.38	4206.75	37459.44
-2.38	99.58	2.09	441.99	530.20	4451.33
-0.50	41.82	3.53	353.79	1490.95	7931.87
-0.93	10.79	1.52	396.48	1260.32	8827.12
-3.16	17.39	1.58	97.71	1411.87	7109.80
-0.41	0.00	1.67	200.18	1233.59	4887.91
-0.29	0.00	1.62	166.10	1196.88	3157.09
0.16	87.88	1.59	230.99	796.51	3692.23
7.08	150.60	7.23	456.88	1483.31	20366.25
-3.81	12.70	2.03	502.23	686.31	15300.94
3.84	133.79	2.29	383.35	1124.48	9220.77
1.31	278.88	3.04	310.59	793.70	5471.15
-1.74	615.02	4.60	1251.96	5242.99	29711.01
5.98	143.15	13.23	348.21	263.25	4720.61
1.28	0.00	10.93	293.59	858.01	3728.72
0.43	34.04	3.21	568.99	1189.18	9801.67
-0.68	23.37	1.26	266.64	2820.76	11824.31
0.09	0.00	1.82	224.93	1812.01	10544.34
0.20	37.33	2.16	644.92	1648.88	10528.70
2.55	34.45	2.15	432.75	5905.71	94156.00
-2.50	154.80	1.64	587.91	2685.78	20709.31
-1.04	8.44	1.41	144.37	3729.48	35716.21
0.21	9.69	1.20	500.28	1058.20	18062.10
-1.41	8.56	1.36	128.24	1321.47	4255.38
-0.46	34.00	1.63	517.82	2456.45	9317.75
6.00	52.77	6.22	264.86	867.07	10749.79
1.61	0.00	4.22	330.03	1005.47	5694.33
-0.80	0.00	5.39	265.62	2827.04	12199.26
-1.00	12.81	1.65	333.12	3608.88	30664.05
-0.96	130.47	2.22	450.04	851.20	7358.90
-3.86	21.90	2.37	343.94	1070.18	20811.58
-1.24	17.20	132.21	1556.68	3698.94	21013.63
4.24	934.09	13.65	528.10	675.97	6760.55
1.86	26.18	2.23	155.54	695.65	10319.22
1.00	18.69	1.31	295.86	3937.38	19120.80
4.77	92.72	4.76	1171.21	3264.73	40019.56
1.42	28.13	2.07	643.44	2290.87	17307.06
-0.67	83.31	4.19	501.22	576.65	4339.85
2.71	25.78	4.29	339.01	4122.48	23717.52
-0.47	0.00	2.32	461.97	1295.69	7551.17
3.15	17.78	1.82	269.45	1385.02	13961.10
11.39	56.39	9.88	336.88	540.09	15156.79
2.93	49.42	4.45	315.69	1040.91	7846.71
4.91	45.63	2.90	928.80	7226.10	107060.17
-1.33	38.55	86.25	232.14	515.13	5769.11
1.32	52.64	5.33	336.47	1147.04	5949.68
0.19	166.84	8.57	347.03	464.15	3124.24

A 股
A Share

股票
Share

股票代码 Code	名称 Name	发行股本 Issued Vol	流通股本 Negotiable Vol	上年收盘 Last Year Close	本年开盘 Open	本年最高 High	本年最低 Low	本年收盘 Close	涨跌(%) Change(%)
600769	*ST 祥龙	374.98	374.98	3.50	3.46	5.99	3.33	5.05	44.29
600770	综艺股份	1104.60	1082.10	6.19	6.26	9.67	5.28	8.41	36.94
600771	广誉远	243.81	189.76	9.08	9.05	33.57	7.65	25.85	184.69
600773	西藏城投	575.70	539.64	11.48	11.50	13.43	9.27	9.54	-16.75
600774	汉商集团	174.58	172.89	8.90	8.90	13.75	7.89	8.32	-6.17
600775	南京熊猫	671.84	413.02	5.37	5.38	10.30	5.25	8.92	67.31
600776	东方通信	956.00	956.00	4.34	4.34	6.62	4.01	6.16	44.36
600777	新潮实业	625.42	625.42	5.14	5.18	7.37	4.31	6.60	28.40
600778	友好集团	311.49	309.39	10.74	10.81	11.56	6.76	9.27	-9.65
600779	水井坊	488.55	295.32	19.37	19.50	20.45	9.29	10.19	-46.58
600780	通宝能源	1146.50	872.94	6.70	7.37	8.65	5.01	5.12	-22.19
600781	上海辅仁	177.59	177.59	13.69	13.69	16.92	12.27	14.80	8.11
600782	新钢股份	1393.45	1393.45	4.12	4.16	5.38	2.90	3.10	-24.76
600783	鲁信创投	744.36	744.36	11.05	11.17	23.40	9.73	20.51	87.17
600784	鲁银投资	496.61	496.61	5.18	5.70	7.69	4.37	5.47	6.28
600785	新华百货	207.43	207.43	14.55	14.68	16.45	10.05	11.79	-16.68
600787	中储股份	929.91	840.10	7.73	7.75	12.39	5.99	10.28	33.86
600789	鲁抗医药	581.58	581.58	3.95	3.96	5.97	3.56	4.89	23.80
600790	轻纺城	805.38	618.78	6.11	6.14	6.98	5.16	6.34	7.14
600791	京能置业	452.88	452.31	4.54	4.59	6.27	4.10	5.72	27.17
600792	云煤能源	494.96	126.23	10.73	10.92	13.20	7.48	8.73	-18.64
600793	ST 宜纸	105.30	105.30	8.75	8.78	11.62	8.32	10.04	14.74
600794	保税科技	474.35	427.83	11.15	11.30	18.91	5.88	7.61	38.34
600795	国电电力	17229.89	15395.03	2.63	2.64	3.05	2.15	2.35	-6.36
600796	钱江生化	301.40	301.40	5.24	5.25	6.86	4.35	5.55	5.92
600797	浙大网新	831.77	821.71	4.32	4.36	7.95	4.03	5.58	29.17
600798	宁波海运	871.17	871.17	3.50	3.50	4.34	2.89	3.52	0.57
600800	天津磁卡	611.27	607.67	7.01	6.95	8.11	4.42	5.47	-21.97
600801	华新水泥	607.30	556.21	15.17	15.17	18.46	9.41	12.14	-18.93
600802	福建水泥	381.87	381.87	7.30	7.30	8.48	5.60	5.81	-20.00
600803	威远生化	922.03	188.88	9.92	10.18	14.44	7.11	12.41	25.10
600804	鹏博士	1382.13	1338.51	5.96	6.03	20.50	5.94	14.06	136.86
600805	悦达投资	850.89	849.20	11.90	12.02	17.35	7.97	10.97	11.91
600806	昆明机床	390.19	390.19	4.61	4.64	7.10	4.23	4.51	-2.17
600807	天业股份	321.15	307.89	7.16	7.10	8.56	6.07	6.82	-4.61
600808	马钢股份	5967.75	5967.75	2.08	2.21	2.27	1.50	1.68	-19.23
600809	山西汾酒	865.85	865.85	41.66	41.66	43.40	16.48	19.30	-52.31
600810	神马股份	442.28	442.28	5.46	5.50	7.75	4.60	6.33	15.93
600811	东方集团	1666.81	1666.81	5.43	5.49	7.57	4.52	6.29	15.84
600812	华北制药	1378.58	1028.58	5.56	5.56	7.17	4.12	5.01	-9.19
600814	杭州解百	310.38	310.38	6.14	6.75	8.10	5.67	7.06	16.19
600815	厦工股份	958.97	939.71	6.99	6.99	7.31	3.65	3.97	-42.45
600816	安信信托	454.11	453.85	13.19	13.25	18.54	11.06	14.25	8.83
600817	ST 宏盛	160.91	114.32	5.65	12.60	17.35	7.21	7.40	30.97
600818	中路股份	237.96	237.96	11.79	11.74	15.77	10.75	12.54	17.25
600819	耀皮玻璃	543.75	543.75	5.66	5.74	6.96	4.72	6.21	10.15
600820	隧道股份	1298.66	885.74	9.10	9.15	9.95	6.92	9.07	2.65
600821	津劝业	416.27	416.27	4.14	4.17	6.30	3.65	4.90	18.36
600822	上海物贸	396.15	396.15	4.46	4.50	18.30	3.69	9.30	108.52
600823	世茂股份	1170.60	1170.60	11.70	11.85	12.58	7.50	8.98	-22.51

注：发行股本、流通股本、成交数量的单位为百万股，成交金额的单位为百万元。

A 股
A Share

股票
Share

涨跌值 Change	市盈率 P/E	市净率 P/B	换手率(%) Turnover Rate	成交数量 Trading Vol	成交金额 Trading Val
1.55	0.00	54.25	224.40	841.45	3868.66
2.22	285.47	3.91	502.41	5436.53	38976.40
16.77	17.72	132.79	520.43	944.57	20170.77
-1.94	54.40	4.45	281.89	1521.17	17396.60
-0.58	65.44	2.69	174.33	301.40	3189.70
3.55	61.96	2.61	232.26	959.29	7789.43
1.82	40.17	2.82	197.54	1888.45	10042.03
1.46	0.00	3.39	297.69	1861.79	10047.12
-1.47	8.62	1.77	440.07	1361.08	13179.78
-9.18	14.74	3.07	492.49	1454.43	20868.72
-1.58	15.84	1.52	161.41	1408.99	9291.12
1.11	236.57	9.45	253.77	450.68	6604.33
-1.02	0.00	0.57	67.67	943.00	3592.90
9.46	85.79	5.01	296.11	2172.93	35513.72
0.29	25.27	2.76	625.26	3105.11	19478.66
-2.76	10.10	1.58	340.20	705.69	9148.36
2.55	23.77	1.71	568.37	4774.91	43378.69
0.94	0.00	1.86	596.40	3468.49	17364.46
0.23	24.30	1.59	293.90	1818.60	11236.41
1.18	15.67	1.89	254.81	1152.52	5851.18
-2.00	0.00	1.36	419.87	529.98	5274.28
1.29	18.86	32.20	100.14	105.45	1079.88
-3.54	22.14	3.61	466.62	1640.51	16008.63
-0.28	8.02	1.06	114.42	16826.18	43278.53
0.31	94.90	3.14	464.15	1398.95	8070.43
1.26	0.00	2.55	750.68	6168.44	36421.44
0.02	0.00	1.59	165.97	1445.91	5304.51
-1.54	190.66	44.45	887.59	5393.65	35180.82
-3.03	20.43	1.30	393.72	2189.90	29626.30
-1.49	77.08	2.10	813.79	3107.67	22221.65
2.49	271.32	3.28	774.17	1462.29	16258.66
8.10	94.10	4.52	1123.46	15037.65	206693.57
-0.93	8.39	1.79	523.31	4102.33	49060.20
-0.10	0.00	1.81	368.80	1439.02	7995.69
-0.34	149.82	4.32	167.96	517.14	3757.12
-0.40	0.00	0.56	47.17	2814.97	5278.17
-22.36	12.59	4.36	217.44	1882.69	49315.98
0.87	0.00	1.22	333.09	1473.21	8880.62
0.86	11.03	1.25	259.07	4318.26	25966.24
-0.55	388.07	1.71	228.56	2350.93	13473.09
0.92	28.32	2.68	234.68	728.41	5087.57
-3.02	29.90	0.94	273.29	2563.84	13581.09
1.06	60.09	7.48	607.28	2756.12	40720.37
1.75	0.68	9.92	695.58	782.76	8286.01
0.75	244.64	10.65	272.37	634.99	8661.71
0.55	78.45	1.82	93.71	509.56	3101.55
-0.03	10.23	0.95	227.45	1855.01	16560.09
0.76	211.39	3.47	426.95	1777.25	8850.23
4.84	0.00	4.78	824.66	3266.86	33416.42
-2.72	7.69	0.74	168.00	1966.62	19848.91

A 股
A Share

股票
Share

股票代码 Code	名称 Name	发行股本 Issued Vol	流通股本 Negotiable Vol	上年收盘 Last Year Close	本年开盘 Open	本年最高 High	本年最低 Low	本年收盘 Close	涨跌(%) Change(%)
600824	益民集团	878.36	878.36	4.45	4.46	6.52	3.61	5.55	51.63
600825	新华传媒	1044.89	1044.89	4.87	4.93	12.22	4.35	8.90	83.76
600826	兰生股份	420.64	420.64	10.75	10.85	19.70	10.46	15.36	43.31
600827	友谊股份	1542.78	1240.38	8.58	8.66	12.41	6.48	9.87	20.18
600828	成商集团	570.44	568.98	5.01	5.01	6.02	4.10	5.31	6.69
600829	三精制药	579.89	579.89	9.01	8.96	10.29	6.05	6.63	-26.42
600830	香溢融通	454.32	454.32	6.70	6.77	12.71	5.40	9.65	45.19
600831	广电网络	563.44	563.44	6.57	6.63	9.68	6.13	7.46	14.10
600832	东方明珠	3186.33	3186.33	5.56	5.58	12.84	5.09	9.77	81.46
600833	第一医药	223.09	223.09	7.60	7.62	10.24	6.13	8.53	13.04
600834	申通地铁	477.38	477.38	6.40	6.41	8.24	5.22	6.84	8.14
600835	上海机电	806.50	806.50	8.06	8.08	18.39	6.40	17.65	123.06
600836	界龙实业	313.56	313.56	6.76	6.78	11.54	5.91	8.60	27.77
600837	海通证券	8092.13	8092.13	10.25	10.38	13.69	8.33	11.32	11.65
600838	上海九百	400.88	400.88	5.17	5.20	9.30	4.42	7.66	48.77
600839	四川长虹	4616.24	4610.00	2.06	2.07	3.68	1.67	3.04	48.29
600841	上柴股份	521.89	492.17	11.22	11.23	16.25	10.65	11.33	1.48
600843	上工申贝	204.94	204.94	6.82	6.80	12.28	5.00	10.24	50.15
600844	丹化科技	584.83	584.83	11.07	11.21	14.18	6.73	7.43	-32.88
600845	宝信软件	226.52	226.52	13.91	13.99	36.50	13.00	25.00	82.18
600846	同济科技	624.76	624.76	4.30	4.34	7.50	4.22	5.69	32.81
600847	万里股份	152.24	88.66	13.84	13.71	17.80	13.40	16.04	15.90
600848	自仪股份	292.14	292.14	6.34	6.30	8.58	4.80	6.97	9.94
600850	华东电脑	321.74	171.03	19.98	20.26	28.10	18.98	20.94	5.59
600851	海欣股份	738.21	738.21	5.39	5.41	9.48	5.21	7.04	30.61
600853	龙建股份	536.81	536.81	3.22	3.23	3.37	2.31	2.76	-13.94
600854	春兰股份	519.46	519.46	3.90	3.90	5.80	3.52	4.24	8.72
600855	航天长峰	331.62	233.20	7.31	7.35	17.97	6.38	15.79	116.01
600856	长百集团	234.83	234.83	4.16	4.16	7.12	3.85	6.48	55.77
600857	工大首创	224.32	224.32	8.95	9.00	9.80	6.19	8.30	-6.72
600858	银座股份	520.07	517.55	9.37	9.50	10.71	6.62	7.56	-18.53
600859	王府井	462.77	417.64	23.96	24.00	27.00	14.19	18.16	-20.87
600860	北人股份	322.00	322.00	6.20	6.25	12.05	5.56	8.21	32.42
600861	北京城乡	316.80	316.80	6.29	6.33	8.21	5.67	7.91	28.48
600862	南通科技	637.93	637.93	3.80	3.83	4.19	2.75	3.16	-16.34
600863	内蒙华电	3871.83	1759.40	7.50	7.55	8.29	2.86	3.41	-28.93
600864	哈投股份	546.38	546.38	5.68	5.70	12.88	5.65	9.92	79.64
600865	百大集团	376.24	376.24	5.06	5.09	6.80	4.52	6.54	29.25
600866	星湖科技	550.39	544.54	4.64	4.68	5.25	3.42	4.49	-3.23
600867	通化东宝	931.46	931.46	9.50	9.48	18.57	9.15	15.31	95.77
600868	梅雁吉祥	1898.15	1898.15	2.76	2.79	3.16	1.88	2.36	-14.49
600869	远东电缆	990.04	990.04	7.87	7.93	10.12	5.36	7.15	-6.79
600870	厦华电子	523.20	370.82	3.99	4.01	5.76	2.75	4.92	23.31
600871	仪征化纤	3900.00	450.00	6.11	6.14	8.47	2.79	2.83	-30.52
600872	中炬高新	796.64	796.64	4.60	4.61	12.03	4.40	11.37	148.75
600873	梅花集团	3108.23	1607.55	5.43	5.42	6.39	3.70	6.24	17.68
600874	创业环保	1087.23	1087.23	4.69	4.74	10.55	4.61	8.17	75.61
600875	东方电气	1663.86	1663.86	13.89	14.18	15.90	9.71	12.57	-8.56
600876	洛阳玻璃	250.02	250.02	5.30	5.37	6.45	4.30	4.78	-9.81
600877	中国嘉陵	687.28	687.28	3.18	3.18	4.68	2.90	3.32	4.40

注：发行股本、流通股本、成交数量的单位为百万股，成交金额的单位为百万元。

A 股
A Share

股票
Share

涨跌值 Change	市盈率 P/E	市净率 P/B	换手率(%) Turnover Rate	成交数量 Trading Vol	成交金额 Trading Val
1.10	32.60	2.93	230.85	1924.65	9781.24
4.03	85.33	3.74	456.56	4770.55	35908.76
4.61	130.21	2.80	330.08	1388.46	19451.88
1.29	14.53	1.32	312.66	3878.20	35573.36
0.30	20.11	2.72	166.13	945.07	4735.49
-2.38	10.56	1.77	127.08	736.95	5889.28
2.95	39.20	2.43	1122.89	5101.55	47038.27
0.89	29.99	2.50	597.42	3366.08	26910.94
4.21	56.82	4.08	280.02	8922.24	74286.26
0.93	52.23	3.60	642.31	1432.91	12071.66
0.44	29.41	2.52	135.45	646.62	4455.84
9.59	25.66	3.14	198.77	1603.11	18886.11
1.84	333.85	6.28	492.01	1542.75	13245.51
1.07	35.93	1.76	378.90	30660.91	347810.08
2.49	119.31	4.26	873.08	3500.00	22931.04
0.98	43.14	1.00	415.89	19172.76	49894.91
0.11	48.20	2.96	95.02	450.69	6004.35
3.42	110.26	5.78	397.90	815.48	6658.59
-3.64	208.47	6.95	346.48	2026.28	19275.98
11.09	32.66	5.06	170.97	387.27	8482.02
1.39	30.75	2.32	610.37	3813.38	21524.88
2.20	651.50	3.47	161.23	142.95	2253.39
0.63	275.82	14.33	276.82	808.71	5492.29
0.96	35.26	5.45	306.70	524.55	11762.59
1.65	164.22	2.84	555.97	4104.21	30427.05
-0.46	83.11	1.89	154.53	829.51	2400.70
0.34	183.87	1.15	343.89	1786.36	8327.53
8.48	238.66	6.52	1147.75	2676.58	32235.18
2.32	166.15	11.65	303.75	713.30	3865.96
-0.65	50.46	3.38	170.10	381.57	3158.26
-1.81	11.35	1.40	318.38	1614.63	13631.76
-5.80	12.48	1.34	291.17	1216.05	23507.23
2.01	0.00	4.31	311.89	1004.28	8513.53
1.62	28.10	1.14	190.41	603.23	4086.73
-0.64	50.21	1.55	327.34	2058.99	7576.32
-4.09	10.19	1.22	409.56	5484.73	25052.20
4.24	19.34	1.79	549.65	3003.19	29128.73
1.48	28.29	2.02	447.64	1684.21	9721.20
-0.15	0.00	1.68	300.76	1637.74	7361.29
5.81	227.42	7.16	255.98	2203.28	32402.60
-0.40	126.34	2.04	321.03	6093.55	15742.71
-0.72	0.00	2.34	386.25	1627.97	13485.56
0.93	264.37	902.59	354.09	1313.04	6054.39
-3.28	0.00	2.39	440.65	1382.64	5975.73
6.77	72.05	4.25	388.78	3097.18	24746.18
0.81	31.91	2.42	176.57	2838.48	15145.25
3.48	43.35	2.93	473.13	5144.03	44049.22
-1.32	11.50	1.42	155.96	2594.91	32850.93
-0.52	469.09	71.76	202.39	506.02	2730.88
0.14	154.71	12.42	302.60	2079.73	7862.67

A 股
A Share

股票
Share

股票代码 Code	名称 Name	发行股本 Issued Vol	流通股本 Negotiable Vol	上年收盘 Last Year Close	本年开盘 Open	本年最高 High	本年最低 Low	本年收盘 Close	涨跌(%) Change(%)
600879	航天电子	1039.54	1039.54	6.52	6.54	10.87	6.25	9.36	60.49
600880	博瑞传播	683.33	414.07	9.64	9.72	30.33	8.77	16.98	80.49
600881	亚泰集团	1894.73	1894.73	5.02	5.05	6.18	3.60	3.92	-19.96
600882	华联矿业	399.24	282.10	11.90	12.29	14.20	7.31	8.24	-29.08
600883	博闻科技	236.09	236.09	6.17	6.21	7.29	4.92	5.54	-9.87
600884	杉杉股份	410.86	410.86	10.27	10.37	15.89	9.80	12.32	20.53
600885	宏发股份	476.64	237.41	10.04	10.40	19.10	9.54	18.56	84.86
600886	国投电力	6786.02	6786.02	5.76	5.80	6.80	3.07	3.93	10.60
600887	伊利股份	2042.91	1588.17	21.98	22.08	52.24	21.90	39.08	79.56
600888	新疆众和	641.23	627.42	9.43	9.46	10.35	5.11	5.92	-23.74
600889	南京化纤	307.07	307.07	4.62	4.63	6.63	4.01	5.25	13.64
600890	中房股份	579.19	579.19	4.98	5.01	9.69	4.87	7.90	58.63
600891	秋林集团	325.53	266.19	6.87	6.90	9.18	5.28	6.09	-10.56
600892	宝诚股份	63.13	62.82	12.82	12.98	16.80	12.28	13.50	5.30
600893	航空动力	1089.57	1086.22	12.63	12.76	22.20	12.35	19.13	52.32
600894	广日股份	788.52	776.93	6.31	6.31	13.30	6.23	12.02	90.49
600895	张江高科	1548.69	1548.69	7.02	7.09	10.28	5.13	7.51	8.54
600896	中海海盛	581.32	581.32	3.75	3.77	4.66	2.80	3.81	1.60
600897	厦门空港	297.81	297.81	13.13	13.24	16.87	11.39	14.93	17.00
600898	三联商社	252.52	252.52	4.60	4.63	6.29	3.69	5.00	8.70
600900	长江电力	16500.00	9745.94	6.87	6.90	7.87	6.18	6.32	-3.40
600960	渤海活塞	211.67	211.67	9.14	9.18	11.40	6.34	7.91	12.83
600961	*ST 株冶	527.46	527.46	10.14	10.21	10.41	5.00	5.56	-45.17
600962	国投中鲁	262.21	254.02	7.28	7.31	8.36	5.34	6.17	-14.65
600963	岳阳林纸	1043.16	843.16	4.09	4.09	4.82	2.59	3.23	-21.03
600965	福成五丰	406.16	279.40	5.64	5.75	8.51	4.60	6.68	19.03
600966	博汇纸业	504.62	504.62	4.73	4.74	5.32	4.21	4.90	3.59
600967	北方创业	457.13	429.46	18.31	18.50	26.35	9.70	17.25	89.19
600969	郴电国际	210.27	210.27	9.25	9.33	14.45	8.95	12.25	34.29
600970	中材国际	1093.30	1093.30	12.32	12.45	12.47	7.48	8.30	-31.28
600971	恒源煤电	1000.00	1000.00	12.88	13.08	14.37	6.65	7.13	-43.06
600973	宝胜股份	411.39	406.61	7.27	7.30	9.54	6.22	7.38	38.55
600975	新五丰	234.36	234.36	6.16	6.20	7.39	4.70	6.10	-0.06
600976	武汉健民	153.40	153.30	15.50	15.61	25.34	14.68	23.94	57.44
600978	宜华木业	1152.66	1144.83	4.92	4.95	6.22	4.15	5.73	18.21
600979	广安爱众	717.89	592.89	4.76	4.80	7.30	4.44	4.93	4.38
600980	*ST 北磁	130.00	130.00	11.51	12.66	15.90	8.48	11.26	-2.17
600981	汇鸿股份	516.11	516.11	3.89	3.89	4.64	2.82	3.81	-1.24
600982	宁波热电	168.00	168.00	9.46	9.45	13.48	7.80	11.40	22.19
600983	合肥三洋	532.80	532.80	7.61	7.61	16.80	7.06	15.03	98.50
600984	建设机械	241.56	141.56	6.60	6.60	7.69	5.10	5.52	-16.36
600985	雷鸣科化	175.24	129.60	10.76	10.84	13.80	8.61	12.81	20.28
600986	科达股份	335.27	335.27	5.19	5.21	6.19	4.00	4.64	-9.49
600987	航民股份	635.31	635.31	7.00	7.07	11.50	4.73	5.65	23.64
600988	赤峰黄金	283.30	140.50	21.29	21.80	24.80	11.81	12.62	-40.72
600990	四创电子	136.70	117.60	16.29	16.28	31.88	15.70	28.22	73.24
600992	贵绳股份	245.09	164.37	6.40	6.45	7.49	5.52	6.80	7.07
600993	马应龙	331.58	330.88	14.02	14.15	19.96	13.68	17.32	24.79
600995	文山电力	478.53	478.53	5.56	5.60	6.44	4.80	5.08	-6.96
600997	开滦股份	1234.64	1234.64	10.22	10.33	11.26	5.37	5.57	-44.89

注：发行股本、流通股本、成交数量的单位为百万股，成交金额的单位为百万元。

A 股
A Share

股票
Share

涨跌值 Change	市盈率 P/E	市净率 P/B	换手率(%) Turnover Rate	成交数量 Trading Vol	成交金额 Trading Val
2.84	47.39	1.96	665.36	6177.88	53827.07
7.34	40.60	3.33	1734.96	7183.96	133066.75
-1.10	18.79	0.92	215.20	4077.51	18888.70
-3.66	14.47	2.27	427.14	987.47	10441.30
-0.63	135.25	1.91	235.31	555.55	3463.90
2.05	31.87	1.57	472.44	1941.04	24496.47
8.52	31.69	4.55	502.01	809.68	11271.73
-1.83	25.30	1.45	160.51	9176.22	39256.93
17.10	46.49	4.95	201.41	3197.60	109779.05
-3.51	24.61	1.02	258.73	1498.67	10935.58
0.63	114.25	1.72	575.11	1765.98	9831.47
2.92	0.00	13.90	184.94	1071.15	7952.29
-0.78	36.25	2.44	389.69	1029.59	7190.67
0.68	64.89	137.15	176.09	99.72	1449.71
6.50	71.47	4.65	233.46	2535.91	44520.54
5.71	21.70	3.17	155.42	1197.78	11202.69
0.49	31.43	1.68	242.70	3758.70	28534.48
0.06	0.00	1.39	292.61	1700.98	6497.99
1.80	11.77	1.74	136.82	407.47	5787.84
0.40	53.74	3.98	438.22	1000.53	5049.62
-0.55	10.07	1.33	50.28	4899.95	34253.90
-1.23	39.91	1.72	290.44	533.46	4553.15
-4.58	0.00	4.17	297.07	767.98	5339.85
-1.11	48.84	1.81	225.76	573.48	3871.74
-0.86	0.00	0.63	357.83	3017.11	11243.13
1.04	143.59	3.06	456.97	1276.80	8403.65
0.17	352.52	0.00	171.75	866.67	4142.77
-1.06	46.29	3.59	463.61	1299.93	21625.51
3.00	23.40	1.67	361.93	464.63	5560.13
-4.02	11.89	2.12	264.95	2896.65	29635.98
-5.75	9.75	1.02	170.63	1706.27	16667.65
0.11	30.18	1.53	330.97	1204.10	9080.95
-0.06	67.80	2.58	540.05	1265.66	8110.47
8.44	44.54	4.02	658.02	1007.98	19682.75
0.81	21.90	1.42	292.62	3342.61	17698.71
0.17	53.39	2.29	352.76	2091.50	11986.53
-0.25	0.00	5.70	301.95	392.54	4398.90
-0.08	57.10	2.12	148.31	765.43	2973.37
1.94	27.87	1.94	235.91	396.34	4177.73
7.42	26.38	4.17	327.44	809.55	8345.12
-1.08	194.30	1.87	304.99	431.74	2802.38
2.05	61.88	2.31	290.08	375.94	4364.84
-0.55	76.34	2.19	337.47	1131.42	5675.96
-1.35	12.71	1.71	366.02	1839.69	14299.92
-8.67	15.03	5.99	849.75	859.12	13735.81
11.93	79.75	4.58	589.29	693.00	17403.92
0.40	100.55	1.26	149.51	245.76	1661.46
3.30	33.04	4.03	354.83	1174.06	19931.60
-0.48	17.14	1.83	363.44	1739.14	9525.18
-4.65	14.10	0.99	111.45	1376.02	9527.27

A 股
A Share

股票
Share

股票代码 Code	名称 Name	发行股本 Issued Vol	流通股本 Negotiable Vol	上年收盘 Last Year Close	本年开盘 Open	本年最高 High	本年最低 Low	本年收盘 Close	涨跌(%) Change(%)
600998	九州通	1420.52	1420.52	11.03	11.08	15.23	10.01	14.99	35.90
600999	招商证券	4661.10	4661.10	10.55	10.70	14.86	9.25	12.68	21.78
601000	唐山港	2030.35	2030.35	3.33	3.35	3.87	2.41	3.06	-6.66
601001	大同煤业	1673.70	1673.70	9.24	9.40	11.24	5.46	5.78	-37.35
601002	晋亿实业	792.69	738.47	10.29	10.39	12.30	6.90	8.58	-16.62
601003	柳钢股份	2562.79	2562.79	3.08	3.14	3.30	1.98	2.08	-32.47
601005	重庆钢铁	3897.90	1195.00	3.71	3.80	3.84	2.18	2.48	-33.15
601006	大秦铁路	14866.79	14866.79	6.76	6.81	8.26	5.41	7.39	15.78
601007	金陵饭店	300.00	300.00	7.15	7.16	9.68	6.06	8.44	19.98
601008	连云港	811.64	756.60	3.48	3.51	4.58	2.68	3.78	10.61
601009	南京银行	2968.93	2968.93	9.20	9.40	11.00	7.60	8.09	-7.69
601010	文峰股份	739.20	184.20	14.19	14.17	14.86	5.83	6.83	-24.77
601011	宝泰隆	387.00	124.61	10.92	11.15	11.75	7.12	10.02	-8.24
601012	隆基股份	538.52	311.03	6.80	6.91	19.35	6.76	15.41	126.62
601018	宁波港	12800.00	12800.00	2.57	2.58	2.87	1.98	2.44	-1.28
601028	玉龙股份	320.12	96.60	9.08	9.00	14.50	7.28	12.70	44.08
601038	一拖股份	593.91	150.00	9.78	9.88	11.50	6.26	9.40	-2.55
601058	赛轮股份	378.00	195.62	7.58	7.62	14.29	7.47	14.02	87.79
601088	中国神华	16491.04	16491.04	25.35	25.60	25.70	15.36	15.82	-33.91
601098	中南传媒	1796.00	1796.00	8.94	8.95	14.22	8.27	10.99	25.34
601099	太平洋	1653.64	1653.64	5.47	5.51	6.67	4.70	5.95	8.99
601100	恒立油缸	630.00	157.50	11.25	11.50	12.79	8.80	12.09	8.96
601101	昊华能源	1200.00	1200.00	13.32	13.50	15.60	7.00	7.21	-44.35
601106	中国一重	6538.00	6538.00	2.82	2.83	3.04	1.90	2.09	-25.89
601107	四川成渝	2162.74	2162.74	3.34	3.35	3.61	2.52	2.86	-12.04
601111	中国国航	8522.07	8329.27	6.00	6.04	6.19	3.74	3.95	-33.15
601113	华鼎锦纶	640.00	304.00	3.91	3.92	4.63	3.14	4.09	5.87
601116	三江购物	410.76	60.00	9.40	9.40	11.19	7.90	8.60	-6.49
601117	中国化学	4933.00	4933.00	8.24	8.21	12.24	6.97	8.00	-2.29
601118	海南橡胶	3931.17	985.00	5.68	5.75	10.73	3.89	7.43	32.10
601126	四方股份	406.60	404.84	14.19	14.25	19.95	13.38	19.25	37.55
601137	博威合金	215.00	95.00	15.58	15.69	18.28	11.88	14.99	-2.70
601139	深圳燃气	1980.45	1904.58	9.53	9.56	11.17	7.42	7.91	-15.78
601158	重庆水务	4800.00	4800.00	5.31	5.35	7.55	4.69	5.89	15.34
601166	兴业银行	19052.34	16179.62	16.69	17.01	21.48	8.76	10.14	-5.08
601168	西部矿业	2383.00	2383.00	7.84	7.93	8.58	5.17	5.39	-30.24
601169	北京银行	8800.16	7473.07	9.30	9.41	10.70	7.05	7.51	-14.95
601177	杭齿前进	400.06	400.06	9.21	9.34	10.06	6.01	6.82	-25.77
601179	中国西电	5125.88	4357.00	3.48	3.48	3.96	2.90	3.27	-6.03
601186	中国铁建	10261.25	10016.25	5.87	5.92	6.49	3.95	4.69	-18.12
601188	龙江交通	1315.88	1213.20	2.70	2.74	2.93	2.10	2.34	-13.00
601199	江南水务	233.80	80.44	12.34	12.37	16.79	12.06	14.36	18.46
601208	东材科技	615.76	317.07	6.42	6.46	7.44	5.50	6.95	11.75
601216	内蒙君正	1280.00	498.36	6.22	6.25	16.00	5.37	11.66	88.41
601218	吉鑫科技	991.76	307.19	7.64	7.70	10.78	3.06	3.88	11.70
601222	林洋电子	355.18	119.75	10.89	10.98	28.60	10.72	20.77	95.41
601231	环旭电子	1011.72	106.80	11.84	11.87	24.60	11.39	21.05	79.76
601233	桐昆股份	963.60	525.76	7.19	7.27	9.20	4.81	6.01	-15.18
601238	广汽集团	4221.72	604.32	6.11	6.15	10.20	5.40	8.24	36.19
601258	庞大集团	2621.50	713.44	5.17	5.19	7.44	4.65	5.01	-3.09

注：发行股本、流通股本、成交数量的单位为百万股，成交金额的单位为百万元。

A 股
A Share

股票
Share

涨跌值 Change	市盈率 P/E	市净率 P/B	换手率(%) Turnover Rate	成交数量 Trading Vol	成交金额 Trading Val
3.96	51.59	4.18	112.73	686.74	8401.43
2.13	35.91	2.18	183.87	8570.11	104387.05
-0.27	9.62	1.04	118.61	1761.90	5766.20
-3.46	154.46	1.32	96.85	1620.95	12602.96
-1.71	0.00	3.00	309.29	2284.02	22059.07
-1.00	43.49	0.95	35.63	913.10	2335.27
-1.23	111.31	1.11	216.40	2586.03	7463.04
0.63	9.55	1.43	55.12	8193.73	58156.08
1.29	22.98	1.88	202.32	606.96	4802.30
0.30	20.26	1.21	270.41	2045.90	7233.02
-1.11	5.99	0.90	146.87	4360.41	39619.37
-7.36	12.07	1.34	513.25	861.07	7226.16
-0.90	53.42	1.38	571.49	712.12	7216.18
8.61	0.00	2.80	1006.62	2102.07	22853.85
-0.13	11.67	1.09	153.78	6559.54	16261.87
3.62	34.54	2.01	998.13	964.19	9490.43
-0.38	26.82	2.09	2015.01	3022.52	28513.17
6.44	33.06	2.20	398.38	779.30	8301.28
-9.53	6.60	1.16	20.69	3382.25	65539.28
2.05	20.99	2.14	585.62	2802.48	30520.58
0.48	139.57	4.51	411.73	6808.53	38177.29
0.84	27.67	2.22	486.13	765.65	7994.19
-6.11	9.57	1.28	286.24	2164.07	22585.47
-0.73	465.48	0.82	95.05	4753.20	11579.08
-0.48	7.41	0.80	57.78	1249.70	3877.18
-2.05	10.45	0.95	51.92	4267.32	20096.51
0.18	34.38	1.49	299.98	911.94	3701.63
-0.80	20.05	2.25	639.04	383.43	3709.58
-0.24	12.80	1.87	197.74	9662.82	84867.57
1.75	98.42	3.22	1378.10	13574.29	100150.44
5.06	26.57	2.46	350.51	535.70	8852.77
-0.59	30.04	1.65	243.90	231.71	3493.18
-1.62	29.65	3.15	93.18	1774.62	15905.36
0.58	14.97	2.17	248.66	2998.43	18425.40
-6.55	5.56	0.97	196.50	25754.14	365072.92
-2.45	301.96	1.13	137.81	3284.03	22305.77
-1.79	5.66	0.85	112.82	8430.73	73477.55
-2.39	39.80	1.59	130.37	311.97	2359.72
-0.21	142.48	0.95	82.69	2968.51	10404.27
-1.18	6.82	0.71	59.98	6007.76	31470.64
-0.36	25.03	0.96	105.37	898.79	2255.39
2.02	24.15	1.82	715.61	575.64	8114.13
0.53	31.89	2.04	398.11	1262.29	8409.73
5.44	35.32	2.55	999.27	4979.94	52103.20
-3.76	345.50	1.71	672.02	1563.77	8290.35
9.88	24.38	2.83	902.02	1051.24	18006.13
9.21	32.90	5.60	1339.46	1430.55	24979.16
-1.18	22.50	0.86	321.48	1615.13	10883.40
2.13	46.78	1.59	440.44	2159.02	16807.07
-0.16	0.00	1.45	431.91	3081.41	17472.78

A 股
A Share

股票
Share

股票代码 Code	名称 Name	发行股本 Issued Vol	流通股本 Negotiable Vol	上年收盘 Last Year Close	本年开盘 Open	本年最高 High	本年最低 Low	本年收盘 Close	涨跌(%) Change(%)
601268	*ST 二重	2293.45	1690.00	5.06	5.10	5.35	2.50	2.54	-49.80
601288	农业银行	294055.29	284163.53	2.80	2.83	3.28	2.38	2.48	-5.52
601299	中国北车	10320.06	10320.06	4.51	4.52	5.80	3.62	4.92	11.55
601311	骆驼股份	851.83	301.85	8.75	8.79	14.30	8.39	10.90	26.10
601313	江南嘉捷	416.34	281.91	10.20	10.28	13.65	5.98	8.16	47.38
601318	中国平安	4786.41	4786.41	45.29	46.71	53.27	31.69	41.73	-6.68
601328	交通银行	39250.86	32709.05	4.94	5.02	5.68	3.65	3.84	-17.42
601333	广深铁路	5652.24	5652.24	2.92	2.93	3.52	2.16	2.79	-1.17
601336	新华保险	2085.44	1100.58	28.82	29.01	32.36	20.90	22.88	-20.61
601339	百隆东方	750.00	187.00	8.31	8.36	10.83	7.41	10.13	23.43
601369	陕鼓动力	1638.77	1638.77	9.02	9.05	10.11	6.20	6.65	-23.12
601377	兴业证券	2600.00	2079.36	12.28	12.42	14.15	8.45	9.46	-22.14
601388	怡球资源	410.00	171.19	12.01	12.12	14.53	8.06	9.19	-22.83
601390	中国中铁	17092.51	17092.51	3.04	3.05	3.41	2.30	2.68	-10.25
601398	工商银行	263777.15	263777.15	4.15	4.19	4.53	3.40	3.58	-8.17
601515	东风股份	556.00	84.65	14.66	14.75	27.98	11.17	25.81	87.73
601518	吉林高速	1213.20	1213.20	2.61	2.62	2.96	2.02	2.23	-12.14
601519	大智慧	1807.00	651.49	4.43	4.46	9.27	3.16	6.68	96.06
601555	东吴证券	2000.00	1221.38	8.06	8.10	9.57	6.25	8.60	7.40
601558	华锐风电	4020.40	420.40	5.26	5.29	6.77	3.69	4.11	-21.86
601566	九牧王	578.46	124.64	16.18	16.28	18.28	11.10	12.73	-17.44
601567	三星电气	400.50	134.28	8.21	8.25	10.92	7.46	9.77	26.57
601588	北辰实业	2660.00	2660.00	3.05	3.10	3.74	2.40	2.69	-10.01
601599	鹿港科技	318.00	164.91	7.03	7.17	10.75	6.26	6.82	-2.51
601600	中国铝业	9580.52	9580.52	5.13	5.21	5.37	3.01	3.40	-33.72
601601	中国太保	6286.70	6208.29	22.50	23.50	23.88	15.01	18.53	-15.84
601607	上海医药	1923.02	1922.94	11.11	11.20	17.10	9.69	14.79	35.99
601608	中信重工	2740.00	752.68	3.91	3.94	4.43	3.07	3.37	-12.20
601616	广电电气	932.58	553.35	3.92	3.93	4.44	3.15	3.94	3.09
601618	中国中冶	16239.00	16239.00	2.26	2.33	2.36	1.52	1.75	-22.57
601628	中国人寿	20823.53	20823.53	21.40	21.75	22.70	12.88	15.13	-28.64
601633	长城汽车	2009.24	304.24	23.70	23.60	52.85	21.58	41.17	76.40
601636	旗滨集团	694.26	170.50	6.78	6.80	8.23	5.14	7.97	19.54
601666	平煤股份	2361.16	2361.16	8.54	8.67	9.65	4.84	5.26	-37.05
601668	中国建筑	30000.00	29853.22	3.90	3.96	4.18	2.90	3.14	-16.94
601669	中国水电	9600.00	3003.00	3.82	3.82	4.24	2.55	3.07	-15.68
601677	明泰铝业	401.00	108.25	11.29	11.45	11.87	6.70	8.08	-27.41
601678	滨化股份	660.00	660.00	9.97	10.10	11.85	6.66	7.73	-21.09
601688	华泰证券	5600.00	5597.67	9.80	9.88	12.49	7.23	8.96	-7.17
601699	潞安环能	2301.08	2301.08	21.89	22.15	25.51	10.09	10.67	-49.84
601700	风范股份	453.36	163.80	15.19	15.30	19.99	6.68	12.93	74.97
601717	郑煤机	1377.89	1377.89	10.32	10.45	11.20	5.90	6.25	-36.59
601718	际华集团	3857.00	3857.00	3.01	3.03	3.38	2.30	2.77	-6.85
601727	上海电气	9850.71	9850.71	4.07	4.10	4.47	3.13	3.70	-7.44
601766	中国南车	11779.00	10116.90	4.96	4.97	5.66	3.32	5.01	3.63
601777	力帆股份	1010.39	951.45	6.39	6.41	7.64	5.11	6.41	3.64
601788	光大证券	3418.00	3418.00	14.10	14.35	16.79	8.41	8.69	-37.96
601789	宁波建工	488.04	111.98	8.29	8.21	10.17	6.16	8.29	1.22
601798	蓝科高新	320.00	116.00	11.58	11.56	14.50	9.20	12.32	7.13
601799	星宇股份	239.69	70.31	10.88	10.90	16.65	10.01	15.36	48.23

注：发行股本、流通股本、成交数量的单位为百万股，成交金额的单位为百万元。

A 股
A Share

股票
Share

涨跌值 Change	市盈率 P/E	市净率 P/B	换手率(%) Turnover Rate	成交数量 Trading Vol	成交金额 Trading Val
-2.52	0.00	3.21	130.60	1407.04	5805.93
-0.32	5.55	0.96	77.00	30227.26	82398.95
0.41	15.01	1.34	124.66	12864.79	60579.83
2.15	19.29	2.67	1093.50	3288.63	36251.82
-2.04	23.44	2.48	597.99	1439.53	12663.56
-3.56	15.91	1.81	181.71	8697.35	348380.49
-1.10	4.89	0.68	59.17	19352.91	86913.79
-0.13	14.98	0.74	144.70	8178.53	23662.45
-5.94	24.34	1.82	234.84	2584.61	63052.08
1.82	30.23	1.22	511.53	833.23	7510.47
-2.37	10.62	1.79	139.79	1413.46	11053.72
-2.82	51.63	1.89	288.49	4880.05	53322.79
-2.82	22.94	1.69	1015.09	1393.65	15801.12
-0.36	7.76	0.66	56.26	9370.53	27091.41
-0.57	5.26	0.99	6.32	16620.54	66851.59
11.15	24.03	6.02	817.98	640.13	11246.35
-0.38	9.42	1.19	108.91	977.43	2376.62
2.25	0.00	4.14	902.79	5560.65	33521.17
0.54	61.05	2.20	648.13	7916.19	64727.73
-1.15	0.00	1.81	372.43	1565.67	8053.11
-3.45	11.02	1.63	835.23	1033.60	15076.88
1.56	14.80	1.75	446.03	598.93	5518.28
-0.36	14.30	0.86	92.72	2466.38	7746.47
-0.21	213.13	2.27	485.30	800.34	6299.25
-1.73	0.00	1.04	55.71	5337.37	22118.87
-3.97	33.07	1.70	90.71	5631.46	106629.30
3.68	19.37	1.53	229.17	4129.92	54780.07
-0.54	10.60	1.18	467.25	2975.03	10964.59
0.02	93.45	1.45	348.22	1926.87	7488.63
-0.51	0.00	0.75	53.21	8640.77	16594.71
-6.27	38.66	1.94	20.00	4164.98	68269.07
17.47	22.00	4.47	313.41	953.54	34893.23
1.19	28.04	1.77	752.01	1282.17	8790.00
-3.28	11.07	1.09	118.37	2794.87	18670.62
-0.76	5.99	0.80	81.63	24437.82	85598.14
-0.75	7.20	0.87	425.01	12763.15	42077.40
-3.21	51.16	1.28	489.22	524.61	4755.10
-2.24	13.92	1.26	219.32	1107.47	9719.68
-0.84	31.06	1.41	212.05	9470.19	92025.21
-11.22	9.57	1.44	178.94	4117.51	64158.54
-2.26	39.02	2.13	623.95	866.59	10386.03
-4.07	6.38	1.06	354.19	3578.08	28682.99
-0.24	12.78	0.98	255.44	4177.64	12084.39
-0.37	17.44	1.47	19.92	1962.06	7652.31
0.05	17.25	1.89	125.43	12540.68	56688.31
0.02	20.15	1.13	277.24	945.95	6162.61
-5.41	29.61	1.30	185.45	6338.83	73116.71
0.00	30.04	1.96	1435.31	1440.33	11613.63
0.74	37.40	2.30	576.48	668.72	8117.98
4.48	19.50	1.95	793.44	538.51	6907.54

A 股
A Share

股票
Share

股票代码 Code	名称 Name	发行股本 Issued Vol	流通股本 Negotiable Vol	上年收盘 Last Year Close	本年开盘 Open	本年最高 High	本年最低 Low	本年收盘 Close	涨跌(%) Change(%)
601800	中国交建	11747.24	1349.74	5.30	5.30	5.79	3.80	4.04	-20.37
601801	皖新传媒	910.00	910.00	10.38	10.44	15.61	8.90	12.47	22.06
601808	中海油服	2960.47	2910.47	16.40	16.49	25.81	13.55	22.32	38.82
601818	光大银行	39850.59	39850.59	3.05	3.11	3.80	2.53	2.66	-11.07
601857	中国石油	161922.08	161922.08	9.04	9.04	9.50	7.08	7.71	-11.67
601866	中海集运	7932.13	7932.13	2.44	2.48	3.63	1.85	2.47	1.23
601872	招商轮船	4720.92	3776.74	2.56	2.57	3.23	1.88	2.42	-4.98
601877	正泰电器	1008.02	1008.02	18.37	18.37	29.93	17.71	24.88	41.94
601880	大连港	3363.40	3363.40	2.83	2.84	3.24	2.09	2.66	-3.91
601886	江河创建	1120.00	520.67	21.80	21.96	25.85	7.66	7.84	-27.31
601888	中国国旅	976.24	880.00	27.42	27.51	44.29	26.40	34.90	28.66
601890	亚星锚链	468.00	468.00	7.44	7.44	8.99	5.75	6.77	-8.12
601898	中煤能源	9152.00	9006.98	7.82	7.91	8.47	4.65	4.77	-37.06
601899	紫金矿业	15803.80	15803.80	3.83	3.87	3.94	2.24	2.31	-37.20
601901	方正证券	6100.00	3496.77	4.41	4.45	8.25	4.31	5.91	34.89
601908	京运通	859.77	207.52	6.05	6.17	10.33	5.52	8.20	36.09
601918	国投新集	2590.54	2590.54	9.57	9.73	11.93	3.90	3.98	-40.98
601919	*ST 远洋	7635.67	7475.95	4.41	4.50	4.66	2.68	3.30	-25.17
601928	凤凰传媒	2544.90	659.00	6.78	6.82	14.78	6.28	9.56	43.91
601929	吉视传媒	1467.89	866.22	7.28	7.30	9.96	5.47	8.39	21.81
601933	永辉超市	1627.22	1535.80	25.21	24.97	29.75	10.58	13.29	6.60
601939	建设银行	9593.66	9593.66	4.60	4.64	5.19	3.80	4.14	-4.27
601958	金钼股份	3226.60	3226.60	11.71	11.82	13.87	7.03	7.25	-37.17
601965	中国汽研	640.79	192.00	7.89	7.95	13.85	7.56	13.40	71.41
601988	中国银行	195526.21	195526.21	2.92	2.94	3.26	2.48	2.62	-4.73
601989	中国重工	15173.52	11813.75	4.77	4.78	6.96	3.98	5.61	19.19
601991	大唐发电	9994.36	9894.36	4.03	4.04	5.56	3.97	4.24	7.23
601992	金隅股份	3114.35	1266.55	8.10	8.23	9.07	4.46	6.80	-14.83
601996	丰林集团	468.91	196.19	7.68	7.65	9.60	5.32	7.25	-4.98
601998	中信银行	31905.16	31905.16	4.29	4.35	5.48	3.39	3.87	-6.10
601999	出版传媒	550.91	550.91	6.25	6.30	8.50	4.89	6.61	6.39
603000	人民网	276.42	111.52	37.71	38.03	99.39	35.20	77.97	108.97
603001	奥康国际	400.98	116.95	20.42	20.65	21.86	13.77	14.86	-25.75
603002	宏昌电子	400.00	190.00	6.88	6.98	9.68	5.69	6.44	-5.90
603003	龙宇燃油	202.00	64.11	10.21	10.26	13.23	6.81	10.15	0.05
603008	喜临门	315.00	187.02	10.27	10.20	12.82	5.33	10.66	58.35
603077	和邦股份	450.00	150.00	15.37	15.75	17.37	9.96	14.00	-6.01
603123	翠微股份	308.00	112.46	8.36	8.42	11.06	6.19	8.87	8.83
603128	华贸物流	400.00	160.00	6.21	6.25	18.63	4.67	10.92	78.42
603167	渤海轮渡	481.40	304.52	9.21	9.23	10.85	6.40	8.35	-7.06
603333	明星电缆	520.01	194.51	5.44	5.47	6.48	3.90	4.99	-7.45
603366	日出东方	400.00	141.40	15.40	15.59	18.08	13.15	14.17	-3.72
603399	新华龙	253.36	89.47	12.41	12.58	18.40	10.20	11.26	-8.93
603766	隆鑫通用	800.00	392.62	8.70	8.77	11.06	6.78	9.41	9.88
603993	洛阳钼业	3765.01	1968.42	8.33	8.40	11.14	6.24	6.49	-20.75

注：发行股本、流通股本、成交数量的单位为百万股，成交金额的单位为百万元。

A 股
A Share

股票
Share

涨跌值 Change	市盈率 P/E	市净率 P/B	换手率(%) Turnover Rate	成交数量 Trading Vol	成交金额 Trading Val
-1.26	5.47	0.68	371.06	4822.50	22171.91
2.09	22.75	2.46	221.09	1796.33	21300.01
5.92	22.01	2.69	63.41	1845.50	34769.12
-0.39	5.22	0.81	114.81	25973.87	79947.21
-1.33	12.24	1.25	2.95	4765.87	39978.17
0.03	55.21	1.21	110.72	8531.23	22624.57
-0.14	125.45	1.15	91.00	3436.92	8739.73
6.51	19.88	4.78	46.91	416.87	9215.82
-0.17	19.62	0.88	401.28	3351.34	9136.05
-13.96	18.35	1.89	434.49	1982.73	23493.64
7.48	33.88	3.76	120.34	1058.97	34936.06
-0.67	42.16	1.15	428.41	1192.03	8968.41
-3.05	6.81	0.72	30.11	2712.36	16711.23
-1.52	9.67	0.18	82.68	13067.34	39109.38
1.50	64.12	2.33	656.23	22344.83	148641.57
2.15	92.91	1.92	1247.83	2589.49	19899.61
-5.59	7.70	1.19	136.47	2943.02	21572.69
-1.11	0.00	1.39	46.19	3453.19	12639.45
2.78	26.24	2.56	1267.88	8355.35	86586.23
1.11	32.11	2.88	631.42	4410.85	35014.93
-11.92	43.07	3.66	236.58	2062.70	30628.86
-0.46	5.36	0.97	87.23	8368.48	38099.26
-4.46	44.82	1.79	67.84	2188.72	22597.33
5.51	28.83	2.65	961.98	1846.99	18128.72
-0.30	5.25	0.79	4.65	9095.42	26068.54
0.84	23.80	1.81	133.55	15324.75	89078.82
0.21	14.08	1.29	28.96	2864.91	13136.43
-1.30	9.82	1.11	355.94	4508.14	30076.07
-0.43	48.38	2.08	2238.00	4390.82	33427.38
-0.42	5.83	0.80	25.78	8201.69	35131.21
0.36	53.73	2.08	233.30	1285.26	8907.05
40.26	102.48	9.38	1498.57	1073.73	62069.46
-5.56	11.61	1.60	657.50	688.54	11652.65
-0.44	53.95	2.89	1756.85	2368.76	18339.59
-0.06	35.15	2.63	2157.06	1236.13	12754.35
0.39	33.01	3.06	868.10	928.42	8307.39
-1.37	18.81	1.92	808.25	928.22	12895.41
0.51	18.45	1.62	659.32	623.55	5234.52
4.71	57.33	3.39	1749.00	2586.92	29376.29
-0.86	18.97	1.55	970.60	1211.38	10403.93
-0.45	31.24	1.68	844.37	1422.59	7209.82
-1.23	13.28	1.61	711.86	839.80	12864.32
-1.15	31.68	2.71	2228.87	1513.59	21103.02
0.71	16.30	2.10	1164.69	1729.88	15236.66
-1.84	31.37	0.54	1401.97	3060.48	26996.85

十大发行股本 A 股股票 股票
Top 10 A Shares by Issued Vol Share

代码 Code	股票名称 Name	公司名称 Company Name	发行股数 Issued Vol	占比重 (%)
601288	农业银行	中国农业银行股份有限公司	294055.29	11.48
601398	工商银行	中国工商银行股份有限公司	263777.15	10.30
601988	中国银行	中国银行股份有限公司	195526.21	7.64
601857	中国石油	中国石油天然气股份有限公司	161922.08	6.32
600028	中国石化	中国石油化工股份有限公司	91051.84	3.56
601818	光大银行	中国光大银行股份有限公司	39850.59	1.56
601328	交通银行	交通银行股份有限公司	39250.86	1.53
601998	中信银行	中信银行股份有限公司	31905.16	1.25
601668	中国建筑	中国建筑股份有限公司	30000.00	1.17
600018	上港集团	上海国际港务（集团）股份有限公司	22755.18	0.89
	总计		1170094.37	45.70
	市场总计		2560502.54	100.00

十大流通股本 A 股股票
Top 10 A Shares by Negotiable Vol

代码 Code	股票名称 Name	公司名称 Company Name	流通股数 Negotiable Vol	占比重 (%)
601288	农业银行	中国农业银行股份有限公司	284163.53	12.05
601398	工商银行	中国工商银行股份有限公司	263777.15	11.18
601988	中国银行	中国银行股份有限公司	195526.21	8.29
601857	中国石油	中国石油天然气股份有限公司	161922.08	6.87
600028	中国石化	中国石油化工股份有限公司	91051.84	3.86
601818	光大银行	中国光大银行股份有限公司	39850.59	1.69
601328	交通银行	交通银行股份有限公司	32709.05	1.39
601998	中信银行	中信银行股份有限公司	31905.16	1.35
601668	中国建筑	中国建筑股份有限公司	29853.22	1.27
600016	民生银行	中国民生银行股份有限公司	22588.19	0.96
	总计		1153347.03	48.90
	市场总计		2358446.80	100.00

注：股票排名中，发行股数、流通股数、成交股数单位为百万股（1M），成交金额、市价总值、流通市值为百万元（1M Yuan），收盘价格单位为元（Yuan）。

十大市值 A 股股票
Top 10 A Shares by Market Capitalization

代码 Code	股票名称 Name	公司名称 Company Name	市价总值 Market Capitalization	占比重 (%)
601857	中国石油	中国石油天然气股份有限公司	1248419.22	8.30
601398	工商银行	中国工商银行股份有限公司	944322.20	6.28
601288	农业银行	中国农业银行股份有限公司	729257.13	4.85
601988	中国银行	中国银行股份有限公司	512278.66	3.41
600028	中国石化	中国石油化工股份有限公司	407912.25	2.71
601628	中国人寿	中国人寿保险股份有限公司	315060.01	2.10
601088	中国神华	中国神华能源股份有限公司	260888.22	1.74
600036	招商银行	招商银行股份有限公司	224649.20	1.49
601318	中国平安	中国平安保险（集团）股份有限公司	199736.87	1.33
601166	兴业银行	兴业银行股份有限公司	193190.69	1.28
	总计		5035714.47	33.48
	市场总计		15040694.22	100.00

十大流通市值 A 股股票
Top 10 A Shares by Negotiable Capitalization

代码 Code	股票名称 Name	公司名称 Company Name	流通市值 Negotiable Capitalization	占比重 (%)
601857	中国石油	中国石油天然气股份有限公司	1248419.22	9.20
601398	工商银行	中国工商银行股份有限公司	944322.20	6.96
601288	农业银行	中国农业银行股份有限公司	704725.55	5.19
601988	中国银行	中国银行股份有限公司	512278.66	3.77
600028	中国石化	中国石油化工股份有限公司	407912.25	3.00
601628	中国人寿	中国人寿保险股份有限公司	315060.01	2.32
601088	中国神华	中国神华能源股份有限公司	260888.22	1.92
600036	招商银行	招商银行股份有限公司	224649.20	1.66
601318	中国平安	中国平安保险（集团）股份有限公司	199736.87	1.47
600016	民生银行	中国民生银行股份有限公司	174380.85	1.28
	总计		4992373.04	36.77
	市场总计		13576804.42	100.00

注：股票排名中，发行股数、流通股数、成交股数单位为百万股（1M），成交金额、市价总值、流通市值为百万元（1M Yuan），收盘价格单位为元（Yuan）。

十大成交金额 A 股股票 股票
Top 10 A Shares by Trading Value Share

代码 Code	股票名称 Name	公司名称 Company Name	成交金额 Trading Value	占比重 (%)
600016	民生银行	中国民生银行股份有限公司	422568.71	1.85
600000	浦发银行	上海浦东发展银行股份有限公司	396534.77	1.73
601166	兴业银行	兴业银行股份有限公司	365072.92	1.60
601318	中国平安	中国平安保险（集团）股份有限公司	348380.49	1.52
600837	海通证券	海通证券股份有限公司	347810.08	1.52
600030	中信证券	中信证券股份有限公司	333492.70	1.46
600036	招商银行	招商银行股份有限公司	250214.57	1.09
600111	包钢稀土	内蒙古包钢稀土(集团)高科技股份有限公司	247547.10	1.08
600804	鹏博士	鹏博士电信传媒集团股份有限公司	206693.57	0.90
600519	贵州茅台	贵州茅台酒股份有限公司	166735.83	0.73
	总计		3085050.73	13.48
	市场总计		22891881.91	100.00

十大成交股数 A 股股票
Top 10 A Shares by Trading Vol

代码 Code	股票名称 Name	公司名称 Company Name	成交股数 Trading Vol	占比重 (%)
600016	民生银行	中国民生银行股份有限公司	44265.13	1.68
600000	浦发银行	上海浦东发展银行股份有限公司	38986.50	1.48
600837	海通证券	海通证券股份有限公司	30660.91	1.16
601288	农业银行	中国农业银行股份有限公司	30227.26	1.14
600030	中信证券	中信证券股份有限公司	26540.74	1.00
601818	光大银行	中国光大银行股份有限公司	25973.87	0.98
601166	兴业银行	兴业银行股份有限公司	25754.14	0.97
601668	中国建筑	中国建筑股份有限公司	24437.82	0.93
600050	中国联通	中国联合网络通信股份有限公司	23699.56	0.90
601901	方正证券	方正证券股份有限公司	22344.83	0.85
	总计		292890.76	11.08
	市场总计		2643216.23	100.00

注：股票排名中，发行股数、流通股数、成交股数单位为百万股（1M），成交金额、市价总值、流通市值为百万元（1M Yuan），收盘价格单位为元（Yuan）。

十大涨幅 A 股股票
Top 10 A Shares by Price Change Up

股票
Share

代码 Code	股票名称 Name	公司名称 Company Name	上年收盘 Last Year Close	本年收盘 Close	涨幅(%) Change(%)
600536	中国软件	中国软件与技术服务股份有限公司	10.57	37.67	258.26
600648	外高桥	上海外高桥保税区开发股份有限公司	9.61	32.23	238.85
600119	长江投资	长发集团长江投资实业股份有限公司	5.32	17.83	238.73
600388	龙净环保	福建龙净环保股份有限公司	21.90	33.52	208.23
600566	洪城股份	湖北洪城通用机械股份有限公司	6.62	19.94	201.21
600485	中创信测	北京中创信测科技股份有限公司	7.16	20.51	186.45
600771	广誉远	广誉远中药股份有限公司	9.08	25.85	184.69
600389	江山股份	南通江山农药化工股份有限公司	14.19	39.13	177.34
600626	申达股份	上海申达股份有限公司	3.43	8.95	168.02
600620	天宸股份	上海市天宸股份有限公司	3.56	9.00	153.23

十大跌幅 A 股股票
Top 10 A shares by Price Change Down

代码 Code	股票名称 Name	公司名称 Company Name	上年收盘 Last Year Close	本年收盘 Close	跌幅(%) Change(%)
600395	盘江股份	贵州盘江精煤股份有限公司	17.02	7.26	-55.16
600547	山东黄金	山东黄金矿业股份有限公司	38.16	17.25	-54.57
600809	山西汾酒	山西杏花村汾酒厂股份有限公司	41.66	19.30	-52.31
600381	*ST 贤成	青海贤成矿业股份有限公司	4.23	2.08	-50.83
600546	山煤国际	山煤国际能源集团股份有限公司	20.35	4.95	-50.12
601699	潞安环能	山西潞安环保能源开发股份有限公司	21.89	10.67	-49.84
600348	阳泉煤业	阳泉煤业（集团）股份有限公司	14.53	7.06	-49.81
601268	*ST 二重	二重集团（德阳）重型装备股份有限公司	5.06	2.54	-49.80
600188	兖州煤业	兖州煤业股份有限公司	18.23	8.88	-49.73
600489	中金黄金	中金黄金股份有限公司	16.63	8.55	-47.71

注：股票排名中，发行股数、流通股数、成交股数单位为百万股（1M），成交金额、市价总值、流通市值为百万元（1M Yuan），收盘价格单位为元（Yuan）。

B 股每日成交(亿元/亿股)
B Share Trading (100 M Yuan/100 M Shares)

股票
Share

日期 Date	1月 Jan		2月 Feb		3月 Mar		4月 Apr		5月 May		6月 Jun	
	金额 Value	数量 Vol	金额 Value	数量 Vol	金额 Value	数量 Vol	金额 Value	数量 Vol	金额 Value	数量 Vol	金额 Value	数量 Vol
1	---	---	5.00	0.93	4.20	0.84	0.99	0.21	---	---	---	---
2	---	---	---	---	---	---	1.66	0.30	2.45	0.46	---	---
3	---	---	---	---	---	---	2.33	0.42	2.87	0.52	2.75	0.51
4	5.49	1.02	5.41	0.89	5.07	0.94	---	---	---	---	2.75	0.63
5	---	---	4.19	0.75	3.16	0.65	---	---	---	---	2.58	0.56
6	---	---	5.07	0.95	4.94	0.96	---	---	2.87	0.56	1.70	0.36
7	6.41	1.29	6.17	1.19	3.87	0.70	---	---	2.08	0.43	2.21	0.51
8	9.04	1.80	6.25	1.08	3.10	0.56	2.09	0.38	2.37	0.48	---	---
9	5.78	1.13	---	---	---	---	2.11	0.37	1.79	0.35	---	---
10	4.01	0.78	---	---	---	---	1.78	0.32	2.71	0.56	---	---
11	4.23	0.77	---	---	2.30	0.42	1.39	0.22	---	---	---	---
12	---	---	---	---	4.10	0.80	1.56	0.28	---	---	---	---
13	---	---	---	---	2.50	0.49	---	---	1.87	0.37	2.77	0.59
14	4.85	0.95	---	---	2.04	0.40	---	---	2.02	0.39	1.54	0.34
15	4.12	0.81	---	---	3.22	0.62	3.07	0.58	1.39	0.27	---	---
16	3.72	0.74	---	---	---	---	2.23	0.38	2.91	0.63	---	---
17	3.50	0.64	---	---	---	---	1.81	0.29	3.03	0.60	1.31	0.28
18	3.68	0.67	4.40	0.71	1.96	0.39	1.47	0.27	---	---	1.15	0.23
19	---	---	8.86	1.69	2.00	0.40	3.30	0.62	---	---	1.32	0.26
20	---	---	3.98	0.72	3.01	0.57	---	---	3.81	0.76	1.92	0.40
21	6.75	1.26	5.91	1.11	2.77	0.53	---	---	2.47	0.52	2.15	0.45
22	8.94	1.68	4.23	0.85	1.90	0.33	2.15	0.43	2.81	0.58	---	---
23	7.00	1.33	---	---	---	---	2.49	0.50	2.47	0.50	---	---
24	7.88	1.45	---	---	---	---	2.04	0.45	1.96	0.40	2.59	0.58
25	4.53	0.85	3.18	0.61	1.81	0.31	2.78	0.59	---	---	3.28	0.74
26	---	---	4.68	0.89	5.04	0.62	3.40	0.50	---	---	2.08	0.38
27	---	---	3.41	0.59	2.03	0.32	---	---	2.18	0.42	2.06	0.44
28	4.93	0.94	4.85	0.87	2.46	0.47	---	---	2.36	0.47	1.83	0.37
29	4.84	0.91	---	---	1.57	0.28	---	---	2.11	0.42	---	---
30	3.69	0.65	---	---	---	---	---	---	2.19	0.43	---	---
31	4.63	0.83	---	---	---	---	---	---	4.55	0.78	---	---
最高 high	9.04	1.80	8.86	1.69	5.07	0.96	3.40	0.62	4.55	0.78	3.28	0.74
最低 low	3.50	0.64	3.18	0.59	1.57	0.28	0.99	0.21	1.39	0.27	1.15	0.23

B 股每日成交(亿元/亿股)
B Share Trading (100 M Yuan/100 M Shares)

股票
Share

日期 Date	7 月 Jul		8 月 Aug		9 月 Sep		10 月 Oct		11 月 Nov		12 月 Dec	
	金额 Value	数量 Vol	金额 Value	数量 Vol	金额 Value	数量 Vol	金额 Value	数量 Vol	金额 Value	数量 Vol	金额 Value	数量 Vol
1	1.24	0.27	1.45	0.31	---	---	---	---	1.43	0.32	---	---
2	1.23	0.27	2.31	0.47	3.50	0.76	---	---	---	---	3.46	0.74
3	1.45	0.31	---	---	2.29	0.51	---	---	---	---	1.99	0.41
4	1.66	0.38	---	---	2.62	0.57	---	---	0.86	0.18	3.84	0.75
5	1.20	0.31	1.87	0.36	2.06	0.39	---	---	1.59	0.31	1.90	0.35
6	---	---	1.87	0.33	5.91	1.13	---	---	2.20	0.36	1.51	0.27
7	---	---	1.53	0.30	---	---	---	---	1.63	0.30	---	---
8	1.33	0.32	1.11	0.22	---	---	3.40	0.57	2.33	0.38	---	---
9	0.96	0.23	1.42	0.29	4.92	0.98	3.36	0.69	---	---	1.74	0.38
10	1.69	0.38	---	---	5.69	1.16	3.53	0.72	---	---	3.48	0.77
11	2.98	0.70	---	---	5.31	1.23	5.50	0.92	1.27	0.22	2.28	0.52
12	2.06	0.44	2.54	0.47	4.51	0.81	---	---	1.69	0.29	1.73	0.37
13	---	---	1.84	0.37	7.63	1.09	---	---	1.54	0.28	1.49	0.30
14	---	---	2.44	0.49	---	---	4.12	0.68	1.83	0.32	---	---
15	1.71	0.33	1.94	0.40	---	---	3.16	0.63	2.72	0.51	---	---
16	1.31	0.26	2.39	0.49	4.33	0.65	3.85	0.69	---	---	1.66	0.34
17	1.38	0.28	---	---	4.01	0.59	3.65	0.61	---	---	1.02	0.20
18	0.88	0.20	---	---	4.46	0.65	2.36	0.43	2.51	0.51	0.87	0.17
19	1.21	0.25	1.77	0.36	---	---	---	---	2.14	0.38	1.34	0.29
20	---	---	2.28	0.47	---	---	---	---	1.87	0.43	1.45	0.29
21	---	---	1.61	0.37	---	---	4.17	0.78	2.08	0.51	---	---
22	1.24	0.25	1.89	0.46	---	---	6.51	1.27	1.29	0.28	---	---
23	1.43	0.32	2.07	0.45	5.84	0.89	3.05	0.60	---	---	1.18	0.25
24	1.10	0.23	---	---	5.46	0.86	2.08	0.35	---	---	1.69	0.34
25	1.06	0.24	---	---	6.80	0.93	2.95	0.49	1.68	0.39	1.48	0.28
26	0.72	0.16	3.73	0.82	5.40	0.84	---	---	2.21	0.41	1.22	0.25
27	---	---	5.00	1.03	4.59	0.64	---	---	1.45	0.29	1.18	0.27
28	---	---	5.70	1.13	---	---	1.67	0.31	2.51	0.49	---	---
29	0.73	0.17	4.08	0.85	---	---	3.31	0.60	1.55	0.30	---	---
30	0.95	0.19	5.94	1.18	3.73	0.52	1.57	0.32	---	---	0.93	0.18
31	0.96	0.21	---	---	---	---	1.86	0.43	---	---	1.18	0.22
最高 high	2.98	0.70	5.94	1.18	H7.63	H1.23	6.51	1.27	2.72	0.51	3.84	0.77
最低 low	L0.72	L0.16	1.11	0.22	2.06	0.39	1.57	0.31	0.86	0.18	0.87	0.17

B 股
B Share

股票
Share

股票代码 Code	名称 Name	发行股本 Issued Vol	流通股本 Negotiable Vol	上年收盘 Last Year Close	本年开盘 Open	本年最高 High	本年最低 Low	本年收盘 Close	涨跌(%) Change(%)
900901	仪电B股	293.37	293.37	0.339	0.340	0.493	0.337	0.475	40.12
900902	市北B股	232.93	232.93	0.446	0.450	0.738	0.439	0.639	44.63
900903	大众B股	533.87	533.87	0.528	0.531	0.715	0.528	0.664	28.31
900904	神奇B股	45.63	45.63	0.940	0.985	1.398	0.941	1.193	26.91
900905	老凤祥B	206.01	206.01	1.910	1.940	2.850	1.832	2.447	34.09
900906	中纺B股	120.12	120.12	0.464	0.469	0.848	0.446	0.802	72.84
900907	鼎立B股	120.64	120.64	0.647	0.650	0.777	0.581	0.637	-0.64
900908	氯碱B股	406.56	406.56	0.461	0.466	0.596	0.419	0.477	3.47
900909	双钱B股	243.10	243.10	0.576	0.580	0.814	0.568	0.721	27.89
900910	海立B股	284.17	284.17	0.525	0.528	0.663	0.516	0.574	13.24
900911	金桥B股	272.18	272.18	0.912	0.921	1.199	0.813	1.065	19.08
900912	外高B股	200.56	200.56	0.810	0.826	3.060	0.785	2.153	171.92
900913	*ST联华B	64.56	64.56	0.543	0.531	1.829	0.495	1.780	227.81
900914	锦投B股	161.05	161.05	0.753	0.758	0.950	0.706	0.906	26.15
900915	中路B股	83.49	83.49	0.691	0.699	0.870	0.666	0.818	30.90
900916	金山B股	171.60	171.60	0.455	0.454	0.657	0.442	0.619	36.04
900917	海欣B股	468.85	468.85	0.410	0.412	0.620	0.402	0.540	31.71
900918	耀皮B股	187.50	187.50	0.443	0.444	0.593	0.431	0.560	27.52
900919	大江B股	346.73	346.73	0.282	0.284	0.391	0.263	0.383	35.82
900920	上柴B股	344.80	344.80	0.674	0.679	0.932	0.660	0.788	18.52
900921	丹科B股	193.79	193.79	0.801	0.808	1.122	0.547	0.594	-25.84
900922	三毛B股	48.79	48.79	0.756	0.760	0.951	0.680	0.856	13.23
900923	友谊B股	179.72	179.72	1.175	1.187	1.465	1.009	1.401	24.88
900924	上工B股	243.94	243.94	0.438	0.438	0.621	0.400	0.575	31.28
900925	机电B股	216.24	216.24	1.051	1.060	1.735	0.968	1.724	69.15
900926	宝信B	114.40	114.40	1.151	1.154	2.178	1.140	1.906	69.72
900927	物贸B股	99.83	99.83	0.490	0.495	0.808	0.416	0.638	30.20
900928	自仪B股	107.15	107.15	0.508	0.511	0.684	0.495	0.647	27.36
900929	锦旅B股	66.00	66.00	1.308	1.310	1.770	1.277	1.762	37.39
900930	沪普天B	124.80	124.80	0.545	0.549	0.668	0.520	0.639	17.25
900932	陆家B股	509.60	509.60	1.256	1.267	1.981	1.180	1.615	31.02
900933	华新B股	328.00	328.00	1.628	1.640	2.038	1.210	1.526	-4.67
900934	锦江B股	156.00	156.00	1.423	1.425	1.674	1.200	1.588	16.33
900935	阳晨B股	105.60	105.60	0.929	0.932	1.369	0.910	1.107	19.16
900936	鄂资B股	420.00	420.00	1.034	1.034	1.124	0.788	0.968	-4.85
900937	华电B股	432.00	432.00	0.268	0.270	0.348	0.260	0.302	12.69
900938	天海B	326.15	326.15	0.428	0.427	0.756	0.225	0.341	44.41
900939	汇丽B	88.00	88.00	0.418	0.412	0.840	0.385	0.788	88.52
900940	大名城B	198.72	198.72	0.439	0.439	0.525	0.365	0.410	-6.61
900941	东信B股	300.00	300.00	0.383	0.385	0.540	0.380	0.480	28.89
900942	黄山B股	156.00	156.00	1.240	1.248	1.800	1.150	1.231	-0.30
900943	开开B股	80.00	80.00	0.737	0.740	0.919	0.637	0.742	1.13
900945	海航B股	369.45	369.45	0.634	0.636	1.002	0.358	0.415	33.24
900946	ST轻骑B	230.00	230.00	0.293	0.319	0.319	0.246	0.309	5.46
900947	振华B股	1621.96	1621.96	0.347	0.363	0.473	0.336	0.432	24.50
900948	伊泰B股	1328.00	1328.00	5.689	5.718	6.117	1.604	1.769	-35.18
900949	东电B股	690.00	690.00	0.825	0.631	0.825	0.825	0.825	43.73
900950	新城B股	642.79	642.79	0.850	0.861	0.998	0.581	0.608	-27.03
900951	大化B股	100.00	100.00	0.405	0.407	0.617	0.393	0.460	13.58
900952	锦港B股	222.81	222.81	0.374	0.378	0.433	0.352	0.403	8.84

注：B股价格单位为美元，发行股本、流通股本、成交数量单位为百万股、成交金额为百万元。

B 股
B Share

股票
Share

涨跌值 Change	市盈率 P/E	市净率 P/B	换手率(%) Turnover Rate	成交数量 Trading Vol	成交金额 Trading Val
0.14	32.69	0.00	82.21	241.18	617.50
0.19	15.53	0.00	230.18	536.15	2002.62
0.14	16.91	0.00	62.59	334.17	1324.77
0.25	243.97	0.00	186.26	84.98	636.39
0.54	13.17	0.00	120.03	247.27	3646.30
0.34	0.00	0.00	153.23	184.06	765.29
-0.01	40.47	0.00	143.34	172.93	740.34
0.02	33.83	0.00	68.71	279.36	894.19
0.15	13.81	0.00	98.92	240.48	1098.04
0.05	16.31	0.00	82.42	234.21	853.65
0.15	18.64	0.00	111.41	303.23	1959.11
1.34	31.06	0.00	237.87	477.07	5247.90
1.24	0.00	0.00	68.23	44.05	304.77
0.15	17.01	0.00	88.39	142.36	750.94
0.13	100.37	0.00	102.42	81.69	403.47
0.16	336.41	0.00	124.24	213.19	737.47
0.13	79.18	0.00	121.78	570.96	1859.73
0.12	44.48	0.00	52.64	98.69	318.88
0.10	0.00	0.00	133.86	464.12	947.96
0.11	21.09	0.00	103.68	359.87	1796.05
-0.21	104.76	0.00	98.00	189.92	953.47
0.10	0.00	0.00	87.62	42.75	216.17
0.23	12.97	0.00	101.16	181.80	1414.90
0.14	38.96	0.00	94.04	229.39	724.52
0.67	15.76	0.00	106.05	229.32	1761.90
0.76	15.66	0.00	165.88	189.76	1899.92
0.15	0.00	0.00	250.26	249.82	950.93
0.14	160.95	0.00	85.98	92.12	338.69
0.45	34.86	1.59	88.67	58.52	566.27
0.09	0.00	0.00	87.88	109.67	414.05
0.36	18.77	0.00	62.38	317.91	3014.06
-0.10	16.16	0.00	29.12	95.51	954.32
0.17	16.32	0.00	69.72	108.76	1003.36
0.18	48.36	2.92	172.81	182.49	1288.16
-0.07	10.03	0.00	39.48	165.82	1001.85
0.03	0.00	0.00	59.51	257.07	488.64
-0.09	5.95	0.00	215.29	606.62	1353.58
0.37	232.45	17.38	118.16	103.98	404.66
-0.03	20.62	0.00	95.01	188.80	522.89
0.10	19.69	0.00	120.48	361.44	1051.47
-0.01	15.21	0.00	81.72	127.48	1137.19
0.01	18.64	0.00	152.61	122.09	595.58
-0.22	16.49	0.00	56.50	141.33	520.48
0.02	29.60	0.00	32.40	74.52	136.55
0.09	0.00	0.00	42.63	691.50	1727.93
-3.92	5.47	1.66	38.57	359.51	7701.78
0.00	13.08	0.00	0.00	0.00	0.00
-0.24	4.63	0.89	98.52	633.28	3061.60
0.06	0.00	17.01	142.64	142.64	437.11
0.03	38.68	0.00	75.97	169.27	417.71

B 股 B Share

股票 Share

股票代码 Code	名称 Name	发行股本 Issued Vol	流通股本 Negotiable Vol	上年收盘 Last Year Close	本年开盘 Open	本年最高 High	本年最低 Low	本年收盘 Close	涨跌(%) Change(%)
900953	凯马B	240.00	240.00	0.445	0.445	0.682	0.435	0.532	19.55
900955	*ST 九龙 B	330.00	330.00	0.363	0.366	0.403	0.258	0.295	-18.73
900956	东贝B股	115.00	115.00	0.638	0.647	1.154	0.628	0.925	44.98
900957	凌云B股	184.00	184.00	0.510	0.516	0.757	0.472	0.605	18.63

注：B 股价格单位为美元，发行股本、流通股本、成交数量单位为百万股、成交金额为百万元。

B 股
B Share

涨跌值 Change	市盈率 P/E	市净率 P/B	换手率(%) Turnover Rate	成交数量 Trading Vol	成交金额 Trading Val
0.09	292.31	2.12	110.89	266.13	902.12
-0.07	0.00	0.00	42.20	139.28	291.52
0.29	22.59	1.48	159.49	183.41	988.18
0.10	184.45	3.32	145.63	267.95	984.15

十大发行股本 B 股股票
Top 10 B Shares by Issued Vol

股票
Share

代码 Code	股票名称 Name	公司名称 Company Name	发行股数 Issued Vol	占比重 (%)
900947	振华B股	上海振华重工（集团）股份有限公司	1621.96	11.06
900948	伊泰B股	内蒙古伊泰煤炭股份有限公司	1328.00	9.06
900950	新城B股	江苏新城地产股份有限公司	642.79	4.38
900903	大众B股	大众交通（集团）股份有限公司	533.87	3.64
900932	陆家B股	上海陆家嘴金融贸易区开发股份有限公司	509.60	3.48
900917	海欣B股	上海海欣集团股份有限公司	468.85	3.20
900937	华电B股	华电能源股份有限公司	432.00	2.95
900936	鄂资B股	内蒙古鄂尔多斯资源股份有限公司	420.00	2.86
900908	氯碱B股	上海氯碱化工股份有限公司	406.56	2.77
900945	海航B股	海南航空股份有限公司	369.45	2.52
	总计		6733.08	45.91
	市场总计		14666.43	100.00

十大市价总值 B 股股票
Top 10 B Shares by Market Capitalization

代码 Code	股票名称 Name	公司名称 Company Name	市价总值 Market Capitalization	占比重 (%)
900948	伊泰B股	内蒙古伊泰煤炭股份有限公司	14342.06	18.91
900932	陆家B股	上海陆家嘴金融贸易区开发股份有限公司	5024.44	6.63
900947	振华B股	上海振华重工（集团）股份有限公司	4277.70	5.64
900905	老凤祥B	老凤祥股份有限公司	3077.54	4.06
900933	华新B股	华新水泥股份有限公司	3055.72	4.03
900912	外高B股	上海外高桥保税区开发股份有限公司	2636.14	3.48
900936	鄂资B股	内蒙古鄂尔多斯资源股份有限公司	2482.05	3.27
900950	新城B股	江苏新城地产股份有限公司	2385.92	3.15
900925	机电B股	上海机电股份有限公司	2275.88	3.00
900903	大众B股	大众交通（集团）股份有限公司	2164.16	2.85
	总计		41721.62	55.02
	市场总计		75833.11	100.00

注：股票排名中，发行股数、流通股数、成交股数单位为百万股（1M），成交金额、市价总值、流通市值为百万元（1M Yuan），收盘价格为美元（Dollar）。

十大成交金额 B 股股票 Top 10 B Shares by Trading Value

股票 Share

代码 Code	股票名称 Name	公司名称 Company Name	成交金额 Trading Value	占比重 (%)
900948	伊泰B股	内蒙古伊泰煤炭股份有限公司	7701.77	11.16
900912	外高B股	上海外高桥保税区开发股份有限公司	5247.90	7.61
900905	老凤祥B	老凤祥股份有限公司	3646.30	5.29
900950	新城B股	江苏新城地产股份有限公司	3061.60	4.44
900932	陆家B股	上海陆家嘴金融贸易区开发股份有限公司	3014.06	4.37
900902	市北B股	上海市北高新股份有限公司	2002.62	2.90
900911	金桥B股	上海金桥出口加工区开发股份有限公司	1959.11	2.84
900926	宝信B	上海宝信软件股份有限公司	1899.92	2.75
900917	海欣B股	上海海欣集团股份有限公司	1859.73	2.70
900920	上柴B股	上海柴油机股份有限公司	1796.05	2.60
	总计		32189.08	46.66
	市场总计		68993.68	100.00

十大成交股数 B 股股票 Top 10 B Shares by Trading Vol

代码 Code	股票名称 Name	公司名称 Company Name	成交股数 Trading Vol	占比重 (%)
900947	振华B股	上海振华重工（集团）股份有限公司	691.50	5.26
900950	新城B股	江苏新城地产股份有限公司	633.28	4.81
900938	天海B	天津市海运股份有限公司	606.62	4.61
900917	海欣B股	上海海欣集团股份有限公司	570.96	4.34
900902	市北B股	上海市北高新股份有限公司	536.15	4.08
900912	外高B股	上海外高桥保税区开发股份有限公司	477.07	3.63
900919	大江B股	上海大江食品集团股份有限公司	464.12	3.53
900941	东信B股	东方通信股份有限公司	361.44	2.75
900920	上柴B股	上海柴油机股份有限公司	359.87	2.74
900948	伊泰B股	内蒙古伊泰煤炭股份有限公司	359.51	2.73
	总计		5060.52	38.46
	市场总计		13156.82	100.00

注：股票排名中，发行股数、流通股数、成交股数单位为百万股（1M），成交金额、市价总值、流通市值为百万元（1M Yuan），收盘价格单位为元（Yuan）。

十大涨幅 B 股股票 股票
Top 10 B Shares by Price Change Up Share

代码 Code	股票名称 Name	公司名称 Company Name	上年收盘 Last Year Close	本年收盘 Close	涨幅(%) Change(%)
900913	*ST 联华 B	上海联华合纤股份有限公司	0.54	1.78	227.81
900912	外高 B 股	上海外高桥保税区开发股份有限公司	0.81	2.15	165.80
900939	汇丽 B	上海汇丽建材股份有限公司	0.42	0.79	88.52
900906	中纺 B 股	中国纺织机械股份有限公司	0.46	0.80	72.85
900926	宝信 B	上海宝信软件股份有限公司	1.15	1.91	65.60
900925	机电 B 股	上海机电股份有限公司	1.05	1.72	64.03
900956	东贝 B 股	黄石东贝电器股份有限公司	0.64	0.93	44.98
900902	市北 B 股	上海市北高新股份有限公司	0.45	0.64	43.27
900901	仪电 B 股	上海仪电电子股份有限公司	0.34	0.48	40.12
900916	金山 B 股	金山开发建设股份有限公司	0.46	0.62	36.04

十大跌幅 B 股股票
Top 10 B Shares by Price Change Down

代码 Code	股票名称 Name	公司名称 Company Name	上年收盘 Last Year Close	本年收盘 Close	跌幅(%) Change(%)
900948	伊泰 B 股	内蒙古伊泰煤炭股份有限公司	5.69	1.77	-68.91
900945	海航 B 股	海南航空股份有限公司	0.63	0.42	-34.54
900950	新城 B 股	江苏新城地产股份有限公司	0.85	0.61	-28.47
900921	丹科 B 股	丹化化工科技股份有限公司	0.80	0.59	-25.84
900938	天海 B	天津市海运股份有限公司	0.43	0.34	-20.33
900955	*ST 九龙 B	上海九龙山旅游股份有限公司	0.36	0.30	-18.73
900940	大名城 B	上海大名城企业股份有限公司	0.44	0.41	-6.61
900936	鄂资 B 股	内蒙古鄂尔多斯资源股份有限公司	1.03	0.97	-6.38
900933	华新 B 股	华新水泥股份有限公司	1.63	1.53	-6.27
900907	鼎立 B 股	上海鼎立科技发展（集团）股份有限公司	0.65	0.64	-1.55

注：股票排名中，发行股数、流通股数、成交股数单位为百万股（1M），成交金额、市价总值、流通市值为百万元（1M Yuan），收盘价格单位为元（Yuan）。

十大换手率 A 股股票
Top 10 A Shares by Turnover Rate

代码 Code	股票名称 Name	公司名称 Company Name	成交股数 Trading Vol	流通股数 Negotiable Vol	换手率(%) Turnover Rate(%)
601996	丰林集团	广西丰林木业集团股份有限公司	4390.82	196.19	2238.00
603399	新华龙	锦州新华龙钼业股份有限公司	1513.59	89.47	2228.87
603003	龙宇燃油	上海龙宇燃油股份有限公司	1236.13	64.11	2157.06
601038	一拖股份	第一拖拉机股份有限公司	3022.52	150.00	2015.01
600209	罗顿发展	罗顿发展股份有限公司	6941.97	375.30	1849.73
603002	宏昌电子	宏昌电子材料股份有限公司	2368.76	190.00	1756.85
603128	华贸物流	港中旅华贸国际物流股份有限公司	2586.92	160.00	1749.00
600880	博瑞传播	成都博瑞传播股份有限公司	7183.96	414.07	1734.96
600751	天津海运	天津市海运股份有限公司	3698.94	237.62	1556.68
603000	人民网	人民网股份有限公司	1073.73	111.52	1498.57

十大换手率 B 股股票
Top 10 B Shares by Turnover Rate

代码 Code	股票名称 Name	公司名称 Company Name	成交股数 Trading Vol	流通股数 Negotiable Vol	换手率(%) Turnover Rate(%)
900927	物贸B股	上海物资贸易股份有限公司	249.82	99.83	250.26
900912	外高B股	上海外高桥保税区开发股份有限公司	477.07	200.56	237.87
900902	市北B股	上海市北高新股份有限公司	536.15	232.93	230.18
900938	天海B	天津市海运股份有限公司	606.62	326.15	215.29
900904	神奇B股	上海神奇制药投资管理股份有限公司	84.98	45.63	186.26
900935	阳晨B股	上海阳晨投资股份有限公司	182.49	105.60	172.81
900926	宝信B	上海宝信软件股份有限公司	189.76	114.40	165.88
900956	东贝B股	黄石东贝电器股份有限公司	183.41	115.00	159.49
900906	中纺B股	中国纺织机械股份有限公司	184.06	120.12	153.23
900943	开开B股	上海开开实业股份有限公司	122.09	80.00	152.61

注：股票排名中，发行股数、流通股数、成交股数单位为百万股（1M），成交金额、市价总值、流通市值为百万元（1M Yuan），收盘价格单位为元（Yuan）。

年末股价分布
Price Distribution by 2013

股票价格 (元)	0-10	10-20	20-30	30-50	50-100	≥100
股票数：个	695	228	48	20	3	1
比例：%	69.85	22.91	4.82	2.01	0.30	0.10

年末市价总值分布
Market Capitalization Distribution by 2013

市值 (亿元)	≤5	5-10	10-50	50-100	100-500	500-1000	≥1000
股票数：个	12	26	497	224	193	21	22
比例：%	1.21	2.61	49.95	22.51	19.40	2.11	2.21

年末市盈率分布
P/E Ratio Distribution by 2013

市盈率	0-10	10-30	30--50	50-100	≥100	其他
股票数：个	78	315	162	148	175	117
比例：%	7.84	31.66	16.28	14.87	17.59	11.76

年度换手率分布
Turnover Rate Distribution in 2013

单位：%	0-100	100-200	200-300	300-500	500-1000	≥1000
股票数：个	98	190	187	294	188	38
比例：%	9.85	19.10	18.79	29.55	18.89	3.82

注：各类分布含 A、B 股。

年末各行业市盈率
P/E of Industry

年末市盈率
P/E Ratio by 2013

行业代码 Code of Industry	行业名称 Name of Industry	2013年	2012年	2011 年
000001	上证指数	10.99	12.30	13.40
000002	A股指数	10.99	12.29	13.41
000003	B股指数	11.62	13.18	12.28
000004	工业指数	15.80	15.63	16.41
000005	商业指数	21.04	20.76	26.76
000006	地产指数	9.24	11.86	10.92
000007	公用指数	12.77	13.36	14.57
000008	综合指数	7.79	9.54	10.57
000009	上证380	21.16	20.67	22.32
000010	上证180	9.25	10.86	11.69
000015	红利指数	7.11	10.06	10.29
000016	上证50	8.49	10.36	11.20
000018	180金融	6.80	8.76	9.53

信用交易 Credit Trading

证券代码 Code	证券简称 Securities	融资买入 Margin Buy	卖券还款 Close Buy	融券卖出 Short Sell	买券还券 Close Sell	合计 Total
510010	治理 ETF	113.06	10.46	116.31	26.83	266.66
510050	50ETF	29632.42	9556.97	25588.52	8953.99	73731.90
510180	180ETF	3924.04	652.78	4107.85	1437.25	10121.92
510300	300ETF	32613.71	3990.27	66741.59	36813.28	140158.85
510330	华夏 300	622.59	45.75	183.82	142.42	994.58
510500	500ETF	68.38	22.01	8.13	5.69	104.21
510880	红利 ETF	420.05	45.51	437.93	105.00	1008.49
600000	浦发银行	58703.56	32132.61	15718.20	4210.74	110765.11
600005	武钢股份	1338.32	759.33	330.33	175.53	2603.51
600008	首创股份	1331.15	929.37	14.32	3.99	2278.83
600009	上海机场	4552.58	2708.55	689.70	422.83	8373.66
600010	包钢股份	6853.52	3454.78	734.27	355.59	11398.16
600011	华能国际	3017.24	1512.45	622.47	341.37	5493.53
600015	华夏银行	12506.35	7837.37	3056.95	1500.55	24901.22
600016	民生银行	46149.83	27477.72	22872.51	9651.75	106151.81
600018	上港集团	5925.03	2666.34	80.75	6.95	8679.07
600019	宝钢股份	3130.10	1715.97	672.51	328.69	5847.27
600022	山东钢铁	684.53	319.53	58.66	30.64	1093.36
600027	华电国际	2766.85	1316.65	216.34	112.60	4412.44
600028	中国石化	6308.22	3645.74	1110.78	565.23	11629.97
600029	南方航空	2587.88	1404.23	337.98	139.98	4470.07
600030	中信证券	50504.55	27828.87	14718.40	6017.04	99068.86
600031	三一重工	5690.88	3009.05	1960.83	1091.81	11752.57
600036	招商银行	24330.78	12005.98	13993.79	6761.48	57092.03
600037	歌华有线	2414.65	1415.92	18.32	13.80	3862.69
600038	哈飞股份	4423.59	2758.40	68.44	36.04	7286.47
600039	四川路桥	2433.04	1224.82	24.99	8.71	3691.56
600048	保利地产	18915.06	10191.24	6647.64	2935.40	38689.34
600050	中国联通	12962.93	8510.43	1027.35	416.49	22917.20
600056	中国医药	846.74	371.71	7.07	3.75	1229.27
600058	五矿发展	2182.43	1085.94	525.20	196.83	3990.40
600059	古越龙山	3683.92	1319.80	55.25	34.52	5093.49
600060	海信电器	8050.21	3996.07	414.85	137.68	12598.81
600062	华润双鹤	2515.08	1241.13	423.87	242.00	4422.08
600063	皖维高新	1230.21	586.22	4.16	2.49	1823.08
600064	南京高科	641.24	557.31	6.98	8.04	1213.57
600066	宇通客车	2549.46	1344.12	1091.38	601.42	5586.38
600067	冠城大通	5557.53	2990.51	24.32	21.00	8593.36
600068	葛洲坝	3468.54	1890.97	371.99	117.72	5849.22
600072	*ST 钢构	610.59	301.94	0.69	0.51	913.73
600074	*ST 中达	99.98	47.72	1.11	0.95	149.76
600077	宋都股份	1728.72	804.15	20.50	15.44	2568.81
600078	澄星股份	1725.63	821.59	35.01	13.08	2595.31
600079	人福医药	2394.47	1167.63	67.48	38.40	3667.98
600085	同仁堂	5131.81	3211.12	936.93	616.10	9895.96
600086	东方金钰	4089.57	1869.26	43.61	17.02	6019.46
600089	特变电工	11753.81	7204.56	3425.41	1063.47	23447.25
600094	大名城	1089.01	506.70	10.53	8.99	1615.23
600096	云天化	2483.75	1303.26	233.56	153.95	4174.52
600100	同方股份	15234.81	8001.41	1306.93	414.00	24957.15

单位：百万（M）

信用交易 Credit Trading

证券代码 Code	证券简称 Securities	融资买入 Margin Buy	卖券还款 Close Buy	融券卖出 Short Sell	买券还券 Close Sell	合计 Total
600104	上汽集团	10790.25	5376.18	3691.52	1808.84	21666.79
600107	美尔雅	2156.95	1034.84	15.94	6.69	3214.42
600108	亚盛集团	13380.62	6376.37	1332.55	403.86	21493.40
600109	国金证券	10480.05	5848.06	1834.26	313.42	18475.79
600110	中科英华	958.20	397.43	2.90	2.29	1360.82
600111	包钢稀土	31636.20	17858.45	9392.21	1915.31	60802.17
600113	浙江东日	4066.19	2101.07	65.00	11.58	6243.84
600115	东方航空	2187.92	1164.21	325.58	135.79	3813.50
600116	三峡水利	1884.76	873.85	60.57	13.67	2832.85
600118	中国卫星	14212.72	7428.89	1993.44	309.81	23944.86
600119	长江投资	2059.88	685.52	2.68	2.36	2750.44
600120	浙江东方	7453.88	3873.62	109.29	37.19	11473.98
600123	兰花科创	7603.04	4578.79	1509.52	363.10	14054.45
600125	铁龙物流	4413.47	2170.40	423.36	186.99	7194.22
600132	重庆啤酒	3353.81	1741.09	311.52	184.46	5590.88
600138	中青旅	954.06	366.18	7.06	4.33	1331.63
600139	西部资源	1504.97	743.34	31.22	23.54	2303.07
600141	兴发集团	2979.92	1509.43	21.78	13.68	4524.81
600143	金发科技	5478.71	2569.97	533.51	219.68	8801.87
600145	*ST 国创	1075.52	552.81	46.74	34.49	1709.56
600146	大元股份	1372.57	588.74	14.50	11.18	1986.99
600149	廊坊发展	1028.51	491.69	9.88	8.37	1538.45
600150	中国船舶	6400.80	3439.82	1534.36	407.73	11782.71
600151	航天机电	2264.84	1079.85	28.34	12.85	3385.88
600153	建发股份	3038.49	1515.31	448.65	254.91	5257.36
600157	永泰能源	5996.09	2996.58	405.77	65.88	9464.32
600158	中体产业	7424.48	3816.66	95.17	55.79	11392.10
600160	巨化股份	2989.34	1748.83	472.17	137.40	5347.74
600161	天坛生物	3096.49	1341.32	25.53	3.04	4466.38
600163	福建南纸	1838.57	981.84	20.74	12.92	2854.07
600166	福田汽车	4058.37	2196.13	702.91	271.40	7228.81
600169	太原重工	3120.09	1699.07	292.01	117.00	5228.17
600170	上海建工	4336.51	1961.08	383.94	107.40	6788.93
600173	卧龙地产	199.22	165.57	3.30	3.57	371.66
600175	美都控股	1825.65	787.14	4.65	3.65	2621.09
600176	中国玻纤	555.29	209.82	1.94	1.44	768.49
600177	雅戈尔	4635.00	2490.73	531.04	274.58	7931.35
600179	黑化股份	1312.30	710.70	14.60	10.86	2048.46
600183	生益科技	144.49	184.50	5.98	3.94	338.91
600185	格力地产	1932.16	891.90	23.80	13.31	2861.17
600186	莲花味精	1045.32	504.41	4.39	2.68	1556.80
600187	国中水务	1162.08	529.06	0.76	0.46	1692.36
600188	兖州煤业	2801.94	1382.57	659.67	297.50	5141.68
600193	创兴资源	2317.12	1190.59	20.46	15.02	3543.19
600196	复星医药	12739.82	6702.12	1811.34	634.54	21887.82
600197	伊力特	1613.95	818.50	42.24	8.97	2483.66
600198	大唐电信	1927.04	916.91	2.93	2.28	2849.16
600199	金种子酒	4483.31	2220.34	157.33	18.78	6879.76
600200	江苏吴中	1818.35	902.00	4.90	2.57	2727.82
600206	有研新材	600.04	258.04	2.10	1.70	861.88

单位：百万（M）

信用交易 Credit Trading

证券代码 Code	证券简称 Securities	融资买入 Margin Buy	卖券还款 Close Buy	融券卖出 Short Sell	买券还券 Close Sell	合计 Total
600208	新湖中宝	2326.60	1305.86	390.01	228.98	4251.45
600209	罗顿发展	6962.27	3600.35	311.50	19.27	10893.39
600216	浙江医药	5558.91	2968.29	416.13	230.94	9174.27
600218	全柴动力	2525.91	1281.99	28.69	14.27	3850.86
600219	南山铝业	2617.95	1334.74	276.98	92.06	4321.73
600220	江苏阳光	96.50	73.93	3.67	3.75	177.85
600221	海南航空	3009.65	1682.72	349.42	112.44	5154.23
600223	鲁商置业	789.52	338.57	12.36	8.33	1148.78
600225	天津松江	2004.42	963.41	27.66	8.72	3004.21
600228	*ST 昌九	734.39	534.31	0.92	0.89	1270.51
600229	青岛碱业	1805.18	871.07	15.52	5.55	2697.32
600230	沧州大化	1678.19	886.38	10.71	9.61	2584.89
600239	云南城投	3446.17	1638.75	63.69	52.49	5201.10
600240	华业地产	2756.67	1363.97	36.82	25.21	4182.67
600246	万通地产	166.23	136.96	3.53	3.92	310.64
600251	冠农股份	584.87	279.82	6.14	1.28	872.11
600252	中恒集团	9626.34	5671.19	1380.39	640.11	17318.03
600256	广汇能源	25363.12	15853.86	3914.24	1656.96	46788.18
600257	大湖股份	4015.60	2202.76	16.78	6.82	6241.96
600259	广晟有色	6375.77	3406.23	771.06	196.24	10749.30
600260	凯乐科技	3981.18	1925.08	13.03	9.24	5928.53
600261	阳光照明	446.91	215.56	20.94	3.87	687.28
600266	北京城建	3450.65	1808.94	320.56	223.39	5803.54
600267	海正药业	4499.10	2306.30	522.55	209.22	7537.17
600271	航天信息	13917.02	6827.77	1066.12	374.65	22185.56
600276	恒瑞医药	3877.46	2224.08	1053.12	379.17	7533.83
600277	亿利能源	2969.14	1559.63	55.28	31.55	4615.60
600285	羚锐制药	775.94	345.74	10.06	0.98	1132.72
600288	大恒科技	3959.63	2023.59	52.79	39.53	6075.54
600289	亿阳信通	2064.21	851.18	3.81	1.62	2920.82
600292	中电远达	1720.41	706.68	3.23	2.35	2432.67
600293	三峡新材	1384.38	676.50	6.01	5.32	2072.21
600298	安琪酵母	3965.47	2088.88	24.35	21.10	6099.80
600300	维维股份	2206.58	1115.64	28.20	11.89	3362.31
600301	ST 南化	457.28	291.86	1.33	1.02	751.49
600309	万华化学	5147.96	2654.16	1499.63	938.75	10240.50
600311	荣华实业	1143.70	626.06	35.63	12.33	1817.72
600312	平高电气	3629.37	1790.24	49.82	33.44	5502.87
600315	上海家化	5129.20	2849.05	1129.25	656.28	9763.78
600316	洪都航空	8044.61	4358.38	654.42	161.52	13218.93
600318	巢东股份	630.51	172.03	4.95	2.87	810.36
600320	振华重工	222.76	339.08	7.43	5.75	575.02
600321	国栋建设	1050.09	540.94	2.23	1.23	1594.49
600322	天房发展	203.99	182.08	2.16	2.95	391.18
600325	华发股份	4008.11	2117.15	62.38	48.27	6235.91
600329	中新药业	537.87	248.50	7.47	5.23	799.07
600331	宏达股份	171.70	215.95	10.95	13.41	412.01
600332	白云山	14479.76	7548.81	983.39	172.47	23184.43
600333	长春燃气	1716.04	900.44	25.92	16.69	2659.09
600336	澳柯玛	864.93	455.54	5.44	2.66	1328.57

单位：百万（M）

信用交易 Credit Trading

证券代码 Code	证券简称 Securities	融资买入 Margin Buy	卖券还款 Close Buy	融券卖出 Short Sell	买券还券 Close Sell	合计 Total
600340	华夏幸福	2508.35	1137.60	422.53	170.74	4239.22
600348	阳泉煤业	3910.39	2177.71	1453.08	390.44	7931.62
600352	浙江龙盛	1960.15	979.91	129.81	59.07	3128.94
600354	敦煌种业	2157.73	1011.49	44.07	6.37	3219.66
600362	江西铜业	6078.24	3187.79	1954.32	1037.05	12257.40
600366	宁波韵升	4779.89	2335.67	299.73	39.24	7454.53
600369	西南证券	5733.16	2740.59	1286.92	566.37	10327.04
600372	中航电子	5031.40	2530.09	464.62	139.46	8165.57
600373	中文传媒	1524.34	675.44	3.51	0.59	2203.88
600375	XD 华菱星	504.23	171.21	3.22	2.39	681.05
600376	首开股份	5230.02	2383.56	499.65	277.17	8390.40
600381	*ST 贤成	205.68	132.57	0.26	0.20	338.71
600383	金地集团	8384.38	4824.11	3771.64	1622.83	18602.96
600387	海越股份	1471.30	637.76	2.02	1.49	2112.57
600388	龙净环保	5664.48	2788.25	24.52	5.41	8482.66
600389	江山股份	659.06	243.93	4.01	3.15	910.15
600390	金瑞科技	340.26	192.96	3.34	2.32	538.88
600392	盛和资源	1481.49	564.36	0.89	0.55	2047.29
600395	盘江股份	3400.62	1991.00	735.65	211.20	6338.47
600406	国电南瑞	6249.15	3435.86	2247.83	760.07	12692.91
600408	安泰集团	733.28	250.42	7.36	4.98	996.04
600410	华胜天成	818.42	298.44	3.47	2.19	1122.52
600415	小商品城	4874.29	2368.60	523.82	163.28	7929.99
600418	江淮汽车	4239.27	2329.87	516.31	198.25	7283.70
600422	昆明制药	463.70	209.20	7.07	3.47	683.44
600425	青松建化	1368.41	762.92	14.96	7.87	2154.16
600426	华鲁恒升	2684.05	1485.15	25.80	17.63	4212.63
600432	吉恩镍业	327.61	246.93	32.58	25.09	632.21
600433	冠豪高新	9869.53	5599.96	42.37	6.64	15518.50
600435	北方导航	9674.27	4997.28	391.57	26.99	15090.11
600436	片仔癀	2679.36	1292.96	83.53	72.62	4128.47
600446	XD 金证股	1028.63	472.92	2.65	0.63	1504.83
600449	宁夏建材	1631.76	885.75	9.23	6.47	2533.21
600456	宝钛股份	1675.31	773.29	89.26	49.50	2587.36
600458	时代新材	1981.00	750.09	15.25	9.84	2756.18
600460	士兰微	663.57	266.98	2.54	2.09	935.18
600467	好当家	2118.62	982.09	13.50	8.18	3122.39
600470	六国化工	2028.18	1041.09	62.26	14.03	3145.56
600478	科力远	4270.16	1996.00	34.24	18.16	6318.56
600481	双良节能	1302.81	635.56	35.03	2.87	1976.27
600483	福建南纺	853.43	353.62	3.67	3.04	1213.76
600486	扬农化工	913.64	346.53	5.79	1.46	1267.42
600489	中金黄金	5572.83	3436.93	1286.47	451.50	10747.73
600490	鹏欣资源	3119.01	1333.74	44.23	15.96	4512.94
600491	龙元建设	796.99	372.10	10.83	6.16	1186.08
600495	晋西车轴	3153.32	1490.58	113.99	13.04	4770.93
600497	驰宏锌锗	2585.26	1285.08	612.33	189.69	4672.36
600498	烽火通信	10679.60	5454.90	927.30	176.64	17238.44
600499	科达洁能	2240.39	980.13	10.99	2.01	3233.52
600502	安徽水利	3854.89	1788.89	109.70	15.39	5768.87

单位：百万（M）

信用交易 Credit Trading

证券代码 Code	证券简称 Securities	融资买入 Margin Buy	卖券还款 Close Buy	融券卖出 Short Sell	买券还券 Close Sell	合计 Total
600503	XD 华丽家	12669.41	6354.07	106.97	10.48	19140.93
600508	上海能源	188.60	192.49	13.79	11.35	406.23
600515	海岛建设	4147.65	1951.59	225.60	13.29	6338.13
600516	方大炭素	5674.57	3132.45	949.61	327.30	10083.93
600517	置信电气	409.03	154.68	3.99	2.97	570.67
600518	康美药业	15059.46	8424.50	2549.82	1031.55	27065.33
600519	贵州茅台	21163.75	10146.31	5192.57	2642.96	39145.59
600521	华海药业	1556.31	838.81	10.18	5.02	2410.32
600522	中天科技	1750.76	832.25	9.47	3.22	2595.70
600528	中铁二局	2606.11	1385.39	323.00	90.72	4405.22
600535	天士力	5266.72	3022.02	1359.19	674.72	10322.65
600537	亿晶光电	706.72	289.12	1.52	1.04	998.40
600543	莫高股份	2494.55	1135.64	28.16	18.67	3677.02
600545	新疆城建	2298.44	1106.32	14.04	10.03	3428.83
600546	山煤国际	4024.24	1984.36	298.65	107.81	6415.06
600547	山东黄金	7797.78	4508.51	1063.88	433.18	13803.35
600549	厦门钨业	7894.54	5025.93	2031.83	394.32	15346.62
600550	*ST 天威	257.45	273.04	40.65	37.62	608.76
600551	时代出版	2620.96	1171.71	3.93	0.59	3797.19
600557	康缘药业	3281.84	1406.69	41.46	36.13	4766.12
600559	老白干酒	1517.44	705.25	9.97	7.98	2240.64
600566	洪城股份	446.22	184.38	1.95	1.18	633.73
600568	中珠控股	2072.14	1065.30	19.84	15.34	3172.62
600570	恒生电子	948.68	318.08	1.29	0.80	1268.85
600572	康恩贝	598.57	253.37	1.64	1.47	855.05
600580	卧龙电气	736.22	312.66	4.45	2.51	1055.84
600582	天地科技	1965.80	813.62	126.10	75.86	2981.38
600583	海油工程	8771.35	4115.06	1314.82	486.69	14687.92
600584	长电科技	826.91	640.11	13.04	11.25	1491.31
600585	海螺水泥	9428.98	4949.33	4760.77	1902.66	21041.74
600588	用友软件	6772.51	3454.58	696.76	157.28	11081.13
600594	益佰制药	382.23	178.95	7.63	2.73	571.54
600595	中孚实业	97.16	81.78	7.12	1.87	187.93
600596	新安股份	1436.77	622.98	7.16	2.75	2069.66
600597	光明乳业	1516.47	884.25	41.33	16.36	2458.41
600598	*ST 大荒	12271.67	5625.32	1044.98	195.83	19137.80
600600	青岛啤酒	1128.52	1377.49	791.75	493.99	3791.75
600601	方正科技	507.97	274.89	1.70	1.46	786.02
600606	金丰投资	883.22	455.74	7.58	3.92	1350.46
600609	金杯汽车	1121.49	510.07	9.79	5.15	1646.50
600611	大众交通	1004.11	440.59	9.74	1.56	1456.00
600614	鼎立股份	3324.71	1390.21	25.42	16.04	4756.38
600616	金枫酒业	1431.66	737.29	47.02	21.98	2237.95
600620	天宸股份	1279.34	503.11	3.00	1.58	1787.03
600622	嘉宝集团	477.36	387.03	11.11	11.42	886.92
600624	复旦复华	1002.01	470.92	5.35	2.86	1481.14
600633	浙报传媒	1794.80	729.16	0.18	0.17	2524.31
600635	大众公用	131.78	250.11	1.98	2.00	385.87
600636	三爱富	2306.54	975.25	68.95	21.66	3372.40
600637	百视通	16896.88	8028.78	2210.30	196.66	27332.62

单位：百万（M）

信用交易
Credit Trading

证券代码 Code	证券简称 Securities	融资买入 Margin Buy	卖券还款 Close Buy	融券卖出 Short Sell	买券还券 Close Sell	合计 Total
600638	新黄浦	231.65	257.30	3.62	3.90	496.47
600640	号百控股	3445.60	1450.10	2.71	0.56	4898.97
600641	万业企业	148.46	172.98	2.14	1.72	325.30
600642	申能股份	3983.17	2269.58	330.88	127.89	6711.52
600643	爱建股份	7371.56	3523.07	48.20	19.51	10962.34
600644	乐山电力	952.58	441.08	8.10	5.82	1407.58
600645	中源协和	5574.07	2782.44	15.80	14.22	8386.53
600648	外高桥	7931.24	3142.98	7.76	2.34	11084.32
600649	城投控股	5390.31	3152.85	736.27	272.30	9551.73
600654	飞乐股份	752.85	327.82	7.84	2.25	1090.76
600655	豫园商城	3671.93	1966.47	568.59	267.83	6474.82
600657	信达地产	129.64	156.06	2.52	2.49	290.71
600660	福耀玻璃	2211.11	1063.82	453.18	281.20	4009.31
600663	陆家嘴	3872.43	1542.42	33.68	15.45	5463.98
600664	哈药股份	4066.72	2122.39	338.58	183.93	6711.62
600667	太极实业	1713.37	790.12	6.84	4.16	2514.49
600668	尖峰集团	4292.97	2261.38	35.21	16.34	6605.90
600674	川投能源	5672.53	2799.65	470.22	334.84	9277.24
600675	中华企业	8482.79	4244.78	169.52	81.16	12978.25
600684	珠江实业	681.06	323.49	4.21	1.52	1010.28
600688	上海石化	1397.01	612.06	13.29	3.61	2025.97
600690	青岛海尔	4523.91	2963.89	1510.82	665.86	9664.48
600692	亚通股份	4099.09	2031.28	81.39	54.88	6266.64
600694	大商股份	3535.49	1498.62	283.66	126.10	5443.87
600696	多伦股份	2337.68	1069.30	18.82	13.72	3439.52
600699	均胜电子	577.40	273.39	8.86	2.97	862.62
600702	沱牌舍得	3971.46	1852.68	115.23	13.30	5952.67
600703	三安光电	5734.04	3147.11	1850.06	498.12	11229.33
600705	中航投资	3507.87	1830.15	35.37	12.62	5386.01
600711	盛屯矿业	693.00	360.61	15.29	10.17	1079.07
600718	东软集团	2078.73	1016.13	89.90	18.09	3202.85
600720	祁连山	3545.79	1675.47	35.70	11.90	5268.86
600728	佳都科技	954.61	384.66	13.12	1.31	1353.70
600736	苏州高新	300.24	312.06	3.22	3.88	619.40
600737	中粮屯河	184.54	160.69	7.68	4.08	356.99
600739	辽宁成大	18931.87	10252.79	2576.86	1163.37	32924.89
600740	山西焦化	1362.78	684.42	80.72	23.51	2151.43
600741	华域汽车	4028.02	2182.83	515.78	241.66	6968.29
600742	一汽富维	2656.58	1308.29	28.86	12.42	4006.15
600743	华远地产	461.90	221.62	6.57	5.15	695.24
600744	华银电力	1312.59	549.80	8.64	4.91	1875.94
600747	大连控股	2283.50	1380.78	60.80	42.94	3768.02
600748	上实发展	5517.48	2680.60	175.48	69.16	8442.72
600750	江中药业	2661.39	1267.44	23.73	14.90	3967.46
600751	天津海运	1678.58	780.93	15.82	4.28	2479.61
600756	浪潮软件	2218.00	1013.81	1.28	0.91	3234.00
600757	长江传媒	723.31	269.92	2.30	0.79	996.32
600759	正和股份	4041.56	1710.67	54.58	37.19	5844.00
600765	中航重机	1386.86	714.73	23.20	2.11	2126.90
600770	综艺股份	7039.67	3568.34	355.36	123.70	11087.07

单位：百万（M）

信用交易
Credit Trading

证券代码 Code	证券简称 Securities	融资买入 Margin Buy	卖券还款 Close Buy	融券卖出 Short Sell	买券还券 Close Sell	合计 Total
600771	广誉远	820.04	318.96	1.36	1.12	1141.48
600773	西藏城投	536.81	368.66	10.99	8.82	925.28
600779	水井坊	1908.55	814.01	398.71	92.22	3213.49
600783	鲁信创投	2170.07	971.21	43.90	16.82	3202.00
600787	中储股份	8062.27	3903.91	153.75	36.17	12156.10
600795	国电电力	4458.95	2657.65	912.89	423.33	8452.82
600797	浙大网新	1644.78	733.84	2.73	1.52	2382.87
600800	天津磁卡	2413.36	1352.44	261.35	25.67	4052.82
600801	华新水泥	2538.44	1180.68	85.52	20.58	3825.22
600802	福建水泥	300.00	129.44	1.46	1.07	431.97
600804	鹏博士	39271.66	21362.67	2746.53	521.44	63902.30
600805	悦达投资	6197.37	2931.75	110.91	29.42	9269.45
600807	天业股份	421.87	198.45	0.58	0.34	621.24
600809	山西汾酒	3511.06	1683.77	822.47	185.44	6202.74
600811	东方集团	2163.24	1456.51	74.49	39.09	3733.33
600812	华北制药	356.66	501.32	21.34	19.14	898.46
600815	厦工股份	1483.30	578.64	20.13	12.08	2094.15
600816	安信信托	6011.60	3223.94	154.50	36.32	9426.36
600820	隧道股份	2334.86	1105.22	31.81	15.63	3487.52
600823	世茂股份	4004.21	2161.16	75.13	49.15	6289.65
600825	新华传媒	5143.97	2650.12	30.58	12.81	7837.48
600827	友谊股份	5263.11	2367.10	446.10	110.00	8186.31
600830	香溢融通	1715.12	821.65	17.13	1.78	2555.68
600831	广电网络	1110.46	554.99	2.38	1.33	1669.16
600832	东方明珠	12020.77	5064.64	1442.31	302.80	18830.52
600835	上海机电	762.44	389.59	7.87	2.67	1162.57
600837	海通证券	56731.13	30330.53	17785.28	5959.69	110806.63
600838	上海九百	1964.53	738.47	7.35	1.89	2712.24
600839	四川长虹	8190.79	4252.99	554.31	116.63	13114.72
600844	丹化科技	1991.07	882.04	14.35	10.85	2898.31
600846	同济科技	915.91	482.64	3.30	1.80	1403.65
600851	海欣股份	731.26	316.31	3.19	1.72	1052.48
600863	内蒙华电	1291.60	769.83	66.78	31.07	2159.28
600867	通化东宝	780.44	379.82	2.59	2.32	1165.17
600868	梅雁吉祥	1202.76	564.56	11.64	6.10	1785.06
600872	中炬高新	895.90	565.34	27.23	25.60	1514.07
600874	创业环保	787.03	437.41	8.04	0.48	1232.96
600875	东方电气	5215.26	2935.81	671.41	311.88	9134.36
600879	航天电子	4513.27	2033.17	75.50	24.69	6646.63
600880	博瑞传播	25461.36	11920.92	113.11	15.77	37511.16
600881	亚泰集团	2387.64	1190.01	217.13	79.62	3874.40
600884	杉杉股份	1141.20	716.22	15.41	14.85	1887.68
600886	国投电力	5509.15	2498.94	432.32	259.14	8699.55
600887	伊利股份	8644.23	4973.88	4972.65	1842.18	20432.94
600893	航空动力	6275.16	3049.54	446.86	97.74	9869.30
600895	张江高科	1995.14	1012.69	169.90	26.91	3204.64
600900	长江电力	4828.24	3366.71	948.11	452.18	9595.24
600967	北方创业	1024.13	490.99	12.46	2.16	1529.74
600970	中材国际	3531.66	1858.78	270.57	118.04	5779.05
600971	恒源煤电	1343.90	673.80	363.61	63.29	2444.60

单位：百万（M）

信用交易 Credit Trading

证券代码 Code	证券简称 Securities	融资买入 Margin Buy	卖券还款 Close Buy	融券卖出 Short Sell	买券还券 Close Sell	合计 Total
600976	武汉健民	516.77	263.16	6.30	1.69	787.92
600987	航民股份	1941.65	1010.27	17.40	13.81	2983.13
600993	马应龙	950.21	515.77	3.47	2.10	1471.55
600997	开滦股份	70.05	106.59	20.62	13.59	210.85
600999	招商证券	15375.35	8477.73	3999.29	1002.46	28854.83
601001	大同煤业	1180.51	574.55	245.84	135.58	2136.48
601002	晋亿实业	2152.55	901.71	108.89	17.86	3181.01
601005	重庆钢铁	691.88	340.71	21.97	10.58	1065.14
601006	大秦铁路	4949.13	2550.00	1428.09	950.34	9877.56
601009	南京银行	4492.04	2792.36	957.00	406.88	8648.28
601012	隆基股份	676.43	222.81	1.94	1.82	903.00
601018	宁波港	254.61	277.37	4.52	2.73	539.23
601038	一拖股份	3584.13	1692.91	106.26	15.28	5398.58
601088	中国神华	6552.36	3457.26	1993.30	1179.11	13182.03
601098	中南传媒	1369.50	472.18	59.06	6.25	1906.99
601099	太平洋	6874.07	3612.31	453.92	188.79	11129.09
601101	昊华能源	3175.13	1942.09	525.13	123.48	5765.83
601106	中国一重	203.20	275.33	18.74	2.85	500.12
601111	中国国航	1818.62	946.37	430.60	255.18	3450.77
601117	中国化学	11053.30	5836.08	1896.05	962.76	19748.19
601118	海南橡胶	13023.20	6300.96	747.90	230.16	20302.22
601139	深圳燃气	1886.02	928.28	54.06	30.30	2898.66
601158	重庆水务	916.65	575.97	38.03	8.49	1539.14
601166	兴业银行	48351.16	28083.90	18261.75	5570.40	100267.21
601168	西部矿业	3026.09	1803.54	543.53	393.90	5767.06
601169	北京银行	7594.17	4247.96	2181.12	1050.23	15073.48
601179	中国西电	157.04	208.84	12.47	7.71	386.06
601186	中国铁建	4483.02	2468.63	500.32	260.22	7712.19
601216	内蒙君正	2428.07	1133.95	9.96	7.67	3579.65
601231	环旭电子	457.03	203.59	14.98	7.34	682.94
601238	广汽集团	384.21	201.99	30.59	17.16	633.95
601268	*ST 二重	128.29	135.28	6.08	5.38	275.03
601288	农业银行	9352.13	5053.26	3164.53	1198.72	18768.64
601299	中国北车	6944.33	3947.11	1414.61	541.12	12847.17
601311	骆驼股份	4632.48	2292.35	40.98	28.85	6994.66
601318	中国平安	50039.17	21695.21	14018.36	5171.25	90923.99
601328	交通银行	10613.22	5577.72	1867.74	612.89	18671.57
601333	广深铁路	2257.71	1227.66	254.42	115.66	3855.45
601336	新华保险	6845.15	3346.39	906.90	323.56	11422.00
601377	兴业证券	7789.96	3966.78	2664.95	897.36	15319.05
601388	怡球资源	2380.23	1047.51	44.81	23.56	3496.11
601390	中国中铁	3688.04	1875.53	703.51	298.42	6565.50
601398	工商银行	3334.33	1647.43	1680.23	913.43	7575.42
601519	大智慧	1359.05	673.70	1.74	0.66	2035.15
601555	东吴证券	7928.79	3784.74	956.70	366.77	13037.00
601588	北辰实业	213.62	206.59	2.24	1.88	424.33
601600	中国铝业	2844.23	1597.00	544.97	266.76	5252.96
601601	中国太保	10768.65	5352.13	4138.27	2289.49	22548.54
601607	上海医药	6351.05	3612.70	1208.22	500.90	11672.87
601608	中信重工	1374.01	657.41	17.83	11.39	2060.64

单位：百万（M）

信用交易
Credit Trading

证券代码 Code	证券简称 Securities	融资买入 Margin Buy	卖券还款 Close Buy	融券卖出 Short Sell	买券还券 Close Sell	合计 Total
601618	中国中冶	2607.90	1486.50	269.95	132.14	4496.49
601628	中国人寿	8031.14	3946.18	1932.06	914.43	14823.81
601633	长城汽车	1877.83	1031.70	1185.11	382.76	4477.40
601666	平煤股份	2401.70	1187.33	437.37	162.90	4189.30
601668	中国建筑	10102.00	5421.45	1198.04	652.16	17373.65
601669	中国电建	5553.14	2707.49	296.88	103.48	8660.99
601688	华泰证券	14356.35	7943.44	3897.81	1349.61	27547.21
601699	潞安环能	7062.52	3617.94	2407.75	774.12	13862.33
601717	郑煤机	4719.06	2653.13	456.86	267.89	8096.94
601718	际华集团	299.04	304.52	9.23	2.54	615.33
601727	上海电气	121.57	134.53	3.08	0.81	259.99
601766	中国南车	5904.87	3363.37	1441.34	501.94	11211.52
601788	光大证券	9210.23	4897.67	2793.17	940.81	17841.88
601789	宁波建工	1982.79	1012.53	12.72	8.01	3016.05
601800	中国交建	2977.61	1518.28	121.35	65.94	4683.18
601801	皖新传媒	4620.15	1900.30	37.11	18.58	6576.14
601808	中海油服	4619.30	2497.35	791.61	256.05	8164.31
601818	光大银行	13352.92	7259.89	2303.15	538.93	23454.89
601857	中国石油	4295.81	2314.66	1071.95	447.61	8130.03
601866	中海集运	2847.93	1243.28	328.88	86.76	4506.85
601886	江河创建	655.61	296.71	6.43	2.21	960.96
601888	中国国旅	5020.60	2481.31	554.18	378.46	8434.55
601898	中煤能源	1873.83	959.42	415.01	248.35	3496.61
601899	紫金矿业	3472.26	1937.79	1081.93	501.87	6993.85
601901	方正证券	18914.19	10385.04	2282.52	456.45	32038.20
601918	国投新集	1762.64	688.95	173.26	33.69	2658.54
601919	中国远洋	679.17	459.93	54.71	37.52	1231.33
601928	凤凰传媒	14051.49	6701.27	1185.24	232.86	22170.86
601929	吉视传媒	6261.08	2814.68	20.33	12.45	9108.54
601933	永辉超市	760.12	346.57	53.52	28.65	1188.86
601939	建设银行	2796.24	1687.16	1054.40	499.66	6037.46
601958	金钼股份	3141.85	1746.46	687.93	301.61	5877.85
601988	中国银行	2209.48	1057.53	849.77	399.00	4515.78
601989	中国重工	14174.89	6397.12	1293.36	466.23	22331.60
601991	大唐发电	1015.14	589.13	149.97	95.39	1849.63
601992	金隅股份	3029.88	1440.46	445.46	118.94	5034.74
601996	丰林集团	3803.77	1965.41	51.61	9.17	5829.96
601998	中信银行	3944.29	2297.53	742.78	425.28	7409.88
603000	人民网	10422.41	5287.08	134.51	24.75	15868.75

单位：百万（M）

基金市场概貌
Fund Market Overview

基金
Fund

基金市场交易 Fund Market Data	2013 年	2012 年	增减(%) Change (%)
交易天数 Trading Days	238	243	-2.06
上市基金数 No. of Funds	58	41	41.46
封闭式基金 Close Fund	9	12	-25.00
ETFs	47	29	62.07
交易型货币基金	2	-	-
新上市基金数 No. of New Funds	20	6	233.33
发行额(亿)Total Market Capitalization(100 M)	768.30	849.92	-9.60
封闭式基金 Close Fund	240.00	300.00	-20.00
ETFs	528.07	549.92	-3.97
交易型货币基金	0.23	-	-
总成交金额 (亿) Total Trading Value(100 M)	8989.48	3171.36	183.46
封闭式基金 Close Fund	231.86	144.53	60.42
ETFs	6706.52	3026.59	121.59
交易型货币基金	2050.41	-	-
日均成交金额(亿)Average Trading Value(100 M)	37.77	13.05	189.43
封闭式基金 Close Fund	0.97	0.59	64.41
ETFs	28.18	12.46	126.16
交易型货币基金	9.24	-	-
总成交量(亿) Total Trading Vol(100 M)	3744.80	2541.17	47.37
封闭式基金 Close Fund	242.73	177.55	36.71
ETFs	3480.64	2363.18	47.29
交易型货币基金	20.48	-	-
日均成交量(百万份) Average Trading Vol (1 M)	1573.45	1045.75	50.46
封闭式基金 Close Fund	101.99	73.07	39.58
ETFs	1462.45	972.50	50.38
交易型货币基金	9.23	-	-
总成笔数(万)Number of Trades(10000)	1109.18	565.22	96.24
封闭式基金 Close Fund	173.06	129.21	33.94
ETFs	844.53	436.01	93.70
交易型货币基金	91.57	-	-
日均成交笔数(万)Average Transactions(10000)	4.66	2.33	100.00
封闭式基金 Close Fund	0.73	0.53	37.74
ETFs	3.55	1.79	98.32
交易型货币基金	0.41	-	-
大宗交易成交 Bulk Trading			
总成交金额(亿) Total Trading Value(100 M)	42.50	6.64	540.06
总成交量(亿份) Total Trading Vol (100 M)	19.56	3.62	440.33
总成交笔数(笔) Number of Trades	87.00	24.00	262.50

基金基本信息 List of Funds

基金 Fund

基金代码 Code	基金简称 Name	发行时间 Issue Date	上市日 Listing Date	发行方式 Issue Meth	发行价格 Issue Price	基金管理人 Management Company	托管人 Trustee	总份额(亿份) Total	流通量(亿份) Negoti-able
500002	基金泰和	1999.04.02	1999.04.20	上网发行	1.010	嘉实基金管理有限公司	中国建设银行	20.00	19.70
500003	基金安信	1998.06.16	1998.06.26	上网发行	1.010	华安基金管理有限公司	中国工商银行	20.00	19.70
500005	基金汉盛	1999.04.30	1999.05.18	上网发行	1.010	富国基金管理有限公司	中国农业银行	20.00	19.70
500006	基金裕阳	1998.07.17	1998.07.30	上网发行	1.010	博时基金管理有限公司	中国农业银行	20.00	19.70
500008	基金兴华	1998.04.22	1998.05.08	上网发行	1.010	华夏基金管理有限公司	中国建设银行	20.00	19.70
500009	基金安顺	1999.06.09	1999.06.22	上网发行	1.010	华安基金管理有限公司	交通银行	30.00	29.85
500011	基金金鑫	1999.10.15	1999.11.26	上网发行	1.010	国泰基金管理有限公司	中国建设银行	30.00	29.85
500015	基金汉兴	1999.12.24	2000.01.10	上网发行	1.010	富国基金管理有限公司	交通银行	30.00	29.85
500018	基金兴和	1999.07.08	1999.07.30	上网发行	1.010	华夏基金管理有限公司	中国建设银行	30.00	29.85
500038	基金通乾	2001.08.23	2001.09.21	上网发行	1.010	融通基金管理有限公司	中国建设银行	20.00	19.90
500056	基金科瑞	2002.02.28	2002.03.20	上网发行	1.010	易方达基金管理有限公司	交通银行	30.00	29.85
500058	基金银丰	2002.08.08	2002.09.10	上网发行	1.010	银河基金管理有限公司	中国建设银行	30.00	29.85
510010	治理 ETF	2009.09.18	2009.12.15	上网发行	1.000	交银施罗德基金管理有限公司	中国农业银行	35.50	35.50
510020	超大 ETF	2009.12.23	2010.03.19	上网发行	1.000	博时基金管理有限公司	中国建设银行	4.93	4.93
510030	价值 ETF	2010.04.14	2010.05.28	上网发行	1.000	华宝兴业基金管理有限公司	中国工商银行	3.65	3.65
510050	50ETF	2004.12.24	2005.02.23	上网发行	1.000	华夏基金管理有限公司	中国工商银行	127.41	127.41
510060	央企 ETF	2009.08.20	2009.10.27	上网发行	1.655	工银瑞信基金管理有限公司	招商银行	5.23	5.23
510070	民企 ETF	2010.07.27	2010.10.29	上网发行	1.000	鹏华基金管理有限公司	中国工商银行	2.46	2.46
510090	责任 ETF	2010.05.19	2010.08.09	上网发行	1.000	建信基金管理有限公司	中国工商银行	4.14	4.14
510110	周期 ETF	2010.09.08	2010.11.15	上网发行	1.000	海富通基金管理有限公司	中国工商银行	1.10	1.10
510120	非周 ETF	2011.04.13	2011.06.08	上网发行	1.000	海富通基金管理有限公司	中国工商银行	1.09	1.09
510130	中盘 ETF	2010.03.17	2010.06.23	上网发行	1.000	易方达基金管理有限公司	中国工商银行	3.21	3.21
510150	消费 ETF	2010.11.30	2011.02.25	上网发行	1.000	招商基金管理有限公司	中国工商银行	4.11	4.11
510160	小康 ETF	2010.08.18	2010.11.01	上网发行	1.000	南方基金管理有限公司	中国工商银行	7.20	7.20
510170	商品 ETF	2010.11.17	2011.01.25	上网发行	1.000	国联安基金管理有限公司	中国银行	2.62	2.62
510180	180ETF	2006.03.09	2006.05.18	上网发行	1.000	华安基金管理有限公司	中国建设银行	62.71	62.71
510190	龙头 ETF	2010.11.10	2011.01.10	上网发行	1.000	华安基金管理有限公司	中国工商银行	2.58	2.58
510210	综指 ETF	2011.01.20	2011.03.25	上网发行	1.000	富国基金管理有限公司	中国工商银行	1.28	1.28
510220	中小 ETF	2011.01.14	2011.03.28	上网发行	1.000	华泰柏瑞基金管理有限公司	中国银行	0.29	0.29
510230	金融 ETF	2011.03.23	2011.05.23	上网发行	1.000	国泰基金管理有限公司	中国银行	4.18	4.18
510260	新兴 ETF	2011.03.28	2011.06.08	上网发行	1.000	诺安基金管理有限公司	中国工商银行	6.54	6.54

基金基本信息
List of Funds

基金
Fund

基金代码 Code	基金简称 Name	发行时间 Issue Date	上市日 Listing Date	发行方式 Issue Meth	发行价格 Issue Price	基金管理人 Management Company	托管人 Trustee	总份额(亿份) Total	流通量(亿份) Negoti-able
510270	国企 ETF	2011.06.08	2011.08.18	上网发行	1.000	中银基金管理有限公司	招商银行	0.92	0.92
510280	成长 ETF	2011.07.27	2011.10.18	上网发行	1.000	华宝兴业基金管理有限公司	中国银行	3.38	3.38
510290	380ETF	2011.09.07	2011.11.08	上网发行	1.000	南方基金管理有限公司	中国建设银行	1.66	1.66
510300	300ETF	2012.04.24	2012.05.28	上网发行	1.000	华泰柏瑞基金管理有限公司	中国工商银行	62.13	62.13
510310	HS300ETF	2013.02.26	2013.03.25	上网发行	1.000	易方达基金管理有限公司	中国建设银行	10.18	10.18
510330	华夏 300	2012.12.17	2013.01.16	上网发行	1.000	华夏基金管理有限公司	中国工商银行	79.28	79.28
510410	资源 ETF	2012.03.28	2012.05.11	上网发行	1.000	博时基金管理有限公司	中国建设银行	3.31	3.31
510420	180EWETF	2012.06.04	2012.07.09	上网发行	1.000	景顺长城基金管理有限公司	中国银行	1.27	1.27
510430	50 等权	2012.08.15	2012.09.24	上网发行	1.000	银华基金管理有限公司	中国建设银行	0.67	0.67
510440	500 沪市	2012.08.15	2012.10.08	上网发行	1.000	大成基金管理有限公司	中国银行	0.38	0.38
510450	180 高 ETF	2013.06.26	2013.08.01	上网发行	1.000	上投摩根基金管理有限公司	中国银行	3.25	3.25
510500	500ETF	2013.01.29	2013.03.15	上网发行	1.000	南方基金管理有限公司	中国农业银行	41.46	41.46
510510	广发 500	2013.03.27	2013.05.24	上网发行	1.000	广发基金管理有限公司	中国工商银行	1.05	1.05
510610	能源行业	2013.03.20	2013.05.08	上网发行	1.000	华夏基金管理有限公司	中国建设银行	2.39	2.39
510620	材料行业	2013.03.20	2013.05.08	上网发行	1.000	华夏基金管理有限公司	中国建设银行	1.95	1.95
510630	消费行业	2013.03.20	2013.05.08	上网发行	1.000	华夏基金管理有限公司	中国建设银行	1.70	1.70
510650	金融行业	2013.03.20	2013.05.08	上网发行	1.000	华夏基金管理有限公司	中国建设银行	4.18	4.18
510660	医药行业	2013.03.20	2013.05.08	上网发行	1.000	华夏基金管理有限公司	中国建设银行	7.13	7.13
510680	万家 380	2013.10.23	2013.12.02	上网发行	1.000	万家基金管理有限公司	华夏银行	5.01	5.01
510700	百强 ETF	2013.04.15	2013.05.31	上网发行	1.000	长盛基金管理有限公司	中国银行	0.68	0.68
510880	红利 ETF	2006.11.08	2007.01.18	上网发行	1.000	华泰柏瑞基金管理有限公司	招商银行	6.77	6.77
510900	H 股 ETF	2012.08.01	2012.10.22	上网发行	1.000	易方达基金管理有限公司	交通银行	1.49	1.49
511010	国债 ETF	2013.02.25	2013.03.25	上网发行	100.000	国泰基金管理有限公司	中国建设银行	0.14	0.14
511210	企债 ETF	2013.07.03	2013.08.16	上网发行	100.000	博时基金管理有限公司	中国工商银行	0.21	0.21
511880	银华日利	2013.03.22	2013.04.18	上网发行	100.000	银华基金管理有限公司	中国建设银行	0.02	0.02
511990	华宝添益	2012.12.19	2013.01.28	上网发行	100.000	华宝兴业基金管理有限公司	中国建设银行	0.21	0.21
512010	医药 ETF	2013.09.11	2013.10.28	上网发行	1.000	易方达基金管理有限公司	中国建设银行	5.21	5.21
513100	纳指 ETF	2013.04.17	2013.05.15	上网发行	1.000	国泰基金管理有限公司	中国建设银行	0.51	0.51
518800	国泰黄金	2013.07.10	2013.07.29	上网发行	1.000	国泰基金管理有限公司	中国工商银行	0.17	0.17
518880	黄金 ETF	2013.07.10	2013.07.29	上网发行	1.000	华安基金管理有限公司	中国建设银行	1.38	1.38

封闭式基金每日成交(亿元/亿份)
Fund Trading(100 M Yuan/100 M Units)

基金 Fund

日期 Date	1月 Jan		2月 Feb		3月 Mar		4月 Apr		5月 May		6月 Jun	
	金额 Value	数量 Vol	金额 Value	数量 Vol	金额 Value	数量 Vol	金额 Value	数量 Vol	金额 Value	数量 Vol	金额 Value	数量 Vol
1	---	---	1.35	1.54	0.89	1.00	1.12	1.19	---	---	---	---
2	---	---	---	---	---	---	1.14	1.22	0.79	0.85	---	---
3	---	---	---	---	---	---	1.43	1.59	1.79	1.92	1.18	1.24
4	1.23	1.47	1.37	1.53	1.04	1.19	---	---	---	---	1.22	1.29
5	---	---	1.38	1.56	0.71	0.80	---	---	---	---	0.59	0.62
6	---	---	1.35	1.49	0.98	1.09	---	---	2.08	2.21	0.50	0.54
7	1.00	1.19	1.23	1.39	0.89	1.00	---	---	1.38	1.45	0.84	0.91
8	0.77	0.92	1.39	1.58	0.56	0.63	1.19	1.32	1.53	1.61	---	---
9	0.88	1.04	---	---	---	---	0.87	0.95	1.36	1.47	---	---
10	0.86	1.03	---	---	---	---	0.98	1.07	1.07	1.13	---	---
11	0.88	1.05	---	---	0.59	0.66	1.24	1.35	---	---	---	---
12	---	---	---	---	0.89	1.00	0.51	0.58	---	---	---	---
13	---	---	---	---	0.68	0.79	---	---	1.14	1.18	0.97	1.06
14	1.48	1.79	---	---	0.65	0.78	---	---	1.15	1.21	0.57	0.62
15	1.19	1.44	---	---	0.98	1.15	0.49	0.54	0.76	0.80	---	---
16	0.95	1.14	---	---	---	---	0.62	0.71	1.36	1.46	---	---
17	0.79	0.94	---	---	---	---	0.61	0.68	1.68	1.78	0.61	0.65
18	1.08	1.28	1.19	1.33	0.62	0.72	0.58	0.65	---	---	0.70	0.78
19	---	---	1.15	1.28	0.52	0.60	1.41	1.55	---	---	0.66	0.72
20	---	---	1.32	1.48	1.26	1.44	---	---	2.09	2.15	0.55	0.60
21	1.69	1.94	1.28	1.46	0.82	0.91	---	---	1.41	1.44	0.70	0.75
22	1.58	1.85	0.80	0.91	0.61	0.68	1.08	1.17	1.80	1.84	---	---
23	0.97	1.12	---	---	---	---	1.00	1.10	1.06	1.10	---	---
24	1.66	1.95	---	---	---	---	1.85	2.06	0.78	0.81	1.24	1.31
25	0.99	1.16	0.90	1.04	0.72	0.81	0.97	1.07	---	---	1.16	1.27
26	---	---	0.74	0.83	0.61	0.69	0.90	0.97	---	---	0.74	0.79
27	---	---	0.61	0.69	0.62	0.69	---	---	1.21	1.28	0.66	0.72
28	1.73	1.97	1.05	1.18	1.22	1.35	---	---	2.05	2.18	0.65	0.71
29	1.38	1.59	---	---	0.63	0.70	---	---	1.02	1.06	---	---
30	1.41	1.63	---	---	---	---	---	---	1.16	1.22	---	---
31	1.17	1.37	---	---	---	---	---	---	0.87	0.92	---	---
最高 high	1.73	1.97	1.39	1.58	1.26	1.44	1.85	2.06	2.09	2.21	1.24	1.31
最低 low	0.77	0.92	0.61	0.69	0.52	0.60	0.49	0.54	0.76	0.80	0.50	0.54

封闭式基金每日成交(亿元/亿份)
Fund Trading(100 M Yuan/100 M Units)

基金
Fund

日期 Date	7月 Jul		8月 Aug		9月 Sep		10月 Oct		11月 Nov		12月 Dec	
	金额 Value	数量 Vol	金额 Value	数量 Vol	金额 Value	数量 Vol	金额 Value	数量 Vol	金额 Value	数量 Vol	金额 Value	数量 Vol
1	0.70	0.77	1.09	1.10	---	---	---	---	0.75	0.71	---	---
2	0.56	0.61	0.98	0.98	0.68	0.67	---	---	---	---	1.47	1.42
3	0.69	0.75	---	---	0.75	0.74	---	---	---	---	0.85	0.82
4	0.77	0.83	---	---	0.44	0.45	---	---	0.74	0.73	1.14	1.12
5	0.62	0.66	1.08	1.11	0.58	0.55	---	---	0.63	0.60	0.73	0.72
6	---	---	1.04	1.05	0.62	0.60	---	---	0.61	0.58	0.49	0.47
7	---	---	0.79	0.79	---	---	---	---	0.63	0.61	---	---
8	0.79	0.84	0.50	0.48	---	---	1.30	1.18	0.70	0.67	---	---
9	0.40	0.43	0.68	0.66	1.53	1.51	0.96	0.88	---	---	0.73	0.73
10	0.61	0.66	---	---	1.43	1.38	0.95	0.89	---	---	0.77	0.74
11	2.22	2.44	---	---	1.31	1.26	1.65	1.49	0.66	0.64	0.62	0.64
12	1.76	1.92	1.42	1.41	1.14	1.07	---	---	0.51	0.51	0.58	0.57
13	---	---	0.86	0.88	0.68	0.66	---	---	0.60	0.62	0.58	0.56
14	---	---	1.06	1.03	---	---	1.69	1.55	0.48	0.48	---	---
15	1.28	1.32	0.78	0.79	---	---	1.06	0.96	1.18	1.13	---	---
16	0.84	0.84	2.14	2.21	0.97	0.92	1.60	1.49	---	---	0.75	0.72
17	0.84	0.84	---	---	1.51	1.49	1.10	1.00	---	---	0.59	0.59
18	0.62	0.65	---	---	1.22	1.22	0.91	0.82	1.09	1.04	0.54	0.55
19	0.80	0.83	1.50	1.49	---	---	---	---	0.70	0.66	0.56	0.58
20	---	---	1.31	1.34	---	---	---	---	0.60	0.57	0.61	0.61
21	---	---	0.78	0.79	---	---	1.51	1.43	0.58	0.55	---	---
22	0.71	0.73	0.59	0.61	---	---	1.21	1.13	0.50	0.46	---	---
23	1.00	0.99	0.99	1.01	1.00	0.96	1.54	1.42	---	---	0.46	0.46
24	1.08	1.08	---	---	0.85	0.81	1.24	1.11	---	---	0.60	0.59
25	0.83	0.82	---	---	0.63	0.59	1.66	1.51	0.61	0.59	0.50	0.48
26	0.83	0.83	1.28	1.27	0.80	0.78	---	---	0.53	0.55	0.68	0.67
27	---	---	1.08	1.06	0.73	0.69	---	---	0.69	0.67	0.68	0.69
28	---	---	1.15	1.15	---	---	1.06	1.00	1.08	1.04	---	---
29	0.67	0.68	0.79	0.81	---	---	1.31	1.23	0.78	0.75	---	---
30	0.84	0.84	1.09	1.09	1.02	0.97	0.74	0.68	---	---	0.88	0.89
31	0.61	0.62	---	---	---	---	0.86	0.77	---	---	0.74	0.76
最高 high	H2.22	H2.44	2.14	2.21	1.53	1.51	1.69	1.55	1.18	1.13	1.47	1.42
最低 low	L0.40	L0.43	0.50	0.48	0.44	0.45	0.74	0.68	0.48	0.46	0.46	0.46

ETF 每日成交(亿元/亿份)
ETF Trading(100 M Yuan/100 M Units)

基金
Fund

日期 Date	1月 Jan		2月 Feb		3月 Mar		4月 Apr		5月 May		6月 Jun	
	金额 Value	数量 Vol	金额 Value	数量 Vol	金额 Value	数量 Vol	金额 Value	数量 Vol	金额 Value	数量 Vol	金额 Value	数量 Vol
1	---	---	32.65	20.54	23.19	12.94	22.61	13.94	---	---	---	---
2	---	---	---	---	---	---	25.64	12.59	17.36	7.17	---	---
3	---	---	---	---	---	---	24.35	13.96	28.80	14.11	28.26	10.64
4	28.71	17.50	33.60	19.48	40.01	25.20	---	---	---	---	33.21	15.15
5	---	---	36.04	20.18	36.94	23.42	---	---	---	---	23.50	6.59
6	---	---	22.58	11.41	28.48	15.35	---	---	23.01	11.36	30.93	8.87
7	19.79	11.83	30.97	17.12	34.27	17.25	---	---	22.63	11.24	35.71	11.03
8	19.91	12.79	29.21	15.00	23.98	14.15	23.54	11.92	42.86	28.66	---	---
9	21.27	15.73	---	---	---	---	29.15	14.97	23.59	12.12	---	---
10	21.65	15.44	---	---	---	---	17.63	6.80	28.10	13.23	---	---
11	25.41	15.85	---	---	16.33	9.02	17.13	6.19	---	---	---	---
12	---	---	---	---	27.85	15.56	13.21	5.40	---	---	---	---
13	---	---	---	---	21.30	11.72	---	---	19.03	9.09	69.47	38.38
14	40.21	24.35	---	---	19.46	10.95	---	---	22.42	11.17	55.63	44.62
15	24.83	14.50	---	---	30.64	19.05	18.47	8.21	19.61	8.23	---	---
16	27.80	17.55	---	---	---	---	26.32	12.50	37.54	17.89	---	---
17	22.78	13.30	---	---	---	---	24.68	10.88	34.92	16.39	27.48	10.00
18	22.90	13.71	33.45	18.96	22.08	14.27	24.92	11.32	---	---	29.49	11.50
19	---	---	28.10	14.51	23.26	15.23	37.15	19.20	---	---	26.66	11.62
20	---	---	24.97	14.75	40.37	24.52	---	---	31.47	15.18	24.82	12.65
21	24.46	15.16	57.37	47.40	19.61	11.97	---	---	24.89	10.01	30.93	16.15
22	31.64	18.52	18.02	9.94	17.22	9.58	19.33	8.30	23.91	9.77	---	---
23	21.21	11.47	---	---	---	---	25.93	13.09	28.53	11.32	---	---
24	41.09	24.05	---	---	---	---	29.29	17.94	31.12	15.12	41.84	21.85
25	26.30	14.64	20.78	10.69	26.76	15.49	27.54	13.31	---	---	73.47	51.96
26	---	---	43.50	30.40	28.74	14.79	20.18	9.14	---	---	35.13	19.58
27	---	---	24.38	13.18	26.80	14.57	---	---	26.70	9.71	61.39	63.25
28	29.50	16.57	33.91	19.23	35.06	23.76	---	---	34.50	15.30	59.20	68.63
29	36.55	21.04	---	---	22.59	14.78	---	---	34.17	14.56	---	---
30	22.99	11.02	---	---	---	---	---	---	34.81	13.37	---	---
31	30.17	15.37	---	---	---	---	---	---	35.78	14.96	---	---
最高 high	41.09	24.35	57.37	47.40	40.37	25.20	37.15	19.20	42.86	28.66	H73.47	H68.63
最低 low	19.79	11.02	18.02	9.94	16.33	9.02	L13.21	L5.40	17.36	7.17	23.50	6.59

ETF 每日成交(亿元/亿份)
ETF Trading(100 M Yuan/100 M Units)

基金
Fund

日期 Date	7月 Jul		8月 Aug		9月 Sep		10月 Oct		11月 Nov		12月 Dec	
	金额 Value	数量 Vol	金额 Value	数量 Vol	金额 Value	数量 Vol	金额 Value	数量 Vol	金额 Value	数量 Vol	金额 Value	数量 Vol
1	22.15	11.11	34.17	19.27	---	---	---	---	27.60	11.11	---	---
2	26.76	13.26	23.57	12.00	21.92	10.40	---	---	---	---	47.83	21.30
3	23.74	11.64	---	---	27.39	13.40	---	---	---	---	35.80	14.00
4	22.77	13.35	---	---	24.04	9.40	---	---	20.68	9.65	48.03	16.85
5	17.88	9.75	22.57	9.71	24.89	8.33	---	---	25.84	12.14	33.09	10.97
6	---	---	25.06	10.62	28.10	13.11	---	---	27.35	11.32	35.08	12.31
7	---	---	23.69	11.88	---	---	---	---	16.99	9.39	---	---
8	19.95	12.58	21.57	10.34	---	---	21.75	10.68	19.84	11.51	---	---
9	19.53	10.29	25.57	11.97	42.89	22.97	19.15	10.20	---	---	25.22	11.07
10	20.95	12.17	---	---	33.99	17.44	20.64	11.59	---	---	24.78	10.17
11	36.05	22.95	---	---	34.87	20.92	25.96	14.79	16.72	9.00	26.77	12.69
12	30.59	15.76	40.91	21.70	38.06	21.09	---	---	19.68	10.35	20.79	8.82
13	---	---	26.98	12.58	27.30	13.77	---	---	20.57	10.59	25.10	10.17
14	---	---	27.69	12.92	---	---	22.56	12.21	20.36	10.31	---	---
15	30.20	16.24	21.31	9.68	---	---	25.29	10.80	39.38	24.18	---	---
16	25.92	12.47	67.76	44.06	28.59	14.76	24.25	12.10	---	---	24.98	12.85
17	23.96	13.03	---	---	26.88	12.82	22.02	11.41	---	---	27.13	11.87
18	21.61	11.06	---	---	21.63	10.93	27.83	12.14	31.80	17.92	25.30	10.44
19	23.78	13.84	30.68	16.22	---	---	---	---	23.47	11.65	26.09	10.69
20	---	---	25.42	12.80	---	---	---	---	33.30	18.05	29.07	13.37
21	---	---	20.03	9.93	---	---	28.37	14.05	28.89	12.10	---	---
22	21.21	10.66	23.44	11.06	---	---	23.29	10.06	27.60	10.91	---	---
23	37.35	20.71	25.43	13.16	29.61	12.47	29.75	14.73	---	---	25.31	11.12
24	26.05	14.69	---	---	28.72	11.56	26.03	11.43	---	---	22.50	9.90
25	25.64	12.75	---	---	24.82	10.21	29.62	14.61	30.65	13.33	23.40	9.61
26	18.19	10.03	30.86	16.02	30.45	13.01	---	---	33.56	9.20	16.60	8.40
27	---	---	25.00	11.23	22.63	9.81	---	---	38.36	14.29	23.46	11.16
28	---	---	26.86	12.95	---	---	22.79	9.49	43.18	14.99	---	---
29	23.37	10.54	24.80	9.92	---	---	38.94	22.15	31.59	9.58	---	---
30	24.69	13.14	24.03	9.56	19.72	8.14	38.78	17.99	---	---	21.60	8.97
31	23.57	10.49	---	---	---	---	29.23	9.75	---	---	31.63	16.59
最高 high	37.35	22.95	67.76	44.06	42.89	22.97	38.94	22.15	43.18	24.18	48.03	21.30
最低 low	17.88	9.75	20.03	9.56	19.72	8.14	19.15	9.49	16.72	9.00	16.60	8.40

货币型基金每日成交(亿元/亿份) Trading(100 M Yuan/100 M Units)

基金 Fund

日期 Date	1月 Jan		2月 Feb		3月 Mar		4月 Apr		5月 May		6月 Jun	
	金额 Value	数量 Vol	金额 Value	数量 Vol	金额 Value	数量 Vol	金额 Value	数量 Vol	金额 Value	数量 Vol	金额 Value	数量 Vol
1	---	---	2.21	0.02	3.21	0.03	4.31	0.04	---	---	---	---
2	---	---	---	---	---	---	4.88	0.05	7.33	0.07	---	---
3	---	---	---	---	---	---	11.41	0.11	6.81	0.07	3.26	0.03
4	---	---	2.50	0.03	2.41	0.02	---	---	---	---	3.17	0.03
5	---	---	1.67	0.02	1.42	0.01	---	---	---	---	3.61	0.04
6	---	---	1.60	0.02	2.80	0.03	---	---	7.78	0.08	3.60	0.04
7	---	---	3.41	0.03	2.12	0.02	---	---	6.07	0.06	4.89	0.05
8	---	---	7.29	0.07	3.91	0.04	7.93	0.08	4.76	0.05	---	---
9	---	---	---	---	---	---	3.22	0.03	4.95	0.05	---	---
10	---	---	---	---	---	---	4.73	0.05	6.86	0.07	---	---
11	---	---	---	---	2.46	0.02	4.00	0.04	---	---	---	---
12	---	---	---	---	1.89	0.02	6.15	0.06	---	---	---	---
13	---	---	---	---	1.77	0.02	---	---	5.46	0.05	4.28	0.04
14	---	---	---	---	3.01	0.03	---	---	5.80	0.06	3.91	0.04
15	---	---	---	---	4.41	0.04	5.23	0.05	5.18	0.05	---	---
16	---	---	---	---	---	---	4.26	0.04	4.30	0.04	---	---
17	---	---	---	---	---	---	5.35	0.05	4.86	0.05	3.93	0.04
18	---	---	4.84	0.05	3.34	0.03	16.65	0.17	---	---	3.22	0.03
19	---	---	1.72	0.02	3.08	0.03	10.69	0.11	---	---	2.53	0.03
20	---	---	1.82	0.02	4.13	0.04	---	---	5.65	0.06	5.08	0.05
21	---	---	2.28	0.02	4.83	0.05	---	---	3.06	0.03	4.97	0.05
22	---	---	2.72	0.03	5.51	0.06	7.22	0.07	3.47	0.03	---	---
23	---	---	---	---	---	---	5.64	0.06	4.00	0.04	---	---
24	---	---	---	---	---	---	5.23	0.05	6.02	0.06	3.53	0.04
25	---	---	2.42	0.02	5.17	0.05	4.99	0.05	---	---	3.37	0.03
26	---	---	1.61	0.02	3.64	0.04	10.53	0.11	---	---	2.60	0.03
27	---	---	1.84	0.02	5.60	0.06	---	---	3.89	0.04	2.14	0.02
28	6.10	0.06	2.29	0.02	5.40	0.05	---	---	3.15	0.03	1.71	0.02
29	3.52	0.04	---	---	5.65	0.06	---	---	3.64	0.04	---	---
30	3.66	0.04	---	---	---	---	---	---	3.40	0.03	---	---
31	3.24	0.03	---	---	---	---	---	---	4.61	0.05	---	---
最高 high	6.10	0.06	7.29	0.07	5.65	0.06	16.65	0.17	7.78	0.08	5.08	0.05
最低 low	3.24	0.03	1.60	0.02	1.42	0.01	3.22	0.03	3.06	0.03	1.71	0.02

货币型基金每日成交(亿元/亿份) Trading(100 M Yuan/100 Units)

基金 Fund

日期 Date	7月 Jul		8月 Aug		9月 Sep		10月 Oct		11月 Nov		12月 Dec	
	金额 Value	数量 Vol	金额 Value	数量 Vol	金额 Value	数量 Vol	金额 Value	数量 Vol	金额 Value	数量 Vol	金额 Value	数量 Vol
1	1.03	0.01	1.36	0.01	---	---	---	---	2.54	0.03	---	---
2	1.41	0.01	2.13	0.02	1.89	0.02	---	---	---	---	3.86	0.04
3	2.09	0.02	---	---	1.22	0.01	---	---	---	---	3.31	0.03
4	1.62	0.02	---	---	1.27	0.01	---	---	2.84	0.03	4.33	0.04
5	2.96	0.03	2.01	0.02	1.93	0.02	---	---	2.26	0.02	4.18	0.04
6	---	---	1.45	0.01	2.80	0.03	---	---	2.19	0.02	3.17	0.03
7	---	---	1.40	0.01	---	---	---	---	2.83	0.03	---	---
8	2.14	0.02	1.14	0.01	---	---	2.78	0.03	3.39	0.03	---	---
9	2.23	0.02	2.16	0.02	3.12	0.03	2.67	0.03	---	---	13.89	0.14
10	2.04	0.02	---	---	1.61	0.02	2.99	0.03	---	---	17.70	0.18
11	1.80	0.02	---	---	2.51	0.03	2.90	0.03	3.29	0.03	33.53	0.33
12	3.31	0.03	2.42	0.02	2.28	0.02	---	---	2.35	0.02	37.88	0.38
13	---	---	1.42	0.01	2.21	0.02	---	---	2.65	0.03	80.67	0.81
14	---	---	1.48	0.01	---	---	2.86	0.03	3.34	0.03	---	---
15	2.35	0.02	1.68	0.02	---	---	1.97	0.02	3.75	0.04	---	---
16	3.01	0.03	2.41	0.02	2.60	0.03	2.23	0.02	---	---	73.93	0.74
17	2.08	0.02	---	---	1.56	0.02	2.68	0.03	---	---	96.66	0.97
18	2.74	0.03	---	---	3.47	0.03	2.64	0.03	5.15	0.05	56.46	0.56
19	3.31	0.03	1.66	0.02	---	---	---	---	4.24	0.04	78.07	0.78
20	---	---	1.00	0.01	---	---	---	---	4.49	0.04	72.59	0.72
21	---	---	0.93	0.01	---	---	3.23	0.03	5.54	0.06	---	---
22	2.79	0.03	2.89	0.03	---	---	2.25	0.02	2.90	0.03	---	---
23	2.55	0.03	2.30	0.02	3.50	0.03	2.39	0.02	---	---	60.25	0.60
24	2.46	0.02	---	---	2.20	0.02	3.20	0.03	---	---	109.69	1.10
25	2.36	0.02	---	---	2.07	0.02	3.18	0.03	3.63	0.04	143.28	1.43
26	2.33	0.02	2.39	0.02	1.94	0.02	---	---	3.02	0.03	147.92	1.48
27	---	---	1.69	0.02	1.56	0.02	---	---	3.32	0.03	169.76	1.70
28	---	---	1.71	0.02	---	---	3.44	0.03	3.89	0.04	---	---
29	3.05	0.03	1.51	0.02	---	---	2.84	0.03	3.77	0.04	---	---
30	1.84	0.02	2.35	0.02	1.85	0.02	2.72	0.03	---	---	81.31	0.81
31	1.92	0.02	---	---	---	---	2.50	0.02	---	---	76.82	0.77
最高 high	3.31	0.03	2.89	0.03	3.50	0.03	3.44	0.03	5.54	0.06	169.76	1.70
最低 low	1.03	0.01	0.93	0.01	1.22	0.01	1.97	0.02	2.19	0.02	3.17	0.03

基金
Fund

基金
Fund

基金代码 Code	基金简称 Name	发行数量(百万份) Issued Vol (1M)	市价总值(百万) Market Capitalization (1M)	上年收盘 Last Year Close	本年开盘 Open	本年最高 High
500002	基金泰和	2000.00	2550.00	0.941	0.942	1.377
500003	基金安信	2000.00	2038.00	0.900	0.904	1.020
500005	基金汉盛	2000.00	2362.00	0.993	0.997	1.263
500006	基金裕阳	2000.00	1706.00	0.804	0.811	0.876
500008	基金兴华	2000.00	1892.00	0.885	0.891	0.968
500009	基金安顺	3000.00	3291.00	0.913	0.916	1.114
500011	基金金鑫	3000.00	3798.00	0.893	0.900	1.408
500015	基金汉兴	3000.00	2766.00	0.809	0.815	0.943
500018	基金兴和	3000.00	2712.00	0.828	0.830	0.957
500038	基金通乾	2000.00	1876.00	0.853	0.859	1.000
500056	基金科瑞	3000.00	2718.00	0.757	0.760	0.950
500058	基金银丰	3000.00	2229.00	0.673	0.675	0.772
510010	治理 ETF	3549.52	2236.20	0.681	0.686	0.768
510020	超大 ETF	493.25	754.18	1.944	1.945	2.158
510030	价值 ETF	365.03	835.92	2.526	2.543	2.889
510050	50ETF	12740.57	20015.43	1.854	1.880	2.090
510060	央企 ETF	522.96	528.19	1.165	1.171	1.250
510070	民企 ETF	246.12	276.64	0.988	0.898	1.257
510090	责任 ETF	413.58	327.14	0.876	0.852	0.998
510110	周期 ETF	109.52	220.13	2.326	2.375	2.665
510120	非周 ETF	109.49	198.84	1.704	1.707	1.974
510130	中盘 ETF	320.69	748.80	2.254	2.278	2.490
510150	消费 ETF	410.73	1104.05	2.391	2.400	3.000
510160	小康 ETF	720.06	222.50	0.346	0.346	0.373
510170	商品 ETF	261.73	378.20	2.210	2.224	2.360
510180	180ETF	6270.56	12660.26	0.555	0.561	2.020
510190	龙头 ETF	257.65	524.32	2.338	2.409	2.495
510210	综指 ETF	128.14	285.11	2.386	2.384	2.548
510220	中小 ETF	29.23	78.04	2.397	2.350	2.900
510230	金融 ETF	418.26	1330.07	3.387	3.430	4.069
510260	新兴 ETF	654.48	505.26	0.654	0.654	0.830
510270	国企 ETF	91.83	59.51	0.764	0.764	0.830
510280	成长 ETF	337.75	307.69	1.003	1.000	1.135
510290	380ETF	166.45	152.47	0.805	0.798	1.022
510300	300ETF	6213.19	14762.53	2.524	2.554	2.787
510310	HS300ETF	1018.10	941.74	1.020	1.017	1.045
510330	华夏 300	7928.35	18734.69	2.595	2.583	2.847
510410	资源 ETF	331.26	194.78	0.892	0.905	0.948
510420	180EWETF	127.46	123.63	1.000	1.002	1.083
510430	50 等权	66.92	63.04	1.133	1.150	1.243
510440	500 沪市	38.06	44.57	1.023	1.023	1.340
510450	180 高 ETF	324.92	339.54	1.004	1.005	1.182
510500	500ETF	4146.09	4440.47	0.968	0.967	1.160
510510	广发 500	105.04	112.92	1.054	1.051	1.151
510610	能源行业	238.59	186.81	0.972	0.967	1.000
510620	材料行业	194.97	164.16	0.978	0.977	0.994
510630	消费行业	169.59	182.48	1.006	1.002	1.247
510650	金融行业	417.95	382.84	1.006	1.007	1.069
510660	医药行业	712.88	762.78	1.017	1.014	1.141
510680	万家 380	500.72	480.19	0.997	0.981	1.007

基金
Fund

基金
Fund

本年最低 Low	本年收盘 Close	涨跌(%) Change(%)	成交数量(百万份) Trading Vol (1 M)	成交金额(百万) Trading Value (1 M)	年初净值 Open Value	年末净值 Close Value
0.906	1.275	35.49	1881.55	2119.09	0.980	1.341
0.894	1.019	13.22	589.04	578.96	0.945	1.043
0.980	1.181	18.93	1356.30	1549.53	1.080	1.249
0.795	0.853	6.10	694.17	585.19	0.843	0.888
0.877	0.946	6.89	545.14	507.82	0.921	0.972
0.897	1.097	20.15	2261.23	2319.43	1.008	1.180
0.876	1.266	41.77	4400.01	5119.04	0.992	1.379
0.768	0.922	13.97	1949.12	1713.28	0.931	1.017
0.790	0.904	9.18	1736.06	1544.07	0.928	0.967
0.792	0.938	9.97	2296.00	2085.90	1.021	1.132
0.743	0.906	19.68	2818.39	2401.55	0.918	1.097
0.635	0.743	10.40	3746.40	2662.36	0.825	0.913
0.541	0.630	-7.49	1479.47	1009.58	0.688	0.632
1.401	1.529	-21.35	190.78	343.04	1.955	1.534
1.972	2.290	-9.34	1485.00	3537.43	2.556	2.288
1.440	1.571	-15.26	104595.35	181294.43	1.868	1.573
0.899	1.010	-13.31	302.68	327.35	1.176	1.009
0.898	1.124	13.77	271.17	308.43	0.969	1.125
0.691	0.791	-9.70	29.92	26.32	0.890	0.813
1.792	2.010	-13.59	67.12	149.23	2.354	2.024
1.530	1.816	6.57	55.01	98.16	1.707	1.818
1.924	2.335	3.59	412.77	953.83	2.248	2.342
2.250	2.688	12.42	96.13	245.98	2.366	2.707
0.269	0.309	-10.69	1973.89	636.17	0.344	0.310
1.420	1.445	-34.62	1594.24	3070.49	2.213	1.444
0.443	2.019	263.78	98995.17	53738.47	0.557	2.019
1.851	2.035	-12.96	34.32	75.70	2.342	2.081
1.908	2.225	-6.75	24.45	56.19	2.363	2.269
2.158	2.670	11.39	27.03	68.76	2.418	2.594
2.711	3.180	-6.11	2161.63	7316.87	3.420	3.171
0.615	0.772	18.04	534.24	402.84	0.651	0.780
0.571	0.648	-15.18	101.73	73.24	0.767	0.663
0.809	0.911	-9.17	169.06	169.25	1.010	0.913
0.711	0.916	13.79	325.71	293.13	0.799	0.919
2.040	2.376	-5.86	92997.24	230805.40	2.527	2.379
0.815	0.925	-9.31	3551.32	3434.63	- -	0.926
2.046	2.363	-8.94	7155.06	17381.78	1.033	2.366
0.579	0.588	-34.08	466.12	353.57	0.891	0.590
0.811	0.970	-3.00	558.33	568.27	0.999	0.970
0.857	0.942	-16.86	357.18	387.03	1.142	0.945
0.936	1.171	14.47	167.79	186.68	1.034	1.189
1.000	1.045	4.08	583.24	609.87	- -	1.047
0.838	1.071	10.64	2537.18	2551.11	- -	1.072
0.843	1.075	1.99	995.38	1053.96	- -	1.077
0.751	0.783	-19.44	2275.52	1953.38	- -	0.782
0.725	0.842	-13.91	901.73	834.31	- -	0.843
0.912	1.076	6.96	2159.27	2283.92	- -	1.078
0.797	0.916	-8.95	5132.23	4895.74	- -	0.917
0.911	1.070	5.21	7459.12	7915.24	- -	1.073
0.927	0.959	-3.81	359.16	353.41	- -	0.960

基金
Fund

基金
Fund

基金代码 Code	基金简称 Name	发行数量 (百万份) Issued Vol (1M)	市价总值(百万) Market Capitalization (1M)	上年收盘 Last Year Close	本年开盘 Open	本年最高 High
510700	百强 ETF	68.21	115.01	1.869	1.869	1.875
510880	红利 ETF	677.18	1178.96	1.900	1.902	2.200
510900	H 股 ETF	149.02	147.08	1.059	1.090	1.128
511010	国债 ETF	13.81	1329.24	99.841	99.500	100.680
511210	企债 ETF	20.57	2020.78	99.482	98.400	99.590
511880	银华日利	2.03	209.65	100.150	100.152	103.960
511990	华宝添益	21.15	2115.83	100.000	100.003	100.098
512010	医药 ETF	521.17	498.24	0.977	0.970	0.970
513100	纳指 ETF	50.62	58.87	1.001	0.990	1.187
518800	国泰黄金	16.62	39.52	2.650	2.630	2.925
518880	黄金 ETF	137.74	327.27	2.649	2.633	2.837

基金
Fund

本年最低 Low	本年收盘 Close	涨跌(%) Change(%)	成交数量(百万份) Trading Vol (1 M)	成交金额(百万) Trading Value (1 M)	年初净值 Open Value	年末净值 Close Value
1.462	1.686	-9.79	463.95	827.43	- -	1.688
1.524	1.741	-8.37	1326.48	2501.75	1.912	1.741
0.807	0.987	-6.80	339.94	343.89	1.107	0.989
95.110	96.278	-3.57	1333.86	131414.82	- -	96.325
91.000	98.244	-1.24	17.99	1777.35	- -	98.771
100.001	103.173	3.02	124.12	12675.67	- -	103.226
90.010	100.046	0.05	1923.59	192365.73	- -	- -
0.840	0.956	-2.15	301.91	285.58	- -	0.961
0.930	1.163	16.18	424.62	437.04	- -	1.178
2.343	2.378	-10.26	188.61	475.81	- -	2.350
2.342	2.376	-10.31	1083.65	2825.12	- -	2.362

债券市场概貌 Bond Market Overview

债券 Bond

债券市场交易 Bond Market Data	2013 年	2012 年	增减(%) Change (%)
交易天数 Trading Days	238	243	-2.06
上市债券数 No. of Bonds	1731	1059	63.46
政府债 G-Bonds	218	191	14.14
公司债 C-Bonds	1468	830	76.87
债券回购 Repo	45	38	18.42
新上市债券数 No. of New Bonds	763	470	62.34
总成交金额 (亿) Total Trading Val(100M)	625839.41	379818.85	64.77
政府债 G-Bonds	771.60	905.56	-14.79
公司债 C-Bonds	14540.88	7537.43	92.92
债券回购 Repo	610526.93	371375.86	64.40
日均成交金额(百万)Average Turnover In Val(M)	262957.74	156304.05	68.23
政府债 G-Bonds	324.20	372.66	-13.00
公司债 C-Bonds	6109.61	3101.82	96.97
债券回购 Repo	256523.92	152829.57	67.85
总成交量(百万) Total Vol In Val(M)	625409.31	379756.23	64.69
政府债 G-Bonds	770.29	895.22	-13.96
公司债 C-Bonds	14087.22	7482.66	88.26
债券回购 Repo	610551.80	371378.34	64.40
日均成交量(百万) Average Vol In Val(M)	2627.77	1562.78	68.15
政府债 G-Bonds	3.24	3.68	-11.96
公司债 C-Bonds	59.19	30.79	92.24
债券回购 Repo	2565.34	1528.31	67.85
总成笔数(百万)Total Transactions(M)	8974.30	4888.80	83.57
政府债 G-Bonds	13.74	10.25	34.05
公司债 C-Bonds	533.29	245.26	117.44
债券回购 Repo	8427.27	4633.30	81.88
日均成交笔数(万)Average Transactions(10000)	37.71	20.12	87.43
政府债 G-Bonds	0.06	0.04	50.00
公司债 C-Bonds	2.24	1.01	121.78
债券回购 Repo	35.41	19.07	85.68
债券发行(亿)Bond issued(100M)	88620.02	70777.99	25.21
政府债 G-Bonds	65827.90	55726.10	18.13
公司债 C-Bonds	22792.12	15051.89	51.42
大宗交易成交 Bulk Trading			
总成交金额(亿) Total Trading Val(100M)	1118.45	1011.12	10.62
总成交量(百万) Total Trading Vol (M)	1112.11	1018.71	9.17
总成交笔数(笔) Total Transactions	4207.00	3101.00	35.67

债券基本信息 List of Bonds

债券代码 Code	债券简称 Securities	发行数量(百万) Issued Val(M)	年限 Terms	到期日 Expiration Date	票面利率(%) Coupon Rate(%)	付息方式 Way of Interest
010107	21 国债(7)	23960.00	20.00	2021.07.31	4.2600	按半年付息
010213	02 国债(13)	24000.00	15.00	2017.09.20	2.6000	按半年付息
010303	03 国债(3)	26000.00	20.00	2023.04.17	3.4000	按半年付息
010501	05 国债(1)	30000.00	10.00	2015.02.28	4.4400	按半年付息
010504	05 国债(4)	33920.00	20.00	2025.05.15	4.1100	按半年付息
010512	05 国债(12)	34410.00	15.00	2020.11.15	3.6500	按半年付息
010603	06 国债(3)	34000.00	10.00	2016.03.27	2.8000	按半年付息
010609	06 国债(9)	31090.00	20.00	2026.06.26	3.7000	按半年付息
010616	06 国债(16)	30000.00	10.00	2016.09.26	2.9200	按半年付息
010619	06 国债(19)	30000.00	15.00	2021.11.15	3.2700	按半年付息
010701	07 国债 01	30000.00	7.00	2014.02.06	2.9300	按年付息
010703	07 国债 03	30000.00	10.00	2017.03.22	3.4000	按半年付息
010706	07 国债 06	30000.00	30.00	2037.05.17	4.2700	按半年付息
010707	07 国债 07	33780.00	7.00	2014.05.24	3.7400	按年付息
010710	07 国债 10	35070.00	10.00	2017.06.25	4.4000	按半年付息
010713	07 国债 13	28000.00	20.00	2027.08.16	4.5200	按半年付息
019002	10 国债 02	26000.00	10.00	2020.02.04	3.4300	按半年付息
019003	10 国债 03	24000.00	30.00	2040.03.01	4.0800	按半年付息
019005	10 国债 05	26000.00	7.00	2017.03.11	2.9200	按年付息
019007	10 国债 07	26000.00	10.00	2020.03.25	3.3600	按半年付息
019008	10 国债 08	28040.00	5.00	2015.04.08	2.7000	按年付息
019009	10 国债 09	28000.00	20.00	2030.04.15	3.9600	按半年付息
019010	10 国债 10	28000.00	7.00	2017.04.22	3.0100	按年付息
019012	10 国债 12	28000.00	10.00	2020.05.13	3.2500	按半年付息
019013	10 国债 13	28000.00	5.00	2015.05.20	2.3800	按年付息
019014	10 国债 14	28000.00	50.00	2060.05.24	4.0300	按半年付息
019015	10 国债 15	28310.00	7.00	2017.05.27	2.8300	按年付息
019017	10 国债 17	28000.00	5.00	2015.06.10	2.5300	按年付息
019018	10 国债 18	28000.00	30.00	2040.06.21	4.0300	按半年付息
019019	10 国债 19	28010.00	10.00	2020.06.24	3.4100	按半年付息
019020	10 国债 20	29970.00	5.00	2015.07.08	2.5200	按年付息
019022	10 国债 22	28190.00	7.00	2017.07.22	2.7600	按年付息
019023	10 国债 23	28000.00	30.00	2040.07.29	3.9600	按半年付息
019024	10 国债 24	30440.00	10.00	2020.08.05	3.2800	按半年付息
019026	10 国债 26	28000.00	30.00	2040.08.16	3.9600	按半年付息
019027	10 国债 27	28000.00	7.00	2017.08.19	2.8100	按年付息
019028	10 国债 28	28220.00	5.00	2015.08.26	2.5800	按年付息
019029	10 国债 29	28000.00	20.00	2030.09.02	3.8200	按半年付息
019031	10 国债 31	28260.00	10.00	2020.09.16	3.2900	按半年付息
019032	10 国债 32	28710.00	7.00	2017.10.14	3.1000	按年付息
019033	10 国债 33	28000.00	5.00	2015.10.21	2.9100	按年付息
019034	10 国债 34	28000.00	10.00	2020.10.28	3.6700	按半年付息
019037	10 国债 37	28000.00	50.00	2060.11.18	4.4000	按半年付息
019038	10 国债 38	30640.00	7.00	2017.11.25	3.8300	按年付息
019039	10 国债 39	32140.00	5.00	2015.12.02	3.6400	按年付息
019040	10 国债 40	28000.00	30.00	2040.12.09	4.2300	按半年付息
019041	10 国债 41	30780.00	10.00	2020.12.16	3.7700	按半年付息
019102	11 国债 02	62060.00	10.00	2021.01.20	3.9400	按半年付息
019103	11 国债 03	62520.00	7.00	2018.01.27	3.8300	按年付息
019104	11 国债 04	63970.00	5.00	2016.02.17	3.6000	按年付息

债券基本信息 List of Bonds

债券 Bond

债券代码 Code	债券简称 Securities	发行数量(百万) Issued Val(M)	年限 Terms	到期日 Expiration Date	票面利率(%) Coupon Rate(%)	付息方式 Way of Interest
019105	11 国债 05	28000.00	30.00	2041.02.24	4.3100	按半年付息
019106	11 国债 06	30000.00	7.00	2018.03.03	3.7500	按年付息
019107	11 国债 07	58000.00	3.00	2014.03.10	3.2200	按年付息
019108	11 国债 08	30000.00	10.00	2021.03.17	3.8300	按半年付息
019110	11 国债 10	58000.00	20.00	2031.04.28	4.1500	按半年付息
019112	11 国债 12	30000.00	50.00	2061.05.26	4.4800	按半年付息
019113	11 国债 13	60000.00	3.00	2014.06.02	3.2600	按年付息
019114	11 国债 14	60000.00	5.00	2016.06.09	3.4400	按年付息
019115	11 国债 15	61930.00	10.00	2021.06.16	3.9900	按半年付息
019116	11 国债 16	58000.00	30.00	2041.06.23	4.5000	按半年付息
019117	11 国债 17	60000.00	7.00	2018.07.07	3.7000	按年付息
019119	11 国债 19	63050.00	10.00	2021.08.18	3.9300	按半年付息
019121	11 国债 21	58630.00	7.00	2018.10.13	3.6500	按年付息
019122	11 国债 22	29300.00	5.00	2016.10.20	3.5500	按年付息
019123	11 国债 23	28000.00	50.00	2061.11.10	4.3300	按半年付息
019124	11 国债 24	56050.00	10.00	2021.11.17	3.5700	按半年付息
019125	11 国债 25	28000.00	3.00	2014.12.08	2.8200	按年付息
019203	12 国债 03	58000.00	5.00	2017.02.16	3.1400	按年付息
019204	12 国债 04	86000.00	10.00	2022.02.23	3.5100	按半年付息
019205	12 国债 05	94670.00	7.00	2019.03.08	3.4100	按年付息
019206	12 国债 06	28000.00	20.00	2032.04.23	4.0300	按半年付息
019207	12 国债 07	64940.00	3.00	2015.04.26	2.9100	按年付息
019208	12 国债 08	28000.00	50.00	2062.05.17	4.2500	按半年付息
019209	12 国债 09	100220.00	10.00	2022.05.24	3.3600	按半年付息
019210	12 国债 10	94350.00	7.00	2019.06.07	3.1400	按年付息
019212	12 国债 12	28000.00	30.00	2042.06.28	4.0700	按半年付息
019213	12 国债 13	28000.00	30.00	2042.08.02	4.1200	按半年付息
019214	12 国债 14	56060.00	5.00	2017.08.16	2.9500	按年付息
019215	12 国债 15	86140.00	10.00	2022.08.23	3.3900	按半年付息
019216	12 国债 16	82820.00	7.00	2019.09.06	3.2500	按年付息
019217	12 国债 17	58000.00	3.00	2015.09.13	3.1000	按年付息
019218	12 国债 18	28000.00	20.00	2032.09.27	4.1000	按半年付息
019220	12 国债 20	26000.00	50.00	2062.11.15	4.3500	按半年付息
019221	12 国债 21	29010.00	10.00	2022.12.13	3.5500	按半年付息
019301	13 国债 01	48000.00	5.00	2018.01.10	3.1500	按年付息
019302	13 国债 02	30000.00	1.00	2014.01.17	2.8100	到期一次付息
019303	13 国债 03	82000.00	7.00	2020.01.24	3.4200	按年付息
019304	13 国债 04	56000.00	3.00	2016.01.31	3.1000	按年付息
019305	13 国债 05	78790.00	10.00	2023.02.21	3.5200	按半年付息
019306	13 国债 06	26000.00	2.00	2015.04.07	2.9200	按年付息
019307	13 国债 07	30000.00	1.00	2014.04.11	2.6200	到期一次付息
019308	13 国债 08	91720.00	7.00	2020.04.18	3.2900	按年付息
019309	13 国债 09	26000.00	20.00	2033.04.22	3.9900	按半年付息
019310	13 国债 10	20000.00	50.00	2063.05.20	4.2400	按半年付息
019311	13 国债 11	90000.00	10.00	2023.05.23	3.3800	按半年付息
019312	13 国债 12	26000.00	2.00	2015.05.27	2.9800	按年付息
019313	13 国债 13	60000.00	5.00	2018.05.30	3.0900	按年付息
019314	13 国债 14	26000.00	1.00	2014.07.04	3.4800	到期一次付息
019315	13 国债 15	90150.00	7.00	2020.07.11	3.4600	按年付息
019316	13 国债 16	26000.00	20.00	2033.08.12	4.3200	按半年付息

债券基本信息
List of Bonds

债券代码 Code	债券简称 Securities	发行数量(百万) Issued Val(M)	年限 Terms	到期日 Expiration Date	票面利率(%) Coupon Rate(%)	付息方式 Way of Interest
019317	13 国债 17	60020.00	3.00	2016.08.15	3.7700	按年付息
019318	13 国债 18	111880.00	10.00	2023.08.22	4.0800	按半年付息
019319	13 国债 19	26000.00	30.00	2043.09.16	4.7600	按半年付息
019320	13 国债 20	88890.00	7.00	2020.10.17	4.0700	按年付息
019321	13 国债 21	24000.00	2.00	2015.10.21	3.7700	按年付息
019322	13 国债 22	28250.00	1.00	2014.10.31	4.0100	到期一次付息
019323	13 国债 23	57210.00	5.00	2018.11.07	4.1300	按年付息
019324	13 国债 24	20000.00	50.00	2063.11.18	5.3100	按半年付息
019325	13 国债 25	24000.00	30.00	2043.12.09	5.0500	按半年付息
019714	07 国债 14	32690.00	7.00	2014.08.23	3.9000	按年付息
019718	07 国债 18	32470.00	7.00	2014.11.26	4.3500	按年付息
019801	08 国债 01	28970.00	7.00	2015.02.13	3.9500	按年付息
019802	08 国债 02	28000.00	15.00	2023.02.28	4.1600	按半年付息
019803	08 国债 03	27940.00	10.00	2018.03.20	4.0700	按半年付息
019806	08 国债 06	28000.00	30.00	2038.05.08	4.5000	按半年付息
019807	08 国债 07	27150.00	7.00	2015.05.19	4.0100	按年付息
019810	08 国债 10	26650.00	10.00	2018.06.23	4.4100	按半年付息
019813	08 国债 13	24000.00	20.00	2028.08.11	4.9400	按半年付息
019814	08 国债 14	26600.00	7.00	2015.08.18	4.2300	按年付息
019818	08 国债 18	24360.00	10.00	2018.09.22	3.6800	按半年付息
019820	08 国债 20	24000.00	30.00	2038.10.23	3.9100	按半年付息
019822	08 国债 22	22500.00	7.00	2015.11.24	2.7100	按年付息
019823	08 国债 23	24000.00	15.00	2023.11.27	3.6200	按半年付息
019825	08 国债 25	25370.00	10.00	2018.12.15	2.9000	按半年付息
019901	09 国债 01	26930.00	7.00	2016.02.12	2.7600	按年付息
019902	09 国债 02	22000.00	20.00	2029.02.19	3.8600	按半年付息
019903	09 国债 03	26000.00	10.00	2019.03.12	3.0500	按半年付息
019904	09 国债 04	56430.00	5.00	2014.04.02	2.2900	按年付息
019905	09 国债 05	22000.00	30.00	2039.04.09	4.0200	按半年付息
019906	09 国债 06	25210.00	7.00	2016.04.16	2.8200	按年付息
019907	09 国债 07	27760.00	10.00	2019.05.07	3.0200	按半年付息
019910	09 国债 10	29500.00	5.00	2014.06.04	2.2600	按年付息
019911	09 国债 11	28000.00	15.00	2024.06.11	3.6900	按半年付息
019912	09 国债 12	28270.00	10.00	2019.06.18	3.0900	按半年付息
019913	09 国债 13	28000.00	7.00	2016.06.25	2.8200	按年付息
019916	09 国债 16	28300.00	10.00	2019.07.23	3.4800	按半年付息
019917	09 国债 17	26000.00	7.00	2016.07.30	3.1500	按年付息
019918	09 国债 18	27580.00	5.00	2014.08.06	2.9700	按年付息
019919	09 国债 19	26730.00	7.00	2016.08.20	3.1700	按年付息
019920	09 国债 20	26000.00	20.00	2029.08.27	4.0000	按半年付息
019923	09 国债 23	26640.00	10.00	2019.09.17	3.4400	按半年付息
019924	09 国债 24	26800.00	5.00	2014.09.24	2.9000	按年付息
019925	09 国债 25	24000.00	30.00	2039.10.15	4.1800	按半年付息
019926	09 国债 26	27490.00	7.00	2016.10.22	3.4000	按年付息
019927	09 国债 27	27240.00	10.00	2019.11.05	3.6800	按半年付息
019930	09 国债 30	20000.00	50.00	2059.11.30	4.3000	按半年付息
019931	09 国债 31	27390.00	5.00	2014.12.03	2.9000	按年付息
019932	09 国债 32	27120.00	7.00	2016.12.17	3.2200	按年付息
020059	13 贴债 01	15000.00	.75	2014.01.13	0.0000	其它
020060	13 贴债 02	15000.00	.75	2014.01.20	0.0000	其它

债券基本信息
List of Bonds

债券代码 Code	债券简称 Securities	发行数量 (百万) Issued Val(M)	年限 Terms	到期日 Expiration Date	票面利率(%) Coupon Rate(%)	付息方式 Way of Interest
020061	13 贴债 03	15000.00	.75	2014.02.10	0.0000	其它
020062	13 贴债 04	9530.00	.75	2014.03.17	0.0000	其它
020063	13 贴债 05	15000.00	.50	2014.02.17	0.0000	其它
020064	13 贴债 06	15000.00	.50	2014.03.10	0.0000	其它
020065	13 贴债 07	15000.00	.25	2014.01.13	0.0000	其它
020066	13 贴债 08	15000.00	.25	2014.03.17	0.0000	其它
110007	博汇转债	975.00	5.00	2014.09.23	2.0000	按年付息
110009	双良转债	720.00	5.00	2015.05.04	1.7000	按年付息
110011	歌华转债	1600.00	6.00	2016.11.25	1.3000	按年付息
110012	海运转债	720.00	5.00	2016.01.07	1.3000	按年付息
110013	国投转债	3400.00	6.00	2017.01.25	0.9000	按年付息
110015	石化转债	23000.00	6.00	2017.02.23	1.3000	按年付息
110016	川投转债	2100.00	6.00	2017.03.21	1.2000	按年付息
110017	中海转债	3950.00	6.00	2017.08.01	0.9000	按年付息
110018	国电转债	5500.00	6.00	2017.08.19	1.0000	按年付息
110019	恒丰转债	450.00	5.00	2017.03.23	1.1000	按年付息
110020	南山转债	6000.00	6.00	2018.10.16	4.0000	按年付息
110022	同仁转债	1205.00	5.00	2017.12.04	0.7000	按年付息
110023	民生转债	20000.00	6.00	2019.03.15	0.6000	按年付息
110024	隧道转债	2600.00	6.00	2019.09.13	0.6000	按年付息
113001	中行转债	40000.00	6.00	2016.06.02	1.7000	按年付息
113002	工行转债	25000.00	6.00	2016.08.31	1.1000	按年付息
113003	重工转债	8050.15	6.00	2018.06.04	1.0000	按年付息
113005	平安转债	26000.00	6.00	2019.11.22	0.8000	按年付息
113006	深燃转债	1600.00	6.00	2019.12.13	0.6000	按年付息
120102	01 三峡债	3000.00	15.00	2016.11.08	5.2100	按年付息
120201	02 三峡债	5000.00	20.00	2022.09.20	4.7600	按年付息
120203	02 中移(15)	5000.00	15.00	2017.10.27	4.5000	按年付息
120204	02 苏交通	1500.00	15.00	2017.12.11	4.5100	按年付息
120301	03 沪轨道	4000.00	15.00	2018.02.19	4.5100	按年付息
120303	03 三峡债	3000.00	30.00	2033.07.31	4.8600	按年付息
120304	03 电网(1)	3000.00	10.00	2013.12.31	4.6100	按年付息
120305	03 电网(2)	2000.00	10.00	2013.12.31	4.7500	按年付息
120306	03 中电投	3000.00	15.00	2018.12.07	5.0200	按年付息
120482	04 通用债	1000.00	10.00	2014.03.31	4.7500	按年付息
120483	04 中石化	3500.00	10.00	2014.02.24	4.6100	按年付息
120485	04 国电(1)	2444.00	10.00	2014.09.21	5.3000	按年付息
120486	04 国电(2)	1556.00	15.00	2019.09.21	5.6000	按年付息
120488	04 京地铁	2000.00	10.00	2014.12.14	5.7200	按年付息
120489	04 南网(1)	1000.00	10.00	2014.09.16	5.3000	按年付息
120490	04 南网(2)	2000.00	15.00	2019.09.16	5.6000	按年付息
120501	05 申能债	1000.00	10.00	2015.02.01	5.7000	按年付息
120502	05 苏园建	1200.00	10.00	2015.05.18	5.0500	按年付息
120503	05 渝水务	1700.00	10.00	2015.04.25	5.0500	按年付息
120505	05 华电债	2000.00	10.00	2015.06.29	4.9800	按年付息
120506	05 大唐债	3000.00	15.00	2020.04.28	5.2800	按年付息
120508	05 铁道债	5000.00	15.00	2020.07.28	4.8500	按年付息
120509	05 国网(1)	3000.00	10.00	2015.07.07	4.9800	按年付息
120510	05 国网(2)	1000.00	10.00	2015.07.07	5.2500	按年付息
120511	05 沪建(1)	2000.00	10.00	2015.07.26	4.9800	按年付息

债券基本信息 List of Bonds

债券代码 Code	债券简称 Securities	发行数量 (百万) Issued Val(M)	年限 Terms	到期日 Expiration Date	票面利率(%) Coupon Rate(%)	付息方式 Way of Interest
120512	05 沪建(2)	1000.00	15.00	2020.07.26	5.1800	按年付息
120516	05 中电投	2000.00	10.00	2015.07.11	4.9800	按年付息
120519	05 华能债	2000.00	10.00	2015.07.04	5.0200	按年付息
120520	05 杭城建	1000.00	10.00	2015.06.19	5.0200	按年付息
120521	05 国航债	3000.00	10.00	2015.09.06	4.5000	按年付息
120522	05 铁通债	1000.00	10.00	2015.08.17	4.6000	按年付息
120523	05 闽高速	2000.00	10.00	2015.06.09	5.0500	按年付息
120525	05 中核(1)	1000.00	10.00	2015.07.21	4.9800	按年付息
120527	05 武城投	1000.00	15.00	2020.12.25	4.7000	按年付息
120529	05 宁煤债	1000.00	15.00	2020.09.15	4.9000	按年付息
120601	06 大唐债	2000.00	20.00	2026.02.15	4.2000	按年付息
120602	06 冀建投	1000.00	20.00	2026.03.27	4.1800	按年付息
120603	06 航天债	2000.00	15.00	2021.04.17	4.0000	按年付息
120604	06 国网(1)	1000.00	10.00	2016.05.28	4.0500	按年付息
120605	06 三峡债	3000.00	20.00	2026.05.10	4.1500	按年付息
120607	06 沪水务	1500.00	15.00	2021.06.28	4.2500	按年付息
120608	06 鲁高速	1000.00	20.00	2026.04.06	4.1000	按年付息
120609	06 赣投债	800.00	15.00	2021.09.10	4.3800	按年付息
120610	06 合城投	1000.00	10.00	2016.09.19	4.3200	按年付息
120701	07 世博(1)	2000.00	10.00	2017.02.14	4.0500	按年付息
120702	07 世博(2)	2000.00	15.00	2022.02.14	4.1500	按年付息
122000	07 长电债	4000.00	10.00	2017.09.24	5.3500	按年付息
122001	07 海工债	1200.00	10.00	2017.11.09	5.7700	按年付息
122003	07 华能 G2	1700.00	7.00	2014.12.25	5.7500	按年付息
122004	07 华能 G3	3300.00	10.00	2017.12.25	5.9000	按年付息
122006	08 金地债	1200.00	8.00	2016.03.10	5.5000	按年付息
122007	08 莱钢债	2000.00	10.00	2018.03.25	6.5500	按年付息
122008	08 华能 G1	4000.00	10.00	2018.05.08	5.2000	按年付息
122009	08 新湖债	1400.00	8.00	2016.07.02	9.0000	按年付息
122014	09 豫园债	500.00	5.00	2014.07.17	5.9000	按年付息
122015	09 长电债	3500.00	10.00	2019.07.30	4.7800	按年付息
122016	09 中材债	2500.00	7.00	2016.07.29	5.4000	按年付息
122017	09 大唐债	3000.00	10.00	2019.08.17	5.0000	按年付息
122018	09 中交 G1	2100.00	5.00	2014.08.21	4.7000	按年付息
122019	09 中交 G2	7900.00	10.00	2019.08.21	5.2000	按年付息
122020	09 复地债	1900.00	5.00	2014.09.22	7.3000	按年付息
122021	09 广汇债	1000.00	7.00	2016.08.26	6.9500	按年付息
122022	09 城控债	2000.00	5.00	2014.09.11	5.0000	按年付息
122023	09 万业债	1000.00	5.00	2014.09.17	7.3000	按年付息
122024	09 国阳债	1400.00	5.00	2014.09.15	5.3800	按年付息
122025	09 首置债	1000.00	5.00	2014.09.24	6.5000	按年付息
122026	09 福田债	1000.00	5.00	2014.09.23	5.6800	按年付息
122027	09 京城建	900.00	7.00	2016.09.28	6.8000	按年付息
122028	09 华发债	1800.00	8.00	2017.10.16	7.0000	按年付息
122029	09 万通债	1000.00	5.00	2014.10.14	7.2000	按年付息
122030	09 京综超	700.00	6.00	2015.11.02	6.3000	按年付息
122032	09 隧道债	1400.00	7.00	2016.10.21	5.5500	按年付息
122033	09 富力债	5500.00	5.00	2014.10.23	7.1500	按年付息
122034	09 中企债	1200.00	5.00	2014.10.27	7.1000	按年付息
122035	09 苏高新	1000.00	5.00	2014.11.09	6.3000	按年付息

债券基本信息 List of Bonds

债券 Bond

债券代码 Code	债券简称 Securities	发行数量 (百万) Issued Val(M)	年限 Terms	到期日 Expiration Date	票面利率(%) Coupon Rate(%)	付息方式 Way of Interest
122036	09 沪张江	2000.00	5.00	2014.12.09	5.9000	按年付息
122037	09 三友债	960.00	8.00	2017.11.26	6.3200	按年付息
122038	09 宁高科	1000.00	5.00	2014.12.08	5.3600	按年付息
122039	09 皖通债	2000.00	5.00	2014.12.17	5.0000	按年付息
122040	09 新黄浦	1000.00	5.00	2014.12.16	5.9000	按年付息
122041	09 招金债	1500.00	7.00	2016.12.23	5.0000	按年付息
122043	09 紫江债	1000.00	8.00	2017.12.28	6.1000	按年付息
122044	10 连云债	650.00	5.00	2015.01.25	6.0000	按年付息
122045	10 中铁 G1	1000.00	5.00	2015.01.27	4.4800	按年付息
122046	10 中铁 G2	5000.00	10.00	2020.01.27	4.8800	按年付息
122047	10 首机 01	1900.00	5.00	2015.02.03	4.4500	按年付息
122048	10 首机 02	3000.00	7.00	2017.02.03	4.6500	按年付息
122049	10 营口港	1200.00	8.00	2018.03.02	5.9000	按年付息
122050	10 杉杉债	600.00	7.00	2017.03.26	5.9600	按年付息
122051	10 石化 01	11000.00	5.00	2015.05.21	3.7500	按年付息
122052	10 石化 02	9000.00	10.00	2020.05.21	4.0500	按年付息
122053	10 泰豪债	500.00	5.00	2015.09.27	5.3000	按年付息
122054	10 中铁 G3	2500.00	10.00	2020.10.19	4.3400	按年付息
122055	10 中铁 G4	3500.00	15.00	2025.10.19	4.5000	按年付息
122056	10 龙源 01	2000.00	5.00	2015.12.10	4.8900	按年付息
122057	10 龙源 02	2000.00	10.00	2020.12.10	5.0500	按年付息
122058	10 豫园债	500.00	5.00	2015.12.22	5.9000	按年付息
122059	10 重钢债	2000.00	7.00	2017.12.09	6.2000	按年付息
122060	10 银鸽债	750.00	7.00	2017.12.22	7.0900	按年付息
122061	11 西矿 01	2000.00	5.00	2016.01.17	5.0000	按年付息
122062	11 西矿 02	2000.00	10.00	2021.01.17	5.3000	按年付息
122063	11 龙源 01	1500.00	5.00	2016.01.21	4.8900	按年付息
122064	11 龙源 02	1500.00	10.00	2021.01.21	5.0400	按年付息
122065	11 上港 01	5000.00	5.00	2016.03.30	4.6900	按年付息
122066	11 大唐 01	3000.00	10.00	2021.04.20	5.2500	按年付息
122067	11 南钢债	4000.00	7.00	2018.05.06	5.8000	按年付息
122068	11 海螺 01	7000.00	5.00	2016.05.23	5.0800	按年付息
122069	11 海螺 02	2500.00	7.00	2018.05.23	5.2000	按年付息
122070	11 海航 01	3560.00	5.00	2016.05.24	5.6000	按年付息
122071	11 海航 02	1440.00	10.00	2021.05.24	6.2000	按年付息
122072	11 大连港	2350.00	10.00	2021.05.23	5.3000	按年付息
122073	11 云维债	1000.00	7.00	2018.06.01	5.6500	按年付息
122074	11 士兰微	600.00	5.00	2016.06.09	5.3500	按年付息
122075	11 柳钢债	2000.00	8.00	2019.06.01	5.7000	按年付息
122076	11 康恩贝	600.00	5.00	2016.06.08	6.3000	按年付息
122077	11 西钢债	1000.00	8.00	2019.06.15	5.7500	按年付息
122078	11 东阳光	900.00	5.00	2016.06.15	7.5000	按年付息
122079	11 上港 02	3000.00	5.00	2016.07.06	5.0500	按年付息
122080	11 康美债	2500.00	7.00	2018.06.21	6.0000	按年付息
122081	11 星湖债	640.00	6.00	2017.07.07	5.8000	按年付息
122082	11 发展债	650.00	5.00	2016.07.07	5.6500	按年付息
122083	11 天威债	1600.00	7.00	2018.07.11	5.7500	按年付息
122084	11 湘电债	950.00	5.00	2016.07.15	6.1800	按年付息
122085	11 深高速	1500.00	5.00	2016.07.27	6.0000	按年付息
122086	11 正泰债	1500.00	5.00	2016.07.20	6.0500	按年付息

债券基本信息 List of Bonds

债券代码 Code	债券简称 Securities	发行数量(百万) Issued Val(M)	年限 Terms	到期日 Expiration Date	票面利率(%) Coupon Rate(%)	付息方式 Way of Interest
122087	11 凌钢债	1480.00	8.00	2019.08.01	6.5800	按年付息
122088	11 综艺债	700.00	5.00	2016.08.31	7.5000	按年付息
122089	11 马钢 01	3160.00	3.00	2014.08.25	5.6300	按年付息
122090	11 马钢 02	2340.00	5.00	2016.08.25	5.7400	按年付息
122091	11 重机债	1000.00	5.00	2016.08.17	6.5900	按年付息
122093	11 中孚债	1500.00	8.00	2019.08.29	7.3000	按年付息
122094	11 海正债	800.00	5.00	2016.08.25	6.5000	按年付息
122095	11 杭钢债	1400.00	3.00	2014.08.24	6.3500	按年付息
122096	11 健康元	1000.00	7.00	2018.10.28	7.1000	按年付息
122097	11 浦路桥	700.00	5.00	2016.10.24	6.9000	按年付息
122098	11 八钢债	1200.00	3.00	2014.09.16	6.7800	按年付息
122099	11 连港 02	2650.00	7.00	2018.09.26	6.0500	按年付息
122100	11 华仪债	700.00	5.00	2016.11.09	7.7000	按年付息
122102	11 广汇 01	2000.00	6.00	2017.11.03	6.9000	按年付息
122103	11 航机 01	996.76	5.00	2017.02.08	6.0000	按年付息
122105	11 安钢 02	800.00	7.00	2019.02.14	6.9000	按年付息
122106	11 唐新 01	4200.00	5.00	2016.11.08	5.4000	按年付息
122107	11 安钢 01	1000.00	7.00	2018.11.11	6.8700	按年付息
122108	11 新天 01	1000.00	6.00	2017.11.18	5.3000	按年付息
122109	11 新天 02	1000.00	7.00	2018.11.18	5.4000	按年付息
122110	11 众和债	1370.00	7.00	2018.11.17	6.8500	按年付息
122111	11 永泰债	500.00	5.00	2016.12.14	7.1000	按年付息
122112	11 沪大众	1600.00	6.00	2018.01.06	7.2900	按半年付息
122113	11 新钢债	900.00	5.00	2016.12.21	6.6500	按年付息
122114	11 一重债	2500.00	5.00	2016.12.20	5.1400	按年付息
122115	11 华锐 01	2600.00	5.00	2016.12.27	6.0000	按年付息
122116	11 华锐 02	200.00	5.00	2016.12.27	6.2000	按年付息
122117	11 闽高速	1500.00	5.00	2017.03.08	5.8000	按年付息
122118	12 兴发 01	300.00	6.00	2018.02.14	6.3000	按年付息
122119	12 兴发 02	500.00	5.00	2017.02.14	7.3000	按年付息
122121	11 日照港	500.00	5.00	2017.02.17	5.6000	按年付息
122122	11 精工债	700.00	3.00	2015.03.22	6.3000	按年付息
122123	11 中化 01	700.00	4.00	2016.03.05	4.8500	按年付息
122124	11 中化 02	1200.00	7.00	2019.03.05	4.9900	按年付息
122125	11 美兰债	800.00	7.00	2019.03.15	7.8000	按年付息
122126	11 庞大 02	2200.00	5.00	2017.03.01	8.5000	按年付息
122127	11 欧亚债	470.00	7.00	2019.03.21	7.0000	按年付息
122128	11 武钢债	7200.00	3.00	2015.03.02	4.7500	按年付息
122129	12 酒钢债	3000.00	3.00	2015.03.19	5.4000	按年付息
122130	11 航民 01	300.00	3.00	2015.03.22	6.8000	按年付息
122131	11 片仔癀	300.00	5.00	2017.03.15	5.7000	按年付息
122132	12 鹏博债	1400.00	5.00	2017.03.12	7.5000	按年付息
122133	11 柳化债	510.00	7.00	2019.03.27	7.0000	按年付息
122134	11 华微债	320.00	7.00	2019.04.10	8.0000	按年付息
122135	12 宝泰隆	1000.00	5.00	2017.04.11	7.3000	按年付息
122136	11 复星债	1500.00	5.00	2017.04.25	5.5300	按年付息
122138	11 桂东 01	600.00	7.00	2019.04.16	6.3000	按年付息
122139	11 洪水业	500.00	5.00	2017.05.02	5.8800	按年付息
122140	12 宁港 01	1000.00	3.00	2015.04.16	4.6900	按年付息
122141	12 天士 01	400.00	5.00	2017.04.24	6.0000	按年付息

债券基本信息 List of Bonds

债券代码 Code	债券简称 Securities	发行数量(百万) Issued Val(M)	年限 Terms	到期日 Expiration Date	票面利率(%) Coupon Rate(%)	付息方式 Way of Interest
122142	11 鹿港债	400.00	5.00	2017.04.23	7.7500	按年付息
122143	12 亿利 01	800.00	8.00	2020.04.23	7.3000	按年付息
122144	12 鲁信债	400.00	5.00	2017.04.25	6.5000	按年付息
122145	11 桂东 02	400.00	7.00	2019.06.20	5.3000	按年付息
122146	12 华新 01	1000.00	5.00	2017.05.17	5.3500	按年付息
122147	12 华新 02	1000.00	7.00	2019.05.17	5.6500	按年付息
122148	11 吉高速	800.00	7.00	2019.06.21	5.5000	按年付息
122149	12 石化 01	13000.00	5.00	2017.06.01	4.2600	按年付息
122150	12 石化 02	7000.00	10.00	2022.06.01	4.9000	按年付息
122151	12 国电 01	3000.00	5.00	2017.06.15	4.3500	按年付息
122152	12 国电 02	1000.00	7.00	2019.06.15	4.7500	按年付息
122153	12 京能 01	2400.00	3.00	2015.07.03	4.3500	按年付息
122154	12 京能 02	1200.00	5.00	2017.07.03	4.6000	按年付息
122155	12 天富债	500.00	5.00	2017.06.06	5.5000	按年付息
122156	12 厦工债	1500.00	5.00	2017.06.18	4.5500	按年付息
122157	12 广控 01	2350.00	7.00	2019.06.25	4.7400	按年付息
122158	12 西钢债	430.00	8.00	2020.07.16	5.5000	按年付息
122159	12 亿利 02	800.00	8.00	2020.07.19	6.4200	按年付息
122161	12 申通 02	400.00	3.00	2015.07.20	4.6000	按年付息
122162	12 中孚债	1000.00	5.00	2017.08.28	7.5000	按年付息
122163	12 鄂资债	4000.00	5.00	2017.08.30	6.2000	按年付息
122164	12 通威发	500.00	5.00	2017.10.24	5.9800	按年付息
122165	12 国电 03	3300.00	3.00	2015.07.23	4.2200	按年付息
122166	12 国电 04	700.00	5.00	2017.07.23	4.3500	按年付息
122167	12 兖煤 01	1000.00	5.00	2017.07.23	4.2000	按年付息
122168	12 兖煤 02	4000.00	10.00	2022.07.23	4.9500	按年付息
122169	12 金瑞债	150.00	5.00	2017.08.29	7.9000	按年付息
122170	12 江药债	500.00	3.00	2015.12.07	5.3900	按年付息
122171	12 中海 01	1000.00	3.00	2015.08.03	4.2000	按年付息
122172	12 中海 02	1500.00	10.00	2022.08.03	5.0000	按年付息
122173	12 中交 01	6000.00	5.00	2017.08.09	4.4000	按年付息
122174	12 中交 02	2000.00	10.00	2022.08.09	5.0000	按年付息
122175	12 中交 03	4000.00	15.00	2027.08.09	5.1500	按年付息
122176	12 中储债	1600.00	7.00	2019.08.13	5.0000	按年付息
122177	12 科环 01	1200.00	3.00	2015.08.20	4.3000	按年付息
122178	12 科环 02	800.00	5.00	2017.08.20	4.6500	按年付息
122179	12 科环 03	2000.00	10.00	2022.08.20	5.1500	按年付息
122180	12 旋风债	700.00	5.00	2017.08.23	6.2800	按年付息
122181	12 山鹰债	800.00	7.00	2019.08.22	7.5000	按年付息
122182	12 九州通	1600.00	5.00	2017.10.22	5.7000	按年付息
122183	12 集优 01	500.00	5.00	2017.08.31	5.0800	按年付息
122184	12 一重 01	2500.00	5.00	2017.09.03	5.1000	按年付息
122185	12 力帆 01	1200.00	3.00	2015.09.19	6.8000	按年付息
122186	12 力帆 02	700.00	5.00	2017.09.19	7.5000	按年付息
122187	12 玻纤债	1200.00	7.00	2019.10.17	5.5600	按年付息
122188	12 华新 03	1100.00	7.00	2019.11.09	5.9000	按年付息
122189	12 王府 01	1100.00	5.00	2017.10.24	4.9400	按年付息
122190	12 王府 02	1100.00	7.00	2019.10.24	5.2000	按年付息
122191	12 桂冠 01	800.00	5.00	2017.10.24	4.8000	按年付息
122192	12 桂冠 02	930.00	10.00	2022.10.24	5.1000	按年付息

债券基本信息 List of Bonds

债券代码 Code	债券简称 Securities	发行数量 (百万) Issued Val(M)	年限 Terms	到期日 Expiration Date	票面利率(%) Coupon Rate(%)	付息方式 Way of Interest
122193	12 中水 01	2000.00	7.00	2019.10.29	5.0300	按年付息
122194	12 中水 02	3000.00	10.00	2022.10.29	5.2000	按年付息
122195	12 中海 03	1500.00	7.00	2019.10.29	5.0500	按年付息
122196	12 中海 04	1000.00	10.00	2022.10.29	5.1800	按年付息
122197	12 华天成	900.00	5.00	2018.03.13	5.8000	按年付息
122198	12 能新 01	1140.00	3.00	2015.10.29	4.8000	按年付息
122199	12 能新 02	860.00	5.00	2017.10.29	5.0900	按年付息
122200	12 晋兰花	3000.00	5.00	2017.11.07	5.0900	按年付息
122201	12 开滦 01	1500.00	7.00	2019.10.30	5.4000	按年付息
122202	12 海螺 01	2500.00	5.00	2017.11.07	4.8900	按年付息
122203	12 海螺 02	3500.00	10.00	2022.11.07	5.1000	按年付息
122204	12 双良节	800.00	5.00	2017.11.12	5.8800	按年付息
122205	12 沪交运	800.00	5.00	2017.11.16	5.0500	按年付息
122206	12 赛轮债	720.00	3.00	2015.11.15	5.8500	按年付息
122207	12 骆驼集	800.00	5.00	2017.12.05	5.9800	按年付息
122208	12 招金券	1200.00	5.00	2017.11.16	4.9900	按年付息
122209	12 中油 01	16000.00	5.00	2017.11.22	4.5500	按年付息
122210	12 中油 02	2000.00	10.00	2022.11.22	4.9000	按年付息
122211	12 中油 03	2000.00	15.00	2027.11.22	5.0400	按年付息
122212	12 京江河	900.00	5.00	2017.12.07	5.4000	按年付息
122213	12 松建化	2200.00	7.00	2019.12.05	6.2000	按年付息
122214	12 大秦债	5000.00	3.00	2015.12.10	4.8800	按年付息
122215	12 永泰 01	1600.00	5.00	2017.12.20	5.6800	按年付息
122216	12 桐昆债	1300.00	5.00	2018.01.21	5.8500	按年付息
122217	12 渝水务	1500.00	5.00	2018.01.29	5.1200	按年付息
122218	12 国航 01	5000.00	10.00	2023.01.18	5.1000	按年付息
122219	12 榕泰债	750.00	5.00	2018.01.24	5.9000	按年付息
122220	12 重工 01	1200.00	5.00	2018.01.25	4.8500	按年付息
122221	12 重工 02	600.00	7.00	2020.01.25	5.2000	按年付息
122222	12 永泰 02	900.00	5.00	2018.01.31	5.4500	按年付息
122223	12 电气 01	400.00	3.00	2016.02.27	4.5000	按年付息
122224	12 电气 02	1600.00	5.00	2018.02.27	4.9000	按年付息
122225	12 一拖 01	800.00	5.00	2018.03.04	4.8000	按年付息
122226	12 宝科创	600.00	5.00	2018.03.06	5.4800	按年付息
122227	13 尖峰 01	300.00	5.00	2018.06.05	4.9000	按年付息
122228	13 天士 01	400.00	5.00	2018.03.29	4.9800	按年付息
122229	12 国控 01	4000.00	5.00	2018.03.13	4.5400	按年付息
122230	12 沪海立	1000.00	5.00	2018.02.28	4.8500	按年付息
122231	12 上电债	1500.00	5.00	2018.03.04	4.5500	按年付息
122232	12 招商 01	3000.00	5.00	2018.03.05	4.4500	按年付息
122233	12 招商 02	1500.00	5.00	2018.03.05	4.8000	按年付息
122234	12 招商 03	5500.00	10.00	2023.03.05	5.1500	按年付息
122235	12 芜湖港	1500.00	5.00	2018.03.20	4.9900	按年付息
122236	12 哈电 01	3000.00	5.00	2018.03.11	4.9000	按年付息
122237	12 西资源	600.00	5.00	2018.03.08	5.6800	按年付息
122238	13 宁港 01	1000.00	3.00	2016.03.13	4.6000	按年付息
122239	13 中油 01	16000.00	5.00	2018.03.15	4.4700	按年付息
122240	13 中油 02	4000.00	10.00	2023.03.15	4.8800	按年付息
122241	12 东航 01	4800.00	10.00	2023.03.18	5.0500	按年付息
122242	12 广汽 01	1000.00	5.00	2018.03.20	4.8900	按年付息

债券基本信息
List of Bonds

债券代码 Code	债券简称 Securities	发行数量(百万) Issued Val(M)	年限 Terms	到期日 Expiration Date	票面利率(%) Coupon Rate(%)	付息方式 Way of Interest
122243	12 广汽 02	3000.00	10.00	2023.03.20	5.0900	按年付息
122244	12 大唐 01	3000.00	10.00	2023.03.27	5.1000	按年付息
122245	13 甬热电	300.00	7.00	2020.04.15	5.1000	按年付息
122247	13 福新 01	1000.00	5.00	2018.03.25	5.0000	按年付息
122248	13 福新 02	1000.00	10.00	2023.03.25	5.3000	按年付息
122249	13 平煤债	4500.00	10.00	2023.04.17	5.0700	按年付息
122250	13 和邦 01	400.00	7.00	2020.04.22	5.8000	按年付息
122251	13 南车 01	1500.00	5.00	2018.04.22	4.7000	按年付息
122252	13 南车 02	1500.00	10.00	2023.04.22	5.0000	按年付息
122253	12 一拖 02	700.00	5.00	2018.05.30	4.5000	按年付息
122254	12 拜克 01	300.00	5.00	2018.05.22	5.3000	按年付息
122255	13 赣粤 01	1800.00	10.00	2023.04.19	5.1500	按年付息
122256	13 保税债	350.00	5.00	2018.05.23	5.5000	按年付息
122257	12 岳纸 01	850.00	5.00	2018.05.29	5.0400	按年付息
122258	13 云煤业	250.00	7.00	2020.12.03	7.8000	按年付息
122259	13 中信 01	3000.00	5.00	2018.06.07	4.6500	按年付息
122260	13 中信 02	12000.00	10.00	2023.06.07	5.0500	按年付息
122261	13 华泰 01	4000.00	5.00	2018.06.05	4.6800	按年付息
122262	13 华泰 02	6000.00	10.00	2023.06.05	5.1000	按年付息
122263	12 豫园 01	500.00	5.00	2018.06.17	5.2000	按年付息
122264	13 京客隆	750.00	5.00	2018.08.13	5.4800	按年付息
122265	13 川路桥	1500.00	5.00	2018.07.26	5.6500	按年付息
122266	13 中信 03	5000.00	3.00	2016.08.05	5.0000	按年付息
122267	13 永泰债	3800.00	5.00	2018.08.06	6.8000	按年付息
122268	12 国航 02	3500.00	5.00	2018.08.16	5.1500	按年付息
122269	12 国航 03	1500.00	10.00	2023.08.16	5.3000	按年付息
122270	13 安信债	3600.00	5.00	2018.08.19	5.1500	按年付息
122273	13 鲁金 01	2000.00	5.00	2018.09.03	5.1600	按年付息
122274	11 航民 02	250.00	3.00	2016.09.16	6.6000	按年付息
122276	13 魏桥 01	3000.00	5.00	2018.10.23	7.0000	按年付息
122277	13 华域 01	1200.00	2.00	2015.11.18	5.6000	按年付息
122278	13 华域 02	2800.00	5.00	2018.11.18	5.7200	按年付息
122279	13 外运债	2000.00	3.00	2016.11.08	5.7000	按年付息
122280	13 海通 01	7260.00	3.00	2016.11.25	6.0500	按年付息
122281	13 海通 02	2350.00	5.00	2018.11.25	6.1500	按年付息
122282	13 海通 03	2390.00	10.00	2023.11.25	6.1800	按年付息
122283	13 盛屯债	200.00	5.00	2018.12.12	8.0000	按年付息
122286	13 中信建	4700.00	3.00	2016.11.22	6.1500	按年付息
122288	13 东吴债	3000.00	5.00	2018.11.18	6.1800	按年付息
122500	12 郴城投	1600.00	7.00	2019.09.13	7.3400	按年付息
122501	12 寿财资	1200.00	7.00	2019.10.23	6.7000	按年付息
122502	12 哈合力	1200.00	6.00	2018.09.26	7.4800	按年付息
122503	12 并龙城	2000.00	7.00	2019.09.25	6.5000	按年付息
122504	12 通天诚	1000.00	7.00	2019.09.24	7.7500	按年付息
122505	12 绍袍江	1000.00	7.00	2019.10.31	6.9000	按年付息
122506	12 吴交投	1200.00	8.00	2020.10.31	6.8000	按年付息
122507	12 玉交投	1000.00	7.00	2019.10.12	7.1500	按年付息
122508	12 兴林业	1300.00	7.00	2019.10.23	7.0800	按年付息
122509	12 白中兴	1000.00	7.00	2019.12.18	7.0000	按年付息
122510	12 靖新城	800.00	6.00	2018.10.23	6.8000	按年付息

债券基本信息
List of Bonds

债券代码 Code	债券简称 Securities	发行数量 (百万) Issued Val(M)	年限 Terms	到期日 Expiration Date	票面利率(%) Coupon Rate(%)	付息方式 Way of Interest
122513	12 伟星集	500.00	7.00	2019.10.23	6.3000	按年付息
122514	12 金融街	1900.00	7.00	2019.10.22	5.1800	按年付息
122515	12 庆城投	2200.00	7.00	2019.10.23	6.5500	按年付息
122516	12 青州 01	800.00	7.00	2019.10.19	7.3500	按年付息
122517	12 青州 02	400.00	6.00	2018.10.19	7.2500	按年付息
122518	12 保利集	1500.00	7.00	2019.10.25	5.0300	按年付息
122519	12 锡经开	700.00	7.00	2019.11.01	6.9900	按年付息
122520	12 唐城投	1000.00	7.00	2019.10.16	7.0800	按年付息
122521	12 筑金阳	1200.00	6.00	2018.10.24	6.7000	按年付息
122522	12 兴城建	1200.00	6.00	2018.10.23	7.2500	按年付息
122523	12 海亮 01	600.00	6.00	2018.10.19	6.5000	按年付息
122524	12 海亮 02	400.00	7.00	2019.10.19	6.7500	按年付息
122525	12 沪嘉开	800.00	6.00	2018.10.10	6.7100	按年付息
122526	12 永川惠	1200.00	7.00	2019.10.16	7.3300	按年付息
122527	12 温国投	1400.00	7.00	2019.09.18	7.1800	按年付息
122528	12 琼港航	850.00	7.00	2019.10.18	6.8000	按年付息
122530	12 七城投	1000.00	7.00	2019.10.18	7.3000	按年付息
122531	12 太科园	1000.00	7.00	2019.09.17	7.6000	按年付息
122532	12 宜财投	1500.00	7.00	2019.10.16	7.1200	按年付息
122533	12 平城投	900.00	7.00	2019.09.18	7.2000	按年付息
122534	12 秦开发	1400.00	7.00	2019.10.17	7.4600	按年付息
122535	12 苏飞达	800.00	6.00	2018.08.30	7.6000	按年付息
122536	12 慈国控	800.00	7.00	2019.09.20	6.6000	按年付息
122537	12 克城投	2000.00	7.00	2019.09.04	7.1500	按年付息
122538	12 榕城乡	1000.00	6.00	2018.09.25	6.3500	按年付息
122539	12 阜城投	1200.00	7.00	2019.10.10	7.5500	按年付息
122540	12 宁浦口	1200.00	7.00	2019.10.08	7.1000	按年付息
122541	12 宁上陵	500.00	6.00	2018.10.16	7.4000	按年付息
122542	12 阿信诚	1000.00	6.00	2018.10.10	7.5000	按年付息
122543	12 钦开投	900.00	7.00	2019.10.16	7.1000	按年付息
122544	12 渝长开	800.00	7.00	2019.09.25	7.4500	按年付息
122545	12 蒙高新	1000.00	7.00	2019.09.25	7.2000	按年付息
122546	12 宁高新	900.00	7.00	2019.09.07	6.9400	按年付息
122547	12 曲靖投	650.00	7.00	2019.09.06	7.2500	按年付息
122549	12 邳润城	1000.00	7.00	2019.09.25	7.5500	按年付息
122550	12 苏国信	2000.00	5.00	2017.06.08	4.6000	按年付息
122551	12 如东投	800.00	7.00	2019.09.24	7.4500	按年付息
122552	12 新新业	660.00	7.00	2019.08.15	6.2000	按年付息
122553	12 虞交通	1000.00	7.00	2019.09.11	6.7000	按年付息
122554	12 定海债	1000.00	8.00	2020.08.31	7.2500	按年付息
122555	12 常经投	1200.00	7.00	2019.09.12	7.1900	按年付息
122556	12 咸宁投	600.00	6.00	2018.08.31	7.5000	按年付息
122557	12 株高科	1000.00	7.00	2019.09.10	7.5000	按年付息
122558	12 昆交 01	1400.00	5.00	2017.08.17	6.6000	按年付息
122559	12 昆交 02	1300.00	7.00	2019.08.17	6.9500	按年付息
122560	12 淄城运	1500.00	7.00	2019.08.22	6.8300	按年付息
122561	12 饶城投	1300.00	7.00	2019.09.10	7.3000	按年付息
122562	12 伊春债	800.00	7.00	2019.07.24	7.3500	按年付息
122563	12 亳州债	1500.00	7.00	2019.09.04	7.6800	按年付息
122564	12 椒江债	1000.00	8.00	2020.09.13	7.4600	按年付息

债券基本信息 List of Bonds

债券 Bond

债券代码 Code	债券简称 Securities	发行数量(百万) Issued Val(M)	年限 Terms	到期日 Expiration Date	票面利率(%) Coupon Rate(%)	付息方式 Way of Interest
122565	12 邵城投	1200.00	6.00	2018.09.11	7.4000	按年付息
122566	12 库城建	1200.00	6.00	2018.09.10	7.4800	按年付息
122567	12 小清河	1800.00	7.00	2019.09.05	7.1500	按年付息
122568	12 随州债	700.00	7.00	2019.08.22	7.5000	按年付息
122569	12 津生态	1200.00	7.00	2019.08.14	6.7600	按年付息
122570	12 滇水投	1000.00	7.00	2019.08.27	6.8000	按年付息
122571	12 兴国资	1400.00	7.00	2019.08.31	6.4800	按年付息
122572	12 蓉投控	1600.00	7.00	2019.09.04	6.3000	按年付息
122573	12 牡国投	1200.00	7.00	2019.08.30	7.0800	按年付息
122574	12 淮开控	1200.00	7.00	2019.09.06	7.2000	按年付息
122575	12 肥城债	900.00	6.00	2018.08.14	7.1000	按年付息
122576	12 内江债	700.00	6.00	2018.07.19	7.0000	按年付息
122577	12 苏相城	1800.00	7.00	2019.09.03	6.9500	按年付息
122578	12 长宁债	700.00	7.00	2019.08.16	6.0800	按年付息
122579	09 远洋债	2600.00	6.00	2015.06.23	5.4000	按年付息
122581	12 津南城	1500.00	7.00	2019.06.18	6.9500	按年付息
122582	12 湘九华	900.00	7.00	2019.08.29	7.4300	按年付息
122583	12 遵投债	1000.00	7.00	2019.03.13	8.5300	按年付息
122584	12 松城开	1300.00	7.00	2019.08.29	7.3000	按年付息
122585	12 新海连	1300.00	8.00	2020.08.27	7.0000	按年付息
122586	12 中交通	600.00	6.00	2018.08.28	6.6500	按年付息
122587	12 遵桥债	1800.00	8.00	2020.08.17	7.1500	按年付息
122588	12 益城投	1600.00	7.00	2019.08.24	7.3600	按年付息
122589	12 毕信泰	1600.00	7.00	2019.08.20	7.1500	按年付息
122590	12 鹤城投	1500.00	10.00	2022.06.21	7.0500	按年付息
122591	12 常交债	1500.00	7.00	2019.08.21	6.8000	按年付息
122592	12 乌国资	1400.00	6.00	2018.04.28	6.4800	按年付息
122593	12 衡城投	1800.00	7.00	2019.08.13	7.0600	按年付息
122594	12 泉州 01	800.00	6.00	2018.08.07	7.0000	按年付息
122595	12 泉州 02	800.00	7.00	2019.08.07	7.0300	按年付息
122596	12 沪城开	1500.00	6.00	2018.08.21	6.5000	按年付息
122597	12 宝钛债	700.00	6.00	2018.08.21	5.4000	按年付息
122598	12 荆门债	800.00	10.00	2022.07.09	6.8500	按年付息
122599	12 梵投债	1200.00	7.00	2019.08.02	6.8900	按年付息
122600	12 鑫泰债	1000.00	6.00	2018.08.14	6.8500	按年付息
122601	12 白山债	1000.00	7.00	2019.07.31	7.0000	按年付息
122602	12 松城投	1200.00	6.00	2018.08.15	6.2800	按年付息
122603	12 穗经开	2500.00	10.00	2022.08.14	6.7000	按年付息
122604	12 吉铁投	800.00	7.00	2019.06.26	6.6300	按年付息
122605	11 宁海债	1200.00	6.00	2017.12.31	8.6000	按年付息
122606	12 顺鑫债	800.00	5.00	2017.07.03	5.1900	按年付息
122607	12 渝地产	5000.00	7.00	2019.04.25	7.3500	按年付息
122608	12 西永债	1600.00	7.00	2019.07.25	6.7600	按年付息
122609	12 扬城控	1200.00	7.00	2019.07.26	6.3000	按年付息
122610	12 乐清债	1500.00	7.00	2019.06.29	6.5000	按年付息
122611	12 蓉经 01	1000.00	6.00	2018.07.17	6.5000	按年付息
122612	12 蓉经 02	1000.00	7.00	2019.07.17	6.5500	按年付息
122613	12 乌海债	1600.00	7.00	2019.03.31	8.2000	按年付息
122614	12 渝缙债	1000.00	7.00	2019.06.18	6.7500	按年付息
122615	12 百色债	800.00	7.00	2019.07.04	6.5000	按年付息

债券代码 Code	债券简称 Securities	发行数量(百万) Issued Val(M)	年限 Terms	到期日 Expiration Date	票面利率(%) Coupon Rate(%)	付息方式 Way of Interest
122616	12 黔铁债	2000.00	10.00	2022.03.27	7.2000	按年付息
122617	12 襄投债	1500.00	7.00	2019.01.12	8.1200	按年付息
122618	12 统众债	1500.00	10.00	2022.04.11	6.9500	按年付息
122619	12 迁安债	1600.00	6.00	2018.07.11	6.4500	按年付息
122620	12 乌城投	900.00	7.00	2019.07.09	6.3500	按年付息
122621	12 赣城债	2000.00	6.00	2018.07.10	6.4000	按年付息
122622	12 锦城债	1300.00	7.00	2019.06.13	7.0800	按年付息
122623	12 旅建债	1200.00	7.00	2019.07.02	6.7800	按年付息
122624	12 滨开债	800.00	7.00	2019.07.05	6.5000	按年付息
122625	12 升华债	500.00	7.00	2019.07.02	6.2000	按年付息
122626	12 海恒债	1200.00	7.00	2019.06.12	7.3000	按年付息
122627	12 京建工	800.00	7.00	2019.07.05	5.9500	按年付息
122628	12 东投债	1000.00	6.00	2018.07.05	7.3900	按年付息
122629	12 平发债	1500.00	7.00	2019.05.08	7.8600	按年付息
122630	12 惠投债	1800.00	7.00	2019.05.28	6.8000	按年付息
122631	12 晋国电	2000.00	10.00	2022.05.24	5.3800	按年付息
122632	12 江阴债	900.00	7.00	2019.06.11	7.2000	按年付息
122633	12 嘉经债	900.00	7.00	2019.06.14	6.7800	按年付息
122634	12 芜开 01	700.00	6.00	2018.06.08	6.7000	按年付息
122635	12 芜开 02	1000.00	10.00	2022.06.08	6.9000	按年付息
122636	12 连发债	900.00	7.00	2019.06.19	6.1000	按年付息
122637	12 鑫城债	1200.00	7.00	2019.04.23	7.8800	按年付息
122638	12 申华信	1000.00	7.00	2019.06.14	6.9500	按年付息
122639	12 绍新城	1000.00	6.00	2018.06.11	6.2100	按年付息
122640	12 仪征债	800.00	7.00	2019.06.14	7.7800	按年付息
122641	12 武进债	1400.00	6.00	2018.06.08	6.2200	按年付息
122642	12 朝阳债	1600.00	7.00	2019.05.25	7.3000	按年付息
122643	12 海资债	1500.00	7.00	2019.05.22	8.5100	按年付息
122644	12 铁岭债	1200.00	6.00	2018.05.29	7.3400	按年付息
122645	12 苏园建	2000.00	7.00	2019.05.30	5.7900	按年付息
122648	12 宣国投	1000.00	7.00	2019.03.20	7.9900	按年付息
122649	12 长建投	1500.00	7.00	2019.04.06	8.3500	按年付息
122650	12 泰能债	500.00	6.00	2018.04.25	6.5000	按年付息
122651	12 广安投	800.00	7.00	2019.04.25	8.1800	按年付息
122652	12 杨农债	1500.00	7.00	2019.05.23	7.6000	按年付息
122654	12 昆钢控	2000.00	8.00	2020.04.26	5.7800	按年付息
122655	12 铜建投	1500.00	10.00	2022.04.28	8.2000	按年付息
122658	12 盘锦债	1500.00	7.00	2019.05.17	7.5000	按年付息
122659	12 石油 06	10000.00	10.00	2022.04.12	4.5000	按年付息
122660	12 石油 07	10000.00	10.00	2022.04.12	4.7300	按年付息
122661	12 怀化债	1000.00	6.00	2018.03.22	8.0000	按年付息
122662	12 合桃花	800.00	7.00	2019.03.27	8.7900	按年付息
122663	12 科发债	1500.00	7.00	2019.05.15	7.1600	按年付息
122664	12 葫芦岛	2000.00	7.00	2019.03.01	8.4700	按年付息
122665	12 镇交投	1800.00	7.00	2019.05.08	7.2900	按年付息
122666	12 国网 01	5000.00	10.00	2022.04.17	4.9900	按年付息
122667	12 国网 02	10000.00	15.00	2027.04.17	5.2600	按年付息
122668	12 凉国投	500.00	7.00	2019.04.23	7.5800	按年付息
122669	12 桂林债	1000.00	6.00	2018.05.09	6.9000	按年付息
122670	12 新盛债	1500.00	6.00	2018.05.08	7.4800	按年付息

债券基本信息 List of Bonds

债券 Bond

债券代码 Code	债券简称 Securities	发行数量(百万) Issued Val(M)	年限 Terms	到期日 Expiration Date	票面利率(%) Coupon Rate(%)	付息方式 Way of Interest
122671	12 扬子江	500.00	7.00	2019.05.21	7.6500	按年付息
122672	12 西城投	1300.00	7.00	2019.04.27	7.7000	按年付息
122673	12 渝李渡	800.00	7.00	2019.03.23	8.4000	按年付息
122674	12 渝黔江	900.00	7.00	2019.03.23	8.4000	按年付息
122675	12 杭城投	1600.00	6.00	2018.04.25	5.9000	按年付息
122676	12 滨江债	1200.00	7.00	2019.04.27	6.8500	按年付息
122677	12 江宁债	1200.00	7.00	2019.04.28	7.2900	按年付息
122678	12 扬化工	1000.00	7.00	2019.04.25	7.7500	按年付息
122679	12 河套债	1000.00	10.00	2022.03.31	8.5400	按年付息
122680	12 昆建债	2200.00	6.00	2018.04.13	7.6000	按年付息
122681	12 合农投	1500.00	6.00	2018.04.10	8.2800	按年付息
122682	12 营口债	2000.00	8.00	2020.04.18	7.9800	按年付息
122683	12 春和债	540.00	6.00	2018.04.24	7.7800	按年付息
122684	12 合高新	1200.00	7.00	2019.03.22	7.9800	按年付息
122685	12 吉城投	1600.00	7.00	2019.04.20	7.8000	按年付息
122686	12 白药债	1100.00	7.00	2019.03.30	5.6000	按年付息
122687	12 金坛债	1000.00	7.00	2019.03.14	8.3000	按年付息
122688	12 华通债	1000.00	7.00	2019.04.18	7.3000	按年付息
122689	12 宿开发	900.00	7.00	2019.03.26	7.5000	按年付息
122690	12 三胞债	800.00	7.00	2019.03.19	8.0800	按年付息
122691	12 武清债	800.00	7.00	2019.03.27	7.8000	按年付息
122692	12 漳路桥	1100.00	7.00	2019.03.01	8.2000	按年付息
122693	12 佳城投	1000.00	7.00	2019.03.22	8.2500	按年付息
122694	12 兴荣债	800.00	7.00	2019.04.19	8.3500	按年付息
122695	12 五国投	1000.00	6.00	2018.03.15	8.6000	按年付息
122696	12 丹投债	1500.00	7.00	2019.03.06	8.1000	按年付息
122697	11 太资债	900.00	7.00	2018.12.31	8.2500	按年付息
122698	12 双流 01	700.00	7.00	2019.03.16	8.4000	按年付息
122699	12 双流 02	300.00	7.00	2019.03.16	8.4800	按年付息
122700	12 来宾债	900.00	7.00	2019.03.14	8.3600	按年付息
122701	12 余城建	1200.00	7.00	2019.03.29	7.5500	按年付息
122702	12 海安债	1500.00	6.00	2018.03.28	8.3500	按年付息
122703	12 鞍城投	2000.00	7.00	2019.03.05	8.2500	按年付息
122704	12 江都债	800.00	7.00	2019.03.23	8.1000	按年付息
122705	12 苏交通	2500.00	5.00	2017.03.20	4.9000	按年付息
122706	12 海门债	1200.00	7.00	2019.03.20	8.3500	按年付息
122707	12 泰兴债	1200.00	6.00	2018.03.27	8.2900	按年付息
122708	12 伊旗债	1600.00	7.00	2019.03.19	8.3500	按年付息
122709	12 绵阳债	1200.00	7.00	2019.03.26	7.7000	按年付息
122710	12 济城建	1800.00	6.00	2018.03.26	6.9800	按年付息
122711	12 郑新债	2000.00	7.00	2019.03.14	8.1000	按年付息
122712	12 中航债	1800.00	7.00	2019.03.12	5.4000	按年付息
122713	12 冀交通	1400.00	10.00	2022.03.27	6.0000	按年付息
122714	12 海陵债	800.00	7.00	2019.03.21	8.5200	按年付息
122715	12 蓉新城	1000.00	7.00	2019.03.19	8.3500	按年付息
122716	12 莆田债	1100.00	7.00	2019.03.21	8.1000	按年付息
122717	12 泉矿债	1500.00	7.00	2019.03.21	6.7000	按年付息
122718	12 渝南债	800.00	7.00	2019.03.23	8.4000	按年付息
122719	12 龙交投	1000.00	10.00	2022.03.19	8.1500	按年付息
122720	12 甬城投	1000.00	6.00	2018.03.01	7.3900	按年付息

债券基本信息 List of Bonds

债券代码 Code	债券简称 Securities	发行数量(百万) Issued Val(M)	年限 Terms	到期日 Expiration Date	票面利率(%) Coupon Rate(%)	付息方式 Way of Interest
122721	12 辽国资	1000.00	7.00	2019.03.13	8.1700	按年付息
122722	12 淮水利	1600.00	7.00	2019.03.08	8.2500	按年付息
122723	12 石油 05	20000.00	10.00	2022.03.15	4.8000	按年付息
122724	12 攀国投	1000.00	10.00	2022.03.13	8.1800	按年付息
122725	12 宿产发	800.00	6.00	2018.03.08	6.9800	按年付息
122726	12 柳东债	1000.00	7.00	2019.02.15	8.3000	按年付息
122727	12 东胜债	2000.00	6.00	2018.02.28	8.4000	按年付息
122728	12 徐经开	1800.00	7.00	2019.03.07	8.2000	按年付息
122729	12 江泉债	800.00	7.00	2019.03.12	8.4000	按年付息
122730	12 晋江债	650.00	6.00	2018.02.23	7.8800	按年付息
122731	12 镇经开	1600.00	7.00	2019.03.01	8.1600	按年付息
122732	12 九江债	2000.00	7.00	2019.02.23	8.4900	按年付息
122733	11 京资 01	4000.00	5.00	2016.12.26	5.0000	按年付息
122734	11 京资 02	6000.00	10.00	2021.12.26	5.4000	按年付息
122735	11 六安债	1500.00	7.00	2018.12.28	8.2000	按年付息
122736	12 石油 03	10000.00	7.00	2019.02.22	4.5000	按年付息
122737	12 石油 04	10000.00	15.00	2027.02.22	5.0000	按年付息
122740	12 延城投	1500.00	5.00	2017.02.08	7.0500	按年付息
122741	11 双鸭山	1000.00	7.00	2018.12.20	8.3600	按年付息
122742	12 鲁高速	2000.00	10.00	2022.02.09	5.7200	按年付息
122743	12 华发集	2500.00	6.00	2018.02.16	8.4300	按年付息
122744	11 本溪债	2000.00	10.00	2021.12.22	8.3800	按年付息
122745	12 方大 01	500.00	6.00	2018.02.22	8.0900	按年付息
122746	12 方大 02	500.00	7.00	2019.02.22	8.2900	按年付息
122747	12 晋煤运	2500.00	10.00	2022.01.18	5.9400	按年付息
122748	12 石油 01	10000.00	7.00	2019.01.11	4.5400	按年付息
122749	12 石油 02	10000.00	10.00	2022.01.11	4.6900	按年付息
122750	12 常经营	1200.00	7.00	2019.01.16	8.0000	按年付息
122751	11 冀新债	500.00	7.00	2018.12.30	7.6000	按年付息
122752	11 大丰港	600.00	6.00	2017.11.15	7.9800	按年付息
122753	12 姜国资	700.00	7.00	2019.12.03	6.8500	按年付息
122754	11 通化债	1000.00	10.00	2021.12.13	8.3600	按年付息
122755	12 潭城建	1200.00	7.00	2019.03.16	8.0000	按年付息
122756	12 甘农垦	800.00	7.00	2019.01.06	6.5000	按年付息
122757	11 丹东债	1600.00	7.00	2018.12.21	8.0700	按年付息
122758	11 张保债	900.00	7.00	2018.12.15	7.8000	按年付息
122759	11 泰豪债	400.00	7.00	2018.12.27	7.5000	按年付息
122760	12 渝富债	2000.00	7.00	2019.09.04	6.5000	按年付息
122761	11 萧国资	2000.00	5.00	2016.11.22	6.9000	按年付息
122762	11 吴江债	1300.00	7.00	2018.12.05	8.0500	按年付息
122763	11 淮产投	900.00	6.00	2017.12.30	8.4900	按年付息
122764	11 泛海 01	1800.00	6.00	2017.12.13	8.8000	按年付息
122765	11 泛海 02	1000.00	10.00	2021.12.13	8.9000	按年付息
122766	11 宜建投	1000.00	8.00	2019.11.17	8.1300	按年付息
122767	11 盐城南	1500.00	7.00	2018.12.16	8.1900	按年付息
122768	11 兰城投	1500.00	7.00	2018.12.15	8.2000	按年付息
122769	11 龙海债	800.00	6.00	2017.12.02	8.2500	按年付息
122770	11 国网 01	10000.00	10.00	2021.12.08	5.1400	按年付息
122771	11 国网 02	5000.00	15.00	2026.12.08	5.2400	按年付息
122772	11 山煤债	1000.00	7.00	2018.12.06	6.8500	按年付息

债券基本信息 List of Bonds

债券代码 Code	债券简称 Securities	发行数量(百万) Issued Val(M)	年限 Terms	到期日 Expiration Date	票面利率(%) Coupon Rate(%)	付息方式 Way of Interest
122773	11 滨海 01	2500.00	5.00	2016.11.23	5.6000	按年付息
122774	11 滨海 02	2500.00	10.00	2021.11.23	6.1000	按年付息
122775	11 咸城投	1100.00	6.00	2017.12.09	7.9000	按年付息
122776	11 新光债	1600.00	7.00	2018.11.23	8.1000	按年付息
122777	11 吴中债	1500.00	7.00	2018.12.16	8.0500	按年付息
122778	11 建发债	1600.00	8.00	2019.10.28	7.3000	按年付息
122779	11 株城发	1500.00	10.00	2021.11.10	8.3600	按年付息
122780	11 长高新	2500.00	6.00	2017.11.22	7.3000	按年付息
122781	11 永州债	1000.00	10.00	2021.12.05	8.4000	按年付息
122782	11 宁农债	1800.00	7.00	2018.11.16	7.1000	按年付息
122783	11 苏中能	1500.00	7.00	2018.11.15	7.0500	按年付息
122784	11 中兴新	1000.00	8.00	2019.10.28	6.5000	按年付息
122786	11 联想债	2900.00	7.00	2018.10.31	5.8000	按年付息
122787	11 赣铁债	1000.00	7.00	2018.09.30	7.2000	按年付息
122788	11 三明债	1000.00	7.00	2018.06.14	6.9900	按年付息
122789	11 象屿债	900.00	7.00	2018.07.08	6.6800	按年付息
122790	11 诸暨债	1500.00	7.00	2018.07.05	6.9200	按年付息
122792	11 邯郸债	1000.00	7.00	2018.07.01	6.7800	按年付息
122793	11 扬开债	1000.00	5.00	2016.07.07	6.1000	按年付息
122794	11 海城债	800.00	7.00	2018.11.07	8.3900	按年付息
122795	PR 诸城债	1000.00	7.00	2018.04.26	6.4000	按年付息
122796	11 冀投 01	1000.00	10.00	2021.06.27	5.7500	按年付息
122797	11 冀投 02	1000.00	13.00	2024.06.27	5.8500	按年付息
122798	11 泰矿债	1000.00	7.00	2018.06.22	6.7500	按年付息
122799	11 武国资	300.00	7.00	2018.06.17	5.9000	按年付息
122800	11 龙煤电	1000.00	7.00	2018.06.17	6.2000	按年付息
122801	11 焦作债	2200.00	7.00	2018.06.08	6.2000	按年付息
122802	11 辽阳债	2000.00	7.00	2018.06.13	6.8800	按年付息
122803	11 滁州债	1000.00	10.00	2021.11.30	7.4500	按年付息
122804	11 渭南 01	600.00	6.00	2017.06.08	7.0000	按年付息
122805	11 大同债	2500.00	6.00	2017.06.01	6.5000	按年付息
122806	11 渭南 02	1200.00	7.00	2018.06.08	6.5000	按年付息
122807	11 东岭债	400.00	6.00	2017.06.14	6.9800	按年付息
122808	11 滕州债	1000.00	7.00	2018.05.24	6.4500	按年付息
122809	11 准国资	2000.00	7.00	2018.05.10	6.9400	按年付息
122810	11 邹平债	500.00	7.00	2018.04.27	6.9800	按年付息
122811	11 蒙奈伦	800.00	7.00	2018.05.05	7.4800	按年付息
122812	11 淮北债	1200.00	7.00	2018.03.14	7.1000	按年付息
122813	11 宁交通	1500.00	10.00	2021.04.27	6.1000	按年付息
122814	11 东营债	1200.00	7.00	2018.04.20	6.7500	按年付息
122815	11 广汇债	1600.00	6.00	2017.04.19	6.8300	按年付息
122816	11 高密债	1000.00	7.00	2018.04.08	6.9800	按年付息
122817	11 三门峡	1500.00	7.00	2018.04.25	6.9000	按年付息
122818	11 牟平债	600.00	8.00	2019.03.04	8.0500	按年付息
122819	11 常城建	2500.00	7.00	2018.04.25	6.1700	按年付息
122820	11 潍东方	500.00	7.00	2018.04.12	6.9700	按年付息
122821	11 吉城建	2000.00	7.00	2018.03.03	7.1000	按年付息
122822	11 汉中债	800.00	7.00	2018.03.14	7.4800	按年付息
122823	11 舟山债	1500.00	7.00	2018.04.20	6.2000	按年付息
122824	11 中煤建	600.00	7.00	2018.03.15	6.2500	按年付息

债券基本信息
List of Bonds

债券代码 Code	债券简称 Securities	发行数量(百万) Issued Val(M)	年限 Terms	到期日 Expiration Date	票面利率(%) Coupon Rate(%)	付息方式 Way of Interest
122825	11 景德镇	800.00	7.00	2018.03.23	7.4800	按年付息
122826	11 北港债	1500.00	6.00	2017.03.30	6.0100	按年付息
122827	11 新奥债	500.00	7.00	2018.02.16	6.4500	按年付息
122828	11 抚州债	800.00	7.00	2018.02.28	7.7500	按年付息
122829	11 万基债	800.00	7.00	2018.08.24	7.5500	按年付息
122830	11 沈国资	1500.00	8.00	2019.03.16	7.1800	按年付息
122831	11 惠通债	1000.00	7.00	2018.03.14	7.4900	按年付息
122832	11 泰山债	1000.00	7.00	2018.03.02	7.6000	按年付息
122833	11 赣城债	2000.00	7.00	2018.04.22	6.2600	按年付息
122834	11 牡国投	1500.00	7.00	2018.02.15	7.1500	按年付息
122835	11 兴泸债	1000.00	10.00	2021.03.01	6.3900	按年付息
122836	11 盘锦债	1500.00	7.00	2018.03.01	7.4200	按年付息
122837	11 武经发	2500.00	7.00	2018.02.24	6.5500	按年付息
122838	11 吉利债	1000.00	7.00	2018.06.21	6.4000	按年付息
122839	11 鑫泰债	1200.00	7.00	2018.02.23	6.7800	按年付息
122840	11 临汾债	2000.00	8.00	2019.02.22	7.2300	按年付息
122841	11 渝津债	600.00	7.00	2018.01.06	6.9500	按年付息
122842	11 合城债	600.00	7.00	2018.01.06	6.9500	按年付息
122843	11 绥化债	800.00	7.00	2018.02.28	7.3500	按年付息
122844	11 筑城投	2000.00	7.00	2018.01.12	6.4000	按年付息
122845	11 横店债	1200.00	10.00	2021.01.27	6.3000	按年付息
122846	11 渝富债	2000.00	7.00	2018.02.22	6.3300	按年付息
122847	11 甬交投	1000.00	10.00	2021.02.10	6.3000	按年付息
122848	10 桂林债	1000.00	7.00	2017.12.28	6.7800	按年付息
122849	11 新余债	1400.00	7.00	2018.01.11	6.5000	按年付息
122850	11 华泰债	880.00	7.00	2018.03.02	6.3800	按年付息
122851	10 玉溪 01	800.00	6.00	2016.12.28	6.8000	按年付息
122852	10 玉溪 02	700.00	7.00	2017.12.28	6.7800	按年付息
122853	10 太重债	840.00	10.00	2020.12.31	5.2900	按年付息
122854	11 中汇债	1000.00	7.00	2018.03.23	6.1800	按年付息
122855	11 渝轻纺	700.00	7.00	2018.01.12	6.4800	按年付息
122856	11 株高科	1000.00	7.00	2018.08.18	7.8200	按年付息
122857	10 九华债	1000.00	6.00	2016.12.16	6.9300	按年付息
122858	10 盐城 01	500.00	6.00	2016.12.16	6.8000	按年付息
122859	10 盐城 02	1000.00	7.00	2017.12.16	6.6000	按年付息
122860	10 龙源债	1600.00	7.00	2017.02.09	4.5200	按年付息
122861	09 陕煤化	1500.00	8.00	2017.12.17	5.4500	按年付息
122862	10 闽能源	800.00	7.00	2017.12.02	5.1000	按年付息
122863	10 榆城投	1400.00	7.00	2017.12.28	7.2000	按年付息
122864	11 外滩债	900.00	7.00	2018.03.11	6.2000	按年付息
122865	10 苏海发	1000.00	7.00	2017.09.28	5.5500	按年付息
122866	10 杭交投	1200.00	10.00	2020.10.19	5.1200	按年付息
122867	11 石城投	1000.00	10.00	2021.03.09	6.5500	按年付息
122868	10 沈煤债	1500.00	7.00	2017.12.21	5.7500	按年付息
122869	10 沪化工	1000.00	7.00	2017.10.22	5.3000	按年付息
122870	10 渝大晟	800.00	7.00	2017.06.02	6.7800	按年付息
122871	10 镇交投	1000.00	7.00	2017.10.18	5.5800	按年付息
122872	10 复星债	1100.00	7.00	2017.12.24	6.0000	按年付息
122873	10 通经开	1000.00	7.00	2017.12.08	6.2600	按年付息
122874	10 红投 01	1000.00	6.00	2016.12.09	6.6500	按年付息

债券基本信息
List of Bonds

债券 Bond

债券代码 Code	债券简称 Securities	发行数量 (百万) Issued Val(M)	年限 Terms	到期日 Expiration Date	票面利率(%) Coupon Rate(%)	付息方式 Way of Interest
122875	10 红投 02	1000.00	7.00	2017.12.09	6.9500	按年付息
122876	11 海控债	1500.00	7.00	2018.01.20	5.8000	按年付息
122877	10 渝南岸	1000.00	7.00	2017.12.24	6.2900	按年付息
122879	10 天脊债	1000.00	7.00	2017.11.25	6.2000	按年付息
122880	10 天业债	1200.00	6.00	2016.10.25	5.9700	按年付息
122881	10 吴江债	1500.00	8.00	2018.12.23	6.4000	按年付息
122882	10 宁高新	1200.00	7.00	2017.12.24	6.4000	按年付息
122883	10 楚雄债	1500.00	7.00	2017.10.18	6.0800	按年付息
122884	10 西子债	450.00	7.00	2017.10.11	5.6300	按年付息
122885	10 冀交通	2000.00	15.00	2025.09.28	4.9500	按年付息
122886	10 云投债	2000.00	7.00	2017.08.24	5.2500	按年付息
122887	10 渝交通	1000.00	7.00	2017.08.04	5.1800	按年付息
122888	10 华靖债	1500.00	7.00	2017.09.28	5.6800	按年付息
122889	10 冶色债	700.00	8.00	2018.10.15	4.9800	按年付息
122890	10 凯迪债	1000.00	10.00	2020.08.23	6.1200	按年付息
122891	10 通辽债	1000.00	7.00	2017.09.01	5.9800	按年付息
122892	10 寿光债	1000.00	10.00	2020.09.01	6.1800	按年付息
122893	10 丹东债	1500.00	7.00	2017.09.06	7.2100	按年付息
122894	10 洪市政	700.00	7.00	2017.08.03	5.0000	按年付息
122895	10 德州债	700.00	7.00	2017.08.09	5.7100	按年付息
122896	10 芜开债	1000.00	7.00	2017.08.25	4.9500	按年付息
122897	10 襄投债	1000.00	8.00	2018.05.19	5.7000	按年付息
122898	10 攀国投	600.00	10.00	2020.07.29	5.4100	按年付息
122899	10 杨浦 01	1200.00	7.00	2017.07.28	4.9500	按年付息
122900	10 杨浦 02	300.00	7.00	2017.07.28	7.4000	按季度付息
122901	10 营口债	2000.00	10.00	2020.06.09	8.2400	按年付息
122902	10 赤峰债	1200.00	7.00	2017.05.18	6.1800	按年付息
122903	10 盐东方	1000.00	7.00	2017.06.08	5.7500	按年付息
122904	10 长城投	2000.00	10.00	2020.05.24	5.5000	按年付息
122905	10 南昌债	1200.00	7.00	2017.04.30	6.1300	按年付息
122906	10 芜投 01	1400.00	7.00	2017.07.22	4.9500	按年付息
122907	10 芜投 02	600.00	7.00	2017.07.22	7.4000	按季度付息
122908	10 苏交通	2500.00	6.00	2016.06.01	3.4000	按年付息
122909	10 宜兴债	1500.00	6.00	2016.05.20	5.0800	按年付息
122910	PR 漯河债	1000.00	7.00	2017.03.30	6.8100	按年付息
122911	10 鞍城投	2000.00	10.00	2020.05.06	5.6600	按年付息
122912	10 鄂国资	2800.00	10.00	2020.05.11	6.0800	按年付息
122913	10 通产控	800.00	6.00	2016.05.18	6.0000	按年付息
122914	09 榕建债	1000.00	7.00	2016.12.16	6.4800	按年付息
122915	10 镇水投	2000.00	7.00	2017.05.06	5.8600	按年付息
122916	10 红谷滩	800.00	7.00	2017.03.09	6.9000	按年付息
122917	10 太仓港	600.00	10.00	2020.01.21	7.1000	按年付息
122918	10 阜阳债	1000.00	6.00	2016.03.09	6.1800	按年付息
122919	10 鲁商债	700.00	7.00	2017.03.11	5.8800	按年付息
122920	10 黄山债	600.00	7.00	2017.02.09	7.0800	按年付息
122921	10 郴州债	2000.00	7.00	2017.01.21	7.1000	按年付息
122922	10 长高新	2000.00	7.00	2017.01.25	6.0800	按年付息
122923	10 北汽投	1500.00	7.00	2017.01.29	5.1800	按年付息
122924	10 巢湖债	1200.00	7.00	2017.01.28	7.0000	按年付息
122925	09 沈国资	1200.00	7.00	2016.11.27	7.3000	按年付息

债券基本信息
List of Bonds

债券代码 Code	债券简称 Securities	发行数量 (百万) Issued Val(M)	年限 Terms	到期日 Expiration Date	票面利率(%) Coupon Rate(%)	付息方式 Way of Interest
122926	09 青国投	800.00	6.00	2015.12.29	5.4000	按年付息
122927	09 海航债	1300.00	10.00	2019.12.24	7.6000	按年付息
122928	09 铁岭债	1500.00	10.00	2019.12.22	7.1500	按年付息
122929	09 九江债	1200.00	7.00	2016.12.18	7.1000	按年付息
122930	09 盘锦债	1000.00	7.00	2016.12.16	7.7000	按年付息
122931	09 临海债	1000.00	7.00	2016.11.06	7.9800	按年付息
122932	09 宜城债	1200.00	7.00	2016.11.25	7.0000	按年付息
122933	09 南山 1	1000.00	6.00	2015.10.20	6.5000	按年付息
122934	09 南山 2	1000.00	10.00	2019.10.20	7.5000	按年付息
122935	09 南通债	2300.00	7.00	2016.11.13	6.7200	按年付息
122936	09 鹤城投	1200.00	7.00	2016.11.17	7.7800	按年付息
122937	10 辽源债	1000.00	7.00	2017.01.26	7.8000	按年付息
122938	09 汾湖债	1000.00	8.00	2017.10.22	7.0000	按年付息
122939	09 吉安债	1500.00	7.00	2016.10.28	7.9500	按年付息
122940	09 咸城投	1750.00	10.00	2019.09.30	7.6000	按年付息
122941	10 镇城投	2000.00	10.00	2020.12.17	6.7600	按年付息
122942	09 江阴债	2500.00	7.00	2016.09.15	6.9000	按年付息
122943	09 外高桥	850.00	5.00	2014.09.04	5.0000	按年付息
122944	09 株城投	1500.00	7.00	2016.08.28	7.0000	按年付息
122945	09 虞水债	800.00	7.00	2016.07.31	6.8000	按年付息
122946	09 扬城建	2000.00	7.00	2016.07.23	5.9400	按年付息
122947	09 合建投	2000.00	5.00	2014.07.08	5.0400	按年付息
122948	09 锡交债	2000.00	7.00	2016.07.08	5.5800	按年付息
122949	09 常投债	2000.00	7.00	2016.07.01	5.8000	按年付息
122950	09 渝能源	1500.00	7.00	2016.07.01	5.4500	按年付息
122951	09 淮城投	1500.00	7.00	2016.06.26	5.8800	按年付息
122952	09 赣州债	1500.00	7.00	2016.06.16	5.5800	按年付息
122953	09 岳城建	1000.00	6.00	2015.04.30	5.8800	按年付息
122954	PR 武进债	2200.00	7.00	2016.06.09	5.4200	按年付息
122955	09 潭城建	900.00	6.00	2015.06.01	5.8900	按年付息
122956	09 常高新	1500.00	10.00	2019.06.04	6.2000	按年付息
122957	09 蓉工投	1500.00	7.00	2016.06.04	6.0800	按年付息
122958	09 长经开	580.00	6.00	2015.05.22	6.6000	按年付息
122959	09 清控债	1000.00	7.00	2016.05.19	4.7800	按年付息
122960	09 保利集	1300.00	5.00	2014.05.07	4.7200	按年付息
122961	09 武城投	1500.00	10.00	2019.05.25	5.7200	按年付息
122962	09 宁交通	1000.00	7.00	2016.05.07	6.1000	按年付息
122964	09 龙湖债	1400.00	7.00	2016.05.05	6.7000	按半年付息
122965	09 潍投债	700.00	10.00	2019.04.15	6.8800	按年付息
122966	09 滇投债	800.00	6.00	2015.04.27	6.2000	按年付息
122967	09 闽漳龙	1000.00	6.00	2015.04.24	5.8800	按年付息
122968	09 杭城投	2200.00	6.00	2015.04.14	5.3500	按年付息
122969	09 豫投债	1500.00	10.00	2019.04.15	5.8500	按年付息
122970	09 三峡 01	7000.00	5.00	2014.04.08	3.4500	按年付息
122971	09 三峡 02	3000.00	7.00	2016.04.08	4.0500	按年付息
122972	09 绵投控	1500.00	7.00	2016.04.08	6.8000	按年付息
122973	PR 昆创控	2000.00	7.00	2016.03.30	4.7000	按年付息
122974	PR 镇城投	1000.00	6.00	2015.03.30	5.8500	按年付息
122975	09 济城建	1500.00	10.00	2019.03.26	4.7800	按年付息
122976	09 永煤债	1300.00	6.00	2015.03.30	5.2800	按年付息

债券基本信息 List of Bonds

债券代码 Code	债券简称 Securities	发行数量 (百万) Issued Val(M)	年限 Terms	到期日 Expiration Date	票面利率(%) Coupon Rate(%)	付息方式 Way of Interest
122979	09 津投 2	2000.00	5.00	2014.03.25	3.7500	按年付息
122980	09 津投 3	2500.00	7.00	2016.03.25	4.7800	按年付息
122981	09 铜城投	500.00	6.00	2015.03.10	7.4500	按年付息
122982	PR 长城开	1200.00	7.00	2016.03.09	6.0800	按年付息
122983	09 南钢联	2500.00	7.00	2016.02.27	6.1300	按年付息
122984	09 六城投	1500.00	7.00	2016.03.02	7.6000	按年付息
122985	09 浙能债	4700.00	5.00	2014.02.23	3.9800	按年付息
122986	09 春华债	1000.00	7.00	2016.02.11	7.0800	按年付息
122988	09 渝隆债	1000.00	7.00	2016.01.15	8.0800	按年付息
122989	08 渝交通	1500.00	7.00	2015.12.10	6.3000	按年付息
122991	08 海航债	1500.00	6.00	2014.12.25	7.2800	按年付息
122995	08 合建投	1700.00	10.00	2018.08.28	6.6000	按年付息
122996	08 常城建	2500.00	7.00	2015.09.24	6.3000	按年付息
122998	04 长航债	1000.00	10.00	2014.05.25	5.0000	按年付息
122999	08 广纸债	390.00	10.00	2018.03.13	6.4500	按年付息
123000	09 宜华债	1000.00	5.00	2014.10.26	7.9500	按年付息
123001	09 爱使债	250.00	5.00	2014.11.17	7.6000	按年付息
123002	09 东华债	300.00	6.00	2015.12.28	9.5000	按年付息
123003	09 瑞贝卡	300.00	6.00	2015.12.28	7.2000	按年付息
123004	10 中科债	280.00	7.00	2017.02.02	8.5000	按年付息
123005	09 新海连	1500.00	7.00	2016.11.11	7.2000	按年付息
123006	10 武高债	500.00	10.00	2020.05.24	6.2000	按年付息
123007	11 微矿债	700.00	10.00	2021.01.07	7.9900	按年付息
123008	11 长征债	400.00	3.00	2014.11.16	9.0000	按年付息
123009	12 扬集债	218.00	6.00	2018.08.02	7.1500	按年付息
123010	12 湘临港	1000.00	6.00	2018.10.15	7.7000	按年付息
123011	13 梅州债	1000.00	7.00	2020.09.10	6.9500	按年付息
123012	13 哈高新	2500.00	7.00	2020.09.16	7.0000	按年付息
123413	13 东兴 01	660.00	3.00	2016.11.27	6.5000	按年付息
123417	13 东方债	3600.00	4.00	2017.11.15	6.7000	按年付息
123421	13 国君 02	3000.00	1.00	2014.11.07	5.9500	到期一次付息
123422	13 证金 46	1400.00	1.00	2014.10.23	5.6000	到期一次付息
123423	13 证金 45	600.00	.50	2014.04.23	5.5000	到期一次付息
123424	13 证金 44	200.00	.75	2014.07.22	5.5500	到期一次付息
123425	13 证金 43	400.00	.80	2014.08.17	5.5700	到期一次付息
123426	13 证金 42	200.00	.75	2014.07.17	5.5500	到期一次付息
123427	13 证金 41	600.00	1.00	2014.10.15	5.6000	到期一次付息
123428	13 证金 40	600.00	.50	2014.04.16	5.5000	到期一次付息
123429	13 证金 39	2030.00	.25	2014.01.16	5.3000	到期一次付息
123430	13 证金 38	150.00	.75	2014.06.30	5.6000	到期一次付息
123431	13 证金 37	590.00	.50	2014.03.25	5.5000	到期一次付息
123432	13 证金 36	600.00	.50	2014.03.23	5.5000	到期一次付息
123434	13 证金 34	1500.00	.50	2014.03.17	5.7000	到期一次付息
123435	13 证金 32	1300.00	.50	2014.03.13	5.7000	到期一次付息
123436	13 证金 33	2400.00	.50	2014.03.17	5.5000	到期一次付息
123437	13 证金 31	600.00	.50	2014.03.12	5.5000	到期一次付息
123440	13 证金 30	1500.00	1.00	2014.09.10	5.8500	到期一次付息
123442	13 银河 02	1000.00	1.00	2014.09.10	5.8500	到期一次付息
123443	13 银河 03	2500.00	1.00	2014.09.11	5.8500	到期一次付息
123445	13 证金 27	1000.00	.50	2014.03.06	5.5000	到期一次付息

债券基本信息 List of Bonds

债券 Bond

债券代码 Code	债券简称 Securities	发行数量 (百万) Issued Val(M)	年限 Terms	到期日 Expiration Date	票面利率(%) Coupon Rate(%)	付息方式 Way of Interest
123451	13 证金 23	1300.00	.50	2014.02.27	5.5000	到期一次付息
123459	12 申万债	6000.00	6.00	2019.07.29	5.2000	按年付息
123460	13 中金债	3000.00	6.00	2019.07.25	6.0000	按年付息
123463	13 国君 01	5000.00	2.00	2015.07.29	5.1000	按年付息
123464	13 国君债	3000.00	4.00	2017.07.09	6.0000	按年付息
123466	13 华融债	1500.00	4.00	2017.07.10	6.2500	按年付息
123470	13 民族债	500.00	1.00	2014.06.07	6.5000	按半年付息
123481	12 国寿财	2000.00	10.00	2022.09.25	4.6300	按年付息
123482	12 平安财	3000.00	10.00	2022.12.28	4.6500	按年付息
123485	12 人寿 02	10000.00	10.00	2022.11.05	4.5800	按年付息
123486	12 新华债	10000.00	10.00	2022.07.18	4.6000	按年付息
123487	12 人寿 01	28000.00	10.00	2022.06.29	4.7000	按年付息
123488	12 平安债	9000.00	10.00	2022.05.30	5.0000	按年付息
123489	11 新华债	5000.00	10.00	2021.09.29	5.7000	按年付息
123490	11 中银债	1400.00	10.00	2021.10.28	6.5000	按年付息
123491	11 平安债	4000.00	10.00	2021.09.29	5.7000	按年付息
123492	11 人寿债	30000.00	10.00	2021.10.26	5.5000	按年付息
123493	11 泰康 01	1000.00	10.00	2021.05.27	5.3900	按年付息
123494	11 泰康 02	1000.00	10.00	2021.06.01	5.3900	按年付息
123495	11 国君债	3000.00	6.00	2017.01.28	5.5000	按年付息
123496	10 泰康 1	1000.00	10.00	2020.09.16	4.5500	按年付息
123497	10 泰康 2	1000.00	10.00	2020.09.16	4.5500	按年付息
123498	10 泰康 3	1000.00	10.00	2020.09.16	4.5500	按年付息
123499	10 泰康 4	1000.00	10.00	2020.09.16	4.5500	按年付息
123500	PR 隧道 01	109.00	.78	2014.02.21	5.1000	按半年付息
123501	13 隧道 02	359.00	3.78	2017.02.21	5.6300	按半年付息
123503	13 汇元 A1	310.00	.25	2014.03.04	6.6000	到期一次付息
123504	PR 汇元 A2	540.00	.75	2014.09.04	6.9000	按三个月付息
123505	13 汇元 A3	130.00	1.00	2014.12.04	7.0000	按三个月付息
123506	PR 汇元 A4	20.00	1.00	2014.12.04	7.0000	按三个月付息
124000	12 奉投资	1000.00	7.00	2019.09.24	7.4500	按年付息
124001	12 漯城投	1200.00	7.00	2019.10.30	6.9900	按年付息
124002	12 蒙高路	1500.00	7.00	2019.11.12	5.9000	按年付息
124003	12 珠水务	500.00	6.00	2018.08.27	5.3000	按年付息
124004	12 盐城南	1500.00	7.00	2019.10.26	6.9300	按年付息
124005	12 昆创控	1800.00	7.00	2019.11.07	6.2800	按年付息
124006	12 绍城投	1300.00	7.00	2019.11.09	6.4000	按年付息
124007	12 西电梯	500.00	6.00	2018.11.09	5.7500	按年付息
124008	12 国奥投	400.00	6.00	2018.10.29	6.8900	按年付息
124009	12 渝惠农	1000.00	7.00	2019.09.06	7.3500	按年付息
124010	12 鸡国资	1200.00	7.00	2019.11.08	7.1800	按年付息
124011	12 锡科技	1800.00	6.00	2018.10.26	5.9800	按年付息
124012	12 高密 01	800.00	7.00	2019.11.15	6.7000	按年付息
124013	12 高密 02	400.00	6.00	2018.11.15	6.7500	按年付息
124014	12 筑住投	1600.00	7.00	2019.11.06	6.7000	按年付息
124015	12 筑工投	1700.00	7.00	2019.11.19	6.5000	按年付息
124016	12 常德源	700.00	6.00	2018.10.18	7.1800	按年付息
124017	12 伊国资	1200.00	6.00	2018.11.19	6.7000	按年付息
124018	12 昌经投	500.00	8.00	2020.10.30	7.3500	按年付息
124019	12 湘昭投	800.00	6.00	2018.12.12	7.0000	按年付息

债券基本信息
List of Bonds

债券代码 Code	债券简称 Securities	发行数量 (百万) Issued Val(M)	年限 Terms	到期日 Expiration Date	票面利率(%) Coupon Rate(%)	付息方式 Way of Interest
124020	12 辽城经	1500.00	7.00	2019.11.13	7.1000	按年付息
124021	12 潍东兴	1300.00	7.00	2019.11.20	6.8800	按年付息
124022	12 韶金叶	1400.00	7.00	2019.10.18	7.3000	按年付息
124023	12 滁城投	1500.00	7.00	2019.11.23	6.8100	按年付息
124024	12 青投资	600.00	10.00	2022.10.08	7.0800	按年付息
124025	12 池城投	900.00	7.00	2019.10.17	7.1700	按年付息
124026	12 川广元	800.00	7.00	2019.11.26	7.2500	按年付息
124027	12 瑞国投	700.00	7.00	2019.11.26	6.9300	按年付息
124028	12 诸城投	1300.00	7.00	2019.11.29	6.8000	按年付息
124029	12 玉城投	800.00	7.00	2019.11.26	6.8800	按年付息
124030	12 宁城投	2300.00	6.00	2018.11.26	5.6800	按年付息
124031	12 豫铁投	2800.00	10.00	2022.11.19	6.3800	按年付息
124032	12 宜建投	1000.00	7.00	2019.11.08	6.8500	按年付息
124033	12 苏城投	2000.00	7.00	2019.10.25	5.7900	按年付息
124034	12 郑城投	1600.00	7.00	2019.12.03	6.3700	按年付息
124035	12 沭金源	1000.00	7.00	2019.12.03	6.5000	按年付息
124036	12 张经开	1000.00	7.00	2019.11.16	6.9800	按年付息
124037	12 渝江北	1800.00	7.00	2019.10.16	7.2000	按年付息
124038	12 远洲控	500.00	7.00	2019.12.04	6.9000	按年付息
124039	12 渝江津	1300.00	7.00	2019.09.21	7.4600	按年付息
124040	12 绍迪荡	1000.00	6.00	2018.12.05	6.7500	按年付息
124041	12 宿水务	800.00	7.00	2019.12.04	6.5500	按年付息
124042	12 鄂旅投	800.00	7.00	2019.10.29	6.8800	按年付息
124043	12 深立业	1000.00	6.00	2018.12.03	6.3000	按年付息
124044	12 联想债	2300.00	10.00	2022.11.30	5.7000	按年付息
124045	12 嘉经开	800.00	7.00	2019.12.03	7.0500	按年付息
124046	12 濮建投	500.00	7.00	2019.10.29	6.9800	按年付息
124047	12 黔宏升	1400.00	7.00	2019.11.22	6.9900	按年付息
124048	12 平国资	1200.00	7.00	2019.11.13	6.8500	按年付息
124049	12 营沿海	1600.00	7.00	2019.11.16	7.0800	按年付息
124050	12 榆城投	1500.00	6.00	2018.12.04	6.8100	按年付息
124051	12 庆高新	1200.00	7.00	2019.12.05	6.8800	按年付息
124052	12 昆产投	2000.00	7.00	2019.10.23	6.4600	按年付息
124053	12 营口港	2200.00	8.00	2020.11.13	5.6000	按年付息
124054	12 株云龙	1000.00	7.00	2019.11.19	6.7800	按年付息
124055	12 蓉高投	700.00	7.00	2019.11.20	6.2800	按年付息
124056	12 启国投	1500.00	10.00	2022.11.20	7.3000	按年付息
124057	12 汕城开	1300.00	10.00	2022.03.23	8.5700	按年付息
124058	12 萍乡债	1200.00	7.00	2019.12.10	6.8900	按年付息
124059	12 临城发	1500.00	7.00	2019.12.12	6.6800	按年付息
124060	12 驻投资	1300.00	7.00	2019.11.26	6.9500	按年付息
124061	12 沛国资	1000.00	7.00	2019.12.06	7.2000	按年付息
124062	12 冀顺德	1000.00	7.00	2019.12.05	6.9800	按年付息
124063	12 国网 03	5000.00	7.00	2019.11.20	4.8000	按年付息
124064	12 国网 04	5000.00	10.00	2022.11.20	5.0000	按年付息
124065	12 津开 01	1850.00	7.00	2019.12.03	6.2000	按年付息
124066	12 津开 02	450.00	10.00	2022.12.03	6.5000	按年付息
124070	12 新城投	1500.00	7.00	2019.12.13	7.0800	按年付息
124071	12 鹰投融	1400.00	10.00	2022.12.12	7.5000	按年付息
124072	12 曲公路	1400.00	7.00	2019.10.26	7.2300	按年付息

债券基本信息 List of Bonds

债券代码 Code	债券简称 Securities	发行数量(百万) Issued Val(M)	年限 Terms	到期日 Expiration Date	票面利率(%) Coupon Rate(%)	付息方式 Way of Interest
124073	12 吉华债	1000.00	7.00	2019.12.12	7.3700	按年付息
124074	12 张公经	1200.00	7.00	2019.11.27	6.4300	按年付息
124075	12 淮建投	1800.00	6.00	2018.12.17	6.6800	按年付息
124076	12 金湖债	800.00	6.00	2018.12.07	7.7600	按年付息
124077	12 榕建工	500.00	7.00	2019.12.10	6.8000	按年付息
124078	12 云城建	500.00	6.00	2018.10.24	7.1500	按年付息
124079	12 保国资	800.00	7.00	2019.12.10	7.3000	按年付息
124080	12 苏海投	1000.00	7.00	2019.11.07	7.2000	按年付息
124081	12 长先导	1800.00	7.00	2019.12.10	6.7000	按年付息
124082	12 青国信	2000.00	10.00	2022.12.12	6.4000	按年付息
124083	12 黄城投	1000.00	7.00	2019.10.19	7.1000	按年付息
124084	12 沪临港	700.00	7.00	2019.12.10	6.0900	按年付息
124085	12 沪金投	900.00	7.00	2019.12.21	6.6000	按年付息
124086	12 诸建投	1600.00	7.00	2019.12.19	6.9200	按年付息
124087	12 芜新马	800.00	7.00	2019.11.14	7.1800	按年付息
124088	12 东台债	1500.00	7.00	2019.12.26	7.1000	按年付息
124089	12 赣开债	1800.00	6.00	2018.12.26	6.7000	按年付息
124090	12 遵国投	2000.00	7.00	2019.12.26	6.9800	按年付息
124091	12 渝兴债	1200.00	7.00	2019.12.10	7.3000	按年付息
124092	12 鄂华研	1200.00	6.00	2018.12.17	7.8800	按年付息
124093	12 喀城投	800.00	7.00	2019.11.27	7.1800	按年付息
124094	12 甬交投	800.00	10.00	2022.12.21	6.4000	按年付息
124095	12 六开投	1600.00	7.00	2019.12.03	6.9700	按年付息
124096	12 淮城资	1500.00	7.00	2019.12.26	6.8700	按年付息
124097	12 宝投资	1000.00	6.00	2018.12.26	7.1400	按年付息
124098	12 达投资	1000.00	7.00	2019.12.25	6.9900	按年付息
124099	12 德建投	1000.00	7.00	2019.12.26	6.9900	按年付息
124100	12 石国投	800.00	7.00	2019.09.13	7.4000	按年付息
124101	12 赣高速	1200.00	5.00	2017.12.03	5.5000	按年付息
124102	12 滇祥航	700.00	7.00	2019.12.14	7.2900	按年付息
124103	13 同创债	800.00	7.00	2020.01.09	7.0500	按年付息
124104	12 巢城投	1200.00	7.00	2019.12.24	7.0000	按年付息
124105	12 愉悦债	300.00	6.00	2018.12.20	7.1500	按年付息
124106	12 邯郸债	2000.00	7.00	2019.12.24	7.0500	按年付息
124107	12 洛城投	1200.00	7.00	2019.12.31	6.8900	按年付息
124108	12 吴经开	1500.00	7.00	2019.12.27	6.8800	按年付息
124110	13 宁新开	700.00	7.00	2020.01.08	6.8000	按年付息
124111	12 长城建	1000.00	7.00	2019.11.30	6.8000	按年付息
124112	13 豫盛润	1100.00	6.00	2019.01.10	7.3900	按年付息
124113	12 渝出版	400.00	7.00	2019.11.23	6.1800	按年付息
124114	12 大丰债	1000.00	7.00	2019.12.13	7.0800	按年付息
124116	12 渝北飞	1000.00	7.00	2019.12.25	7.1300	按年付息
124117	12 宜城投	1800.00	7.00	2019.12.31	6.7600	按年付息
124118	12 香兴中	700.00	7.00	2019.12.31	5.9500	按年付息
124119	12 环太湖	1200.00	7.00	2019.11.28	6.7000	按年付息
124120	12 泉台商	1000.00	7.00	2019.12.10	7.0800	按年付息
124121	12 盘江债	800.00	7.00	2019.12.28	5.6300	按年付息
124122	13 抚城投	1200.00	7.00	2020.01.16	6.7800	按年付息
124123	13 南城投	1300.00	7.00	2020.02.20	6.1900	按年付息
124124	12 双鸭山	1000.00	7.00	2019.12.25	6.5500	按年付息

债券基本信息 List of Bonds

债券 Bond

债券代码 Code	债券简称 Securities	发行数量 (百万) Issued Val(M)	年限 Terms	到期日 Expiration Date	票面利率(%) Coupon Rate(%)	付息方式 Way of Interest
124125	13 温经开	1000.00	7.00	2020.01.15	6.4900	按年付息
124126	12 柳城投	1500.00	10.00	2022.12.31	7.1800	按年付息
124127	12 黄国资	1000.00	6.00	2018.12.17	6.8500	按年付息
124128	12 萧经开	1400.00	6.00	2018.12.26	6.7000	按年付息
124129	12 泉石建	1000.00	7.00	2019.04.16	8.4000	按年付息
124130	13 陕东岭	700.00	10.00	2023.01.15	6.9800	按年付息
124131	13 安国资	800.00	7.00	2020.01.10	6.9800	按年付息
124132	13 巩义债	1000.00	7.00	2020.01.18	6.7000	按年付息
124133	12 宁宝源	400.00	7.00	2019.11.19	7.2000	按年付息
124134	13 泉城投	1700.00	7.00	2020.01.11	6.4800	按年付息
124135	13 滇公投	2000.00	6.00	2019.01.11	6.0500	按年付息
124136	13 太城投	1600.00	7.00	2020.01.11	6.7500	按年付息
124137	13 赣发投	1500.00	7.00	2020.01.18	6.6000	按年付息
124138	12 长城投	1800.00	7.00	2019.04.24	6.9500	按年付息
124139	13 通港闸	1200.00	7.00	2020.01.09	7.1500	按年付息
124140	13 沧建投	1200.00	7.00	2020.01.23	6.7200	按年付息
124141	13 浙吉利	1200.00	7.00	2020.01.24	5.9000	按年付息
124142	13 渝三峡	1000.00	6.00	2019.01.23	6.4000	按年付息
124143	13 泰投资	1800.00	7.00	2020.01.25	6.7600	按年付息
124144	13 蓉城投	2000.00	7.00	2020.01.14	6.1800	按年付息
124145	13 蓉兴城	2000.00	7.00	2020.01.28	6.1700	按年付息
124146	13 海发控	2500.00	7.00	2020.01.24	5.5000	按年付息
124147	13 甬东投	1500.00	7.00	2020.01.21	6.4500	按年付息
124148	13 金灌债	1000.00	6.00	2019.01.28	6.4000	按年付息
124149	13 镇水投	1400.00	7.00	2020.01.30	6.6000	按年付息
124150	13 南发展	2000.00	7.00	2020.01.28	6.6900	按年付息
124151	13 长兴岛	1800.00	7.00	2020.01.25	6.6000	按年付息
124152	13 宁禄口	1600.00	10.00	2023.01.29	5.1500	按年付息
124153	13 国网 01	10000.00	7.00	2020.01.23	4.7500	按年付息
124154	13 国网 02	10000.00	15.00	2028.01.23	5.1000	按年付息
124155	13 渭城投	1200.00	7.00	2020.01.15	6.6900	按年付息
124156	13 涪国资	1700.00	7.00	2020.01.21	6.3900	按年付息
124158	13 锡东城	1500.00	7.00	2020.01.28	6.6500	按年付息
124159	13 绍城改	1200.00	7.00	2020.01.24	6.5000	按年付息
124160	13 蓬莱阁	800.00	8.00	2021.01.30	6.8000	按年付息
124161	13 瑞水泥	2000.00	8.00	2021.02.04	7.1000	按年付息
124162	13 济高新	1200.00	7.00	2020.01.28	6.6000	按年付息
124163	13 蓉文旅	500.00	7.00	2020.02.19	6.5000	按年付息
124164	13 建城投	1000.00	7.00	2020.02.22	6.5000	按年付息
124165	13 洪市政	1200.00	7.00	2020.02.25	5.8800	按年付息
124166	13 江滨投	1200.00	7.00	2020.02.28	6.6000	按年付息
124167	13 滇投债	1200.00	7.00	2020.02.01	6.5000	按年付息
124168	13 绍中城	1500.00	6.00	2019.02.26	6.3000	按年付息
124169	13 华峰债	800.00	7.00	2020.02.26	6.8500	按年付息
124170	13 厦杏林	500.00	7.00	2020.02.22	6.6000	按年付息
124171	13 长投建	1300.00	7.00	2020.02.26	6.4600	按年付息
124172	13 常城投	1500.00	7.00	2020.02.25	6.5000	按年付息
124173	13 陕有色	1500.00	6.00	2019.02.26	4.8800	按年付息
124174	13 吉城债	1800.00	7.00	2020.02.26	6.3400	按年付息
124175	13 湘高新	800.00	7.00	2020.01.15	6.9000	按年付息

债券基本信息 List of Bonds

债券代码 Code	债券简称 Securities	发行数量(百万) Issued Val(M)	年限 Terms	到期日 Expiration Date	票面利率(%) Coupon Rate(%)	付息方式 Way of Interest
124176	13 武地铁	2000.00	7.00	2020.02.04	5.7000	按年付息
124177	13 乌高新	1000.00	7.00	2020.03.05	6.1800	按年付息
124178	13 集城投	800.00	7.00	2020.03.19	6.8800	按年付息
124179	13 广越秀	2800.00	7.00	2020.02.28	5.2000	按年付息
124180	13 綦东开	1200.00	7.00	2020.01.29	6.7500	按年付息
124181	13 余开投	1000.00	7.00	2020.03.04	6.7500	按年付息
124182	13 精控债	450.00	5.00	2018.03.05	6.5000	按年付息
124183	13 津广成	1500.00	10.00	2023.02.22	6.9700	按年付息
124184	13 京投债	2800.00	10.00	2023.03.11	5.0400	按年付息
124185	13 海宁债	1500.00	7.00	2020.03.06	6.0800	按年付息
124187	13 泰矿债	900.00	7.00	2020.03.12	5.8000	按年付息
124188	13 邹城资	1200.00	6.00	2019.03.12	6.1800	按年付息
124189	13 大旅游	800.00	7.00	2020.03.07	6.5000	按年付息
124190	13 奉南城	650.00	7.00	2020.03.05	6.2500	按年付息
124191	13 杭高新	500.00	7.00	2020.01.28	6.4500	按年付息
124192	13 邗城建	1300.00	7.00	2020.03.12	6.2000	按年付息
124193	13 文城资	700.00	7.00	2020.03.06	6.3800	按年付息
124194	13 滨海 01	2000.00	5.00	2018.03.13	5.0000	按年付息
124195	13 滨海 02	3000.00	7.00	2020.03.13	5.1900	按年付息
124196	13 烟城建	2000.00	7.00	2020.03.14	5.9900	按年付息
124197	10 朝资 01	1000.00	6.00	2016.02.01	4.9100	按年付息
124198	10 朝资 02	1500.00	7.00	2017.02.01	4.5300	按年付息
124199	13 泰交债	800.00	7.00	2020.03.11	6.1500	按年付息
124200	13 自高新	1000.00	7.00	2020.03.13	6.3000	按年付息
124201	13 南高速	1500.00	7.00	2020.01.28	6.6900	按年付息
124202	13 平潭债	1200.00	7.00	2020.03.15	6.5800	按年付息
124203	13 浔富和	900.00	6.00	2019.03.19	6.1000	按年付息
124204	13 津城投	8000.00	10.00	2023.02.26	5.7000	按年付息
124205	13 余创债	1200.00	7.00	2020.03.18	6.5000	按年付息
124206	13 祥源债	600.00	7.00	2020.02.26	6.8500	按年付息
124207	13 巴城投	1800.00	7.00	2020.03.15	6.4000	按年付息
124208	13 西投债	700.00	10.00	2023.03.19	6.1800	按年付息
124209	13 三门峡	1300.00	7.00	2020.01.29	6.6800	按年付息
124210	13 皋投债	1200.00	7.00	2020.02.01	6.7000	按年付息
124211	13 甘投债	800.00	7.00	2020.03.06	5.4000	按年付息
124212	13 益高新	1500.00	7.00	2020.03.13	6.7000	按年付息
124213	13 德清债	1000.00	7.00	2020.02.22	6.4000	按年付息
124214	13 河城投	1000.00	7.00	2020.03.19	6.5500	按年付息
124215	13 九国资	900.00	7.00	2020.03.07	6.6800	按年付息
124216	12 新查矿	600.00	7.00	2019.12.13	7.2000	按年付息
124217	13 西高新	1500.00	6.00	2019.02.26	5.7000	按年付息
124218	13 三福船	700.00	6.00	2019.03.27	6.9000	按年付息
124219	13 荣经开	1000.00	7.00	2020.03.18	6.4500	按年付息
124220	13 晋能交	1000.00	7.00	2020.03.08	5.2900	按年付息
124221	13 武地产	1600.00	6.00	2019.03.22	5.9000	按年付息
124222	13 京粮食	700.00	6.00	2019.03.20	5.0500	按年付息
124223	13 微山矿	850.00	7.00	2020.03.13	6.1500	按年付息
124224	13 朝国资	1600.00	7.00	2020.03.27	5.2500	按年付息
124225	13 阿城投	1000.00	7.00	2020.03.14	6.4000	按年付息
124226	13 闽兴杭	1200.00	6.00	2019.03.26	6.2000	按年付息

债券基本信息
List of Bonds

债券代码 Code	债券简称 Securities	发行数量(百万) Issued Val(M)	年限 Terms	到期日 Expiration Date	票面利率(%) Coupon Rate(%)	付息方式 Way of Interest
124227	13 宁国 01	3500.00	7.00	2020.03.06	5.4000	按年付息
124228	13 宁国 02	3000.00	10.00	2023.03.06	5.6000	按年付息
124229	13 晋公投	800.00	7.00	2020.03.18	6.5000	按年付息
124230	12 蓉兴锦	800.00	7.00	2019.11.27	7.3000	按年付息
124231	13 临海投	1200.00	7.00	2020.03.21	6.3000	按年付息
124232	13 苏海发	1000.00	10.00	2023.03.29	7.2900	按年付息
124234	13 鹏铁 01	5000.00	10.00	2023.03.25	5.4000	按年付息
124235	13 清河投	700.00	7.00	2020.01.24	6.6800	按年付息
124236	12 马经开	800.00	7.00	2019.12.20	7.1000	按年付息
124238	13 通辽投	1600.00	7.00	2020.04.09	6.6400	按年付息
124239	13 鄞城投	600.00	7.00	2020.03.18	6.5000	按年付息
124240	13 合工投	1000.00	7.00	2020.03.20	6.3000	按年付息
124241	13 烟开发	800.00	7.00	2020.04.10	5.7000	按年付息
124242	13 营经开	900.00	7.00	2020.04.08	6.1700	按年付息
124243	13 常高新	1600.00	7.00	2020.03.21	6.1800	按年付息
124244	13 番交投	1100.00	6.00	2019.04.12	6.3000	按年付息
124245	13 杭运河	1000.00	7.00	2020.04.02	6.0000	按年付息
124246	13 溧城发	1200.00	7.00	2020.03.08	6.2000	按年付息
124247	13 绍交投	1500.00	7.00	2020.03.04	6.0000	按年付息
124248	13 京歌华	600.00	7.00	2020.03.21	5.9800	按年付息
124249	13 大城投	1500.00	7.00	2020.02.21	6.5800	按年付息
124250	13 宿建投	1500.00	7.00	2020.04.17	6.4000	按年付息
124251	13 鲁信投	1000.00	7.00	2020.04.17	5.0000	按年付息
124252	13 邯交通	1000.00	8.00	2021.04.18	5.7000	按年付息
124253	13 新乡投	900.00	7.00	2020.04.15	5.8500	按年付息
124254	13 常熟发	1000.00	7.00	2020.04.19	5.8000	按年付息
124255	13 浙新昌	1200.00	7.00	2020.04.24	6.6000	按年付息
124256	13 苏泊尔	300.00	7.00	2020.04.11	6.5000	按年付息
124257	13 海浆纸	1200.00	7.00	2020.04.15	6.1000	按年付息
124258	13 潞矿 01	3000.00	10.00	2023.04.25	5.1500	按年付息
124259	13 潞矿 02	1000.00	10.00	2023.04.25	5.1000	按年付息
124260	13 遂发展	600.00	7.00	2020.04.25	6.6200	按年付息
124261	13 鞍城投	2000.00	7.00	2020.04.25	6.3900	按年付息
124262	13 楚雄投	2000.00	7.00	2020.03.29	6.6000	按年付息
124263	13 临国资	500.00	7.00	2020.04.11	6.5800	按年付息
124264	13 晋城投	1600.00	7.00	2020.04.26	6.3500	按年付息
124265	13 红河路	500.00	7.00	2020.05.06	6.2700	按年付息
124266	13 哈水投	1500.00	7.00	2020.05.06	5.7000	按年付息
124267	13 金坛投	1000.00	7.00	2020.04.26	6.3800	按年付息
124268	13 渝南发	1800.00	7.00	2020.04.27	6.4300	按年付息
124269	13 渝大足	1200.00	7.00	2020.04.26	6.7500	按年付息
124270	13 渝万盛	1300.00	7.00	2020.04.17	6.3900	按年付息
124271	13 金外滩	500.00	7.00	2020.04.24	6.3500	按年付息
124272	13 绥芬河	1000.00	7.00	2020.04.28	6.6000	按年付息
124273	13 翔宇债	500.00	7.00	2020.02.27	7.3000	按年付息
124274	13 徽南翔	300.00	6.00	2019.04.11	6.9500	按年付息
124275	13 龙岗投	1000.00	6.00	2019.03.27	6.1800	按年付息
124276	13 津滨投	550.00	7.00	2020.04.26	6.7900	按年付息
124277	13 大丰港	800.00	7.00	2020.05.08	6.1800	按年付息
124278	13 渝双桥	1000.00	7.00	2020.04.26	6.7500	按年付息

债券基本信息 List of Bonds

债券 Bond

债券代码 Code	债券简称 Securities	发行数量 (百万) Issued Val(M)	年限 Terms	到期日 Expiration Date	票面利率(%) Coupon Rate(%)	付息方式 Way of Interest
124279	13 海拉尔	800.00	7.00	2020.05.14	6.2000	按年付息
124280	13 通经开	800.00	7.00	2020.05.17	5.8000	按年付息
124281	13 石地产	2200.00	7.00	2020.05.15	5.6500	按年付息
124283	13 武新港	800.00	7.00	2020.04.18	5.8900	按年付息
124284	13 琼洋浦	800.00	7.00	2020.03.11	6.4000	按年付息
124285	13 同煤集	5400.00	15.00	2028.04.24	5.2000	按年付息
124286	13 海航债	1150.00	7.00	2020.04.15	6.6000	按年付息
124287	13 金特债	550.00	7.00	2020.05.23	6.1000	按年付息
124288	13 光谷联	600.00	6.00	2019.10.23	7.3500	按年付息
124289	13 丽城投	1000.00	7.00	2020.05.23	6.0000	按年付息
124290	13 长轨交	2500.00	10.00	2023.04.23	6.2000	按年付息
124291	13 兖城投	1000.00	8.00	2021.05.28	5.9000	按年付息
124292	13 溧城建	1000.00	7.00	2020.05.29	5.8000	按年付息
124293	13 农六师	500.00	7.00	2020.05.23	6.1000	按年付息
124294	13 苏华靖	1200.00	7.00	2020.05.16	6.0000	按年付息
124295	13 宁铁路	1300.00	7.00	2020.06.04	5.3000	按年付息
124296	13 盛江泉	600.00	7.00	2020.05.31	6.7000	按年付息
124297	13 桐乡投	1300.00	7.00	2020.05.16	6.1000	按年付息
124298	13 临汾投	1500.00	7.00	2020.05.23	6.2000	按年付息
124299	13 西经开	600.00	7.00	2020.06.04	5.9000	按年付息
124300	13 云投控	700.00	5.00	2018.05.24	5.3700	按年付息
124301	13 日照债	800.00	7.00	2020.06.06	5.8000	按年付息
124302	12 桂交投	2000.00	10.00	2022.12.11	6.2000	按年付息
124303	13 咸荣盛	1500.00	7.00	2020.06.05	5.8000	按年付息
124304	13 合川投	1000.00	7.00	2020.06.17	6.1900	按年付息
124305	13 瓦国资	1500.00	7.00	2020.06.20	6.2000	按年付息
124306	13 鄂三宁	500.00	6.00	2019.06.18	5.3400	按年付息
124307	13 安经开	600.00	7.00	2020.06.18	6.0000	按年付息
124308	13 眉宏大	1600.00	7.00	2020.06.19	6.5600	按年付息
124309	13 弘燃气	700.00	7.00	2020.06.20	6.4900	按年付息
124310	13 洪水利	1500.00	7.00	2020.06.21	6.2800	按年付息
124311	13 弘湘资	1600.00	7.00	2020.06.19	6.2000	按年付息
124312	13 景德镇	1200.00	7.00	2020.06.25	6.5900	按年付息
124313	13 苏家屯	1300.00	7.00	2020.06.20	6.4000	按年付息
124314	13 筑铁路	1000.00	7.00	2020.06.18	6.2000	按年付息
124315	13 瓯交投	1000.00	7.00	2020.04.22	6.0500	按年付息
124316	13 新郑投	1500.00	6.00	2019.06.28	6.5200	按年付息
124317	13 华发集	800.00	6.00	2019.06.05	5.5000	按年付息
124318	13 滨城投	1100.00	7.00	2020.07.12	6.1500	按年付息
124319	13 昌国资	1500.00	6.00	2019.06.03	6.0000	按年付息
124321	13 岳城投	1800.00	7.00	2020.07.12	6.0500	按年付息
124322	13 南城发	1200.00	6.00	2019.07.17	6.5000	按年付息
124323	13 新天治	1500.00	7.00	2020.07.17	6.3000	按年付息
124324	13 白银城	1300.00	7.00	2020.07.19	6.7800	按年付息
124325	13 京生物	600.00	7.00	2020.07.23	6.3500	按年付息
124326	13 郑建投	700.00	7.00	2020.07.17	5.9800	按年付息
124327	13 中电投	2000.00	10.00	2023.07.22	5.2000	按年付息
124329	12 惠国投	800.00	7.00	2019.10.15	7.5000	按年付息
124330	13 龙工贸	800.00	8.00	2021.03.11	6.0800	按年付息
124332	13 湘振湘	1800.00	7.00	2020.08.07	6.6000	按年付息

债券基本信息 List of Bonds

债券代码 Code	债券简称 Securities	发行数量 (百万) Issued Val(M)	年限 Terms	到期日 Expiration Date	票面利率(%) Coupon Rate(%)	付息方式 Way of Interest
124333	13 铜城建	1600.00	7.00	2020.08.08	6.6000	按年付息
124334	13 博国资	900.00	7.00	2020.08.09	7.1800	按年付息
124335	13 海国资	1600.00	7.00	2020.08.07	5.5000	按年付息
124336	13 渝地产	1800.00	7.00	2020.08.22	6.3000	按年付息
124337	13 铜建投	1500.00	7.00	2020.08.26	6.9800	按年付息
124338	13 闽经开	1800.00	7.00	2020.08.06	6.7000	按年付息
124339	13 渝城投	2200.00	7.00	2020.05.21	5.1200	按年付息
124340	13 张保债	1100.00	7.00	2020.08.23	7.1000	按年付息
124341	13 吐番资	800.00	6.00	2019.08.09	7.2000	按年付息
124342	13 黔南资	1500.00	7.00	2020.09.04	6.9000	按年付息
124343	13 阳江债	1000.00	7.00	2020.09.09	6.8500	按年付息
124344	13 沪南房	400.00	6.00	2019.09.09	6.7000	按年付息
124345	13 京煤债	1400.00	7.00	2020.09.09	6.1400	按年付息
124346	13 乳国资	1300.00	7.00	2020.09.11	6.9000	按年付息
124347	13 石建投	500.00	7.00	2020.09.09	6.7000	按年付息
124348	13 京谷财	600.00	7.00	2020.09.06	6.6000	按年付息
124349	13 福东海	1000.00	7.00	2020.09.13	7.0900	按年付息
124350	13 晋煤运	2500.00	10.00	2023.01.28	5.2500	按年付息
124351	13 克州债	900.00	7.00	2020.09.16	7.1500	按年付息
124352	13 平凉债	1000.00	7.00	2020.09.17	7.1000	按年付息
124353	13 商洛 01	1000.00	7.00	2020.09.09	7.0500	按年付息
124354	13 商洛 02	500.00	6.00	2019.09.09	6.7500	按年付息
124355	13 洼城投	1300.00	7.00	2020.09.17	7.2500	按年付息
124356	13 珠汇华	1500.00	7.00	2020.09.17	7.1500	按年付息
124357	13 津房开	700.00	7.00	2020.08.06	5.8800	按年付息
124358	13 蚌城投	1600.00	7.00	2020.09.11	6.3000	按年付息
124359	13 三明投	1800.00	7.00	2020.03.05	6.4000	按年付息
124360	13 成阿债	800.00	7.00	2020.09.12	7.1800	按年付息
124361	13 京科城	1100.00	6.00	2019.09.22	6.2800	按年付息
124362	13 钦滨海	900.00	7.00	2020.08.27	7.0000	按年付息
124363	13 郑投资	1800.00	7.00	2020.09.24	6.4500	按年付息
124364	13 临尧都	1500.00	7.00	2020.09.27	6.9900	按年付息
124365	13 昌润债	600.00	7.00	2020.09.16	6.8800	按年付息
124366	13 汇丰投	1000.00	7.00	2020.10.11	7.0600	按年付息
124367	13 锡城发	1500.00	7.00	2020.10.11	6.1000	按年付息
124368	13 郑交投	1800.00	7.00	2020.10.14	6.3000	按年付息
124369	13 吴城投	1000.00	7.00	2020.10.12	7.1800	按年付息
124370	13 虞新区	1800.00	7.00	2020.10.11	6.9500	按年付息
124372	09 海投债	600.00	7.00	2016.04.30	5.8800	按年付息
124373	13 平天湖	1000.00	7.00	2020.10.23	7.4000	按年付息
124374	13 塔国资	1500.00	6.00	2019.10.16	7.4900	按年付息
124375	13 鄂供销	600.00	6.00	2019.10.10	6.1800	按年付息
124376	13 渝物流	1500.00	7.00	2020.10.18	7.0800	按年付息
124377	13 渝碚城	900.00	7.00	2020.10.16	7.3000	按年付息
124378	13 湘九华	1800.00	7.00	2020.10.15	7.1500	按年付息
124379	13 许投资	1200.00	7.00	2020.10.16	6.9500	按年付息
124380	13 曹妃甸	2000.00	7.00	2020.10.15	7.5000	按年付息
124381	09 衡城投	1500.00	7.00	2016.11.16	7.0600	按年付息
124382	10 云建工	800.00	6.00	2016.11.19	6.8000	按年付息
124383	10 开元旅	500.00	6.00	2016.11.18	6.6000	按年付息

债券基本信息
List of Bonds

债券代码 Code	债券简称 Securities	发行数量 (百万) Issued Val(M)	年限 Terms	到期日 Expiration Date	票面利率(%) Coupon Rate(%)	付息方式 Way of Interest
124384	13 雅发投	1500.00	7.00	2020.09.13	7.0000	按年付息
124385	13 龙岩汇	1100.00	7.00	2020.10.18	7.1000	按年付息
124386	13 新沂债	1500.00	7.00	2020.10.15	7.3900	按年付息
124387	13 湛基投	1200.00	7.00	2020.10.21	6.9300	按年付息
124388	13 任城债	600.00	7.00	2020.10.18	7.3000	按年付息
124389	13 资水务	1800.00	7.00	2020.10.21	7.4000	按年付息
124390	13 葫岛 01	1400.00	7.00	2020.10.18	7.0500	按年付息
124391	13 葫岛 02	400.00	10.00	2023.10.18	7.5000	按年付息
124392	13 荆门投	1600.00	7.00	2020.10.17	7.0000	按年付息
124393	13 连顺兴	1200.00	7.00	2020.10.18	6.9700	按年付息
124394	13 永城投	1000.00	7.00	2020.10.23	7.3000	按年付息
124395	13 堰城投	1600.00	7.00	2020.10.11	6.8800	按年付息
124396	13 姜发展	800.00	7.00	2020.09.03	7.1000	按年付息
124397	13 郫国投	1000.00	7.00	2020.10.15	7.2500	按年付息
124398	13 株城发	2000.00	7.00	2020.10.16	6.9500	按年付息
124399	13 郴高科	1800.00	7.00	2020.10.21	7.2500	按年付息
124400	13 渝双福	1200.00	7.00	2020.10.23	7.4900	按年付息
124401	13 冀广网	300.00	8.00	2021.10.23	6.4500	按年付息
124402	13 丹投 01	800.00	7.00	2020.10.23	6.9000	按年付息
124403	13 丹投 02	800.00	6.00	2019.10.23	6.8100	按年付息
124404	13 怀化工	1200.00	7.00	2020.10.29	7.7000	按年付息
124405	13 宝工债	1000.00	7.00	2020.10.17	7.1000	按年付息
124406	13 荆经开	400.00	7.00	2020.12.09	8.2000	按年付息
124407	13 泰州债	1800.00	10.00	2023.10.16	6.9200	按年付息
124408	13 宛城投	1800.00	7.00	2020.10.24	7.0500	按年付息
124409	13 宿城投	1000.00	7.00	2020.10.29	6.8800	按年付息
124410	13 国网 03	5000.00	7.00	2020.10.23	5.5000	按年付息
124411	13 国网 04	5000.00	15.00	2028.10.23	5.7300	按年付息
124412	13 金利源	1000.00	7.00	2020.10.28	7.0000	按年付息
124413	13 寿城投	480.00	7.00	2020.10.18	7.1000	按年付息
124415	13 鄂投 01	500.00	10.00	2023.10.28	5.9800	按年付息
124416	13 鄂投 02	2500.00	15.00	2028.10.28	6.1800	按年付息
124417	13 江高新	950.00	7.00	2020.11.04	7.3900	按年付息
124418	13 永利债	500.00	6.00	2019.10.29	7.5000	按年付息
124419	13 乌兰察	2000.00	7.00	2020.10.31	7.7000	按年付息
124420	13 盐国资	1200.00	7.00	2020.09.04	7.0000	按年付息
124421	13 海新区	1300.00	7.00	2020.11.04	6.9000	按年付息
124422	13 崇明债	800.00	6.00	2019.11.06	7.1800	按年付息
124423	13 宜环科	1000.00	7.00	2020.10.18	7.1000	按年付息
124424	13 柳东城	1000.00	7.00	2020.10.29	7.4000	按年付息
124425	13 平国资	1300.00	7.00	2020.11.05	7.2500	按年付息
124426	13 澄港城	650.00	7.00	2020.11.07	7.1000	按年付息
124427	13 临河债	1000.00	7.00	2020.11.13	7.9000	按年付息
124428	13 粤垦债	1300.00	6.00	2019.11.15	7.0000	按年付息
124429	13 亭公投	1000.00	7.00	2020.11.15	7.9500	按年付息
124431	13 普兰 01	800.00	7.00	2020.11.19	7.6000	按年付息
124432	13 襄建投	1500.00	7.00	2020.11.11	7.3000	按年付息
124433	12 沪闵行	1600.00	7.00	2019.10.23	6.4800	按年付息
124435	13 邯城投	1800.00	7.00	2020.11.25	7.6000	按年付息
124437	13 津静海	1200.00	7.00	2020.11.26	7.9000	按年付息

债券基本信息 List of Bonds　　债券 Bond

债券代码 Code	债券简称 Securities	发行数量(百万) Issued Val(M)	年限 Terms	到期日 Expiration Date	票面利率(%) Coupon Rate(%)	付息方式 Way of Interest
124439	13 六安 01	600.00	7.00	2020.12.02	8.0000	按年付息
124441	13 库车 01	500.00	7.00	2020.12.09	7.9500	按年付息
124451	13 濮建投	500.00	7.00	2020.12.11	8.0000	按年付息
124999	13 武续债	2300.00	5.00	2018.10.29	8.5000	按年付息
125000	12 苏镀膜	50.00	2.00	2014.06.08	9.5000	按年付息
125002	12 宁水务	200.00	2.00	2014.06.11	9.4000	按年付息
125003	12 钱四桥	100.00	2.00	2014.06.11	9.3500	按年付息
125004	12 新宁债	100.00	2.00	2014.06.12	7.5000	按年付息
125005	12 同捷 01	100.00	3.00	2015.06.12	8.1500	按年付息
125006	12 凡登债	100.00	3.00	2015.06.12	10.5000	按年付息
125007	12 天科债	100.00	3.00	2015.06.12	7.3000	按年付息
125008	12 新丽债	100.00	2.00	2014.06.18	7.0000	按半年付息
125009	12 太子龙	100.00	3.00	2015.06.19	9.9900	按年付息
125011	12 优必胜	25.00	2.00	2014.06.29	9.7000	按年付息
125012	12 金泰 01	15.00	3.00	2015.07.10	9.0000	按年付息
125013	12 金泰 02	15.00	3.00	2015.07.10	11.0000	按年付息
125014	12 孚信债	100.00	2.00	2014.07.13	7.0000	按年付息
125015	12 天外债	200.00	3.00	2015.07.18	9.9000	按年付息
125016	12 江南债	50.00	2.00	2014.07.20	9.7000	按年付息
125017	12 中锐债	50.00	2.00	2014.08.01	8.6500	按年付息
125018	13 渝宏债	200.00	3.00	2016.03.18	12.0000	按年付息
125019	12 甬绿能	200.00	2.00	2014.08.10	7.2800	按年付息
125020	12 武广债	200.00	3.00	2015.08.15	8.2000	按半年付息
125021	12 同里债	100.00	2.00	2014.08.06	8.6000	按年付息
125022	12 五洲债	80.00	3.00	2015.08.02	8.6800	按年付息
125023	12 雅润债	30.00	2.00	2014.08.28	8.5000	按年付息
125024	12 星美债	200.00	3.00	2015.08.28	9.5000	按年付息
125025	12 漕湖债	150.00	2.00	2014.08.29	9.5000	按年付息
125026	12 金豪债	20.00	2.00	2014.09.14	7.9000	按年付息
125027	12 淹城债	200.00	3.00	2015.09.21	8.0000	按半年付息
125028	12 天楹 01	140.00	3.00	2015.09.27	9.0000	按年付息
125029	12 如顾庄	100.00	3.00	2015.10.10	9.8000	按年付息
125030	12 西游发	100.00	3.00	2015.10.10	8.5000	按年付息
125031	12 漕湖 02	50.00	2.00	2014.08.29	9.5000	按年付息
125032	12 杭益汽	200.00	2.00	2014.10.15	11.2000	按年付息
125033	12 金建设	200.00	3.00	2015.10.16	8.0000	按年付息
125034	PR 东钢构	200.00	2.00	2014.10.22	9.3000	按年付息
125035	12 湖上跃	70.00	3.00	2015.10.18	9.7000	按年付息
125036	12 苏东升	60.00	2.00	2014.11.06	7.9800	按半年付息
125037	12 华安达	20.00	2.00	2014.11.09	10.0000	按年付息
125038	12 京精英	100.00	3.00	2015.10.31	9.0000	按年付息
125039	12 沪奔腾	150.00	3.00	2015.10.19	11.0000	按年付息
125041	12 天捷 02	50.00	2.00	2014.11.05	9.0000	按半年付息
125042	12 孝昌杰	50.00	2.00	2014.09.24	9.5000	按年付息
125043	12 新达通	23.00	1.50	2014.05.14	10.0000	按年付息
125044	12 天楹 02	140.00	3.00	2015.11.15	9.0000	按年付息
125045	12 鄂华食	50.00	3.00	2015.11.14	9.9800	按年付息
125046	12 虞尚湖	200.00	3.00	2015.11.26	9.0000	按年付息
125047	12 德鑫泉	25.00	2.00	2014.11.16	8.2000	按年付息
125048	12 苏飞钻	100.00	2.00	2014.11.26	8.5000	按年付息

债券基本信息 List of Bonds

债券代码 Code	债券简称 Securities	发行数量 (百万) Issued Val(M)	年限 Terms	到期日 Expiration Date	票面利率(%) Coupon Rate(%)	付息方式 Way of Interest
125049	12 沙旅游	50.00	2.00	2014.11.29	8.8000	按年付息
125050	12 黄山头	190.00	3.00	2015.10.22	9.0000	按年付息
125051	12 津凯泰	250.00	3.00	2015.12.10	7.8000	按年付息
125053	12 香榭丽	50.00	3.00	2015.12.10	8.0000	按年付息
125054	12 琳桥债	200.00	3.00	2015.12.24	9.3000	按年付息
125057	12 中电投	140.00	3.00	2015.12.28	9.8000	按半年付息
125058	12 浙丰土	100.00	2.00	2014.12.27	8.4000	按年付息
125059	13 中河债	30.00	2.00	2015.01.17	9.8000	按年付息
125060	12 中昌债	150.00	3.00	2016.01.22	8.1000	按年付息
125061	12 金田 01	50.00	3.00	2016.01.18	9.0000	按年付息
125062	13 宁物流	200.00	3.00	2016.01.23	9.5500	按半年付息
125063	12 仪水务	200.00	3.00	2016.01.17	9.5000	按年付息
125064	12 沪三航	100.00	3.00	2016.01.28	11.0000	按年付息
125065	12 津天联	50.00	2.00	2015.01.29	9.0000	按半年付息
125066	12 华特斯	60.00	2.00	2015.01.23	11.0000	按半年付息
125067	13 威亨债	150.00	2.00	2015.01.21	8.5000	按年付息
125068	13 博润 01	350.00	3.00	2016.01.29	9.3000	按年付息
125069	13 瑞水 01	150.00	3.00	2016.01.28	8.1000	按年付息
125070	12 丰港债	200.00	2.00	2015.01.22	11.0000	按年付息
125071	13 鲁博特	30.00	3.00	2016.01.31	8.5000	按年付息
125072	12 南华 01	50.00	3.00	2015.12.10	9.5000	按年付息
125073	12 枣林湾	200.00	3.00	2016.02.06	9.5000	按年付息
125074	12 骆减震	50.00	2.00	2015.02.04	8.5000	按年付息
125075	13 泰医药	300.00	3.00	2016.02.01	9.5000	按年付息
125076	12 湖珍绒	200.00	3.00	2016.01.31	9.6000	按年付息
125077	13 粤广电	100.00	2.00	2015.02.27	6.0000	按半年付息
125078	12 大港 01	200.00	3.00	2016.02.26	9.5000	按年付息
125079	13 中海阳	100.00	2.00	2015.02.27	8.5000	按年付息
125080	13 苏元 01	50.00	2.00	2015.02.05	10.0000	按年付息
125081	12 九泰债	200.00	2.00	2015.02.27	9.2000	按年付息
125082	13 津海 01	15.00	2.00	2015.01.09	9.0000	按年付息
125083	12 浙浦百	80.00	3.00	2016.02.26	14.0000	按年付息
125084	12 安吉修	250.00	3.00	2016.03.07	9.5000	按年付息
125085	13 宏伟债	20.00	1.00	2014.03.01	10.0000	到期一次付息
125086	13 山河债	8.00	1.00	2014.03.01	10.0000	到期一次付息
125087	13 桃盛债	13.00	1.00	2014.03.01	10.0000	到期一次付息
125088	13 鲁中文	200.00	3.00	2016.03.12	10.0000	按半年付息
125089	12 中成债	60.00	3.00	2016.03.22	9.5000	按半年付息
125090	12 港区债	180.00	3.00	2016.03.25	8.8000	按年付息
125091	13 博瑞债	60.00	3.00	2016.03.21	8.5000	按年付息
125092	13 东通债	200.00	3.00	2016.03.26	9.5000	按年付息
125093	13 南泰禾	62.90	3.00	2016.03.25	9.7000	按年付息
125094	13 天政债	200.00	3.00	2016.03.21	7.7800	按年付息
125095	12 金田 02	50.00	3.00	2016.03.12	9.0000	按年付息
125096	12 清研债	200.00	3.00	2016.04.22	8.0000	按年付息
125097	13 金农债	200.00	3.00	2016.04.22	8.0000	按年付息
125098	12 宜机场	100.00	3.00	2015.12.20	9.5000	按年付息
125099	13 中森债	180.00	3.00	2016.03.28	10.0000	按年付息
125100	13 泰生源	30.00	2.00	2015.03.28	9.5000	按年付息
125101	13 虞振能	126.00	2.00	2015.04.03	9.7900	按季度付息

债券基本信息 List of Bonds

债券 Bond

债券代码 Code	债券简称 Securities	发行数量 (百万) Issued Val(M)	年限 Terms	到期日 Expiration Date	票面利率(%) Coupon Rate(%)	付息方式 Way of Interest
125102	13 浦科创	120.00	3.00	2016.03.29	9.0000	按年付息
125103	13 沪派控	15.00	3.00	2016.03.29	9.0000	按年付息
125104	13 苏元 02	50.00	2.00	2015.03.22	10.0000	按年付息
125105	13 沪复展	15.00	3.00	2016.03.29	9.0000	按年付息
125106	13 博润 02	150.00	3.00	2016.04.17	9.3000	按年付息
125107	13 大宏债	300.00	3.00	2016.04.19	10.0000	按年付息
125108	13 松鹤楼	100.00	2.00	2015.04.10	8.9000	按年付息
125109	13 苏宇迪	30.00	2.00	2015.04.02	8.5000	按年付息
125110	13 鲁润峰	150.00	3.00	2016.04.24	10.5000	按年付息
125111	13 威蓝星	120.00	2.00	2015.05.08	9.5000	按半年付息
125112	13 鲁天宝	100.00	3.00	2016.05.09	8.0000	按年付息
125113	13 博瑞格	80.00	3.00	2016.04.17	12.0000	按年付息
125114	12 蒙恒达	200.00	3.00	2016.04.18	10.2000	按年付息
125115	13 钟宏达	100.00	2.00	2015.05.15	10.0000	按半年付息
125116	13 如交服	250.00	3.00	2016.04.24	9.0000	按年付息
125117	13 展望债	100.00	3.00	2016.05.23	9.5000	按年付息
125118	13 朝科贸	200.00	2.00	2015.05.23	10.0000	按年付息
125119	13 镇旅游	500.00	2.00	2015.05.23	8.8000	按年付息
125120	13 北港 01	150.00	3.00	2016.05.23	11.0000	按年付息
125121	13 淮物流	300.00	3.00	2016.05.28	8.6000	按年付息
125122	13 天子湖	250.00	3.00	2016.05.28	9.3000	按半年付息
125123	13 瑞水 02	50.00	3.00	2016.05.27	8.1000	按年付息
125124	13 泰禾 02	37.10	3.00	2016.06.03	9.7000	按年付息
125125	13 淮化工	80.00	3.00	2016.05.30	9.0000	按年付息
125126	13 临医药	200.00	3.00	2016.05.27	9.5000	按年付息
125127	13 凯工债	300.00	3.00	2016.06.27	8.7000	按年付息
125128	13 天龙水	80.00	2.00	2015.06.19	9.5000	按年付息
125129	12 沪机电	160.00	2.00	2015.06.18	9.5000	按年付息
125130	13 京蓝天	20.00	3.00	2016.06.19	8.5000	按年付息
125131	12 大港 02	200.00	3.00	2016.06.06	9.0000	按年付息
125133	13 画都 01	50.00	3.00	2016.06.28	7.5000	按季度付息
125134	13 新三印	10.00	3.00	2016.06.28	10.0000	按年付息
125135	13 镇索普	50.00	2.00	2015.07.10	10.0000	按年付息
125136	13 临药 02	100.00	3.00	2016.07.17	9.7000	按半年付息
125137	13 寿农 01	140.00	3.00	2016.08.01	9.8000	按年付息
125138	13 宁化工	200.00	2.00	2015.07.19	8.8000	按半年付息
125139	13 惠农发	250.00	3.00	2016.08.12	9.0000	按年付息
125140	13 黄山头	250.00	3.00	2016.08.28	9.5000	按年付息
125141	13 东霖债	50.00	3.00	2016.08.28	11.0000	按年付息
125142	13 渝公 01	175.00	3.00	2016.08.29	10.0000	按年付息
125143	13 森园债	100.00	2.00	2015.08.23	10.0000	按季度付息
125144	13 北鼎 01	50.00	3.00	2016.09.04	10.5000	按年付息
125145	13 中电强	40.00	3.00	2016.09.05	9.0000	按年付息
125146	13 浙永利	300.00	3.00	2016.09.04	8.5000	按年付息
125147	13 北皓天	94.00	3.00	2016.09.11	11.0000	按年付息
125148	13 尧塘 01	50.00	3.00	2016.09.17	9.5000	按年付息
125149	13 北鼎 02	150.00	3.00	2016.10.08	10.5000	按年付息
125150	13 深汽集	350.00	2.00	2015.09.26	9.3000	按年付息
125152	13 通晨曦	100.00	3.00	2016.09.24	8.0000	按年付息
125153	13 志诚债	35.00	3.00	2016.10.31	9.8000	按半年付息

债券基本信息
List of Bonds

债券代码 Code	债券简称 Securities	发行数量 (百万) Issued Val(M)	年限 Terms	到期日 Expiration Date	票面利率(%) Coupon Rate(%)	付息方式 Way of Interest
125154	13 淮水 01	110.00	3.00	2016.10.15	8.5000	按年付息
125155	13 容丰 01	100.00	3.00	2016.10.10	9.0000	按年付息
125156	13 图灵债	5.00	1.00	2014.10.15	6.5000	到期一次付息
125158	13 安德固	30.00	3.00	2016.10.15	8.5000	按年付息
125159	13 画都 02	50.00	3.00	2016.10.18	7.5000	按季度付息
125160	13 镇旅 02	500.00	3.00	2016.10.22	8.8000	按年付息
125161	13 渝升厦	300.00	3.00	2016.10.23	11.0000	按年付息
125162	13 容丰 02	80.00	3.00	2016.10.24	9.8000	按年付息
125163	13 阳澄债	300.00	3.00	2016.05.29	9.0000	按年付息
125164	13 泰丰债	250.00	3.00	2016.10.16	9.3000	按年付息
125165	13 福地 01	125.00	3.00	2016.10.24	9.0000	按半年付息
125166	13 海广电	100.00	2.00	2015.10.30	8.5000	按季度付息
125169	13 淮软 01	115.00	3.00	2016.11.28	10.0000	按半年付息
125170	13 津六政	200.00	3.00	2016.11.15	7.9000	按年付息
125171	13 高鑫债	200.00	3.00	2016.11.14	8.8000	按年付息
125172	13 莒鸿润	100.00	2.00	2015.11.06	9.5000	按年付息
125175	13 苏恒瑞	150.00	3.00	2016.11.28	10.0000	按年付息
125176	13 闽三纺	100.00	3.00	2016.12.05	9.3000	按年付息
126009	08 赣粤债	1200.00	6.00	2014.01.28	0.8000	按年付息
126010	08 中远债	1050.00	6.00	2014.01.28	0.8000	按年付息
126011	08 石化债	30000.00	6.00	2014.02.20	0.8000	按年付息
126013	08 青啤债	1500.00	6.00	2014.04.02	0.8000	按年付息
126014	08 国电债	3995.00	6.00	2014.05.07	1.0000	按年付息
126015	08 康美债	900.00	6.00	2014.05.08	0.8000	按年付息
126016	08 宝钢债	10000.00	6.00	2014.06.20	0.8000	按年付息
126017	08 葛洲债	1390.00	6.00	2014.06.26	0.6000	按年付息
126018	08 江铜债	6800.00	8.00	2016.09.22	1.0000	按年付息
126019	09 长虹债	3000.00	6.00	2015.07.30	0.8000	按年付息
130051	10 地债 02	15200.00	5.00	2015.06.21	2.9000	按年付息
130054	10 地债 05	18600.00	5.00	2015.08.10	2.6700	按年付息
130057	10 地债 08	15200.00	5.00	2015.09.07	2.6700	按年付息
130059	10 地债 10	12600.00	5.00	2015.11.15	3.7000	按年付息
130060	11 地债 01	25400.00	5.00	2016.07.12	3.8400	按年付息
130061	11 地债 02	23940.00	3.00	2014.07.12	3.9300	按年付息
130062	11 地债 03	22660.00	3.00	2014.08.02	4.0700	按年付息
130063	11 地债 04	22000.00	5.00	2016.08.09	4.1200	按年付息
130064	11 地债 05	23600.00	3.00	2014.08.23	4.0100	按年付息
130065	11 地债 06	24000.00	5.00	2016.08.30	4.3000	按年付息
130066	11 地债 07	17600.00	3.00	2014.10.18	3.6700	按年付息
130067	11 地债 08	17900.00	5.00	2016.10.25	3.7000	按年付息
130068	11 上海 01	3600.00	3.00	2014.11.16	3.1000	按年付息
130069	11 上海 02	3500.00	5.00	2016.11.16	3.3000	按年付息
130070	11 广东 01	3450.00	3.00	2014.11.21	3.0800	按年付息
130071	11 广东 02	3450.00	5.00	2016.11.21	3.2900	按年付息
130072	11 浙江 01	3300.00	3.00	2014.11.22	3.0100	按年付息
130073	11 浙江 02	3400.00	5.00	2016.11.22	3.2400	按年付息
130074	11 深圳 01	1100.00	3.00	2014.11.28	3.0300	按年付息
130075	11 深圳 02	1100.00	5.00	2016.11.28	3.2500	按年付息
130076	12 地债 01	20600.00	3.00	2015.06.18	2.7600	按年付息
130077	12 地债 02	21000.00	5.00	2017.07.02	3.0700	按年付息

债券基本信息 List of Bonds

债券 Bond

债券代码 Code	债券简称 Securities	发行数量 (百万) Issued Val(M)	年限 Terms	到期日 Expiration Date	票面利率(%) Coupon Rate(%)	付息方式 Way of Interest
130078	12 地债 03	23900.00	3.00	2015.07.10	2.7500	按年付息
130079	12 地债 04	23900.00	5.00	2017.07.17	3.0200	按年付息
130080	12 地债 05	23100.00	3.00	2015.07.24	2.7400	按年付息
130081	12 地债 06	23300.00	5.00	2017.07.31	3.1300	按年付息
130082	12 地债 07	21600.00	3.00	2015.08.13	2.9800	按年付息
130083	12 地债 08	22100.00	5.00	2017.08.20	3.3800	按年付息
130084	12 上海 01	4450.00	5.00	2017.08.24	3.2500	按年付息
130085	12 上海 02	4450.00	7.00	2019.08.24	3.3900	按年付息
130086	12 广东 01	4300.00	5.00	2017.09.07	3.2100	按年付息
130087	12 广东 02	4300.00	7.00	2019.09.07	3.4000	按年付息
130088	12 地债 09	20600.00	3.00	2015.09.17	3.4700	按年付息
130089	12 地债 10	21000.00	5.00	2017.09.17	3.5800	按年付息
130090	12 浙江 01	4350.00	5.00	2017.09.24	3.3000	按年付息
130091	12 浙江 02	4350.00	7.00	2019.09.24	3.4700	按年付息
130092	12 深圳 01	1350.00	5.00	2017.10.15	3.2200	按年付息
130093	12 深圳 02	1350.00	7.00	2019.10.15	3.4300	按年付息
130094	13 地债 01	21000.00	3.00	2016.06.17	3.5300	按年付息
130095	13 地债 02	21200.00	5.00	2018.06.17	3.6600	按年付息
130096	13 地债 03	24200.00	3.00	2016.07.01	3.7900	按年付息
130097	13 地债 04	24300.00	5.00	2018.07.15	3.8200	按年付息
130098	13 地债 05	23600.00	3.00	2016.07.29	3.9200	按年付息
130099	13 地债 06	23800.00	5.00	2018.08.05	3.8700	按年付息
130100	13 地债 07	25300.00	3.00	2016.08.20	4.2900	按年付息
130101	13 地债 08	25500.00	5.00	2018.08.20	4.4300	按年付息
130102	13 山东 01	5600.00	5.00	2018.08.26	3.9400	按年付息
130103	13 山东 02	5600.00	7.00	2020.08.26	4.0000	按年付息
130104	13 地债 09	26000.00	3.00	2016.09.03	4.3400	按年付息
130105	13 上海 01	5600.00	5.00	2018.09.09	3.9400	按年付息
130106	13 上海 02	5600.00	7.00	2020.09.09	4.0100	按年付息
130107	13 地债 10	26200.00	5.00	2018.09.10	4.4500	按年付息
130108	13 广东 01	6050.00	5.00	2018.09.17	4.0000	按年付息
130109	13 广东 02	6050.00	7.00	2020.09.17	4.1000	按年付息
130110	13 江苏 01	7650.00	5.00	2018.10.11	3.8800	按年付息
130111	13 江苏 02	7650.00	7.00	2020.10.11	4.0000	按年付息
130112	13 地债 11	21600.00	3.00	2016.10.15	4.2500	按年付息
130113	13 地债 12	22100.00	5.00	2018.10.22	4.3300	按年付息
130114	13 浙江 01	5900.00	5.00	2018.10.28	3.9600	按年付息
130115	13 浙江 02	5900.00	7.00	2020.10.28	4.1700	按年付息
130116	13 深圳 01	1800.00	5.00	2018.11.11	4.1100	按年付息
130117	13 深圳 02	1800.00	7.00	2020.11.11	4.1800	按年付息

政府债现货每日成交(百万元/万张)
G-Bond Spot Trading(1M Yuan /10000)

债券 Bond

日期 Date	1月 Jan		2月 Feb		3月 Mar		4月 Apr		5月 May		6月 Jun	
	金额 Val	数量 Vol	金额 Val	数量 Vol	金额 Val	数量 Vol	金额 Val	数量 Vol	金额 Val	数量 Vol	金额 Val	数量 Vol
1	---	---	129.38	129.30	280.57	276.03	240.94	238.00	---	---	---	---
2	---	---	---	---	---	---	322.72	319.84	116.40	112.13	---	---
3	---	---	---	---	---	---	175.22	170.84	198.80	198.46	121.36	119.93
4	106.44	104.47	215.04	211.22	344.87	332.13	---	---	---	---	422.48	419.37
5	---	---	80.73	78.21	387.99	384.75	---	---	---	---	446.58	443.14
6	---	---	275.58	270.17	140.01	138.22	---	---	63.03	60.35	218.20	214.31
7	162.71	161.68	522.81	519.32	78.41	76.78	---	---	264.00	256.45	151.31	147.14
8	77.10	75.32	245.34	238.64	354.31	350.22	446.72	430.03	134.00	127.83	---	---
9	216.89	211.36	---	---	---	---	690.62	682.82	191.28	184.89	---	---
10	167.87	164.65	---	---	---	---	177.81	170.97	211.49	203.55	---	---
11	165.88	165.15	---	---	150.24	147.13	452.01	445.17	---	---	---	---
12	---	---	---	---	99.79	95.86	346.20	342.07	---	---	---	---
13	---	---	---	---	290.60	288.11	---	---	106.53	104.04	224.65	218.98
14	182.81	184.27	---	---	160.08	156.96	---	---	521.77	519.66	213.67	207.70
15	290.42	293.30	---	---	400.87	398.69	437.45	429.77	633.57	631.39	---	---
16	532.55	528.47	---	---	---	---	240.01	232.87	420.10	417.70	---	---
17	547.00	551.79	---	---	---	---	142.77	136.76	249.05	243.01	216.08	214.46
18	327.39	318.82	133.64	133.05	151.01	146.08	670.75	665.30	---	---	520.60	516.31
19	---	---	125.38	123.35	176.11	173.92	667.04	662.68	---	---	223.66	222.61
20	---	---	286.11	282.68	273.35	272.22	---	---	473.50	470.59	800.51	782.40
21	323.32	312.47	855.69	843.42	138.86	136.93	---	---	171.24	170.82	430.88	427.35
22	171.55	166.26	447.20	438.95	577.93	574.91	918.54	914.10	111.03	107.20	---	---
23	1896.96	1896.75	---	---	---	---	438.02	429.69	310.72	306.68	---	---
24	419.62	408.43	---	---	---	---	353.88	352.57	161.78	157.74	717.19	715.30
25	181.48	177.94	381.02	379.22	162.37	160.69	393.25	393.09	---	---	544.56	541.93
26	---	---	1412.58	1414.08	1314.51	1317.70	479.11	474.72	---	---	941.29	931.39
27	---	---	680.44	682.15	722.08	721.13	---	---	153.09	149.96	235.08	231.90
28	751.98	751.21	315.62	314.43	382.38	374.49	---	---	362.17	352.98	426.12	424.54
29	269.80	266.93	---	---	250.28	248.16	---	---	603.27	594.44	---	---
30	272.42	272.14	---	---	---	---	---	---	81.05	78.30	---	---
31	98.99	97.97	---	---	---	---	---	---	247.99	246.78	---	---
最高 high	1896.96	1896.75	1412.58	1414.08	1314.51	1317.70	918.54	914.10	633.57	631.39	941.29	931.39
最低 low	77.10	75.32	80.73	78.21	78.41	76.78	142.77	136.76	63.03	60.35	121.36	119.93

政府债现货每日成交(百万元/万张) G-Bond Spot Trading(1M Yuan/10000)

债券 Bond

日期 Date	7月 Jul		8月 Aug		9月 Sep		10月 Oct		11月 Nov		12月 Dec	
	金额 Val	数量 Vol	金额 Val	数量 Vol	金额 Val	数量 Vol	金额 Val	数量 Vol	金额 Val	数量 Vol	金额 Val	数量 Vol
1	445.75	444.16	389.53	389.43	---	---	---	---	158.87	160.14	---	---
2	88.58	85.43	486.14	484.99	90.61	90.46	---	---	---	---	568.93	575.68
3	526.13	530.32	---	---	85.59	85.40	---	---	---	---	823.77	832.12
4	222.14	221.58	---	---	161.23	159.75	---	---	132.00	133.61	912.57	922.58
5	311.56	309.49	179.69	179.15	167.80	167.05	---	---	154.55	157.02	931.39	942.19
6	---	---	86.17	85.75	211.44	210.01	---	---	749.09	767.97	184.47	187.54
7	---	---	55.66	55.12	---	---	---	---	164.66	165.25	---	---
8	291.96	291.77	286.36	287.44	---	---	385.66	390.33	23.23	23.74	---	---
9	168.17	165.30	84.98	82.89	241.12	245.84	157.00	157.57	---	---	1241.45	1246.79
10	210.19	203.05	---	---	176.54	177.04	104.46	105.33	---	---	531.94	539.31
11	289.81	286.51	---	---	311.20	312.26	570.04	583.13	180.13	182.20	733.66	739.87
12	1353.77	1348.79	238.31	239.00	129.48	130.77	---	---	258.21	277.03	168.09	174.08
13	---	---	228.94	229.13	85.18	85.00	---	---	216.94	219.66	114.06	115.69
14	---	---	185.34	185.96	---	---	100.35	100.31	229.00	230.70	---	---
15	311.59	311.33	64.09	63.96	---	---	84.27	83.72	413.15	413.88	---	---
16	409.43	409.35	429.76	430.17	131.70	131.89	301.21	301.40	---	---	163.41	166.13
17	414.44	412.36	---	---	416.04	423.19	111.62	111.53	---	---	153.47	156.98
18	349.59	346.84	---	---	171.55	173.61	74.27	76.00	227.95	230.50	314.57	319.78
19	79.48	78.85	243.03	243.42	---	---	---	---	476.49	506.43	289.24	293.33
20	---	---	154.06	154.55	---	---	---	---	449.65	459.43	215.56	221.68
21	---	---	268.67	269.28	---	---	509.91	513.66	336.45	341.64	---	---
22	216.37	213.30	127.20	127.62	---	---	44.23	44.22	119.41	121.36	---	---
23	107.35	106.00	185.82	186.10	1163.51	1169.51	312.99	315.45	---	---	49.55	51.00
24	491.21	493.11	---	---	69.11	68.03	172.14	171.70	---	---	106.38	109.34
25	311.63	309.67	---	---	165.19	164.03	207.85	207.97	292.93	297.10	223.37	232.30
26	336.38	336.26	275.33	276.71	790.01	790.98	---	---	670.28	680.71	210.64	217.22
27	---	---	146.43	149.20	396.36	399.94	---	---	499.88	513.37	543.00	551.41
28	---	---	163.65	163.59	---	---	475.56	491.40	289.69	294.68	---	---
29	209.71	210.04	59.80	59.83	---	---	179.59	180.84	181.48	183.65	---	---
30	546.45	546.00	45.96	45.95	103.49	103.02	135.03	136.49	---	---	471.20	481.79
31	185.13	184.55	---	---	---	---	210.45	212.47	---	---	180.32	184.13
最高 high	1353.77	1348.79	486.14	484.99	1163.51	1169.51	H570.04	H583.13	749.09	767.97	1241.45	1246.79
最低 low	79.48	78.85	45.96	45.95	69.11	68.03	44.23	44.22	L23.23	L23.74	49.55	51.00

政府债 G-Bond Spot

债券 Bond

证券代码 Code	证券简称 Name	发行数量(百万) Issued Val(M)	到期日期 Expiration Date	票面利率 Coupon Rate	上年收盘(面值 100 元) Last Year close	本年开盘 Open	本年最高 High
010107	21 国债(7)	23960.00	2021.07.31	4.26	104.69	104.51	106.19
010213	02 国债(13)	24000.00	2017.09.20	2.60	96.80	96.69	98.60
010303	03 国债(3)	26000.00	2023.04.17	3.40	97.50	97.48	99.30
010308	03 国债(8)	16380.00	2013.09.17	3.02	100.35	100.30	100.50
010501	05 国债(1)	30000.00	2015.02.28	4.44	103.87	103.55	104.56
010504	05 国债(4)	33920.00	2025.05.15	4.11	103.75	103.85	105.96
010512	05 国债(12)	34410.00	2020.11.15	3.65	100.05	100.00	100.88
010601	06 国债(1)	33000.00	2013.02.27	2.51	99.99	100.00	101.68
010603	06 国债(3)	34000.00	2016.03.27	2.80	97.91	0.00	99.98
010606	06 国债(6)	30560.00	2013.05.25	2.62	100.00	0.00	0.00
010609	06 国债(9)	31090.00	2026.06.26	3.70	100.00	0.00	0.00
010613	06 国债(13)	33100.00	2013.08.31	2.89	103.00	0.00	0.00
010616	06 国债(16)	30000.00	2016.09.26	2.92	100.00	0.00	0.00
010619	06 国债(19)	30000.00	2021.11.15	3.27	97.60	0.00	99.99
010620	06 国债(20)	34590.00	2013.11.27	2.91	100.00	0.00	100.21
010701	07 国债 01	30000.00	2014.02.06	2.93	99.55	0.00	100.19
010703	07 国债 03	30000.00	2017.03.22	3.40	100.00	0.00	0.00
010706	07 国债 06	30000.00	2037.05.17	4.27	100.00	0.00	0.00
010707	07 国债 07	33780.00	2014.05.24	3.74	110.00	0.00	0.00
010710	07 国债 10	35070.00	2017.06.25	4.40	114.10	0.00	0.00
010713	07 国债 13	28000.00	2027.08.16	4.52	100.00	0.00	0.00
019002	10 国债 02	26000.00	2020.02.04	3.43	102.24	0.00	0.00
019003	10 国债 03	24000.00	2040.03.01	4.08	100.00	0.00	0.00
019005	10 国债 05	26000.00	2017.03.11	2.92	100.00	0.00	0.00
019006	10 国债 06	26000.00	2013.03.18	2.23	99.77	0.00	0.00
019007	10 国债 07	26000.00	2020.03.25	3.36	101.59	0.00	0.00
019008	10 国债 08	28040.00	2015.04.08	2.70	100.00	0.00	0.00
019009	10 国债 09	28000.00	2030.04.15	3.96	98.80	0.00	0.00
019010	10 国债 10	28000.00	2017.04.22	3.01	100.00	0.00	0.00
019012	10 国债 12	28000.00	2020.05.13	3.25	99.58	0.00	98.50
019013	10 国债 13	28000.00	2015.05.20	2.38	100.00	0.00	97.62
019014	10 国债 14	28000.00	2060.05.24	4.03	100.00	0.00	0.00
019015	10 国债 15	28310.00	2017.05.27	2.83	100.00	0.00	0.00
019016	10 国债 16	28000.00	2013.06.03	2.33	99.39	0.00	0.00
019017	10 国债 17	28000.00	2015.06.10	2.53	100.00	0.00	0.00
019018	10 国债 18	28000.00	2040.06.21	4.03	100.00	0.00	0.00
019019	10 国债 19	28010.00	2020.06.24	3.41	100.00	0.00	0.00
019020	10 国债 20	29970.00	2015.07.08	2.52	99.54	0.00	0.00
019022	10 国债 22	28190.00	2017.07.22	2.76	100.00	0.00	0.00
019023	10 国债 23	28000.00	2040.07.29	3.96	99.55	0.00	0.00
019024	10 国债 24	30440.00	2020.08.05	3.28	100.00	0.00	0.00
019025	10 国债 25	28000.00	2013.08.12	2.30	98.93	0.00	111.00
019026	10 国债 26	28000.00	2040.08.16	3.96	100.00	0.00	0.00
019027	10 国债 27	28000.00	2017.08.19	2.81	100.00	0.00	0.00
019028	10 国债 28	28220.00	2015.08.26	2.58	100.00	0.00	97.96
019029	10 国债 29	28000.00	2030.09.02	3.82	99.61	0.00	0.00
019031	10 国债 31	28260.00	2020.09.16	3.29	99.51	0.00	108.00
019032	10 国债 32	28710.00	2017.10.14	3.10	100.00	0.00	0.00
019033	10 国债 33	28000.00	2015.10.21	2.91	100.00	0.00	0.00
019034	10 国债 34	28000.00	2020.10.28	3.67	100.00	0.00	0.00

政府债
G-Bond Spot

债券
Bond

本年最低 Low	本年收盘 Close	涨跌(%) Change(%)	成交数量(万张) Trading Vol(10000)	成交金额(百万) Trading Val (M)
97.15	97.35	-7.01	15159.36	15763.41
92.31	93.12	-3.80	1078.08	1047.62
89.80	89.88	-7.82	3838.11	3744.08
99.00	99.99	-0.36	6247.85	6255.29
100.00	100.33	-3.41	38.38	39.30
95.00	97.09	-6.42	42.07	43.13
88.80	93.27	-6.78	25.37	25.23
90.73	99.99	0.00	17.23	17.23
89.89	95.40	-2.56	5.28	5.12
0.00	100.00	0.00	135.00	135.00
0.00	100.00	0.00	0.00	0.00
0.00	103.00	0.00	20.00	19.98
0.00	100.00	0.00	0.00	0.00
90.00	98.00	0.41	0.48	0.48
99.90	99.90	-0.10	156.00	156.28
100.00	100.01	0.46	470.00	470.77
0.00	100.00	0.00	0.00	0.00
0.00	100.00	0.00	0.00	0.00
0.00	110.00	0.00	0.00	0.00
0.00	114.10	0.00	0.00	0.00
0.00	100.00	0.00	0.00	0.00
0.00	102.24	0.00	0.00	0.00
0.00	100.00	0.00	0.00	0.00
0.00	100.00	0.00	0.00	0.00
0.00	99.77	0.00	0.00	0.00
0.00	101.59	0.00	0.00	0.00
0.00	100.00	0.00	0.00	0.00
0.00	98.80	0.00	20.00	20.36
0.00	100.00	0.00	0.00	0.00
86.39	92.33	-7.28	6.77	6.61
97.62	97.62	-2.38	0.05	0.05
0.00	100.00	0.00	0.00	0.00
0.00	100.00	0.00	0.00	0.00
0.00	99.39	0.00	0.00	0.00
0.00	100.00	0.00	0.00	0.00
0.00	100.00	0.00	0.00	0.00
0.00	100.00	0.00	30.00	29.85
0.00	99.54	0.00	0.00	0.00
0.00	100.00	0.00	0.00	0.00
0.00	99.55	0.00	0.00	0.00
0.00	100.00	0.00	0.00	0.00
99.50	100.20	1.28	4276.82	4265.65
0.00	100.00	0.00	0.00	0.00
0.00	100.00	0.00	10.00	9.62
97.50	97.90	-2.10	5.74	5.62
0.00	99.61	0.00	0.00	0.00
91.12	97.99	-1.53	0.17	0.17
0.00	100.00	0.00	0.00	0.00
0.00	100.00	0.00	0.00	0.00
0.00	100.00	0.00	0.00	0.00

政府债
G-Bond Spot

债券
Bond

证券代码 Code	证券简称 Name	发行数量 (百万) Issued Val(M)	到期日期 Expiration Date	票面利率 Coupon Rate	上年收盘 (面值 100 元) Last Year close	本年开盘 Open	本年最高 High
019035	10 国债 35	28000.00	2013.11.04	2.68	99.80	0.00	99.70
019037	10 国债 37	28000.00	2060.11.18	4.40	100.00	0.00	0.00
019038	10 国债 38	30640.00	2017.11.25	3.83	100.00	0.00	0.00
019039	10 国债 39	32140.00	2015.12.02	3.64	100.00	0.00	0.00
019040	10 国债 40	28000.00	2040.12.09	4.23	100.00	0.00	0.00
019041	10 国债 41	30780.00	2020.12.16	3.77	100.00	0.00	0.00
019102	11 国债 02	62060.00	2021.01.20	3.94	100.00	0.00	0.00
019103	11 国债 03	62520.00	2018.01.27	3.83	100.00	0.00	0.00
019104	11 国债 04	63970.00	2016.02.17	3.60	100.00	0.00	0.00
019105	11 国债 05	28000.00	2041.02.24	4.31	100.00	0.00	0.00
019106	11 国债 06	30000.00	2018.03.03	3.75	100.00	0.00	0.00
019107	11 国债 07	58000.00	2014.03.10	3.22	100.65	0.00	100.50
019108	11 国债 08	30000.00	2021.03.17	3.83	100.11	0.00	102.00
019110	11 国债 10	58000.00	2031.04.28	4.15	100.00	0.00	0.00
019112	11 国债 12	30000.00	2061.05.26	4.48	100.00	0.00	0.00
019113	11 国债 13	60000.00	2014.06.02	3.26	100.30	0.00	101.99
019114	11 国债 14	60000.00	2016.06.09	3.44	101.40	0.00	0.00
019115	11 国债 15	61930.00	2021.06.16	3.99	100.00	0.00	0.00
019116	11 国债 16	58000.00	2041.06.23	4.50	106.80	0.00	0.00
019117	11 国债 17	60000.00	2018.07.07	3.70	100.00	0.00	101.80
019119	11 国债 19	63050.00	2021.08.18	3.93	101.20	0.00	146.95
019121	11 国债 21	58630.00	2018.10.13	3.65	101.58	0.00	101.50
019122	11 国债 22	29300.00	2016.10.20	3.55	101.83	0.00	0.00
019123	11 国债 23	28000.00	2061.11.10	4.33	100.00	0.00	0.00
019124	11 国债 24	56050.00	2021.11.17	3.57	100.00	0.00	0.00
019125	11 国债 25	28000.00	2014.12.08	2.82	100.20	0.00	0.00
019201	12 国债 01	28000.00	2013.01.12	2.78	100.05	100.00	100.10
019202	12 国债 02	28000.00	2013.02.08	2.87	100.04	100.00	100.08
019203	12 国债 03	58000.00	2017.02.16	3.14	99.70	0.00	99.90
019204	12 国债 04	86000.00	2022.02.23	3.51	100.00	0.00	0.00
019205	12 国债 05	94670.00	2019.03.08	3.41	100.00	0.00	99.70
019206	12 国债 06	28000.00	2032.04.23	4.03	100.00	0.00	0.00
019207	12 国债 07	64940.00	2015.04.26	2.91	99.47	0.00	100.00
019208	12 国债 08	28000.00	2062.05.17	4.25	100.00	0.00	0.00
019209	12 国债 09	100220.00	2022.05.24	3.36	100.00	0.00	103.00
019210	12 国债 10	94350.00	2019.06.07	3.14	100.00	0.00	105.00
019211	12 国债 11	26940.00	2013.06.14	2.15	99.50	99.50	100.60
019212	12 国债 12	28000.00	2042.06.28	4.07	100.00	0.00	88.99
019213	12 国债 13	28000.00	2042.08.02	4.12	100.00	0.00	0.00
019214	12 国债 14	56060.00	2017.08.16	2.95	98.76	0.00	107.88
019215	12 国债 15	86140.00	2022.08.23	3.39	99.00	0.00	100.00
019216	12 国债 16	82820.00	2019.09.06	3.25	99.02	0.00	99.98
019217	12 国债 17	58000.00	2015.09.13	3.10	99.81	0.00	100.26
019218	12 国债 18	28000.00	2032.09.27	4.10	100.00	0.00	103.80
019219	12 国债 19	26010.00	2013.10.18	2.94	100.00	0.00	100.23
019220	12 国债 20	26000.00	2062.11.15	4.35	100.00	0.00	0.00
019221	12 国债 21	29010.00	2022.12.13	3.55	100.00	0.00	100.00
019301	13 国债 01	48000.00	2018.01.10	3.15	--	0.00	101.98
019302	13 国债 02	30000.00	2014.01.17	2.81	--	0.00	100.26
019303	13 国债 03	82000.00	2020.01.24	3.42	--	0.00	110.00

政府债
G-Bond Spot

本年最低 Low	本年收盘 Close	涨跌(%) Change(%)	成交数量(万张) Trading Vol(10000)	成交金额(百万) Trading Val (M)
98.98	99.70	-0.10	540.03	539.58
0.00	100.00	0.00	0.00	0.00
0.00	100.00	0.00	0.00	0.00
0.00	100.00	0.00	0.00	0.00
0.00	100.00	0.00	0.00	0.00
0.00	100.00	0.00	0.00	0.00
0.00	100.00	0.00	0.00	0.00
0.00	100.00	0.00	0.00	0.00
0.00	100.00	0.00	20.00	20.19
0.00	100.00	0.00	0.00	0.00
0.00	100.00	0.00	0.00	0.00
90.09	99.70	-0.94	688.93	687.91
102.00	102.00	1.89	0.00	0.00
0.00	100.00	0.00	0.00	0.00
0.00	100.00	0.00	0.00	0.00
91.00	99.90	-0.40	2184.51	2182.46
0.00	101.40	0.00	0.00	0.00
0.00	100.00	0.00	0.00	0.00
0.00	106.80	0.00	10.00	10.53
90.10	98.00	-2.00	9.80	9.78
93.48	97.52	-3.64	120.10	120.59
90.50	98.00	-3.52	59.83	59.13
0.00	101.83	0.00	0.00	0.00
0.00	100.00	0.00	0.00	0.00
0.00	100.00	0.00	0.00	0.00
0.00	100.20	0.00	170.00	168.54
99.10	100.00	-0.05	3.72	3.72
99.01	99.96	-0.08	168.64	168.60
90.45	99.40	-0.30	47.93	47.64
0.00	100.00	0.00	20.00	20.07
90.70	97.00	-3.00	51.82	51.59
0.00	100.00	0.00	0.00	0.00
99.57	100.00	0.53	490.00	486.22
0.00	100.00	0.00	0.00	0.00
103.00	103.00	3.00	50.00	48.58
105.00	105.00	5.00	20.00	18.51
98.09	99.99	0.49	132.84	132.60
88.99	88.99	-11.01	20.00	17.80
0.00	100.00	0.00	0.00	0.00
90.10	99.99	1.25	97.75	95.57
100.00	100.00	1.01	100.00	91.90
53.00	94.35	-4.72	132.44	130.88
98.25	100.21	0.40	902.19	901.06
94.02	94.26	-5.74	40.20	37.79
99.80	99.99	-0.01	1571.63	1572.59
0.00	100.00	0.00	0.00	0.00
100.00	100.00	0.00	150.00	144.40
90.81	94.00	0.00	1096.75	1083.94
97.95	100.03	0.00	5989.05	5986.96
91.15	94.98	0.00	434.49	432.22

政府债
G-Bond Spot

债券
Bond

证券代码 Code	证券简称 Name	发行数量 (百万) Issued Val(M)	到期日期 Expiration Date	票面利率 Coupon Rate	上年收盘 (面值 100 元) Last Year close	本年开盘 Open	本年最高 High
019304	13 国债 04	56000.00	2016.01.31	3.10	- -	99.85	100.26
019305	13 国债 05	78790.00	2023.02.21	3.52	- -	0.00	0.00
019306	13 国债 06	26000.00	2015.04.07	2.92	- -	0.00	100.00
019307	13 国债 07	30000.00	2014.04.11	2.62	- -	0.00	100.10
019308	13 国债 08	91720.00	2020.04.18	3.29	- -	0.00	100.00
019309	13 国债 09	26000.00	2033.04.22	3.99	- -	0.00	0.00
019310	13 国债 10	20000.00	2063.05.20	4.24	- -	0.00	0.00
019311	13 国债 11	90000.00	2023.05.23	3.38	- -	0.00	109.90
019312	13 国债 12	26000.00	2015.05.27	2.98	- -	0.00	0.00
019313	13 国债 13	60000.00	2018.05.30	3.09	- -	0.00	99.50
019314	13 国债 14	26000.00	2014.07.04	3.48	- -	0.00	100.23
019315	13 国债 15	90150.00	2020.07.11	3.46	- -	0.00	96.95
019316	13 国债 16	26000.00	2033.08.12	4.32	- -	0.00	0.00
019317	13 国债 17	60020.00	2016.08.15	3.77	- -	0.00	99.78
019318	13 国债 18	111880.00	2023.08.22	4.08	- -	0.00	103.00
019319	13 国债 19	26000.00	2043.09.16	4.76	- -	0.00	100.98
019320	13 国债 20	88890.00	2020.10.17	4.07	- -	0.00	97.75
019321	13 国债 21	24000.00	2015.10.21	3.77	- -	0.00	0.00
019322	13 国债 22	28250.00	2014.10.31	4.01	- -	0.00	100.10
019323	13 国债 23	57210.00	2018.11.07	4.13	- -	0.00	109.50
019324	13 国债 24	20000.00	2063.11.18	5.31	- -	0.00	0.00
019325	13 国债 25	24000.00	2043.12.09	5.05	- -	0.00	0.00
019714	07 国债 14	32690.00	2014.08.23	3.90	104.21	0.00	0.00
019718	07 国债 18	32470.00	2014.11.26	4.35	119.56	0.00	0.00
019801	08 国债 01	28970.00	2015.02.13	3.95	104.41	0.00	100.44
019802	08 国债 02	28000.00	2023.02.28	4.16	100.00	0.00	0.00
019803	08 国债 03	27940.00	2018.03.20	4.07	100.00	0.00	0.00
019805	08 国债 05	28000.00	2013.04.21	3.69	100.76	0.00	0.00
019806	08 国债 06	28000.00	2038.05.08	4.50	100.00	0.00	0.00
019807	08 国债 07	27150.00	2015.05.19	4.01	105.07	0.00	0.00
019810	08 国债 10	26650.00	2018.06.23	4.41	100.00	0.00	0.00
019813	08 国债 13	24000.00	2028.08.11	4.94	100.00	0.00	0.00
019814	08 国债 14	26600.00	2015.08.18	4.23	104.88	0.00	0.00
019817	08 国债 17	26000.00	2013.09.16	3.69	100.00	0.00	0.00
019818	08 国债 18	24360.00	2018.09.22	3.68	104.61	0.00	0.00
019820	08 国债 20	24000.00	2038.10.23	3.91	100.00	0.00	0.00
019822	08 国债 22	22500.00	2015.11.24	2.71	100.55	0.00	98.86
019823	08 国债 23	24000.00	2023.11.27	3.62	100.00	0.00	0.00
019825	08 国债 25	25370.00	2018.12.15	2.90	97.11	0.00	0.00
019826	08 国债 26	26000.00	2013.12.18	1.77	97.76	0.00	99.45
019901	09 国债 01	26930.00	2016.02.12	2.76	100.00	0.00	0.00
019902	09 国债 02	22000.00	2029.02.19	3.86	100.00	0.00	0.00
019903	09 国债 03	26000.00	2019.03.12	3.05	100.00	0.00	0.00
019904	09 国债 04	56430.00	2014.04.02	2.29	98.11	0.00	99.39
019905	09 国债 05	22000.00	2039.04.09	4.02	100.00	0.00	0.00
019906	09 国债 06	25210.00	2016.04.16	2.82	100.00	0.00	0.00
019907	09 国债 07	27760.00	2019.05.07	3.02	100.00	0.00	0.00
019910	09 国债 10	29500.00	2014.06.04	2.26	100.00	0.00	0.00
019911	09 国债 11	28000.00	2024.06.11	3.69	100.00	0.00	0.00
019912	09 国债 12	28270.00	2019.06.18	3.09	100.00	0.00	0.00

政府债
G-Bond Spot

债券
Bond

本年最低 Low	本年收盘 Close	涨跌(%) Change(%)	成交数量(万张) Trading Vol(10000)	成交金额(百万) Trading Val (M)
99.46	99.46	0.00	840.00	834.84
0.00	100.00	0.00	0.00	0.00
100.00	100.00	0.00	1970.00	1967.52
98.90	99.51	0.00	10249.82	10206.03
85.63	100.00	0.00	203.59	192.51
0.00	100.00	0.00	0.00	0.00
0.00	100.00	0.00	0.00	0.00
100.00	100.00	0.00	1960.00	1868.43
0.00	100.00	0.00	110.00	109.16
93.80	93.80	0.00	1110.83	1074.96
97.43	99.58	0.00	4243.82	4240.41
91.49	93.30	0.00	646.27	621.50
0.00	100.00	0.00	0.00	0.00
98.55	98.55	0.00	1540.00	1532.17
103.00	103.00	0.00	810.00	798.08
100.00	100.98	0.00	890.00	890.28
97.75	97.75	0.00	402.50	391.63
0.00	100.00	0.00	1320.00	1312.50
99.66	99.99	0.00	269.45	269.34
99.25	99.50	0.00	320.03	317.46
0.00	100.00	0.00	0.00	0.00
0.00	100.00	0.00	0.00	0.00
0.00	104.21	0.00	15.00	15.14
0.00	119.56	0.00	100.00	100.40
100.44	100.44	-3.80	15.00	15.07
0.00	100.00	0.00	0.00	0.00
0.00	100.00	0.00	0.00	0.00
0.00	100.76	0.00	0.00	0.00
0.00	100.00	0.00	0.00	0.00
0.00	105.07	0.00	0.00	0.00
0.00	100.00	0.00	0.00	0.00
0.00	100.00	0.00	0.00	0.00
0.00	104.88	0.00	0.00	0.00
0.00	100.00	0.00	160.00	160.12
0.00	104.61	0.00	0.00	0.00
0.00	100.00	0.00	10.00	9.40
98.81	98.81	-1.73	150.00	148.40
0.00	100.00	0.00	0.00	0.00
0.00	97.11	0.00	0.00	0.00
98.20	99.45	1.73	95.80	95.05
0.00	100.00	0.00	0.00	0.00
0.00	100.00	0.00	0.00	0.00
0.00	100.00	0.00	0.00	0.00
99.39	99.39	1.31	50.00	49.70
0.00	100.00	0.00	0.00	0.00
0.00	100.00	0.00	0.00	0.00
0.00	100.00	0.00	0.00	0.00
0.00	100.00	0.00	0.00	0.00
0.00	100.00	0.00	0.00	0.00
0.00	100.00	0.00	0.00	0.00

政府债
G-Bond Spot

债券
Bond

证券代码 Code	证券简称 Name	发行数量 (百万) Issued Val(M)	到期日期 Expiration Date	票面利率 Coupon Rate	上年收盘 (面值 100 元) Last Year close	本年开盘 Open	本年最高 High
019913	09 国债 13	28000.00	2016.06.25	2.82	100.00	0.00	0.00
019916	09 国债 16	28300.00	2019.07.23	3.48	100.00	0.00	0.00
019917	09 国债 17	26000.00	2016.07.30	3.15	102.35	0.00	0.00
019918	09 国债 18	27580.00	2014.08.06	2.97	100.00	0.00	0.00
019919	09 国债 19	26730.00	2016.08.20	3.17	100.00	0.00	0.00
019920	09 国债 20	26000.00	2029.08.27	4.00	100.00	0.00	0.00
019923	09 国债 23	26640.00	2019.09.17	3.44	100.00	0.00	0.00
019924	09 国债 24	26800.00	2014.09.24	2.90	100.00	0.00	0.00
019925	09 国债 25	24000.00	2039.10.15	4.18	95.01	0.00	0.00
019926	09 国债 26	27490.00	2016.10.22	3.40	100.00	0.00	0.00
019927	09 国债 27	27240.00	2019.11.05	3.68	100.00	0.00	0.00
019930	09 国债 30	20000.00	2059.11.30	4.30	100.00	0.00	0.00
019931	09 国债 31	27390.00	2014.12.03	2.90	100.00	0.00	0.00
019932	09 国债 32	27120.00	2016.12.17	3.22	100.00	0.00	0.00
020051	12 贴债 01	15000.00	2013.01.14	0.00	97.97	97.81	105.00
020052	12 贴债 02	15000.00	2013.02.04	0.00	98.00	0.00	97.94
020053	12 贴债 03	15000.00	2013.03.18	0.00	98.07	0.00	0.00
020054	12 贴债 04	15000.00	2013.01.14	0.00	99.88	0.00	0.00
020055	12 贴债 05	15000.00	2013.01.28	0.00	98.71	98.72	98.96
020056	12 贴债 06	15000.00	2013.02.04	0.00	98.59	0.00	98.78
020057	12 贴债 07	15000.00	2013.01.21	0.00	99.24	0.00	0.00
020058	12 贴债 08	15000.00	2013.02.04	0.00	99.24	0.00	0.00
020059	13 贴债 01	15000.00	2014.01.13	0.00	--	0.00	97.89
020060	13 贴债 02	15000.00	2014.01.20	0.00	--	0.00	0.00
020061	13 贴债 03	15000.00	2014.02.10	0.00	--	0.00	97.65
020062	13 贴债 04	9530.00	2014.03.17	0.00	--	0.00	0.00
020063	13 贴债 05	15000.00	2014.02.17	0.00	--	0.00	0.00
020064	13 贴债 06	15000.00	2014.03.10	0.00	--	0.00	98.16
020065	13 贴债 07	15000.00	2014.01.13	0.00	--	0.00	99.30
020066	13 贴债 08	15000.00	2014.03.17	0.00	--	0.00	0.00
130050	10 地债 01	28600.00	2013.06.21	2.77	100.00	0.00	0.00
130051	10 地债 02	15200.00	2015.06.21	2.90	100.00	0.00	0.00
130052	10 地债 03	23200.00	2013.07.19	2.33	100.00	0.00	0.00
130053	10 地债 04	28400.00	2013.08.10	2.37	100.00	0.00	0.00
130054	10 地债 05	18600.00	2015.08.10	2.67	100.00	0.00	0.00
130055	10 地债 06	19500.00	2013.08.24	2.37	100.00	0.00	0.00
130056	10 地债 07	20600.00	2013.09.07	2.36	100.00	0.00	0.00
130057	10 地债 08	15200.00	2015.09.07	2.67	100.00	0.00	0.00
130058	10 地债 09	18100.00	2013.11.15	3.23	100.00	0.00	0.00
130059	10 地债 10	12600.00	2015.11.15	3.70	100.00	0.00	0.00
130060	11 地债 01	25400.00	2016.07.12	3.84	100.00	0.00	0.00
130061	11 地债 02	23940.00	2014.07.12	3.93	100.00	0.00	0.00
130062	11 地债 03	22660.00	2014.08.02	4.07	100.00	0.00	0.00
130063	11 地债 04	22000.00	2016.08.09	4.12	100.00	0.00	0.00
130064	11 地债 05	23600.00	2014.08.23	4.01	100.00	0.00	0.00
130065	11 地债 06	24000.00	2016.08.30	4.30	100.00	0.00	0.00
130066	11 地债 07	17600.00	2014.10.18	3.67	100.00	0.00	0.00
130067	11 地债 08	17900.00	2016.10.25	3.70	100.00	0.00	0.00
130068	11 上海 01	3600.00	2014.11.16	3.10	100.00	0.00	0.00
130069	11 上海 02	3500.00	2016.11.16	3.30	100.00	0.00	0.00

政府债
G-Bond Spot

债券
Bond

本年最低 Low	本年收盘 Close	涨跌(%) Change(%)	成交数量(万张) Trading Vol(10000)	成交金额(百万) Trading Val (M)
0.00	100.00	0.00	0.00	0.00
0.00	100.00	0.00	0.00	0.00
0.00	102.35	0.00	0.00	0.00
0.00	100.00	0.00	0.00	0.00
0.00	100.00	0.00	0.00	0.00
0.00	100.00	0.00	0.00	0.00
0.00	100.00	0.00	0.00	0.00
0.00	100.00	0.00	300.00	300.52
0.00	95.01	0.00	0.00	0.00
0.00	100.00	0.00	0.00	0.00
0.00	100.00	0.00	0.00	0.00
0.00	100.00	0.00	0.00	0.00
0.00	100.00	0.00	0.00	0.00
0.00	100.00	0.00	0.00	0.00
97.81	97.92	-0.05	1.04	1.02
97.93	97.93	-0.07	33.00	32.32
0.00	98.07	0.00	0.00	0.00
0.00	99.88	0.00	0.00	0.00
90.08	98.94	0.23	57.05	56.34
98.78	98.78	0.19	30.00	29.63
0.00	99.24	0.00	0.00	0.00
0.00	99.24	0.00	0.00	0.00
97.89	97.89	0.00	150.00	146.84
0.00	97.91	0.00	100.00	97.91
97.65	97.65	0.00	350.00	341.85
0.00	97.28	0.00	0.00	0.00
0.00	98.11	0.00	150.00	147.07
98.13	98.13	0.00	330.01	324.02
90.95	99.30	0.00	1040.55	1031.00
0.00	98.83	0.00	50.00	49.42
0.00	100.00	0.00	0.00	0.00
0.00	100.00	0.00	0.00	0.00
0.00	100.00	0.00	0.00	0.00
0.00	100.00	0.00	0.00	0.00
0.00	100.00	0.00	0.00	0.00
0.00	100.00	0.00	0.00	0.00
0.00	100.00	0.00	0.00	0.00
0.00	100.00	0.00	0.00	0.00
0.00	100.00	0.00	0.00	0.00
0.00	100.00	0.00	0.00	0.00
0.00	100.00	0.00	0.00	0.00
0.00	100.00	0.00	0.00	0.00
0.00	100.00	0.00	50.00	49.90
0.00	100.00	0.00	0.00	0.00
0.00	100.00	0.00	0.00	0.00
0.00	100.00	0.00	0.00	0.00
0.00	100.00	0.00	0.00	0.00
0.00	100.00	0.00	0.00	0.00
0.00	100.00	0.00	0.00	0.00
0.00	100.00	0.00	0.00	0.00

政府债 G-Bond Spot

债券 Bond

证券代码 Code	证券简称 Name	发行数量(百万) Issued Val(M)	到期日期 Expiration Date	票面利率 Coupon Rate	上年收盘(面值 100 元) Last Year close	本年开盘 Open	本年最高 High
130070	11 广东 01	3450.00	2014.11.21	3.08	100.00	0.00	0.00
130071	11 广东 02	3450.00	2016.11.21	3.29	100.00	0.00	0.00
130072	11 浙江 01	3300.00	2014.11.22	3.01	100.00	0.00	0.00
130073	11 浙江 02	3400.00	2016.11.22	3.24	100.00	0.00	0.00
130074	11 深圳 01	1100.00	2014.11.28	3.03	100.00	0.00	0.00
130075	11 深圳 02	1100.00	2016.11.28	3.25	100.00	0.00	0.00
130076	12 地债 01	20600.00	2015.06.18	2.76	100.00	0.00	0.00
130077	12 地债 02	21000.00	2017.07.02	3.07	100.00	0.00	0.00
130078	12 地债 03	23900.00	2015.07.10	2.75	100.00	0.00	0.00
130079	12 地债 04	23900.00	2017.07.17	3.02	100.00	0.00	0.00
130080	12 地债 05	23100.00	2015.07.24	2.74	100.00	0.00	0.00
130081	12 地债 06	23300.00	2017.07.31	3.13	100.00	0.00	0.00
130082	12 地债 07	21600.00	2015.08.13	2.98	100.00	0.00	0.00
130083	12 地债 08	22100.00	2017.08.20	3.38	100.00	0.00	0.00
130084	12 上海 01	4450.00	2017.08.24	3.25	100.00	0.00	0.00
130085	12 上海 02	4450.00	2019.08.24	3.39	100.00	0.00	0.00
130086	12 广东 01	4300.00	2017.09.07	3.21	100.00	0.00	0.00
130087	12 广东 02	4300.00	2019.09.07	3.40	100.00	0.00	0.00
130088	12 地债 09	20600.00	2015.09.17	3.47	100.00	0.00	0.00
130089	12 地债 10	21000.00	2017.09.17	3.58	100.00	0.00	0.00
130090	12 浙江 01	4350.00	2017.09.24	3.30	100.00	0.00	0.00
130091	12 浙江 02	4350.00	2019.09.24	3.47	100.00	0.00	0.00
130092	12 深圳 01	1350.00	2017.10.15	3.22	100.00	0.00	0.00
130093	12 深圳 02	1350.00	2019.10.15	3.43	100.00	0.00	0.00
130094	13 地债 01	21000.00	2016.06.17	3.53	--	0.00	0.00
130095	13 地债 02	21200.00	2018.06.17	3.66	--	0.00	0.00
130096	13 地债 03	24200.00	2016.07.01	3.79	--	0.00	0.00
130097	13 地债 04	24300.00	2018.07.15	3.82	--	0.00	0.00
130098	13 地债 05	23600.00	2016.07.29	3.92	--	0.00	0.00
130099	13 地债 06	23800.00	2018.08.05	3.87	--	0.00	0.00
130100	13 地债 07	25300.00	2016.08.20	4.29	--	0.00	0.00
130101	13 地债 08	25500.00	2018.08.20	4.43	--	0.00	0.00
130102	13 山东 01	5600.00	2018.08.26	3.94	--	0.00	0.00
130103	13 山东 02	5600.00	2020.08.26	4.00	--	0.00	0.00
130104	13 地债 09	26000.00	2016.09.03	4.34	--	0.00	0.00
130105	13 上海 01	5600.00	2018.09.09	3.94	--	0.00	0.00
130106	13 上海 02	5600.00	2020.09.09	4.01	--	0.00	0.00
130107	13 地债 10	26200.00	2018.09.10	4.45	--	0.00	0.00
130108	13 广东 01	6050.00	2018.09.17	4.00	--	0.00	0.00
130109	13 广东 02	6050.00	2020.09.17	4.10	--	0.00	0.00
130110	13 江苏 01	7650.00	2018.10.11	3.88	--	0.00	0.00
130111	13 江苏 02	7650.00	2020.10.11	4.00	--	0.00	0.00
130112	13 地债 11	21600.00	2016.10.15	4.25	--	0.00	0.00
130113	13 地债 12	22100.00	2018.10.22	4.33	--	0.00	0.00
130114	13 浙江 01	5900.00	2018.10.28	3.96	--	0.00	0.00
130115	13 浙江 02	5900.00	2020.10.28	4.17	--	0.00	0.00
130116	13 深圳 01	1800.00	2018.11.11	4.11	--	0.00	0.00
130117	13 深圳 02	1800.00	2020.11.11	4.18	--	0.00	0.00

政府债
G-Bond Spot

债券
Bond

本年最低 Low	本年收盘 Close	涨跌(%) Change(%)	成交数量(万张) Trading Vol(10000)	成交金额(百万) Trading Val (M)
0.00	100.00	0.00	0.00	0.00
0.00	100.00	0.00	0.00	0.00
0.00	100.00	0.00	0.00	0.00
0.00	100.00	0.00	0.00	0.00
0.00	100.00	0.00	0.00	0.00
0.00	100.00	0.00	0.00	0.00
0.00	100.00	0.00	0.00	0.00
0.00	100.00	0.00	0.00	0.00
0.00	100.00	0.00	0.00	0.00
0.00	100.00	0.00	0.00	0.00
0.00	100.00	0.00	0.00	0.00
0.00	100.00	0.00	0.00	0.00
0.00	100.00	0.00	0.00	0.00
0.00	100.00	0.00	0.00	0.00
0.00	100.00	0.00	0.00	0.00
0.00	100.00	0.00	0.00	0.00
0.00	100.00	0.00	0.00	0.00
0.00	100.00	0.00	0.00	0.00
0.00	100.00	0.00	0.00	0.00
0.00	100.00	0.00	0.00	0.00
0.00	100.00	0.00	0.00	0.00
0.00	100.00	0.00	0.00	0.00
0.00	100.00	0.00	0.00	0.00
0.00	100.00	0.00	0.00	0.00
0.00	100.00	0.00	0.00	0.00
0.00	100.00	0.00	0.00	0.00
0.00	100.00	0.00	0.00	0.00
0.00	100.00	0.00	0.00	0.00
0.00	100.00	0.00	0.00	0.00
0.00	100.00	0.00	0.00	0.00
0.00	100.00	0.00	0.00	0.00
0.00	100.00	0.00	0.00	0.00
0.00	100.00	0.00	0.00	0.00
0.00	100.00	0.00	0.00	0.00
0.00	100.00	0.00	0.00	0.00
0.00	100.00	0.00	0.00	0.00
0.00	100.00	0.00	0.00	0.00
0.00	100.00	0.00	0.00	0.00
0.00	100.00	0.00	0.00	0.00
0.00	100.00	0.00	0.00	0.00
0.00	100.00	0.00	0.00	0.00
0.00	100.00	0.00	0.00	0.00
0.00	100.00	0.00	0.00	0.00
0.00	100.00	0.00	0.00	0.00
0.00	100.00	0.00	0.00	0.00
0.00	100.00	0.00	0.00	0.00
0.00	100.00	0.00	0.00	0.00
0.00	100.00	0.00	0.00	0.00

公司债每日成交(百万元/万张) C-Bond Trading(1M Yuan /10000)

债券 Bond

日期 Date	1月 Jan		2月 Feb		3月 Mar		4月 Apr		5月 May		6月 Jun	
	金额 Val	数量 Vol	金额 Val	数量 Vol	金额 Val	数量 Vol	金额 Val	数量 Vol	金额 Val	数量 Vol	金额 Val	数量 Vol
1	---	---	4717.21	4452.49	4624.88	4399.10	5175.96	4955.84	---	---	---	---
2	---	---	---	---	---	---	5523.34	5322.16	5809.93	5603.82	---	---
3	---	---	---	---	---	---	4618.47	4416.33	7516.76	7191.56	5932.89	5646.23
4	4994.91	4831.22	5108.20	4773.96	7676.09	7278.02	---	---	---	---	4702.58	4446.44
5	---	---	6763.23	6387.26	6999.68	6659.89	---	---	---	---	5113.42	4903.93
6	---	---	3925.01	3755.78	7115.81	6802.00	---	---	6095.76	5797.92	6002.57	5731.92
7	4710.98	4590.16	3940.68	3679.35	5518.11	5224.18	---	---	5830.75	5532.30	4814.28	4579.05
8	5059.27	4945.69	2791.22	2587.91	5208.20	4981.06	4751.62	4574.24	8208.79	7878.49	---	---
9	5803.58	5652.52	---	---	---	---	6590.49	6325.71	5832.83	5644.50	---	---
10	6202.21	6049.89	---	---	---	---	6255.45	5991.73	5622.99	5379.01	---	---
11	4350.99	4209.14	---	---	6769.50	6534.21	5206.46	4948.64	---	---	---	---
12	---	---	---	---	6483.78	6107.20	4551.80	4335.30	---	---	---	---
13	---	---	---	---	5317.11	5052.39	---	---	6195.47	5933.20	7087.53	6831.99
14	5115.02	4935.30	---	---	4705.29	4513.28	---	---	5978.35	5759.54	4768.22	4570.40
15	4988.99	4741.80	---	---	5956.89	5706.21	6157.52	5894.51	6181.33	5963.70	---	---
16	5043.54	4774.00	---	---	---	---	6509.77	6188.82	4199.97	3994.63	---	---
17	5163.91	4936.10	---	---	---	---	4788.25	4608.38	5193.60	4879.34	4859.22	4688.80
18	5814.78	5500.08	6841.42	6679.85	4942.12	4719.06	6847.17	6616.84	---	---	5343.26	5186.78
19	---	---	6559.33	6181.30	5052.63	4805.58	8684.96	8288.06	---	---	5919.03	5716.00
20	---	---	5864.60	5587.32	5360.34	5032.83	---	---	7725.98	7270.78	8395.46	8184.47
21	4858.67	4613.45	7070.72	6675.31	6868.07	6478.66	---	---	5632.34	5303.95	6515.77	6362.48
22	5423.76	5121.67	4948.89	4650.35	5517.78	5198.01	8544.22	8320.77	5158.00	4864.52	---	---
23	6076.34	5878.89	---	---	---	---	13387.09	12984.55	5742.42	5416.53	---	---
24	5311.82	5013.16	---	---	---	---	6489.49	6263.53	3803.22	3604.72	8046.22	7968.75
25	4993.94	4822.70	4939.83	4735.97	6012.04	5678.50	10173.89	9764.54	---	---	8206.67	8106.77
26	---	---	6693.97	6423.52	6008.99	5731.45	3734.25	3578.73	---	---	5994.90	5867.83
27	---	---	6660.97	6373.46	6671.51	6393.32	---	---	4290.68	4139.13	7221.31	7044.05
28	4022.57	3889.81	4340.21	4113.15	6922.05	6577.03	---	---	6469.55	6096.14	6654.10	6486.73
29	4529.83	4359.73	---	---	9116.02	8694.22	---	---	9537.30	9066.62	---	---
30	4807.65	4616.28	---	---	---	---	---	---	5577.28	5256.99	---	---
31	7481.32	7049.20	---	---	---	---	---	---	3781.07	3598.42	---	---
最高 high	7481.32	7049.20	7070.72	6679.85	9116.02	8694.22	H13387.09	H12984.55	9537.30	9066.62	8395.46	8184.47
最低 low	4022.57	3889.81	2791.22	L2587.91	4624.88	4399.10	3734.25	3578.73	3781.07	3598.42	4702.58	4446.44

公司债每日成交(百万元/万张)
C-Bond Trading(1M Yuan /10000)

债券
Bond

日期 Date	7月 Jul		8月 Aug		9月 Sep		10月 Oct		11月 Nov		12月 Dec	
	金额 Val	数量 Vol	金额 Val	数量 Vol	金额 Val	数量 Vol	金额 Val	数量 Vol	金额 Val	数量 Vol	金额 Val	数量 Vol
1	6117.82	5878.21	6445.98	6363.46	---	---	---	---	3102.09	3049.57	---	---
2	6378.78	6115.43	4486.23	4440.39	4430.52	4408.58	---	---	---	---	8572.16	8523.66
3	7562.93	7342.19	---	---	5525.37	5465.07	---	---	---	---	7283.78	7270.91
4	5205.06	5041.55	---	---	5229.28	5183.45	---	---	2757.82	2728.31	8291.51	8233.10
5	5681.34	5491.25	4313.40	4269.63	5448.37	5397.70	---	---	4985.01	4958.09	8419.16	8409.18
6	---	---	5376.11	5369.25	6294.46	6269.81	---	---	6604.83	6559.39	6676.07	6662.71
7	---	---	5867.71	5840.72	---	---	---	---	6181.94	6144.94	---	---
8	5941.09	5797.37	5060.31	4996.24	---	---	4159.41	3842.93	4591.50	4580.77	---	---
9	5288.68	5146.95	3895.89	3854.89	9814.74	9501.44	6161.71	5998.58	---	---	12438.58	12099.45
10	6170.56	6012.41	---	---	9522.83	9168.11	6220.58	5957.50	---	---	8578.95	8505.01
11	9055.30	8846.08	---	---	11987.72	10431.39	6811.58	6641.77	6072.12	6079.38	10448.77	10409.77
12	5221.73	5063.88	5513.50	5404.19	12324.44	10790.81	---	---	4834.84	4827.82	6582.48	6559.09
13	---	---	5682.20	5627.06	9951.75	8778.11	---	---	8776.00	8648.02	5684.12	5664.13
14	---	---	5190.52	5108.01	---	---	5613.27	5444.82	4822.44	4775.17	---	---
15	4643.71	4515.36	4102.61	4053.63	---	---	4695.95	4601.33	6299.52	6211.34	---	---
16	3476.40	3412.49	5471.96	5367.46	10827.33	9653.45	6389.07	6279.03	---	---	6697.01	6700.45
17	4827.38	4715.43	---	---	10185.35	9280.24	5232.19	5128.54	---	---	6483.16	6450.33
18	5721.49	5616.76	---	---	5559.78	5142.84	4319.43	4226.79	8654.64	8572.68	5567.80	5574.37
19	3440.64	3386.16	6129.51	6029.45	---	---	---	---	7790.47	7791.79	8374.43	8457.37
20	---	---	5197.45	5114.28	---	---	---	---	7145.47	7020.06	7561.39	7622.98
21	---	---	5512.13	5433.72	---	---	6227.19	6110.50	7382.89	7397.04	---	---
22	6073.25	5954.57	6812.10	6777.46	---	---	6625.41	6537.20	6515.95	6562.26	---	---
23	4630.47	4557.27	4834.98	4844.78	6715.46	6312.07	6644.81	6547.63	---	---	7082.91	7169.05
24	4525.28	4465.28	---	---	8765.31	8342.72	5343.38	5274.43	---	---	9441.52	9508.60
25	4474.26	4401.25	---	---	8266.73	8002.30	4322.85	4239.94	6809.26	6840.93	10173.55	10254.15
26	2955.50	2918.51	5878.34	5838.19	9435.00	9044.70	---	---	8300.25	8297.44	7820.63	7918.73
27	---	---	4543.93	4495.72	6372.50	6130.45	---	---	6321.52	6243.94	7620.25	7652.22
28	---	---	4320.33	4290.50	---	---	4061.51	3986.43	7826.78	7782.55	---	---
29	3458.24	3414.19	6085.72	6026.11	---	---	5664.76	5583.76	7006.38	6931.87	---	---
30	4588.37	4531.15	3698.58	3685.52	3133.40	3001.89	5996.07	5830.29	---	---	7412.24	7446.84
31	2911.20	2903.49	---	---	---	---	3101.29	3048.61	---	---	5227.76	5252.37
最高 high	9055.30	8846.08	6812.10	6777.46	12324.44	10790.81	6811.58	6641.77	8776.00	8648.02	12438.58	12099.45
最低 low	2911.20	2903.49	3698.58	3685.52	3133.40	3001.89	3101.29	3048.61	L2757.82	2728.31	5227.76	5252.37

公司债
C-Bond

债券
Bond

证券代码 Code	证券简称 Name	发行数量(百万) Issued Val(M)	到期日期 Expiration Date	上年收盘 Last Year close	本年开盘 Open	本年最高 High
110003	新钢转债	2760.00	2013.08.20	103.80	103.81	109.10
110007	博汇转债	975.00	2014.09.23	99.50	99.59	110.96
110009	双良转债	720.00	2015.05.04	96.32	0.00	0.00
110011	歌华转债	1600.00	2016.11.25	92.79	92.79	104.16
110012	海运转债	720.00	2016.01.07	99.69	99.70	111.32
110013	国投转债	3400.00	2017.01.25	122.51	123.70	144.31
110015	石化转债	23000.00	2017.02.23	103.39	103.88	115.60
110016	川投转债	2100.00	2017.03.21	109.20	109.32	135.50
110017	中海转债	3950.00	2017.08.01	88.75	88.85	98.85
110018	国电转债	5500.00	2017.08.19	112.79	115.79	127.89
110019	恒丰转债	450.00	2017.03.23	110.82	109.13	119.40
110020	南山转债	6000.00	2018.10.16	106.64	107.08	121.89
110022	同仁转债	1205.00	2017.12.04	116.99	116.97	148.65
110023	民生转债	20000.00	2019.03.15	100.00	105.50	117.55
110024	隧道转债	2600.00	2019.09.13	100.00	103.00	106.38
113001	中行转债	40000.00	2016.06.02	96.86	96.98	105.80
113002	工行转债	25000.00	2016.08.31	109.82	111.00	121.77
113003	重工转债	8050.15	2018.06.04	106.01	106.30	146.49
113005	平安转债	26000.00	2019.11.22	100.00	104.10	107.95
113006	深燃转债	1600.00	2019.12.13	100.00	98.12	99.89
120102	01 三峡债	3000.00	2016.11.08	101.40	101.40	101.80
120201	02 三峡债	5000.00	2022.09.20	97.00	97.01	99.60
120203	02 中移(15)	5000.00	2017.10.27	98.16	96.75	102.00
120204	02 苏交通	1500.00	2017.12.11	96.99	99.98	104.00
120301	03 沪轨道	4000.00	2018.02.19	97.01	97.00	99.05
120302	03 苏园建	1000.00	2013.07.17	100.10	100.10	100.20
120303	03 三峡债	3000.00	2033.07.31	98.00	98.00	100.50
120304	03 电网(1)	3000.00	2013.12.31	100.10	100.15	112.00
120305	03 电网(2)	2000.00	2013.12.31	100.00	100.30	100.76
120306	03 中电投	3000.00	2018.12.07	98.78	97.80	110.00
120307	03 浦发债	1500.00	2013.01.12	99.99	100.00	100.10
120308	03 沪杭甬	1000.00	2013.01.24	99.90	99.97	101.11
120309	03 苏交通	1800.00	2013.11.21	100.15	99.58	101.00
120310	03 网通(1)	4000.00	2013.12.04	100.07	100.07	100.50
120311	03 网通(2)	1000.00	2013.12.04	100.70	100.29	100.60
120482	04 通用债	1000.00	2014.03.31	99.50	99.60	100.51
120483	04 中石化	3500.00	2014.02.24	100.05	100.09	101.11
120485	04 国电(1)	2444.00	2014.09.21	101.50	100.06	101.60
120486	04 国电(2)	1556.00	2019.09.21	99.57	101.05	105.00
120488	04 京地铁	2000.00	2014.12.14	101.70	100.00	106.04
120489	04 南网(1)	1000.00	2014.09.16	101.49	101.00	101.45
120490	04 南网(2)	2000.00	2019.09.16	104.00	104.00	104.28
120501	05 申能债	1000.00	2015.02.01	101.50	101.98	110.18
120502	05 苏园建	1200.00	2015.05.18	100.31	100.00	101.40
120503	05 渝水务	1700.00	2015.04.25	103.80	101.50	101.55
120505	05 华电债	2000.00	2015.06.29	99.90	98.01	102.04
120506	05 大唐债	3000.00	2020.04.28	108.00	0.00	0.00
120508	05 铁道债	5000.00	2020.07.28	99.00	97.00	110.00
120509	05 国网(1)	3000.00	2015.07.07	100.00	100.40	103.00
120510	05 国网(2)	1000.00	2015.07.07	100.20	100.00	101.90

公司债
C-Bond

债券
Bond

本年最低 Low	本年收盘 Close	涨跌(%) Change(%)	成交数量(万张) Trading Vol (10000)	成交金额(百万) Trading Val(M)
103.81	106.55	2.65	7714.90	8193.51
99.52	102.76	3.28	2120.66	2207.62
0.00	0.00	0.00	0.00	0.00
92.65	95.50	2.92	3180.02	3085.37
99.00	105.14	5.47	1080.37	1144.09
106.15	128.50	4.89	7493.33	9747.63
95.51	96.04	-7.11	80345.63	83317.70
108.52	126.12	15.50	4999.45	6247.30
88.85	91.47	3.07	3758.54	3500.42
102.68	103.45	-8.28	14633.53	16911.73
98.90	99.42	-10.29	617.43	671.22
91.40	91.72	-13.99	17602.15	18795.28
114.12	124.98	6.83	4063.14	5327.47
94.85	96.91	-3.09	63775.18	67754.06
97.00	97.90	-2.10	4594.19	4680.18
96.35	96.98	0.12	99205.45	100623.03
101.00	101.65	-7.44	66988.68	74873.67
104.19	116.76	10.14	43681.28	55231.87
101.51	107.32	7.32	16123.36	17000.06
98.12	99.08	-0.92	85.73	84.61
93.00	97.90	-3.45	12.89	12.89
88.05	92.99	-4.13	13.68	13.25
88.49	93.50	-4.75	8.27	8.08
86.88	92.50	-4.63	6.94	6.79
90.00	95.23	-1.84	29.34	28.68
91.00	100.01	-0.09	84.24	84.23
89.00	93.49	-4.60	4.35	4.21
90.11	99.93	-0.17	12.39	12.39
97.00	99.95	-0.05	203.29	204.14
95.00	96.10	-2.71	4.42	4.37
99.53	100.00	0.01	0.89	0.89
99.94	101.09	1.19	2.12	2.12
92.00	100.00	-0.15	157.38	157.43
99.00	99.90	-0.17	14.93	14.93
98.41	99.96	-0.74	127.73	128.03
98.60	99.69	0.19	2.98	2.96
94.00	99.78	-0.27	33.79	33.83
100.00	100.20	-1.28	4.92	4.98
100.04	100.88	1.32	0.52	0.52
96.15	99.11	-2.55	25.76	26.26
98.01	99.10	-2.36	108.77	109.47
98.30	102.00	-1.92	345.13	353.86
90.56	100.50	-0.99	10.56	10.66
99.36	99.36	-0.95	0.64	0.64
89.00	99.99	-3.67	32.41	32.88
91.10	98.00	-1.90	2.12	2.11
0.00	0.00	0.00	0.00	0.00
90.00	92.00	-7.07	2.38	2.27
90.01	99.50	-0.50	2.97	2.96
89.12	98.50	-1.70	9.89	9.98

公司债
C-Bond

债券
Bond

证券代码 Code	证券简称 Name	发行数量 (百万) Issued Val(M)	到期日期 Expiration Date	上年收盘 Last Year close	本年开盘 Open	本年最高 High
120511	05 沪建(1)	2000.00	2015.07.26	99.00	101.10	101.10
120512	05 沪建(2)	1000.00	2020.07.26	100.50	99.80	111.00
120516	05 中电投	2000.00	2015.07.11	100.30	100.00	101.45
120519	05 华能债	2000.00	2015.07.04	100.20	103.00	104.00
120520	05 杭城建	1000.00	2015.06.19	99.06	100.00	108.00
120521	05 国航债	3000.00	2015.09.06	100.00	100.21	105.17
120522	05 铁通债	1000.00	2015.08.17	100.00	0.00	0.00
120523	05 闽高速	2000.00	2015.06.09	99.98	101.50	101.50
120525	05 中核(1)	1000.00	2015.07.21	100.47	91.38	101.47
120527	05 武城投	1000.00	2020.12.25	98.00	95.00	107.00
120529	05 宁煤债	1000.00	2020.09.15	96.00	100.00	110.00
120601	06 大唐债	2000.00	2026.02.15	96.49	0.00	0.00
120602	06 冀建投	1000.00	2026.03.27	93.00	91.99	103.00
120603	06 航天债	2000.00	2021.04.17	95.00	95.93	98.74
120604	06 国网(1)	1000.00	2016.05.28	97.00	97.67	116.00
120605	06 三峡债	3000.00	2026.05.10	89.13	89.20	91.73
120606	06 张江债	600.00	2013.05.18	99.94	99.68	100.49
120607	06 沪水务	1500.00	2021.06.28	98.70	0.00	0.00
120608	06 鲁高速	1000.00	2026.04.06	96.20	90.20	123.80
120609	06 赣投债	800.00	2021.09.10	93.00	99.95	110.00
120610	06 合城投	1000.00	2016.09.19	137.11	0.00	0.00
120701	07 世博(1)	2000.00	2017.02.14	95.10	91.52	107.00
120702	07 世博(2)	2000.00	2022.02.14	92.00	94.83	97.00
122000	07 长电债	4000.00	2017.09.24	101.90	102.30	102.50
122001	07 海工债	1200.00	2017.11.09	102.51	106.99	113.00
122003	07 华能 G2	1700.00	2014.12.25	102.00	101.50	112.20
122004	07 华能 G3	3300.00	2017.12.25	102.00	103.00	108.00
122005	08 钒钛债	1300.00	2013.02.28	100.28	100.28	100.70
122006	08 金地债	1200.00	2016.03.10	101.99	101.02	112.60
122007	08 莱钢债	2000.00	2018.03.25	102.70	102.01	105.49
122008	08 华能 G1	4000.00	2018.05.08	101.00	92.00	108.55
122009	08 新湖债	1400.00	2016.07.02	106.59	106.50	109.00
122011	08 金发债	1000.00	2013.07.24	101.82	101.80	102.07
122012	08 保利债	4300.00	2013.07.11	101.15	100.71	111.00
122013	08 北辰债	1700.00	2013.07.18	101.68	101.68	101.98
122014	09 豫园债	500.00	2014.07.17	101.65	101.65	104.00
122015	09 长电债	3500.00	2019.07.30	97.00	95.50	108.67
122016	09 中材债	2500.00	2016.07.29	102.39	101.00	103.99
122017	09 大唐债	3000.00	2019.08.17	96.00	96.66	113.00
122018	09 中交 G1	2100.00	2014.08.21	100.15	100.30	100.80
122019	09 中交 G2	7900.00	2019.08.21	112.44	100.99	101.00
122020	09 复地债	1900.00	2014.09.22	103.67	103.21	104.98
122021	09 广汇债	1000.00	2016.08.26	103.90	102.38	106.50
122022	09 城控债	2000.00	2014.09.11	100.92	100.00	101.00
122023	09 万业债	1000.00	2014.09.17	103.25	103.10	104.90
122024	09 国阳债	1400.00	2014.09.15	101.00	100.70	101.50
122025	09 首置债	1000.00	2014.09.24	102.38	102.38	103.10
122026	09 福田债	1000.00	2014.09.23	102.00	101.00	109.00
122027	09 京城建	900.00	2016.09.28	102.80	102.80	103.01
122028	09 华发债	1800.00	2017.10.16	103.55	103.00	105.55

公司债
C-Bond

债券
Bond

本年最低 Low	本年收盘 Close	涨跌(%) Change(%)	成交数量(万张) Trading Vol (10000)	成交金额(百万) Trading Val(M)
101.00	101.00	2.02	10.09	10.20
92.00	99.00	-1.49	8.25	8.24
89.15	95.48	-4.81	219.05	215.69
100.00	104.00	3.79	0.07	0.07
88.76	98.00	-1.07	2.24	2.22
97.24	97.24	-2.76	1.98	1.94
0.00	0.00	0.00	0.00	0.00
100.00	100.00	0.02	0.57	0.57
91.37	101.00	0.53	0.60	0.59
88.20	95.88	-2.16	0.73	0.70
86.59	98.00	2.08	0.02	0.02
0.00	0.00	0.00	0.00	0.00
80.39	84.51	-9.13	2.13	1.96
83.81	90.13	-5.13	5.14	4.89
90.04	95.00	-2.06	4.91	4.77
80.24	86.17	-3.32	146.43	130.85
90.51	100.49	0.55	2.41	2.41
0.00	0.00	0.00	0.00	0.00
85.00	85.01	-11.63	0.35	0.33
88.88	91.99	-1.09	0.57	0.54
0.00	137.11	0.00	0.00	0.00
90.00	94.39	-0.75	0.54	0.52
83.83	94.95	3.21	1.10	1.03
92.12	99.49	-2.37	556.22	558.67
98.01	98.99	-3.43	20.07	20.93
92.55	99.80	-2.16	326.24	333.96
91.18	97.32	-4.59	235.67	236.49
99.99	100.00	-0.28	558.11	558.82
90.64	98.40	-3.52	446.90	452.05
93.04	96.80	-5.75	1407.14	1450.73
92.00	97.09	-3.87	83.26	81.99
101.22	101.69	-4.60	3639.71	3882.45
99.14	100.03	-1.76	1116.66	1124.37
99.60	100.01	-1.13	1850.49	1864.65
99.70	100.01	-1.64	1776.88	1789.68
98.80	99.09	-2.52	452.78	459.28
88.88	94.40	-2.68	4.33	4.24
99.34	99.99	-2.34	173.42	174.47
88.88	96.90	0.94	18.30	18.08
97.40	99.00	-1.15	510.50	509.58
94.02	99.00	-11.95	23.08	23.28
99.30	100.20	-3.35	2901.85	2966.04
95.68	98.38	-5.31	1797.69	1839.01
98.00	99.90	-1.01	474.62	473.50
98.50	99.99	-3.16	1702.47	1724.51
98.20	100.20	-0.79	537.04	540.42
90.03	99.60	-2.72	708.24	718.58
94.20	100.30	-1.67	494.47	498.42
99.00	99.50	-3.21	299.67	307.29
94.81	100.00	-3.43	939.36	960.67

公司债
C-Bond

债券
Bond

证券代码 Code	证券简称 Name	发行数量(百万) Issued Val(M)	到期日期 Expiration Date	上年收盘 Last Year close	本年开盘 Open	本年最高 High
122029	09 万通债	1000.00	2014.10.14	104.00	103.50	104.25
122030	09 京综超	700.00	2015.11.02	102.50	99.87	112.00
122032	09 隧道债	1400.00	2016.10.21	100.30	100.30	103.85
122033	09 富力债	5500.00	2014.10.23	103.55	103.55	104.26
122034	09 中企债	1200.00	2014.10.27	102.79	101.78	104.50
122035	09 苏高新	1000.00	2014.11.09	102.50	102.50	103.00
122036	09 沪张江	2000.00	2014.12.09	101.60	100.00	102.70
122037	09 三友债	960.00	2017.11.26	102.00	101.00	104.72
122038	09 宁高科	1000.00	2014.12.08	100.60	100.88	101.80
122039	09 皖通债	2000.00	2014.12.17	104.55	0.00	0.00
122040	09 新黄浦	1000.00	2014.12.16	100.99	100.65	102.00
122041	09 招金债	1500.00	2016.12.23	102.00	100.00	100.00
122043	09 紫江债	1000.00	2017.12.28	101.90	100.80	105.00
122044	10 连云债	650.00	2015.01.25	100.40	101.00	101.80
122045	10 中铁 G1	1000.00	2015.01.27	99.50	99.60	109.00
122046	10 中铁 G2	5000.00	2020.01.27	102.00	99.50	112.00
122047	10 首机 01	1900.00	2015.02.03	99.42	99.20	102.50
122048	10 首机 02	3000.00	2017.02.03	100.00	0.00	0.00
122049	10 营口港	1200.00	2018.03.02	101.00	100.00	102.70
122050	10 杉杉债	600.00	2017.03.26	100.29	100.00	103.89
122051	10 石化 01	11000.00	2015.05.21	98.30	98.50	99.44
122052	10 石化 02	9000.00	2020.05.21	95.37	95.00	98.80
122053	10 泰豪债	500.00	2015.09.27	107.86	100.50	102.00
122054	10 中铁 G3	2500.00	2020.10.19	93.00	93.50	99.99
122055	10 中铁 G4	3500.00	2025.10.19	91.00	90.03	98.50
122056	10 龙源 01	2000.00	2015.12.10	101.23	0.00	0.00
122057	10 龙源 02	2000.00	2020.12.10	100.00	0.00	0.00
122058	10 豫园债	500.00	2015.12.22	101.50	101.36	105.00
122059	10 重钢债	2000.00	2017.12.09	101.50	99.90	102.00
122060	10 银鸽债	750.00	2017.12.22	99.54	99.51	102.85
122061	11 西矿 01	2000.00	2016.01.17	98.28	100.05	100.05
122062	11 西矿 02	2000.00	2021.01.17	100.00	0.00	0.00
122063	11 龙源 01	1500.00	2016.01.21	100.00	0.00	0.00
122064	11 龙源 02	1500.00	2021.01.21	100.00	0.00	0.00
122065	11 上港 01	5000.00	2016.03.30	100.18	100.10	104.00
122066	11 大唐 01	3000.00	2021.04.20	99.20	99.00	108.99
122067	11 南钢债	4000.00	2018.05.06	98.60	98.60	110.50
122068	11 海螺 01	7000.00	2016.05.23	100.50	96.61	102.10
122069	11 海螺 02	2500.00	2018.05.23	108.00	100.80	103.00
122070	11 海航 01	3560.00	2016.05.24	99.90	98.00	109.10
122071	11 海航 02	1440.00	2021.05.24	95.80	95.52	100.58
122072	11 大连港	2350.00	2021.05.23	98.01	99.29	110.00
122073	11 云维债	1000.00	2018.06.01	98.00	98.00	100.20
122074	11 士兰微	600.00	2016.06.09	100.00	100.00	100.52
122075	11 柳钢债	2000.00	2019.06.01	100.00	100.00	101.20
122076	11 康恩贝	600.00	2016.06.08	109.40	101.70	109.00
122077	11 西钢债	1000.00	2019.06.15	99.30	100.00	102.00
122078	11 东阳光	900.00	2016.06.15	100.39	100.39	101.00
122079	11 上港 02	3000.00	2016.07.06	100.49	100.97	102.20
122080	11 康美债	2500.00	2018.06.21	100.41	100.50	103.70

公司债
C-Bond

债券
Bond

本年最低 Low	本年收盘 Close	涨跌(%) Change(%)	成交数量(万张) Trading Vol (10000)	成交金额(百万) Trading Val(M)
98.01	100.28	-3.58	1320.82	1346.01
98.00	98.50	-3.90	432.35	440.32
95.00	99.29	-1.01	1218.30	1229.23
100.00	101.14	-2.33	7884.68	8056.33
99.60	100.40	-2.33	536.17	548.08
99.30	100.50	-1.95	962.85	972.12
99.26	99.50	-2.07	2302.99	2315.47
97.90	99.40	-2.55	992.00	1004.77
98.20	99.10	-1.49	715.96	715.15
0.00	104.55	0.00	0.00	0.00
98.88	99.37	-1.60	754.99	756.91
100.00	100.00	-1.96	25.00	24.65
98.32	99.20	-2.65	1329.31	1352.73
99.00	99.30	-1.10	480.91	485.76
98.07	99.00	-0.50	289.39	289.28
88.21	93.99	-7.85	1.09	1.07
95.00	98.00	-1.43	413.03	409.06
0.00	100.00	0.00	0.00	0.00
99.00	99.10	-1.88	1033.26	1046.76
97.50	99.00	-1.29	717.10	718.26
96.09	96.60	-1.73	3585.54	3534.24
91.79	91.79	-3.75	10.63	10.14
91.00	98.30	-8.86	758.79	760.88
84.25	91.00	-2.15	21.04	18.96
85.00	91.60	0.66	5.52	5.12
0.00	101.23	0.00	0.00	0.00
0.00	100.00	0.00	0.00	0.00
96.77	98.30	-3.15	451.09	452.62
87.49	92.80	-8.57	917.67	924.27
91.21	93.32	-6.25	1310.26	1275.02
100.05	100.05	1.80	0.54	0.54
0.00	100.00	0.00	0.00	0.00
0.00	100.00	0.00	0.00	0.00
0.00	100.00	0.00	0.00	0.00
95.00	99.43	-0.75	8727.64	8759.81
90.65	100.96	1.77	13.51	13.63
87.51	90.00	-8.72	3332.67	3294.03
94.67	97.93	-2.56	3070.01	3088.96
95.00	100.28	-7.15	377.31	380.38
90.98	96.00	-3.90	2646.27	2650.42
91.45	92.84	-3.09	1027.39	1010.36
93.01	98.03	0.02	8.18	8.18
82.00	83.50	-14.80	2787.55	2594.60
90.97	98.89	-1.11	981.79	979.24
91.03	98.00	-2.00	627.76	631.22
94.00	99.47	-9.08	671.63	689.83
93.56	99.00	-0.30	702.64	703.76
98.01	98.99	-1.40	1259.97	1264.74
98.82	99.10	-1.38	3020.04	3040.32
95.00	97.98	-2.42	2040.06	2081.60

公司债
C-Bond

债券
Bond

证券代码 Code	证券简称 Name	发行数量(百万) Issued Val(M)	到期日期 Expiration Date	上年收盘 Last Year close	本年开盘 Open	本年最高 High
122081	11 星湖债	640.00	2017.07.07	99.00	99.00	101.17
122082	11 发展债	650.00	2016.07.07	100.00	101.00	101.00
122083	11 天威债	1600.00	2018.07.11	101.00	99.99	102.00
122084	11 湘电债	950.00	2016.07.15	96.00	98.01	100.65
122085	11 深高速	1500.00	2016.07.27	102.50	102.50	103.70
122086	11 正泰债	1500.00	2016.07.20	102.13	110.00	111.50
122087	11 凌钢债	1480.00	2019.08.01	99.90	101.00	103.20
122088	11 综艺债	700.00	2016.08.31	100.80	100.61	103.93
122089	11 马钢 01	3160.00	2014.08.25	101.29	101.29	102.50
122090	11 马钢 02	2340.00	2016.08.25	101.60	102.80	102.80
122091	11 重机债	1000.00	2016.08.17	103.00	103.00	106.00
122092	11 大秦 01	4000.00	2013.08.18	100.46	100.46	102.76
122093	11 中孚债	1500.00	2019.08.29	100.84	100.06	104.98
122094	11 海正债	800.00	2016.08.25	102.90	103.15	108.00
122095	11 杭钢债	1400.00	2014.08.24	101.70	101.70	101.90
122096	11 健康元	1000.00	2018.10.28	104.50	104.50	107.00
122097	11 浦路桥	700.00	2016.10.24	103.80	103.80	105.00
122098	11 八钢债	1200.00	2014.09.16	105.00	103.00	106.00
122099	11 连港 02	2650.00	2018.09.26	100.00	0.00	0.00
122100	11 华仪债	700.00	2016.11.09	102.17	102.00	105.35
122102	11 广汇 01	2000.00	2017.11.03	103.00	102.75	105.62
122103	11 航机 01	996.76	2017.02.08	101.60	101.85	102.50
122105	11 安钢 02	800.00	2019.02.14	101.00	100.60	102.50
122106	11 唐新 01	4200.00	2016.11.08	101.50	101.45	103.24
122107	11 安钢 01	1000.00	2018.11.11	101.65	98.00	103.80
122108	11 新天 01	1000.00	2017.11.18	101.00	100.75	101.70
122109	11 新天 02	1000.00	2018.11.18	100.00	100.00	100.10
122110	11 众和债	1370.00	2018.11.17	102.80	102.00	105.00
122111	11 永泰债	500.00	2016.12.14	103.00	102.00	106.50
122112	11 沪大众	1600.00	2018.01.06	102.40	102.40	108.00
122113	11 新钢债	900.00	2016.12.21	101.00	101.10	103.75
122114	11 一重债	2500.00	2016.12.20	100.15	100.15	102.25
122115	11 华锐 01	2600.00	2016.12.27	97.50	96.86	100.80
122116	11 华锐 02	200.00	2016.12.27	98.44	97.84	100.80
122117	11 闽高速	1500.00	2017.03.08	101.89	101.80	103.20
122118	12 兴发 01	300.00	2018.02.14	101.00	100.00	103.00
122119	12 兴发 02	500.00	2017.02.14	104.00	103.99	106.37
122121	11 日照港	500.00	2017.02.17	100.00	100.00	103.07
122122	11 精工债	700.00	2015.03.22	101.50	101.50	103.11
122123	11 中化 01	700.00	2016.03.05	100.20	100.20	101.55
122124	11 中化 02	1200.00	2019.03.05	101.00	102.00	102.00
122125	11 美兰债	800.00	2019.03.15	103.99	103.79	116.95
122126	11 庞大 02	2200.00	2017.03.01	102.19	102.10	106.60
122127	11 欧亚债	470.00	2019.03.21	104.30	105.80	107.20
122128	11 武钢债	7200.00	2015.03.02	100.00	100.00	100.60
122129	12 酒钢债	3000.00	2015.03.19	100.59	100.50	110.00
122130	11 航民 01	300.00	2015.03.22	102.40	102.40	103.50
122131	11 片仔癀	300.00	2017.03.15	101.95	100.30	104.88
122132	12 鹏博债	1400.00	2017.03.12	103.01	103.01	108.00
122133	11 柳化债	510.00	2019.03.27	102.50	102.01	103.60

公司债
C-Bond

本年最低 Low	本年收盘 Close	涨跌(%) Change(%)	成交数量(万张) Trading Vol (10000)	成交金额(百万) Trading Val(M)
97.00	100.15	1.16	329.01	329.09
96.00	100.50	0.50	302.07	303.94
82.50	82.78	-18.04	494.75	465.39
93.00	96.00	0.00	8.70	8.60
99.60	99.88	-2.56	907.63	930.99
99.40	99.50	-2.58	1564.99	1591.33
85.27	94.90	-5.01	261.46	259.12
91.25	92.34	-8.39	1949.78	1943.88
99.10	99.19	-2.07	1910.14	1924.88
102.80	102.80	1.18	6435.71	6437.59
102.50	103.49	0.48	304.26	317.02
99.50	100.00	-0.46	4252.46	4263.72
88.98	89.00	-11.74	3400.03	3408.73
92.00	103.00	0.10	392.10	399.68
99.00	99.59	-2.08	2088.69	2097.07
98.00	100.50	-3.83	610.19	630.17
99.00	100.79	-2.90	581.74	601.71
99.00	101.00	-3.81	294.43	298.84
0.00	100.00	0.00	330.00	344.52
92.65	99.00	-3.10	1734.96	1727.65
95.00	100.00	-2.91	3226.43	3265.57
98.50	98.50	-3.05	1057.66	1073.65
80.77	82.06	-18.75	1946.47	1757.19
96.00	98.13	-3.32	2530.72	2554.23
80.55	83.30	-18.05	2353.31	2085.94
98.50	99.20	-1.78	1058.73	1062.50
100.00	100.00	0.00	170.00	169.94
97.05	98.00	-4.67	826.17	828.26
96.13	100.50	-2.43	699.60	720.70
92.10	102.90	0.49	2262.51	2355.13
86.09	90.00	-10.89	1286.32	1239.99
92.00	97.99	-2.16	1708.90	1697.44
73.91	90.72	-6.95	7492.50	6655.70
82.46	86.73	-11.90	213.90	192.28
99.00	99.49	-2.36	1458.32	1480.42
99.80	103.00	1.98	430.58	435.02
90.00	100.29	-3.57	632.16	658.87
93.29	99.00	-1.00	82.25	82.25
90.00	98.00	-3.45	859.73	870.28
93.50	97.00	-3.19	188.80	189.23
90.00	96.00	-4.95	2754.67	2740.63
96.00	98.80	-4.99	1084.14	1139.70
99.80	100.86	-1.30	3462.37	3575.85
95.03	100.58	-3.57	579.55	606.39
88.60	98.16	-1.84	289.99	291.02
97.01	98.40	-2.18	1703.75	1711.11
93.36	100.00	-2.34	257.23	264.22
100.00	100.30	-1.62	404.76	412.65
97.00	100.02	-2.90	2647.08	2760.70
85.00	88.20	-13.95	830.68	841.62

公司债
C-Bond

债券
Bond

证券代码 Code	证券简称 Name	发行数量(百万) Issued Val(M)	到期日期 Expiration Date	上年收盘 Last Year close	本年开盘 Open	本年最高 High
122134	11 华微债	320.00	2019.04.10	101.52	101.40	107.46
122135	12 宝泰隆	1000.00	2017.04.11	104.50	102.70	106.00
122136	11 复星债	1500.00	2017.04.25	100.55	100.55	101.60
122138	11 桂东 01	600.00	2019.04.16	102.00	101.00	104.80
122139	11 洪水业	500.00	2017.05.02	100.80	100.80	102.00
122140	12 宁港 01	1000.00	2015.04.16	99.99	100.30	101.90
122141	12 天士 01	400.00	2017.04.24	101.50	101.50	103.25
122142	11 鹿港债	400.00	2017.04.23	101.25	101.10	104.99
122143	12 亿利 01	800.00	2020.04.23	102.80	102.80	105.00
122144	12 鲁信债	400.00	2017.04.25	103.90	102.70	110.00
122145	11 桂东 02	400.00	2019.06.20	98.00	97.00	100.00
122146	12 华新 01	1000.00	2017.05.17	99.70	100.00	100.90
122147	12 华新 02	1000.00	2019.05.17	100.00	100.00	100.80
122148	11 吉高速	800.00	2019.06.21	99.90	99.00	101.98
122149	12 石化 01	13000.00	2017.06.01	97.85	97.80	100.50
122150	12 石化 02	7000.00	2022.06.01	98.30	98.00	106.00
122151	12 国电 01	3000.00	2017.06.15	97.79	97.80	100.00
122152	12 国电 02	1000.00	2019.06.15	98.99	100.00	100.10
122153	12 京能 01	2400.00	2015.07.03	99.78	99.60	100.45
122154	12 京能 02	1200.00	2017.07.03	99.46	90.04	100.10
122155	12 天富债	500.00	2017.06.06	100.50	100.50	101.80
122156	12 厦工债	1500.00	2017.06.18	98.70	98.30	99.80
122157	12 广控 01	2350.00	2019.06.25	97.80	99.00	101.00
122158	12 西钢债	430.00	2020.07.16	98.40	97.80	102.98
122159	12 亿利 02	800.00	2020.07.19	100.00	99.98	100.50
122161	12 申通 02	400.00	2015.07.20	99.00	99.00	100.00
122162	12 中孚债	1000.00	2017.08.28	102.80	102.90	105.67
122163	12 鄂资债	4000.00	2017.08.30	99.70	99.70	110.00
122164	12 通威发	500.00	2017.10.24	99.20	99.10	101.51
122165	12 国电 03	3300.00	2015.07.23	99.00	98.50	100.10
122166	12 国电 04	700.00	2017.07.23	99.90	93.00	100.27
122167	12 兖煤 01	1000.00	2017.07.23	100.00	0.00	0.00
122168	12 兖煤 02	4000.00	2022.07.23	100.00	99.99	99.99
122169	12 金瑞债	150.00	2017.08.29	102.02	102.01	104.65
122170	12 江药债	500.00	2015.12.07	100.01	100.30	101.50
122171	12 中海 01	1000.00	2015.08.03	98.45	98.45	100.20
122172	12 中海 02	1500.00	2022.08.03	99.23	0.00	0.00
122173	12 中交 01	6000.00	2017.08.09	100.00	100.90	100.90
122174	12 中交 02	2000.00	2022.08.09	99.76	0.00	0.00
122175	12 中交 03	4000.00	2027.08.09	100.00	0.00	0.00
122176	12 中储债	1600.00	2019.08.13	98.00	98.30	105.00
122177	12 科环 01	1200.00	2015.08.20	99.20	99.75	99.98
122178	12 科环 02	800.00	2017.08.20	99.80	99.80	100.00
122179	12 科环 03	2000.00	2022.08.20	100.00	0.00	0.00
122180	12 旋风债	700.00	2017.08.23	100.80	101.00	101.70
122181	12 山鹰债	800.00	2019.08.22	101.30	101.00	103.68
122182	12 九州通	1600.00	2017.10.22	100.50	100.50	102.10
122183	12 集优 01	500.00	2017.08.31	100.00	99.95	101.20
122184	12 一重 01	2500.00	2017.09.03	99.80	99.60	101.70
122185	12 力帆 01	1200.00	2015.09.19	102.50	102.30	103.88

公司债
C-Bond

债券
Bond

本年最低 Low	本年收盘 Close	涨跌(%) Change(%)	成交数量(万张) Trading Vol (10000)	成交金额(百万) Trading Val(M)
93.52	94.10	-7.31	1374.78	1418.21
93.63	93.98	-10.07	2398.62	2442.76
95.00	96.00	-4.53	1160.55	1166.89
92.01	96.50	-5.39	491.38	502.23
94.80	96.00	-4.76	331.93	334.92
98.00	98.20	-1.79	94.41	94.96
92.91	99.30	-2.17	296.57	302.98
94.18	96.30	-4.89	1028.74	1043.80
95.00	98.59	-4.10	2116.91	2157.55
90.00	101.40	-2.41	559.04	574.54
90.10	100.00	2.04	102.67	102.13
97.00	99.75	0.05	1485.05	1486.87
96.98	96.98	-3.02	1127.15	1115.30
90.50	97.38	-2.52	512.25	513.53
93.80	95.10	-2.81	6821.62	6713.20
90.05	93.88	-4.50	2698.33	2642.42
93.50	95.10	-2.75	1893.63	1855.56
89.90	99.00	0.01	345.86	345.13
96.50	96.96	-2.83	3072.59	3048.27
90.04	96.50	-2.98	1803.18	1790.57
95.00	98.98	-1.51	826.32	830.24
87.00	96.50	-2.23	606.54	598.18
93.15	94.48	-3.40	2142.54	2119.17
81.26	92.40	-6.10	226.08	230.49
90.30	91.92	-8.08	1384.14	1354.05
89.75	98.50	-0.51	290.97	287.74
94.40	96.58	-6.05	1403.88	1409.91
91.00	97.49	-2.22	461.22	461.05
95.44	96.81	-2.41	509.77	506.82
94.78	97.00	-2.02	2752.42	2720.07
90.32	94.30	-5.61	475.03	458.55
0.00	100.00	0.00	0.00	0.00
95.00	97.00	-3.00	15.48	15.27
98.38	99.05	-2.91	332.62	337.54
95.00	98.50	-1.51	436.24	435.66
90.30	99.00	0.56	498.81	496.74
0.00	99.23	0.00	0.00	0.00
87.20	96.01	-3.99	14.58	14.41
0.00	99.76	0.00	0.00	0.00
0.00	100.00	0.00	0.00	0.00
89.66	99.00	1.02	229.80	226.76
99.35	99.98	0.79	148.66	147.90
95.22	95.22	-4.59	181.51	178.69
0.00	100.00	0.00	200.00	199.84
96.81	98.50	-2.28	534.14	539.29
90.90	91.77	-9.41	1704.96	1708.74
95.01	97.40	-3.09	1605.54	1606.41
99.95	101.20	1.20	87.82	87.97
95.00	96.00	-3.81	465.93	465.82
97.80	99.30	-3.12	1472.59	1500.72

公司债
C-Bond

债券
Bond

证券代码 Code	证券简称 Name	发行数量 (百万) Issued Val(M)	到期日期 Expiration Date	上年收盘 Last Year close	本年开盘 Open	本年最高 High
122186	12 力帆 02	700.00	2017.09.19	102.79	102.50	106.97
122187	12 玻纤债	1200.00	2019.10.17	100.40	100.40	102.74
122188	12 华新 03	1100.00	2019.11.09	99.80	100.00	103.00
122189	12 王府 01	1100.00	2017.10.24	99.80	100.20	100.80
122190	12 王府 02	1100.00	2019.10.24	99.50	99.00	102.30
122191	12 桂冠 01	800.00	2017.10.24	99.99	98.00	100.30
122192	12 桂冠 02	930.00	2022.10.24	100.00	0.00	0.00
122193	12 中水 01	2000.00	2019.10.29	98.60	97.42	108.00
122194	12 中水 02	3000.00	2022.10.29	100.00	100.03	111.00
122195	12 中海 03	1500.00	2019.10.29	99.15	95.00	100.10
122196	12 中海 04	1000.00	2022.10.29	100.00	0.00	0.00
122197	12 华天成	900.00	2018.03.13	100.00	101.30	101.55
122198	12 能新 01	1140.00	2015.10.29	100.00	99.80	101.15
122199	12 能新 02	860.00	2017.10.29	100.10	95.25	105.00
122200	12 晋兰花	3000.00	2017.11.07	100.00	100.00	101.30
122201	12 开滦 01	1500.00	2019.10.30	102.00	97.00	103.00
122202	12 海螺 01	2500.00	2017.11.07	99.00	99.00	100.50
122203	12 海螺 02	3500.00	2022.11.07	100.00	0.00	0.00
122204	12 双良节	800.00	2017.11.12	99.50	100.00	103.00
122205	12 沪交运	800.00	2017.11.16	99.60	100.00	105.00
122206	12 赛轮债	720.00	2015.11.15	99.50	99.50	101.90
122207	12 骆驼集	800.00	2017.12.05	100.10	100.00	102.00
122208	12 招金券	1200.00	2017.11.16	99.77	98.10	105.00
122209	12 中油 01	16000.00	2017.11.22	99.10	99.10	101.50
122210	12 中油 02	2000.00	2022.11.22	100.00	99.00	99.80
122211	12 中油 03	2000.00	2027.11.22	100.00	0.00	0.00
122212	12 京江河	900.00	2017.12.07	99.90	99.70	102.32
122213	12 松建化	2200.00	2019.12.05	100.40	100.20	103.51
122214	12 大秦债	5000.00	2015.12.10	100.09	100.01	102.20
122215	12 永泰 01	1600.00	2017.12.20	100.00	100.50	102.20
122216	12 桐昆债	1300.00	2018.01.21	100.00	100.00	101.50
122217	12 渝水务	1500.00	2018.01.29	100.00	100.90	106.06
122218	12 国航 01	5000.00	2023.01.18	100.00	100.50	101.00
122219	12 榕泰债	750.00	2018.01.24	100.00	100.20	100.55
122220	12 重工 01	1200.00	2018.01.25	100.00	100.00	100.20
122221	12 重工 02	600.00	2020.01.25	100.00	100.00	100.10
122222	12 永泰 02	900.00	2018.01.31	100.00	100.10	102.00
122223	12 电气 01	400.00	2016.02.27	100.00	100.00	100.80
122224	12 电气 02	1600.00	2018.02.27	100.00	99.74	100.41
122225	12 一拖 01	800.00	2018.03.04	100.00	100.00	100.70
122226	12 宝科创	600.00	2018.03.06	100.00	90.20	96.90
122227	13 尖峰 01	300.00	2018.06.05	100.00	100.00	100.00
122228	13 天士 01	400.00	2018.03.29	100.00	100.73	121.00
122229	12 国控 01	4000.00	2018.03.13	100.00	100.00	100.75
122230	12 沪海立	1000.00	2018.02.28	100.00	101.00	101.00
122231	12 上电债	1500.00	2018.03.04	100.00	100.00	101.00
122232	12 招商 01	3000.00	2018.03.05	100.00	98.91	100.50
122233	12 招商 02	1500.00	2018.03.05	100.00	0.00	0.00
122234	12 招商 03	5500.00	2023.03.05	100.00	0.00	0.00
122235	12 芜湖港	1500.00	2018.03.20	100.00	101.20	101.30

公司债
C-Bond

债券
Bond

本年最低 Low	本年收盘 Close	涨跌(%) Change(%)	成交数量(万张) Trading Vol (10000)	成交金额(百万) Trading Val(M)
94.99	97.25	-5.39	1099.96	1127.72
95.00	96.29	-4.09	923.29	934.42
96.00	96.00	-3.81	447.50	444.81
96.70	98.20	-1.60	1125.13	1119.98
94.00	95.70	-3.82	236.65	232.65
95.00	98.20	-1.79	115.79	114.16
0.00	100.00	0.00	100.00	100.00
94.00	94.14	-4.52	6.61	6.50
96.20	99.50	-0.50	450.90	451.68
95.00	95.10	-4.09	110.29	110.23
0.00	100.00	0.00	0.00	0.00
88.58	97.76	-2.24	1022.85	1016.20
95.64	97.50	-2.50	614.60	614.73
95.25	105.00	4.90	419.28	420.46
95.00	96.80	-3.20	1226.85	1217.54
96.73	96.99	-4.91	1165.61	1165.30
86.61	100.00	1.01	1.66	1.64
0.00	100.00	0.00	0.00	0.00
93.00	97.00	-2.51	426.74	424.44
95.00	98.99	-0.61	476.78	468.44
95.10	97.50	-2.01	470.91	468.94
98.01	99.45	-0.65	724.68	727.13
98.01	99.80	0.03	0.15	0.15
93.02	96.80	-2.32	2557.71	2542.17
99.00	99.80	-0.20	65.00	64.79
0.00	100.00	0.00	100.00	99.78
95.00	98.00	-1.90	978.04	973.64
92.22	96.10	-4.28	1927.83	1924.65
97.50	97.78	-2.31	6327.04	6309.75
92.10	96.44	-3.56	1566.67	1558.62
93.50	95.00	-5.00	748.72	743.38
88.40	100.00	0.00	24.22	24.35
90.03	97.00	-3.00	242.40	242.39
89.30	91.99	-8.01	472.12	463.24
89.32	100.00	0.00	291.49	290.02
90.50	100.10	0.10	387.99	381.36
92.34	97.25	-2.75	436.96	434.84
99.50	100.00	0.00	246.50	246.56
90.12	100.00	0.00	533.43	526.01
89.71	96.00	-4.00	380.95	377.92
90.20	96.90	-3.10	525.84	517.12
89.68	96.50	-3.50	19.38	18.68
90.49	96.00	-4.00	137.34	136.34
95.00	97.00	-3.00	1934.94	1929.09
96.00	96.00	-4.00	423.62	'423.98
96.60	99.98	-0.02	692.88	690.86
98.91	100.00	0.00	98.75	98.73
0.00	100.00	0.00	0.00	0.00
0.00	100.00	0.00	0.00	0.00
96.80	97.00	-3.00	1090.43	1090.64

公司债
C-Bond

债券
Bond

证券代码 Code	证券简称 Name	发行数量(百万) Issued Val(M)	到期日期 Expiration Date	上年收盘 Last Year close	本年开盘 Open	本年最高 High
122236	12 哈电 01	3000.00	2018.03.11	100.00	99.70	100.50
122237	12 西资源	600.00	2018.03.08	100.00	100.20	101.00
122238	13 宁港 01	1000.00	2016.03.13	100.00	100.00	101.10
122239	13 中油 01	16000.00	2018.03.15	100.00	97.81	100.35
122240	13 中油 02	4000.00	2023.03.15	100.00	93.27	93.30
122241	12 东航 01	4800.00	2023.03.18	100.00	90.20	101.00
122242	12 广汽 01	1000.00	2018.03.20	100.00	99.00	101.76
122243	12 广汽 02	3000.00	2023.03.20	100.00	0.00	0.00
122244	12 大唐 01	3000.00	2023.03.27	100.00	100.00	100.10
122245	13 甬热电	300.00	2020.04.15	100.00	100.00	100.70
122247	13 福新 01	1000.00	2018.03.25	100.00	100.50	101.00
122248	13 福新 02	1000.00	2023.03.25	100.00	100.99	101.00
122249	13 平煤债	4500.00	2023.04.17	100.00	100.50	100.50
122250	13 和邦 01	400.00	2020.04.22	100.00	100.20	101.00
122251	13 南车 01	1500.00	2018.04.22	100.00	100.30	100.51
122252	13 南车 02	1500.00	2023.04.22	100.00	0.00	0.00
122253	12 一拖 02	700.00	2018.05.30	100.00	98.80	99.00
122254	12 拜克 01	300.00	2018.05.22	100.00	100.00	100.00
122255	13 赣粤 01	1800.00	2023.04.19	100.00	100.00	110.00
122256	13 保税债	350.00	2018.05.23	100.00	100.00	100.00
122257	12 岳纸 01	850.00	2018.05.29	100.00	98.50	99.98
122258	13 云煤业	250.00	2020.12.03	100.00	90.83	90.83
122259	13 中信 01	3000.00	2018.06.07	100.00	98.00	100.00
122260	13 中信 02	12000.00	2023.06.07	100.00	0.00	0.00
122261	13 华泰 01	4000.00	2018.06.05	100.00	100.00	100.00
122262	13 华泰 02	6000.00	2023.06.05	100.00	0.00	0.00
122263	12 豫园 01	500.00	2018.06.17	100.00	100.99	100.99
122264	13 京客隆	750.00	2018.08.13	100.00	0.00	0.00
122265	13 川路桥	1500.00	2018.07.26	100.00	0.00	0.00
122266	13 中信 03	5000.00	2016.08.05	100.00	100.00	100.00
122267	13 永泰债	3800.00	2018.08.06	100.00	100.00	100.30
122268	12 国航 02	3500.00	2018.08.16	100.00	103.00	104.30
122269	12 国航 03	1500.00	2023.08.16	100.00	0.00	0.00
122270	13 安信债	3600.00	2018.08.19	100.00	100.00	100.00
122273	13 鲁金 01	2000.00	2018.09.03	100.00	98.50	98.50
122274	11 航民 02	250.00	2016.09.16	100.00	100.01	100.01
122276	13 魏桥 01	3000.00	2018.10.23	100.00	97.00	100.00
122277	13 华域 01	1200.00	2015.11.18	100.00	98.50	98.50
122278	13 华域 02	2800.00	2018.11.18	100.00	99.88	105.50
122279	13 外运债	2000.00	2016.11.08	100.00	0.00	0.00
122280	13 海通 01	7260.00	2016.11.25	100.00	99.80	99.80
122281	13 海通 02	2350.00	2018.11.25	100.00	0.00	0.00
122282	13 海通 03	2390.00	2023.11.25	100.00	0.00	0.00
122283	13 盛屯债	200.00	2018.12.12	100.00	99.98	99.98
122286	13 中信建	4700.00	2016.11.22	100.00	0.00	0.00
122288	13 东吴债	3000.00	2018.11.18	100.00	0.00	0.00
122500	12 郴城投	1600.00	2019.09.13	102.00	103.60	105.73
122501	12 寿财资	1200.00	2019.10.23	100.00	102.00	104.50
122502	12 哈合力	1200.00	2018.09.26	100.00	104.87	105.52
122503	12 并龙城	2000.00	2019.09.25	100.00	103.30	103.30

公司债
C-Bond

债券
Bond

本年最低 Low	本年收盘 Close	涨跌(%) Change(%)	成交数量(万张) Trading Vol (10000)	成交金额(百万) Trading Val(M)
97.80	100.48	0.48	0.28	0.28
89.03	92.00	-8.00	114.91	112.06
89.32	96.30	-3.70	433.57	429.60
94.50	95.98	-4.02	1021.35	1016.73
93.27	93.27	-6.73	385.45	381.00
90.00	101.00	1.00	50.85	50.81
90.31	100.29	0.29	200.10	200.10
0.00	100.00	0.00	0.00	0.00
87.50	97.00	-3.00	0.19	0.19
98.50	100.00	0.00	6.98	6.98
96.37	101.00	1.00	39.83	39.69
100.99	101.00	1.00	2.00	2.02
95.58	100.00	0.00	930.01	930.16
90.00	94.98	-5.02	892.35	863.95
90.20	100.00	0.00	1.60	1.60
0.00	100.00	0.00	0.00	0.00
88.85	96.80	-3.20	18.25	17.74
93.10	99.50	-0.50	94.89	93.69
90.26	100.00	0.00	359.89	363.36
90.96	95.00	-5.00	94.99	94.32
93.01	93.40	-6.60	190.35	188.44
90.83	90.83	-9.17	0.01	0.01
90.21	93.39	-6.61	0.54	0.52
0.00	100.00	0.00	0.00	0.00
100.00	100.00	0.00	0.00	0.00
0.00	100.00	0.00	0.00	0.00
89.11	94.98	-5.02	18.28	17.82
0.00	100.00	0.00	30.00	30.00
0.00	100.00	0.00	595.00	582.76
96.50	97.00	-3.00	758.19	756.08
97.00	97.15	-2.85	959.50	957.82
82.00	103.99	3.99	6.90	6.82
0.00	100.00	0.00	0.00	0.00
100.00	100.00	0.00	1115.11	1113.04
98.50	98.50	-1.50	290.30	289.04
96.50	96.50	-3.50	23.92	23.63
93.00	99.63	-0.37	2613.24	2609.53
98.50	98.50	-1.50	55.01	55.13
99.88	105.50	5.50	40.00	39.95
0.00	100.00	0.00	0.00	0.00
90.78	98.50	-1.50	102.81	102.32
0.00	100.00	0.00	0.00	0.00
0.00	100.00	0.00	0.00	0.00
90.15	99.89	-0.11	0.28	0.28
0.00	100.00	0.00	40.00	40.00
0.00	100.00	0.00	0.00	0.00
100.02	105.73	3.66	1382.02	1428.83
92.60	97.20	-2.80	977.68	987.51
99.49	99.49	-0.51	465.02	488.35
91.50	99.50	-0.50	867.70	874.64

公司债
C-Bond

债券
Bond

证券代码 Code	证券简称 Name	发行数量（百万）Issued Val(M)	到期日期 Expiration Date	上年收盘 Last Year close	本年开盘 Open	本年最高 High
122504	12 通天诚	1000.00	2019.09.24	101.70	101.84	104.80
122505	12 绍袍江	1000.00	2019.10.31	100.00	100.00	102.54
122506	12 吴交投	1200.00	2020.10.31	100.00	100.00	108.00
122507	12 玉交投	1000.00	2019.10.12	101.01	101.00	103.50
122508	12 兴林业	1300.00	2019.10.23	100.00	102.00	104.00
122509	12 白中兴	1000.00	2019.12.18	100.00	102.05	112.80
122510	12 靖新城	800.00	2018.10.23	100.00	100.50	103.28
122513	12 伟星集	500.00	2019.10.23	100.00	101.80	102.00
122514	12 金融街	1900.00	2019.10.22	100.00	101.50	101.80
122515	12 庆城投	2200.00	2019.10.23	101.00	101.00	103.75
122516	12 青州 01	800.00	2019.10.19	100.77	101.24	101.29
122517	12 青州 02	400.00	2018.10.19	100.00	102.50	102.50
122518	12 保利集	1500.00	2019.10.25	100.00	100.01	100.05
122519	12 锡经开	700.00	2019.11.01	100.00	102.62	102.62
122520	12 唐城投	1000.00	2019.10.16	100.00	103.33	105.00
122521	12 筑金阳	1200.00	2018.10.24	100.00	102.00	102.00
122522	12 兴城建	1200.00	2018.10.23	100.00	103.01	104.86
122523	12 海亮 01	600.00	2018.10.19	100.90	101.20	102.00
122524	12 海亮 02	400.00	2019.10.19	101.75	100.76	103.00
122525	12 沪嘉开	800.00	2018.10.10	100.00	103.03	105.00
122526	12 永川惠	1200.00	2019.10.16	100.00	101.70	104.50
122527	12 温国投	1400.00	2019.09.18	100.00	104.00	112.50
122528	12 琼港航	850.00	2019.10.18	100.00	0.00	0.00
122530	12 七城投	1000.00	2019.10.18	100.00	102.01	104.91
122531	12 太科园	1000.00	2019.09.17	103.48	101.40	104.50
122532	12 宜财投	1500.00	2019.10.16	100.00	102.77	102.77
122533	12 平城投	900.00	2019.09.18	100.00	101.73	104.50
122534	12 秦开发	1400.00	2019.10.17	100.00	101.50	104.88
122535	12 苏飞达	800.00	2018.08.30	100.00	103.00	103.50
122536	12 慈国控	800.00	2019.09.20	100.00	101.87	103.35
122537	12 克城投	2000.00	2019.09.04	100.00	102.63	105.50
122538	12 榕城乡	1000.00	2018.09.25	100.00	101.02	101.02
122539	12 阜城投	1200.00	2019.10.10	102.84	102.74	105.84
122540	12 宁浦口	1200.00	2019.10.08	100.00	101.70	110.88
122541	12 宁上陵	500.00	2018.10.16	103.80	103.80	104.99
122542	12 阿信诚	1000.00	2018.10.10	100.00	104.20	105.80
122543	12 钦开投	900.00	2019.10.16	102.54	102.54	106.30
122544	12 渝长开	800.00	2019.09.25	100.00	103.01	103.10
122545	12 蒙高新	1000.00	2019.09.25	100.48	100.95	106.00
122546	12 宁高新	900.00	2019.09.07	100.00	101.82	101.82
122547	12 曲靖投	650.00	2019.09.06	100.00	102.60	103.55
122549	12 邳润城	1000.00	2019.09.25	102.74	100.78	105.95
122550	12 苏国信	2000.00	2017.06.08	100.00	100.00	100.00
122551	12 如东投	800.00	2019.09.24	100.00	104.30	105.00
122552	12 新新业	660.00	2019.08.15	100.00	100.00	100.03
122553	12 虞交通	1000.00	2019.09.11	101.00	102.60	110.00
122554	12 定海债	1000.00	2020.08.31	100.00	105.30	105.30
122555	12 常经投	1200.00	2019.09.12	100.00	102.70	104.00
122556	12 咸宁投	600.00	2018.08.31	102.74	102.80	106.00
122557	12 株高科	1000.00	2019.09.10	102.50	102.50	106.00

公司债
C-Bond

债券
Bond

本年最低 Low	本年收盘 Close	涨跌(%) Change(%)	成交数量(万张) Trading Vol (10000)	成交金额(百万) Trading Val(M)
96.50	97.24	-4.39	1374.19	1391.81
98.50	98.50	-1.50	533.76	534.35
95.61	99.50	-0.50	886.46	894.09
94.03	96.05	-4.91	799.33	809.14
101.01	101.01	1.01	662.42	673.39
93.78	99.90	-0.10	1242.99	1260.35
90.83	100.00	0.00	828.01	833.14
96.40	98.00	-2.00	429.01	428.64
98.80	99.00	-1.00	809.64	807.78
95.93	98.00	-2.97	1864.51	1905.88
101.24	101.29	0.52	310.00	318.84
102.50	102.50	2.50	20.00	20.70
100.01	100.05	0.05	499.60	499.93
102.62	102.62	2.62	190.00	194.28
93.36	105.00	5.00	1082.12	1110.34
98.78	98.78	-1.22	440.00	446.89
95.00	99.89	-0.11	1939.66	1966.10
94.97	96.80	-4.06	440.15	440.56
100.00	102.00	0.25	43.25	44.22
101.70	102.20	2.20	305.73	312.61
95.00	103.50	3.50	785.01	799.35
93.00	102.05	2.05	1264.08	1299.26
0.00	100.00	0.00	20.00	19.46
95.00	98.79	-1.21	662.99	673.28
95.05	100.98	-2.42	800.47	824.69
98.50	98.60	-1.40	821.16	823.38
100.00	101.30	1.30	435.01	441.90
92.99	104.88	4.88	1036.28	1064.63
100.00	100.00	0.00	262.77	265.85
101.87	103.35	3.35	611.06	625.87
95.00	102.40	2.40	247.91	255.13
101.02	101.02	1.02	847.85	861.42
93.34	96.67	-6.00	2934.90	3016.95
97.73	104.00	4.00	2219.76	2256.72
94.41	97.91	-5.67	705.38	714.02
95.50	97.00	-3.00	1670.89	1710.91
100.00	102.28	-0.25	1265.10	1297.02
103.01	103.10	3.10	160.00	164.89
98.20	98.20	-2.27	688.16	705.92
101.82	101.82	1.82	300.00	299.86
102.56	103.29	3.29	70.76	72.55
96.20	100.90	-1.79	1869.87	1930.08
91.40	94.89	-5.11	400.00	396.53
104.30	105.00	5.00	190.01	196.02
100.00	100.02	0.02	162.00	162.01
92.00	97.00	-3.96	597.73	604.11
96.89	103.00	3.00	490.18	499.83
98.37	104.00	4.00	760.01	772.95
95.29	99.00	-3.64	761.83	779.50
102.50	105.99	3.41	927.66	954.13

公司债
C-Bond

债券
Bond

证券代码 Code	证券简称 Name	发行数量 (百万) Issued Val(M)	到期日期 Expiration Date	上年收盘 Last Year close	本年开盘 Open	本年最高 High
122558	12 昆交 01	1400.00	2017.08.17	100.00	102.00	102.50
122559	12 昆交 02	1300.00	2019.08.17	100.00	103.32	105.00
122560	12 淄城运	1500.00	2019.08.22	100.00	103.00	104.30
122561	12 饶城投	1300.00	2019.09.10	102.10	101.76	115.00
122562	12 伊春债	800.00	2019.07.24	102.55	102.51	108.00
122563	12 亳州债	1500.00	2019.09.04	103.69	103.25	110.00
122564	12 椒江债	1000.00	2020.09.13	103.38	103.50	113.96
122565	12 邵城投	1200.00	2018.09.11	100.00	101.00	106.37
122566	12 库城建	1200.00	2018.09.10	102.90	103.30	112.00
122567	12 小清河	1800.00	2019.09.05	100.00	102.80	106.00
122568	12 随州债	700.00	2019.08.22	102.89	102.90	105.60
122569	12 津生态	1200.00	2019.08.14	101.40	102.00	105.00
122570	12 滇水投	1000.00	2019.08.27	100.00	0.00	0.00
122571	12 兴国资	1400.00	2019.08.31	100.00	101.20	103.30
122572	12 蓉投控	1600.00	2019.09.04	99.35	101.55	103.20
122573	12 牡国投	1200.00	2019.08.30	100.00	0.00	0.00
122574	12 淮开控	1200.00	2019.09.06	100.00	104.50	104.50
122575	12 肥城债	900.00	2018.08.14	100.54	100.45	103.99
122576	12 内江债	700.00	2018.07.19	100.00	102.00	102.99
122577	12 苏相城	1800.00	2019.09.03	100.00	0.00	0.00
122578	12 长宁债	700.00	2019.08.16	100.00	0.00	0.00
122579	09 远洋债	2600.00	2015.06.23	100.00	100.00	101.65
122581	12 津南城	1500.00	2019.06.18	100.00	100.50	101.78
122582	12 湘九华	900.00	2019.08.29	102.75	102.88	109.88
122583	12 遵投债	1000.00	2019.03.13	100.00	108.00	118.80
122584	12 松城开	1300.00	2019.08.29	100.00	103.46	103.46
122585	12 新海连	1300.00	2020.08.27	100.00	0.00	0.00
122586	12 中交通	600.00	2018.08.28	100.00	100.00	103.01
122587	12 遵桥债	1800.00	2020.08.17	100.70	100.70	105.00
122588	12 益城投	1600.00	2019.08.24	101.89	101.89	104.36
122589	12 毕信泰	1600.00	2019.08.20	103.01	102.20	104.28
122590	12 鹤城投	1500.00	2022.06.21	100.00	102.16	103.66
122591	12 常交债	1500.00	2019.08.21	100.00	103.00	104.96
122592	12 乌国资	1400.00	2018.04.28	100.00	97.60	97.60
122593	12 衡城投	1800.00	2019.08.13	102.70	102.50	113.20
122594	12 泉州 01	800.00	2018.08.07	102.26	102.50	103.00
122595	12 泉州 02	800.00	2019.08.07	100.00	102.00	102.00
122596	12 沪城开	1500.00	2018.08.21	101.60	101.80	106.00
122597	12 宝钛债	700.00	2018.08.21	100.00	100.50	101.45
122598	12 荆门债	800.00	2022.07.09	100.75	100.90	115.00
122599	12 梵投债	1200.00	2019.08.02	101.36	102.01	111.00
122600	12 鑫泰债	1000.00	2018.08.14	100.00	101.49	101.49
122601	12 白山债	1000.00	2019.07.31	101.39	101.30	108.32
122602	12 松城投	1200.00	2018.08.15	100.00	102.60	102.60
122603	12 穗经开	2500.00	2022.08.14	102.00	102.00	104.00
122604	12 吉铁投	800.00	2019.06.26	99.20	99.60	101.00
122605	11 宁海债	1200.00	2017.12.31	100.00	104.06	104.30
122606	12 顺鑫债	800.00	2017.07.03	100.00	98.80	98.80
122607	12 渝地产	5000.00	2019.04.25	103.00	102.00	107.98
122608	12 西永债	1600.00	2019.07.25	101.00	100.00	105.96

公司债
C-Bond

债券
Bond

本年最低 Low	本年收盘 Close	涨跌(%) Change(%)	成交数量(万张) Trading Vol (10000)	成交金额(百万) Trading Val(M)
95.00	95.00	-5.00	396.81	401.96
103.32	105.00	5.00	263.00	271.36
99.00	101.00	1.00	1053.87	1078.76
98.56	99.00	-3.04	2038.80	2101.68
95.08	95.88	-6.50	1493.39	1528.28
97.00	101.00	-2.59	2298.69	2376.37
98.00	104.00	0.60	1653.11	1718.89
99.00	100.00	0.00	1091.66	1124.19
97.02	99.99	-2.83	1734.00	1793.00
99.00	99.70	-0.30	2103.30	2155.14
95.85	97.03	-5.70	1352.41	1383.35
94.00	101.30	-0.10	1464.90	1499.93
0.00	100.00	0.00	60.00	60.27
101.20	102.60	2.60	557.60	567.76
94.10	98.00	-1.36	415.01	417.33
0.00	100.00	0.00	340.00	334.33
94.25	101.30	1.30	535.15	536.14
90.10	98.49	-2.04	631.53	639.06
93.87	102.85	2.85	467.50	477.86
0.00	100.00	0.00	600.00	607.27
0.00	100.00	0.00	250.00	251.25
95.19	99.50	-0.50	2535.82	2532.07
94.70	97.49	-2.51	1520.47	1535.79
94.53	96.92	-5.67	1217.90	1244.56
94.71	101.83	1.83	654.09	690.76
93.40	96.19	-3.81	1028.95	1032.34
0.00	100.00	0.00	740.00	733.19
100.00	102.00	2.00	51.88	52.88
91.00	100.00	-0.70	851.88	861.41
95.00	98.80	-3.03	1033.19	1057.81
93.16	97.65	-5.20	1924.81	1974.19
86.77	95.30	-4.70	1118.93	1125.49
101.80	102.20	2.20	1383.73	1412.98
97.60	97.60	-2.40	421.00	428.80
97.00	97.95	-4.63	1553.69	1590.38
100.00	102.39	0.13	887.68	910.60
102.00	102.00	2.00	180.00	183.43
100.00	106.00	4.33	1565.94	1602.74
100.50	101.45	1.45	169.00	170.01
91.98	97.62	-3.11	501.84	507.51
96.50	99.33	-2.00	1130.64	1148.81
101.49	101.49	1.49	250.00	253.40
93.68	97.39	-3.95	1255.65	1261.46
101.62	101.62	1.62	944.10	954.50
89.50	101.00	-0.98	1978.79	2007.33
98.01	98.01	-1.20	259.99	262.87
99.20	103.88	3.88	119.27	123.34
98.80	98.80	-1.20	755.74	758.00
99.00	100.00	-2.91	8273.82	8715.23
91.68	99.50	-1.49	976.38	996.81

公司债
C-Bond

债券
Bond

证券代码 Code	证券简称 Name	发行数量 (百万) Issued Val(M)	到期日期 Expiration Date	上年收盘 Last Year close	本年开盘 Open	本年最高 High
122609	12 扬城控	1200.00	2019.07.26	100.00	100.00	101.50
122610	12 乐清债	1500.00	2019.06.29	101.00	100.00	102.40
122611	12 蓉经 01	1000.00	2018.07.17	99.33	101.30	101.30
122612	12 蓉经 02	1000.00	2019.07.17	98.30	98.58	102.98
122613	12 乌海债	1600.00	2019.03.31	105.10	105.60	116.00
122614	12 渝缙债	1000.00	2019.06.18	100.00	102.00	106.00
122615	12 百色债	800.00	2019.07.04	100.00	0.00	0.00
122616	12 黔铁债	2000.00	2022.03.27	107.00	106.89	108.56
122617	12 襄投债	1500.00	2019.01.12	100.00	0.00	0.00
122618	12 统众债	1500.00	2022.04.11	100.00	101.00	104.00
122619	12 迁安债	1600.00	2018.07.11	98.50	98.99	102.50
122620	12 乌城投	900.00	2019.07.09	100.00	99.86	102.00
122621	12 赣城债	2000.00	2018.07.10	98.80	98.80	105.75
122622	12 锦城债	1300.00	2019.06.13	100.00	0.00	0.00
122623	12 旅建债	1200.00	2019.07.02	100.22	101.00	103.00
122624	12 滨开债	800.00	2019.07.05	101.00	100.00	106.00
122625	12 升华债	500.00	2019.07.02	100.00	99.00	99.00
122626	12 海恒债	1200.00	2019.06.12	100.00	99.97	102.50
122627	12 京建工	800.00	2019.07.05	100.50	99.00	100.00
122628	12 东投债	1000.00	2018.07.05	101.55	101.60	105.19
122629	12 平发债	1500.00	2019.05.08	103.60	104.50	104.50
122630	12 惠投债	1800.00	2019.05.28	100.00	99.00	110.00
122631	12 晋国电	2000.00	2022.05.24	100.00	101.22	101.22
122632	12 江阴债	900.00	2019.06.11	102.00	101.00	105.00
122633	12 嘉经债	900.00	2019.06.14	100.00	100.00	102.00
122634	12 芜开 01	700.00	2018.06.08	100.45	99.40	103.10
122635	12 芜开 02	1000.00	2022.06.08	100.52	101.00	102.60
122636	12 连发债	900.00	2019.06.19	100.00	101.50	101.50
122637	12 鑫城债	1200.00	2019.04.23	102.80	102.80	106.30
122638	12 申华信	1000.00	2019.06.14	101.00	100.50	103.00
122639	12 绍新城	1000.00	2018.06.11	99.38	99.00	108.00
122640	12 仪征债	800.00	2019.06.14	103.30	102.50	106.20
122641	12 武进债	1400.00	2018.06.08	99.00	99.99	106.00
122642	12 朝阳债	1600.00	2019.05.25	100.00	101.72	103.30
122643	12 海资债	1500.00	2019.05.22	104.45	104.47	108.82
122644	12 铁岭债	1200.00	2018.05.29	100.00	103.63	104.75
122645	12 苏园建	2000.00	2019.05.30	100.00	102.50	102.50
122648	12 宣国投	1000.00	2019.03.20	107.00	106.00	118.80
122649	12 长建投	1500.00	2019.04.06	106.50	106.45	117.80
122650	12 泰能债	500.00	2018.04.25	103.00	0.00	0.00
122651	12 广安投	800.00	2019.04.25	102.97	103.44	109.00
122652	12 杨农债	1500.00	2019.05.23	103.70	102.51	108.20
122654	12 昆钢控	2000.00	2020.04.26	100.20	100.50	100.90
122655	12 铜建投	1500.00	2022.04.28	105.75	105.70	115.00
122658	12 盘锦债	1500.00	2019.05.17	103.80	102.80	105.70
122659	12 石油 06	10000.00	2022.04.12	100.00	97.00	100.00
122660	12 石油 07	10000.00	2022.04.12	100.00	100.20	100.20
122661	12 怀化债	1000.00	2018.03.22	103.25	103.26	107.85
122662	12 合桃花	800.00	2019.03.27	100.00	108.00	121.00
122663	12 科发债	1500.00	2019.05.15	100.00	101.00	112.00

公司债
C-Bond

债券
Bond

本年最低 Low	本年收盘 Close	涨跌(%) Change(%)	成交数量(万张) Trading Vol (10000)	成交金额(百万) Trading Val(M)
100.00	101.50	1.50	788.30	797.68
100.00	102.27	1.26	893.00	908.51
101.30	101.30	1.98	1020.00	1020.99
93.03	99.98	1.71	543.74	547.87
98.12	101.30	-3.62	1596.44	1665.31
102.00	106.00	6.00	905.00	900.85
0.00	100.00	0.00	649.07	644.90
98.01	99.50	-7.01	340.43	351.56
0.00	100.00	0.00	30.00	30.50
92.38	98.99	-1.01	500.00	515.70
95.03	97.14	-1.38	2239.67	2258.50
93.00	97.00	-3.00	800.88	801.89
97.00	98.50	-0.30	2195.35	2204.51
0.00	100.00	0.00	890.00	885.97
96.00	102.00	1.78	1828.00	1851.33
100.00	106.00	4.95	496.01	510.97
99.00	99.00	-1.00	210.00	208.79
99.97	102.50	2.50	150.00	150.94
95.01	100.00	-0.50	130.21	130.19
94.50	100.00	-1.53	1346.95	1383.62
95.11	103.97	0.36	1597.89	1657.65
89.74	96.21	-3.79	1485.98	1510.98
97.00	97.00	-3.00	230.09	232.30
98.00	98.00	-3.92	1452.79	1495.46
100.00	100.90	0.90	577.67	579.36
99.40	103.10	2.64	598.65	599.88
99.70	100.86	0.34	613.91	619.44
101.50	101.50	1.50	140.00	140.71
93.35	101.95	-0.83	444.91	457.81
96.50	102.00	0.99	813.94	824.42
97.00	98.36	-1.03	413.01	416.70
95.00	98.39	-4.75	145.47	150.07
90.49	98.10	-0.91	911.69	924.64
99.75	100.00	0.00	2372.12	2427.61
96.78	97.52	-6.64	2314.63	2435.03
99.50	99.50	-0.50	1675.45	1739.39
102.50	102.50	2.50	550.00	559.03
98.01	100.39	-6.18	917.28	969.92
100.50	101.98	-4.24	2083.49	2212.84
0.00	103.00	0.00	561.00	568.64
100.00	100.93	-1.98	296.51	310.86
98.00	100.00	-3.57	1847.09	1952.67
100.50	100.90	0.70	630.00	636.40
100.28	108.80	2.88	1251.94	1321.74
100.00	100.00	-3.66	2143.20	2227.03
93.50	95.60	-4.40	171.54	165.76
88.76	94.13	-5.87	1153.16	1144.54
99.23	99.85	-3.29	375.58	396.76
100.16	100.72	0.72	520.37	546.74
91.00	98.50	-1.50	1029.76	1041.56

公司债
C-Bond

债券
Bond

证券代码 Code	证券简称 Name	发行数量(百万) Issued Val(M)	到期日期 Expiration Date	上年收盘 Last Year close	本年开盘 Open	本年最高 High
122664	12 葫芦岛	2000.00	2019.03.01	105.30	106.01	110.04
122665	12 镇交投	1800.00	2019.05.08	100.00	100.50	104.63
122666	12 国网 01	5000.00	2022.04.17	100.00	0.00	0.00
122667	12 国网 02	10000.00	2027.04.17	100.00	100.80	100.80
122668	12 凉国投	500.00	2019.04.23	104.49	104.30	107.00
122669	12 桂林债	1000.00	2018.05.09	103.50	100.40	113.00
122670	12 新盛债	1500.00	2018.05.08	102.34	105.60	106.20
122671	12 扬子江	500.00	2019.05.21	100.00	104.00	104.00
122672	12 西城投	1300.00	2019.04.27	103.70	103.70	106.60
122673	12 渝李渡	800.00	2019.03.23	100.00	0.00	0.00
122674	12 渝黔江	900.00	2019.03.23	100.00	0.00	0.00
122675	12 杭城投	1600.00	2018.04.25	101.00	100.90	103.50
122676	12 滨江债	1200.00	2019.04.27	102.10	0.00	0.00
122677	12 江宁债	1200.00	2019.04.28	102.00	102.00	104.50
122678	12 扬化工	1000.00	2019.04.25	104.45	103.00	108.50
122679	12 河套债	1000.00	2022.03.31	108.68	108.68	111.99
122680	12 昆建债	2200.00	2018.04.13	104.50	104.50	106.40
122681	12 合农投	1500.00	2018.04.10	104.10	104.00	109.00
122682	12 营口债	2000.00	2020.04.18	103.70	103.60	111.24
122683	12 春和债	540.00	2018.04.24	100.60	100.57	105.20
122684	12 合高新	1200.00	2019.03.22	104.10	104.80	108.20
122685	12 吉城投	1600.00	2019.04.20	103.90	103.90	105.99
122686	12 白药债	1100.00	2019.03.30	101.00	101.20	103.68
122687	12 金坛债	1000.00	2019.03.14	104.14	103.50	109.00
122688	12 华通债	1000.00	2019.04.18	103.90	103.80	103.90
122689	12 宿开发	900.00	2019.03.26	104.00	103.95	105.50
122690	12 三胞债	800.00	2019.03.19	104.50	100.01	107.95
122691	12 武清债	800.00	2019.03.27	100.00	0.00	0.00
122692	12 漳路桥	1100.00	2019.03.01	106.00	0.00	0.00
122693	12 佳城投	1000.00	2019.03.22	104.60	104.80	107.99
122694	12 兴荣债	800.00	2019.04.19	105.91	105.90	109.77
122695	12 五国投	1000.00	2018.03.15	105.21	105.54	108.74
122696	12 丹投债	1500.00	2019.03.06	106.00	106.50	107.70
122697	11 太资债	900.00	2018.12.31	104.00	104.80	107.00
122698	12 双流 01	700.00	2019.03.16	106.25	105.50	111.80
122699	12 双流 02	300.00	2019.03.16	108.50	105.00	119.00
122700	12 来宾债	900.00	2019.03.14	106.15	105.55	109.00
122701	12 余城建	1200.00	2019.03.29	104.00	104.50	106.66
122702	12 海安债	1500.00	2018.03.28	105.10	105.00	108.20
122703	12 鞍城投	2000.00	2019.03.05	104.98	105.00	109.80
122704	12 江都债	800.00	2019.03.23	104.76	104.50	115.00
122705	12 苏交通	2500.00	2017.03.20	100.16	101.00	101.88
122706	12 海门债	1200.00	2019.03.20	105.30	103.80	112.00
122707	12 泰兴债	1200.00	2018.03.27	105.68	105.50	116.47
122708	12 伊旗债	1600.00	2019.03.19	104.62	103.50	108.12
122709	12 绵阳债	1200.00	2019.03.26	104.50	103.60	107.40
122710	12 济城建	1800.00	2018.03.26	104.00	104.00	105.90
122711	12 郑新债	2000.00	2019.03.14	105.43	105.00	111.60
122712	12 中航债	1800.00	2019.03.12	101.00	99.00	102.00
122713	12 冀交通	1400.00	2022.03.27	100.00	0.00	0.00

公司债
C-Bond

债券
Bond

本年最低 Low	本年收盘 Close	涨跌(%) Change(%)	成交数量(万张) Trading Vol (10000)	成交金额(百万) Trading Val(M)
104.00	107.77	2.35	940.27	995.60
100.50	102.54	2.54	953.01	976.55
0.00	100.00	0.00	50.00	46.44
100.80	100.80	0.80	160.00	157.91
104.30	107.00	2.40	498.94	526.97
93.80	98.00	-5.31	822.73	842.65
91.10	100.50	-1.80	1468.11	1528.04
104.00	104.00	4.00	85.00	88.47
97.10	99.70	-3.86	842.45	877.15
0.00	100.00	0.00	0.00	0.00
0.00	100.00	0.00	0.00	0.00
94.07	97.70	-3.27	707.82	716.26
0.00	102.10	0.00	555.68	566.36
99.50	99.50	-2.45	901.96	932.22
94.82	100.98	-3.32	1837.41	1937.90
98.88	100.52	-7.51	1132.77	1221.61
94.14	100.50	-3.83	2253.90	2339.30
98.85	102.90	-1.15	2425.62	2569.20
96.01	99.43	-4.12	1554.90	1613.57
90.98	94.67	-5.90	1565.55	1570.64
96.51	99.06	-4.84	656.83	696.33
99.98	100.00	-3.75	1024.08	1066.40
97.00	97.00	-3.96	588.24	600.06
98.16	103.00	-1.10	404.63	417.60
97.00	100.00	-3.75	273.41	283.39
99.00	99.00	-4.81	1053.71	1098.95
100.00	103.50	-0.96	1096.63	1148.68
0.00	100.00	0.00	195.91	206.55
0.00	106.00	0.00	575.11	610.19
99.03	102.99	-1.54	228.63	240.46
99.15	99.33	-6.21	1299.94	1386.03
98.58	100.17	-4.79	1402.01	1471.23
106.50	107.57	1.48	100.32	106.34
100.00	100.00	-3.85	32.61	33.76
97.21	110.30	3.81	249.28	270.24
97.80	99.00	-8.76	97.80	105.31
99.08	108.25	1.98	829.01	881.24
99.50	99.50	-4.33	422.13	439.13
99.00	103.50	-1.52	2056.20	2167.09
102.48	103.50	-1.41	1223.67	1288.61
97.50	97.76	-6.68	692.26	723.02
97.00	101.72	1.56	1301.40	1316.47
99.50	102.00	-3.13	80.36	81.59
100.01	101.48	-3.97	2369.69	2512.37
97.31	98.28	-6.06	1919.51	2013.29
98.00	99.50	-4.79	726.14	772.78
97.01	100.65	-3.22	892.46	928.46
100.00	100.50	-4.68	1500.68	1600.24
87.95	95.00	-5.94	636.86	632.77
0.00	100.00	0.00	0.00	0.00

公司债
C-Bond

债券
Bond

证券代码 Code	证券简称 Name	发行数量(百万) Issued Val(M)	到期日期 Expiration Date	上年收盘 Last Year close	本年开盘 Open	本年最高 High
122714	12 海陵债	800.00	2019.03.21	104.60	104.33	109.25
122715	12 蓉新城	1000.00	2019.03.19	105.19	106.38	109.50
122716	12 莆田债	1100.00	2019.03.21	105.50	105.50	115.00
122717	12 泉矿债	1500.00	2019.03.21	100.00	0.00	0.00
122718	12 渝南债	800.00	2019.03.23	107.99	108.00	119.00
122719	12 龙交投	1000.00	2022.03.19	106.35	106.10	111.00
122720	12 甬城投	1000.00	2018.03.01	100.00	0.00	0.00
122721	12 辽国资	1000.00	2019.03.13	105.24	105.10	116.14
122722	12 淮水利	1600.00	2019.03.08	104.99	107.80	109.00
122723	12 石油 05	20000.00	2022.03.15	100.00	92.46	99.90
122724	12 攀国投	1000.00	2022.03.13	106.00	108.00	112.99
122725	12 宿产发	800.00	2018.03.08	103.40	96.61	104.02
122726	12 柳东债	1000.00	2019.02.15	104.20	107.50	108.45
122727	12 东胜债	2000.00	2018.02.28	105.00	105.50	107.99
122728	12 徐经开	1800.00	2019.03.07	107.00	104.00	107.00
122729	12 江泉债	800.00	2019.03.12	105.19	105.15	110.00
122730	12 晋江债	650.00	2018.02.23	100.00	104.42	104.42
122731	12 镇经开	1600.00	2019.03.01	105.20	105.00	115.00
122732	12 九江债	2000.00	2019.02.23	106.00	107.00	115.00
122733	11 京资 01	4000.00	2016.12.26	100.00	102.00	102.00
122734	11 京资 02	6000.00	2021.12.26	101.06	100.42	100.42
122735	11 六安债	1500.00	2018.12.28	100.00	104.42	105.00
122736	12 石油 03	10000.00	2019.02.22	100.00	0.00	0.00
122737	12 石油 04	10000.00	2027.02.22	98.99	99.00	107.00
122740	12 延城投	1500.00	2017.02.08	104.00	104.00	108.50
122741	11 双鸭山	1000.00	2018.12.20	104.55	104.60	107.85
122742	12 鲁高速	2000.00	2022.02.09	100.00	0.00	0.00
122743	12 华发集	2500.00	2018.02.16	106.60	108.00	112.28
122744	11 本溪债	2000.00	2021.12.22	108.00	108.00	110.96
122745	12 方大 01	500.00	2018.02.22	105.50	104.50	110.00
122746	12 方大 02	500.00	2019.02.22	107.05	105.00	109.00
122747	12 晋煤运	2500.00	2022.01.18	105.00	103.00	106.50
122748	12 石油 01	10000.00	2019.01.11	100.40	99.67	100.00
122749	12 石油 02	10000.00	2022.01.11	100.05	97.83	102.50
122750	12 常经营	1200.00	2019.01.16	103.50	102.50	109.00
122751	11 冀新债	500.00	2018.12.30	103.10	101.51	114.00
122752	11 大丰港	600.00	2017.11.15	106.39	106.05	110.59
122753	12 姜国资	700.00	2019.12.03	100.00	101.78	103.61
122754	11 通化债	1000.00	2021.12.13	108.38	108.30	118.81
122755	12 潭城建	1200.00	2019.03.16	105.00	102.80	108.50
122756	12 甘农垦	800.00	2019.01.06	100.00	100.00	100.00
122757	11 丹东债	1600.00	2018.12.21	103.15	103.13	107.29
122758	11 张保债	900.00	2018.12.15	104.50	100.37	109.80
122759	11 泰豪债	400.00	2018.12.27	107.10	0.00	0.00
122760	12 渝富债	2000.00	2019.09.04	100.00	101.60	103.80
122761	11 萧国资	2000.00	2016.11.22	101.84	103.10	104.61
122762	11 吴江债	1300.00	2018.12.05	100.00	0.00	0.00
122763	11 淮产投	900.00	2017.12.30	108.21	108.50	117.98
122764	11 泛海 01	1800.00	2017.12.13	107.13	107.15	113.80
122765	11 泛海 02	1000.00	2021.12.13	109.59	109.00	114.60

公司债
C-Bond

债券
Bond

本年最低 Low	本年收盘 Close	涨跌(%) Change(%)	成交数量(万张) Trading Vol (10000)	成交金额(百万) Trading Val(M)
98.24	99.55	-4.83	332.32	351.13
97.29	98.51	-6.35	1160.66	1219.57
97.31	100.25	-4.98	322.99	342.83
0.00	100.00	0.00	360.00	361.03
100.56	101.50	-6.01	1132.51	1223.24
98.55	103.00	-3.15	894.92	939.96
0.00	100.00	0.00	750.00	777.27
95.60	100.67	-4.34	957.03	1004.53
94.98	104.50	-0.47	1126.98	1185.40
91.93	99.90	-0.10	317.00	302.17
106.03	109.50	3.30	972.93	1028.75
96.61	100.50	-2.81	789.50	810.83
100.00	101.98	-2.13	1051.63	1103.76
98.50	99.76	-4.99	2091.35	2209.48
100.00	106.00	-0.94	352.29	371.04
96.01	98.27	-6.58	669.38	695.01
101.50	101.50	1.50	330.00	337.40
100.10	102.90	-2.19	390.59	413.69
98.32	102.00	-3.77	366.98	388.93
101.00	101.99	1.99	39.99	38.37
100.42	100.42	-0.63	100.00	100.42
104.42	105.00	5.00	150.10	154.34
0.00	100.00	0.00	0.00	0.00
90.00	99.99	1.01	128.97	128.71
99.00	102.70	-1.25	225.22	233.79
98.81	99.99	-4.36	1687.72	1757.96
0.00	100.00	0.00	0.00	0.00
100.60	102.64	-3.72	2492.75	2682.68
100.16	102.90	-4.72	810.89	873.55
98.01	101.00	-4.27	320.11	336.96
96.00	96.50	-9.86	533.49	574.11
94.92	97.50	-7.14	1385.51	1440.46
99.67	99.99	-0.41	363.97	357.00
91.00	102.50	2.45	506.01	489.15
99.26	102.50	-0.97	159.72	167.85
100.49	100.49	-2.53	111.54	115.61
100.51	102.00	-4.13	626.03	663.22
94.00	98.00	-2.00	1129.29	1141.67
99.55	101.35	-6.49	997.61	1038.34
99.80	102.50	-2.38	772.77	805.93
100.00	100.00	0.00	310.01	311.65
97.18	97.77	-5.22	3567.74	3698.42
100.00	100.00	-4.31	13.46	14.08
0.00	107.10	0.00	0.00	0.00
98.10	98.10	-1.90	1467.88	1498.53
103.10	104.61	2.72	430.60	443.18
0.00	100.00	0.00	640.00	659.16
96.03	102.85	-4.95	950.12	1004.27
94.31	101.47	-5.28	384.22	410.11
102.24	103.08	-5.94	215.24	235.98

公司债
C-Bond

债券
Bond

证券代码 Code	证券简称 Name	发行数量 (百万) Issued Val(M)	到期日期 Expiration Date	上年收盘 Last Year close	本年开盘 Open	本年最高 High
122766	11 宜建投	1000.00	2019.11.17	106.10	105.00	108.49
122767	11 盐城南	1500.00	2018.12.16	106.00	105.00	116.00
122768	11 兰城投	1500.00	2018.12.15	106.01	106.00	116.50
122769	11 龙海债	800.00	2017.12.02	106.14	106.10	109.49
122770	11 国网 01	10000.00	2021.12.08	100.00	101.46	104.00
122771	11 国网 02	5000.00	2026.12.08	99.00	98.80	98.80
122772	11 山煤债	1000.00	2018.12.06	104.00	106.00	106.00
122773	11 滨海 01	2500.00	2016.11.23	100.00	0.00	0.00
122774	11 滨海 02	2500.00	2021.11.23	100.00	0.00	0.00
122775	11 咸城投	1100.00	2017.12.09	106.25	106.25	107.80
122776	11 新光债	1600.00	2018.11.23	102.67	103.34	106.86
122777	11 吴中债	1500.00	2018.12.16	105.80	0.00	0.00
122778	11 建发债	1600.00	2019.10.28	105.30	106.70	106.70
122779	11 株城发	1500.00	2021.11.10	106.59	106.57	110.85
122780	11 长高新	2500.00	2017.11.22	101.50	103.50	103.50
122781	11 永州债	1000.00	2021.12.05	108.15	108.08	112.54
122782	11 宁农债	1800.00	2018.11.16	101.40	100.00	100.87
122783	11 苏中能	1500.00	2018.11.15	102.90	102.00	103.60
122784	11 中兴新	1000.00	2019.10.28	104.00	103.50	105.00
122786	11 联想债	2900.00	2018.10.31	102.51	102.52	102.56
122787	11 赣铁债	1000.00	2018.09.30	104.35	104.35	104.35
122788	11 三明债	1000.00	2018.06.14	101.69	101.60	106.15
122789	11 象屿债	900.00	2018.07.08	101.00	101.00	105.00
122790	11 诸暨债	1500.00	2018.07.05	101.79	101.00	104.70
122792	11 邯郸债	1000.00	2018.07.01	102.30	102.78	104.80
122793	11 扬开债	1000.00	2016.07.07	99.90	99.90	102.00
122794	11 海城债	800.00	2018.11.07	105.79	105.68	130.18
122795	PR 诸城债	1000.00	2018.04.26	100.00	0.00	0.00
122796	11 冀投 01	1000.00	2021.06.27	100.00	0.00	0.00
122797	11 冀投 02	1000.00	2024.06.27	100.00	0.00	0.00
122798	11 泰矿债	1000.00	2018.06.22	101.80	100.70	105.50
122799	11 武国资	300.00	2018.06.17	101.10	102.35	102.35
122800	11 龙煤电	1000.00	2018.06.17	100.00	103.00	103.00
122801	11 焦作债	2200.00	2018.06.08	102.50	103.50	103.90
122802	11 辽阳债	2000.00	2018.06.13	101.00	100.90	105.80
122803	11 滁州债	1000.00	2021.11.30	104.04	104.04	110.08
122804	11 渭南 01	600.00	2017.06.08	100.00	100.98	101.10
122805	11 大同债	2500.00	2017.06.01	100.74	100.75	106.00
122806	11 渭南 02	1200.00	2018.06.08	101.50	102.50	102.50
122807	11 东岭债	400.00	2017.06.14	100.00	101.28	103.50
122808	11 滕州债	1000.00	2018.05.24	101.50	100.00	106.00
122809	11 准国资	2000.00	2018.05.10	101.00	101.00	105.30
122810	11 邹平债	500.00	2018.04.27	99.98	99.40	105.48
122811	11 蒙奈伦	800.00	2018.05.05	99.90	99.81	103.90
122812	11 淮北债	1200.00	2018.03.14	103.47	103.20	106.50
122813	11 宁交通	1500.00	2021.04.27	103.00	103.00	103.80
122814	11 东营债	1200.00	2018.04.20	103.60	103.60	104.50
122815	11 广汇债	1600.00	2017.04.19	100.54	100.00	102.00
122816	11 高密债	1000.00	2018.04.08	100.00	0.00	0.00
122817	11 三门峡	1500.00	2018.04.25	102.50	97.28	105.49

公司债
C-Bond

债券
Bond

本年最低 Low	本年收盘 Close	涨跌(%) Change(%)	成交数量(万张) Trading Vol (10000)	成交金额(百万) Trading Val(M)
103.51	108.20	1.98	143.87	152.43
100.48	101.58	-4.17	1490.77	1570.97
100.50	103.60	-2.27	1072.90	1125.83
94.53	101.05	-4.80	696.64	725.82
96.00	98.50	-1.50	1068.48	1067.30
98.80	98.80	-0.20	59.99	57.45
106.00	106.00	1.92	158.00	162.79
0.00	100.00	0.00	0.00	0.00
0.00	100.00	0.00	0.00	0.00
96.97	100.80	-5.13	475.49	486.51
93.01	99.80	-2.80	1833.52	1901.90
0.00	105.80	0.00	99.88	105.56
98.00	101.50	-3.61	591.10	615.46
98.28	102.00	-4.31	860.24	905.51
100.00	100.25	-1.23	184.37	187.68
100.59	102.92	-4.84	1926.31	2044.88
99.50	99.50	-1.87	40.00	40.54
81.43	84.45	-17.93	980.87	915.61
93.36	103.50	-0.48	132.88	137.68
94.88	102.56	0.05	130.00	132.94
104.00	104.00	-0.34	111.00	111.66
100.00	102.00	0.31	626.02	641.14
91.64	105.00	3.96	731.74	746.32
96.80	97.49	-4.22	1248.73	1272.32
98.30	99.30	-2.93	1284.30	1323.43
90.20	99.00	-0.90	124.22	124.73
98.00	102.28	-3.32	58.36	62.10
0.00	100.00	0.00	0.00	0.00
0.00	100.00	0.00	0.00	0.00
0.00	100.00	0.00	0.00	0.00
97.50	101.00	-0.79	727.74	748.72
100.07	100.50	-0.59	223.35	225.69
103.00	103.00	3.00	0.00	0.00
93.35	103.90	1.37	2334.72	2393.45
92.50	97.90	-3.07	2872.36	2920.50
97.61	98.94	-4.90	745.62	758.11
99.38	100.35	0.35	170.41	171.12
97.65	97.98	-2.74	2937.99	3022.73
95.13	98.50	-2.96	667.24	674.56
92.01	99.04	-0.96	535.64	538.56
99.00	103.42	1.89	248.69	256.47
92.43	97.78	-3.19	2920.68	2976.02
89.80	93.00	-6.98	201.72	204.79
93.20	93.99	-5.92	2209.18	2230.89
96.00	98.36	-4.94	961.71	1000.61
98.50	98.50	-4.37	824.07	848.34
101.50	102.50	-1.06	463.41	481.53
90.68	99.63	-0.91	1807.01	1824.43
0.00	100.00	0.00	338.00	341.81
97.28	99.89	-2.55	2114.24	2152.41

公司债
C-Bond

债券
Bond

证券代码 Code	证券简称 Name	发行数量 (百万) Issued Val(M)	到期日期 Expiration Date	上年收盘 Last Year close	本年开盘 Open	本年最高 High
122818	11 牟平债	600.00	2019.03.04	106.00	105.60	111.17
122819	11 常城建	2500.00	2018.04.25	101.50	101.50	108.80
122820	11 潍东方	500.00	2018.04.12	103.50	103.50	106.00
122821	11 吉城建	2000.00	2018.03.03	107.00	103.00	106.50
122822	11 汉中债	800.00	2018.03.14	101.00	100.75	105.53
122823	11 舟山债	1500.00	2018.04.20	102.00	99.40	103.00
122824	11 中煤建	600.00	2018.03.15	102.04	0.00	0.00
122825	11 景德镇	800.00	2018.03.23	103.30	103.00	116.39
122826	11 北港债	1500.00	2017.03.30	102.60	101.70	103.46
122827	11 新奥债	500.00	2018.02.16	101.50	103.05	103.05
122828	11 抚州债	800.00	2018.02.28	105.76	104.60	108.50
122829	11 万基债	800.00	2018.08.24	101.60	101.60	104.46
122830	11 沈国资	1500.00	2019.03.16	102.50	102.60	107.00
122831	11 惠通债	1000.00	2018.03.14	103.17	103.00	107.98
122832	11 泰山债	1000.00	2018.03.02	104.00	104.00	104.80
122833	11 赣城债	2000.00	2018.04.22	100.80	96.61	106.00
122834	11 牡国投	1500.00	2018.02.15	103.37	102.05	108.00
122835	11 兴泸债	1000.00	2021.03.01	102.50	102.50	106.50
122836	11 盘锦债	1500.00	2018.03.01	102.30	102.00	107.00
122837	11 武经发	2500.00	2018.02.24	101.50	102.98	104.08
122838	11 吉利债	1000.00	2018.06.21	103.50	102.00	104.50
122839	11 鑫泰债	1200.00	2018.02.23	102.50	102.60	106.00
122840	11 临汾债	2000.00	2019.02.22	102.75	102.70	115.02
122841	11 渝津债	600.00	2018.01.06	101.30	100.93	112.82
122842	11 合城债	600.00	2018.01.06	100.90	100.87	113.51
122843	11 绥化债	800.00	2018.02.28	104.08	103.00	116.39
122844	11 筑城投	2000.00	2018.01.12	101.85	101.86	103.60
122845	11 横店债	1200.00	2021.01.27	101.50	101.50	102.50
122846	11 渝富债	2000.00	2018.02.22	103.00	103.00	104.20
122847	11 甬交投	1000.00	2021.02.10	100.60	101.00	103.60
122848	10 桂林债	1000.00	2017.12.28	102.30	104.00	104.74
122849	11 新余债	1400.00	2018.01.11	101.41	101.11	101.50
122850	11 华泰债	880.00	2018.03.02	102.00	101.00	103.30
122851	10 玉溪 01	800.00	2016.12.28	100.80	100.82	103.00
122852	10 玉溪 02	700.00	2017.12.28	101.40	101.30	103.20
122853	10 太重债	840.00	2020.12.31	100.00	101.50	101.53
122854	11 中汇债	1000.00	2018.03.23	101.80	101.75	103.11
122855	11 渝轻纺	700.00	2018.01.12	102.00	102.50	103.70
122856	11 株高科	1000.00	2018.08.18	103.40	102.21	106.68
122857	10 九华债	1000.00	2016.12.16	102.21	102.15	113.90
122858	10 盐城 01	500.00	2016.12.16	99.70	100.95	102.50
122859	10 盐城 02	1000.00	2017.12.16	102.00	101.80	105.00
122860	10 龙源债	1600.00	2017.02.09	100.00	100.50	101.00
122861	09 陕煤化	1500.00	2017.12.17	101.50	0.00	0.00
122862	10 闽能源	800.00	2017.12.02	100.00	0.00	0.00
122863	10 榆城投	1400.00	2017.12.28	103.80	103.80	105.70
122864	11 外滩债	900.00	2018.03.11	104.04	104.04	106.80
122865	10 苏海发	1000.00	2017.09.28	99.60	91.60	100.00
122866	10 杭交投	1200.00	2020.10.19	95.90	100.80	100.80
122867	11 石城投	1000.00	2021.03.09	102.50	101.00	104.50

公司债
C-Bond

债券
Bond

本年最低 Low	本年收盘 Close	涨跌(%) Change(%)	成交数量(万张) Trading Vol (10000)	成交金额(百万) Trading Val(M)
97.00	101.05	-4.67	800.33	836.47
94.82	98.20	-3.25	1673.41	1694.46
94.53	103.50	0.00	308.74	312.85
99.08	100.50	-6.08	2123.73	2198.23
94.17	96.48	-4.48	847.83	874.97
98.30	102.00	0.00	567.57	584.22
0.00	102.04	0.00	246.00	251.00
98.55	100.99	-2.24	1286.62	1330.53
99.00	100.00	-2.53	2500.24	2565.01
103.05	103.05	1.53	351.00	356.84
97.36	101.50	-4.03	523.19	551.71
82.50	84.93	-16.41	474.11	444.21
99.00	99.70	-2.73	1267.39	1302.56
98.71	99.40	-3.65	1152.54	1201.78
99.50	103.01	-0.95	941.34	977.89
92.00	97.90	-2.88	2630.02	2661.82
99.40	100.24	-3.03	1217.68	1252.63
90.94	98.78	-3.63	1092.96	1121.61
96.60	97.99	-4.21	2666.94	2777.06
97.20	98.99	-2.47	3261.56	3295.70
97.90	104.50	0.97	650.74	670.85
99.06	104.00	1.46	746.04	763.08
99.30	103.00	0.24	2510.37	2600.09
94.52	96.29	-4.95	1104.54	1115.72
95.50	96.40	-4.46	585.75	588.34
94.00	100.45	-3.49	1312.01	1362.68
97.50	99.00	-2.80	1766.34	1789.46
94.27	98.80	-2.66	1335.79	1355.26
95.10	98.80	-4.08	1407.62	1434.78
98.90	100.00	-0.60	932.88	948.05
96.00	100.00	-2.25	136.01	137.99
93.52	94.40	-6.91	977.07	981.48
95.00	95.99	-5.89	657.10	666.06
95.00	98.00	-2.78	724.02	724.76
98.50	99.70	-1.68	278.54	281.35
92.00	101.00	1.00	827.47	838.26
98.30	98.30	-3.44	776.76	787.92
99.50	99.50	-2.45	433.40	440.90
99.40	101.60	-1.74	1290.06	1347.26
91.90	98.10	-4.02	1365.51	1384.29
99.90	100.00	0.30	467.89	469.18
100.00	100.00	-1.96	207.22	213.72
95.00	97.50	-2.50	91.50	91.35
0.00	101.50	0.00	0.00	0.00
0.00	100.00	0.00	0.00	0.00
101.00	105.00	1.16	670.34	694.06
100.50	102.00	-1.96	699.60	720.23
91.60	100.00	0.40	349.02	348.30
97.00	97.30	1.46	609.98	606.91
99.00	99.00	-3.42	1093.75	1119.17

公司债
C-Bond

债券
Bond

证券代码 Code	证券简称 Name	发行数量 (百万) Issued Val(M)	到期日期 Expiration Date	上年收盘 Last Year close	本年开盘 Open	本年最高 High
122868	10 沈煤债	1500.00	2017.12.21	100.00	102.25	102.36
122869	10 沪化工	1000.00	2017.10.22	97.25	100.00	101.00
122870	10 渝大晟	800.00	2017.06.02	100.00	0.00	0.00
122871	10 镇交投	1000.00	2017.10.18	99.30	99.30	104.00
122872	10 复星债	1100.00	2017.12.24	101.01	101.50	102.00
122873	10 通经开	1000.00	2017.12.08	100.00	100.90	110.78
122874	10 红投 01	1000.00	2016.12.09	101.60	100.60	105.50
122875	10 红投 02	1000.00	2017.12.09	101.90	101.60	113.40
122876	11 海控债	1500.00	2018.01.20	100.93	100.75	101.85
122877	10 渝南岸	1000.00	2017.12.24	99.80	99.80	102.15
122879	10 天脊债	1000.00	2017.11.25	99.50	101.00	101.12
122880	10 天业债	1200.00	2016.10.25	99.94	99.93	100.16
122881	10 吴江债	1500.00	2018.12.23	102.00	103.77	105.00
122882	10 宁高新	1200.00	2017.12.24	100.50	101.50	103.20
122883	10 楚雄债	1500.00	2017.10.18	97.33	97.29	102.05
122884	10 西子债	450.00	2017.10.11	100.84	100.56	105.00
122885	10 冀交通	2000.00	2025.09.28	100.00	0.00	0.00
122886	10 云投债	2000.00	2017.08.24	97.95	97.95	113.00
122887	10 渝交通	1000.00	2017.08.04	95.00	95.00	99.50
122888	10 华靖债	1500.00	2017.09.28	98.48	98.00	105.88
122889	10 冶色债	700.00	2018.10.15	96.96	98.98	99.00
122890	10 凯迪债	1000.00	2020.08.23	95.64	95.58	100.00
122891	10 通辽债	1000.00	2017.09.01	97.00	96.58	102.10
122892	10 寿光债	1000.00	2020.09.01	99.10	99.19	103.99
122893	10 丹东债	1500.00	2017.09.06	100.98	100.73	105.49
122894	10 洪市政	700.00	2017.08.03	100.00	100.50	100.50
122895	10 德州债	700.00	2017.08.09	99.00	99.47	101.00
122896	10 芜开债	1000.00	2017.08.25	98.25	100.00	101.00
122897	10 襄投债	1000.00	2018.05.19	100.50	100.80	101.50
122898	10 攀国投	600.00	2020.07.29	98.50	98.50	100.50
122899	10 杨浦 01	1200.00	2017.07.28	98.32	98.32	100.00
122900	10 杨浦 02	300.00	2017.07.28	101.00	100.00	105.50
122901	10 营口债	2000.00	2020.06.09	103.01	103.29	108.25
122902	10 赤峰债	1200.00	2017.05.18	100.20	100.10	112.26
122903	10 盐东方	1000.00	2017.06.08	98.00	98.00	103.00
122904	10 长城投	2000.00	2020.05.24	100.95	98.00	98.00
122905	10 南昌债	1200.00	2017.04.30	101.50	103.50	107.00
122906	10 芜投 01	1400.00	2017.07.22	97.10	98.00	110.00
122907	10 芜投 02	600.00	2017.07.22	99.80	99.90	101.50
122908	10 苏交通	2500.00	2016.06.01	99.88	99.83	108.00
122909	10 宜兴债	1500.00	2016.05.20	101.00	100.00	100.74
122910	PR 漯河债	1000.00	2017.03.30	100.00	0.00	0.00
122911	10 鞍城投	2000.00	2020.05.06	103.40	92.00	110.52
122912	10 鄂国资	2800.00	2020.05.11	103.00	102.00	102.30
122913	10 通产控	800.00	2016.05.18	100.00	100.60	102.30
122914	09 榕建债	1000.00	2016.12.16	103.00	93.00	105.00
122915	10 镇水投	2000.00	2017.05.06	98.70	97.00	111.00
122916	10 红谷滩	800.00	2017.03.09	103.30	103.00	116.10
122917	10 太仓港	600.00	2020.01.21	103.50	103.50	103.50
122918	10 阜阳债	1000.00	2016.03.09	101.33	101.29	110.00

公司债
C-Bond

债券
Bond

本年最低 Low	本年收盘 Close	涨跌(%) Change(%)	成交数量(万张) Trading Vol (10000)	成交金额(百万) Trading Val(M)
95.01	97.30	-2.70	326.34	327.64
100.00	100.40	3.24	333.00	333.17
0.00	100.00	0.00	40.00	39.66
91.08	96.88	-2.44	391.86	385.39
96.99	101.50	0.49	620.07	624.39
91.96	100.06	0.06	620.74	628.73
96.06	99.50	-2.07	722.81	734.96
96.00	99.80	-2.06	1495.04	1522.11
100.20	100.20	-0.72	566.23	570.20
93.36	101.65	1.85	316.32	308.76
100.00	100.00	0.50	0.25	0.25
97.40	98.00	-1.94	738.12	737.21
96.00	100.99	-0.99	1044.08	1068.65
99.00	100.00	-0.50	325.19	325.95
94.03	94.64	-2.76	2220.59	2190.45
96.30	98.99	-1.84	316.55	320.44
0.00	100.00	0.00	60.00	50.60
90.45	96.04	-1.95	769.35	751.13
86.10	89.50	-5.79	267.46	248.28
88.83	96.28	-2.23	993.81	990.17
97.01	99.00	2.10	82.09	80.87
87.50	89.27	-6.66	3584.82	3397.08
94.41	95.20	-1.86	2316.34	2317.80
93.21	95.88	-3.25	986.25	988.64
97.04	100.86	-0.12	686.77	706.57
100.50	100.50	0.50	890.54	896.03
99.00	99.00	0.00	1032.21	1031.60
95.01	101.00	2.80	824.08	814.20
99.00	100.48	-0.02	645.58	649.14
93.00	100.40	1.93	3643.84	3700.36
94.50	97.20	-1.14	441.17	435.66
99.11	105.50	4.46	485.73	494.01
90.05	98.00	-4.86	1193.99	1258.27
95.99	99.49	-0.71	682.07	686.24
90.05	95.50	-2.55	407.55	410.19
98.00	98.00	-2.92	690.01	693.35
98.15	102.50	0.99	715.79	733.93
95.00	99.25	2.21	395.67	390.09
95.10	100.50	0.70	697.25	699.05
93.41	95.10	-4.79	345.44	341.34
93.80	96.30	-4.65	3521.26	3517.21
0.00	100.00	0.00	0.00	0.00
92.00	98.20	-5.03	2028.03	2036.43
92.38	98.00	-4.85	1655.42	1663.95
97.50	98.00	-2.00	705.97	716.62
93.00	102.00	-0.97	472.23	480.30
97.00	98.20	-0.51	1054.70	1054.25
100.00	100.25	-2.95	1401.42	1455.94
93.68	99.54	-3.83	155.62	158.58
96.20	97.00	-4.27	2058.13	2095.56

公司债
C-Bond

债券
Bond

证券代码 Code	证券简称 Name	发行数量(百万) Issued Val(M)	到期日期 Expiration Date	上年收盘 Last Year close	本年开盘 Open	本年最高 High
122919	10 鲁商债	700.00	2017.03.11	102.50	100.80	100.80
122920	10 黄山债	600.00	2017.02.09	102.15	101.88	105.50
122921	10 郴州债	2000.00	2017.01.21	104.00	103.99	116.81
122922	10 长高新	2000.00	2017.01.25	101.30	101.50	102.90
122923	10 北汽投	1500.00	2017.01.29	101.10	101.10	101.20
122924	10 巢湖债	1200.00	2017.01.28	102.80	102.80	106.59
122925	09 沈国资	1200.00	2016.11.27	104.70	104.50	107.60
122926	09 青国投	800.00	2015.12.29	101.00	101.00	101.08
122927	09 海航债	1300.00	2019.12.24	102.00	101.85	106.80
122928	09 铁岭债	1500.00	2019.12.22	101.19	102.89	107.50
122929	09 九江债	1200.00	2016.12.18	103.00	101.52	104.90
122930	09 盘锦债	1000.00	2016.12.16	104.98	105.00	106.70
122931	09 临海债	1000.00	2016.11.06	105.80	105.00	107.88
122932	09 宜城债	1200.00	2016.11.25	103.80	103.79	107.50
122933	09 南山 1	1000.00	2015.10.20	104.00	101.80	104.18
122934	09 南山 2	1000.00	2019.10.20	100.00	105.00	107.66
122935	09 南通债	2300.00	2016.11.13	102.80	102.60	103.00
122936	09 鹤城投	1200.00	2016.11.17	104.67	104.50	106.98
122937	10 辽源债	1000.00	2017.01.26	104.50	104.45	109.00
122938	09 汾湖债	1000.00	2017.10.22	103.50	103.10	120.00
122939	09 吉安债	1500.00	2016.10.28	106.50	106.50	110.00
122940	09 咸城投	1750.00	2019.09.30	107.44	107.98	117.99
122941	10 镇城投	2000.00	2020.12.17	102.15	102.15	105.59
122942	09 江阴债	2500.00	2016.09.15	101.71	101.71	105.00
122943	09 外高桥	850.00	2014.09.04	100.40	100.96	100.96
122944	09 株城投	1500.00	2016.08.28	103.35	103.01	106.00
122945	09 虞水债	800.00	2016.07.31	103.89	102.90	113.20
122946	09 扬城建	2000.00	2016.07.23	101.30	101.00	102.15
122947	09 合建投	2000.00	2014.07.08	100.20	100.40	101.05
122948	09 锡交债	2000.00	2016.07.08	99.54	98.50	101.00
122949	09 常投债	2000.00	2016.07.01	100.60	100.60	103.00
122950	09 渝能源	1500.00	2016.07.01	100.45	99.00	101.30
122951	09 淮城投	1500.00	2016.06.26	99.00	101.48	110.12
122952	09 赣州债	1500.00	2016.06.16	101.00	101.00	101.50
122953	09 岳城建	1000.00	2015.04.30	101.25	101.24	111.00
122954	09 武进债	2200.00	2016.06.09	99.00	99.01	100.83
122955	09 潭城建	900.00	2015.06.01	102.78	101.20	101.66
122956	09 常高新	1500.00	2019.06.04	99.65	100.00	101.00
122957	09 蓉工投	1500.00	2016.06.04	100.30	98.65	101.50
122958	09 长经开	580.00	2015.05.22	103.98	102.80	114.45
122959	09 清控债	1000.00	2016.05.19	99.80	99.51	102.10
122960	09 保利集	1300.00	2014.05.07	100.20	99.00	102.60
122961	09 武城投	1500.00	2019.05.25	99.10	100.57	101.50
122962	09 宁交通	1000.00	2016.05.07	100.04	100.30	101.80
122964	09 龙湖债	1400.00	2016.05.05	103.90	103.70	106.00
122965	09 潍投债	700.00	2019.04.15	101.38	101.39	105.00
122966	09 滇投债	800.00	2015.04.27	100.41	97.60	103.40
122967	09 闽漳龙	1000.00	2015.04.24	100.90	100.80	110.00
122968	09 杭城投	2200.00	2015.04.14	100.00	99.86	106.38
122969	09 豫投债	1500.00	2019.04.15	99.00	99.00	100.30

公司债
C-Bond

债券
Bond

本年最低 Low	本年收盘 Close	涨跌(%) Change(%)	成交数量(万张) Trading Vol (10000)	成交金额(百万) Trading Val(M)
99.60	99.60	-2.83	91.00	92.41
81.01	99.20	-2.89	1031.68	1062.87
99.61	101.16	-2.73	2318.05	2434.39
98.80	99.50	-1.78	798.35	807.31
97.00	98.75	-2.32	1981.56	2001.18
99.87	102.09	-0.69	1324.60	1381.01
100.26	101.30	-3.25	1206.11	1247.19
96.50	97.92	-3.05	497.41	495.28
98.18	99.16	-2.78	1256.36	1288.15
99.41	99.70	-1.47	1662.11	1718.29
101.25	104.60	1.55	143.94	147.16
98.09	102.00	-2.84	988.50	1029.05
99.51	100.98	-4.56	729.57	764.73
100.31	102.38	-1.37	1954.02	2045.40
101.80	103.80	-0.19	113.54	117.32
103.99	103.99	3.99	851.52	869.89
100.00	100.00	-2.72	127.65	129.23
98.50	99.29	-5.14	2042.33	2095.91
96.30	99.22	-5.05	1781.31	1855.78
92.23	99.60	-3.77	114.14	116.51
100.21	101.59	-4.61	808.96	861.87
98.51	101.11	-5.89	1526.48	1627.99
95.00	97.59	-4.46	1139.82	1166.41
95.45	99.70	-1.98	1299.49	1329.97
99.40	99.99	-0.41	199.96	200.21
97.80	99.82	-3.42	761.22	778.32
95.71	99.80	-3.94	227.59	233.51
95.93	99.80	-1.48	485.15	487.31
98.00	99.25	-0.95	1360.45	1363.06
95.99	98.00	-1.55	514.26	515.17
90.37	98.30	-2.29	1128.96	1138.64
99.00	100.30	-0.15	544.80	546.92
95.58	99.99	1.00	1451.69	1474.39
97.18	99.40	-1.58	721.52	726.93
91.81	100.39	-0.85	339.34	339.63
96.00	96.89	-2.13	637.89	639.14
97.70	99.08	-3.60	551.62	556.16
97.01	99.29	-0.36	192.46	191.99
97.30	99.00	-1.30	1359.45	1361.62
93.94	99.75	-4.07	1265.32	1301.02
99.00	99.29	-0.51	471.31	472.30
97.56	99.36	-0.84	457.76	458.71
95.00	99.20	0.10	852.73	851.76
98.00	99.30	-0.74	810.20	818.04
99.00	100.45	-3.32	2089.99	2151.45
99.05	99.70	-1.66	731.56	738.41
97.00	100.10	-0.31	167.57	167.84
99.00	99.30	-1.59	936.73	943.60
98.00	100.26	0.26	2364.57	2383.46
99.00	99.81	0.82	71.93	71.76

公司债
C-Bond

债券
Bond

证券代码 Code	证券简称 Name	发行数量(百万) Issued Val(M)	到期日期 Expiration Date	上年收盘 Last Year close	本年开盘 Open	本年最高 High
122970	09 三峡 01	7000.00	2014.04.08	99.00	99.00	99.95
122971	09 三峡 02	3000.00	2016.04.08	99.00	99.00	100.00
122972	09 绵投控	1500.00	2016.04.08	101.10	102.00	104.40
122973	PR 昆创控	2000.00	2016.03.30	98.60	98.50	100.87
122974	PR 镇城投	1000.00	2015.03.30	101.20	100.75	111.80
122975	09 济城建	1500.00	2019.03.26	98.20	98.35	99.90
122976	09 永煤债	1300.00	2015.03.30	100.65	100.00	101.30
122979	09 津投 2	2000.00	2014.03.25	98.90	98.00	100.00
122980	09 津投 3	2500.00	2016.03.25	98.00	97.50	102.00
122981	09 铜城投	500.00	2015.03.10	101.90	102.00	104.40
122982	PR 长城开	1200.00	2016.03.09	101.70	100.60	102.50
122983	09 南钢联	2500.00	2016.02.27	101.00	100.50	102.00
122984	09 六城投	1500.00	2016.03.02	104.20	103.68	114.69
122985	09 浙能债	4700.00	2014.02.23	99.40	94.58	108.00
122986	09 春华债	1000.00	2016.02.11	101.51	101.50	112.00
122987	08 云煤化	1500.00	2013.12.19	99.87	0.00	0.00
122988	09 渝隆债	1000.00	2016.01.15	104.00	102.34	106.00
122989	08 渝交通	1500.00	2015.12.10	100.80	99.99	111.00
122991	08 海航债	1500.00	2014.12.25	102.00	102.00	107.20
122992	08 苏交通	2500.00	2013.11.18	100.48	99.05	100.99
122993	08 舞钢债	600.00	2013.11.13	101.20	101.20	115.00
122994	08 云投债	1500.00	2013.10.22	100.25	100.40	102.00
122995	08 合建投	1700.00	2018.08.28	102.00	103.00	108.30
122996	08 常城建	2500.00	2015.09.24	102.00	101.00	102.99
122997	08 苏高新	400.00	2013.10.09	101.29	101.25	101.66
122998	04 长航债	1000.00	2014.05.26	99.00	0.00	0.00
122999	08 广纸债	390.00	2018.03.13	102.29	103.00	104.00
123000	09 宜华债	1000.00	2014.10.26	95.33	0.00	100.00
123001	09 爱使债	250.00	2014.11.17	100.00	0.00	0.00
123002	09 东华债	300.00	2015.12.28	100.00	0.00	104.50
123003	09 瑞贝卡	300.00	2015.12.28	99.95	0.00	99.00
123004	10 中科债	280.00	2017.02.02	102.40	0.00	109.50
123005	09 新海连	1500.00	2016.11.11	99.97	0.00	101.65
123006	10 武高债	500.00	2020.05.24	100.00	0.00	0.00
123007	11 微矿债	700.00	2021.01.07	100.00	0.00	102.27
123008	11 长征债	400.00	2014.11.16	99.63	0.00	107.54
123009	12 扬集债	218.00	2018.08.02	100.00	0.00	101.69
123010	12 湘临港	1000.00	2018.10.15	100.00	0.00	100.32
123011	13 梅州债	1000.00	2020.09.10	100.00	0.00	100.01
123012	13 哈高新	2500.00	2020.09.16	100.00	0.00	100.00
123413	13 东兴 01	660.00	2016.11.27	100.00	0.00	0.00
123417	13 东方债	3600.00	2017.11.15	100.00	0.00	0.00
123421	13 国君 02	3000.00	2014.11.07	100.00	0.00	0.00
123422	13 证金 46	1400.00	2014.10.23	100.00	0.00	0.00
123423	13 证金 45	600.00	2014.04.23	100.00	0.00	0.00
123424	13 证金 44	200.00	2014.07.22	100.00	0.00	0.00
123425	13 证金 43	400.00	2014.08.17	100.00	0.00	0.00
123426	13 证金 42	200.00	2014.07.17	100.00	0.00	0.00
123427	13 证金 41	600.00	2014.10.15	100.00	0.00	0.00
123428	13 证金 40	600.00	2014.04.16	100.00	0.00	0.00

公司债
C-Bond

债券
Bond

本年最低 Low	本年收盘 Close	涨跌(%) Change(%)	成交数量(万张) Trading Vol (10000)	成交金额(百万) Trading Val(M)
95.90	99.95	0.96	255.69	253.65
90.00	96.20	-2.83	26.13	25.14
99.00	99.80	-1.29	1958.64	1988.10
88.94	97.50	-1.12	681.27	674.64
98.60	100.00	-1.19	1051.64	1060.59
90.00	96.00	-2.24	366.67	361.18
98.00	98.90	-1.74	729.28	733.91
97.35	99.46	0.57	268.27	266.42
90.92	98.00	0.00	369.61	367.89
92.20	100.77	-1.11	449.47	462.27
98.00	99.00	-2.66	429.59	435.79
95.98	97.83	-3.14	453.85	458.73
75.18	101.00	-3.07	1999.18	2090.20
94.58	99.59	0.19	732.80	731.08
98.00	99.80	-1.69	429.55	435.34
0.00	99.87	0.00	0.00	0.00
99.72	100.00	-3.85	871.66	897.67
92.00	98.30	-2.48	506.14	516.26
98.06	100.63	-1.34	511.61	522.10
99.00	99.99	-0.49	605.99	607.00
99.00	100.00	-1.19	192.27	192.84
99.50	99.99	-0.26	908.58	909.94
92.40	101.00	-0.98	1169.81	1206.73
99.00	99.20	-2.75	1911.24	1925.13
99.51	99.98	-1.29	1768.17	1776.62
0.00	0.00	0.00	0.00	0.00
99.00	102.50	0.21	7.54	7.74
99.71	0.00	0.00	290.00	289.83
0.00	0.00	0.00	0.00	0.00
99.00	0.00	0.00	607.00	610.53
98.96	0.00	0.00	66.00	65.32
94.70	0.00	0.00	102.30	104.06
101.14	0.00	0.00	130.00	131.55
0.00	0.00	0.00	0.00	0.00
102.27	0.00	0.00	100.00	102.28
99.83	0.00	0.00	782.00	785.21
99.03	0.00	0.00	92.00	91.45
98.81	0.00	0.00	110.00	110.20
99.89	0.00	0.00	170.00	169.90
100.00	0.00	0.00	120.00	120.00
0.00	0.00	0.00	0.00	0.00
0.00	0.00	0.00	0.00	0.00
0.00	0.00	0.00	0.00	0.00
0.00	0.00	0.00	0.00	0.00
0.00	0.00	0.00	0.00	0.00
0.00	0.00	0.00	0.00	0.00
0.00	0.00	0.00	0.00	0.00
0.00	0.00	0.00	0.00	0.00
0.00	0.00	0.00	0.00	0.00
0.00	0.00	0.00	0.00	0.00

公司债
C-Bond

债券
Bond

证券代码 Code	证券简称 Name	发行数量(百万) Issued Val(M)	到期日期 Expiration Date	上年收盘 Last Year close	本年开盘 Open	本年最高 High
123429	13 证金 39	2030.00	2014.01.16	100.00	0.00	0.00
123430	13 证金 38	150.00	2014.06.30	100.00	0.00	0.00
123431	13 证金 37	590.00	2014.03.25	100.00	0.00	0.00
123432	13 证金 36	600.00	2014.03.23	100.00	0.00	0.00
123433	13 证金 35	1300.00	2013.12.17	100.00	0.00	0.00
123434	13 证金 34	1500.00	2014.03.17	100.00	0.00	0.00
123435	13 证金 32	1300.00	2014.03.13	100.00	0.00	100.00
123436	13 证金 33	2400.00	2014.03.17	100.00	0.00	0.00
123437	13 证金 31	600.00	2014.03.12	100.00	0.00	0.00
123438	13 证金 28	2000.00	2013.12.10	100.00	0.00	0.00
123439	13 证金 29	2850.00	2013.12.11	100.00	0.00	0.00
123440	13 证金 30	1500.00	2014.09.10	100.00	0.00	0.00
123441	13 银河 04	200.00	2013.12.10	100.00	0.00	0.00
123442	13 银河 02	1000.00	2014.09.10	100.00	0.00	0.00
123443	13 银河 03	2500.00	2014.09.11	100.00	0.00	0.00
123445	13 证金 27	1000.00	2014.03.06	100.00	0.00	0.00
123446	13 证金 26	1200.00	2013.12.04	100.00	0.00	0.00
123449	13 证金 25	500.00	2013.11.29	100.00	0.00	0.00
123450	13 证金 24	700.00	2013.11.27	100.00	0.00	0.00
123451	13 证金 23	1300.00	2014.02.27	100.00	0.00	0.00
123452	13 证金 22	500.00	2013.11.23	100.00	0.00	0.00
123453	13 证金 21	2400.00	2013.11.23	100.00	0.00	0.00
123454	13 证金 20	600.00	2013.09.30	100.00	0.00	0.00
123455	13 证金 19	1900.00	2013.09.30	100.00	0.00	0.00
123456	13 证金 18	140.00	2013.11.18	100.00	0.00	0.00
123457	13 证金 17	1697.00	2013.11.13	100.00	0.00	0.00
123458	13 银河 01	500.00	2013.11.13	100.00	0.00	100.00
123459	12 申万债	6000.00	2019.07.29	100.00	0.00	0.00
123460	13 中金债	3000.00	2019.07.25	100.00	0.00	0.00
123461	13 证金 16	5000.00	2013.10.18	100.00	0.00	100.04
123463	13 国君 01	5000.00	2015.07.29	100.00	0.00	0.00
123464	13 国君债	3000.00	2017.07.09	100.00	0.00	0.00
123465	13 证金 14	1444.00	2013.09.24	100.00	0.00	100.06
123466	13 华融债	1500.00	2017.07.10	100.00	0.00	0.00
123467	13 证金 13	1649.91	2013.07.15	100.00	0.00	0.00
123468	13 证金 12	500.00	2013.09.11	100.00	0.00	0.00
123469	13 证金 11	604.80	2013.09.11	100.00	0.00	0.00
123470	13 民族债	500.00	2014.06.07	100.00	0.00	100.01
123471	13 证金 10	1000.00	2013.08.25	100.00	0.00	0.00
123472	13 证金 09	2000.00	2013.08.13	100.00	0.00	0.00
123473	13 证金 08	1000.00	2013.08.01	100.00	0.00	0.00
123474	13 证金 07	800.00	2013.07.23	100.00	0.00	0.00
123475	13 证金 06	1200.00	2013.07.17	100.00	0.00	0.00
123476	13 证金 05	1000.00	2013.07.17	100.00	0.00	0.00
123478	13 证金 01	1500.00	2013.06.12	100.00	0.00	0.00
123479	13 证金 02	2000.00	2013.06.16	100.00	0.00	0.00
123480	13 证金 03	1500.00	2013.06.18	100.00	0.00	0.00
123481	12 国寿财	2000.00	2022.09.25	100.00	0.00	0.00
123482	12 平安财	3000.00	2022.12.28	100.00	0.00	0.00
123485	12 人寿 02	10000.00	2022.11.05	100.00	0.00	0.00

公司债
C-Bond

债券
Bond

本年最低 Low	本年收盘 Close	涨跌(%) Change(%)	成交数量(万张) Trading Vol (10000)	成交金额(百万) Trading Val(M)
0.00	0.00	0.00	0.00	0.00
0.00	0.00	0.00	0.00	0.00
0.00	0.00	0.00	0.00	0.00
0.00	0.00	0.00	0.00	0.00
0.00	0.00	0.00	0.00	0.00
0.00	0.00	0.00	0.00	0.00
99.65	0.00	0.00	2800.00	2797.06
0.00	0.00	0.00	0.00	0.00
0.00	0.00	0.00	0.00	0.00
0.00	0.00	0.00	0.00	0.00
0.00	0.00	0.00	0.00	0.00
0.00	0.00	0.00	0.00	0.00
0.00	0.00	0.00	0.00	0.00
0.00	0.00	0.00	0.00	0.00
0.00	0.00	0.00	0.00	0.00
0.00	0.00	0.00	0.00	0.00
0.00	0.00	0.00	0.00	0.00
0.00	0.00	0.00	0.00	0.00
0.00	0.00	0.00	0.00	0.00
0.00	0.00	0.00	0.00	0.00
0.00	0.00	0.00	0.00	0.00
0.00	0.00	0.00	0.00	0.00
0.00	0.00	0.00	0.00	0.00
0.00	0.00	0.00	0.00	0.00
0.00	0.00	0.00	0.00	0.00
0.00	0.00	0.00	0.00	0.00
100.00	0.00	0.00	80.00	80.00
0.00	0.00	0.00	0.00	0.00
0.00	0.00	0.00	0.00	0.00
99.95	0.00	0.00	1754.80	1754.51
0.00	0.00	0.00	0.00	0.00
0.00	0.00	0.00	0.00	0.00
100.00	0.00	0.00	853.00	853.25
0.00	0.00	0.00	0.00	0.00
0.00	0.00	0.00	0.00	0.00
0.00	0.00	0.00	0.00	0.00
0.00	0.00	0.00	0.00	0.00
100.00	0.00	0.00	50.00	50.00
0.00	0.00	0.00	0.00	0.00
0.00	0.00	0.00	0.00	0.00
0.00	0.00	0.00	0.00	0.00
0.00	0.00	0.00	0.00	0.00
0.00	0.00	0.00	0.00	0.00
0.00	0.00	0.00	0.00	0.00
0.00	0.00	0.00	0.00	0.00
0.00	0.00	0.00	0.00	0.00
0.00	0.00	0.00	0.00	0.00
0.00	0.00	0.00	0.00	0.00
0.00	0.00	0.00	0.00	0.00
0.00	0.00	0.00	0.00	0.00

公司债
C-Bond

债券
Bond

证券代码 Code	证券简称 Name	发行数量(百万) Issued Val(M)	到期日期 Expiration Date	上年收盘 Last Year close	本年开盘 Open	本年最高 High
123486	12 新华债	10000.00	2022.07.18	100.00	0.00	0.00
123487	12 人寿 01	28000.00	2022.06.29	100.00	0.00	0.00
123488	12 平安债	9000.00	2022.05.30	100.00	0.00	0.00
123489	11 新华债	5000.00	2021.09.29	100.00	0.00	0.00
123490	11 中银债	1400.00	2021.10.28	100.00	0.00	0.00
123491	11 平安债	4000.00	2021.09.29	100.00	0.00	0.00
123492	11 人寿债	30000.00	2021.10.26	100.00	0.00	0.00
123493	11 泰康 01	1000.00	2021.05.27	100.00	0.00	0.00
123494	11 泰康 02	1000.00	2021.06.01	100.00	0.00	0.00
123495	11 国君债	3000.00	2017.01.28	100.00	0.00	100.00
123496	10 泰康 1	1000.00	2020.09.16	98.15	0.00	0.00
123497	10 泰康 2	1000.00	2020.09.16	100.00	0.00	0.00
123498	10 泰康 3	1000.00	2020.09.16	100.00	0.00	0.00
123499	10 泰康 4	1000.00	2020.09.16	100.00	0.00	0.00
124000	12 奉投资	1000.00	2019.09.24	102.00	103.00	106.32
124001	12 漯城投	1200.00	2019.10.30	100.00	101.50	102.80
124002	12 蒙高路	1500.00	2019.11.12	109.00	104.50	109.00
124003	12 珠水务	500.00	2018.08.27	100.00	0.00	0.00
124004	12 盐城南	1500.00	2019.10.26	100.00	101.76	104.00
124005	12 昆创控	1800.00	2019.11.07	100.00	0.00	0.00
124006	12 绍城投	1300.00	2019.11.09	100.00	102.00	102.10
124007	12 西电梯	500.00	2018.11.09	100.00	101.60	102.00
124008	12 国奥投	400.00	2018.10.29	100.00	101.47	101.47
124009	12 渝惠农	1000.00	2019.09.06	100.00	0.00	0.00
124010	12 鸡国资	1200.00	2019.11.08	101.62	101.80	104.90
124011	12 锡科技	1800.00	2018.10.26	100.00	102.00	102.00
124012	12 高密 01	800.00	2019.11.15	100.00	0.00	0.00
124013	12 高密 02	400.00	2018.11.15	100.00	100.00	100.00
124014	12 筑住投	1600.00	2019.11.06	100.00	100.56	103.50
124015	12 筑工投	1700.00	2019.11.19	100.00	101.62	103.94
124016	12 常德源	700.00	2018.10.18	100.00	100.00	104.00
124017	12 伊国资	1200.00	2018.11.19	100.00	103.00	103.00
124018	12 昌经投	500.00	2020.10.30	100.00	102.00	114.80
124019	12 湘昭投	800.00	2018.12.12	100.00	102.50	103.67
124020	12 辽城经	1500.00	2019.11.13	100.21	100.80	104.50
124021	12 潍东兴	1300.00	2019.11.20	100.00	102.50	102.50
124022	12 韶金叶	1400.00	2019.10.18	100.00	103.00	104.30
124023	12 滁城投	1500.00	2019.11.23	100.00	101.80	103.00
124024	12 青投资	600.00	2022.10.08	100.00	105.30	105.30
124025	12 池城投	900.00	2019.10.17	101.45	101.60	113.60
124026	12 川广元	800.00	2019.11.26	100.00	101.80	103.40
124027	12 瑞国投	700.00	2019.11.26	100.00	100.41	100.41
124028	12 诸城投	1300.00	2019.11.29	100.00	102.00	106.10
124029	12 玉城投	800.00	2019.11.26	100.00	101.49	108.00
124030	12 宁城投	2300.00	2018.11.26	100.00	0.00	0.00
124031	12 豫铁投	2800.00	2022.11.19	100.00	100.40	107.00
124032	12 宜建投	1000.00	2019.11.08	100.00	102.79	102.79
124033	12 苏城投	2000.00	2019.10.25	100.00	101.24	102.05
124034	12 郑城投	1600.00	2019.12.03	100.00	102.25	102.25
124035	12 沭金源	1000.00	2019.12.03	100.00	99.51	103.50

公司债
C-Bond

债券
Bond

本年最低 Low	本年收盘 Close	涨跌(%) Change(%)	成交数量(万张) Trading Vol (10000)	成交金额(百万) Trading Val(M)
0.00	0.00	0.00	0.00	0.00
0.00	0.00	0.00	0.00	0.00
0.00	0.00	0.00	0.00	0.00
0.00	0.00	0.00	0.00	0.00
0.00	0.00	0.00	0.00	0.00
0.00	0.00	0.00	0.00	0.00
0.00	0.00	0.00	0.00	0.00
0.00	0.00	0.00	0.00	0.00
0.00	0.00	0.00	0.00	0.00
100.00	0.00	0.00	90.00	90.00
0.00	0.00	0.00	0.00	0.00
0.00	0.00	0.00	0.00	0.00
0.00	0.00	0.00	0.00	0.00
0.00	0.00	0.00	0.00	0.00
94.60	98.96	-2.98	765.50	781.73
96.49	99.90	-0.10	661.25	661.74
104.50	109.00	0.00	319.09	325.41
0.00	100.00	0.00	0.00	0.00
95.00	96.83	-3.17	761.81	768.93
0.00	100.00	0.00	640.00	634.16
100.00	100.15	0.15	946.00	942.93
99.00	99.40	-0.60	501.90	504.58
101.10	101.10	1.10	713.01	726.92
0.00	100.00	0.00	200.00	203.03
97.09	97.92	-3.64	2450.84	2495.35
93.00	102.00	2.00	830.00	835.20
0.00	100.00	0.00	290.00	290.65
100.00	100.00	0.00	246.00	246.61
100.50	103.50	3.50	1286.26	1300.14
101.00	101.00	1.00	1200.00	1197.42
95.88	98.00	-2.00	469.37	471.91
96.00	96.50	-3.50	467.18	466.18
90.53	96.60	-3.40	868.65	892.70
95.00	95.99	-4.01	1247.36	1254.61
95.38	100.50	0.29	1164.37	1181.78
98.00	102.50	2.50	370.00	374.88
103.00	104.30	4.30	355.00	368.86
101.00	101.00	1.00	1417.00	1411.91
96.50	103.00	3.00	345.72	345.71
93.01	97.88	-3.52	1838.62	1878.19
93.50	95.28	-4.72	1137.57	1129.77
98.50	98.50	-1.50	120.00	120.35
97.01	99.75	-0.25	995.78	991.62
98.00	98.00	-2.00	558.98	569.50
0.00	100.00	0.00	200.00	200.65
100.40	107.00	7.00	646.42	640.64
102.79	102.79	2.79	332.00	327.88
95.00	96.50	-3.50	952.40	960.93
92.54	102.25	2.25	634.99	632.17
99.51	103.50	3.50	2560.00	2564.55

公司债
C-Bond

债券
Bond

证券代码 Code	证券简称 Name	发行数量(百万) Issued Val(M)	到期日期 Expiration Date	上年收盘 Last Year close	本年开盘 Open	本年最高 High
124036	12 张经开	1000.00	2019.11.16	100.00	100.00	103.20
124037	12 渝江北	1800.00	2019.10.16	100.00	102.00	104.60
124038	12 远洲控	500.00	2019.12.04	100.00	101.65	110.66
124039	12 渝江津	1300.00	2019.09.21	100.00	0.00	0.00
124040	12 绍迪荡	1000.00	2018.12.05	100.00	101.80	102.95
124041	12 宿水务	800.00	2019.12.04	100.00	101.40	101.80
124042	12 鄂旅投	800.00	2019.10.29	100.00	103.37	104.50
124043	12 深立业	1000.00	2018.12.03	100.00	100.50	110.00
124044	12 联想债	2300.00	2022.11.30	100.00	103.80	104.00
124045	12 嘉经开	800.00	2019.12.03	100.00	108.00	108.00
124046	12 濮建投	500.00	2019.10.29	100.00	103.00	108.00
124047	12 黔宏升	1400.00	2019.11.22	100.00	102.00	103.77
124048	12 平国资	1200.00	2019.11.13	100.00	102.80	102.80
124049	12 营沿海	1600.00	2019.11.16	100.00	103.50	103.50
124050	12 榆城投	1500.00	2018.12.04	100.00	101.92	103.80
124051	12 庆高新	1200.00	2019.12.05	100.00	102.10	108.00
124052	12 昆产投	2000.00	2019.10.23	100.00	102.00	102.00
124053	12 营口港	2200.00	2020.11.13	100.00	0.00	0.00
124054	12 株云龙	1000.00	2019.11.19	100.00	100.59	101.75
124055	12 蓉高投	700.00	2019.11.20	100.00	100.01	101.30
124056	12 启国投	1500.00	2022.11.20	100.00	101.61	105.00
124057	12 汕城开	1300.00	2022.03.23	100.00	106.90	106.90
124058	12 萍乡债	1200.00	2019.12.10	100.00	0.00	0.00
124059	12 临城发	1500.00	2019.12.12	100.00	102.87	102.87
124060	12 驻投资	1300.00	2019.11.26	100.00	101.70	106.32
124061	12 沛国资	1000.00	2019.12.06	100.00	102.50	104.85
124062	12 冀顺德	1000.00	2019.12.05	100.00	102.13	105.00
124063	12 国网 03	5000.00	2019.11.20	100.00	0.00	0.00
124064	12 国网 04	5000.00	2022.11.20	100.00	100.40	100.40
124065	12 津开 01	1850.00	2019.12.03	100.00	0.00	0.00
124066	12 津开 02	450.00	2022.12.03	100.00	0.00	0.00
124070	12 新城投	1500.00	2019.12.13	100.00	102.00	106.00
124071	12 鹰投融	1400.00	2022.12.12	100.00	105.00	106.97
124072	12 曲公路	1400.00	2019.10.26	100.00	103.35	104.00
124073	12 吉华债	1000.00	2019.12.12	100.00	102.18	103.62
124074	12 张公经	1200.00	2019.11.27	100.00	101.07	101.07
124075	12 淮建投	1800.00	2018.12.17	100.00	101.01	103.00
124076	12 金湖债	800.00	2018.12.07	100.00	104.00	108.49
124077	12 榕建工	500.00	2019.12.10	100.00	0.00	0.00
124078	12 云城建	500.00	2018.10.24	100.00	102.52	109.75
124079	12 保国资	800.00	2019.12.10	100.00	102.80	104.82
124080	12 苏海投	1000.00	2019.11.07	100.00	101.50	106.88
124081	12 长先导	1800.00	2019.12.10	100.00	101.90	104.00
124082	12 青国信	2000.00	2022.12.12	100.00	0.00	0.00
124083	12 黄城投	1000.00	2019.10.19	100.00	101.50	102.00
124084	12 沪临港	700.00	2019.12.10	100.00	0.00	0.00
124085	12 沪金投	900.00	2019.12.21	100.00	101.60	101.60
124086	12 诸建投	1600.00	2019.12.19	100.00	102.90	103.00
124087	12 芜新马	800.00	2019.11.14	100.00	0.00	0.00
124088	12 东台债	1500.00	2019.12.26	100.00	102.20	104.10

公司债
C-Bond

债券
Bond

本年最低 Low	本年收盘 Close	涨跌(%) Change(%)	成交数量(万张) Trading Vol (10000)	成交金额(百万) Trading Val(M)
99.31	102.00	2.00	925.02	941.56
100.00	102.50	2.50	216.20	220.32
84.40	92.20	-7.80	948.77	939.69
0.00	100.00	0.00	280.00	281.52
98.00	98.00	-2.00	807.00	823.51
101.40	101.50	1.50	673.00	682.43
93.50	99.50	-0.50	250.73	254.97
90.26	96.50	-3.50	1524.57	1510.80
98.68	98.68	-1.32	760.01	769.09
108.00	108.00	8.00	262.00	264.44
94.00	100.00	0.00	443.79	450.87
93.50	98.22	-1.78	704.38	712.95
97.00	98.81	-1.19	1800.01	1802.20
103.50	103.50	3.50	250.00	241.25
95.22	98.46	-1.54	1629.34	1660.94
95.00	103.83	3.83	307.13	310.06
102.00	102.00	2.00	1090.00	1079.81
0.00	100.00	0.00	0.00	0.00
91.50	98.88	-1.12	1240.04	1261.86
100.00	100.78	0.78	394.89	393.96
92.01	97.99	-2.01	859.99	864.73
106.90	106.90	6.90	0.00	0.00
0.00	100.00	0.00	10.00	10.19
102.87	102.87	2.87	380.10	379.09
97.37	100.95	0.95	1952.50	1982.98
97.00	100.00	0.00	1413.54	1439.80
99.66	105.00	5.00	538.50	542.71
0.00	100.00	0.00	90.00	85.55
97.00	97.00	-3.00	237.00	230.67
0.00	100.00	0.00	0.00	0.00
0.00	100.00	0.00	0.00	0.00
93.13	97.40	-2.60	961.20	958.00
96.00	97.15	-2.85	1542.46	1595.27
100.90	101.00	1.00	1235.48	1274.96
89.99	93.25	-6.75	597.65	595.20
99.00	99.00	-1.00	230.50	231.35
94.10	96.47	-3.53	3539.27	3553.32
98.20	99.10	-0.90	1491.22	1529.58
0.00	100.00	0.00	50.00	51.03
98.52	105.01	5.01	455.82	464.91
92.78	97.68	-2.32	1347.23	1364.21
94.53	99.49	-0.51	1326.03	1357.43
92.97	97.89	-2.11	1498.49	1527.59
0.00	100.00	0.00	0.00	0.00
101.50	102.00	2.00	680.20	684.89
0.00	100.00	0.00	150.00	147.10
101.60	101.60	1.60	400.10	402.09
99.00	100.00	0.00	2801.88	2833.59
0.00	100.00	0.00	180.00	177.80
93.50	97.50	-2.50	973.67	979.56

公司债
C-Bond

债券
Bond

证券代码 Code	证券简称 Name	发行数量 (百万) Issued Val(M)	到期日期 Expiration Date	上年收盘 Last Year close	本年开盘 Open	本年最高 High
124089	12 赣开债	1800.00	2018.12.26	100.00	101.61	103.00
124090	12 遵国投	2000.00	2019.12.26	100.00	103.80	103.80
124091	12 渝兴债	1200.00	2019.12.10	100.00	101.00	105.00
124092	12 鄂华研	1200.00	2018.12.17	100.00	105.00	107.80
124093	12 喀城投	800.00	2019.11.27	100.00	103.40	113.56
124094	12 甬交投	800.00	2022.12.21	100.00	0.00	0.00
124095	12 六开投	1600.00	2019.12.03	100.00	102.00	102.48
124096	12 淮城资	1500.00	2019.12.26	100.00	104.06	104.06
124097	12 宝投资	1000.00	2018.12.26	100.00	102.94	103.20
124098	12 达投资	1000.00	2019.12.25	100.00	102.80	110.00
124099	12 德建投	1000.00	2019.12.26	100.00	103.40	103.40
124100	12 石国投	800.00	2019.09.13	100.00	104.50	109.95
124101	12 赣高速	1200.00	2017.12.03	100.00	0.00	0.00
124102	12 滇祥航	700.00	2019.12.14	100.00	105.00	105.00
124103	13 同创债	800.00	2020.01.09	100.00	100.00	106.00
124104	12 巢城投	1200.00	2019.12.24	100.00	101.50	104.50
124105	12 愉悦债	300.00	2018.12.20	100.00	102.00	103.58
124106	12 邯郸债	2000.00	2019.12.24	100.00	103.00	105.90
124107	12 洛城投	1200.00	2019.12.31	100.00	102.81	103.50
124108	12 吴经开	1500.00	2019.12.27	100.00	103.26	104.26
124110	13 宁新开	700.00	2020.01.08	100.00	102.85	104.79
124111	12 长城建	1000.00	2019.11.30	100.00	102.41	103.00
124112	13 豫盛润	1100.00	2019.01.10	100.00	103.00	105.80
124113	12 渝出版	400.00	2019.11.23	100.00	0.00	0.00
124114	12 大丰债	1000.00	2019.12.13	100.00	102.08	103.30
124116	12 渝北飞	1000.00	2019.12.25	100.00	103.39	104.97
124117	12 宜城投	1800.00	2019.12.31	100.00	101.80	104.00
124118	12 香兴中	700.00	2019.12.31	100.00	0.00	0.00
124119	12 环太湖	1200.00	2019.11.28	100.00	101.86	101.86
124120	12 泉台商	1000.00	2019.12.10	100.00	0.00	0.00
124121	12 盘江债	800.00	2019.12.28	100.00	0.00	0.00
124122	13 抚城投	1200.00	2020.01.16	100.00	102.30	103.40
124123	13 南城投	1300.00	2020.02.20	100.00	101.00	102.00
124124	12 双鸭山	1000.00	2019.12.25	100.00	100.00	110.00
124125	13 温经开	1000.00	2020.01.15	100.00	99.90	107.00
124126	12 柳城投	1500.00	2022.12.31	100.00	101.75	105.00
124127	12 黄国资	1000.00	2018.12.17	100.00	102.85	103.50
124128	12 萧经开	1400.00	2018.12.26	100.00	101.30	101.70
124129	12 泉石建	1000.00	2019.04.16	100.00	0.00	0.00
124130	13 陕东岭	700.00	2023.01.15	100.00	101.18	104.00
124131	13 安国资	800.00	2020.01.10	100.00	102.00	103.00
124132	13 巩义债	1000.00	2020.01.18	100.00	102.20	102.20
124133	12 宁宝源	400.00	2019.11.19	100.00	100.65	104.00
124134	13 泉城投	1700.00	2020.01.11	100.00	0.00	0.00
124135	13 滇公投	2000.00	2019.01.11	100.00	100.90	108.00
124136	13 太城投	1600.00	2020.01.11	100.00	101.76	105.00
124137	13 赣发投	1500.00	2020.01.18	100.00	101.00	101.99
124138	12 长城投	1800.00	2019.04.24	100.00	102.80	105.80
124139	13 通港闸	1200.00	2020.01.09	100.00	0.00	0.00
124140	13 沧建投	1200.00	2020.01.23	100.00	100.65	106.00

公司债
C-Bond

债券
Bond

本年最低 Low	本年收盘 Close	涨跌(%) Change(%)	成交数量(万张) Trading Vol (10000)	成交金额(百万) Trading Val(M)
97.00	97.50	-2.50	1991.95	2000.31
98.70	99.00	-1.00	1522.52	1521.65
94.45	104.00	4.00	804.18	819.68
94.99	97.76	-2.24	2258.77	2312.31
94.20	96.45	-3.55	1770.84	1805.75
0.00	100.00	0.00	180.00	182.27
93.00	94.97	-5.03	470.50	467.43
100.54	101.00	1.00	1374.30	1366.98
97.70	98.89	-1.11	516.03	520.16
91.51	100.00	0.00	430.75	437.40
98.50	98.50	-1.50	337.16	334.49
96.71	98.44	-1.56	923.43	951.79
0.00	100.00	0.00	0.00	0.00
105.00	105.00	5.00	180.00	182.21
93.66	98.00	-2.00	451.78	462.71
94.46	96.65	-3.35	1021.14	1034.44
87.88	92.83	-7.17	537.89	539.50
97.00	99.61	-0.39	1942.00	1944.60
88.85	98.20	-1.80	700.25	699.59
103.26	104.21	4.21	1150.00	1168.59
100.00	102.50	2.50	464.24	472.94
92.99	97.00	-3.00	82.02	79.99
91.50	96.85	-3.15	924.46	943.32
0.00	100.00	0.00	20.00	20.00
98.00	99.50	-0.50	365.02	364.11
98.00	98.50	-1.50	662.99	661.55
101.00	101.00	1.00	1900.00	1890.69
0.00	100.00	0.00	300.00	304.90
101.86	101.86	1.86	350.10	349.45
0.00	100.00	0.00	200.00	201.57
0.00	100.00	0.00	50.00	50.00
94.76	99.00	-1.00	1131.36	1144.73
96.80	99.00	-1.00	450.00	448.98
100.00	102.00	2.00	20.04	20.04
99.90	107.00	7.00	1370.00	1390.51
96.20	103.99	3.99	909.54	927.41
100.00	103.50	3.50	910.80	924.57
99.00	99.00	-1.00	450.10	445.41
0.00	100.00	0.00	0.00	0.00
90.34	91.45	-8.55	1313.40	1324.49
102.00	103.00	3.00	550.00	554.24
97.50	101.88	1.88	764.67	763.43
91.10	93.00	-7.00	10.66	10.69
0.00	100.00	0.00	1019.30	1028.53
97.50	98.00	-2.00	807.22	799.69
96.88	97.99	-2.01	275.04	272.84
98.00	98.00	-2.00	850.00	862.54
95.80	98.50	-1.50	441.21	451.23
0.00	100.00	0.00	990.00	992.84
100.65	106.00	6.00	1138.00	1152.12

公司债
C-Bond

债券
Bond

证券代码 Code	证券简称 Name	发行数量(百万) Issued Val(M)	到期日期 Expiration Date	上年收盘 Last Year close	本年开盘 Open	本年最高 High
124141	13 浙吉利	1200.00	2020.01.24	100.00	0.00	0.00
124142	13 渝三峡	1000.00	2019.01.23	100.00	101.23	101.24
124143	13 泰投资	1800.00	2020.01.25	100.00	102.40	104.33
124144	13 蓉城投	2000.00	2020.01.14	100.00	0.00	0.00
124145	13 蓉兴城	2000.00	2020.01.28	100.00	101.38	101.38
124146	13 海发控	2500.00	2020.01.24	100.00	99.80	101.00
124147	13 甬东投	1500.00	2020.01.21	100.00	102.00	102.45
124148	13 金灌债	1000.00	2019.01.28	100.00	90.20	99.90
124149	13 镇水投	1400.00	2020.01.30	100.00	100.03	100.03
124150	13 南发展	2000.00	2020.01.28	100.00	0.00	0.00
124151	13 长兴岛	1800.00	2020.01.25	100.00	100.37	102.20
124152	13 宁禄口	1600.00	2023.01.29	100.00	0.00	0.00
124153	13 国网 01	10000.00	2020.01.23	100.00	0.00	0.00
124154	13 国网 02	10000.00	2028.01.23	100.00	0.00	0.00
124155	13 渭城投	1200.00	2020.01.15	100.00	96.00	99.00
124156	13 涪国资	1700.00	2020.01.21	100.00	92.15	96.00
124158	13 锡东城	1500.00	2020.01.28	100.00	102.98	102.98
124159	13 绍城改	1200.00	2020.01.24	100.00	102.50	105.30
124160	13 蓬莱阁	800.00	2021.01.30	100.00	100.88	100.88
124161	13 瑞水泥	2000.00	2021.02.04	100.00	101.70	105.50
124162	13 济高新	1200.00	2020.01.28	100.00	100.13	100.13
124163	13 蓉文旅	500.00	2020.02.19	100.00	102.00	103.30
124164	13 建城投	1000.00	2020.02.22	100.00	100.50	101.00
124165	13 洪市政	1200.00	2020.02.25	100.00	100.26	100.26
124166	13 江滨投	1200.00	2020.02.28	100.00	101.19	107.00
124167	13 滇投债	1200.00	2020.02.01	100.00	101.35	101.35
124168	13 绍中城	1500.00	2019.02.26	100.00	0.00	0.00
124169	13 华峰债	800.00	2020.02.26	100.00	102.00	105.00
124170	13 厦杏林	500.00	2020.02.22	100.00	0.00	0.00
124171	13 长投建	1300.00	2020.02.26	100.00	101.80	103.20
124172	13 常城投	1500.00	2020.02.25	100.00	101.00	103.00
124173	13 陕有色	1500.00	2019.02.26	100.00	100.60	107.00
124174	13 吉城债	1800.00	2020.02.26	100.00	103.20	103.20
124175	13 湘高新	800.00	2020.01.15	100.00	101.80	113.36
124176	13 武地铁	2000.00	2020.02.04	100.00	0.00	0.00
124177	13 乌高新	1000.00	2020.03.05	100.00	0.00	0.00
124178	13 集城投	800.00	2020.03.19	100.00	103.00	103.40
124179	13 广越秀	2800.00	2020.02.28	100.00	0.00	0.00
124180	13 綦东开	1200.00	2020.01.29	100.00	101.00	103.00
124181	13 余开投	1000.00	2020.03.04	100.00	101.00	102.50
124182	13 精控债	450.00	2018.03.05	100.00	103.00	105.06
124183	13 津广成	1500.00	2023.02.22	100.00	102.00	105.00
124184	13 京投债	2800.00	2023.03.11	100.00	0.00	0.00
124185	13 海宁债	1500.00	2020.03.06	100.00	101.00	101.00
124187	13 泰矿债	900.00	2020.03.12	100.00	0.00	0.00
124188	13 邹城资	1200.00	2019.03.12	100.00	100.30	100.60
124189	13 大旅游	800.00	2020.03.07	100.00	99.34	99.34
124190	13 奉南城	650.00	2020.03.05	100.00	100.00	100.00
124191	13 杭高新	500.00	2020.01.28	100.00	0.00	0.00
124192	13 邗城建	1300.00	2020.03.12	100.00	0.00	0.00

公司债
C-Bond

债券
Bond

本年最低 Low	本年收盘 Close	涨跌(%) Change(%)	成交数量(万张) Trading Vol (10000)	成交金额(百万) Trading Val(M)
0.00	100.00	0.00	1320.00	1301.00
99.50	99.50	-0.50	20.02	20.26
102.00	102.00	2.00	1360.00	1390.05
0.00	100.00	0.00	730.00	722.74
101.38	101.38	1.38	160.10	157.00
93.50	95.00	-5.00	61.83	60.85
90.00	98.00	-2.00	530.04	524.82
90.20	99.90	-0.10	1206.00	1198.05
100.03	100.03	0.03	400.00	400.12
0.00	100.00	0.00	0.00	0.00
100.30	100.30	0.30	146.00	146.63
0.00	100.00	0.00	0.00	0.00
0.00	100.00	0.00	30.00	29.33
0.00	100.00	0.00	0.00	0.00
92.00	99.00	-1.00	225.60	224.59
91.50	95.94	-4.06	687.01	687.62
95.33	95.50	-4.50	386.14	387.16
95.08	95.60	-4.40	910.06	918.56
100.88	100.88	0.88	380.00	378.75
91.81	95.85	-4.15	505.23	506.35
100.13	100.13	0.13	320.00	315.00
84.00	97.60	-2.40	461.13	464.43
95.10	97.35	-2.65	80.87	79.00
100.25	100.25	0.25	730.10	723.00
101.19	107.00	7.00	360.01	367.98
93.80	95.30	-4.70	95.04	95.76
0.00	100.00	0.00	460.00	446.38
93.50	98.01	-1.99	1496.98	1505.44
0.00	100.00	0.00	100.00	101.96
92.99	97.00	-3.00	333.01	336.32
93.50	99.99	-0.01	270.02	270.20
88.40	98.00	-2.00	692.65	690.01
103.20	103.20	3.20	1380.00	1379.40
95.12	101.19	1.19	1225.40	1234.14
0.00	100.00	0.00	100.00	95.40
0.00	100.00	0.00	70.00	67.67
91.00	93.60	-6.40	1201.48	1219.01
0.00	100.00	0.00	310.00	310.87
101.00	103.00	3.00	20.01	19.55
92.16	98.50	-1.50	404.38	409.84
92.06	99.98	-0.02	70.28	70.24
93.20	94.75	-5.25	1648.74	1642.22
0.00	100.00	0.00	0.00	0.00
101.00	101.00	1.00	110.10	107.47
0.00	100.00	0.00	0.00	0.00
90.20	100.00	0.00	697.21	680.33
99.34	99.34	-0.66	623.34	631.78
100.00	100.00	0.00	150.00	146.52
0.00	100.00	0.00	142.00	142.42
0.00	100.00	0.00	240.00	231.44

公司债
C-Bond

债券
Bond

证券代码 Code	证券简称 Name	发行数量(百万) Issued Val(M)	到期日期 Expiration Date	上年收盘 Last Year close	本年开盘 Open	本年最高 High
124193	13 文城资	700.00	2020.03.06	100.00	100.00	103.20
124194	13 滨海 01	2000.00	2018.03.13	100.00	101.50	101.50
124195	13 滨海 02	3000.00	2020.03.13	100.00	0.00	0.00
124196	13 烟城建	2000.00	2020.03.14	100.00	101.52	103.10
124197	10 朝资 01	1000.00	2016.02.01	100.00	100.22	100.22
124198	10 朝资 02	1500.00	2017.02.01	100.00	0.00	0.00
124199	13 泰交债	800.00	2020.03.11	100.00	100.33	100.33
124200	13 自高新	1000.00	2020.03.13	100.00	99.73	102.30
124201	13 南高速	1500.00	2020.01.28	100.00	101.28	104.00
124202	13 平潭债	1200.00	2020.03.15	100.00	102.00	105.62
124203	13 浔富和	900.00	2019.03.19	100.00	106.00	106.00
124204	13 津城投	8000.00	2023.02.26	100.00	0.00	0.00
124205	13 余创债	1200.00	2020.03.18	100.00	102.00	102.69
124206	13 祥源债	600.00	2020.02.26	100.00	102.00	102.09
124207	13 巴城投	1800.00	2020.03.15	100.00	100.80	104.56
124208	13 西投债	700.00	2023.03.19	100.00	106.00	106.00
124209	13 三门峡	1300.00	2020.01.29	100.00	0.00	0.00
124210	13 皋投债	1200.00	2020.02.01	100.00	101.71	104.00
124211	13 甘投债	800.00	2020.03.06	100.00	101.09	101.09
124212	13 益高新	1500.00	2020.03.13	100.00	100.50	104.00
124213	13 德清债	1000.00	2020.02.22	100.00	100.45	104.70
124214	13 河城投	1000.00	2020.03.19	100.00	0.00	0.00
124215	13 九国资	900.00	2020.03.07	100.00	101.63	108.00
124216	12 新查矿	600.00	2019.12.13	100.00	103.34	110.30
124217	13 西高新	1500.00	2019.02.26	100.00	0.00	0.00
124218	13 三福船	700.00	2019.03.27	100.00	104.10	104.10
124219	13 荣经开	1000.00	2020.03.18	100.00	100.58	104.00
124220	13 晋能交	1000.00	2020.03.08	100.00	0.00	0.00
124221	13 武地产	1600.00	2019.03.22	100.00	100.50	100.50
124222	13 京粮食	700.00	2019.03.20	100.00	0.00	0.00
124223	13 微山矿	850.00	2020.03.13	100.00	0.00	0.00
124224	13 朝国资	1600.00	2020.03.27	100.00	0.00	0.00
124225	13 阿城投	1000.00	2020.03.14	100.00	101.00	101.75
124226	13 闽兴杭	1200.00	2019.03.26	100.00	99.83	101.00
124227	13 宁国 01	3500.00	2020.03.06	100.00	100.00	100.00
124228	13 宁国 02	3000.00	2023.03.06	100.00	0.00	0.00
124229	13 晋公投	800.00	2020.03.18	100.00	101.60	102.30
124230	12 蓉兴锦	800.00	2019.11.27	100.00	104.00	104.00
124231	13 临海投	1200.00	2020.03.21	100.00	100.64	100.76
124232	13 苏海发	1000.00	2023.03.29	100.00	108.00	108.00
124234	13 鹏铁 01	5000.00	2023.03.25	100.00	0.00	0.00
124235	13 清河投	700.00	2020.01.24	100.00	99.68	105.00
124236	12 马经开	800.00	2019.12.20	100.00	100.64	100.64
124238	13 通辽投	1600.00	2020.04.09	100.00	102.05	102.05
124239	13 鄞城投	600.00	2020.03.18	100.00	0.00	0.00
124240	13 合工投	1000.00	2020.03.20	100.00	0.00	0.00
124241	13 烟开发	800.00	2020.04.10	100.00	102.00	102.00
124242	13 营经开	900.00	2020.04.08	100.00	100.00	102.00
124243	13 常高新	1600.00	2020.03.21	100.00	0.00	0.00
124244	13 番交投	1100.00	2019.04.12	100.00	101.73	101.73

公司债
C-Bond

债券
Bond

本年最低 Low	本年收盘 Close	涨跌(%) Change(%)	成交数量(万张) Trading Vol (10000)	成交金额(百万) Trading Val(M)
97.80	103.00	3.00	450.02	443.41
101.50	101.50	1.50	0.05	0.05
0.00	100.00	0.00	0.00	0.00
94.61	96.50	-3.50	1176.60	1184.21
100.22	100.22	0.22	970.00	973.40
0.00	100.00	0.00	0.00	0.00
100.33	100.33	0.33	100.00	95.87
98.79	102.20	2.20	602.00	596.51
101.28	104.00	4.00	280.00	279.00
89.68	96.67	-3.33	2004.27	2006.29
106.00	106.00	6.00	996.00	983.70
0.00	100.00	0.00	0.00	0.00
97.00	101.50	1.50	494.86	491.11
92.68	92.96	-7.04	601.37	596.50
92.50	92.60	-7.40	2019.53	2024.87
106.00	106.00	6.00	140.00	133.55
0.00	100.00	0.00	220.00	222.87
101.71	104.00	4.00	610.01	610.94
97.00	100.00	0.00	170.00	168.27
95.65	104.00	4.00	1139.84	1135.82
94.69	95.14	-4.86	380.63	380.60
0.00	100.00	0.00	0.00	0.00
101.63	108.00	8.00	379.50	382.85
97.00	99.90	-0.10	456.37	465.92
0.00	100.00	0.00	0.00	0.00
90.00	96.49	-3.51	704.93	707.89
100.00	104.00	4.00	29.00	29.17
0.00	100.00	0.00	0.00	0.00
95.00	95.00	-5.00	285.08	273.63
0.00	100.00	0.00	10.00	9.63
0.00	100.00	0.00	300.00	298.32
0.00	100.00	0.00	0.00	0.00
91.89	93.95	-6.05	454.60	449.30
99.83	101.00	1.00	469.15	462.32
99.00	99.00	-1.00	40.00	39.80
0.00	100.00	0.00	0.00	0.00
97.10	97.10	-2.90	396.11	400.99
104.00	104.00	4.00	140.00	143.80
100.00	100.00	0.00	1230.00	1225.35
108.00	108.00	8.00	400.00	399.69
0.00	100.00	0.00	0.00	0.00
99.68	105.00	5.00	300.00	303.47
100.64	100.64	0.64	670.00	672.41
101.70	101.70	1.70	500.00	490.44
0.00	100.00	0.00	112.00	110.02
0.00	100.00	0.00	260.00	256.53
94.00	95.00	-5.00	314.31	308.02
88.00	91.92	-8.08	839.84	825.96
0.00	100.00	0.00	20.00	19.79
101.73	101.73	1.73	280.00	274.12

公司债
C-Bond

债券
Bond

证券代码 Code	证券简称 Name	发行数量 (百万) Issued Val(M)	到期日期 Expiration Date	上年收盘 Last Year close	本年开盘 Open	本年最高 High
124245	13 杭运河	1000.00	2020.04.02	100.00	0.00	0.00
124246	13 溧城发	1200.00	2020.03.08	100.00	100.20	100.21
124247	13 绍交投	1500.00	2020.03.04	100.00	0.00	0.00
124248	13 京歌华	600.00	2020.03.21	100.00	100.60	106.00
124249	13 大城投	1500.00	2020.02.21	100.00	101.00	102.98
124250	13 宿建投	1500.00	2020.04.17	100.00	101.21	101.21
124251	13 鲁信投	1000.00	2020.04.17	100.00	100.02	100.02
124252	13 邯交通	1000.00	2021.04.18	100.00	0.00	0.00
124253	13 新乡投	900.00	2020.04.15	100.00	98.20	98.21
124254	13 常熟发	1000.00	2020.04.19	100.00	99.99	100.24
124255	13 浙新昌	1200.00	2020.04.24	100.00	100.00	100.00
124256	13 苏泊尔	300.00	2020.04.11	100.00	100.80	102.99
124257	13 海浆纸	1200.00	2020.04.15	100.00	93.28	93.28
124258	13 潞矿 01	3000.00	2023.04.25	100.00	100.49	103.00
124259	13 潞矿 02	1000.00	2023.04.25	100.00	100.49	103.00
124260	13 遂发展	600.00	2020.04.25	100.00	99.90	99.90
124261	13 鞍城投	2000.00	2020.04.25	100.00	96.60	100.00
124262	13 楚雄投	2000.00	2020.03.29	100.00	101.11	102.51
124263	13 临国资	500.00	2020.04.11	100.00	101.90	102.80
124264	13 晋城投	1600.00	2020.04.26	100.00	0.00	0.00
124265	13 红河路	500.00	2020.05.06	100.00	100.00	101.00
124266	13 哈水投	1500.00	2020.05.06	100.00	98.77	100.00
124267	13 金坛投	1000.00	2020.04.26	100.00	0.00	0.00
124268	13 渝南发	1800.00	2020.04.27	100.00	100.00	100.00
124269	13 渝大足	1200.00	2020.04.26	100.00	100.90	100.90
124270	13 渝万盛	1300.00	2020.04.17	100.00	100.00	100.00
124271	13 金外滩	500.00	2020.04.24	100.00	98.50	98.50
124272	13 绥芬河	1000.00	2020.04.28	100.00	103.00	112.00
124273	13 翔宇债	500.00	2020.02.27	100.00	101.44	101.44
124274	13 徽南翔	300.00	2019.04.11	100.00	101.20	106.00
124275	13 龙岗投	1000.00	2019.03.27	100.00	100.39	102.00
124276	13 津滨投	550.00	2020.04.26	100.00	97.00	97.00
124277	13 大丰港	800.00	2020.05.08	100.00	103.00	112.99
124278	13 渝双桥	1000.00	2020.04.26	100.00	101.79	102.79
124279	13 海拉尔	800.00	2020.05.14	100.00	100.27	107.00
124280	13 通经开	800.00	2020.05.17	100.00	0.00	0.00
124281	13 石地产	2200.00	2020.05.15	100.00	99.98	99.98
124283	13 武新港	800.00	2020.04.18	100.00	100.00	104.00
124284	13 琼洋浦	800.00	2020.03.11	100.00	0.00	0.00
124285	13 同煤集	5400.00	2028.04.24	100.00	100.99	103.00
124286	13 海航债	1150.00	2020.04.15	100.00	101.39	109.00
124287	13 金特债	550.00	2020.05.23	100.00	98.73	100.37
124288	13 光谷联	600.00	2019.10.23	100.00	0.00	0.00
124289	13 丽城投	1000.00	2020.05.23	100.00	100.20	101.00
124290	13 长轨交	2500.00	2023.04.23	100.00	0.00	0.00
124291	13 兖城投	1000.00	2021.05.28	100.00	100.00	102.00
124292	13 溧城建	1000.00	2020.05.29	100.00	96.70	97.00
124293	13 农六师	500.00	2020.05.23	100.00	0.00	0.00
124294	13 苏华靖	1200.00	2020.05.16	100.00	97.57	100.00
124295	13 宁铁路	1300.00	2020.06.04	100.00	97.37	97.37

公司债
C-Bond

债券
Bond

本年最低 Low	本年收盘 Close	涨跌(%) Change(%)	成交数量(万张) Trading Vol (10000)	成交金额(百万) Trading Val(M)
0.00	100.00	0.00	220.00	213.45
95.85	99.99	-0.01	50.00	49.45
0.00	100.00	0.00	0.00	0.00
100.00	104.00	4.00	150.04	150.94
100.98	102.98	2.98	360.00	362.36
100.71	100.71	0.71	440.00	438.58
95.20	95.20	-4.80	100.01	94.44
0.00	100.00	0.00	0.00	0.00
98.15	98.20	-1.80	78.07	77.31
93.80	94.08	-5.92	105.01	105.21
100.00	100.00	0.00	8.00	8.00
90.01	96.97	-3.03	329.32	329.71
93.28	93.28	-6.72	0.01	0.01
100.49	103.00	3.00	2.20	2.22
100.49	103.00	3.00	2.20	2.22
90.00	94.56	-5.44	80.43	77.86
94.95	96.10	-3.90	385.02	370.77
98.50	99.26	-0.74	1290.03	1291.33
98.40	102.54	2.54	1550.33	1562.07
0.00	100.00	0.00	380.00	370.33
89.12	98.34	-1.66	352.11	350.84
54.59	96.65	-3.35	249.51	243.48
0.00	100.00	0.00	110.00	109.20
100.00	100.00	0.00	324.00	320.28
91.00	98.20	-1.80	232.49	232.42
100.00	100.00	0.00	8.00	8.00
98.50	98.50	-1.50	45.00	44.39
91.17	98.85	-1.15	1336.39	1340.63
95.01	99.90	-0.10	40.09	40.67
91.82	97.19	-2.81	149.68	149.02
96.50	96.50	-3.50	620.10	615.37
95.28	95.28	-4.72	50.01	49.71
90.22	96.00	-4.00	115.69	115.01
92.02	101.54	1.54	911.52	910.19
90.99	93.00	-7.00	59.42	59.28
0.00	100.00	0.00	80.00	75.60
99.98	99.98	-0.02	1380.00	1366.85
100.00	104.00	4.00	20.00	18.79
0.00	100.00	0.00	50.00	50.00
100.99	103.00	3.00	152.20	139.33
101.39	109.00	9.00	512.20	512.83
98.73	100.37	0.37	270.00	267.16
0.00	100.00	0.00	60.00	59.98
93.12	94.01	-5.99	544.74	530.59
0.00	100.00	0.00	0.00	0.00
89.99	92.80	-7.20	326.28	315.32
87.10	93.00	-7.00	281.20	273.13
0.00	100.00	0.00	0.00	0.00
97.57	100.00	0.00	242.52	235.93
97.37	97.37	-2.63	100.00	97.15

公司债
C-Bond

债券
Bond

证券代码 Code	证券简称 Name	发行数量(百万) Issued Val(M)	到期日期 Expiration Date	上年收盘 Last Year close	本年开盘 Open	本年最高 High
124296	13 盛江泉	600.00	2020.05.31	100.00	100.30	101.99
124297	13 桐乡投	1300.00	2020.05.16	100.00	101.00	101.00
124298	13 临汾投	1500.00	2020.05.23	100.00	100.00	100.80
124299	13 西经开	600.00	2020.06.04	100.00	100.00	101.50
124300	13 云投控	700.00	2018.05.24	100.00	0.00	0.00
124301	13 日照债	800.00	2020.06.06	100.00	100.00	100.00
124302	12 桂交投	2000.00	2022.12.11	100.00	0.00	0.00
124303	13 咸荣盛	1500.00	2020.06.05	100.00	0.00	0.00
124304	13 合川投	1000.00	2020.06.17	100.00	100.26	102.48
124305	13 瓦国资	1500.00	2020.06.20	100.00	101.00	102.50
124306	13 鄂三宁	500.00	2019.06.18	100.00	100.00	100.00
124307	13 安经开	600.00	2020.06.18	100.00	99.99	99.99
124308	13 眉宏大	1600.00	2020.06.19	100.00	101.20	101.30
124309	13 弘燃气	700.00	2020.06.20	100.00	100.30	100.60
124310	13 洪水利	1500.00	2020.06.21	100.00	101.00	101.00
124311	13 弘湘资	1600.00	2020.06.19	100.00	100.40	103.00
124312	13 景德镇	1200.00	2020.06.25	100.00	100.75	101.86
124313	13 苏家屯	1300.00	2020.06.20	100.00	100.80	100.80
124314	13 筑铁路	1000.00	2020.06.18	100.00	97.10	97.10
124315	13 瓯交投	1000.00	2020.04.22	100.00	94.00	94.00
124316	13 新郑投	1500.00	2019.06.28	100.00	100.50	100.50
124317	13 华发集	800.00	2019.06.05	100.00	99.23	100.00
124318	13 滨城投	1100.00	2020.07.12	100.00	0.00	0.00
124319	13 昌国资	1500.00	2019.06.03	100.00	103.00	103.00
124321	13 岳城投	1800.00	2020.07.12	100.00	0.00	0.00
124322	13 南城发	1200.00	2019.07.17	100.00	100.00	100.00
124323	13 新天治	1500.00	2020.07.17	100.00	102.00	103.00
124324	13 白银城	1300.00	2020.07.19	100.00	100.40	100.40
124325	13 京生物	600.00	2020.07.23	100.00	0.00	0.00
124326	13 郑建投	700.00	2020.07.17	100.00	0.00	0.00
124327	13 中电投	2000.00	2023.07.22	100.00	103.00	103.00
124329	12 惠国投	800.00	2019.10.15	100.00	103.23	106.45
124330	13 龙工贸	800.00	2021.03.11	100.00	0.00	0.00
124332	13 湘振湘	1800.00	2020.08.07	100.00	100.30	100.70
124333	13 铜城建	1600.00	2020.08.08	100.00	0.00	0.00
124334	13 博国资	900.00	2020.08.09	100.00	100.20	102.99
124335	13 海国资	1600.00	2020.08.07	100.00	100.00	101.00
124336	13 渝地产	1800.00	2020.08.22	100.00	100.00	103.00
124337	13 铜建投	1500.00	2020.08.26	100.00	0.00	0.00
124338	13 闽经开	1800.00	2020.08.06	100.00	100.80	103.00
124339	13 渝城投	2200.00	2020.05.21	100.00	0.00	0.00
124340	13 张保债	1100.00	2020.08.23	100.00	0.00	0.00
124341	13 吐番资	800.00	2019.08.09	100.00	0.00	0.00
124342	13 黔南资	1500.00	2020.09.04	100.00	101.00	101.00
124343	13 阳江债	1000.00	2020.09.09	100.00	101.00	101.00
124344	13 沪南房	400.00	2019.09.09	100.00	104.00	104.00
124345	13 京煤债	1400.00	2020.09.09	100.00	0.00	0.00
124346	13 乳国资	1300.00	2020.09.11	100.00	100.00	100.50
124347	13 石建投	500.00	2020.09.09	100.00	100.00	100.00
124348	13 京谷财	600.00	2020.09.06	100.00	0.00	0.00

公司债
C-Bond

债券
Bond

本年最低 Low	本年收盘 Close	涨跌(%) Change(%)	成交数量(万张) Trading Vol (10000)	成交金额(百万) Trading Val(M)
89.30	95.42	-4.58	270.76	261.44
95.00	96.93	-3.07	525.79	520.39
100.00	100.00	0.00	684.04	661.36
100.00	101.50	1.50	164.00	160.03
0.00	100.00	0.00	150.00	146.55
89.00	92.82	-7.18	454.25	445.66
0.00	100.00	0.00	0.00	0.00
0.00	100.00	0.00	460.00	437.70
90.52	102.48	2.48	1494.45	1484.11
93.00	93.00	-7.00	750.10	744.98
100.00	100.00	0.00	87.00	87.00
97.85	99.91	-0.09	744.01	722.18
90.00	99.00	-1.00	1393.80	1369.78
90.78	92.44	-7.56	549.90	545.21
96.00	96.45	-3.55	684.07	663.68
91.00	94.43	-5.57	218.07	214.16
96.60	101.86	1.86	756.37	753.76
90.96	94.00	-6.00	909.25	889.28
97.10	97.10	-2.90	360.01	351.57
94.00	94.00	-6.00	20.00	18.73
94.50	97.43	-2.57	558.50	553.47
94.28	94.31	-5.69	660.11	648.66
0.00	100.00	0.00	90.00	89.18
90.17	95.00	-5.00	1059.52	1031.57
0.00	100.00	0.00	10.00	9.25
90.55	94.60	-5.40	755.23	737.27
88.00	96.99	-3.01	653.29	651.04
90.06	94.88	-5.12	1514.31	1510.94
0.00	100.00	0.00	10.00	9.87
0.00	100.00	0.00	40.00	39.39
103.00	103.00	3.00	0.02	0.02
103.23	106.45	6.45	40.00	39.80
0.00	100.00	0.00	0.00	0.00
90.83	97.00	-3.00	744.32	736.66
0.00	100.00	0.00	380.00	381.52
92.60	93.88	-6.12	470.49	465.95
97.50	100.00	0.00	81.02	81.00
98.80	103.00	3.00	230.01	230.09
0.00	100.00	0.00	0.00	0.00
93.85	98.94	-1.06	1754.91	1742.65
0.00	100.00	0.00	0.00	0.00
0.00	100.00	0.00	40.00	39.99
0.00	100.00	0.00	100.00	98.87
95.50	97.90	-2.10	1841.79	1861.73
92.42	95.55	-4.45	139.71	135.41
104.00	104.00	4.00	120.20	120.01
0.00	100.00	0.00	1100.00	1099.93
99.99	100.49	0.49	142.56	142.36
100.00	100.00	0.00	95.00	94.55
0.00	100.00	0.00	110.00	110.25

公司债
C-Bond

债券
Bond

证券代码 Code	证券简称 Name	发行数量（百万）Issued Val(M)	到期日期 Expiration Date	上年收盘 Last Year close	本年开盘 Open	本年最高 High
124349	13 福东海	1000.00	2020.09.13	100.00	0.00	0.00
124350	13 晋煤运	2500.00	2023.01.28	100.00	100.00	103.00
124351	13 克州债	900.00	2020.09.16	100.00	100.10	100.29
124352	13 平凉债	1000.00	2020.09.17	100.00	90.20	105.00
124353	13 商洛 01	1000.00	2020.09.09	100.00	0.00	0.00
124354	13 商洛 02	500.00	2019.09.09	100.00	0.00	0.00
124355	13 洼城投	1300.00	2020.09.17	100.00	103.00	104.80
124356	13 珠汇华	1500.00	2020.09.17	100.00	100.58	100.77
124357	13 津房开	700.00	2020.08.06	100.00	97.75	100.00
124358	13 蚌城投	1600.00	2020.09.11	100.00	0.00	0.00
124359	13 三明投	1800.00	2020.03.05	100.00	0.00	0.00
124360	13 成阿债	800.00	2020.09.12	100.00	100.01	100.50
124361	13 京科城	1100.00	2019.09.22	100.00	0.00	0.00
124362	13 钦滨海	900.00	2020.08.27	100.00	0.00	0.00
124363	13 郑投资	1800.00	2020.09.24	100.00	99.36	104.00
124364	13 临尧都	1500.00	2020.09.27	100.00	102.00	102.00
124365	13 昌润债	600.00	2020.09.16	100.00	0.00	0.00
124366	13 汇丰投	1000.00	2020.10.11	100.00	100.29	100.78
124367	13 锡城发	1500.00	2020.10.11	100.00	104.30	110.00
124368	13 郑交投	1800.00	2020.10.14	100.00	0.00	0.00
124369	13 吴城投	1000.00	2020.10.12	100.00	101.79	105.23
124370	13 虞新区	1800.00	2020.10.11	100.00	97.50	104.00
124372	09 海投债	600.00	2016.04.30	100.00	99.62	100.20
124373	13 平天湖	1000.00	2020.10.23	100.00	100.40	100.40
124374	13 塔国资	1500.00	2019.10.16	100.00	0.00	0.00
124375	13 鄂供销	600.00	2019.10.10	100.00	0.00	0.00
124376	13 渝物流	1500.00	2020.10.18	100.00	97.00	97.00
124377	13 渝碚城	900.00	2020.10.16	100.00	100.00	100.00
124378	13 湘九华	1800.00	2020.10.15	100.00	99.50	99.50
124379	13 许投资	1200.00	2020.10.16	100.00	100.00	100.20
124380	13 曹妃甸	2000.00	2020.10.15	100.00	97.70	99.50
124381	09 衡城投	1500.00	2016.11.16	100.00	101.00	101.00
124382	10 云建工	800.00	2016.11.19	100.00	0.00	0.00
124383	10 开元旅	500.00	2016.11.18	100.00	0.00	0.00
124384	13 雅发投	1500.00	2020.09.13	100.00	0.00	0.00
124385	13 龙岩汇	1100.00	2020.10.18	100.00	0.00	0.00
124386	13 新沂债	1500.00	2020.10.15	100.00	99.85	102.99
124387	13 湛基投	1200.00	2020.10.21	100.00	0.00	0.00
124388	13 任城债	600.00	2020.10.18	100.00	97.50	100.50
124389	13 资水务	1800.00	2020.10.21	100.00	106.00	106.00
124390	13 葫岛 01	1400.00	2020.10.18	100.00	101.64	104.16
124391	13 葫岛 02	400.00	2023.10.18	100.00	99.87	101.00
124392	13 荆门投	1600.00	2020.10.17	100.00	99.89	105.00
124393	13 连顺兴	1200.00	2020.10.18	100.00	100.50	100.50
124394	13 永城投	1000.00	2020.10.23	100.00	105.00	105.00
124395	13 堰城投	1600.00	2020.10.11	100.00	104.00	104.00
124396	13 姜发展	800.00	2020.09.03	100.00	100.00	100.00
124397	13 郫国投	1000.00	2020.10.15	100.00	106.50	107.99
124398	13 株城发	2000.00	2020.10.16	100.00	105.50	105.50
124399	13 郴高科	1800.00	2020.10.21	100.00	100.00	103.16

公司债
C-Bond

债券
Bond

本年最低 Low	本年收盘 Close	涨跌(%) Change(%)	成交数量(万张) Trading Vol (10000)	成交金额(百万) Trading Val(M)
0.00	100.00	0.00	300.00	296.09
100.00	103.00	3.00	50.00	46.20
93.00	94.99	-5.01	315.13	309.70
90.20	105.00	5.00	56.10	55.45
0.00	100.00	0.00	140.00	135.10
0.00	100.00	0.00	300.00	309.93
94.00	100.30	0.30	290.11	291.59
95.01	96.60	-3.40	31.47	31.47
96.77	97.00	-3.00	110.01	109.33
0.00	100.00	0.00	320.00	319.56
0.00	100.00	0.00	0.00	0.00
97.00	99.88	-0.12	483.84	490.12
0.00	100.00	0.00	150.00	148.54
0.00	100.00	0.00	0.00	0.00
99.00	104.00	4.00	132.00	131.00
90.49	99.50	-0.50	1307.96	1320.07
0.00	100.00	0.00	100.00	100.01
99.00	99.00	-1.00	1050.21	1070.02
100.00	100.00	0.00	560.21	558.65
0.00	100.00	0.00	30.00	28.37
101.79	105.23	5.23	0.00	0.00
96.50	98.00	-2.00	93.01	92.09
99.62	100.20	0.20	110.00	109.52
92.50	95.98	-4.02	669.88	683.21
0.00	100.00	0.00	243.00	242.54
0.00	100.00	0.00	30.00	30.00
97.00	97.00	-3.00	50.00	48.83
98.00	98.67	-1.33	413.62	411.67
98.50	99.50	-0.50	189.01	185.90
100.00	100.20	0.20	40.00	39.66
92.20	97.56	-2.44	100.73	98.02
101.00	101.00	1.00	0.00	0.00
0.00	100.00	0.00	0.00	0.00
0.00	100.00	0.00	0.00	0.00
0.00	100.00	0.00	0.00	0.00
0.00	100.00	0.00	200.00	199.00
97.23	97.23	-2.77	55.50	55.03
0.00	100.00	0.00	0.00	0.00
97.50	100.00	0.00	162.05	160.35
98.50	99.00	-1.00	61.23	60.90
101.64	104.16	4.16	100.00	100.25
99.73	99.73	-0.27	80.00	80.09
99.50	99.50	-0.50	145.01	145.42
90.45	96.52	-3.48	566.26	574.69
100.00	102.00	2.00	262.01	260.79
104.00	104.00	4.00	380.02	379.11
93.37	93.79	-6.21	194.99	194.26
106.50	107.99	7.99	170.00	168.81
90.00	96.45	-3.55	462.00	452.19
99.50	99.50	-0.50	132.00	131.39

公司债
C-Bond

债券
Bond

证券代码 Code	证券简称 Name	发行数量(百万) Issued Val(M)	到期日期 Expiration Date	上年收盘 Last Year close	本年开盘 Open	本年最高 High
124400	13 渝双福	1200.00	2020.10.23	100.00	102.40	102.40
124401	13 冀广网	300.00	2021.10.23	100.00	0.00	0.00
124402	13 丹投 01	800.00	2020.10.23	100.00	99.83	99.83
124403	13 丹投 02	800.00	2019.10.23	100.00	0.00	0.00
124404	13 怀化工	1200.00	2020.10.29	100.00	106.00	106.00
124405	13 宝工债	1000.00	2020.10.17	100.00	104.00	104.00
124406	13 荆经开	400.00	2020.12.09	100.00	0.00	0.00
124407	13 泰州债	1800.00	2023.10.16	100.00	100.00	100.20
124408	13 宛城投	1800.00	2020.10.24	100.00	98.20	99.50
124409	13 宿城投	1000.00	2020.10.29	100.00	0.00	0.00
124410	13 国网 03	5000.00	2020.10.23	100.00	0.00	0.00
124411	13 国网 04	5000.00	2028.10.23	100.00	0.00	0.00
124412	13 金利源	1000.00	2020.10.28	100.00	109.00	109.00
124413	13 寿城投	480.00	2020.10.18	100.00	0.00	0.00
124415	13 鄂投 01	500.00	2023.10.28	100.00	0.00	0.00
124416	13 鄂投 02	2500.00	2028.10.28	100.00	0.00	0.00
124417	13 江高新	950.00	2020.11.04	100.00	109.00	109.00
124418	13 永利债	500.00	2019.10.29	100.00	0.00	0.00
124419	13 乌兰察	2000.00	2020.10.31	100.00	0.00	0.00
124420	13 盐国资	1200.00	2020.09.04	100.00	0.00	0.00
124421	13 海新区	1300.00	2020.11.04	100.00	0.00	0.00
124422	13 崇明债	800.00	2019.11.06	100.00	100.00	109.00
124423	13 宜环科	1000.00	2020.10.18	100.00	0.00	0.00
124424	13 柳东城	1000.00	2020.10.29	100.00	0.00	0.00
124425	13 平国资	1300.00	2020.11.05	100.00	97.50	97.50
124426	13 澄港城	650.00	2020.11.07	100.00	95.60	100.00
124427	13 临河债	1000.00	2020.11.13	100.00	100.00	100.00
124428	13 粤垦债	1300.00	2019.11.15	100.00	0.00	0.00
124429	13 亭公投	1000.00	2020.11.15	100.00	100.00	100.00
124431	13 普兰 01	800.00	2020.11.19	100.00	105.00	105.00
124432	13 襄建投	1500.00	2020.11.11	100.00	0.00	0.00
124433	12 沪闵行	1600.00	2019.10.23	100.00	0.00	0.00
124435	13 邯城投	1800.00	2020.11.25	100.00	110.00	110.00
124437	13 津静海	1200.00	2020.11.26	100.00	105.00	105.00
124439	13 六安 01	600.00	2020.12.02	100.00	0.00	0.00
124441	13 库车 01	500.00	2020.12.09	100.00	103.00	103.00
124451	13 濮建投	500.00	2020.12.11	100.00	0.00	0.00
124999	13 武续债	2300.00	2018.10.29	100.00	100.00	100.00
125000	12 苏镀膜	50.00	2014.06.08	100.00	0.00	100.04
125001	12 百慕债	20.00	2013.12.11	99.57	0.00	100.00
125002	12 宁水务	200.00	2014.06.11	98.86	0.00	100.00
125003	12 钱四桥	100.00	2014.06.11	99.92	0.00	100.00
125004	12 新宁债	100.00	2014.06.12	100.00	0.00	100.38
125005	12 同捷 01	100.00	2015.06.12	96.14	0.00	100.00
125006	12 凡登债	100.00	2015.06.12	100.01	0.00	100.20
125007	12 天科债	100.00	2015.06.12	100.01	0.00	100.04
125008	12 新丽债	100.00	2014.06.18	99.99	0.00	100.00
125009	12 太子龙	100.00	2015.06.19	100.00	0.00	100.04
125010	12 大丰港	100.00	2013.06.27	100.00	0.00	0.00
125011	12 优必胜	25.00	2014.06.29	100.00	0.00	100.00

公司债 C-Bond 债券 Bond

本年最低 Low	本年收盘 Close	涨跌(%) Change(%)	成交数量(万张) Trading Vol (10000)	成交金额(百万) Trading Val(M)
98.00	99.00	-1.00	155.06	154.93
0.00	100.00	0.00	0.00	0.00
98.00	98.10	-1.90	61.11	60.99
0.00	100.00	0.00	0.00	0.00
98.00	100.00	0.00	271.51	269.84
104.00	104.00	4.00	330.02	325.39
0.00	100.00	0.00	0.00	0.00
100.00	100.20	0.20	100.00	99.95
98.20	99.50	-0.50	30.00	29.97
0.00	100.00	0.00	0.00	0.00
0.00	100.00	0.00	0.00	0.00
0.00	100.00	0.00	0.00	0.00
99.00	99.00	-1.00	0.00	0.00
0.00	100.00	0.00	70.00	68.88
0.00	100.00	0.00	0.00	0.00
0.00	100.00	0.00	0.00	0.00
100.00	100.00	0.00	30.01	30.00
0.00	100.00	0.00	0.00	0.00
0.00	100.00	0.00	0.00	0.00
0.00	100.00	0.00	0.00	0.00
0.00	100.00	0.00	0.00	0.00
99.99	99.99	-0.01	36.01	36.01
0.00	100.00	0.00	0.00	0.00
0.00	100.00	0.00	260.00	260.00
97.50	97.50	-2.50	461.00	460.97
95.60	100.00	0.00	0.01	0.01
100.00	100.00	0.00	30.00	29.48
0.00	100.00	0.00	0.00	0.00
100.00	100.00	0.00	95.00	94.80
105.00	105.00	5.00	40.00	40.00
0.00	100.00	0.00	90.00	89.56
0.00	100.00	0.00	0.00	0.00
100.00	100.00	0.00	121.21	121.17
105.00	105.00	5.00	0.00	0.00
0.00	100.00	0.00	0.00	0.00
100.00	102.50	2.50	333.94	335.51
0.00	100.00	0.00	0.00	0.00
100.00	100.00	0.00	1490.00	1490.00
100.00	100.01	0.01	190.00	190.01
99.61	99.61	0.03	12.00	11.99
100.00	100.00	1.16	151.00	151.00
100.00	100.00	0.08	50.00	50.00
99.91	100.00	0.00	166.00	166.04
96.47	96.47	0.34	135.00	133.89
100.00	100.00	-0.01	236.00	236.11
99.95	100.00	-0.01	220.00	220.00
100.00	100.00	0.01	70.00	70.00
99.42	100.00	-0.00	232.00	231.97
0.00	100.00	0.00	0.00	0.00
100.00	100.00	0.00	15.00	15.00

公司债
C-Bond

债券
Bond

证券代码 Code	证券简称 Name	发行数量(百万) Issued Val(M)	到期日期 Expiration Date	上年收盘 Last Year close	本年开盘 Open	本年最高 High
125012	12 金泰 01	15.00	2015.07.10	100.00	0.00	97.04
125013	12 金泰 02	15.00	2015.07.10	100.00	0.00	0.00
125014	12 孚信债	100.00	2014.07.13	100.00	0.00	0.00
125015	12 天外债	200.00	2015.07.18	100.00	0.00	100.47
125016	12 江南债	50.00	2014.07.20	100.16	0.00	100.00
125017	12 中锐债	50.00	2014.08.01	100.00	0.00	0.00
125018	13 渝宏债	200.00	2016.03.18	100.00	0.00	100.02
125019	12 甬绿能	200.00	2014.08.10	100.00	0.00	100.00
125020	12 武广债	200.00	2015.08.15	100.00	0.00	100.15
125021	12 同里债	100.00	2014.08.06	100.00	0.00	101.00
125022	12 五洲债	80.00	2015.08.02	99.98	0.00	100.00
125023	12 雅润债	30.00	2014.08.28	100.00	0.00	0.00
125024	12 星美债	200.00	2015.08.28	100.00	0.00	100.03
125025	12 漕湖债	150.00	2014.08.29	100.02	0.00	100.40
125026	12 金豪债	20.00	2014.09.14	100.00	0.00	101.00
125027	12 淹城债	200.00	2015.09.21	99.93	0.00	100.04
125028	12 天楹 01	140.00	2015.09.27	98.81	0.00	100.00
125029	12 如顾庄	100.00	2015.10.10	100.00	0.00	104.51
125030	12 西游发	100.00	2015.10.10	100.00	0.00	103.00
125031	12 漕湖 02	50.00	2014.08.29	100.00	0.00	99.88
125032	12 杭益汽	200.00	2014.10.15	99.31	0.00	100.00
125033	12 金建设	200.00	2015.10.16	100.00	0.00	102.00
125034	PR 东钢构	200.00	2014.10.22	99.72	0.00	100.76
125035	12 湖上跃	70.00	2015.10.18	99.71	0.00	100.50
125036	12 苏东升	60.00	2014.11.06	99.95	0.00	100.53
125037	12 华安达	20.00	2014.11.09	100.00	0.00	0.00
125038	12 京精英	100.00	2015.10.31	99.95	0.00	100.04
125039	12 沪奔腾	150.00	2015.10.19	100.00	0.00	100.50
125040	12 天捷 01	30.00	2013.11.05	99.44	0.00	100.02
125041	12 天捷 02	50.00	2014.11.05	99.73	0.00	100.00
125042	12 孝昌杰	50.00	2014.09.24	100.00	0.00	100.00
125043	12 新达通	23.00	2014.05.14	100.00	0.00	99.28
125044	12 天楹 02	140.00	2015.11.15	100.00	0.00	100.00
125045	12 鄂华食	50.00	2015.11.14	100.00	0.00	100.03
125046	12 虞尚湖	200.00	2015.11.26	100.00	0.00	100.00
125047	12 德鑫泉	25.00	2014.11.16	100.00	0.00	101.00
125048	12 苏飞钻	100.00	2014.11.26	100.00	0.00	100.10
125049	12 沙旅游	50.00	2014.11.29	100.00	0.00	101.70
125050	12 黄山头	190.00	2015.10.22	100.00	0.00	100.00
125051	12 津凯泰	250.00	2015.12.10	100.00	0.00	100.02
125052	12 徐水务	100.00	2013.12.11	100.00	0.00	100.81
125053	12 香榭丽	50.00	2015.12.10	100.00	0.00	100.03
125054	12 琳桥债	200.00	2015.12.24	100.00	0.00	100.05
125056	12 金电气	20.00	2013.12.25	100.00	0.00	0.00
125057	12 中电投	140.00	2015.12.28	100.00	0.00	98.64
125058	12 浙丰土	100.00	2014.12.27	100.00	0.00	100.00
125059	13 中河债	30.00	2015.01.17	100.00	0.00	100.00
125060	12 中昌债	150.00	2016.01.22	100.00	0.00	100.00
125061	12 金田 01	50.00	2016.01.18	100.00	0.00	100.50
125062	13 宁物流	200.00	2016.01.23	100.00	0.00	104.51

公司债
C-Bond

债券
Bond

本年最低 Low	本年收盘 Close	涨跌(%) Change(%)	成交数量(万张) Trading Vol (10000)	成交金额(百万) Trading Val(M)
97.04	97.04	-2.96	6.50	6.31
0.00	100.00	0.00	0.00	0.00
0.00	100.00	0.00	0.00	0.00
99.45	100.00	0.00	373.00	373.00
99.34	100.00	-0.16	75.00	74.93
0.00	100.00	0.00	0.00	0.00
100.00	100.00	0.00	150.00	150.00
99.64	99.64	-0.37	522.30	522.15
98.45	98.45	-1.55	109.00	108.33
99.24	101.00	1.00	163.00	163.01
99.31	100.00	0.02	121.50	121.49
0.00	100.00	0.00	0.00	0.00
100.00	100.00	0.00	360.00	360.00
99.79	100.02	0.00	215.00	215.14
100.00	101.00	1.00	12.00	12.02
97.19	98.50	-1.43	476.00	472.05
100.00	100.00	1.20	178.00	178.00
98.73	100.03	0.03	356.00	356.81
100.00	100.02	0.02	200.00	201.20
99.88	99.88	-0.12	5.00	4.99
99.65	100.00	0.69	305.00	304.79
99.98	102.00	2.00	412.00	413.17
90.00	90.00	-9.75	414.00	408.30
99.05	100.00	0.29	142.00	141.76
100.00	100.00	0.05	116.00	116.29
0.00	100.00	0.00	0.00	0.00
98.70	100.00	0.05	220.00	219.67
99.70	100.00	0.00	135.00	135.14
99.61	100.00	0.57	78.00	77.94
99.50	99.54	-0.19	85.00	84.89
100.00	100.00	0.00	72.00	72.00
99.28	99.28	-0.72	13.00	12.91
98.50	100.00	0.00	247.50	247.29
99.46	100.00	0.00	100.00	99.97
98.25	100.00	0.00	150.00	148.94
99.69	100.00	0.00	50.00	49.96
100.00	100.00	0.00	400.00	400.20
98.00	100.02	0.02	410.00	408.78
98.61	100.00	0.00	372.00	371.22
99.72	100.00	0.00	340.00	339.89
100.00	100.00	0.00	385.00	385.75
96.88	100.03	0.03	25.00	24.54
100.00	100.00	0.00	466.00	466.02
0.00	100.00	0.00	0.00	0.00
98.64	98.64	-1.36	28.00	27.62
100.00	100.00	0.00	250.00	250.00
100.00	100.00	0.00	10.00	10.00
95.58	95.58	-4.42	450.00	443.37
99.74	100.50	0.50	100.00	100.12
99.98	100.01	0.01	340.00	342.51

公司债
C-Bond

债券
Bond

证券代码 Code	证券简称 Name	发行数量 (百万) Issued Val(M)	到期日期 Expiration Date	上年收盘 Last Year close	本年开盘 Open	本年最高 High
125063	12 仪水务	200.00	2016.01.17	100.00	0.00	102.00
125064	12 沪三航	100.00	2016.01.28	100.00	0.00	100.00
125065	12 津天联	50.00	2015.01.29	100.00	0.00	0.00
125066	12 华特斯	60.00	2015.01.23	100.00	0.00	100.04
125067	13 威亨债	150.00	2015.01.21	100.00	0.00	104.51
125068	13 博润 01	350.00	2016.01.29	100.00	0.00	102.00
125069	13 瑞水 01	150.00	2016.01.28	100.00	0.00	102.00
125070	12 丰港债	200.00	2015.01.22	100.00	0.00	0.00
125071	13 鲁博特	30.00	2016.01.31	100.00	0.00	100.00
125072	12 南华 01	50.00	2015.12.10	100.00	0.00	100.00
125073	12 枣林湾	200.00	2016.02.06	100.00	0.00	102.00
125074	12 骆减震	50.00	2015.02.04	100.00	0.00	100.00
125075	13 泰医药	300.00	2016.02.01	100.00	0.00	100.03
125076	12 湖珍绒	200.00	2016.01.31	100.00	0.00	101.11
125077	13 粤广电	100.00	2015.02.27	100.00	0.00	0.00
125078	12 大港 01	200.00	2016.02.26	100.00	0.00	103.00
125079	13 中海阳	100.00	2015.02.27	100.00	0.00	100.00
125080	13 苏元 01	50.00	2015.02.05	100.00	0.00	99.79
125081	12 九泰债	200.00	2015.02.27	100.00	0.00	102.00
125082	13 津海 01	15.00	2015.01.09	100.00	0.00	0.00
125083	12 浙浦百	80.00	2016.02.26	100.00	0.00	0.00
125084	12 安吉修	250.00	2016.03.07	100.00	0.00	100.84
125085	13 宏伟债	20.00	2014.03.01	100.00	0.00	0.00
125086	13 山河债	8.00	2014.03.01	100.00	0.00	0.00
125087	13 桃盛债	13.00	2014.03.01	100.00	0.00	0.00
125088	13 鲁中文	200.00	2016.03.12	100.00	0.00	102.90
125089	12 中成债	60.00	2016.03.22	100.00	0.00	100.00
125090	12 港区债	180.00	2016.03.25	100.00	0.00	100.00
125091	13 博瑞债	60.00	2016.03.21	100.00	0.00	0.00
125092	13 东通债	200.00	2016.03.26	100.00	0.00	100.00
125093	13 南泰禾	62.90	2016.03.25	100.00	0.00	100.00
125094	13 天政债	200.00	2016.03.21	100.00	0.00	100.10
125095	12 金田 02	50.00	2016.03.12	100.00	0.00	100.12
125096	12 清研债	200.00	2016.04.22	100.00	0.00	0.00
125097	13 金农债	200.00	2016.04.22	100.00	0.00	0.00
125098	12 宜机场	100.00	2015.12.20	100.00	0.00	100.00
125099	13 中森债	180.00	2016.03.28	100.00	0.00	103.00
125100	13 泰生源	30.00	2015.03.28	100.00	0.00	0.00
125101	13 虞振能	126.00	2015.04.03	100.00	0.00	0.00
125102	13 浦科创	120.00	2016.03.29	100.00	0.00	99.89
125103	13 沪派控	15.00	2016.03.29	100.00	0.00	100.00
125104	13 苏元 02	50.00	2015.03.22	100.00	0.00	0.00
125105	13 沪复展	15.00	2016.03.29	100.00	0.00	100.00
125106	13 博润 02	150.00	2016.04.17	100.00	0.00	102.90
125107	13 大宏债	300.00	2016.04.19	100.00	0.00	104.00
125108	13 松鹤楼	100.00	2015.04.10	100.00	0.00	100.02
125109	13 苏宇迪	30.00	2015.04.02	100.00	0.00	100.86
125110	13 鲁润峰	150.00	2016.04.24	100.00	0.00	100.01
125111	13 威蓝星	120.00	2015.05.08	100.00	0.00	100.00
125112	13 鲁天宝	100.00	2016.05.09	100.00	0.00	100.00

公司债
C-Bond

债券
Bond

本年最低 Low	本年收盘 Close	涨跌(%) Change(%)	成交数量(万张) Trading Vol (10000)	成交金额(百万) Trading Val(M)
99.74	102.00	2.00	314.00	314.25
99.90	100.00	0.00	83.00	82.98
0.00	100.00	0.00	0.00	0.00
99.86	99.86	-0.14	88.00	87.96
99.21	100.00	0.00	254.00	255.06
99.48	100.03	0.03	965.00	966.66
98.69	102.00	2.00	95.00	94.86
0.00	100.00	0.00	0.00	0.00
100.00	100.00	0.00	69.00	69.00
100.00	100.00	0.00	90.00	90.00
99.36	100.00	0.00	159.50	160.24
100.00	100.00	0.00	42.00	42.00
100.00	100.03	0.03	490.00	490.02
99.79	100.00	0.00	445.00	445.27
0.00	100.00	0.00	0.00	0.00
100.00	100.00	0.00	195.00	196.20
100.00	100.00	0.00	60.00	60.00
99.70	99.79	-0.21	115.00	114.73
99.63	100.24	0.24	398.00	399.33
0.00	100.00	0.00	0.00	0.00
0.00	100.00	0.00	0.00	0.00
96.00	96.00	-4.00	490.00	489.28
0.00	100.00	0.00	0.00	0.00
0.00	100.00	0.00	0.00	0.00
0.00	100.00	0.00	0.00	0.00
99.99	100.03	0.03	260.00	260.89
99.21	100.00	0.00	50.00	49.84
100.00	100.00	0.00	110.00	110.00
0.00	100.00	0.00	0.00	0.00
100.00	100.00	0.00	100.00	100.00
99.49	100.00	0.00	30.00	29.92
99.81	100.10	0.10	154.00	153.88
98.00	100.00	0.00	60.00	59.71
0.00	100.00	0.00	0.00	0.00
0.00	100.00	0.00	0.00	0.00
100.00	100.00	0.00	180.00	180.00
99.43	99.43	-0.57	242.00	242.73
0.00	100.00	0.00	0.00	0.00
0.00	100.00	0.00	0.00	0.00
99.77	99.83	-0.17	120.00	119.84
99.78	100.00	0.00	30.00	29.97
0.00	100.00	0.00	0.00	0.00
99.78	100.00	0.00	30.00	29.97
98.90	100.00	0.00	154.00	154.28
98.50	100.00	0.00	562.00	563.13
100.00	100.02	0.02	40.00	40.00
100.86	100.86	0.86	30.00	30.26
96.00	96.00	-4.00	134.50	133.78
100.00	100.00	0.00	62.00	62.00
100.00	100.00	0.00	1.00	1.00

公司债
C-Bond

债券
Bond

证券代码 Code	证券简称 Name	发行数量 (百万) Issued Val(M)	到期日期 Expiration Date	上年收盘 Last Year close	本年开盘 Open	本年最高 High
125113	13 博瑞格	80.00	2016.04.17	100.00	0.00	0.00
125114	12 蒙恒达	200.00	2016.04.18	100.00	0.00	102.00
125115	13 钟宏达	100.00	2015.05.15	100.00	0.00	101.09
125116	13 如交服	250.00	2016.04.24	100.00	0.00	100.02
125117	13 展望债	100.00	2016.05.23	100.00	0.00	103.00
125118	13 朝科贸	200.00	2015.05.23	100.00	0.00	100.00
125119	13 镇旅游	500.00	2015.05.23	100.00	0.00	100.96
125120	13 北港 01	150.00	2016.05.23	100.00	0.00	0.00
125121	13 淮物流	300.00	2016.05.28	100.00	0.00	104.51
125122	13 天子湖	250.00	2016.05.28	100.00	0.00	105.00
125123	13 瑞水 02	50.00	2016.05.27	100.00	0.00	104.00
125124	13 泰禾 02	37.10	2016.06.03	100.00	0.00	100.00
125125	13 淮化工	80.00	2016.05.30	100.00	0.00	100.02
125126	13 临医药	200.00	2016.05.27	100.00	0.00	100.02
125127	13 凯工债	300.00	2016.06.27	100.00	0.00	0.00
125128	13 天龙水	80.00	2015.06.19	100.00	0.00	100.10
125129	12 沪机电	160.00	2015.06.18	100.00	0.00	0.00
125130	13 京蓝天	20.00	2016.06.19	100.00	0.00	0.00
125131	12 大港 02	200.00	2016.06.06	100.00	0.00	103.00
125133	13 画都 01	50.00	2016.06.28	100.00	0.00	0.00
125134	13 新三印	10.00	2016.06.28	100.00	0.00	100.00
125135	13 镇索普	50.00	2015.07.10	100.00	0.00	103.00
125136	13 临药 02	100.00	2016.07.17	100.00	0.00	0.00
125137	13 寿农 01	140.00	2016.08.01	100.00	0.00	103.00
125138	13 宁化工	200.00	2015.07.19	100.00	0.00	0.00
125139	13 惠农发	250.00	2016.08.12	100.00	0.00	104.00
125140	13 黄山头	250.00	2016.08.28	100.00	0.00	100.01
125141	13 东霖债	50.00	2016.08.28	100.00	0.00	0.00
125142	13 渝公 01	175.00	2016.08.29	100.00	0.00	105.03
125143	13 森园债	100.00	2015.08.23	100.00	0.00	0.00
125144	13 北鼎 01	50.00	2016.09.04	100.00	0.00	0.00
125145	13 中电强	40.00	2016.09.05	100.00	0.00	0.00
125146	13 浙永利	300.00	2016.09.04	100.00	0.00	0.00
125147	13 北皓天	94.00	2016.09.11	100.00	0.00	0.00
125148	13 尧塘 01	50.00	2016.09.17	100.00	0.00	100.00
125149	13 北鼎 02	150.00	2016.10.08	100.00	0.00	0.00
125150	13 深汽集	350.00	2015.09.26	100.00	0.00	0.00
125151	13 隆鑫债	500.00	2016.09.10	100.00	0.00	0.00
125152	13 通晨曦	100.00	2016.09.24	100.00	0.00	0.00
125153	13 志诚债	35.00	2016.10.31	100.00	0.00	0.00
125154	13 淮水 01	110.00	2016.10.15	100.00	0.00	0.00
125155	13 容丰 01	100.00	2016.10.10	100.00	0.00	104.00
125156	13 图灵债	5.00	2014.10.15	100.00	0.00	0.00
125158	13 安德固	30.00	2016.10.15	100.00	0.00	0.00
125159	13 画都 02	50.00	2016.10.18	100.00	0.00	0.00
125160	13 镇旅 02	500.00	2016.10.22	100.00	0.00	98.77
125161	13 渝升厦	300.00	2016.10.23	100.00	0.00	103.01
125162	13 容丰 02	80.00	2016.10.24	100.00	0.00	0.00
125163	13 阳澄债	300.00	2016.05.29	100.00	0.00	0.00
125164	13 泰丰债	250.00	2016.10.16	100.00	0.00	0.00

公司债
C-Bond

债券
Bond

本年最低 Low	本年收盘 Close	涨跌(%) Change(%)	成交数量(万张) Trading Vol (10000)	成交金额(百万) Trading Val(M)
0.00	100.00	0.00	0.00	0.00
98.52	102.00	2.00	170.00	170.10
101.09	101.09	1.09	7.00	7.08
100.00	100.00	0.00	65.00	65.00
99.65	100.00	0.00	100.00	100.50
98.70	100.00	0.00	48.00	47.90
98.51	100.00	0.00	1399.00	1399.58
0.00	100.00	0.00	0.00	0.00
99.93	100.03	0.03	468.00	470.30
97.66	104.50	4.50	340.00	340.93
100.00	104.00	4.00	50.00	50.40
99.68	100.00	0.00	12.00	11.97
100.00	100.00	0.00	32.00	32.00
99.66	100.00	0.00	330.00	329.70
0.00	100.00	0.00	0.00	0.00
99.99	100.10	0.10	36.00	36.00
0.00	100.00	0.00	0.00	0.00
0.00	100.00	0.00	0.00	0.00
99.21	100.00	0.00	218.00	218.83
0.00	100.00	0.00	0.00	0.00
100.00	100.00	0.00	10.00	10.00
100.00	103.00	3.00	40.00	40.45
0.00	100.00	0.00	0.00	0.00
100.00	100.00	0.00	260.00	260.90
0.00	100.00	0.00	0.00	0.00
100.00	100.02	0.02	498.00	500.37
100.00	100.01	0.01	100.00	100.00
0.00	100.00	0.00	0.00	0.00
99.85	100.00	0.00	502.00	504.21
0.00	100.00	0.00	0.00	0.00
0.00	100.00	0.00	0.00	0.00
0.00	100.00	0.00	0.00	0.00
0.00	100.00	0.00	0.00	0.00
0.00	100.00	0.00	0.00	0.00
100.00	100.00	0.00	75.00	75.00
0.00	100.00	0.00	0.00	0.00
0.00	100.00	0.00	0.00	0.00
0.00	100.00	0.00	0.00	0.00
0.00	100.00	0.00	0.00	0.00
0.00	100.00	0.00	0.00	0.00
0.00	100.00	0.00	0.00	0.00
100.00	104.00	4.00	97.00	97.80
0.00	100.00	0.00	0.00	0.00
0.00	100.00	0.00	0.00	0.00
0.00	100.00	0.00	0.00	0.00
98.77	98.77	-1.23	100.00	98.77
100.00	100.00	0.00	230.00	230.60
0.00	100.00	0.00	0.00	0.00
0.00	100.00	0.00	0.00	0.00
0.00	100.00	0.00	0.00	0.00

公司债
C-Bond

债券
Bond

证券代码 Code	证券简称 Name	发行数量 (百万) Issued Val(M)	到期日期 Expiration Date	上年收盘 Last Year close	本年开盘 Open	本年最高 High
125165	13 福地 01	125.00	2016.10.24	100.00	0.00	105.01
125166	13 海广电	100.00	2015.10.30	100.00	0.00	0.00
125169	13 淮软 01	115.00	2016.11.28	100.00	0.00	104.50
125170	13 津六政	200.00	2016.11.15	100.00	0.00	0.00
125171	13 高鑫债	200.00	2016.11.14	100.00	0.00	0.00
125172	13 莒鸿润	100.00	2015.11.06	100.00	0.00	0.00
125175	13 苏恒瑞	150.00	2016.11.28	100.00	0.00	0.00
125176	13 闽三纺	100.00	2016.12.05	100.00	0.00	0.00
126003	07 云化债	1000.00	2013.01.29	99.57	99.65	99.98
126006	07 深高债	1500.00	2013.10.09	97.78	97.50	99.83
126007	07 日照债	880.00	2013.11.27	97.05	97.08	99.95
126008	08 上汽债	6300.00	2013.12.19	96.99	96.75	99.96
126009	08 赣粤债	1200.00	2014.01.28	96.10	96.20	99.70
126010	08 中远债	1050.00	2014.01.28	96.10	96.10	99.59
126011	08 石化债	30000.00	2014.02.20	96.00	95.96	99.45
126013	08 青啤债	1500.00	2014.04.02	95.10	95.10	99.59
126014	08 国电债	3995.00	2014.05.07	94.80	94.80	98.20
126015	08 康美债	900.00	2014.05.08	94.00	94.02	98.60
126016	08 宝钢债	10000.00	2014.06.19	95.16	95.00	98.00
126017	08 葛洲债	1390.00	2014.06.25	94.20	94.00	98.50
126018	08 江铜债	6800.00	2016.09.22	86.54	86.55	90.14
126019	09 长虹债	3000.00	2015.07.30	88.88	89.00	99.02

公司债
C-Bond

债券
Bond

本年最低 Low	本年收盘 Close	涨跌(%) Change(%)	成交数量(万张) Trading Vol (10000)	成交金额(百万) Trading Val(M)
100.00	105.00	5.00	160.00	162.40
0.00	100.00	0.00	0.00	0.00
100.00	104.50	4.50	40.00	40.90
0.00	100.00	0.00	0.00	0.00
0.00	100.00	0.00	0.00	0.00
0.00	100.00	0.00	0.00	0.00
0.00	100.00	0.00	0.00	0.00
0.00	100.00	0.00	0.00	0.00
99.61	99.94	0.37	234.25	233.60
89.53	99.83	2.10	246.48	244.06
91.62	99.94	2.98	200.79	198.50
96.61	99.93	3.03	4724.34	4662.75
93.03	99.59	3.63	364.57	355.35
89.54	99.56	3.60	974.56	950.37
95.90	99.41	3.55	27832.04	27206.26
95.10	98.68	3.76	1813.33	1762.27
89.03	98.20	3.59	1202.05	1163.53
94.01	97.94	4.19	1095.20	1057.96
94.70	97.43	2.39	6902.68	6666.07
86.51	97.27	3.26	1751.80	1685.33
86.38	87.15	0.71	8992.46	7947.95
88.90	90.94	2.32	3304.60	3019.43

债券回购每日成交(亿元/百万张)
Bond Repo Trading(100M Yuan/1M)

债券
Bond

日期 Date	1月 Jan		2月 Feb		3月 Mar		4月 Apr		5月 May		6月 Jun	
	金额 Val	数量 Vol	金额 Val	数量 Vol	金额 Val	数量 Vol	金额 Val	数量 Vol	金额 Val	数量 Vol	金额 Val	数量 Vol
1	---	---	1960.39	1960.39	2248.86	2248.86	2187.89	2187.89	---	---	---	---
2	---	---	---	---	---	---	1707.64	1707.64	2837.55	2837.55	---	---
3	---	---	---	---	---	---	1796.14	1796.14	2621.23	2621.23	2546.18	2546.18
4	2521.78	2521.78	2072.70	2072.70	2394.69	2394.69	---	---	---	---	2090.20	2090.20
5	---	---	1660.37	1660.37	2039.03	2039.04	---	---	---	---	1985.55	1985.55
6	---	---	1523.62	1523.62	1865.84	1865.84	---	---	2577.60	2577.60	2077.92	2077.92
7	2242.14	2242.14	1400.11	1400.11	1838.10	1838.10	---	---	2106.34	2106.34	2680.88	2680.88
8	1800.81	1800.81	1637.58	1637.58	2153.14	2153.14	2661.97	2661.97	1888.29	1888.29	---	---
9	1662.35	1662.35	---	---	---	---	2089.22	2089.22	2239.94	2239.94	---	---
10	1623.79	1623.79	---	---	---	---	1915.68	1915.68	2560.06	2560.06	---	---
11	2207.57	2207.57	---	---	2215.06	2215.06	1784.42	1784.42	---	---	---	---
12	---	---	---	---	1832.32	1832.32	2040.37	2040.37	---	---	---	---
13	---	---	---	---	1683.00	1683.00	---	---	2572.94	2572.94	3199.45	3199.45
14	2230.77	2230.77	---	---	2050.87	2050.87	---	---	2117.17	2117.17	3144.43	3144.43
15	1834.37	1834.37	---	---	2008.12	2008.12	2446.24	2446.24	1978.08	1978.08	---	---
16	1631.53	1631.53	---	---	---	---	1994.91	1994.91	2242.62	2242.62	---	---
17	1639.68	1639.68	---	---	---	---	1855.03	1855.03	2566.99	2566.99	2768.26	2768.26
18	2077.55	2077.55	2481.46	2481.46	2286.49	2286.49	1884.91	1884.91	---	---	2433.39	2433.39
19	---	---	1851.76	1851.76	1924.90	1924.90	2247.29	2247.29	---	---	2356.43	2356.43
20	---	---	1601.61	1601.61	1699.62	1699.62	---	---	2610.10	2610.10	2862.10	2862.10
21	2084.82	2084.82	1666.00	1666.00	1729.30	1729.30	---	---	2208.40	2208.40	3259.81	3281.76
22	1810.44	1810.44	2006.38	2006.38	2090.98	2090.98	2455.10	2455.10	2065.25	2065.25	---	---
23	1673.44	1673.44	---	---	---	---	2113.55	2113.55	2142.88	2142.88	---	---
24	1605.35	1605.35	---	---	---	---	1942.18	1942.18	2539.60	2539.60	3257.66	3257.66
25	1969.70	1969.70	2376.59	2376.59	2271.02	2271.02	1841.27	1841.27	---	---	2834.59	2835.15
26	---	---	2266.50	2266.50	1966.21	1966.21	2365.29	2365.29	---	---	2638.39	2638.41
27	---	---	2012.90	2012.90	1926.96	1926.96	---	---	2715.21	2715.21	2727.24	2727.24
28	2069.06	2069.06	1973.70	1973.70	1955.53	1955.53	---	---	2322.78	2322.78	3144.35	3144.35
29	1822.44	1822.44	---	---	2155.74	2155.74	---	---	2224.44	2224.44	---	---
30	1702.89	1702.89	---	---	---	---	---	---	2193.26	2193.26	---	---
31	1671.60	1671.60	---	---	---	---	---	---	2515.41	2515.41	---	---
最高 high	2521.78	2521.78	2481.46	2481.46	2394.69	2394.69	2661.97	2661.97	2837.55	2837.55	3259.81	3281.76
最低 low	1605.35	1605.35	L1400.11	L1400.11	1683.00	1683.00	1707.64	1707.64	1888.29	1888.29	1985.55	1985.55

债券回购每日成交(亿元/百万张)
Bond Repo Trading(100M Yuan/1M)

日期 Date	7月 Jul		8月 Aug		9月 Sep		10月 Oct		11月 Nov		12月 Dec	
	金额 Val	数量 Vol	金额 Val	数量 Vol	金额 Val	数量 Vol	金额 Val	数量 Vol	金额 Val	数量 Vol	金额 Val	数量 Vol
1	3113.81	3113.81	2543.09	2543.09	---	---	---	---	3317.31	3317.31	---	---
2	2599.93	2599.93	3221.88	3221.88	3151.80	3151.80	---	---	---	---	3554.76	3555.06
3	2320.05	2320.05	---	---	2706.89	2706.89	---	---	---	---	3075.21	3075.21
4	2442.05	2442.05	---	---	2561.79	2561.79	---	---	3275.51	3275.51	2860.37	2860.52
5	3062.17	3062.17	3313.39	3313.43	2490.34	2490.34	---	---	2860.48	2860.51	2686.06	2686.09
6	---	---	2827.37	2827.37	3029.96	3029.96	---	---	2576.94	2576.94	3352.61	3352.61
7	---	---	2593.54	2593.54	---	---	---	---	2451.08	2451.08	---	---
8	3210.67	3210.77	2464.79	2464.79	---	---	4349.92	4349.92	3224.67	3224.67	---	---
9	2708.51	2708.61	3128.57	3128.57	3054.86	3054.86	2870.96	2870.96	---	---	3476.87	3476.89
10	2552.04	2552.22	---	---	2504.51	2504.51	2372.13	2372.13	---	---	2996.46	2996.46
11	2433.50	2433.50	---	---	2391.60	2391.60	2840.90	2840.90	3290.91	3290.96	2851.15	2851.21
12	3054.94	3054.94	3236.06	3236.11	2347.53	2348.04	---	---	2852.72	2852.72	2754.93	2754.98
13	---	---	2729.50	2729.54	2893.45	2893.45	---	---	2704.81	2704.81	3296.59	3296.71
14	---	---	2520.03	2520.06	---	---	2986.88	2986.88	2708.36	2708.36	---	---
15	3115.70	3115.70	2498.04	2498.04	---	---	2893.02	2893.02	3367.20	3367.20	---	---
16	2630.71	2630.71	3181.59	3181.59	2880.58	2880.59	2537.45	2537.45	---	---	3661.23	3661.26
17	2460.33	2460.33	---	---	2223.07	2223.07	2343.32	2343.32	---	---	3153.66	3153.66
18	2516.16	2516.16	---	---	2544.99	2544.99	2920.84	2920.84	3439.82	3439.85	3006.29	3006.29
19	3071.68	3071.68	3203.79	3203.79	---	---	---	---	3102.41	3102.41	2999.91	2999.91
20	---	---	2748.72	2748.73	---	---	---	---	2885.23	2885.23	3643.66	3643.66
21	---	---	2527.83	2527.83	---	---	2926.70	2926.70	2726.62	2726.62	---	---
22	3174.62	3174.65	2521.29	2521.29	---	---	2765.06	2765.06	3384.50	3384.50	---	---
23	2760.89	2760.91	3285.92	3285.92	3709.62	3709.62	2492.27	2492.27	---	---	3785.79	3785.81
24	2608.64	2608.64	---	---	2893.88	2893.88	2538.69	2538.69	---	---	3439.10	3439.10
25	2751.83	2751.83	---	---	2541.47	2541.47	3043.99	3043.99	3509.32	3509.32	3305.26	3305.26
26	3425.00	3425.00	3347.28	3347.28	2280.66	2280.66	---	---	3210.47	3210.47	3161.02	3161.02
27	---	---	2756.15	2756.16	2333.77	2333.77	---	---	2991.55	2991.77	3720.74	3720.74
28	---	---	2519.52	2519.52	---	---	3209.96	3209.96	2802.90	2802.90	---	---
29	3531.55	3531.55	2362.21	2362.23	---	---	3051.93	3051.93	3370.54	3370.58	---	---
30	2927.91	2927.91	3056.96	3056.96	3149.94	3149.94	2884.14	2884.14	---	---	3580.34	3580.34
31	2705.42	2705.42	---	---	---	---	2638.81	2638.81	---	---	3096.72	3096.72
最高 high	3531.55	3531.55	3347.28	3347.28	3709.62	3709.62	H4349.92	H4349.92	3509.32	3509.32	3785.79	3785.81
最低 low	2320.05	2320.05	2362.21	2362.23	2223.07	2223.07	2343.32	2343.32	2451.08	2451.08	2686.06	2686.09

债券回购 Bond Repo

债券代码 Code	债券简称 Name	上年收盘 Last Year Close	本年开盘 Open	本年最高 High	本年最低 Low	本年收盘 Close	涨跌(%) Change(%)	成交数量(万张) Trading Vol (10000)	成交金额(百万) Trading Val(M)
201000	R003	2.00	0.00	0.00	0.00	2.00	0.00	0.00	0.00
201001	R007	2.48	0.00	0.00	0.00	2.48	0.00	0.00	0.00
201002	R014	3.00	0.00	0.00	0.00	3.00	0.00	0.00	0.00
201003	R028	2.30	0.00	0.00	0.00	2.30	0.00	0.00	0.00
201004	R091	4.45	0.00	0.00	0.00	4.45	0.00	0.00	0.00
201005	R182	3.80	0.00	0.00	0.00	3.80	0.00	0.00	0.00
201008	R001	1.26	0.00	0.00	0.00	1.26	0.00	0.00	0.00
201009	R002	1.68	0.00	0.00	0.00	1.68	0.00	0.00	0.00
201010	R004	4.18	0.00	0.00	0.00	4.18	0.00	0.00	0.00
202001	RC001	1.98	0.00	0.00	0.00	1.98	0.00	0.00	0.00
202003	RC003	1.80	0.00	0.00	0.00	1.80	0.00	0.00	0.00
202007	RC007	2.20	0.00	0.00	0.00	2.20	0.00	0.00	0.00
203007	0501R007	101.99	0.00	0.00	0.00	101.99	0.00	0.00	0.00
203008	0501R028	101.99	0.00	0.00	0.00	101.99	0.00	0.00	0.00
203009	0501R091	101.99	0.00	0.00	0.00	101.99	0.00	0.00	0.00
203016	0504R007	100.00	0.00	0.00	0.00	100.00	0.00	0.00	0.00
203017	0504R028	100.00	0.00	0.00	0.00	100.00	0.00	0.00	0.00
203018	0504R091	100.00	0.00	0.00	0.00	100.00	0.00	0.00	0.00
203040	0512R007	100.00	0.00	0.00	0.00	100.00	0.00	0.00	0.00
203041	0512R028	100.00	0.00	0.00	0.00	100.00	0.00	0.00	0.00
203042	0512R091	100.00	0.00	0.00	0.00	100.00	0.00	0.00	0.00
203052	0603R007	100.00	0.00	0.00	0.00	100.00	0.00	0.00	0.00
203053	0603R028	100.00	0.00	0.00	0.00	100.00	0.00	0.00	0.00
203054	0603R091	100.00	0.00	0.00	0.00	100.00	0.00	0.00	0.00
204001	GC001	3.01	5.20	57.00	0.10	1.38	-54.24	46577057.60	46577057.60
204002	GC002	0.10	3.98	27.11	0.02	0.44	357.90	1141135.80	1141135.80
204003	GC003	0.07	1.10	17.80	0.10	1.46	1985.71	1227721.10	1227721.10
204004	GC004	0.02	3.50	18.18	0.10	3.30	21900.00	1764357.50	1764357.50
204007	GC007	2.00	3.20	14.00	0.20	3.31	65.50	6202549.40	6202549.40
204014	GC014	3.11	3.10	9.35	0.36	4.55	46.14	885579.60	885579.60
204028	GC028	3.65	2.99	7.35	0.33	5.10	39.59	211079.80	211079.80
204091	GC091	3.80	3.87	6.50	2.01	5.31	39.74	9505.60	9505.60
204182	GC182	3.90	4.00	5.85	1.50	5.20	33.33	3490.80	3490.80
205001		0.00	0.00	8.00	0.50	0.00	0.00	2613051.51	2613051.51
205003		0.00	0.00	6.00	1.80	0.00	0.00	57598.70	57598.70
205007		0.00	0.00	7.50	1.50	0.00	0.00	236452.27	236452.27
205008		0.00	0.00	8.00	2.00	0.00	0.00	70319.49	70319.49
205010		0.00	0.00	6.00	1.00	0.00	0.00	34433.04	34433.04
205030		0.00	0.00	6.00	2.00	0.00	0.00	6135.67	6135.67
205042		0.00	0.00	6.00	2.65	0.00	0.00	5526.74	5526.74
205063		0.00	0.00	5.50	2.68	0.00	0.00	3773.00	3773.00
205119		0.00	0.00	5.45	3.05	0.00	0.00	311.21	311.21
205154		0.00	0.00	5.20	3.10	0.00	0.00	56.44	56.44
205182		0.00	0.00	6.00	3.20	0.00	0.00	1475.75	1475.75
205273		0.00	0.00	5.30	2.18	0.00	0.00	266.13	266.13

可转债基本信息 Convertible Bond

转债名称 Name	转股起始日 Start Date	转股终止日 End Date	转股价 Convert Price	累计转股数量(万股) Total Convert Vol (10000)	累计转股比例(%) Total Convert Ratio(%)
南化转债	2000.07.12	2003.08.02	4.56	3289.03	99.99
虹桥转债	2000.08.25	2005.02.24	7.69	14962.71	97.97
民生转债	2003.08.27	2008.02.27	2.39	54700.28	99.99
水运转债	2003.08.13	2007.08.12	5.41	5495.36	99.86
云化转债	2004.03.10	2006.09.09	5.80	5266.28	99.66
西钢转债	2004.02.11	2008.08.10	4.85	9397.37	97.81
雅戈转债	2003.10.08	2006.04.03	3.35	23589.21	98.34
复星转债	2004.04.28	2008.10.27	5.03	16019.90	99.13
阳光转债	2003.04.18	2005.04.18	3.80	12644.29	96.73
桂冠转债	2004.06.30	2008.06.29	5.77	12915.93	99.97
山鹰转债	2003.12.16	2008.06.15	2.46	7069.62	99.66
华电转债	2003.12.03	2008.06.02	3.10	24776.56	98.47
国电转债	2004.01.18	2008.07.17	6.59	30022.02	99.93
邯钢转债	2004.05.26	2008.11.25	3.36	58305.61	99.86
南山转债	2008.10.20	2013.04.17	8.42	33191.93	99.81
新钢转债	2009.02.23	2013.08.20	5.41	1.86	0.00
厦工转债	2010.03.01	2014.08.28	7.45	8043.61	99.88
西洋转债	2010.03.09	2014.09.03	14.55	1817.19	99.77
龙盛转债	2010.03.14	2014.09.14	8.90	14011.59	99.76
博汇转债	2010.03.23	2014.09.23	6.16	4.35	0.03
王府转债	2010.04.26	2015.10.19	33.26	2466.89	99.94
双良转债	2010.11.04	2015.05.04	13.23	2.07	0.05
钢联转债	2005.05.10	2009.11.09	1.69	71335.98	99.94
歌华转债	2011.05.26	2016.11.25	14.89	0.72	0.01
海运转债	2011.07.08	2016.01.07	4.54	2.88	0.02
国投转债	2011.07.26	2017.01.25	2.91	102027.09	99.66
石化转债	2011.08.24	2017.02.23	5.13	11787.32	3.73
川投转债	2011.09.22	2017.03.21	9.09	8721.60	37.75
中海转债	2012.02.02	2017.08.01	8.60	0.37	0.00
国电转债	2012.02.20	2017.08.19	2.40	48.36	0.02
恒丰转债	2012.09.24	2017.03.22	6.76	2072.82	31.14
南山转债	2013.04.17	2018.10.16	6.80	1.46	0.00
上电转债	2007.06.01	2011.12.01	4.43	21961.10	97.29
同仁转债	2013.06.05	2017.12.04	17.47	903.16	13.11
民生转债	2013.09.16	2019.03.15	9.92	60.75	0.03
隧道转债	2014.03.14	2019.09.13	9.71	0.00	0.00
中海转债	2008.01.02	2012.07.01	25.31	7855.23	99.41
招行转债	2004.05.10	2009.11.10	4.42	104378.62	99.98
歌华转债	2004.11.12	2009.05.11	7.47	10092.99	99.89
澄星转债	2007.11.10	2012.05.10	10.53	2274.89	54.57
南山转债	2005.04.19	2009.10.19	4.12	19609.06	99.77
赤化转债	2008.04.10	2012.10.10	6.84	6309.55	97.38
金鹰转债	2007.05.20	2010.11.20	3.57	7397.35	99.87
营港转债	2004.11.20	2009.05.19	6.99	9878.57	99.09
华发转债	2007.01.27	2011.07.27	7.68	5595.75	99.94
五洲转债	2008.09.01	2013.02.28	4.73	11386.77	99.74
凯诺转债	2007.02.15	2011.08.15	4.96	8663.53	99.93
江淮转债	2004.10.15	2009.04.14	3.32	15721.99	99.81
柳化转债	2007.01.28	2011.07.28	9.86	3103.79	99.69
天药转债	2007.04.25	2012.10.25	0.00	0.00	0.00

可转债基本信息 Convertible Bond

转债名称 Name	转股起始日 Start Date	转股终止日 End Date	转股价 Convert Price	累计转股数量(万股) Total Convert Vol (10000)	累计转股比例(%) Total Convert Ratio(%)
山鹰转债	2008.03.05	2012.09.05	4.24	10851.54	99.77
大荒转债	2008.06.19	2012.12.19	9.81	14338.79	99.77
创业转债	2005.07.01	2009.06.30	3.82	9721.39	99.90
恒源转债	2008.03.24	2012.09.24	12.88	3052.21	99.84
中行转债	2010.12.02	2016.06.02	2.82	21738.97	1.53
工行转债	2011.03.01	2016.08.31	3.53	237012.71	34.31
重工转债	2012.12.05	2018.06.04	4.87	79686.11	48.21
平安转债	2014.05.23	2019.11.22	0.00	0.00	0.00
深燃转债	2014.06.14	2019.12.13	0.00	0.00	0.00

大宗交易平台 Bulk Trading

大宗交易平台 Bulk Trading	2013 年	2012 年	增减(%) Change (%)
交易天数 Trading Days	238	242	-1.65
交易证券数 No. of Securities	1026	720	42.50
股票 Shares	346	306	13.07
债券 Bonds	672	407	65.11
基金 Funds	8	7	14.29
总成交金额 (亿) Total Trading Val(100M)	2071.60	1583.25	30.84
股票 Shares	910.65	565.50	61.03
债券 Bonds	1118.45	1011.12	10.62
基金 Funds	42.50	6.64	540.06
日均成交金额(百万)Average Turnover In Val(M)	870.42	654.24	33.04
股票 Shares	382.62	233.67	63.64
债券 Bonds	469.94	417.82	12.47
基金 Funds	17.86	2.74	551.82
总成交量(亿) Total Vol In Val(100M)			
股票 Shares	104.40	72.51	43.98
债券 Bonds	11.12	10.19	9.13
基金 Funds	19.56	3.62	440.33
日均成交量(百万) Average Vol In Val(M)			
股票 Shares	43.86	29.96	46.40
债券 Bonds	4.67	4.21	10.93
基金 Funds	8.22	1.49	451.68
总成笔数 Total Transactions	6642.00	4967.00	33.72
股票 Shares	2348.00	1842.00	27.47
债券 Bonds	4207.00	3101.00	35.67
基金 Funds	87.00	24.00	262.50
日均成交笔数 Average Transactions	27.89	20.52	35.92
股票 Shares	9.87	7.61	29.70
债券 Bonds	17.66	12.81	37.86
基金 Funds	0.37	0.10	270.00

注：债券成交量均以张为单位。

固定收益平台
Fixed-Incoming Trading System

固定收益平台交易 Trading of Fixed-Incoming Trading System	2013 年	2012 年	增减(%) Change (%)
交易天数 Trading Days	238	243	-2.06
上市债券数 No. of Bonds	1600	1056	51.52
政府债 G-Bonds	57	47	21.28
公司债 C-Bonds	248	260	-4.62
新上市债券数 No. of New Bonds	1352	796	69.85
总成交金额 (百万) Total Trading Val(M)	516.36	241.17	114.11
政府债 G-Bonds	17.61	17.57	0.23
公司债 C-Bonds	498.75	223.60	123.05
日均成交金额(万)Average Turnover In Val(10 Thousand)	216.96	99.25	118.60
政府债 G-Bonds	7.40	7.23	2.35
公司债 C-Bonds	209.56	92.02	127.73
总成交量(万) Total Vol In Val(10 Thousand)	51.01	23.96	112.90
政府债 G-Bonds	1.78	1.75	1.71
公司债 C-Bonds	49.23	22.21	121.66
日均成交量(百) Average Vol In Val(Hundred)	21.43	9.86	117.34
政府债 G-Bonds	0.75	0.72	4.17
公司债 C-Bonds	20.68	9.14	126.26
总成笔数 Total Transactions	22988.00	8654.00	165.63
政府债 G-Bonds	834.00	2348.00	-64.48
公司债 C-Bonds	22154.00	6306.00	251.32
日均成交笔数(笔)Average Transactions	97.00	36.00	169.44
政府债 G-Bonds	4.00	10.00	-60.00
公司债 C-Bonds	93.00	26.00	257.69
交易商年末持有量(亿)	23.75	16.84	41.03
政府债 G-Bonds	3.86	2.77	39.35
公司债 C-Bonds	19.89	14.07	41.36

固定收益平台券商持有
Hold of Brokers

固定收益平台
Fixed-Incoming Trading System

交易商名称 Investor Name	交易证券数 Number	交易量(万) Trading Vol(10000)	年末持有量(万) Hold Vol(10000)
长江证券	64	2284.00	3276.00
光大证券	262	9177.00	3963.00
广发证券	711	57004.00	13955.00
国寿资产	145	618.00	90080.00
国泰君安	547	24685.00	30082.00
国信证券	397	37151.00	7893.00
华泰证券	468	8768.00	11017.00
南京证券	272	26307.00	616.00
平安证券	104	8711.00	10423.00
人保财险	174	10.00	33765.00
申银万国	43	986.00	726.00
兴业证券	242	4734.00	7513.00
银河证券	79	3835.00	2283.00
招商证券	231	25669.00	4141.00
中金公司	188	8893.00	3946.00
中信建投	549	49268.00	11576.00
中信证券	647	79105.00	11697.00
中银证券	19	66.00	332.00
中原证券	30	374.00	1439.00

基金通申赎
Fund Expert Trading

证券简称 code	证券代码 Name	申购总量(万) Buy Vol(10000)	赎回总量(万) Sell Vol(10000)
519001	银华优选	197.72	490.46
519002	安信消费	723.53	49000.08
519003	海富收益	384.00	472.16
519005	海富股票	67.53	219.17
519007	海富回报	42.93	219.76
519008	添富优势	42.62	80.28
519011	海富精选	137.45	149.86
519013	海富优势	12.17	189.03
519015	海富贰号	0.26	4.97
519017	大成成长	16.43	4458.59
519018	添富均衡	85.94	846.75
519019	大成景阳	22.58	2282.02
519020	国泰金泰	87.46	28318.59
519021	金鼎价值	17.91	2214.33
519023	海富债券	10.93	10.93
519025	海富领先	7.50	39.45
519026	海富小盘	9.66	86.69
519027	海富周期	6.37	56.35
519028	华夏稳增	0.00	305.94
519029	华夏稳增	25.26	280.30
519030	海富稳固	269.67	180.75
519032	海富非周	0.00	34.54
519033	海富国策	360.29	319.83
519034	海富低碳	20.73	80.75
519035	富国天博	282.93	598.82
519039	长盛同德	43.83	8844.43
519050	海富养老	6.06	262.08
519066	添富蓝筹	2.77	2.82
519068	添富焦点	38.88	115.98
519069	添富价值	442.97	391.03
519078	添富增收	4.58	11.60
519087	新华分红	26.59	71.33
519089	新华成长	5899.47	5611.23
519093	新华钻石	107.00	142.83
519095	新华行业	24.68	51.36
519097	新华市值	2.64	81.42
519099	新华主题	0.00	8.01
519100	长盛 100	1365.94	45.73
519110	浦银价值	12.14	5.26
519111	浦银收益	198.16	157.94
519113	浦银生活	0.55	8.98
519115	浦银红利	9.13	6.75
519116	浦银 300	0.99	3.84
519117	浦银 400	4.90	124.01
519118	幸福债 A	32.34	32.34
519120	新兴产业	42.85	14.39
519121	6 月债 A	0.00	112.96
519123	浦银添 A	9.85	0.00
519150	新华消费	47.20	2.24

基金通申赎
Fund Expert Trading

证券简称 code	证券代码 Name	申购总量(万) Buy Vol(10000)	赎回总量(万) Sell Vol(10000)
519152	新华纯 A	0.00	267.41
519153	新华纯 C	4719.06	12610.42
519156	新华配置	1.11	544.92
519158	新华趋势	9.42	2613.56
519180	万家 180	22.79	85.64
519181	万家和谐	85.77	191.10
519183	万家引擎	0.00	26.05
519185	万家精选	10.71	10.66
519186	万家稳增	12.85	35.38
519188	万家恒 A	55.36	95.00
519189	万家恒 C	0.01	0.01
519300	大成 300A	400.37	532.61
519505	海富货 A	4690.81	8127.77
519506	海富货 B	1122.75	1330.00
519507	万家货 B	12626.89	38002.86
519508	万家货 A	143326.05	155254.30
519509	浦银货 A	5835.34	4296.37
519510	浦银货 B	0.00	0.00
519511	万家单一	696.57	747.61
519512	万家单二	82.45	82.86
519513	万家单三	462.71	459.18
519518	添富货币	27045.94	32435.93
519519	友邦增利	0.09	27.55
519521	万家双一	31.16	31.02
519522	万家双二	160.89	159.48
519523	万家双三	375.16	167.86
519528	海富金 A	80.01	96.91
519529	海富金 B	20.95	0.00
519598	利息 B	1415.38	1058.20
519599	利息 A	2325.48	4306.81
519660	银河增 A	0.00	1039.61
519661	银河增 C	0.00	1148.04
519662	银河回 A	0.00	0.00
519663	银河回 C	0.00	50.01
519666	银河银信	191.42	481.98
519668	银河成长	2594.44	2644.24
519669	银河领先	0.00	0.00
519670	银河行业	182.54	420.63
519671	300 价值	87.21	1174.29
519672	银河蓝筹	65.28	552.73
519674	银河创新	20.76	423.40
519676	银河保本	43.10	1613.79
519678	银河消费	48.80	774.41
519679	银河主题	513.21	411.99
519680	交银增利	41.81	55.96
519683	交银双利	9.58	6.73
519688	交银精选	25.19	331.47
519690	交银稳健	84.50	97.22
519692	交银成长	68.10	171.64

基金通申赎
Fund Expert Trading

证券简称 code	证券代码 Name	申购总量(万) Buy Vol(10000)	赎回总量(万) Sell Vol(10000)
519698	交银先锋	3.87	7.98
519700	交银主题	1.35	10.79
519702	交银趋势	0.00	4.43
519704	交银制造	2.77	3.18
519706	交银价值	20.45	20.92
519714	交银等权	2.83	2.83
519718	交银纯债	1.57	0.99
519727	交银 30	7.58	6.92
519908	兴华基金	1024.55	34171.56
519976	CX 转债 C	15.63	499.91
519977	CX 转债 A	28.38	15.85
519979	长信内需	8.01	6.34
519983	长信量化	0.13	0.13
519985	CX 中短债	435.45	470.47
519987	长信恒利	0.25	16.17
519989	长信利丰	263.93	169.26
519991	长信双利	25.65	39.43
519993	长信增利	6.67	119.77
519995	长信金利	0.35	85.78
519997	长信银利	3.08	22.34

历年上海市场股票市值占 GDP 比
Stock Market Capital and GDP

年份 Year	国内生产总值(亿) GDP (100M)	总市值(亿) Market Capital (100M)	占比(%) Rate(%)	流通市值(亿) Negotiable Capital (100M)	占比(%) Rate(%)
1990	18668	12.34	0.07	- -	- -
1991	21782	29.43	0.14	- -	- -
1992	26924	558.40	2.07	- -	- -
1993	35334	2206.20	6.24	423.94	1.20
1994	48198	2600.13	5.39	586.96	1.22
1995	60794	2525.66	4.15	587.00	0.97
1996	71176	5477.81	7.50	1408.75	1.78
1997	78973	9218.06	11.67	2513.47	3.18
1998	84402	10625.91	12.59	2947.44	3.49
1999	89677	14580.47	16.26	4249.69	4.74
2000	99214	26930.86	27.14	8481.33	8.55
2001	109655	27590.56	25.16	8382.11	7.64
2002	120332	25363.72	21.08	7467.30	6.21
2003	135822	29804.92	21.94	8201.14	6.04
2004	159878	26014.34	16.27	7350.88	4.60
2005	183084	23096.13	12.62	6754.61	3.69
2006	210871	71612.38	33.96	16428.33	7.79
2007	246619	269838.87	109.42	64532.17	26.17
2008	300670	97251.91	32.35	32305.91	10.74
2009	340506	184655.23	54.23	114805.00	33.72
2010	401512	179007.24	44.98	142337.45	35.76
2011	473104	148376.22	36.05	122851.36	29.85
2012	519322	158698.44	30.56	134294.45	25.86
2013	568845	151165.27	26.57	136526.38	24.00

注：GDP 数据来源于国家统计局。

历年股票印花税占财政收入比
Stamp-duty and State Revenue

年份 Year	股票印花税(亿) Stamp duty(100M)	财政收入(亿) State Revenue(100M)	占比(%) Rate(%)
1998	111.48	9853	1.13
1999	135.51	11377	1.19
2000	250.30	13380	1.87
2001	167.55	16386	1.02
2002	67.59	18914	0.36
2003	82.85	21715	0.38
2004	105.69	26397	0.40
2005	39.90	31649	0.13
2006	115.63	35423	0.33
2007	1347.72	49449	2.73
2008	524.24	61317	0.85
2009	346.51	68477	0.51
2010	304.32	83080	0.37
2011	237.56	103740	0.23
2012	164.05	117210	0.10
2013	229.61	129142	0.18

注：财政收入数据来源于国家统计局。

Listed Companies

上市公司

上市公司地区、行业分布
Area and Industrys Distributions

地区 Area	仅发 A 股 A Share	A&H、B&H A&H、B&H	A&B 股 A&B Share	仅发 B 股 B Share	合计 Total	工业类 Industrial	商业类 Commercial	地产类 Real Estate	公用事业类 Utilities	综合 Conglomerates	合计 Total
上海	98	10	35	5	148	72	15	11	14	36	148
北京	72	25			97	46	9	4	9	29	97
江苏	75	3		1	79	56	7	2	4	10	79
浙江	77		1		78	53	7	1	6	11	78
山东	45	3	1		49	32	3		4	10	49
广东	34	9			43	22		6	7	8	43
湖北	35		1	1	37	27	1		3	6	37
四川	34	2			36	26	2		5	3	36
福建	29	1			30	20	1		2	7	30
安徽	25	3	1		29	23			2	4	29
辽宁	25	1	1	1	28	13	2		8	5	28
河南	21	4			25	22			1	2	25
黑龙江	22		1		23	13	1		3	6	23
新疆	21				21	14	1		1	5	21
湖南	20				20	13			2	5	20
天津	14	4	1		19	9	2	1	2	5	19
陕西	18				18	13				5	18
吉林	18				18	10	3		2	3	18
河北	17	1			18	15				3	18
重庆	17	1			18	10	1		7		18
山西	17				17	15			1	1	17
江西	15	1			16	13			3		16
内蒙	14	1	1		16	14			2		16
广西	12				12	8	1		3		12
云南	11	1			12	9			1	2	12
甘肃	11				11	9	1			1	11
贵州	10				10	10					10
海南	7		1		8	3	1		2	2	8
青海	7				7	7					7
西藏	6				6	2	1		1	2	6
宁夏	4				4	3	1				4
合计	831	69	45	8	953	602	60	25	95	171	953

2013 年市场筹融资 Capital Raised in 2013

证券类型 Type of Securities	筹资方式 Way of Capital Raising	筹资额 Capital Raised Val	
		2013 年	2012 年
A 股	首次发行	0.00	333.57
	再次发行	2515.72	2556.74
	A 股其他	0.00	0.00
	A 股筹资合计	2515.72	2890.31
B 股	首次发行	0.00	0.00
	再次发行	0.00	0.00
	B 股其他	0.00	0.00
	B 股筹资小计	0.00	0.00
股票筹资合计		2515.72	2890.31
债券	公司债	3130.42	1974.20

注：A 股再次发行包括：增发（向公众增发、定向增发）、配股、权证行权、可转债转股。公司债包括：可转债、可分离债、证监会审批发行的公司纯债、私募债。

股票历年筹资
Capital Raised 1990-2013

年份 Year	A股(亿) A-Shares(100M)		B股(亿美元) B-Shares(100M)		总计 Total
	首发(IPO)	再发(SPO)	首发(IPO)	再发(SPO)	
1990	10.11	0.00	0.00	0.00	10.11
1991	0.00	0.24	0.00	0.00	0.24
1992	10.85	2.53	37.66	0.00	51.05
1993	57.52	27.40	22.83	0.50	107.06
1994	98.98	31.29	34.43	2.26	166.95
1995	24.29	27.76	6.13	0.00	58.16
1996	130.46	44.95	15.85	9.64	205.14
1997	278.57	131.00	47.02	18.28	474.87
1998	230.69	139.24	9.84	0.19	379.91
1999	291.96	190.86	1.89	0.33	486.37
2000	591.18	325.13	0.44	0.00	919.95
2001	534.29	423.20	0.00	0.00	957.49
2002	516.96	97.55	0.00	0.00	614.51
2003	453.51	103.90	0.00	0.43	560.96
2004	237.24	219.66	0.00	0.00	456.90
2005	28.55	271.22	0.00	0.00	299.77
2006	1180.23	534.18	0.00	0.00	1714.41
2007	4379.92	2425.89	0.00	0.00	6805.81
2008	733.54	1504.62	0.00	0.00	2238.16
2009	1251.25	2091.91	0.00	0.00	3343.15
2010	1891.51	3640.62	0.00	0.00	5532.14
2011	1014.01	2185.68	0.00	0.00	3199.69
2012	333.57	2556.74	0.00	0.00	2890.31
2013	0.00	2515.72	0.00	0.00	2515.72

股票年度首次发行
IPO in 2013

证券代码 Code	证券简称 Name	招股说明书刊登日 Prospectus Announced Date	所属行业 Industry	注册地 Area	发行数量(百万股) Issue Vol(M)	发行方式 Issue Method

注:发行数量指同一股票不同发行方式的发行总量。

股票年度首次发行
IPO in 2013

发行价 Issue Price	发行日期 Issue Date	中签率 Lot Rate%	筹资金额(百万) Capital Raised(M)	发行市盈率 Issue P/E	主承销商 Lead Underwriter

股票年度再次发行　　证券发行
Reissuance of Share in 2013　　Security Issue

证券代码 Code	证券简称 Name	所属行业 Industry	注册地 Area	发行数量(百万) Issue Vol (M)	发行方式 Issue Method	发行价 Issue Price	发行日期 Issue Date	筹资金额(百万) Capital Raised (M)
600010	包钢股份	制造业	内蒙	1578.947	定向募集	3.800	2013.01.30	6000.000
600023	浙能电力	电力、热力、燃气及水	浙江	1072.093	换股吸收合并东电B,无筹资	0.000	2013.11.07	0.000
600031	三一重工	制造业	湖南	22.798	定向募集	4.690	2013.01.31	106.922
600036	招商银行	综合	广东	2962.814	配股	9.290	2013.09.11	27524.538
600038	哈飞股份	制造业	黑龙江	196.827	定向募集	16.870	2013.11.04	3320.467
600038	哈飞股份	制造业	黑龙江	55.300	定向募集	20.000	2013.11.12	1106.000
600039	四川路桥	建筑业	四川	463.366	定向募集	5.050	2013.12.17	2340.000
600056	中国医药	制造业	北京	14.966	定向募集	20.290	2013.07.19	303.667
600056	中国医药	制造业	北京	131.460	定向募集	0.000	2013.07.26	0.000
600060	海信电器	制造业	山东	1.836	定向募集	1.910	2013.11.10	3.507
600066	宇通客车	制造业	河南	6.012	定向募集	9.030	2013.06.26	54.288
600067	冠城大通	房地产业	福建	11.829	定向募集	6.200	2013.06.26	73.340
600067	冠城大通	房地产业	福建	1.925	定向募集	6.200	2013.12.13	11.935
600077	宋都股份	房地产业	辽宁	7.469	定向募集	4.560	2013.03.26	34.058
600077	宋都股份	房地产业	辽宁	9.840	定向募集	4.520	2013.11.13	44.477
600079	人福医药	制造业	湖北	35.334	定向募集	29.000	2013.09.03	1024.674
600096	云天化	制造业	云南	975.034	定向募集	14.100	2013.05.17	13747.980
600100	同方股份	制造业	北京	157.724	定向募集	6.920	2013.08.14	1091.453
600100	同方股份	制造业	北京	52.457	定向募集	6.920	2013.09.04	363.000
600114	东睦股份	制造业	浙江	10.000	定向募集	4.120	2013.05.08	41.200
600115	东方航空	交通运输、仓储和邮政	上海	698.865	定向募集	3.280	2013.04.16	2292.277
600118	中国卫星	综合	北京	265.890	配股	5.450	2013.08.21	1449.102
600121	郑州煤电	采矿业	河南	69.204	定向募集	8.670	2013.11.29	600.000
600122	宏图高科	批发和零售业	江苏	8.800	定向募集	2.080	2013.11.25	18.304
600127	金健米业	制造业	湖南	97.324	定向募集	4.110	2013.11.27	400.000
600133	东湖高新	建筑业	湖北	41.883	定向募集	7.320	2013.05.16	306.583
600141	兴发集团	制造业	湖北	69.910	定向募集	19.110	2012.12.31	1335.980
600160	巨化股份	工业	浙江	389.510	配股	4.230	2013.12.30	1666.610
600168	武汉控股	电力、热力、燃气及水	湖北	140.689	定向募集	6.620	2013.08.13	931.359
600168	武汉控股	电力、热力、燃气及水	湖北	127.731	定向募集	5.950	2013.10.30	760.000
600180	瑞茂通	批发和零售业	山东	3.100	定向募集	3.880	2013.01.31	12.028
600187	国中水务	电力、热力、燃气及水	黑龙江	155.025	定向募集	8.100	2013.06.21	1255.700
600190	锦州港	交通运输、仓储和邮政	辽宁	440.504	定向募集	3.300	2013.12.19	1453.664
600192	长城电工	制造业	甘肃	100.000	定向募集	5.490	2013.07.24	549.000
600195	中牧股份	制造业	北京	39.800	定向募集	12.220	2013.10.16	486.356
600206	有研硅股	制造业	北京	60.349	定向募集	9.730	2013.04.18	587.200
600207	安彩高科	电力、热力、燃气及水	河南	250.000	定向募集	4.030	2013.05.13	1007.500
600222	太龙药业	批发和零售业	河南	84.211	定向募集	4.750	2013.07.22	400.000
600235	民丰特纸	制造业	浙江	87.900	定向募集	5.120	2013.04.03	450.048
600237	铜峰电子	制造业	安徽	164.370	定向募集	4.600	2013.01.31	756.100
600240	华业地产	房地产业	北京	5.254	定向募集	3.700	2013.05.21	19.438
600255	鑫科材料	制造业	安徽	176.000	定向募集	5.160	2013.09.23	908.160
600277	亿利能源	制造业	内蒙	556.300	定向募集	5.350	2013.08.22	2976.205
600284	浦东建设	建筑业	上海	194.800	定向募集	7.110	2013.02.06	1385.028
600285	羚锐制药	制造业	河南	28.338	定向募集	7.670	2013.01.21	217.352
600285	羚锐制药	制造业	河南	13.680	定向募集	3.970	2013.07.30	54.310
600307	酒钢宏兴	制造业	甘肃	2172.000	定向募集	3.710	2013.01.28	8058.120
600332	广州药业	制造业	广东	445.601	换股吸收合并白云山,无筹资	0.000	2013.05.16	0.000
600332	广州药业	制造业	广东	34.840	定向募集	12.100	2013.07.05	421.560

股票年度再次发行 Reissuance of Share in 2013

证券发行 Security Issue

证券代码 Code	证券简称 Name	所属行业 Industry	注册地 Area	发行数量(百万) Issue Vol (M)	发行方式 Issue Method	发行价 Issue Price	发行日期 Issue Date	筹资金额(百万) Capital Raised (M)
600333	长春燃气	制造业	吉林	68.100	定向募集	7.150	2013.03.18	486.915
600337	美克股份	制造业	新疆	14.600	定向募集	2.910	2013.05.31	42.486
600343	航天动力	制造业	陕西	79.420	定向募集	12.590	2013.03.26	999.898
600352	浙江龙盛	制造业	浙江	21.350	定向募集	7.870	2013.06.03	168.025
600352	浙江龙盛	制造业	浙江	26.100	定向募集	7.870	2013.11.04	205.407
600360	华微电子	制造业	吉林	60.000	定向募集	4.390	2013.04.08	263.400
600365	通葡股份	制造业	吉林	60.000	定向募集	8.980	2013.05.31	538.800
600373	中文传媒	文化、体育和娱乐业	江西	91.467	定向募集	14.190	2013.03.18	1297.916
600375	华菱星马	制造业	安徽	150.000	定向募集	8.080	2013.07.05	1212.000
600390	金瑞科技	制造业	湖南	35.279	定向募集	11.480	2013.04.01	405.000
600392	*ST 天成	制造业	山西	219.816	定向募集	10.010	2013.01.08	2200.356
600405	动力源	制造业	北京	28.383	定向募集	7.660	2013.10.11	217.417
600419	新疆天宏	制造业	新疆	6.229	定向募集	11.060	2013.11.25	68.897
600422	昆明制药	制造业	云南	26.954	网上、网下定价发行	25.970	2013.07.05	700.000
600436	片仔癀	工业	福建	20.885	配股	37.140	2013.07.11	775.654
600438	通威股份	制造业	四川	129.590	定向募集	4.530	2013.07.10	587.041
600446	金证股份	信息传输、软件和信息	广东	1.264	定向募集	7.430	2013.04.16	9.392
600446	金证股份	信息传输、软件和信息	广东	0.205	定向募集	7.430	2013.09.08	1.523
600458	时代新材	工业	湖南	144.081	配股	8.800	2013.06.25	1267.910
600459	贵研铂业	工业	云南	42.690	配股	16.800	2013.03.27	717.185
600460	士兰微	制造业	浙江	91.200	定向募集	4.800	2013.09.03	437.760
600482	风帆股份	制造业	河北	70.380	定向募集	8.700	2013.10.15	612.306
600488	天药股份	制造业	天津	146.520	定向募集	3.750	2013.04.17	549.450
600495	晋西车轴	制造业	山西	117.273	定向募集	11.000	2013.08.13	1290.000
600497	驰宏锌锗	工业	云南	357.465	配股	9.980	2013.04.19	3567.502
600498	烽火通信	制造业	湖北	0.997	定向募集	8.360	2013.06.14	8.335
600499	科达机电	制造业	广东	8.925	定向募集	9.800	2013.04.24	87.465
600499	科达机电	制造业	广东	5.657	定向募集	12.020	2013.05.23	67.999
600500	中化国际	制造业	上海	645.423	定向募集	5.790	2013.11.29	3737.000
600507	方大特钢	制造业	江西	10.191	定向募集	3.210	2013.07.12	32.712
600509	天富热电	电力、热力、燃气及水	新疆	250.000	定向募集	7.550	2013.03.19	1887.500
600513	联环药业	制造业	江苏	4.600	定向募集	10.580	2013.06.20	48.670
600516	方大炭素	制造业	甘肃	184.267	定向募集	9.890	2013.06.24	1822.400
600517	置信电气	制造业	上海	72.696	定向募集	11.000	2013.01.16	799.659
600521	华海药业	制造业	浙江	0.378	定向募集	7.550	2013.03.06	2.854
600521	华海药业	制造业	浙江	0.126	定向募集	7.550	2013.03.28	0.951
600521	华海药业	制造业	浙江	63.300	网上、网下定价发行	12.250	2013.05.06	775.425
600521	华海药业	制造业	浙江	9.817	定向募集	5.920	2013.06.28	58.114
600526	菲达环保	制造业	浙江	63.445	定向募集	11.850	2013.03.22	751.820
600536	中国软件	信息传输、软件和信息	北京	21.588	定向募集	30.110	2013.12.19	650.000
600552	方兴科技	制造业	安徽	42.553	定向募集	23.500	2013.04.02	1000.000
600561	江西长运	交通运输、仓储和邮政	江西	51.340	定向募集	9.080	2013.04.16	466.167
600562	高淳陶瓷	制造业	江苏	44.441	定向募集	6.960	2013.06.26	309.313
600567	山鹰纸业	制造业	安徽	1590.716	定向募集	1.870	2013.08.07	2974.640
600567	山鹰纸业	制造业	安徽	590.206	定向募集	1.680	2013.11.27	991.546
600578	京能热电	电力、热力、燃气及水	北京	361.272	定向募集	6.920	2013.03.29	2500.000
600579	*ST 黄海	制造业	山东	140.644	定向募集	4.280	2013.12.25	601.956
600580	卧龙电气	制造业	浙江	422.798	定向募集	4.200	2013.08.22	1775.754
600583	海油工程	采矿业	天津	531.915	定向募集	6.580	2013.10.09	3499.999

股票年度再次发行
Reissuance of Share in 2013

证券代码 Code	证券简称 Name	所属行业 Industry	注册地 Area	发行数量(百万) Issue Vol (M)	发行方式 Issue Method	发行价 Issue Price	发行日期 Issue Date	筹资金额(百万) Capital Raised (M)
600587	新华医疗	制造业	山东	14.525	定向募集	22.410	2013.07.16	325.500
600587	新华医疗	制造业	山东	7.996	定向募集	39.220	2013.12.10	313.600
600587	新华医疗	制造业	山东	2.200	定向募集	47.500	2013.12.25	104.500
600592	龙溪股份	制造业	福建	99.554	定向募集	6.720	2013.04.19	669.000
600595	中孚实业	制造业	河南	226.667	定向募集	4.440	2013.11.13	1006.400
600599	熊猫烟花	制造业	湖南	40.000	定向募集	9.890	2013.10.08	395.600
600613	永生投资	制造业	上海	251.741	定向募集	7.950	2013.06.27	2001.345
600613	永生投资	制造业	上海	45.413	定向募集	11.010	2013.07.08	499.999
600617	*ST 联华	综合	上海	395.843	定向募集	8.890	2013.12.23	3519.041
600633	浙报传媒	文化、体育和娱乐业	浙江	164.410	定向募集	13.900	2013.04.22	2285.300
600634	ST 澄海	批发和零售业	上海	217.271	定向募集	8.120	2013.12.23	1764.238
600645	中源协和	科学研究和技术服务业	天津	24.250	定向募集	15.050	2013.12.05	364.963
600677	航天通信	批发和零售业	浙江	90.256	定向募集	8.550	2013.12.03	771.686
600687	刚泰控股	批发和零售业	浙江	187.687	定向募集	13.720	2013.02.05	2575.061
600687	刚泰控股	批发和零售业	浙江	62.536	定向募集	13.720	2013.11.06	858.000
600690	青岛海尔	制造业	山东	7.184	定向募集	5.070	2013.01.10	36.425
600690	青岛海尔	制造业	山东	3.598	定向募集	10.940	2013.01.11	39.358
600690	青岛海尔	制造业	山东	9.710	定向募集	4.700	2013.11.19	45.639
600690	青岛海尔	制造业	山东	3.618	定向募集	10.570	2013.11.20	38.242
600690	青岛海尔	制造业	山东	11.598	定向募集	10.820	2013.11.21	125.490
600699	均胜电子	制造业	吉林	57.096	定向募集	8.530	2013.04.12	487.032
600711	盛屯矿业	采矿业	福建	159.708	定向募集	9.160	2013.01.10	1462.923
600728	佳都新太	信息传输、软件和信息	广东	102.850	定向募集	8.890	2013.11.26	914.337
600728	佳都新太	信息传输、软件和信息	广东	34.116	定向募集	10.510	2013.12.24	358.564
600729	重庆百货	批发和零售业	重庆	33.435	定向募集	18.436	2013.12.11	616.415
600731	湖南海利	制造业	湖南	71.000	定向募集	6.030	2013.12.25	428.130
600737	中粮屯河	制造业	新疆	1046.272	定向募集	4.560	2013.05.09	4771.000
600738	兰州民百	批发和零售业	甘肃	106.091	定向募集	5.910	2013.03.20	627.000
600740	山西焦化	制造业	山西	200.000	定向募集	7.800	2013.02.20	1560.000
600757	长江传媒	文化、体育和娱乐业	湖北	173.966	定向募集	6.730	2013.09.10	1170.790
600775	南京熊猫	制造业	江苏	258.824	定向募集	5.100	2013.06.28	1320.000
600787	中储股份	交通运输、仓储和邮政	天津	89.811	定向募集	10.000	2013.01.08	898.114
600792	云煤能源	制造业	云南	94.737	定向募集	9.500	2013.11.15	900.000
600794	保税科技	交通运输、仓储和邮政	江苏	23.260	定向募集	9.850	2013.01.10	229.111
600795	国电电力	电力、热力、燃气及水	辽宁	1834.862	定向募集	2.180	2013.01.08	4000.000
600803	威远生化	制造业	河北	610.200	定向募集	10.980	2013.07.05	6700.000
600804	鹏博士	信息传输、软件和信息	四川	43.617	定向募集	3.220	2013.07.24	140.446
600815	厦工股份	制造业	福建	160.000	网下询价、网上定价	6.420	2012.12.21	1027.200
600847	万里股份	制造业	重庆	63.578	定向募集	11.010	2013.10.10	699.998
600873	梅花集团	制造业	西藏	399.990	定向募集	6.270	2013.03.29	2507.937
600879	航天电子	工业	湖北	228.496	配股	6.010	2013.06.14	1373.262
600880	博瑞传播	文化、体育和娱乐业	四川	55.352	定向募集	19.150	2013.10.29	1060.000
600887	伊利股份	制造业	内蒙	272.213	定向募集	18.510	2013.01.10	5038.653
600887	伊利股份	制造业	内蒙	153.964	定向募集	6.490	2013.06.14	999.226
600887	伊利股份	制造业	内蒙	18.092	定向募集	6.490	2013.07.01	117.418
600965	福成五丰	农、林、牧、渔业	河北	126.753	定向募集	5.960	2013.12.11	755.449
600979	广安爱众	电力、热力、燃气及水	四川	125.000	定向募集	4.320	2013.01.25	540.000
600984	建设机械	制造业	陕西	100.000	定向募集	5.230	2013.06.20	523.000
600990	四创电子	制造业	安徽	19.102	定向募集	17.640	2013.05.17	336.960

股票年度再次发行 Reissuance of Share in 2013

证券代码 Code	证券简称 Name	所属行业 Industry	注册地 Area	发行数量(百万) Issue Vol (M)	发行方式 Issue Method	发行价 Issue Price	发行日期 Issue Date	筹资金额(百万) Capital Raised (M)
600992	贵绳股份	制造业	贵州	80.720	定向募集	5.700	2013.12.16	460.104
601002	晋亿实业	制造业	浙江	54.220	定向募集	9.220	2013.07.30	499.908
601005	重庆钢铁	制造业	重庆	1996.182	定向募集	3.140	2013.11.25	6268.010
601005	重庆钢铁	制造业	重庆	706.714	定向募集	2.830	2013.12.20	2000.000
601028	玉龙股份	制造业	江苏	2.620	定向募集	4.180	2013.10.08	10.952
601111	中国国航	交通运输、仓储和邮政	北京	192.796	定向募集	5.450	2013.01.30	1050.740
601166	兴业银行	金融业	福建	1915.147	定向募集	12.360	2013.01.07	23671.213
601179	中国西电	制造业	陕西	768.882	定向募集	4.400	2013.08.26	3383.082
601188	龙江交通	交通运输、仓储和邮政	黑龙江	102.679	定向募集	2.240	2013.11.13	230.000
601313	江南嘉捷	制造业	江苏	7.300	定向募集	4.590	2013.03.06	33.507
601377	兴业证券	金融业	福建	400.000	定向募集	9.880	2013.05.08	3952.000
601566	九牧王	制造业	福建	0.600	定向募集	7.450	2012.12.12	4.470
601636	旗滨集团	制造业	湖南	3.070	定向募集	3.820	2013.07.17	11.727
601700	风范股份	制造业	江苏	14.160	定向募集	4.500	2013.11.28	63.720
601777	力帆股份	制造业	重庆	58.943	定向募集	3.160	2013.10.24	186.260
601789	宁波建工	建筑业	浙江	25.440	定向募集	6.510	2013.05.31	165.614
601799	星宇股份	制造业	江苏	0.197	定向募集	4.890	2013.01.21	0.963
601877	正泰电器	制造业	浙江	3.018	定向募集	20.040	2013.11.19	60.481
601888	中国国旅	租赁和商务服务业	北京	96.238	定向募集	26.580	2013.07.15	2558.000
601933	永辉超市	批发和零售业	福建	91.418	定向募集	11.110	2013.09.03	1015.652

年度上市公司债发行
Issuance of C-Bond in 2013

证券发行
Security Issue

证券代码 Code	证券简称 Name	证券类型 Type	发行数量(百万) Issue Val(M)	面值 Denomination	发行日期 Issue Date	年限 Term	票面利率(%) Interest Rate(%)
110023	民生转债	可转债	20000	100.00	2013.03.15	6	0.600
110024	隧道转债	可转债	2600	100.00	2013.09.13	6	0.600
113005	平安转债	可转债	26000	100.00	2013.11.22	6	0.800
113006	深燃转债	可转债	1600	100.00	2013.12.13	6	0.600
122197	12 华天成	公司债	900	100.00	2013.03.13	5	5.800
122215	12 永泰 01	公司债	1600	100.00	2012.12.20	5	5.680
122216	12 桐昆债	公司债	1300	100.00	2013.01.21	5	5.850
122217	12 渝水务	公司债	1500	100.00	2013.01.29	5	5.120
122218	12 国航 01	公司债	5000	100.00	2013.01.18	10	5.100
122219	12 榕泰债	公司债	750	100.00	2013.01.24	5	5.900
122220	12 重工 01	公司债	1200	100.00	2013.01.25	5	4.850
122221	12 重工 02	公司债	600	100.00	2013.01.25	7	5.200
122222	12 永泰 02	公司债	900	100.00	2013.01.31	5	5.450
122223	12 电气 01	公司债	400	100.00	2013.02.27	3	4.500
122224	12 电气 02	公司债	1600	100.00	2013.02.27	5	4.900
122225	12 一拖 01	公司债	800	100.00	2013.03.04	5	4.800
122226	12 宝科创	公司债	600	100.00	2013.03.06	5	5.480
122227	13 尖峰 01	公司债	300	100.00	2013.06.05	5	4.900
122228	13 天士 01	公司债	400	100.00	2013.03.29	5	4.980
122230	12 沪海立	公司债	1000	100.00	2013.02.28	5	4.850
122231	12 上电债	公司债	1500	100.00	2013.03.04	5	4.550
122232	12 招商 01	公司债	3000	100.00	2013.03.05	5	4.450
122233	12 招商 02	公司债	1500	100.00	2013.03.05	5	4.800
122234	12 招商 03	公司债	5500	100.00	2013.03.05	10	5.150
122235	12 芜湖港	公司债	1500	100.00	2013.03.20	5	4.990
122237	12 西资源	公司债	600	100.00	2013.03.08	5	5.680
122238	13 宁港 01	公司债	1000	100.00	2013.03.13	3	4.600
122239	13 中油 01	公司债	16000	100.00	2013.03.15	5	4.470
122240	13 中油 02	公司债	4000	100.00	2013.03.15	10	4.880
122241	12 东航 01	公司债	4800	100.00	2013.03.18	10	5.050
122242	12 广汽 01	公司债	1000	100.00	2013.03.20	5	4.890
122243	12 广汽 02	公司债	3000	100.00	2013.03.20	10	5.090
122244	12 大唐 01	公司债	3000	100.00	2013.03.27	10	5.100
122245	13 甬热电	公司债	300	100.00	2013.04.15	7	5.100
122249	13 平煤债	公司债	4500	100.00	2013.04.17	10	5.070
122250	13 和邦 01	公司债	400	100.00	2013.04.22	7	5.800
122251	13 南车 01	公司债	1500	100.00	2013.04.22	5	4.700
122252	13 南车 02	公司债	1500	100.00	2013.04.22	10	5.000
122253	12 一拖 02	公司债	700	100.00	2013.05.30	5	4.500
122254	12 拜克 01	公司债	300	100.00	2013.05.22	5	5.300
122255	13 赣粤 01	公司债	1800	100.00	2013.04.19	10	5.150
122256	13 保税债	公司债	350	100.00	2013.05.23	5	5.500
122257	12 岳纸 01	公司债	850	100.00	2013.05.29	5	5.040
122258	13 云煤业	公司债	250	100.00	2013.12.03	7	7.800
122259	13 中信 01	公司债	3000	100.00	2013.06.07	5	4.650
122260	13 中信 02	公司债	12000	100.00	2013.06.07	10	5.050
122261	13 华泰 01	公司债	4000	100.00	2013.06.05	5	4.680
122262	13 华泰 02	公司债	6000	100.00	2013.06.05	10	5.100
122263	12 豫园 01	公司债	500	100.00	2013.06.17	5	5.200
122265	13 川路桥	公司债	1500	100.00	2013.07.26	5	5.650

年度上市公司债发行
Issuance of C-Bond in 2013

证券代码 Code	证券简称 Name	证券类型 Type	发行数量(百万) Issue Val(M)	面值 Denomination	发行日期 Issue Date	年限 Term	票面利率(%) Interest Rate(%)
122266	13 中信 03	公司债	5000	100.00	2013.08.05	3	5.000
122267	13 永泰债	公司债	3800	100.00	2013.08.06	5	6.800
122268	12 国航 02	公司债	3500	100.00	2013.08.16	5	5.150
122269	12 国航 03	公司债	1500	100.00	2013.08.16	10	5.300
122273	13 鲁金 01	公司债	2000	100.00	2013.09.03	5	5.160
122274	11 航民 02	公司债	250	100.00	2013.09.16	3	6.600
122277	13 华域 01	公司债	1200	100.00	2013.11.18	2	5.600
122278	13 华域 02	公司债	2800	100.00	2013.11.18	5	5.720
122280	13 海通 01	公司债	7260	100.00	2013.11.25	3	6.050
122281	13 海通 02	公司债	2350	100.00	2013.11.25	5	6.150
122282	13 海通 03	公司债	2390	100.00	2013.11.25	10	6.180
122283	13 盛屯债	公司债	200	100.00	2013.12.12	5	8.000
122288	13 东吴债	公司债	3000	100.00	2013.11.18	5	6.180

上市公司基本信息
Listed Companies in 2013

公司代码 Code	证券名称 Name	总市值 Market Capital	流通市值 Negotiable Capital	总股本 Total Vol	A 股流通股 A-Share Negotiable	B 股 B-Share	H 股 H-Share	限售股 Limited Share
600000	浦发银行	175902.2	140721.8	18653.5	14922.8	0.0	0.0	3730.7
600004	白云机场	7992.5	7992.5	1150.0	1150.0	0.0	0.0	0.0
600005	武钢股份	22206.3	22206.3	10093.8	10093.8	0.0	0.0	0.0
600006	东风汽车	5820.0	5820.0	2000.0	2000.0	0.0	0.0	0.0
600007	中国国贸	10687.3	10687.3	1007.3	1007.3	0.0	0.0	0.0
600008	首创股份	14872.0	14872.0	2200.0	2200.0	0.0	0.0	0.0
600009	上海机场	27594.0	15658.6	1927.0	1093.5	0.0	0.0	833.5
600010	包钢股份	34491.2	27685.9	8002.6	6423.6	0.0	0.0	1578.9
600011	华能国际	53130.0	53130.0	14055.4	10500.0	0.0	3555.4	0.0
600012	皖通高速	4592.5	4592.5	1658.6	1165.6	0.0	493.0	0.0
600015	华夏银行	76312.8	55599.5	8904.6	6487.7	0.0	0.0	2417.0
600016	民生银行	174380.8	174380.8	28366.2	22588.2	0.0	5778.0	0.0
600017	日照港	7812.2	6681.8	3075.7	2630.6	0.0	0.0	445.0
600018	上港集团	120147.3	110831.4	22755.2	20990.8	0.0	0.0	1764.4
600019	宝钢股份	67369.4	67369.4	16471.7	16471.7	0.0	0.0	0.0
600020	中原高速	4989.2	4989.2	2247.4	2247.4	0.0	0.0	0.0
600021	上海电力	9928.4	9928.4	2139.7	2139.7	0.0	0.0	0.0
600022	山东钢铁	10748.6	8923.1	6436.3	5343.2	0.0	0.0	1093.1
600023	浙能电力	61552.7	4111.3	9105.4	608.2	0.0	0.0	8497.3
600026	中海发展	10268.7	10268.7	3404.6	2108.6	0.0	1296.0	0.0
600027	华电国际	17939.0	17757.8	7371.1	5880.1	0.0	1431.0	60.0
600028	中国石化	407912.3	407912.3	116565.3	91051.8	0.0	25513.4	0.0
600029	南方航空	19312.3	19312.3	9817.6	7022.7	0.0	2794.9	0.0
600030	中信证券	125441.9	125136.9	11016.9	9814.7	0.0	1178.3	23.9
600031	三一重工	48898.0	48751.6	7616.5	7593.7	0.0	0.0	22.8
600033	福建高速	5873.0	2867.1	2744.4	1339.7	0.0	0.0	1404.7
600035	楚天高速	2832.2	2832.2	931.7	931.7	0.0	0.0	0.0
600036	招商银行	224649.2	224649.2	25219.8	20628.9	0.0	4590.9	0.0
600037	歌华有线	8260.3	8260.3	1060.4	1060.4	0.0	0.0	0.0
600038	哈飞股份	16204.7	9273.8	589.5	337.4	0.0	0.0	252.1
600039	四川路桥	9119.6	3305.1	1509.9	547.2	0.0	0.0	962.7
600048	保利地产	58888.5	58888.5	7138.0	7138.0	0.0	0.0	0.0
600050	中国联通	68041.1	68041.1	21196.6	21196.6	0.0	0.0	0.0
600051	宁波联合	2029.1	2029.1	302.4	302.4	0.0	0.0	0.0
600052	浙江广厦	2999.0	2999.0	871.8	871.8	0.0	0.0	0.0
600053	中江地产	2683.6	2683.6	433.5	433.5	0.0	0.0	0.0
600054	黄山旅游	4407.9	2379.2	471.4	117.6	156.0	0.0	197.7
600055	华润万东	2216.4	2216.4	216.5	216.5	0.0	0.0	0.0
600056	中国医药	9975.6	9645.0	457.4	442.2	0.0	0.0	15.2
600057	象屿股份	5855.5	2927.2	859.8	429.8	0.0	0.0	430.0
600058	五矿发展	14535.1	14535.1	1071.9	1071.9	0.0	0.0	0.0
600059	古越龙山	6024.8	6024.8	634.9	634.9	0.0	0.0	0.0
600060	海信电器	15099.9	15099.9	1308.5	1308.5	0.0	0.0	0.0
600061	中纺投资	2643.2	2643.2	429.1	429.1	0.0	0.0	0.0
600062	华润双鹤	12788.8	12788.8	571.7	571.7	0.0	0.0	0.0
600063	皖维高新	3100.6	3100.6	1497.9	1497.9	0.0	0.0	0.0
600064	南京高科	5688.7	5688.7	516.2	516.2	0.0	0.0	0.0
600066	宇通客车	22366.3	21469.7	1273.7	1222.6	0.0	0.0	51.1
600067	冠城大通	7702.9	7702.9	1190.6	1190.6	0.0	0.0	0.0
600068	葛洲坝	13810.3	13810.3	3487.5	3487.5	0.0	0.0	0.0

注：股本的单位为百万股，市值、营业收入、净利润的单位为百万元。

上市公司基本信息
Listed Companies in 2013

所属行业 Industry	所属地区 Area	营业收入 Revenue	净利润 Net Profit	每股收益(元) EPS	每股净资产(元) NAVPS
金融业	上海	100015.0	40922.0	2.19	10.96
交通运输、仓储和邮政业	广东	5141.3	895.0	0.78	6.72
制造业	湖北	89581.3	427.2	0.04	3.56
制造业	湖北	19305.7	50.2	0.03	2.98
房地产业	北京	2050.2	325.2	0.32	4.82
电力、热力、燃气及水生产和供应业	北京	4230.7	601.3	0.27	2.77
交通运输、仓储和邮政业	上海	5215.1	1872.9	0.97	8.79
制造业	内蒙	37770.4	250.7	0.03	2.36
电力、热力、燃气及水生产和供应业	北京	133832.9	10520.1	0.75	4.39
交通运输、仓储和邮政业	安徽	2330.1	847.9	0.51	4.26
金融业	北京	45219.0	15506.0	1.74	9.59
金融业	北京	115886.0	42278.0	1.49	6.97
交通运输、仓储和邮政业	山东	4965.5	801.9	0.26	3.08
交通运输、仓储和邮政业	上海	28162.3	5255.5	0.23	2.19
制造业	上海	189688.4	5818.5	0.35	6.71
交通运输、仓储和邮政业	河南	3050.9	394.6	0.18	3.10
电力、热力、燃气及水生产和供应业	上海	15131.6	1180.6	0.55	3.70
制造业	山东	70469.8	158.3	0.02	2.02
电力、热力、燃气及水生产和供应业	浙江	53916.0	5757.3	0.63	3.97
交通运输、仓储和邮政业	上海	11392.0	-2298.4	-0.68	6.24
电力、热力、燃气及水生产和供应业	山东	66624.7	4138.6	0.56	3.11
采矿业	北京	2880311.0	67179.0	0.58	4.89
交通运输、仓储和邮政业	广东	98130.0	1895.0	0.19	3.48
金融业	广东	16115.3	5243.9	0.48	7.96
制造业	湖南	37327.9	2903.6	0.38	3.14
交通运输、仓储和邮政业	福建	2625.1	543.8	0.20	2.74
交通运输、仓储和邮政业	湖北	1010.9	255.3	0.27	3.78
金融业	广东	132604.0	51743.0	2.05	10.53
信息传输、软件和信息技术服务业	北京	2249.6	376.8	0.36	5.45
制造业	黑龙江	10830.7	247.2	0.42	10.00
建筑业	四川	25426.9	512.9	0.34	4.31
房地产业	广东	92355.5	10747.2	1.51	7.25
信息传输、软件和信息技术服务业	上海	303727.2	3442.9	0.16	3.53
批发和零售业	浙江	2823.5	60.0	0.20	5.88
房地产业	浙江	1920.8	55.8	0.06	2.10
房地产业	江西	604.9	25.6	0.06	1.87
水利、环境和公共设施管理业	安徽	1294.1	143.8	0.31	4.31
制造业	北京	764.7	43.6	0.20	3.07
制造业	北京	14829.5	484.8	1.06	7.52
租赁和商务服务业	福建	35402.3	241.4	0.28	2.10
批发和零售业	北京	203259.2	279.8	0.26	7.97
制造业	浙江	1467.9	143.9	0.23	3.92
制造业	山东	28479.9	1582.9	1.21	7.56
制造业	上海	4356.2	6.4	0.01	1.39
制造业	北京	6834.6	870.7	1.52	9.33
制造业	安徽	3573.1	20.3	0.01	1.61
房地产业	江苏	3502.0	430.5	0.83	9.63
制造业	河南	22093.8	1822.6	1.43	6.87
房地产业	福建	8225.5	1277.8	1.07	3.94
建筑业	湖北	59527.6	1584.7	0.45	3.91

上市公司基本信息
Listed Companies in 2013

公司代码 Code	证券名称 Name	总市值 Market Capital	流通市值 Negotiable Capital	总股本 Total Vol	A 股流通股 A-Share Negotiable	B 股 B-Share	H 股 H-Share	限售股 Limited Share
600069	银鸽投资	3375.8	3375.8	825.4	825.4	0.0	0.0	0.0
600070	浙江富润	1468.5	1468.5	182.9	182.9	0.0	0.0	0.0
600071	凤凰光学	1408.2	1408.2	237.5	237.5	0.0	0.0	0.0
600072	中船股份	5851.2	5851.2	478.4	478.4	0.0	0.0	0.0
600073	上海梅林	7223.6	6811.5	822.7	775.8	0.0	0.0	46.9
600074	*ST 中达	2737.5	2737.5	661.2	661.2	0.0	0.0	0.0
600075	新疆天业	2815.8	2815.8	438.6	438.6	0.0	0.0	0.0
600076	青鸟华光	1696.1	1696.1	365.5	365.5	0.0	0.0	0.0
600077	宋都股份	4767.5	2126.6	1091.0	486.6	0.0	0.0	604.3
600078	澄星股份	3849.5	3849.5	662.6	662.6	0.0	0.0	0.0
600079	人福医药	14990.8	13079.3	528.8	461.4	0.0	0.0	67.4
600080	金花股份	2521.7	2521.7	305.3	305.3	0.0	0.0	0.0
600081	东风科技	2680.9	2680.9	313.6	313.6	0.0	0.0	0.0
600082	海泰发展	3146.6	3068.0	646.1	630.0	0.0	0.0	16.1
600083	博信股份	1614.6	1586.4	230.0	226.0	0.0	0.0	4.0
600084	中葡股份	3191.1	3191.1	809.9	809.9	0.0	0.0	0.0
600085	同仁堂	28050.5	28050.5	1310.8	1310.8	0.0	0.0	0.0
600086	东方金钰	6129.7	6129.7	352.3	352.3	0.0	0.0	0.0
600087	*ST 长油	0.0	0.0	3394.2	2989.2	0.0	0.0	405.0
600088	中视传媒	5143.7	5143.7	331.4	331.4	0.0	0.0	0.0
600089	特变电工	28253.2	28253.2	2635.6	2635.6	0.0	0.0	0.0
600090	啤酒花	2549.7	2549.7	367.9	367.9	0.0	0.0	0.0
600091	ST 明科	1581.7	1581.7	336.5	336.5	0.0	0.0	0.0
600093	禾嘉股份	1899.2	1899.2	322.4	322.4	0.0	0.0	0.0
600094	大名城	7127.2	1504.3	1511.6	199.4	198.7	0.0	1113.5
600095	哈高科	1734.1	1734.1	361.3	361.3	0.0	0.0	0.0
600096	云天化	10048.8	3241.3	1129.1	364.2	0.0	0.0	764.9
600097	开创国际	2571.0	1465.1	202.6	115.4	0.0	0.0	87.1
600098	广州发展	14753.2	13199.3	2742.2	2453.4	0.0	0.0	288.8
600099	林海股份	1137.2	1137.2	219.1	219.1	0.0	0.0	0.0
600100	同方股份	22352.5	20214.9	2197.9	1987.7	0.0	0.0	210.2
600101	明星电力	2817.1	2817.1	324.2	324.2	0.0	0.0	0.0
600103	青山纸业	2452.9	2452.9	1061.8	1061.8	0.0	0.0	0.0
600104	上汽集团	155901.5	130687.8	11025.6	9242.4	0.0	0.0	1783.1
600105	永鼎股份	2697.2	2697.2	381.0	381.0	0.0	0.0	0.0
600106	重庆路桥	3395.0	3395.0	907.7	907.7	0.0	0.0	0.0
600107	美尔雅	2289.6	2289.6	360.0	360.0	0.0	0.0	0.0
600108	亚盛集团	15633.7	15633.7	1946.9	1946.9	0.0	0.0	0.0
600109	国金证券	21960.4	21960.4	1294.1	1294.1	0.0	0.0	0.0
600110	中科英华	7005.4	7005.4	1150.3	1150.3	0.0	0.0	0.0
600111	包钢稀土	53938.9	32947.8	2422.0	1479.5	0.0	0.0	942.6
600112	天成控股	6528.0	6528.0	509.2	509.2	0.0	0.0	0.0
600113	浙江东日	2813.2	2813.2	318.6	318.6	0.0	0.0	0.0
600114	东睦股份	3059.9	1603.3	205.5	107.7	0.0	0.0	97.8
600115	东方航空	23492.6	21556.7	12674.3	7782.2	0.0	4193.2	698.9
600116	三峡水利	2760.9	2760.9	267.5	267.5	0.0	0.0	0.0
600117	西宁特钢	2705.5	2705.5	741.2	741.2	0.0	0.0	0.0
600118	中国卫星	21911.5	21911.5	1182.5	1182.5	0.0	0.0	0.0
600119	长江投资	5480.9	5480.9	307.4	307.4	0.0	0.0	0.0
600120	浙江东方	6343.7	6343.7	505.5	505.5	0.0	0.0	0.0

注：股本的单位为百万股，市值、营业收入、净利润的单位为百万元。

上市公司基本信息
Listed Companies in 2013

所属行业 Industry	所属地区 Area	营业收入 Revenue	净利润 Net Profit	每股收益(元) EPS	每股净资产(元) NAVPS
制造业	河南	3515.0	-278.7	-0.34	1.91
制造业	浙江	1072.4	122.5	0.67	4.73
制造业	江西	697.8	-28.2	-0.12	2.50
制造业	上海	921.2	-182.4	-0.38	2.38
制造业	上海	10376.5	155.3	0.19	2.41
制造业	江苏	1401.5	238.0	0.27	0.10
制造业	新疆	3941.1	-215.7	-0.49	3.43
制造业	山东	13.7	52.1	0.14	0.38
房地产业	辽宁	2791.3	368.2	1.59	11.24
制造业	江苏	2460.2	23.6	0.04	2.65
制造业	湖北	6010.2	417.8	0.79	8.21
制造业	陕西	471.1	45.6	0.15	3.27
制造业	上海	3082.7	171.1	0.55	2.67
综合	天津	869.8	40.5	0.06	2.64
制造业	广东	82.0	7.5	0.03	0.14
制造业	新疆	552.1	15.7	0.02	1.18
制造业	北京	8714.7	656.0	0.50	3.83
制造业	湖北	5928.0	157.2	0.45	2.53
交通运输、仓储和邮政业	江苏	7306.8	-5921.6	-1.74	-0.62
文化、体育和娱乐业	上海	1240.3	67.7	0.20	3.34
制造业	新疆	29174.7	1328.4	0.50	5.54
制造业	新疆	1307.3	107.1	0.29	1.47
制造业	内蒙	25.5	-110.3	-0.33	1.33
制造业	四川	388.5	51.7	0.16	1.31
房地产业	上海	2939.9	255.5	0.17	1.74
制造业	黑龙江	552.8	33.2	0.09	1.95
制造业	云南	55896.2	592.7	0.53	7.27
农、林、牧、渔业	上海	815.6	103.1	0.25	2.08
电力、热力、燃气及水生产和供应业	广东	16628.5	1028.0	0.37	4.88
制造业	江苏	280.4	0.4	0.00	2.18
制造业	北京	22650.1	677.0	0.31	4.87
电力、热力、燃气及水生产和供应业	四川	1080.7	164.7	0.51	5.36
制造业	福建	1809.2	17.2	0.02	1.27
制造业	上海	563345.7	24803.6	2.25	12.49
制造业	江苏	1138.6	179.4	0.47	4.08
交通运输、仓储和邮政业	重庆	334.7	274.5	0.30	2.50
制造业	湖北	550.4	11.7	0.03	1.48
农、林、牧、渔业	甘肃	2336.8	380.4	0.20	2.40
金融业	四川	1547.0	316.9	0.24	5.20
制造业	吉林	1973.0	5.5	0.00	1.73
制造业	内蒙	8471.9	1574.2	0.65	3.23
制造业	贵州	654.6	7.3	0.01	2.33
批发和零售业	浙江	346.4	20.4	0.06	1.81
制造业	浙江	1140.2	73.4	0.36	3.61
交通运输、仓储和邮政业	上海	88009.2	2376.0	0.19	1.94
电力、热力、燃气及水生产和供应业	重庆	1369.1	104.2	0.39	4.18
制造业	青海	7032.3	-71.2	-0.10	3.80
制造业	北京	4803.5	305.8	0.26	3.42
交通运输、仓储和邮政业	上海	1559.2	36.1	0.12	2.43
批发和零售业	浙江	10827.8	608.3	1.20	8.61

上市公司基本信息
Listed Companies in 2013

公司代码 Code	证券名称 Name	总市值 Market Capital	流通市值 Negotiable Capital	总股本 Total Vol	A 股流通股 A-Share Negotiable	B 股 B-Share	H 股 H-Share	限售股 Limited Share
600121	郑州煤电	5117.3	3170.9	1015.3	629.1	0.0	0.0	386.2
600122	宏图高科	4589.2	4553.8	1141.6	1132.8	0.0	0.0	8.8
600123	兰花科创	12189.4	12189.4	1142.4	1142.4	0.0	0.0	0.0
600125	铁龙物流	7428.4	7428.4	1305.5	1305.5	0.0	0.0	0.0
600126	杭钢股份	3255.1	3255.1	838.9	838.9	0.0	0.0	0.0
600127	金健米业	2997.1	2542.6	641.8	544.5	0.0	0.0	97.3
600128	弘业股份	2070.4	2070.4	246.8	246.8	0.0	0.0	0.0
600129	太极集团	3675.6	3675.6	426.9	426.9	0.0	0.0	0.0
600130	波导股份	2780.2	2780.2	768.0	768.0	0.0	0.0	0.0
600131	岷江水电	2051.8	1617.3	504.1	397.4	0.0	0.0	106.8
600132	重庆啤酒	7835.5	7835.5	484.0	484.0	0.0	0.0	0.0
600133	东湖高新	3577.2	2406.1	634.3	426.6	0.0	0.0	207.6
600135	乐凯胶片	2736.0	2736.0	342.0	342.0	0.0	0.0	0.0
600136	道博股份	1100.8	1099.3	104.4	104.3	0.0	0.0	0.2
600137	浪莎股份	996.5	996.5	97.2	97.2	0.0	0.0	0.0
600138	中青旅	7318.5	7318.5	415.4	415.4	0.0	0.0	0.0
600139	西部资源	4884.8	4647.3	661.9	629.7	0.0	0.0	32.2
600141	兴发集团	5433.7	4561.2	435.4	365.5	0.0	0.0	69.9
600143	金发科技	14647.3	14647.3	2634.4	2634.4	0.0	0.0	0.0
600145	国创能源	1450.3	1450.3	377.7	377.7	0.0	0.0	0.0
600146	大元股份	1890.0	1890.0	200.0	200.0	0.0	0.0	0.0
600148	长春一东	1337.3	1337.3	141.5	141.5	0.0	0.0	0.0
600149	廊坊发展	2132.7	1851.9	380.2	330.1	0.0	0.0	50.1
600150	中国船舶	33336.7	33336.7	1378.1	1378.1	0.0	0.0	0.0
600151	航天机电	10701.5	10312.2	1250.2	1204.7	0.0	0.0	45.5
600152	维科精华	1326.6	1326.6	293.5	293.5	0.0	0.0	0.0
600153	建发股份	15999.9	15999.9	2237.8	2237.8	0.0	0.0	0.0
600155	*ST 宝硕	1513.9	1513.9	412.5	412.5	0.0	0.0	0.0
600156	华升股份	1785.4	1785.4	402.1	402.1	0.0	0.0	0.0
600157	永泰能源	9527.1	7729.0	1767.6	1433.9	0.0	0.0	333.6
600158	中体产业	6454.6	5029.8	843.7	657.5	0.0	0.0	186.2
600159	大龙地产	2365.5	2365.5	830.0	830.0	0.0	0.0	0.0
600160	巨化股份	9724.6	9620.2	1810.9	1791.5	0.0	0.0	19.4
600161	天坛生物	10958.8	10958.8	515.5	515.5	0.0	0.0	0.0
600162	香江控股	4261.4	4261.4	767.8	767.8	0.0	0.0	0.0
600163	福建南纸	2640.4	2640.4	721.4	721.4	0.0	0.0	0.0
600165	新日恒力	1923.2	1361.6	274.0	194.0	0.0	0.0	80.0
600166	福田汽车	14329.3	12944.3	2809.7	2538.1	0.0	0.0	271.6
600167	联美控股	2145.9	2145.9	211.0	211.0	0.0	0.0	0.0
600168	武汉控股	5697.8	3542.4	709.6	441.2	0.0	0.0	268.4
600169	太原重工	7344.6	7344.6	2424.0	2424.0	0.0	0.0	0.0
600170	上海建工	17289.9	5269.9	2775.3	845.9	0.0	0.0	1929.4
600171	上海贝岭	6084.5	6084.5	673.8	673.8	0.0	0.0	0.0
600172	黄河旋风	3525.5	3283.0	533.4	496.7	0.0	0.0	36.7
600173	卧龙地产	2037.7	2037.4	725.1	725.1	0.0	0.0	0.1
600175	美都控股	6606.2	6513.6	1390.8	1371.3	0.0	0.0	19.5
600176	中国玻纤	6605.8	4853.0	872.6	641.1	0.0	0.0	231.5
600177	雅戈尔	16699.6	16077.0	2226.6	2143.6	0.0	0.0	83.0
600178	东安动力	2398.2	2398.2	462.1	462.1	0.0	0.0	0.0
600179	黑化股份	2012.4	2012.4	390.0	390.0	0.0	0.0	0.0

注：股本的单位为百万股，市值、营业收入、净利润的单位为百万元。

上市公司基本信息
Listed Companies in 2013

所属行业 Industry	所属地区 Area	营业收入 Revenue	净利润 Net Profit	每股收益(元) EPS	每股净资产(元) NAVPS
采矿业	河南	20550.1	43.3	0.04	3.76
批发和零售业	江苏	15914.7	277.3	0.24	5.07
采矿业	山西	6577.5	1001.3	0.88	8.50
交通运输、仓储和邮政业	辽宁	4280.6	421.4	0.32	3.33
制造业	浙江	17183.5	20.7	0.02	3.94
制造业	湖南	1498.6	11.0	0.02	1.39
批发和零售业	江苏	3760.7	68.8	0.28	5.74
制造业	重庆	6603.1	12.6	0.03	2.22
制造业	浙江	1336.8	68.0	0.09	1.07
电力、热力、燃气及水生产和供应业	四川	771.8	-162.1	-0.32	1.29
制造业	重庆	3386.9	158.7	0.33	3.17
建筑业	湖北	5071.2	-463.8	-0.73	1.86
制造业	河北	934.9	24.1	0.07	2.84
批发和零售业	湖北	87.7	1.2	0.01	1.28
制造业	四川	437.8	8.2	0.08	4.72
租赁和商务服务业	北京	9316.0	320.6	0.77	7.05
采矿业	四川	423.1	-56.4	-0.09	1.95
制造业	湖北	10934.4	60.8	0.14	7.76
制造业	广东	14426.0	755.0	0.29	2.96
制造业	贵州	36.2	-86.9	-0.23	0.28
制造业	宁夏	41.0	-92.0	-0.46	0.71
制造业	吉林	667.5	29.5	0.21	2.39
综合	河北	51.6	-50.6	-0.13	0.70
制造业	上海	22198.2	39.5	0.03	12.59
制造业	上海	3358.9	144.3	0.12	3.02
制造业	浙江	2322.1	28.7	0.10	2.72
批发和零售业	福建	102067.8	2693.0	1.20	5.61
制造业	河北	71.7	693.6	1.68	0.19
制造业	湖南	982.1	70.8	0.18	1.75
采矿业	山东	9843.3	476.5	0.27	5.56
房地产业	天津	985.0	136.3	0.16	1.69
房地产业	北京	676.7	229.3	0.28	2.41
制造业	浙江	9736.5	253.6	0.14	4.12
制造业	北京	1836.5	372.0	0.72	3.74
房地产业	广东	2919.7	192.4	0.25	2.10
制造业	福建	1408.9	-771.9	-1.07	0.91
制造业	宁夏	1763.9	11.1	0.04	3.79
制造业	北京	34152.5	763.1	0.27	5.33
电力、热力、燃气及水生产和供应业	辽宁	582.0	138.7	0.66	4.12
电力、热力、燃气及水生产和供应业	湖北	1035.1	271.8	0.38	5.42
制造业	山西	9551.4	25.5	0.01	2.23
建筑业	上海	102036.1	1618.1	0.58	4.67
制造业	上海	585.5	40.4	0.06	2.62
制造业	河南	1556.3	209.6	0.39	4.15
房地产业	浙江	1017.2	65.4	0.09	2.02
批发和零售业	浙江	5140.2	143.1	0.10	1.57
制造业	北京	5209.6	319.1	0.37	4.25
制造业	浙江	15166.9	1359.6	0.61	6.26
制造业	黑龙江	855.5	-557.1	-1.21	3.66
制造业	黑龙江	1642.0	10.6	0.03	0.80

上市公司基本信息
Listed Companies in 2013

公司代码 Code	证券名称 Name	总市值 Market Capital	流通市值 Negotiable Capital	总股本 Total Vol	A 股流通股 A-Share Negotiable	B 股 B-Share	H 股 H-Share	限售股 Limited Share
600180	瑞茂通	8329.7	2397.0	872.2	251.0	0.0	0.0	621.2
600182	S 佳通	4454.0	2227.0	340.0	170.0	0.0	0.0	170.0
600183	生益科技	7029.7	6918.5	1423.0	1400.5	0.0	0.0	22.5
600184	光电股份	4480.7	2517.7	209.4	117.7	0.0	0.0	91.7
600185	格力地产	4834.5	4834.5	577.6	577.6	0.0	0.0	0.0
600186	莲花味精	2740.0	2740.0	1062.0	1062.0	0.0	0.0	0.0
600187	国中水务	7190.8	5276.2	1455.6	1068.1	0.0	0.0	387.6
600188	兖州煤业	26284.8	26284.8	4918.4	2960.0	0.0	1958.4	0.0
600189	吉林森工	2325.6	2325.6	310.5	310.5	0.0	0.0	0.0
600190	锦州港	7292.4	5622.9	2002.3	1339.0	222.8	0.0	440.5
600191	华资实业	2749.6	2749.6	484.9	484.9	0.0	0.0	0.0
600192	长城电工	3030.4	2344.4	441.7	341.7	0.0	0.0	100.0
600193	创兴资源	2807.5	2807.5	425.4	425.4	0.0	0.0	0.0
600195	中牧股份	6760.8	6134.7	429.8	390.0	0.0	0.0	39.8
600196	复星医药	37307.0	37307.0	2240.5	1904.4	0.0	336.1	0.0
600197	伊力特	4811.3	4811.3	441.0	441.0	0.0	0.0	0.0
600198	大唐电信	9849.9	5987.5	741.7	450.9	0.0	0.0	290.8
600199	金种子酒	5635.6	5635.6	555.8	555.8	0.0	0.0	0.0
600200	江苏吴中	7103.9	5946.6	623.7	522.1	0.0	0.0	101.6
600201	金宇集团	7236.6	7236.6	280.8	280.8	0.0	0.0	0.0
600202	哈空调	1978.0	1978.0	383.3	383.3	0.0	0.0	0.0
600203	福日电子	1958.0	1958.0	240.5	240.5	0.0	0.0	0.0
600206	有研硅股	5376.4	4208.6	277.8	217.5	0.0	0.0	60.3
600207	安彩高科	3381.0	2156.0	690.0	440.0	0.0	0.0	250.0
600208	新湖中宝	20028.3	20023.2	6258.9	6257.3	0.0	0.0	1.6
600209	罗顿发展	4188.2	3580.3	439.0	375.3	0.0	0.0	63.7
600210	紫江企业	4669.4	4669.4	1436.7	1436.7	0.0	0.0	0.0
600211	西藏药业	2582.7	2024.3	145.6	114.1	0.0	0.0	31.5
600212	江泉实业	1591.4	1591.4	511.7	511.7	0.0	0.0	0.0
600213	亚星客车	1293.6	1293.6	220.0	220.0	0.0	0.0	0.0
600215	长春经开	1864.8	1864.8	465.0	465.0	0.0	0.0	0.0
600216	浙江医药	9782.3	9782.3	936.1	936.1	0.0	0.0	0.0
600217	秦岭水泥	3198.3	3198.3	660.8	660.8	0.0	0.0	0.0
600218	全柴动力	2573.3	2573.3	283.4	283.4	0.0	0.0	0.0
600219	南山铝业	10076.9	10076.9	1934.2	1934.2	0.0	0.0	0.0
600220	江苏阳光	4315.7	4315.7	1783.3	1783.3	0.0	0.0	0.0
600221	海南航空	24561.5	24560.1	12182.2	11812.1	369.4	0.0	0.7
600222	太龙药业	3158.4	2622.9	496.6	412.4	0.0	0.0	84.2
600223	鲁商置业	3873.7	3873.7	1001.0	1001.0	0.0	0.0	0.0
600225	天津松江	4641.6	4201.7	626.4	567.0	0.0	0.0	59.4
600226	升华拜克	2494.1	2494.1	405.5	405.5	0.0	0.0	0.0
600227	赤天化	2604.1	2604.1	950.4	950.4	0.0	0.0	0.0
600228	昌九生化	2799.3	2799.3	241.3	241.3	0.0	0.0	0.0
600229	青岛碱业	2390.5	2390.5	395.8	395.8	0.0	0.0	0.0
600230	沧州大化	2990.1	2990.1	259.3	259.3	0.0	0.0	0.0
600231	凌钢股份	2588.9	2588.9	804.0	804.0	0.0	0.0	0.0
600232	金鹰股份	1736.1	1736.1	364.7	364.7	0.0	0.0	0.0
600233	大杨创世	1544.4	1544.4	165.0	165.0	0.0	0.0	0.0
600234	*ST 天龙	1168.1	1168.1	202.4	202.4	0.0	0.0	0.0
600235	民丰特纸	2150.0	1612.0	351.3	263.4	0.0	0.0	87.9

注：股本的单位为百万股，市值、营业收入、净利润的单位为百万元。

上市公司基本信息
Listed Companies in 2013

所属行业 Industry	所属地区 Area	营业收入 Revenue	净利润 Net Profit	每股收益(元) EPS	每股净资产(元) NAVPS
批发和零售业	山东	6490.7	471.2	0.54	2.00
制造业	黑龙江	4649.9	282.6	0.83	2.98
制造业	广东	6570.3	557.9	0.39	3.10
制造业	湖北	1742.9	-166.3	-0.79	4.41
房地产业	陕西	2163.6	352.8	0.61	5.13
制造业	河南	2156.6	-326.0	-0.31	0.55
电力、热力、燃气及水生产和供应业	黑龙江	589.4	142.8	0.10	1.73
采矿业	山东	58726.6	1271.2	0.26	7.93
制造业	吉林	1339.4	41.2	0.13	4.30
交通运输、仓储和邮政业	辽宁	1844.6	154.7	0.08	2.81
制造业	内蒙	222.8	6.9	0.01	3.43
制造业	甘肃	2011.0	71.1	0.16	4.04
采矿业	上海	99.3	83.4	0.20	1.67
制造业	北京	3639.8	235.8	0.55	6.01
制造业	上海	9996.4	2027.1	0.90	6.84
制造业	新疆	1753.1	272.8	0.62	3.34
制造业	北京	7915.2	155.6	0.21	3.11
制造业	安徽	2080.6	133.5	0.24	3.91
综合	江苏	3875.3	50.5	0.08	1.55
制造业	内蒙	671.4	250.9	0.89	4.56
制造业	黑龙江	879.6	-88.0	-0.23	2.17
批发和零售业	福建	2499.5	76.3	0.32	2.01
制造业	北京	490.9	1.9	0.01	4.38
电力、热力、燃气及水生产和供应业	河南	1755.8	10.0	0.01	1.51
房地产业	浙江	9209.0	983.1	0.16	2.06
建筑业	海南	203.8	-24.8	-0.06	1.50
制造业	上海	8626.1	227.9	0.16	2.54
批发和零售业	西藏	1402.2	27.2	0.19	2.67
综合	山东	681.0	21.3	0.04	2.00
制造业	江苏	1208.2	5.2	0.02	0.87
房地产业	吉林	663.5	8.1	0.02	5.18
制造业	浙江	4932.9	452.1	0.48	6.90
制造业	陕西	797.5	-117.0	-0.18	0.06
制造业	安徽	3187.4	34.6	0.12	3.75
制造业	山东	14524.5	793.6	0.41	8.95
制造业	江苏	2342.0	106.9	0.06	0.91
交通运输、仓储和邮政业	海南	30231.4	2105.1	0.17	2.09
批发和零售业	河南	1304.7	36.1	0.07	2.10
房地产业	山东	5293.0	264.0	0.26	1.82
房地产业	天津	2841.2	-289.1	-0.46	1.48
制造业	浙江	1606.9	27.7	0.07	3.34
制造业	贵州	4149.9	11.1	0.01	3.64
制造业	江西	719.7	-194.6	-0.81	-0.48
制造业	山东	1816.2	24.3	0.06	2.71
制造业	河北	3491.1	122.8	0.47	6.19
制造业	辽宁	15650.8	76.4	0.10	4.76
制造业	浙江	1262.7	11.5	0.03	3.23
制造业	辽宁	808.5	54.2	0.33	6.19
制造业	山西	10.4	33.6	0.17	0.22
制造业	浙江	1256.2	17.2	0.05	4.00

上市公司基本信息
Listed Companies in 2013

公司代码 Code	证券名称 Name	总市值 Market Capital	流通市值 Negotiable Capital	总股本 Total Vol	A 股流通股 A-Share Negotiable	B 股 B-Share	H 股 H-Share	限售股 Limited Share
600236	桂冠电力	7137.8	3531.4	2280.4	1128.2	0.0	0.0	1152.2
600237	铜峰电子	2934.7	2080.0	564.4	400.0	0.0	0.0	164.4
600238	海南椰岛	3271.9	3226.8	448.2	442.0	0.0	0.0	6.2
600239	云南城投	4421.8	4421.8	823.4	823.4	0.0	0.0	0.0
600240	华业地产	5782.5	5782.5	1424.3	1424.3	0.0	0.0	0.0
600241	时代万恒	1140.7	1140.7	180.2	180.2	0.0	0.0	0.0
600242	中昌海运	1525.2	1489.0	273.3	266.8	0.0	0.0	6.5
600243	青海华鼎	1544.3	1544.3	236.9	236.9	0.0	0.0	0.0
600246	万通地产	3553.1	3553.1	1216.8	1216.8	0.0	0.0	0.0
600247	成城股份	1389.5	1389.5	336.4	336.4	0.0	0.0	0.0
600248	延长化建	3352.5	2292.3	426.0	291.3	0.0	0.0	134.7
600249	两面针	2488.5	2488.5	450.0	450.0	0.0	0.0	0.0
600250	南纺股份	1433.2	1433.2	258.7	258.7	0.0	0.0	0.0
600251	冠农股份	5467.7	5467.7	362.1	362.1	0.0	0.0	0.0
600252	中恒集团	14891.4	14891.4	1091.7	1091.7	0.0	0.0	0.0
600253	天方药业	2629.2	2625.4	420.0	419.4	0.0	0.0	0.6
600255	鑫科材料	4441.1	3191.5	625.5	449.5	0.0	0.0	176.0
600256	广汇能源	45635.3	26622.5	5221.4	3046.1	0.0	0.0	2175.4
600257	大湖股份	3194.3	3194.3	427.1	427.1	0.0	0.0	0.0
600258	首旅酒店	3336.8	3336.8	231.4	231.4	0.0	0.0	0.0
600259	广晟有色	9689.2	9689.2	249.4	249.4	0.0	0.0	0.0
600260	凯乐科技	4020.6	4020.6	527.6	527.6	0.0	0.0	0.0
600261	阳光照明	8964.3	8964.3	645.4	645.4	0.0	0.0	0.0
600262	北方股份	2425.9	941.8	170.0	66.0	0.0	0.0	104.0
600265	*ST 景谷	1002.1	1002.1	129.8	129.8	0.0	0.0	0.0
600266	北京城建	8607.5	8607.5	889.2	889.2	0.0	0.0	0.0
600267	海正药业	12444.5	12444.5	839.7	839.7	0.0	0.0	0.0
600268	国电南自	3220.7	3220.7	635.2	635.2	0.0	0.0	0.0
600269	赣粤高速	6819.4	6819.4	2335.4	2335.4	0.0	0.0	0.0
600270	外运发展	9226.9	3371.3	905.5	330.8	0.0	0.0	574.6
600271	航天信息	18625.0	18625.0	923.4	923.4	0.0	0.0	0.0
600272	开开实业	2044.6	2013.6	243.0	160.0	80.0	0.0	3.0
600273	华芳纺织	2154.6	2154.6	315.0	315.0	0.0	0.0	0.0
600275	武昌鱼	2630.7	2630.7	508.8	508.8	0.0	0.0	0.0
600276	恒瑞医药	51661.2	51661.2	1360.2	1360.2	0.0	0.0	0.0
600277	亿利能源	15797.3	11591.7	2089.6	1533.3	0.0	0.0	556.3
600278	东方创业	5896.1	4696.6	522.2	416.0	0.0	0.0	106.2
600279	重庆港九	2678.6	2678.6	342.1	342.1	0.0	0.0	0.0
600280	中央商场	7360.8	7360.8	574.2	574.2	0.0	0.0	0.0
600281	太化股份	2201.6	2201.6	514.4	514.4	0.0	0.0	0.0
600282	南钢股份	7480.2	7480.2	3875.8	3875.8	0.0	0.0	0.0
600283	钱江水利	2239.8	2239.8	285.3	285.3	0.0	0.0	0.0
600284	浦东建设	7325.4	5266.4	693.0	498.2	0.0	0.0	194.8
600285	羚锐制药	3436.9	2896.4	357.3	301.1	0.0	0.0	56.2
600287	江苏舜天	2917.8	2917.8	436.8	436.8	0.0	0.0	0.0
600288	大恒科技	3193.0	3193.0	436.8	436.8	0.0	0.0	0.0
600289	亿阳信通	5121.0	5083.7	571.5	567.4	0.0	0.0	4.2
600290	华仪电气	4072.8	3982.4	526.9	515.2	0.0	0.0	11.7
600291	西水股份	3302.4	3302.4	384.0	384.0	0.0	0.0	0.0
600292	中电远达	13252.4	8660.2	511.9	334.5	0.0	0.0	177.4

注：股本的单位为百万股，市值、营业收入、净利润的单位为百万元。

上市公司基本信息
Listed Companies in 2013

所属行业 Industry	所属地区 Area	营业收入 Revenue	净利润 Net Profit	每股收益(元) EPS	每股净资产(元) NAVPS
电力、热力、燃气及水生产和供应业	广西	4944.1	225.3	0.10	1.52
制造业	安徽	647.8	12.7	0.02	2.67
制造业	海南	910.6	135.5	0.30	1.98
房地产业	云南	2961.6	319.9	0.39	4.61
房地产业	北京	2792.9	500.4	0.35	2.42
批发和零售业	辽宁	1591.4	13.8	0.08	2.51
交通运输、仓储和邮政业	广东	430.2	-81.3	-0.30	0.98
制造业	青海	1095.1	15.3	0.06	3.13
房地产业	北京	3299.3	380.7	0.31	3.07
批发和零售业	吉林	- -	- -	- -	0.00
建筑业	陕西	4999.3	186.0	0.44	2.91
制造业	广西	1183.6	10.1	0.02	3.98
批发和零售业	江苏	5165.5	118.7	0.46	1.53
制造业	新疆	1279.3	297.2	0.82	3.83
制造业	广西	3996.7	742.5	0.68	3.38
制造业	河南	- -	- -	- -	0.00
制造业	安徽	4378.7	-53.8	-0.09	3.18
综合	新疆	4805.3	751.1	0.14	1.78
农、林、牧、渔业	湖南	624.0	154.2	0.36	1.80
租赁和商务服务业	北京	2964.5	118.0	0.51	4.62
采矿业	海南	1600.4	-78.7	-0.32	1.82
制造业	湖北	1919.6	78.6	0.15	3.35
制造业	浙江	3169.0	231.8	0.36	3.88
制造业	内蒙	2181.2	118.3	0.70	6.50
农、林、牧、渔业	云南	250.2	14.2	0.11	0.43
房地产业	北京	7692.2	1284.4	1.44	9.59
制造业	浙江	8604.3	301.9	0.36	5.82
制造业	江苏	5193.4	5.1	0.01	3.70
交通运输、仓储和邮政业	江西	3913.3	653.7	0.28	4.89
交通运输、仓储和邮政业	北京	3901.4	680.8	0.75	6.15
制造业	北京	16582.5	1092.5	1.18	6.62
批发和零售业	上海	859.4	25.5	0.10	1.56
制造业	江苏	1349.4	-32.5	-0.10	1.78
房地产业	湖北	11.7	-39.1	-0.08	0.42
制造业	江苏	6203.1	1238.1	0.91	4.67
制造业	内蒙	14392.7	252.3	0.12	4.21
批发和零售业	上海	14059.2	123.1	0.24	5.06
交通运输、仓储和邮政业	重庆	1269.8	77.9	0.23	6.16
批发和零售业	江苏	7318.6	570.3	0.99	2.26
制造业	山西	3169.9	-282.9	-0.55	1.32
制造业	江苏	26822.5	-618.5	-0.16	2.13
电力、热力、燃气及水生产和供应业	浙江	733.7	18.8	0.07	3.22
建筑业	上海	1943.9	493.5	0.71	6.67
制造业	河南	687.0	105.4	0.29	2.71
批发和零售业	江苏	5797.6	333.8	0.76	2.70
制造业	北京	3548.7	37.1	0.08	3.22
信息传输、软件和信息技术服务业	黑龙江	1115.2	84.3	0.15	3.33
制造业	浙江	1532.7	44.6	0.08	3.64
制造业	内蒙	184.6	71.8	0.19	5.80
电力、热力、燃气及水生产和供应业	重庆	3250.6	208.1	0.41	5.59

上市公司基本信息
Listed Companies in 2013

公司代码 Code	证券名称 Name	总市值 Market Capital	流通市值 Negotiable Capital	总股本 Total Vol	A 股流通股 A-Share Negotiable	B 股 B-Share	H 股 H-Share	限售股 Limited Share
600293	三峡新材	1905.1	1905.1	344.5	344.5	0.0	0.0	0.0
600295	鄂尔多斯	7928.8	7928.8	1032.0	612.0	420.0	0.0	0.0
600297	美罗药业	2037.0	2037.0	350.0	350.0	0.0	0.0	0.0
600298	安琪酵母	5692.8	5447.7	329.6	315.4	0.0	0.0	14.2
600299	蓝星新材	2472.4	2472.4	522.7	522.7	0.0	0.0	0.0
600300	维维股份	7992.2	7992.2	1672.0	1672.0	0.0	0.0	0.0
600301	*ST 南化	1361.5	1361.5	235.1	235.1	0.0	0.0	0.0
600302	标准股份	1484.4	1484.4	346.0	346.0	0.0	0.0	0.0
600303	曙光股份	2441.7	2441.7	574.5	574.5	0.0	0.0	0.0
600305	恒顺醋业	4216.3	4216.3	254.3	254.3	0.0	0.0	0.0
600306	商业城	1405.5	1365.9	178.1	173.1	0.0	0.0	5.0
600307	酒钢宏兴	16410.0	10719.4	6263.4	4091.4	0.0	0.0	2172.0
600308	华泰股份	3304.2	3304.2	1167.6	1167.6	0.0	0.0	0.0
600309	万华化学	44760.3	44760.3	2162.3	2162.3	0.0	0.0	0.0
600310	桂东电力	3060.0	3060.0	275.9	275.9	0.0	0.0	0.0
600311	荣华实业	3387.9	3387.9	665.6	665.6	0.0	0.0	0.0
600312	平高电气	8271.6	8271.6	819.0	819.0	0.0	0.0	0.0
600313	中农资源	2997.1	2482.3	367.3	304.2	0.0	0.0	63.1
600315	上海家化	28397.3	27435.9	672.4	649.7	0.0	0.0	22.8
600316	洪都航空	12463.5	12463.5	717.1	717.1	0.0	0.0	0.0
600317	营口港	7573.4	3852.5	2157.7	1097.6	0.0	0.0	1060.1
600318	巢东股份	2415.2	2415.2	242.0	242.0	0.0	0.0	0.0
600319	*ST 亚星	1177.2	1177.2	315.6	315.6	0.0	0.0	0.0
600320	振华重工	14077.6	14077.6	4390.3	2768.3	1622.0	0.0	0.0
600321	国栋建设	2432.6	2432.6	1180.9	1180.9	0.0	0.0	0.0
600322	天房发展	3670.9	3670.9	1105.7	1105.7	0.0	0.0	0.0
600323	瀚蓝环境	6134.2	5167.1	579.2	487.9	0.0	0.0	91.3
600325	华发股份	6087.0	6087.0	817.0	817.0	0.0	0.0	0.0
600326	西藏天路	3387.2	3387.2	547.2	547.2	0.0	0.0	0.0
600327	大东方	2613.8	2613.8	521.7	521.7	0.0	0.0	0.0
600328	兰太实业	2524.6	2524.6	359.1	359.1	0.0	0.0	0.0
600329	中新药业	6806.1	6731.9	739.3	533.4	0.0	200.0	5.9
600330	天通股份	5116.8	5116.8	588.8	588.8	0.0	0.0	0.0
600331	宏达股份	4200.2	4200.2	1032.0	1032.0	0.0	0.0	0.0
600332	白云山	29636.0	28672.4	1291.3	1036.6	0.0	219.9	34.8
600333	长春燃气	4258.1	3710.6	529.6	461.5	0.0	0.0	68.1
600335	国机汽车	7274.5	3584.7	560.0	276.0	0.0	0.0	284.0
600336	澳柯玛	3526.3	3516.0	682.1	680.1	0.0	0.0	2.0
600337	美克股份	3883.7	3796.1	647.3	632.7	0.0	0.0	14.6
600338	西藏珠峰	1529.5	1529.5	158.3	158.3	0.0	0.0	0.0
600339	天利高新	2509.2	2509.2	578.2	578.2	0.0	0.0	0.0
600340	华夏幸福	26761.9	10583.7	1322.9	523.2	0.0	0.0	799.7
600343	航天动力	4544.0	3413.1	319.1	239.7	0.0	0.0	79.4
600345	长江通信	2649.2	2649.2	198.0	198.0	0.0	0.0	0.0
600346	大橡塑	1624.3	1415.4	241.0	210.0	0.0	0.0	31.0
600348	阳泉煤业	16979.3	16979.3	2405.0	2405.0	0.0	0.0	0.0
600350	山东高速	14577.8	10192.3	4811.2	3363.8	0.0	0.0	1447.4
600351	亚宝药业	4318.1	3949.6	692.0	633.0	0.0	0.0	59.0
600352	浙江龙盛	20039.7	20039.7	1515.9	1515.9	0.0	0.0	0.0
600353	旭光股份	1813.3	1722.5	271.9	258.2	0.0	0.0	13.6

注：股本的单位为百万股，市值、营业收入、净利润的单位为百万元。

上市公司基本信息
Listed Companies in 2013

所属行业 Industry	所属地区 Area	营业收入 Revenue	净利润 Net Profit	每股收益(元) EPS	每股净资产(元) NAVPS
制造业	湖北	1126.7	31.0	0.09	2.13
制造业	内蒙	13910.2	736.9	0.71	6.43
批发和零售业	辽宁	427.5	52.7	0.15	2.71
制造业	湖北	3119.4	146.4	0.44	8.30
制造业	北京	8262.5	-1138.6	-2.18	1.46
制造业	江苏	5061.8	80.6	0.05	1.46
制造业	广西	678.0	47.7	0.20	0.10
制造业	陕西	821.2	11.3	0.03	3.49
制造业	辽宁	4836.3	-268.9	-0.47	3.58
制造业	江苏	1111.0	39.1	0.15	2.15
批发和零售业	辽宁	1860.4	-277.3	-1.56	0.38
制造业	甘肃	94569.8	-2338.5	-0.37	2.62
制造业	山东	9757.4	64.6	0.06	5.37
制造业	山东	20238.0	2891.4	1.34	4.48
电力、热力、燃气及水生产和供应业	广西	2223.7	54.8	0.20	11.91
采矿业	甘肃	210.3	4.9	0.01	1.37
制造业	河南	3818.4	398.6	0.49	3.94
批发和零售业	北京	2529.2	42.7	0.12	2.79
制造业	上海	4468.5	800.2	1.19	4.95
制造业	江西	2860.5	90.9	0.13	6.62
交通运输、仓储和邮政业	辽宁	3687.1	511.1	0.24	4.53
制造业	安徽	1178.1	107.1	0.44	4.12
制造业	山东	1628.2	8.8	0.03	1.19
制造业	上海	23201.6	139.8	0.03	3.31
制造业	四川	744.8	74.9	0.06	1.82
房地产业	天津	1749.4	143.7	0.13	4.04
电力、热力、燃气及水生产和供应业	广东	1001.5	233.9	0.40	4.22
房地产业	广东	7017.1	538.3	0.66	7.81
建筑业	西藏	1745.4	4.9	0.01	1.95
批发和零售业	江苏	8898.9	186.9	0.36	2.63
制造业	内蒙	2012.7	35.1	0.10	3.51
制造业	天津	6010.1	351.8	0.48	3.27
制造业	浙江	1256.1	12.1	0.02	1.99
制造业	四川	3511.3	26.5	0.03	0.74
制造业	广东	17608.2	980.1	0.76	5.29
制造业	吉林	1749.4	38.2	0.07	3.57
批发和零售业	天津	74887.8	681.1	1.22	6.37
制造业	山东	4312.4	152.2	0.22	1.35
制造业	新疆	2675.2	172.0	0.27	4.18
制造业	西藏	1569.1	20.9	0.13	0.17
制造业	新疆	3057.3	5.4	0.01	2.03
房地产业	浙江	21059.8	2714.9	2.05	5.03
制造业	陕西	1386.7	73.6	0.23	6.83
制造业	湖北	1064.0	-78.8	-0.40	5.43
制造业	辽宁	1217.8	11.1	0.05	2.38
采矿业	山西	26169.2	935.2	0.39	5.34
交通运输、仓储和邮政业	山东	5831.5	2322.2	0.48	4.02
制造业	山西	1624.9	118.2	0.17	2.43
制造业	浙江	14085.8	1349.1	0.89	6.05
制造业	四川	443.6	86.7	0.32	3.54

上市公司基本信息
Listed Companies in 2013

公司代码 Code	证券名称 Name	总市值 Market Capital	流通市值 Negotiable Capital	总股本 Total Vol	A 股流通股 A-Share Negotiable	B 股 B-Share	H 股 H-Share	限售股 Limited Share
600354	敦煌种业	3143.6	3066.4	447.8	436.8	0.0	0.0	11.0
600355	精伦电子	1311.4	1311.4	246.0	246.0	0.0	0.0	0.0
600356	恒丰纸业	1423.1	1423.1	252.3	252.3	0.0	0.0	0.0
600358	*ST 联合	1784.2	1784.2	432.0	432.0	0.0	0.0	0.0
600359	新农开发	2487.8	2487.8	321.0	321.0	0.0	0.0	0.0
600360	华微电子	2937.6	2698.8	738.1	678.1	0.0	0.0	60.0
600361	华联综超	2889.6	2104.1	665.8	484.8	0.0	0.0	181.0
600362	江西铜业	29427.0	29427.0	3462.7	2075.2	0.0	1387.5	0.0
600363	联创光电	3401.5	3242.9	443.5	422.8	0.0	0.0	20.7
600365	通葡股份	1652.0	1156.4	200.0	140.0	0.0	0.0	60.0
600366	宁波韵升	7079.5	7079.5	514.5	514.5	0.0	0.0	0.0
600367	红星发展	2460.6	2460.6	291.2	291.2	0.0	0.0	0.0
600368	五洲交通	3835.5	3835.5	833.8	833.8	0.0	0.0	0.0
600369	西南证券	23063.0	23063.0	2322.6	2322.6	0.0	0.0	0.0
600370	三房巷	1447.8	1447.8	318.9	318.9	0.0	0.0	0.0
600371	万向德农	1872.1	1872.1	204.6	204.6	0.0	0.0	0.0
600372	中航电子	41973.6	21541.5	1759.2	902.8	0.0	0.0	856.3
600373	中文传媒	11777.8	10142.3	658.7	567.2	0.0	0.0	91.5
600375	华菱星马	5779.7	1949.8	555.7	187.5	0.0	0.0	368.3
600376	首开股份	11277.3	11277.3	2242.0	2242.0	0.0	0.0	0.0
600377	宁沪高速	21291.9	21163.6	5037.7	3792.8	0.0	1222.0	23.0
600378	天科股份	3078.9	3078.9	297.2	297.2	0.0	0.0	0.0
600379	宝光股份	1835.0	1835.0	235.9	235.9	0.0	0.0	0.0
600380	健康元	7450.9	7450.9	1545.8	1545.8	0.0	0.0	0.0
600381	*ST 贤成	3331.8	2462.7	1601.8	1184.0	0.0	0.0	417.9
600382	广东明珠	2470.8	2470.8	341.7	341.7	0.0	0.0	0.0
600383	金地集团	29869.7	29869.7	4471.5	4471.5	0.0	0.0	0.0
600385	*ST 金泰	0.0	0.0	148.1	142.8	0.0	0.0	5.3
600386	北巴传媒	3298.2	3298.2	403.2	403.2	0.0	0.0	0.0
600387	海越股份	7783.8	7775.9	386.1	385.7	0.0	0.0	0.4
600388	龙净环保	14333.8	14215.0	427.6	424.1	0.0	0.0	3.5
600389	江山股份	7747.7	7747.7	198.0	198.0	0.0	0.0	0.0
600390	金瑞科技	3199.5	2621.6	390.7	320.1	0.0	0.0	70.6
600391	成发科技	3984.7	3984.7	330.1	330.1	0.0	0.0	0.0
600392	盛和资源	7400.3	3078.8	376.4	156.6	0.0	0.0	219.8
600393	东华实业	1653.0	1595.2	300.0	289.5	0.0	0.0	10.5
600395	盘江股份	12015.7	12015.7	1655.1	1655.1	0.0	0.0	0.0
600396	金山股份	2500.0	2500.0	340.6	340.6	0.0	0.0	0.0
600397	安源煤业	4207.3	2742.7	990.0	645.3	0.0	0.0	344.6
600398	凯诺科技	4578.0	4578.0	646.6	646.6	0.0	0.0	0.0
600399	抚顺特钢	3031.6	2634.3	520.0	451.8	0.0	0.0	68.2
600400	红豆股份	2673.1	2673.1	560.4	560.4	0.0	0.0	0.0
600401	海润光伏	8125.5	2420.4	1036.4	308.7	0.0	0.0	727.7
600403	大有能源	17022.6	6966.5	2390.8	978.4	0.0	0.0	1412.4
600405	动力源	2670.5	2402.3	282.6	254.2	0.0	0.0	28.4
600406	国电南瑞	32799.6	32799.6	2205.8	2205.8	0.0	0.0	0.0
600408	安泰集团	2718.4	2718.4	1006.8	1006.8	0.0	0.0	0.0
600409	三友化工	8604.3	7764.2	1850.4	1669.7	0.0	0.0	180.7
600410	华胜天成	4360.7	4302.8	646.0	637.4	0.0	0.0	8.6
600415	小商品城	15975.8	15975.8	2721.6	2721.6	0.0	0.0	0.0

注：股本的单位为百万股，市值、营业收入、净利润的单位为百万元。

上市公司基本信息
Listed Companies in 2013

所属行业 Industry	所属地区 Area	营业收入 Revenue	净利润 Net Profit	每股收益(元) EPS	每股净资产(元) NAVPS
农、林、牧、渔业	甘肃	1874.8	17.3	0.04	2.23
制造业	湖北	315.5	-57.0	-0.23	1.68
制造业	黑龙江	1517.8	73.7	0.29	6.07
租赁和商务服务业	江苏	118.6	10.5	0.02	1.06
农、林、牧、渔业	新疆	868.1	15.2	0.05	1.27
制造业	吉林	1247.9	44.0	0.06	2.63
批发和零售业	北京	12747.5	40.6	0.06	4.55
制造业	江西	175890.2	3565.0	1.03	12.86
制造业	江西	1602.3	158.0	0.36	3.75
制造业	吉林	85.0	9.9	0.05	3.41
制造业	浙江	2138.4	350.2	0.68	5.77
制造业	贵州	1053.1	3.3	0.01	4.12
交通运输、仓储和邮政业	广西	6175.6	191.8	0.23	3.59
金融业	重庆	1964.1	630.3	0.27	4.66
制造业	江苏	1325.0	24.8	0.08	3.73
农、林、牧、渔业	黑龙江	413.0	-35.4	-0.17	1.73
制造业	江西	5998.6	627.4	0.36	2.78
文化、体育和娱乐业	江西	11386.8	637.2	0.97	8.71
制造业	安徽	6560.5	247.9	0.45	7.39
房地产业	北京	13501.3	1288.8	0.57	6.22
交通运输、仓储和邮政业	江苏	7614.2	2707.7	0.54	3.89
制造业	四川	684.4	74.6	0.25	2.25
制造业	陕西	590.2	18.7	0.08	1.66
制造业	广东	6219.9	273.6	0.18	2.64
制造业	青海	4.2	32.9	0.02	-0.02
批发和零售业	广东	54.5	201.4	0.59	4.86
房地产业	广东	34835.8	3608.8	0.81	6.51
制造业	山东	537.9	26.8	0.18	0.12
批发和零售业	北京	3105.9	174.2	0.43	3.90
批发和零售业	浙江	4532.8	62.9	0.16	2.90
制造业	福建	5568.2	456.7	1.07	6.51
制造业	江苏	3162.6	302.8	1.53	6.11
制造业	湖南	1052.8	9.9	0.03	2.37
制造业	四川	1815.1	31.9	0.10	5.01
制造业	山西	1374.7	147.9	0.39	2.82
房地产业	广东	489.6	25.3	0.08	3.19
采矿业	贵州	5783.7	479.8	0.29	4.36
电力、热力、燃气及水生产和供应业	辽宁	4412.7	215.9	0.63	3.88
采矿业	江西	17435.5	248.3	0.25	3.93
制造业	江苏	1365.5	141.7	0.22	3.34
制造业	辽宁	5459.5	23.2	0.04	3.29
制造业	江苏	2394.4	47.9	0.09	2.49
制造业	江苏	4758.6	-202.6	-0.20	2.18
采矿业	河南	11165.8	1193.6	0.50	4.34
制造业	北京	793.3	31.2	0.11	2.53
信息传输、软件和信息技术服务业	江苏	9575.6	1600.3	0.66	2.50
制造业	山西	4483.8	-243.0	-0.24	2.16
制造业	河北	11786.9	445.2	0.24	3.08
信息传输、软件和信息技术服务业	北京	4816.0	41.8	0.06	3.59
租赁和商务服务业	浙江	3654.7	707.5	0.26	3.19

上市公司基本信息
Listed Companies in 2013

公司代码 Code	证券名称 Name	总市值 Market Capital	流通市值 Negotiable Capital	总股本 Total Vol	A 股流通股 A-Share Negotiable	B 股 B-Share	H 股 H-Share	限售股 Limited Share
600416	湘电股份	4180.3	4180.3	608.5	608.5	0.0	0.0	0.0
600418	江淮汽车	11217.2	9332.7	1284.9	1069.0	0.0	0.0	215.9
600419	新疆天宏	1467.8	1361.9	86.4	80.2	0.0	0.0	6.2
600420	现代制药	4687.2	4687.2	287.7	287.7	0.0	0.0	0.0
600421	*ST 国药	1257.7	1257.7	195.6	195.6	0.0	0.0	0.0
600422	昆明制药	8047.3	8034.1	341.1	340.6	0.0	0.0	0.6
600423	柳化股份	1653.3	1653.3	399.3	399.3	0.0	0.0	0.0
600425	青松建化	5294.6	5294.6	1378.8	1378.8	0.0	0.0	0.0
600426	华鲁恒升	6456.0	6456.0	953.6	953.6	0.0	0.0	0.0
600428	中远航运	5933.5	5933.5	1690.4	1690.4	0.0	0.0	0.0
600429	三元股份	7221.6	7221.6	885.0	885.0	0.0	0.0	0.0
600432	吉恩镍业	6270.0	6270.0	811.1	811.1	0.0	0.0	0.0
600433	冠豪高新	12664.6	11770.8	1190.3	1106.3	0.0	0.0	84.0
600435	北方导航	9814.6	9814.6	744.7	744.7	0.0	0.0	0.0
600436	片仔癀	15173.0	15173.0	160.9	160.9	0.0	0.0	0.0
600438	通威股份	7313.1	6153.3	817.1	687.5	0.0	0.0	129.6
600439	瑞贝卡	4735.5	4735.5	943.3	943.3	0.0	0.0	0.0
600444	*ST 国通	1289.4	1289.4	105.0	105.0	0.0	0.0	0.0
600446	金证股份	4057.2	4057.2	262.6	262.6	0.0	0.0	0.0
600448	华纺股份	1311.2	1311.2	319.8	319.8	0.0	0.0	0.0
600449	宁夏建材	3726.1	1953.5	478.3	250.8	0.0	0.0	227.6
600452	涪陵电力	1270.4	1270.4	160.0	160.0	0.0	0.0	0.0
600455	博通股份	888.8	707.5	62.5	49.7	0.0	0.0	12.7
600456	宝钛股份	5442.9	5442.9	430.3	430.3	0.0	0.0	0.0
600458	时代新材	6607.6	6607.6	661.4	661.4	0.0	0.0	0.0
600459	贵研铂业	4049.2	3944.0	200.8	195.5	0.0	0.0	5.2
600460	士兰微	5756.2	5209.0	959.4	868.2	0.0	0.0	91.2
600461	洪城水业	2778.6	2778.6	330.0	330.0	0.0	0.0	0.0
600462	石岘纸业	2679.6	2679.6	533.8	533.8	0.0	0.0	0.0
600463	空港股份	1960.6	1960.6	252.0	252.0	0.0	0.0	0.0
600466	迪康药业	2058.9	2058.9	439.0	439.0	0.0	0.0	0.0
600467	好当家	4076.2	4017.7	730.5	720.0	0.0	0.0	10.5
600468	百利电气	4370.3	4370.3	456.2	456.2	0.0	0.0	0.0
600469	风神股份	3037.0	3037.0	374.9	374.9	0.0	0.0	0.0
600470	六国化工	3390.4	3390.4	521.6	521.6	0.0	0.0	0.0
600475	华光股份	3130.9	3130.9	256.0	256.0	0.0	0.0	0.0
600476	湘邮科技	1454.5	1454.5	161.1	161.1	0.0	0.0	0.0
600477	杭萧钢构	1710.2	1710.2	463.5	463.5	0.0	0.0	0.0
600478	科力远	8166.5	8166.5	314.8	314.8	0.0	0.0	0.0
600479	千金药业	3837.7	3837.7	304.8	304.8	0.0	0.0	0.0
600480	凌云股份	2532.0	2532.0	361.7	361.7	0.0	0.0	0.0
600481	双良节能	9243.3	9243.3	810.1	810.1	0.0	0.0	0.0
600482	风帆股份	5441.3	4720.6	531.4	461.0	0.0	0.0	70.4
600483	福建南纺	1880.9	1880.9	288.5	288.5	0.0	0.0	0.0
600485	中创信测	2842.4	2842.4	138.6	138.6	0.0	0.0	0.0
600486	扬农化工	6024.1	6024.1	172.2	172.2	0.0	0.0	0.0
600487	亨通光电	4375.7	3510.1	207.1	166.1	0.0	0.0	41.0
600488	天药股份	4054.8	3436.5	960.9	814.3	0.0	0.0	146.5
600489	中金黄金	25164.6	25164.6	2943.2	2943.2	0.0	0.0	0.0
600490	鹏欣资源	10231.2	5821.2	870.0	495.0	0.0	0.0	375.0

注：股本的单位为百万股，市值、营业收入、净利润的单位为百万元。

上市公司基本信息
Listed Companies in 2013

所属行业 Industry	所属地区 Area	营业收入 Revenue	净利润 Net Profit	每股收益(元) EPS	每股净资产(元) NAVPS
制造业	湖南	6626.5	48.1	0.08	3.47
制造业	安徽	33620.2	917.3	0.71	5.32
制造业	新疆	87.5	34.8	0.40	2.94
制造业	上海	2349.8	132.8	0.46	3.46
制造业	湖北	111.4	13.8	0.07	0.02
制造业	云南	3584.3	231.6	0.68	5.15
制造业	广西	2586.7	-148.8	-0.37	3.34
制造业	新疆	2425.5	86.6	0.06	3.91
制造业	山东	8469.4	489.5	0.51	6.15
交通运输、仓储和邮政业	广东	7441.6	32.6	0.02	3.83
制造业	北京	3787.7	-226.5	-0.26	1.78
制造业	吉林	2369.3	98.5	0.12	3.66
制造业	广东	945.7	153.8	0.13	1.41
制造业	北京	1051.7	22.9	0.03	2.81
制造业	福建	1395.9	429.8	2.67	15.58
制造业	四川	15189.9	305.9	0.37	2.77
制造业	河南	2129.1	172.6	0.18	2.39
制造业	安徽	421.5	4.7	0.04	0.05
信息传输、软件和信息技术服务业	广东	2031.6	109.2	0.42	2.60
制造业	山东	2221.8	17.0	0.05	1.32
制造业	宁夏	4206.9	300.1	0.63	8.52
电力、热力、燃气及水生产和供应业	重庆	1243.9	54.2	0.34	2.68
综合	陕西	260.5	10.5	0.17	2.00
制造业	陕西	2372.6	11.7	0.03	8.41
制造业	湖南	4164.7	121.6	0.18	4.64
制造业	云南	5426.6	79.9	0.40	8.40
制造业	浙江	1637.9	115.3	0.12	2.35
电力、热力、燃气及水生产和供应业	江西	1187.7	99.6	0.30	5.29
制造业	吉林	300.9	7.2	0.01	0.60
建筑业	北京	918.2	75.4	0.30	3.10
制造业	四川	376.9	22.5	0.05	1.33
农、林、牧、渔业	山东	969.3	115.0	0.16	3.99
制造业	天津	756.2	33.8	0.07	1.32
制造业	河南	8538.2	313.1	0.84	6.59
制造业	安徽	5715.0	14.2	0.03	4.34
制造业	江苏	3325.0	75.7	0.30	5.11
信息传输、软件和信息技术服务业	湖南	233.5	-62.0	-0.38	1.39
建筑业	浙江	3973.8	44.6	0.10	1.70
制造业	湖南	1130.7	10.2	0.03	3.04
制造业	湖南	1972.9	123.8	0.41	3.31
制造业	河北	5632.8	134.5	0.37	5.32
制造业	江苏	6559.2	520.5	0.64	3.08
制造业	河北	5223.7	116.4	0.22	3.66
制造业	福建	1179.7	21.5	0.07	2.57
制造业	北京	232.8	14.8	0.11	3.33
制造业	江苏	3004.6	377.6	2.19	13.30
制造业	江苏	8586.5	291.0	1.41	13.07
制造业	天津	1480.5	51.9	0.05	2.40
采矿业	北京	30491.1	431.1	0.15	3.39
制造业	上海	2218.9	98.8	0.11	1.74

上市公司基本信息
Listed Companies in 2013

公司代码 Code	证券名称 Name	总市值 Market Capital	流通市值 Negotiable Capital	总股本 Total Vol	A 股流通股 A-Share Negotiable	B 股 B-Share	H 股 H-Share	限售股 Limited Share
600491	龙元建设	3354.5	3354.5	947.6	947.6	0.0	0.0	0.0
600493	凤竹纺织	1400.8	1400.8	272.0	272.0	0.0	0.0	0.0
600495	晋西车轴	5516.6	3974.4	419.5	302.2	0.0	0.0	117.3
600496	精工钢构	4106.0	4106.0	586.6	586.6	0.0	0.0	0.0
600497	驰宏锌锗	15625.0	15625.0	1667.6	1667.6	0.0	0.0	0.0
600498	烽火通信	14872.1	14872.1	965.7	965.7	0.0	0.0	0.0
600499	科达机电	13384.9	12876.4	666.2	640.9	0.0	0.0	25.3
600500	中化国际	15830.9	10925.7	2083.0	1437.6	0.0	0.0	645.4
600501	航天晨光	3647.6	3647.6	389.3	389.3	0.0	0.0	0.0
600502	安徽水利	4176.1	4176.1	501.9	501.9	0.0	0.0	0.0
600503	华丽家族	4749.9	4584.8	1139.1	1099.5	0.0	0.0	39.6
600505	西昌电力	3350.4	3350.4	364.6	364.6	0.0	0.0	0.0
600506	香梨股份	1395.8	1395.8	147.7	147.7	0.0	0.0	0.0
600507	方大特钢	4810.3	4810.3	1310.7	1310.7	0.0	0.0	0.0
600508	上海能源	7162.1	7162.1	722.7	722.7	0.0	0.0	0.0
600509	天富热电	7979.2	5776.7	905.7	655.7	0.0	0.0	250.0
600510	黑牡丹	4844.7	4844.7	795.5	795.5	0.0	0.0	0.0
600511	国药股份	9035.0	5239.1	478.8	277.6	0.0	0.0	201.2
600512	腾达建设	2247.7	2247.7	736.9	736.9	0.0	0.0	0.0
600513	联环药业	1679.8	1630.5	156.7	152.1	0.0	0.0	4.6
600515	海岛建设	3238.4	2264.0	422.8	295.6	0.0	0.0	127.2
600516	方大炭素	13082.8	11680.5	1719.2	1534.9	0.0	0.0	184.3
600517	置信电气	10232.7	9156.8	691.4	618.7	0.0	0.0	72.7
600518	康美药业	39576.9	39576.9	2198.7	2198.7	0.0	0.0	0.0
600519	贵州茅台	133281.5	133281.5	1038.2	1038.2	0.0	0.0	0.0
600520	中发科技	1045.6	1045.6	113.0	113.0	0.0	0.0	0.0
600521	华海药业	10640.8	10580.9	785.3	780.9	0.0	0.0	4.4
600522	中天科技	7693.2	7693.2	704.5	704.5	0.0	0.0	0.0
600523	贵航股份	3497.3	3495.0	288.8	288.6	0.0	0.0	0.2
600525	长园集团	7642.1	7642.1	863.5	863.5	0.0	0.0	0.0
600526	菲达环保	4152.3	2857.4	203.4	140.0	0.0	0.0	63.4
600527	江南高纤	5598.6	5598.6	802.1	802.1	0.0	0.0	0.0
600528	中铁二局	7471.1	7471.1	1459.2	1459.2	0.0	0.0	0.0
600529	山东药玻	2573.8	2573.8	257.4	257.4	0.0	0.0	0.0
600530	交大昂立	2461.7	2461.7	312.0	312.0	0.0	0.0	0.0
600531	豫光金铅	2739.9	2739.9	295.3	295.3	0.0	0.0	0.0
600532	宏达矿业	2991.6	1246.5	396.2	165.1	0.0	0.0	231.1
600533	栖霞建设	3517.5	3517.5	1050.0	1050.0	0.0	0.0	0.0
600535	天士力	44298.6	44298.6	1032.8	1032.8	0.0	0.0	0.0
600536	中国软件	9315.1	8501.9	247.3	225.7	0.0	0.0	21.6
600537	亿晶光电	5286.3	2502.8	485.9	230.0	0.0	0.0	255.8
600538	*ST 国发	1354.2	1354.2	279.2	279.2	0.0	0.0	0.0
600539	ST 狮头	1336.3	932.1	230.0	160.4	0.0	0.0	69.6
600540	新赛股份	1795.1	1795.1	302.7	302.7	0.0	0.0	0.0
600543	莫高股份	2919.0	2919.0	321.1	321.1	0.0	0.0	0.0
600545	新疆城建	4304.8	4304.8	675.8	675.8	0.0	0.0	0.0
600546	山煤国际	9813.2	9813.2	1982.5	1982.5	0.0	0.0	0.0
600547	山东黄金	24548.0	24548.0	1423.1	1423.1	0.0	0.0	0.0
600548	深高速	4830.1	4830.1	2180.8	1433.3	0.0	747.5	0.0
600549	厦门钨业	16394.8	16394.8	682.0	682.0	0.0	0.0	0.0

注：股本的单位为百万股，市值、营业收入、净利润的单位为百万元。

上市公司基本信息
Listed Companies in 2013

所属行业 Industry	所属地区 Area	营业收入 Revenue	净利润 Net Profit	每股收益(元) EPS	每股净资产(元) NAVPS
建筑业	浙江	15328.0	221.6	0.23	3.28
制造业	福建	880.1	14.0	0.05	2.31
制造业	山西	2830.0	114.4	0.27	7.04
建筑业	安徽	7519.7	237.1	0.40	3.93
采矿业	云南	18077.6	589.4	0.35	4.40
制造业	湖北	9109.5	519.1	0.54	5.85
制造业	广东	3811.9	370.2	0.56	4.32
制造业	上海	46810.4	608.5	0.29	5.06
制造业	江苏	3766.2	38.2	0.10	3.03
建筑业	安徽	6812.2	202.9	0.40	3.09
房地产业	上海	721.4	22.7	0.02	1.73
电力、热力、燃气及水生产和供应业	四川	652.7	66.9	0.18	2.41
农、林、牧、渔业	新疆	115.1	4.8	0.03	1.94
制造业	江西	13214.7	562.8	0.42	1.95
采矿业	上海	8461.0	152.7	0.21	11.01
电力、热力、燃气及水生产和供应业	新疆	3107.5	271.2	0.30	4.77
房地产业	江苏	4557.1	392.4	0.49	5.69
批发和零售业	北京	10081.5	411.5	0.86	4.40
建筑业	浙江	1851.5	151.0	0.20	1.62
制造业	江苏	623.3	38.3	0.24	2.56
批发和零售业	海南	1036.7	33.1	0.08	1.87
制造业	甘肃	3373.5	236.1	0.14	3.22
制造业	上海	3268.9	283.4	0.41	3.06
制造业	广东	13358.7	1879.8	0.86	5.47
制造业	贵州	30921.8	15136.6	14.58	41.05
制造业	安徽	326.3	6.8	0.06	1.78
制造业	浙江	2296.4	359.2	0.46	3.83
制造业	江苏	6771.3	526.5	0.75	7.44
制造业	贵州	2720.3	131.3	0.45	6.05
制造业	广东	2821.5	303.9	0.35	2.92
制造业	浙江	1960.0	40.1	0.20	6.39
制造业	江苏	1633.8	239.0	0.30	2.25
建筑业	四川	79566.9	421.6	0.29	4.07
制造业	山东	1544.5	122.3	0.48	7.89
制造业	上海	357.0	83.0	0.27	4.24
制造业	河南	11291.3	-498.7	-1.69	4.55
采矿业	山东	687.0	163.7	0.41	2.68
房地产业	江苏	2157.3	172.4	0.16	3.53
制造业	天津	11097.9	1100.3	1.07	3.71
信息传输、软件和信息技术服务业	北京	2980.6	63.7	0.26	7.68
制造业	浙江	2690.1	68.9	0.14	2.57
制造业	广西	452.4	10.7	0.04	0.16
制造业	山西	82.0	-130.2	-0.57	2.06
农、林、牧、渔业	新疆	1361.0	-38.5	-0.13	2.24
制造业	甘肃	364.7	-82.8	-0.26	3.27
建筑业	新疆	4441.0	177.0	0.26	3.06
批发和零售业	山西	81328.6	244.0	0.12	4.02
采矿业	山东	46167.8	1127.0	0.79	5.96
交通运输、仓储和邮政业	广东	3279.3	719.7	0.33	4.57
制造业	福建	9875.5	459.6	0.67	6.10

上市公司基本信息
Listed Companies in 2013

公司代码 Code	证券名称 Name	总市值 Market Capital	流通市值 Negotiable Capital	总股本 Total Vol	A 股流通股 A-Share Negotiable	B 股 B-Share	H 股 H-Share	限售股 Limited Share
600550	天威保变	7139.6	7139.6	1373.0	1373.0	0.0	0.0	0.0
600551	时代出版	8250.0	8250.0	505.8	505.8	0.0	0.0	0.0
600552	方兴科技	4509.0	3306.4	239.3	175.5	0.0	0.0	63.8
600555	*ST 九龙	3485.6	3485.6	1303.5	973.5	330.0	0.0	0.0
600556	*ST 北生	1413.4	928.8	394.8	259.4	0.0	0.0	135.4
600557	康缘药业	12644.0	9342.2	415.6	307.1	0.0	0.0	108.5
600558	大西洋	1457.0	1449.8	207.3	206.2	0.0	0.0	1.0
600559	老白干酒	3635.8	3635.8	140.0	140.0	0.0	0.0	0.0
600560	金自天正	1912.2	1912.2	223.6	223.6	0.0	0.0	0.0
600561	江西长运	2572.1	2015.1	237.1	185.7	0.0	0.0	51.3
600562	国睿科技	5795.5	2982.7	128.5	66.1	0.0	0.0	62.4
600563	法拉电子	5109.8	5109.8	225.0	225.0	0.0	0.0	0.0
600565	迪马股份	2455.2	2455.2	720.0	720.0	0.0	0.0	0.0
600566	洪城股份	2755.7	2755.7	138.2	138.2	0.0	0.0	0.0
600567	山鹰纸业	7948.2	3161.9	3766.9	1498.5	0.0	0.0	2268.4
600568	中珠控股	3112.9	1598.2	366.2	188.0	0.0	0.0	178.2
600569	安阳钢铁	4141.1	4141.1	2393.7	2393.7	0.0	0.0	0.0
600570	恒生电子	12887.4	12887.4	617.8	617.8	0.0	0.0	0.0
600571	信雅达	3218.7	3178.6	202.7	200.2	0.0	0.0	2.5
600572	康恩贝	10937.7	9469.9	809.6	701.0	0.0	0.0	108.6
600573	惠泉啤酒	1482.5	1482.5	250.0	250.0	0.0	0.0	0.0
600575	芜湖港	7890.4	4611.2	2435.3	1423.2	0.0	0.0	1012.1
600576	万好万家	1576.8	1576.8	218.1	218.1	0.0	0.0	0.0
600577	精达股份	2731.8	2731.8	709.6	709.6	0.0	0.0	0.0
600578	京能电力	16760.9	5571.2	4617.3	1534.8	0.0	0.0	3082.5
600579	*ST 黄海	2539.9	1638.4	396.2	255.6	0.0	0.0	140.6
600580	卧龙电气	6918.6	4284.6	1110.5	687.7	0.0	0.0	422.8
600581	八一钢铁	3165.4	3165.4	766.4	766.4	0.0	0.0	0.0
600582	天地科技	8533.9	8533.9	1213.9	1213.9	0.0	0.0	0.0
600583	海油工程	34309.7	30182.1	4421.4	3889.4	0.0	0.0	531.9
600584	长电科技	5460.1	5460.1	853.1	853.1	0.0	0.0	0.0
600585	海螺水泥	67835.0	67835.0	5299.3	3999.7	0.0	1299.6	0.0
600586	金晶科技	4495.8	3056.1	1422.7	967.1	0.0	0.0	455.6
600587	新华医疗	13896.3	12168.1	198.8	174.1	0.0	0.0	24.7
600588	用友软件	13276.0	13276.0	959.2	959.2	0.0	0.0	0.0
600589	广东榕泰	3026.7	3026.7	601.7	601.7	0.0	0.0	0.0
600590	泰豪科技	3347.2	3347.2	500.3	500.3	0.0	0.0	0.0
600592	龙溪股份	2960.7	2223.0	399.6	300.0	0.0	0.0	99.6
600593	大连圣亚	1208.9	1208.9	92.0	92.0	0.0	0.0	0.0
600594	益佰制药	11763.6	11609.8	360.6	355.9	0.0	0.0	4.7
600595	中孚实业	6374.0	5544.4	1741.5	1514.9	0.0	0.0	226.7
600596	新安股份	7192.6	7192.6	679.2	679.2	0.0	0.0	0.0
600597	光明乳业	27183.8	27137.0	1224.5	1222.4	0.0	0.0	2.1
600598	北大荒	20105.6	20105.6	1777.7	1777.7	0.0	0.0	0.0
600599	熊猫烟花	1620.2	1229.8	166.0	126.0	0.0	0.0	40.0
600600	青岛啤酒	34065.0	34065.0	1351.0	695.9	0.0	655.1	0.0
600601	方正科技	6101.8	6101.8	2194.9	2194.9	0.0	0.0	0.0
600602	仪电电子	5820.3	5820.3	1172.9	879.6	293.4	0.0	0.0
600603	*ST 兴业	1023.8	1023.8	194.6	194.6	0.0	0.0	0.0
600604	市北高新	4080.5	4080.5	566.4	333.5	232.9	0.0	0.0

注：股本的单位为百万股，市值、营业收入、净利润的单位为百万元。

上市公司基本信息
Listed Companies in 2013

所属行业 Industry	所属地区 Area	营业收入 Revenue	净利润 Net Profit	每股收益(元) EPS	每股净资产(元) NAVPS
制造业	河北	4359.0	-5233.4	-3.81	0.05
文化、体育和娱乐业	安徽	4324.1	346.7	0.69	6.68
制造业	安徽	982.6	144.8	0.61	6.75
房地产业	上海	67.4	27.3	0.02	1.26
制造业	广西	42.5	32.6	0.08	0.00
制造业	江苏	2230.3	297.0	0.71	4.52
制造业	四川	2186.1	39.9	0.19	5.31
制造业	河北	1802.7	65.6	0.47	4.46
制造业	北京	1030.1	62.5	0.28	3.14
交通运输、仓储和邮政业	江西	2453.9	135.6	0.57	5.86
制造业	江苏	904.1	94.5	0.74	6.03
制造业	福建	1326.8	286.2	1.27	7.17
房地产业	重庆	3049.8	34.0	0.05	1.78
制造业	湖北	2447.6	402.7	1.09	3.13
制造业	安徽	6578.1	207.9	0.08	2.40
制造业	湖北	790.6	62.4	0.17	2.81
制造业	河南	26137.7	52.1	0.02	3.00
信息传输、软件和信息技术服务业	浙江	1210.6	323.3	0.52	2.67
信息传输、软件和信息技术服务业	浙江	924.4	92.0	0.45	3.02
制造业	浙江	2924.2	417.4	0.52	2.92
制造业	福建	796.3	20.4	0.08	4.26
交通运输、仓储和邮政业	安徽	34145.2	265.3	0.11	1.97
批发和零售业	浙江	80.0	8.3	0.04	2.30
制造业	安徽	9549.6	131.7	0.19	2.30
电力、热力、燃气及水生产和供应业	北京	10070.8	2196.4	0.48	2.84
制造业	山东	1245.9	-41.5	-0.10	1.56
制造业	浙江	5727.7	364.0	0.33	3.23
制造业	新疆	23195.9	33.4	0.04	4.76
制造业	北京	12674.2	852.7	0.70	4.82
采矿业	天津	20339.2	2744.2	0.62	3.75
制造业	江苏	5102.1	11.1	0.01	2.85
制造业	安徽	55261.7	9380.2	1.77	10.59
制造业	山东	3464.4	99.9	0.07	2.90
制造业	山东	4193.8	231.7	1.17	12.14
信息传输、软件和信息技术服务业	北京	4362.7	547.9	0.56	3.32
制造业	广东	1186.2	54.6	0.09	3.35
制造业	江西	2501.5	14.7	0.03	4.27
制造业	福建	705.1	50.8	0.13	4.66
水利、环境和公共设施管理业	辽宁	252.4	32.5	0.35	3.46
制造业	贵州	2784.9	429.2	1.19	5.33
制造业	河南	10668.3	-848.6	-0.49	3.11
制造业	浙江	6765.3	435.3	0.64	6.46
制造业	上海	16290.9	406.0	0.33	3.49
农、林、牧、渔业	黑龙江	9388.6	-376.8	-0.21	2.75
制造业	湖南	162.2	12.7	0.08	3.97
制造业	山东	28291.0	1973.4	1.46	10.38
制造业	上海	5233.8	70.4	0.03	1.97
制造业	上海	1138.4	114.1	0.10	2.14
综合	上海	46.6	123.1	0.63	0.04
房地产业	上海	426.2	171.8	0.30	2.28

上市公司基本信息
Listed Companies in 2013

公司代码 Code	证券名称 Name	总市值 Market Capital	流通市值 Negotiable Capital	总股本 Total Vol	A 股流通股 A-Share Negotiable	B 股 B-Share	H 股 H-Share	限售股 Limited Share
600605	汇通能源	1248.0	1248.0	147.3	147.3	0.0	0.0	0.0
600606	金丰投资	2710.8	2710.8	518.3	518.3	0.0	0.0	0.0
600608	上海科技	1996.2	1878.9	328.9	309.5	0.0	0.0	19.3
600609	金杯汽车	3201.5	3201.5	1092.7	1092.7	0.0	0.0	0.0
600610	S 中纺机	6457.9	1225.7	357.1	25.7	120.1	0.0	211.2
600611	大众交通	8605.0	8605.0	1576.1	1042.2	533.9	0.0	0.0
600612	老凤祥	10472.5	10472.5	523.1	317.1	206.0	0.0	0.0
600613	神奇制药	5772.6	1725.3	445.1	102.3	45.6	0.0	297.2
600614	鼎立股份	5128.9	5128.9	567.4	446.8	120.6	0.0	0.0
600615	丰华股份	1842.6	1830.7	188.0	186.8	0.0	0.0	1.2
600616	金枫酒业	3777.0	3777.0	438.7	438.7	0.0	0.0	0.0
600617	*ST 联华	11159.6	2854.9	563.0	102.6	64.6	0.0	395.8
600618	氯碱化工	6200.4	6200.4	1156.4	749.8	406.6	0.0	0.0
600619	海立股份	3711.5	3251.3	667.7	318.6	284.2	0.0	65.0
600620	天宸股份	4120.1	4120.1	457.8	457.8	0.0	0.0	0.0
600621	华鑫股份	3134.0	3134.0	524.1	524.1	0.0	0.0	0.0
600622	嘉宝集团	3173.3	3173.3	514.3	514.3	0.0	0.0	0.0
600623	双钱股份	7275.2	7275.2	889.5	646.4	243.1	0.0	0.0
600624	复旦复华	3203.0	3203.0	345.2	345.2	0.0	0.0	0.0
600626	申达股份	6356.7	6356.7	710.2	710.2	0.0	0.0	0.0
600628	新世界	4504.3	4504.3	531.8	531.8	0.0	0.0	0.0
600629	棱光实业	3253.8	3253.8	348.0	348.0	0.0	0.0	0.0
600630	龙头股份	3985.2	3985.2	424.9	424.9	0.0	0.0	0.0
600633	浙报传媒	18044.1	4617.8	594.1	152.1	0.0	0.0	442.1
600634	ST 澄海	3267.0	935.7	304.5	87.2	0.0	0.0	217.3
600635	大众公用	9013.9	9013.9	1644.9	1644.9	0.0	0.0	0.0
600636	三爱富	4346.6	4346.6	382.0	382.0	0.0	0.0	0.0
600637	百视通	41174.8	30889.0	1113.7	835.5	0.0	0.0	278.2
600638	新黄浦	6868.6	6868.6	561.2	561.2	0.0	0.0	0.0
600639	浦东金桥	9491.8	9491.8	928.8	656.6	272.2	0.0	0.0
600640	号百控股	9556.3	3684.4	535.4	206.4	0.0	0.0	329.0
600641	万业企业	3466.5	3466.5	806.2	806.2	0.0	0.0	0.0
600642	申能股份	20711.8	20711.8	4552.0	4552.0	0.0	0.0	0.0
600643	爱建股份	12547.3	9283.4	1105.5	817.9	0.0	0.0	287.6
600644	乐山电力	2634.7	2634.7	326.5	326.5	0.0	0.0	0.0
600645	中源协和	8369.0	7782.4	349.3	324.8	0.0	0.0	24.5
600647	同达创业	1398.4	1398.4	139.1	139.1	0.0	0.0	0.0
600648	外高桥	28749.6	28749.6	1010.8	810.2	200.6	0.0	0.0
600649	城投控股	24886.1	24886.1	2987.5	2987.5	0.0	0.0	0.0
600650	锦江投资	4812.0	4812.0	551.6	390.6	161.1	0.0	0.0
600651	飞乐音响	4220.1	4220.1	739.1	739.1	0.0	0.0	0.0
600652	爱使股份	2267.0	2267.0	557.0	557.0	0.0	0.0	0.0
600653	申华控股	4348.5	4348.5	1746.4	1746.4	0.0	0.0	0.0
600654	飞乐股份	5511.8	5511.8	755.0	755.0	0.0	0.0	0.0
600655	豫园商城	11153.6	11153.6	1437.3	1437.3	0.0	0.0	0.0
600656	博元投资	1130.6	1130.6	190.3	190.3	0.0	0.0	0.0
600657	信达地产	4923.4	4923.4	1524.3	1524.3	0.0	0.0	0.0
600658	电子城	6810.3	6810.3	580.1	580.1	0.0	0.0	0.0
600660	福耀玻璃	16604.8	16604.8	2003.0	2003.0	0.0	0.0	0.0
600661	新南洋	2091.1	2091.1	173.7	173.7	0.0	0.0	0.0

注：股本的单位为百万股，市值、营业收入、净利润的单位为百万元。

上市公司基本信息
Listed Companies in 2013

所属行业 Industry	所属地区 Area	营业收入 Revenue	净利润 Net Profit	每股收益(元) EPS	每股净资产(元) NAVPS
批发和零售业	上海	2194.9	6.7	0.05	3.25
房地产业	上海	892.4	69.6	0.13	4.22
制造业	上海	222.4	-3.1	-0.01	0.00
制造业	辽宁	5690.1	17.7	0.02	0.37
制造业	上海	84.9	-35.7	-0.10	0.24
交通运输、仓储和邮政业	上海	2998.4	408.2	0.26	3.50
制造业	上海	32984.7	889.9	1.70	6.37
制造业	上海	929.2	111.5	0.25	4.01
制造业	上海	1285.4	32.8	0.06	1.57
房地产业	上海	76.6	16.5	0.09	2.55
制造业	上海	1025.9	116.9	0.27	3.01
综合	上海	4393.4	307.9	0.55	2.03
制造业	上海	6974.2	16.6	0.01	2.46
制造业	上海	6621.6	104.1	0.16	3.55
综合	上海	36.3	118.4	0.26	1.81
房地产业	上海	1116.8	296.0	0.56	3.19
房地产业	上海	1899.5	338.9	0.66	5.22
制造业	上海	14332.2	305.7	0.34	3.06
综合	上海	951.7	33.7	0.10	1.72
批发和零售业	上海	6951.1	192.5	0.27	3.03
批发和零售业	上海	3450.3	243.2	0.46	4.51
制造业	上海	380.9	13.9	0.04	2.23
制造业	上海	4189.1	52.2	0.12	3.69
文化、体育和娱乐业	浙江	2355.8	411.7	0.69	5.96
批发和零售业	上海	3552.5	117.1	0.31	5.84
电力、热力、燃气及水生产和供应业	上海	3874.1	279.0	0.17	2.40
制造业	上海	3286.7	70.5	0.18	4.38
信息传输、软件和信息技术服务业	上海	2637.4	677.4	0.61	3.34
房地产业	上海	828.8	228.3	0.41	5.98
房地产业	上海	1428.7	427.3	0.46	4.97
租赁和商务服务业	上海	1865.8	81.3	0.15	4.60
房地产业	上海	1827.6	226.7	0.28	3.30
电力、热力、燃气及水生产和供应业	上海	25745.4	2448.9	0.54	4.64
金融业	上海	178.2	475.3	0.43	4.26
电力、热力、燃气及水生产和供应业	四川	1462.7	-298.6	-0.91	1.39
科学研究和技术服务业	天津	361.3	7.2	0.02	1.44
房地产业	上海	252.9	33.6	0.24	1.57
批发和零售业	上海	7060.6	544.5	0.54	5.34
房地产业	上海	3516.6	1378.7	0.46	4.78
交通运输、仓储和邮政业	上海	2088.6	234.9	0.43	4.02
制造业	上海	2142.4	57.4	0.08	1.60
采矿业	上海	1857.8	4.5	0.01	1.72
批发和零售业	上海	9205.8	172.8	0.10	1.16
制造业	上海	2103.8	119.4	0.16	1.97
批发和零售业	上海	22522.8	980.9	0.68	4.57
批发和零售业	广东	253.5	12.1	0.06	0.40
房地产业	北京	4479.5	703.9	0.46	4.69
房地产业	北京	1470.0	498.2	0.86	4.60
制造业	福建	11501.2	1917.6	0.96	3.92
教育	上海	565.2	15.0	0.09	2.02

上市公司基本信息
Listed Companies in 2013

公司代码 Code	证券名称 Name	总市值 Market Capital	流通市值 Negotiable Capital	总股本 Total Vol	A 股流通股 A-Share Negotiable	B 股 B-Share	H 股 H-Share	限售股 Limited Share
600662	强生控股	4792.8	2498.1	1053.4	549.0	0.0	0.0	504.3
600663	陆家嘴	28098.3	28098.3	1867.7	1358.1	509.6	0.0	0.0
600664	哈药股份	11754.2	6457.3	1917.5	1053.4	0.0	0.0	864.1
600665	天地源	2799.8	2799.8	864.1	864.1	0.0	0.0	0.0
600666	西南药业	2013.6	2013.6	290.1	290.1	0.0	0.0	0.0
600667	太极实业	4098.0	4098.0	1191.3	1191.3	0.0	0.0	0.0
600668	尖峰集团	3337.6	3334.1	344.1	343.7	0.0	0.0	0.4
600671	天目药业	1365.1	1364.5	121.8	121.7	0.0	0.0	0.1
600673	东阳光铝	7894.0	7847.7	827.5	822.6	0.0	0.0	4.9
600674	川投能源	22117.6	22117.6	1981.9	1981.9	0.0	0.0	0.0
600675	中华企业	10751.2	10751.2	1555.9	1555.9	0.0	0.0	0.0
600676	交运股份	5381.2	4880.6	862.4	782.1	0.0	0.0	80.2
600677	航天通信	4809.7	3767.3	416.4	326.2	0.0	0.0	90.3
600678	四川金顶	2003.2	2003.2	349.0	349.0	0.0	0.0	0.0
600679	金山开发	2983.8	2983.8	353.6	182.0	171.6	0.0	0.0
600680	上海普天	2852.6	2852.6	382.2	257.4	124.8	0.0	0.0
600681	万鸿集团	1076.3	946.9	251.5	221.2	0.0	0.0	30.2
600682	南京新百	4070.5	4060.0	358.3	357.4	0.0	0.0	0.9
600683	京投银泰	3252.0	3252.0	740.8	740.8	0.0	0.0	0.0
600684	珠江实业	3423.3	3423.3	474.1	474.1	0.0	0.0	0.0
600685	广船国际	7414.4	7414.4	643.1	438.5	0.0	204.6	0.0
600686	金龙汽车	3863.9	3863.9	442.6	442.6	0.0	0.0	0.0
600687	刚泰控股	4284.0	1441.5	377.1	126.9	0.0	0.0	250.2
600688	上海石化	22280.3	4941.0	10800.0	1620.0	0.0	3495.0	5685.0
600689	上海三毛	1598.9	1598.9	201.0	152.2	48.8	0.0	0.0
600690	青岛海尔	53056.3	53056.3	2720.8	2720.8	0.0	0.0	0.0
600691	阳煤化工	9100.7	5596.2	1467.9	902.6	0.0	0.0	565.2
600692	亚通股份	2923.2	2119.1	351.8	255.0	0.0	0.0	96.8
600693	东百集团	2241.2	1952.5	343.2	299.0	0.0	0.0	44.2
600694	大商股份	8482.6	8482.6	293.7	293.7	0.0	0.0	0.0
600695	大江股份	2936.2	2722.3	713.2	329.6	346.7	0.0	36.9
600696	多伦股份	2063.8	2063.8	340.6	340.6	0.0	0.0	0.0
600697	欧亚集团	2979.7	2906.1	159.1	155.2	0.0	0.0	3.9
600698	ST 轻骑	3200.9	2033.1	971.8	428.7	230.0	0.0	313.1
600699	均胜电子	9803.0	2862.0	636.1	185.7	0.0	0.0	450.4
600701	工大高新	2169.7	2169.7	498.8	498.8	0.0	0.0	0.0
600702	沱牌舍得	5073.0	5073.0	337.3	337.3	0.0	0.0	0.0
600703	三安光电	35797.1	33454.3	1444.0	1349.5	0.0	0.0	94.5
600704	物产中大	8972.4	8972.4	790.5	790.5	0.0	0.0	0.0
600705	中航投资	25851.5	12644.0	1522.5	744.6	0.0	0.0	777.8
600706	曲江文旅	2116.4	1002.4	179.5	85.0	0.0	0.0	94.5
600707	*ST 彩虹	6070.9	6054.1	736.8	734.7	0.0	0.0	2.0
600708	海博股份	3807.4	3792.5	510.4	508.4	0.0	0.0	2.0
600710	常林股份	1952.9	1952.9	640.3	640.3	0.0	0.0	0.0
600711	盛屯矿业	3600.8	1402.7	453.5	176.7	0.0	0.0	276.8
600712	南宁百货	2162.3	2134.8	544.7	537.7	0.0	0.0	6.9
600713	南京医药	3662.1	3662.1	693.6	693.6	0.0	0.0	0.0
600714	金瑞矿业	2151.7	2151.7	273.4	273.4	0.0	0.0	0.0
600715	松辽汽车	1168.4	1168.4	224.3	224.3	0.0	0.0	0.0
600716	凤凰股份	5406.4	5406.4	740.6	740.6	0.0	0.0	0.0

注：股本的单位为百万股，市值、营业收入、净利润的单位为百万元。

上市公司基本信息
Listed Companies in 2013

所属行业 Industry	所属地区 Area	营业收入 Revenue	净利润 Net Profit	每股收益(元) EPS	每股净资产(元) NAVPS
交通运输、仓储和邮政业	上海	4055.3	170.1	0.16	2.82
房地产业	上海	4509.7	1406.0	0.75	6.04
制造业	黑龙江	18091.9	168.7	0.09	4.25
房地产业	上海	2692.9	266.4	0.31	2.75
制造业	重庆	1327.0	32.8	0.11	1.48
制造业	江苏	3973.3	12.5	0.01	1.31
制造业	浙江	2151.4	201.6	0.59	5.05
制造业	浙江	281.5	2.1	0.02	0.67
制造业	广东	4854.5	146.2	0.18	2.96
电力、热力、燃气及水生产和供应业	四川	1148.1	1366.4	0.66	5.09
房地产业	上海	6757.9	401.7	0.26	3.69
交通运输、仓储和邮政业	上海	8381.3	300.4	0.35	3.68
批发和零售业	浙江	8846.3	34.2	0.08	4.31
制造业	四川	32.5	4.8	0.01	0.17
制造业	上海	708.6	8.8	0.02	1.68
制造业	上海	1725.5	15.6	0.04	3.55
建筑业	湖北	78.3	-5.7	-0.02	0.07
批发和零售业	江苏	3353.4	135.2	0.38	3.88
房地产业	浙江	996.3	74.5	0.10	2.52
房地产业	广东	2337.1	449.6	0.95	3.86
制造业	广东	4166.1	13.6	0.02	6.07
制造业	福建	20812.3	229.6	0.52	5.14
批发和零售业	浙江	1408.0	89.4	0.24	3.67
制造业	上海	115539.8	2003.6	0.19	1.65
制造业	上海	1657.2	-47.2	-0.23	1.58
制造业	山东	86487.7	4168.2	1.53	5.32
制造业	四川	25090.7	-22.4	-0.02	3.05
交通运输、仓储和邮政业	上海	464.2	26.1	0.07	1.44
批发和零售业	福建	2036.7	56.2	0.16	3.11
批发和零售业	辽宁	33746.9	1178.8	4.01	18.09
制造业	上海	292.0	105.2	0.15	0.57
房地产业	上海	109.8	8.8	0.03	1.54
批发和零售业	吉林	10315.2	245.3	1.54	8.44
制造业	山东	641.3	59.0	0.06	0.70
制造业	吉林	6103.8	289.0	0.45	3.60
综合	黑龙江	835.8	12.4	0.02	1.84
制造业	四川	1418.6	11.8	0.03	6.64
制造业	湖北	3732.1	1036.0	0.72	4.83
批发和零售业	浙江	40234.7	506.5	0.64	5.29
金融业	黑龙江	1878.5	844.3	0.55	3.28
水利、环境和公共设施管理业	陕西	1297.7	84.8	0.47	4.21
制造业	陕西	239.6	74.8	0.10	2.78
交通运输、仓储和邮政业	上海	2534.5	161.3	0.32	2.88
制造业	江苏	1150.0	-216.2	-0.34	2.92
采矿业	福建	2037.6	106.1	0.23	5.36
批发和零售业	广西	2895.1	17.0	0.03	1.97
批发和零售业	江苏	18737.8	38.7	0.06	1.46
采矿业	青海	569.9	22.7	0.08	1.65
制造业	辽宁	53.5	-27.3	-0.12	0.04
房地产业	河北	1616.2	227.6	0.31	2.76

上市公司基本信息
Listed Companies in 2013

公司代码 Code	证券名称 Name	总市值 Market Capital	流通市值 Negotiable Capital	总股本 Total Vol	A 股流通股 A-Share Negotiable	B 股 B-Share	H 股 H-Share	限售股 Limited Share
600717	天津港	14319.3	14319.3	1674.8	1674.8	0.0	0.0	0.0
600718	东软集团	15062.6	15062.6	1227.6	1227.6	0.0	0.0	0.0
600719	大连热电	1539.5	1539.5	202.3	202.3	0.0	0.0	0.0
600720	祁连山	5193.4	5192.5	776.3	776.2	0.0	0.0	0.1
600721	百花村	2037.9	909.3	268.9	120.0	0.0	0.0	148.9
600722	金牛化工	3258.7	2018.6	680.3	421.4	0.0	0.0	258.9
600723	首商股份	4292.8	2072.6	658.4	317.9	0.0	0.0	340.5
600724	宁波富达	6055.6	6054.3	1445.2	1444.9	0.0	0.0	0.3
600725	云维股份	2310.9	2310.9	616.2	616.2	0.0	0.0	0.0
600726	华电能源	4556.4	2561.9	1966.7	720.6	432.0	0.0	814.1
600727	鲁北化工	1628.6	1628.3	351.0	350.9	0.0	0.0	0.1
600728	佳都新太	7846.3	5696.0	499.8	362.8	0.0	0.0	137.0
600729	重庆百货	8854.2	4422.4	406.5	203.0	0.0	0.0	203.5
600730	中国高科	2783.7	2783.7	293.3	293.3	0.0	0.0	0.0
600731	湖南海利	2402.5	1875.9	327.3	255.6	0.0	0.0	71.7
600732	上海新梅	2339.0	2339.0	446.4	446.4	0.0	0.0	0.0
600733	S 前锋	3890.5	1488.6	197.6	75.6	0.0	0.0	122.0
600734	实达集团	1712.1	1455.7	351.6	298.9	0.0	0.0	52.7
600735	新华锦	1885.3	1571.7	250.7	209.0	0.0	0.0	41.7
600736	苏州高新	4273.8	4273.8	1057.9	1057.9	0.0	0.0	0.0
600737	中粮屯河	10936.5	4293.9	2051.9	805.6	0.0	0.0	1246.3
600738	兰州民百	2228.0	1583.1	368.9	262.1	0.0	0.0	106.8
600739	辽宁成大	23937.0	23937.0	1364.7	1364.7	0.0	0.0	0.0
600740	山西焦化	4594.2	2741.0	765.7	456.8	0.0	0.0	308.9
600741	华域汽车	26193.6	26193.6	2583.2	2583.2	0.0	0.0	0.0
600742	一汽富维	3788.4	3788.4	211.5	211.5	0.0	0.0	0.0
600743	华远地产	4635.0	4635.0	1817.7	1817.7	0.0	0.0	0.0
600744	华银电力	2362.7	1575.0	711.6	474.4	0.0	0.0	237.3
600745	中茵股份	5316.6	5316.6	327.4	327.4	0.0	0.0	0.0
600746	江苏索普	1838.5	1828.0	306.4	304.7	0.0	0.0	1.8
600747	大连控股	4033.8	4033.8	1064.3	1064.3	0.0	0.0	0.0
600748	上实发展	8179.5	8179.5	1083.4	1083.4	0.0	0.0	0.0
600749	西藏旅游	1460.1	1460.1	189.1	189.1	0.0	0.0	0.0
600750	江中药业	4934.8	4934.8	311.2	311.2	0.0	0.0	0.0
600751	天津海运	4191.3	2152.2	892.6	237.6	326.1	0.0	328.9
600753	东方银星	1378.6	1378.6	128.0	128.0	0.0	0.0	0.0
600754	锦江股份	8677.2	8677.2	603.2	447.2	156.0	0.0	0.0
600755	厦门国贸	7226.4	7226.4	1330.8	1330.8	0.0	0.0	0.0
600756	浪潮软件	3662.7	3662.7	278.7	278.7	0.0	0.0	0.0
600757	长江传媒	9187.3	2650.6	1213.7	350.1	0.0	0.0	863.5
600758	红阳能源	1399.8	775.4	207.7	115.1	0.0	0.0	92.6
600759	正和股份	9724.3	9691.7	1220.1	1216.0	0.0	0.0	4.1
600760	*ST 黑豹	1735.1	1735.1	344.9	344.9	0.0	0.0	0.0
600761	安徽合力	6214.4	6214.4	514.0	514.0	0.0	0.0	0.0
600763	通策医疗	5133.4	5133.4	160.3	160.3	0.0	0.0	0.0
600764	中电广通	2690.6	2690.6	329.7	329.7	0.0	0.0	0.0
600765	中航重机	9740.6	9740.6	778.0	778.0	0.0	0.0	0.0
600766	园城黄金	2184.0	2177.8	224.2	223.6	0.0	0.0	0.6
600767	运盛实业	1814.2	1813.6	341.0	340.9	0.0	0.0	0.1
600768	宁波富邦	856.0	856.0	133.7	133.7	0.0	0.0	0.0

注：股本的单位为百万股，市值、营业收入、净利润的单位为百万元。

上市公司基本信息
Listed Companies in 2013

所属行业 Industry	所属地区 Area	营业收入 Revenue	净利润 Net Profit	每股收益(元) EPS	每股净资产(元) NAVPS
交通运输、仓储和邮政业	天津	16626.1	1067.4	0.64	7.58
信息传输、软件和信息技术服务业	辽宁	7452.8	410.9	0.33	4.34
电力、热力、燃气及水生产和供应业	辽宁	674.5	4.2	0.02	3.55
制造业	甘肃	5813.0	464.7	0.60	5.35
制造业	新疆	1181.7	3.0	0.01	3.63
制造业	河北	1935.4	-159.7	-0.23	1.36
批发和零售业	北京	12067.1	329.2	0.50	4.29
房地产业	浙江	5085.0	406.5	0.28	2.65
制造业	云南	8474.0	38.6	0.06	2.25
电力、热力、燃气及水生产和供应业	黑龙江	10237.9	14.3	0.01	1.51
制造业	山东	495.7	14.2	0.04	2.92
信息传输、软件和信息技术服务业	广东	2115.4	90.9	0.18	2.17
批发和零售业	重庆	30246.4	783.7	1.93	10.72
批发和零售业	上海	792.0	96.2	0.33	4.15
制造业	湖南	1103.7	7.8	0.02	2.41
房地产业	上海	18.3	-26.7	-0.06	1.14
房地产业	四川	177.7	39.1	0.20	1.49
批发和零售业	福建	110.8	7.3	0.02	0.45
制造业	山东	1339.8	45.9	0.18	2.34
房地产业	江苏	3393.2	230.0	0.22	3.22
制造业	新疆	11264.6	80.3	0.04	2.93
批发和零售业	甘肃	1428.0	110.4	0.30	2.79
批发和零售业	辽宁	10333.9	846.4	0.62	8.16
制造业	山西	5874.5	17.4	0.02	3.66
制造业	上海	69329.5	3461.4	1.34	7.21
制造业	吉林	9472.5	368.5	1.74	14.91
房地产业	湖北	4729.4	656.1	0.36	1.88
电力、热力、燃气及水生产和供应业	湖南	7455.5	10.7	0.02	2.04
房地产业	湖北	2367.8	53.8	0.16	2.61
制造业	江苏	736.2	28.1	0.09	1.42
房地产业	辽宁	421.8	44.0	0.04	0.70
房地产业	上海	3904.6	435.0	0.40	4.58
水利、环境和公共设施管理业	西藏	178.5	7.8	0.04	3.48
制造业	江西	2777.9	172.3	0.55	6.68
交通运输、仓储和邮政业	天津	335.4	-130.2	-0.15	0.05
批发和零售业	河南	10.8	-0.4	0.00	0.79
住宿和餐饮业	上海	2684.4	377.5	0.63	7.20
批发和零售业	福建	49068.5	942.4	0.71	4.15
信息传输、软件和信息技术服务业	山东	876.1	4.2	0.02	2.76
文化、体育和娱乐业	湖北	4208.1	378.2	0.31	3.66
电力、热力、燃气及水生产和供应业	辽宁	265.2	17.6	0.08	1.61
房地产业	海南	1643.4	45.5	0.04	1.86
制造业	山东	3187.3	17.7	0.05	2.17
制造业	安徽	6553.4	502.1	0.98	6.64
卫生和社会工作	浙江	463.0	100.4	0.63	3.24
信息传输、软件和信息技术服务业	北京	808.0	4.7	0.01	1.84
制造业	贵州	6385.9	153.3	0.20	4.31
采矿业	山东	12.2	2.1	0.01	0.11
房地产业	上海	264.3	-58.5	-0.17	1.00
制造业	浙江	895.7	-38.1	-0.28	0.75

上市公司基本信息
Listed Companies in 2013

公司代码 Code	证券名称 Name	总市值 Market Capital	流通市值 Negotiable Capital	总股本 Total Vol	A 股流通股 A-Share Negotiable	B 股 B-Share	H 股 H-Share	限售股 Limited Share
600769	*ST 祥龙	1893.6	1893.6	375.0	375.0	0.0	0.0	0.0
600770	综艺股份	9289.7	9100.5	1104.6	1082.1	0.0	0.0	22.5
600771	广誉远	6302.4	4905.3	243.8	189.8	0.0	0.0	54.0
600773	西藏城投	5492.2	5148.2	575.7	539.6	0.0	0.0	36.1
600774	汉商集团	1452.5	1438.5	174.6	172.9	0.0	0.0	1.7
600775	南京熊猫	5992.8	3684.1	913.8	413.0	0.0	242.0	258.8
600776	东方通信	6768.1	6768.1	1256.0	956.0	300.0	0.0	0.0
600777	新潮实业	4127.8	4127.8	625.4	625.4	0.0	0.0	0.0
600778	友好集团	2887.5	2868.0	311.5	309.4	0.0	0.0	2.1
600779	水井坊	4978.3	3009.3	488.5	295.3	0.0	0.0	193.2
600780	通宝能源	5870.1	4469.5	1146.5	872.9	0.0	0.0	273.6
600781	上海辅仁	2628.4	2628.4	177.6	177.6	0.0	0.0	0.0
600782	新钢股份	4319.7	4319.7	1393.4	1393.4	0.0	0.0	0.0
600783	鲁信创投	15266.8	15266.8	744.4	744.4	0.0	0.0	0.0
600784	鲁银投资	2716.5	2716.5	496.6	496.6	0.0	0.0	0.0
600785	新华百货	2445.6	2445.6	207.4	207.4	0.0	0.0	0.0
600787	中储股份	9559.5	8636.3	929.9	840.1	0.0	0.0	89.8
600789	鲁抗医药	2843.9	2843.9	581.6	581.6	0.0	0.0	0.0
600790	轻纺城	5106.1	3923.0	805.4	618.8	0.0	0.0	186.6
600791	京能置业	2590.5	2587.2	452.9	452.3	0.0	0.0	0.6
600792	云煤能源	4321.0	1101.9	495.0	126.2	0.0	0.0	368.7
600793	ST 宜纸	1057.2	1057.2	105.3	105.3	0.0	0.0	0.0
600794	保税科技	3609.8	3255.8	474.4	427.8	0.0	0.0	46.5
600795	国电电力	40490.3	36178.3	17229.9	15395.0	0.0	0.0	1834.9
600796	钱江生化	1672.8	1672.8	301.4	301.4	0.0	0.0	0.0
600797	浙大网新	4641.3	4585.2	831.8	821.7	0.0	0.0	10.1
600798	宁波海运	3066.5	3066.5	871.2	871.2	0.0	0.0	0.0
600800	天津磁卡	3343.7	3324.0	611.3	607.7	0.0	0.0	3.6
600801	华新水泥	10428.3	9808.1	935.3	556.2	328.0	0.0	51.1
600802	福建水泥	2218.7	2218.7	381.9	381.9	0.0	0.0	0.0
600803	威远生化	11442.4	2344.1	922.0	188.9	0.0	0.0	733.1
600804	鹏博士	19432.7	18819.5	1382.1	1338.5	0.0	0.0	43.6
600805	悦达投资	9334.3	9315.7	850.9	849.2	0.0	0.0	1.7
600806	昆明机床	1759.7	1759.7	531.1	390.2	0.0	140.9	0.0
600807	天业股份	2190.3	2099.8	321.2	307.9	0.0	0.0	13.3
600808	马钢股份	10025.8	10025.8	7700.7	5967.8	0.0	1732.9	0.0
600809	山西汾酒	16710.9	16710.9	865.8	865.8	0.0	0.0	0.0
600810	神马股份	2799.6	2799.6	442.3	442.3	0.0	0.0	0.0
600811	东方集团	10484.2	10484.2	1666.8	1666.8	0.0	0.0	0.0
600812	华北制药	6906.7	5153.2	1378.6	1028.6	0.0	0.0	350.0
600814	杭州解百	2191.3	2191.3	310.4	310.4	0.0	0.0	0.0
600815	厦工股份	3807.1	3730.6	959.0	939.7	0.0	0.0	19.3
600816	安信信托	6471.1	6467.4	454.1	453.8	0.0	0.0	0.3
600817	ST 宏盛	1190.7	846.0	160.9	114.3	0.0	0.0	46.6
600818	中路股份	3400.9	3400.9	321.4	238.0	83.5	0.0	0.0
600819	耀皮玻璃	4017.7	4017.7	731.3	543.8	187.5	0.0	0.0
600820	隧道股份	11778.8	8033.6	1298.7	885.7	0.0	0.0	412.9
600821	津劝业	2039.7	2039.7	416.3	416.3	0.0	0.0	0.0
600822	上海物贸	4073.0	4073.0	496.0	396.1	99.8	0.0	0.0
600823	世茂股份	10511.9	10511.9	1170.6	1170.6	0.0	0.0	0.0

注：股本的单位为百万股，市值、营业收入、净利润的单位为百万元。

上市公司基本信息
Listed Companies in 2013

所属行业 Industry	所属地区 Area	营业收入 Revenue	净利润 Net Profit	每股收益(元) EPS	每股净资产(元) NAVPS
制造业	湖北	32.0	515.7	1.38	0.09
信息传输、软件和信息技术服务业	江苏	371.5	-679.3	-0.62	2.15
制造业	青海	268.1	-19.6	-0.08	0.19
房地产业	西藏	676.8	71.7	0.12	2.14
批发和零售业	湖北	1002.9	16.7	0.10	3.09
制造业	江苏	2479.5	182.8	0.20	3.42
制造业	浙江	3437.2	193.7	0.15	2.18
综合	山东	1989.8	34.5	0.06	1.95
批发和零售业	新疆	9601.9	288.7	0.93	5.25
制造业	四川	485.8	-153.6	-0.31	3.33
电力、热力、燃气及水生产和供应业	山西	6413.6	383.2	0.33	3.36
制造业	上海	390.4	19.6	0.11	1.57
制造业	江西	33710.8	109.6	0.08	5.48
综合	山东	234.7	218.9	0.29	4.10
制造业	山东	5823.9	95.5	0.19	1.99
批发和零售业	宁夏	6605.0	201.4	0.97	7.46
交通运输、仓储和邮政业	天津	27839.1	335.9	0.36	6.02
制造业	山东	2210.7	10.9	0.02	2.63
租赁和商务服务业	浙江	679.6	365.1	0.45	3.99
房地产业	北京	1473.1	156.4	0.35	3.03
制造业	云南	6473.1	53.9	0.11	6.42
制造业	四川	10.5	7.3	0.07	0.31
交通运输、仓储和邮政业	江苏	392.7	173.1	0.36	2.11
电力、热力、燃气及水生产和供应业	辽宁	66306.9	6279.2	0.36	2.22
制造业	浙江	482.1	30.6	0.10	1.77
信息传输、软件和信息技术服务业	浙江	5205.2	36.2	0.04	2.19
交通运输、仓储和邮政业	浙江	1061.7	6.0	0.01	2.21
制造业	天津	181.6	-28.6	-0.05	0.12
制造业	湖北	15984.4	1180.6	1.26	9.35
制造业	福建	1819.6	19.1	0.05	2.76
制造业	河北	4707.6	693.0	0.70	3.79
信息传输、软件和信息技术服务业	四川	5818.4	403.1	0.29	3.11
综合	江苏	2110.3	1292.3	1.52	6.14
制造业	云南	1062.8	7.4	0.01	2.50
房地产业	山东	757.0	19.6	0.06	1.58
制造业	安徽	73848.9	157.2	0.02	3.00
制造业	山西	6087.2	960.4	1.11	4.42
制造业	河南	14694.2	19.7	0.04	5.18
批发和零售业	黑龙江	8224.4	1041.1	0.62	5.05
制造业	河北	12438.1	13.7	0.01	2.93
批发和零售业	浙江	2099.6	63.0	0.20	2.64
制造业	福建	6497.4	-590.0	-0.62	4.24
金融业	上海	837.6	279.6	0.62	1.90
综合	上海	51.5	2.5	0.02	0.75
制造业	上海	660.2	9.9	0.03	1.18
制造业	上海	2491.1	119.1	0.13	3.40
建筑业	上海	23501.1	1289.3	0.99	9.57
批发和零售业	天津	862.5	14.4	0.03	1.41
批发和零售业	上海	97501.7	18.2	0.04	1.95
房地产业	上海	10153.5	1643.2	1.40	12.13

上市公司基本信息
Listed Companies in 2013

公司代码 Code	证券名称 Name	总市值 Market Capital	流通市值 Negotiable Capital	总股本 Total Vol	A 股流通股 A-Share Negotiable	B 股 B-Share	H 股 H-Share	限售股 Limited Share
600824	益民集团	4874.9	4874.9	878.4	878.4	0.0	0.0	0.0
600825	新华传媒	9299.5	9299.5	1044.9	1044.9	0.0	0.0	0.0
600826	兰生股份	6461.1	6461.1	420.6	420.6	0.0	0.0	0.0
600827	友谊股份	16764.4	13779.7	1722.5	1240.4	179.7	0.0	302.4
600828	成商集团	3029.0	3021.3	570.4	569.0	0.0	0.0	1.5
600829	三精制药	3844.7	3844.7	579.9	579.9	0.0	0.0	0.0
600830	香溢融通	4384.2	4384.2	454.3	454.3	0.0	0.0	0.0
600831	广电网络	4203.3	4203.3	563.4	563.4	0.0	0.0	0.0
600832	东方明珠	31130.5	31130.5	3186.3	3186.3	0.0	0.0	0.0
600833	第一医药	1902.9	1902.9	223.1	223.1	0.0	0.0	0.0
600834	申通地铁	3265.3	3265.3	477.4	477.4	0.0	0.0	0.0
600835	上海机电	16510.7	16510.7	1022.7	806.5	216.2	0.0	0.0
600836	界龙实业	2696.6	2696.6	313.6	313.6	0.0	0.0	0.0
600837	海通证券	91602.9	91602.9	9584.7	8092.1	0.0	1492.6	0.0
600838	上海九百	3070.8	3070.8	400.9	400.9	0.0	0.0	0.0
600839	四川长虹	14033.4	14014.4	4616.2	4610.0	0.0	0.0	6.2
600841	上柴股份	7571.8	7235.1	866.7	492.2	344.8	0.0	29.7
600843	上工申贝	2955.0	2955.0	448.9	204.9	243.9	0.0	0.0
600844	丹化科技	5048.0	5048.0	778.6	584.8	193.8	0.0	0.0
600845	宝信软件	6994.1	6994.1	340.9	226.5	114.4	0.0	0.0
600846	同济科技	3554.9	3554.9	624.8	624.8	0.0	0.0	0.0
600847	万里股份	2441.9	1422.1	152.2	88.7	0.0	0.0	63.6
600848	自仪股份	2459.4	2459.4	399.3	292.1	107.1	0.0	0.0
600850	华东电脑	6737.3	3581.4	321.7	171.0	0.0	0.0	150.7
600851	海欣股份	6742.6	6742.6	1207.1	738.2	468.9	0.0	0.0
600853	龙建股份	1481.6	1481.6	536.8	536.8	0.0	0.0	0.0
600854	春兰股份	2202.5	2202.5	519.5	519.5	0.0	0.0	0.0
600855	航天长峰	5236.2	3682.3	331.6	233.2	0.0	0.0	98.4
600856	长百集团	1521.7	1521.7	234.8	234.8	0.0	0.0	0.0
600857	工大首创	1861.9	1861.9	224.3	224.3	0.0	0.0	0.0
600858	银座股份	3931.7	3912.7	520.1	517.5	0.0	0.0	2.5
600859	王府井	8403.9	7584.4	462.8	417.6	0.0	0.0	45.1
600860	北人股份	2643.6	2643.6	422.0	322.0	0.0	100.0	0.0
600861	北京城乡	2505.9	2505.9	316.8	316.8	0.0	0.0	0.0
600862	南通科技	2015.9	2015.9	637.9	637.9	0.0	0.0	0.0
600863	内蒙华电	13202.9	5999.6	3871.8	1759.4	0.0	0.0	2112.4
600864	哈投股份	5420.1	5420.1	546.4	546.4	0.0	0.0	0.0
600865	百大集团	2460.6	2460.6	376.2	376.2	0.0	0.0	0.0
600866	星湖科技	2471.3	2445.0	550.4	544.5	0.0	0.0	5.9
600867	通化东宝	14260.6	14260.6	931.5	931.5	0.0	0.0	0.0
600868	梅雁吉祥	4479.6	4479.6	1898.1	1898.1	0.0	0.0	0.0
600869	远东电缆	7078.8	7078.8	990.0	990.0	0.0	0.0	0.0
600870	厦华电子	2574.1	1824.4	523.2	370.8	0.0	0.0	152.4
600871	仪征化纤	11037.0	1273.5	6000.0	450.0	0.0	2100.0	3450.0
600872	中炬高新	9057.8	9057.8	796.6	796.6	0.0	0.0	0.0
600873	梅花集团	19395.3	10031.1	3108.2	1607.5	0.0	0.0	1500.7
600874	创业环保	8882.7	8882.7	1427.2	1087.2	0.0	340.0	0.0
600875	东方电气	20914.7	20914.7	2003.9	1663.9	0.0	340.0	0.0
600876	洛阳玻璃	1195.1	1195.1	500.0	250.0	0.0	250.0	0.0
600877	中国嘉陵	2281.8	2281.8	687.3	687.3	0.0	0.0	0.0

注：股本的单位为百万股，市值、营业收入、净利润的单位为百万元。

上市公司基本信息
Listed Companies in 2013

所属行业 Industry	所属地区 Area	营业收入 Revenue	净利润 Net Profit	每股收益(元) EPS	每股净资产(元) NAVPS
批发和零售业	上海	2979.9	165.0	0.19	1.90
文化、体育和娱乐业	上海	1847.5	59.5	0.06	2.38
批发和零售业	上海	1239.1	51.2	0.12	5.48
批发和零售业	上海	51926.0	1035.8	0.60	7.51
批发和零售业	四川	2212.1	204.5	0.36	1.96
制造业	黑龙江	3177.0	6.5	0.01	3.74
批发和零售业	浙江	1074.1	163.4	0.36	3.97
信息传输、软件和信息技术服务业	陕西	2031.8	137.1	0.24	2.98
水利、环境和公共设施管理业	上海	3626.4	684.3	0.21	2.39
批发和零售业	上海	1348.4	34.3	0.15	2.37
交通运输、仓储和邮政业	上海	716.9	120.6	0.25	2.72
制造业	上海	19907.1	943.8	0.92	5.63
制造业	上海	1917.3	10.7	0.03	1.37
金融业	上海	10455.0	4035.0	0.42	6.42
批发和零售业	上海	140.6	47.4	0.12	1.80
制造业	四川	58875.3	512.5	0.11	3.04
制造业	上海	2980.9	205.3	0.24	3.82
制造业	上海	1813.9	79.6	0.18	1.77
制造业	上海	743.8	-174.3	-0.22	1.07
信息传输、软件和信息技术服务业	上海	3581.3	290.1	0.85	4.94
建筑业	上海	3706.1	160.6	0.26	2.46
制造业	重庆	139.9	-13.7	-0.09	4.63
制造业	上海	1079.4	12.0	0.03	0.49
信息传输、软件和信息技术服务业	上海	5368.8	239.7	0.75	3.84
制造业	上海	1261.6	65.4	0.05	2.48
建筑业	黑龙江	5653.7	17.2	0.03	1.46
制造业	江苏	967.3	30.8	0.06	3.68
制造业	北京	981.1	31.5	0.09	2.42
批发和零售业	吉林	406.1	17.4	0.07	0.56
批发和零售业	浙江	1475.8	35.7	0.16	2.45
批发和零售业	山东	14217.9	266.5	0.51	5.41
批发和零售业	北京	19789.9	694.1	1.50	13.53
制造业	北京	2828.2	-108.2	-0.26	1.90
批发和零售业	北京	2460.4	93.0	0.29	6.95
房地产业	江苏	1021.6	2.8	0.00	2.04
电力、热力、燃气及水生产和供应业	内蒙	12153.0	1375.6	0.36	2.81
电力、热力、燃气及水生产和供应业	黑龙江	1126.8	330.4	0.60	5.54
批发和零售业	浙江	1234.0	122.0	0.32	3.24
制造业	广东	902.8	20.2	0.04	2.68
制造业	吉林	1204.2	183.9	0.20	2.14
电力、热力、燃气及水生产和供应业	广东	486.2	25.8	0.01	1.16
制造业	青海	11574.4	302.9	0.31	3.06
制造业	福建	1187.7	-537.3	-1.03	0.01
制造业	江苏	17677.2	-1454.2	-0.24	1.18
制造业	广东	2318.2	212.8	0.27	2.68
制造业	西藏	7780.4	403.7	0.13	2.58
电力、热力、燃气及水生产和供应业	天津	1749.9	281.9	0.20	2.79
制造业	四川	42390.8	2349.4	1.17	8.83
制造业	河南	375.7	-99.0	-0.20	0.07
制造业	重庆	1575.2	-240.1	-0.35	0.27

上市公司基本信息
Listed Companies in 2013

公司代码 Code	证券名称 Name	总市值 Market Capital	流通市值 Negotiable Capital	总股本 Total Vol	A 股流通股 A-Share Negotiable	B 股 B-Share	H 股 H-Share	限售股 Limited Share
600879	航天电子	9730.1	9730.1	1039.5	1039.5	0.0	0.0	0.0
600880	博瑞传播	11603.0	7030.9	683.3	414.1	0.0	0.0	269.3
600881	亚泰集团	7427.3	7427.3	1894.7	1894.7	0.0	0.0	0.0
600882	华联矿业	3289.7	2324.5	399.2	282.1	0.0	0.0	117.1
600883	博闻科技	1307.9	1307.9	236.1	236.1	0.0	0.0	0.0
600884	杉杉股份	5061.8	5061.8	410.9	410.9	0.0	0.0	0.0
600885	宏发股份	8846.4	4406.4	476.6	237.4	0.0	0.0	239.2
600886	国投电力	26669.1	26669.1	6786.0	6786.0	0.0	0.0	0.0
600887	伊利股份	79837.1	62065.6	2042.9	1588.2	0.0	0.0	454.7
600888	新疆众和	3796.1	3714.3	641.2	627.4	0.0	0.0	13.8
600889	南京化纤	1612.1	1612.1	307.1	307.1	0.0	0.0	0.0
600890	中房股份	4575.6	4575.6	579.2	579.2	0.0	0.0	0.0
600891	秋林集团	1982.5	1621.1	325.5	266.2	0.0	0.0	59.3
600892	宝诚股份	852.2	848.1	63.1	62.8	0.0	0.0	0.3
600893	航空动力	20843.5	20779.5	1089.6	1086.2	0.0	0.0	3.3
600894	广日股份	9478.0	9338.7	788.5	776.9	0.0	0.0	11.6
600895	张江高科	11630.7	11630.7	1548.7	1548.7	0.0	0.0	0.0
600896	中海海盛	2214.8	2214.8	581.3	581.3	0.0	0.0	0.0
600897	厦门空港	4446.3	4446.3	297.8	297.8	0.0	0.0	0.0
600898	三联商社	1262.6	1262.6	252.5	252.5	0.0	0.0	0.0
600900	长江电力	104280.0	61594.4	16500.0	9745.9	0.0	0.0	6754.1
600960	渤海活塞	1674.3	1674.3	211.7	211.7	0.0	0.0	0.0
600961	*ST 株冶	2932.7	2932.7	527.5	527.5	0.0	0.0	0.0
600962	国投中鲁	1617.8	1567.3	262.2	254.0	0.0	0.0	8.2
600963	岳阳林纸	3369.4	2723.4	1043.2	843.2	0.0	0.0	200.0
600965	福成五丰	2713.1	1866.4	406.2	279.4	0.0	0.0	126.8
600966	博汇纸业	2472.6	2472.6	504.6	504.6	0.0	0.0	0.0
600967	北方创业	7885.4	7408.2	457.1	429.5	0.0	0.0	27.7
600969	郴电国际	2575.8	2575.8	210.3	210.3	0.0	0.0	0.0
600970	中材国际	9074.4	9074.4	1093.3	1093.3	0.0	0.0	0.0
600971	恒源煤电	7130.0	7130.0	1000.0	1000.0	0.0	0.0	0.0
600973	宝胜股份	3036.0	3000.8	411.4	406.6	0.0	0.0	4.8
600975	新五丰	1429.6	1429.6	234.4	234.4	0.0	0.0	0.0
600976	武汉健民	3672.4	3670.0	153.4	153.3	0.0	0.0	0.1
600978	宜华木业	6604.8	6559.9	1152.7	1144.8	0.0	0.0	7.8
600979	广安爱众	3539.2	2923.0	717.9	592.9	0.0	0.0	125.0
600980	*ST 北磁	1463.8	1463.8	130.0	130.0	0.0	0.0	0.0
600981	汇鸿股份	1966.4	1966.4	516.1	516.1	0.0	0.0	0.0
600982	宁波热电	1915.2	1915.2	168.0	168.0	0.0	0.0	0.0
600983	合肥三洋	8008.0	8008.0	532.8	532.8	0.0	0.0	0.0
600984	建设机械	1333.4	781.4	241.6	141.6	0.0	0.0	100.0
600985	雷鸣科化	2244.8	1660.2	175.2	129.6	0.0	0.0	45.6
600986	科达股份	1555.7	1555.7	335.3	335.3	0.0	0.0	0.0
600987	航民股份	3589.5	3589.5	635.3	635.3	0.0	0.0	0.0
600988	赤峰黄金	3575.3	1773.1	283.3	140.5	0.0	0.0	142.8
600990	四创电子	3857.7	3318.7	136.7	117.6	0.0	0.0	19.1
600992	贵绳股份	1666.6	1117.7	245.1	164.4	0.0	0.0	80.7
600993	马应龙	5743.0	5730.8	331.6	330.9	0.0	0.0	0.7
600995	文山电力	2430.9	2430.9	478.5	478.5	0.0	0.0	0.0
600997	开滦股份	6876.9	6876.9	1234.6	1234.6	0.0	0.0	0.0

注：股本的单位为百万股，市值、营业收入、净利润的单位为百万元。

上市公司基本信息
Listed Companies in 2013

所属行业 Industry	所属地区 Area	营业收入 Revenue	净利润 Net Profit	每股收益(元) EPS	每股净资产(元) NAVPS
制造业	湖北	4106.5	230.3	0.22	4.77
文化、体育和娱乐业	四川	1518.1	338.1	0.49	5.09
制造业	吉林	13448.2	217.6	0.11	4.24
采矿业	山东	1001.6	220.8	0.55	3.63
制造业	云南	34.9	6.6	0.03	2.90
制造业	浙江	4047.9	183.8	0.45	7.83
制造业	湖北	3425.2	328.2	0.62	4.08
电力、热力、燃气及水生产和供应业	甘肃	28339.0	3305.3	0.49	2.72
制造业	内蒙	47778.9	3187.2	1.56	7.89
制造业	新疆	3721.7	87.0	0.14	5.80
制造业	江苏	2052.2	24.5	0.08	3.06
房地产业	北京	63.6	14.8	0.03	0.57
批发和零售业	黑龙江	381.2	36.4	0.11	2.50
批发和零售业	北京	605.7	2.8	0.04	0.10
制造业	陕西	7927.5	329.8	0.30	4.12
制造业	广东	4079.5	863.9	1.10	3.80
综合	上海	1918.7	372.5	0.24	4.46
交通运输、仓储和邮政业	海南	1042.9	19.7	0.03	2.74
交通运输、仓储和邮政业	福建	1254.1	440.0	1.48	8.57
批发和零售业	山东	811.1	27.8	0.11	1.26
电力、热力、燃气及水生产和供应业	北京	22697.6	9070.7	0.55	4.74
制造业	山东	1279.8	60.0	0.28	4.61
制造业	湖南	16169.7	23.2	0.04	1.33
制造业	北京	1245.3	-93.7	-0.36	3.41
制造业	湖南	6609.6	19.4	0.02	5.15
农、林、牧、渔业	河北	1026.7	90.8	0.22	2.18
制造业	山东	--	--	--	0.00
制造业	内蒙	3203.5	258.5	0.57	4.80
电力、热力、燃气及水生产和供应业	湖南	2195.9	126.6	0.60	7.35
制造业	江苏	20731.6	89.4	0.08	3.91
采矿业	安徽	8140.3	309.3	0.31	6.97
制造业	江苏	9807.9	99.4	0.24	4.82
农、林、牧、渔业	湖南	1130.1	13.6	0.06	2.36
批发和零售业	湖北	1992.4	95.9	0.63	5.95
制造业	广东	4091.0	410.5	0.36	4.05
电力、热力、燃气及水生产和供应业	四川	1251.7	79.3	0.11	2.16
制造业	北京	252.2	13.8	0.11	1.97
批发和零售业	江苏	8565.6	33.3	0.06	1.80
电力、热力、燃气及水生产和供应业	浙江	772.8	142.9	0.85	5.87
制造业	安徽	5325.3	362.7	0.68	3.61
制造业	陕西	452.4	-99.9	-0.41	2.95
制造业	安徽	939.9	82.6	0.47	5.56
建筑业	山东	907.9	39.2	0.12	2.12
制造业	浙江	2930.8	411.1	0.65	3.31
采矿业	内蒙	581.6	228.1	0.81	2.11
制造业	安徽	1116.7	51.2	0.37	6.16
制造业	贵州	1928.0	20.2	0.08	5.39
批发和零售业	湖北	1602.3	186.3	0.56	4.30
电力、热力、燃气及水生产和供应业	云南	2031.8	129.5	0.27	2.78
制造业	河北	17176.2	251.8	0.20	5.65

上市公司基本信息
Listed Companies in 2013

公司代码 Code	证券名称 Name	总市值 Market Capital	流通市值 Negotiable Capital	总股本 Total Vol	A 股流通股 A-Share Negotiable	B 股 B-Share	H 股 H-Share	限售股 Limited Share
600998	九州通	21293.5	21293.5	1420.5	1420.5	0.0	0.0	0.0
600999	招商证券	59102.7	59102.7	4661.1	4661.1	0.0	0.0	0.0
601000	唐山港	6212.9	6212.9	2030.4	2030.4	0.0	0.0	0.0
601001	大同煤业	9674.0	9674.0	1673.7	1673.7	0.0	0.0	0.0
601002	晋亿实业	6801.3	6336.1	792.7	738.5	0.0	0.0	54.2
601003	柳钢股份	5330.6	5330.6	2562.8	2562.8	0.0	0.0	0.0
601005	重庆钢铁	9666.8	2963.6	4436.0	1195.0	0.0	538.1	2702.9
601006	大秦铁路	109865.6	109865.6	14866.8	14866.8	0.0	0.0	0.0
601007	金陵饭店	2532.0	2532.0	300.0	300.0	0.0	0.0	0.0
601008	连云港	3068.0	2859.9	811.6	756.6	0.0	0.0	55.0
601009	南京银行	24018.7	24018.7	2968.9	2968.9	0.0	0.0	0.0
601010	文峰股份	5048.7	1258.1	739.2	184.2	0.0	0.0	555.0
601011	宝泰隆	3877.7	1248.6	387.0	124.6	0.0	0.0	262.4
601012	隆基股份	8298.7	4792.9	538.5	311.0	0.0	0.0	227.5
601018	宁波港	31232.0	31232.0	12800.0	12800.0	0.0	0.0	0.0
601028	玉龙股份	4065.5	1226.8	320.1	96.6	0.0	0.0	223.5
601038	一拖股份	5582.8	1410.0	995.9	150.0	0.0	402.0	443.9
601058	赛轮股份	5299.6	2742.6	378.0	195.6	0.0	0.0	182.4
601088	中国神华	260888.2	260888.2	19889.6	16491.0	0.0	3398.6	0.0
601098	中南传媒	19738.0	19738.0	1796.0	1796.0	0.0	0.0	0.0
601099	太平洋	9839.2	9839.2	1653.6	1653.6	0.0	0.0	0.0
601100	恒立油缸	7616.7	1904.2	630.0	157.5	0.0	0.0	472.5
601101	昊华能源	8652.0	8652.0	1200.0	1200.0	0.0	0.0	0.0
601106	中国一重	13664.4	13664.4	6538.0	6538.0	0.0	0.0	0.0
601107	四川成渝	6185.4	6185.4	3058.1	2162.7	0.0	895.3	0.0
601111	中国国航	33662.2	32900.6	13084.8	8329.3	0.0	4562.7	192.8
601113	华鼎锦纶	2617.6	1243.4	640.0	304.0	0.0	0.0	336.0
601116	三江购物	3532.5	516.0	410.8	60.0	0.0	0.0	350.8
601117	中国化学	39464.0	39464.0	4933.0	4933.0	0.0	0.0	0.0
601118	海南橡胶	29208.6	7318.6	3931.2	985.0	0.0	0.0	2946.2
601126	四方股份	7827.0	7793.2	406.6	404.8	0.0	0.0	1.8
601137	博威合金	3222.9	1424.1	215.0	95.0	0.0	0.0	120.0
601139	深圳燃气	15665.4	15065.2	1980.5	1904.6	0.0	0.0	75.9
601158	重庆水务	28272.0	28272.0	4800.0	4800.0	0.0	0.0	0.0
601166	兴业银行	193190.7	164061.3	19052.3	16179.6	0.0	0.0	2872.7
601168	西部矿业	12844.4	12844.4	2383.0	2383.0	0.0	0.0	0.0
601169	北京银行	66089.2	56122.8	8800.2	7473.1	0.0	0.0	1327.1
601177	杭齿前进	2728.4	2728.4	400.1	400.1	0.0	0.0	0.0
601179	中国西电	16761.6	14247.4	5125.9	4357.0	0.0	0.0	768.9
601186	中国铁建	48125.2	46976.2	12337.5	10016.2	0.0	2076.3	245.0
601188	龙江交通	3079.2	2838.9	1315.9	1213.2	0.0	0.0	102.7
601199	江南水务	3357.4	1155.1	233.8	80.4	0.0	0.0	153.4
601208	东材科技	4279.5	2203.7	615.8	317.1	0.0	0.0	298.7
601216	内蒙君正	14924.8	5810.9	1280.0	498.4	0.0	0.0	781.6
601218	吉鑫科技	3848.0	1191.9	991.8	307.2	0.0	0.0	684.6
601222	林洋电子	7377.1	2487.3	355.2	119.8	0.0	0.0	235.4
601231	环旭电子	21296.8	2248.1	1011.7	106.8	0.0	0.0	904.9
601233	桐昆股份	5791.2	3159.8	963.6	525.8	0.0	0.0	437.8
601238	广汽集团	34787.0	4979.6	6435.0	604.3	0.0	2213.3	3617.4
601258	庞大集团	13133.7	3574.3	2621.5	713.4	0.0	0.0	1908.1

注：股本的单位为百万股，市值、营业收入、净利润的单位为百万元。

上市公司基本信息
Listed Companies in 2013

所属行业 Industry	所属地区 Area	营业收入 Revenue	净利润 Net Profit	每股收益(元) EPS	每股净资产(元) NAVPS
批发和零售业	湖北	33438.1	477.9	0.34	3.59
金融业	广东	6086.6	2229.7	0.48	5.83
交通运输、仓储和邮政业	河北	4549.9	887.6	0.44	2.95
采矿业	山西	10843.6	-1400.6	-0.84	4.38
制造业	浙江	2732.7	83.9	0.11	2.86
制造业	广西	36848.9	216.7	0.08	2.19
制造业	重庆	17563.5	-2499.0	-0.56	2.24
交通运输、仓储和邮政业	山西	51342.7	12691.5	0.85	5.18
住宿和餐饮业	江苏	534.7	72.2	0.24	4.49
交通运输、仓储和邮政业	江苏	1542.3	160.0	0.16	3.13
金融业	江苏	10478.3	4496.9	1.51	8.96
批发和零售业	江苏	7178.5	384.6	0.52	5.10
制造业	黑龙江	1892.0	11.7	0.03	7.28
制造业	陕西	2280.5	70.9	0.13	5.50
交通运输、仓储和邮政业	浙江	11395.5	2839.8	0.22	2.25
制造业	江苏	2715.2	148.7	0.46	6.31
制造业	河南	10965.4	222.0	0.22	4.49
制造业	山东	8021.9	244.9	0.55	6.36
采矿业	北京	283797.0	45678.0	2.30	13.69
文化、体育和娱乐业	湖南	8033.1	1110.7	0.62	5.14
金融业	云南	486.4	74.6	0.05	1.32
制造业	江苏	1229.7	221.4	0.35	5.45
采矿业	北京	7274.1	526.3	0.44	5.65
制造业	黑龙江	8368.8	17.2	0.00	2.56
交通运输、仓储和邮政业	四川	7134.9	1010.3	0.33	3.60
交通运输、仓储和邮政业	北京	97628.3	3318.6	0.25	4.14
制造业	浙江	1696.1	79.5	0.12	2.75
批发和零售业	浙江	4689.6	150.1	0.37	3.82
建筑业	北京	61727.7	3358.4	0.68	4.27
农、林、牧、渔业	海南	11694.7	156.2	0.04	2.31
制造业	北京	3052.6	370.5	0.91	7.84
制造业	浙江	2435.3	84.0	0.39	9.10
电力、热力、燃气及水生产和供应业	广东	8574.6	707.0	0.36	2.51
电力、热力、燃气及水生产和供应业	重庆	3999.6	1877.2	0.39	2.71
金融业	福建	109287.0	41211.0	2.16	10.49
采矿业	青海	25271.5	349.8	0.15	4.77
金融业	北京	30665.2	13459.3	1.53	8.88
制造业	浙江	1849.9	23.9	0.06	4.30
制造业	陕西	13051.7	321.7	0.06	3.45
建筑业	北京	586789.6	10344.7	0.84	6.56
交通运输、仓储和邮政业	黑龙江	447.7	237.1	0.18	2.43
电力、热力、燃气及水生产和供应业	江苏	585.6	145.6	0.62	7.87
制造业	四川	1091.2	67.6	0.11	3.40
制造业	内蒙	3461.6	512.2	0.40	4.58
制造业	江苏	1400.0	20.0	0.02	2.27
制造业	江苏	1991.5	371.5	1.05	7.34
制造业	上海	14272.4	564.2	0.56	3.76
制造业	浙江	22137.9	72.0	0.07	6.97
制造业	广东	18824.2	2668.9	0.41	5.17
批发和零售业	河北	63985.3	210.8	0.08	3.45

上市公司基本信息
Listed Companies in 2013

公司代码 Code	证券名称 Name	总市值 Market Capital	流通市值 Negotiable Capital	总股本 Total Vol	A股流通股 A-Share Negotiable	B股 B-Share	H股 H-Share	限售股 Limited Share
601268	*ST 二重	5825.4	4292.6	2293.4	1690.0	0.0	0.0	603.4
601288	农业银行	729257.1	704725.6	324794.1	284163.5	0.0	30738.8	9891.8
601299	中国北车	50774.7	50774.7	10320.1	10320.1	0.0	0.0	0.0
601311	骆驼股份	9285.0	3290.2	851.8	301.9	0.0	0.0	550.0
601313	江南嘉捷	3397.3	2300.4	416.3	281.9	0.0	0.0	134.4
601318	中国平安	199736.9	199736.9	7644.1	4786.4	0.0	2857.7	0.0
601328	交通银行	150723.3	125602.8	74262.7	32709.1	0.0	35011.9	6541.8
601333	广深铁路	15769.7	15769.7	7083.5	5652.2	0.0	1431.3	0.0
601336	新华保险	47714.9	25181.3	3119.5	1100.6	0.0	1034.1	984.9
601339	百隆东方	7597.5	1894.3	750.0	187.0	0.0	0.0	563.0
601369	陕鼓动力	10897.8	10897.8	1638.8	1638.8	0.0	0.0	0.0
601377	兴业证券	24596.0	19670.7	2600.0	2079.4	0.0	0.0	520.6
601388	怡球资源	3767.9	1573.2	410.0	171.2	0.0	0.0	238.8
601390	中国中铁	45807.9	45807.9	21299.9	17092.5	0.0	4207.4	0.0
601398	工商银行	944322.2	944322.2	350571.2	263777.2	0.0	86794.0	0.0
601515	东风股份	14350.4	2184.8	556.0	84.7	0.0	0.0	471.4
601518	吉林高速	2705.4	2705.4	1213.2	1213.2	0.0	0.0	0.0
601519	大智慧	12070.8	4352.0	1807.0	651.5	0.0	0.0	1155.5
601555	东吴证券	17200.0	10503.9	2000.0	1221.4	0.0	0.0	778.6
601558	华锐风电	16523.8	1727.8	4020.4	420.4	0.0	0.0	3600.0
601566	九牧王	7363.8	1586.6	578.5	124.6	0.0	0.0	453.8
601567	三星电气	3912.9	1311.9	400.5	134.3	0.0	0.0	266.2
601588	北辰实业	7155.4	7155.4	3367.0	2660.0	0.0	707.0	0.0
601599	鹿港科技	2168.8	1124.7	318.0	164.9	0.0	0.0	153.1
601600	中国铝业	32573.8	32573.8	13524.5	9580.5	0.0	3944.0	0.0
601601	中国太保	116492.6	115039.6	9062.0	6208.3	0.0	2775.3	78.4
601607	上海医药	28441.4	28440.2	2688.9	1922.9	0.0	765.9	0.1
601608	中信重工	9233.8	2536.5	2740.0	752.7	0.0	0.0	1987.3
601616	广电电气	3674.4	2180.2	932.6	553.4	0.0	0.0	379.2
601618	中国中冶	28418.3	28418.3	19110.0	16239.0	0.0	2871.0	0.0
601628	中国人寿	315060.0	315060.0	28264.7	20823.5	0.0	7441.2	0.0
601633	长城汽车	82720.5	12525.7	3042.4	304.2	0.0	1033.2	1705.0
601636	旗滨集团	5533.2	1358.9	694.3	170.5	0.0	0.0	523.8
601666	平煤股份	12419.7	12419.7	2361.2	2361.2	0.0	0.0	0.0
601668	中国建筑	94200.0	93739.1	30000.0	29853.2	0.0	0.0	146.8
601669	中国水电	29472.0	9219.2	9600.0	3003.0	0.0	0.0	6597.0
601677	明泰铝业	3240.1	874.7	401.0	108.3	0.0	0.0	292.8
601678	滨化股份	5101.8	5101.8	660.0	660.0	0.0	0.0	0.0
601688	华泰证券	50176.0	50155.1	5600.0	5597.7	0.0	0.0	2.3
601699	潞安环能	24552.6	24552.6	2301.1	2301.1	0.0	0.0	0.0
601700	风范股份	5861.9	2117.9	453.4	163.8	0.0	0.0	289.6
601717	郑煤机	8611.8	8611.8	1621.1	1377.9	0.0	243.2	0.0
601718	际华集团	10683.9	10683.9	3857.0	3857.0	0.0	0.0	0.0
601727	上海电气	36447.6	36447.6	12823.6	9850.7	0.0	2972.9	0.0
601766	中国南车	59012.8	50685.7	13803.0	10116.9	0.0	2024.0	1662.1
601777	力帆股份	6476.6	6098.8	1010.4	951.4	0.0	0.0	58.9
601788	光大证券	29702.4	29702.4	3418.0	3418.0	0.0	0.0	0.0
601789	宁波建工	4045.9	928.3	488.0	112.0	0.0	0.0	376.1
601798	蓝科高新	3942.4	1429.1	320.0	116.0	0.0	0.0	204.0
601799	星宇股份	3681.6	1079.9	239.7	70.3	0.0	0.0	169.4

注：股本的单位为百万股，市值、营业收入、净利润的单位为百万元。

上市公司基本信息
Listed Companies in 2013

所属行业 Industry	所属地区 Area	营业收入 Revenue	净利润 Net Profit	每股收益(元) EPS	每股净资产(元) NAVPS
制造业	四川	4897.6	-3207.5	-1.40	0.79
金融业	北京	462625.0	166315.0	0.51	2.60
制造业	北京	97240.7	4128.6	0.40	3.66
制造业	湖北	4619.6	524.9	0.62	4.08
制造业	江苏	2423.0	180.6	0.43	3.29
金融业	广东	362631.0	28154.0	3.56	23.08
金融业	上海	164435.0	62295.0	0.84	5.65
交通运输、仓储和邮政业	广东	15800.7	1273.8	0.18	3.76
金融业	北京	129594.0	4422.0	1.42	12.60
制造业	浙江	4273.4	507.6	0.68	8.29
制造业	陕西	6288.5	915.6	0.56	3.71
金融业	福建	3103.6	672.9	0.26	5.00
制造业	江苏	4877.0	90.0	0.22	5.44
建筑业	北京	558798.7	9374.6	0.44	4.07
金融业	北京	589637.0	262649.0	0.75	3.63
制造业	广东	1801.5	702.6	1.26	4.29
交通运输、仓储和邮政业	吉林	785.7	289.1	0.24	1.87
信息传输、软件和信息技术服务业	上海	894.3	11.7	0.01	1.61
金融业	江苏	1598.7	382.6	0.19	3.91
制造业	北京	3661.9	-3446.2	-0.86	2.27
制造业	福建	2501.5	537.3	0.93	7.81
制造业	浙江	2246.7	282.2	0.70	5.59
房地产业	北京	5505.0	664.5	0.20	3.14
制造业	江苏	1844.2	13.2	0.04	3.00
制造业	北京	173038.1	947.9	0.07	3.28
金融业	上海	193137.0	9261.0	1.02	10.92
批发和零售业	上海	78222.8	2242.9	0.83	9.65
制造业	河南	5083.1	499.7	0.18	2.86
制造业	上海	1106.8	54.6	0.06	2.71
建筑业	北京	202690.2	2980.9	0.16	2.33
金融业	北京	423613.0	24765.0	0.88	7.80
制造业	河北	56784.3	8223.7	2.70	9.20
制造业	湖南	3526.0	387.1	0.56	4.51
采矿业	河南	19152.0	666.8	0.28	4.85
建筑业	北京	681048.0	20398.5	0.68	3.93
建筑业	北京	144837.0	4556.0	0.47	3.53
制造业	河南	5652.6	59.4	0.15	6.30
制造业	山东	4100.2	252.7	0.38	6.15
金融业	江苏	7166.5	2211.7	0.39	6.37
采矿业	山西	19200.0	1528.9	0.66	7.41
制造业	江苏	1830.3	215.1	0.47	6.08
制造业	河南	8055.3	866.7	0.53	5.87
制造业	北京	26718.0	947.7	0.25	2.82
制造业	上海	79214.9	2462.8	0.19	2.51
制造业	北京	97886.3	4140.0	0.30	2.65
制造业	重庆	10073.2	424.3	0.42	5.66
金融业	上海	4019.5	205.8	0.06	6.68
建筑业	浙江	13499.3	226.7	0.46	4.23
制造业	甘肃	917.4	83.3	0.26	5.37
制造业	江苏	1632.3	217.8	0.91	7.88

上市公司基本信息
Listed Companies in 2013

公司代码 Code	证券名称 Name	总市值 Market Capital	流通市值 Negotiable Capital	总股本 Total Vol	A 股流通股 A-Share Negotiable	B 股 B-Share	H 股 H-Share	限售股 Limited Share
601800	中国交建	47458.8	5452.9	16174.7	1349.7	0.0	4427.5	10397.5
601801	皖新传媒	11347.7	11347.7	910.0	910.0	0.0	0.0	0.0
601808	中海油服	66077.6	64961.6	4495.3	2910.5	0.0	1534.9	50.0
601818	光大银行	106002.6	106002.6	46276.8	39850.6	0.0	6426.2	0.0
601857	中国石油	1248419.2	1248419.2	183021.0	161922.1	0.0	21098.9	0.0
601866	中海集运	19592.3	19592.3	11683.1	7932.1	0.0	3751.0	0.0
601872	招商轮船	11424.6	9139.7	4720.9	3776.7	0.0	0.0	944.2
601877	正泰电器	25079.5	25079.5	1008.0	1008.0	0.0	0.0	0.0
601880	大连港	8946.6	8946.6	4426.0	3363.4	0.0	1062.6	0.0
601886	江河创建	8780.8	4082.0	1120.0	520.7	0.0	0.0	599.3
601888	中国国旅	34070.7	30712.0	976.2	880.0	0.0	0.0	96.2
601890	亚星锚链	3168.4	3168.4	468.0	468.0	0.0	0.0	0.0
601898	中煤能源	43655.0	42963.3	13258.7	9007.0	0.0	4106.7	145.0
601899	紫金矿业	36506.8	36506.8	21812.0	15803.8	0.0	6008.2	0.0
601901	方正证券	36051.0	20665.9	6100.0	3496.8	0.0	0.0	2603.2
601908	京运通	7050.1	1701.7	859.8	207.5	0.0	0.0	652.3
601918	国投新集	10310.4	10310.4	2590.5	2590.5	0.0	0.0	0.0
601919	*ST 远洋	25197.7	24670.6	10216.3	7476.0	0.0	2580.6	159.7
601928	凤凰传媒	24329.2	6300.0	2544.9	659.0	0.0	0.0	1885.9
601929	吉视传媒	12315.6	7267.6	1467.9	866.2	0.0	0.0	601.7
601933	永辉超市	21625.7	20410.8	1627.2	1535.8	0.0	0.0	91.4
601939	建设银行	39717.7	39717.7	250011.0	9593.7	0.0	240417.3	0.0
601958	金钼股份	23392.9	23392.9	3226.6	3226.6	0.0	0.0	0.0
601965	中国汽研	8586.5	2572.8	640.8	192.0	0.0	0.0	448.8
601988	中国银行	512278.7	512278.7	279148.5	195526.2	0.0	83622.3	0.0
601989	中国重工	85123.4	66275.2	15173.5	11813.8	0.0	0.0	3359.8
601991	大唐发电	42376.1	41952.1	13310.0	9894.4	0.0	3315.7	100.0
601992	金隅股份	21177.6	8612.5	4283.7	1266.6	0.0	1169.4	1847.8
601996	丰林集团	3399.6	1422.4	468.9	196.2	0.0	0.0	272.7
601998	中信银行	123473.0	123473.0	46787.3	31905.2	0.0	14882.2	0.0
601999	出版传媒	3641.5	3641.5	550.9	550.9	0.0	0.0	0.0
603000	人民网	21552.7	8695.4	276.4	111.5	0.0	0.0	164.9
603001	奥康国际	5958.6	1737.9	401.0	116.9	0.0	0.0	284.0
603002	宏昌电子	2576.0	1223.6	400.0	190.0	0.0	0.0	210.0
603003	龙宇燃油	2050.3	650.7	202.0	64.1	0.0	0.0	137.9
603008	喜临门	3357.9	1993.7	315.0	187.0	0.0	0.0	128.0
603077	和邦股份	6300.0	2100.0	450.0	150.0	0.0	0.0	300.0
603123	翠微股份	2732.0	997.5	308.0	112.5	0.0	0.0	195.5
603128	华贸物流	4368.0	1747.2	400.0	160.0	0.0	0.0	240.0
603167	渤海轮渡	4019.7	2542.7	481.4	304.5	0.0	0.0	176.9
603333	明星电缆	2594.8	970.6	520.0	194.5	0.0	0.0	325.5
603366	日出东方	5668.0	2003.6	400.0	141.4	0.0	0.0	258.6
603399	新华龙	2852.8	1007.4	253.4	89.5	0.0	0.0	163.9
603766	隆鑫通用	7528.0	3694.6	800.0	392.6	0.0	0.0	407.4
603993	洛阳钼业	24434.9	12775.1	5076.2	1968.4	0.0	1311.2	1796.6
900929	锦旅 B 股	710.0	710.0	132.6	0.0	66.0	0.0	66.6
900935	阳晨 B 股	713.7	713.7	244.6	0.0	105.6	0.0	139.0
900939	汇丽 B	423.3	423.3	181.5	0.0	88.0	0.0	93.5
900948	伊泰 B 股	14342.1	14342.1	3254.0	0.0	1328.0	326.0	1600.0
900949	东电 B 股	3491.4	3491.4	2010.0	0.0	690.0	0.0	1320.0

注：股本的单位为百万股，市值、营业收入、净利润的单位为百万元。

上市公司基本信息
Listed Companies in 2013

所属行业 Industry	所属地区 Area	营业收入 Revenue	净利润 Net Profit	每股收益(元) EPS	每股净资产(元) NAVPS
建筑业	北京	332486.8	12138.8	0.75	5.90
文化、体育和娱乐业	安徽	4595.8	605.7	0.67	5.08
采矿业	天津	27957.9	6716.0	1.49	8.28
金融业	北京	65306.0	26715.0	0.58	3.30
采矿业	北京	2258124.0	129577.0	0.71	6.19
交通运输、仓储和邮政业	上海	34341.0	-2646.2	-0.23	2.03
交通运输、仓储和邮政业	上海	2566.9	-2183.5	-0.46	2.10
制造业	浙江	11956.5	1541.7	1.53	5.21
交通运输、仓储和邮政业	辽宁	6982.0	682.6	0.15	3.04
建筑业	北京	11902.1	290.8	0.26	4.16
租赁和商务服务业	北京	17448.2	1294.6	1.33	9.29
制造业	江苏	1408.8	-21.0	-0.04	5.87
采矿业	北京	82316.5	3575.6	0.27	6.59
采矿业	福建	49771.5	2125.4	0.98	12.72
金融业	湖南	3441.5	1105.6	0.18	2.53
制造业	北京	465.9	56.9	0.07	4.27
采矿业	安徽	7812.2	14.9	0.01	3.35
交通运输、仓储和邮政业	天津	61934.1	235.5	0.02	2.37
文化、体育和娱乐业	江苏	7315.9	940.0	0.37	3.74
信息传输、软件和信息技术服务业	吉林	1921.3	402.1	0.27	2.92
批发和零售业	福建	30542.8	720.6	0.44	3.63
金融业	北京	508608.0	214657.0	0.86	4.26
采矿业	陕西	8616.0	178.0	0.06	4.06
制造业	重庆	1500.2	422.2	0.66	5.06
金融业	北京	407508.0	156911.0	0.56	3.31
制造业	北京	51269.2	2935.4	0.19	3.09
电力、热力、燃气及水生产和供应业	北京	75227.5	3526.9	0.27	3.30
制造业	北京	44789.8	3215.2	0.75	6.13
制造业	广西	903.2	90.7	0.19	3.49
金融业	北京	104558.0	39175.0	0.84	4.82
文化、体育和娱乐业	辽宁	1327.9	70.0	0.13	3.18
信息传输、软件和信息技术服务业	北京	1027.9	272.9	0.99	8.31
制造业	浙江	2796.2	274.2	0.68	9.28
制造业	广东	1207.4	67.3	0.17	2.23
批发和零售业	上海	4501.3	-51.9	-0.26	3.86
制造业	浙江	1021.9	120.2	0.38	3.48
制造业	四川	1602.7	64.4	0.14	7.31
批发和零售业	北京	4685.9	133.4	0.43	5.49
交通运输、仓储和邮政业	上海	8533.4	81.3	0.20	3.23
交通运输、仓储和邮政业	山东	1165.7	233.5	0.49	5.38
制造业	四川	986.8	6.5	0.01	2.98
制造业	江苏	3088.1	307.9	0.77	8.80
制造业	辽宁	2197.7	54.9	0.22	4.16
制造业	重庆	6505.5	552.3	0.69	4.49
采矿业	河南	5536.5	1174.2	1.16	12.00
租赁和商务服务业	上海	2116.3	58.4	0.44	6.79
电力、热力、燃气及水生产和供应业	上海	451.0	37.3	0.15	2.31
建筑业	上海	10.8	-7.4	-0.04	0.28
电力、热力、燃气及水生产和供应业	内蒙	25063.6	3444.6	1.06	6.50
电力、热力、燃气及水生产和供应业	浙江	- -	- -	- -	0.00

上市公司基本信息
Listed Companies in 2013

公司代码 Code	证券名称 Name	总市值 Market Capital	流通市值 Negotiable Capital	总股本 Total Vol	A 股流通股 A-Share Negotiable	B 股 B-Share	H 股 H-Share	限售股 Limited Share
900950	新城 B 股	2385.9	2385.9	1593.2	0.0	642.8	0.0	950.4
900951	大化 B 股	280.8	280.8	275.0	0.0	100.0	0.0	175.0
900953	凯马 B	779.5	779.5	640.0	0.0	240.0	0.0	400.0
900956	东贝 B 股	649.4	649.4	235.0	0.0	115.0	0.0	120.0
900957	凌云 B 股	679.6	679.6	349.0	0.0	184.0	0.0	165.0

注：股本的单位为百万股，市值、营业收入、净利润的单位为百万元。

上市公司基本信息
Listed Companies in 2013

所属行业 Industry	所属地区 Area	营业收入 Revenue	净利润 Net Profit	每股收益(元) EPS	每股净资产(元) NAVPS
房地产业	江苏	16584.0	1609.5	1.01	4.16
制造业	辽宁	818.8	-127.7	-0.46	0.17
制造业	上海	5406.9	5.2	0.01	1.54
制造业	湖北	4264.0	93.8	0.40	3.82
房地产业	上海	11.3	7.2	0.02	1.11

上市公司股份变动
Change of Equity in 2013

股票代码 Code	股票简称 Name	变动后总股本 (百万股) Total Share	流通股份增加 Share Add A 股 (百万股) A Share	流通股份增加 Share Add B 股 (百万股) B share	变动原因 Change Reason	变动日期 Change Date
600010	包钢股份	8002.59	0.00	0.00	A 股增发上市	2013.02.04
600011	华能国际	14055.38	500.00	0.00	有限售条件流通股上市	2013.12.23
600015	华夏银行	8904.64	1497.16	0.00	送股	2013.07.25
600016	民生银行	28366.18	0.59	0.00	债转股	2013.10.10
600019	宝钢股份	16471.72	-650.32	0.00	股份注销	2013.05.24
600023	浙能电力	9105.43	608.18	0.00	A 股新上市	2013.12.19
600026	中海发展	3404.55	0.00	0.00	债转股	2013.04.08
600026	中海发展	3404.55	0.00	0.00	债转股	2013.10.10
600027	华电国际	7371.08	540.00	0.00	有限售条件流通股上市	2013.07.03
600028	中国石化	86820.29	0.00	0.00	债转股	2013.01.08
600028	中国石化	116565.27	21011.96	0.00	送股	2013.06.20
600028	中国石化	116565.28	0.00	0.00	债转股	2013.07.03
600028	中国石化	116565.28	0.00	0.00	债转股	2013.10.10
600028	中国石化	89665.52	0.00	0.00	其他股本变动	2013.02.20
600028	中国石化	89665.58	0.06	0.00	债转股	2013.04.03
600029	南方航空	9817.57	123.90	0.00	有限售条件流通股上市	2013.11.06
600031	三一重工	7593.71	562.91	0.00	有限售条件流通股上市	2013.01.28
600031	三一重工	7616.50	0.00	0.00	A 股增发上市	2013.02.05
600036	招商银行	24539.42	2962.81	0.00	配股上市	2013.09.11
600036	招商银行	25219.85	0.00	0.00	其他股本变动	2013.10.09
600037	歌华有线	1060.37	0.00	0.00	债转股	2013.01.08
600037	歌华有线	1060.37	0.00	0.00	债转股	2013.04.03
600037	歌华有线	1060.37	0.00	0.00	债转股	2013.07.03
600038	哈飞股份	534.18	0.00	0.00	A 股增发上市	2013.11.08
600038	哈飞股份	589.48	0.00	0.00	A 股增发上市	2013.11.15
600039	四川路桥	1509.87	0.00	0.00	A 股增发上市	2013.12.23
600056	中国医药	325.92	0.00	0.00	A 股增发上市	2013.07.23
600056	中国医药	457.38	131.27	0.00	A 股增发上市	2013.08.01
600059	古越龙山	634.86	30.87	0.00	有限售条件流通股上市	2013.03.18
600060	海信电器	1308.48	1.84	0.00	A 股增发上市	2013.12.04
600066	宇通客车	1269.52	538.93	0.00	送股	2013.05.16
600066	宇通客车	1273.71	0.00	0.00	股份注销	2013.07.10
600066	宇通客车	1273.71	10.06	0.00	股权激励股份限售期满	2013.07.18
600066	宇通客车	1275.53	0.00	0.00	A 股增发上市	2013.07.01
600067	冠城大通	1188.63	11.83	0.00	A 股增发上市	2013.07.01
600067	冠城大通	1190.56	1.93	0.00	A 股增发上市	2013.12.18
600073	上海梅林	822.74	70.53	0.00	送股	2013.06.06
600077	宋都股份	1073.66	55.79	0.00	股权分置股份限售期满	2013.01.18
600077	宋都股份	1090.96	9.84	0.00	A 股增发上市	2013.11.20
600077	宋都股份	1081.12	7.47	0.00	A 股增发上市	2013.04.01
600079	人福医药	493.44	6.56	0.00	股权激励股份限售期满	2013.05.13
600079	人福医药	528.78	0.00	0.00	A 股增发上市	2013.09.06
600079	人福医药	493.44	9.58	0.00	股权分置股份限售期满	2013.08.19
600082	海泰发展	646.12	0.47	0.00	股权分置股份限售期满	2013.12.17
600085	同仁堂	1302.10	0.04	0.00	债转股	2013.07.04
600085	同仁堂	1310.77	8.67	0.00	债转股	2013.10.11
600096	云天化	1668.67	0.00	0.00	A 股增发上市	2013.05.22
600096	云天化	1129.08	-329.44	0.00	股份注销	2013.12.06
600098	广州发展	2742.22	394.20	0.00	有限售条件流通股上市	2013.07.02
600100	同方股份	2145.43	0.00	0.00	A 股增发上市	2013.08.19

上市公司股份变动
Change of Equity in 2013

股票代码 Code	股票简称 Name	变动后总股本 (百万股) Total Share	流通股份增加 Share Add A 股 (百万股) A Share	流通股份增加 Share Add B 股 (百万股) B share	变动原因 Change Reason	变动日期 Change Date
600100	同方股份	2197.88	0.00	0.00	A 股增发上市	2013.09.10
600104	上汽集团	11025.57	72.10	0.00	有限售条件流通股上市	2013.12.10
600108	亚盛集团	1946.92	209.92	0.00	有限售条件流通股上市	2013.05.10
600109	国金证券	1294.07	293.83	0.00	有限售条件流通股上市	2013.12.23
600114	东睦股份	205.50	0.00	0.00	A 股增发上市	2013.05.13
600115	东方航空	11975.40	0.00	0.00	A 股增发上市	2013.04.19
600115	东方航空	12674.27	0.00	0.00	其他股本变动	2013.06.25
600116	三峡水利	267.53	20.00	0.00	有限售条件流通股上市	2013.07.01
600118	中国卫星	1182.49	265.89	0.00	配股上市	2013.08.21
600121	郑州煤电	1015.34	0.00	0.00	A 股增发上市	2013.12.04
600122	宏图高科	1141.59	0.00	0.00	A 股增发上市	2013.11.28
600125	铁龙物流	1305.52	149.36	0.00	股权分置股份限售期满	2013.03.27
600127	金健米业	641.78	0.00	0.00	A 股增发上市	2013.12.02
600133	东湖高新	634.26	0.00	0.00	A 股增发上市	2013.05.22
600139	西部资源	661.89	68.22	0.00	股权分置股份限售期满	2013.01.31
600141	兴发集团	435.39	0.00	0.00	A 股增发上市	2013.01.08
600141	兴发集团	435.39	5.68	0.00	有限售条件流通股上市	2013.04.22
600151	航天机电	1250.18	247.22	0.00	有限售条件流通股上市	2013.08.14
600157	永泰能源	1767.56	371.20	0.00	有限售条件流通股上市	2013.03.06
600160	巨化股份	1810.92	389.51	0.00	配股上市	2013.12.30
600161	天坛生物	515.47	27.22	0.00	有限售条件流通股上市	2013.09.23
600162	香江控股	767.81	406.12	0.00	股权分置股份限售期满	2013.08.08
600166	福田汽车	2809.67	428.43	0.00	有限售条件流通股上市	2013.06.20
600166	福田汽车	2809.67	527.22	0.00	股权分置股份限售期满	2013.09.18
600166	福田汽车	2809.67	210.74	0.00	有限售条件流通股上市	2013.09.16
600168	武汉控股	581.84	0.00	0.00	A 股增发上市	2013.08.16
600168	武汉控股	709.57	0.00	0.00	A 股增发上市	2013.11.04
600170	上海建工	2775.27	140.98	0.00	送股	2013.07.18
600177	雅戈尔	2226.61	178.23	0.00	股权分置股份限售期满	2013.05.16
600180	瑞茂通	872.22	0.00	0.00	A 股增发上市	2013.02.05
600184	光电股份	209.38	19.70	0.00	有限售条件流通股上市	2013.10.28
600186	莲花味精	1062.02	45.66	0.00	股权分置股份限售期满	2013.06.25
600186	莲花味精	1062.02	78.26	0.00	股权分置股份限售期满	2013.12.27
600187	国中水务	582.25	0.00	0.00	A 股增发上市	2013.06.26
600187	国中水务	1455.62	640.84	0.00	送股	2013.10.10
600188	兖州煤业	4918.40	2600.00	0.00	股权分置股份限售期满	2013.09.06
600190	锦州港	2002.29	0.00	0.00	A 股增发上市	2013.12.24
600192	长城电工	441.75	0.00	0.00	A 股增发上市	2013.07.30
600193	创兴资源	425.37	98.16	0.00	送股	2013.11.06
600195	中牧股份	429.80	0.00	0.00	A 股增发上市	2013.10.22
600196	复星医药	2240.46	4.77	0.00	有限售条件流通股上市	2013.05.06
600198	大唐电信	741.71	13.53	0.00	有限售条件流通股上市	2013.11.01
600206	有研硅股	277.85	0.00	0.00	A 股增发上市	2013.04.23
600207	安彩高科	690.00	0.00	0.00	A 股增发上市	2013.05.17
600211	西藏药业	145.59	12.40	0.00	股权分置股份限售期满	2013.09.11
600216	浙江医药	520.06	70.00	0.00	有限售条件流通股上市	2013.08.26
600216	浙江医药	936.11	416.05	0.00	送股	2013.10.10
600221	海南航空	6091.09	595.24	0.00	有限售条件流通股上市	2013.02.25
600221	海南航空	11997.46	3940.43	0.00	送股	2013.06.13
600221	海南航空	12182.18	3931.20	0.00	有限售条件流通股上市	2013.08.13

上市公司股份变动
Change of Equity in 2013

股票代码 Code	股票简称 Name	变动后总股本 (百万股) Total Share	流通股份增加 Share Add A 股 (百万股) A Share	流通股份增加 Share Add B 股 (百万股) B share	变动原因 Change Reason	变动日期 Change Date
600222	太龙药业	496.61	0.00	0.00	A 股增发上市	2013.08.02
600225	天津松江	626.40	11.06	0.00	股权分置股份限售期满	2013.04.01
600227	赤天化	950.39	19.05	0.00	股权分置股份限售期满	2013.01.30
600235	民丰特纸	351.30	0.00	0.00	A 股增发上市	2013.04.10
600236	桂冠电力	2280.45	0.44	0.00	股权分置股份限售期满	2013.04.25
600237	铜峰电子	564.37	0.00	0.00	A 股增发上市	2013.02.05
600239	云南城投	823.43	197.47	0.00	股权分置股份限售期满	2013.04.19
600240	华业地产	1424.25	5.25	0.00	A 股增发上市	2013.05.27
600242	中昌海运	273.34	1.05	0.00	股权分置股份限售期满	2013.05.21
600242	中昌海运	273.34	41.31	0.00	股权分置股份限售期满	2013.10.08
600242	中昌海运	273.34	99.31	0.00	有限售条件流通股上市	2013.10.14
600255	鑫科材料	625.50	0.00	0.00	A 股增发上市	2013.09.26
600256	广汇能源	5256.54	1027.06	0.00	送股	2013.06.25
600256	广汇能源	5221.42	-35.12	0.00	股份注销	2013.11.15
600261	阳光照明	645.38	83.40	0.00	有限售条件流通股上市	2013.03.25
600261	阳光照明	645.38	117.28	0.00	股权分置股份限售期满	2013.11.18
600276	恒瑞医药	1360.22	123.43	0.00	送股	2013.06.13
600276	恒瑞医药	1360.22	2.47	0.00	股权激励股份限售期满	2013.07.05
600277	亿利能源	2089.59	0.00	0.00	A 股增发上市	2013.08.27
600279	重庆港九	342.09	191.35	0.00	股权分置股份限售期满	2013.11.25
600280	中央商场	287.08	143.54	0.00	送股	2013.05.23
600280	中央商场	574.17	287.08	0.00	送股	2013.09.26
600282	南钢股份	3875.75	2190.95	0.00	有限售条件流通股上市	2013.10.15
600284	浦东建设	693.04	0.00	0.00	A 股增发上市	2013.02.21
600285	羚锐制药	229.06	0.00	0.00	A 股增发上市	2013.01.24
600285	羚锐制药	343.59	100.36	0.00	送股	2013.07.02
600285	羚锐制药	357.27	0.00	0.00	A 股增发上市	2013.08.02
600289	亿阳信通	571.54	0.00	0.00	股份注销	2013.09.30
600298	安琪酵母	329.63	20.46	0.00	有限售条件流通股上市	2013.07.01
600305	恒顺醋业	254.30	127.15	0.00	送股	2013.11.14
600306	商业城	178.14	0.06	0.00	股权分置股份限售期满	2013.06.20
600307	酒钢宏兴	6263.36	0.00	0.00	A 股增发上市	2013.01.30
600315	上海家化	672.53	211.50	0.00	送股	2013.05.28
600315	上海家化	672.53	15.18	0.00	股权激励股份限售期满	2013.06.07
600315	上海家化	672.44	0.00	0.00	股份注销	2013.07.25
600316	洪都航空	717.11	40.67	0.00	有限售条件流通股上市	2013.07.12
600332	白云山	1256.50	445.60	0.00	A 股增发上市	2013.05.23
600332	白云山	1291.34	0.00	0.00	A 股增发上市	2013.07.10
600333	长春燃气	529.62	0.00	0.00	A 股增发上市	2013.03.21
600336	澳柯玛	682.07	340.04	0.00	送股	2013.07.19
600337	美克股份	647.28	0.00	0.00	A 股增发上市	2013.06.04
600337	美克股份	647.28	46.31	0.00	有限售条件流通股上市	2013.11.25
600340	华夏幸福	1322.88	174.39	0.00	送股	2013.10.11
600343	航天动力	319.10	0.00	0.00	A 股增发上市	2013.03.29
600352	浙江龙盛	1489.77	21.35	0.00	A 股增发上市	2013.06.07
600352	浙江龙盛	1515.87	26.10	0.00	A 股增发上市	2013.11.08
600356	恒丰纸业	231.60	0.00	0.00	债转股	2013.01.09
600356	恒丰纸业	252.33	20.73	0.00	债转股	2013.07.04
600356	恒丰纸业	252.33	0.00	0.00	债转股	2013.10.11
600360	华微电子	738.08	0.00	0.00	A 股增发上市	2013.04.11

上市公司股份变动
Change of Equity in 2013

股票代码 Code	股票简称 Name	变动后总股本 (百万股) Total Share	流通股份增加 Share Add A股 (百万股) A Share	流通股份增加 Share Add B股 (百万股) B share	变动原因 Change Reason	变动日期 Change Date
600363	联创光电	443.48	52.00	0.00	有限售条件流通股上市	2013.12.02
600365	通葡股份	200.00	0.00	0.00	A股增发上市	2013.06.05
600369	西南证券	2322.55	680.69	0.00	有限售条件流通股上市	2013.07.17
600371	万向德农	204.60	34.10	0.00	送股	2013.07.09
600372	中航电子	1759.16	196.80	0.00	送股	2013.08.14
600372	中航电子	1759.16	50.03	0.00	有限售条件流通股上市	2013.10.24
600373	中文传媒	658.71	0.00	0.00	A股增发上市	2013.03.21
600373	中文传媒	658.71	379.75	0.00	其他股本变动	2013.12.23
600375	华菱星马	555.74	0.00	0.00	A股增发上市	2013.07.11
600376	首开股份	2242.01	747.34	0.00	送股	2013.05.21
600377	宁沪高速	5037.75	23.92	0.00	股权分置股份限售期满	2013.11.06
600388	龙净环保	213.81	1.77	0.00	股权激励股份限售期满	2013.05.06
600388	龙净环保	427.62	212.04	0.00	送股	2013.06.04
600390	金瑞科技	195.33	0.00	0.00	A股增发上市	2013.04.08
600390	金瑞科技	390.66	160.05	0.00	送股	2013.07.10
600392	盛和资源	376.42	0.00	0.00	A股增发上市	2013.01.14
600397	安源煤业	494.98	53.43	0.00	有限售条件流通股上市	2013.02.04
600397	安源煤业	989.96	322.67	0.00	送股	2013.05.20
600403	大有能源	2390.81	127.47	0.00	送股	2013.06.18
600403	大有能源	2390.81	723.51	0.00	有限售条件流通股上市	2013.11.07
600405	动力源	286.25	0.00	0.00	A股增发上市	2013.10.17
600405	动力源	282.60	0.00	0.00	股份注销	2013.10.23
600406	国电南瑞	2205.75	630.22	0.00	送股	2013.06.07
600409	三友化工	1850.39	261.02	0.00	有限售条件流通股上市	2013.03.01
600410	华胜天成	646.03	0.00	0.00	股份注销	2013.07.03
600418	江淮汽车	1284.91	-3.83	0.00	股份注销	2013.10.17
600419	新疆天宏	86.39	0.00	0.00	A股增发上市	2013.11.28
600422	昆明制药	314.18	0.22	0.00	股权激励股份限售期满	2013.05.27
600422	昆明制药	341.13	-0.41	0.00	其他股本变动	2013.07.19
600422	昆明制药	314.18	0.11	0.00	股权激励股份限售期满	2013.07.02
600422	昆明制药	341.13	26.95	0.00	A股增发上市	2013.07.17
600425	青松建化	1378.79	478.70	0.00	送股	2013.06.05
600425	青松建化	1378.79	421.40	0.00	有限售条件流通股上市	2013.06.19
600433	冠豪高新	1190.28	553.14	0.00	送股	2013.04.23
600436	片仔癀	160.88	20.88	0.00	配股上市	2013.07.11
600438	通威股份	817.11	0.00	0.00	A股增发上市	2013.07.16
600446	金证股份	262.40	1.23	0.00	A股增发上市	2013.05.02
600446	金证股份	262.61	0.21	0.00	A股增发上市	2013.09.26
600446	金证股份	262.61	0.04	0.00	股权激励股份限售期满	2013.11.05
600458	时代新材	517.34	36.38	0.00	股权分置股份限售期满	2013.03.28
600458	时代新材	661.42	144.08	0.00	配股上市	2013.06.25
600458	时代新材	517.34	27.28	0.00	有限售条件流通股上市	2013.05.20
600459	贵研铂业	200.75	42.69	0.00	配股上市	2013.03.27
600460	士兰微	959.36	0.00	0.00	A股增发上市	2013.09.06
600477	杭萧钢构	463.46	127.07	0.00	股权分置股份限售期满	2013.02.18
600480	凌云股份	361.71	4.98	0.00	有限售条件流通股上市	2013.12.13
600481	双良节能	810.10	0.00	0.00	债转股	2013.04.03
600481	双良节能	810.10	0.00	0.00	债转股	2013.07.04
600481	双良节能	810.10	0.00	0.00	债转股	2013.10.10
600482	风帆股份	531.38	0.00	0.00	A股增发上市	2013.10.21

上市公司股份变动
Change of Equity in 2013

股票代码 Code	股票简称 Name	变动后总股本 (百万股) Total Share	流通股份增加 Share Add A 股 (百万股) A Share	流通股份增加 Share Add B 股 (百万股) B share	变动原因 Change Reason	变动日期 Change Date
600488	天药股份	814.33	271.44	0.00	送股	2013.03.14
600488	天药股份	960.85	0.00	0.00	A 股增发上市	2013.04.22
600490	鹏欣资源	870.00	165.00	0.00	送股	2013.06.07
600495	晋西车轴	419.51	0.00	0.00	A 股增发上市	2013.08.15
600497	驰宏锌锗	1667.56	357.47	0.00	配股上市	2013.04.19
600498	烽火通信	964.72	442.86	0.00	送股	2013.05.23
600498	烽火通信	965.72	79.00	0.00	有限售条件流通股上市	2013.07.04
600498	烽火通信	965.72	1.00	0.00	A 股增发上市	2013.06.21
600499	科达机电	660.59	8.63	0.00	A 股增发上市	2013.05.06
600499	科达机电	666.25	0.30	0.00	股权激励股份限售期满	2013.11.06
600499	科达机电	666.25	0.00	0.00	A 股增发上市	2013.05.28
600500	中化国际	2083.01	0.00	0.00	A 股增发上市	2013.12.04
600501	航天晨光	389.28	182.99	0.00	股权分置股份限售期满	2013.02.19
600502	安徽水利	501.93	167.31	0.00	送股	2013.06.03
600507	方大特钢	1310.72	10.19	0.00	A 股增发上市	2013.07.17
600509	天富热电	905.70	0.00	0.00	A 股增发上市	2013.03.22
600510	黑牡丹	795.52	183.35	0.00	股权分置股份限售期满	2013.02.25
600510	黑牡丹	795.52	357.15	0.00	有限售条件流通股上市	2013.02.25
600513	联环药业	156.70	0.00	0.00	A 股增发上市	2013.06.25
600515	海岛建设	422.77	45.37	0.00	股权分置股份限售期满	2013.01.08
600516	方大炭素	1534.89	255.82	0.00	送股	2013.03.20
600516	方大炭素	1719.16	0.00	0.00	A 股增发上市	2013.06.27
600517	置信电气	691.40	0.00	0.00	A 股增发上市	2013.01.22
600521	华海药业	547.83	0.38	0.00	A 股增发上市	2013.03.13
600521	华海药业	712.19	163.71	0.00	送股	2013.04.18
600521	华海药业	785.30	7.72	0.00	A 股增发上市	2013.07.05
600521	华海药业	775.49	63.30	0.00	A 股增发上市	2013.05.23
600521	华海药业	547.95	0.09	0.00	A 股增发上市	2013.04.03
600523	贵航股份	288.79	92.58	0.00	股权分置股份限售期满	2013.06.06
600526	菲达环保	203.44	0.00	0.00	A 股增发上市	2013.03.28
600532	宏达矿业	396.23	13.00	0.00	有限售条件流通股上市	2013.12.05
600535	天士力	1032.84	516.42	0.00	送股	2013.05.23
600536	中国软件	247.28	0.00	0.00	A 股增发上市	2013.12.25
600546	山煤国际	1982.46	991.23	0.00	送股	2013.08.06
600551	时代出版	505.83	288.73	0.00	有限售条件流通股上市	2013.04.09
600552	方兴科技	159.55	0.00	0.00	A 股增发上市	2013.04.09
600552	方兴科技	239.33	58.50	0.00	送股	2013.05.24
600556	*ST 北生	394.79	14.94	0.00	股权分置股份限售期满	2013.05.17
600558	大西洋	207.26	68.75	0.00	送股	2013.06.07
600561	江西长运	237.06	0.00	0.00	A 股增发上市	2013.04.19
600562	国睿科技	128.53	0.00	0.00	A 股增发上市	2013.07.04
600567	山鹰纸业	3176.73	0.00	0.00	A 股增发上市	2013.08.13
600567	山鹰纸业	3766.94	0.00	0.00	A 股增发上市	2013.12.02
600570	恒生电子	617.81	-5.95	0.00	股份注销	2013.06.07
600571	信雅达	202.69	0.00	0.00	股份注销	2013.01.30
600571	信雅达	202.69	2.43	0.00	股权激励股份限售期满	2013.11.04
600575	芜湖港	2435.30	711.60	0.00	送股	2013.04.22
600577	精达股份	709.57	-11.57	0.00	股份注销	2013.07.10
600578	京能电力	2308.66	0.00	0.00	A 股增发上市	2013.04.03
600578	京能电力	4617.32	767.39	0.00	送股	2013.10.24

上市公司股份变动
Change of Equity in 2013

股票代码 Code	股票简称 Name	变动后总股本 (百万股) Total Share	流通股份增加 Share Add		变动原因 Change Reason	变动日期 Change Date
			A 股 (百万股) A Share	B 股 (百万股) B share		
600579	*ST 黄海	396.24	0.00	0.00	A 股增发上市	2013.12.31
600580	卧龙电气	1110.53	0.00	0.00	A 股增发上市	2013.08.26
600583	海油工程	4421.35	0.00	0.00	A 股增发上市	2013.10.14
600587	新华医疗	188.58	0.00	0.00	A 股增发上市	2013.07.19
600587	新华医疗	196.57	0.00	0.00	A 股增发上市	2013.12.13
600587	新华医疗	198.77	0.00	0.00	A 股增发上市	2013.12.31
600588	用友软件	959.25	-19.84	0.00	股份注销	2013.01.11
600590	泰豪科技	500.33	45.00	0.00	有限售条件流通股上市	2013.06.03
600592	龙溪股份	399.55	0.00	0.00	A 股增发上市	2013.04.24
600594	益佰制药	360.70	3.16	0.00	股权激励股份限售期满	2013.01.28
600594	益佰制药	360.64	0.00	0.00	股份注销	2013.03.21
600594	益佰制药	360.63	0.00	0.00	股份注销	2013.09.18
600595	中孚实业	1741.54	0.00	0.00	A 股增发上市	2013.11.19
600597	光明乳业	1225.04	2.64	0.00	股权激励股份限售期满	2013.02.06
600597	光明乳业	1224.60	0.00	0.00	股份注销	2013.03.25
600597	光明乳业	1224.60	175.85	0.00	有限售条件流通股上市	2013.09.03
600597	光明乳业	1224.60	2.01	0.00	股权激励股份限售期满	2013.10.10
600597	光明乳业	1224.50	0.00	0.00	股份注销	2013.11.19
600599	熊猫烟花	166.00	0.00	0.00	A 股增发上市	2013.10.11
600608	上海科技	328.86	23.28	0.00	股权分置股份限售期满	2013.05.16
600612	老凤祥	523.12	91.06	0.00	有限售条件流通股上市	2013.09.23
600613	神奇制药	399.65	0.00	0.00	A 股增发上市	2013.07.01
600613	神奇制药	445.06	0.00	0.00	A 股增发上市	2013.07.10
600617	*ST 联华	167.19	3.65	0.00	股权分置股份限售期满	2013.11.11
600617	*ST 联华	563.04	0.00	0.00	A 股增发上市	2013.12.26
600629	棱光实业	348.00	11.69	0.00	股权分置股份限售期满	2013.09.26
600629	棱光实业	348.00	25.20	0.00	有限售条件流通股上市	2013.10.15
600633	浙报传媒	594.14	0.00	0.00	A 股增发上市	2013.04.25
600634	ST 澄海	304.48	0.00	0.00	A 股增发上市	2013.12.26
600642	申能股份	4552.04	-176.74	0.00	股份注销	2013.05.23
600643	爱建股份	1105.49	0.07	0.00	股权分置股份限售期满	2013.01.29
600645	中源协和	325.04	2.40	0.00	股权分置股份限售期满	2013.05.24
600645	中源协和	349.29	0.00	0.00	A 股增发上市	2013.12.11
600647	同达创业	139.14	32.11	0.00	送股	2013.08.02
600660	福耀玻璃	2002.99	39.79	0.00	股权分置股份限售期满	2013.04.22
600674	川投能源	1972.67	0.00	0.00	债转股	2013.04.08
600674	川投能源	1972.69	0.02	0.00	债转股	2013.07.09
600674	川投能源	1981.87	9.18	0.00	债转股	2013.10.14
600676	交运股份	862.37	50.75	0.00	有限售条件流通股上市	2013.03.01
600677	航天通信	416.43	0.00	0.00	A 股增发上市	2013.12.05
600681	万鸿集团	251.48	10.32	0.00	股权分置股份限售期满	2013.03.13
600681	万鸿集团	251.48	15.28	0.00	股权分置股份限售期满	2013.09.09
600682	南京新百	358.32	0.10	0.00	股权分置股份限售期满	2013.03.15
600682	南京新百	358.32	0.02	0.00	股权分置股份限售期满	2013.11.19
600684	珠江实业	474.14	158.05	0.00	送股	2013.07.08
600687	刚泰控股	314.58	0.00	0.00	A 股增发上市	2013.02.08
600687	刚泰控股	377.11	0.00	0.00	A 股增发上市	2013.11.11
600688	上海石化	7200.00	360.00	0.00	股权分置	2013.08.20
600688	上海石化	10800.00	540.00	0.00	送股	2013.12.05
600690	青岛海尔	2695.91	3.60	0.00	A 股增发上市	2013.01.18

上市公司股份变动
Change of Equity in 2013

股票代码 Code	股票简称 Name	变动后总股本 (百万股) Total Share	流通股份增加 Share Add A 股 (百万股) A Share	B 股 (百万股) B share	变动原因 Change Reason	变动日期 Change Date
600690	青岛海尔	2695.91	7.18	0.00	A 股增发上市	2013.01.18
600690	青岛海尔	2720.84	9.71	0.00	A 股增发上市	2013.12.13
600690	青岛海尔	2720.84	11.60	0.00	A 股增发上市	2013.12.13
600690	青岛海尔	2720.84	3.62	0.00	A 股增发上市	2013.12.13
600691	阳煤化工	587.14	32.71	0.00	股权分置股份限售期满	2013.02.18
600691	阳煤化工	1467.86	171.54	0.00	送股	2013.05.17
600691	阳煤化工	1467.86	616.71	0.00	有限售条件流通股上市	2013.10.25
600699	均胜电子	636.14	0.00	0.00	A 股增发上市	2013.04.18
600703	三安光电	1444.01	72.20	0.00	股权分置股份限售期满	2013.03.20
600703	三安光电	1444.01	72.20	0.00	股权分置股份限售期满	2013.07.09
600704	物产中大	790.52	115.96	0.00	有限售条件流通股上市	2013.04.15
600705	中航投资	1522.47	146.39	0.00	股权分置股份限售期满	2013.09.02
600705	中航投资	1522.47	0.10	0.00	股权分置股份限售期满	2013.11.08
600707	*ST 彩虹	736.76	1.08	0.00	股权分置股份限售期满	2013.07.25
600707	*ST 彩虹	736.76	133.33	0.00	有限售条件流通股上市	2013.07.29
600711	盛屯矿业	453.50	0.00	0.00	A 股增发上市	2013.01.14
600711	盛屯矿业	453.50	33.63	0.00	有限售条件流通股上市	2013.02.08
600712	南宁百货	544.66	0.58	0.00	股权分置股份限售期满	2013.12.03
600713	南京医药	693.58	145.66	0.00	股权分置股份限售期满	2013.05.22
600716	凤凰股份	740.60	447.10	0.00	股权分置股份限售期满	2013.01.11
600720	祁连山	776.29	179.11	0.00	送股	2013.07.16
600727	鲁北化工	350.99	14.00	0.00	股权分置股份限售期满	2013.04.15
600728	佳都新太	362.80	57.95	0.00	股权分置股份限售期满	2013.06.26
600728	佳都新太	362.80	38.00	0.00	有限售条件流通股上市	2013.07.12
600728	佳都新太	465.65	0.00	0.00	A 股增发上市	2013.12.02
600728	佳都新太	499.77	0.00	0.00	A 股增发上市	2013.12.27
600729	重庆百货	373.09	0.46	0.00	股权分置股份限售期满	2013.07.29
600729	重庆百货	406.53	0.00	0.00	A 股增发上市	2013.12.18
600729	重庆百货	406.53	-169.09	0.00	股权分置股份限售期满	2013.12.30
600729	重庆百货	406.53	235.51	0.00	有限售条件流通股上市	2013.12.30
600731	湖南海利	256.31	0.04	0.00	股权分置股份限售期满	2013.11.11
600731	湖南海利	327.31	0.00	0.00	A 股增发上市	2013.12.30
600732	上海新梅	446.38	198.39	0.00	送股	2013.03.05
600734	实达集团	351.56	20.30	0.00	股权分置股份限售期满	2013.04.02
600734	实达集团	351.56	1.15	0.00	股权分置股份限售期满	2013.08.16
600737	中粮屯河	2051.88	0.00	0.00	A 股增发上市	2013.05.14
600738	兰州民百	262.78	40.95	0.00	股权分置股份限售期满	2013.03.12
600738	兰州民百	368.87	0.00	0.00	A 股增发上市	2013.03.25
600738	兰州民百	368.87	0.09	0.00	股权分置股份限售期满	2013.10.18
600740	山西焦化	765.70	0.00	0.00	A 股增发上市	2013.02.25
600743	华远地产	1817.66	127.86	0.00	送股	2013.04.26
600743	华远地产	1817.66	837.37	0.00	股权分置股份限售期满	2013.08.28
600751	天津海运	746.50	133.93	0.00	股权分置	2013.06.04
600757	长江传媒	1213.65	0.00	0.00	A 股增发上市	2013.09.12
600760	*ST 黑豹	344.95	71.94	0.00	有限售条件流通股上市	2013.09.30
600766	园城黄金	224.23	3.93	0.00	股权分置股份限售期满	2013.05.22
600771	广誉远	243.81	23.39	0.00	股权分置股份限售期满	2013.05.16
600775	南京熊猫	913.84	0.00	0.00	A 股增发上市	2013.07.03
600778	友好集团	311.49	0.55	0.00	股权分置股份限售期满	2013.03.06
600782	新钢股份	1393.43	0.00	0.00	债转股	2013.07.05

上市公司股份变动
Change of Equity in 2013

股票代码 Code	股票简称 Name	变动后总股本 (百万股) Total Share	流通股份增加 Share Add A 股 (百万股) A Share	流通股份增加 Share Add B 股 (百万股) B share	变动原因 Change Reason	变动日期 Change Date
600782	新钢股份	1393.45	0.02	0.00	债转股	2013.08.23
600783	鲁信创投	744.36	339.80	0.00	有限售条件流通股上市	2013.01.14
600787	中储股份	929.91	0.00	0.00	A 股增发上市	2013.01.11
600792	云煤能源	494.96	0.00	0.00	A 股增发上市	2013.11.19
600794	保税科技	237.18	0.00	0.00	A 股增发上市	2013.01.15
600794	保税科技	474.35	213.92	0.00	送股	2013.03.15
600795	国电电力	17229.77	0.00	0.00	A 股增发上市	2013.01.11
600795	国电电力	17229.77	0.01	0.00	债转股	2013.01.11
600795	国电电力	17229.81	0.03	0.00	债转股	2013.04.08
600795	国电电力	17229.89	1440.37	0.00	有限售条件流通股上市	2013.07.01
600797	浙大网新	839.31	0.00	0.00	股份注销	2013.04.15
600797	浙大网新	831.77	0.00	0.00	股份注销	2013.08.15
600803	威远生化	922.03	0.00	0.00	A 股增发上市	2013.07.10
600804	鹏博士	1382.13	0.00	0.00	A 股增发上市	2013.07.30
600805	悦达投资	850.89	141.53	0.00	送股	2013.06.17
600815	厦工股份	798.97	2.63	0.00	其他股本变动	2013.01.07
600815	厦工股份	958.97	160.00	0.00	A 股增发上市	2013.01.08
600817	ST 宏盛	160.91	1.94	0.00	股权分置股份限售期满	2013.11.19
600818	中路股份	313.86	21.63	0.00	送股	2013.05.30
600820	隧道股份	1298.66	152.22	0.00	有限售条件流通股上市	2013.06.26
600824	益民集团	878.36	146.39	0.00	送股	2013.07.29
600828	成商集团	570.44	0.13	0.00	股权分置股份限售期满	2013.12.04
600841	上柴股份	869.09	70.88	0.00	有限售条件流通股上市	2013.03.25
600847	万里股份	152.24	0.00	0.00	A 股增发上市	2013.10.16
600858	银座股份	520.07	43.38	0.00	有限售条件流通股上市	2013.03.04
600862	南通科技	637.93	32.21	0.00	有限售条件流通股上市	2013.05.20
600863	内蒙华电	2581.22	600.00	0.00	有限售条件流通股上市	2013.03.21
600863	内蒙华电	3871.83	586.47	0.00	送股	2013.07.09
600867	通化东宝	931.46	155.24	0.00	送股	2013.05.27
600869	远东电缆	990.04	614.87	0.00	有限售条件流通股上市	2013.09.30
600871	仪征化纤	4000.00	100.00	0.00	股权分置	2013.08.20
600871	仪征化纤	6000.00	150.00	0.00	送股	2013.11.22
600873	梅花集团	3108.23	0.00	0.00	A 股增发上市	2013.04.08
600879	航天电子	1039.54	228.50	0.00	配股上市	2013.06.14
600880	博瑞传播	683.33	0.00	0.00	A 股增发上市	2013.11.01
600882	华联矿业	399.24	68.37	0.00	有限售条件流通股上市	2013.08.19
600885	宏发股份	476.64	83.67	0.00	有限售条件流通股上市	2013.10.23
600886	国投电力	3520.30	2.63	0.00	债转股	2013.01.08
600886	国投电力	3587.58	67.28	0.00	债转股	2013.04.08
600886	国投电力	3730.28	142.71	0.00	债转股	2013.05.10
600886	国投电力	3746.83	16.55	0.00	债转股	2013.05.21
600886	国投电力	5994.93	2248.10	0.00	送股	2013.05.23
600886	国投电力	6515.83	520.90	0.00	债转股	2013.07.03
600886	国投电力	6786.02	270.19	0.00	债转股	2013.07.10
600887	伊利股份	1870.86	0.00	0.00	A 股增发上市	2013.01.15
600887	伊利股份	1870.86	0.15	0.00	股权激励股份限售期满	2013.01.25
600887	伊利股份	2024.82	0.00	0.00	A 股增发上市	2013.06.19
600887	伊利股份	2042.91	0.00	0.00	A 股增发上市	2013.07.03
600887	伊利股份	2042.91	0.67	0.00	股权分置股份限售期满	2013.11.14
600888	新疆众和	641.23	104.57	0.00	送股	2013.06.14

上市公司股份变动
Change of Equity in 2013

股票代码 Code	股票简称 Name	变动后总股本 (百万股) Total Share	流通股份增加 Share Add A 股 (百万股) A Share	B 股 (百万股) B share	变动原因 Change Reason	变动日期 Change Date
600891	秋林集团	325.53	16.28	0.00	股权分置股份限售期满	2013.03.01
600891	秋林集团	325.53	0.15	0.00	股权分置股份限售期满	2013.08.19
600892	宝诚股份	63.13	12.42	0.00	股权分置股份限售期满	2013.07.23
600894	广日股份	788.52	14.52	0.00	有限售条件流通股上市	2013.06.26
600898	三联商社	252.52	49.77	0.00	股权分置股份限售期满	2013.07.15
600960	渤海活塞	211.67	48.85	0.00	送股	2013.07.23
600961	*ST 株冶	527.46	190.53	0.00	股权分置股份限售期满	2013.12.31
600961	*ST 株冶	527.46	78.60	0.00	有限售条件流通股上市	2013.12.31
600965	福成五丰	406.16	0.00	0.00	A 股增发上市	2013.12.17
600966	博汇纸业	504.62	0.04	0.00	债转股	2013.01.08
600966	博汇纸业	504.62	0.00	0.00	债转股	2013.04.08
600967	北方创业	457.13	173.23	0.00	送股	2013.06.28
600967	北方创业	457.13	83.00	0.00	有限售条件流通股上市	2013.12.18
600969	郴电国际	210.27	117.87	0.00	股权分置股份限售期满	2013.07.16
600973	宝胜股份	411.39	105.42	0.00	送股	2013.07.05
600976	武汉健民	153.40	0.15	0.00	股权激励股份限售期满	2013.08.26
600978	宜华木业	1152.66	7.83	0.00	股权激励股份限售期满	2013.05.02
600979	广安爱众	717.89	0.00	0.00	A 股增发上市	2013.01.30
600983	合肥三洋	532.80	336.10	0.00	股权分置股份限售期满	2013.10.17
600984	建设机械	241.56	0.00	0.00	A 股增发上市	2013.06.24
600987	航民股份	635.31	211.77	0.00	送股	2013.06.18
600988	赤峰黄金	283.30	40.87	0.00	有限售条件流通股上市	2013.12.06
600990	四创电子	136.70	0.00	0.00	A 股增发上市	2013.05.23
600992	贵绳股份	245.09	0.00	0.00	A 股增发上市	2013.12.18
600998	九州通	1420.52	888.47	0.00	有限售条件流通股上市	2013.11.04
601000	唐山港	2030.35	990.00	0.00	有限售条件流通股上市	2013.07.05
601002	晋亿实业	792.69	0.00	0.00	A 股增发上市	2013.08.02
601005	重庆钢铁	3729.31	0.00	0.00	A 股增发上市	2013.11.29
601005	重庆钢铁	4436.02	0.00	0.00	A 股增发上市	2013.12.25
601010	文峰股份	739.20	61.40	0.00	送股	2013.05.09
601012	隆基股份	538.52	133.58	0.00	有限售条件流通股上市	2013.04.11
601012	隆基股份	538.52	24.44	0.00	有限售条件流通股上市	2013.09.17
601012	隆基股份	538.52	18.00	0.00	有限售条件流通股上市	2013.10.14
601018	宁波港	12800.00	9720.00	0.00	有限售条件流通股上市	2013.09.30
601028	玉龙股份	320.12	0.00	0.00	A 股增发上市	2013.10.11
601088	中国神华	19889.62	180.00	0.00	有限售条件流通股上市	2013.10.09
601098	中南传媒	1796.00	1398.00	0.00	有限售条件流通股上市	2013.10.28
601101	昊华能源	1200.00	774.18	0.00	有限售条件流通股上市	2013.04.01
601106	中国一重	6538.00	4248.00	0.00	有限售条件流通股上市	2013.02.18
601111	中国国航	13084.75	0.00	0.00	A 股增发上市	2013.02.04
601111	中国国航	13084.75	129.53	0.00	有限售条件流通股上市	2013.11.12
601117	中国化学	4933.00	3404.00	0.00	有限售条件流通股上市	2013.01.07
601126	四方股份	406.60	2.04	0.00	股权激励股份限售期满	2013.07.19
601126	四方股份	406.60	251.29	0.00	有限售条件流通股上市	2013.12.31
601158	重庆水务	4800.00	4300.00	0.00	有限售条件流通股上市	2013.04.01
601166	兴业银行	12701.56	0.00	0.00	A 股增发上市	2013.01.10
601166	兴业银行	19052.34	5393.21	0.00	送股	2013.07.04
601177	杭齿前进	400.06	187.00	0.00	有限售条件流通股上市	2013.10.11
601179	中国西电	4357.00	2890.00	0.00	有限售条件流通股上市	2013.01.31
601179	中国西电	5125.88	0.00	0.00	A 股增发上市	2013.08.29

上市公司股份变动
Change of Equity in 2013

股票代码 Code	股票简称 Name	变动后总股本 (百万股) Total Share	流通股份增加 Share Add A 股 (百万股) A Share	流通股份增加 Share Add B 股 (百万股) B share	变动原因 Change Reason	变动日期 Change Date
601188	龙江交通	1213.20	596.80	0.00	有限售条件流通股上市	2013.06.28
601188	龙江交通	1315.88	0.00	0.00	A 股增发上市	2013.11.19
601218	吉鑫科技	991.76	167.56	0.00	送股	2013.06.04
601222	林洋电子	355.29	3.60	0.00	有限售条件流通股上市	2013.06.13
601222	林洋电子	355.29	2.15	0.00	股权激励股份限售期满	2013.08.13
601222	林洋电子	355.18	0.00	0.00	股份注销	2013.11.19
601233	桐昆股份	963.60	83.60	0.00	有限售条件流通股上市	2013.03.15
601238	广汽集团	6435.02	317.35	0.00	有限售条件流通股上市	2013.03.29
601268	*ST 二重	2293.45	1361.51	0.00	有限售条件流通股上市	2013.02.04
601288	农业银行	324794.12	258592.94	0.00	有限售条件流通股上市	2013.07.16
601311	骆驼股份	851.83	2.52	0.00	有限售条件流通股上市	2013.06.04
601313	江南嘉捷	224.00	100.61	0.00	有限售条件流通股上市	2013.01.16
601313	江南嘉捷	231.30	0.00	0.00	A 股增发上市	2013.03.25
601313	江南嘉捷	416.34	125.29	0.00	送股	2013.04.09
601339	百隆东方	750.00	37.00	0.00	有限售条件流通股上市	2013.09.27
601369	陕鼓动力	1638.77	1085.67	0.00	有限售条件流通股上市	2013.05.02
601377	兴业证券	2200.00	78.13	0.00	有限售条件流通股上市	2013.03.13
601377	兴业证券	2600.00	0.00	0.00	A 股增发上市	2013.05.13
601377	兴业证券	2600.00	8.92	0.00	有限售条件流通股上市	2013.06.13
601377	兴业证券	2600.00	317.10	0.00	有限售条件流通股上市	2013.10.14
601377	兴业证券	2600.00	95.13	0.00	有限售条件流通股上市	2013.12.13
601388	怡球资源	410.00	66.19	0.00	有限售条件流通股上市	2013.04.23
601390	中国中铁	21299.90	467.50	0.00	有限售条件流通股上市	2013.12.04
601398	工商银行	349618.76	297.51	0.00	债转股	2013.01.09
601398	工商银行	349642.63	23.87	0.00	债转股	2013.04.08
601398	工商银行	349648.86	6.23	0.00	债转股	2013.07.04
601398	工商银行	350571.20	922.34	0.00	债转股	2013.10.10
601515	东风股份	556.00	28.65	0.00	有限售条件流通股上市	2013.02.18
601518	吉林高速	1213.20	596.80	0.00	其他股本变动	2013.05.03
601519	大智慧	1807.00	150.34	0.00	送股	2013.06.21
601566	九牧王	579.26	0.00	0.00	A 股增发上市	2013.03.19
601566	九牧王	578.67	0.00	0.00	股份注销	2013.05.31
601566	九牧王	578.67	1.55	0.00	股权激励股份限售期满	2013.06.05
601566	九牧王	578.46	0.00	0.00	股份注销	2013.12.09
601566	九牧王	578.46	0.16	0.00	股权激励股份限售期满	2013.12.12
601607	上海医药	2688.91	852.41	0.00	股权分置股份限售期满	2013.02.18
601608	中信重工	2740.00	187.68	0.00	有限售条件流通股上市	2013.07.08
601636	旗滨集团	693.76	0.00	0.00	股份注销	2013.03.07
601636	旗滨集团	691.19	0.00	0.00	股份注销	2013.06.25
601636	旗滨集团	694.26	0.00	0.00	A 股增发上市	2013.07.22
601668	中国建筑	30000.00	-146.78	0.00	股份回购	2013.07.09
601677	明泰铝业	401.00	27.45	0.00	有限售条件流通股上市	2013.01.11
601678	滨化股份	660.00	445.50	0.00	有限售条件流通股上市	2013.02.25
601688	华泰证券	5600.00	3369.25	0.00	有限售条件流通股上市	2013.02.26
601700	风范股份	439.20	81.90	0.00	送股	2013.04.03
601700	风范股份	453.36	0.00	0.00	A 股增发上市	2013.12.03
601717	郑煤机	1621.12	549.09	0.00	有限售条件流通股上市	2013.08.06
601718	际华集团	3857.00	2700.00	0.00	有限售条件流通股上市	2013.08.16
601766	中国南车	13803.00	600.90	0.00	有限售条件流通股上市	2013.03.15
601777	力帆股份	1010.39	0.00	0.00	A 股增发上市	2013.10.30

上市公司股份变动
Change of Equity in 2013

股票代码 Code	股票简称 Name	变动后总股本 (百万股) Total Share	流通股份增加 Share Add A 股 (百万股) A Share	流通股份增加 Share Add B 股 (百万股) B share	变动原因 Change Reason	变动日期 Change Date
601777	力帆股份	1010.39	624.84	0.00	有限售条件流通股上市	2013.11.25
601789	宁波建工	488.04	0.00	0.00	A 股增发上市	2013.06.05
601789	宁波建工	488.04	11.98	0.00	有限售条件流通股上市	2013.12.23
601799	星宇股份	239.69	0.00	0.00	A 股增发上市	2013.01.24
601799	星宇股份	239.69	8.86	0.00	有限售条件流通股上市	2013.03.12
601799	星宇股份	239.69	0.08	0.00	股权激励股份限售期满	2013.12.19
601799	星宇股份	239.69	0.68	0.00	股权激励股份限售期满	2013.12.23
601800	中国交建	16174.74	185.18	0.00	有限售条件流通股上市	2013.03.11
601801	皖新传媒	910.00	696.08	0.00	有限售条件流通股上市	2013.01.18
601818	光大银行	40434.79	21500.00	0.00	有限售条件流通股上市	2013.08.19
601818	光大银行	40434.79	-584.20	0.00	股份注销	2013.12.20
601818	光大银行	46276.79	0.00	0.00	其他股本变动	2013.12.24
601857	中国石油	183020.98	400.00	0.00	有限售条件流通股上市	2013.11.08
601866	中海集运	11683.13	233.66	0.00	有限售条件流通股上市	2013.12.13
601877	正泰电器	1005.00	714.32	0.00	有限售条件流通股上市	2013.01.22
601877	正泰电器	1008.02	3.02	0.00	A 股增发上市	2013.11.26
601880	大连港	4426.00	2555.00	0.00	有限售条件流通股上市	2013.12.06
601886	江河创建	1120.00	260.33	0.00	送股	2013.05.15
601888	中国国旅	976.24	0.00	0.00	A 股增发上市	2013.07.18
601890	亚星锚链	468.00	190.17	0.00	有限售条件流通股上市	2013.12.30
601901	方正证券	6100.00	0.29	0.00	有限售条件流通股上市	2013.01.22
601901	方正证券	6100.00	134.26	0.00	有限售条件流通股上市	2013.04.15
601901	方正证券	6100.00	0.24	0.00	有限售条件流通股上市	2013.07.08
601901	方正证券	6100.00	34.75	0.00	有限售条件流通股上市	2013.08.19
601918	国投新集	2590.54	740.15	0.00	送股	2013.08.16
601929	吉视传媒	1397.99	544.97	0.00	有限售条件流通股上市	2013.02.25
601929	吉视传媒	1467.89	41.25	0.00	送股	2013.05.21
601933	永辉超市	1535.80	494.03	0.00	送股	2013.05.13
601933	永辉超市	1627.22	0.00	0.00	A 股增发上市	2013.09.06
601933	永辉超市	1627.22	547.73	0.00	有限售条件流通股上市	2013.12.18
601958	金钼股份	3226.60	0.65	0.00	有限售条件流通股上市	2013.05.20
601988	中国银行	279147.34	0.00	0.00	债转股	2013.01.09
601988	中国银行	279147.35	0.01	0.00	债转股	2013.04.09
601988	中国银行	279147.52	0.17	0.00	债转股	2013.07.04
601988	中国银行	279148.48	0.96	0.00	债转股	2013.10.10
601989	中国重工	14667.71	0.00	0.00	债转股	2013.01.09
601989	中国重工	14667.72	0.01	0.00	债转股	2013.04.08
601989	中国重工	15173.52	505.80	0.00	债转股	2013.10.24
601998	中信银行	46787.33	213.84	0.00	有限售条件流通股上市	2013.05.02
603000	人民网	276.42	5.10	0.00	有限售条件流通股上市	2013.07.22
603000	人民网	276.42	37.32	0.00	有限售条件流通股上市	2013.12.30
603001	奥康国际	400.98	35.95	0.00	有限售条件流通股上市	2013.04.26
603002	宏昌电子	400.00	90.00	0.00	有限售条件流通股上市	2013.05.20
603003	龙宇燃油	202.00	13.61	0.00	有限售条件流通股上市	2013.08.19
603008	喜临门	315.00	26.25	0.00	送股	2013.06.17
603008	喜临门	315.00	108.27	0.00	有限售条件流通股上市	2013.07.17
603077	和邦股份	450.00	50.00	0.00	有限售条件流通股上市	2013.08.05
603123	翠微股份	308.00	35.46	0.00	有限售条件流通股上市	2013.05.03
603128	华贸物流	400.00	60.00	0.00	有限售条件流通股上市	2013.05.29
603167	渤海轮渡	481.40	203.52	0.00	有限售条件流通股上市	2013.09.09

上市公司股份变动
Change of Equity in 2013

股票代码 Code	股票简称 Name	变动后总股本 (百万股) Total Share	流通股份增加 Share Add A 股 (百万股) A Share	流通股份增加 Share Add B 股 (百万股) B share	变动原因 Change Reason	变动日期 Change Date
603333	明星电缆	520.01	64.50	0.00	有限售条件流通股上市	2013.05.10
603366	日出东方	400.00	36.90	0.00	有限售条件流通股上市	2013.05.24
603366	日出东方	400.00	4.50	0.00	有限售条件流通股上市	2013.11.21
603399	新华龙	253.36	26.11	0.00	有限售条件流通股上市	2013.08.26
603766	隆鑫通用	800.00	312.62	0.00	有限售条件流通股上市	2013.08.15
603993	洛阳钼业	5076.17	1768.42	0.00	有限售条件流通股上市	2013.10.09
900915	中路 B 股	321.45	0.00	7.59	送股	2013.06.04
900920	上柴 B 股	866.69	0.00	-2.40	股份注销	2013.11.29
900938	天海 B	892.65	0.00	146.15	股权分置	2013.06.07
900945	海航 B 股	12182.18	0.00	184.72	送股	2013.06.18
900948	伊泰 B 股	3254.01	0.00	664.00	送股	2013.07.22

上市公司派发现金红利 Dividends in 2013

红利代码 Code	红利简称 Name	发放日期 Date	每股红利(含税) Dividend (Pre-Tax)	每股红利(除税) Dividend (After-Tax)	代发总股本(百万) Equity (M)	代发红利总额 (百万) Cash(M)
600000	浦发银行	2013.06.03	0.550	0.523	18653.47	9746.44
600004	白云机场	2013.07.26	0.330	0.314	1150.00	360.53
600005	武钢股份	2013.06.21	0.010	0.010	10093.78	95.89
600006	东风汽车	2013.06.17	0.003	0.003	2000.00	6.28
600007	中国国贸	2013.06.04	0.160	0.152	1007.28	153.11
600008	首创股份	2013.05.23	0.150	0.143	2200.00	313.50
600009	上海机场	2013.08.16	0.370	0.352	1926.96	677.33
600010	包钢股份	2013.07.23	0.010	0.010	8002.59	76.02
600011	华能国际	2013.07.04	0.210	0.200	10500.00	2094.75
600012	皖通高速	2013.06.24	0.200	0.190	1165.60	221.46
600015	华夏银行	2013.07.24	0.470	0.447	6849.73	3058.40
600016	民生银行	2013.06.27	0.150	0.143	22587.60	3218.73
600016	民生银行	2013.09.10	0.158	0.150	22587.60	3390.40
600018	上港集团	2013.07.24	0.134	0.127	22755.18	2896.73
600019	宝钢股份	2013.06.18	0.138	0.131	16471.72	2164.38
600020	中原高速	2013.07.02	0.100	0.095	2247.37	213.50
600021	上海电力	2013.07.17	0.150	0.143	2139.74	304.91
600027	华电国际	2013.07.22	0.065	0.062	5940.06	366.80
600028	中国石化	2013.06.19	0.200	0.180	70039.87	12607.18
600028	中国石化	2013.09.12	0.090	0.086	91051.84	7784.93
600029	南方航空	2013.07.19	0.050	0.048	7022.65	333.58
600030	中信证券	2013.08.08	0.300	0.285	9838.58	2804.00
600031	三一重工	2013.08.22	0.250	0.238	7616.50	1808.92
600033	福建高速	2013.06.14	0.100	0.095	2744.40	260.72
600035	楚天高速	2013.07.31	0.070	0.067	931.65	61.95
600036	招商银行	2013.06.13	0.630	0.599	17666.13	10573.18
600037	歌华有线	2013.06.28	0.100	0.095	1060.37	100.73
600038	哈飞股份	2013.06.14	0.160	0.152	337.35	51.28
600039	四川路桥	2013.06.18	0.150	0.143	1046.50	149.13
600048	保利地产	2013.06.03	0.232	0.220	7137.99	1573.21
600050	中国联通	2013.07.01	0.040	0.038	21196.60	803.56
600051	宁波联合	2013.06.13	0.100	0.095	302.40	28.73
600052	浙江广厦	2013.07.02	0.030	0.029	871.79	24.85
600053	中江地产	2013.06.19	0.020	0.019	433.54	8.24
600054	黄山旅游	2013.07.10	0.030	0.029	315.35	8.99
600055	华润万东	2013.06.17	0.050	0.048	216.45	10.28
600056	中国医药	2013.05.09	0.350	0.333	310.96	103.39
600059	古越龙山	2013.06.18	0.100	0.095	634.86	60.31
600060	海信电器	2013.05.24	0.370	0.352	1306.65	459.29
600062	华润双鹤	2013.06.28	0.323	0.307	571.70	175.42
600064	南京高科	2013.07.10	0.250	0.238	516.22	122.60
600066	宇通客车	2013.05.15	0.700	0.665	705.29	469.02
600067	冠城大通	2013.06.21	0.212	0.201	1176.80	237.01
600068	葛洲坝	2013.06.19	0.135	0.128	3487.46	447.27
600070	浙江富润	2013.06.06	0.300	0.285	182.88	52.12
600073	上海梅林	2013.06.05	0.070	0.067	747.94	49.74
600077	宋都股份	2013.05.14	0.037	0.035	1081.12	38.00
600078	澄星股份	2013.06.07	0.020	0.019	662.57	12.59
600079	人福医药	2013.07.02	0.100	0.095	493.44	46.88
600080	金花股份	2013.07.09	0.030	0.029	305.30	8.70

上市公司派发现金红利 Dividends in 2013

红利代码 Code	红利简称 Name	发放日期 Date	每股红利(含税) Dividend (Pre-Tax)	每股红利(除税) Dividend (After-Tax)	代发总股本(百万) Equity (M)	代发红利总额 (百万) Cash(M)
600081	东风科技	2013.06.25	0.100	0.095	313.56	29.79
600085	同仁堂	2013.08.09	0.250	0.238	1302.10	309.25
600088	中视传媒	2013.08.02	0.041	0.039	331.42	12.91
600089	特变电工	2013.05.31	0.120	0.114	2635.56	300.45
600097	开创国际	2013.07.01	0.200	0.190	202.60	38.49
600098	广州发展	2013.06.07	0.160	0.152	2742.22	416.82
600100	同方股份	2013.06.24	0.100	0.095	1987.70	188.83
600101	明星电力	2013.08.02	0.050	0.048	324.18	15.40
600104	上汽集团	2013.07.11	0.600	0.570	11025.57	6284.57
600105	永鼎股份	2013.07.01	0.100	0.095	380.95	36.19
600106	重庆路桥	2013.05.28	0.080	0.076	907.74	68.99
600108	亚盛集团	2013.07.02	0.025	0.024	1946.92	46.24
600109	国金证券	2013.07.03	0.070	0.067	1294.07	86.06
600111	包钢稀土	2013.05.16	0.200	0.190	2422.04	460.19
600112	长征电气	2013.03.18	0.005	0.005	509.20	2.42
600114	东睦股份	2013.04.23	0.120	0.114	195.50	22.29
600116	三峡水利	2013.05.31	0.200	0.190	267.53	50.83
600117	西宁特钢	2013.06.18	0.013	0.012	741.22	9.15
600118	中国卫星	2013.04.03	0.100	0.095	916.60	87.08
600119	长江投资	2013.06.03	0.070	0.067	307.40	20.44
600120	浙江东方	2013.06.18	0.250	0.238	505.47	120.05
600121	郑州煤电	2013.05.14	0.130	0.124	946.14	116.85
600122	宏图高科	2013.05.13	0.021	0.020	1132.79	22.60
600123	兰花科创	2013.07.01	0.600	0.570	1142.40	651.17
600125	铁龙物流	2013.06.17	0.110	0.105	1305.52	136.43
600128	弘业股份	2013.06.20	0.080	0.076	246.77	18.75
600131	岷江水电	2013.07.16	0.050	0.048	504.13	23.95
600132	重庆啤酒	2013.06.03	0.200	0.190	483.97	91.95
600135	乐凯胶片	2013.06.18	0.025	0.024	342.00	8.12
600138	中青旅	2013.07.05	0.150	0.143	415.35	59.19
600139	西部资源	2013.05.22	0.400	0.380	661.89	251.52
600141	兴发集团	2013.06.18	0.300	0.285	435.39	124.09
600143	金发科技	2013.06.26	0.200	0.190	2634.40	500.54
600150	中国船舶	2013.06.06	0.010	0.010	1378.12	13.09
600153	建发股份	2013.07.09	0.150	0.143	2237.75	318.88
600157	永泰能源	2013.04.15	0.300	0.285	1767.56	503.75
600158	中体产业	2013.06.04	0.028	0.027	843.74	22.44
600160	巨化股份	2013.05.20	0.150	0.143	1416.92	201.91
600162	香江控股	2013.06.21	0.015	0.014	767.81	10.94
600166	福田汽车	2013.06.17	0.160	0.152	2809.67	427.07
600167	联美控股	2013.07.04	0.160	0.152	211.00	32.07
600168	武汉控股	2013.04.22	0.035	0.033	441.15	14.67
600170	上海建工	2013.07.17	0.210	0.200	2312.72	461.39
600171	上海贝岭	2013.05.20	0.015	0.014	673.81	9.60
600172	黄河旋风	2013.06.17	0.040	0.038	533.36	20.27
600173	卧龙地产	2013.05.16	0.050	0.048	725.15	34.44
600175	美都控股	2013.06.03	0.008	0.008	1390.78	10.57
600176	中国玻纤	2013.06.03	0.100	0.095	872.63	82.90
600177	雅戈尔	2013.05.23	0.500	0.475	2226.61	1057.64
600182	S 佳通	2013.06.27	0.160	0.152	340.00	51.68

上市公司派发现金红利
Dividends in 2013

红利代码 Code	红利简称 Name	发放日期 Date	每股红利(含税) Dividend (Pre-Tax)	每股红利(除税) Dividend (After-Tax)	代发总股本(百万) Equity (M)	代发红利总额 (百万) Cash(M)
600183	生益科技	2013.08.01	0.150	0.143	1423.02	202.78
600185	格力地产	2013.07.08	0.200	0.190	577.59	109.74
600188	兖州煤业	2013.06.21	0.360	0.342	2960.00	1012.32
600189	吉林森工	2013.07.17	0.100	0.095	310.50	29.50
600190	锦州港	2013.05.31	0.026	0.025	1338.98	33.07
600191	华资实业	2013.07.16	0.010	0.010	484.93	4.61
600192	长城电工	2013.06.03	0.015	0.014	341.75	4.87
600193	创兴资源	2013.11.05	0.040	0.023	327.21	7.53
600195	中牧股份	2013.07.12	0.200	0.190	390.00	74.10
600196	复星医药	2013.08.19	0.210	0.200	1904.39	379.93
600197	伊力特	2013.08.19	0.220	0.209	441.00	92.17
600199	金种子酒	2013.06.25	0.310	0.295	555.78	163.68
600200	江苏吴中	2013.05.17	0.025	0.024	623.70	14.81
600201	金宇集团	2013.07.03	0.160	0.152	280.81	42.68
600202	哈空调	2013.07.10	0.017	0.016	383.34	6.19
600208	新湖中宝	2013.07.08	0.061	0.058	6258.86	362.70
600209	罗顿发展	2013.07.15	0.004	0.004	439.01	1.58
600210	紫江企业	2013.07.23	0.100	0.095	1436.74	136.49
600211	西藏药业	2013.05.28	0.070	0.067	145.59	9.68
600215	长春经开	2013.07.16	0.010	0.010	465.03	4.42
600216	浙江医药	2013.06.17	0.500	0.475	520.06	247.03
600218	全柴动力	2013.06.25	0.050	0.048	283.40	13.46
600219	南山铝业	2013.05.22	0.120	0.114	1934.15	220.49
600221	海南航空	2013.06.07	0.100	0.095	5906.37	561.10
600226	升华拜克	2013.06.06	0.050	0.048	405.55	19.26
600227	赤天化	2013.05.07	0.020	0.019	950.39	18.06
600230	沧州大化	2013.04.09	0.120	0.114	259.33	29.56
600231	凌钢股份	2013.07.08	0.040	0.038	804.00	30.55
600232	金鹰股份	2013.06.20	0.080	0.076	364.72	27.72
600233	大杨创世	2013.06.03	0.150	0.143	165.00	23.51
600236	桂冠电力	2013.07.17	0.040	0.038	2280.45	86.66
600237	铜峰电子	2013.07.09	0.020	0.019	564.37	10.72
600238	海南椰岛	2013.07.15	0.100	0.095	448.20	42.58
600239	云南城投	2013.06.03	0.080	0.076	823.43	62.58
600241	时代万恒	2013.06.06	0.025	0.024	180.20	4.28
600246	万通地产	2013.05.17	0.070	0.067	1216.80	80.92
600246	万通地产	2013.09.17	0.070	0.067	1216.80	80.92
600248	延长化建	2013.09.16	0.100	0.095	425.99	40.47
600249	两面针	2013.07.15	0.050	0.048	450.00	21.38
600251	冠农股份	2013.06.20	0.210	0.200	362.10	72.24
600252	中恒集团	2013.07.01	0.200	0.190	1091.75	207.43
600253	天方药业	2013.05.13	0.030	0.029	420.00	11.97
600256	广汇能源	2013.06.24	0.050	0.033	3504.36	113.89
600257	大湖股份	2013.07.19	0.010	0.010	427.05	4.06
600258	首旅股份	2013.06.17	0.250	0.238	231.40	54.96
600261	阳光照明	2013.06.03	0.120	0.114	645.38	73.57
600262	北方股份	2013.06.04	0.300	0.285	170.00	48.45
600266	北京城建	2013.08.16	0.370	0.352	889.20	312.55
600267	海正药业	2013.06.18	0.110	0.105	839.71	87.75
600268	国电南自	2013.06.18	0.100	0.095	635.25	60.35

上市公司派发现金红利 Dividends in 2013

红利代码 Code	红利简称 Name	发放日期 Date	每股红利(含税) Dividend (Pre-Tax)	每股红利(除税) Dividend (After-Tax)	代发总股本(百万) Equity (M)	代发红利总额(百万) Cash(M)
600269	赣粤高速	2013.07.01	0.151	0.143	2335.41	335.01
600270	外运发展	2013.06.20	0.200	0.190	905.48	172.04
600271	航天信息	2013.05.14	0.430	0.409	923.40	377.21
600272	开开实业	2013.06.27	0.020	0.019	163.00	3.10
600273	华芳纺织	2013.07.10	0.020	0.019	315.00	5.99
600276	恒瑞医药	2013.06.07	0.080	0.071	1236.56	87.80
600277	亿利能源	2013.06.18	0.050	0.048	1533.29	72.83
600278	东方创业	2013.06.17	0.100	0.095	522.24	49.61
600279	重庆港九	2013.05.30	0.060	0.057	342.09	19.50
600280	南京中商	2013.05.22	0.160	0.152	143.54	21.82
600280	南京中商	2013.09.25	0.100	0.060	287.08	17.23
600283	钱江水利	2013.07.04	0.100	0.095	285.33	27.11
600284	浦东建设	2013.06.18	0.156	0.148	693.04	102.71
600285	羚锐制药	2013.07.01	0.100	0.095	229.06	21.76
600287	江苏舜天	2013.06.03	0.040	0.038	436.80	16.60
600288	大恒科技	2013.07.29	0.050	0.048	436.80	20.75
600289	亿阳信通	2013.07.04	0.060	0.057	577.24	32.90
600290	华仪电气	2013.06.24	0.020	0.019	526.88	10.01
600291	西水股份	2013.06.26	0.054	0.051	384.00	19.70
600292	中电远达	2013.08.19	0.080	0.076	511.87	38.90
600293	三峡新材	2013.07.03	0.024	0.023	344.50	7.85
600295	鄂尔多斯	2013.06.04	0.100	0.095	612.00	58.14
600297	美罗药业	2013.08.15	0.040	0.038	350.00	13.20
600298	安琪酵母	2013.06.03	0.150	0.143	329.63	46.97
600300	维维股份	2013.06.13	0.060	0.057	1672.00	95.30
600303	曙光股份	2013.04.26	0.087	0.083	574.51	47.48
600307	酒钢宏兴	2013.07.15	0.030	0.029	6263.36	178.51
600308	华泰股份	2013.08.19	0.020	0.019	1167.56	22.18
600309	烟台万华	2013.05.03	0.700	0.665	2162.33	1437.95
600310	桂东电力	2013.05.20	0.300	0.285	275.93	78.64
600312	平高电气	2013.05.27	0.050	0.048	818.97	38.90
600315	上海家化	2013.05.27	0.700	0.640	448.35	286.94
600316	洪都航空	2013.07.09	0.010	0.010	717.11	6.81
600317	营口港	2013.06.20	0.024	0.023	2157.66	49.19
600318	巢东股份	2013.07.25	0.030	0.029	242.00	6.90
600321	国栋建设	2013.07.05	0.020	0.019	1180.88	22.44
600322	天房发展	2013.07.30	0.075	0.071	1105.70	78.78
600323	南海发展	2013.08.09	0.100	0.095	579.24	55.03
600325	华发股份	2013.07.02	0.100	0.095	817.05	77.62
600327	大东方	2013.06.17	0.080	0.076	521.71	39.65
600329	中新药业	2013.12.19	0.100	0.095	539.31	51.23
600335	国机汽车	2013.07.02	0.100	0.095	560.00	53.20
600337	美克股份	2013.05.20	0.030	0.029	632.68	18.03
600340	华夏幸福	2013.06.04	0.230	0.219	881.92	192.70
600340	华夏幸福	2013.10.10	0.150	0.118	881.92	103.63
600345	长江通信	2013.07.09	0.200	0.190	198.00	37.62
600348	阳泉煤业	2013.07.05	0.286	0.272	2405.00	653.44
600350	山东高速	2013.07.23	0.126	0.120	4811.17	575.90
600351	亚宝药业	2013.06.25	0.050	0.048	692.00	32.87
600352	浙江龙盛	2013.05.17	0.170	0.162	1468.42	237.15

上市公司派发现金红利 Dividends in 2013

红利代码 Code	红利简称 Name	发放日期 Date	每股红利(含税) Dividend (Pre-Tax)	每股红利(除税) Dividend (After-Tax)	代发总股本(百万) Equity (M)	代发红利总额(百万) Cash(M)
600353	旭光股份	2013.07.11	0.130	0.124	271.86	33.57
600356	恒丰纸业	2013.05.27	0.118	0.112	231.60	25.96
600360	华微电子	2013.06.24	0.020	0.019	738.08	14.02
600361	华联综超	2013.06.24	0.070	0.067	665.81	44.28
600362	江西铜业	2013.07.24	0.500	0.475	2075.25	985.74
600363	联创光电	2013.07.19	0.018	0.017	443.48	7.58
600366	宁波韵升	2013.07.04	0.300	0.285	514.50	146.63
600367	红星发展	2013.07.03	0.035	0.033	291.20	9.68
600368	五洲交通	2013.05.20	0.030	0.029	833.80	23.76
600369	西南证券	2013.06.13	0.100	0.095	2322.55	220.64
600370	三房巷	2013.05.24	0.050	0.048	318.90	15.15
600371	万向德农	2013.07.08	0.200	0.180	170.50	30.69
600372	中航电子	2013.08.13	0.050	0.048	1353.20	64.28
600373	中文传媒	2013.06.19	0.100	0.095	658.71	62.58
600375	华菱星马	2013.05.30	0.350	0.333	405.74	134.91
600376	首开股份	2013.05.20	0.240	0.228	1494.68	340.79
600377	宁沪高速	2013.07.05	0.360	0.342	3815.75	1304.99
600378	天科股份	2013.05.15	0.070	0.067	297.19	19.76
600379	宝光股份	2013.07.18	0.013	0.012	235.86	2.91
600380	健康元	2013.07.25	0.040	0.038	1545.84	58.74
600382	广东明珠	2013.05.20	0.030	0.029	341.75	9.74
600383	金地集团	2013.06.18	0.080	0.076	4471.51	339.83
600386	北巴传媒	2013.05.22	0.260	0.247	403.20	99.59
600387	海越股份	2013.07.11	0.050	0.048	386.10	18.34
600388	龙净环保	2013.06.03	0.400	0.380	213.81	81.25
600389	江山股份	2013.05.24	0.160	0.152	198.00	30.10
600391	成发科技	2013.05.20	0.040	0.038	330.13	12.54
600393	东华实业	2013.06.06	0.050	0.048	300.00	14.25
600395	盘江股份	2013.07.11	0.450	0.428	1655.05	707.53
600396	金山股份	2013.07.25	0.100	0.095	340.60	32.36
600398	凯诺科技	2013.07.01	0.050	0.048	646.60	30.71
600399	抚顺特钢	2013.07.23	0.020	0.019	520.00	9.88
600400	红豆股份	2013.05.16	0.020	0.019	560.40	10.65
600401	海润光伏	2013.05.28	0.740	0.703	1036.42	728.60
600403	大有能源	2013.06.17	0.450	0.428	1195.41	511.04
600406	国电南瑞	2013.06.06	0.210	0.180	1575.54	282.81
600409	三友化工	2013.07.22	0.020	0.019	1850.39	35.16
600410	华胜天成	2013.07.03	0.100	0.095	648.28	61.59
600415	小商品城	2013.06.25	0.100	0.095	2721.61	258.55
600418	江淮汽车	2013.07.18	0.110	0.105	1288.74	134.67
600422	昆明制药	2013.05.27	0.300	0.285	314.18	89.54
600423	柳化股份	2013.06.25	0.060	0.057	399.35	22.76
600425	青松建化	2013.06.04	0.100	0.095	689.40	65.49
600426	华鲁恒升	2013.07.04	0.150	0.143	953.63	135.89
600433	冠豪高新	2013.04.22	0.120	0.114	595.14	67.85
600435	北方导航	2013.06.04	0.100	0.095	744.66	70.74
600436	片仔癀	2013.06.03	0.800	0.760	140.00	106.40
600438	通威股份	2013.05.22	0.100	0.095	687.52	65.31
600439	瑞贝卡	2013.06.03	0.080	0.076	943.32	71.69
600446	金证股份	2013.04.22	0.028	0.027	261.14	6.95

上市公司派发现金红利
Dividends in 2013

红利代码 Code	红利简称 Name	发放日期 Date	每股红利(含税) Dividend (Pre-Tax)	每股红利(除税) Dividend (After-Tax)	代发总股本(百万) Equity (M)	代发红利总额(百万) Cash(M)
600449	宁夏建材	2013.05.20	0.050	0.048	478.32	22.72
600456	宝钛股份	2013.05.16	0.050	0.048	430.27	20.44
600458	时代新材	2013.05.10	0.100	0.095	517.34	49.15
600459	贵研铂业	2013.05.31	0.045	0.043	200.75	8.58
600461	洪城水业	2013.05.24	0.100	0.095	330.00	31.35
600463	空港股份	2013.06.17	0.100	0.095	252.00	23.94
600467	好当家	2013.05.09	0.090	0.086	730.50	62.46
600468	百利电气	2013.06.19	0.020	0.019	456.19	8.67
600469	风神股份	2013.06.18	0.100	0.095	374.94	35.62
600470	六国化工	2013.06.20	0.100	0.095	521.60	49.55
600475	华光股份	2013.06.18	0.100	0.095	256.00	24.32
600479	千金药业	2013.06.24	0.250	0.238	304.82	72.39
600480	凌云股份	2013.06.17	0.100	0.095	361.71	34.36
600481	双良节能	2013.06.24	0.250	0.238	810.10	192.40
600482	风帆股份	2013.05.30	0.055	0.052	461.00	24.09
600483	福建南纺	2013.07.16	0.050	0.048	288.48	13.70
600486	扬农化工	2013.05.22	0.340	0.323	172.17	55.61
600487	亨通光电	2013.05.28	0.110	0.105	207.08	21.64
600488	天药股份	2013.03.13	0.020	0.019	542.89	10.31
600489	中金黄金	2013.07.05	0.160	0.152	2943.23	447.37
600491	龙元建设	2013.06.03	0.130	0.124	947.60	117.03
600493	凤竹纺织	2013.07.12	0.020	0.019	272.00	5.17
600495	晋西车轴	2013.05.31	0.080	0.076	302.24	22.97
600496	精工钢构	2013.05.30	0.040	0.038	586.57	22.29
600497	驰宏锌锗	2013.07.05	0.150	0.143	1667.56	237.63
600498	烽火通信	2013.05.22	0.320	0.304	482.36	146.64
600499	科达机电	2013.04.18	0.130	0.124	651.67	80.48
600500	中化国际	2013.06.07	0.150	0.143	1437.59	204.86
600501	航天晨光	2013.06.13	0.030	0.029	389.28	11.09
600502	安徽水利	2013.05.31	0.080	0.066	334.62	22.08
600503	华丽家族	2013.07.02	0.010	0.010	1139.08	10.82
600505	西昌电力	2013.06.18	0.030	0.029	364.57	10.39
600507	方大特钢	2013.03.11	1.000	0.950	1300.53	1235.50
600508	上海能源	2013.06.20	0.400	0.380	722.72	274.63
600509	天富热电	2013.07.03	0.140	0.133	905.70	120.46
600510	黑牡丹	2013.06.06	0.135	0.128	795.52	102.03
600511	国药股份	2013.06.19	0.220	0.209	478.80	100.07
600512	腾达建设	2013.06.17	0.020	0.019	736.94	14.00
600513	联环药业	2013.05.31	0.060	0.057	152.10	8.67
600516	方大炭素	2013.03.19	0.300	0.285	1279.08	364.54
600517	置信电气	2013.05.27	0.150	0.143	691.40	98.52
600518	康美药业	2013.07.26	0.200	0.190	2198.71	417.76
600519	贵州茅台	2013.06.07	6.419	6.098	1038.18	6330.87
600521	华海药业	2013.04.17	0.200	0.190	547.95	104.11
600523	贵航股份	2013.06.04	0.133	0.126	288.79	36.49
600525	长园集团	2013.05.28	0.080	0.076	863.51	65.63
600526	菲达环保	2013.06.13	0.100	0.095	203.44	19.33
600527	江南高纤	2013.06.04	0.090	0.086	802.09	68.58
600528	中铁二局	2013.06.07	0.120	0.114	1459.20	166.35
600529	山东药玻	2013.07.03	0.140	0.133	257.38	34.23

上市公司派发现金红利
Dividends in 2013

红利代码 Code	红利简称 Name	发放日期 Date	每股红利(含税) Dividend (Pre-Tax)	每股红利(除税) Dividend (After-Tax)	代发总股本(百万) Equity (M)	代发红利总额 (百万) Cash(M)
600530	交大昂立	2013.06.24	0.150	0.143	312.00	44.46
600531	豫光金铅	2013.06.04	0.050	0.048	295.25	14.02
600533	栖霞建设	2013.07.03	0.100	0.095	1050.00	99.75
600535	天士力	2013.05.22	0.200	0.140	516.42	72.30
600536	中国软件	2013.05.31	0.070	0.067	225.69	15.01
600543	莫高股份	2013.07.09	0.033	0.031	321.12	10.07
600545	新疆城建	2013.07.04	0.070	0.067	675.79	44.94
600546	山煤国际	2013.08.05	0.300	0.285	991.23	282.50
600547	山东黄金	2013.07.01	0.160	0.152	1423.07	216.31
600548	深高速	2013.05.28	0.130	0.124	1433.27	177.01
600549	厦门钨业	2013.06.14	0.250	0.238	681.98	161.97
600551	时代出版	2013.06.28	0.185	0.176	505.83	88.95
600552	方兴科技	2013.05.23	0.100	0.095	159.55	15.16
600557	康缘药业	2013.05.13	0.070	0.067	415.65	27.64
600558	大西洋	2013.06.06	0.070	0.067	138.17	9.19
600559	老白干酒	2013.07.30	0.500	0.475	140.00	66.50
600560	金自天正	2013.05.23	0.110	0.105	223.65	23.37
600561	江西长运	2013.08.12	0.170	0.162	237.06	38.29
600563	法拉电子	2013.05.10	0.600	0.570	225.00	128.25
600565	迪马股份	2013.05.31	0.030	0.029	720.00	20.52
600570	恒生电子	2013.05.14	0.100	0.095	623.75	59.26
600571	信雅达	2013.07.01	0.110	0.105	202.69	21.18
600572	康恩贝	2013.06.04	0.120	0.114	809.60	92.29
600575	芜湖港	2013.04.19	0.050	0.038	1217.65	45.66
600577	精达股份	2013.05.17	0.020	0.019	721.13	13.70
600578	京能电力	2013.10.23	0.100	0.095	2308.66	219.32
600580	卧龙电气	2013.04.23	0.055	0.052	687.73	35.93
600581	八一钢铁	2013.05.31	0.070	0.067	766.45	50.97
600582	天地科技	2013.07.24	0.120	0.114	1213.92	138.39
600583	海油工程	2013.05.22	0.030	0.029	3889.44	110.85
600585	海螺水泥	2013.06.14	0.250	0.238	3999.70	949.93
600587	新华医疗	2013.06.03	0.100	0.095	174.05	16.54
600588	用友软件	2013.05.07	0.200	0.190	959.25	182.26
600589	广东榕泰	2013.07.12	0.055	0.052	601.73	31.44
600590	泰豪科技	2013.07.08	0.100	0.095	500.33	47.53
600592	龙溪股份	2013.07.19	0.100	0.095	399.55	37.96
600594	益佰制药	2013.06.13	0.150	0.143	360.64	51.39
600595	中孚实业	2013.06.05	0.020	0.019	1514.87	28.78
600596	新安股份	2013.06.03	0.120	0.114	679.18	77.43
600597	光明乳业	2013.05.27	0.180	0.171	1224.60	209.41
600600	青岛啤酒	2013.07.26	0.400	0.380	695.91	264.45
600601	方正科技	2013.08.14	0.012	0.011	2194.89	25.02
600604	市北高新	2013.06.26	0.028	0.027	333.52	8.87
600605	汇通能源	2013.06.04	0.015	0.014	147.34	2.10
600606	金丰投资	2013.07.03	0.062	0.059	518.32	30.53
600611	大众交通	2013.07.15	0.080	0.076	1042.21	79.21
600612	老凤祥	2013.08.08	0.600	0.570	317.11	180.75
600614	鼎立股份	2013.07.03	0.040	0.038	446.76	16.98
600616	金枫酒业	2013.07.09	0.100	0.095	438.67	41.67
600619	海立股份	2013.07.01	0.120	0.114	383.57	43.73

上市公司派发现金红利 Dividends in 2013

红利代码 Code	红利简称 Name	发放日期 Date	每股红利(含税) Dividend (Pre-Tax)	每股红利(除税) Dividend (After-Tax)	代发总股本(百万) Equity (M)	代发红利总额(百万) Cash(M)
600620	天宸股份	2013.06.14	0.010	0.010	457.78	4.35
600621	华鑫股份	2013.05.31	0.110	0.105	524.08	54.77
600622	嘉宝集团	2013.07.25	0.180	0.171	514.30	87.95
600623	双钱股份	2013.06.14	0.100	0.095	646.[illegible]7	61.40
600624	复旦复华	2013.07.26	0.036	0.034	34[illegible].16	11.80
600626	申达股份	2013.06.03	0.100	0.095	710.24	67.47
600628	新世界	2013.08.22	0.150	0.143	531.80	75.78
600633	浙报传媒	2013.05.31	0.250	0.238	594.14	141.11
600635	大众公用	2013.07.16	0.070	0.067	1644.87	109.38
600636	三爱富	2013.06.18	0.110	0.105	381.95	39.91
600638	新黄浦	2013.08.09	0.100	0.095	561.16	53.31
600639	浦东金桥	2013.08.09	0.110	0.105	656.65	68.62
600641	万业企业	2013.06.03	0.050	0.048	806.16	38.29
600642	申能股份	2013.06.17	0.120	0.114	4552.04	518.93
600644	乐山电力	2013.08.01	0.050	0.048	326.48	15.51
600647	同达创业	2013.08.01	0.065	0.047	107.03	5.00
600648	外高桥	2013.07.09	0.140	0.133	810.22	107.76
600649	城投控股	2013.06.18	0.150	0.143	2987.52	425.72
600650	锦江投资	2013.06.24	0.230	0.219	390.56	85.34
600651	飞乐音响	2013.07.09	0.045	0.043	739.07	31.60
600652	爱使股份	2013.07.08	0.107	0.102	557.00	56.62
600654	飞乐股份	2013.06.26	0.042	0.040	755.04	30.13
600655	豫园商城	2013.06.25	0.203	0.193	1437.32	277.19
600657	信达地产	2013.06.19	0.070	0.067	1524.26	101.36
600658	电子城	2013.05.17	0.221	0.210	580.10	121.79
600660	福耀玻璃	2013.06.04	0.500	0.475	2002.99	951.42
600662	强生控股	2013.06.17	0.100	0.095	1053.36	100.07
600663	陆家嘴	2013.05.24	0.163	0.155	1358.08	210.30
600665	天地源	2013.06.06	0.085	0.081	864.12	69.78
600666	西南药业	2013.06.06	0.011	0.010	290.15	3.03
600668	尖峰集团	2013.07.22	0.150	0.143	344.08	49.03
600673	东阳光铝	2013.05.21	0.100	0.095	827.47	78.61
600674	川投能源	2013.06.04	0.063	0.059	1972.67	117.14
600675	中华企业	2013.07.16	0.120	0.114	1555.88	177.37
600676	交运股份	2013.07.01	0.100	0.095	862.37	81.93
600677	航天通信	2013.09.18	0.080	0.076	326.17	24.79
600682	南京新百	2013.07.09	0.100	0.095	358.32	34.04
600683	京投银泰	2013.07.01	0.065	0.062	740.78	45.74
600684	珠江实业	2013.07.05	0.210	0.175	316.10	55.16
600685	广船国际	2013.07.17	0.120	0.114	438.46	49.98
600686	金龙汽车	2013.06.24	0.150	0.143	442.60	63.07
600687	刚泰控股	2013.04.11	0.060	0.057	314.58	17.93
600688	上海石化	2013.12.04	0.050	0.039	4870.00	191.39
600690	青岛海尔	2013.06.07	0.370	0.352	2695.91	947.61
600694	大商股份	2013.06.19	1.000	0.950	293.72	279.03
600697	欧亚集团	2013.07.02	0.300	0.285	159.09	45.34
600701	工大高新	2013.08.22	0.015	0.014	498.78	7.11
600702	沱牌舍得	2013.07.22	0.330	0.314	337.30	105.74
600703	三安光电	2013.07.15	0.200	0.190	1444.01	274.36
600704	物产中大	2013.06.19	0.180	0.171	790.52	135.18

上市公司派发现金红利 Dividends in 2013

红利代码 Code	红利简称 Name	发放日期 Date	每股红利(含税) Dividend (Pre-Tax)	每股红利(除税) Dividend (After-Tax)	代发总股本(百万) Equity (M)	代发红利总额(百万) Cash(M)
600705	中航投资	2013.07.23	0.150	0.143	1522.47	216.95
600708	海博股份	2013.06.14	0.100	0.095	510.37	48.49
600712	南宁百货	2013.06.18	0.036	0.034	544.66	18.63
600717	天津港	2013.06.13	0.180	0.171	1674.77	286.39
600718	东软集团	2013.06.03	0.150	0.143	1227.59	174.93
600719	大连热电	2013.06.07	0.005	0.005	202.30	0.96
600720	祁连山	2013.07.15	0.050	0.048	597.15	28.36
600723	首商股份	2013.07.15	0.250	0.238	658.41	156.37
600724	宁波富达	2013.06.04	0.100	0.095	1445.24	137.30
600729	重庆百货	2013.05.16	0.564	0.536	373.09	199.83
600732	上海新梅	2013.03.04	0.100	0.055	247.99	13.64
600736	苏州高新	2013.05.13	0.052	0.049	1057.88	52.26
600738	兰州民百	2013.05.29	0.120	0.114	368.87	42.05
600741	华域汽车	2013.07.08	0.370	0.352	2583.20	907.99
600742	一汽富维	2013.06.18	0.560	0.532	211.52	112.53
600743	华远地产	2013.04.25	0.050	0.040	1580.57	63.22
600748	上实发展	2013.07.12	0.060	0.057	1083.37	61.75
600749	西藏旅游	2013.07.29	0.025	0.024	189.14	4.49
600750	江中药业	2013.05.23	0.300	0.285	311.15	88.68
600754	锦江股份	2013.06.17	0.370	0.352	447.24	157.21
600755	厦门国贸	2013.07.02	0.100	0.095	1330.84	126.43
600756	浪潮软件	2013.08.23	0.043	0.041	278.75	11.39
600758	红阳能源	2013.05.24	0.030	0.029	207.68	5.92
600759	正和股份	2013.08.20	0.093	0.088	1220.12	107.80
600761	安徽合力	2013.06.19	0.210	0.200	514.01	102.55
600764	中电广通	2013.06.14	0.023	0.022	329.73	7.20
600765	中航重机	2013.06.19	0.040	0.038	778.00	29.56
600770	综艺股份	2013.08.02	0.050	0.048	1104.60	52.47
600773	西藏城投	2013.05.30	0.018	0.017	575.70	9.84
600774	汉商集团	2013.06.19	0.040	0.038	174.58	6.63
600775	南京熊猫	2013.06.03	0.060	0.057	413.02	23.54
600776	东方通信	2013.07.08	0.080	0.076	956.00	72.66
600778	友好集团	2013.06.26	0.330	0.314	311.49	97.65
600779	水井坊	2013.05.27	0.230	0.219	488.55	106.75
600780	通宝能源	2013.06.28	0.100	0.095	1146.50	108.92
600783	鲁信创投	2013.06.19	0.150	0.143	744.36	106.07
600784	鲁银投资	2013.06.26	0.030	0.029	496.61	14.15
600785	新华百货	2013.07.15	0.300	0.285	207.43	59.12
600787	中储股份	2013.06.18	0.050	0.048	929.91	44.17
600790	轻纺城	2013.06.07	0.200	0.190	805.38	153.02
600791	京能置业	2013.06.24	0.050	0.048	452.88	21.51
600794	保税科技	2013.03.14	0.210	0.200	237.18	47.32
600795	国电电力	2013.05.23	0.130	0.124	17229.81	2127.88
600801	华新水泥	2013.06.06	0.180	0.171	607.30	103.85
600802	福建水泥	2013.07.09	0.030	0.029	381.87	10.88
600804	鹏博士	2013.07.04	0.050	0.048	1338.51	63.58
600805	悦达投资	2013.06.14	0.150	0.133	709.08	93.95
600807	天业股份	2013.08.12	0.014	0.013	321.15	4.27
600809	山西汾酒	2013.06.27	0.800	0.760	865.85	658.04
600812	华北制药	2013.08.14	0.037	0.035	1378.58	48.46

上市公司派发现金红利 Dividends in 2013

红利代码 Code	红利简称 Name	发放日期 Date	每股红利(含税) Dividend (Pre-Tax)	每股红利(除税) Dividend (After-Tax)	代发总股本(百万) Equity (M)	代发红利总额(百万) Cash(M)
600814	杭州解百	2013.05.17	0.075	0.071	310.38	22.11
600815	厦工股份	2013.07.10	0.050	0.048	958.97	45.55
600816	安信信托	2013.06.24	0.100	0.095	454.11	43.14
600818	中路股份	2013.05.29	0.025	0.019	216.33	4.06
600819	耀皮玻璃	2013.07.23	0.025	0.024	543.75	12.91
600820	隧道股份	2013.05.23	0.270	0.257	1298.66	333.11
600823	世茂股份	2013.12.06	0.090	0.086	1170.60	100.09
600824	益民集团	2013.07.26	0.065	0.052	731.96	37.88
600825	新华传媒	2013.08.12	0.032	0.030	1044.89	31.76
600826	兰生股份	2013.05.27	0.040	0.038	420.64	15.98
600827	友谊股份	2013.07.29	0.300	0.285	1542.78	439.69
600828	成商集团	2013.05.08	0.030	0.029	570.44	16.26
600830	香溢融通	2013.06.17	0.050	0.048	454.32	21.58
600831	广电网络	2013.06.03	0.040	0.038	563.44	21.41
600832	东方明珠	2013.08.19	0.180	0.171	3186.33	544.86
600833	第一医药	2013.08.02	0.050	0.048	223.09	10.60
600834	申通地铁	2013.06.24	0.070	0.067	477.38	31.75
600835	上海机电	2013.07.03	0.210	0.200	806.50	160.90
600836	界龙实业	2013.07.17	0.030	0.029	313.56	8.94
600837	海通证券	2013.07.17	0.120	0.114	8092.13	922.50
600838	上海九百	2013.07.26	0.020	0.019	400.88	7.62
600839	四川长虹	2013.08.13	0.010	0.010	4616.24	43.85
600841	上柴股份	2013.08.12	0.071	0.067	521.89	35.20
600845	宝信软件	2013.05.29	0.230	0.219	226.52	49.49
600846	同济科技	2013.07.08	0.020	0.019	624.76	11.87
600850	华东电脑	2013.06.03	0.200	0.190	321.74	61.13
600853	龙建股份	2013.07.22	0.010	0.010	536.81	5.10
600857	工大首创	2013.05.31	0.050	0.048	224.32	10.66
600858	银座股份	2013.07.25	0.070	0.067	520.07	34.58
600859	王府井	2013.07.19	0.700	0.665	462.77	307.74
600861	北京城乡	2013.05.10	0.130	0.124	316.80	39.13
600862	南通科技	2013.07.30	0.025	0.024	637.93	15.15
600863	内蒙华电	2013.07.08	0.220	0.209	2581.22	539.47
600864	哈投股份	2013.08.12	0.250	0.238	546.38	129.76
600867	通化东宝	2013.05.24	0.200	0.190	776.21	147.48
600869	三普药业	2013.05.30	0.200	0.190	990.04	188.11
600872	中炬高新	2013.07.05	0.050	0.048	796.64	37.84
600873	梅花集团	2013.07.05	0.100	0.095	3108.23	295.28
600874	创业环保	2013.07.08	0.060	0.057	1087.23	61.97
600875	东方电气	2013.07.17	0.110	0.105	1663.86	173.87
600879	航天电子	2013.03.08	0.100	0.095	811.04	77.05
600880	博瑞传播	2013.04.03	0.230	0.219	627.98	137.21
600881	亚泰集团	2013.06.25	0.100	0.095	1894.73	180.00
600882	华联矿业	2013.09.30	0.200	0.190	399.24	75.86
600883	博闻科技	2013.06.27	0.020	0.019	236.09	4.49
600884	杉杉股份	2013.06.18	0.060	0.057	410.86	23.42
600886	国投电力	2013.05.22	0.084	0.080	3746.83	300.38
600887	伊利股份	2013.05.31	0.280	0.266	1870.86	497.65
600888	新疆众和	2013.06.13	0.100	0.095	534.35	50.76
600891	秋林集团	2013.07.15	0.050	0.048	325.53	15.46

上市公司派发现金红利
Dividends in 2013

红利代码 Code	红利简称 Name	发放日期 Date	每股红利(含税) Dividend (Pre-Tax)	每股红利(除税) Dividend (After-Tax)	代发总股本(百万) Equity (M)	代发红利总额 (百万) Cash(M)
600893	航空动力	2013.06.03	0.081	0.077	1089.57	83.84
600895	张江高科	2013.08.02	0.080	0.076	1548.69	117.70
600897	厦门空港	2013.06.03	0.390	0.371	297.81	110.34
600900	长江电力	2013.07.01	0.332	0.315	16500.00	5197.34
600960	渤海活塞	2013.07.22	0.026	0.025	162.82	4.02
600962	国投中鲁	2013.05.28	0.050	0.048	262.21	12.45
600965	福成五丰	2013.05.28	0.030	0.029	279.40	7.96
600966	博汇纸业	2013.06.28	0.005	0.005	504.62	2.40
600967	北方创业	2013.06.27	0.100	0.095	228.56	21.71
600969	郴电国际	2013.06.05	0.166	0.158	210.27	33.25
600970	中材国际	2013.05.27	0.210	0.200	1093.30	218.11
600971	恒源煤电	2013.06.18	0.260	0.247	1000.00	247.00
600973	宝胜股份	2013.07.04	0.100	0.095	304.73	28.95
600975	新五丰	2013.07.15	0.050	0.048	234.36	11.13
600976	武汉健民	2013.05.16	0.380	0.361	153.40	55.38
600978	宜华木业	2013.05.23	0.080	0.076	1152.66	87.60
600979	广安爱众	2013.05.23	0.050	0.048	717.89	34.10
600981	汇鸿股份	2013.06.13	0.030	0.029	516.11	14.71
600982	宁波热电	2013.07.10	0.125	0.119	168.00	19.95
600983	合肥三洋	2013.08.01	0.050	0.048	532.80	25.31
600985	雷鸣科化	2013.08.20	0.100	0.095	175.24	16.65
600986	科达股份	2013.08.01	0.050	0.048	335.27	15.93
600987	航民股份	2013.06.17	0.200	0.190	423.54	80.47
600992	贵绳股份	2013.06.17	0.050	0.048	164.37	7.81
600993	马应龙	2013.07.15	0.160	0.152	331.58	50.40
600995	文山电力	2013.06.18	0.100	0.095	478.53	45.46
600997	开滦股份	2013.04.22	0.120	0.114	1234.64	140.75
600999	招商证券	2013.07.22	0.142	0.135	4661.10	628.78
601000	唐山港	2013.05.23	0.050	0.048	2030.35	96.44
601001	大同煤业	2013.08.08	0.012	0.011	1673.70	19.08
601006	大秦铁路	2013.06.05	0.390	0.371	14866.79	5508.15
601007	金陵饭店	2013.08.06	0.115	0.109	300.00	32.78
601008	连云港	2013.06.03	0.060	0.057	811.64	46.26
601009	南京银行	2013.07.18	0.406	0.386	2968.93	1145.12
601010	文峰股份	2013.05.08	0.500	0.475	492.80	234.08
601018	宁波港	2013.06.19	0.087	0.083	12800.00	1057.92
601028	玉龙股份	2013.05.15	0.250	0.238	317.50	75.41
601038	一拖股份	2013.07.15	0.100	0.095	593.91	56.42
601058	赛轮股份	2013.07.08	0.150	0.143	378.00	53.87
601088	中国神华	2013.07.08	0.960	0.912	16491.04	15039.83
601098	中南传媒	2013.06.14	0.180	0.171	1796.00	307.12
601099	太平洋	2013.07.15	0.015	0.014	1653.64	23.56
601100	恒立油缸	2013.04.25	0.153	0.145	630.00	91.57
601101	昊华能源	2013.06.27	0.220	0.209	1200.00	250.80
601106	中国一重	2013.07.02	0.001	0.001	6538.00	8.11
601107	四川成渝	2013.06.17	0.080	0.076	2162.74	164.37
601111	中国国航	2013.07.10	0.059	0.056	8522.07	480.47
601113	华鼎锦纶	2013.06.07	0.050	0.048	640.00	30.40
601116	三江购物	2013.05.23	0.200	0.190	410.76	78.04
601117	中国化学	2013.07.10	0.065	0.062	4933.00	304.61

上市公司派发现金红利 Dividends in 2013

红利代码 Code	红利简称 Name	发放日期 Date	每股红利(含税) Dividend (Pre-Tax)	每股红利(除税) Dividend (After-Tax)	代发总股本(百万) Equity (M)	代发红利总额 (百万) Cash(M)
601118	海南橡胶	2013.06.19	0.050	0.048	3931.17	186.73
601126	四方股份	2013.05.30	0.250	0.238	406.60	96.57
601137	博威合金	2013.05.31	0.180	0.171	215.00	36.77
601139	深圳燃气	2013.06.24	0.136	0.129	1980.45	255.87
601158	重庆水务	2013.05.20	0.262	0.249	4800.00	1194.72
601166	兴业银行	2013.07.03	0.570	0.517	12701.56	6560.35
601168	西部矿业	2013.05.16	0.100	0.095	2383.00	226.39
601169	北京银行	2013.07.22	0.400	0.380	8800.16	3344.06
601177	杭齿前进	2013.06.03	0.020	0.019	400.06	7.60
601186	中国铁建	2013.07.22	0.110	0.105	10261.25	1072.30
601188	龙江交通	2013.05.24	0.011	0.010	1213.20	12.68
601199	江南水务	2013.05.27	0.250	0.238	233.80	55.53
601208	东材科技	2013.05.07	0.200	0.190	615.76	116.99
601216	内蒙君正	2013.08.21	0.050	0.048	1280.00	60.80
601222	林洋电子	2013.05.16	0.350	0.333	355.29	118.13
601231	环旭电子	2013.06.14	0.192	0.182	1011.72	184.54
601233	桐昆股份	2013.04.23	0.100	0.095	963.60	91.54
601238	广汽集团	2013.07.16	0.020	0.019	4221.72	80.21
601238	广汽集团	2013.10.08	0.060	0.057	4221.72	240.64
601288	农业银行	2013.06.28	0.157	0.149	294055.29	43720.14
601299	中国北车	2013.07.25	0.100	0.095	10320.06	980.41
601311	骆驼股份	2013.05.29	0.170	0.162	851.83	137.57
601313	江南嘉捷	2013.04.08	0.300	0.285	231.30	65.92
601318	中国平安	2013.05.20	0.300	0.285	4786.41	1364.13
601318	中国平安	2013.09.10	0.200	0.190	4786.41	909.42
601328	交通银行	2013.07.11	0.240	0.228	39250.86	8949.20
601333	广深铁路	2013.07.16	0.080	0.076	5652.24	429.57
601339	百隆东方	2013.06.27	0.105	0.100	750.00	74.81
601369	陕鼓动力	2013.04.22	0.350	0.333	1638.77	544.89
601377	兴业证券	2013.04.11	0.120	0.114	2200.00	250.80
601388	怡球资源	2013.06.04	0.100	0.095	410.00	38.95
601390	中国中铁	2013.08.05	0.052	0.049	17092.51	844.37
601398	工商银行	2013.06.26	0.239	0.227	262848.58	59679.77
601515	东风股份	2013.06.24	0.380	0.361	556.00	200.72
601515	东风股份	2013.10.10	0.650	0.618	556.00	343.33
601518	吉林高速	2013.07.03	0.064	0.061	1213.20	73.76
601555	东吴证券	2013.06.24	0.050	0.048	2000.00	95.00
601566	九牧王	2013.06.19	0.700	0.665	578.67	384.81
601567	三星电气	2013.07.02	0.500	0.475	400.50	190.24
601588	北辰实业	2013.07.08	0.060	0.057	2660.00	151.62
601599	鹿港科技	2013.05.30	0.050	0.048	318.00	15.11
601601	中国太保	2013.07.22	0.350	0.333	6286.70	2090.33
601607	上海医药	2013.07.24	0.240	0.228	1923.02	438.45
601608	中信重工	2013.08.16	0.056	0.053	2740.00	145.77
601616	广电电气	2013.05.24	0.100	0.095	932.58	88.60
601628	中国人寿	2013.06.18	0.140	0.133	20823.53	2769.53
601633	长城汽车	2013.05.24	0.570	0.542	2009.24	1088.01
601636	旗滨集团	2013.04.19	0.100	0.095	693.76	65.91
601666	平煤股份	2013.06.20	0.143	0.136	2361.16	320.76
601668	中国建筑	2013.07.25	0.105	0.100	30000.00	2992.50

上市公司派发现金红利 Dividends in 2013

红利代码 Code	红利简称 Name	发放日期 Date	每股红利(含税) Dividend (Pre-Tax)	每股红利(除税) Dividend (After-Tax)	代发总股本(百万) Equity (M)	代发红利总额(百万) Cash(M)
601669	中国水电	2013.07.04	0.128	0.122	9600.00	1167.36
601677	明泰铝业	2013.07.03	0.100	0.095	401.00	38.10
601678	滨化股份	2013.04.17	0.150	0.143	660.00	94.05
601688	华泰证券	2013.06.13	0.150	0.143	5600.00	798.00
601699	潞安环能	2013.07.05	0.336	0.319	2301.08	734.51
601700	风范股份	2013.04.02	0.500	0.475	219.60	104.31
601717	郑煤机	2013.06.26	0.300	0.285	1377.89	392.70
601718	际华集团	2013.07.08	0.030	0.029	3857.00	109.92
601727	上海电气	2013.08.16	0.064	0.061	9850.71	596.17
601766	中国南车	2013.07.08	0.090	0.086	11779.00	1007.10
601777	力帆股份	2013.06.20	0.200	0.190	951.45	180.77
601788	光大证券	2013.04.26	0.092	0.087	3418.00	298.73
601789	宁波建工	2013.05.24	0.100	0.095	462.60	43.95
601798	蓝科高新	2013.07.04	0.070	0.067	320.00	21.28
601799	星宇股份	2013.06.07	0.655	0.622	239.69	149.15
601800	中国交建	2013.08.21	0.185	0.175	11747.24	2061.29
601801	皖新传媒	2013.06.18	0.170	0.162	910.00	146.97
601808	中海油服	2013.06.13	0.310	0.295	2960.47	871.86
601818	光大银行	2013.06.06	0.058	0.055	40434.79	2227.96
601857	中国石油	2013.06.06	0.131	0.125	161922.08	20160.92
601857	中国石油	2013.09.12	0.161	0.153	161922.08	24782.17
601872	招商轮船	2013.07.19	0.006	0.006	4720.92	26.91
601877	正泰电器	2013.05.06	0.600	0.570	1005.00	572.85
601877	正泰电器	2013.09.26	0.400	0.380	1005.00	381.90
601880	大连港	2013.08.12	0.050	0.048	3363.40	159.76
601886	江河幕墙	2013.05.14	0.260	0.247	560.00	138.32
601888	中国国旅	2013.05.22	0.350	0.333	880.00	292.60
601890	亚星锚链	2013.06.26	0.060	0.057	468.00	26.68
601898	中煤能源	2013.05.27	0.210	0.200	9152.00	1825.82
601899	紫金矿业	2013.07.05	0.100	0.095	15803.80	1501.36
601901	方正证券	2013.07.16	0.037	0.035	6100.00	214.42
601908	京运通	2013.06.14	0.030	0.029	859.77	24.50
601918	国投新集	2013.08.15	0.100	0.085	1850.39	157.28
601928	凤凰传媒	2013.07.15	0.100	0.095	2544.90	241.77
601928	凤凰传媒	2013.10.28	0.100	0.095	2544.90	241.77
601929	吉视传媒	2013.05.20	0.050	0.048	1397.99	66.40
601933	永辉超市	2013.05.10	0.300	0.285	767.90	218.85
601939	建设银行	2013.06.21	0.268	0.255	9593.66	2442.55
601958	金钼股份	2013.05.28	0.160	0.152	3226.60	490.44
601965	中国汽研	2013.06.04	0.100	0.095	640.79	60.87
601988	中国银行	2013.06.18	0.175	0.166	195525.07	32506.04
601989	中国重工	2013.07.04	0.065	0.061	14667.72	898.84
601991	大唐发电	2013.08.09	0.100	0.095	9994.36	949.46
601992	金隅股份	2013.07.10	0.071	0.067	3114.35	210.06
601996	丰林集团	2013.05.17	0.050	0.048	468.91	22.27
601998	中信银行	2013.07.18	0.150	0.143	31905.16	4546.49
601999	出版传媒	2013.08.05	0.037	0.035	550.91	19.36
603000	人民网	2013.07.12	0.550	0.523	276.42	144.43
603001	奥康国际	2013.05.31	0.400	0.380	400.98	152.37
603002	宏昌电子	2013.06.20	0.036	0.034	400.00	13.68

上市公司派发现金红利
Dividends in 2013

红利代码 Code	红利简称 Name	发放日期 Date	每股红利(含税) Dividend (Pre-Tax)	每股红利(除税) Dividend (After-Tax)	代发总股本(百万) Equity (M)	代发红利总额 (百万) Cash(M)
603003	龙宇燃油	2013.07.18	0.050	0.048	202.00	9.60
603008	喜临门	2013.06.14	0.180	0.171	210.00	35.91
603077	和邦股份	2013.04.17	0.400	0.380	450.00	171.00
603123	翠微股份	2013.05.17	0.200	0.190	308.00	58.52
603128	华贸物流	2013.07.26	0.080	0.076	400.00	30.40
603167	渤海轮渡	2013.06.27	0.170	0.162	481.40	77.75
603333	明星电缆	2013.05.31	0.048	0.046	520.01	23.71
603366	日出东方	2013.04.26	0.710	0.675	400.00	269.80
603399	新华龙	2013.06.20	0.055	0.052	253.36	13.24
603766	隆鑫通用	2013.05.29	0.175	0.166	800.00	133.00
603993	洛阳钼业	2013.06.25	0.120	0.114	3765.01	429.21
900902	市北 B 股	2013.06.26	0.028	0.027	232.93	6.20
900903	大众 B 股	2013.07.15	0.080	0.076	533.87	40.57
900905	老凤祥 B	2013.08.08	0.600	0.570	206.01	117.42
900907	鼎立 B 股	2013.07.03	0.040	0.038	120.64	4.58
900909	双钱 B 股	2013.06.14	0.100	0.095	243.10	23.09
900910	海立 B 股	2013.07.01	0.120	0.114	284.17	32.40
900911	金桥 B 股	2013.08.09	0.110	0.105	272.18	28.44
900912	外高 B 股	2013.07.09	0.140	0.133	200.56	26.67
900914	锦投 B 股	2013.06.24	0.230	0.219	161.05	35.19
900915	中路 B 股	2013.05.29	0.025	0.019	75.90	1.42
900918	耀皮 B 股	2013.07.23	0.025	0.024	187.50	4.45
900920	上柴 B 股	2013.08.12	0.071	0.067	347.20	23.42
900923	友谊 B 股	2013.07.29	0.300	0.285	179.72	51.22
900925	机电 B 股	2013.07.03	0.210	0.200	216.24	43.14
900926	宝信 B 股	2013.05.29	0.230	0.219	114.40	25.00
900929	锦旅 B 股	2013.07.09	0.160	0.152	132.56	20.15
900932	陆家 B 股	2013.05.24	0.163	0.155	509.60	78.91
900933	华新 B 股	2013.06.06	0.180	0.171	328.00	56.09
900934	锦江 B 股	2013.06.17	0.370	0.352	156.00	54.83
900936	鄂资 B 股	2013.06.04	0.100	0.095	420.00	39.90
900941	东信 B 股	2013.07.08	0.080	0.076	300.00	22.80
900942	黄山 B 股	2013.07.10	0.030	0.029	156.00	4.45
900943	开开 B 股	2013.06.27	0.020	0.019	80.00	1.52
900945	海航 B 股	2013.06.07	0.100	0.095	184.72	17.55
900948	伊泰 B 股	2013.07.16	1.250	1.138	1464.00	1665.30
900950	新城 B 股	2013.06.04	0.100	0.095	1593.19	151.35
900952	锦港 B 股	2013.05.31	0.026	0.025	222.81	5.50

上市公司送股
Bonus Shares in 2013

股票代码 Code	股票简称 Name	股权登记日 Registration Date	除净日 Ex-Date	送股上市日 Bonus Share Listing	收盘价 Close Price	除净价 Ex-Price	送股比例 Bonus Share Ratio
600015	华夏银行	2013.07.23	2013.07.24	2013.07.25	9.28	5.22	0.30
600028	中国石化	2013.06.18	2013.06.19	2013.06.20	6.35	3.64	0.30
600066	宇通客车	2013.05.14	2013.05.15	2013.05.16	32.22	9.73	0.80
600073	上海梅林	2013.06.04	2013.06.05	2013.06.06	8.11	6.65	0.10
600170	上海建工	2013.07.16	2013.07.17	2013.07.18	7.28	4.91	0.20
600187	国中水务	2013.10.08	2013.10.09	2013.10.10	12.05	1.93	1.50
600193	创兴资源	2013.11.04	2013.11.05	2013.11.06	8.42	4.96	0.30
600216	浙江医药	2013.10.08	2013.10.09	2013.10.10	22.29	6.88	0.80
600221	海南航空	2013.06.06	2013.06.07	2013.06.13	4.92	1.21	1.00
600256	广汇能源	2013.06.21	2013.06.24	2013.06.25	20.06	8.89	0.50
600276	恒瑞医药	2013.06.06	2013.06.07	2013.06.13	30.60	25.23	0.10
600280	中央商场	2013.05.21	2013.05.22	2013.05.23	49.08	12.23	1.00
600280	中央商场	2013.09.24	2013.09.25	2013.09.26	31.16	7.77	1.00
600285	羚锐制药	2013.06.28	2013.07.01	2013.07.02	13.16	5.81	0.50
600305	恒顺醋业	2013.11.12	2013.11.13	2013.11.14	30.00	7.50	1.00
600315	上海家化	2013.05.24	2013.05.27	2013.05.28	67.97	29.90	0.50
600336	澳柯玛	2013.07.17	2013.07.18	2013.07.19	10.31	2.58	1.00
600340	华夏幸福	2013.10.09	2013.10.10	2013.10.11	34.47	15.25	0.50
600371	万向德农	2013.07.05	2013.07.08	2013.07.09	10.72	7.31	0.20
600372	中航电子	2013.08.12	2013.08.13	2013.08.14	23.11	13.65	0.30
600376	首开股份	2013.05.17	2013.05.20	2013.05.21	10.29	4.47	0.50
600388	龙净环保	2013.05.31	2013.06.03	2013.06.04	56.87	14.12	1.00
600390	金瑞科技	2013.07.08	2013.07.09	2013.07.10	17.20	4.30	1.00
600397	安源煤业	2013.05.16	2013.05.17	2013.05.20	11.51	2.88	1.00
600403	大有能源	2013.06.14	2013.06.17	2013.06.18	22.85	5.60	1.00
600406	国电南瑞	2013.06.05	2013.06.06	2013.06.07	22.69	11.47	0.40
600425	青松建化	2013.06.03	2013.06.04	2013.06.05	9.85	2.44	1.00
600433	冠豪高新	2013.04.19	2013.04.22	2013.04.23	31.98	7.97	1.00
600488	天药股份	2013.03.12	2013.03.13	2013.03.14	7.04	3.12	0.50
600490	鹏欣资源	2013.06.05	2013.06.06	2013.06.07	18.60	8.27	0.50
600498	烽火通信	2013.05.21	2013.05.22	2013.05.23	34.68	8.59	1.00
600502	安徽水利	2013.05.30	2013.05.31	2013.06.03	12.51	5.53	0.50
600516	方大炭素	2013.03.18	2013.03.19	2013.03.20	11.07	7.48	0.20
600521	华海药业	2013.04.16	2013.04.17	2013.04.18	14.63	8.54	0.30
600535	天士力	2013.05.21	2013.05.22	2013.05.23	77.55	19.34	1.00
600546	山煤国际	2013.08.02	2013.08.05	2013.08.06	11.77	2.87	1.00
600552	方兴科技	2013.05.22	2013.05.23	2013.05.24	30.96	13.71	0.50
600558	大西洋	2013.06.05	2013.06.06	2013.06.07	10.86	4.79	0.50
600575	芜湖港	2013.04.18	2013.04.19	2013.04.22	7.46	1.86	1.00
600578	京能电力	2013.10.22	2013.10.23	2013.10.24	8.32	2.06	1.00
600647	同达创业	2013.07.31	2013.08.01	2013.08.02	11.91	7.01	0.30
600684	珠江实业	2013.07.04	2013.07.05	2013.07.08	11.49	5.01	0.50
600688	上海石化	2013.12.03	2013.12.04	2013.12.05	4.26	1.87	0.50
600691	阳煤化工	2013.05.15	2013.05.16	2013.05.17	27.90	4.46	1.50
600720	祁连山	2013.07.12	2013.07.15	2013.07.16	8.68	5.11	0.30
600732	上海新梅	2013.03.01	2013.03.04	2013.03.05	12.37	3.79	0.80
600743	华远地产	2013.04.24	2013.04.25	2013.04.26	3.54	2.64	0.15
600794	保税科技	2013.03.13	2013.03.14	2013.03.15	15.81	3.90	1.00
600805	悦达投资	2013.06.13	2013.06.14	2013.06.17	12.65	8.68	0.20
600818	中路股份	2013.05.28	2013.05.29	2013.05.30	13.89	11.46	0.10

上市公司送股
Bonus Shares in 2013

股票代码 Code	股票简称 Name	股权登记日 Registration Date	除净日 Ex-Date	送股上市 Bonus Share Listing	收盘价 Close Price	除净价 Ex-Price	送股比例 Bonus Share Ratio
600824	益民集团	2013.07.25	2013.07.26	2013.07.29	4.62	3.17	0.20
600863	内蒙华电	2013.07.05	2013.07.08	2013.07.09	5.58	2.38	0.50
600867	通化东宝	2013.05.23	2013.05.24	2013.05.27	16.29	11.18	0.20
600871	仪征化纤	2013.11.20	2013.11.21	2013.11.22	4.62	2.05	0.50
600886	国投电力	2013.05.21	2013.05.22	2013.05.23	6.63	2.56	0.60
600888	新疆众和	2013.06.07	2013.06.13	2013.06.14	8.26	5.67	0.20
600960	渤海活塞	2013.07.19	2013.07.22	2013.07.23	8.80	5.19	0.30
600967	北方创业	2013.06.26	2013.06.27	2013.06.28	22.15	5.52	1.00
600973	宝胜股份	2013.07.03	2013.07.04	2013.07.05	9.54	5.18	0.35
600987	航民股份	2013.06.14	2013.06.17	2013.06.18	9.88	4.30	0.50
601010	文峰股份	2013.05.07	2013.05.08	2013.05.09	12.27	5.23	0.50
601166	兴业银行	2013.07.02	2013.07.03	2013.07.04	14.28	6.09	0.50
601218	吉鑫科技	2013.05.31	2013.06.03	2013.06.04	9.81	2.03	1.20
601313	江南嘉捷	2013.04.03	2013.04.08	2013.04.09	12.73	3.84	0.80
601519	大智慧	2013.06.19	2013.06.20	2013.06.21	5.24	3.10	0.30
601700	风范股份	2013.04.01	2013.04.02	2013.04.03	18.13	4.41	1.00
601886	江河创建	2013.05.13	2013.05.14	2013.05.15	23.89	5.91	1.00
601918	国投新集	2013.08.14	2013.08.15	2013.08.16	7.55	3.80	0.40
601929	吉视传媒	2013.05.17	2013.05.20	2013.05.21	7.42	6.69	0.05
601933	永辉超市	2013.05.09	2013.05.10	2013.05.13	27.34	6.76	1.00
603008	喜临门	2013.06.13	2013.06.14	2013.06.17	11.03	4.82	0.50
900915	中路 B 股	2013.05.31	2013.05.29	2013.06.04	0.78	0.77	0.10
900945	海航 B 股	2013.06.14	2013.06.07	2013.06.18	0.47	0.45	1.00
900948	伊泰 B 股	2013.07.18	2013.07.16	2013.07.22	2.37	2.40	1.00

上市公司配股
Allotment in 2013

股票代码 Code	股票简称 Name	股权登记日 Registration Date	除净日 Ex-Date	配股上市 Right Issue Listing	收盘价 Close Price	配股价 Right Issue Price	除净价 Ex-Price	配股比例 Right Issue Ratio
600036	招商银行	2013.08.27	2013.09.05	2013.09.11	10.660	9.290	10.460	0.1740
600118	中国卫星	2013.08.05	2013.08.14	2013.08.21	15.360	5.450	13.070	0.3000
600160	巨化股份	2013.12.13	2013.12.24	2013.12.30	6.330	4.230	5.850	0.3000
600436	片仔癀	2013.06.20	2013.07.01	2013.07.11	136.820	37.140	123.820	0.1500
600458	时代新材	2013.05.31	2013.06.14	2013.06.25	12.510	8.800	11.650	0.3000
600459	贵研铂业	2013.03.11	2013.03.20	2013.03.27	21.590	16.800	20.480	0.3000
600497	驰宏锌锗	2013.04.02	2013.04.15	2013.04.19	12.470	9.980	11.900	0.3000
600879	航天电子	2013.05.24	2013.06.04	2013.06.14	10.240	6.010	9.260	0.3000

上市公司通讯录
Contact Information of Listed Companies

A 股代码 A Code	A 股简称 A Name	B 股代码 B Code	B 股简称 B Name	行业分类代码 Industry Code	行业分类名称 Industry Name	电话 Telephone
600000	浦发银行			66	货币金融服务	61618731
600004	白云机场			56	航空运输业	020-36063593
600005	武钢股份			31	黑色金属冶炼和压延加工业	027-86802031
600006	东风汽车			36	汽车制造业	027-84287977
600007	中国国贸			70	房地产业	010-65052288
600008	首创股份			46	水的生产和供应业	010-64689035
600009	上海机场			56	航空运输业	021-68341609
600010	包钢股份			31	黑色金属冶炼和压延加工业	0472-2189515
600011	华能国际			44	电力、热力生产和供应业	010-63226997
600012	皖通高速			54	道路运输业	0551-65338681
600015	华夏银行			66	货币金融服务	01085238888
600016	民生银行			66	货币金融服务	010－68467286
600017	日照港			55	水上运输业	0633-8387350
600018	上港集团			55	水上运输业	021-55333388-28066
600019	宝钢股份			31	黑色金属冶炼和压延加工业	26647000
600020	中原高速			54	道路运输业	0371-87166818
600021	上海电力			44	电力、热力生产和供应业	021-23108810
600022	山东钢铁			31	黑色金属冶炼和压延加工业	0531-67606886
600023	浙能电力			44	电力、热力生产和供应业	0571-8721 0223
600026	中海发展			55	水上运输业	65967160
600027	华电国际			44	电力、热力生产和供应业	8610-8356 7779
600028	中国石化			07	石油和天然气开采业	010-59962210
600029	南方航空			56	航空运输业	020-86124738;020-861
600030	中信证券			67	资本市场服务	010-84588581
600031	三一重工			35	专用设备制造业	0731-84031640/838
600033	福建高速			54	道路运输业	0591-87077366
600035	楚天高速			54	道路运输业	02784863942
600036	招商银行			66	货币金融服务	0755-83195105
600037	歌华有线			63	电信、广播电视和卫星传输服务	010-62035573
600038	哈飞股份			37	铁路、船舶、航空航天和其他运输设备制造业	0451-86528350
600039	四川路桥			48	土木工程建筑业	028-85126085
600048	保利地产			70	房地产业	020-89898001
600050	中国联通			63	电信、广播电视和卫星传输服务	010－52733331
600051	宁波联合			51	批发业	0574-86222002
600052	浙江广厦			70	房地产业	0571-87974176
600053	中江地产			70	房地产业	13803545388
600054	黄山旅游	900942	黄山 B 股	78	公共设施管理业	0559-5580567
600055	华润万东			35	专用设备制造业	010-84569688
600056	中国医药			27	医药制造业	010-67107667
600057	象屿股份			72	商务服务业	0592-2613677
600058	五矿发展			51	批发业	010-68494205
600059	古越龙山			15	酒、饮料和精制茶制造业	0575-85158435
600060	海信电器			39	计算机、通信和其他电子设备制造业	0532-83889556
600061	中纺投资			17	纺织业	021-62838888
600062	华润双鹤			27	医药制造业	010-64742227*380
600063	皖维高新			28	化学纤维制造业	0551-82189280
600064	南京高科			70	房地产业	025-85800721
600066	宇通客车			36	汽车制造业	0371-66733790
600067	冠城大通			70	房地产业	0591-83350026
600068	葛洲坝			48	土木工程建筑业	027-83790801

上市公司通讯录
Contact Information of Listed Companies

公司全称 Company Name	通讯地址 Address	邮编 Zip
上海浦东发展银行股份有限公司	上海市中山东一路 12 号	200002
广州白云国际机场股份有限公司	广州白云国际机场南工作区机场股份公司机关办公楼	510470
武汉钢铁股份有限公司	武汉市青山区沿港路 3 号	430080
东风汽车股份有限公司	湖北省武汉经济技术开发区创业路 58 号	430056
中国国际贸易中心股份有限公司	北京市建国门外大街 1 号国贸大厦 29 层	100004
北京首创股份有限公司	北京市朝阳区北三环东路 8 号静安中心三层	100028
上海国际机场股份有限公司	上海市浦东新区启航路 900 号	201207
内蒙古包钢钢联股份有限公司	内蒙古包头市昆区包钢信息大楼东副楼	014010
华能国际电力股份有限公司	北京市西城区复兴门内大街 6 号华能大厦	100031
安徽皖通高速公路股份有限公司	安徽省合肥市望江西路 520 号	230088
华夏银行股份有限公司	北京市东城区建国门内大街 22 号华夏银行大厦	100005
中国民生银行股份有限公司	北京市海淀区中关村南大街 1 号友谊宾馆嘉宾楼 87707	100873
日照港股份有限公司	山东省日照市海滨二路 81 号	276826
上海国际港务（集团）股份有限公司	上海市虹口区东大名路 358 号国际港务大厦	200080
宝山钢铁股份有限公司	上海市宝山区富锦路 885 号宝钢指挥中心	201900
河南中原高速公路股份有限公司	郑州市郑东新区农业东路 100 号中原高速	450016
上海电力股份有限公司	上海市中山南路 268 号 1 号楼 36 层	200010
山东钢铁股份有限公司	济南市舜华路 2000 号，舜泰广场 4 号楼	250101
浙江浙能电力股份有限公司	杭州市天目山路 152 号浙能大楼 2 楼	310007
中海发展股份有限公司	东大名路 670 号 7 楼	200080
华电国际电力股份有限公司	北京市西城区宣武门内大街 2 号 B 座 12 至 16 层	100031
中国石油化工股份有限公司	中国北京市朝阳区朝阳门北大街 22 号	100728
中国南方航空股份有限公司	广东省广州市机场路 278 号	510405
中信证券股份有限公司	北京市朝阳区亮马桥路 48 号中信证券大厦；深圳市福田区中心三路 8 号中信证券大厦	100026
三一重工股份有限公司	湖南省长沙经济技术开发区	410100
福建发展高速公路股份有限公司	福州市东水路 18 号福建交通综合大楼 26 层	350001
湖北楚天高速公路股份有限公司	武汉市汉阳区龙阳大道 9 号	430051
招商银行股份有限公司	深圳市福田区深南大道 7088 号招商银行大厦	518040
北京歌华有线电视网络股份有限公司	北京市东城区青龙胡同 1 号歌华大厦七层	100007
哈飞航空工业股份有限公司	哈尔滨市平房区友协大街 15 号	150066
四川路桥建设股份有限公司	成都市高新区九兴大道 12 号	610041
保利房地产（集团）股份有限公司	广州市海珠区阅江中路 688 号保利国际广场北塔 29-33 层	510308
中国联合网络通信股份有限公司	上海市长宁区长宁路 1033 号联通大厦 29 楼	200050
宁波联合集团股份有限公司	宁波开发区东海路 1 号联合大厦	315803
浙江广厦股份有限公司	浙江省杭州市玉古路 166 号	310013
江西中江地产股份有限公司	江西省南昌市东湖区沿江北大道 1379 号紫金城 A 栋写字楼	330096
黄山旅游发展股份有限公司	安徽黄山市黄山风景区汤泉	245800
华润万东医疗装备股份有限公司	北京市朝阳区酒仙桥东路 9 号院 3 号楼	100015
中国医药保健品股份有限公司	北京市东城区光明中街 18 号美康大厦	100061
厦门象屿股份有限公司	厦门现代物流园区象兴四路 21 号银盛大厦 9 楼	361022
五矿发展股份有限公司	北京市海淀区三里河路 5 号 B 座	100044
浙江古越龙山绍兴酒股份有限公司	浙江省绍兴市北海桥	312000
青岛海信电器股份有限公司	青岛市市南区东海西路 17 号海信大厦 15 层 1511 室	266071
中纺投资发展股份有限公司	上海市长宁区延安西路 1228 号嘉利大厦 33 层	200052
华润双鹤药业股份有限公司	北京市朝阳区望京利泽东二路 1 号	100102
安徽皖维高新材料股份有限公司	安徽省合肥市巢湖市皖维路 56 号	238002
南京高科股份有限公司	南京经济技术开发区新港大道 129 号	210038
郑州宇通客车股份有限公司	郑州市管城回族区宇通路宇通工业园	450016
冠城大通股份有限公司	福建省福州市鼓楼区五一中路 32 号元洪大厦 26 层	350005
中国葛洲坝集团股份有限公司	湖北省武汉市解放大道 558 号葛洲坝大酒店 B 座 7 层	430033

上市公司通讯录
Contact Information of Listed Companies

A 股代码 A Code	A 股简称 A Name	B 股代码 B Code	B 股简称 B Name	行业分类代码 Industry Code	行业分类名称 Industry Name	电话 Telephone
600069	银鸽投资			22	造纸和纸制品业	0395-5615559
600070	浙江富润			17	纺织业	0575-87015763
600071	凤凰光学			40	仪器仪表制造业	0793-8259523
600072	中船股份			37	铁路、船舶、航空航天和其他运输设备制造业	021-53023456*672
600073	上海梅林			14	食品制造业	021-53891298
600074	*ST 中达			29	橡胶和塑料制品业	0510-86686352
600075	新疆天业			26	化学原料和化学制品制造业	0993-2623118
600076	青鸟华光			39	计算机、通信和其他电子设备制造业	0536-2991601
600077	宋都股份			70	房地产业	0571-86759619
600078	澄星股份			26	化学原料和化学制品制造业	0510-80622329
600079	人福医药			27	医药制造业	027-87597232
600080	金花股份			27	医药制造业	029-81778688
600081	东风科技			36	汽车制造业	021-62033003*52
600082	海泰发展			90	综合	022-85689891
600083	博信股份			39	计算机、通信和其他电子设备制造业	0755-86278086
600084	中葡股份			15	酒、饮料和精制茶制造业	0991-8868389
600085	同仁堂			27	医药制造业	010-67020018
600086	东方金钰			41	其他制造业	0755-25266298
600087	*ST 长油			55	水上运输业	025-58586158
600088	中视传媒			86	广播、电视、电影和影视录音制作业	010-65999008
600089	特变电工			38	电气机械和器材制造业	0994-2724766
600090	啤酒花			15	酒、饮料和精制茶制造业	0991-3687305
600091	ST 明科			26	化学原料和化学制品制造业	0472-2207068
600093	禾嘉股份			36	汽车制造业	028-85155498
600094	大名城	900940	大名城 B	70	房地产业	021-62479058
600095	哈高科			13	农副食品加工业	0451-84348141
600096	云天化			26	化学原料和化学制品制造业	0871-66242239
600097	开创国际			04	渔业	021-65686875
600098	广州发展			44	电力、热力生产和供应业	020-37850228
600099	林海股份			37	铁路、船舶、航空航天和其他运输设备制造业	0523-86992165
600100	同方股份			39	计算机、通信和其他电子设备制造业	010－82399888
600101	明星电力			44	电力、热力生产和供应业	0825-2210829
600103	青山纸业			22	造纸和纸制品业	0591-83367773
600104	上汽集团			36	汽车制造业	(021)22011290
600105	永鼎股份			38	电气机械和器材制造业	0512-63271201
600106	重庆路桥			54	道路运输业	023-62803729
600107	美尔雅			18	纺织服装、服饰业	0714－6360299
600108	亚盛集团			01	农业	0931-8857178
600109	国金证券			67	资本市场服务	021-61357527
600110	中科英华			38	电气机械和器材制造业	0431-85161088
600111	包钢稀土			32	有色金属冶炼和压延加工业	0472-2207525
600112	天成控股			38	电气机械和器材制造业	0852－8634986
600113	浙江东日			51	批发业	0577-88852188
600114	东睦股份			33	金属制品业	0574-87840906
600115	东方航空			56	航空运输业	22330928
600116	三峡水利			44	电力、热力生产和供应业	023-63801161
600117	西宁特钢			31	黑色金属冶炼和压延加工业	0971-5299186
600118	中国卫星			39	计算机、通信和其他电子设备制造业	010-68197793
600119	长江投资			54	道路运输业	68407009
600120	浙江东方			51	批发业	0571-87600320

上市公司通讯录
Contact Information of Listed Companies

公司全称 Company Name	通讯地址 Address	邮编 Zip
河南银鸽实业投资股份有限公司	河南省漯河市人民东路与东环路交叉口银鸽投资研发大厦603 室	462000
浙江富润股份有限公司	浙江省诸暨市陶朱南路 12 号	311800
凤凰光学股份有限公司	江西省上饶市光学路 1 号	334000
中船江南重工股份有限公司	上海市鲁班路 600 号江南造船大厦 11-13 楼	200023
上海梅林正广和股份有限公司	上海市新闸路 1418 号	200040
江苏中达新材料集团股份有限公司	江苏省江阴市滨江西路 589 号亚包公司二楼 212 室	214443
新疆天业股份有限公司	新疆石河子市经济技术开发区北三东路 36 号	832000
潍坊北大青鸟华光科技股份有限公司	山东省潍坊市高新技术产业开发区北宫东街 6 号	261061
宋都基业投资股份有限公司	杭州市富春路 789 号 5 楼	110168
江苏澄星磷化工股份有限公司	江苏省江阴市梅园大街 618 号	214432
人福医药集团股份公司	武汉市东湖高新区高新大道 666 号人福医药大厦 713 室	430075
金花企业(集团)股份有限公司	西安高新技术产业开发区科技四路 202(710065)	710065
东风电子科技股份有限公司	上海市中山北路 2000 号 22 楼	200063
天津海泰科技发展股份有限公司	天津新技术产业园区华苑产业区海泰西路 18 号软件与服务外包产业基地中北楼五层	300384
广东博信投资控股股份有限公司	广东省清远市新城方正二街 1 号自来水大厦	511518
中信国安葡萄酒业股份有限公司	新疆乌鲁木齐市红山路 39 号	830002
北京同仁堂股份有限公司	北京市东城区崇外大街 42 号，北京市东城区东兴隆街 52 号	100062
东方金钰股份有限公司	深圳市罗湖区贝丽北路水贝工业园 2 栋东方金钰大厦 3 楼	518020
中国长江航运集团南京油运股份有限公司	南京市中山北路 324 号油运大厦	210003
中视传媒股份有限公司	上海浦东新区福山路 450 号新天国际大厦 17 层 A 座	200122
特变电工股份有限公司	新疆昌吉市延安南路 52 号	831100
新疆啤酒花股份有限公司	新疆乌鲁木齐经济技术开发区上海路 130 号	830026
包头明天科技股份有限公司	包头稀土高新技术产业开发区曙光路 22 号	014030
四川禾嘉股份有限公司	四川省成都市高新技术开发区九兴大道 3 号	610041
上海大名城企业股份有限公司	上海市闵行区红松东路 1116 号 1 幢 5 楼 A 区	201103
哈尔滨高科技(集团)股份有限公司	哈尔滨开发区迎宾路集中区天平路 2 号	150078
云南云天化股份有限公司	云南省昆明市滇池路 1417 号	650000
上海开创国际海洋资源股份有限公司	上海市杨浦区共青路 448 号	200090
广州发展集团股份有限公司	广州市珠江新城临江大道 3 号发展中心 31-33 楼	510623
林海股份有限公司	江苏省泰州市迎春西路 199 号	225300
同方股份有限公司	北京市海淀区五道口清华同方科技广场	100084
四川明星电力股份有限公司	四川省遂宁市开发区明月路 88 号	629000
福建省青山纸业股份有限公司	福建省福州市鼓楼区五一北路 171 号新都会花园广场 16 层	350005
上海汽车集团股份有限公司	上海市静安区威海路 489 号上海汽车大厦	200041
江苏永鼎股份有限公司	江苏省吴江市芦墟镇汾湖经济技术开发区	215211
重庆路桥股份有限公司	重庆南坪经济技术开发区丹龙路 11 号	400060
湖北美尔雅股份有限公司	湖北省黄石市团城山开发区 8 号小区美尔雅工业园	435003
甘肃亚盛实业(集团)股份有限公司	甘肃省兰州市城关区雁兴路 21 号 10－15 楼	730010
国金证券股份有限公司	成都市青羊区东城根上街 95 号 16 楼	610015
中科英华高技术股份有限公司	吉林省长春市高新技术开发区火炬路 286 号	130022
内蒙古包钢稀土(集团)高科技股份有限公司	内蒙古包头市稀土高新技术产业开发区黄河路 83 号	014030
贵州长征电气股份有限公司	贵州省遵义市武汉路长征电气工业园	563002
浙江东日股份有限公司	浙江省温州市矮凳桥 92 号	325003
东睦新材料集团股份有限公司	宁波市鄞州工业园区（姜山）景江路 8 号	315191
中国东方航空股份有限公司	上海市长宁区空港三路 92 号 1 号楼 3 楼	200335
重庆三峡水利电力(集团)股份有限公司	重庆市渝中区邹容路 68 号大都会商厦 3611 室	400010
西宁特殊钢股份有限公司	青海省西宁市柴达木西路 52 号	810005
中国东方红卫星股份有限公司	北京市海淀区中关村南大街 31 号神舟科技大厦 12 层	100081
长发集团长江投资实业股份有限公司	上海闵行区光华路 888 号	201108
浙江东方集团股份有限公司	杭州西湖大道１２号 新东方大厦 A 座	310009

上市公司通讯录
Contact Information of Listed Companies

A股代码 A Code	A股简称 A Name	B股代码 B Code	B股简称 B Name	行业分类代码 Industry Code	行业分类名称 Industry Name	电话 Telephone
600121	郑州煤电			06	煤炭开采和洗选业	0371-87785116
600122	宏图高科			52	零售业	025-83274691
600123	兰花科创			06	煤炭开采和洗选业	0356-2189698
600125	铁龙物流			53	铁路运输业	0411-82590881
600126	杭钢股份			31	黑色金属冶炼和压延加工业	0571-88132917
600127	金健米业			13	农副食品加工业	0736-2588288
600128	弘业股份			51	批发业	025-52308738
600129	太极集团			27	医药制造业	023-89886719
600130	波导股份			39	计算机、通信和其他电子设备制造业	0574-88918939
600131	岷江水电			44	电力、热力生产和供应业	028-80808555
600132	重庆啤酒			15	酒、饮料和精制茶制造业	023-89139399
600133	东湖高新			48	土木工程建筑业	027-87172021
600135	乐凯胶片			26	化学原料和化学制品制造业	0312-3302372
600136	道博股份			51	批发业	027-81732221
600137	浪莎股份			18	纺织服装、服饰业	0831-8216216
600138	中青旅			72	商务服务业	010-58158717
600139	西部资源			09	有色金属矿采选业	028-85915709
600141	兴发集团			26	化学原料和化学制品制造业	0717-6760939
600143	金发科技			29	橡胶和塑料制品业	020-66818881
600145	国创能源			30	非金属矿物制品业	0851-5833622
600146	大元股份			26	化学原料和化学制品制造业	010-84987171
600148	长春一东			36	汽车制造业	0431-85158520
600149	廊坊发展			90	综合	021-53960935
600150	中国船舶			37	铁路、船舶、航空航天和其他运输设备制造业	021-68860618
600151	航天机电			39	计算机、通信和其他电子设备制造业	64827176
600152	维科精华			17	纺织业	0574-87341480
600153	建发股份			51	批发业	0592-2263616
600155	*ST 宝硕			26	化学原料和化学制品制造业	0312-3109607
600156	华升股份			17	纺织业	0731-85237877
600157	永泰能源			06	煤炭开采和洗选业	0351－8366508
600158	中体产业			70	房地产业	010-65524133
600159	大龙地产			70	房地产业	010-69445636
600160	巨化股份			26	化学原料和化学制品制造业	0570-3091758
600161	天坛生物			27	医药制造业	010-65724045
600162	香江控股			70	房地产业	020-34821006
600163	福建南纸			22	造纸和纸制品业	0599-8808806
600165	新日恒力			33	金属制品业	0952-3671222
600166	福田汽车			36	汽车制造业	010-80716459
600167	联美控股			44	电力、热力生产和供应业	024-23811545
600168	武汉控股			46	水的生产和供应业	027-85790699
600169	太原重工			35	专用设备制造业	0351-6361155
600170	上海建工			48	土木工程建筑业	021-35312079
600171	上海贝岭			39	计算机、通信和其他电子设备制造业	021-24261341
600172	黄河旋风			30	非金属矿物制品业	0374-6108899
600173	卧龙地产			70	房地产业	0575-82177017
600175	美都控股			51	批发业	0571-88301613
600176	中国玻纤			30	非金属矿物制品业	010-68139199
600177	雅戈尔			18	纺织服装、服饰业	0574-87425136
600178	东安动力			36	汽车制造业	0451-86528173
600179	黑化股份			25	石油加工、炼焦和核燃料加工业	0452-8927129

上市公司通讯录
Contact Information of Listed Companies

公司全称 Company Name	通讯地址 Address	邮编 Zip
郑州煤电股份有限公司	郑州市中原区中原西路 188 号	450007
江苏宏图高科技股份有限公司	江苏省南京市雨花台区软件大道 60 号 4 楼	210012
山西兰花科技创业股份有限公司	山西省晋城市凤台东街 2288 号兰花科技大厦	048000
中铁铁龙集装箱物流股份有限公司	辽宁省大连市中山区新安街 1 号	116001
杭州钢铁股份有限公司	浙江省杭州市半山路 178 号	310022
湖南金健米业股份有限公司	湖南省常德市德山经济开发区金健米业总部办公大楼	415001
江苏弘业股份有限公司	江苏省南京市中华路 50 号弘业大厦	210001
重庆太极实业（集团）股份有限公司	重庆市渝北区龙塔街道黄龙路 38 号	401147
宁波波导股份有限公司	浙江省奉化市大成东路 999 号	315500
四川岷江水利电力股份有限公司	四川省都江堰市奎光路 301 号	611830
重庆啤酒股份有限公司	重庆市九龙坡区马王乡龙泉村 1 号	401123
武汉东湖高新集团股份有限公司	武汉市东湖开发区佳园路 1 号东湖高新大楼	430074
乐凯胶片股份有限公司	河北省保定市乐凯南大街 6 号	071054
武汉道博股份有限公司	武汉东湖新技术开发区光谷大道 112 号当代国际花园三栋 C 座二楼	430205
四川浪莎控股股份有限公司	四川省宜宾市外南街 63 号进出口大厦 8 楼	644000
中青旅控股股份有限公司	北京市东城区东直门南大街 5 号中青旅大厦	100007
四川西部资源控股股份有限公司	四川省成都市锦江区锦江工业开发区毕升路 168 号	610063
湖北兴发化工集团股份有限公司	湖北省宜昌市发展大道 97 号宜昌三峡企业总部基地 D7 号楼二层（通讯地址）	443000
金发科技股份有限公司	广州市高新技术产业开发区科丰路 33 号	510663
贵州国创能源控股(集团)股份有限公司	贵州省贵阳市正新街 9 号富水花园 D 座 30-3 号	550003
宁夏大元化工股份有限公司	北京市朝阳区北辰东路 8 号北辰时代大厦 1406 室	100101
长春一东离合器股份有限公司	吉林省长春市高新技术产业开发区超然街 2555 号	130103
廊坊发展股份有限公司	廊坊市开发区科技谷园区青果路 99 号	065000
中国船舶工业股份有限公司	上海市浦东大道 1 号	200120
上海航天汽车机电股份有限公司	上海市漕溪路 222 号航天大厦南楼八楼	200235
宁波维科精华集团股份有限公司	宁波市和义路 99 号维科大厦 10 楼	315016
厦门建发股份有限公司	厦门市鹭江道 52 号海滨大厦七楼	361001
河北宝硕股份有限公司	河北省保定市国家高新技术产业开发区朝阳北大街 1098 号	071051
湖南华升股份有限公司	湖南省长沙市芙蓉中路三段 420 号	410015
永泰能源股份有限公司	山西省太原市小店区亲贤北街 9 号双喜广场 26－27F	030006
中体产业集团股份有限公司	北京市朝阳区朝外大街 225 号	100020
北京市大龙伟业房地产开发股份有限公司	北京市顺义区府前东街甲 2 号	101300
浙江巨化股份有限公司	浙江省衢州市柯城区	324004
北京天坛生物制品股份有限公司	北京市朝阳区三间房南里四号天坛生物综合楼 403 室 董事会办公室	100024
深圳香江控股股份有限公司	广东省广州市番禺区番禺大道锦绣香江花园香江控股办公楼	511442
福建省南纸股份有限公司	福建省南平市滨江北路 177 号	353000
宁夏新日恒力钢丝绳股份有限公司	宁夏银川市解放西街 33 号建发现代城金座 10 楼	750001
北汽福田汽车股份有限公司	北京市昌平区沙河镇沙阳路	102206
联美控股股份有限公司	沈阳市浑南新区远航中路 1 号	110168
武汉三镇实业控股股份有限公司	武汉市武昌区友谊大道特 8 号长江隧道公司管理大楼	430062
太原重工股份有限公司	太原市万柏林区玉河街 53 号	030024
上海建工集团股份有限公司	上海市虹口区东大名路 666 号上海建工大厦	200080
上海贝岭股份有限公司	上海市漕河泾开发区宜山路 810 号	200233
河南黄河旋风股份有限公司	河南省长葛市人民路 200 号	461500
卧龙地产集团股份有限公司	浙江省上虞市经济开发区人民西路 1801 号	312300
美都控股股份有限公司	杭州市拱墅区密渡桥路 70 号美都恒升名楼 4F	310005
中国玻纤股份有限公司	北京市海淀区复兴路 17 号国海广场 2 号楼 10 层	100036
雅戈尔集团股份有限公司	浙江宁波鄞县大道西段 2 号	315153
哈尔滨东安汽车动力股份有限公司	哈尔滨市平房区保国街 51 号	150066
黑龙江黑化股份有限公司	黑龙江省齐齐哈尔市富拉基尔区向阳大街 2 号	161041

上市公司通讯录
Contact Information of Listed Companies

A股代码 A Code	A股简称 A Name	B股代码 B Code	B股简称 B Name	行业分类代码 Industry Code	行业分类名称 Industry Name	电话 Telephone
600180	瑞茂通			51	批发业	0371-89988090
600182	S 佳通			29	橡胶和塑料制品业	021-22073138
600183	生益科技			39	计算机、通信和其他电子设备制造业	0769-22271828*8183
600184	光电股份			35	专用设备制造业	0710-3349838
600185	格力地产			70	房地产业	0756-8860606
600186	莲花味精			14	食品制造业	0394-4298889
600187	国中水务			46	水的生产和供应业	010-51695610
600188	兖州煤业			06	煤炭开采和洗选业	0537-5384031
600189	吉林森工			20	木材加工和木、竹、藤、棕、草制品业	0431-88480580
600190	锦州港	900952	锦港 B 股	55	水上运输业	0416-3586462
600191	华资实业			13	农副食品加工业	0472-6957558
600192	长城电工			38	电气机械和器材制造业	0931-8415501
600193	创兴资源			08	黑色金属矿采选业	021-58125999-8037
600195	中牧股份			27	医药制造业	010-63701951
600196	复星医药			27	医药制造业	021-63321165
600197	伊力特			15	酒、饮料和精制茶制造业	0991-3667490
600198	大唐电信			39	计算机、通信和其他电子设备制造业	010-62303607
600199	金种子酒			15	酒、饮料和精制茶制造业	0558-2210568
600200	江苏吴中			90	综合	0512-65272131
600201	金宇集团			27	医药制造业	0471-3315176
600202	哈空调			38	电气机械和器材制造业	0451-84612279
600203	福日电子			51	批发业	13615031212,0591-833
600206	有研硅股			39	计算机、通信和其他电子设备制造业	010-82240626
600207	安彩高科			45	燃气生产和供应业	0372-3733820
600208	新湖中宝			70	房地产业	0571-87395003
600209	罗顿发展			50	建筑装饰和其他建筑业	0898-66266364
600210	紫江企业			29	橡胶和塑料制品业	62377118-858
600211	西藏药业			51	批发业	028-86653915
600212	江泉实业			90	综合	0539-7100388
600213	亚星客车			36	汽车制造业	0514-82989880
600215	长春经开			70	房地产业	0431-84644225
600216	浙江医药			27	医药制造业	0571-87213883
600217	秦岭水泥			30	非金属矿物制品业	0919-6233649
600218	全柴动力			34	通用设备制造业	0550-5038369
600219	南山铝业			32	有色金属冶炼和压延加工业	0535-8616188
600220	江苏阳光			17	纺织业	0510-86121688
600221	海南航空	900945	海航 B 股	56	航空运输业	0898-66739659
600222	太龙药业			52	零售业	0371-67986158
600223	鲁商置业			70	房地产业	0531-66697002
600225	天津松江			70	房地产业	022-58915818
600226	升华拜克			26	化学原料和化学制品制造业	0572-8402738
600227	赤天化			26	化学原料和化学制品制造业	0852-2878788
600228	昌九生化			26	化学原料和化学制品制造业	0791-88504560
600229	青岛碱业			26	化学原料和化学制品制造业	0532-88082817
600230	沧州大化			26	化学原料和化学制品制造业	0317-3556143
600231	凌钢股份			31	黑色金属冶炼和压延加工业	0421-6838192
600232	金鹰股份			17	纺织业	0580-8021228
600233	大杨创世			18	纺织服装、服饰业	0411-87555199
600234	*ST 天龙			39	计算机、通信和其他电子设备制造业	0351-4040922
600235	民丰特纸			22	造纸和纸制品业	0573-82839666

上市公司通讯录
Contact Information of Listed Companies

公司全称 Company Name	通讯地址 Address	邮编 Zip
瑞茂通供应链管理股份有限公司	河南省郑州市郑东新区商务外环路 20 号海联大厦 20 楼	450000
佳通轮胎股份有限公司	上海市长宁区临虹路 280－2 号	200335
广东生益科技股份有限公司	广东省东莞市万江区莞穗大道４１１号	523039
北方光电股份有限公司	陕西省西安市长乐中路 35 号	710043
格力地产股份有限公司	珠海市石花西路 213 号	519020
河南莲花味精股份有限公司	河南省项城市莲花大道 18 号	466200
黑龙江国中水务股份有限公司	北京市东城区灯市口大街 33 号国中商业大厦 10 层	100006
兖州煤业股份有限公司	山东省邹城市凫山南路 298 号	273500
吉林森林工业股份有限公司	吉林省长春市朝阳区延安大街 1399 号	130012
锦州港股份有限公司	锦州经济技术开发区锦港大街一段 1 号	121007
包头华资实业股份有限公司	包头市东河区	014045
兰州长城电工股份有限公司	兰州市城关区农民巷 215 号	730000
上海创兴资源开发股份有限公司	上海市浦东新区康桥路 1388 号 2 楼	201315
中牧实业股份有限公司	北京市丰台区南四环西路 188 号总部基地八区 16 号楼	100070
上海复星医药（集团）股份有限公司	上海市复兴东路 2 号 911 室	200010
新疆伊力特实业股份有限公司	新疆乌鲁木齐市昆明路 148 号新捷小区 1 号楼 2 单元 102 室	830011
大唐电信科技股份有限公司	北京市海淀区永嘉北路 6 号	100094
安徽金种子酒业股份有限公司	安徽省阜阳市莲花路 259 号	236023
江苏吴中实业股份有限公司	江苏省苏州市吴中区宝带东路 388 号	215128
内蒙古金宇集团股份有限公司	内蒙古呼和浩特市鄂尔多斯大街 26 号	010020
哈尔滨空调股份有限公司	哈尔滨高新技术开发区迎宾路集中区滇池街 7 号	150078
福建福日电子股份有限公司	福建省福州市六一中路 106 号榕航花园 1 号楼 3 层	350005
有研半导体材料股份有限公司	北京市新街口外大街２号	100088
河南安彩高科股份有限公司	河南省安阳市中州路南段	455000
新湖中宝股份有限公司	浙江省杭州市西溪路 128 号新湖商务大厦 11 层	310007
罗顿发展股份有限公司	海南省海口市人民大道 68 号北 12 楼	570208
上海紫江企业集团股份有限公司	上海市虹桥路 2272 号上海虹桥商务大厦 7 楼 C 座	200336
西藏诺迪康药业股份有限公司	四川省成都市中新街 49 号锦贸大厦 18 楼	610016
山东江泉实业股份有限公司	山东省临沂市罗庄区江泉工业园三江路 6 号	276017
扬州亚星客车股份有限公司	江苏省扬州市渡江南路 41 号	225001
长春经开(集团)股份有限公司	吉林省长春市自由大路 5188 号	130031
浙江医药股份有限公司	浙江省杭州市拱墅区登云路 268 号	310011
陕西秦岭水泥(集团)股份有限公司	陕西省铜川市耀州区东郊	727100
安徽全柴动力股份有限公司	安徽省全椒县襄河镇吴敬梓路 788 号	239500
山东南山铝业股份有限公司	山东省龙口市东江镇南山村	265706
江苏阳光股份有限公司	江苏省江阴市新桥镇马嘶桥	214426
海南航空股份有限公司	海南省海口市国兴大道 7 号海航大厦	570203
河南太龙药业股份有限公司	郑州市高新技术产业开发区金梭路 8 号	450001
鲁商置业股份有限公司	山东省济南市历下区经十路 9777 号 2 号楼 21 层	250014
天津松江股份有限公司	天津市西青区友谊南路与外环线交口东北侧环岛西路天湾园公建 1 号楼	300221
浙江升华拜克生物股份有限公司	浙江省德清县武康镇长虹中街 333 号（德清县科技创业园内）	313200
贵州赤天化股份有限公司	贵州省赤水市化工路	564707
江西昌九生物化工股份有限公司	江西省南昌市青山湖区尤氨路	330012
青岛碱业股份有限公司	青岛市四流北路 78 号	266043
沧州大化股份有限公司	河北省沧州市永济东路 20 号沧州大化办公楼	061000
凌源钢铁股份有限公司	辽宁省凌源市钢铁路３号	122500
浙江金鹰股份有限公司	浙江省舟山市定海区小沙镇	316051
大连大杨创世股份有限公司	大连经济技术开发区哈尔滨路２３号	116600
太原天龙集团股份有限公司	太原市迎泽大街 289 号	030001
民丰特种纸股份有限公司	浙江省嘉兴市用里街 70 号	314000

上市公司通讯录
Contact Information of Listed Companies

A 股代码 A Code	A 股简称 A Name	B 股代码 B Code	B 股简称 B Name	行业分类代码 Industry Code	行业分类名称 Industry Name	电话 Telephone
600236	桂冠电力			44	电力、热力生产和供应业	0771-6118608
600237	铜峰电子			39	计算机、通信和其他电子设备制造业	0562-5883188
600238	海南椰岛			15	酒、饮料和精制茶制造业	0898-66522612
600239	云南城投			70	房地产业	0871-67199767
600240	华业地产			70	房地产业	010－85710732
600241	时代万恒			51	批发业	0411-82357777-699
600242	中昌海运			55	水上运输业	0662-2881777
600243	青海华鼎			34	通用设备制造业	0971-7111668
600246	万通地产			70	房地产业	010-59070788
600247	成城股份			51	批发业	010-63220272
600248	延长化建			48	土木工程建筑业	029-87016796
600249	两面针			26	化学原料和化学制品制造业	0772-2506159
600250	南纺股份			51	批发业	025-83331716
600251	冠农股份			13	农副食品加工业	0996-2113386
600252	中恒集团			27	医药制造业	0774-3939138
600255	鑫科材料			32	有色金属冶炼和压延加工业	0553-5840468
600256	广汇能源			90	综合	0991-2365211
600257	大湖股份			04	渔业	0736-7252796
600258	首旅酒店			72	商务服务业	010-66014466*446
600259	广晟有色			09	有色金属矿采选业	0898-68669470
600260	凯乐科技			29	橡胶和塑料制品业	027-87312527
600261	阳光照明			38	电气机械和器材制造业	0575-2027721
600262	北方股份			35	专用设备制造业	0472-2642210
600265	*ST 景谷			02	林业	0879-5226502
600266	北京城建			70	房地产业	010-82275538
600267	海正药业			27	医药制造业	057185278141\0576888
600268	国电南自			38	电气机械和器材制造业	025-83410173
600269	赣粤高速			54	道路运输业	0791-6539322
600270	外运发展			56	航空运输业	010-80418268
600271	航天信息			39	计算机、通信和其他电子设备制造业	010-88439766
600272	开开实业	900943	开开 B 股	52	零售业	86-21-62712135
600273	华芳纺织			17	纺织业	0512-58438222
600275	武昌鱼			70	房地产业	010-84094197
600276	恒瑞医药			27	医药制造业	0518-85469805
600277	亿利能源			26	化学原料和化学制品制造业	010-56632432
600278	东方创业			51	批发业	021-62785489
600279	重庆港九			55	水上运输业	023-63100993
600280	中央商场			52	零售业	025-66008061
600281	太化股份			25	石油加工、炼焦和核燃料加工业	0351-5638016
600282	南钢股份			31	黑色金属冶炼和压延加工业	025-57072069,025-570
600283	钱江水利			46	水的生产和供应业	0571-87974378
600284	浦东建设			48	土木工程建筑业	021-68765762
600285	羚锐制药			27	医药制造业	0376-2973569
600287	江苏舜天			51	批发业	025-52875624
600288	大恒科技			39	计算机、通信和其他电子设备制造业	010-82827855
600289	亿阳信通			65	软件和信息技术服务业	010-88158699
600290	华仪电气			38	电气机械和器材制造业	0577-62661122
600291	西水股份			30	非金属矿物制品业	0473-4663855
600292	中电远达			44	电力、热力生产和供应业	023-65933055
600293	三峡新材			30	非金属矿物制品业	0717-3280108

上市公司通讯录
Contact Information of Listed Companies

公司全称 Company Name	通讯地址 Address	邮编 Zip
广西桂冠电力股份有限公司	中国广西南宁市民族大道 126 号	530029
安徽铜峰电子股份有限公司	安徽省铜陵市经济技术开发区铜峰工业园	244000
海南椰岛（集团）股份有限公司	海南省海口市龙昆北路 13-1 号	570105
云南城投置业股份有限公司	云南省昆明市民航路 400 号云南城投大厦三楼	650200
北京华业地产股份有限公司	北京市朝阳区东四环中路 39 号华业国际中心 A 座 16 层	100025
辽宁时代万恒股份有限公司	大连市中山区港湾街 7 号时代大厦	116001
中昌海运股份有限公司	广东省阳江市江城区安宁路 A7 号金达商贸大厦 7-8 楼	529500
青海华鼎实业股份有限公司	青海省西宁市七一路 318 号	810000
北京万通地产股份有限公司	北京市朝阳区朝外大街甲 6 号万通中心写字楼 D 座 4 层	100020
吉林成城集团股份有限公司	北京市朝阳区朝阳公园路 19 号佳隆国际大厦 A 座 1204 室	100026
陕西延长石油化建股份有限公司	杨凌农业高新技术产业示范区新桥北路 2 号	712100
柳州两面针股份有限公司	广西柳州市东环路 282 号	545006
南京纺织品进出口股份有限公司	南京市鼓楼区云南北路 77 号	210009
新疆冠农果茸集团股份有限公司	新疆库尔勒市团结南路 48 号小区	841000
广西梧州中恒集团股份有限公司	广西梧州工业园区工业大道 1 号第 1 幢	543000
安徽鑫科新材料股份有限公司	安徽省芜湖市经济技术开发区珠江路 23 号	241009
广汇能源股份有限公司	乌鲁木齐市新华北路 165 号中天广场 27 层	830002
大湖水殖股份有限公司	湖南省常德市洞庭大道西段 388 号	415000
北京首都旅游股份有限公司	北京市西城区复兴门内大街 51 号（民族饭店四层）	100031
广晟有色金属股份有限公司	广州市广州大道北 613 号振兴商业大厦四楼	510501
湖北凯乐科技股份有限公司	湖北省武汉市武昌区武珞路五巷 46 号凯乐花园 7 号楼 1 单元 2004 室	430070
浙江阳光照明电器集团股份有限公司	浙江省上虞市凤山路 485 号阳光大厦	312300
内蒙古北方重型汽车股份有限公司	内蒙古包头稀土高新技术产业开发区北方股份大厦	014030
云南景谷林业股份有限公司	云南省景谷傣族彝族自治县林纸路 201 号	666400
北京城建投资发展股份有限公司	北京市朝阳区北土城西路 11 号城建开发大厦	100029
浙江海正药业股份有限公司	浙江省台州市椒江区外沙路 46 号	318000
国电南京自动化股份有限公司	江苏省南京市浦口高新技术开发区星火路 8 号	210032
江西赣粤高速公路股份有限公司	南昌市西湖区朝阳洲中路 367 号赣粤大厦	330025
中外运空运发展股份有限公司	北京市顺义区北京天竺空港工业区 A 区天柱路 20 号	101312
航天信息股份有限公司	北京市海淀区杏石口路甲 18 号	100195
上海开开实业股份有限公司	上海市静安区新闸路 921 号(国际丽都)二楼	200041
华芳纺织股份有限公司	张家港市城北路 178 号华芳国际大厦 17 层	215600
湖北武昌鱼股份有限公司	北京市东城区东直门南大街 9 号华普花园 D 座 2503	10000
江苏恒瑞医药股份有限公司	江苏连云港经济技术开发区昆仑山路 7 号	222047
内蒙古亿利能源股份有限公司	北京市西城区宣武门西大街甲 129 号金隅大厦 F15A	100031
东方国际创业股份有限公司	上海市娄山关路 85 号 A 座 2003 室	200336
重庆港九股份有限公司	重庆市江北区海尔路 318 号保税港大楼 10 楼	400025
南京中央商场（集团）股份有限公司	江苏省南京市建邺区雨润路 10 号	210041
太原化工股份有限公司	山西省太原市晋源区义井街 20 号主楼五层	030021
南京钢铁股份有限公司	江苏省南京市六合区卸甲甸南钢集团新大楼	210035
钱江水利开发股份有限公司	浙江省杭州市三台山路 3 号	310013
上海浦东路桥建设股份有限公司	上海市浦东新区银城中路 8 号中融碧玉蓝天大厦 14 楼	200122
河南羚锐制药股份有限公司	河南省新县解放路 59 号	465550
江苏舜天股份有限公司	南京市宁南大道 21 号 B 座	210012
大恒新纪元科技股份有限公司	北京市海淀区苏州街 3 号大恒科技大厦十五层	100080
亿阳信通股份有限公司	北京市海淀区杏石口路 99 号 B 座	100093
华仪电气股份有限公司	浙江省乐清市经济开发区（盐盆新区）纬九路华仪工业园	325600
内蒙古西水创业股份有限公司	内蒙古乌海市海南区西卓子山街	016032
中电投远达环保（集团）股份有限公司	重庆市北部新区黄环北路 10 号 1 栋	401122
湖北三峡新型建材股份有限公司	湖北省当阳市经济技术开发区	444105

上市公司通讯录
Contact Information of Listed Companies

A 股代码 A Code	A 股简称 A Name	B 股代码 B Code	B 股简称 B Name	行业分类代码 Industry Code	行业分类名称 Industry Name	电话 Telephone
600295	鄂尔多斯	900936	鄂资 B 股	31	黑色金属冶炼和压延加工业	0477-8543509
600297	美罗药业			52	零售业	0411-84820297
600298	安琪酵母			14	食品制造业	0717-6369865
600299	蓝星新材			26	化学原料和化学制品制造业	010-61958805
600300	维维股份			15	酒、饮料和精制茶制造业	0516-83398030
600301	*ST 南化			26	化学原料和化学制品制造业	0771-4835135
600302	标准股份			35	专用设备制造业	029-88279352
600303	曙光股份			36	汽车制造业	0415-4139071
600305	恒顺醋业			14	食品制造业	0511-85226003
600306	商业城			52	零售业	024-24861933
600307	酒钢宏兴			31	黑色金属冶炼和压延加工业	0937-6715370
600308	华泰股份			22	造纸和纸制品业	0546-7798848
600309	万华化学			26	化学原料和化学制品制造业	0535-3388898
600310	桂东电力			44	电力、热力生产和供应业	0774-5297796
600311	荣华实业			09	有色金属矿采选业	0935-6151222
600312	平高电气			38	电气机械和器材制造业	0375-3804018
600313	中农资源			51	批发业	010-83607416-817
600315	上海家化			26	化学原料和化学制品制造业	65123206
600316	洪都航空			37	铁路、船舶、航空航天和其他运输设备制造业	0791-87668162
600317	营口港			55	水上运输业	0417-6268506
600318	巢东股份			30	非金属矿物制品业	0551-88610368
600319	*ST 亚星			26	化学原料和化学制品制造业	0536-8591007
600320	振华重工	900947	振华 B 股	35	专用设备制造业	58395000
600321	国栋建设			20	木材加工和木、竹、藤、棕、草制品业	028-86119148
600322	天房发展			70	房地产业	022-23314949
600323	瀚蓝环境			46	水的生产和供应业	0757-86282425
600325	华发股份			70	房地产业	0756-8282111
600326	西藏天路			48	土木工程建筑业	0891-6902702
600327	大东方			52	零售业	0510-82702093
600328	兰太实业			26	化学原料和化学制品制造业	0483-8182718
600329	中新药业			27	医药制造业	022-27020892
600330	天通股份			39	计算机、通信和其他电子设备制造业	0573-80701333
600331	宏达股份			32	有色金属冶炼和压延加工业	028-86141081
600332	白云山			27	医药制造业	020-81218084
600333	长春燃气			25	石油加工、炼焦和核燃料加工业	0431-85954615
600335	国机汽车			51	批发业	010-82169006
600336	澳柯玛			38	电气机械和器材制造业	0532-86765168
600337	美克股份			21	家具制造业	0991-3836028
600338	西藏珠峰			32	有色金属冶炼和压延加工业	021-66284960
600339	天利高新			26	化学原料和化学制品制造业	0992-3658662
600340	华夏幸福			70	房地产业	010-56982706
600343	航天动力			35	专用设备制造业	029-81881823
600345	长江通信			39	计算机、通信和其他电子设备制造业	027-67840308
600346	大橡塑			35	专用设备制造业	0411-86641378
600348	阳泉煤业			06	煤炭开采和洗选业	0353-7071015
600350	山东高速			54	道路运输业	0531－89260008
600351	亚宝药业			27	医药制造业	0359-3388078
600352	浙江龙盛			26	化学原料和化学制品制造业	0575-82518561
600353	旭光股份			39	计算机、通信和其他电子设备制造业	028-83967599
600354	敦煌种业			01	农业	0937-2669328

上市公司通讯录
Contact Information of Listed Companies

公司全称 Company Name	通讯地址 Address	邮编 Zip
内蒙古鄂尔多斯资源股份有限公司	内蒙古鄂尔多斯市东胜区达拉特南路 102 号	017000
美罗药业股份有限公司	大连市甘井子区营升路 9 号	116036
安琪酵母股份有限公司	湖北省宜昌市城东大道 168 号	443003
蓝星化工新材料股份有限公司	北京市朝阳区北土城西路 9 号蓝星大厦 6 层	100029
维维食品饮料股份有限公司	江苏省徐州市维维大道 300 号	221111
南宁化工股份有限公司	广西南宁市南建路 26 号	530031
西安标准工业股份有限公司	西安市太白南路 335 号	710068
辽宁曙光汽车集团股份有限公司	丹东市振安区曙光路 50 号	118001
江苏恒顺醋业股份有限公司	镇江市丹徒新城广园路 66 号	212028
沈阳商业城股份有限公司	沈阳市沈河区中街路 212 号	110011
甘肃酒钢集团宏兴钢铁股份有限公司	甘肃省嘉峪关市雄关东路 10 号 诚信广场 5007 房间	735100
山东华泰纸业股份有限公司	山东省东营市广饶县大王镇	257335
万华化学集团股份有限公司	烟台市幸福南路 7 号	264013
广西桂东电力股份有限公司	广西贺州市平安西路 12 号	542899
甘肃荣华实业（集团）股份有限公司	甘肃省武威市东关街荣华路 1 号	733000
河南平高电气股份有限公司	河南省平顶山市南环东路 22 号	467001
中垦农业资源开发股份有限公司	北京市西城区阜外大街甲 28 号京润大厦 12 层（西楼）	100037
上海家化联合股份有限公司	上海市保定路 527 号	200082
江西洪都航空工业股份有限公司	南昌市新溪桥	330024
营口港务股份有限公司	辽宁省营口市鲅鱼圈区营港路一号	115007
安徽巢东水泥股份有限公司	巢湖市长江西路 269 号	238001
潍坊亚星化学股份有限公司	山东省潍坊市奎文区北宫东街 321 号	261031
上海振华重工（集团）股份有限公司	上海市浦东南路 3470 号	200125
四川国栋建设股份有限公司	四川省成都市金盾路 52 号国栋中央商务大厦 28 楼	610041
天津市房地产发展（集团）股份有限公司	天津市和平区常德道 80 号	300050
南海发展股份有限公司	广东省佛山市南海区桂城南海大道建行大厦	528200
珠海华发实业股份有限公司	广东省珠海市昌盛路 155 号	519030
西藏天路股份有限公司	西藏拉萨市夺底路 14 号	850000
无锡商业大厦大东方股份有限公司	江苏省无锡市中山路 343 号(东方广场 8F 董秘办)	214001
内蒙古兰太实业股份有限公司	内蒙古阿拉善经济开发区	750336
天津中新药业集团股份有限公司	天津市南开区白堤路 17 号	300193
天通控股股份有限公司	浙江省海宁经济开发区双联路 129 号	314400
四川宏达股份有限公司	成都市锦里东路 2 号宏达国际广场 28 楼	610041
广州白云山医药集团股份有限公司	中国广东省广州市沙面北街 45 号	510130
长春燃气股份有限公司	长春市朝阳区延安大街 421 号	130021
国机汽车股份有限公司	北京市海淀区中关村南三街 6 号	100190
澳柯玛股份有限公司	青岛市经济技术开发区前湾港路 315 号	266510
美克国际家具股份有限公司	新疆乌鲁木齐市北京南路 506 号美克大厦	830011
西藏珠峰工业股份有限公司	上海市闸北区柳营路 305 号 7 楼	200072
新疆独山子天利高新技术股份有限公司	新疆独山子区大庆东路 2 号	833600
华夏幸福基业股份有限公司	北京市朝阳区东三环北路霞光里 18 号佳程广场 A 座 23 层	100027
陕西航天动力高科技股份有限公司	西安高新区锦业路 78 号	710077
武汉长江通信产业集团股份有限公司	武汉市东湖开发区关东工业园文华路 2 号	430074
大连橡胶塑料机械股份有限公司	辽宁省大连市甘井子区营辉路 18 号	116033
阳泉煤业（集团）股份有限公司	山西省阳泉市北大街 5 号	045000
山东高速公路股份有限公司	济南市文化东路 29 号	250014
亚宝药业集团股份有限公司	山西省风陵渡经济开发区工业大道 1 号	044602
浙江龙盛集团股份有限公司	浙江省上虞市道墟镇龙盛大道 1 号	312368
成都旭光电子股份有限公司	成都市新都区新都镇新工大道 318 号	610500
甘肃省敦煌种业股份有限公司	甘肃省酒泉市肃州区肃州路 28 号	735000

上市公司通讯录
Contact Information of Listed Companies

A股代码 A Code	A股简称 A Name	B股代码 B Code	B股简称 B Name	行业分类代码 Industry Code	行业分类名称 Industry Name	电话 Telephone
600355	精伦电子			39	计算机、通信和其他电子设备制造业	027-87921111-3231
600356	恒丰纸业			22	造纸和纸制品业	0453-6886668
600358	*ST 联合			72	商务服务业	010-64336289
600359	新农开发			01	农业	0997-2134018
600360	华微电子			39	计算机、通信和其他电子设备制造业	0432-64678411
600361	华联综超			52	零售业	010-57391823
600362	江西铜业			32	有色金属冶炼和压延加工业	0701-3777002
600363	联创光电			39	计算机、通信和其他电子设备制造业	0791-88169279
600365	通葡股份			15	酒、饮料和精制茶制造业	0435-3530506
600366	宁波韵升			39	计算机、通信和其他电子设备制造业	0574-87776804
600367	红星发展			26	化学原料和化学制品制造业	0853-6780388
600368	五洲交通			54	道路运输业	0771-5568918
600369	西南证券			67	资本市场服务	010-88091989
600370	三房巷			17	纺织业	0510-86229867
600371	万向德农			01	农业	0451-82368408 转 8807
600372	中航电子			37	铁路、船舶、航空航天和其他运输设备制造业	010-84409808
600373	中文传媒			85	新闻和出版业	13803511216
600375	华菱星马			36	汽车制造业	0555-8323012
600376	首开股份			70	房地产业	010-66428156
600377	宁沪高速			54	道路运输业	8625-84469332
600378	天科股份			26	化学原料和化学制品制造业	028-85963417
600379	宝光股份			38	电气机械和器材制造业	0917-3561879
600380	健康元			27	医药制造业	0755-86252388
600381	*ST 贤成			30	非金属矿物制品业	0971-6363155
600382	广东明珠			51	批发业	0753-3337228
600383	金地集团			70	房地产业	0755-82039866
600385	*ST 金泰			27	医药制造业	0531-88902341
600386	北巴传媒			52	零售业	010-68477383
600387	海越股份			51	批发业	057587016161
600388	龙净环保			35	专用设备制造业	0597-2210288
600389	江山股份			26	化学原料和化学制品制造业	0513-83558270
600390	金瑞科技			31	黑色金属冶炼和压延加工业	0731-88657400
600391	成发科技			37	铁路、船舶、航空航天和其他运输设备制造业	028-89358616
600392	盛和资源			32	有色金属冶炼和压延加工业	028-85425108
600393	东华实业			70	房地产业	020-87397172
600395	盘江股份			06	煤炭开采和洗选业	0858-3703046;0858-37
600396	金山股份			44	电力、热力生产和供应业	024-83996005
600397	安源煤业			06	煤炭开采和洗选业	0791-87151832
600398	凯诺科技			18	纺织服装、服饰业	0510-86121071
600399	抚顺特钢			31	黑色金属冶炼和压延加工业	024-56676495
600400	红豆股份			18	纺织服装、服饰业	0510-66868422
600401	海润光伏			39	计算机、通信和其他电子设备制造业	0510-86530938
600403	大有能源			06	煤炭开采和洗选业	0398-5886075
600405	动力源			39	计算机、通信和其他电子设备制造业	010-83681321
600406	国电南瑞			65	软件和信息技术服务业	025-81087495
600408	安泰集团			31	黑色金属冶炼和压延加工业	0354-7531070,7531034
600409	三友化工			26	化学原料和化学制品制造业	0315-8517527
600410	华胜天成			65	软件和信息技术服务业	010-82733135
600415	小商品城			72	商务服务业	0579－85182700
600416	湘电股份			34	通用设备制造业	0731-58596818

上市公司通讯录
Contact Information of Listed Companies

公司全称 Company Name	通讯地址 Address	邮编 Zip
精伦电子股份有限公司	湖北省武汉市东湖开发区光谷大道 70 号	430223
牡丹江恒丰纸业股份有限公司	黑龙江省牡丹江市阳明区恒丰路 11 号	157013
国旅联合股份有限公司	南京汉中路８９号金鹰国际商城１８层Ａ座	210029
新疆塔里木农业综合开发股份有限公司	新疆阿克苏市南大街 2 号新农大厦 19 楼	843000
吉林华微电子股份有限公司	吉林省吉林市高新区深圳街 99 号	132013
北京华联综合超市股份有限公司	北京市大兴区青云店镇祥云路北四条 208 号	102605
江西铜业股份有限公司	江西省贵溪市冶金大道 15 号	335424
江西联创光电科技股份有限公司	南昌国家高新产业开发区京东大道 168 号科技大楼 9 楼	330096
通化葡萄酒股份有限公司	通化市前兴路 28 号	134002
宁波韵升股份有限公司	浙江省宁波国家高新区扬帆路 1 号	315040
贵州红星发展股份有限公司	贵州省安顺市镇宁县丁旗镇	561206
广西五洲交通股份有限公司	广西南宁市民族大道 115-1 号现代国际大厦 27 楼	530028
西南证券股份有限公司	重庆市江北区桥北苑 8 号西南证券大厦	400023
江苏三房巷实业股份有限公司	江苏江阴周庄镇三房巷	214423
万向德农股份有限公司	黑龙江省哈尔滨市南岗区玉山路 18 号	150090
中航机载电子股份有限公司	北京市朝阳区曙光西里甲 5 号院凤凰置地广场 F 座第九层 901 单元	100028
中文天地出版传媒股份有限公司	中文传媒大厦(江西省南昌市红谷滩新区学府大道 299 号)	330038
华菱星马汽车（集团）股份有限公司	安徽省马鞍山市经济技术开发区	243061
北京首都开发股份有限公司	北京市西城区复兴门内大街 156 号 D 座	100031
江苏宁沪高速公路股份有限公司	中华人民共和国江苏省南京市仙林大道 6 号	210049
四川天一科技股份有限公司	四川省成都市外南机场路常乐 2 段 12 号	610225
陕西宝光真空电器股份有限公司	陕西省宝鸡市宝光路 53 号	721006
健康元药业集团股份有限公司	深圳市南山区科技园北区朗山路 17 号健康元药业集团股份有限公司大厦	518057
青海贤成矿业股份有限公司	青海省西宁市城西区冷湖路 27 号宁景苑商务中心 16 楼	510623
广东明珠集团股份有限公司	广东省兴宁市官汕路 99 号	514500
金地（集团）股份有限公司	深圳市福田区福强路金地商业大楼 5-6 楼	518048
山东金泰集团股份有限公司	山东省济南市洪楼西路 29 号	250100
北京巴士传媒股份有限公司	北京市海淀区紫竹院路 32 号	100048
浙江海越股份有限公司	浙江省诸暨市西施大街 59 号	311800
福建龙净环保股份有限公司	福建省龙岩市新罗区陵园路 81 号	364000
南通江山农药化工股份有限公司	江苏省南通市经济技术开发区江山路 998 号	226006
金瑞新材料科技股份有限公司	湖南省长沙市岳麓区麓山南路 966 号	410012
四川成发航空科技股份有限公司	成都市新都区三河场蜀龙大道成发工业园	610503
盛和资源控股股份有限公司	成都市高新区锦城大道 539 号盈创动力大厦 B1 座 16 楼	610041
广州东华实业股份有限公司	广州市越秀区寺右新马路 170 号第四层	510600
贵州盘江精煤股份有限公司	贵州省六盘水市盘县红果经济开发区干沟桥	553536
沈阳金山能源股份有限公司	沈阳市和平区南五马路 183 号泰宸商务大厦 B 座 2207	110006
安源煤业集团股份有限公司	南昌市西湖区丁公路 117 号	330002
凯诺科技股份有限公司	江苏省江阴市新桥镇	214426
抚顺特殊钢股份有限公司	辽宁省抚顺市望花区鞍山路东段 8 号	113001
江苏红豆实业股份有限公司	江苏省无锡市锡山区港下镇	214199
海润光伏科技股份有限公司	江苏省江阴市徐霞客镇璜塘工业园区	214407
河南大有能源股份有限公司	河南省义马市千秋路 6 号	472300
北京动力源科技股份有限公司	北京丰台区科技园区星火路 8 号	100070
国电南瑞科技股份有限公司	南京市江宁区诚信大道 19 号	211106
山西安泰集团股份有限公司	山西省介休市安泰工业区安泰集团	032002
唐山三友化工股份有限公司	河北省唐山市南堡开发区三友化工办公大楼七层证券部	063305
北京华胜天成科技股份有限公司	北京市海淀区学清路 8 号科技财富中心 A 座 10-11 层	100192
浙江中国小商品城集团股份有限公司	浙江省义乌市福田路 105 号海洋商务写字楼	322000
湘潭电机股份有限公司	湖南省湘潭市下摄司街 302 号	411101

上市公司通讯录
Contact Information of Listed Companies

A 股代码 A Code	A 股简称 A Name	B 股代码 B Code	B 股简称 B Name	行业分类代码 Industry Code	行业分类名称 Industry Name	电话 Telephone
600418	江淮汽车			36	汽车制造业	0551-62296837
600419	新疆天宏			22	造纸和纸制品业	0993-7526008
600420	现代制药			27	医药制造业	62510786
600421	*ST 国药			27	医药制造业	027-87654767
600422	昆明制药			27	医药制造业	0871-68324311
600423	柳化股份			26	化学原料和化学制品制造业	0772-2516580
600425	青松建化			30	非金属矿物制品业	0997-2811282
600426	华鲁恒升			26	化学原料和化学制品制造业	0534-2465426
600428	中远航运			55	水上运输业	020-38161816
600429	三元股份			14	食品制造业	56306009
600432	吉恩镍业			32	有色金属冶炼和压延加工业	0432-65610887
600433	冠豪高新			22	造纸和纸制品业	0759-2820985
600435	北方导航			39	计算机、通信和其他电子设备制造业	010-58089788
600436	片仔癀			27	医药制造业	0596-2302666
600438	通威股份			13	农副食品加工业	028-86168571
600439	瑞贝卡			19	皮革、毛皮、羽毛及其制品和制鞋业	0374-5136699
600444	*ST 国通			29	橡胶和塑料制品业	0551-63817860
600446	金证股份			65	软件和信息技术服务业	0755-86393989
600448	华纺股份			17	纺织业	0543-3288507
600449	宁夏建材			30	非金属矿物制品业	0951-2085256
600452	涪陵电力			44	电力、热力生产和供应业	023-72286777
600455	博通股份			90	综合	029-82693206
600456	宝钛股份			32	有色金属冶炼和压延加工业	0917-3382636
600458	时代新材			29	橡胶和塑料制品业	0731-22837718
600459	贵研铂业			32	有色金属冶炼和压延加工业	0871-68329909
600460	士兰微			39	计算机、通信和其他电子设备制造业	0571-88210155
600461	洪城水业			46	水的生产和供应业	0791-85210336
600462	石岘纸业			22	造纸和纸制品业	04333810015
600463	空港股份			48	土木工程建筑业	010-80489306
600466	迪康药业			27	医药制造业	028-87838282
600467	好当家			04	渔业	0631-7438073
600468	百利电气			38	电气机械和器材制造业	022-23979181
600469	风神股份			29	橡胶和塑料制品业	0391-3999006
600470	六国化工			26	化学原料和化学制品制造业	0562-3801675
600475	华光股份			34	通用设备制造业	0510-85225852
600476	湘邮科技			65	软件和信息技术服务业	0731-8899 8688
600477	杭萧钢构			50	建筑装饰和其他建筑业	0571-87246788-8216
600478	科力远			38	电气机械和器材制造业	0731-88980623
600479	千金药业			27	医药制造业	0731-22492987
600480	凌云股份			36	汽车制造业	0312-3951002
600481	双良节能			26	化学原料和化学制品制造业	0510-86632358
600482	风帆股份			38	电气机械和器材制造业	0312-3208588
600483	福建南纺			17	纺织业	0599-8813009
600485	中创信测			39	计算机、通信和其他电子设备制造业	010-62100109
600486	扬农化工			26	化学原料和化学制品制造业	0514-85888888-7486
600487	亨通光电			38	电气机械和器材制造业	0512-63196773
600488	天药股份			27	医药制造业	022-24160910
600489	中金黄金			09	有色金属矿采选业	010-56353902
600490	鹏欣资源			26	化学原料和化学制品制造业	021-61677397
600491	龙元建设			48	土木工程建筑业	021-65615689

上市公司通讯录
Contact Information of Listed Companies

公司全称 Company Name	通讯地址 Address	邮编 Zip
安徽江淮汽车股份有限公司	安徽合肥市东流路 176 号	230022
新疆天宏纸业股份有限公司	新疆石河子市西三路 17 号	832009
上海现代制药股份有限公司	上海市静安区北京西路 1320 号	200040
武汉国药科技股份有限公司	武汉市武昌武珞路６２８号亚洲贸易广场Ｂ座	430070
昆明制药集团股份有限公司	云南省昆明市国家高新技术开发区科医路 166 号	650106
柳州化工股份有限公司	广西壮族自治区柳州市北雀路 67 号	545002
新疆青松建材化工（集团）股份有限公司	新疆维吾尔自治区阿克苏市林园	843005
山东华鲁恒升化工股份有限公司	山东德州市德城区天衢西路 24 号	253024
中远航运股份有限公司	广东省广州市天河区珠江新城花城大道 20 号广州远洋大厦 15-26 楼	510623
北京三元食品股份有限公司	北京市大兴区瀛海瀛昌街 8 号	100076
吉林吉恩镍业股份有限公司	吉林省磐石市红旗岭镇红旗大街 54 号	132311
广东冠豪高新技术股份有限公司	广东省湛江经济技术开发区乐怡路 6 号	524022
北方导航控制技术股份有限公司	北京亦庄经济技术开发区科创十五街 2 号	100176
漳州片仔癀药业股份有限公司	福建省漳州市芗城区上街 1 号	363000
通威股份有限公司	四川省成都市高新区二环路南四段 11 号	610041
河南瑞贝卡发制品股份有限公司	河南省许昌市瑞贝卡大道 666 号	461100
安徽国通高新管业股份有限公司	安徽省合肥市经济技术开发区繁华大道国通工业园	230601
深圳市金证科技股份有限公司	深圳市南山区高新南五道金证科技大楼（8—9 层）	518057
华纺股份有限公司	山东省滨州市黄河二路 819 号	256617
宁夏建材集团股份有限公司	宁夏银川市西夏区新小线二公里处	750021
重庆涪陵电力实业股份有限公司	重庆市涪陵区望州路 20 号	408000
西安交大博通资讯股份有限公司	西安市高新技术开发区东区火炬路 3 号楼 10 层 C 座	710043
宝鸡钛业股份有限公司	陕西省宝鸡市钛城路 1 号宝钛股份董事办	721000
株洲时代新材料科技股份有限公司	株洲市天元区海天路 18 号	412007
贵研铂业股份有限公司	云南省昆明市高新技术开发区科技路 988 号	650106
杭州士兰微电子股份有限公司	浙江省杭州市黄姑山路 4 号	310012
江西洪城水业股份有限公司	江西省南昌市灌婴路 99 号	330025
延边石岘白麓纸业股份有限公司	吉林省图们市石岘镇	133101
北京空港科技园区股份有限公司	北京天竺空港工业区 B 区裕民大街甲 6 号 4 层 405	101318
四川迪康科技药业股份有限公司	成都市高新区西部园区迪康大道 1 号	611731
山东好当家海洋发展股份有限公司	荣成市虎山镇沙咀子	264305
天津百利特精电气股份有限公司	天津市西青经济开发区民和道 12 号	300385
风神轮胎股份有限公司	河南省焦作市焦东南路 48 号	454003
安徽六国化工股份有限公司	安徽省铜陵市铜港路	244023
无锡华光锅炉股份有限公司	无锡市城南路 3 号	214028
湖南湘邮科技股份有限公司	长沙市高新技术产业开发区麓谷基地玉兰路 2 号	410205
浙江杭萧钢构股份有限公司	杭州市中河中路 258 号瑞丰国际商务大厦五楼董事会办公室	310003
湖南科力远新能源股份有限公司	长沙市岳麓区长沙国家高新技术产业开发区桐梓坡西路 348 号	410205
株洲千金药业股份有限公司	株洲市天元区株洲大道 801 号	412007
凌云工业股份有限公司	河北省涿州市松林店镇	072761
双良节能系统股份有限公司	江苏江阴利港西利路 88 号	214444
风帆股份有限公司	河北省保定市富昌路 8 号	071057
福建南纺股份有限公司	福建省南平市安丰路 63 号	353000
北京中创信测科技股份有限公司	北京市海淀区中关村南大街甲 18 号北京国际 C 座 12-14 层	100081
江苏扬农化工股份有限公司	江苏省扬州市文峰路 39 号	225009
江苏亨通光电股份有限公司	江苏省吴江市经济开发区亨通路 100 号	215200
天津天药药业股份有限公司	天津市河东区八纬路 109 号金耀大厦 1001 室	300171
中金黄金股份有限公司	北京市东城区安定门外大街 9 号 中国黄金集团	100010
上海中科合臣股份有限公司	上海市虹桥路 2188 弄 41、47 号楼	200336
龙元建设集团股份有限公司	上海市逸仙路 768 号	200434

上市公司通讯录
Contact Information of Listed Companies

A 股代码 A Code	A 股简称 A Name	B 股代码 B Code	B 股简称 B Name	行业分类代码 Industry Code	行业分类名称 Industry Name	电话 Telephone
600493	凤竹纺织			17	纺织业	0595-85656506
600495	晋西车轴			37	铁路、船舶、航空航天和其他运输设备制造业	0351-6629027
600496	精工钢构			50	建筑装饰和其他建筑业	021-54453188
600497	驰宏锌锗			09	有色金属矿采选业	0874-8966816
600498	烽火通信			39	计算机、通信和其他电子设备制造业	027-87694185
600499	科达机电			35	专用设备制造业	0757-23833869
600500	中化国际			26	化学原料和化学制品制造业	021-50475048
600501	航天晨光			36	汽车制造业	025-52826007
600502	安徽水利			48	土木工程建筑业	0552-3950506
600503	华丽家族			70	房地产业	021-62376199
600505	西昌电力			44	电力、热力生产和供应业	0834-3830006
600506	香梨股份			01	农业	0996-2115936
600507	方大特钢			31	黑色金属冶炼和压延加工业	0791-88394025
600508	上海能源			06	煤炭开采和洗选业	021-68865597
600509	天富热电			44	电力、热力生产和供应业	0993-2902860
600510	黑牡丹			70	房地产业	0519-68866958
600511	国药股份			51	批发业	010-67262920
600512	腾达建设			48	土木工程建筑业	021-68406906
600513	联环药业			27	医药制造业	0514-87813082
600515	海岛建设			52	零售业	0898—68876405
600516	方大炭素			30	非金属矿物制品业	0931-6239320
600517	置信电气			38	电气机械和器材制造业	021-62386082
600518	康美药业			27	医药制造业	0755-33187777-8009
600519	贵州茅台			15	酒、饮料和精制茶制造业	0852-2386002
600520	中发科技			38	电气机械和器材制造业	0562-2627503
600521	华海药业			27	医药制造业	0576-85016009
600522	中天科技			38	电气机械和器材制造业	0513-83599505
600523	贵航股份			36	汽车制造业	0851-3802670
600525	长园集团			39	计算机、通信和其他电子设备制造业	0755-26739872
600526	菲达环保			35	专用设备制造业	0575-7385602
600527	江南高纤			28	化学纤维制造业	0512-65481181
600528	中铁二局			48	土木工程建筑业	028-66752811
600529	山东药玻			30	非金属矿物制品业	0533-3259028
600530	交大昂立			27	医药制造业	54271688－108
600531	豫光金铅			32	有色金属冶炼和压延加工业	0391-6665835
600532	宏达矿业			08	黑色金属矿采选业	0533-7608266
600533	栖霞建设			70	房地产业	025-85633668-2120
600535	天士力			27	医药制造业	022-26736699
600536	中国软件			65	软件和信息技术服务业	010-51508699
600537	亿晶光电			38	电气机械和器材制造业	0519-82588818
600538	*ST 国发			26	化学原料和化学制品制造业	0779-3200619
600539	ST 狮头			30	非金属矿物制品业	0351-2857002
600540	新赛股份			01	农业	0909-2268166
600543	莫高股份			15	酒、饮料和精制茶制造业	（0931）8776219
600545	新疆城建			48	土木工程建筑业	0991-4889803
600546	山煤国际			51	批发业	0351-4645788
600547	山东黄金			09	有色金属矿采选业	0531-67710379
600548	深高速			54	道路运输业	0755-82853319
600549	厦门钨业			32	有色金属冶炼和压延加工业	0592-5363891
600550	天威保变			38	电气机械和器材制造业	0312-3308501

上市公司通讯录
Contact Information of Listed Companies

公司全称 Company Name	通讯地址 Address	邮编 Zip
福建凤竹纺织科技股份有限公司	福建省晋江市青阳凤竹工业区	362200
晋西车轴股份有限公司	山西省太原市和平北路北巷 5 号	030027
长江精工钢结构（集团）股份有限公司	安徽省六安市经济技术开发区长江精工工业园	237161
云南驰宏锌锗股份有限公司	云南省曲靖市经济技术开发区翠峰路延长线	655000
烽火通信科技股份有限公司	武汉市洪山区光谷创业街 42 号烽火通信董事会秘书处	430074
广东科达机电股份有限公司	广东省佛山市顺德区陈村镇广隆工业园环镇西路 1 号	528313
中化国际（控股）股份有限公司	上海市浦东新区世纪大道 88 号金茂大厦三区 18 层	200121
航天晨光股份有限公司	南京市江宁经济技术开发区天元中路 188 号	211100
安徽水利开发股份有限公司	安徽省蚌埠市东海大道张公山南侧	233010
华丽家族股份有限公司	上海市虹桥路 2272 号虹桥商务中心 3 楼 L 座	200336
四川西昌电力股份有限公司	四川省西昌市胜利路 66 号	615000
新疆库尔勒香梨股份有限公司	新疆库尔勒市圣果路圣果名苑	841000
方大特钢科技股份有限公司	南昌市青山湖区冶金大道 475 号	330012
上海大屯能源股份有限公司	上海市浦东新区浦东南路 256 华夏银行大厦 12 层	200120
新疆天富热电股份有限公司	新疆石河子市红星路 54 号	83200
黑牡丹（集团）股份有限公司	江苏省常州市青洋北路 47 号	213017
国药集团药业股份有限公司	北京市东城区永外三元西巷甲 12 号	100077
腾达建设集团股份有限公司	上海市浦东新区向城路 58 号 11 楼东方国际科技大厦	200122
江苏联环药业股份有限公司	江苏省扬州市文峰路 21 号	225009
海南海岛建设股份有限公司	海南省海口市国兴大道 7 号海航大厦 4 层	570203
方大炭素新材料科技股份有限公司	甘肃省兰州市红古区海石湾镇 2 号街坊 354 号	730084
上海置信电气股份有限公司	上海市天山西路 1028 号	200335
康美药业股份有限公司	深圳市福田区下梅林泰科路 3 号	518000
贵州茅台酒股份有限公司	贵州省仁怀市茅台镇 （邮件收件人：陈艳红）	564501
铜陵中发三佳科技股份有限公司	安徽省铜陵市石城路电子工业园	244000
浙江华海药业股份有限公司	浙江省临海市汛桥镇利庄浙江华海药业股份有限公司证券办	317024
江苏中天科技股份有限公司	江苏省南通经济技术开发区中天 6 号	226009
贵州贵航汽车零部件股份有限公司	贵州省贵阳市小河区珠江路 166 号	550009
长园集团股份有限公司	深圳市南山区高新区科苑中路长园新材料港 F 栋 5 楼	518057
浙江菲达环保科技股份有限公司	浙江诸暨市	311800
江苏江南高纤股份有限公司	江苏省苏州市相城区黄埭镇	21514
中铁二局股份有限公司	成都市马家花园 10 号中铁二局大厦	610031
山东省药用玻璃股份有限公司	山东省淄博市沂源县城药玻路	256100
上海交大昂立股份有限公司	上海市宜山路 700 号	200233
河南豫光金铅股份有限公司	河南省济源市荆梁南街 1 号	454650
山东宏达矿业股份有限公司	山东省淄博市临淄区凤凰镇南金村宏达矿业办公楼	255419
南京栖霞建设股份有限公司	南京市龙蟠路 9 号兴隆大厦	210037
天士力制药集团股份有限公司	天津市北辰科技园区天士力现代中药城	300402
中国软件与技术服务股份有限公司	北京市昌平区昌盛路 18 号	102200
亿晶光电科技股份有限公司	江苏省金坛市金武路 18 号	213213
北海国发海洋生物产业股份有限公司	广西壮族自治区北海市北京路西侧 9 号	536000
太原狮头水泥股份有限公司	山西省太原市万柏林区开城街一号	030056
新疆赛里木现代农业股份有限公司	新疆博乐市红星路 158 号	833400
甘肃莫高实业发展股份有限公司	甘肃省兰州市城关区东岗西路 638 号兰州财富中心 23 层	730000
新疆城建(集团)股份有限公司	新疆维吾尔自治区乌鲁木齐市南湖路 133 号号城建大厦	830063
山煤国际能源集团股份有限公司	山西省太原市长风街 115 号世纪广场 B 座	030006
山东黄金矿业股份有限公司	济南市舜华路 2000 号舜泰广场 3 号楼	250100
深圳高速公路股份有限公司	深圳市福田区益田路江苏大厦裙楼 2-4 层	518026
厦门钨业股份有限公司	厦门市湖滨南路 619 号 16 层	361004
保定天威保变电气股份有限公司	河北省保定市天威西路 2222 号	071056

上市公司通讯录
Contact Information of Listed Companies

A 股代码 A Code	A 股简称 A Name	B 股代码 B Code	B 股简称 B Name	行业分类代码 Industry Code	行业分类名称 Industry Name	电话 Telephone
600551	时代出版			85	新闻和出版业	0551-63533027
600552	方兴科技			30	非金属矿物制品业	0552-4077780
600555	*ST 九龙	900955	*ST 九龙 B	70	房地产业	010-60195377
600556	*ST 北生			27	医药制造业	0779-2228937
600557	康缘药业			27	医药制造业	0518-85521993
600558	大西洋			33	金属制品业	0813-5103847
600559	老白干酒			15	酒、饮料和精制茶制造业	0318-2122755
600560	金自天正			35	专用设备制造业	010-56982602
600561	江西长运			54	道路运输业	0791-88283072
600562	国睿科技			39	计算机、通信和其他电子设备制造业	025-57889698
600563	法拉电子			39	计算机、通信和其他电子设备制造业	0592-6208590
600565	迪马股份			70	房地产业	023-89021877,8902187
600566	洪城股份			34	通用设备制造业	0716-8221198
600567	山鹰纸业			22	造纸和纸制品业	0555-2826275
600568	中珠控股			27	医药制造业	0756-8131018
600569	安阳钢铁			31	黑色金属冶炼和压延加工业	0372-3120175
600570	恒生电子			65	软件和信息技术服务业	0571-28829702
600571	信雅达			65	软件和信息技术服务业	0571-56686627
600572	康恩贝			27	医药制造业	0571-87774711
600573	惠泉啤酒			15	酒、饮料和精制茶制造业	0595-87371186
600575	芜湖港			55	水上运输业	0553-5840528
600576	万好万家			51	批发业	0571-85866518
600577	精达股份			38	电气机械和器材制造业	0562-2809086
600578	京能电力			44	电力、热力生产和供应业	010-65666995
600579	*ST 黄海			29	橡胶和塑料制品业	0532－68016139
600580	卧龙电气			38	电气机械和器材制造业	0575-82176628
600581	八一钢铁			31	黑色金属冶炼和压延加工业	0991-3890166
600582	天地科技			35	专用设备制造业	010-84262803
600583	海油工程			07	石油和天然气开采业	022-59898035
600584	长电科技			39	计算机、通信和其他电子设备制造业	0510-86851811
600585	海螺水泥			30	非金属矿物制品业	0553-8398927
600586	金晶科技			30	非金属矿物制品业	0533－3586666
600587	新华医疗			35	专用设备制造业	0533-3587766
600588	用友软件			65	软件和信息技术服务业	010-62436838
600589	广东榕泰			26	化学原料和化学制品制造业	0663-8675710
600590	泰豪科技			38	电气机械和器材制造业	0791-88102171
600592	龙溪股份			34	通用设备制造业	0596-2072155
600593	大连圣亚			78	公共设施管理业	0411-84581771
600594	益佰制药			27	医药制造业	0851-4705177
600595	中孚实业			32	有色金属冶炼和压延加工业	0371-64569088
600596	新安股份			26	化学原料和化学制品制造业	0571-64715693
600597	光明乳业			14	食品制造业	64658100
600598	北大荒			01	农业	0451-55196916
600599	熊猫烟花			26	化学原料和化学制品制造业	0731-83620963
600600	青岛啤酒			15	酒、饮料和精制茶制造业	0532-85713831
600601	方正科技			39	计算机、通信和其他电子设备制造业	021-58407668*650
600602	仪电电子	900901	仪电 B 股	39	计算机、通信和其他电子设备制造业	021-34695878
600603	*ST 兴业			90	综合	0592-2033603
600604	市北高新	900902	市北 B 股	70	房地产业	021-66528130
600605	汇通能源			51	批发业	62560000-108,6215335

上市公司通讯录
Contact Information of Listed Companies

公司全称 Company Name	通讯地址 Address	邮编 Zip
时代出版传媒股份有限公司	安徽省合肥市蜀山区圣泉路 1118 号 时代出版传媒股份有限公司	230071
安徽方兴科技股份有限公司	安徽省蚌埠市涂山路 767 号	233054
上海九龙山旅游股份有限公司	上海市浦东新区世纪大道 1500 号东方大厦 4 楼	200122
广西北生药业股份有限公司	广西北海市北海大道西 16 号海富大厦 17 层 D 座	536000
江苏康缘药业股份有限公司	连云港经济技术开发区江宁工业城	222047
四川大西洋焊接材料股份有限公司	四川省自贡市大安区马冲口街 2 号	643010
河北衡水老白干酒业股份有限公司	河北省衡水市人民东路 809 号衡水老白干酒董秘办	053000
北京金自天正智能控制股份有限公司	北京市丰台区科学城富丰路 6 号	100070
江西长运股份有限公司	江西省南昌市八一大道 199 号	330003
国睿科技股份有限公司	江苏省南京市江宁开发区将军大道 39 号	211106
厦门法拉电子股份有限公司	福建省厦门市新园路 99 号	361022
重庆市迪马实业股份有限公司	重庆市南岸区南城大道 199 号正联大厦 21 楼	400060
湖北洪城通用机械股份有限公司	湖北省荆州市红门路 3 号	434000
安徽山鹰纸业股份有限公司	安徽省马鞍山市勤俭路 3 号	243021
中珠控股股份有限公司	湖北省潜江市章华南路特 1 号	433133
安阳钢铁股份有限公司	河南省安阳市殷都区梅元庄	455004
恒生电子股份有限公司	杭州市滨江区江南大道 3588 号恒生大厦	310053
信雅达系统工程股份有限公司	杭州市滨江区江南大道 3888 号	310053
浙江康恩贝制药股份有限公司	浙江省杭州市高新技术开发区滨江科技经济园滨康路 568 号	310052
福建省燕京惠泉啤酒股份有限公司	福建省惠安县城北工业区	362100
芜湖港储运股份有限公司	安徽省芜湖市长江中路港一路 16 号	241006
浙江万好万家实业股份有限公司	浙江省杭州市密渡桥路 1 号白马大厦 12 楼	310005
铜陵精达特种电磁线股份有限公司	安徽铜陵经济技术开发区	244000
北京京能电力股份有限公司	北京市朝阳区永安东里 16 号 CBD 国际大厦 A 区 22 层	100022
青岛黄海橡胶股份有限公司	山东省青岛市沧安路 1 号	266041
卧龙电气集团股份有限公司	浙江上虞人民西路 1801 号	312300
新疆八一钢铁股份有限公司	新疆乌鲁木齐市头屯河区新钢路	830022
天地科技股份有限公司	北京朝阳区和平里青年沟东路 5 号天地大厦 6 层	100013
海洋石油工程股份有限公司	天津港保税区海滨十五路 199 号	300461
江苏长电科技股份有限公司	江苏省江阴市滨江中路 275 号	214431
安徽海螺水泥股份有限公司	安徽省芜湖市九华南路 1011 号海螺国际会议中心	241070
山东金晶科技股份有限公司	淄博市高新技术开发区宝石镇王庄	255086
山东新华医疗股份有限公司	山东省淄博高新技术产业开发区新华医疗科技园	255086
用友软件股份有限公司	北京市海淀区北清路 68 号	100094
广东榕泰实业股份有限公司	广东省揭阳市榕城区新兴东二路 1 号	522000
泰豪科技股份有限公司	江西省南昌高新开发区泰豪大厦 B 座 5 楼	330096
福建龙溪轴承（集团）股份有限公司	福建省漳州市延安北路	363000
大连圣亚旅游控股股份有限公司	大连市沙河区中山路 608—6-8 号	116023
贵州益佰制药股份有限公司	贵州省贵阳市白云大道 220-1 号	550008
河南中孚实业股份有限公司	河南省巩义市新华路 31 号	451200
浙江新安化工集团股份有限公司	浙江省建德市新安江镇新安东路 555 号	311600
光明乳业股份有限公司	上海市吴中路 578 号	201103
黑龙江北大荒农业股份有限公司	黑龙江省哈尔滨市南岗区汉水路 263 号	150090
熊猫烟花集团股份有限公司	湖南省浏阳市浏阳大道 271 号	410300
青岛啤酒股份有限公司	青岛市香港中路五四广场青啤大厦	266071
方正科技集团股份有限公司	上海市浦东南路 360 号新上海国际大厦 36 楼	200120
上海仪电电子股份有限公司	上海市田林路 168 号 4-5 楼	200233
厦门大洲兴业能源控股股份有限公司	厦门市思明区鹭江道 2 号厦门第一广场 1701 室	361001
上海市北高新股份有限公司	上海市江场三路 262 号 1 楼	200436
上海汇通能源股份有限公司	上海南京西路 1576 号 4 楼	200040

上市公司通讯录
Contact Information of Listed Companies

A股代码 A Code	A股简称 A Name	B股代码 B Code	B股简称 B Name	行业分类代码 Industry Code	行业分类名称 Industry Name	电话 Telephone
600606	金丰投资			70	房地产业	021-20771258
600608	上海科技			31	黑色金属冶炼和压延加工业	021-62319566
600609	金杯汽车			36	汽车制造业	024-24815610
600610	S中纺机	900906	中纺B股	35	专用设备制造业	021-65701961
600611	大众交通	900903	大众B股	54	道路运输业	021-64285708
600612	老凤祥	900905	老凤祥B	41	其他制造业	54480605
600613	神奇制药	900904	神奇B股	27	医药制造业	021-53750009
600614	鼎立股份	900907	鼎立B股	27	医药制造业	021-35071889*698
600615	丰华股份			70	房地产业	50903399
600616	金枫酒业			15	酒、饮料和精制茶制造业	58352625
600617	*ST联华	900913	*ST联华B	90	综合	021-61639718
600618	氯碱化工	900908	氯碱B股	26	化学原料和化学制品制造业	021-64340601
600619	海立股份	900910	海立B股	34	通用设备制造业	021－50326956
600620	天宸股份			90	综合	62788696
600621	华鑫股份			70	房地产业	021-63610217
600622	嘉宝集团			70	房地产业	021-59529711
600623	双钱股份	900909	双钱B股	29	橡胶和塑料制品业	021-63390372
600624	复旦复华			90	综合	021-63872288
600626	申达股份			51	批发业	021-62310242
600628	新世界			52	零售业	021-63587734
600629	棱光实业			38	电气机械和器材制造业	6219283
600630	龙头股份			17	纺织业	021-34061116
600633	浙报传媒			85	新闻和出版业	0571-85310949
600634	ST澄海			51	批发业	021-55137796
600635	大众公用			45	燃气生产和供应业	64280683
600636	三爱富			26	化学原料和化学制品制造业	643474638
600637	百视通			63	电信、广播电视和卫星传输服务	021-33396736
600638	新黄浦			70	房地产业	53086681
600639	浦东金桥	900911	金桥B股	70	房地产业	021-50307702
600640	号百控股			72	商务服务业	62762171
600641	万业企业			70	房地产业	50366699总机转
600642	申能股份			45	燃气生产和供应业	021-33570870
600643	爱建股份			69	其他金融业	021-64396600
600644	乐山电力			44	电力、热力生产和供应业	0833-2408836
600645	中源协和			73	研究和试验发展	022-23318350转8007
600647	同达创业			70	房地产业	021-68871928;6163880
600648	外高桥	900912	外高B股	51	批发业	58668890
600649	城投控股			70	房地产业	021-58772103
600650	锦江投资	900914	锦投B股	54	道路运输业	021-63218800*405
600651	飞乐音响			38	电气机械和器材制造业	021-59978606
600652	爱使股份			06	煤炭开采和洗选业	021-64710022*8811
600653	申华控股			52	零售业	021-63372360
600654	飞乐股份			36	汽车制造业	36358600
600655	豫园商城			52	零售业	23028508
600656	博元投资			52	零售业	0756-2660313-817
600657	信达地产			70	房地产业	010-82190959
600658	电子城			70	房地产业	010-58833506
600660	福耀玻璃			30	非金属矿物制品业	0591-85363328
600661	新南洋			82	教育	62826347
600662	强生控股			54	道路运输业	021-62582098

上市公司通讯录
Contact Information of Listed Companies

公司全称 Company Name	通讯地址 Address	邮编 Zip
上海金丰投资股份有限公司	上海市浦东新区雪野路 928 号 11 楼	200125
上海宽频科技股份有限公司	上海市万航渡路 889 号悦达广场 29 楼	200042
金杯汽车股份有限公司	沈阳市沈河区万柳塘路 38 号	110015
中国纺织机械股份有限公司	上海市长阳路 1687 号	200090
大众交通（集团）股份有限公司	上海市中山西路 1515 号大众大厦 22 楼	200235
老凤祥股份有限公司	上海市漕溪路 270 号六楼	200235
上海神奇制药投资管理股份有限公司	上海市威海路 128 号长发大厦 613 室	200003
上海鼎立科技发展（集团）股份有限公司	上海杨浦区国权路 39 号财富广场（金座）18 楼	200433
上海丰华(集团）股份有限公司	上海浦东新区浦建路 76 号 901 室	200127
上海金枫酒业股份有限公司	上海市普陀区宁夏路 777 号（海棠大厦内）	200063
上海联华合纤股份有限公司	上海市浦东新区长柳路 58 号证大立方大厦 1103 室	200135
上海氯碱化工股份有限公司	上海市龙吴路 4747 号	200241
上海海立(集团)股份有限公司	上海市浦东新区金桥出口加工区宁桥路 888 号	201206
上海市天宸股份有限公司	上海市长宁区仙霞路 8 号 29 楼	200336
上海华鑫股份有限公司	上海福州路 666 号 26 楼	200001
上海嘉宝实业(集团)股份有限公司	上海市嘉定区清河路 55 号嘉宝商厦 6-7F	201800
双钱集团股份有限公司	上海市四川中路 63 号	200002
上海复旦复华科技股份有限公司	上海国权路 525 号	200433
上海申达股份有限公司	上海市江宁路 1500 号申达国际大厦	200060
上海新世界股份有限公司	上海市南京西路 2 号-88 号	200003
上海棱光实业股份有限公司	上海市延安西路 2558 号 2 号楼	200336
上海龙头（集团）股份有限公司	上海市制造局路 584 号 A 座 4 楼	200023
浙报传媒集团股份有限公司	浙江省杭州市体育场路 178 号浙报产业大厦	310039
上海澄海企业发展股份有限公司	上海市国权路 39 号财富国际广场金座 21 楼	200433
上海大众公用事业(集团)股份有限公司	上海中山西路 1515 号大众大厦 8 楼	200235
上海三爱富新材料股份有限公司	上海市漕溪路 250 号银海大楼 A805 室	200235
百视通新媒体股份有限公司	上海市宜山路 757 号	200233
上海新黄浦置业股份有限公司	上海北京东路 668 号东楼 32、33 层	200001
上海金桥出口加工区开发股份有限公司	上海浦东新金桥路 27 号 1 号楼	201206
号百控股股份有限公司	上海市江宁路 1207 号国脉大厦	200060
上海万业企业股份有限公司	上海市浦东大道 720 号 9 层	200120
申能股份有限公司	上海市虹井路 159 号 5 楼	201103
上海爱建股份有限公司	上海市零陵路 599 号（爱建城内）	200030
乐山电力股份有限公司	四川省乐山市市中区嘉定北路 46 号	614000
中源协和干细胞生物工程股份公司	天津市和平区大理道 106 号	300050
上海同达创业投资股份有限公司	上海浦东商城路 660 号乐凯大厦 21 楼	201206
上海外高桥保税区开发股份有限公司	上海外高桥保税区杨高北路 2001 号	200131
上海城投控股股份有限公司	上海市浦东南路 500 号国家开发银行大厦 39 楼	200120
上海锦江国际实业投资股份有限公司	上海市延安东路 100 号 28 楼	20002
上海飞乐音响股份有限公司	上海市嘉定区嘉新公路 1001 号	201801
上海爱使股份有限公司	上海市肇嘉浜路 666 号	200031
上海申华控股股份有限公司	上海市宁波路 1 号申华金融大厦上海申华控股股份有限公司 证券法律部	200002
上海飞乐股份有限公司	上海市永和路 398 号	200072
上海豫园旅游商城股份有限公司	中国上海市方浜中路 269 号	200010
珠海市博元投资股份有限公司	广东省珠海市香洲区人民西路 291 号日荣大厦 8 楼 806 室	519070
信达地产股份有限公司	北京市海淀区中关村南大街甲 18 号北京国际大厦 C 座 16 层	100081
北京电子城投资开发股份有限公司	北京市朝阳区酒仙桥路北路 10 号院 205 楼 6 层（610）	100015
福耀玻璃工业集团股份有限公司	福建省福清市福耀工业村	350301
上海新南洋股份有限公司	上海番禺路 667 号六楼	200030
上海强生控股股份有限公司	上海南京西路 920 号 18 楼	200041

上市公司通讯录
Contact Information of Listed Companies

A 股代码 A Code	A 股简称 A Name	B 股代码 B Code	B 股简称 B Name	行业分类代码 Industry Code	行业分类名称 Industry Name	电话 Telephone
600663	陆家嘴	900932	陆家 B 股	70	房地产业	021-33848807
600664	哈药股份			27	医药制造业	0451-51870077
600665	天地源			70	房地产业	029-88337300
600666	西南药业			27	医药制造业	023-89855628
600667	太极实业			39	计算机、通信和其他电子设备制造业	0510-85419120
600668	尖峰集团			27	医药制造业	0579-82320582
600671	天目药业			27	医药制造业	0571-63722229
600673	东阳光铝			33	金属制品业	0751-5282740
600674	川投能源			44	电力、热力生产和供应业	028-86098646
600675	中华企业			70	房地产业	(021)20772222
600676	交运股份			54	道路运输业	021-63178257
600677	航天通信			51	批发业	0571-87916327
600678	四川金顶			30	非金属矿物制品业	0833-2218123
600679	金山开发	900916	金山 B 股	37	铁路、船舶、航空航天和其他运输设备制造业	021-31351508
600680	上海普天	900930	沪普天 B	39	计算机、通信和其他电子设备制造业	021-64834310
600681	万鸿集团			50	建筑装饰和其他建筑业	027-88066666
600682	南京新百			52	零售业	025-84761613
600683	京投银泰			70	房地产业	010-65636685
600684	珠江实业			70	房地产业	020-83752355
600685	广船国际			37	铁路、船舶、航空航天和其他运输设备制造业	020-81581732
600686	金龙汽车			36	汽车制造业	0592-2969855
600687	刚泰控股			51	批发业	021-68866507
600688	上海石化			25	石油加工、炼焦和核燃料加工业	8621-57943143
600689	上海三毛	900922	三毛 B 股	17	纺织业	021－63059496
600690	青岛海尔			38	电气机械和器材制造业	0532-88931696
600691	阳煤化工			26	化学原料和化学制品制造业	0351-7255821
600692	亚通股份			55	水上运输业	021-69695918
600693	东百集团			52	零售业	0591-87531724
600694	大商股份			52	零售业	0411-83880962
600695	大江股份	900919	大江 B 股	13	农副食品加工业	021-34225027
600696	多伦股份			70	房地产业	021－56715833
600697	欧亚集团			52	零售业	0431-87666905
600698	ST 轻骑	900946	ST 轻骑 B	36	汽车制造业	0734-8532558
600699	均胜电子			36	汽车制造业	0437-3512077
600701	工大高新			90	综合	0451-86269018
600702	沱牌舍得			15	酒、饮料和精制茶制造业	0825-6618268
600703	三安光电			39	计算机、通信和其他电子设备制造业	0592-5903387
600704	物产中大			52	零售业	0571-85777007
600705	中航投资			69	其他金融业	010-65675113
600706	曲江文旅			78	公共设施管理业	029-89129355
600707	*ST 彩虹			39	计算机、通信和其他电子设备制造业	029-33332866
600708	海博股份			54	道路运输业	61132700
600710	常林股份			35	专用设备制造业	0519-86781168
600711	盛屯矿业			09	有色金属矿采选业	0592-5891697
600712	南宁百货			52	零售业	0771-2610906,2098826
600713	南京医药			52	零售业	025-84552680
600714	金瑞矿业			06	煤炭开采和洗选业	0971-6321867
600715	松辽汽车			36	汽车制造业	024-31387077
600716	凤凰股份			70	房地产业	025-83566267
600717	天津港			55	水上运输业	022-25702708

上市公司通讯录
Contact Information of Listed Companies

公司全称 Company Name	通讯地址 Address	邮编 Zip
上海陆家嘴金融贸易区开发股份有限公司	上海峨山路 101 号 1 号楼	200127
哈药集团股份有限公司	哈尔滨市群力新区群力大道 1 号	150070
天地源股份有限公司	西安高新技术产业开发区科技路 33 号国际商务中心数码大厦 27 层	710075
西南药业股份有限公司	重庆市沙坪坝区天星桥 21 号	400038
无锡市太极实业股份有限公司	无锡市华清大桥南堍	214024
浙江尖峰集团股份有限公司	浙江金华市婺江东路 88 号	321000
杭州天目山药业股份有限公司	浙江省临安市苕溪南路 78 号	311300
广东东阳光铝业股份有限公司	广东东莞市长安镇上沙村第五工业区	523871
四川川投能源股份有限公司	四川省成都市小南街 23 号	610015
中华企业股份有限公司	上海市浦东新区雪野路 928 号 6 楼	200125
上海交运集团股份有限公司	上海市恒丰路 288 号	200070
航天通信控股集团股份有限公司	浙江省杭州市解放路 138 号	310009
四川金顶(集团)股份有限公司	四川省峨眉山市乐都镇	614224
金山开发建设股份有限公司	上海市吴中路 369 号 15 楼	201103
上海普天邮通科技股份有限公司	上海市宜山路 700 号	200233
万鸿集团股份有限公司	武汉市汉阳区阳新路特一号	430000
南京新街口百货商店股份有限公司	南京市中山南路 1 号	210005
京投银泰股份有限公司	北京市朝阳区建国门外大街 2 号银泰中心 C 座 17 层	100022
广州珠江实业开发股份有限公司	广州市环市东路 362-366 号好世界广场 30 楼	510060
广州广船国际股份有限公司	广州市荔湾区芳村大道南 40 号	510382
厦门金龙汽车集团股份有限公司	厦门市厦禾路 668 号 22-23 层	361004
甘肃刚泰控股（集团）股份有限公司	上海陆家嘴环路 958 号华能联合大厦 18 楼	200120
中国石化上海石油化工股份有限公司	上海市金山区金一路 48 号	200540
上海三毛企业（集团）股份有限公司	上海市斜土路 791 号 C 幢 7 楼	200023
青岛海尔股份有限公司	青岛市崂山区海尔信息产业园董事局大楼 513B	266101
阳煤化工股份有限公司	山西省太原市高新区科技街阳煤大厦	030006
上海亚通股份有限公司	上海市崇明县寒山寺路 297 号	202150
福建东百集团股份有限公司	福建省福州市八一七北路 84 号东百大厦 18 层	350001
大商股份有限公司	辽宁省大连市中山区青三街 1 号	116001
上海大江食品集团股份有限公司	上海市徐汇区宜山路 810 号 20 号楼 10 楼	200233
上海多伦实业股份有限公司	上海市浦东新区世纪大道 88 号 3804B	200081
长春欧亚集团股份有限公司	长春市飞跃路 2686 号	130012
济南轻骑摩托车股份有限公司	湖南省衡阳市石鼓区合江套路 195 号	421005
辽源均胜电子股份有限公司	浙江省宁波市国家高新区聚贤路 1266 号	315000
哈尔滨工大高新技术产业开发股份有限公司	哈尔滨市南岗区西大直街 118 号	150001
四川沱牌舍得酒业股份有限公司	四川省射洪县沱牌镇沱牌大道 999 号	629209
三安光电股份有限公司	厦门市思明区吕岭路 1721-1725 号	361009
浙江物产中大元通集团股份有限公司	杭州市中大广场 A 座 29 楼	310003
中航投资控股股份有限公司	北京市朝阳区东三环中路乙 10 号艾维克大厦 20 层	100022
西安曲江文化旅游股份有限公司	陕西省西安市雁塔南路 292 号曲江文化大厦 6-7 层	710061
彩虹显示器件股份有限公司	陕西省咸阳市彩虹路一号	712021
上海海博股份有限公司	上海市徐汇区宜山路 829 号海博大楼	200233
常林股份有限公司	江苏省常州市新北区黄河西路 898 号	213136
盛屯矿业集团股份有限公司	厦门市湖滨北路 72 号中闽大厦 9 楼 2 单元	361012
南宁百货大楼股份有限公司	广西南宁市朝阳路 39-41，45 号	530012
南京医药股份有限公司	江苏省南京市中山东路 486 号南京医药大厦	210002
青海金瑞矿业发展股份有限公司	青海省西宁市新宁路 36 号青海投资大厦 4 楼	810008
松辽汽车股份有限公司	辽宁省沈阳市苏家屯区白松路 22 号（110101）	110101
江苏凤凰置业投资股份有限公司	南京市中央路 389 号凤凰国际大厦六楼	210037
天津港股份有限公司	天津市塘沽区津港路 99 号	300461

上市公司通讯录
Contact Information of Listed Companies

A 股代码 A Code	A 股简称 A Name	B 股代码 B Code	B 股简称 B Name	行业分类代码 Industry Code	行业分类名称 Industry Name	电话 Telephone
600718	东软集团			65	软件和信息技术服务业	024-83661070
600719	大连热电			44	电力、热力生产和供应业	0411-84498988
600720	祁连山			30	非金属矿物制品业	0931-4900606
600721	百花村			25	石油加工、炼焦和核燃料加工业	0991-2356619
600722	金牛化工			26	化学原料和化学制品制造业	0317-8885004
600723	首商股份			52	零售业	010-82270256
600724	宁波富达			70	房地产业	0574-87647859
600725	云维股份			25	石油加工、炼焦和核燃料加工业	0874-3068588
600726	华电能源	900937	华电 B 股	44	电力、热力生产和供应业	0451-82525998
600727	鲁北化工			26	化学原料和化学制品制造业	0543-6451265
600728	佳都新太			65	软件和信息技术服务业	020-85520635
600729	重庆百货			52	零售业	023-63822594
600730	中国高科			51	批发业	010-82524756
600731	湖南海利			26	化学原料和化学制品制造业	0731-85357829
600732	上海新梅			70	房地产业	021-51005380
600733	S 前锋			70	房地产业	028-86316723
600734	实达集团			51	批发业	0591-83725878
600735	新华锦			19	皮革、毛皮、羽毛及其制品和制鞋业	0532-85967156
600736	苏州高新			70	房地产业	0512-68096283
600737	中粮屯河			13	农副食品加工业	0991-5571601
600738	兰州民百			52	零售业	0931-8473891
600739	辽宁成大			51	批发业	0411-82512731
600740	山西焦化			25	石油加工、炼焦和核燃料加工业	0357-6626012
600741	华域汽车			36	汽车制造业	021-22016905
600742	一汽富维			36	汽车制造业	0431-85765798
600743	华远地产			70	房地产业	010-68036966
600744	华银电力			44	电力、热力生产和供应业	0731-85388003
600745	中茵股份			70	房地产业	0714-6358389
600746	江苏索普			26	化学原料和化学制品制造业	0511-83366244
600747	大连控股			70	房地产业	0411-88853122
600748	上实发展			70	房地产业	53859026
600749	西藏旅游			78	公共设施管理业	0891-6339150
600750	江中药业			27	医药制造业	0791-88164079
600751	天津海运	900938	天海 B	55	水上运输业	022-58679088
600753	东方银星			51	批发业	023-67990677
600754	锦江股份	900934	锦江 B 股	61	住宿业	63217132
600755	厦门国贸			51	批发业	0592-5898578
600756	浪潮软件			65	软件和信息技术服务业	0531-85105606
600757	长江传媒			85	新闻和出版业	027-87679807
600758	红阳能源			44	电力、热力生产和供应业	024-86131806
600759	正和股份			70	房地产业	0898-66787367
600760	*ST 黑豹			36	汽车制造业	025-51815019
600761	安徽合力			35	专用设备制造业	15255166611
600763	通策医疗			83	卫生	0571-88868808
600764	中电广通			65	软件和信息技术服务业	010-88578820
600765	中航重机			34	通用设备制造业	010-57827163
600766	园城黄金			09	有色金属矿采选业	0535-6636299
600767	运盛实业			70	房地产业	50720222
600768	宁波富邦			32	有色金属冶炼和压延加工业	0574-87410500
600769	*ST 祥龙			26	化学原料和化学制品制造业	027-87602482

上市公司通讯录
Contact Information of Listed Companies

公司全称 Company Name	通讯地址 Address	邮编 Zip
东软集团股份有限公司	沈阳市浑南新区新秀街 2 号 东软软件园	110179
大连热电股份有限公司	大连市西岗区沿海街 90 号	116021
甘肃祁连山水泥集团股份有限公司	兰州市城关区酒泉路力行新村 3 号祁连山大厦	730030
新疆百花村股份有限公司	乌鲁木齐市中山路 141 号	830002
河北金牛化工股份有限公司	沧州临港化工园区化工大道	061108
北京首商集团股份有限公司	北京市西城区北三环中路 23 号燕莎盛世大厦二层	100029
宁波富达股份有限公司	宁波市江东区和济街 68 号城投大厦 26 楼	315040
云南云维股份有限公司	云南省曲靖市沾益县盘江镇花山工业区	655338
华电能源股份有限公司	哈尔滨市南岗区大成街 209 号	150001
山东鲁北化工股份有限公司	山东省无棣县埕口镇	251909
佳都新太科技股份有限公司	广州市天河区天河软件园建工路 4 号佳都新太	510665
重庆百货大楼股份有限公司	重庆市渝中区民权路 28 号英利大厦	40001
中国高科集团股份有限公司	北京市海淀区成府路 298 号中关村方正大厦 8 层	100871
湖南海利化工股份有限公司	湖南长沙市芙蓉中路二段 251 号	410007
上海新梅置业股份有限公司	上海天目中路 585 号 20 楼	200070
成都前锋电子股份有限公司	四川省成都市人民南路四段 1 号	610041
福建实达集团股份有限公司	福州市洪山园路 68 号招标大厦 A 座 6 楼	350002
山东新华锦国际股份有限公司	青岛市崂山区松岭路 127 号	266101
苏州新区高新技术产业股份有限公司	苏州市高新区狮山路 35 号金河国际大厦 25 层	215011
中粮屯河股份有限公司	新疆乌市黄河路 2 号招商银行大厦 20 楼	830000
兰州民百(集团)股份有限公司	兰州市中山路 120 号亚欧商厦 9-10 层	730030
辽宁成大股份有限公司	辽宁省大连市中山区人民路 71 号	116001
山西焦化股份有限公司	山西省洪洞县广胜寺镇	041606
华域汽车系统股份有限公司	上海市威海路 489 号综合楼一楼	200041
长春一汽富维汽车零部件股份有限公司	吉林省长春市东风南街 1399 号	130011
华远地产股份有限公司	北京市西城区北展北街 11 号华远・企业中心 11 号楼	100044
大唐华银电力股份有限公司	湖南省长沙市芙蓉中路 3 段 255 号五华酒店 915 房	410007
中茵股份有限公司	湖北省黄石市团城山开发区杭州西路 91 号金山大楼三楼	435003
江苏索普化工股份有限公司	江苏省镇江市谏壁越河街 50 号	212006
大连大显控股股份有限公司	大连市沙河口区会展路 129 号期货大厦 A 座 36 楼	116023
上海实业发展股份有限公司	淮海中路 98 号 20 楼	200021
西藏旅游股份有限公司	拉萨市经济技术开发区格桑路 5 号总部经济基地大楼 8 层	850000
江中药业股份有限公司	江西省南昌市火炬大道 788 号	330096
天津市海运股份有限公司	天津空港经济区中心大道华盈大厦八层	300380
河南东方银星投资股份有限公司	河南省商丘市神火大道 99 号悦华大酒店 25 层	476000
上海锦江国际酒店发展股份有限公司	上海市延安东路 100 号 25 楼	200002
厦门国贸集团股份有限公司	中国福建省厦门市湖滨南路国贸大厦 12 层证券事务部	361004
山东浪潮齐鲁软件产业股份有限公司	山东省济南市高新区浪潮路 1036 号 S06 号楼南楼三层	250013
长江出版传媒股份有限公司	湖北省武汉市武昌雄楚大街 268 号出版城 B 座 12 楼	430070
辽宁红阳能源投资股份有限公司	沈阳市皇姑区黄河南大街 96－6 号启运大厦	110031
海南正和实业集团股份有限公司	海南省海口市国贸大道 2 号海南时代广场 17 层	570125
中航黑豹股份有限公司	山东省文登市龙山路 107 号	264400
安徽合力股份有限公司	合肥市方兴大道 668 号	230022
通策医疗投资股份有限公司	浙江省杭州市天目山路 327 号“合生国贸中心”5 号楼 10 楼；	310019
中电广通股份有限公司	北京市海淀区中关村南大街 17 号韦伯时代中心 C 座 21 层	100081
中航重机股份有限公司	北京市朝阳区安定门外小关东里 14 号中航工业大厦 A 座 8 层	100029
烟台园城黄金股份有限公司	山东省烟台市南大街 261 号	264001
运盛(上海)实业股份有限公司	上海市浦东新区仁庆路 509 号 12 号楼	200135
宁波富邦精业集团股份有限公司	宁波市鄞州区天童北路 702 号工业城办公大楼三楼	315010
武汉祥龙电业股份有限公司	武汉市洪山区葛化街化工路 31 号	430078

上市公司通讯录
Contact Information of Listed Companies

A股代码 A Code	A股简称 A Name	B股代码 B Code	B股简称 B Name	行业分类代码 Industry Code	行业分类名称 Industry Name	电话 Telephone
600770	综艺股份			65	软件和信息技术服务业	0513-86639987
600771	广誉远			27	医药制造业	029-88330835
600773	西藏城投			70	房地产业	021-63536929
600774	汉商集团			52	零售业	027-68849119
600775	南京熊猫			39	计算机、通信和其他电子设备制造业	8625-84801442
600776	东方通信	900941	东信B股	39	计算机、通信和其他电子设备制造业	0571-86676199
600777	新潮实业			90	综合	0535-2109779
600778	友好集团			52	零售业	0991-4541008
600779	水井坊			15	酒、饮料和精制茶制造业	028-86252847
600780	通宝能源			44	电力、热力生产和供应业	0351-7021857
600781	上海辅仁			27	医药制造业	021-51573890
600782	新钢股份			31	黑色金属冶炼和压延加工业	0790-6292577
600783	鲁信创投			90	综合	0531-86566781
600784	鲁银投资			31	黑色金属冶炼和压延加工业	0531-82024116
600785	新华百货			52	零售业	0951-6071161
600787	中储股份			59	仓储业	010-83673209
600789	鲁抗医药			27	医药制造业	0537-2983174
600790	轻纺城			72	商务服务业	0575-84116158
600791	京能置业			70	房地产业	010-62698639
600792	云煤能源			25	石油加工、炼焦和核燃料加工业	0871-63170700
600793	ST宜纸			22	造纸和纸制品业	0831-3560668
600794	保税科技			59	仓储业	0512-58320358
600795	国电电力			44	电力、热力生产和供应业	010-58682200
600796	钱江生化			26	化学原料和化学制品制造业	0573-87038237
600797	浙大网新			65	软件和信息技术服务业	0571-87950500
600798	宁波海运			55	水上运输业	0574-87352405
600800	天津磁卡			39	计算机、通信和其他电子设备制造业	022-58585662
600801	华新水泥	900933	华新B股	30	非金属矿物制品业	02787773896
600802	福建水泥			30	非金属矿物制品业	0591-87617751
600803	威远生化			26	化学原料和化学制品制造业	0311-85915898
600804	鹏博士			64	互联网和相关服务	028-86755190
600805	悦达投资			90	综合	0515-88202778
600806	昆明机床			34	通用设备制造业	0871-6166612
600807	天业股份			70	房地产业	0531-82685365
600808	马钢股份			31	黑色金属冶炼和压延加工业	0555-2876033
600809	山西汾酒			15	酒、饮料和精制茶制造业	0358-7320948
600810	神马股份			28	化学纤维制造业	0375-2729337
600811	东方集团			51	批发业	010-56311896
600812	华北制药			27	医药制造业	0311-85992929
600814	杭州解百			52	零售业	0571-87016888-5015
600815	厦工股份			35	专用设备制造业	0592-6389388
600816	安信信托			69	其他金融业	021-63529786
600817	ST宏盛			90	综合	029-88661759
600818	中路股份	900915	中路B股	37	铁路、船舶、航空航天和其他运输设备制造业	021-50596906
600819	耀皮玻璃	900918	耀皮B股	30	非金属矿物制品业	58801177
600820	隧道股份			48	土木工程建筑业	021-65869999-5072
600821	津劝业			52	零售业	022-27304989
600822	上海物贸	900927	物贸B股	51	批发业	63231818-5032
600823	世茂股份			70	房地产业	021－20203366
600824	益民集团			52	零售业	021-64339888

上市公司通讯录
Contact Information of Listed Companies

公司全称 Company Name	通讯地址 Address	邮编 Zip
江苏综艺股份有限公司	江苏省南通市通州区兴东镇综艺数码城	226376
广誉远中药股份有限公司	陕西省西安市高新六路 52 号立人科技园 A 座六层	710065
西藏城市发展投资股份有限公司	上海市闸北区天目中路 380 号北方大厦 23 楼	200070
武汉市汉商集团股份有限公司	湖北省武汉市汉阳大道 134 号	430050
南京熊猫电子股份有限公司	中国南京市中山东路 301 号	210002
东方通信股份有限公司	中国浙江省杭州市滨江高新技术开发区东信大道 66 号研发楼 B413 室	310053
烟台新潮实业股份有限公司	山东省烟台市莱山区港城东大街 301 号南山世纪大厦 B 座 14 楼	264003
新疆友好(集团)股份有限公司	乌鲁木齐市友好南路 668 号	830000
四川水井坊股份有限公司	四川省成都市金牛区全兴路 9 号	610036
山西通宝能源股份有限公司	太原市长治路 272 号	030006
上海辅仁实业（集团）股份有限公司	上海市建国西路 285 号（科投大厦）13 楼	200031
新余钢铁股份有限公司	江西省新余市冶金路	338001
鲁信创业投资集团股份有限公司	山东省济南市解放路 166 号鲁信大厦	250013
鲁银投资集团股份有限公司	山东省济南市经十路 10777 号	250014
银川新华百货商业集团股份有限公司	宁夏银川市解放西街 2 号（老大楼写字楼 7 楼）	750001
中储发展股份有限公司	北京市丰台区南四环西路 188 号 6 区 18 号楼	100070
山东鲁抗医药股份有限公司	山东省济宁市太白楼西路 152 号	272021
浙江中国轻纺城集团股份有限公司	浙江省绍兴县柯桥街道鉴湖路 1 号中轻大厦	312030
京能置业股份有限公司	北京市海淀区彩和坊路 8 号天创科技大厦 12 层西侧	100080
云南煤业能源股份有限公司	昆明市拓东路 75 号集成广场 5 楼	650021
宜宾纸业股份有限公司	四川省宜宾市岷江西路５４号	644007
张家港保税科技股份有限公司	江苏省张家港保税区北京路保税科技大厦六楼	215634
国电电力发展股份有限公司	北京市朝阳区安慧北里安园 19 号楼	100101
浙江钱江生物化学股份有限公司	浙江省海宁市西山路 598 号 7 楼	314400
浙大网新科技股份有限公司	浙江省杭州市西湖区西园一路 18 号浙大网新软件园 A 楼 15 层	310030
宁波海运股份有限公司	宁波市北岸财富中心 1 幢	315020
天津环球磁卡股份有限公司	天津市河西区解放南路３２５号	300202
华新水泥股份有限公司	湖北省武汉市光谷大道特 1 号国际企业中心 5 号楼	430074
福建水泥股份有限公司	福州市杨桥东路 118 号宏扬新城建福大厦	350001
河北威远生物化工股份有限公司	石家庄市和平东路 383 号	050031
鹏博士电信传媒集团股份有限公司	四川省成都市顺城大街 229 号顺城大厦 5 楼	610015
江苏悦达投资股份有限公司	江苏省盐城市世纪大道东路 2 号	224007
沈机集团昆明机床股份有限公司	中华人民共和国云南省昆明市茨坝路 23 号	650203
山东天业恒基股份有限公司	济南市高新开发区新宇南路 1 号济南国际会展中心 A 区	250101
马鞍山钢铁股份有限公司	安徽省马鞍山市九华西路 8 号	243003
山西杏花村汾酒厂股份有限公司	山西省汾阳市杏花村汾酒厂	032205
神马实业股份有限公司	河南平顶山建设路中段 63 号	467000
东方集团股份有限公司	哈尔滨市南岗区花园街 235 号	150001
华北制药股份有限公司	河北省石家庄市和平东路 388 号	050015
杭州解百集团股份有限公司	杭州市上城区解放路 251 号	310001
厦门厦工机械股份有限公司	厦门市灌口南路 668 号之八	361023
安信信托投资股份有限公司	上海广东路 689 号海通证券大厦 29 层	200001
西安宏盛科技发展股份有限公司	西安市曲江新区雁南五路商通大道曲江综合服务中心 306 室	710061
中路股份有限公司	上海市浦东新区花木路 832 号	201300
上海耀皮玻璃集团股份有限公司	上海市浦东新区张东路 1388 号 4-5 幢	201203
上海隧道工程股份有限公司	上海市大连路 118 号	200082
天津劝业场（集团）股份有限公司	天津市和平区和平路 290 号	300022
上海物资贸易股份有限公司	上海南苏州路 325 号	200002
上海世茂股份有限公司	上海市浦东新区银城中路 68 号 43 楼	200120
上海益民商业集团股份有限公司	上海市淮海中路 809 号甲	200020

上市公司通讯录
Contact Information of Listed Companies

A 股代码 A Code	A 股简称 A Name	B 股代码 B Code	B 股简称 B Name	行业分类代码 Industry Code	行业分类名称 Industry Name	电话 Telephone
600825	新华传媒			85	新闻和出版业	021-60376227
600826	兰生股份			51	批发业	021-51991608
600827	友谊股份	900923	友谊 B 股	52	零售业	021-63223344*62201
600828	成商集团			52	零售业	028-86651945
600829	三精制药			27	医药制造业	0451-86649908
600830	香溢融通			52	零售业	0574-87315310
600831	广电网络			63	电信、广播电视和卫星传输服务	029-87991258
600832	东方明珠			78	公共设施管理业	58799306
600833	第一医药			52	零售业	64337282
600834	申通地铁			54	道路运输业	54259971
600835	上海机电	900925	机电 B 股	34	通用设备制造业	68547507
600836	界龙实业			23	印刷和记录媒介复制业	021-58942955
600837	海通证券			67	资本市场服务	021-63411298
600838	上海九百			52	零售业	021-62569866
600839	四川长虹			39	计算机、通信和其他电子设备制造业	0816-2418866
600841	上柴股份	900920	上柴 B 股	34	通用设备制造业	021-60652707
600843	上工申贝	900924	上工 B 股	35	专用设备制造业	68407515 68407700*12
600844	丹化科技	900921	丹科 B 股	26	化学原料和化学制品制造业	021-64015598
600845	宝信软件	900926	宝信B股	65	软件和信息技术服务业	021-20378893
600846	同济科技			48	土木工程建筑业	65983325
600847	万里股份			38	电气机械和器材制造业	023-85532408
600848	自仪股份	900928	自仪 B 股	40	仪器仪表制造业	66986962
600850	华东电脑			65	软件和信息技术服务业	021-33390138
600851	海欣股份	900917	海欣 B 股	17	纺织业	63917000-1866
600853	龙建股份			48	土木工程建筑业	0451-82281860
600854	春兰股份			38	电气机械和器材制造业	0523-86217958、86663
600855	航天长峰			35	专用设备制造业	88219815
600856	长百集团			52	零售业	0431-8965414
600857	工大首创			52	零售业	0574-87367060
600858	银座股份			52	零售业	0531-83175518
600859	王府井			52	零售业	010-65125960
600860	北人股份			35	专用设备制造业	010-67802690
600861	北京城乡			52	零售业	010-68296595
600862	南通科技			70	房地产业	0513-81110523
600863	内蒙华电			44	电力、热力生产和供应业	0471-6228403
600864	哈投股份			44	电力、热力生产和供应业	0451-82332828
600865	百大集团			52	零售业	0571-85064581
600866	星湖科技			14	食品制造业	0758-2291130
600867	通化东宝			27	医药制造业	0435-5088025
600868	梅雁吉祥			44	电力、热力生产和供应业	0753-2218286
600869	远东电缆			38	电气机械和器材制造业	0510-87243402
600870	厦华电子			39	计算机、通信和其他电子设备制造业	0592-5620620
600871	仪征化纤			28	化学纤维制造业	86-514-83232997
600872	中炬高新			14	食品制造业	0760-85599947
600873	梅花集团			14	食品制造业	0316-2359999 转 8072
600874	创业环保			46	水的生产和供应业	022-23930128
600875	东方电气			34	通用设备制造业	86-28-87583088
600876	洛阳玻璃			30	非金属矿物制品业	86-379-63908507
600877	中国嘉陵			37	铁路、船舶、航空航天和其他运输设备制造业	023-65192750
600879	航天电子			35	专用设备制造业	010-88106033

上市公司通讯录
Contact Information of Listed Companies

公司全称 Company Name	通讯地址 Address	邮编 Zip
上海新华传媒股份有限公司	上海市徐汇区漕溪北路 331 号新华中心(中金国际广场 A 座)7-8 楼	200030
上海兰生股份有限公司	上海市中山北二路 1800 号	200437
上海友谊集团股份有限公司	上海市六合路 58 号新一百大厦 22 楼	200001
成商集团股份有限公司	成都市东御街１９号	610011
哈药集团三精制药股份有限公司	哈尔滨市香坊区哈平路 233 号	150069
香溢融通控股集团股份有限公司	宁波市西河街 158 号	315000
陕西广电网络传媒（集团）股份有限公司	西安曲江新区曲江行政商务区曲江首座大厦	710061
上海东方明珠（集团）股份有限公司	上海浦东世纪大道 1 号	200120
上海第一医药股份有限公司	上海市徐汇区小木桥路 681 号 20 楼	200032
上海申通地铁股份有限公司	上海市桂林路 909 号 3 号楼 2 楼	201103
上海机电股份有限公司	上海市浦东新区民生路 1286 号汇商大厦 9 楼(200135)	200135
上海界龙实业集团股份有限公司	上海市浦东新区杨高中路 2112 号界龙总部园 5 楼	200135
海通证券股份有限公司	上海市黄浦区广东路 689 号海通证券证券大厦	200001
上海九百股份有限公司	上海市常德路 940 号	200040
四川长虹电器股份有限公司	四川省绵阳市高新区绵兴东路 35 号	621000
上海柴油机股份有限公司	上海市军工路 2636 号	200438
上工申贝（集团）股份有限公司	上海市浦东新区世纪大道 1500 号东方大厦 12 楼	200122
丹化化工科技股份有限公司	上海市闵行区虹许路 788 号名都城别墅 61 幢	201103
上海宝信软件股份有限公司	上海市浦东新区张江高科技园区郭守敬路 515 号	201203
上海同济科技实业股份有限公司	上海市杨浦区四平路 1398 号同济联合广场 B 座 20 层	200092
重庆万里新能源股份有限公司	重庆市江津区双福街道创业大道 2 号	402247
上海自动化仪表股份有限公司	上海市广中西路 191 号	200072
上海华东电脑股份有限公司	上海市徐汇区桂平路 391 号新漕河泾国际商务中心 B 幢 27 楼	200233
上海海欣集团股份有限公司	上海市福州路 666 号金陵海欣大厦 18 楼	200001
龙建路桥股份有限公司	黑龙江省哈尔滨市南岗区嵩山路 109 号	150009
江苏春兰制冷设备股份有限公司	江苏省泰州市春兰工业园区春兰路 1 号	225300
北京航天长峰股份有限公司	北京市 142 信箱 41 分箱（邮信地址），北京市海淀区永定路甲５１号数控大楼北楼 518 室（?	100854
长春百货大楼集团股份有限公司	吉林省长春市人民大街 1881 号	130061
哈工大首创科技股份有限公司	宁波市海曙区和义路 77 号汇金大厦 21 层	315000
银座集团股份有限公司	山东省济南市泺源大街 22 号中银大厦 20F	250063
北京王府井百货（集团）股份有限公司	中国北京王府井大街 253 号	100006
北人印刷机械股份有限公司	北京市北京经济技术开发区荣昌东街 6 号	100176
北京城乡贸易中心股份有限公司	北京市海淀区复兴路甲 23 号	100036
南通科技投资集团股份有限公司	江苏省南通市港闸区永和路 1 号	226011
内蒙古蒙电华能热电股份有限公司	内蒙古呼和浩特市锡林南路工艺厂巷电力科技楼六楼	010020
哈尔滨哈投投资股份有限公司	哈尔滨市南岗区汉水路 172 号二楼	150090
百大集团股份有限公司	杭州市庆春东路 1-1 号西子联合大厦 18 楼	310016
广东肇庆星湖生物科技股份有限公司	广东省肇庆市工农北路 67 号	526060
通化东宝药业股份有限公司	吉林省通化东宝新村	134123
广东梅雁吉祥水电股份有限公司	广东省梅州市梅县新县城沿江南路 1 号	514787
远东电缆股份有限公司	江苏省宜兴市高塍远东大道 6 号	214257
厦门华侨电子股份有限公司	厦门市湖里大道 22 号	361006
中国石化仪征化纤股份有限公司	江苏省仪征市	211900
中炬高新技术实业（集团）股份有限公司	广东省中山市中山火炬高技术产业开发区火炬大厦	528437
梅花生物科技集团股份有限公司	廊坊市经济技术开发区华祥路 66 号	065001
天津创业环保集团股份有限公司	天津市南开区卫津南路 76 号创业环保大厦	300381
东方电气股份有限公司	四川省成都市金牛区蜀汉路 333 号	610036
洛阳玻璃股份有限公司	中华人民共和国河南省洛阳市西工区唐宫中路 9 号	471009
中国嘉陵工业股份有限公司(集团)	重庆市璧山永嘉大道 111 号	402760
航天时代电子技术股份有限公司	北京海淀区丰滢东路 1 号	100094

上市公司通讯录
Contact Information of Listed Companies

A股代码 A Code	A股简称 A Name	B股代码 B Code	B股简称 B Name	行业分类代码 Industry Code	行业分类名称 Industry Name	电话 Telephone
600880	博瑞传播			85	新闻和出版业	028-62560666
600881	亚泰集团			30	非金属矿物制品业	0431-84956688
600882	华联矿业			08	黑色金属矿采选业	0533-3389666
600883	博闻科技			30	非金属矿物制品业	0871-67197370
600884	杉杉股份			38	电气机械和器材制造业	0574-88323048
600885	宏发股份			38	电气机械和器材制造业	0592-6106688 转 287
600886	国投电力			44	电力、热力生产和供应业	010-88006355
600887	伊利股份			14	食品制造业	0471-3350092
600888	新疆众和			39	计算机、通信和其他电子设备制造业	0991-6689885
600889	南京化纤			28	化学纤维制造业	025-84208005
600890	中房股份			70	房地产业	010-82618898
600891	秋林集团			52	零售业	0451-58938188
600892	宝诚股份			51	批发业	0755-82359089
600893	航空动力			37	铁路、船舶、航空航天和其他运输设备制造业	029-86152115
600894	广日股份			34	通用设备制造业	020-38371902
600895	张江高科			90	综合	51371250
600896	中海海盛			55	水上运输业	0898-68583985
600897	厦门空港			56	航空运输业	0592-5706005
600898	三联商社			52	零售业	0531-81675201
600900	长江电力			44	电力、热力生产和供应业	010-58688891
600960	渤海活塞			36	汽车制造业	0543-3288868
600961	*ST 株冶			32	有色金属冶炼和压延加工业	0731-28392172
600962	国投中鲁			15	酒、饮料和精制茶制造业	010-88009002
600963	岳阳林纸			22	造纸和纸制品业	0730-8590330
600965	福成五丰			03	畜牧业	010-61595607
600966	博汇纸业			22	造纸和纸制品业	0533-8539966
600967	北方创业			37	铁路、船舶、航空航天和其他运输设备制造业	0472-3117903
600969	郴电国际			44	电力、热力生产和供应业	0735-2339226
600970	中材国际			35	专用设备制造业	010－64399527
600971	恒源煤电			06	煤炭开采和洗选业	0557－3981268
600973	宝胜股份			38	电气机械和器材制造业	0514-88248910
600975	新五丰			03	畜牧业	0731-84449593
600976	武汉健民			52	零售业	027-85355032
600978	宜华木业			21	家具制造业	0754-85100989
600979	广安爱众			44	电力、热力生产和供应业	0826-2983218
600980	*ST 北磁			39	计算机、通信和其他电子设备制造业	010-67537184
600981	汇鸿股份			51	批发业	025-86895068
600982	宁波热电			44	电力、热力生产和供应业	0574-86897102
600983	合肥三洋			38	电气机械和器材制造业	13605517468
600984	建设机械			35	专用设备制造业	029-82592297
600985	雷鸣科化			26	化学原料和化学制品制造业	0561-4948135
600986	科达股份			48	土木工程建筑业	0546-8304191
600987	航民股份			17	纺织业	0571－82575698
600988	赤峰黄金			09	有色金属矿采选业	010-82447018
600990	四创电子			39	计算机、通信和其他电子设备制造业	0551-65391323
600992	贵绳股份			33	金属制品业	08528419247
600993	马应龙			51	批发业	027—87389583
600995	文山电力			44	电力、热力生产和供应业	087163193778
600997	开滦股份			25	石油加工、炼焦和核燃料加工业	03153026757
600998	九州通			51	批发业	010-60210333

上市公司通讯录
Contact Information of Listed Companies

公司全称 Company Name	通讯地址 Address	邮编 Zip
成都博瑞传播股份有限公司	成都市锦江区三色路 38 号“创意成都”大厦 A 座 23 楼	610063
吉林亚泰(集团)股份有限公司	长春市吉林大路 1801 号	130031
山东华联矿业控股股份有限公司	山东省淄博市沂源县东里镇	256119
云南博闻科技实业股份有限公司	云南省昆明市官渡区春城路 219 号东航投资大厦 806 室	650041
宁波杉杉股份有限公司	宁波市鄞州区日丽中路 777 号杉杉商务大厦 8 层	315100
宏发科技股份有限公司	厦门市集美北部工业区孙坂南路 91-101 号	361021
国投电力控股股份有限公司	北京市西城区西直门南小街 147 号 5 号楼 12 层	100034
内蒙古伊利实业集团股份有限公司	呼和浩特市金山开发区金山大道 8 号	010110
新疆众和股份有限公司	新疆维吾尔自治区乌鲁木齐市喀什东路 1 8 号	830013
南京化纤股份有限公司	南京市丰富路 163 号民族大厦 1702 室	210004
中房置业股份有限公司	北京市海淀区苏州街 18 号院长远天地大厦 C 座 2 层	100080
哈尔滨秋林集团股份有限公司	哈尔滨市南岗区东大直街 319 号	150001
宝诚投资股份有限公司	广东省深圳市罗湖区笋岗东路 3012 号中民时代广场 B 座 2103 室	518023
西安航空动力股份有限公司	陕西省西安市未央区徐家湾	710021
广州广日股份有限公司	广州市天河区华利路 59 号东塔 12 层	510623
上海张江高科技园区开发股份有限公司	上海浦东松涛路 560 号 8 层	201203
中海（海南）海盛船务股份有限公司	海南省海口市龙昆北路 2 号珠江广场帝豪大厦 25 层	570125
厦门国际航空港股份有限公司	厦门市湖里区翔云一路 121 号	361006
三联商社股份有限公司	济南市历下区趵突泉北路 12 号 5 层	250011
中国长江电力股份有限公司	北京市西城区金融大街 19 号富凯大厦 B 座 2116 房间	100033
山东滨州渤海活塞股份有限公司	山东省滨州市渤海二十一路 569 号	256602
株洲冶炼集团股份有限公司	湖南省株洲市石峰区清水塘（来信来件请寄往该处）	412004
国投中鲁果汁股份有限公司	北京市西城区阜成门外大街 2 号万通新世界广场 B 座 21 层	100037
岳阳林纸股份有限公司	岳阳市岳阳楼区城陵矶光明路	414002
河北福成五丰食品股份有限公司	河北省三河市燕郊经济技术开发区	065201
山东博汇纸业股份有限公司	山东省桓台县马桥镇工业路北首	256405
包头北方创业股份有限公司	包头市兵工大道车辆大厦北方创业股份有限公司	014032
湖南郴电国际发展股份有限公司	湖南省郴州市青年大道民生路口万国大厦十四楼 1408 室	423000
中国中材国际工程股份有限公司	北京市朝阳区望京北路 16 号	100102
安徽恒源煤电股份有限公司	安徽省宿州市西昌路 157 号	234011
宝胜科技创新股份有限公司	江苏省宝应县安宜镇苏中路 1 号	225800
湖南新五丰股份有限公司	长沙市芙蓉区五一西路二号第一大道十九、二十楼	410005
武汉健民药业集团股份有限公司	武汉市汉阳区鹦鹉大道 484 号	430015
广东省宜华木业股份有限公司	广东省汕头市澄海区莲下槐东工业区	515834
四川广安爱众股份有限公司	四川省广安市广安区渠江北路 86 号	638000
北矿磁材科技股份有限公司	北京市大兴区北兴路东段 22 号 1 号楼 A 座 804	100070
江苏汇鸿股份有限公司	南京市户部街 15 号	210002
宁波热电股份有限公司	宁波市海曙区解放北路 128 号新金穗大厦 A 座 12 楼	315000
合肥荣事达三洋电器股份有限公司	合肥高新技术产业开发区北区 L-2 号 (科学大道 96 号)	230088
陕西建设机械股份有限公司	西安市金花北路 418 号	710032
安徽雷鸣科化股份有限公司	安徽省淮北市东山路 148 号	235000
科达集团股份有限公司	山东省东营市府前大街 65 号	257091
浙江航民股份有限公司	浙江省杭州市萧山区瓜沥镇航民村	311241
赤峰吉隆黄金矿业股份有限公司	北京市海淀区善缘街一号立方庭大厦 2-230	100080
安徽四创电子股份有限公司	安徽省合肥市高新技术产业开发区香樟大道 199 号	230088
贵州钢绳股份有限公司	贵州省遵义市桃溪路４７号贵州钢绳股份有限公司	56300
马应龙药业集团股份有限公司	湖北省武汉市武昌南湖周家湾 100 号	430064
云南文山电力股份有限公司	云南省昆明市东风东路 48 号金泰大厦 19 楼	650051
开滦能源化工股份有限公司	河北省唐山市新华东道 70 号东楼	063018
九州通医药集团股份有限公司	湖北省武汉市汉阳区龙阳大道特 8 号	430051

上市公司通讯录
Contact Information of Listed Companies

A 股代码 A Code	A 股简称 A Name	B 股代码 B Code	B 股简称 B Name	行业分类代码 Industry Code	行业分类名称 Industry Name	电话 Telephone
600999	招商证券			67	资本市场服务	0755－82943666
601000	唐山港			55	水上运输业	0315-2916903
601001	大同煤业			06	煤炭开采和洗选业	0352-7018978
601002	晋亿实业			34	通用设备制造业	0573-4185001
601003	柳钢股份			31	黑色金属冶炼和压延加工业	0772-2595996，259597
601005	重庆钢铁			31	黑色金属冶炼和压延加工业	023-68873311
601006	大秦铁路			53	铁路运输业	0351-2620605
601007	金陵饭店			61	住宿业	025-84711888-4139
601008	连云港			55	水上运输业	0518-82389269
601009	南京银行			66	货币金融服务	025－86775055
601010	文峰股份			52	零售业	051385505666-8958
601011	宝泰隆			25	石油加工、炼焦和核燃料加工业	0464-2915999
601012	隆基股份			30	非金属矿物制品业	86-29-81566863
601018	宁波港			55	水上运输业	0574-27695662
601028	玉龙股份			33	金属制品业	0510-83896210
601038	一拖股份			35	专用设备制造业	0379-64961467
601058	赛轮股份			29	橡胶和塑料制品业	0532-68862851
601088	中国神华			06	煤炭开采和洗选业	01058133348
601098	中南传媒			85	新闻和出版业	0731-84302628
601099	太平洋			67	资本市场服务	010-88321618
601100	恒立油缸			35	专用设备制造业	0519-81689797
601101	昊华能源			06	煤炭开采和洗选业	010-69839412
601106	中国一重			35	专用设备制造业	0452--6810123
601107	四川成渝			54	道路运输业	028-85527504
601111	中国国航			56	航空运输业	010-61461959
601113	华鼎锦纶			28	化学纤维制造业	0579-85261479
601116	三江购物			52	零售业	0574-83886810
601117	中国化学			48	土木工程建筑业	010-59765697
601118	海南橡胶			01	农业	0898-31669317
601126	四方股份			38	电气机械和器材制造业	010-62961515
601137	博威合金			32	有色金属冶炼和压延加工业	0574-82829383
601139	深圳燃气			45	燃气生产和供应业	075588660068
601158	重庆水务			46	水的生产和供应业	023-63632255
601166	兴业银行			66	货币金融服务	0591-87838598
601168	西部矿业			09	有色金属矿采选业	0971-6108188
601169	北京银行			66	货币金融服务	010-66223811
601177	杭齿前进			34	通用设备制造业	0571-83802672
601179	中国西电			38	电气机械和器材制造业	029-88832004
601186	中国铁建			48	土木工程建筑业	010-52688180
601188	龙江交通			54	道路运输业	0451-51688198
601199	江南水务			46	水的生产和供应业	13606160977
601208	东材科技			26	化学原料和化学制品制造业	0816-2289750
601216	内蒙君正			26	化学原料和化学制品制造业	0473-6921035
601218	吉鑫科技			35	专用设备制造业	0510-86157396
601222	林洋电子			40	仪器仪表制造业	051383115006
601231	环旭电子			39	计算机、通信和其他电子设备制造业	021-58966996-83636
601233	桐昆股份			28	化学纤维制造业	0573-88187878
601238	广汽集团			36	汽车制造业	020-83150886
601258	庞大集团			52	零售业	0315-7181576
601268	*ST 二重			35	专用设备制造业	0838-2342903

上市公司通讯录
Contact Information of Listed Companies

公司全称 Company Name	通讯地址 Address	邮编 Zip
招商证券股份有限公司	深圳市福田区益田路江苏大厦 A 座 38-45 层	518026
唐山港集团股份有限公司	河北唐山海港经济开发区唐山港大厦十四层	063611
大同煤业股份有限公司	山西省大同市矿区新平旺	037003
晋亿实业股份有限公司	浙江省嘉善经济开发区晋亿大道 8 号	314100
柳州钢铁股份有限公司	广西柳州市北雀路 117 号	545002
重庆钢铁股份有限公司	重庆市长寿区经济技术开发区钢城大道一号	400084
大秦铁路股份有限公司	山西省太原市建设北路 202 号	030013
金陵饭店股份有限公司	南京市汉中路 2 号	210005
江苏连云港港口股份有限公司	江苏省连云港市连云区中华路 18 号港口大厦 22-23 层	222042
南京银行股份有限公司	南京市玄武区中山路 288 号	210008
文峰大世界连锁发展股份有限公司	江苏省南通市青年东路 1 号	22600
七台河宝泰隆煤化工股份有限公司	黑龙江省七台河市桃山区景丰路 117 号宝泰隆矿业大厦 5 层	154600
西安隆基硅材料股份有限公司	西安市长安区航天中路 388 号	710100
宁波港股份有限公司	宁波市北仑区明州路 301 号宁波港大厦	315800
江苏玉龙钢管股份有限公司	江苏省无锡市惠山区玉祁镇玉龙路 15 号	214183
第一拖拉机股份有限公司	河南省洛阳市建设路 154 号	471004
赛轮股份有限公司	青岛市郑州路 43 号橡胶谷 B 栋	266045
中国神华能源股份有限公司	中国北京市东城区安定门西滨河路 22 号	100011
中南出版传媒集团股份有限公司	湖南省长沙市开福区营盘东路 38 号	410005
太平洋证券股份有限公司	云南省昆明市青年路 389 号志远大厦 18 层	650021
江苏恒立高压油缸股份有限公司	常州市武进高新区龙潜路 99 号	213167
北京昊华能源股份有限公司	北京市门头沟区新桥南大街 2 号	102300
中国第一重型机械股份公司	黑龙江省齐齐哈尔市富拉尔基区铁西厂前路 9 号	16104
四川成渝高速公路股份有限公司	四川省成都市武侯祠大街 252 号	610041
中国国际航空股份有限公司	中国北京市顺义区天竺经济开发区天柱路 30 号	101312
义乌华鼎锦纶股份有限公司	义乌市北苑街道雪峰西路 751 号	322000
三江购物俱乐部股份有限公司	宁波市海曙区孝闻街 29 弄 1 号	315010
中国化学工程股份有限公司	北京市东城区东直门内大街 2 号	100007
海南天然橡胶产业集团股份有限公司	海南省海口市滨海大道 103 号财富广场四楼	570105
北京四方继保自动化股份有限公司	北京市海淀区上地四街九号	100085
宁波博威合金材料股份有限公司	浙江省宁波市鄞州区云龙镇前后陈村博威大厦 11F	315135
深圳市燃气集团股份有限公司	深圳市福田区中康北路深燃大厦	518049
重庆水务集团股份有限公司	重庆市渝中区龙家湾 1 号	400015
兴业银行股份有限公司	福州市湖东路 154 号	350003
西部矿业股份有限公司	青海省西宁市五四大街 52 号	810001
北京银行股份有限公司	北京市西城区金融大街丙 17 号北京银行大厦	100033
杭州前进齿轮箱集团股份有限公司	浙江省杭州市萧山区萧金路 45 号	311203
中国西电电气股份有限公司	中国陕西省西安市高新区唐兴路 7 号 A 座	710075
中国铁建股份有限公司	北京市海淀区复兴路 40 号中国铁建大厦	100855
黑龙江交通发展股份有限公司	黑龙江省哈尔滨市南岗区轩辕东路 1 号怡东大厦 3 层	150090
江苏江南水务股份有限公司	江苏省江阴市长江路 141 号	214432
四川东材科技集团股份有限公司	绵阳市三星路 188 号	621000
内蒙古君正能源化工股份有限公司	内蒙古鄂尔多斯市鄂托克旗蒙西工业园区	016014
江苏吉鑫风能科技股份有限公司	江阴市云亭街道工业园区那巷路 8 号	214422
江苏林洋电子股份有限公司	江苏省启东经济技术开发区林洋路 666 号	226200
环旭电子股份有限公司	上海市浦东新区张江高科技园区张东路 1558 号	201203
桐昆集团股份有限公司	浙江省桐乡市经济开发区光明路 199 号	314500
广州汽车集团股份有限公司	广州市东风中路 448 号成悦大厦 16 楼	510030
庞大汽贸集团股份有限公司	北京市朝阳区五环外王四营乡黄厂路甲 3 号庞大双龙培训中心四楼	100023
二重集团（德阳）重型装备股份有限公司	四川省德阳市珠江西路 460 号	618000

上市公司通讯录
Contact Information of Listed Companies

A股代码 A Code	A股简称 A Name	B股代码 B Code	B股简称 B Name	行业分类代码 Industry Code	行业分类名称 Industry Name	电话 Telephone
601288	农业银行			66	货币金融服务	010-85109619
601299	中国北车			37	铁路、船舶、航空航天和其他运输设备制造业	010-51897398
601311	骆驼股份			38	电气机械和器材制造业	13707278039
601313	江南嘉捷			34	通用设备制造业	13862112255
601318	中国平安			68	保险业	0755-22623487
601328	交通银行			66	货币金融服务	021-58400270
601333	广深铁路			53	铁路运输业	0755-25587920
601336	新华保险			68	保险业	010-85213023
601339	百隆东方			17	纺织业	0574-89085564
601369	陕鼓动力			38	电气机械和器材制造业	029-81871036
601377	兴业证券			67	资本市场服务	0591-38281888
601388	怡球资源			32	有色金属冶炼和压延加工业	13962655529
601390	中国中铁			48	土木工程建筑业	010-51843037
601398	工商银行			66	货币金融服务	（8610）6610-7151
601515	东风股份			23	印刷和记录媒介复制业	0754-88118555
601518	吉林高速			54	道路运输业	0431-84687588
601519	大智慧			65	软件和信息技术服务业	021-20219261
601555	东吴证券			67	资本市场服务	0512-62938866
601558	华锐风电			34	通用设备制造业	010-62515566
601566	九牧王			18	纺织服装、服饰业	0592-2955799
601567	三星电气			40	仪器仪表制造业	057488072272
601588	北辰实业			70	房地产业	010-64993370
601599	鹿港科技			17	纺织业	051258353258
601600	中国铝业			32	有色金属冶炼和压延加工业	8610 8229 8103
601601	中国太保			68	保险业	021-33965011
601607	上海医药			52	零售业	021-63730908
601608	中信重工			35	专用设备制造业	0379-64088008
601616	广电电气			38	电气机械和器材制造业	37531469
601618	中国中冶			48	土木工程建筑业	010-59868801
601628	中国人寿			68	保险业	010-63632199
601633	长城汽车			36	汽车制造业	0312-2197813
601636	旗滨集团			30	非金属矿物制品业	0596-5699668
601666	平煤股份			06	煤炭开采和洗选业	03752726764
601668	中国建筑			48	土木工程建筑业	010-88082888
601669	中国水电			48	土木工程建筑业	010-58381999
601677	明泰铝业			32	有色金属冶炼和压延加工业	0371-67898155
601678	滨化股份			26	化学原料和化学制品制造业	13906499999
601688	华泰证券			67	资本市场服务	025-83290788
601699	潞安环能			06	煤炭开采和洗选业	0355-5923838
601700	风范股份			33	金属制品业	051252122997
601717	郑煤机			35	专用设备制造业	18603861673
601718	际华集团			18	纺织服装、服饰业	010-63706018
601727	上海电气			34	通用设备制造业	021-33261016
601766	中国南车			37	铁路、船舶、航空航天和其他运输设备制造业	010-51862188
601777	力帆股份			36	汽车制造业	023-61663020
601788	光大证券			67	资本市场服务	021-22169588
601789	宁波建工			48	土木工程建筑业	057487066873
601798	蓝科高新			35	专用设备制造业	13609333377
601799	星宇股份			36	汽车制造业	0086-519-85156063
601800	中国交建			48	土木工程建筑业	8610-82016526

上市公司通讯录
Contact Information of Listed Companies

公司全称 Company Name	通讯地址 Address	邮编 Zip
中国农业银行股份有限公司	中国北京市东城区建国门内大街 69 号	100005
中国北车股份有限公司	北京市丰台区芳城园一区 15 楼	100078
骆驼集团股份有限公司	湖北省谷城县石花镇武当路 83 号	441057
江南嘉捷电梯股份有限公司	江苏省苏州工业园区唯新路 28 号	215122
中国平安保险（集团）股份有限公司	深圳市福田中心区福华三路星河中心大厦 16 楼	518048
交通银行股份有限公司	上海浦东新区银城中路 188 号	200120
广深铁路股份有限公司	广东省深圳市和平路 1052 号	518010
新华人寿保险股份有限公司	北京市朝阳区建国门外大街甲 12 号	100022
百隆东方股份有限公司	宁波市镇海区骆驼街道南二东路 1 号	315206
西安陕鼓动力股份有限公司	同上	710075
兴业证券股份有限公司	上海市浦东新区民生路 1199 弄 1 号楼 2211 室	350003
怡球金属资源再生（中国）股份有限公司	No.88 Hufuhuang Road, Fuqiao Town, Taicang City	215434
中国中铁股份有限公司	北京市海淀区复兴路 69 号中国中铁广场 A 座	100039
中国工商银行股份有限公司	北京市西城区复兴门内大街 55 号	100140
汕头东风印刷股份有限公司	汕头市潮汕路金园工业城（二围工业区）、4A2-2 片区、2M4 片区、13-02 片区 A-F 座	515064
吉林高速公路股份有限公司	吉林省长春市经开区浦东路 4488 号	130033
上海大智慧股份有限公司	上海市浦东新区杨高南路 428 号由由世纪广场 1 号楼	200127
东吴证券股份有限公司	苏州工业园区星阳街 5 号	215021
华锐风电科技（集团）股份有限公司	北京市海淀区中关村大街 59 号文化大厦	100872
九牧王股份有限公司	厦门市思明区宜兰路 1 号	361008
宁波三星电气股份有限公司	浙江省宁波市鄞州工业区（宁波市鄞州区姜山镇）	315191
北京北辰实业股份有限公司	北京朝阳区北辰东路 8 号汇欣大厦 A 座 707	100101
江苏鹿港科技股份有限公司	江苏省苏州市张家港市塘桥镇鹿苑	215616
中国铝业股份有限公司	北京市海淀区西直门北大街 62 号	100082
中国太平洋保险（集团）股份有限公司	上海市银城中路 190 号交银金融大厦南楼	200120
上海医药集团股份有限公司	上海市太仓路 200 号上海医药大厦	200020
中信重工机械股份有限公司	洛阳市涧西区建设路 206 号	471039
上海广电电气（集团）股份有限公司	上海市奉贤区南桥镇环城东路 123 弄 1 号	201401
中国冶金科工股份有限公司	北京市朝阳区曙光西里 28 号中冶大厦	100028
中国人寿保险股份有限公司	北京市西城区金融大街 16 号中国人寿广场 A 座	100033
长城汽车股份有限公司	河北省保定市朝阳南大街 2266 号	071000
株洲旗滨集团股份有限公司	福建省漳州市东山县环岛路 8 号旗滨领海国际	363400
平顶山天安煤业股份有限公司	河南省平顶山市矿工路 21 号	467000
中国建筑股份有限公司	北京市海淀区三里河路 15 号	100037
中国水利水电建设股份有限公司	北京市海淀区车公庄西路 22 号中国水电大厦	100048
河南明泰铝业股份有限公司	河南省郑州市高新技术开发区长椿路 11 号大学科技园区 Y19 栋	450001
滨化集团股份有限公司	山东省滨州市黄河五路 869 号	256619
华泰证券股份有限公司	江苏省南京市中山东路 90 号华泰证券大厦	210002
山西潞安环保能源开发股份有限公司	山西省长治市襄垣县侯堡镇	046204
常熟风范电力设备股份有限公司	江苏常熟市尚湖镇人民南路 8 号	215554
郑州煤矿机械集团股份有限公司	郑州市经济技术开发区第九大街 167 号	450016
际华集团股份有限公司	北京市丰台区南四环西路 188 号十五区 6 号楼	100070
上海电气集团股份有限公司	上海市钦江路 212 号	200233
中国南车股份有限公司	北京市海淀区西四环中路 16 号	100036
力帆实业（集团）股份有限公司	重庆市沙坪坝区上桥张家湾 60 号	400037
光大证券股份有限公司	上海市静安区新闸路 1508 号	200040
宁波建工股份有限公司	宁波市江东区宁穿路 538 号	315040
甘肃蓝科石化高新装备股份有限公司	甘肃省兰州市安宁区蓝科路 8 号	730070
常州星宇车灯股份有限公司	江苏省常州市新北区秦岭路 182 号	213022
中国交通建设股份有限公司	北京西城区德胜门外大街 85 号	100088

上市公司通讯录
Contact Information of Listed Companies

A 股代码 A Code	A 股简称 A Name	B 股代码 B Code	B 股简称 B Name	行业分类代码 Industry Code	行业分类名称 Industry Name	电话 Telephone
601801	皖新传媒			85	新闻和出版业	0551-62661237
601808	中海油服			07	石油和天然气开采业	010-84521129
601818	光大银行			66	货币金融服务	010-63636868
601857	中国石油			07	石油和天然气开采业	010-59986900
601866	中海集运			55	水上运输业	021-65966978
601872	招商轮船			55	水上运输业	0755-88237361
601877	正泰电器			38	电气机械和器材制造业	021-37791001
601880	大连港			55	水上运输业	0411-82623910
601886	江河创建			50	建筑装饰和其他建筑业	010-60411166-8409
601888	中国国旅			72	商务服务业	010-84479696
601890	亚星锚链			37	铁路、船舶、航空航天和其他运输设备制造业	052384686986
601898	中煤能源			06	煤炭开采和洗选业	010-82256618
601899	紫金矿业			09	有色金属矿采选业	0592-2933662
601901	方正证券			67	资本市场服务	0731-85832367
601908	京运通			35	专用设备制造业	010-80803016-8308
601918	国投新集			06	煤炭开采和洗选业	0554-8661819
601919	*ST 远洋			55	水上运输业	010-66492259
601928	凤凰传媒			85	新闻和出版业	025-5188 3301
601929	吉视传媒			63	电信、广播电视和卫星传输服务	0431-88789005
601933	永辉超市			52	零售业	0591-83762200
601939	建设银行			66	货币金融服务	010-6759 8523
601958	金钼股份			09	有色金属矿采选业	88320076
601965	中国汽研			36	汽车制造业	023-68825531
601988	中国银行			66	货币金融服务	010-66595465
601989	中国重工			37	铁路、船舶、航空航天和其他运输设备制造业	01088475208
601991	大唐发电			44	电力、热力生产和供应业	010-88008996
601992	金隅股份			30	非金属矿物制品业	01066410128
601996	丰林集团			20	木材加工和木、竹、藤、棕、草制品业	0771-4016666
601998	中信银行			66	货币金融服务	65556501
601999	出版传媒			85	新闻和出版业	024-23284236
603000	人民网			64	互联网和相关服务	010-65368433
603001	奥康国际			19	皮革、毛皮、羽毛及其制品和制鞋业	0577-67915188
603002	宏昌电子			26	化学原料和化学制品制造业	86-20-82266156
603003	龙宇燃油			51	批发业	13901986256
603008	喜临门			21	家具制造业	0575-85159531
603077	和邦股份			26	化学原料和化学制品制造业	86-833-3207168
603123	翠微股份			52	零售业	01068241688
603128	华贸物流			58	装卸搬运和运输代理业	13512194923
603167	渤海轮渡			55	水上运输业	86-535-6291223
603333	明星电缆			38	电气机械和器材制造业	0833-2596866
603366	日出东方			38	电气机械和器材制造业	0518-85959908
603399	新华龙			32	有色金属冶炼和压延加工业	04163198622
603766	隆鑫通用			37	铁路、船舶、航空航天和其他运输设备制造业	86-23-89028829
603993	洛阳钼业			09	有色金属矿采选业	037968658018
		900929	锦旅 B 股	72	商务服务业	021-63299090-116
		900935	阳晨 B 股	46	水的生产和供应业	63901001 63901800-11
		900939	汇丽 B	50	建筑装饰和其他建筑业	58138717
		900948	伊泰 B 股	44	电力、热力生产和供应业	0477-8565642
		900949	东电 B 股	44	电力、热力生产和供应业	0571-85774569
		900950	新城 B 股	70	房地产业	021-32522906

上市公司通讯录
Contact Information of Listed Companies

公司全称 Company Name	通讯地址 Address	邮编 Zip
安徽新华传媒股份有限公司	安徽省合肥市包河区北京路 8 号	230051
中海油田服务股份有限公司	北京市朝阳门内大街 2 号凯恒中心 B 座	100010
中国光大银行股份有限公司	北京市西城区太平桥大街 25 号中国光大中心	100033
中国石油天然气股份有限公司	北京东城区东直门北大街 9 号	100007
中海集装箱运输股份有限公司	上海市浦东新区福山路 450 号 3 楼	200122
招商局能源运输股份有限公司	上海市中山东一路 9 号	200002
浙江正泰电器股份有限公司	浙江省乐清市北白象镇正泰工业园区正泰路 1 号	325603
大连港股份有限公司	大连国际物流园区金港路新港商务大厦	116601
江河创建集团股份有限公司	北京市顺义区牛汇北五街 5 号	101300
中国国旅股份有限公司	北京市东城区东直门外小街甲 2 号 A 座 8 层	100027
江苏亚星锚链股份有限公司	靖江市东兴镇何德村	214533
中国中煤能源股份有限公司	北京市朝阳区黄寺大街 1 号	100120
紫金矿业集团股份有限公司	福建省上杭县紫金大道 1 号；福建省厦门市湖里区泗水道 599 号海富中心 19-22 层	361016
方正证券股份有限公司	长沙市芙蓉中路二段华侨国际大厦 22-24 层	410015
北京京运通科技股份有限公司	北京市北京经济技术开发区经海四路 158 号	100176
国投新集能源股份有限公司	安徽省淮南市山南新区民惠街 国投新集办公园区 1 号楼	232001
中国远洋控股股份有限公司	天津市天津空港经济区中心大道与东七道交口远航商务中心 12 号楼二层	300461
江苏凤凰出版传媒股份有限公司	南京市百子亭 34 号	210009
吉视传媒股份有限公司	吉林省长春市新民大街 1027-1 号	130021
永辉超市股份有限公司	福建省福州市鼓楼区西二环中路 436 号	350002
中国建设银行股份有限公司	北京市西城区金融大街 25 号	100033
金堆城钼业股份有限公司	陕西省西安市高新技术产业开发区锦业一路 88 号金钼股份综合楼 A 座	710077
中国汽车工程研究院股份有限公司	重庆市北部新区金渝大道 9 号	400039
中国银行股份有限公司	北京市复兴门内大街 1 号	100818
中国船舶重工股份有限公司	北京市海淀区昆明湖南路 72 号	100097
大唐国际发电股份有限公司	北京市西城区广宁伯街 9 号	100033
北京金隅股份有限公司	北京市东城区北三环东路 36 号环球贸易中心 D 座	100013
广西丰林木业集团股份有限公司	广西南宁市白沙大道 22 号	530031
中信银行股份有限公司	中国北京市东城区朝阳门北大街 8 号富华大厦 C 座	100027
北方联合出版传媒（集团）股份有限公司	辽宁省沈阳市和平区十一纬路 29 号	110003
人民网股份有限公司	北京市朝阳区金台西路 2 号	100733
浙江奥康鞋业股份有限公司	浙江省永嘉县瓯北镇千石工业区奥康工业园	325101
宏昌电子材料股份有限公司	广州市萝岗区云埔一路一号之二	510530
上海龙宇燃油股份有限公司	上海市浦东新区东方路 710 号 19 楼	20012
喜临门家具股份有限公司	浙江省绍兴市西大门钟家湾	312001
四川和邦股份有限公司	四川省成都市青羊区广富路 8 号 C6 幢	610091
北京翠微大厦股份有限公司	北京市海淀区复兴路 33 号翠微大厦 6 层董事会办公室	100036
港中旅华贸国际物流股份有限公司	上海市南京西路 338 号天安中心 20 楼	201202
渤海轮渡股份有限公司	山东省烟台市芝罘区环海路 2 号	264000
四川明星电缆股份有限公司	四川省乐山市高新区迎宾大道 18 号	614001
日出东方太阳能股份有限公司	江苏省连云港市海宁工贸园瀛洲南路 199 号	222243
锦州新华龙钼业股份有限公司	辽宁省锦州经济技术开发区天山路一段 50 号	121007
隆鑫通用动力股份有限公司	重庆市南岸区经济技术开发区白鹤工业园隆鑫工业园	400060
洛阳栾川钼业集团股份有限公司	河南省洛阳市栾川县城东新区画眉山路伊河以北	471500
上海锦江国际旅游股份有限公司	上海市延安东路 100 号联谊大厦 27 楼	200002
上海阳晨投资股份有限公司	上海市吴淞路 130 号城投控股大厦 16 楼	200080
上海汇丽建材股份有限公司	上海市南汇区康桥工业区康桥东路 299 号	201319
内蒙古伊泰煤炭股份有限公司	内蒙古鄂尔多斯市东胜区天骄北路伊泰大厦	017000
浙江东南发电股份有限公司	杭州市天目山路 152 号浙能大厦	310007
江苏新城地产股份有限公司	上海市中山北路 3000 号长城大厦 22 楼	200063

上市公司通讯录
Contact Information of Listed Companies

A股代码 A Code	A股简称 A Name	B股代码 B Code	B股简称 B Name	行业分类代码 Industry Code	行业分类名称 Industry Name	电话 Telephone
		900951	大化B股	26	化学原料和化学制品制造业	0411-86893436
		900953	凯马B	36	汽车制造业	52046619
		900956	东贝B股	36	汽车制造业	0714-5415858
		900957	凌云B股	70	房地产业	021-68400880

上市公司通讯录
Contact Information of Listed Companies

公司全称 Company Name	通讯地址 Address	邮编 Zip
大化集团大连化工股份有限公司	大连市甘井子区工兴路 10 号	116032
恒天凯马股份有限公司	上海市中山北路 1958 号华源世界广场 6 楼	200063
黄石东贝电器股份有限公司	湖北省黄石市经济技术开发区金山大道东 6 号	435000
上海凌云实业发展股份有限公司	上海浦东新区源深路 1088 号葛洲坝大厦 12 楼 1201 室	200122

Member
Companies

会员公司

会员公司概貌
Member Companies Overview

会员公司 Member Companies	2013 年	2012 年	增减(%) Change(%)
会员公司数量 No. of Member Companies	111	112	-0.89
席位数量 No. of Seats	8880	7928	12.01
A 股 A Share Seat	8693	7737	12.36
B 股 B Share Seat	187	191	-2.09
B 股证券商 B Share Brokers	102	102	0.00
境内 Domestic	62	62	0.00
境外 Overseas	40	40	0.00
会员公司交易金额(亿) Trading Val (100M)			
合计 Total	1730196.68	1095070.45	58.00
股票 Share	460532.05	329090.03	39.94
A 股 A Share	457837.64	328094.76	39.54
B 股 B Share	1379.87	826.98	66.86
股票回购 Share Repo	1314.54	168.29	681.12
基金 Fund	17978.95	6342.73	183.46
债券 Bond	1251678.83	759637.71	64.77
政府债 G-Bond	1544.20	1811.14	-14.74
公司债现货 C-Bond	29081.76	15074.85	92.92
债券回购 Repo	1221053.86	742751.73	64.40
其他 Other	6.84	0.00	0.00

会员公司交易
Trading of Member Companies

会员公司 Company	地址 Address	法人代表 Representative	电话 Tel	传真 Fax	注册资本 Registed Capital
国泰君安证券股份有限公司	上海市浦东新区银城中路 168 号	万建华	021-38676060	38670666	6100.0
中信证券股份有限公司	深圳市深南大道 7088 号招商银行大厦 A 层(518040)	王东明	010-84585028	60836031	11116.9
海通证券股份有限公司	上海市黄浦区广东路 689 号海通证券大厦	王开国	021-23219304	63411010	9584.7
国信证券股份有限公司	深圳市罗湖区红岭中路 1012 号国信证券大厦	何如	82130639	82130570	7000.0
申银万国证券股份有限公司	上海市徐汇区长乐路 989 号世纪商贸广场 45 层	储晓明	021-33389888	54035333	6715.8
中国银河证券股份有限公司	北京市西城区金融大街 35 号 2-6 层	陈有安		66568532	6000.0
中信建投证券股份有限公司	北京市东城区朝内大街 188 号	王常青	010-85130505	65186399	6100.0
华泰证券股份有限公司	江苏省南京市中山东路 90 号华泰证券大厦	吴万善	025-83290666	84579929	5600.0
招商证券股份有限公司	深圳市福田区益田路江苏大厦 38-45 层	宫少林	0755-82943522	82943100	4661.1
广发证券股份有限公司	广州市天河北路 183 号大都会广场 42 楼	孙树明	020-87555888-8277	87553600	5919.3
中国国际金融有限公司	中国北京建国门外大街 1 号国贸大厦 2 座 28 层	金立群	010-85679888	85679668	1037.0
东方证券股份有限公司	上海市中山南路 318 号 2 号楼 22 层、23 层、25 层—29 层	潘鑫军	021-63325888	63327888	4281.7
光大证券股份有限公司	上海市静安区新闸路 1508 号	袁长清（代	021-22169066	62151789	3418.0
长江证券股份有限公司	湖北省武汉市江汉区新华路特 8 号	胡运钊	027-65799765	85481900	2371.2
平安证券有限责任公司	深圳市福田区金田路大中华国际交易广场 8 层	杨宇翔	0755-22622262	82400862	5500.0
安信证券股份有限公司	深圳市福田区金田路 4018 号安联大厦 35 层	牛冠兴	0755-82825599	82825596	3200.0
兴业证券股份有限公司	福建省福州市湖东路 268 号证券大厦	兰荣	021-38565699	338565888	2200.0
齐鲁证券有限公司	山东省济南市市中区经七路 86 号	李玮	0531-68889988	68889999	5212.2
北京高华证券有限责任公司	北京市西城区金融大街 7 号北京英蓝国际金融中心十八层 1801-1806,1826-1832 室	章星	010-66273038	66273001	1072.0
中国中投证券有限责任公司	深圳市福田区益田路与福中路交界处荣超商务中心 A 栋第 18-21 层及第 04 层	龙增来	0755-82026988	82026668	5000.0
宏源证券股份有限公司	乌鲁木齐文艺路 233 号	冯戎	010-88085858	88085059	1986.2
中信证券（浙江）有限责任公司	浙江省杭州市滨江区江南大道 588 号恒鑫大厦主楼 19、20 楼	沈强	0571-85166663	85106393	885.0
方正证券股份有限公司	长沙市芙蓉区芙蓉中路二段华侨国际大厦 22-24 层	雷杰	010-57398008	85832263	6100.0
广州证券有限责任公司	广州市天河区珠江西路 5 号广州国际金融中心主塔 19 层、20 层	刘东	020-88836999	88836900	1977.8
国金证券股份有限公司	四川省成都市东城根上街 95 号	冉云	028-86690307	86690365	1000.2
西南证券股份有限公司	重庆市江北区桥北苑 8 号西南证券大厦	余维佳	023-67602988	63786513	2322.6
长城证券有限责任公司	深圳市深南大道 6008 号特区报业大厦 14、16、17 楼	黄耀华	0755-83516178	83516189	2067.0
中银国际证券有限责任公司	上海市浦东银城中路 200 号中银大厦 39 楼	许刚	010-662299036	66578956	1500.0
东吴证券股份有限公司	苏州市工业园区星阳街 5 号	吴永敏	0512－62938888	62938888	2000.0
上海证券有限责任公司	上海市黄浦区西藏中路 336 号	龚德雄	021-53519888	1110	2610.0
渤海证券股份有限公司	天津市南开区宾水西道 8 号	杜庆平	022-28451639	28451600	4037.2
国元证券股份有限公司	合肥市寿春路 179 号	蔡咏	0551-62207888	62645709	1964.1
湘财证券有限责任公司	中国湖南省长沙市天心区湘府中路 198 号新南城商务中心 A 栋 11 楼	林俊波	0731-84430252	84430252	3197.3
财通证券股份有限公司	浙江省杭州市杭大路 15 号嘉华国际 16、17 层	沈继宁	0571-87828166	87826858	1800.0
东兴证券股份有限公司	北京市西城区金融大街 5 号新盛大厦 B 座 12-15 层	魏庆华	010-66555633	66555663	2004.0
民生证券股份有限公司	北京市东城区建国门内大街 28 号民生金融中心 A 座 16、17、18 层	余政	010-85127699	85127699	2177.3
国联证券股份有限公司	无锡市滨湖区太湖新城金融一街 8 号国联金融大厦 7-9 楼	姚志勇	0510-82833989	82833124	1500.0
华西证券有限责任公司	四川省成都市陕西街 239 号	杨炯洋	028-86150593	86150615	1413.1
东北证券股份有限公司	长春市自由大路 1138 号	矫正中	0431-85096808	85604083	639.3
第一创业证券股份有限公司	深圳市罗湖区笋岗路 12 号中民时代广场 B 座 25、26 层	刘学民	0755-25832699	25832833	1970.0
信达证券股份有限公司	北京市西城区闹市口大街 9 号院 1 号楼信达金融中心	张志刚	010-63081000	63081199	2568.7
浙商证券股份有限公司	浙江省杭州市黄龙世纪广场 A 座七楼	吴承根	0571-87902963	87901370	3000.0
英大证券有限责任公司	深圳市福田区深南中路华能大厦三十、三十一层	吴骏	0755-83007088	83007040	2200.0
华福证券有限责任公司	福州市五四路 157 号新天地大厦 7-10 层	黄金琳	0591-87855777	87841150	550.0
红塔证券股份有限公司	昆明市北京路 155 号附 1 号红塔大厦 7-11 楼	况雨林	0871-63577970	63577922	2057.7
大通证券股份有限公司	大连市沙河口区会展路 129 号期货大厦 38、39 层	李红光	0411-39673388	82826601	2200.0
国海证券股份有限公司	南宁市滨湖路 46 号	张雅锋	0771-5539309	5530903	800.0
东海证券股份有限公司	江苏常州延陵西路 23 号投资广场 18、19 号楼	刘化军	021-20333999	50585608	1670.0
中国民族证券有限责任公司	北京市朝阳区北四环中路 27 号盘古大观 A 座 40-43 层	赵大建	010-59355807	56437031	4486.6
恒泰证券股份有限公司	内蒙古呼和浩特市新城区新华东街 111 号	庞介民	0471-4913858	4913858	2194.7

注：会员交易金额的单位为百万元。

会员公司交易
Trading of Member Companies

名次 Rank	总计 Total	股票 Share	基金 Fund	政府债 G-Bond	公司债 C-Bond	债券回购 Repo
1	10950838.3	2356109.5	78140.4	14978.9	237029.0	8264580.5
2	9844697.8	1726825.4	131622.2	18673.7	307872.6	7659704.0
3	9668753.9	2205621.8	247890.8	31843.0	179317.2	7004081.2
4	8708142.3	1698723.5	59219.6	3545.2	102179.5	6844474.6
5	8493466.6	2074585.4	109550.5	3883.0	121346.5	6184101.2
6	7980344.7	2356517.7	99654.3	2196.3	126656.3	5395320.0
7	7377223.2	1558930.5	169601.0	5148.7	187495.3	5456047.7
8	7165854.1	2697537.1	185202.3	1204.4	113984.8	4167925.6
9	6721023.7	1952764.2	40355.7	5821.1	119439.1	4602643.7
10	6322683.3	1780530.4	38350.1	3101.9	116736.9	4383964.1
11	4902563.6	421771.1	10152.7	12536.1	71061.7	4387041.9
12	3737871.6	696879.4	14360.2	2650.2	50691.6	2973290.3
13	3705037.8	1423044.2	49422.5	729.5	56846.7	2174994.8
14	3518081.0	772335.0	14372.5	825.9	46082.7	2684465.0
15	3419406.4	544330.9	37427.7	3943.1	34506.8	2799197.9
16	3296357.0	1022888.5	14914.5	1073.8	52027.9	2205452.4
17	3078414.1	759955.9	9673.2	1162.2	37963.7	2269659.1
18	2515780.8	1048205.5	129355.6	1000.2	28058.8	1309160.7
19	2402644.1	145371.3	4277.3	1146.4	6850.9	2244998.2
20	2348724.8	1061096.1	17198.8	791.6	24429.1	1245209.3
21	2108265.4	664696.1	14888.2	324.0	36934.2	1391422.9
22	1806740.1	901940.2	50922.7	41.9	7269.0	846566.3
23	1766228.8	821724.1	32443.3	226.0	11475.3	900360.1
24	1504522.2	179717.3	14377.1	167.0	58004.9	1252255.8
25	1369949.8	312701.8	7241.8	470.2	17657.9	1031878.1
26	1323901.2	355718.4	9593.7	1110.3	14699.3	942779.5
27	1304881.8	370110.1	2980.7	810.2	22310.7	908670.1
28	1298930.9	402064.0	4377.1	2089.5	23761.8	866638.5
29	1284015.9	404249.1	5841.3	208.9	20548.1	853168.6
30	1261090.0	376755.8	4151.7	374.7	11845.9	867961.9
31	1145422.8	245346.9	4631.2	232.1	20575.2	874637.5
32	1142114.0	516057.2	8461.3	317.9	8238.9	609038.8
33	1111703.0	330924.1	4586.8	212.0	19061.3	756918.9
34	1094686.1	493234.5	6843.8	1403.5	28519.3	564685.1
35	1011255.7	494394.7	11538.6	183.8	20374.0	484764.5
36	970445.9	287727.2	1279.0	440.9	27565.8	653433.1
37	915313.8	247406.4	4706.5	31.4	9448.3	653721.1
38	899598.0	459685.4	10119.2	109.8	4659.8	425023.9
39	866231.7	318480.5	2793.5	161.3	7687.9	537108.5
40	831471.9	122159.7	1532.2	250.1	38197.2	669332.7
41	829481.7	387615.0	3712.7	178.4	11107.8	426867.8
42	828001.8	489452.4	6269.1	14.0	3303.8	328962.5
43	818461.1	152672.7	1650.1	573.9	14914.9	648649.6
44	753140.7	340508.3	2203.2	317.6	8117.2	401994.4
45	721318.6	90903.9	2541.7	172.2	5429.9	622270.8
46	692951.4	153833.5	1269.1	39.0	8958.3	528851.5
47	690575.8	286350.9	2512.8	177.4	12359.7	389174.9
48	679289.6	280107.1	3835.9	176.1	33726.5	361444.0
49	657278.9	299492.2	2258.9	59.3	3935.5	351533.1
50	636999.1	179905.3	936.0	11.7	20874.8	435271.4

会员公司交易 Trading of Member Companies

会员公司 Company	地址 Address	法人代表 Representative	电话 Tel	传真 Fax	注册资本 Registed Capital
国都证券有限责任公司	北京市东城区东直门南大街 3 号国华投资大厦 9 层、10 层	常喆	010-84183118	84183311	2623.0
东莞证券有限责任公司	广东省东莞市莞城区可园南路 1 号金源中心	张运勇	0769-22116111	22116999	1500.0
华创证券有限责任公司	贵州省贵阳市中华北路 216 号华创大厦	陶永泽	0851-6856815	6856537	1500.0
财达证券有限责任公司	石家庄市桥西区自强路 35 号庄家金融大厦	翟建强	0311-66006222	66006200	1416.9
中信万通证券有限责任公司	青岛市崂山区深圳路 222 号天泰金融广场 21 层	杨宝林	0532-85022517	85022301	800.0
中原证券股份有限公司	河南省郑州市郑东新区商务外环路 10 号	菅明军	0371-65585698	65585118	2033.5
华安证券有限责任公司	合肥市政务文化新区天鹅湖路 198 号	李工	0551-5161601	5161600	2821.0
南京证券股份有限公司	南京市大钟亭 8 号	步国旬	025-83367888-0	83367377	1900.0
中航证券有限公司	江西省南昌市红谷滩新区红谷中大道 1619 号南昌国际金融大厦 A 栋 41 层	王宜四	0791-86771128	64818300	1985.2
金元证券股份有限公司	深圳市深南大道 4001 号时代金融中心大厦 17 层	陆涛	0755-83025559	83025511	3174.3
山西证券股份有限公司	太原市府西街 69 号山西国贸中心	侯巍	0351-8689699	8686918	2399.8
首创证券有限责任公司	北京市西城区德胜门外大街 115 号德胜尚城 E 座	吴涛	010-59366066	84976609	650.0
西部证券股份有限公司	西安市东新街 232 号陕西信托大厦	刘建武	029-87406097	87406483	1200.0
华鑫证券有限责任公司	深圳市福田区金田路 4018 号安联大厦 28 层 A01、B01（b）单元	洪家新	0755-88285883	88285883	1600.0
瑞银证券有限责任公司	北京市西城区金融大街 7 号英蓝国际金融中心 15 层	程宜荪	01058328883	58328912	1490.0
新时代证券有限责任公司	北京市海淀区北三环西路 99 号院 1 号楼 15 层 1501	刘汝军	010-83561009	83561009	1693.1
华融证券股份有限公司	北京市西城区金融大街 8 号 A 座三层	祝献忠	010-58568188	58315299	3177.5
江海证券有限公司	黑龙江省哈尔滨市香坊区赣水路 56 号	孙名扬	0451-82269208	82269290	1363.2
中山证券有限责任公司	深圳市福田区益田路 6009 号新世界中心 29 层	吴永良	0755-82943769	82940511	1355.0
华宝证券有限责任公司	浦东世纪大道 100 号 57 层	陈林	021-68778808	68778108	1500.0
德邦证券有限责任公司	上海市福山路 500 号城建国际中心 26 楼	姚文平	021－68761616	68767880	1300.0
国盛证券有限责任公司	南昌市北京西路 88 号江信国际金融大厦	曾小普	0791-86289667	86281441	593.3
西藏同信证券有限责任公司	上海市闸北区永和路 118 弄东方环球企业园 24 号楼	贾绍君	021-36535003	36535000	600.0
万联证券有限责任公司	广州市天河区珠江东路 11 号 18、19 楼全层	张建军	020-38286218	38286588	2000.0
财富证券有限责任公司	长沙市芙蓉中路中路二段 80 号顺天国际财富中心 26 层	周晖	0731-84403385	84403330	2135.7
世纪证券有限责任公司	深圳市深南大道 7088 号招商银行大厦 41 层	卢长才	0755--83199599	83199502	700.0
太平洋证券股份有限公司	昆明市青年路 389 号志远大厦 18 层	李长伟	0871-68885858	68898100	1653.6
华林证券有限责任公司	深圳市福田区民田路 178 号华融大厦 5-6 楼	宋志江	0755-82707991	82707700	807.0
华龙证券有限责任公司	甘肃省兰州市东岗西路 638 号	李晓安	0931-4890688	4890515	2153.4
天风证券股份有限公司	湖北省武汉市江汉区唐家墩路 32 号国资大厦 B 座四楼	余磊	027-87618881	87618863	1570.0
中天证券有限责任公司	沈阳市和平区光荣街 23 甲	马功勋	024-23253627	23255606	1098.6
联讯证券有限责任公司	惠州市江北东江三路 55 号广播电视新闻中心西南面一楼大堂和三、四层	徐刚	0752-2119388	2119369	500.0
国开证券有限责任公司	北京市朝阳区安华里外馆斜街甲一号泰利明苑 A 座二区 4 层	黎维彬	010-51789192	51789166	7370.0
宏信证券有限责任公司	成都市人民南路二段十八号川信大厦 10 楼	刘晓亚	028-86199166	86199079	500.0
厦门证券有限公司	厦门市莲前西路 2 号莲富大厦十七楼	傅毅辉	0592-5161708	5161102	50.0
开源证券有限责任公司	西安市高新区锦业路 1 号都市之门 B 座 5 层	李刚	029-88365836	88365835	1300.0
爱建证券有限责任公司	上海市浦东新区世纪大道 1600 号 32 楼	郭林	021-32229888	68728700	1100.0
大同证券经纪有限责任公司	山西省太原市长治路 111 号山西世贸中心 A 座 12、13 层	董祥	0351-4192998	4192803	100.0
银泰证券有限责任公司	广东省深圳市福田区竹子林四路紫竹七道 18 号	黄冰	0755-83708126	83708126	1000.0
天源证券有限公司	青海省西宁市长江路 53 号汇通大厦 6 楼	林小明	0755-33329812	33329815	183.9
五矿证券有限公司	深圳市金田路 4028 号荣超经贸中心 A 座 47 层	张永衡	0755-82545680	82545500	880.0
川财证券有限责任公司	成都市高新区交子大道 177 号中海国际中心 B 座 17 楼	孟建军	028-86583099	86583002	650.0
日信证券有限责任公司	内蒙古呼和浩特市锡林南路 18 号	孔佑杰	0471-6292480	6292513	900.0
中邮证券有限责任公司	陕西省西安市高新区唐延路 5 号陕西邮政大厦 9-11 层	黄海涛	029-88602882	88602189	560.0
万和证券有限责任公司	深圳市福田区深南大道 7028 号时代科技大厦 20 层西厅	朱治理	0755-25170777	25171762	125.3
恒泰长财证券有限责任公司	长春市长江路经济开发区人民大街 280 号科技城 2 层 A-33 段	赵培武	0431-82951750	82951790	100.0
航天证券有限责任公司	上海市普陀区曹杨路 430 号	詹毅超	021-62445566	62447572	600.0
众成证券经纪有限公司	深圳市福田区华强北圣廷苑酒店 B 座 26 楼	李兵	0755-83296900	83277670	62.5
诚浩证券有限责任公司	沈阳市沈河区热闹路 49 号	王晓	024-22939989	22958441	200.8
财富里昂证券有限责任公司	上海市浦东新区世纪大道 100 号环球金融中心 9 楼	罗浩	021-38784818	68774818	500.0

注：会员交易金额的单位为百万元。

会员公司交易
Trading of Member Companies

名次 Rank	总计 Total	股票 Share	基金 Fund	政府债 G-Bond	公司债 C-Bond	债券回购 Repo
51	635243.8	211616.4	3607.3	90.7	9019.2	410910.1
52	619336.5	312601.0	2887.0	62.9	3417.8	300367.7
53	607275.5	133435.5	767.6	244.2	7437.0	465391.2
54	601678.4	275118.6	1814.2	36.1	5426.5	319282.9
55	595947.1	304556.0	2665.7	77.8	2802.9	285844.7
56	571120.6	279279.2	2844.4	144.0	2597.4	286255.6
57	561254.3	308066.9	1784.0	66.2	11080.7	240256.5
58	556109.5	293897.6	1741.9	1502.7	28918.5	230048.8
59	548732.1	169217.8	1506.9	181.5	16823.6	361002.3
60	533722.0	145763.0	1068.3	24.7	6668.9	380197.1
61	532571.5	224939.3	8695.3	76.9	1733.5	297126.5
62	512125.3	91988.5	835.3	345.6	40052.4	378903.5
63	480951.2	235633.1	986.1	164.8	5671.1	238496.2
64	466847.4	171983.9	942.5	2220.2	6242.5	285458.4
65	462896.0	230006.6	538.1	15669.1	7104.9	209577.3
66	451016.6	240307.1	7183.4	98.4	8441.1	194986.6
67	446736.9	136862.3	721.5	121.2	2923.1	306108.7
68	446290.8	173660.0	768.2	48.5	4721.9	267092.2
69	427661.0	102679.9	498.6	176.3	5540.6	318765.6
70	393241.8	89958.9	6270.6	675.8	12220.5	284116.0
71	378947.2	85728.7	1508.0	72.3	7828.1	283810.1
72	364365.6	155541.3	861.0	115.2	3900.6	203947.4
73	327806.1	103172.2	2044.9	2.7	4490.4	218096.0
74	314937.8	149124.9	881.0	20.9	7080.6	157830.4
75	307535.8	148953.9	1205.3	19.2	43491.8	113865.6
76	293354.8	127851.2	513.9	51.0	6650.3	158288.5
77	287630.0	102411.5	579.7	200.7	2745.4	181692.8
78	281027.3	137325.1	914.0	28.9	1000.3	141759.1
79	276661.4	113817.6	1255.2	543.5	4450.4	156594.6
80	236937.5	86091.3	646.1	265.4	10591.2	139343.5
81	235971.4	67547.7	382.2	46.5	727.0	167268.1
82	202690.0	94661.7	314.5	30.6	786.0	106897.3
83	202039.3	49263.9	97.9	4.7	8666.2	144006.6
84	191846.0	77804.0	179.2	123.7	5671.4	108067.7
85	179800.5	80240.8	408.3	4.1	268.5	98878.9
86	175450.4	31872.3	220.2	53.5	1261.1	142043.3
87	153945.4	77301.3	1468.0	6.2	1032.2	74137.8
88	152601.6	80855.0	492.4	98.2	1763.7	69392.3
89	147841.3	68569.8	1067.5	14.2	1397.5	76792.3
90	120398.1	41551.3	384.9	2.0	5883.5	72576.4
91	108928.8	53608.5	166.1	55.0	600.8	54498.4
92	87901.7	26889.0	75.7	1.4	1342.5	59593.1
93	86167.9	42738.8	266.2	139.4	2463.4	40560.2
94	58805.6	25647.7	43.3	2.0	317.9	32794.8
95	58792.2	31669.3	62.2	15.9	122.7	26922.1
96	44104.2	27457.3	67.4	3.1	54.9	16521.6
97	41103.6	13828.8	217.2	1.8	348.4	26707.4
98	39645.4	25468.3	71.9	1.7	30.4	14073.1
99	27844.5	17315.5	25.3	16.3	65.0	10422.4
100	20046.9	11990.9	32.9	7.0	78.8	7937.3

会员公司交易
Trading of Member Companies

会员公司 Company	地址 Address	法人代表 Representative	电话 Tel	传真 Fax	注册资本 Registed Capital
中国证券金融股份有限公司	北京市西城区丰盛胡同 28 号太平洋保险大厦 6 层	聂庆平	01063211658	63211601	7500.0
华英证券有限责任公司	江苏省无锡市新区高浪东路 19 号 15 层 01-11 单元	雷建辉	0510-82833995	85203300	800.0
摩根士丹利华鑫证券有限责任公司	上海市浦东新区世纪大道 100 号上海环球金融中心 75 层	王文学	021-20336008	20336040	1020.0
海际大和证券有限责任公司	上海市浦东新区陆家嘴环路 1000 号 45 楼	朱学华	021-38582008	68598030	500.0

注：会员交易金额的单位为百万元。

会员公司交易
Trading of Member Companies

名次 Rank	总计 Total	股票 Share	基金 Fund	政府债 G-Bond	公司债 C-Bond	债券回购 Repo
101	19732.6	19015.1	638.3	0.0	79.3	0.0
102	4152.4	0.0	0.0	0.0	747.7	3404.7
103	687.5	0.0	0.0	0.0	375.9	311.6
104	463.4	0.0	0.0	0.0	8.9	454.5

证券营业部交易
Trading of Business Department

营业部名称 Business Department	省份 Province	城市 City	总计 Total	股票 Share	基金 Fund	政府债 G-Bond	公司债 C-Bond	债券回购 Repo
中国国际金融有限公司上海淮海中路证券营业部	上海	上海	2155732.5	199310.3	1998.4	5962.6	21788.0	1926673.2
北京高华证券有限责任公司北京金融大街证券营业部	北京	北京	1971923.1	47513.7	3613.3	828.1	2740.6	1917227.5
招商证券股份有限公司深圳南山南油大道证券营业部	深圳	深圳	1764987.8	156512.5	2100.0	455.8	30466.4	1575453.2
中国国际金融有限公司北京建国门外大街证券营业部	北京	北京	1668993.2	114822.3	6032.3	4603.3	27568.5	1515966.7
招商证券股份有限公司哈尔滨长江路证券营业部	黑龙江	哈尔滨	1130850.0	40299.5	3120.5	2122.6	21585.2	1063722.2
中信证券股份有限公司北京安外大街证券营业部	北京	北京	1113117.3	94125.0	2821.3	487.8	11430.7	1004252.5
申银万国证券股份有限公司上海南汇证券营业部	上海	上海	1014844.4	20442.0	151.4	0.7	1490.2	992760.1
长江证券股份有限公司上海锦绣路证券营业部	上海	上海	873817.4	39802.9	67.1	546.5	18798.5	814602.4
广发证券股份有限公司广州天河北路大都会广场证券营业部	广东	广州	790109.9	98872.3	3776.9	287.3	21806.9	665366.6
中信证券股份有限公司上海淮海中路证券营业部	上海	上海	784631.4	106163.9	2014.9	449.7	29481.8	646521.1
中信建投证券股份有限公司北京市三里河路证券营业部	北京	北京	773621.1	73277.9	12583.5	705.3	33448.2	653606.2
中国国际金融有限公司深圳福华一路证券营业部	深圳	深圳	738137.3	76209.6	1557.0	660.5	10476.4	649233.8
广发证券股份有限公司上海控江路证券营业部	上海	上海	736202.4	22241.6	174.5	12.3	2563.3	711210.7
中国银河证券股份有限公司桂林中山中路证券营业部	广西	桂林	615266.2	2844.3	8.0	260.7	10045.2	602108.0
东方证券股份有限公司上海张杨路证券营业部	上海	上海	595452.7	72104.7	2811.6	523.9	12653.1	507359.4
中信建投证券股份有限公司北京市东直门南大街证券营业部	北京	北京	577148.1	70745.0	14106.4	309.6	9945.0	482042.2
华泰证券股份有限公司南昌苏圃路证券营业部	江西	南昌	571788.6	34652.4	1767.0	213.6	11531.8	523623.7
申银万国证券股份有限公司上海陆家嘴环路营业部	上海	上海	550376.3	59933.6	480.0	209.5	13929.0	475824.2
海通证券股份有限公司上海玉田支路证券营业部	上海	上海	520059.1	16858.3	1573.8	300.1	22683.0	478643.8
中国银河证券股份有限公司广州临江大道证券营业部	广东	广州	513091.3	10281.3	111.6	0.0	2276.1	500422.3
国信证券股份有限公司北京平安大街证券营业部	北京	北京	495480.7	148478.3	23220.2	13.1	2604.2	321165.0
中国银河证券股份有限公司北京金融街证券营业部	北京	北京	494549.4	55006.7	17149.2	5.2	5106.3	417281.9
国金证券股份有限公司上海长宁区延安西路营业部	上海	上海	486254.8	95636.4	680.3	302.5	4797.7	384837.9
国信证券股份有限公司深圳红岭中路证券营业部	深圳	深圳	475959.4	82457.5	9047.0	135.5	2575.7	381743.7
中信证券股份有限公司深圳福华一路证券营业部	深圳	深圳	454147.3	104892.1	1199.0	1469.6	24374.9	322211.6
国信证券股份有限公司上海北京东路证券营业部	上海	上海	434954.1	164020.9	4409.6	113.3	1140.5	265269.9
长江证券股份有限公司武汉胜利街证券营业部	湖北	武汉	418794.7	51320.5	303.2	22.1	11562.0	355586.8
申银万国证券股份有限公司上海昌化路营业部	上海	上海	397179.7	24437.6	1416.4	360.3	5418.7	365546.8
民生证券股份有限公司北京北蜂窝路证券营业部	北京	北京	385344.4	56087.5	82.7	98.8	11735.6	317339.8
中银国际证券有限责任公司上海欧阳路证券营业部	上海	上海	374672.0	87006.8	983.1	1363.5	10162.8	275155.9
平安证券有限责任公司深圳福华路证券营业部	深圳	深圳	364097.7	76613.9	2813.1	827.7	14758.6	269084.3
长江证券股份有限公司上海宁波路证券营业部	上海	上海	359337.5	135808.4	2313.9	28.2	1526.6	219660.4
国联证券股份有限公司无锡中山路证券营业部	江苏	无锡	348593.1	32478.2	1871.9	4.6	5044.1	309194.3
海通证券股份有限公司北京光华路营业部	北京	北京	342848.5	16616.9	2343.4	0.0	2261.8	321626.4
广发证券股份有限公司广州环市东路证券营业部	广东	广州	342144.5	12285.0	63.6	324.9	55782.8	273688.2
兴业证券股份有限公司福州湖东路证券营业部	福建	福州	339734.4	53226.7	1466.7	6.8	5125.5	279908.7
申银万国证券股份有限公司眉山三苏大道证券营业部	四川	眉山	328526.8	20541.5	767.9	28.8	2661.5	304527.1
广发证券股份有限公司北京广安门内大街证券营业部	北京	北京	314693.6	20654.6	200.1	241.9	2558.5	291038.6
华泰证券股份有限公司北京雍和宫证券营业部	北京	北京	277836.7	54410.1	151.9	0.6	94.9	223179.2
国信证券股份有限公司深圳泰然九路证券营业部	深圳	深圳	276248.5	175974.8	1370.5	14.7	424.0	98464.4
国泰君安证券股份有限公司上海打浦路证券营业部	上海	上海	266117.5	34359.4	642.1	4.4	25676.4	205435.3
中银国际证券有限责任公司南昌会展路证券营业部	江西	南昌	260574.5	23443.7	122.4	290.5	9399.1	227318.9
国泰君安证券股份有限公司上海江苏路证券营业部	上海	上海	258352.2	77463.1	381.9	46.7	1270.0	179190.5
招商证券股份有限公司深圳益田路免税商务大厦营业部	深圳	深圳	256280.9	110019.8	1143.2	13.5	6656.6	138447.7
申银万国证券股份有限公司哈尔滨黄河路证券营业部	黑龙江	哈尔滨	255466.1	5948.2	159.9	114.8	11396.7	237846.4
中信证券股份有限公司北京呼家楼证券营业部	北京	北京	251449.4	40151.4	2056.5	12.5	11738.9	197490.1
中信证券（浙江）有限责任公司杭州延安路证券营业部	浙江	杭州	247623.2	72313.1	514.4	0.0	360.5	174435.2
大通证券股份有限公司大连昆明街证券营业部	辽宁	大连	242107.0	24180.7	28.6	0.2	12.8	217884.8
瑞银证券有限责任公司上海花园石桥路证券营业部	上海	上海	232685.3	168817.7	249.6	8863.6	5105.9	49648.6
中信建投证券股份有限公司重庆市南坪西路营业部	重庆	重庆	231207.1	5948.5	26.5	286.7	407.6	224537.8

注：营业部交易金额的单位为百万元。

证券营业部交易
Trading of Business Department

营业部名称 Business Department	省份 Province	城市 City	总计 Total	股票 Share	基金 Fund	政府债 G-Bond	公司债 C-Bond	债券回购 Repo
中信证券股份有限公司北京复外大街证券营业部	北京	北京	229715.9	65127.4	3648.6	4.7	1941.7	158993.5
光大证券股份有限公司苏州苏惠路证券营业部	江苏	苏州	228269.2	24133.3	1795.1	4.9	2765.5	199570.3
广发证券股份有限公司深圳天安创新科技广场证券营业部	深圳	深圳	225474.0	11166.5	76.5	213.7	164.3	213853.1
东方证券股份有限公司上海肇嘉浜路证券营业部	上海	上海	223956.4	31257.2	352.9	84.4	638.3	191623.6
第一创业证券股份有限公司佛山季华四路证券营业部	广东	佛山	222844.9	18249.0	718.1	157.1	12054.4	191666.3
金元证券股份有限公司海口南宝路证券营业部	海南	海口	222169.2	9014.0	135.5	0.0	3801.9	209217.8
国泰君安证券股份有限公司北京知春路证券营业部	北京	北京	220795.1	70905.3	12020.0	52.5	832.2	136985.2
申银万国证券股份有限公司北京安定路营业部	北京	北京	217525.7	39867.3	4143.8	5.5	1683.3	171825.8
中信建投证券股份有限公司北京望京中环南路营业部	北京	北京	215422.9	20103.2	372.4	1.6	662.8	194282.9
华创证券有限责任公司贵阳中华北路证券营业部	贵州	贵阳	212662.2	10731.5	77.7	0.5	1016.6	200836.0
宏源证券股份有限公司北京金融大街证券营业部	北京	北京	206765.4	52458.0	92.1	118.5	3562.5	150534.3
华泰证券股份有限公司深圳益田路荣超商务中心证券营业部	深圳	深圳	206489.9	69266.9	5630.3	4.1	1352.1	130236.4
华宝证券有限责任公司上海西藏中路证券营业部	上海	上海	205260.0	32481.5	5167.8	648.7	2036.3	164925.7
招商证券股份有限公司北京建国路证券营业部	北京	北京	203105.2	72056.9	427.6	54.4	802.1	129764.2
中信建投证券股份有限公司北京市海淀南路营业部	北京	北京	196280.5	58943.3	1173.7	61.0	1050.6	135052.0
国泰君安证券股份有限公司上海杨树浦路证券营业部	上海	上海	194071.7	17591.9	51.0	0.4	10906.2	165522.3
国信证券股份有限公司广州东风中路证券营业部	广东	广州	193701.4	120041.4	1178.3	27.8	475.5	71978.4
宏源证券股份有限公司深圳福华一路证券营业部	深圳	深圳	186642.9	42657.5	65.9	2.4	81.5	143835.6
国泰君安证券股份有限公司上海延平路证券营业部	上海	上海	184514.1	28333.7	685.0	199.1	1333.8	153962.5
申银万国证券股份有限公司北京劲松九区证券营业部	北京	北京	184439.8	24488.0	126.4	206.2	2558.8	157060.3
中信建投证券股份有限公司上海市徐家汇路营业部	上海	上海	184227.8	17176.2	307.0	97.4	10815.6	155831.6
华泰证券股份有限公司上海武定路证券营业部	上海	上海	179688.6	82300.7	2303.4	30.9	5052.5	90001.2
申银万国证券股份有限公司桐乡和平路证券营业部	浙江	桐乡	178323.9	36595.1	14318.5	190.7	2000.2	125219.5
华融证券股份有限公司北京金融大街证券营业部	北京	北京	177753.2	24863.6	167.5	21.4	1551.1	151149.6
英大证券有限责任公司沈阳青年大街证券营业部	辽宁	沈阳	175902.8	15158.2	630.5	241.8	6112.6	153759.8
申银万国证券股份有限公司上海中山北路证券营业部	上海	上海	173217.8	25468.2	1212.5	1.1	2607.8	143928.2
光大证券股份有限公司上海新闸路证券营业部	上海	上海	172710.8	15801.4	187.4	0.0	6505.4	150216.6
中信建投证券股份有限公司上海世纪大道证券营业部	上海	上海	172263.3	20617.6	1081.9	5.5	5437.6	145120.7
国信证券股份有限公司杭州体育场路证券营业部	浙江	杭州	171239.2	94542.6	1026.7	2.2	975.2	74692.5
华泰证券股份有限公司常州和平北路证券营业部	江苏	常州	170471.9	39280.3	2771.0	91.8	1114.8	127214.0
申银万国证券股份有限公司南通青年中路证券营业部	江苏	南通	169530.8	27241.1	2997.1	49.9	3896.3	135346.5
海通证券股份有限公司绍兴劳动路营业部	浙江	绍兴	169424.9	50178.1	9826.9	4.0	875.8	108540.2
东方证券股份有限公司上海乌鲁木齐北路证券营业部	上海	上海	168561.9	21160.1	247.8	119.9	3481.7	143552.4
齐鲁证券有限公司成都新光华街证券营业部	四川	成都	165413.6	11340.6	721.8	0.0	5678.1	147673.1
招商证券股份有限公司上海世纪大道证券营业部	上海	上海	165398.9	83288.7	1004.9	54.0	1639.9	79411.4
申银万国证券股份有限公司上海龙漕路营业部	上海	上海	161023.3	29879.7	234.7	4.9	1683.9	129220.2
中信证券股份有限公司上海世纪大道证券营业部	上海	上海	160174.1	93633.0	1388.7	47.9	357.9	64746.6
德邦证券有限责任公司上海浦东南路证券营业部	上海	上海	151300.4	7821.8	56.6	28.3	4028.0	139365.7
湘财证券有限责任公司上海泰兴路证券营业部	上海	上海	151016.4	11005.6	595.6	0.4	3842.7	135572.2
华泰证券股份有限公司无锡解放西路证券营业部	江苏	无锡	150636.3	43250.8	3405.0	1.7	4529.3	99449.5
招商证券股份有限公司北京知春东里证券营业部	北京	北京	149427.0	31763.2	347.7	74.6	7395.4	109846.1
第一创业证券股份有限公司北京平安大街证券营业部	北京	北京	149410.8	28221.1	271.9	16.6	5770.3	115130.9
华泰证券股份有限公司淮安淮海北路证券营业部	江苏	淮安	149086.2	14495.5	800.8	6.6	503.7	133279.6
宏源证券股份有限公司烟台大马路证券营业部	山东	烟台	148777.7	2254.0	4.1	0.1	6493.7	140025.9
中国银河证券股份有限公司长春西民主大街营业部	吉林	长春	147942.7	9940.1	42.3	21.8	3873.8	134064.7
国金证券股份有限公司上海黄浦区西藏中路营业部	上海	上海	147388.3	13114.5	369.6	119.9	86.8	133697.6
光大证券股份有限公司上海淮海中路证券营业部	上海	上海	146852.5	56635.4	1235.5	27.6	2277.0	86677.0
中信证券股份有限公司上海东方路证券营业部	上海	上海	145247.2	46523.9	1258.4	1.5	293.7	97169.8
申银万国证券股份有限公司上海新昌路营业部	上海	上海	144887.1	61737.6	1425.1	360.9	2946.1	78417.5
中国民族证券有限责任公司北京佟麟阁路证券营业部	北京	北京	144751.9	18225.9	70.6	1.4	1106.5	125347.4

注：营业部交易金额的单位为百万元。

证券营业部交易
Trading of Business Department

营业部名称 Business Department	省份 Province	城市 City	总计 Total	股票 Share	基金 Fund	政府债 G-Bond	公司债 C-Bond	债券回购 Repo
国泰君安证券股份有限公司上海福山路证券营业部	上海	上海	144661.5	68791.0	243.7	35.6	339.4	75251.8
中国银河证券股份有限公司武汉武珞路证券营业部	湖北	武汉	144527.4	10881.0	49.2	67.4	3855.1	129674.8
海通证券股份有限公司杭州解放路证券营业部	浙江	杭州	143838.9	51727.7	10417.9	1.1	674.7	81017.6
兴业证券股份有限公司上海金陵东路证券营业部	上海	上海	143815.3	47783.8	950.4	85.6	1935.9	93059.7
中信建投证券股份有限公司北京市安立路证券营业部	北京	北京	143637.6	44071.7	4942.1	11.2	1328.3	93284.3
招商证券股份有限公司深圳前海路证券营业部	深圳	深圳	143185.9	49534.8	227.6	449.4	6934.9	86039.1
光大证券股份有限公司上海世纪大道证券营业部	上海	上海	140958.6	37120.7	617.5	3.3	437.9	102779.2
湘财证券有限责任公司昆明护国路证券营业部	云南	昆明	140266.8	9681.8	40.1	24.5	1873.0	128647.4
大通证券股份有限公司葫芦岛新华大街证券营业部	辽宁	葫芦岛	137158.7	4201.5	364.9	1.0	4506.2	128085.1
海通证券股份有限公司成都人民西路营业部	四川	成都	136621.7	34452.1	28212.0	125.9	2690.4	71141.3
中信建投证券股份有限公司上海市福山路证券营业部	上海	上海	133865.8	26605.2	1258.8	8.9	2572.9	103420.1
东吴证券股份有限公司苏州西北街证券营业部	江苏	苏州	131827.1	27913.4	183.0	1.2	759.2	102970.4
国信证券股份有限公司武汉沿江大道证券营业部	湖北	武汉	130143.3	31500.8	278.6	0.1	85.0	98279.0
广州证券有限责任公司广州中山八路证券营业部	广东	广州	128647.6	18328.1	124.5	18.4	2278.3	107898.4
中国银河证券股份有限公司上海恒丰路证券营业部	上海	上海	127330.7	14737.1	144.6	113.8	3087.8	109247.4
宏源证券股份有限公司北京紫竹院路证券营业部	北京	北京	126705.2	26068.4	238.5	5.8	3486.1	96906.4
申银万国证券股份有限公司深圳金田路证券营业部	深圳	深圳	125459.7	14876.8	1178.8	1.0	2115.4	107287.7
渤海证券股份有限公司北京西外大街证券营业部	北京	北京	124781.5	10417.5	828.5	59.4	161.4	113314.8
海通证券股份有限公司宁波解放北路证券营业部	浙江	宁波	123909.7	16066.4	6026.3	0.0	2525.2	99291.8
华泰证券股份有限公司江阴福泰路证券营业部	江苏	江阴	123627.5	64503.4	1088.4	7.9	193.6	57834.2
中国银河证券股份有限公司北京阜成路证券营业部	北京	北京	121856.0	43166.0	440.1	2.4	1102.2	77145.3
国盛证券有限责任公司南昌朝阳中路证券营业部	江西	南昌	121846.4	11246.1	23.7	0.0	578.9	109997.7
华泰证券股份有限公司南京长江路证券营业部	江苏	南京	121649.5	30669.5	979.3	29.3	2696.0	87275.4
中国银河证券股份有限公司北京黄寺大街证券营业部	北京	北京	120501.7	19134.7	305.9	0.4	306.3	100754.4
申银万国证券股份有限公司辽宁大连武汉街营业部	辽宁	大连	118596.3	14063.2	73.9	116.9	6869.3	97473.0
渤海证券股份有限公司天津友谊路证券营业部	天津	天津	118385.3	4942.3	43.8	0.0	1688.9	111710.3
国元证券股份有限公司上海虹桥路证券营业部	上海	上海	118202.9	32197.2	363.5	0.0	109.1	85533.2
广发证券股份有限公司上海玉兰路证券营业部	上海	上海	117913.8	25824.5	885.3	431.2	1189.2	89583.6
招商证券股份有限公司深圳建安路证券营业部	深圳	深圳	117427.1	50112.5	2031.5	14.4	980.8	64287.9
招商证券股份有限公司南京中山南路证券营业部	江苏	南京	116336.1	49784.8	3234.8	3.5	283.5	63029.5
招商证券股份有限公司上海肇嘉浜路证券营业部	上海	上海	114619.2	36193.6	648.4	5.1	889.6	76882.6
北京高华证券有限责任公司上海长乐路证券营业部	上海	上海	114483.1	24533.2	179.7	126.8	1298.1	88345.3
光大证券股份有限公司青岛香港西路证券营业部	山东	青岛	113888.4	16301.8	176.6	0.0	880.9	96529.1
海通证券股份有限公司青岛湛山一路营业部	山东	青岛	113536.5	19642.4	13976.9	0.0	354.0	79563.1
申银万国证券股份有限公司上海兰溪路营业部	上海	上海	113478.4	18795.4	261.6	7.0	113.8	94300.7
中国银河证券股份有限公司杭州解放路证券营业部	浙江	杭州	113027.2	30938.0	998.7	86.5	966.6	80037.4
中国银河证券股份有限公司福州中山路证券营业部	福建	福州	112901.5	16176.7	273.0	13.8	4170.9	92267.1
广发证券股份有限公司泉州温陵路证券营业部	福建	泉州	112384.4	27458.8	63.6	93.8	3608.5	81159.8
招商证券股份有限公司上海娄山关路证券营业部	上海	上海	111931.1	46393.5	1356.5	2075.9	1016.3	61088.9
英大证券有限责任公司南京汉中路证券营业部	江苏	南京	111630.0	14699.0	130.9	99.9	2276.2	94423.9
光大证券股份有限公司绍兴胜利东路北辰广场证券营业部	浙江	绍兴	111489.5	30859.6	64.9	48.2	972.5	79544.3
兴业证券股份有限公司厦门兴隆路证券营业部	福建	厦门	111389.9	37363.8	229.1	18.6	3949.7	69828.6
广州证券有限责任公司广州先烈中路证券营业部	广东	广州	111091.0	19576.7	262.2	25.2	904.3	90322.6
华泰证券股份有限公司北京广渠门内大街证券营业部	北京	北京	109922.8	17540.5	378.3	1.5	497.1	91505.4
华西证券有限责任公司北京紫竹院路证券营业部	北京	北京	109691.4	61961.1	332.6	2.3	268.6	47126.8
国金证券股份有限公司成都双元街证券营业部	四川	成都	108655.9	14800.6	11.7	0.7	1060.0	92782.8
申银万国证券股份有限公司上海东方路证券营业部	上海	上海	108605.6	20668.8	408.7	12.4	228.7	87287.0
海通证券股份有限公司上海建国西路证券营业部	上海	上海	108200.8	30072.8	350.9	8.2	3110.9	74658.0
华泰证券股份有限公司上海国宾路证券营业部	上海	上海	107559.8	34927.0	10437.6	13.5	4503.2	57678.5
中信建投证券股份有限公司北京东三环中路证券营业部	北京	北京	107099.7	8024.7	698.2	2.6	801.6	97572.7

注：营业部交易金额的单位为百万元。

证券营业部交易
Trading of Business Department

营业部名称 Business Department	省份 Province	城市 City	总计 Total	股票 Share	基金 Fund	政府债 G-Bond	公司债 C-Bond	债券回购 Repo
中信证券（浙江）有限责任公司义乌城中中路证券营业部	浙江	义乌	106900.0	61949.3	1090.0	10.0	639.1	43211.6
申银万国证券股份有限公司上海嘉定证券营业部	上海	上海	106145.6	35246.7	3501.1	46.2	9109.5	58242.0
申银万国证券股份有限公司上海斜土路证券营业部	上海	上海	105420.9	32836.9	413.5	49.6	1165.8	70955.0
中国银河证券股份有限公司上海宜川路证券营业部	上海	上海	104688.5	11985.8	195.9	12.1	1160.7	91334.0
开源证券有限责任公司西安西大街证券营业部	陕西	西安	104461.4	6281.4	166.0	53.2	927.9	97033.0
中信证券（浙江）有限责任公司温岭东辉北路证券营业部	浙江	台州	101781.3	51500.8	13597.9	5.3	1948.6	34728.7
广发证券股份有限公司珠海粤海中路证券营业部	广东	珠海	101251.4	6729.0	41.1	1061.5	3834.6	89585.3
中国中投证券有限责任公司广州珠江东路证券营业部	广东	广州	100982.2	18719.1	209.2	30.0	2452.6	79571.4
国泰君安证券股份有限公司绍兴中兴中路证券营业部	浙江	绍兴	100840.7	6547.1	46.6	0.2	2760.4	91486.4
西藏同信证券有限责任公司上海东方路证券营业部	上海	上海	99917.6	33677.6	271.0	0.1	669.0	65300.0
恒泰证券股份有限公司呼和浩特昭乌达路证券营业部	内蒙	呼和浩特	99468.7	5251.5	34.2	0.7	942.4	93239.8
海通证券股份有限公司大连天津街证券营业部	辽宁	大连	99307.6	11574.0	37.3	8.7	1609.7	86078.0
中国银河证券股份有限公司上海共康路证券营业部	上海	上海	98729.2	14391.3	75.8	1.3	1205.3	83055.5
国泰君安证券股份有限公司上海团结路证券营业部	上海	上海	98686.3	22404.8	1109.7	56.2	2408.5	72707.1
西南证券股份有限公司上海田林东路证券营业部	上海	上海	98542.8	19125.3	213.6	1.2	1657.2	77545.5
招商证券股份有限公司北京西直门北大街证券营业部	北京	北京	98511.8	40561.3	666.2	277.5	1686.3	55320.6
中山证券有限责任公司深圳深南大道证券营业部	深圳	深圳	98496.2	13023.3	40.0	0.0	2549.9	82883.0
东兴证券股份有限公司北京复兴路证券营业部	北京	北京	97919.7	34004.0	155.8	67.8	1145.5	62546.7
国泰君安证券股份有限公司乌鲁木齐新华北路营业部	新疆	乌鲁木齐	97852.9	16083.8	343.7	0.0	1679.7	79745.7
广发证券股份有限公司北京阜成门南大街证券营业部	北京	北京	97701.3	27379.2	707.6	6.7	1083.4	68524.4
光大证券股份有限公司重庆民权路证券营业部	重庆	重庆	97660.5	9658.3	38.9	5.5	5403.0	82554.9
平安证券有限责任公司上海零陵路证券营业部	上海	上海	96906.0	41135.5	235.6	7.3	527.9	54999.7
招商证券股份有限公司北京北三环路证券营业部	北京	北京	96479.5	44123.7	8175.4	12.6	684.7	43483.2
中信建投证券股份有限公司上海控江路证券营业部	上海	上海	96467.3	22547.4	239.0	2.2	1668.9	72009.8
招商证券股份有限公司杭州文三路证券营业部	浙江	杭州	96130.9	41904.4	2274.3	1.9	1134.4	50815.9
中国中投证券有限责任公司无锡清扬路证券营业部	江苏	无锡	95945.3	28087.7	26.6	30.5	438.7	67361.9
申银万国证券股份有限公司上海海宁路证券营业部	上海	上海	95937.1	15237.7	614.3	0.0	97.6	79987.5
申银万国证券股份有限公司上海莘庄营业部	上海	上海	95877.6	40254.2	686.7	58.6	1051.8	53826.3
招商证券股份有限公司广州天河北路证券营业部	广东	广州	95174.8	54801.8	1301.1	1.3	627.8	38442.9
海通证券股份有限公司上海余姚路证券营业部	上海	上海	95112.3	15443.9	163.5	0.8	1042.8	78461.3
申银万国证券股份有限公司成都火车南站东路营业部	四川	成都	94723.2	22675.2	71.3	6.7	215.0	71755.1
中国银河证券股份有限公司北京中关村大街营业部	北京	北京	94533.8	32428.5	1276.1	1.2	496.3	60331.7
长江证券股份有限公司武汉武珞路证券营业部	湖北	武汉	94061.1	25540.4	191.6	0.1	470.9	67858.1
申银万国证券股份有限公司上海余姚路证券营业部	上海	上海	93849.2	19932.8	1015.8	163.3	464.5	72272.9
申银万国证券股份有限公司上海洛川东路证券营业部	上海	上海	93655.8	20404.1	373.9	14.5	430.9	72432.4
招商证券股份有限公司济南泉城路证券营业部	山东	济南	93593.6	18999.5	95.0	0.1	172.2	74326.7
中信证券股份有限公司武汉徐东大街证券营业部	湖北	武汉	93578.7	10129.8	1021.8	0.5	8.5	82418.1
海通证券股份有限公司上海四川南路营业部	上海	上海	93238.9	13125.6	1545.8	0.2	15198.0	63369.3
申银万国证券股份有限公司厦门厦禾路证券营业部	福建	厦门	93083.1	33655.5	673.5	21.0	107.0	58626.2
中信建投证券股份有限公司上海市华灵路证券营业部	上海	上海	91718.1	29104.5	2166.1	2.1	948.2	59497.2
申银万国证券股份有限公司上海玉屏南路营业部	上海	上海	91447.9	9157.6	254.4	0.0	2841.4	79194.5
信达证券股份有限公司北京北辰东路证券营业部	北京	北京	91084.0	10227.9	19.2	15.2	2025.9	78795.7
华创证券有限责任公司上海宜山路证券营业部	上海	上海	90782.0	20706.7	54.5	151.3	2595.7	67273.7
安信证券股份有限公司北京中关村南大街证券营业部	北京	北京	90590.3	10563.5	188.6	0.0	112.7	79725.5
广发证券股份有限公司上海西藏南路证券营业部	上海	上海	89267.9	30617.6	569.6	2.1	162.9	57915.7
中航证券有限公司杭州莫干山路证券营业部	浙江	杭州	88895.7	12305.2	11.3	112.3	2847.9	73619.1
申银万国证券股份有限公司上海松江证券营业部	上海	上海	88509.4	29480.9	115.6	242.3	3617.0	55053.6
平安证券有限责任公司北京东花市北里证券营业部	北京	北京	88276.5	41597.9	209.6	24.0	938.1	45506.8
国金证券股份有限公司北京长椿街证券营业部	北京	北京	88126.1	33927.6	240.6	0.1	281.1	53676.8
国都证券有限责任公司北京阜外大街证券营业部	北京	北京	87967.2	24141.1	180.4	8.3	249.8	63387.5

注：营业部交易金额的单位为百万元。

证券营业部交易
Trading of Business Department

营业部名称 Business Department	省份 Province	城市 City	总计 Total	股票 Share	基金 Fund	政府债 G-Bond	公司债 C-Bond	债券回购 Repo
海通证券股份有限公司南京常府街证券营业部	江苏	南京	87738.0	12407.9	109.3	0.5	366.2	74854.1
中国银河证券股份有限公司绍兴证券营业部	浙江	绍兴	87661.2	45368.9	61.4	0.4	96.5	42134.1
兴业证券股份有限公司上海民生路证券营业部	上海	上海	87300.1	28246.5	513.9	0.0	298.5	58241.1
广发证券股份有限公司汕头梅溪东路证券营业部	广东	汕头	87153.3	18589.1	478.1	0.3	459.4	67626.5
申银万国证券股份有限公司长春东朝阳路证券营业部	吉林	长春	87084.0	13182.0	105.3	3.1	759.7	73033.9
中信证券股份有限公司北京北三环中路证券营业部	北京	北京	86853.4	24493.6	239.8	9.9	16877.3	45232.9
宏源证券股份有限公司上海中山北一路证券营业部	上海	上海	86470.0	26218.5	7232.6	0.4	1852.0	51166.5
广发证券股份有限公司深圳蛇口兴华路证券营业部	深圳	深圳	86442.8	18073.1	39.9	0.0	12.9	68317.0
广发证券股份有限公司上海吴兴路证券营业部	上海	上海	86069.1	19397.5	251.0	12.5	1504.2	64903.9
华泰证券股份有限公司深圳深南大道证券营业部	深圳	深圳	85874.5	57741.4	948.8	1.7	1131.7	26050.9
中信建投证券股份有限公司海口海府大道证券营业部	海南	海口	85852.1	12961.7	316.1	30.0	1041.7	71502.6
中信证券股份有限公司上海溧阳路证券营业部	上海	上海	85459.5	61338.1	97.1	3.9	322.9	23697.6
国金证券股份有限公司成都东城根街证券营业部	四川	成都	85451.2	26785.1	61.4	9.5	777.7	57817.5
中航证券有限公司重庆珊瑚路证券营业部	重庆	重庆	85283.2	3897.4	50.9	1.3	8310.3	73023.2
海通证券股份有限公司上海普陀区铜川路证券营业部	上海	上海	85188.1	29827.2	299.2	1.3	1221.5	53838.9
财达证券有限责任公司唐山华岩路证券营业部	河北	唐山	84909.9	5030.5	12.9	3.5	12.4	79850.6
国泰君安证券股份有限公司深圳益田路证券营业部	深圳	深圳	84699.1	32748.8	59.5	14.9	908.8	50967.1
国泰君安证券股份有限公司宁波彩虹北路证券营业部	浙江	宁波	84484.0	37432.0	92.6	0.2	1475.1	45484.1
广州证券有限责任公司广州珠江西路证券营业部	广东	广州	84066.7	26206.5	20.7	42.1	1242.0	56555.4
中山证券有限责任公司深圳福华三路证券营业部	深圳	深圳	83990.7	7908.7	23.7	0.0	202.9	75855.5
华泰证券股份有限公司徐州中山南路证券营业部	江苏	徐州	83831.7	36131.5	315.7	52.5	514.3	46817.7
华泰证券股份有限公司苏州人民路证券营业部	江苏	苏州	83774.0	33659.2	5885.6	6.1	8530.5	35692.6
中信证券股份有限公司北京国贸证券营业部	北京	北京	83557.8	23420.8	894.9	0.9	516.4	58724.8
方正证券股份有限公司上海延安西路证券营业部	上海	上海	83519.9	25667.0	743.7	17.7	410.7	56680.9
国泰君安证券股份有限公司成都北一环路证券营业部	四川	成都	83377.9	32541.4	395.5	0.8	145.5	50294.7
西南证券股份有限公司重庆惠工路证券营业部	重庆	重庆	83162.2	26567.0	41.1	32.2	1699.1	54822.9
东方证券股份有限公司上海沪亭北路证券营业部	上海	上海	82946.9	6566.5	8.7	162.9	3068.9	73139.9
中国银河证券股份有限公司福州证券营业部	福建	福州	82761.3	36504.1	197.6	1.8	65.1	45992.8
海通证券股份有限公司广州东风西路证券营业部	广东	广州	82637.5	37696.6	13295.7	1.7	75.2	31568.4
申银万国证券股份有限公司上海广东路营业部	上海	上海	82143.0	30138.6	857.5	0.9	353.3	50792.7
国信证券股份有限公司南京洪武路证券营业部	江苏	南京	81919.0	45997.8	999.0	0.7	480.3	34441.2
中信证券（浙江）有限责任公司杭州文三路证券营业部	浙江	杭州	81878.1	23727.2	7827.0	0.0	1095.6	49228.2
申银万国证券股份有限公司温州车站大道证券营业部	浙江	温州	81843.9	60287.8	324.7	54.8	188.7	20987.9
招商证券股份有限公司北京车公庄西路证券营业部	北京	北京	81791.8	37070.1	2526.9	6.7	174.9	42013.2
海通证券股份有限公司杭州环城西路证券营业部	浙江	杭州	81765.2	29237.6	1657.8	148.2	913.3	49808.2
招商证券股份有限公司深圳福民路证券营业部	深圳	深圳	81050.6	45231.5	382.8	36.1	127.4	35272.8
中国银河证券股份有限公司上海张杨路证券营业部	上海	上海	80995.0	16521.8	150.4	0.1	145.5	64177.2
兴业证券股份有限公司上海天钥桥路证券营业部	上海	上海	80568.4	28362.6	1231.3	42.6	160.1	50771.9
招商证券股份有限公司上海翔殷路证券营业部	上海	上海	80373.5	32869.9	415.1	5.4	1180.6	45902.5
东兴证券股份有限公司北京大望路证券营业部	北京	北京	80297.0	13318.7	23.8	26.9	938.1	65989.5
中银国际证券有限责任公司沈阳和平南大街证券营业部	辽宁	沈阳	80221.0	19561.5	93.4	1.0	809.6	59755.6
国泰君安证券股份有限公司上海陆家嘴东路证券营业部	上海	上海	79946.7	32308.1	1481.2	0.0	626.1	45531.3
东吴证券股份有限公司昆山前进中路证券营业部	江苏	苏州	79783.8	58447.2	1794.4	5.8	281.1	19255.3
东兴证券股份有限公司北京北四环中路证券营业部	北京	北京	79472.5	22616.8	209.5	39.7	249.4	56357.0
中信证券股份有限公司武汉建设大道证券营业部	湖北	武汉	79338.1	22325.4	4984.8	0.4	2080.4	49947.1
财通证券股份有限公司杭州解放路证券营业部	浙江	杭州	79156.9	28049.6	299.3	1123.2	970.3	48714.6
申银万国证券股份有限公司广东广州江南大道营业部	广东	广州	78348.5	13970.7	137.8	0.0	1524.4	62715.6
申银万国证券股份有限公司上海福州路证券营业部	上海	上海	78325.7	20843.1	1458.4	26.4	1927.1	54070.7
山西证券股份有限公司太原府西街营业部	山西	太原	78131.4	15478.6	1622.6	14.8	426.6	60588.9
招商证券股份有限公司福州六一中路证券营业部	福建	福州	77491.4	33542.5	245.9	3.5	101.9	43597.7

注：营业部交易金额的单位为百万元。

证券营业部交易
Trading of Business Department

营业部名称 Business Department	省份 Province	城市 City	总计 Total	股票 Share	基金 Fund	政府债 G-Bond	公司债 C-Bond	债券回购 Repo
财通证券股份有限公司绍兴人民中路证券营业部	浙江	绍兴	77244.7	31160.8	30.4	1.0	95.8	45956.7
北京高华证券有限责任公司北京高华证券有限责任公司深圳中心四路	深圳	深圳	76920.7	401.0	0.0	0.0	2541.5	73978.2
海通证券股份有限公司上海普陀区澳门路证券营业部	上海	上海	76636.8	55450.2	394.9	0.7	163.0	20628.0
中信建投证券股份有限公司上海市营口路证券营业部	上海	上海	76558.1	22378.0	497.7	3.1	509.4	53169.8
国泰君安证券股份有限公司上海九江路证券营业部	上海	上海	76003.8	15222.3	389.7	2.3	2667.9	57721.7
国信证券股份有限公司义乌稠州北路证券营业部	浙江	义乌	75989.9	58498.5	112.6	0.0	118.0	17260.7
海通证券股份有限公司淄博石化营业部	山东	淄博	75866.5	14061.1	94.8	0.2	15863.5	45847.0
中国中投证券有限责任公司深圳深南大道证券营业部	深圳	深圳	75856.5	21947.0	177.1	1.0	377.7	53353.9
光大证券股份有限公司上海中兴路证券营业部	上海	上海	75806.7	33119.5	95.5	200.2	1528.8	40862.7
华鑫证券有限责任公司上海莘庄证券营业部	上海	上海	75758.7	13291.1	83.9	48.0	1233.7	61102.0
中信建投证券股份有限公司哈尔滨中医街证券营业部	黑龙江	哈尔滨	75717.4	9065.1	1647.8	0.1	1038.5	63966.0
第一创业证券股份有限公司深圳深南大道证券营业部	深圳	深圳	75429.7	8874.9	130.4	1.4	2913.3	63509.7
中国银河证券股份有限公司宁波翠柏路证券营业部	浙江	宁波	74572.2	23958.9	165.1	176.4	852.3	49419.6
方正证券股份有限公司台州解放路证券营业部	浙江	台州	74508.2	53836.4	664.1	0.8	438.1	19568.9
中信证券（浙江）有限责任公司杭州朝晖路证券营业部	浙江	杭州	74381.6	32697.7	931.8	0.3	50.1	40701.8
申银万国证券股份有限公司四川成都槐树街营业部	四川	成都	74325.2	13024.4	163.6	141.0	5722.1	55274.2
中国银河证券股份有限公司宁波解放南路证券营业部	浙江	宁波	73951.4	27237.1	230.4	10.2	262.8	46210.8
中信证券股份有限公司上海沪闵路证券营业部	上海	上海	73769.3	29881.9	555.6	3.4	1107.4	42221.1
华泰证券股份有限公司南京止马营证券营业部	江苏	南京	73274.0	28437.3	240.5	1.0	148.3	44447.0
方正证券股份有限公司杭州延安路证券营业部	浙江	杭州	73180.7	25771.9	115.7	9.9	2070.7	45212.5
国泰君安证券股份有限公司呼和浩特新城西街营业部	内蒙	呼和浩特	72889.0	12400.4	18.0	0.0	3131.5	57339.0
中国银河证券股份有限公司广州天河北路证券营业部	广东	广州	72699.0	14150.9	14934.7	1.9	5652.7	37958.8
兴业证券股份有限公司厦门湖滨南路证券营业部	福建	厦门	72550.9	23527.3	608.3	0.0	551.2	47864.2
华创证券有限责任公司北京新兴桥证券营业部	北京	北京	72500.4	12629.1	28.1	6.9	806.1	59030.2
海通证券股份有限公司上海香港路营业部	上海	上海	72272.6	14955.8	179.1	4.8	1080.6	56052.2
中信证券股份有限公司上海浦东大道证券营业部	上海	上海	72222.5	23177.9	359.9	7.9	444.1	48232.7
东莞证券有限责任公司上海古北路证券营业部	上海	上海	72108.5	25883.7	167.2	0.2	381.3	45676.1
国泰君安证券股份有限公司成都顺城大街证券营业部	四川	成都	72071.0	20077.9	91.0	11.7	1038.1	50852.4
招商证券股份有限公司上海浦东新区浦东南路证券营业部	上海	上海	72013.0	25142.9	461.8	2.1	3823.6	42582.6
英大证券有限责任公司北京东直门证券营业部	北京	北京	71667.1	7224.6	40.3	119.2	688.2	63594.9
国联证券股份有限公司无锡县前东街证券营业部	江苏	无锡	71615.8	17489.4	129.9	14.9	518.1	53463.4
五矿证券有限公司深圳金田路证券营业部	深圳	深圳	71589.1	42928.5	32.6	55.0	463.0	28110.0
中银国际证券有限责任公司郑州农业路证券营业部	河南	郑州	71569.5	18624.8	97.9	1.7	17.5	52827.6
方正证券股份有限公司上海保定路证券营业部	上海	上海	71420.9	16091.1	788.6	0.3	142.0	54398.9
中信证券（浙江）有限责任公司杭州杭大路证券营业部	浙江	杭州	71329.5	25721.4	1732.4	2.6	128.0	43745.2
国泰君安证券股份有限公司深圳华发北路营业部	深圳	深圳	71103.8	19300.7	209.9	2.0	2865.5	48725.7
中国中投证券有限责任公司深圳爱国路证券营业部	深圳	深圳	71015.6	28679.6	959.4	106.6	1481.6	39788.4
中信建投证券股份有限公司福州市东街证券营业部	福建	福州	70868.9	24894.4	406.2	31.1	180.2	45356.9
中国银河证券股份有限公司宁波大庆南路证券营业部	浙江	宁波	70684.2	34703.2	164.4	0.6	381.9	35434.2
中信建投证券股份有限公司揭阳市站前路证券营业部	广东	揭阳	70485.2	32333.5	18114.7	13.1	132.0	19891.9
广发证券股份有限公司上海石泉路证券营业部	上海	上海	70320.8	24089.1	154.5	1.1	566.8	45509.2
中信建投证券股份有限公司北京农大南路证券营业部	北京	北京	70314.3	12349.4	1420.4	0.9	2387.5	54156.2
招商证券股份有限公司武汉中北路证券营业部	湖北	武汉	70188.7	39689.5	281.1	3.1	222.6	29992.5
国泰君安证券股份有限公司广州东风中路证券营业部	广东	广州	69964.9	21792.9	148.8	346.9	3750.1	43926.2
光大证券股份有限公司宁波孝闻街证券营业部	浙江	宁波	69953.9	17469.2	245.0	0.4	1356.4	50882.9
招商证券股份有限公司北京颐和园路证券营业部	北京	北京	69868.8	31921.5	377.2	3.1	155.5	37411.4
方正证券股份有限公司杭州保俶路证券营业部	浙江	杭州	69770.3	18016.3	171.2	2.1	22.7	51558.1
中信证券股份有限公司上海长寿路证券营业部	上海	上海	69495.6	22267.1	783.1	50.2	623.5	45771.9
国元证券股份有限公司合肥寿春路第一证券营业部	安徽	合肥	69417.4	13765.6	389.6	1.4	521.4	54739.6
国信证券股份有限公司福州五一中路证券营业部	福建	福州	69299.6	35885.6	535.6	16.4	447.8	32414.2

注：营业部交易金额的单位为百万元。

证券营业部交易
Trading of Business Department

营业部名称 Business Department	省份 Province	城市 City	总计 Total	股票 Share	基金 Fund	政府债 G-Bond	公司债 C-Bond	债券回购 Repo
齐鲁证券有限公司青岛香港中路证券营业部	山东	青岛	69149.1	27805.9	23179.9	0.0	78.8	18084.5
申银万国证券股份有限公司上海大连路证券营业部	上海	上海	69126.8	19825.5	106.3	36.7	1640.5	47517.8
湘财证券有限责任公司北京首体南路证券营业部	北京	北京	68985.0	21236.7	69.7	3.1	623.7	47051.9
财富证券有限责任公司长沙韶山北路证券营业部	湖南	长沙	68770.4	10522.3	823.6	0.0	761.4	56663.1
光大证券股份有限公司东莞运河东一路证券营业部	广东	东莞	68393.4	40209.0	1003.1	0.4	161.4	27019.6
中国银河证券股份有限公司上海江苏北路证券营业部	上海	上海	68316.4	14104.2	111.5	2.8	1055.2	53042.7
中信证券（浙江）有限责任公司台州市府大道营业部	浙江	台州	68300.6	30029.1	1369.0	0.0	44.5	36858.0
中信证券（浙江）有限责任公司海宁海昌南路营业部	浙江	海宁	68010.6	31937.6	1244.6	0.0	93.3	34735.1
兴业证券股份有限公司泉州市丰泽街证券营业部	福建	泉州	67899.6	25370.2	581.7	0.1	131.1	41816.6
中信证券股份有限公司深圳深南大道证券营业部	深圳	深圳	67827.2	45369.8	306.3	42.0	568.6	21540.5
国泰君安证券股份有限公司上海天山路证券营业部	上海	上海	67693.3	24707.4	1554.3	5.4	314.8	41111.4
安信证券股份有限公司上海世纪大道中建大厦营业部	上海	上海	67545.8	23367.8	675.1	0.4	418.6	43083.9
中信证券股份有限公司上海石化证券营业部	上海	上海	67337.3	18548.6	298.5	52.3	522.0	47916.0
东莞证券有限责任公司东莞莞太路证券营业部	广东	东莞	67319.4	35980.5	124.3	32.5	266.9	30915.3
宏源证券股份有限公司上海源深路证券营业部	上海	上海	67158.5	19231.0	384.0	0.0	494.9	47048.6
浙商证券股份有限公司杭州玉古路证券营业部	浙江	杭州	67037.1	21591.0	335.5	5.4	1467.7	43637.5
中信建投证券股份有限公司青岛瞿塘峡路证券营业部	山东	青岛	66868.8	13419.2	86.3	153.2	843.0	52367.1
海通证券股份有限公司上海天平路营业部	上海	上海	66855.0	24547.5	390.4	21.5	278.6	41617.0
华泰证券股份有限公司北京月坛南街证券营业部	北京	北京	66765.7	31375.4	396.7	8.6	967.0	34018.0
安信证券股份有限公司上海世纪大道证券营业部	上海	上海	66611.7	13056.8	633.6	3.4	307.6	52610.4
财通证券股份有限公司杭州体育馆证券营业部	浙江	杭州	66575.2	17401.1	1694.4	0.0	257.5	47222.2
中信证券（浙江）有限责任公司杭州定安路证券营业部	浙江	杭州	66544.4	34169.3	542.9	3.4	502.4	31326.4
中信证券（浙江）有限责任公司杭州心南路证券营业部	浙江	杭州	66278.4	44614.4	1988.9	1.9	77.6	19595.6
东吴证券股份有限公司苏州狮山路证券营业部	江苏	苏州	66089.3	30034.3	302.1	0.2	112.4	35640.2
兴业证券股份有限公司武汉青年路证券营业部	湖北	武汉	65863.1	25176.5	228.4	0.4	1471.7	38986.1
华泰证券股份有限公司北京西三环北路证券营业部	北京	北京	65797.7	36767.1	527.6	4.2	175.6	28323.2
湘财证券有限责任公司上海金杨路证券营业部	上海	上海	65692.8	7982.9	1675.9	4.0	1590.1	54439.9
华泰证券股份有限公司厦门厦禾路证券营业部	福建	厦门	65222.0	30661.0	97.1	0.0	783.9	33680.0
国泰君安证券股份有限公司深圳上步中路证券营业部	深圳	深圳	65157.5	19186.3	314.3	2.0	241.3	45413.6
中信万通证券有限责任公司青岛标山路证券营业部	山东	青岛	65096.7	29898.7	188.2	6.9	1107.2	33895.7
华泰证券股份有限公司南通人民中路证券营业部	江苏	南通	64942.0	21234.3	1166.2	0.3	222.3	42318.9
广发证券股份有限公司杭州凤起路证券营业部	浙江	杭州	64750.5	15774.9	127.5	0.8	124.9	48722.4
华鑫证券有限责任公司上海茅台路证券营业部	上海	上海	64602.9	37810.1	59.3	512.4	1876.0	24345.1
国泰君安证券股份有限公司郑州黄河路证券营业部	河南	郑州	64419.4	42287.8	200.3	4.9	3853.6	18072.8
申银万国证券股份有限公司上海上中西路营业部	上海	上海	64353.1	27728.1	320.2	13.3	192.8	36098.7
财通证券股份有限公司杭州庆春路证券营业部	浙江	杭州	64306.7	20844.8	636.8	0.2	213.7	42611.1
中信建投证券股份有限公司上海青浦证券营业部	上海	上海	64262.1	11660.2	68.9	41.6	1663.7	50827.8
海通证券股份有限公司北京知春路证券营业部	北京	北京	64163.9	15615.4	188.3	2.8	156.7	48200.7
国开证券有限责任公司北京中关村南大街证券营业部	北京	北京	64096.0	15967.7	54.6	0.0	4183.8	43889.9
信达证券股份有限公司北京西单北大街证券营业部	北京	北京	63806.9	11241.6	45.9	0.3	271.9	52247.3
中信建投证券股份有限公司西安市南大街证券营业部	陕西	西安	63680.3	23651.9	1644.1	38.7	972.8	37372.8
光大证券股份有限公司宁波解放南路证券营业部	浙江	宁波	63648.1	23206.4	46.3	0.3	31.2	40363.9
华泰证券股份有限公司上海澳门路证券营业部	上海	上海	63601.5	16356.3	249.2	3.9	294.0	46698.2
东兴证券股份有限公司三明列东街证券营业部	福建	三明	63527.8	19481.3	82.4	1.4	14105.9	29856.9
华泰证券股份有限公司广州天河东路证券营业部	广东	广州	62678.7	23045.1	14648.2	6.0	6707.2	18272.2
申银万国证券股份有限公司上海中山西路证券营业部	上海	上海	62612.8	15388.1	105.7	20.0	540.6	46558.4
德邦证券有限责任公司上海岳州路营业部	上海	上海	62529.8	12456.2	54.8	29.1	55.0	49934.7
广发证券股份有限公司韶关解放路证券营业部	广东	韶关	62471.9	12976.5	64.2	0.1	10.9	49420.2
中国银河证券股份有限公司温州大南路证券营业部	浙江	温州	62447.7	39348.4	564.3	0.4	273.3	22261.2
招商证券股份有限公司广州华穗路证券营业部	广东	广州	62030.9	31378.7	107.1	0.6	227.7	30316.8

注：营业部交易金额的单位为百万元。

证券营业部交易
Trading of Business Department

营业部名称 Business Department	省份 Province	城市 City	总计 Total	股票 Share	基金 Fund	政府债 G-Bond	公司债 C-Bond	债券回购 Repo
东方证券股份有限公司上海中山南路证券营业部	上海	上海	61621.2	20165.3	551.6	48.2	392.8	40463.4
国联证券股份有限公司无锡梁溪路证券营业部	江苏	无锡	61224.6	21529.3	104.5	2.7	164.9	39423.3
华西证券有限责任公司成都高升桥证券营业部	四川	成都	61119.2	34437.5	148.8	12.2	94.2	26426.5
中信证券（浙江）有限责任公司杭州四季路证券营业部	浙江	杭州	60888.9	23909.1	8417.4	0.5	187.7	28374.3
国泰君安证券股份有限公司石家庄建华南大街营业部	河北	石家庄	60792.8	35699.5	5830.9	1.1	187.7	19073.6
英大证券有限责任公司深圳华侨城证券营业部	深圳	深圳	60741.3	24888.6	86.9	37.2	862.2	34866.4
光大证券股份有限公司北京月坛北街证券营业部	北京	北京	60555.1	26040.2	238.6	0.7	45.8	34229.8
信达证券股份有限公司上海四川北路证券营业部	上海	上海	60553.1	23953.1	239.3	2.3	958.5	35399.9
海通证券股份有限公司上海乳山路证券营业部	上海	上海	60530.0	23917.5	100.9	28.3	659.8	35823.5
广发证券股份有限公司上海民生路证券营业部	上海	上海	60296.1	22330.2	2371.8	23.7	60.6	35509.8
东兴证券股份有限公司上海虹口区广灵二路营业部	上海	上海	60032.7	18025.7	97.0	10.1	728.6	41171.3
中信证券股份有限公司大连星海广场证券营业部	辽宁	大连	60022.9	19127.8	2050.7	1.8	401.5	38441.2
财达证券有限责任公司石家庄裕华西路证券营业部	河北	石家庄	59637.1	6135.7	9.6	0.1	3803.0	49688.7
申银万国证券股份有限公司深圳红荔西路营业部	深圳	深圳	59283.7	12713.4	180.3	0.0	336.4	46053.6
中国银河证券股份有限公司深圳高新南一道中科大厦证券营业部	深圳	深圳	59224.3	9410.8	85.9	85.8	727.7	48914.1
中信建投证券股份有限公司深圳深南中路中核大厦证券营业部	深圳	深圳	59205.7	19715.4	1321.7	0.0	977.1	37191.5
国信证券股份有限公司成都二环路证券营业部	四川	成都	59085.3	30202.4	274.4	0.8	256.2	28351.5
光大证券股份有限公司深圳深南大道证券营业部	深圳	深圳	58887.9	38766.0	630.4	1.0	109.4	19381.1
华泰证券股份有限公司常熟金沙江路证券营业部	江苏	苏州	58834.6	16230.9	3537.0	0.1	547.9	38518.7
安信证券股份有限公司佛山顺德政通路证券营业部	广东	佛山	58794.1	19651.9	196.3	0.2	56.8	38888.9
国金证券股份有限公司成都蜀源路证券营业部	四川	成都	58661.5	14361.2	321.9	1.6	33.4	43943.4
华泰证券股份有限公司绍兴上大路证券营业部	浙江	绍兴	58637.9	30862.0	6321.8	1.4	44.4	21408.3
广发证券股份有限公司上海中山北二路证券营业部	上海	上海	58608.5	15812.8	218.9	85.6	228.3	42262.9
光大证券股份有限公司北京丽泽路证券营业部	北京	北京	58355.4	6717.8	153.5	34.1	4622.0	46828.0
中信证券股份有限公司上海古北路证券营业部	上海	上海	58223.9	16800.8	1285.6	4.5	63.8	40069.2
海通证券股份有限公司南京广州路营业部	江苏	南京	58110.2	39145.2	8610.1	100.1	119.2	10135.6
国泰君安证券股份有限公司上海商城路证券营业部	上海	上海	58084.9	26318.8	553.9	11.0	278.6	30922.6
海通证券股份有限公司上虞百官镇营业部	浙江	绍兴	58040.7	32819.6	1540.3	0.1	31.4	23649.4
招商证券股份有限公司北京安外大街证券营业部	北京	北京	57748.9	28303.9	165.6	5.0	196.8	29077.6
信达证券股份有限公司上海灵山路证券营业部	上海	上海	57487.1	7269.2	36.8	1.0	652.0	49528.1
国都证券有限责任公司北京工体北路证券营业部	北京	北京	57442.0	15203.6	153.3	2.1	368.0	41715.0
华泰证券股份有限公司上海黄浦区来福士广场营业部	上海	上海	57347.0	28188.5	146.5	26.2	767.0	28218.8
中国银河证券股份有限公司郑州南阳路证券营业部	河南	郑州	57284.8	26566.0	48.3	6.0	1857.5	28807.1
中信建投证券股份有限公司武汉市中北路证券营业部	湖北	武汉	57153.0	20975.5	1393.3	0.4	399.7	34384.2
国都证券有限责任公司上海长阳路证券营业部	上海	上海	57131.6	13686.3	192.0	2.2	565.7	42685.4
中山证券有限责任公司中山竹苑路证券营业部	广东	中山	57127.0	10029.2	106.5	98.8	359.9	46532.7
招商证券股份有限公司北京朝外大街证券营业部	北京	北京	56894.5	32042.2	215.3	5.3	157.8	24473.9
国信证券股份有限公司上海淮海西路证券营业部	上海	上海	56853.8	24149.6	248.8	0.7	157.2	32297.6
国都证券有限责任公司北京北三环中路营业部	北京	北京	56748.8	21800.4	103.4	0.0	61.3	34783.6
中国银河证券股份有限公司厦门美湖路证券营业部	福建	厦门	56670.3	22940.3	120.5	14.5	211.1	33384.0
财通证券股份有限公司温岭东辉北路证券营业部	浙江	温岭	56567.2	37025.7	200.2	0.3	13.4	19327.7
国信证券股份有限公司上海民生路证券营业部	上海	上海	56489.5	13803.0	204.3	1.8	97.4	42383.1
中信建投证券股份有限公司天津市解放南路营业部	天津	天津	56376.5	17249.5	3710.0	10.7	815.6	34590.7
中信证券（浙江）有限责任公司余姚南雷路证券营业部	浙江	余姚	56354.6	30187.3	2749.5	0.0	37.0	23380.7
华泰证券股份有限公司南京解放路证券营业部	江苏	南京	56347.7	35795.2	499.0	1.3	190.9	19861.4
海通证券股份有限公司上海平武路证券营业部	上海	上海	56326.2	18575.3	224.8	26.2	554.9	36945.1
东吴证券股份有限公司常熟阜湖路证券营业部	江苏	常熟	56200.2	19812.6	211.4	0.2	205.5	35970.6
太平洋证券股份有限公司昆明翠湖西路证券营业部	云南	昆明	56199.1	7802.4	26.4	0.6	29.2	48340.5
中信证券股份有限公司徐州解放南路证券营业部	江苏	徐州	56133.7	20710.0	6957.3	3.0	16.2	28447.2
长城证券有限责任公司上海延安西路证券营业部	上海	上海	56002.9	15216.6	115.9	100.5	1295.1	39274.8

注：营业部交易金额的单位为百万元。

证券营业部交易
Trading of Business Department

营业部名称 Business Department	省份 Province	城市 City	总计 Total	股票 Share	基金 Fund	政府债 G-Bond	公司债 C-Bond	债券回购 Repo
华西证券有限责任公司深圳民田路证券营业部	深圳	深圳	55857.7	36680.3	239.5	0.0	106.4	18831.5
兴业证券股份有限公司成都航空路证券营业部	四川	成都	55760.0	17605.6	45.0	1.0	64.0	38044.5
国泰君安证券股份有限公司天津西市大街证券营业部	天津	天津	55678.0	8229.1	85.8	126.2	1483.8	45753.2
世纪证券有限责任公司上海威海路证券营业部	上海	上海	55663.9	10924.1	169.2	44.4	5122.1	39404.0
申银万国证券股份有限公司上海黄兴路证券营业部	上海	上海	55602.4	24028.6	416.4	0.6	120.2	31036.6
华泰证券股份有限公司南京瑞金路证券营业部	江苏	南京	55598.9	28175.6	537.1	10.5	379.0	26496.7
德邦证券有限责任公司上海志丹路营业部	上海	上海	55594.6	16745.0	81.9	5.1	521.7	38240.8
江海证券有限公司上海瞿溪路证券营业部	上海	上海	55556.6	8289.0	26.0	1.1	16.4	47224.1
中信证券（浙江）有限责任公司诸暨暨东路证券营业部	浙江	绍兴	55387.7	40597.7	110.0	0.0	38.9	14641.1
兴业证券股份有限公司福州五一中路证券营业部	福建	福州	55379.0	17422.1	67.0	0.0	66.5	37823.4
东方证券股份有限公司上海鹤庆路证券营业部	上海	上海	55210.6	23070.0	55.4	1.3	199.8	31884.0
中银国际证券有限责任公司广州天河路证券营业部	广东	广州	55035.0	19814.6	254.9	2.2	1399.4	33563.9
中航证券有限公司南昌广场南路证券营业部	江西	南昌	55017.6	23486.4	236.7	60.0	827.2	30407.4
山西证券股份有限公司太原迎泽大街证券营业部	山西	太原	54975.2	26137.3	726.6	0.2	74.4	28036.7
长江证券股份有限公司武汉友谊路证券营业部	湖北	武汉	54966.2	15053.0	116.9	1.8	87.2	39707.4
华泰证券股份有限公司张家港杨舍东街证券营业部	江苏	苏州	54906.2	30204.0	547.3	0.4	658.5	23496.0
广发证券股份有限公司广州中山三路中华广场证券营业部	广东	广州	54882.8	28513.3	270.3	2.8	202.3	25894.0
华鑫证券有限责任公司上海凌河路证券营业部	上海	上海	54638.2	7165.5	100.3	45.0	2188.3	45139.2
申银万国证券股份有限公司海南海口龙昆南路营业部	海南	海口	54622.5	9582.2	151.2	23.6	2086.3	42779.3
中国中投证券有限责任公司沈阳广宜街证券营业部	辽宁	沈阳	54525.1	6766.1	92.0	20.2	4310.8	43336.1
湘财证券有限责任公司上海金沙江路证券营业部	上海	上海	54523.2	19013.4	149.6	20.7	121.4	35218.1
光大证券股份有限公司慈溪三北西大街证券营业部	浙江	宁波	54390.4	31930.0	7846.3	0.2	127.1	14486.9
中信证券股份有限公司广州临江大道证券营业部	广东	广州	54353.2	32024.5	2456.7	0.8	2044.3	17827.0
申银万国证券股份有限公司上海雁荡路证券营业部	上海	上海	54129.0	17619.1	1298.9	0.8	240.0	34970.2
东方证券股份有限公司上海宜山路证券营业部	上海	上海	54036.0	12111.0	53.3	15.1	1280.3	40576.4
国开证券有限责任公司深圳振华路证券营业部	深圳	深圳	54020.4	2586.4	1.4	0.0	3467.1	47965.6
广发证券股份有限公司深圳深南东路证券营业部	深圳	深圳	53960.1	27431.0	174.4	0.0	252.3	26102.4
中信证券股份有限公司太原迎泽西大街证券营业部	山西	太原	53916.0	34977.3	7910.5	0.0	22.9	11005.3
中信建投证券股份有限公司天津育梁道证券营业部	天津	天津	53758.4	9936.0	6194.9	0.3	921.5	36705.8
华西证券有限责任公司上海曲阳路证券营业部	上海	上海	53755.1	25310.8	417.3	4.0	85.2	27937.7
华林证券有限责任公司北京北三环东路证券营业部	北京	北京	53660.3	25626.5	170.5	0.2	151.7	27711.4
民生证券股份有限公司郑州西太康路证券营业部	河南	郑州	53598.8	36773.9	91.7	0.7	38.3	16694.3
国泰君安证券股份有限公司北京金融街证券营业部	北京	北京	53507.1	13501.0	80.7	82.5	939.3	38903.6
国信证券股份有限公司佛山季华六路证券营业部	广东	佛山	53336.8	32927.1	198.2	2.7	92.3	20116.5
财通证券股份有限公司绍兴县柯桥湖西路证券营业部	浙江	绍兴	53280.9	15764.2	15.4	0.0	40.2	37461.1
安信证券股份有限公司北京阜成路证券营业部	北京	北京	53237.0	28364.4	309.3	2.7	603.4	23957.2
中信证券股份有限公司西安科技路证券营业部	陕西	西安	53186.9	19983.3	8323.8	0.0	27.0	24852.7
安信证券股份有限公司南昌胜利路证券营业部	江西	南昌	52989.5	23687.1	195.4	0.0	14.0	29093.0
申银万国证券股份有限公司广东广州天河北路营业部	广东	广州	52911.5	17048.8	2452.9	4.3	127.8	33277.8
华泰证券股份有限公司常州东横街证券营业部	江苏	常州	52666.4	21877.2	282.4	0.3	120.0	30386.5
中国中投证券有限责任公司北京宋庄路证券营业部	北京	北京	52647.7	30246.6	197.6	5.8	292.6	21905.2
广发证券股份有限公司肇庆端州五路证券营业部	广东	肇庆	52647.7	7747.5	41.8	0.6	119.6	44738.2
华泰证券股份有限公司南京户部街证券营业部	江苏	南京	52580.5	22022.9	534.1	4.1	648.6	29370.8
中国银河证券股份有限公司成都建设路证券营业部	四川	成都	52496.3	23779.8	68.0	4.5	210.5	28433.5
海通证券股份有限公司上海真华路证券营业部	上海	上海	52462.1	19261.3	257.8	0.8	938.5	32003.8
光大证券股份有限公司北京东中街证券营业部	北京	北京	52399.2	27574.0	173.1	0.7	118.4	24532.9
长城证券有限责任公司北京中关村大街证券营业部	北京	北京	52380.4	21615.6	146.1	0.7	529.9	30088.2
中国中投证券有限责任公司广州番禺桥南路证券营业部	广东	番禺	52367.3	30919.5	476.3	0.2	121.0	20850.3
招商证券股份有限公司深圳东门南路证券营业部	深圳	深圳	52278.7	33106.0	178.9	0.0	85.4	18908.4
中国银河证券股份有限公司福州东水路证券营业部	福建	福州	52259.3	15797.9	54.8	0.8	103.4	36302.4

注：营业部交易金额的单位为百万元。

证券营业部交易
Trading of Business Department

营业部名称 Business Department	省份 Province	城市 City	总计 Total	股票 Share	基金 Fund	政府债 G-Bond	公司债 C-Bond	债券回购 Repo
国泰君安证券股份有限公司北京德外大街证券营业部	北京	北京	52253.0	25463.5	455.8	1.1	245.6	26087.0
西藏同信证券有限责任公司深圳益田路证券营业部	深圳	深圳	52214.4	10145.4	85.4	0.0	212.8	41770.8
招商证券股份有限公司成都西一环路证券营业部	四川	成都	52178.0	32401.6	185.3	8.4	141.7	19441.0
中国银河证券股份有限公司北京太阳宫证券营业部	北京	北京	52083.8	20313.4	1213.6	0.7	236.7	30319.5
中国中投证券有限责任公司北京复兴路证券营业部	北京	北京	52083.8	29196.5	372.4	3.3	89.6	22422.0
中信证券股份有限公司北京紫竹院路证券营业部	北京	北京	52033.6	30965.2	383.4	0.0	405.0	20280.0
天源证券有限公司深圳民田路证券营业部	深圳	深圳	52032.3	5814.8	312.8	0.0	1458.9	44445.8
广发证券股份有限公司佛山岭南大道北证券营业部	广东	佛山	51873.1	17494.2	229.2	0.4	136.9	34012.4
中信证券股份有限公司苏州中新路证券营业部	江苏	苏州	51819.9	21977.3	4115.0	0.4	182.5	25544.8
方正证券股份有限公司绍兴胜利东路证券营业部	浙江	绍兴	51790.1	34294.0	84.0	2.6	35.6	17374.1
华泰证券股份有限公司南通姚港路证券营业部	江苏	南通	51594.7	25472.0	4593.6	26.2	773.8	20729.1
方正证券股份有限公司杭州中河中路证券营业部	浙江	杭州	51408.3	26151.7	296.7	0.0	655.4	24304.4
国信证券股份有限公司长沙五一大道证券营业部	湖南	长沙	51405.4	14998.9	105.0	0.0	15.4	36286.0
招商证券股份有限公司北京光明路证券营业部	北京	北京	51353.4	26326.8	192.0	2.1	304.0	24528.5
安信证券股份有限公司上海黄浦区跨龙路证券营业部	上海	上海	51347.6	20018.3	356.0	0.6	76.9	30895.8
宏源证券股份有限公司上海妙境路证券营业部	上海	上海	51338.6	11161.8	720.7	63.9	4220.9	35171.5
国元证券股份有限公司上海中山北路证券营业部	上海	上海	51336.6	16327.0	39.0	0.0	192.0	34778.7
华龙证券有限责任公司上海中山北二路证券营业部	上海	上海	51198.3	10472.0	22.0	0.0	270.4	40434.0
浙商证券股份有限公司义乌江滨北路证券营业部	浙江	金华	51122.9	40570.3	93.8	0.0	35.5	10423.2
国联证券股份有限公司宜兴人民南路证券营业部	江苏	无锡	51042.7	35195.3	88.7	0.1	23.6	15735.0
中银国际证券有限责任公司深圳彩田路证券营业部	深圳	深圳	51031.2	29945.8	159.2	0.8	42.1	20883.4
国泰君安证券股份有限公司南京太平南路证券营业部	江苏	南京	51024.8	36423.1	245.6	13.8	116.6	14225.7
中银国际证券有限责任公司北京宣外大街证券营业部	北京	北京	50969.4	33793.5	141.0	0.2	613.6	16421.1
中信万通证券有限责任公司青岛东海西路证券营业部	山东	青岛	50965.5	21422.1	384.8	35.3	108.1	29015.3
中信建投证券股份有限公司石家庄建设南大街证券营业部	河北	石家庄	50662.5	29057.5	6761.2	3.3	48.8	14791.7
申银万国证券股份有限公司上海云台路证券营业部	上海	上海	50621.7	26958.8	128.6	5.3	85.9	23443.0
安信证券股份有限公司汕头金砂路第一证券营业部	广东	汕头	50571.3	22760.5	252.5	3.0	61.5	27493.8
东方证券股份有限公司上海长阳路证券营业部	上海	上海	50564.8	22091.8	172.0	3.2	112.0	28185.8
齐鲁证券有限公司烟台长江路证券营业部	山东	烟台	50489.5	7671.1	283.5	92.8	7.3	42434.7
国联证券股份有限公司无锡人民东路证券营业部	江苏	无锡	50452.4	14767.5	120.3	2.1	299.1	35263.5
国信证券股份有限公司珠海翠香路证券营业部	广东	珠海	50399.5	31570.6	341.8	1.6	60.3	18425.2
国信证券股份有限公司南海大沥证券营业部	广东	佛山	50381.7	32483.3	193.2	4.2	76.6	17624.3
光大证券股份有限公司杭州庆春路证券营业部	浙江	杭州	50324.8	22190.1	461.6	0.5	64.5	27608.1
恒泰证券股份有限公司北京东三环中路证券营业部	北京	北京	50131.4	8353.6	5.7	0.0	91.5	41680.7
东莞证券有限责任公司东莞虎门证券营业部	广东	东莞	50122.1	22040.7	79.6	0.0	6.3	27995.4
光大证券股份有限公司深圳金田路证券营业部	深圳	深圳	50085.8	26250.1	48.1	0.9	88.2	23698.5
西南证券股份有限公司北京北三环中路证券营业部	北京	北京	50034.5	24304.3	109.8	1.3	644.6	24974.6
招商证券股份有限公司上海江苏路证券营业部	上海	上海	49997.5	16551.0	426.2	0.8	1048.6	31970.9
中信证券股份有限公司常州环府路证券营业部	江苏	常州	49966.8	23149.5	7068.2	0.4	161.0	19587.7
国信证券股份有限公司无锡梁溪路证券营业部	江苏	无锡	49925.0	19158.7	223.6	0.5	325.9	30216.4
国元证券股份有限公司上海威海路证券营业部	上海	上海	49690.1	9736.2	164.9	2.6	96.5	39689.9
上海证券有限责任公司温州谢池商城证券营业部	浙江	温州	49644.3	33558.1	375.7	0.1	53.5	15656.9
中国中投证券有限责任公司顺德大良证券营业部	广东	顺德	49585.1	24725.5	197.8	33.2	81.9	24546.6
广发证券股份有限公司上海张江路证券营业部	上海	上海	49571.6	17575.1	295.3	0.2	117.6	31583.4
东方证券股份有限公司上海耀华路证券营业部	上海	上海	49536.0	13432.8	65.4	0.6	297.6	35739.6
国泰君安证券股份有限公司上海宜山路证券营业部	上海	上海	49420.6	21408.6	716.4	19.4	110.0	27166.2
海通证券股份有限公司天津霞光道营业部	天津	天津	49375.9	16047.3	34.7	6.1	16729.0	16558.8
国泰君安证券股份有限公司北京方庄路证券营业部	北京	北京	49206.8	21292.3	104.6	139.1	63.7	27607.2
渤海证券股份有限公司天津万科中心证券营业部	天津	天津	49120.3	12517.5	115.9	0.0	13.1	36473.8
海通证券股份有限公司上海本溪路证券营业部	上海	上海	48759.1	22101.0	823.7	2.6	64.4	25767.4

注：营业部交易金额的单位为百万元。

证券营业部交易
Trading of Business Department

营业部名称 Business Department	省份 Province	城市 City	总计 Total	股票 Share	基金 Fund	政府债 G-Bond	公司债 C-Bond	债券回购 Repo
海通证券股份有限公司北京中关村南大街证券营业部	北京	北京	48674.0	30692.4	891.9	4.6	239.9	16845.4
海通证券股份有限公司上海共和新路证券营业部	上海	上海	48664.6	16867.8	771.9	17.4	559.8	30447.6
中信建投证券股份有限公司杭州庆春路证券营业部	浙江	杭州	48602.9	27618.2	1093.5	0.1	208.2	19682.9
光大证券股份有限公司沈阳十一纬路证券营业部	辽宁	沈阳	48555.7	19947.9	81.5	5.0	148.1	28373.2
中国银河证券股份有限公司北京学院南路证券营业部	北京	北京	48537.8	24890.3	564.8	2.9	341.6	22738.2
长城证券有限责任公司杭州文华路证券营业部	浙江	杭州	48419.2	15701.9	111.6	0.4	349.5	32255.8
招商证券股份有限公司深圳笋岗路证券营业部	深圳	深圳	48418.7	32695.1	182.3	1.6	68.6	15471.1
中信建投证券股份有限公司成都市南一环路证券营业部	四川	成都	48373.2	15826.0	252.8	0.8	193.3	32100.3
中信建投证券股份有限公司深圳市宝安前进一路证券营业部	深圳	深圳	48219.7	9752.0	285.3	12.9	8960.7	29208.8
中信建投证券股份有限公司济南市泺源大街证券营业部	山东	济南	48133.3	22280.6	8473.8	5.1	114.3	17259.5
方正证券股份有限公司杭州南山路证券营业部	浙江	杭州	48113.3	20448.2	180.0	0.8	106.1	27378.2
中国银河证券股份有限公司上海五莲路证券营业部	上海	上海	48102.4	17574.1	114.2	8.4	1240.3	29165.4
东兴证券股份有限公司泉州温陵北路证券营业部	福建	泉州	47676.7	35854.1	78.0	0.2	24.6	11719.8
兴业证券股份有限公司杭州清泰街证券营业部	浙江	杭州	47671.5	18365.1	375.5	0.0	456.4	28474.5
海通证券股份有限公司大庆昆仑大街证券营业部	黑龙江	大庆	47662.0	25715.2	154.9	0.4	129.3	21662.2
国信证券股份有限公司深圳振华路证券营业部	深圳	深圳	47659.7	21831.8	228.2	5.6	221.8	25372.3
中信证券股份有限公司北京建国门证券营业部	北京	北京	47563.5	21554.3	440.7	0.3	408.4	25159.9
东方证券股份有限公司上海裕通路证券营业部	上海	上海	47543.1	10210.0	124.5	0.1	28.4	37180.1
华泰证券股份有限公司上海黄河路证券营业部	上海	上海	47542.0	18145.6	390.7	0.6	185.5	28819.6
东吴证券股份有限公司吴江中山北路证券营业部	江苏	苏州	47506.2	21972.2	75.3	0.2	231.6	25226.9
浙商证券股份有限公司上海长乐路证券营业部	上海	上海	47441.8	18762.9	282.1	2.7	326.3	28067.8
中国银河证券股份有限公司汕头银座证券营业部	广东	汕头	47383.6	9299.6	48.5	1.4	27.6	38006.6
中国中投证券有限责任公司广州天河路证券营业部	广东	广州	47378.8	26674.4	281.5	1.8	114.5	20306.6
安信证券股份有限公司深圳福华一路证券营业部	深圳	深圳	47295.4	20980.3	153.0	0.0	44.0	26118.1
国信证券股份有限公司西安友谊东路证券营业部	陕西	西安	47279.8	33478.8	150.7	0.8	96.3	13553.2
国信证券股份有限公司深圳深南中路证券营业部	深圳	深圳	47270.9	19325.8	176.1	0.4	330.1	27438.6
红塔证券股份有限公司上海骊山路证券营业部	上海	上海	47250.1	7414.7	137.1	22.6	737.1	38938.6
华福证券有限责任公司厦门湖滨南路证券营业部	福建	厦门	47079.9	24564.6	232.2	0.8	87.8	22194.5
安信证券股份有限公司梅州新中路证券营业部	广东	梅州	47042.7	26259.4	78.3	0.7	29.3	20675.1
国泰君安证券股份有限公司杭州庆春路证券营业部	浙江	杭州	47027.1	27229.7	181.5	0.2	132.7	19483.0
招商证券股份有限公司上海陆家嘴东路证券营业部	上海	上海	46920.6	23812.8	161.1	0.1	1045.0	21901.5
中国银河证券股份有限公司上海虹井路证券营业部	上海	上海	46883.4	17705.5	175.3	16.2	194.0	28792.4
国都证券有限责任公司上海华山路证券营业部	上海	上海	46833.0	14741.8	148.6	0.1	1139.4	30803.1
国海证券股份有限公司北京和平街证券营业部	北京	北京	46808.6	12531.0	158.8	0.4	560.3	33558.1
中国银河证券股份有限公司厦门虎园路证券营业部	福建	厦门	46641.7	12398.4	158.4	1.3	1318.1	32765.5
中国银河证券股份有限公司上海营口路证券营业部	上海	上海	46573.0	17803.7	95.5	0.7	1589.9	27083.3
天风证券股份有限公司深圳滨河路证券营业部	深圳	深圳	46568.5	7681.3	6.8	0.0	0.2	38880.2
中国银河证券股份有限公司上海安业路证券营业部	上海	上海	46505.1	17015.4	553.0	29.7	50.4	28856.6
湘财证券有限责任公司上海共和新路证券营业部	上海	上海	46418.2	10804.1	499.3	1.6	322.5	34790.8
华泰证券股份有限公司长沙劳动西路证券营业部	湖南	长沙	46388.2	33813.3	319.2	0.2	31.0	12224.5
中国银河证券股份有限公司武汉澳门路证券营业部	湖北	武汉	46303.2	13956.8	93.7	0.3	431.3	31821.1
中国银河证券股份有限公司上海东方路证券营业部	上海	上海	46260.7	14529.9	65.5	14.7	715.3	30935.3
湘财证券有限责任公司杭州教工路证券营业部	浙江	杭州	46238.6	18856.8	115.3	0.0	755.3	26511.3
广发证券股份有限公司武汉黄孝河路证券营业部	湖北	武汉	46146.7	14955.9	913.1	8.4	1260.6	29008.7
兴业证券股份有限公司漳州胜利东路证券营业部	福建	漳州	46076.8	23753.4	105.1	0.3	19.1	22198.9
广发证券股份有限公司普宁流沙证券营业部	广东	揭阳	46019.3	20193.2	159.0	3.3	26.4	25637.4
海通证券股份有限公司常州健身路营业部	江苏	常州	45942.5	26587.0	377.6	2.0	518.7	18457.2
海通证券股份有限公司新余劳动南路营业部	江西	新余	45849.2	42089.6	395.0	0.3	57.3	3307.1
光大证券股份有限公司广州天河北路证券营业部	广东	广州	45774.4	23114.4	219.4	1.8	466.3	21972.6
广发证券股份有限公司广州江湾证券营业部	广东	广州	45617.6	13712.8	89.0	8.3	468.1	31339.3

注：营业部交易金额的单位为百万元。

证券营业部交易
Trading of Business Department

营业部名称 Business Department	省份 Province	城市 City	总计 Total	股票 Share	基金 Fund	政府债 G-Bond	公司债 C-Bond	债券回购 Repo
中信证券（浙江）有限责任公司杭州凤起路证券营业部	浙江	杭州	45520.2	21508.1	860.0	0.5	150.2	23001.4
中信建投证券股份有限公司宁波市曙光路证券营业部	浙江	宁波	45484.4	16532.8	3784.1	0.1	551.4	24616.1
中国银河证券股份有限公司呼和浩特大学西街证券营业部	内蒙	呼和浩特	45468.1	5468.1	31.0	2.0	878.7	39088.3
广发证券股份有限公司佛山汾江中路证券营业部	广东	佛山	45457.5	21543.1	144.8	5.0	37.8	23726.8
海通证券股份有限公司石家庄师范街证券营业部	河北	石家庄	45421.2	10677.8	82.4	0.0	18.1	34643.0
东方证券股份有限公司上海浦东南路证券营业部	上海	上海	45361.6	15665.3	427.6	1.1	467.7	28799.9
申银万国证券股份有限公司宁波甬江大道证券营业部	浙江	宁波	45273.3	27746.3	68.3	0.0	23.9	17434.8
财通证券股份有限公司杭州湖墅南路证券营业部	浙江	杭州	45255.9	23971.4	190.0	2.2	68.9	21023.5
东方证券股份有限公司上海周东路证券营业部	上海	上海	45094.9	3028.6	119.2	115.2	944.1	40887.9
世纪证券有限责任公司深圳深南大道中证券营业部	深圳	深圳	44999.6	7708.9	34.4	0.0	702.0	36554.3
光大证券股份有限公司上海张杨路证券营业部	上海	上海	44990.4	11999.8	78.6	3.1	526.9	32382.0
国开证券有限责任公司上海龙华西路证券营业部	上海	上海	44942.0	12016.2	19.7	0.4	64.4	32841.3
国信证券股份有限公司杭州萧然东路证券营业部	浙江	杭州	44914.7	30861.1	265.1	0.1	25.9	13762.5
申银万国证券股份有限公司福建福州鼓屏路营业部	福建	福州	44782.9	13871.3	43.6	0.1	568.9	30299.2
恒泰证券股份有限公司上海张杨路证券营业部	上海	上海	44768.7	21532.0	257.2	6.0	70.6	22903.0
国泰君安证券股份有限公司青岛南京路证券营业部	山东	青岛	44738.3	16781.6	1389.9	36.6	388.6	26141.6
长江证券股份有限公司上海徐汇区斜土路证券营业部	上海	上海	44720.8	18900.8	368.7	3.0	104.8	25343.5
中国银河证券股份有限公司北京朝阳门北大街证券营业部	北京	北京	44709.5	19412.8	120.3	23.5	719.9	24433.0
招商证券股份有限公司深圳龙岗龙岗大道证券营业部	深圳	深圳	44620.3	24341.2	212.4	0.7	13450.7	6615.3
兴业证券股份有限公司福州树汤路证券营业部	福建	福州	44500.7	12474.0	504.8	0.0	18.3	31503.6
联讯证券有限责任公司上海长宁路证券营业部	上海	上海	44483.6	8996.1	75.4	27.1	586.1	34798.9
中信建投证券股份有限公司北京市马家堡西路证券营业部	北京	北京	44455.6	13721.9	235.3	42.7	1446.1	29009.6
华泰证券股份有限公司深圳侨香路证券营业部	深圳	深圳	44451.2	16682.6	250.2	0.0	263.0	27255.5
申银万国证券股份有限公司上海关岳西路证券营业部	上海	上海	44449.5	20073.0	145.8	5.9	172.4	24052.5
海通证券股份有限公司深圳景田路证券营业部	深圳	深圳	44446.3	18887.4	14236.7	0.0	33.1	11289.2
西南证券股份有限公司重庆建新北路证券营业部	重庆	重庆	44374.5	16701.5	278.8	49.7	385.7	26958.8
宏源证券股份有限公司深圳上步中路证券营业部	深圳	深圳	44325.7	20953.6	139.2	0.5	187.4	23045.1
英大证券有限责任公司天津新开路证券营业部	天津	天津	44134.2	4720.6	345.3	7.0	868.4	38192.9
中信建投证券股份有限公司厦门市大同路证券营业部	福建	厦门	44131.9	14582.9	8476.3	0.0	2369.5	18703.2
华安证券有限责任公司上海浦东南路证券营业部	上海	上海	43980.9	8657.5	30.0	0.0	22.1	35271.2
齐鲁证券有限公司北京苏州桥证券营业部	北京	北京	43908.5	13302.6	1531.4	0.1	338.3	28736.1
浙商证券股份有限公司绍兴人民路证券营业部	浙江	绍兴	43723.8	17468.2	29.4	0.0	272.7	25953.5
安信证券股份有限公司北京远大路证券营业部	北京	北京	43620.3	22576.9	512.4	0.0	263.7	20267.2
太平洋证券股份有限公司北京海淀大街证券营业部	北京	北京	43568.4	8679.0	34.3	24.5	767.0	34063.6
首创证券有限责任公司成都府城大道证券营业部	四川	成都	43556.4	5239.3	6.3	0.5	851.3	37458.9
华泰证券股份有限公司上海牡丹江路证券营业部	上海	上海	43530.7	18574.1	951.1	0.6	96.3	23908.6
中国银河证券股份有限公司深圳宝安路证券营业部	深圳	深圳	43422.3	19086.4	102.3	0.0	38.8	24194.7
东兴证券股份有限公司莆田梅园东路证券营业部	福建	莆田	43362.9	35785.2	211.0	0.1	112.2	7254.4
安信证券股份有限公司广州中山六路证券营业部	广东	广州	43293.9	22740.1	188.0	0.5	119.2	20246.2
招商证券股份有限公司北京北太平庄路证券营业部	北京	北京	43076.5	17267.2	152.8	0.4	94.7	25561.3
中国银河证券股份有限公司上海浦东南路证券营业部	上海	上海	43039.9	10060.1	563.5	0.0	65.4	32350.8
华泰证券股份有限公司南通环城西路证券营业部	江苏	南通	42985.8	23542.1	1978.0	2.7	165.8	17297.3
华泰证券股份有限公司上海静安区威海路证券营业部	上海	上海	42874.8	16852.5	2679.0	0.2	381.4	22961.7
兴业证券股份有限公司西安朱雀大街证券营业部	陕西	西安	42846.8	19443.9	38.4	27.1	539.9	22797.6
申银万国证券股份有限公司上海川沙路证券营业部	上海	上海	42838.5	22850.4	192.1	22.5	1050.8	18722.7
华泰证券股份有限公司武汉武珞路证券营业部	湖北	武汉	42674.9	19716.2	250.0	0.0	230.3	22478.4
中国银河证券股份有限公司上海新郁路证券营业部	上海	上海	42636.7	12618.7	106.8	1.0	115.7	29794.5
东方证券股份有限公司上海光新路证券营业部	上海	上海	42595.1	10948.1	202.4	8.3	23.6	31412.7
申银万国证券股份有限公司上海三林路营业部	上海	上海	42518.5	15663.3	246.0	7.6	50.0	26551.6
中国银河证券股份有限公司上海中山北路证券营业部	上海	上海	42503.9	12113.8	92.6	11.4	1068.6	29217.4

注：营业部交易金额的单位为百万元。

证券营业部交易
Trading of Business Department

营业部名称 Business Department	省份 Province	城市 City	总计 Total	股票 Share	基金 Fund	政府债 G-Bond	公司债 C-Bond	债券回购 Repo
方正证券股份有限公司深圳怡景路证券营业部	深圳	深圳	42493.0	13642.0	61.0	0.0	40.5	28749.4
齐鲁证券有限公司淄博重庆路证券营业部	山东	淄博	42336.5	12328.9	2064.6	2.6	292.8	27647.6
海通证券股份有限公司杭州文化路证券营业部	浙江	杭州	42310.4	27694.9	230.9	0.5	176.8	14207.4
光大证券股份有限公司深圳新园路营业部	深圳	深圳	42303.9	15400.5	223.7	0.0	176.9	26502.8
国泰君安证券股份有限公司顺德东乐路证券营业部	广东	顺德	42247.8	24296.1	256.6	5.1	440.8	17249.3
中国银河证券股份有限公司佛山市顺德大良证券营业部	广东	佛山	42118.2	12727.1	6605.0	0.2	65.9	22719.9
浙商证券股份有限公司台州环城东路证券营业部	浙江	台州	42055.9	27073.0	116.6	0.0	150.7	14715.6
长江证券股份有限公司天津鼓楼南街证券营业部	天津	天津	42032.2	1817.2	14.2	102.4	1769.8	38328.7
中信建投证券股份有限公司广州市黄埔东路证券营业部	广东	广州	42025.8	16619.3	106.1	16.2	184.3	25100.0
光大证券股份有限公司上海仙霞路证券营业部	上海	上海	42019.0	13300.8	256.8	0.1	74.9	28386.4
申银万国证券股份有限公司上海青浦证券营业部	上海	上海	42002.5	22159.8	94.0	6.6	37.4	19704.7
华泰证券股份有限公司杭州庆春路证券营业部	浙江	杭州	41951.4	20633.6	296.9	21.4	613.4	20386.1
国元证券股份有限公司大连金州证券营业部	辽宁	大连	41917.6	5661.0	188.8	0.1	2.8	36065.0
广发证券股份有限公司武汉和平大道证券营业部	湖北	武汉	41871.5	12615.9	28.0	0.2	230.2	28997.3
长江证券股份有限公司上海后长街证券营业部	上海	上海	41865.4	15382.1	1655.6	0.7	201.0	24625.9
中国银河证券股份有限公司珠海景山路证券营业部	广东	珠海	41830.0	6608.7	91.2	0.5	34.6	35095.1
中国银河证券股份有限公司深圳滨河大道证券营业部	深圳	深圳	41825.7	7531.6	22.7	2.5	1102.2	33166.8
招商证券股份有限公司珠海人民西路证券营业部	广东	珠海	41772.8	23985.1	89.1	1.5	320.5	17376.6
宏源证券股份有限公司杭州体育场路证券营业部	浙江	杭州	41747.2	19151.0	164.6	0.5	112.9	22318.2
中信建投证券股份有限公司济南市经四路证券营业部	山东	济南	41732.3	22865.4	4040.2	4.0	451.6	14371.2
中国银河证券股份有限公司上海东宝兴路证券营业部	上海	上海	41723.8	15686.0	122.0	0.8	175.8	25739.2
国联证券股份有限公司无锡湖滨路证券营业部	江苏	无锡	41718.7	12239.7	83.6	0.7	42.9	29351.9
平安证券有限责任公司深圳蛇口招商路招商大厦证券营业部	深圳	深圳	41687.8	27042.5	97.3	1.4	52.0	14494.6
德邦证券有限责任公司上海凉城路营业部	上海	上海	41612.2	15022.1	1018.0	0.2	1058.0	24514.0
广发证券股份有限公司福州古田路证券营业部	福建	福州	41561.9	12300.0	53.0	5.1	475.9	28727.9
国泰君安证券股份有限公司台州临海证券营业部	浙江	台州	41486.0	24707.2	66.9	35.8	104.2	16571.9
东方证券股份有限公司上海牡丹路证券营业部	上海	上海	41433.8	15445.2	125.1	0.2	29.7	25833.6
民生证券股份有限公司上海漕溪北路证券营业部	上海	上海	41375.2	17782.5	61.4	22.9	30.9	23477.6
国联证券股份有限公司上海邯郸路证券营业部	上海	上海	41329.5	16858.5	258.2	0.4	62.0	24150.5
中信建投证券股份有限公司南京龙园西路证券营业部	江苏	南京	41323.1	18045.6	319.7	0.3	85.4	22872.1
申银万国证券股份有限公司南宁长湖路证券营业部	广西	南宁	41322.9	14531.3	42.4	10.8	1560.5	25178.0
国元证券股份有限公司上海斜土路证券营业部	上海	上海	41304.8	15325.4	68.2	2.0	54.9	25854.3
安信证券股份有限公司上海南丹路证券营业部	上海	上海	41281.5	14424.2	458.1	15.2	147.7	26236.4
国泰君安证券股份有限公司上海虹桥路证券营业部	上海	上海	41275.7	15553.6	359.2	0.4	472.3	24890.3
中国银河证券股份有限公司上海大连西路证券营业部	上海	上海	41268.1	15329.8	135.5	132.3	2187.3	23483.2
浙商证券股份有限公司绍兴解放北路证券营业部	浙江	绍兴	41225.0	18064.2	29.9	0.3	25.3	23105.3
中信证券（浙江）有限责任公司金华中山路证券营业部	浙江	金华	41176.9	27868.1	67.5	4.0	97.5	13139.8
华泰证券股份有限公司南京中山北路证券营业部	江苏	南京	41159.4	21225.0	2540.8	14.3	245.1	17134.1
国泰君安证券股份有限公司成都建设路证券营业部	四川	成都	41104.2	18192.6	591.1	1.9	49.0	22269.6
中银国际证券有限责任公司武汉黄孝河路证券营业部	湖北	武汉	41043.0	26267.1	49.7	2.6	39.5	14684.1
华泰证券股份有限公司上海浦东新区福山路证券营业部	上海	上海	40912.1	13669.1	462.0	5.1	690.8	26085.1
海通证券股份有限公司上海周家嘴路营业部	上海	上海	40904.6	13936.8	72.8	15.0	774.8	26105.3
中信证券股份有限公司天津友谊路证券营业部	天津	天津	40897.3	17380.3	6822.9	0.4	210.1	16483.5
申银万国证券股份有限公司上海崇明营业部	上海	上海	40884.2	25552.8	42.9	2.5	27.5	15258.4
兴业证券股份有限公司深圳景田路证券营业部	深圳	深圳	40861.8	18890.2	166.8	0.5	261.5	21542.9
中国银河证券股份有限公司武汉中南路证券营业部	湖北	武汉	40843.9	12125.4	46.7	0.6	40.1	28631.1
中原证券股份有限公司上海大连西路证券营业部	上海	上海	40684.5	14937.2	30.5	1.3	91.1	25624.6
东吴证券股份有限公司张家港杨舍证券营业部	江苏	苏州	40659.0	22214.3	93.5	0.6	444.5	17906.2
齐鲁证券有限公司武汉宝丰路证券营业部	湖北	武汉	40632.2	11592.3	39.9	0.9	6.2	28992.9
华泰证券股份有限公司上海共和新路证券营业部	上海	上海	40580.6	19499.1	698.0	2.7	1090.8	19290.1

注：营业部交易金额的单位为百万元。

证券营业部交易
Trading of Business Department

营业部名称 Business Department	省份 Province	城市 City	总计 Total	股票 Share	基金 Fund	政府债 G-Bond	公司债 C-Bond	债券回购 Repo
上海证券有限责任公司乐都路证券营业部	上海	上海	40550.6	14903.1	62.6	31.1	374.4	25179.5
首创证券有限责任公司北京北辰东路证券营业部	北京	北京	40539.1	12374.2	53.3	3.8	11.4	28096.4
中国银河证券股份有限公司金华证券营业部	浙江	金华	40471.8	32031.2	72.6	0.5	99.7	8267.9
安信证券股份有限公司深圳深南大道证券营业部	深圳	深圳	40272.6	8583.0	57.4	0.0	79.9	31552.4
方正证券股份有限公司娄底南贸西街证券营业部	湖南	娄底	40229.4	14877.1	43.8	0.0	15.7	25292.9
中信万通证券有限责任公司青岛南京路证券营业部	山东	青岛	40225.3	19712.3	555.3	0.0	149.3	19808.4
中信建投证券股份有限公司鞍山人民路证券营业部	辽宁	鞍山	40204.6	6683.1	1350.2	0.6	2886.8	29284.0
中信建投证券股份有限公司上海市五莲路证券营业部	上海	上海	40193.2	12922.8	180.1	3.1	209.4	26877.8
国泰君安证券股份有限公司鞍山新华街证券营业部	辽宁	鞍山	40183.2	4083.3	8.1	157.1	2790.9	33143.9
国信证券股份有限公司厦门湖滨北路证券营业部	福建	厦门	40091.5	21595.7	1014.5	0.1	54.5	17426.8
中信证券股份有限公司天津大港证券营业部	天津	天津	40070.7	11363.4	8789.9	8.5	169.2	19739.8
华创证券有限责任公司深圳泰然六路证券营业部	深圳	深圳	39970.5	16960.4	9.3	72.4	605.4	22323.1
中国银河证券股份有限公司北京广渠门大街证券营业部	北京	北京	39960.7	20730.7	340.6	6.5	98.6	18784.3
西南证券股份有限公司重庆沧白路证券营业部	重庆	重庆	39941.9	13766.8	28.0	0.6	42.6	26104.0
中信建投证券股份有限公司成都市马家花园证券营业部	四川	成都	39926.8	22077.4	696.4	0.7	326.7	16825.7
中信建投证券股份有限公司上海张杨北路证券营业部	上海	上海	39804.2	16703.4	258.1	1.2	1647.3	21194.3
中信万通证券有限责任公司青岛经济技术开发区井冈山路证券营业部	山东	青岛	39790.7	22742.3	79.7	0.2	235.7	16732.9
齐鲁证券有限公司北京朝外大街证券营业部	北京	北京	39748.0	22004.5	118.7	0.2	55.4	17569.2
财通证券股份有限公司上海漕溪路证券营业部	上海	上海	39724.1	14141.5	428.0	96.7	415.4	24642.5
华泰证券股份有限公司广州体育东路证券营业部	广东	广州	39699.6	11718.3	599.3	1.3	2556.2	24824.5
中信证券股份有限公司深圳深南中路中信大厦证券营业部	深圳	深圳	39667.3	28328.8	185.3	0.0	85.6	11067.7
申银万国证券股份有限公司上海延长中路营业部	上海	上海	39590.3	17099.8	509.9	1.4	45.0	21934.2
华西证券有限责任公司杭州学院路证券营业部	浙江	杭州	39579.4	20712.7	130.9	0.2	30.5	18705.1
长江证券股份有限公司深圳福华一路证券营业部	深圳	深圳	39578.6	20316.8	349.3	2.3	112.8	18797.5
中国银河证券股份有限公司上海东大名路外滩营业部	上海	上海	39521.9	13549.4	48.2	2.0	21.2	25901.2
中国银河证券股份有限公司中山证券营业部	广东	中山	39446.2	18771.0	987.4	1.5	125.9	19560.4
申银万国证券股份有限公司上海瞿溪路证券营业部	上海	上海	39421.3	11446.5	114.4	0.3	327.1	27532.9
中信建投证券股份有限公司武汉建设八路证券营业部	湖北	武汉	39353.4	10866.8	2415.3	0.6	20.4	26050.3
兴业证券股份有限公司北京西直门北大街证券营业部	北京	北京	39235.0	11539.0	227.0	2.2	116.1	27350.8
宏源证券股份有限公司上海康定路证券营业部	上海	上海	39196.9	15650.7	80.4	1.9	50.0	23414.0
兴业证券股份有限公司福州五四路证券营业部	福建	福州	39166.1	15954.3	98.7	0.6	15.7	23096.8
中国银河证券股份有限公司杭州体育场路证券营业部	浙江	杭州	39136.3	17917.0	141.9	1.2	461.8	20614.5
中信建投证券股份有限公司北京南大红门路营业部	北京	北京	39113.6	12857.2	1647.6	0.6	3595.8	21012.4
东兴证券股份有限公司福清一拂路证券营业部	福建	福清	39108.6	23047.5	113.9	0.0	114.6	15832.7
广发证券股份有限公司广州黄埔大道证券营业部	广东	广州	39071.3	19249.7	219.3	0.5	8492.7	11109.1
厦门证券有限公司上海陆家滨路证券营业部	上海	上海	39046.0	14985.0	38.8	0.0	65.0	23957.2
中航证券有限公司北京慧忠路证券营业部	北京	北京	39022.8	9926.7	16.1	3.3	1384.3	27692.4
浙商证券股份有限公司东阳新南路证券营业部	浙江	金华	38971.1	35654.5	453.3	0.5	20.3	2842.5
招商证券股份有限公司西安北大街证券营业部	陕西	西安	38948.9	22868.0	324.5	4.3	145.7	15606.5
广发证券股份有限公司厦门湖滨南路证券营业部	福建	厦门	38888.3	19103.7	53.4	0.2	14.5	19716.4
齐鲁证券有限公司福州湖东路证券营业部	福建	福州	38856.6	12195.0	84.4	1.1	267.0	26309.2
华泰证券股份有限公司成都蜀金路证券营业部	四川	成都	38778.0	28999.9	126.8	0.2	155.9	9495.2
中国银河证券股份有限公司北京马家堡东路营业部	北京	北京	38729.9	13589.9	194.3	0.0	17918.5	7027.2
中信建投证券股份有限公司常州延陵西路证券营业部	江苏	常州	38706.7	14394.6	3949.3	19.1	644.5	19699.2
申银万国证券股份有限公司上海吉林路营业部	上海	上海	38686.4	13975.2	148.5	2.8	128.3	24431.6
华泰证券股份有限公司盐城人民中路证券营业部	江苏	盐城	38591.5	29687.9	1849.7	0.1	13.6	7040.3
海通证券股份有限公司太原新建路营业部	山西	太原	38574.3	20253.6	137.8	0.3	74.6	18108.0
中信建投证券股份有限公司深圳福中路证券营业部	深圳	深圳	38518.9	17130.5	248.3	0.0	317.9	20822.2
南京证券股份有限公司南京大钟亭证券营业部	江苏	南京	38512.7	17130.8	138.9	11.9	94.4	21136.7
华泰证券股份有限公司上海威宁路证券营业部	上海	上海	38487.0	17291.3	247.5	1.3	260.1	20686.7

注：营业部交易金额的单位为百万元。

证券营业部交易
Trading of Business Department

营业部名称 Business Department	省份 Province	城市 City	总计 Total	股票 Share	基金 Fund	政府债 G-Bond	公司债 C-Bond	债券回购 Repo
海通证券股份有限公司上海种德桥路营业部	上海	上海	38413.8	10660.8	138.1	1.9	22.3	27590.6
华泰证券股份有限公司南京中央路证券营业部	江苏	南京	38304.2	16245.3	385.7	0.3	14.4	21658.5
齐鲁证券有限公司烟台环山路证券营业部	山东	烟台	38198.7	9797.3	61.1	61.8	15.5	28263.0
申银万国证券股份有限公司江苏无锡清扬路营业部	江苏	无锡	38142.6	13352.5	3635.1	0.3	1912.7	19242.1
申银万国证券股份有限公司湖北武汉中山路营业部	湖北	武汉	38078.2	18488.0	1432.6	2.7	56.0	18098.9
齐鲁证券有限公司上海赤峰路证券营业部	上海	上海	38018.0	18919.0	135.7	7.4	144.3	18811.7
湘财证券有限责任公司北京北四环东路证券营业部	北京	北京	37965.7	14344.0	49.8	1.4	269.5	23301.0
华龙证券有限责任公司重庆公园路证券营业部	重庆	重庆	37912.4	3654.2	2.0	304.8	1942.3	32009.1
申银万国证券股份有限公司青岛山东路证券营业部	山东	青岛	37868.3	10845.1	208.1	22.0	588.4	26204.7
华泰证券股份有限公司上海西藏南路证券营业部	上海	上海	37867.0	15884.9	210.1	0.3	140.0	21631.8
广发证券股份有限公司汕头海滨路证券营业部	广东	汕头	37836.9	15982.6	172.2	5.4	82.9	21593.8
华泰证券股份有限公司南京中央路第三证券营业部	江苏	南京	37771.8	14996.0	2107.4	0.3	361.0	20307.2
财通证券股份有限公司嘉兴禾兴南路证券营业部	浙江	嘉兴	37745.3	14477.8	303.2	0.4	3451.3	19512.7
齐鲁证券有限公司上海西安路证券营业部	上海	上海	37736.8	10458.8	187.4	0.0	36.3	27054.4
中信建投证券股份有限公司泰州青年路证券营业部	江苏	泰州	37673.2	10302.9	2092.3	12.9	3501.8	21763.3
金元证券股份有限公司杭州体育场路证券营业部	浙江	杭州	37668.8	19490.1	12.6	0.0	200.7	17965.4
上海证券有限责任公司上海临平路证券营业部	上海	上海	37657.3	9698.5	175.7	23.7	261.9	27497.4
中银国际证券有限责任公司上海新华路证券营业部	上海	上海	37646.8	5935.8	65.0	0.0	429.3	31216.7
中国银河证券股份有限公司杭州艮山西路证券营业部	浙江	杭州	37594.5	22352.1	68.1	0.6	92.8	15080.9
西藏同信证券有限责任公司成都东大街证券营业部	四川	成都	37571.0	16102.0	1462.6	0.6	38.7	19967.2
招商证券股份有限公司沈阳惠工街证券营业部	辽宁	沈阳	37547.1	14470.0	440.1	2.7	128.6	22505.7
中信证券（浙江）有限责任公司嘉兴吉杨路证券营业部	浙江	嘉兴	37494.9	16872.7	1662.4	1.0	124.9	18834.0
申银万国证券股份有限公司上海同泰路营业部	上海	上海	37443.0	19864.7	1510.3	4.8	401.0	15662.1
中信证券（浙江）有限责任公司绍兴越王城证券营业部	浙江	绍兴	37436.7	21293.4	31.7	0.2	12.6	16098.8
光大证券股份有限公司宁波彩虹南路证券营业部	浙江	宁波	37431.8	22640.6	179.8	0.8	204.2	14406.5
方正证券股份有限公司温州小南路证券营业部	浙江	温州	37420.3	24803.0	552.3	0.0	766.7	11298.3
平安证券有限责任公司深圳商报路奥林匹克大厦证券营业部	深圳	深圳	37380.4	19743.2	29.2	1.5	75.2	17531.3
方正证券股份有限公司深圳福中路证券营业部	深圳	深圳	37338.3	15390.3	110.1	2.0	180.2	21655.6
国海证券股份有限公司南宁新民路证券营业部	广西	南宁	37302.1	13775.9	114.7	0.0	750.0	22661.5
安信证券股份有限公司佛山北窖证券营业部	广东	佛山	37225.8	17728.8	237.6	0.6	45.3	19213.4
中国银河证券股份有限公司台州证券营业部	浙江	台州	37088.5	27471.9	136.5	0.1	17.0	9463.0
华泰证券股份有限公司福州六一中路证券营业部	福建	福州	37078.8	14739.8	4841.4	0.0	794.4	16703.1
东兴证券股份有限公司泉州田安路证券营业部	福建	泉州	37077.5	25077.3	90.9	0.1	44.9	11864.4
齐鲁证券有限公司济南共青团路证券营业部	山东	济南	37038.0	12268.6	366.9	10.3	167.9	24224.3
海通证券股份有限公司汕头中山中路营业部	广东	汕头	37020.8	26521.9	712.3	3.1	48.2	9735.3
中国国际金融有限公司广州天河路证券营业部	广东	广州	36997.3	3153.2	8.7	0.0	441.8	33393.5
中信建投证券股份有限公司福清田乾路证券营业部	福建	福清	36918.4	20961.3	677.1	5.9	126.7	15147.4
华泰证券股份有限公司南京汉中门大街证券营业部	江苏	南京	36841.6	21298.3	2403.7	6.5	601.9	12531.2
中信建投证券股份有限公司广州市中山三路证券营业部	广东	广州	36817.4	15811.9	897.5	0.5	228.5	19879.0
中国银河证券股份有限公司义乌稠州北路证券营业部	浙江	金华	36793.5	5181.3	10.6	1.6	682.4	30917.6
第一创业证券股份有限公司佛山绿景三路证券营业部	广东	佛山	36767.0	11858.2	71.5	1.0	1205.5	23630.7
中信建投证券股份有限公司南昌市子固路证券营业部	江西	南昌	36712.5	16238.9	107.2	36.4	183.4	20146.6
国泰君安证券股份有限公司宜昌四新路证券营业部	湖北	宜昌	36707.7	17747.2	39.3	0.0	423.9	18497.3
申银万国证券股份有限公司上海东川路证券营业部	上海	上海	36676.4	16828.9	268.2	6.0	109.9	19463.4
信达证券股份有限公司广州寺右新马路证券营业部	广东	广州	36649.6	13400.9	66.7	91.9	2008.3	21081.8
中国中投证券有限责任公司广州滨江东路证券营业部	广东	广州	36635.9	18186.1	6546.2	2.0	511.8	11389.9
宏源证券股份有限公司上海浦北路证券营业部	上海	上海	36600.6	17289.4	90.1	7.9	200.3	19012.9
安信证券股份有限公司佛山顺德容奇大道证券营业部	广东	佛山	36542.6	14100.0	213.3	0.0	24.9	22204.5
西藏同信证券有限责任公司北京陶然亭路证券营业部	北京	北京	36480.3	20689.9	110.8	1.0	205.0	15473.5
华福证券有限责任公司福州上三路证券营业部	福建	福州	36472.7	16979.0	153.2	2.9	63.6	19274.0

注：营业部交易金额的单位为百万元。

证券营业部交易
Trading of Business Department

营业部名称 Business Department	省份 Province	城市 City	总计 Total	股票 Share	基金 Fund	政府债 G-Bond	公司债 C-Bond	债券回购 Repo
华泰证券股份有限公司北京中关村南大街证券营业部	北京	北京	36390.6	17969.3	769.2	0.2	37.7	17614.1
东莞证券有限责任公司深圳新闻路证券营业部	深圳	深圳	36327.0	10363.5	15.1	0.6	508.6	25439.3
大通证券股份有限公司上海广中西路证券营业部	上海	上海	36293.7	3553.2	15.7	0.3	46.4	32678.1
华创证券有限责任公司德阳长江西路证券营业部	四川	德阳	36204.3	5414.3	12.6	0.1	4.5	30773.0
广发证券股份有限公司北京朝阳门北大街证券营业部	北京	北京	36178.6	15763.3	117.0	21.0	122.6	20154.6
中山证券有限责任公司上海零陵路证券营业部	上海	上海	36147.3	9603.1	48.1	0.0	38.0	26458.1
中国银河证券股份有限公司北京望京证券营业部	北京	北京	36114.1	18494.2	111.9	0.5	136.2	17371.3
中信证券（浙江）有限责任公司杭州狮山路证券营业部	浙江	杭州	36063.6	10757.6	1662.0	0.2	63.8	23580.0
安信证券股份有限公司北京北三环东路证券营业部	北京	北京	36063.5	9178.4	87.0	0.0	60.9	26737.2
申银万国证券股份有限公司杭州密渡桥路证券营业部	浙江	杭州	35966.4	18614.8	350.9	0.0	198.9	16801.9
齐鲁证券有限公司青岛香港中路民航大厦证券营业部	山东	青岛	35889.3	17367.9	15353.2	0.0	12.8	3155.4
中国银河证券股份有限公司深圳福华一路证券营业部	深圳	深圳	35741.1	13206.7	170.1	0.0	4822.4	17541.9
英大证券有限责任公司上海镇宁路证券营业部	上海	上海	35671.9	12348.4	52.4	0.0	25.3	23245.8
国海证券股份有限公司深圳深南大道证券营业部	深圳	深圳	35662.1	19242.0	20.1	0.0	572.4	15827.5
平安证券有限责任公司上海常熟路证券营业部	上海	上海	35648.9	17037.9	110.7	1.8	387.1	18111.4
国泰君安证券股份有限公司福州华林路证券营业部	福建	福州	35594.8	18993.4	985.6	3.7	215.8	15396.3
海通证券股份有限公司北京工人体育场北路证券营业部	北京	北京	35563.3	14012.6	930.2	0.0	88.4	20532.1
中国民族证券有限责任公司上海羽山路证券营业部	上海	上海	35560.9	15690.7	81.5	0.0	12.5	19776.2
申银万国证券股份有限公司上海吴中路营业部	上海	上海	35527.4	18832.4	371.3	65.1	71.8	16186.9
广发证券股份有限公司青岛香港中路证券营业部	山东	青岛	35499.4	8634.1	104.7	0.0	16.1	26744.5
中国中投证券有限责任公司上海灵石路证券营业部	上海	上海	35387.4	16063.3	263.1	295.0	37.4	18728.6
中国中投证券有限责任公司上海横浜路证券营业部	上海	上海	35340.1	15048.6	181.4	1.8	74.4	20033.9
华福证券有限责任公司上海宛平南路证券营业部	上海	上海	35274.9	13463.8	85.9	0.5	50.8	21673.9
中国银河证券股份有限公司湖州证券营业部	浙江	湖州	35258.1	21664.1	109.3	3.5	234.5	13246.7
光大证券股份有限公司成都武成大街证券营业部	四川	成都	35243.0	18711.3	125.4	50.8	251.8	16103.7
中信证券股份有限公司上海安亭证券营业部	上海	上海	35187.4	18086.1	170.6	0.3	74.4	16856.1
广发证券股份有限公司深圳民田路证券营业部	深圳	深圳	35180.5	20124.2	92.2	0.0	190.2	14773.9
中信建投证券股份有限公司苏州工业园区星海街证券营业部	江苏	苏州	35177.6	20225.6	74.3	19.3	182.2	14676.2
华泰证券股份有限公司广州环市东路证券营业部	广东	广州	35165.0	15230.6	10048.6	0.6	27.1	9858.1
海通证券股份有限公司深圳华富路营业部	深圳	深圳	35021.9	23336.5	1395.4	0.3	33.6	10256.1
东北证券股份有限公司上海局门路证券营业部	上海	上海	34939.2	10885.4	73.7	6.0	95.1	23878.9
海通证券股份有限公司上海牡丹江路证券营业部	上海	上海	34934.2	15258.1	188.6	26.7	565.7	18895.1
东兴证券股份有限公司上海肇嘉浜路证券营业部	上海	上海	34922.9	10428.8	154.3	18.2	826.8	23494.8
浙商证券股份有限公司永康九铃东路证券营业部	浙江	金华	34920.7	29782.7	160.4	0.5	42.7	4934.4
第一创业证券股份有限公司上海巨野路证券营业部	上海	上海	34898.4	7343.7	60.1	7.6	1508.6	25978.5
海通证券股份有限公司郑州经七路证券营业部	河南	郑州	34870.4	26783.7	518.3	0.2	29.4	7538.7
海通证券股份有限公司福州群众路证券营业部	福建	福州	34814.8	16200.7	381.1	3.8	512.4	17716.8
光大证券股份有限公司宁波中山西路证券营业部	浙江	宁波	34797.7	23907.1	135.1	2.6	106.0	10646.9
东方证券股份有限公司上海新川路证券营业部	上海	上海	34768.5	12176.5	33.3	0.0	239.9	22318.8
浙商证券股份有限公司金华后街证券营业部	浙江	金华	34569.8	19080.3	105.5	0.0	70.4	15313.6
华泰证券股份有限公司镇江长江路证券营业部	江苏	镇江	34547.0	20712.8	2000.6	0.5	212.0	11621.1
中信建投证券股份有限公司上海市永嘉路证券营业部	上海	上海	34533.7	13115.2	651.6	0.5	288.7	20477.6
申银万国证券股份有限公司上海隆昌路营业部	上海	上海	34462.9	12066.9	100.5	2.8	146.0	22146.7
国海证券股份有限公司梧州奥奇丽路证券营业部	广西	梧州	34448.6	6538.1	46.4	0.0	1042.5	26821.7
光大证券股份有限公司天津广东路证券营业部	天津	天津	34429.7	9413.5	1922.7	0.5	276.9	22816.2
华林证券有限责任公司上海南京西路证券营业部	上海	上海	34414.8	16314.5	122.6	5.2	102.1	17870.4
中国中投证券有限责任公司江门堤东路证券营业部	广东	江门	34402.5	18098.0	125.7	25.6	118.0	16035.2
东北证券股份有限公司江阴朝阳路证券营业部	江苏	江阴	34394.4	10821.9	80.5	0.0	516.4	22975.7
海通证券股份有限公司南通人民中路证券营业部	江苏	南通	34308.4	21100.2	918.4	0.3	51.3	12238.2
中信证券股份有限公司南京高楼门证券营业部	江苏	南京	34281.5	18362.9	1990.8	0.4	102.3	13825.1

注：营业部交易金额的单位为百万元。

证券营业部交易
Trading of Business Department

营业部名称 Business Department	省份 Province	城市 City	总计 Total	股票 Share	基金 Fund	政府债 G-Bond	公司债 C-Bond	债券回购 Repo
海通证券股份有限公司长沙五一大道营业部	湖南	长沙	34275.3	22320.6	365.8	0.2	298.2	11290.6
中国银河证券股份有限公司杭州新塘路证券营业部	浙江	杭州	34245.3	15193.6	41.2	15.5	124.2	18870.9
平安证券有限责任公司深圳深南中路证券营业部	深圳	深圳	34243.6	21454.8	134.9	0.7	61.3	12591.9
中信万通证券有限责任公司青岛深圳路证券营业部	山东	青岛	34200.0	9488.6	347.0	0.0	237.1	24127.3
方正证券股份有限公司长沙留芳岭证券营业部	湖南	长沙	34168.0	17786.0	199.5	20.8	369.9	15791.7
国泰君安证券股份有限公司深圳笋岗路证券营业部	深圳	深圳	34131.9	16340.0	108.7	4.8	21.2	17657.2
中国中投证券有限责任公司北京北三环东路证券营业部	北京	北京	34101.2	21259.2	320.8	49.8	200.3	12271.0
安信证券股份有限公司潮州城新西路证券营业部	广东	潮州	34091.2	18413.3	155.7	3.1	27.2	15491.9
华龙证券有限责任公司深圳深南大道证券营业部	深圳	深圳	34041.2	2964.5	2.8	231.7	1963.0	28879.2
东海证券股份有限公司常州延陵中路证券营业部	江苏	常州	34015.2	15491.7	130.5	75.8	474.1	17843.1
华泰证券股份有限公司南昌新建文化大道证券营业部	江西	南昌	33866.4	10905.6	12.6	77.1	818.7	22052.4
国泰君安证券股份有限公司上海大渡河路证券营业部	上海	上海	33744.2	13259.6	318.4	2.6	83.1	20080.5
西南证券股份有限公司深圳蛇口后海路证券营业部	深圳	深圳	33667.0	7179.4	32.1	5.3	106.8	26343.4
上海证券有限责任公司瑞安罗阳大道证券营业部	浙江	瑞安	33563.8	30641.0	143.2	0.4	36.5	2742.6
东海证券股份有限公司常州劳动西路证券营业部	江苏	常州	33484.6	12466.5	69.4	1.7	31.9	20915.0
财通证券股份有限公司杭州环城西路证券营业部	浙江	杭州	33400.3	16868.4	458.6	13.8	381.5	15677.9
中国银河证券股份有限公司上海人民路证券营业部	上海	上海	33328.7	10281.2	97.9	1.4	73.6	22874.6
广发证券股份有限公司上海中山西路证券营业部	上海	上海	33321.0	13958.3	32.3	0.4	117.6	19212.5
申银万国证券股份有限公司宁波中兴路证券营业部	浙江	宁波	33301.6	16019.1	276.2	0.6	51.7	16954.0
东吴证券股份有限公司苏州石路证券营业部	江苏	苏州	33234.2	16197.5	92.3	2.5	70.3	16871.7
中信证券股份有限公司上海漕溪北路证券营业部	上海	上海	33171.0	12991.2	334.8	0.9	74.1	19770.1
广发证券股份有限公司西安南广济街证券营业部	陕西	西安	33167.9	9576.1	26.9	1.0	374.3	23189.7
中信证券（浙江）有限责任公司福州连江北路证券营业部	福建	福州	33098.8	14468.6	234.2	0.0	152.7	18243.4
长城证券有限责任公司北京阜成门北大街证券营业部	北京	北京	33089.3	14189.5	127.6	0.8	486.9	18284.6
红塔证券股份有限公司昆明滇池路证券营业部	云南	昆明	33018.1	1302.1	107.0	1.8	0.7	31606.5
国元证券股份有限公司广州江南大道中路证券营业部	广东	广州	33012.4	15887.2	3688.6	2.0	1758.1	11676.6
申银万国证券股份有限公司苏州吴中西路证券营业部	江苏	苏州	32993.9	11394.2	1830.3	1.3	7.2	19760.9
广发证券股份有限公司江门新会知政中路证券营业部	广东	江门	32982.4	14581.5	73.9	0.8	107.1	18219.1
申银万国证券股份有限公司上海中华路证券营业部	上海	上海	32981.9	12975.9	73.6	1.0	110.8	19820.7
广发证券股份有限公司佛山季华路证券营业部	广东	佛山	32968.7	12882.9	210.8	0.0	49.5	19825.5
渤海证券股份有限公司上海彰武路证券营业部	上海	上海	32938.5	13688.0	39.8	2.4	19.7	19188.6
东吴证券股份有限公司苏州工业园区现代大道证券营业部	江苏	苏州	32836.6	16145.9	111.2	6.4	51.1	16522.1
方正证券股份有限公司长沙芙蓉中路证券营业部	湖南	长沙	32807.3	11348.6	37.7	0.1	3.2	21417.8
国海证券股份有限公司上海宝源路证券营业部	上海	上海	32786.8	10193.7	75.4	29.5	933.1	21555.1
国泰君安证券股份有限公司长沙五一中路证券营业部	湖南	长沙	32765.5	19294.6	267.8	10.1	352.5	12840.5
中国银河证券股份有限公司南昌广场东路证券营业部	江西	南昌	32749.3	17703.2	221.0	0.4	69.1	14755.6
华福证券有限责任公司上海遵义路证券营业部	上海	上海	32746.2	16199.6	95.4	0.0	20.2	16431.0
海通证券股份有限公司嵊州西前街证券营业部	浙江	嵊州	32743.6	19757.1	408.6	0.5	95.5	12482.0
光大证券股份有限公司上海斜土路证券营业部	上海	上海	32726.6	15327.1	87.6	2.2	114.4	17195.4
中信建投证券股份有限公司上海市哈密路证券营业部	上海	上海	32718.1	13142.7	184.6	20.7	854.5	18515.7
广发证券股份有限公司珠海柠溪路证券营业部	广东	珠海	32715.4	9542.8	39.3	0.8	313.2	22819.4
东方证券股份有限公司杭州龙井路证券营业部	浙江	杭州	32710.3	7491.3	217.8	0.0	6.5	24994.8
安信证券股份有限公司青岛山东路证券营业部	山东	青岛	32694.3	7365.8	64.5	1.2	301.8	24960.9
华泰证券股份有限公司宁波柳汀街证券营业部	浙江	宁波	32591.5	19529.1	2135.0	9.5	1142.8	9775.3
中国民族证券有限责任公司上海延平路证券营业部	上海	上海	32582.8	13521.0	69.7	0.5	48.3	18943.4
海通证券股份有限公司合肥黄山路证券营业部	安徽	合肥	32571.1	15348.2	61.2	17.2	1432.7	15711.8
华泰证券股份有限公司扬州文昌中路证券营业部	江苏	扬州	32495.8	24120.8	274.5	8.6	199.0	7892.8
申银万国证券股份有限公司江苏南京山西路营业部	江苏	南京	32465.4	14674.8	210.3	31.9	439.3	17109.1
申银万国证券股份有限公司哈尔滨中山路证券营业部	黑龙江	哈尔滨	32435.9	9881.1	62.0	68.5	1732.3	20692.1
中山证券有限责任公司杭州杨公堤证券营业部	浙江	杭州	32401.3	13321.0	45.8	0.0	840.7	18193.8

注：营业部交易金额的单位为百万元。

证券营业部交易
Trading of Business Department

营业部名称 Business Department	省份 Province	城市 City	总计 Total	股票 Share	基金 Fund	政府债 G-Bond	公司债 C-Bond	债券回购 Repo
东莞证券有限责任公司东莞东城大道证券营业部	广东	东莞	32346.5	13933.1	430.8	0.2	76.7	17905.7
中银国际证券有限责任公司杭州庆春路证券营业部	浙江	杭州	32303.1	17605.8	153.2	1.9	40.8	14501.4
中信证券（浙江）有限责任公司宁波天童北路证券营业部	浙江	宁波	32248.9	16582.5	101.6	0.0	20.9	15543.9
中国银河证券股份有限公司上海中原路证券营业部	上海	上海	32165.9	12839.0	90.1	6.7	52.7	19177.4
中国银河证券股份有限公司南京洪武路证券营业部	江苏	南京	32140.0	19936.1	127.7	1.1	82.2	11993.0
申银万国证券股份有限公司上海奉贤证券营业部	上海	上海	32134.3	19007.4	634.9	0.0	124.3	12367.7
申银万国证券股份有限公司江苏南京华侨路营业部	江苏	南京	32128.3	16283.8	3341.7	1.9	170.5	12330.5
财通证券股份有限公司杭州龙井路证券营业部	浙江	杭州	32023.0	11191.0	538.9	0.0	187.5	20105.6
光大证券股份有限公司佛山绿景路证券营业部	广东	佛山	32019.3	18086.3	47.2	6.9	360.4	13518.6
安信证券股份有限公司佛山乐从证券营业部	广东	佛山	32007.0	16316.8	267.3	3.4	39.0	15380.6
申银万国证券股份有限公司上海沪太路证券营业部	上海	上海	31994.1	10613.9	198.2	0.3	149.9	21031.9
华鑫证券有限责任公司上海惠南镇人民东路证券营业部	上海	上海	31978.9	8011.9	30.2	0.0	22.5	23914.4
长江证券股份有限公司上海番禺路证券营业部	上海	上海	31905.6	2799.2	30.6	0.8	852.1	28222.9
华泰证券股份有限公司无锡永乐路证券营业部	江苏	无锡	31895.8	13590.9	1396.6	0.1	948.4	15959.9
华西证券有限责任公司成都东一环路证券营业部	四川	成都	31869.5	18143.8	47.0	2.2	26.2	13650.3
申银万国证券股份有限公司金华八一北街证券营业部	浙江	金华	31809.4	22283.1	46.1	0.2	32.3	9447.8
兴业证券股份有限公司哈尔滨友谊路证券营业部	黑龙江	哈尔滨	31805.7	12642.4	53.7	0.5	328.9	18780.2
东方证券股份有限公司杭州体育场路证券营业部	浙江	杭州	31798.0	9421.5	74.7	64.2	4810.3	17427.2
光大证券股份有限公司北京中关村证券营业部	北京	北京	31794.2	11565.6	91.7	0.0	39.8	20097.1
国泰君安证券股份有限公司九江甘棠路证券营业部	江西	九江	31771.2	13772.0	146.5	0.7	569.6	17282.4
财达证券有限责任公司唐山龙泽路证券营业部	河北	唐山	31759.2	9781.4	505.8	0.3	22.6	21449.1
国元证券股份有限公司合肥长江路证券营业部	安徽	合肥	31736.0	9914.3	74.5	0.0	411.3	21336.0
信达证券股份有限公司北京古城路证券营业部	北京	北京	31687.5	15371.1	70.7	0.5	89.8	16155.4
兴业证券股份有限公司龙岩九一南路证券营业部	福建	龙岩	31630.3	16601.3	185.5	0.7	38.8	14804.1
中国中投证券有限责任公司南京王府大街证券营业部	江苏	南京	31616.2	18005.2	48.5	1.0	44.5	13517.1
上海证券有限责任公司南桥证券营业部	上海	上海	31561.6	9393.5	55.6	8.4	126.8	21977.3
恒泰证券股份有限公司上海祥德路证券营业部	上海	上海	31551.8	8550.4	89.9	1.5	470.7	22439.4
中国银河证券股份有限公司济南经七路证券营业部	山东	济南	31435.8	3242.0	38.3	2.9	1037.6	27115.0
海通证券股份有限公司武汉中北路证券营业部	湖北	武汉	31402.7	17029.5	610.9	0.2	277.7	13484.4
厦门证券有限公司杭州新塘路证券营业部	浙江	杭州	31393.6	3583.5	0.2	0.1	25.4	27784.4
招商证券股份有限公司深圳深南大道车公庙证券营业部	深圳	深圳	31381.8	17601.0	180.4	0.2	147.8	13452.5
华泰证券股份有限公司无锡解放北路证券营业部	江苏	无锡	31347.0	8885.6	2704.9	0.6	124.4	19631.5
华泰证券股份有限公司南昌井冈山大道证券营业部	江西	南昌	31295.0	19357.0	94.0	9.9	220.2	11613.9
方正证券股份有限公司北京阜外大街证券营业部	北京	北京	31264.0	16521.9	354.9	3.0	293.2	14091.0
齐鲁证券有限公司上海甘河路证券营业部	上海	上海	31261.4	10529.1	446.1	0.6	80.8	20204.9
华福证券有限责任公司漳州延安北路证券营业部	福建	漳州	31225.0	17899.4	56.1	1.2	29.8	13238.5
东吴证券股份有限公司苏州干将东路证券营业部	江苏	苏州	31177.6	11969.3	66.9	0.7	44.9	19095.9
华泰证券股份有限公司武汉西马路证券营业部	湖北	武汉	31114.8	17507.2	112.6	0.3	244.4	13250.3
申银万国证券股份有限公司上海陆家浜路证券营业部	上海	上海	31091.9	11067.1	232.4	1.6	30.4	19760.4
光大证券股份有限公司奉化南山路证券营业部	浙江	宁波	31061.7	19396.0	94.7	0.0	76.0	11495.0
华福证券有限责任公司福州鼓屏路证券营业部	福建	福州	30947.6	12397.9	91.6	1.8	49.7	18406.5
联讯证券有限责任公司北京北苑证券营业部	北京	北京	30912.7	12056.0	25.1	0.0	33.5	18798.1
长江证券股份有限公司上海浦东大道证券营业部	上海	上海	30909.8	13550.6	246.3	1.6	408.2	16703.2
华泰证券股份有限公司上海天钥桥路证券营业部	上海	上海	30891.6	10886.0	408.1	22.7	270.5	19304.4
广发证券股份有限公司杭州天目山路证券营业部	浙江	杭州	30858.4	8263.3	9071.3	0.0	116.1	13407.7
国金证券股份有限公司成都武成大街证券营业部	四川	成都	30833.5	19600.0	38.0	1.2	292.2	10902.0
华福证券有限责任公司福清向高街证券营业部	福建	福清	30802.1	16698.7	48.9	2.3	60.9	13991.4
东莞证券有限责任公司东莞运河西路证券营业部	广东	东莞	30767.7	13691.2	78.7	0.2	73.3	16924.3
国信证券股份有限公司深圳福中一路证券营业部	深圳	深圳	30699.3	18748.5	131.1	19.0	246.6	11554.1
申银万国证券股份有限公司上海博山东路证券营业部	上海	上海	30681.1	12786.7	394.2	0.2	14.2	17485.9

注：营业部交易金额的单位为百万元。

证券营业部交易
Trading of Business Department

营业部名称 Business Department	省份 Province	城市 City	总计 Total	股票 Share	基金 Fund	政府债 G-Bond	公司债 C-Bond	债券回购 Repo
华泰证券股份有限公司合肥长江东大街证券营业部	安徽	合肥	30614.3	12598.2	30.0	0.1	36.8	17949.3
申银万国证券股份有限公司上海双流路证券营业部	上海	上海	30559.7	12218.7	112.0	1.2	982.7	17245.1
申银万国证券股份有限公司上海碧江路营业部	上海	上海	30529.3	16689.2	139.3	9.9	85.7	13605.2
申银万国证券股份有限公司上海临沂路证券营业部	上海	上海	30496.9	12895.2	136.1	1.6	120.3	17343.8
安信证券股份有限公司揭阳市晓翠路证券营业部	广东	揭阳	30489.2	15786.3	263.8	0.0	8.1	14431.0
中国民族证券有限责任公司宁波中山西路证券营业部	浙江	宁波	30460.9	9249.3	637.0	1.0	99.2	20474.4
中信万通证券有限责任公司淄博美食街证券营业部	山东	淄博	30332.7	22672.1	32.8	0.6	57.5	7569.8
华福证券有限责任公司龙岩中山路证券营业部	福建	龙岩	30329.7	20097.8	487.5	0.0	542.3	9202.1
中国银河证券股份有限公司德清证券营业部	浙江	德清	30328.4	14302.8	48.5	0.0	17.5	15959.6
申银万国证券股份有限公司上海龙茗路证券营业部	上海	上海	30292.2	10808.5	64.6	7.0	75.4	19336.7
中信万通证券有限责任公司青岛嘉定路证券营业部	山东	青岛	30239.8	11224.6	50.9	0.1	381.6	18582.6
中国中投证券有限责任公司湛江百园路证券营业部	广东	湛江	30227.9	8438.1	38.1	0.1	508.3	21243.3
国海证券股份有限公司桂林中山中路证券营业部	广西	桂林	30223.8	23743.6	90.2	7.8	71.8	6310.5
国元证券股份有限公司上海东方路证券营业部	上海	上海	30198.4	11411.3	65.5	0.0	62.7	18658.9
中信证券（浙江）有限责任公司湖州环城西路证券营业部	浙江	湖州	30112.8	18287.1	164.8	1.6	330.2	11329.1
新时代证券有限责任公司上海天山路证券营业部	上海	上海	30067.9	12153.6	55.7	0.0	1804.3	16054.3
国泰君安证券股份有限公司深圳人民南路证券营业部	深圳	深圳	29950.8	19538.9	143.4	3.4	311.9	9953.3
广州证券有限责任公司广州西湖路证券营业部	广东	广州	29911.8	10798.3	129.5	9.1	1037.7	17937.3
西南证券股份有限公司上海黄陵路证券营业部	上海	上海	29905.3	11686.2	72.5	0.2	44.4	18102.0
宏源证券股份有限公司杭州莫干山路证券营业部	浙江	杭州	29899.9	14144.4	59.1	0.2	20.7	15675.6
中国银河证券股份有限公司临汾解放东路证券营业部	山西	临汾	29883.0	11915.3	43.5	1.0	28.6	17894.6
中信证券股份有限公司成都玉林北街证券营业部	四川	成都	29841.8	14963.2	58.4	2.9	231.3	14586.1
中信建投证券股份有限公司沈阳小西路证券营业部	辽宁	沈阳	29835.2	8866.1	1375.0	0.3	843.4	18750.4
长城证券有限责任公司珠海珠峰大道证券营业部	广东	珠海	29795.2	201.4	1.1	0.0	0.0	29592.7
中国银河证券股份有限公司郑州陇海路证券营业部	河南	郑州	29777.5	13260.9	48.3	0.2	15.3	16452.8
申银万国证券股份有限公司上海长江南路证券营业部	上海	上海	29750.0	9636.3	165.9	2.4	35.1	19910.4
国泰君安证券股份有限公司深圳蔡屋围金华街证券营业部	深圳	深圳	29748.7	11663.8	149.2	0.5	65.4	17869.7
东兴证券股份有限公司福州五一北路证券营业部	福建	福州	29723.1	12312.0	102.5	0.0	69.3	17239.2
渤海证券股份有限公司天津营口道第一证券营业部	天津	天津	29661.1	15016.1	128.8	41.8	85.4	14389.0
长江证券股份有限公司北京新源里证券营业部	北京	北京	29647.3	12877.5	169.1	1.2	22.3	16577.3
齐鲁证券有限公司厦门松柏路证券营业部	福建	厦门	29623.0	18934.2	81.9	41.5	1191.9	9373.5
恒泰证券股份有限公司杭州凤起路证券营业部	浙江	杭州	29618.6	12004.9	66.2	0.0	312.9	17234.5
中国银河证券股份有限公司重庆民族路证券营业部	重庆	重庆	29605.8	9750.0	34.8	0.2	249.7	19571.0
广发证券股份有限公司成都新光路证券营业部	四川	成都	29604.1	13583.7	118.0	0.1	108.8	15793.5
浙商证券股份有限公司上海万航渡路证券营业部	上海	上海	29590.6	11943.9	159.1	0.2	45.8	17441.6
长城证券有限责任公司广州天河北路证券营业部	广东	广州	29563.4	15764.9	223.6	453.9	166.2	12954.8
国都证券有限责任公司上海大连路证券营业部	上海	上海	29547.2	10950.3	108.5	0.5	99.5	18388.3
东方证券股份有限公司上海中原路证券营业部	上海	上海	29539.3	9262.1	23.9	0.1	70.3	20183.0
华泰证券股份有限公司泰州迎春西路证券营业部	江苏	泰州	29535.3	21176.3	307.7	0.6	192.8	7857.9
广发证券股份有限公司中山市中山四路证券营业部	广东	中山	29435.6	12671.3	135.3	0.6	51.2	16577.1
中国中投证券有限责任公司晋江迎宾路证券营业部	福建	泉州	29409.6	18257.2	146.5	0.0	13.0	10993.0
国海证券股份有限公司南宁教育路证券营业部	广西	南宁	29364.8	18394.4	78.3	0.3	60.6	10831.3
国泰君安证券股份有限公司上海威海路证券营业部	上海	上海	29330.9	15271.9	432.5	0.0	327.8	13298.8
中信证券股份有限公司北京总部证券营业部	北京	北京	29250.9	7258.9	353.4	0.0	36.8	21601.8
齐鲁证券有限公司慈溪天九街证券营业部	浙江	慈溪	29249.5	20622.4	27.5	0.0	9.1	8590.6
国信证券股份有限公司大连和平广场证券营业部	辽宁	大连	29249.2	18815.8	729.7	1.4	69.7	9632.6
光大证券股份有限公司宁波镇海城关证券营业部	浙江	宁波	29249.0	17817.3	2549.9	2.3	73.2	8806.2
华泰证券股份有限公司深圳益田路证券营业部	深圳	深圳	29233.5	21198.1	162.2	0.0	177.3	7695.8
中信证券（浙江）有限责任公司宁波中山东路证券营业部	浙江	宁波	29220.8	18441.9	95.9	2.2	111.6	10569.2
海通证券股份有限公司深圳红岭中路营业部	深圳	深圳	29176.6	19387.6	957.6	3.1	96.1	8732.2

注：营业部交易金额的单位为百万元。

证券营业部交易
Trading of Business Department

营业部名称 Business Department	省份 Province	城市 City	总计 Total	股票 Share	基金 Fund	政府债 G-Bond	公司债 C-Bond	债券回购 Repo
日信证券有限责任公司呼和浩特锡林南路证券营业部	内蒙	呼和浩特	29157.1	9124.0	22.5	135.4	1965.3	17909.9
中航证券有限公司上海漕溪北路证券营业部	上海	上海	29130.5	7590.2	61.3	0.0	403.0	21076.0
宏源证券股份有限公司北京东四环中路证券营业部	北京	北京	29122.6	11545.0	137.1	6.1	1025.2	16409.2
国都证券有限责任公司北京中关村南大街证券营业部	北京	北京	29115.2	13385.5	423.8	10.7	100.8	15194.5
平安证券有限责任公司成都临江西路证券营业部	四川	成都	29094.8	8789.5	21.0	0.0	4.4	20279.9
国海证券股份有限公司上海世纪大道证券营业部	上海	上海	29088.3	8143.4	352.5	0.0	639.6	19952.8
齐鲁证券有限公司杭州求是路证券营业部	浙江	杭州	29084.5	12870.2	510.5	0.0	30.3	15673.5
方正证券股份有限公司长沙建湘路证券营业部	湖南	长沙	29057.2	12424.2	99.0	0.0	7.5	16526.4
国信证券股份有限公司北京朝阳北路证券营业部	北京	北京	29052.4	19648.6	355.1	0.4	63.2	8985.1
中信建投证券股份有限公司上海市北京西路营业部	上海	上海	29028.6	12554.2	184.0	48.4	139.7	16102.3
海通证券股份有限公司广州江南西路营业部	广东	广州	29025.2	10337.5	61.8	0.1	25.8	18600.1
江海证券有限公司哈尔滨赣水路证券营业部	黑龙江	哈尔滨	29003.1	8752.7	40.0	39.3	1497.2	18673.9
国泰君安证券股份有限公司福州杨桥东路证券营业部	福建	福州	28988.6	18143.0	131.3	0.1	47.3	10666.9
申银万国证券股份有限公司成都双流县迎春路证券营业部	四川	成都	28917.7	6561.1	21.6	0.0	187.4	22147.6
英大证券有限责任公司深圳新城广场证券营业部	深圳	深圳	28874.2	9933.5	35.3	0.0	441.8	18463.6
华泰证券股份有限公司深圳民田路营业部	深圳	深圳	28869.0	8068.8	75.1	0.0	331.6	20393.5
国信证券股份有限公司佛山南海大道证券营业部	广东	佛山	28856.0	19124.3	79.5	3.3	23.1	9625.8
光大证券股份有限公司深圳吉祥中路证券营业部	深圳	深圳	28839.2	3436.6	4.4	0.0	0.0	25398.1
华泰证券股份有限公司南京鱼市街证券营业部	江苏	南京	28833.7	11648.3	157.7	0.2	472.4	16555.1
南京证券股份有限公司上海南车站路证券营业部	上海	上海	28812.5	11156.4	16.0	0.0	10.1	17630.1
山西证券股份有限公司阳泉桃北中路证券营业部	山西	阳泉	28807.3	2213.7	9.7	0.0	0.1	26583.8
东吴证券股份有限公司苏州竹辉路证券营业部	江苏	苏州	28770.0	10868.4	227.7	0.1	57.2	17616.6
中国中投证券有限责任公司深圳沙井中心路营业部	深圳	深圳	28768.5	10988.2	20.2	0.2	7.8	17752.2
安信证券股份有限公司广州体育西路证券营业部	广东	广州	28767.7	18658.5	114.7	0.9	64.9	9928.6
国信证券股份有限公司绵阳兴达街证券营业部	四川	绵阳	28754.1	20597.8	121.8	0.1	44.7	7989.7
中国银河证券股份有限公司厦门嘉禾路证券营业部	福建	厦门	28744.7	18084.7	136.5	9.4	252.8	10261.3
华福证券有限责任公司福州杨桥路证券营业部	福建	福州	28725.4	13023.8	45.9	0.6	40.5	15614.7
东方证券股份有限公司上海遵义路证券营业部	上海	上海	28673.0	13460.9	247.1	0.4	131.2	14833.4
海通证券股份有限公司苏州南园北路证券营业部	江苏	苏州	28664.8	16595.8	418.8	0.0	92.6	11557.5
东北证券股份有限公司长春市解放大路证券营业部	吉林	长春	28663.5	12221.7	77.1	10.2	80.7	16273.8
新时代证券有限责任公司上海武定路证券营业部	上海	上海	28660.1	11116.4	37.3	0.0	188.6	17317.8
大通证券股份有限公司上海尚博路证券营业部	上海	上海	28644.4	4195.1	29.7	32.2	425.5	23961.9
中国银河证券股份有限公司深圳景田证券营业部	深圳	深圳	28637.6	10701.6	162.2	0.3	8.9	17764.7
国泰君安证券股份有限公司广州黄埔大道证券营业部	广东	广州	28588.7	16718.5	99.5	56.7	91.6	11622.4
东方证券股份有限公司上海长宁区长宁路证券营业部	上海	上海	28519.1	9541.7	328.7	1.9	42.7	18604.1
山西证券股份有限公司深圳蛇口工业七路证券营业部	深圳	深圳	28519.0	3164.0	39.8	0.0	2.3	25312.9
东北证券股份有限公司上海永嘉路证券营业部	上海	上海	28516.6	10428.5	80.0	0.0	95.2	17912.9
中国银河证券股份有限公司沈阳北站路证券营业部	辽宁	沈阳	28511.2	4742.9	319.6	1.9	28.5	23418.4
海通证券股份有限公司上海宣化路营业部	上海	上海	28510.4	9001.0	162.0	8.3	24.6	19314.6
招商证券股份有限公司深圳科技园高新南一道营业部	深圳	深圳	28498.2	15793.6	54.0	2.4	326.8	12321.3
华泰证券股份有限公司南京江宁金箔路证券营业部	江苏	南京	28493.1	14930.6	46.3	0.4	4.4	13511.4
广发证券股份有限公司上海水清南路证券营业部	上海	上海	28485.2	12917.9	361.5	0.2	71.4	15134.2
中信证券股份有限公司北京天通苑证券营业部	北京	北京	28477.5	12388.6	74.8	5.8	20.2	15988.1
东海证券股份有限公司上海长顺路证券营业部	上海	上海	28385.1	9226.2	599.8	0.9	80.7	18477.5
申银万国证券股份有限公司上海丰镇路证券营业部	上海	上海	28350.7	13343.1	58.6	1.0	200.1	14747.9
长江证券股份有限公司荆州江津西路证券营业部	湖北	荆州	28326.3	12897.9	375.9	1.3	125.7	14925.6
国元证券股份有限公司上海民生路证券营业部	上海	上海	28317.8	5550.6	648.5	29.5	644.9	21444.3
东莞证券有限责任公司东莞长安证券营业部	广东	东莞	28310.9	22847.1	68.0	1.2	24.4	5370.2
华泰证券股份有限公司广州番禺繁华路证券营业部	广东	广州	28307.4	16338.6	5521.4	1.6	162.6	6283.1
西南证券股份有限公司上海浦东新区陆家嘴东路营业部	上海	上海	28300.6	13617.2	520.1	0.0	53.3	14109.9

注：营业部交易金额的单位为百万元。

证券营业部交易
Trading of Business Department

营业部名称 Business Department	省份 Province	城市 City	总计 Total	股票 Share	基金 Fund	政府债 G-Bond	公司债 C-Bond	债券回购 Repo
齐鲁证券有限公司济南经七路证券营业部	山东	济南	28298.5	8984.4	56.9	0.5	1304.6	17952.1
光大证券股份有限公司南京中山北路证券营业部	江苏	南京	28298.3	9699.2	84.4	0.8	110.5	18403.4
齐鲁证券有限公司厦门厦禾路证券营业部	福建	厦门	28291.4	16038.5	66.3	6.3	230.4	11949.9
信达证券股份有限公司北京前门证券营业部	北京	北京	28262.1	12759.1	26.2	0.1	315.6	15161.2
湘财证券有限责任公司沈阳绥化西街证券营业部	辽宁	沈阳	28244.2	7891.3	19.1	5.5	137.7	20190.6
平安证券有限责任公司杭州潮王路证券营业部	浙江	杭州	28185.6	15379.9	83.3	0.0	57.6	12664.9
广发证券股份有限公司北京建外大街证券营业部	北京	北京	28148.5	12279.4	66.6	21.0	62.0	15719.4
中信证券（浙江）有限责任公司平湖人民东路证券营业部	浙江	平湖	28085.5	14157.6	813.4	4.8	70.1	13039.6
国泰君安证券股份有限公司深圳华强北路证券营业部	深圳	深圳	28079.1	9614.1	77.8	2.4	68.3	18316.4
光大证券股份有限公司广州解放北路证券营业部	广东	广州	28076.2	17298.1	339.9	4.9	51.2	10382.0
安信证券股份有限公司广州猎德大道证券营业部	广东	广州	28070.6	17862.2	194.0	0.0	173.9	9840.4
广州证券有限责任公司番禺富华西路营业部	广东	广州	28058.1	16253.4	211.6	14.4	14.7	11563.9
海通证券股份有限公司兰州西津西路证券营业部	甘肃	兰州	28045.6	12169.3	395.2	0.1	5.5	15475.4
东北证券股份有限公司长春西安大路证券营业部	吉林	长春	28043.5	15938.7	61.5	0.0	21.9	12021.4
华泰证券股份有限公司成都人民南路证券营业部	四川	成都	28016.4	16868.0	1581.9	8.2	41.9	9516.4
招商证券股份有限公司北京金融大街证券营业部	北京	北京	27986.1	6968.1	746.8	0.7	700.1	19570.4
申银万国证券股份有限公司扬州扬子江中路证券营业部	江苏	扬州	27954.3	14878.2	3200.3	0.3	54.8	9820.7
中国中投证券有限责任公司广州体育东路证券营业部	广东	广州	27914.6	16520.3	353.2	1.8	36.2	11003.1
宏源证券股份有限公司大连金马路证券营业部	辽宁	大连	27881.8	13692.1	72.6	0.1	209.1	13907.9
国泰君安证券股份有限公司武汉紫阳东路证券营业部	湖北	武汉	27754.7	13491.7	902.0	0.3	55.2	13305.6
长城证券有限责任公司武汉云林街证券营业部	湖北	武汉	27717.2	19772.4	147.8	0.6	20.6	7775.8
招商证券股份有限公司深圳蛇口工业七路证券营业部	深圳	深圳	27697.6	17437.3	94.1	0.0	43.6	10122.5
东方证券股份有限公司广州平月路证券营业部	广东	广州	27690.8	7051.6	1498.3	0.1	12.9	19128.0
中国中投证券有限责任公司常州晋陵中路证券营业部	江苏	常州	27687.9	14069.6	94.2	0.0	55.8	13468.2
东北证券股份有限公司长春建设街证券营业部	吉林	长春	27650.7	11335.3	105.2	0.0	2.2	16208.0
国泰君安证券股份有限公司上海四平路证券营业部	上海	上海	27625.6	10658.0	111.1	3.4	70.4	16782.7
广发证券股份有限公司东莞虎门证券营业部	广东	东莞	27605.3	13049.7	319.8	9.9	28.8	14197.0
东方证券股份有限公司上海凤阳路证券营业部	上海	上海	27582.9	8765.6	27.5	0.0	5.6	18784.1
招商证券股份有限公司青岛香港中路证券营业部	山东	青岛	27576.8	10436.9	416.6	16.2	212.4	16494.8
安信证券股份有限公司佛山南海证券营业部	广东	南海	27467.4	14300.8	106.5	1.0	40.8	13018.4
海通证券股份有限公司上海崮山路营业部	上海	上海	27432.3	9496.1	108.4	0.1	31.6	17796.2
华泰证券股份有限公司苏州何山路证券营业部	江苏	苏州	27421.4	16047.1	1348.9	8.0	189.0	9828.5
广发证券股份有限公司江门天宁路证券营业部	广东	江门	27408.9	13291.0	62.4	0.2	29.2	14026.1
华泰证券股份有限公司广州远景路证券营业部	广东	广州	27407.8	16815.5	145.6	0.6	582.9	9863.2
中信建投证券股份有限公司十堰市朝阳中路证券营业部	湖北	十堰	27396.6	15780.6	614.5	1.8	4.4	10995.3
光大证券股份有限公司东莞石龙证券营业部	广东	东莞	27362.9	11036.4	32.5	8.3	294.2	15991.6
华泰证券股份有限公司郑州经三路证券营业部	河南	郑州	27344.3	16617.3	1015.3	0.0	47.9	9663.9
中信证券股份有限公司长沙芙蓉路证券营业部	湖南	长沙	27326.7	12584.1	1268.1	0.0	307.6	13166.8
海通证券股份有限公司吉林朝阳街营业部	吉林	吉林	27309.8	7948.9	27.8	2.6	173.3	19157.2
中山证券有限责任公司上海长宁路证券营业部	上海	上海	27305.4	8448.0	68.6	0.0	58.3	18730.5
申银万国证券股份有限公司辽宁沈阳中山路营业部	辽宁	沈阳	27304.5	13378.9	106.7	5.2	12.4	13801.3
国泰君安证券股份有限公司厦门嘉禾路证券营业部	福建	厦门	27297.3	18581.4	238.9	1.4	63.9	8411.6
广发证券股份有限公司上海东方路证券营业部	上海	上海	27251.4	8277.1	1474.7	0.7	94.3	17404.7
东兴证券股份有限公司福州斗西路证券营业部	福建	福州	27199.4	12683.2	66.1	0.0	13.4	14436.7
光大证券股份有限公司福州湖东路证券营业部	福建	福州	27172.7	17217.8	93.8	0.5	34.5	9826.1
万联证券有限责任公司广州滨江东路证券营业部	广东	广州	27137.4	10083.5	20.1	0.0	167.0	16866.8
招商证券股份有限公司合肥北一环证券营业部	安徽	合肥	27129.8	16811.1	260.6	0.8	55.0	10002.3
光大证券股份有限公司上海西藏中路证券营业部	上海	上海	27082.1	8373.9	59.5	0.2	56.2	18592.2
申银万国证券股份有限公司西安长安北路证券营业部	陕西	西安	27047.8	6780.1	208.2	0.0	364.7	19694.8
平安证券有限责任公司青岛中山路证券营业部	山东	青岛	27038.9	10683.0	141.2	77.6	1204.3	14932.9

注：营业部交易金额的单位为百万元。

证券营业部交易
Trading of Business Department

营业部名称 Business Department	省份 Province	城市 City	总计 Total	股票 Share	基金 Fund	政府债 G-Bond	公司债 C-Bond	债券回购 Repo
英大证券有限责任公司武汉汉阳大道证券营业部	湖北	武汉	27012.6	5725.7	115.0	20.8	397.8	20753.3
长城证券有限责任公司北京望京西路证券营业部	北京	北京	27003.6	13113.4	62.9	0.0	28.0	13799.2
平安证券有限责任公司北京金融大街证券营业部	北京	北京	26997.0	12315.4	73.3	0.3	112.9	14495.1
广发证券股份有限公司武汉京汉大道证券营业部	湖北	武汉	26980.6	13163.9	65.2	0.6	42.0	13708.9
海通证券股份有限公司深圳分公司红岭南路证券营业部	深圳	深圳	26924.4	14053.5	223.8	0.0	36.4	12610.7
平安证券有限责任公司广州新港中路证券营业部	广东	广州	26921.9	20577.5	53.8	0.4	32.2	6258.0
招商证券股份有限公司天津友谊北路证券营业部	天津	天津	26914.4	9457.9	91.1	0.7	22.9	17341.8
齐鲁证券有限公司济南解放路证券营业部	山东	济南	26891.8	13341.3	49.4	1.0	1210.9	12289.2
国泰君安证券股份有限公司太原并州北路营业部	山西	太原	26888.9	13345.0	67.2	0.0	47.5	13429.1
中国中投证券有限责任公司大连上海路证券营业部	辽宁	大连	26837.5	7920.5	52.8	0.2	81.1	18783.0
海通证券股份有限公司武汉十升路证券营业部	湖北	武汉	26830.3	2944.9	11.7	0.0	326.7	23547.0
海通证券股份有限公司上海合肥路证券营业部	上海	上海	26830.2	13127.9	364.6	0.5	37.3	13299.9
中信建投证券股份有限公司上海市大木桥路证券营业部	上海	上海	26776.3	10161.1	1305.3	0.0	122.2	15187.7
宏源证券股份有限公司库尔勒建设路证券营业部	新疆	库尔勒	26742.1	11833.6	25.9	1.7	22.0	14858.9
海通证券股份有限公司蚌埠中荣街证券营业部	安徽	蚌埠	26732.1	18244.2	290.3	0.5	212.0	7985.1
齐鲁证券有限公司上海建国中路证券营业部	上海	上海	26708.9	10914.8	263.4	0.2	65.0	15465.6
恒泰证券股份有限公司上海小木桥路证券营业部	上海	上海	26703.9	9990.1	78.0	0.6	144.5	16490.8
海通证券股份有限公司扬州汶河南路证券营业部	江苏	扬州	26644.6	15125.0	76.4	4.0	117.8	11321.4
中国银河证券股份有限公司昆明白塔路证券营业部	云南	昆明	26591.1	12800.5	56.5	0.6	2.8	13730.7
中国银河证券股份有限公司上海肇嘉浜路证券营业部	上海	上海	26590.6	11522.3	85.7	0.6	272.0	14709.9
国元证券股份有限公司重庆观音桥步行街证券营业部	重庆	重庆	26575.1	7963.3	33.3	53.9	184.2	18340.4
中信证券（浙江）有限责任公司海盐河滨西路证券营业部	浙江	嘉兴	26570.8	16305.8	272.2	0.0	72.6	9920.2
招商证券股份有限公司深圳福华三路证券营业部	深圳	深圳	26560.0	18965.3	44.9	5.3	36.5	7508.1
中国银河证券股份有限公司汕头天山路证券营业部	广东	汕头	26534.9	12751.1	92.5	0.3	51.9	13639.0
上海证券有限责任公司商城路证券营业部	上海	上海	26528.3	9977.6	95.4	103.3	2537.0	13815.0
海通证券股份有限公司深圳海德三道证券营业部	深圳	深圳	26483.7	15584.3	455.1	0.0	69.5	10374.7
宏信证券有限责任公司北京百万庄大街证券营业部	北京	北京	26471.8	4516.4	5.6	0.0	9.2	21940.6
中国银河证券股份有限公司哈尔滨西十道街证券营业部	黑龙江	哈尔滨	26466.4	6359.7	37.7	2.7	12125.5	7940.8
东方证券股份有限公司上海长江西路证券营业部	上海	上海	26449.1	11382.8	76.9	2.1	78.9	14908.5
华西证券有限责任公司武汉珞瑜路证券营业部	湖北	武汉	26429.9	2956.2	3978.4	0.0	1.8	19493.5
招商证券股份有限公司东莞鸿福路证券营业部	广东	东莞	26421.2	15767.8	131.3	0.0	68.1	10454.0
齐鲁证券有限公司东营北一路证券营业部	山东	东营	26392.5	19556.9	83.7	1.4	42.2	6708.2
长城证券有限责任公司深圳福华三路证券营业部	深圳	深圳	26379.6	17023.4	142.9	0.7	1413.4	7799.1
中国银河证券股份有限公司青岛广西路证券营业部	山东	青岛	26300.1	9489.2	115.7	0.1	64.5	16630.6
申银万国证券股份有限公司重庆中山一路营业部	重庆	重庆	26297.6	12830.3	71.7	42.5	53.8	13299.4
首创证券有限责任公司上海共和新路证券营业部	上海	上海	26284.7	8171.6	313.1	0.1	77.3	17722.7
招商证券股份有限公司佛山季华五路证券营业部	广东	佛山	26281.1	14770.7	153.8	3.6	349.7	11003.3
海通证券股份有限公司遵义中华南路营业部	贵州	遵义	26218.9	8667.4	17.2	0.2	7.4	17526.8
中国中投证券有限责任公司北京朝阳路证券营业部	北京	北京	26207.5	16132.6	136.4	0.0	166.5	9771.9
华泰证券股份有限公司南京中华路证券营业部	江苏	南京	26202.9	16532.7	161.1	0.5	75.3	9433.2
安信证券股份有限公司深圳宝安海秀路证券营业部	深圳	深圳	26137.1	15097.4	22.7	0.1	22.9	10994.0
招商证券股份有限公司宁波福明路证券营业部	浙江	宁波	26132.3	11722.8	48.4	15.0	751.8	13594.3
中国银河证券股份有限公司上海莲溪路证券营业部	上海	上海	26124.5	15911.1	60.8	0.3	41.4	10110.9
国泰君安证券股份有限公司广州人民中路证券营业部	广东	广州	26113.5	16077.5	210.4	4.9	44.8	9776.0
兴业证券股份有限公司三明列东街证券营业部	福建	三明	26094.6	16214.6	119.3	30.2	42.8	9687.7
海通证券股份有限公司上海普陀区宜川路证券营业部	上海	上海	26073.2	12497.2	230.0	92.8	586.7	12666.6
中银国际证券有限责任公司南京庐山路证券营业部	江苏	南京	26071.5	14406.3	292.8	2.0	87.6	11282.9
东兴证券股份有限公司福州杨桥中路证券营业部	福建	福州	26043.9	13563.0	82.7	0.5	75.9	12321.9
申银万国证券股份有限公司上海石化证券营业部	上海	上海	26032.4	14457.6	169.2	2.1	77.2	11326.3
中国银河证券股份有限公司深圳海德三道证券营业部	深圳	深圳	26019.1	12416.5	81.8	6.7	16.5	13497.5

注：营业部交易金额的单位为百万元。

证券营业部交易
Trading of Business Department

营业部名称 Business Department	省份 Province	城市 City	总计 Total	股票 Share	基金 Fund	政府债 G-Bond	公司债 C-Bond	债券回购 Repo
海通证券股份有限公司哈尔滨和平路证券营业部	黑龙江	哈尔滨	25991.6	6588.8	104.0	0.8	297.0	19001.1
东海证券股份有限公司常州通江中路证券营业部	江苏	常州	25980.2	8860.7	45.1	0.8	275.7	16798.0
招商证券股份有限公司长沙芙蓉中路证券营业部	湖南	长沙	25977.9	14141.8	458.4	1.1	106.7	11269.9
广发证券股份有限公司肇庆黄塘路证券营业部	广东	肇庆	25977.7	10776.7	172.2	1.5	16.3	15011.0
中国中投证券有限责任公司广州中山六路证券营业部	广东	广州	25963.1	14263.6	200.6	4.7	34.4	11459.8
湘财证券有限责任公司北京朝外大街证券营业部	北京	北京	25961.5	11913.4	72.5	10.0	381.9	13583.8
国泰君安证券股份有限公司上海牡丹江路证券营业部	上海	上海	25929.8	14049.8	234.7	2.2	68.1	11575.0
长城证券有限责任公司上海民生路证券营业部	上海	上海	25903.0	11291.8	80.6	0.6	100.3	14429.7
长江证券股份有限公司上海凉城路证券营业部	上海	上海	25860.8	8553.3	130.4	0.4	184.0	16992.7
安信证券股份有限公司嘉兴纺工路证券营业部	浙江	嘉兴	25850.6	13136.2	371.0	0.2	173.5	12169.7
广发证券股份有限公司武汉沿江大道证券营业部	湖北	武汉	25844.8	11801.7	20.0	0.2	10.1	14012.8
中国中投证券有限责任公司郑州建设路证券营业部	河南	郑州	25843.2	15221.5	91.1	0.1	255.3	10275.2
广州证券有限责任公司广州番禺大岗证券营业部	广东	广州	25830.7	4322.7	35.5	9.5	973.3	20489.7
申银万国证券股份有限公司浙江嘉兴禾兴北路营业部	浙江	嘉兴	25810.7	16459.6	67.8	0.6	4306.1	4976.6
华西证券有限责任公司成都陕西街证券营业部	四川	成都	25793.9	14190.1	135.2	1.2	41.5	11426.0
海通证券股份有限公司西安西新街证券营业部	陕西	西安	25792.9	9203.7	290.9	1.1	114.1	16183.2
国信证券股份有限公司深圳宝安兴华路证券营业部	深圳	深圳	25761.4	3856.7	14.2	0.0	3.4	21887.1
国泰君安证券股份有限公司昆明人民中路证券营业部	云南	昆明	25749.5	19642.8	209.7	0.6	23.8	5872.6
安信证券股份有限公司上海四川中路证券营业部	上海	上海	25746.2	11111.8	131.2	0.1	120.3	14382.8
中信万通证券有限责任公司聊城东昌东路证券营业部	山东	聊城	25708.8	5236.0	17.5	0.0	9.1	20446.2
华泰证券股份有限公司哈尔滨宣化街证券营业部	黑龙江	哈尔滨	25686.5	10126.6	2121.1	2.4	96.0	13340.5
中国中投证券有限责任公司上海复兴东路证券营业部	上海	上海	25664.1	10222.8	92.5	0.4	18.2	15330.3
东方证券股份有限公司上海兰溪路证券营业部	上海	上海	25651.7	11484.1	51.0	2.0	110.5	14004.1
中国中投证券有限责任公司深圳人民北路证券营业部	深圳	深圳	25643.7	14121.3	340.1	0.0	57.5	11124.8
齐鲁证券有限公司淄博临淄大道证券营业部	山东	淄博	25597.3	11952.4	1662.7	0.9	47.5	11933.8
海通证券股份有限公司上海桂林路证券营业部	上海	上海	25568.9	7718.2	47.0	0.9	145.1	17657.7
中信证券（浙江）有限责任公司绍兴兴越路证券营业部	浙江	绍兴	25560.8	18736.9	24.1	0.0	14.4	6785.4
浙商证券股份有限公司杭州萧山恒隆广场证券营业部	浙江	杭州	25548.6	15815.8	38.8	0.0	33.8	9660.1
长江证券股份有限公司南京中央路证券营业部	江苏	南京	25541.9	10153.7	321.1	0.1	30.1	15037.0
齐鲁证券有限公司长沙万家丽路证券营业部	湖南	长沙	25541.2	10888.0	37.0	0.0	8.8	14607.3
海通证券股份有限公司无锡工运路证券营业部	江苏	无锡	25486.0	8547.5	164.2	8.2	561.1	16204.9
中国银河证券股份有限公司烟台证券营业部	山东	烟台	25472.1	19203.7	61.2	0.2	41.3	6165.6
英大证券有限责任公司南昌解放西路证券营业部	江西	南昌	25457.4	6641.7	132.6	16.0	404.4	18262.7
光大证券股份有限公司宁波北仑新碶证券营业部	浙江	宁波	25435.0	16740.9	316.9	0.0	24.1	8353.1
华福证券有限责任公司泉州田安路证券营业部	福建	泉州	25384.3	13560.4	142.6	0.1	5.0	11676.2
渤海证券股份有限公司上海昆明路证券营业部	上海	上海	25373.4	7327.6	147.8	0.7	7.6	17889.8
中国银河证券股份有限公司海口滨海大道证券营业部	海南	海口	25322.9	6913.8	108.7	1.5	269.4	18029.6
山西证券股份有限公司上海松花江路证券营业部	上海	上海	25315.2	10244.5	222.9	0.4	64.9	14782.5
光大证券股份有限公司昆明人民中路证券营业部	云南	昆明	25276.1	13396.1	86.2	0.6	35.5	11757.7
广发证券股份有限公司南京北京东路证券营业部	江苏	南京	25268.7	10221.5	619.4	0.1	21.7	14405.9
国金证券股份有限公司成都科华中路证券营业部	四川	成都	25267.1	13355.7	246.0	6.2	42.9	11616.2
华西证券有限责任公司广州江海路证券营业部	广东	广州	25258.9	15638.4	177.7	0.5	65.4	9376.9
瑞银证券有限责任公司广州林和西路证券营业部	广东	广州	25251.6	482.4	2.7	0.0	0.9	24765.6
东兴证券股份有限公司福州江厝路证券营业部	福建	福州	25248.6	17992.7	80.7	0.0	39.4	7135.7
中国民族证券有限责任公司北京北沙滩证券营业部	北京	北京	25237.0	4781.8	9.3	2.0	325.6	20118.4
瑞银证券有限责任公司北京金融大街证券营业部	北京	北京	25212.7	2523.4	95.0	0.0	63.7	22530.6
金元证券股份有限公司成都二环路证券营业部	四川	成都	25209.4	7426.1	19.0	21.7	931.4	16811.1
中国银河证券股份有限公司成都科华北路证券营业部	四川	成都	25186.4	16017.7	114.0	8.2	53.9	8992.7
航天证券有限责任公司上海曹杨路证券营业部	上海	上海	25167.6	6732.5	180.3	1.6	304.5	17948.7
英大证券有限责任公司深圳福华三路证券营业部	深圳	深圳	25157.2	6800.1	4.8	0.0	12.1	18340.2

注：营业部交易金额的单位为百万元。

证券营业部交易
Trading of Business Department

营业部名称 Business Department	省份 Province	城市 City	总计 Total	股票 Share	基金 Fund	政府债 G-Bond	公司债 C-Bond	债券回购 Repo
江海证券有限公司哈尔滨西大直街证券营业部	黑龙江	哈尔滨	25145.7	7422.8	14.0	0.0	162.8	17546.1
中国银河证券股份有限公司广州中山二路证券营业部	广东	广州	25119.4	12576.3	304.4	0.5	781.9	11456.3
申银万国证券股份有限公司珠海粤海东路证券营业部	广东	珠海	25111.8	9994.5	80.9	0.1	347.3	14689.0
中国银河证券股份有限公司杭州湖墅南路证券营业部	浙江	杭州	25077.7	17002.7	71.9	0.0	43.8	7959.2
东吴证券股份有限公司上海西藏南路证券营业部	上海	上海	25062.6	11823.6	99.3	5.9	53.8	13080.0
中信证券（浙江）有限责任公司临安钱王街证券营业部	浙江	临安	25060.3	16020.2	205.5	0.6	4.2	8829.7
齐鲁证券有限公司青岛江西路证券营业部	山东	青岛	25019.9	15275.3	3439.0	0.1	23.1	6282.4
齐鲁证券有限公司宁波江东北路证券营业部	浙江	宁波	24992.3	10887.6	15.9	0.0	110.0	13978.8
上海证券有限责任公司广灵四路证券营业部	上海	上海	24991.6	6313.8	68.8	1.4	140.4	18467.1
海通证券股份有限公司上海斜土路营业部	上海	上海	24971.5	8540.3	275.2	0.0	840.0	15316.0
中信建投证券股份有限公司佛山南庄证券营业部	广东	佛山	24960.0	6599.2	1352.6	0.0	7.7	17000.5
江海证券有限公司哈尔滨石头道街证券营业部	黑龙江	哈尔滨	24940.2	7748.2	26.6	0.1	40.4	17125.0
华泰证券股份有限公司南京中山北路第二证券营业部	江苏	南京	24933.7	14720.3	198.1	6.8	204.4	9804.2
长江证券股份有限公司杭州西湖大道证券营业部	浙江	杭州	24927.9	9655.7	73.9	0.7	93.9	15103.6
中国中投证券有限责任公司上海西康路证券营业部	上海	上海	24893.6	10161.9	118.2	25.7	51.3	14536.5
西部证券股份有限公司西安沣镐东路证券营业部	陕西	西安	24889.3	11628.6	14.0	0.1	10.9	13235.7
国联证券股份有限公司无锡五爱北路证券营业部	江苏	无锡	24839.9	8977.2	52.7	1.6	96.2	15712.3
申银万国证券股份有限公司上海利津路证券营业部	上海	上海	24831.9	9289.3	242.6	138.3	140.1	15021.5
安信证券股份有限公司茂名市文明中路证券营业部	广东	茂名	24826.1	11899.6	108.3	2.8	64.3	12751.1
国元证券股份有限公司杭州密渡桥路证券营业部	浙江	杭州	24821.7	13807.4	63.3	0.5	116.8	10833.7
中国银河证券股份有限公司上海上南路证券营业部	上海	上海	24811.9	11262.0	99.9	2.3	60.1	13387.6
国泰君安证券股份有限公司深圳深南东路证券营业部	深圳	深圳	24786.4	10244.7	146.0	0.2	137.8	14257.7
长江证券股份有限公司西宁东大街证券营业部	青海	西宁	24785.9	4054.9	35.9	0.0	0.4	20694.8
广发证券股份有限公司广州农林下路证券营业部	广东	广州	24767.0	13320.9	324.1	55.4	30.5	11036.1
广发证券股份有限公司南海天佑三路证券营业部	广东	佛山	24740.5	14349.2	69.3	5.4	68.1	10248.5
海通证券股份有限公司贵阳富水北路证券营业部	贵州	贵阳	24709.6	8530.9	113.3	0.1	37.3	16028.1
华福证券有限责任公司福州广达路证券营业部	福建	福州	24709.2	7864.9	18.0	0.6	38.2	16787.6
湘财证券有限责任公司长沙韶山路证券营业部	湖南	长沙	24705.0	12582.5	47.7	1.5	220.8	11852.5
西南证券股份有限公司深圳滨河大道证券营业部	深圳	深圳	24672.3	18910.6	108.1	0.0	22.2	5631.4
广发证券股份有限公司北京中关村东路证券营业部	北京	北京	24645.2	7505.0	84.8	0.3	19.7	17035.4
中信建投证券股份有限公司广州天河路证券营业部	广东	广州	24627.9	9771.5	1022.8	14.5	44.1	13775.0
国泰君安证券股份有限公司南京中央路证券营业部	江苏	南京	24623.1	17080.0	143.9	1.3	86.7	7311.2
方正证券股份有限公司南京珠江路证券营业部	江苏	南京	24619.0	12232.6	184.2	0.0	935.5	11266.7
华西证券有限责任公司绵阳安昌路证券营业部	四川	绵阳	24584.5	17416.2	81.5	0.1	16.2	7070.4
华泰证券股份有限公司北京农展南路证券营业部	北京	北京	24565.7	12414.1	401.5	18.7	247.7	11483.7
广发证券股份有限公司梅州梅江二路证券营业部	广东	梅州	24557.7	14560.0	68.5	1.2	40.3	9887.7
中国银河证券股份有限公司湛江海滨大道南证券营业部	广东	湛江	24557.2	20332.6	36.4	2.2	25.5	4160.4
长江证券股份有限公司襄樊建华路证券营业部	湖北	襄樊	24532.8	11368.5	132.4	44.2	620.5	12367.1
国泰君安证券股份有限公司衡阳雁城路证券营业部	湖南	衡阳	24515.7	21486.1	206.0	0.6	51.9	2771.1
华宝证券有限责任公司舟山解放西路证券营业部	浙江	舟山	24465.3	16904.2	251.2	0.2	1496.5	5813.2
国泰君安证券股份有限公司南昌站前路营业部	江西	南昌	24457.7	17457.0	93.4	0.6	41.4	6865.2
金元证券股份有限公司北京方庄芳古园证券营业部	北京	北京	24445.0	14243.7	102.5	0.4	105.2	9993.1
中国中投证券有限责任公司成都人民北路证券营业部	四川	成都	24419.4	16299.4	158.3	0.8	531.9	7429.1
联讯证券有限责任公司北京北辰东路证券营业部	北京	北京	24410.2	11208.8	26.6	0.1	72.1	13102.6
华泰证券股份有限公司扬州文昌西路证券营业部	江苏	扬州	24408.8	13937.7	1103.1	59.4	1023.4	8285.3
世纪证券有限责任公司深圳福虹路证券营业部	深圳	深圳	24403.5	12518.1	26.3	0.0	3.7	11855.3
华林证券有限责任公司江门港口路证券营业部	广东	江门	24398.0	10531.5	54.0	0.1	26.2	13786.2
广发证券股份有限公司肇庆星湖大道证券营业部	广东	肇庆	24394.0	6607.7	18.1	0.2	62.3	17705.7
广发证券股份有限公司武汉珞狮北路证券营业部	湖北	武汉	24361.3	9498.5	54.5	3.3	25.9	14779.2
华泰证券股份有限公司南京草场门大街证券营业部	江苏	南京	24313.9	15057.6	98.0	4.5	129.5	9024.4

注：营业部交易金额的单位为百万元。

证券营业部交易
Trading of Business Department

营业部名称 Business Department	省份 Province	城市 City	总计 Total	股票 Share	基金 Fund	政府债 G-Bond	公司债 C-Bond	债券回购 Repo
华泰证券股份有限公司天津白堤路证券营业部	天津	天津	24295.3	16561.7	652.9	1.3	225.4	6854.0
光大证券股份有限公司丹阳中新路证券营业部	江苏	镇江	24292.1	16609.0	92.9	0.0	12.9	7577.3
国联证券股份有限公司上海漕宝路证券营业部	上海	上海	24281.3	8141.9	1250.5	2.2	51.5	14835.3
广发证券股份有限公司珠海吉大路证券营业部	广东	珠海	24267.7	11562.6	150.8	1.0	10.9	12542.4
东方证券股份有限公司上海四平路证券营业部	上海	上海	24257.2	7948.2	48.6	0.1	279.6	15980.8
招商证券股份有限公司南昌北京西路证券营业部	江西	南昌	24232.1	14213.7	35.0	4.4	29.7	9949.3
海通证券股份有限公司咸阳沈兴北路证券营业部	陕西	咸阳	24231.9	6583.2	16.0	5.3	745.9	16881.5
光大证券股份有限公司武汉紫阳路证券营业部	湖北	武汉	24218.4	12158.4	2234.1	0.1	165.4	9660.4
齐鲁证券有限公司青岛正阳路证券营业部	山东	青岛	24196.0	4470.9	125.6	168.8	23.0	19407.6
国元证券股份有限公司深圳深南大道中国凤凰大厦营业部	深圳	深圳	24195.0	10930.3	66.0	0.2	221.9	12976.6
中信建投证券股份有限公司北京燕山燕房路证券营业部	北京	北京	24176.8	8826.2	123.2	6.2	529.9	14691.3
华林证券有限责任公司深圳振华路证券营业部	深圳	深圳	24148.3	12907.4	27.1	0.0	29.3	11184.5
上海证券有限责任公司南京西路证券营业部	上海	上海	24115.4	13389.1	97.5	33.5	395.9	10199.4
光大证券股份有限公司北京小营路证券营业部	北京	北京	24105.5	12762.3	186.4	48.8	110.1	10998.0
长江证券股份有限公司武汉珞瑜路证券营业部	湖北	武汉	24079.0	14501.5	299.1	0.3	43.0	9235.0
华泰证券股份有限公司苏州新市路证券营业部	江苏	苏州	24070.7	10157.4	1000.2	32.9	555.6	12324.6
财通证券股份有限公司杭州文二路证券营业部	浙江	杭州	24045.0	12700.6	124.1	37.7	358.6	10823.9
上海证券有限责任公司乐清旭阳路证券营业部	浙江	乐清	24002.2	19410.0	100.7	0.1	16.1	4475.3
国泰君安证券股份有限公司深圳红荔西路证券营业部	深圳	深圳	23970.0	13084.9	123.9	2.7	46.6	10711.7
海通证券股份有限公司长春大经路营业部	吉林	长春	23964.3	8273.4	16.6	6.0	110.9	15557.4
齐鲁证券有限公司临沂通达路证券营业部	山东	临沂	23952.0	13780.7	5985.4	0.8	7.1	4178.0
中信建投证券股份有限公司潮州市潮枫路证券营业部	广东	潮州	23945.2	12494.7	138.5	0.0	8.2	11303.8
国泰君安证券股份有限公司合肥长江西路证券营业部	安徽	合肥	23934.5	17130.9	71.9	2.4	55.0	6674.4
中国银河证券股份有限公司石家庄胜利北街营业部	河北	石家庄	23925.1	4999.8	27.2	0.0	722.3	18175.8
申银万国证券股份有限公司上海虹口区黄浦路营业部	上海	上海	23913.4	10699.2	126.6	6.3	45.3	13036.0
海通证券股份有限公司威海高山街营业部	山东	威海	23904.9	11060.3	865.2	0.6	81.4	11897.4
平安证券有限责任公司大连人民路证券营业部	辽宁	大连	23893.5	13440.2	40.0	0.1	34.5	10378.8
安信证券股份有限公司厦门湖里大道证券营业部	福建	厦门	23872.3	8883.6	209.0	0.2	36.4	14743.2
平安证券有限责任公司广州体育东路证券营业部	广东	广州	23861.9	14203.7	67.0	21.3	178.9	9391.1
中国银河证券股份有限公司上海漕宝路证券营业部	上海	上海	23858.4	11820.0	93.7	43.7	67.2	11833.9
东方证券股份有限公司上海虹口区飞虹路证券营业部	上海	上海	23834.5	7018.7	167.1	3.2	505.6	16139.9
华鑫证券有限责任公司上海松江证券营业部	上海	上海	23827.9	13691.8	77.8	1.1	32.6	10024.7
浙商证券股份有限公司丽水花园路证券营业部	浙江	丽水	23784.3	19182.6	272.7	0.0	17.5	4311.6
华泰证券股份有限公司武汉青山和平大道证券营业部	湖北	武汉	23767.0	10032.5	64.4	0.9	23.1	13646.1
中信建投证券股份有限公司佛山市南海区南桂东路证券营业部	广东	佛山	23766.2	7843.5	352.4	0.7	16.6	15553.1
中原证券股份有限公司新乡人民路证券营业部	河南	新乡	23738.5	17090.4	56.4	0.3	203.3	6388.1
广发证券股份有限公司深圳彩田路证券营业部	深圳	深圳	23722.6	8350.9	377.1	0.0	13.4	14981.2
华泰证券股份有限公司天津勤俭道证券营业部	天津	天津	23676.2	15166.0	140.7	0.6	156.7	8212.2
齐鲁证券有限公司济南历山路证券营业部	山东	济南	23672.9	15672.3	462.7	3.3	15.2	7519.5
招商证券股份有限公司无锡新生路证券营业部	江苏	无锡	23627.2	9925.2	63.7	0.1	14.6	13623.7
日信证券有限责任公司北京新街口北大街证券营业部	北京	北京	23622.2	14410.3	170.2	3.9	38.3	8999.6
中信建投证券股份有限公司深圳市深南中路营业部	深圳	深圳	23580.3	13768.2	1513.0	7.1	107.1	8184.9
申银万国证券股份有限公司兰州东岗西路证券营业部	甘肃	兰州	23572.4	10320.6	132.2	0.0	4.4	13115.2
国信证券股份有限公司天津湘江道证券营业部	天津	天津	23571.4	15823.7	120.4	0.8	36.4	7590.1
长江证券股份有限公司武汉友谊大道证券营业部	湖北	武汉	23565.1	11680.1	264.8	2.0	151.5	11466.7
华泰证券股份有限公司包头东河区证券营业部	内蒙	包头	23557.2	5190.9	57.5	0.0	0.3	18308.5
渤海证券股份有限公司上海定西路证券营业部	上海	上海	23541.8	5871.7	48.9	11.1	198.7	17411.4
华泰证券股份有限公司武汉青年路证券营业部	湖北	武汉	23534.8	7654.5	411.1	0.6	27.3	15441.4
万联证券有限责任公司广州农林下路证券营业部	广东	广州	23526.0	6119.8	22.0	0.0	287.9	17096.3
财富证券有限责任公司长沙八一路证券营业部	湖南	长沙	23517.7	16543.4	27.0	0.0	12.4	6934.8

注：营业部交易金额的单位为百万元。

证券营业部交易
Trading of Business Department

营业部名称 Business Department	省份 Province	城市 City	总计 Total	股票 Share	基金 Fund	政府债 G-Bond	公司债 C-Bond	债券回购 Repo
红塔证券股份有限公司昆明春城路证券营业部	云南	昆明	23502.7	9876.5	286.3	2.1	25.7	13312.1
金元证券股份有限公司广州中山大道证券营业部	广东	广州	23493.2	4926.9	79.6	0.0	6.6	18480.2
西南证券股份有限公司杭州庆春东路证券营业部	浙江	杭州	23491.1	15566.1	35.0	2.8	147.7	7739.6
广发证券股份有限公司石家庄裕华西路裕园证券营业部	河北	石家庄	23472.4	9329.8	168.4	0.0	7.9	13966.3
东海证券股份有限公司上海水城南路证券营业部	上海	上海	23454.4	9155.0	68.8	0.0	346.5	13884.2
五矿证券有限公司北京广安门外大街证券营业部	北京	北京	23452.2	2826.0	122.0	0.0	94.2	20410.0
长江证券股份有限公司青岛山东路证券营业部	山东	青岛	23450.1	8794.7	29.7	0.0	31.9	14593.8
中国中投证券有限责任公司上海法华镇路证券营业部	上海	上海	23447.0	9650.7	62.9	0.1	217.1	13516.2
长城证券有限责任公司深圳深南大道证券营业部	深圳	深圳	23408.0	15203.6	39.0	0.5	85.3	8079.6
东莞证券有限责任公司东莞石龙证券营业部	广东	东莞	23391.0	13815.1	25.3	0.0	9.8	9540.8
华福证券有限责任公司福州达道路证券营业部	福建	福州	23387.4	9558.5	27.2	0.6	20.9	13780.3
南京证券股份有限公司南京云南北路证券营业部	江苏	南京	23375.9	9752.3	69.5	13.3	594.4	12946.4
国泰君安证券股份有限公司常州广化街营业部	江苏	常州	23364.3	13925.5	107.3	0.6	164.8	9166.1
渤海证券股份有限公司天津郑州道证券营业部	天津	天津	23363.9	7136.9	19.8	0.0	83.0	16124.3
东海证券股份有限公司常州博爱路证券营业部	江苏	常州	23360.0	12438.4	130.1	1.5	183.3	10606.7
海通证券股份有限公司昆明东风西路营业部	云南	昆明	23344.5	13903.6	113.7	0.2	85.0	9242.0
光大证券股份有限公司余姚阳明西路证券营业部	浙江	余姚	23327.4	8774.3	119.5	0.0	1.8	14431.9
广发证券股份有限公司汕头珠池路证券营业部	广东	汕头	23284.7	12369.3	249.7	9.9	225.5	10430.3
广州证券有限责任公司北京复兴路证券营业部	北京	北京	23243.4	9412.0	53.7	35.6	230.2	13511.9
广州证券有限责任公司花都建设路营业部	广东	广州	23229.2	16548.7	73.0	0.2	42.7	6564.7
东吴证券股份有限公司苏州胥江路证券营业部	江苏	苏州	23199.3	11691.4	111.6	0.0	25.5	11370.7
中国银河证券股份有限公司昆明东风西路证券营业部	云南	昆明	23197.3	8890.6	85.6	3.7	441.6	13775.9
长江证券股份有限公司武汉彭刘杨路证券营业部	湖北	武汉	23190.6	10709.8	138.5	0.7	22.5	12319.1
中邮证券有限责任公司西安南大街证券营业部	陕西	西安	23183.3	9505.9	19.9	2.0	105.9	13549.6
开源证券有限责任公司西安长安南路证券营业部	陕西	西安	23180.1	6735.2	20.4	0.2	107.5	16316.7
渤海证券股份有限公司苏州景德路证券营业部	江苏	苏州	23168.5	11773.4	109.2	0.1	75.2	11210.6
齐鲁证券有限公司滨州博兴胜利二路证券营业部	山东	滨州	23145.0	295.8	567.0	0.0	1.0	22281.2
光大证券股份有限公司佛山华远东路证券营业部	广东	佛山	23128.6	12099.3	77.8	0.0	111.7	10839.8
齐鲁证券有限公司上海苗圃路证券营业部	上海	上海	23127.9	10955.6	55.7	1.2	36.7	12078.6
齐鲁证券有限公司泉州田安路证券营业部	福建	泉州	23122.4	2879.0	32.3	0.0	0.6	20210.6
齐鲁证券有限公司上海东方路证券营业部	上海	上海	23093.2	6990.2	464.5	0.0	31.8	15606.7
安信证券股份有限公司上海江宁路证券营业部	上海	上海	23083.9	9732.9	130.2	0.3	36.8	13183.8
广发证券股份有限公司温州欧洲城证券营业部	浙江	温州	23042.0	14217.4	124.1	0.2	168.1	8532.2
中国银河证券股份有限公司南京上海路证券营业部	江苏	南京	23010.5	10625.4	123.7	0.1	24.0	12237.4
南京证券股份有限公司上海西藏南路证券营业部	上海	上海	23008.0	8339.8	31.9	2.3	44.8	14589.3
平安证券有限责任公司深圳深南东路罗湖商务中心证券营业部	深圳	深圳	23002.2	15056.9	70.4	0.0	20.3	7854.6
华泰证券股份有限公司南京中山东路证券营业部	江苏	南京	22933.5	7704.5	1515.4	1.3	892.4	12819.9
广发证券股份有限公司中山小榄证券营业部	广东	中山	22932.3	13393.3	66.2	10.0	101.1	9361.7
东方证券股份有限公司成都天祥寺街证券营业部	四川	成都	22929.5	9347.7	175.4	0.2	40.0	13366.2
安信证券股份有限公司广州新港西路证券营业部	广东	广州	22902.7	10477.9	358.8	1.9	35.5	12028.6
东莞证券有限责任公司东莞厚街证券营业部	广东	东莞	22892.4	14220.6	22.5	0.2	18.0	8631.1
安信证券股份有限公司杭州莫干山路证券营业部	浙江	杭州	22879.0	11810.0	107.4	0.2	99.1	10862.3
海通证券股份有限公司芜湖文化路证券营业部	安徽	芜湖	22872.6	14014.6	375.7	0.2	7.2	8475.0
光大证券股份有限公司宁海气象北路证券营业部	浙江	宁波	22867.6	11826.1	105.7	0.2	50.2	10885.5
中国中投证券有限责任公司深圳深南中路证券营业部	深圳	深圳	22852.0	9864.7	36.4	0.0	24.7	12926.2
国联证券股份有限公司北京首体南路证券营业部	北京	北京	22850.2	10552.6	23.0	0.0	9.0	12265.5
中信万通证券有限责任公司烟台南大街证券营业部	山东	烟台	22826.5	12679.9	33.9	0.0	204.5	9908.1
中信建投证券股份有限公司荆州北京西路证券营业部	湖北	荆州	22820.3	9293.6	328.1	0.4	117.0	13081.2
江海证券有限公司上海瑞金南路证券营业部	上海	上海	22793.3	8525.5	85.8	1.3	127.3	14053.5
东吴证券股份有限公司太仓上海东路证券营业部	江苏	苏州	22766.0	10838.9	55.1	14.4	298.8	11558.8

注：营业部交易金额的单位为百万元。

证券营业部交易
Trading of Business Department

营业部名称 Business Department	省份 Province	城市 City	总计 Total	股票 Share	基金 Fund	政府债 G-Bond	公司债 C-Bond	债券回购 Repo
兴业证券股份有限公司福州五一南路证券营业部	福建	福州	22742.5	9711.3	160.6	0.7	21.0	12849.0
光大证券股份有限公司惠州下埔路证券营业部	广东	惠州	22729.3	17046.8	119.9	1.2	19.3	5542.1
兴业证券股份有限公司南京珠江路证券营业部	江苏	南京	22727.8	6930.0	87.3	0.1	1134.3	14576.2
华泰证券股份有限公司深圳彩田路证券营业部	深圳	深圳	22719.0	14241.5	401.0	5.1	147.7	7923.8
上海证券有限责任公司南京定淮门大街证券营业部	江苏	南京	22705.1	4367.7	96.4	3.9	204.0	18033.1
华福证券有限责任公司福州五一北路证券营业部	福建	福州	22683.5	8330.0	79.9	0.0	39.0	14234.6
齐鲁证券有限公司上海仙霞西路证券营业部	上海	上海	22666.5	8115.1	178.4	0.0	36.1	14336.9
国泰君安证券股份有限公司北京通州新华西街证券营业部	北京	北京	22637.2	15485.2	65.7	1.0	57.0	7028.5
上海证券有限责任公司九江路证券营业部	上海	上海	22622.4	7711.5	68.1	3.6	51.7	14787.5
银泰证券有限责任公司上海嘉善路证券营业部	上海	上海	22569.7	8906.5	42.2	1.5	12.6	13606.9
万联证券有限责任公司广州广园证券营业部	广东	广州	22536.1	13824.4	47.8	0.1	127.0	8536.9
申银万国证券股份有限公司武汉青年路证券营业部	湖北	武汉	22533.3	15003.7	11.8	0.0	31.2	7486.6
大同证券经纪有限责任公司上海长寿路证券营业部	上海	上海	22497.3	8536.0	58.9	1.7	8.6	13892.1
广发证券股份有限公司西安金花北路证券营业部	陕西	西安	22463.9	14152.5	172.4	8.1	20.4	8110.6
兴业证券股份有限公司广州东风中路证券营业部	广东	广州	22462.3	9463.8	102.4	0.1	50.5	12845.4
财达证券有限责任公司佳木斯西林路证券营业部	黑龙江	佳木斯	22429.5	12982.6	29.7	0.4	1.5	9415.4
国盛证券有限责任公司南昌永叔路证券营业部	江西	南昌	22424.3	9874.3	20.7	0.0	29.7	12499.7
中国银河证券股份有限公司上海新昌路证券营业部	上海	上海	22389.5	8398.4	122.1	0.2	377.7	13491.0
信达证券股份有限公司上海铁岭路证券营业部	上海	上海	22386.7	9960.7	47.2	0.5	47.9	12330.3
东北证券股份有限公司长春东风大街证券营业部	吉林	长春	22346.8	11097.6	78.2	4.9	131.0	11035.2
宏源证券股份有限公司沈阳十一纬路证券营业部	辽宁	沈阳	22328.3	11415.1	30.0	0.0	213.5	10669.7
中国银河证券股份有限公司佛山证券营业部	广东	佛山	22323.1	11224.7	45.6	0.3	134.6	10917.9
宏源证券股份有限公司大连友好路证券营业部	辽宁	大连	22306.2	10597.8	49.2	0.3	53.0	11605.9
安信证券股份有限公司汕头峡山证券营业部	广东	汕头	22304.3	9000.1	76.6	0.0	4.8	13222.9
中国中投证券有限责任公司杭州环球中心证券营业部	浙江	杭州	22299.0	17521.0	65.9	0.0	128.0	4584.1
华融证券股份有限公司深圳金田路证券营业部	深圳	深圳	22254.2	5651.1	50.6	88.4	211.3	16252.9
海通证券股份有限公司常熟海虞北路营业部	江苏	常熟	22226.4	11912.9	1987.5	0.5	41.2	8284.4
财通证券股份有限公司杭州西大街证券营业部	浙江	杭州	22224.8	13244.8	28.8	1.4	7.4	8942.5
中信证券（浙江）有限责任公司嵊州时代商务广场证券营业部	浙江	绍兴	22162.5	15095.9	95.4	0.0	162.6	6808.5
华安证券有限责任公司北京慧忠北里证券营业部	北京	北京	22160.5	12729.3	41.0	0.3	37.7	9352.2
东北证券股份有限公司上海世纪大道证券营业部	上海	上海	22140.3	8179.3	33.0	0.0	29.4	13898.6
华泰证券股份有限公司西安文艺北路证券营业部	陕西	西安	22129.9	11788.6	296.0	11.8	414.2	9619.3
中信证券（浙江）有限责任公司杭州东新路证券营业部	浙江	杭州	22125.8	12882.1	72.5	0.5	74.8	9095.9
广发证券股份有限公司沈阳小西路证券营业部	辽宁	沈阳	22112.1	8193.3	94.9	0.5	56.1	13767.4
华泰证券股份有限公司南通通州人民路证券营业部	江苏	南通	22078.7	11031.0	518.1	0.0	17.1	10512.4
中国银河证券股份有限公司平阳人民路证券营业部	浙江	温州	22063.5	15611.6	1455.5	0.0	41.4	4955.0
新时代证券有限责任公司上海金桥路证券营业部	上海	上海	21986.7	9694.9	27.6	0.0	9.9	12254.3
华西证券有限责任公司攀枝花新华街证券营业部	四川	攀枝花	21983.7	8189.9	92.5	0.1	8.3	13693.0
东吴证券股份有限公司昆山环城北路证券营业部	江苏	昆山	21954.1	8614.4	22.2	2.7	28.1	13286.7
中国银河证券股份有限公司丽水证券营业部	浙江	丽水	21952.3	16558.0	42.4	67.2	109.3	5175.5
华泰证券股份有限公司武汉首义路证券营业部	湖北	武汉	21952.2	10556.2	1100.2	3.9	12.8	10279.1
华安证券有限责任公司合肥金寨路证券营业部	安徽	合肥	21929.7	13120.0	21.5	0.1	364.4	8423.7
广发证券股份有限公司苏州干将东路证券营业部	江苏	苏州	21920.4	11538.9	54.3	0.0	32.5	10294.7
方正证券股份有限公司长沙黄兴中路证券营业部	湖南	长沙	21893.7	13910.6	175.3	1.0	9.5	7797.3
光大证券股份有限公司宁波悦盛路证券营业部	浙江	宁波	21879.5	12938.6	114.9	0.5	44.8	8780.7
华创证券有限责任公司上海大连路证券营业部	上海	上海	21866.0	12301.2	249.3	9.1	126.6	9179.8
华泰证券股份有限公司杭州学院路证券营业部	浙江	杭州	21864.0	10784.9	170.5	0.1	177.5	10730.9
中信证券股份有限公司佛山季华五路证券营业部	广东	佛山	21834.1	9503.8	91.4	1.9	36.9	12200.0
东海证券股份有限公司上海愚园路证券营业部	上海	上海	21832.0	8805.1	63.8	0.6	55.2	12907.4
中信证券（浙江）有限责任公司温州车站大道营业部	浙江	温州	21822.9	14002.7	108.0	0.0	95.5	7616.7

注：营业部交易金额的单位为百万元。

证券营业部交易
Trading of Business Department

营业部名称 Business Department	省份 Province	城市 City	总计 Total	股票 Share	基金 Fund	政府债 G-Bond	公司债 C-Bond	债券回购 Repo
上海证券有限责任公司高安路证券营业部	上海	上海	21791.0	6674.6	79.1	5.1	37.9	14994.2
齐鲁证券有限公司济宁光河路证券营业部	山东	济宁	21754.1	12434.1	40.8	22.6	86.0	9170.5
申银万国证券股份有限公司南昌北京西路证券营业部	江西	南昌	21745.5	11295.7	23.8	2.1	65.5	10358.5
长城证券有限责任公司成都芳沁街证券营业部	四川	成都	21728.5	12367.3	39.9	0.2	15.8	9305.4
华西证券有限责任公司宜宾北正街证券营业部	四川	宜宾	21713.7	14632.4	62.1	0.0	30.0	6989.2
广发证券股份有限公司哈尔滨学府路证券营业部	黑龙江	哈尔滨	21696.8	12831.6	30.0	0.5	10.9	8823.9
华泰证券股份有限公司沈阳大西路证券营业部	辽宁	沈阳	21689.7	14675.9	271.7	0.1	45.3	6696.7
华福证券有限责任公司泉州丰泽街证券营业部	福建	泉州	21687.5	11132.0	64.0	0.5	64.1	10426.9
东北证券股份有限公司上海峨眉路证券营业部	上海	上海	21667.0	7174.1	71.6	35.5	370.4	14015.4
金元证券股份有限公司上海长阳路证券营业部	上海	上海	21665.7	8788.0	74.1	0.1	128.9	12674.6
申银万国证券股份有限公司天津红星路营业部	天津	天津	21610.4	8604.2	103.1	69.5	26.0	12807.6
中国民族证券有限责任公司上海南丹东路证券营业部	上海	上海	21556.1	13161.2	25.4	1.1	119.4	8249.0
英大证券有限责任公司深圳园岭三街证券营业部	深圳	深圳	21532.9	12806.3	10.3	18.1	909.7	7788.6
东莞证券有限责任公司东莞常平证券营业部	广东	东莞	21530.7	14612.5	48.2	0.1	25.4	6844.5
东兴证券股份有限公司漳州南昌中路证券营业部	福建	漳州	21363.0	15335.4	76.4	0.5	97.5	5853.2
国泰君安证券股份有限公司海口国贸大道证券营业部	海南	海口	21353.9	13265.7	713.0	0.2	40.9	7334.1
民生证券股份有限公司郑州桐柏路证券营业部	河南	郑州	21349.9	16244.2	74.0	0.2	22.5	5009.1
平安证券有限责任公司南京太平北路证券营业部	江苏	南京	21346.0	10430.7	58.9	2.3	28.0	10826.1
齐鲁证券有限公司大连鲁迅路证券营业部	辽宁	大连	21337.1	6180.5	11.2	0.0	8.8	15136.6
光大证券股份有限公司象山丹城步北路证券营业部	浙江	宁波	21336.6	15599.6	37.1	0.0	59.5	5640.4
大通证券股份有限公司大连民意街证券营业部	辽宁	大连	21309.7	10864.2	50.1	0.2	13.8	10381.4
长城证券有限责任公司大连水仙街证券营业部	辽宁	大连	21260.5	9024.3	65.1	0.3	41.6	12129.1
长城证券有限责任公司南宁民族大道证券营业部	广西	南宁	21247.8	9394.0	44.9	0.2	55.5	11753.2
中国中投证券有限责任公司中山石岐宏基路证券营业部	广东	中山	21247.7	10050.8	91.7	0.1	7.4	11097.6
申银万国证券股份有限公司辽宁沈阳岐山中路营业部	辽宁	沈阳	21234.1	11832.3	24.9	0.2	213.6	9163.2
方正证券股份有限公司杭州杭海路证券营业部	浙江	杭州	21214.7	3594.9	51.9	0.2	1279.5	16288.2
东方证券股份有限公司上海古龙路证券营业部	上海	上海	21185.3	7921.0	98.9	2.1	644.6	12518.6
长江证券股份有限公司北京万柳东路证券营业部	北京	北京	21163.5	9847.0	259.9	1.1	38.2	11017.4
中国银河证券股份有限公司太原迎泽西大街证券营业部	山西	太原	21158.8	12470.6	92.1	0.0	45.3	8550.8
中国银河证券股份有限公司大连新开路证券营业部	辽宁	大连	21153.6	8277.7	743.9	0.8	35.2	12096.0
招商证券股份有限公司苏州干将西路证券营业部	江苏	苏州	21126.8	10076.1	78.9	0.8	46.8	10924.2
国泰君安证券股份有限公司重庆中山三路证券营业部	重庆	重庆	21121.1	15227.0	58.8	0.7	23.2	5811.4
中国中投证券有限责任公司贵阳护国路证券营业部	贵州	贵阳	21108.5	13010.3	147.2	0.9	192.1	7758.0
招商证券股份有限公司深圳布吉罗岗路证券营业部	深圳	深圳	21099.6	13030.4	15.7	0.1	22.1	8031.2
华泰证券股份有限公司沈阳青年大街证券营业部	辽宁	沈阳	21086.8	11157.0	1966.3	1.5	80.6	7881.4
招商证券股份有限公司南宁金湖路证券营业部	广西	南宁	21079.5	16396.6	47.0	2.4	31.6	4601.9
新时代证券有限责任公司北京中关村东路证券营业部	北京	北京	21076.6	10219.8	29.2	1.1	353.2	10473.3
国泰君安证券股份有限公司徐州解放南路证券营业部	江苏	徐州	21058.4	13880.3	65.8	1.1	28.3	7083.0
东莞证券有限责任公司北京中关村大街证券营业部	北京	北京	21052.2	12387.3	16.1	0.2	19.1	8629.5
西南证券股份有限公司成都天府大道证券营业部	四川	成都	21042.8	12584.2	55.5	0.8	41.7	8360.5
海通证券股份有限公司上海普陀区枣阳路证券营业部	上海	上海	21012.4	8154.0	650.5	3.3	327.7	11876.8
中国银河证券股份有限公司广州东风西路证券营业部	广东	广州	21010.1	12221.7	100.4	0.3	51.2	8636.5
国元证券股份有限公司天津河北路证券营业部	天津	天津	20998.9	8758.6	22.5	0.0	15.0	12202.8
天风证券股份有限公司武汉八一路证券营业部	湖北	武汉	20992.0	8308.6	101.7	1.0	44.4	12536.3
中信建投证券股份有限公司长沙金星中路证券营业部	湖南	长沙	20983.2	12463.1	190.2	0.1	251.9	8078.0
广发证券股份有限公司天津泰安道证券营业部	天津	天津	20935.3	10243.0	83.7	5.1	163.1	10440.4
国信证券股份有限公司烟台南大街证券营业部	山东	烟台	20934.3	13881.5	56.4	0.0	45.4	6950.9
方正证券股份有限公司郴州国庆南路证券营业部	湖南	郴州	20904.4	8559.4	15.1	0.3	4.5	12325.0
国信证券股份有限公司哈尔滨田地街证券营业部	黑龙江	哈尔滨	20900.1	11212.0	212.1	2.6	6.7	9466.7
光大证券股份有限公司深圳海德二路证券营业部	深圳	深圳	20894.2	12343.3	72.4	0.0	26.7	8451.8

注：营业部交易金额的单位为百万元。

证券营业部交易
Trading of Business Department

营业部名称 Business Department	省份 Province	城市 City	总计 Total	股票 Share	基金 Fund	政府债 G-Bond	公司债 C-Bond	债券回购 Repo
宏源证券股份有限公司厦门厦禾路证券营业部	福建	厦门	20891.1	12915.7	45.9	2.4	4669.8	3257.3
东兴证券股份有限公司福州学军路证券营业部	福建	福州	20883.7	13789.8	46.3	3.7	57.8	6986.1
东方证券股份有限公司深圳金田路证券营业部	深圳	深圳	20862.4	8287.9	5.2	99.3	136.9	12333.1
广发证券股份有限公司南通青年中路证券营业部	江苏	南通	20860.3	11213.5	154.8	0.5	10.1	9481.6
申银万国证券股份有限公司江苏镇江中山东路证券营业部	江苏	镇江	20860.1	12461.2	251.2	1.0	22.0	8124.7
西南证券股份有限公司重庆嘉陵桥西村证券营业部	重庆	重庆	20848.2	10361.3	17.8	2.3	155.5	10311.2
招商证券股份有限公司深圳沙头角金融路证券营业部	深圳	深圳	20833.8	15948.2	84.3	0.4	22.9	4778.0
山西证券股份有限公司太原漪汾街证券营业部	山西	太原	20820.4	6454.7	829.0	0.0	4.5	13532.2
西南证券股份有限公司重庆渝碚路证券营业部	重庆	重庆	20818.2	13462.3	46.3	0.3	16.9	7292.4
西部证券股份有限公司西安西五路证券营业部	陕西	西安	20793.3	11306.2	56.3	0.9	6.4	9423.5
民生证券股份有限公司郑州郑汴路证券营业部	河南	郑州	20773.7	15798.5	37.9	0.1	9.0	4928.3
华泰证券股份有限公司宜昌西陵一路证券营业部	湖北	宜昌	20768.8	14302.3	134.0	1.0	164.3	6167.1
东兴证券股份有限公司杭州凤起路证券营业部	浙江	杭州	20762.9	7117.6	8796.3	0.0	17.6	4831.4
宏源证券股份有限公司武汉和平大道证券营业部	湖北	武汉	20746.9	10193.7	15.8	71.6	21.6	10444.2
兴业证券股份有限公司晋江泉安路证券营业部	福建	晋江	20709.2	9985.4	39.3	0.8	1.0	10682.7
国联证券股份有限公司江阴大桥北路证券营业部	江苏	无锡	20708.5	10906.4	236.7	0.4	37.9	9527.2
西部证券股份有限公司上海梅川路证券营业部	上海	上海	20707.9	9092.3	24.5	1.3	151.6	11438.2
中国银河证券股份有限公司上海延安西路证券营业部	上海	上海	20694.1	6860.3	67.1	0.3	583.6	13182.9
东海证券股份有限公司上海浦东新区世纪大道证券营业部	上海	上海	20659.5	4936.4	14.2	0.3	193.3	15515.4
广发证券股份有限公司南京洪武路证券营业部	江苏	南京	20649.5	7851.8	410.0	0.1	51.1	12336.5
万联证券有限责任公司上海富贵东路证券营业部	上海	上海	20647.3	8275.9	63.1	0.0	80.8	12227.4
长城证券有限责任公司重庆观音桥步行街证券营业部	重庆	重庆	20644.2	12391.8	104.5	0.2	28.6	8119.1
西南证券股份有限公司保定朝阳北大街证券营业部	河北	保定	20625.1	8348.0	33.8	50.9	850.2	11342.3
安信证券股份有限公司茂名人民南路证券营业部	广东	茂名	20619.3	10165.8	103.7	0.3	15.6	10333.9
国都证券有限责任公司北京复兴路证券营业部	北京	北京	20617.1	14121.7	246.0	1.4	58.1	6189.9
中信建投证券股份有限公司株州建设中路证券营业部	湖南	株洲	20615.7	13136.4	98.7	0.5	166.0	7214.1
华泰证券股份有限公司北京苏州街证券营业部	北京	北京	20609.3	11789.2	209.7	1.3	194.1	8414.9
国泰君安证券股份有限公司临沂沂蒙路证券营业部	山东	临沂	20588.6	13763.7	60.4	0.1	13.2	6751.3
国金证券股份有限公司昆明北京路证券营业部	云南	昆明	20551.4	5342.9	17.6	0.0	19.8	15171.1
国泰君安证券股份有限公司深圳福华三路证券营业部	深圳	深圳	20540.7	9129.8	145.3	0.0	35.1	11230.4
爱建证券有限责任公司上海安国路证券营业部	上海	上海	20534.8	7585.3	40.4	1.6	167.1	12740.4
国海证券股份有限公司上海国定东路证券营业部	上海	上海	20519.0	7986.5	167.0	3.5	31.2	12330.8
申银万国证券股份有限公司合肥阜南路证券营业部	安徽	合肥	20506.8	9589.3	3517.1	0.8	56.0	7343.7
上海证券有限责任公司大统路证券营业部	上海	上海	20499.7	7457.1	143.2	2.7	44.7	12852.0
江海证券有限公司哈尔滨中宣街证券营业部	黑龙江	哈尔滨	20495.6	13005.8	9.2	0.0	36.2	7444.4
宏源证券股份有限公司乌鲁木齐北京南路证券营业部	新疆	乌鲁木齐	20409.6	13679.4	28.2	2.6	7.4	6692.0
广发证券股份有限公司广州花城大道证券营业部	广东	广州	20397.5	12366.8	110.2	0.0	145.5	7775.1
中国银河证券股份有限公司马鞍山证券营业部	安徽	马鞍山	20373.4	16169.8	43.9	10.4	30.8	4118.5
华泰证券股份有限公司上海浦东新区博兴路证券营业部	上海	上海	20365.8	11753.1	100.7	0.0	22.2	8489.8
广发证券股份有限公司珠海凤凰北路证券营业部	广东	珠海	20345.1	12235.2	136.3	0.0	31.7	7941.9
宏源证券股份有限公司深圳莲花路证券营业部	深圳	深圳	20341.3	13059.5	70.5	0.0	20.5	7190.7
财达证券有限责任公司沧州广场街证券营业部	河北	沧州	20331.3	14197.4	72.5	3.2	34.7	6023.5
国联证券股份有限公司南京太平南路证券营业部	江苏	南京	20324.4	6996.0	28.0	0.5	9.2	13290.7
招商证券股份有限公司深圳深南东路证券营业部	深圳	深圳	20296.9	8576.6	132.1	0.1	6369.5	5218.6
广发证券股份有限公司大连中山路证券营业部	辽宁	大连	20286.7	8605.1	277.6	0.0	488.8	10915.2
东海证券股份有限公司洛阳周山路证券营业部	河南	洛阳	20263.6	13625.8	1014.4	0.2	59.1	5564.1
安信证券股份有限公司阳江安宁路证券营业部	广东	阳江	20260.4	16606.2	53.5	0.1	33.0	3567.7
南京证券股份有限公司南京新华路证券营业部	江苏	南京	20253.7	14818.3	29.0	1.2	68.6	5336.6
光大证券股份有限公司郑州金水路证券营业部	河南	郑州	20245.0	13249.0	240.3	0.9	64.9	6690.0
中信证券股份有限公司中山中山四路证券营业部	广东	中山	20217.7	12782.5	249.9	0.0	149.5	7035.8

注：营业部交易金额的单位为百万元。

证券营业部交易
Trading of Business Department

营业部名称 Business Department	省份 Province	城市 City	总计 Total	股票 Share	基金 Fund	政府债 G-Bond	公司债 C-Bond	债券回购 Repo
广发证券股份有限公司惠州下埔路证券营业部	广东	惠州	20208.6	13466.6	70.2	1.0	69.1	6601.7
东海证券股份有限公司上海花园路证券营业部	上海	上海	20197.2	7950.5	23.8	0.1	77.0	12146.0
海通证券股份有限公司宁波百丈东路证券营业部	浙江	宁波	20197.0	11146.0	172.2	0.0	209.6	8669.3
财通证券股份有限公司义乌丹溪北路证券营业部	浙江	义乌	20191.9	11378.9	403.3	0.0	849.9	7559.8
广发证券股份有限公司广州洛溪新城证券营业部	广东	广州	20191.5	11832.3	69.1	0.0	39.8	8250.3
中信建投证券股份有限公司南昌北京东路证券营业部	江西	南昌	20180.5	9455.4	47.1	0.0	29.6	10648.5
东北证券股份有限公司上海洪山路证券营业部	上海	上海	20173.7	7253.0	54.3	0.0	22.4	12843.9
华泰证券股份有限公司徐州青年路证券营业部	江苏	徐州	20161.1	11067.0	3064.3	2.3	150.0	5877.6
中信证券（浙江）有限责任公司宁波北仑新大路证券营业部	浙江	宁波	20158.4	14948.4	9.1	0.0	5.9	5195.1
华泰证券股份有限公司哈尔滨西十六道街证券营业部	黑龙江	哈尔滨	20156.0	7226.2	1277.9	0.0	8.3	11643.6
东方证券股份有限公司上海金口路证券营业部	上海	上海	20155.3	9788.5	44.5	90.5	411.5	9820.4
中国银河证券股份有限公司长沙芙蓉路证券营业部	湖南	长沙	20116.1	9715.6	73.7	1.0	50.7	10275.0
中国银河证券股份有限公司南京南瑞路证券营业部	江苏	南京	20110.4	7819.2	223.1	9.8	43.0	12015.4
民生证券股份有限公司北京菜市口大街证券营业部	北京	北京	20062.5	7157.7	11.3	0.7	333.9	12559.0
兴业证券股份有限公司南平滨江中路证券营业部	福建	南平	20045.3	12542.8	149.2	0.1	33.3	7319.8
英大证券有限责任公司兰州庆阳路证券营业部	甘肃	兰州	20025.3	5469.2	30.1	0.1	334.4	14191.4
华泰证券股份有限公司长沙韶山北路证券营业部	湖南	长沙	20009.3	11623.5	44.4	0.3	90.6	8250.5
西部证券股份有限公司西安金花南路证券营业部	陕西	西安	19985.4	6881.7	6.3	1.5	26.4	13069.5
湘财证券有限责任公司福州东街证券营业部	福建	福州	19985.0	9918.1	24.2	0.0	319.1	9723.6
华林证券有限责任公司广州体育西路证券营业部	广东	广州	19982.7	13669.0	84.2	0.9	109.6	6119.0
英大证券有限责任公司长沙五一中路证券营业部	湖南	长沙	19940.8	5722.8	6.4	0.0	2.9	14208.8
中信建投证券股份有限公司黄石市颐阳路证券营业部	湖北	黄石	19940.4	8114.0	1235.4	0.0	5340.8	5250.1
浙商证券股份有限公司温州温迪路证券营业部	浙江	温州	19880.0	13586.2	89.7	0.0	41.0	6163.1
方正证券股份有限公司北京和平里东街证券营业部	北京	北京	19873.9	10873.3	47.1	4.6	42.0	8906.9
金元证券股份有限公司上海徐汇区漕溪北路证券营业部	上海	上海	19860.7	8494.4	23.8	0.0	551.9	10790.7
西部证券股份有限公司西安莲湖路第二证券营业部	陕西	西安	19850.1	7082.8	4.2	0.1	1.7	12761.3
联讯证券有限责任公司惠州演达大道证券营业部	广东	惠州	19837.6	13103.3	32.4	0.7	13.9	6687.3
华鑫证券有限责任公司上海武宁路证券营业部	上海	上海	19827.6	8631.3	58.0	0.6	12.5	11125.2
华西证券有限责任公司成都西玉龙街证券营业部	四川	成都	19793.6	10815.0	36.0	1.2	36.8	8904.6
安信证券股份有限公司佛山三水沙头大道证券营业部	广东	佛山	19770.8	12358.7	121.9	0.1	38.9	7251.3
中国中投证券有限责任公司上海东方路证券营业部	上海	上海	19767.9	10960.4	143.2	23.2	44.6	8596.5
长江证券股份有限公司郑州金水路证券营业部	河南	郑州	19763.0	11114.0	52.7	0.4	287.1	8308.8
新时代证券有限责任公司包头钢铁大街证券营业部	内蒙	包头	19743.1	7397.9	3.5	0.0	1070.0	11271.7
中原证券股份有限公司郑州桐柏路证券营业部	河南	郑州	19740.6	13341.1	57.7	0.7	27.9	6313.2
国泰君安证券股份有限公司兰州福利西路证券营业部	甘肃	兰州	19740.1	7652.1	39.3	0.0	192.4	11856.3
世纪证券有限责任公司南昌阳明路证券营业部	江西	南昌	19720.8	11719.6	14.6	0.3	47.5	7938.8
东海证券股份有限公司洛阳凯旋西路证券营业部	河南	洛阳	19710.8	15753.7	38.4	1.5	63.9	3853.3
宏源证券股份有限公司盐城大庆中路证券营业部	江苏	盐城	19708.0	16386.3	14.6	8.6	396.9	2901.7
华泰证券股份有限公司天津真理道证券营业部	天津	天津	19701.8	13717.6	813.0	0.2	122.3	5048.6
方正证券股份有限公司昆明三市街证券营业部	云南	昆明	19699.5	6160.3	109.8	0.5	6.3	13422.6
广发证券股份有限公司武汉万松园路证券营业部	湖北	武汉	19685.9	8024.3	93.0	0.0	17.9	11550.7
渤海证券股份有限公司天津友谊南路证券营业部	天津	天津	19682.1	1329.7	12.6	0.0	299.1	18040.7
南京证券股份有限公司南京常府街证券营业部	江苏	南京	19674.3	11661.6	169.6	0.8	74.6	7767.8
东方证券股份有限公司上海都市路证券营业部	上海	上海	19672.2	8555.6	74.3	20.4	131.4	10890.5
天源证券有限公司抚顺东四路证券营业部	辽宁	抚顺	19640.6	1772.3	2.4	0.5	4349.2	13516.2
方正证券股份有限公司长沙星沙三一路证券营业部	湖南	长沙	19612.7	3042.9	11.8	0.0	29.6	16528.3
中国中投证券有限责任公司承德陕西营路证券营业部	河北	承德	19609.8	9407.5	63.8	1.4	166.3	9970.9
光大证券股份有限公司上海人民北路证券营业部	上海	上海	19576.9	7213.8	51.4	0.0	65.2	12246.4
国泰君安证券股份有限公司汕头金沙路营业部	广东	汕头	19545.0	12545.4	97.5	0.6	22.3	6879.1
国元证券股份有限公司合肥宿州路证券营业部	安徽	合肥	19520.3	11359.8	47.6	25.4	46.9	8040.6

注：营业部交易金额的单位为百万元。

证券营业部交易
Trading of Business Department

营业部名称 Business Department	省份 Province	城市 City	总计 Total	股票 Share	基金 Fund	政府债 G-Bond	公司债 C-Bond	债券回购 Repo
中信建投证券股份有限公司锦州市解放路证券营业部	辽宁	锦州	19514.4	10980.2	2763.6	0.6	14.1	5755.9
招商证券股份有限公司昆明北京路证券营业部	云南	昆明	19506.9	13656.8	34.9	50.5	143.7	5620.9
平安证券有限责任公司天津绍兴道证券营业部	天津	天津	19503.5	12402.0	42.3	7.1	66.1	6986.1
国元证券股份有限公司合肥金寨路凯旋大厦证券营业部	安徽	合肥	19498.7	9274.4	140.1	2.4	28.1	10053.8
海通证券股份有限公司上海吴中路证券营业部	上海	上海	19481.5	15380.3	101.9	1.5	21.3	3976.6
中国民族证券有限责任公司苏州玉山路证券营业部	江苏	苏州	19457.1	13216.3	28.1	1.7	55.1	6156.0
中信建投证券股份有限公司南京王府大街证券营业部	江苏	南京	19455.9	8466.3	595.1	69.4	146.0	10179.2
浙商证券股份有限公司衢州下街证券营业部	浙江	衢州	19434.2	15976.7	133.6	0.4	170.8	3152.8
世纪证券有限责任公司南昌北京西路证券营业部	江西	南昌	19406.0	13810.8	75.3	0.0	17.2	5502.7
新时代证券有限责任公司天津西市大街证券营业部	天津	天津	19405.3	9080.5	53.4	1.1	152.4	10117.9
江海证券有限公司上海万航渡路证券营业部	上海	上海	19403.2	7841.2	21.9	0.4	26.2	11513.4
太平洋证券股份有限公司上海新闸路证券营业部	上海	上海	19386.0	6046.6	57.2	1.3	203.1	13077.8
中原证券股份有限公司郑州经六路证券营业部	河南	郑州	19380.9	9223.5	30.4	0.0	25.1	10101.9
华福证券有限责任公司福州五四路证券营业部	福建	福州	19345.8	2968.1	5.7	0.0	735.6	15636.4
中银国际证券有限责任公司成都人民中路证券营业部	四川	成都	19344.3	9262.1	227.9	0.6	18.8	9834.8
长江证券股份有限公司成都锣锅巷证券营业部	四川	成都	19339.6	9498.6	57.0	0.2	97.9	9685.9
方正证券股份有限公司郑州嵩山南路证券营业部	河南	郑州	19288.9	15746.4	128.3	0.1	70.1	3344.1
中原证券股份有限公司郑州商务外环路证券营业部	河南	郑州	19268.9	7804.0	5.3	0.0	7.1	11452.6
招商证券股份有限公司桂林中山北路证券营业部	广西	桂林	19219.0	13114.0	106.5	0.6	92.9	5905.0
爱建证券有限责任公司上海中华路证券营业部	上海	上海	19197.9	5084.1	17.6	0.1	73.7	14022.4
华泰证券股份有限公司广州东风西路证券营业部	广东	广州	19194.0	10901.2	969.6	1.8	219.8	7101.6
中银国际证券有限责任公司大连黄河路证券营业部	辽宁	大连	19147.3	10157.4	211.9	1.9	75.6	8700.5
长江证券股份有限公司黄石武汉路证券营业部	湖北	黄石	19136.5	9830.2	116.2	0.9	9.6	9179.6
广发证券股份有限公司深圳南园路证券营业部	深圳	深圳	19109.3	12292.0	11.3	0.0	79.1	6726.9
财通证券股份有限公司湖州红旗路证券营业部	浙江	湖州	19077.9	11119.0	32.8	0.0	43.4	7882.7
光大证券股份有限公司广州花地大道证券营业部	广东	广州	19038.4	10500.6	80.6	0.1	182.2	8274.9
长江证券股份有限公司深圳深南东路证券营业部	深圳	深圳	19001.5	7884.5	62.0	0.0	12.8	11042.3
信达证券股份有限公司上海黄浦区九江路证券营业部	上海	上海	18998.1	8679.5	82.0	0.1	19.1	10217.4
湘财证券有限责任公司济南经十一路证券营业部	山东	济南	18996.3	8563.8	32.9	1.2	128.4	10270.0
齐鲁证券有限公司绍兴解放北路证券营业部	浙江	绍兴	18995.8	12504.4	364.6	0.0	19.7	6107.2
中银国际证券有限责任公司重庆江北证券营业部	重庆	重庆	18993.2	14614.5	49.0	0.4	12.3	4317.1
中原证券股份有限公司南阳人民路证券营业部	河南	南阳	18956.8	16125.3	80.4	20.9	32.6	2697.6
中国银河证券股份有限公司兰溪三江路证券营业部	浙江	金华	18900.6	16055.5	46.9	0.0	18.3	2779.9
广发证券股份有限公司兰州甘南路证券营业部	甘肃	兰州	18898.3	9197.4	68.2	0.0	19.7	9613.0
国泰君安证券股份有限公司泸州星光路证券营业部	四川	泸州	18893.9	10709.5	50.1	1.1	160.3	7972.9
渤海证券股份有限公司深圳福中路证券营业部	深圳	深圳	18890.2	5430.4	22.2	6.1	42.3	13389.2
华泰证券股份有限公司成都南一环路第二证券营业部	四川	成都	18889.6	10358.4	1855.2	23.0	91.7	6561.4
财通证券股份有限公司宁波天童北路证券营业部	浙江	宁波	18878.0	8098.8	126.1	0.2	7.8	10645.1
中国中投证券有限责任公司武汉徐东大街证券营业部	湖北	武汉	18867.7	10499.8	54.2	1.7	28.7	8283.3
安信证券股份有限公司宁波车轿街证券营业部	浙江	宁波	18851.8	9836.2	52.0	0.0	2033.0	6930.6
中国中投证券有限责任公司海口龙华路证券营业部	海南	海口	18840.9	10177.5	18.8	0.7	5.5	8638.4
华创证券有限责任公司贵阳北京路证券营业部	贵州	贵阳	18827.0	9680.4	41.2	2.3	25.4	9077.6
长城证券有限责任公司沈阳惠工街证券营业部	辽宁	沈阳	18825.0	9147.7	140.3	0.1	6.6	9530.4
中国中投证券有限责任公司苏州广济南路证券营业部	江苏	苏州	18797.0	8005.8	69.9	2.1	14.7	10704.4
南京证券股份有限公司北京东三环南路证券营业部	北京	北京	18791.7	6313.4	21.7	0.0	17.8	12438.8
光大证券股份有限公司广州中山二路证券营业部	广东	广州	18787.1	12882.0	109.6	0.2	57.7	5737.6
长江证券股份有限公司厦门鹭江道证券营业部	福建	厦门	18784.1	8308.5	164.0	0.0	21.8	10289.9
上海证券有限责任公司定西路证券营业部	上海	上海	18781.7	7974.2	77.2	1.8	181.9	10546.6
中国中投证券有限责任公司福州八一七中路证券营业部	福建	福州	18767.4	11773.1	52.4	0.0	12.3	6929.6
金元证券股份有限公司上海东方路证券营业部	上海	上海	18759.6	8889.4	248.3	0.1	34.7	9587.2

注：营业部交易金额的单位为百万元。

证券营业部交易
Trading of Business Department

营业部名称 Business Department	省份 Province	城市 City	总计 Total	股票 Share	基金 Fund	政府债 G-Bond	公司债 C-Bond	债券回购 Repo
长江证券股份有限公司成都光华村街证券营业部	四川	成都	18734.1	11367.6	74.8	0.4	15.1	7276.3
华林证券有限责任公司鹤山东升路证券营业部	广东	江门	18731.6	11726.6	51.0	0.0	1.7	6952.3
中信建投证券股份有限公司南昌市井冈山大道证券营业部	江西	南昌	18704.6	10533.9	158.0	0.7	12.6	7999.4
中国民族证券有限责任公司南京西康路证券营业部	江苏	南京	18697.2	6711.2	518.3	0.3	97.5	11369.9
恒泰证券股份有限公司上海水电路证券营业部	上海	上海	18690.0	5729.4	34.5	0.6	8.1	12917.5
齐鲁证券有限公司厦门思明南路证券营业部	福建	厦门	18650.1	10444.8	26.8	14.0	18.7	8145.9
东海证券股份有限公司深圳香梅路证券营业部	深圳	深圳	18649.5	9869.0	8.9	0.0	13.6	8758.1
大通证券股份有限公司上海南车站路证券营业部	上海	上海	18646.4	5962.4	12.9	0.1	11.0	12660.0
中国银河证券股份有限公司嘉兴证券营业部	浙江	嘉兴	18638.0	13532.1	857.3	3.4	163.8	4081.5
财通证券股份有限公司温州人民东路证券营业部	浙江	温州	18636.9	14246.4	58.8	0.0	12.7	4319.0
方正证券股份有限公司湘潭韶山中路证券营业部	湖南	湘潭	18633.6	9380.1	29.2	0.0	35.4	9188.8
上海证券有限责任公司北京万寿路证券营业部	北京	北京	18609.1	5076.8	17.7	0.1	3.8	13510.7
中国银河证券股份有限公司广州建设大马路证券营业部	广东	广州	18604.6	10234.4	98.6	2.3	208.1	8061.2
中信建投证券股份有限公司哈尔滨景阳街证券营业部	黑龙江	哈尔滨	18597.6	9469.9	2499.0	25.3	154.2	6449.2
中银国际证券有限责任公司青岛香港中路证券营业部	山东	青岛	18564.3	10704.0	225.2	8.7	69.7	7556.7
大通证券股份有限公司北京建国路证券营业部	北京	北京	18550.6	7263.6	36.4	0.0	394.0	10856.7
国海证券股份有限公司柳州北站路证券营业部	广西	柳州	18538.5	8402.7	29.1	6.2	519.9	9580.7
方正证券股份有限公司义乌北门街证券营业部	浙江	义乌	18523.2	13138.6	22.4	0.1	4.9	5357.2
宏源证券股份有限公司盐城解放北路证券营业部	江苏	盐城	18521.0	14837.7	32.5	0.2	62.9	3587.8
长城证券有限责任公司南京童卫路证券营业部	江苏	南京	18510.0	6566.3	86.7	0.3	38.2	11818.5
中信建投证券股份有限公司襄阳襄城鼓楼巷证券营业部	湖北	襄阳	18502.7	9955.4	2138.5	0.1	50.8	6357.9
广发证券股份有限公司郑州花园路证券营业部	河南	郑州	18494.8	13768.4	142.3	0.8	92.1	4491.2
齐鲁证券有限公司上海斜土路证券营业部	上海	上海	18491.8	6577.6	25.4	0.0	492.1	11396.7
华西证券有限责任公司成都南一环路证券营业部	四川	成都	18490.4	12773.3	28.0	12.5	26.7	5649.9
财通证券股份有限公司海宁水月亭西路证券营业部	浙江	嘉兴	18471.9	12434.9	38.1	0.1	97.7	5901.1
西南证券股份有限公司济南大明湖路证券营业部	山东	济南	18463.4	4414.2	46.9	0.1	32.0	13970.1
中国银河证券股份有限公司北京建国路证券营业部	北京	北京	18456.5	9821.0	81.5	0.0	754.9	7799.2
红塔证券股份有限公司上海田林东路证券营业部	上海	上海	18452.3	6005.8	56.3	16.7	14.0	12359.5
江海证券有限公司上海仁德路证券营业部	上海	上海	18442.8	6965.9	43.5	0.1	44.0	11389.3
方正证券股份有限公司益阳长益路证券营业部	湖南	益阳	18435.9	16587.2	58.0	0.9	13.1	1776.7
中国银河证券股份有限公司深圳罗湖证券营业部	深圳	深圳	18435.2	10685.3	5.5	0.0	50.9	7693.5
华鑫证券有限责任公司上海龙吴路证券营业部	上海	上海	18429.7	8129.2	24.8	0.4	5.3	10270.0
华泰证券股份有限公司南京广州路证券营业部	江苏	南京	18428.5	9434.6	72.2	0.8	121.8	8799.1
安信证券股份有限公司江门建设二路证券营业部	广东	江门	18409.2	1172.9	44.4	0.0	3.8	17188.0
国泰君安证券股份有限公司西安高新路证券营业部	陕西	西安	18383.9	13961.6	71.8	23.0	119.4	4208.1
齐鲁证券有限公司石家庄中华南大街证券营业部	河北	石家庄	18360.2	9680.0	7801.1	0.0	1.7	877.4
海通证券股份有限公司鞍山二道街营业部	辽宁	鞍山	18356.3	14086.4	24.2	7.1	96.6	4142.0
国泰君安证券股份有限公司贵阳中华中路证券营业部	贵州	贵阳	18332.6	16003.1	133.3	1.2	33.5	2161.6
国元证券股份有限公司北京西坝河南路证券营业部	北京	北京	18326.9	8486.2	41.1	4.3	5.0	9790.3
国信证券股份有限公司武汉中北路证券营业部	湖北	武汉	18324.3	11323.0	74.1	0.0	25.1	6902.1
方正证券股份有限公司杭州庆春东路证券营业部	浙江	杭州	18323.7	12185.4	152.5	2.1	57.8	5925.9
光大证券股份有限公司东莞元美路证券营业部	广东	东莞	18316.6	7066.9	97.2	0.0	9.7	11142.7
华泰证券股份有限公司苏州干将西路证券营业部	江苏	苏州	18292.3	9728.0	505.0	0.5	126.5	7932.3
浙商证券股份有限公司临海崇和路证券营业部	浙江	台州	18257.4	13075.8	28.7	0.0	2.7	5150.1
海通证券股份有限公司青岛杭州路营业部	山东	青岛	18254.1	7859.7	21.9	0.1	81.2	10291.2
信达证券股份有限公司上海虹梅南路证券营业部	上海	上海	18209.8	8080.0	104.3	4.6	112.4	9908.6
华安证券有限责任公司淮南朝阳路证券营业部	安徽	淮南	18187.1	11098.6	84.1	5.4	13.3	6985.7
湘财证券有限责任公司西安沣惠南路证券营业部	陕西	西安	18172.4	3102.5	20.0	88.6	2000.9	12960.4
长江证券股份有限公司宜昌夷陵大道证券营业部	湖北	宜昌	18163.1	13340.7	48.1	0.9	46.2	4727.2
海通证券股份有限公司上海天山西路证券营业部	上海	上海	18150.6	9066.6	73.5	1.0	152.0	8857.5

注：营业部交易金额的单位为百万元。

证券营业部交易
Trading of Business Department

营业部名称 Business Department	省份 Province	城市 City	总计 Total	股票 Share	基金 Fund	政府债 G-Bond	公司债 C-Bond	债券回购 Repo
东方证券股份有限公司上海南汇证券营业部	上海	上海	18148.3	9121.1	24.3	0.9	27.9	8974.2
中信万通证券有限责任公司青岛大沽路证券营业部	山东	青岛	18133.7	9814.5	45.6	0.0	29.0	8244.6
首创证券有限责任公司北京五道口证券营业部	北京	北京	18125.4	10100.7	86.5	4.3	48.0	7886.0
齐鲁证券有限公司聊城柳园南路证券营业部	山东	聊城	18102.6	14861.6	656.8	0.0	36.0	2548.1
齐鲁证券有限公司济南经十路证券营业部	山东	济南	18092.9	12272.4	3816.1	0.3	19.8	1984.3
方正证券股份有限公司长沙五一东路证券营业部	湖南	长沙	18065.4	7357.1	175.9	2.1	97.1	10433.1
首创证券有限责任公司深圳吉华路证券营业部	深圳	深圳	18002.2	6221.5	10.7	321.1	2099.8	9349.2
东兴证券股份有限公司福州五一中路证券营业部	福建	福州	17975.0	12180.0	23.4	0.2	119.0	5652.3
申银万国证券股份有限公司四川成都西一环路营业部	四川	成都	17971.8	8442.1	49.1	0.0	5.5	9475.1
中国民族证券有限责任公司北京西坝河证券营业部	北京	北京	17960.4	10099.1	56.4	0.6	123.8	7680.6
方正证券股份有限公司常德武陵大道证券营业部	湖南	常德	17951.2	16033.2	56.0	0.6	3.9	1857.4
长江证券股份有限公司十堰人民北路证券营业部	湖北	十堰	17939.5	10955.4	70.3	0.0	12.2	6901.6
中信建投证券股份有限公司长沙市芙蓉中路证券营业部	湖南	长沙	17927.0	12884.0	51.0	0.0	36.5	4955.6
中信万通证券有限责任公司临沂金雀山路证券营业部	山东	临沂	17922.6	14572.2	60.5	0.4	6.1	3283.5
光大证券股份有限公司上海牡丹江路证券营业部	上海	上海	17920.0	6641.4	62.9	2.8	92.2	11120.7
申银万国证券股份有限公司南昌南京东路证券营业部	江西	南昌	17908.3	8236.2	9.2	255.7	2187.2	7220.0
中国民族证券有限责任公司江门港口路证券营业部	广东	江门	17877.5	6485.5	30.8	0.7	243.9	11116.7
中国银河证券股份有限公司太原桃园证券营业部	山西	太原	17870.6	11321.9	254.4	0.3	9.3	6284.7
国信证券股份有限公司佛山顺德大良证券营业部	广东	佛山	17859.2	12079.8	55.7	1.0	29.4	5693.3
招商证券股份有限公司武汉航空路证券营业部	湖北	武汉	17820.0	12134.4	163.9	0.1	4.1	5517.5
湘财证券有限责任公司乌鲁木齐克拉玛依东路营业部	新疆	克拉玛依	17804.4	7273.5	16.9	0.0	1.6	10512.3
广发证券股份有限公司珠海景山路证券营业部	广东	珠海	17791.0	9732.2	59.7	0.5	12.5	7986.2
厦门证券有限公司厦门湖滨西路证券营业部	福建	厦门	17774.9	9966.5	77.5	1.7	76.3	7652.9
南京证券股份有限公司南京龙蟠路证券营业部	江苏	南京	17749.9	14029.6	37.4	15.6	14.7	3652.6
平安证券有限责任公司深圳深南大道证券营业部	深圳	深圳	17749.6	11896.5	45.6	0.0	64.8	5742.7
国海证券股份有限公司玉林人民东路证券营业部	广西	玉林	17744.4	13339.3	34.5	2.1	6.5	4362.0
申银万国证券股份有限公司重庆杨家坪营业部	重庆	重庆	17708.9	10527.6	39.2	0.0	20.9	7121.2
第一创业证券股份有限公司武汉巨龙大道证券营业部	湖北	武汉	17704.4	1304.2	5.4	5.6	204.4	16184.8
长江证券股份有限公司厦门湖滨北路证券营业部	福建	厦门	17695.4	9862.7	103.4	2.0	195.6	7531.8
厦门证券有限公司厦门莲前西路证券营业部	福建	厦门	17694.7	10235.8	46.5	0.2	31.4	7380.8
中航证券有限公司郑州中原东路证券营业部	河南	郑州	17689.6	10413.7	19.1	0.0	257.4	6999.4
华福证券有限责任公司宁德蕉城南路证券营业部	福建	宁德	17682.1	12205.0	38.3	0.2	2.6	5435.9
万联证券有限责任公司北京上地创业路证券营业部	北京	北京	17622.3	5807.6	37.4	3.9	80.2	11693.3
国泰君安证券股份有限公司南宁民族大道证券营业部	广西	南宁	17612.3	14249.9	57.8	1.0	25.0	3278.6
中国中投证券有限责任公司洛阳天津路证券营业部	河南	洛阳	17608.4	13350.7	80.6	0.0	28.5	4148.7
方正证券股份有限公司邵阳邵水西路证券营业部	湖南	邵阳	17579.4	16384.2	50.3	2.7	54.4	1087.7
长城证券有限责任公司海口龙昆北路证券营业部	海南	海口	17575.1	6802.8	73.3	0.0	12.3	10686.8
中国中投证券有限责任公司自贡解放路证券营业部	四川	自贡	17552.4	12380.6	58.2	3.3	130.1	4980.2
东方证券股份有限公司北京安苑路证券营业部	北京	北京	17547.0	10848.4	191.7	0.1	214.1	6292.7
华鑫证券有限责任公司上海嘉定证券营业部	上海	上海	17520.2	10158.1	43.0	0.0	20.2	7298.9
国海证券股份有限公司柳州飞鹅二路证券营业部	广西	柳州	17508.5	11316.3	81.2	0.0	12.4	6098.5
招商证券股份有限公司柳州解放北路证券营业部	广西	柳州	17491.7	12716.9	41.8	0.4	3.5	4729.0
安信证券股份有限公司梅州兴宁证券营业部	广东	梅州	17443.1	11653.2	40.3	1.8	17.5	5730.3
江海证券有限公司北京东三环南路证券营业部	北京	北京	17433.2	11517.9	86.4	0.8	82.8	5745.3
中航证券有限公司深圳春风路证券营业部	深圳	深圳	17422.5	10973.2	161.1	0.2	3.2	6284.8
中国国际金融有限公司南京中山北路证券营业部	江苏	南京	17416.3	1822.7	9.9	0.0	13.2	15570.5
光大证券股份有限公司武汉新华路证券营业部	湖北	武汉	17383.0	7427.0	21.6	0.0	22.9	9911.6
东方证券股份有限公司北京学院路证券营业部	北京	北京	17357.2	5933.9	101.3	0.0	56.2	11265.8
光大证券股份有限公司宁波槐树路证券营业部	浙江	宁波	17353.9	9647.1	38.1	0.0	7.4	7661.3
国泰君安证券股份有限公司南昌象山北路证券营业部	江西	南昌	17344.6	9723.7	40.3	1.0	12.0	7567.6

注：营业部交易金额的单位为百万元。

证券营业部交易
Trading of Business Department

营业部名称 Business Department	省份 Province	城市 City	总计 Total	股票 Share	基金 Fund	政府债 G-Bond	公司债 C-Bond	债券回购 Repo
中国银河证券股份有限公司大连人民路证券营业部	辽宁	大连	17318.8	8316.7	8.0	0.0	30.4	8963.7
华鑫证券有限责任公司上海漕宝路证券营业部	上海	上海	17317.0	8293.0	26.3	0.3	17.7	8979.8
华泰证券股份有限公司深圳泰然路证券营业部	深圳	深圳	17302.8	13224.8	228.1	2.0	46.4	3801.5
国元证券股份有限公司青岛辽宁路证券营业部	山东	青岛	17299.7	11389.3	38.3	0.2	5.7	5866.2
招商证券股份有限公司扬州汶河北路证券营业部	江苏	扬州	17260.6	10318.6	34.3	2.0	534.3	6371.5
中国银河证券股份有限公司佛山南海桂平西路证券营业部	广东	佛山	17259.3	5593.8	98.1	0.0	10.7	11556.7
国信证券股份有限公司惠州承修二路证券营业部	广东	惠州	17256.4	11087.6	9.9	3.0	3.0	6152.9
海通证券股份有限公司武汉江大路证券营业部	湖北	武汉	17254.8	11904.8	177.8	0.3	40.4	5131.6
中国中投证券有限责任公司东莞胜和路证券营业部	广东	东莞	17244.5	5523.2	22.1	0.9	2233.5	9464.9
江海证券有限公司哈尔滨新疆大街证券营业部	黑龙江	哈尔滨	17217.4	4578.4	9.3	0.0	18.0	12611.6
中邮证券有限责任公司北京西直门北大街证券营业部	北京	北京	17200.3	5991.0	11.5	0.0	189.7	11008.1
万联证券有限责任公司广州石牌东证券营业部	广东	广州	17199.4	7927.5	42.1	0.0	63.3	9166.4
中银国际证券有限责任公司海口蓝天路证券营业部	海南	海口	17185.6	11500.9	115.3	0.0	64.4	5505.0
国金证券股份有限公司厦门湖滨北路证券营业部	福建	厦门	17182.6	10595.0	26.7	0.0	11.3	6549.5
申银万国证券股份有限公司江苏靖江骥江路营业部	江苏	泰州	17181.9	11582.0	2279.2	26.5	21.7	3272.5
海通证券股份有限公司营口辽河大街证券营业部	辽宁	营口	17181.9	7432.0	21.1	53.6	760.1	8915.1
兴业证券股份有限公司厦门巷南路证券营业部	福建	厦门	17109.3	4934.0	0.0	52.4	0.0	12122.9
国泰君安证券股份有限公司济南永庆街证券营业部	山东	济南	17092.3	9903.8	36.4	8.7	264.5	6879.0
东方证券股份有限公司上海中兴路证券营业部	上海	上海	17076.0	6483.1	49.8	8.6	103.4	10431.1
中信建投证券股份有限公司烟台市青年路证券营业部	山东	烟台	17011.4	9139.1	2630.5	0.3	55.3	5186.3
申银万国证券股份有限公司四川泸州广凤路营业部	四川	泸州	16970.4	6944.5	6468.6	0.0	3.2	3554.1
长江证券股份有限公司惠州下埔路证券营业部	广东	惠州	16969.4	12499.3	103.6	0.3	19.8	4346.5
中国银河证券股份有限公司合肥屯溪路证券营业部	安徽	合肥	16965.1	8517.0	154.9	1.5	161.1	8130.6
申银万国证券股份有限公司天津浦口道证券营业部	天津	天津	16961.4	6099.7	40.0	0.4	6.4	10814.9
川财证券有限责任公司成都益州大道证券营业部	四川	成都	16937.5	5356.9	4.8	0.1	58.2	11517.5
华林证券有限责任公司江门聚德街证券营业部	广东	江门	16935.3	5559.2	36.1	0.0	3.9	11336.1
华泰证券股份有限公司深圳西丽留仙大道证券营业部	深圳	深圳	16925.4	4180.2	141.1	1.0	1140.5	11462.6
西部证券股份有限公司西安高新技术产业开发区证券营业部	陕西	西安	16923.2	6628.4	28.3	0.2	18.0	10248.4
广发证券股份有限公司宁波环城西路证券营业部	浙江	宁波	16920.9	9708.0	91.8	1.3	95.2	7024.7
广发证券股份有限公司广州天河路证券营业部	广东	广州	16874.6	9712.8	20.9	0.8	21.3	7119.0
国元证券股份有限公司北京东直门外大街证券营业部	北京	北京	16839.1	12758.7	198.2	0.0	11.3	3870.9
东方证券股份有限公司上海宝山区殷高西路证券营业部	上海	上海	16830.7	7299.0	85.9	6.2	202.0	9237.6
财通证券股份有限公司杭州凤起路证券营业部	浙江	杭州	16815.4	9717.7	28.1	0.0	17.1	7052.5
信达证券股份有限公司北京裕民路证券营业部	北京	北京	16804.9	11204.3	232.5	0.0	39.9	5328.2
国都证券有限责任公司成都桐梓林北路证券营业部	四川	成都	16797.2	8445.3	37.0	0.0	20.5	8294.4
华创证券有限责任公司贵阳金阳大道证券营业部	贵州	贵阳	16795.1	3559.6	15.6	0.0	70.0	13150.0
大通证券股份有限公司上海幸福路证券营业部	上海	上海	16789.9	5312.1	79.7	0.8	35.1	11362.3
东兴证券股份有限公司福州五四路证券营业部	福建	福州	16785.5	8694.7	33.3	1.9	43.7	8011.8
光大证券股份有限公司北京天通苑证券营业部	北京	北京	16776.7	15376.4	5.8	0.0	0.2	1394.3
招商证券股份有限公司郑州商务外环路证券营业部	河南	郑州	16775.8	6348.3	15.0	0.0	18.7	10393.8
浙商证券股份有限公司深圳福华一路证券营业部	深圳	深圳	16768.1	4510.0	23.8	0.0	0.9	12233.5
海通证券股份有限公司东莞胜和路证券营业部	广东	东莞	16755.8	10590.2	1002.8	0.0	13.5	5149.3
东莞证券有限责任公司东莞塘厦证券营业部	广东	东莞	16721.3	13089.3	21.5	0.0	25.5	3585.0
中信万通证券有限责任公司青岛香港中路证券营业部	山东	青岛	16720.5	6271.8	12.3	0.0	8.0	10428.4
中信建投证券股份有限公司长春市人民大街证券营业部	吉林	长春	16716.5	9537.8	967.5	25.9	6.9	6178.4
长江证券股份有限公司广州天河北路证券营业部	广东	广州	16710.6	7774.4	249.3	0.0	527.8	8159.1
中信建投证券股份有限公司大连市同兴街证券营业部	辽宁	大连	16671.5	9876.9	2071.9	1.0	114.7	4607.1
广发证券股份有限公司昆明东风西路证券营业部	云南	昆明	16668.8	7456.3	74.7	0.0	4.1	9133.6
南京证券股份有限公司常熟吉祥商城证券营业部	江苏	苏州	16667.0	8158.6	12.3	1.1	72.4	8422.5
山西证券股份有限公司上海虹桥路证券营业部	上海	上海	16652.4	6685.2	78.3	0.0	35.6	9853.2

注：营业部交易金额的单位为百万元。

证券营业部交易
Trading of Business Department

营业部名称 Business Department	省份 Province	城市 City	总计 Total	股票 Share	基金 Fund	政府债 G-Bond	公司债 C-Bond	债券回购 Repo
海通证券股份有限公司乌鲁木齐新医路证券营业部	新疆	乌鲁木齐	16638.7	12881.5	887.2	16.1	14.9	2839.0
东吴证券股份有限公司南京中山南路证券营业部	江苏	南京	16620.0	2945.1	535.5	35.4	4557.1	8547.0
中信证券（浙江）有限责任公司杭州南大街证券营业部	浙江	杭州	16616.5	9464.1	18.7	0.0	12.3	7121.4
江海证券有限公司哈尔滨建设街证券营业部	黑龙江	哈尔滨	16614.5	5271.9	19.5	0.9	5.1	11317.2
德邦证券有限责任公司沈阳兴顺街营业部	辽宁	沈阳	16609.0	5183.2	25.8	0.0	55.8	11344.2
中国中投证券有限责任公司南昌叠山路证券营业部	江西	南昌	16593.4	11877.8	31.7	0.0	18.3	4665.6
长城证券有限责任公司南昌福州路证券营业部	江西	南昌	16590.5	10421.8	21.8	0.0	23.8	6123.1
广发证券股份有限公司杭州密渡桥路证券营业部	浙江	杭州	16586.7	6422.6	50.2	0.0	72.2	10041.8
首创证券有限责任公司上海长宁区天山路证券营业部	上海	上海	16585.0	7728.5	17.6	0.1	4.7	8834.1
光大证券股份有限公司西安兴庆路证券营业部	陕西	西安	16577.6	12627.9	66.8	0.0	38.2	3844.7
华福证券有限责任公司莆田城涵东大道证券营业部	福建	莆田	16556.0	13987.2	96.1	0.2	2.7	2469.8
东海证券股份有限公司溧阳南大街证券营业部	江苏	常州	16554.7	12587.9	12.9	6.0	44.8	3903.2
中信建投证券股份有限公司厦门凤山路证券营业部	福建	厦门	16536.2	11276.2	78.5	0.0	2.2	5179.4
中国银河证券股份有限公司哈尔滨花园街证券营业部	黑龙江	哈尔滨	16515.1	7930.8	79.3	0.0	22.9	8482.0
中国国际金融有限公司杭州教工路证券营业部	浙江	杭州	16508.6	2360.1	5.5	0.0	367.8	13775.2
国元证券股份有限公司马鞍山雨山西路证券营业部	安徽	马鞍山	16499.9	12791.8	76.8	19.2	34.1	3578.1
华鑫证券有限责任公司上海斜土路证券营业部	上海	上海	16474.5	5194.5	19.4	1457.1	29.7	9773.9
国泰君安证券股份有限公司重庆民生路证券营业部	重庆	重庆	16445.3	10734.2	255.5	0.1	120.3	5335.3
长江证券股份有限公司杭州秋涛北路证券营业部	浙江	杭州	16433.8	7028.1	75.9	0.4	236.3	9093.1
东海证券股份有限公司洛阳西苑路证券营业部	河南	洛阳	16432.4	11336.4	36.1	0.3	128.5	4931.1
国元证券股份有限公司深圳百花二路证券营业部	深圳	深圳	16404.7	7684.3	95.8	162.0	51.5	8411.1
新时代证券有限责任公司北京东三环北路证券营业部	北京	北京	16402.6	13303.3	9.1	92.3	384.1	2613.8
安信证券股份有限公司河源兴源路证券营业部	广东	河源	16391.3	13191.3	40.9	0.1	231.5	2927.5
财达证券有限责任公司石家庄建设南大街证券营业部	河北	石家庄	16377.9	3005.8	7.1	0.1	4.0	13360.9
华泰证券股份有限公司上海新村路证券营业部	上海	上海	16356.0	6566.2	235.0	0.0	232.3	9322.6
海通证券股份有限公司淄博通济街营业部	山东	淄博	16344.1	14994.8	54.5	0.1	6.9	1287.9
东北证券股份有限公司长春同志街第三证券营业部	吉林	长春	16325.0	7947.7	48.1	0.3	57.5	8271.4
申银万国证券股份有限公司黄石黄石大道证券营业部	湖北	黄石	16314.1	9002.3	1163.9	0.0	6.1	6141.8
光大证券股份有限公司哈尔滨经纬二道街证券营业部	黑龙江	哈尔滨	16308.4	9573.5	67.9	0.0	32.0	6635.0
宏源证券股份有限公司杭州金华路证券营业部	浙江	杭州	16291.2	7928.3	35.0	0.6	75.9	8251.4
广发证券股份有限公司安阳文峰大道证券营业部	河南	安阳	16287.8	2649.3	25.1	0.0	86.6	13526.9
光大证券股份有限公司上海宝山华和路证券营业部	上海	上海	16286.5	8393.9	105.0	0.0	55.6	7732.0
华泰证券股份有限公司银川新华西街证券营业部	宁夏	银川	16272.4	7860.2	86.6	1.0	40.7	8284.0
南京证券股份有限公司镇江中山东路证券营业部	江苏	镇江	16269.4	10555.5	56.0	0.2	16.6	5641.1
渤海证券股份有限公司天津云际道证券营业部	天津	天津	16264.5	7992.7	48.8	0.0	1.4	8221.6
华泰证券股份有限公司南宁中泰路证券营业部	广西	南宁	16262.5	12654.2	37.5	0.7	78.6	3491.5
渤海证券股份有限公司上海斜土路证券营业部	上海	上海	16255.0	4573.9	28.4	0.3	9.0	11643.4
安信证券股份有限公司南京珠江路证券营业部	江苏	南京	16251.0	8231.9	24.2	0.1	29.2	7965.7
国海证券股份有限公司柳州驾鹤路证券营业部	广西	柳州	16248.1	10839.1	45.9	0.1	13.3	5349.6
爱建证券有限责任公司上海零陵路证券营业部	上海	上海	16227.7	7174.0	33.9	2.4	21.1	8996.3
中国国际金融有限公司厦门莲岳路证券营业部	福建	厦门	16225.7	1565.8	35.3	0.0	46.3	14578.2
银泰证券有限责任公司苏州干将东路证券营业部	江苏	苏州	16209.3	6917.8	49.4	1.8	26.8	9213.5
中信证券股份有限公司东莞鸿福路证券营业部	广东	东莞	16188.9	8136.8	163.1	0.0	40.9	7848.1
东北证券股份有限公司北京朝外大街证券营业部	北京	北京	16181.0	6717.5	79.6	1.1	12.5	9370.3
东方证券股份有限公司抚顺裕民路证券营业部	辽宁	抚顺	16178.0	12683.9	135.4	1.1	35.6	3322.1
银泰证券有限责任公司无锡兴源北路证券营业部	江苏	无锡	16175.8	8205.5	26.7	0.4	4.2	7939.1
齐鲁证券有限公司淄博人民西路营业部	山东	淄博	16165.1	8637.9	990.9	7.1	2.3	6526.9
厦门证券有限公司厦门仙岳路证券营业部	福建	厦门	16154.7	9143.6	23.7	0.2	13.6	6973.6
安信证券股份有限公司汕头红领巾路证券营业部	广东	汕头	16154.0	8482.9	742.6	0.6	22.9	6905.1
申银万国证券股份有限公司上海朱泾镇证券营业部	上海	上海	16143.4	9383.8	44.6	0.7	21.7	6692.6

注：营业部交易金额的单位为百万元。

证券营业部交易
Trading of Business Department

营业部名称 Business Department	省份 Province	城市 City	总计 Total	股票 Share	基金 Fund	政府债 G-Bond	公司债 C-Bond	债券回购 Repo
中原证券股份有限公司许昌南关大街第一证券营业部	河南	许昌	16142.2	14067.0	22.5	0.2	10.4	2042.1
宏信证券有限责任公司上海桂平路证券营业部	上海	上海	16140.9	3711.1	23.6	0.8	8.3	12397.1
广发证券股份有限公司江门江华路证券营业部	广东	江门	16129.1	5938.5	86.8	0.0	264.0	9839.9
华泰证券股份有限公司郑州玉凤路证券营业部	河南	郑州	16105.8	10692.9	15.3	0.0	12.2	5385.4
中国中投证券有限责任公司深圳宝安区创业一路证券营业部	深圳	深圳	16091.2	13635.0	38.4	0.0	37.1	2380.7
东兴证券股份有限公司石狮八七路证券营业部	福建	石狮	16069.2	11091.1	27.8	0.3	30.0	4920.0
中原证券股份有限公司郑州经三路证券营业部	河南	郑州	16068.6	8954.7	30.7	0.1	31.9	7051.3
第一创业证券股份有限公司天津黄河道证券营业部	天津	天津	16063.7	394.8	39.2	2.4	476.5	15150.8
世纪证券有限责任公司南昌民德路证券营业部	江西	南昌	16061.6	6402.5	31.4	0.0	22.6	9605.1
恒泰证券股份有限公司北京安德路证券营业部	北京	北京	16059.1	7201.3	7.9	0.0	196.9	8653.1
方正证券股份有限公司苍南龙港大道证券营业部	浙江	温州	16044.6	14464.2	105.0	0.1	0.5	1474.8
财通证券股份有限公司青岛麦岛路证券营业部	山东	青岛	16035.1	7112.8	1.1	0.0	760.5	8160.8
中信万通证券有限责任公司淄博柳泉路证券营业部	山东	淄博	16033.9	8848.4	88.7	3.4	10.8	7082.6
中国中投证券有限责任公司深圳科技园证券营业部	深圳	深圳	16027.2	9991.9	75.9	0.2	120.4	5838.7
万和证券有限责任公司深圳笋岗东路证券营业部	深圳	深圳	16023.5	6143.6	5.2	0.1	22.6	9852.0
中信万通证券有限责任公司德州湖滨中大道证业部	山东	德州	16012.1	3689.8	17.4	0.8	6.4	12297.8
大通证券股份有限公司福州华林路证券营业部	福建	福州	16011.9	8905.1	151.3	0.0	40.0	6915.5
广发证券股份有限公司广州番禺环城东路证券营业部	广东	番禺	15991.1	10818.7	81.3	0.0	55.0	5036.2
方正证券股份有限公司衡阳船山大道证券营业部	湖南	衡阳	15989.4	13646.9	108.9	0.7	14.1	2218.8
国泰君安证券股份有限公司重庆九尺坎证券营业部	重庆	重庆	15984.9	10988.2	36.3	0.1	48.1	4912.2
上海证券有限责任公司莘庄证券营业部	上海	上海	15984.8	8980.0	119.6	0.1	159.7	6725.4
国信证券股份有限公司太原府西街证券营业部	山西	太原	15972.8	12258.2	61.1	0.1	14.8	3638.6
英大证券有限责任公司深圳横岗证券交易营业部	深圳	深圳	15970.3	9627.4	13.2	13.8	2.2	6313.8
华泰证券股份有限公司青岛宁夏路证券营业部	山东	青岛	15949.3	10504.9	38.2	0.1	256.8	5149.3
华安证券有限责任公司上海丽园路证券营业部	上海	上海	15943.6	4701.0	53.1	0.5	39.8	11149.3
东莞证券有限责任公司东莞东泰证券营业部	广东	东莞	15941.7	7148.1	30.3	0.0	9.1	8754.2
广发证券股份有限公司绍兴中兴中路证券营业部	浙江	绍兴	15941.5	8075.1	2132.7	7.4	2.4	5723.9
齐鲁证券有限公司广州华穗路证券营业部	广东	广州	15940.5	5832.4	129.0	0.0	132.9	9846.1
东吴证券股份有限公司苏州滨河路证券营业部	江苏	苏州	15912.6	10694.2	5.6	0.0	0.4	5212.4
西南证券股份有限公司重庆洋河北路证券营业部	重庆	江北	15906.0	6457.1	0.3	0.0	0.0	9448.6
国泰君安证券股份有限公司沈阳十一纬路证券营业部	辽宁	沈阳	15896.6	9906.7	22.7	0.5	88.4	5878.3
中信建投证券股份有限公司淄博市中心路证券营业部	山东	淄博	15892.6	11645.1	1229.9	0.5	19.1	2997.9
新时代证券有限责任公司郑州丰产路证券营业部	河南	郑州	15884.6	13021.6	18.5	0.0	1.0	2843.5
渤海证券股份有限公司天津滨海新区新港三号路证券营业部	天津	天津	15882.1	11200.3	155.8	0.2	24.2	4501.6
中国银河证券股份有限公司宁波大沙泥街证券营业部	浙江	宁波	15872.7	10391.3	24.5	0.0	18.7	5438.2
中国银河证券股份有限公司汕头韩江路证券营业部	广东	汕头	15831.9	6888.9	43.7	0.2	33.5	8865.5
国泰君安证券股份有限公司大连成义街证券营业部	辽宁	大连	15825.7	10865.0	67.4	1.8	69.0	4822.6
中信证券（浙江）有限责任公司桐乡复兴北路营业部	浙江	嘉兴	15820.9	9359.3	200.1	0.1	50.0	6211.5
财通证券股份有限公司新昌环城南路证券营业部	浙江	绍兴	15790.1	12529.5	21.7	0.7	4.9	3233.3
方正证券股份有限公司台州邮电路证券营业部	浙江	台州	15761.5	11554.8	182.0	0.2	6.8	4017.7
中信建投证券股份有限公司南京江宁金箔路营业部	江苏	南京	15758.6	10397.8	86.8	1.2	19.6	5253.2
招商证券股份有限公司深圳深南中路证券营业部	深圳	深圳	15743.9	12015.5	339.8	0.0	18.6	3370.0
联讯证券有限责任公司惠州下埔路证券营业部	广东	惠州	15742.2	11469.7	57.7	0.3	27.4	4187.3
国都证券有限责任公司武汉江汉北路证券营业部	湖北	武汉	15738.2	8889.7	144.8	0.0	4.5	6699.3
万联证券有限责任公司上海浦东新区福山路营业部	上海	上海	15736.3	5909.4	147.7	0.0	54.6	9624.6
恒泰证券股份有限公司深圳梅林路证券营业部	深圳	深圳	15731.8	7372.9	25.3	1.0	182.0	8150.7
广发证券股份有限公司重庆科园一路证券营业部	重庆	重庆	15728.3	8711.8	63.9	0.3	13.5	6938.9
东北证券股份有限公司北京三里河东路证券营业部	北京	北京	15718.6	9628.6	74.8	0.0	289.9	5725.3
中国中投证券有限责任公司合肥淮河路证券营业部	安徽	合肥	15696.5	9320.5	50.1	0.4	13.4	6312.1
申银万国证券股份有限公司郑州商务外环路证券营业部	河南	郑州	15689.7	9912.0	21.8	0.2	32.6	5723.1

注：营业部交易金额的单位为百万元。

证券营业部交易
Trading of Business Department

营业部名称 Business Department	省份 Province	城市 City	总计 Total	股票 Share	基金 Fund	政府债 G-Bond	公司债 C-Bond	债券回购 Repo
上海证券有限责任公司西藏路证券营业部	上海	上海	15682.4	5103.1	43.6	1.7	66.7	10467.3
齐鲁证券有限公司广州天河路证券营业部	广东	广州	15654.9	8090.6	923.5	0.0	11.9	6628.9
宏源证券股份有限公司杭州浙大路证券营业部	浙江	杭州	15640.6	8089.5	97.6	0.3	40.0	7413.3
山西证券股份有限公司北京太平庄证券营业部	北京	北京	15637.4	7013.4	804.8	2.2	57.0	7760.0
中国银河证券股份有限公司南宁园湖南路证券营业部	广西	南宁	15617.2	8037.1	21.8	0.2	17.7	7540.4
财通证券股份有限公司玉环广陵路证券营业部	浙江	台州	15613.7	11076.2	33.4	0.1	16.8	4487.2
南京证券股份有限公司连云港通灌南路证券营业部	江苏	连云港	15587.6	12758.9	50.4	0.0	40.8	2737.5
中国银河证券股份有限公司佛山顺德乐从证券营业部	广东	佛山	15559.1	5996.7	135.8	10.7	20.8	9395.2
财富里昂证券有限责任公司上海仙霞路证券营业部	上海	上海	15554.1	9077.8	32.9	0.0	4.7	6438.7
华泰证券股份有限公司郑州农业路证券营业部	河南	郑州	15553.2	12258.1	260.2	5.0	199.9	2829.9
爱建证券有限责任公司厦门湖滨一里证券营业部	福建	厦门	15552.4	10264.1	42.4	0.1	16.6	5229.3
东方证券股份有限公司上海嘉定区曹安公路证券营业部	上海	上海	15551.5	7014.1	187.7	0.5	1155.2	7194.1
方正证券股份有限公司温岭泽楚路证券营业部	浙江	温岭	15550.5	10770.5	66.0	58.3	245.8	4409.9
华鑫证券有限责任公司上海凇滨路证券营业部	上海	上海	15538.2	6356.7	22.9	0.2	27.0	9131.5
东吴证券股份有限公司杭州文晖路证券营业部	浙江	杭州	15531.8	6648.3	33.7	0.0	63.6	8786.1
信达证券股份有限公司北京翠微路证券营业部	北京	北京	15485.7	8487.0	209.4	0.4	32.1	6756.8
东兴证券股份有限公司南昌抚河北路滕王阁证券营业部	江西	南昌	15482.0	10953.5	36.3	0.0	31.5	4460.7
中国中投证券有限责任公司南京中央路证券营业部	江苏	南京	15478.1	12286.8	73.9	7.7	17.1	3092.6
华融证券股份有限公司乌鲁木齐人民路证券营业部	新疆	乌鲁木齐	15473.1	9581.0	5.6	0.0	1.2	5885.3
华泰证券股份有限公司十堰朝阳北路证券营业部	湖北	十堰	15471.4	10231.6	44.0	0.2	6.0	5189.5
海通证券股份有限公司广州珠江西路证券营业部	广东	广州	15462.6	4328.4	7.2	1.4	1527.3	9598.4
中国银河证券股份有限公司苍南玉苍路证券营业部	浙江	温州	15461.0	12731.0	1396.9	0.0	9.0	1324.1
中国中投证券有限责任公司绵阳临园路证券营业部	四川	绵阳	15434.6	11069.6	99.9	1.3	27.4	4236.4
国元证券股份有限公司合肥金寨路证券营业部	安徽	合肥	15415.2	7256.7	46.4	0.8	9.3	8102.0
国元证券股份有限公司中山体育路证券营业部	广东	中山	15413.6	8061.1	233.6	1.2	21.0	7096.6
齐鲁证券有限公司温州新城大道证券营业部	浙江	温州	15412.2	12008.0	96.1	0.0	394.3	2913.8
大同证券经纪有限责任公司北京西四环中路证券营业部	北京	北京	15399.0	9733.3	33.7	0.0	37.8	5594.2
广发证券股份有限公司珠海银桦路证券营业部	广东	珠海	15387.5	8130.1	16.4	0.0	54.6	7186.4
光大证券股份有限公司长沙芙蓉中路营业部	湖南	长沙	15371.9	11521.4	46.3	0.9	19.8	3783.5
广发证券股份有限公司开平曙光西路证券营业部	广东	江门	15368.0	7636.7	29.0	0.0	24.2	7678.1
中信建投证券股份有限公司重庆汉渝路证券营业部	重庆	重庆	15343.9	8522.3	227.1	0.0	18.5	6576.0
齐鲁证券有限公司德州三八中路证券营业部	山东	德州	15339.5	12765.6	54.2	0.8	14.4	2504.5
中国民族证券有限责任公司沈阳中华路证券营业部	辽宁	沈阳	15316.1	6319.9	8.3	0.1	257.9	8729.8
新时代证券有限责任公司信阳北京大街证券营业部	河南	信阳	15309.2	14356.1	32.0	0.2	5.2	915.8
财富证券有限责任公司长沙曙光中路证券营业部	湖南	长沙	15292.6	10535.5	14.3	0.5	45.9	4696.4
金元证券股份有限公司苏州养育巷证券营业部	江苏	苏州	15280.8	3832.5	18.8	0.0	2.6	11427.0
万联证券有限责任公司广州寺右新马路证券营业部	广东	广州	15252.3	7377.8	43.2	0.1	17.6	7813.7
安信证券股份有限公司成都领事馆路证券营业部	四川	成都	15234.0	9204.6	189.0	3.8	48.8	5787.8
安信证券股份有限公司韶关惠民北路证券营业部	广东	韶关	15225.4	9813.2	68.8	0.0	3.4	5340.1
华泰证券股份有限公司天津东马路证券营业部	天津	天津	15214.8	5951.5	30.6	0.0	57.2	9175.5
中国银河证券股份有限公司合肥长江中路证券营业部	安徽	合肥	15203.3	9936.7	36.4	1.7	31.9	5196.6
齐鲁证券有限公司烟台北大街证券营业部	山东	烟台	15196.1	8642.6	765.1	52.7	259.7	5476.1
中信万通证券有限责任公司济南山大路证券营业部	山东	济南	15195.5	6600.8	81.0	0.9	10.1	8502.7
华泰证券股份有限公司昆山黑龙江北路证券营业部	江苏	苏州	15192.3	9010.0	100.1	0.0	42.7	6039.5
华泰证券股份有限公司沈阳光荣街证券营业部	辽宁	沈阳	15191.3	6691.3	31.2	0.6	23.4	8444.8
兴业证券股份有限公司福清一拂路证券营业部	福建	福清	15188.0	7675.1	343.2	0.0	2.5	7167.2
宏源证券股份有限公司乌鲁木齐文艺路证券营业部	新疆	乌鲁木齐	15175.7	11655.9	33.6	0.0	45.2	3441.0
中国银河证券股份有限公司邢台邢州北路证券营业部	河北	邢台	15169.0	1216.1	19.0	7.8	1804.2	12121.9
中国银河证券股份有限公司沈阳大北关街证券营业部	辽宁	沈阳	15162.4	6707.9	120.5	0.0	351.1	7982.8
中国银河证券股份有限公司沈阳建设东路证券营业部	辽宁	沈阳	15134.8	6635.2	58.2	0.4	5296.7	3144.3

注：营业部交易金额的单位为百万元。

证券营业部交易
Trading of Business Department

营业部名称 Business Department	省份 Province	城市 City	总计 Total	股票 Share	基金 Fund	政府债 G-Bond	公司债 C-Bond	债券回购 Repo
首创证券有限责任公司上海斜土路证券营业部	上海	上海	15124.3	5226.6	87.4	0.0	75.4	9734.8
中国银河证券股份有限公司西安和平路证券营业部	陕西	西安	15087.0	10643.7	51.7	134.2	136.0	4121.4
招商证券股份有限公司天津开发区第三大街营业部	天津	天津	15075.8	5918.3	98.7	1.3	51.7	9005.7
中国中投证券有限责任公司郑州商务内环路营业部	河南	郑州	15066.9	11403.6	29.1	0.0	5.3	3628.8
广发证券股份有限公司天津环湖中路证券营业部	天津	天津	15060.2	7504.2	34.8	0.4	46.7	7474.1
国信证券股份有限公司昆明安康路证券营业部	云南	昆明	15055.4	12237.6	40.1	0.0	15.9	2761.9
山西证券股份有限公司临汾北洪家楼证券营业部	山西	临汾	15041.8	3274.5	712.4	0.0	7.4	11047.4
广发证券股份有限公司辽阳民主路证券营业部	辽宁	辽阳	15039.6	9792.1	16.6	0.2	159.6	5071.1
中信万通证券有限责任公司济宁洸河路证券营业部	山东	济宁	15038.7	7243.8	25.2	1.8	46.0	7722.0
中信建投证券股份有限公司南昌抚河中路证券营业部	江西	南昌	15038.4	10087.9	53.8	26.4	38.0	4832.3
湘财证券有限责任公司义乌稠州西路证券营业部	浙江	义乌	15029.7	11343.3	15.9	0.0	21.9	3648.6
中原证券股份有限公司安阳红旗路证券营业部	河南	安阳	15029.5	11621.6	45.7	0.1	38.6	3323.6
中国银河证券股份有限公司南京江东中路证券营业部	江苏	南京	15029.3	8286.7	36.4	0.5	41.7	6664.0
国泰君安证券股份有限公司鹰潭环城西路证券营业部	江西	鹰潭	15022.6	9762.4	27.3	0.0	56.1	5176.7
上海证券有限责任公司西藏南路证券营业部	上海	上海	15022.1	5119.3	126.6	4.3	13.6	9758.3
光大证券股份有限公司顺德大良证券营业部	广东	佛山	15020.2	9206.6	96.0	0.0	211.3	5506.3
长城证券有限责任公司深圳东园路证券营业部	深圳	深圳	15015.4	9026.9	24.7	0.0	55.9	5907.9
财富证券有限责任公司北京中关村东路证券营业部	北京	北京	15006.0	7435.7	44.5	0.1	63.2	7462.5
长城证券有限责任公司青岛台东一路证券营业部	山东	青岛	15003.0	7724.5	48.2	0.2	4.5	7225.6
兴业证券股份有限公司南安新华街证券营业部	福建	南安	14996.0	10383.4	43.7	0.1	2.0	4566.8
南京证券股份有限公司南京长乐路证券营业部	江苏	南京	14978.8	8060.2	30.6	10.9	235.4	6641.7
中信证券股份有限公司石家庄建设北大街证券营业部	河北	石家庄	14959.8	4588.5	2030.2	2.1	205.0	8133.9
中信万通证券有限责任公司即墨蓝鳌路证券营业部	山东	青岛	14957.8	10620.4	29.9	0.2	9.3	4298.1
国开证券有限责任公司保定五四西路证券营业部	河北	保定	14946.1	10913.3	18.0	3.2	77.0	3934.7
中国中投证券有限责任公司珠海水湾路证券营业部	广东	珠海	14944.8	10646.1	86.3	0.0	60.4	4152.0
中原证券股份有限公司郑州紫荆山路证券营业部	河南	郑州	14926.3	7889.5	37.5	0.1	129.5	6869.6
华泰证券股份有限公司合肥阜阳路证券营业部	安徽	合肥	14911.5	12567.7	544.0	0.2	7.3	1792.4
中信建投证券股份有限公司吉安井冈山大道证券营业部	江西	吉安	14909.9	10602.9	187.9	0.0	192.5	3926.6
国泰君安证券股份有限公司无锡湖滨路证券营业部	江苏	无锡	14888.4	7510.1	145.4	0.0	71.3	7161.6
光大证券股份有限公司东莞寮步证券营业部	广东	东莞	14887.4	7637.7	40.4	0.0	15.3	7194.0
华西证券有限责任公司重庆中山三路证券营业部	重庆	重庆	14874.8	10598.7	26.5	0.4	5.9	4243.3
东方证券股份有限公司桂林中山中路证券营业部	广西	桂林	14856.5	9443.4	34.9	0.2	25.6	5352.4
广发证券股份有限公司荆州北京路证券营业部	湖北	荆州	14843.7	6486.0	77.4	0.6	26.1	8253.6
国信证券股份有限公司合肥马鞍山路证券营业部	安徽	合肥	14842.7	9706.9	137.9	0.4	19.3	4978.4
中国银河证券股份有限公司包头乌兰道证券营业部	内蒙	包头	14837.5	9140.3	22.6	0.1	2.7	5671.9
长城证券有限责任公司长沙五一中路证券营业部	湖南	长沙	14807.9	10502.5	8.5	0.1	197.0	4099.8
国盛证券有限责任公司南昌物资大楼证券营业部	江西	南昌	14807.7	7822.3	21.6	0.0	16.4	6947.5
齐鲁证券有限公司枣庄青檀中路证券营业部	山东	枣庄	14806.5	9804.5	52.8	0.5	29.2	4919.5
广发证券股份有限公司中山兴中道证券营业部	广东	中山	14805.8	7481.3	66.8	0.3	38.6	7218.8
安信证券股份有限公司武汉胜利街证券营业部	湖北	武汉	14786.1	7375.9	887.2	0.1	1.3	6521.7
瑞银证券有限责任公司上海南京西路证券营业部	上海	上海	14780.0	2184.8	67.7	0.0	8.7	12518.8
广发证券股份有限公司茂名高凉中路证券营业部	广东	茂名	14760.4	6697.0	80.7	0.1	68.0	7914.6
西南证券股份有限公司广州天河路证券营业部	广东	广州	14755.4	8475.7	121.4	2.1	75.1	6081.2
华安证券有限责任公司蚌埠胜利中路证券营业部	安徽	蚌埠	14737.3	9059.8	89.3	8.9	422.6	5156.6
南京证券股份有限公司杭州新塘路证券营业部	浙江	杭州	14734.9	9427.2	29.0	0.0	11.6	5267.2
华西证券有限责任公司南充涪江路证券营业部	四川	南充	14732.6	12310.1	26.6	1.5	28.9	2365.6
广发证券股份有限公司南宁星湖路证券营业部	广西	南宁	14732.4	8828.7	33.6	0.4	93.2	5776.5
信达证券股份有限公司蚌埠淮河路证券营业部	安徽	蚌埠	14728.6	8361.1	72.6	0.5	275.2	6019.1
金元证券股份有限公司武汉洪山路证券营业部	湖北	武汉	14713.3	9247.4	11.7	0.2	60.1	5393.9
招商证券股份有限公司南宁古城路证券营业部	广西	南宁	14704.2	11748.4	17.2	0.0	10.9	2927.6

注：营业部交易金额的单位为百万元。

证券营业部交易
Trading of Business Department

营业部名称 Business Department	省份 Province	城市 City	总计 Total	股票 Share	基金 Fund	政府债 G-Bond	公司债 C-Bond	债券回购 Repo
招商证券股份有限公司兰州庆阳路证券营业部	甘肃	兰州	14693.4	5439.2	16.4	0.1	2.8	9234.9
齐鲁证券有限公司济宁古槐路证券营业部	山东	济宁	14685.8	11196.6	58.7	0.6	10.9	3419.0
光大证券股份有限公司南宁桃源路证券营业部	广西	南宁	14678.0	10656.8	42.4	0.1	69.5	3909.1
东方证券股份有限公司深圳深南大道证券营业部	深圳	深圳	14666.3	6989.6	58.4	0.0	37.7	7580.6
齐鲁证券有限公司威海海滨北路证券营业部	山东	威海	14662.2	7636.2	502.2	2.0	534.2	5987.6
首创证券有限责任公司哈尔滨西大直街证券营业部	黑龙江	哈尔滨	14656.6	3830.9	43.8	12.0	1299.6	9470.4
华泰证券股份有限公司孝感长征路证券营业部	湖北	孝感	14647.6	9884.7	248.5	3.6	99.7	4411.0
兴业证券股份有限公司济南历山路证券营业部	山东	济南	14624.0	7021.5	51.7	0.2	12.6	7538.0
长江证券股份有限公司深圳后海海岸城证券营业部	深圳	深圳	14620.7	8821.6	160.8	2.4	8.5	5627.5
中国银河证券股份有限公司大连延安路证券营业部	辽宁	大连	14605.3	9562.1	138.9	0.5	6.0	4897.8
中原证券股份有限公司北京酒仙桥路证券营业部	北京	北京	14585.0	9469.4	89.4	0.3	14.5	5011.4
信达证券股份有限公司深圳深南大道证券营业部	深圳	深圳	14556.7	11042.2	49.3	0.0	14.4	3450.8
申银万国证券股份有限公司成都北一环路证券营业部	四川	成都	14541.9	9121.1	2370.6	2.0	13.3	3035.0
东方证券股份有限公司抚顺辽中街证券营业部	辽宁	抚顺	14536.5	7350.3	10.6	0.2	130.5	7044.8
渤海证券股份有限公司天津卫津南路证券营业部	天津	天津	14529.2	5865.4	400.2	7.1	332.6	7923.9
海通证券股份有限公司泉州田安路证券营业部	福建	泉州	14520.8	8529.2	34.8	0.0	20.7	5936.0
中国银河证券股份有限公司乌鲁木齐解放北路证券营业部	新疆	乌鲁木齐	14519.9	6892.9	28.6	0.1	3.6	7594.7
光大证券股份有限公司长春解放大路证券营业部	吉林	长春	14508.5	9282.8	173.6	2.2	22.8	5027.2
银泰证券有限责任公司青岛宁夏路证券营业部	山东	青岛	14497.5	7524.0	58.2	7.2	50.0	6858.1
广发证券股份有限公司广州昌岗中路证券营业部	广东	广州	14492.8	9764.2	91.5	0.1	51.0	4586.1
中国银河证券股份有限公司重庆珠江路证券营业部	重庆	重庆	14486.7	8659.6	18.9	1.2	16.7	5790.3
湘财证券有限责任公司哈尔滨中山路证券营业部	黑龙江	哈尔滨	14468.1	6226.8	30.7	7.6	59.4	8143.7
国泰君安证券股份有限公司泉州证券营业部	福建	泉州	14463.7	11952.2	81.8	0.0	20.3	2409.4
方正证券股份有限公司岳阳东茅岭证券营业部	湖南	岳阳	14462.8	12121.6	41.1	1.7	14.4	2284.1
宏源证券股份有限公司乌鲁木齐北京路证券营业部	新疆	乌鲁木齐	14456.0	8259.3	21.1	0.0	45.7	6129.9
广发证券股份有限公司广州科韵路证券营业部	广东	广州	14454.4	9779.5	103.3	0.2	19.9	4551.5
国泰君安证券股份有限公司武汉洞庭街证券营业部	湖北	武汉	14451.8	8774.3	64.9	0.2	43.3	5569.1
中原证券股份有限公司平顶山中兴南路证券营业部	河南	平顶山	14445.5	8576.3	19.2	0.0	110.1	5740.0
广发证券股份有限公司深圳高新南一道证券营业部	深圳	深圳	14428.5	7931.0	26.5	0.0	28.5	6442.5
华泰证券股份有限公司泉州九一街证券营业部	福建	泉州	14427.9	9013.9	156.6	0.0	601.4	4656.0
广发证券股份有限公司锦州解放路证券营业部	辽宁	锦州	14427.3	9159.9	30.5	0.5	75.5	5161.0
中国中投证券有限责任公司太原三墙路证券营业部	山西	太原	14419.4	8947.5	122.8	0.4	338.4	5010.3
长城证券有限责任公司苏州东吴北路证券营业部	江苏	苏州	14415.6	7501.0	32.3	1.1	15.0	6866.3
中国银河证券股份有限公司晋中迎宾街证券营业部	山西	晋中	14401.7	11969.9	19.0	0.3	13.2	2399.4
宏源证券股份有限公司广州广州大道中证券营业部	广东	广州	14391.7	7000.6	41.8	0.4	102.4	7246.6
浙商证券股份有限公司北京朝阳门北大街证券营业部	北京	北京	14367.6	11274.1	124.2	0.1	11.3	2957.9
红塔证券股份有限公司昆明青年路证券营业部	云南	昆明	14367.3	8270.5	111.0	0.0	4.6	5981.1
中天证券有限责任公司上海临青路证券营业部	上海	上海	14345.3	4877.7	34.9	0.0	2.1	9430.7
信达证券股份有限公司丹东锦山大街证券营业部	辽宁	丹东	14338.7	9193.0	34.3	2.8	491.6	4617.1
中国银河证券股份有限公司宜昌新世纪证券营业部	湖北	宜昌	14335.8	11371.9	62.6	0.2	137.9	2763.2
西南证券股份有限公司重庆杨家坪正街证券营业部	重庆	重庆	14327.5	9696.7	23.5	0.0	10.6	4596.7
华安证券有限责任公司重庆建新东路证券营业部	重庆	重庆	14307.4	9508.6	2.8	0.0	0.1	4796.0
安信证券股份有限公司广州增城新塘证券营业部	广东	广州	14290.1	6674.2	38.1	0.0	10.2	7567.6
财富证券有限责任公司天津烟台道证券营业部	天津	天津	14283.8	7055.3	23.0	0.0	14.0	7191.5
宏源证券股份有限公司长沙韶山北路证券营业部	湖南	长沙	14266.1	6869.2	83.7	9.8	719.9	6583.5
华创证券有限责任公司杭州伟业路证券营业部	浙江	杭州	14254.6	211.7	0.9	0.0	905.2	13136.8
中国银河证券股份有限公司襄阳证券营业部	湖北	襄阳	14243.1	9479.4	69.5	2.3	36.4	4655.5
海通证券股份有限公司深圳福华三路证券营业部	深圳	深圳	14237.8	10029.6	1259.8	0.0	31.2	2917.2
上海证券有限责任公司虹梅路证券营业部	上海	上海	14228.2	9257.4	92.7	0.4	15.2	4862.5
齐鲁证券有限公司天津红旗路证券营业部	天津	天津	14196.2	11380.2	15.6	0.7	6.6	2793.1

注：营业部交易金额的单位为百万元。

证券营业部交易
Trading of Business Department

营业部名称 Business Department	省份 Province	城市 City	总计 Total	股票 Share	基金 Fund	政府债 G-Bond	公司债 C-Bond	债券回购 Repo
中国银河证券股份有限公司佛山顺德容桂证券营业部	广东	佛山	14191.3	7120.4	32.8	0.1	56.5	6981.5
信达证券股份有限公司盘锦兴隆台街证券营业部	辽宁	盘锦	14186.0	11745.0	46.1	0.5	51.9	2342.5
世纪证券有限责任公司抚州大公路证券营业部	江西	抚州	14182.7	9833.2	21.8	0.0	80.4	4247.3
国都证券有限责任公司杭州延安路证券营业部	浙江	杭州	14181.7	5662.8	19.1	1.4	1054.2	7444.2
华泰证券股份有限公司海口大同路证券营业部	海南	海口	14181.6	9162.1	74.9	0.0	61.8	4882.8
光大证券股份有限公司东莞大朗证券营业部	广东	东莞	14153.9	6671.2	26.0	0.0	54.1	7402.7
万联证券有限责任公司黄石天津路证券营业部	湖北	黄石	14153.2	7211.3	24.0	0.0	82.6	6835.3
国盛证券有限责任公司上海西凌家宅路营业部	上海	上海	14148.9	7212.4	30.6	0.0	245.6	6660.2
方正证券股份有限公司株洲新华西路证券营业部	湖南	株洲	14140.2	12597.8	44.2	0.8	4.3	1493.1
联讯证券有限责任公司南通工农路证券营业部	江苏	南通	14135.2	7848.8	25.0	0.4	27.1	6233.8
民生证券股份有限公司南阳仲景南路证券营业部	河南	郑州	14122.9	12242.1	54.9	0.1	4.9	1820.9
长城证券有限责任公司北京海鹰路证券营业部	北京	北京	14111.6	2368.5	29.4	0.2	4.5	11709.1
中信证券股份有限公司北京南三环东路证券营业部	北京	北京	14108.8	7272.2	299.0	0.1	29.9	6507.6
中航证券有限公司南昌红谷中大道证券营业部	江西	南昌	14088.7	5903.6	5.6	0.0	0.3	8179.2
中信建投证券股份有限公司宜昌市解放路证券营业部	湖北	宜昌	14083.9	10628.1	46.0	0.0	34.0	3375.7
华安证券有限责任公司铜陵淮河北路证券营业部	安徽	铜陵	14083.1	8562.4	7.3	0.0	22.3	5491.0
湘财证券有限责任公司广州黄埔大道证券营业部	广东	广州	14069.7	6457.0	40.9	0.7	17.1	7554.1
齐鲁证券有限公司莱芜鲁中东大街证券营业部	山东	莱芜	14059.4	7881.0	5873.0	4.3	8.2	292.9
国信证券股份有限公司肇庆端州四路证券营业部	广东	肇庆	14059.4	8017.2	37.4	2.1	11.0	5991.7
华西证券有限责任公司广汉湖南路证券营业部	四川	德阳	14036.2	9885.0	13.3	44.7	10.8	4082.4
中国中投证券有限责任公司鞍山南胜利路证券营业部	辽宁	鞍山	14034.3	9749.2	60.1	0.1	11.0	4213.8
财达证券有限责任公司天津江都路证券营业部	天津	天津	14031.3	3645.4	4.7	13.2	103.5	10264.6
东海证券股份有限公司广州黄埔大道证券营业部	广东	广州	14008.0	5038.8	539.1	0.0	8.6	8421.4
长江证券股份有限公司大连西安路证券营业部	辽宁	大连	14000.4	8504.8	334.5	0.4	42.6	5118.1
东吴证券股份有限公司吴江盛泽镇西环路证券营业部	江苏	吴江	13996.6	8682.9	17.6	0.0	2.8	5293.3
光大证券股份有限公司重庆大坪正街证券营业部	重庆	重庆	13988.0	9443.7	21.4	31.9	19.0	4472.0
财富证券有限责任公司长沙韶山中路证券营业部	湖南	长沙	13982.4	11536.9	20.9	0.1	13.1	2411.4
中国中投证券有限责任公司济南历山路证券营业部	山东	济南	13981.4	8678.1	121.1	0.3	214.4	4967.4
爱建证券有限责任公司宁波中山西路证券营业部	浙江	宁波	13969.4	7356.2	9.5	0.0	11.1	6592.7
财富证券有限责任公司温州车站大道证券营业部	浙江	温州	13965.0	9938.0	103.4	0.0	195.0	3728.7
湘财证券有限责任公司深圳深南大道证券营业部	深圳	深圳	13951.3	5214.1	8.5	3.6	713.6	8011.5
中国银河证券股份有限公司郑州健康路证券营业部	河南	郑州	13935.1	11227.6	26.4	0.7	11.9	2668.4
大通证券股份有限公司徐州淮海西路证券营业部	江苏	徐州	13890.1	11307.4	34.9	1.3	22.7	2523.7
中国中投证券有限责任公司天津解放南路证券营业部	天津	天津	13876.7	6050.9	51.9	0.0	28.9	7745.1
南京证券股份有限公司深圳深南中路证券营业部	深圳	深圳	13850.4	8416.9	46.2	0.0	16.2	5371.1
湘财证券有限责任公司广州恒福路证券营业部	广东	广州	13848.2	5882.1	22.1	0.6	46.4	7897.0
广州证券有限责任公司广州丰乐中路证券营业部	广东	广州	13847.5	6690.9	43.5	0.3	12.4	7100.4
华安证券有限责任公司阜阳颖河路证券营业部	安徽	阜阳	13815.7	10015.9	165.8	21.0	49.9	3563.1
华泰证券股份有限公司济南无影山东路证券营业部	山东	济南	13811.5	8194.1	2085.2	0.1	102.2	3429.9
华福证券有限责任公司三明列东街证券营业部	福建	三明	13796.4	5545.9	4.4	0.0	18.7	8227.4
东北证券股份有限公司上海迎春路证券营业部	上海	上海	13792.6	6145.3	36.6	2.0	14.2	7594.4
渤海证券股份有限公司上海普陀区梅川路证券营业部	上海	上海	13789.9	6263.5	27.9	0.0	16.6	7481.9
中信证券（浙江）有限责任公司桐庐迎春南路证券营业部	浙江	杭州	13783.1	8248.5	935.9	0.0	0.2	4598.5
国盛证券有限责任公司赣州文清路证券营业部	江西	赣州	13779.1	11278.0	9.3	102.6	12.8	2376.5
申银万国证券股份有限公司襄阳沿江大道证券营业部	湖北	襄阳	13762.8	7295.1	343.3	0.1	6.2	6118.1
华泰证券股份有限公司深圳海德三道证券营业部	深圳	深圳	13756.2	8289.4	1312.5	0.1	58.0	4096.2
国信证券股份有限公司广州新港西路证券营业部	广东	广州	13750.4	6931.3	46.7	0.1	2859.6	3912.6
国海证券股份有限公司南宁公园路证券营业部	广西	南宁	13742.6	8717.2	468.4	0.1	562.1	3994.9
国泰君安证券股份有限公司深圳松岗证券营业部	深圳	深圳	13732.3	10220.4	58.9	5.0	183.7	3264.4
招商证券股份有限公司重庆临江支路证券营业部	重庆	重庆	13727.4	9976.9	136.6	0.6	34.4	3579.0

注：营业部交易金额的单位为百万元。

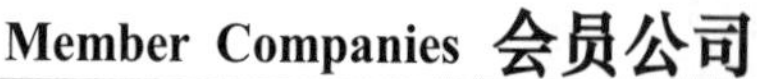

证券营业部交易
Trading of Business Department

营业部名称 Business Department	省份 Province	城市 City	总计 Total	股票 Share	基金 Fund	政府债 G-Bond	公司债 C-Bond	债券回购 Repo
中国中投证券有限责任公司扬州邗江北路证券营业部	江苏	扬州	13704.9	8757.0	80.0	1.6	29.4	4836.8
中信建投证券股份有限公司长沙车站北路证券营业部	湖南	长沙	13696.0	8927.3	69.3	0.0	11.5	4687.9
中国中投证券有限责任公司东莞虎门证券营业部	广东	东莞	13694.0	8097.9	72.3	0.0	228.8	5294.9
华泰证券股份有限公司无锡苏锡路证券营业部	江苏	无锡	13689.3	7601.6	168.5	7.0	173.7	5738.5
安信证券股份有限公司镇江中山东路证券营业部	江苏	镇江	13678.6	8205.2	49.6	0.3	22.7	5400.9
西藏同信证券有限责任公司杭州天目山路证券营业部	浙江	杭州	13675.3	8915.7	44.2	0.0	28.1	4687.2
信达证券股份有限公司深圳福星路证券营业部	深圳	深圳	13668.2	10966.2	9.5	0.0	17.5	2675.0
国元证券股份有限公司合肥长江中路证券营业部	安徽	合肥	13665.1	6754.3	24.9	1.4	63.7	6820.7
民生证券股份有限公司广州寺右一马路证券营业部	广东	广州	13662.6	4648.1	20.0	0.0	7.8	8986.7
中信证券股份有限公司如皋健康南路证券营业部	江苏	南通	13662.4	10379.3	284.7	48.5	21.3	2928.6
广州证券有限责任公司增城荔城镇证券营业部	广东	广州	13651.8	10227.4	98.6	0.1	57.9	3267.9
中信建投证券股份有限公司赣州市文清路证券营业部	江西	赣州	13644.5	10660.6	110.0	0.0	8.1	2865.7
中信万通证券有限责任公司胶州湖州路证券营业部	山东	青岛	13634.7	11432.0	34.8	19.8	9.8	2138.3
中国银河证券股份有限公司西安友谊东路证券营业部	陕西	西安	13626.2	8749.0	35.5	0.1	29.3	4812.3
东海证券股份有限公司焦作建设西路证券营业部	河南	焦作	13624.9	10663.3	24.7	32.9	166.0	2738.0
中山证券有限责任公司北京车公庄大街证券营业部	北京	北京	13622.2	8602.7	49.3	0.0	46.8	4923.5
中国银河证券股份有限公司长沙芙蓉中路证券营业部	湖南	长沙	13595.0	8491.8	2516.8	0.6	15.9	2569.9
上海证券有限责任公司东方路证券营业部	上海	上海	13583.6	6479.7	144.9	0.2	6.3	6952.6
长江证券股份有限公司沈阳三好街证券营业部	辽宁	沈阳	13575.6	6769.5	244.0	2.3	7.3	6552.5
华安证券有限责任公司深圳深南西路证券营业部	深圳	深圳	13573.8	8884.9	5.8	0.0	1.6	4681.5
山西证券股份有限公司福州杨桥东路证券营业部	福建	福州	13569.0	6580.6	165.6	0.2	209.3	6613.4
东兴证券股份有限公司南平滨江中路证券营业部	福建	南平	13554.9	12230.8	29.2	0.0	5.4	1289.5
平安证券有限责任公司石家庄中山西路证券营业部	河北	石家庄	13543.9	6162.3	6.1	0.1	65.9	7309.6
申银万国证券股份有限公司衢州县西街证券营业部	浙江	衢州	13541.2	10251.2	21.2	0.0	4.3	3264.5
国泰君安证券股份有限公司株洲建设中路证券营业部	湖南	株洲	13535.8	10163.4	23.3	0.8	28.0	3320.3
华泰证券股份有限公司石家庄中华北大街证券营业部	河北	石家庄	13506.7	8690.8	1322.4	0.3	66.0	3427.1
国盛证券有限责任公司赣州章江南大道证券营业部	江西	赣州	13500.6	10376.6	24.1	0.7	294.1	2805.1
华泰证券股份有限公司徐州淮海西路证券营业部	江苏	徐州	13497.0	7959.2	156.3	0.8	140.1	5240.6
中信建投证券股份有限公司重庆龙山路证券营业部	重庆	重庆	13491.6	11742.4	44.7	0.3	54.1	1650.1
东莞证券有限责任公司东莞石碣证券营业部	广东	东莞	13479.5	5594.4	9.8	26.6	42.3	7806.4
中国银河证券股份有限公司秦皇岛证券营业部	河北	秦皇岛	13469.9	7665.5	33.7	0.0	21.0	5749.6
光大证券股份有限公司慈溪新城大道北路证券营业部	浙江	宁波	13458.9	6162.1	201.8	0.0	20.4	7074.6
华安证券有限责任公司北京东三环中路证券营业部	北京	北京	13450.0	8648.3	18.2	0.0	37.7	4745.8
浙商证券股份有限公司宁波四明中路证券营业部	浙江	宁波	13425.7	8333.1	20.0	0.0	59.8	5012.8
爱建证券有限责任公司宁波碶闸街证券营业部	浙江	宁波	13406.8	9668.5	30.5	0.0	9.1	3698.7
东北证券股份有限公司吉林市光华路证券营业部	吉林	吉林	13404.3	8052.9	34.1	0.9	114.1	5202.3
华鑫证券有限责任公司上海金山证券营业部	上海	上海	13397.4	6314.5	22.5	0.2	113.4	6946.8
广发证券股份有限公司武汉珞瑜路证券营业部	湖北	武汉	13390.4	8347.3	54.5	0.9	105.3	4882.4
湘财证券有限责任公司南京汉中路证券营业部	江苏	南京	13358.6	6710.9	7.9	2.6	98.3	6538.9
信达证券股份有限公司广州番禺富华东路证券营业部	广东	广州	13352.7	9342.7	52.7	4.7	54.8	3897.8
中国银河证券股份有限公司湖州适园路证券营业部	浙江	湖州	13334.9	5058.3	9.8	0.0	1.2	8265.5
宏源证券股份有限公司乌鲁木齐新华南路证券营业部	新疆	乌鲁木齐	13327.4	8447.1	10.9	0.0	23.0	4846.4
财达证券有限责任公司保定莲池北大街证券营业部	河北	保定	13325.3	9242.9	26.4	0.6	14.6	4040.7
宏源证券股份有限公司乌鲁木齐公园北街证券营业部	新疆	乌鲁木齐	13319.3	8471.0	23.2	0.1	4.0	4821.0
国元证券股份有限公司合肥红星路证券营业部	安徽	合肥	13315.5	9862.0	294.3	0.1	95.0	3064.1
新时代证券有限责任公司苏州白塔西路证券营业部	江苏	苏州	13313.3	6029.4	16.8	0.0	1.5	7265.6
东方证券股份有限公司汕头长平路证券营业部	广东	汕头	13291.2	5941.5	15.4	0.0	0.5	7333.9
申银万国证券股份有限公司长沙蔡锷中路证券营业部	湖南	长沙	13291.2	9097.2	131.3	0.0	44.6	4018.1
长江证券股份有限公司福州五一北路证券营业部	福建	福州	13285.1	4104.8	1.3	0.0	0.0	9179.0
西部证券股份有限公司咸阳渭阳中路证券营业部	陕西	咸阳	13278.9	11158.1	16.6	3.9	26.2	2073.9

注：营业部交易金额的单位为百万元。

证券营业部交易
Trading of Business Department

营业部名称 Business Department	省份 Province	城市 City	总计 Total	股票 Share	基金 Fund	政府债 G-Bond	公司债 C-Bond	债券回购 Repo
新时代证券有限责任公司北京田村中街证券营业部	北京	北京	13266.2	2517.3	7.8	0.0	1027.0	9714.1
平安证券有限责任公司西安南关正街证券营业部	陕西	西安	13235.1	5836.0	7.2	29.1	10.8	7352.0
广发证券股份有限公司秦皇岛河北大街证券营业部	河北	秦皇岛	13205.4	8140.0	48.4	0.1	51.0	4965.9
国信证券股份有限公司重庆红锦大道证券营业部	重庆	重庆	13201.1	6667.4	30.9	0.0	50.0	6452.9
华林证券有限责任公司长沙五一大道证券营业部	湖南	长沙	13195.5	11252.4	63.6	0.0	25.1	1854.4
浙商证券股份有限公司天津永安道证券营业部	天津	天津	13166.1	7812.5	37.0	0.4	3.1	5313.1
广州证券有限责任公司广州江南大道证券营业部	广东	广州	13155.6	9874.5	47.8	2.1	12.4	3218.9
中银国际证券有限责任公司三亚新风路证券营业部	海南	三亚	13140.7	9321.0	22.6	1.3	10.0	3785.9
太平洋证券股份有限公司玉溪玉兴路证券营业部	云南	玉溪	13138.8	7620.7	33.3	0.0	14.2	5470.7
国泰君安证券股份有限公司衢州柯城证券营业部	浙江	衢州	13109.4	9221.8	18.4	0.8	4.6	3863.9
国信证券股份有限公司宁波百丈东路证券营业部	浙江	宁波	13102.6	6727.2	18.2	0.1	31.4	6325.8
安信证券股份有限公司汕头潮阳棉西路证券营业部	广东	汕头	13097.5	7857.2	34.1	0.0	44.2	5162.1
国元证券股份有限公司青岛山东路证券营业部	山东	青岛	13085.3	8820.5	20.1	0.0	24.2	4220.4
国海证券股份有限公司南宁滨湖路证券营业部	广西	南宁	13081.9	8290.8	35.3	0.1	11.6	4744.2
宏源证券股份有限公司宜兴人民中路证券营业部	江苏	宜兴	13081.4	6906.6	14.6	0.0	15.3	6144.9
华安证券有限责任公司合肥合作化南路证券营业部	安徽	合肥	13072.2	1206.6	6.2	0.1	112.5	11746.8
中信证券股份有限公司启东人民中路证券营业部	江苏	启东	13067.8	6678.6	26.2	0.0	4.1	6359.0
东吴证券股份有限公司北京安德里北街证券营业部	北京	北京	13065.5	7143.3	68.4	0.3	312.5	5541.1
光大证券股份有限公司海口国贸大道证券营业部	海南	海口	13059.3	8385.2	22.8	0.0	7.9	4643.4
东兴证券股份有限公司南宁祥宾路证券营业部	广西	南宁	13050.1	8763.4	23.4	5.0	442.2	3816.1
上海证券有限责任公司天山路证券营业部	上海	上海	13048.8	4984.3	95.7	3.7	29.7	7935.4
华泰证券股份有限公司海门解放中路证券营业部	江苏	南通	13047.7	7391.7	84.2	0.0	399.2	5172.7
南京证券股份有限公司江阴人民中路证券营业部	江苏	无锡	13047.1	6385.9	10.4	0.4	41.8	6608.6
湘财证券有限责任公司长沙芙蓉中路证券营业部	湖南	长沙	13032.0	10142.6	52.9	0.0	35.9	2800.5
宏源证券股份有限公司乌鲁木齐解放南路证券营业部	新疆	乌鲁木齐	13024.7	9891.5	28.8	0.0	12.2	3092.2
江海证券有限公司哈尔滨花园街第二证券营业部	黑龙江	哈尔滨	13023.9	6516.5	58.7	0.0	159.9	6288.9
南京证券股份有限公司南京热河路证券营业部	江苏	南京	13020.0	8359.2	63.5	0.5	15.1	4581.7
华泰证券股份有限公司深圳竹子林四路证券营业部	深圳	深圳	13015.3	5758.1	94.4	0.5	800.5	6361.8
东方证券股份有限公司天津西康路证券营业部	天津	天津	13008.7	7763.3	244.0	11.6	118.9	4871.0
银泰证券有限责任公司苏州葑门西街证券营业部	江苏	苏州	12998.1	5742.7	514.5	0.0	9.0	6731.8
新时代证券有限责任公司北京南礼士路证券营业部	北京	北京	12989.1	7858.9	22.1	0.2	10.3	5097.6
大同证券经纪有限责任公司太原青年路证券营业部	山西	太原	12983.6	5753.0	82.2	1.3	45.5	7101.6
齐鲁证券有限公司滨州渤海七路证券营业部	山东	滨州	12977.8	5920.8	266.9	0.0	1169.0	5621.2
东海证券股份有限公司北京安苑北里证券营业部	北京	北京	12973.0	7183.9	17.6	0.0	27.9	5743.6
西南证券股份有限公司北京昌平政府街证券营业部	北京	北京	12964.3	9017.8	30.9	0.5	17.0	3898.1
国海证券股份有限公司贵港中山路证券营业部	广西	贵港	12955.0	6150.7	17.3	52.5	317.2	6417.2
平安证券有限责任公司福州连江中路证券营业部	福建	福州	12946.3	6836.1	9.9	0.4	1.7	6098.1
中原证券股份有限公司漯河黄河路证券营业部	河南	漯河	12944.6	11564.9	69.8	0.0	31.2	1278.6
东方证券股份有限公司上海嘉定区华江公路证券营业部	上海	上海	12940.4	6265.3	37.2	0.1	1613.9	5023.9
中国银河证券股份有限公司东莞东城大道证券营业部	广东	东莞	12937.1	8303.1	21.8	0.0	124.4	4487.8
世纪证券有限责任公司长沙韶山北路证券营业部	湖南	长沙	12918.8	8981.8	21.4	3.8	13.5	3898.3
中国银河证券股份有限公司合肥金城证券营业部	安徽	合肥	12914.0	8387.7	18.3	0.0	121.2	4386.8
华融证券股份有限公司上海华山路证券营业部	上海	上海	12912.0	5002.3	6.1	0.0	15.6	7888.0
大通证券股份有限公司沈阳大西路证券营业部	辽宁	沈阳	12910.8	6144.3	15.4	1.5	24.8	6724.8
光大证券股份有限公司南昌广场南路证券营业部	江西	南昌	12909.1	6446.2	28.8	0.0	5.5	6428.6
中原证券股份有限公司商丘神火大道证券营业部	河南	商丘	12904.3	11040.7	38.2	0.0	47.5	1778.0
安信证券股份有限公司昆明东风西路证券营业部	云南	昆明	12903.4	6480.7	77.9	0.0	12.4	6332.4
光大证券股份有限公司江门市东华一路证券营业部	广东	江门	12890.0	8139.0	25.3	0.3	3.6	4721.9
齐鲁证券有限公司泰安岱宗大街证券营业部	山东	泰安	12884.3	7031.2	4282.8	0.1	159.3	1410.8
银泰证券有限责任公司北京马甸路证券营业部	北京	北京	12869.9	8141.3	18.7	0.0	52.5	4657.4

注：营业部交易金额的单位为百万元。

证券营业部交易
Trading of Business Department

营业部名称 Business Department	省份 Province	城市 City	总计 Total	股票 Share	基金 Fund	政府债 G-Bond	公司债 C-Bond	债券回购 Repo
中国民族证券有限责任公司长春西安大路证券营业部	吉林	长春	12867.6	7770.7	8.2	21.3	7.1	5060.4
万联证券有限责任公司鄂州滨湖北路证券营业部	湖北	鄂州	12849.5	8664.5	18.6	0.0	12.7	4153.7
招商证券股份有限公司北京东四十条证券营业部	北京	北京	12847.0	7155.6	54.7	0.0	19.8	5616.9
长江证券股份有限公司齐齐哈尔龙门街证券营业部	黑龙江	齐齐哈尔	12845.5	6974.0	49.9	0.1	2.1	5819.4
国信证券股份有限公司沈阳南京南街证券营业部	辽宁	沈阳	12838.4	8563.6	53.7	0.1	10.4	4210.6
华泰证券股份有限公司深圳深南东路证券营业部	深圳	深圳	12836.8	8150.2	420.3	0.0	60.5	4205.8
光大证券股份有限公司金华宾虹路证券营业部	浙江	金华	12812.0	6810.9	72.4	0.0	78.2	5850.6
齐鲁证券有限公司淄博中润大道证券营业部	山东	淄博	12802.0	8110.0	1730.3	1.6	7.7	2952.5
万和证券有限责任公司成都大墙西街证券营业部	四川	成都	12799.2	7542.1	29.4	1.4	12.0	5214.3
国都证券有限责任公司开封大梁路证券营业部	河南	开封	12790.7	10930.8	74.9	0.0	230.6	1554.4
财通证券股份有限公司富阳市迎宾路证券营业部	浙江	杭州	12781.3	10711.0	36.3	0.0	7.0	2027.0
中国银河证券股份有限公司北京亦庄荣京东街证券营业部	北京	北京	12779.8	1527.3	48.1	0.1	619.7	10584.7
中国银河证券股份有限公司石家庄红旗大街证券营业部	河北	石家庄	12769.3	9015.1	55.5	0.2	39.6	3659.0
上海证券有限责任公司嘉兴中山西路证券营业部	浙江	嘉兴	12762.2	5780.3	11.5	35.8	149.8	6784.9
华泰证券股份有限公司泰州鼓楼北路营业部	江苏	泰州	12759.5	6521.6	4870.0	0.3	47.9	1319.7
中国中投证券有限责任公司沈阳三好街证券营业部	辽宁	沈阳	12756.8	8974.8	117.1	2.6	143.5	3518.9
天风证券股份有限公司成都走马街证券营业部	四川	成都	12754.3	6064.8	41.9	0.0	3.5	6644.0
中天证券有限责任公司上海志丹路证券营业部	上海	上海	12750.0	4285.8	21.6	0.7	25.8	8416.2
中银国际证券有限责任公司天津解放南路证券营业部	天津	天津	12738.5	7560.9	20.4	0.0	19.5	5137.6
安信证券股份有限公司中山石岐路证券营业部	广东	中山	12732.1	7439.9	106.9	0.0	35.3	5150.1
上海证券有限责任公司襄阳北路证券营业部	上海	上海	12727.2	4161.4	48.7	0.4	30.7	8486.0
华泰证券股份有限公司长春自由大路证券营业部	吉林	长春	12717.7	6615.1	1103.5	0.3	39.3	4959.5
金元证券股份有限公司深圳深南大道证券营业部	深圳	深圳	12717.3	8269.8	48.7	0.0	19.5	4379.4
国泰君安证券股份有限公司仙居酒坊巷证券营业部	浙江	临海	12712.7	10754.4	25.3	0.0	1.3	1931.8
民生证券股份有限公司新乡和平路证券营业部	河南	新乡	12712.4	8393.9	35.2	0.3	49.0	4233.9
中国中投证券有限责任公司重庆民族路证券营业部	重庆	重庆	12704.3	7506.6	13.2	0.2	2.0	5182.4
华安证券有限责任公司马鞍山花雨路证券营业部	安徽	马鞍山	12701.8	10403.8	38.1	1.0	34.1	2224.8
国元证券股份有限公司无锡学前街证券营业部	江苏	无锡	12700.6	6723.3	38.7	0.0	48.8	5889.8
东北证券股份有限公司重庆沙南街证券营业部	重庆	重庆	12692.5	4163.1	30.6	0.0	33.6	8465.3
渤海证券股份有限公司天津开发区第二大街证券营业部	天津	天津	12692.4	9391.1	127.5	0.0	11.2	3162.5
华安证券有限责任公司黄山前南新村证券营业部	安徽	黄山	12677.6	10789.3	57.0	8.2	16.3	1806.9
齐鲁证券有限公司济南舜耕路证券营业部	山东	济南	12677.5	8428.5	45.8	0.2	8.1	4194.9
南京证券股份有限公司上海番禺路证券营业部	上海	上海	12670.1	6622.5	30.1	0.2	74.4	5942.9
兴业证券股份有限公司长沙芙蓉南路证券营业部	湖南	长沙	12667.7	8033.7	12.3	0.4	5.5	4615.7
中国民族证券有限责任公司鞍山胜利南路证券营业部	辽宁	鞍山	12660.4	8410.1	8.1	1.8	105.1	4135.3
万联证券有限责任公司广州开发区证券营业部	广东	广州	12639.4	8203.2	15.9	1.8	9.0	4409.5
上海证券有限责任公司堡镇证券营业部	上海	上海	12622.5	7418.4	91.2	0.4	12.5	5100.0
华林证券有限责任公司江门冈州大道证券营业部	广东	江门	12611.4	6310.2	36.8	0.0	66.3	6198.2
齐鲁证券有限公司聊城卫育南路证券营业部	山东	聊城	12608.8	7691.0	2319.7	0.0	3.1	2595.0
财达证券有限责任公司秦皇岛河北大街证券营业部	河北	秦皇岛	12603.5	5251.6	30.2	0.2	4.3	7317.1
中国中投证券有限责任公司天津南马路证券营业部	天津	天津	12592.1	7254.8	91.2	0.4	25.6	5220.1
申银万国证券股份有限公司重庆小新街营业部	重庆	重庆	12586.1	9183.1	31.6	0.0	149.7	3221.6
东方证券股份有限公司长沙劳动西路证券营业部	湖南	长沙	12577.3	8384.5	8.5	0.0	441.3	3743.0
国金证券股份有限公司成都锦东路证券营业部	四川	成都	12574.8	6580.9	8.8	16.7	55.0	5913.5
国盛证券有限责任公司萍乡市文化路证券营业部	江西	萍乡	12573.2	10982.2	31.2	0.3	26.0	1533.6
海通证券股份有限公司烟台解放路证券营业部	山东	烟台	12572.9	8400.9	115.8	2.3	54.8	3999.1
东吴证券股份有限公司苏州相城采莲路证券营业部	江苏	苏州	12564.7	7470.6	25.4	0.0	17.9	5050.8
国元证券股份有限公司淮南国庆中路证券营业部	安徽	淮南	12562.7	10106.4	25.1	0.3	65.8	2365.1
国元证券股份有限公司淮北淮海路证券营业部	安徽	淮北	12559.3	11990.3	71.7	0.0	8.0	489.4
齐鲁证券有限公司威海东城路证券营业部	山东	威海	12547.9	6387.6	42.4	0.3	130.3	5987.3

注：营业部交易金额的单位为百万元。

证券营业部交易
Trading of Business Department

营业部名称 Business Department	省份 Province	城市 City	总计 Total	股票 Share	基金 Fund	政府债 G-Bond	公司债 C-Bond	债券回购 Repo
齐鲁证券有限公司淄博中心路证券营业部	山东	淄博	12545.3	6612.6	591.2	40.4	3.2	5297.8
华安证券有限责任公司淮北古城路证券营业部	安徽	淮北	12536.5	12298.2	27.8	0.3	32.4	177.8
安信证券股份有限公司深圳深南大道耀华创建大厦证券营业部	深圳	深圳	12526.9	6003.4	160.3	0.0	14.0	6349.2
中航证券有限公司郑州嵩山南路证券营业部	河南	郑州	12518.5	7903.3	16.6	0.5	53.1	4545.1
国泰君安证券股份有限公司哈尔滨西大直街证券营业部	黑龙江	哈尔滨	12514.5	7765.5	45.6	0.8	147.9	4554.8
光大证券股份有限公司齐齐哈尔龙华路证券营业部	黑龙江	齐齐哈尔	12486.8	10719.4	7.3	0.0	381.2	1378.9
红塔证券股份有限公司北京板井路证券营业部	北京	北京	12473.8	5193.1	31.3	0.0	220.3	7029.1
中国银河证券股份有限公司武汉花桥证券营业部	湖北	武汉	12466.3	7936.6	90.8	1.2	41.7	4396.0
信达证券股份有限公司沈阳惠工街证券营业部	辽宁	沈阳	12463.7	9056.6	17.0	1.0	124.6	3264.4
中原证券股份有限公司濮阳建设路证券营业部	河南	濮阳	12461.0	10230.2	69.7	3.6	139.1	2018.4
大通证券股份有限公司上海民生路证券营业部	上海	上海	12446.6	5396.0	141.5	0.0	9.2	6899.9
国泰君安证券股份有限公司天津塘沽上海道证券营业部	天津	天津	12445.1	7968.4	58.2	0.1	15.3	4403.1
信达证券股份有限公司成都一环路证券营业部	四川	成都	12441.3	7541.9	634.9	0.2	80.2	4184.1
中国银河证券股份有限公司武汉汉阳证券营业部	湖北	武汉	12433.2	8979.3	39.6	16.2	18.5	3379.6
湘财证券有限责任公司岳阳五里牌证券营业部	湖南	岳阳	12432.7	10033.5	19.5	1.8	47.4	2330.5
财通证券股份有限公司杭州金城路证券营业部	浙江	杭州	12431.1	8586.1	42.5	1.0	15.1	3786.4
齐鲁证券有限公司日照黄海一路证券营业部	山东	日照	12429.4	10567.7	76.2	0.2	2.6	1782.8
中信证券（浙江）有限责任公司浦江恒昌财富广场证券营业部	浙江	金华	12427.8	10107.6	15.1	0.0	214.7	2090.5
国泰君安证券股份有限公司天台环城东路证券营业部	浙江	临海	12408.1	10294.7	15.9	0.1	4.7	2092.8
广发证券股份有限公司清远连江路证券营业部	广东	清远	12397.1	9313.1	31.0	0.0	1.3	3051.6
广发证券股份有限公司锦州山西街证券营业部	辽宁	锦州	12392.3	8559.4	25.0	0.7	6.4	3800.8
东北证券股份有限公司长春自由大路证券营业部	吉林	长春	12383.6	5176.3	47.7	0.0	80.3	7079.2
中国银河证券股份有限公司银川解放西街证券营业部	宁夏	银川	12380.6	5088.0	27.5	0.0	2.5	7262.6
广发证券股份有限公司太原新建南路证券营业部	山西	太原	12367.3	7723.9	16.7	1.5	502.7	4122.6
国都证券有限责任公司深圳金田路证券营业部	深圳	深圳	12362.5	6371.2	13.5	0.0	148.2	5829.5
国元证券股份有限公司沈阳北站路证券营业部	辽宁	沈阳	12348.0	6972.9	31.0	0.3	9.2	5334.6
海通证券股份有限公司上海青浦证券营业部	上海	上海	12345.6	5845.2	379.8	0.0	7.9	6112.7
国泰君安证券股份有限公司荆州便河东路证券营业部	湖北	荆州	12321.9	7269.0	95.1	1.0	57.9	4898.9
长江证券股份有限公司乌鲁木齐光明路证券营业部	新疆	乌鲁木齐	12320.8	6275.6	43.0	0.0	28.7	5973.6
中国中投证券有限责任公司威海公园路证券营业部	山东	威海	12301.8	5992.4	43.5	0.0	9.4	6256.6
中国中投证券有限责任公司西安友谊东路证券营业部	陕西	西安	12277.1	8762.7	136.1	0.0	7.0	3371.4
海通证券股份有限公司济南泉城路证券营业部	山东	济南	12263.7	7981.6	388.3	0.1	32.9	3860.9
广发证券股份有限公司东莞东城证券营业部	广东	东莞	12259.1	7574.7	132.4	8.5	74.3	4469.2
中国银河证券股份有限公司成都北二环路证券营业部	四川	成都	12256.3	8028.6	26.6	1.3	37.4	4162.4
中国中投证券有限责任公司江都龙城路证券营业部	江苏	扬州	12255.4	9242.9	45.0	3.3	11.1	2953.0
齐鲁证券有限公司淄博淄城东路证券营业部	山东	淄博	12251.6	4640.3	5807.9	0.0	8.2	1795.3
广发证券股份有限公司潮州潮枫路证券营业部	广东	潮州	12244.8	6761.9	22.3	0.0	9.5	5451.1
国信证券股份有限公司广州天河北路证券营业部	广东	广州	12233.4	4875.7	768.0	0.0	25.4	6564.2
广发证券股份有限公司珠海斗门证券营业部	广东	珠海	12225.2	5635.7	12.2	0.1	13.9	6563.3
湘财证券有限责任公司长沙新民路证券营业部	湖南	长沙	12181.6	9528.5	43.1	0.2	32.3	2577.6
兴业证券股份有限公司北京朝阳公园路证券营业部	北京	北京	12156.8	1880.2	23.3	0.0	40.6	10212.7
国盛证券有限责任公司上饶赣栋北大道证券营业部	江西	上饶	12133.3	9472.5	10.0	0.6	14.8	2635.5
光大证券股份有限公司广州马场路证券营业部	广东	广州	12125.8	7474.4	209.1	1.2	69.9	4371.2
兴业证券股份有限公司晋江塘岸街证券营业部	福建	晋江	12123.0	6829.3	173.5	0.0	4.3	5115.9
恒泰证券股份有限公司北京南滨河路证券营业部	北京	北京	12118.0	6358.1	34.1	0.0	21.5	5704.3
安信证券股份有限公司汕头澄海证券营业部	广东	汕头	12114.9	7913.9	32.6	0.4	9.1	4158.9
齐鲁证券有限公司济南第一大道证券营业部	山东	济南	12113.8	7261.3	55.0	0.0	11.3	4786.2
长城证券有限责任公司西安沣镐东路证券营业部	陕西	西安	12112.3	8127.0	67.9	7.1	14.2	3896.1
东方证券股份有限公司福州五四路证券营业部	福建	福州	12109.5	6859.6	681.1	0.0	8.6	4560.3
财通证券股份有限公司台州解放南路证券营业部	浙江	台州	12108.6	9525.3	15.9	0.0	12.6	2554.8

注：营业部交易金额的单位为百万元。

证券营业部交易
Trading of Business Department

营业部名称 Business Department	省份 Province	城市 City	总计 Total	股票 Share	基金 Fund	政府债 G-Bond	公司债 C-Bond	债券回购 Repo
国泰君安证券股份有限公司西安东关正街证券营业部	陕西	西安	12103.4	10457.1	54.4	7.2	7.0	1577.7
国开证券有限责任公司北京珠市口东大街证券营业部	北京	北京	12101.6	1529.9	0.0	0.0	5.3	10566.4
西部证券股份有限公司咸阳西兰路证券营业部	陕西	咸阳	12095.2	9997.7	14.4	2.9	47.0	2033.2
国信证券股份有限公司南昌八一大道证券营业部	江西	南昌	12084.6	7566.3	37.0	0.4	114.6	4366.3
齐鲁证券有限公司潍坊东风西街证券营业部	山东	潍坊	12081.1	8512.0	1465.5	0.7	46.1	2056.8
中国中投证券有限责任公司哈尔滨友谊路证券营业部	黑龙江	哈尔滨	12076.1	6985.7	33.2	0.0	11.8	5045.5
中信建投证券股份有限公司兰州皋兰路证券营业部	甘肃	兰州	12074.8	5392.0	546.8	0.3	8.9	6126.7
广发证券股份有限公司海口龙昆北路证券营业部	海南	海口	12070.7	3773.1	629.2	0.0	0.5	7667.9
东方证券股份有限公司广州宝岗大道证券营业部	广东	广州	12063.2	7947.5	35.9	0.2	15.2	4064.4
国元证券股份有限公司淮南朝阳中路证券营业部	安徽	淮南	12048.4	9629.2	24.8	2.5	61.6	2330.3
海通证券股份有限公司重庆加州花园营业部	重庆	重庆	12045.0	9617.6	264.2	0.0	61.8	2101.4
海通证券股份有限公司哈尔滨中山路证券营业部	黑龙江	哈尔滨	12031.8	7215.6	67.7	2.1	15.3	4731.2
安信证券股份有限公司肇庆四会光明北路证券营业部	广东	四会	12012.8	7409.5	35.7	0.0	12.6	4555.0
中航证券有限公司泉州田安路证券营业部	福建	泉州	12010.7	5577.7	5.5	0.0	12.1	6415.4
华创证券有限责任公司贵阳新华路证券营业部	贵州	贵阳	12009.6	7869.2	99.1	0.5	14.7	4026.1
平安证券有限责任公司乌鲁木齐人民路证券营业部	新疆	乌鲁木齐	12007.2	9544.1	12.8	2.4	6.5	2441.4
华福证券有限责任公司永安五四路证券营业部	福建	永安	11992.5	9314.4	7.7	0.1	8.4	2661.9
长江证券股份有限公司广州江湾路证券营业部	广东	广州	11985.2	5121.1	311.3	0.0	15.9	6537.0
广发证券股份有限公司武汉武珞路证券营业部	湖北	武汉	11978.2	6058.1	23.2	0.0	48.2	5848.7
民生证券股份有限公司驻马店交通路证券营业部	河南	驻马店	11969.6	11241.6	34.9	3.4	13.0	676.7
方正证券股份有限公司长沙芙蓉路证券营业部	湖南	长沙	11950.4	8841.3	81.9	23.1	24.4	2979.8
华福证券有限责任公司莆田梅园路证券营业部	福建	莆田	11944.7	9884.1	17.9	0.0	7.2	2035.5
光大证券股份有限公司太原解放路证券营业部	山西	太原	11934.1	6358.1	52.3	0.2	12.9	5510.6
宏源证券股份有限公司乌鲁木齐和平北路证券营业部	新疆	乌鲁木齐	11931.6	8309.4	20.5	0.0	21.8	3579.9
华福证券有限责任公司南平滨江中路证券营业部	福建	南平	11931.3	7824.2	51.9	0.0	579.6	3475.6
东吴证券股份有限公司东莞鸿福路证券营业部	广东	东莞	11906.8	6502.3	46.5	0.0	6.8	5351.1
万联证券有限责任公司广州东风中路证券营业部	广东	广州	11899.5	6099.5	47.2	8.1	19.6	5725.1
东北证券股份有限公司上海武宁路证券营业部	上海	上海	11883.9	4323.2	91.4	0.0	36.1	7433.2
海通证券股份有限公司许昌建设路证券营业部	河南	许昌	11865.8	11115.8	54.9	0.0	13.2	681.9
山西证券股份有限公司晋城黄华街证券营业部	山西	晋城	11861.6	4121.5	39.2	48.4	3.9	7648.6
广发证券股份有限公司保定恒祥南大街证券营业部	河北	保定	11855.8	8502.9	68.4	0.6	46.4	3237.6
中信证券（浙江）有限责任公司乐清鸣阳路证券营业部	浙江	温州	11855.2	8696.8	82.3	0.0	7.5	3068.6
安信证券股份有限公司广州滨江中路证券营业部	广东	广州	11852.7	7001.8	59.4	0.1	13.6	4777.9
华龙证券有限责任公司北京安外大街证券营业部	北京	北京	11846.5	4994.6	14.7	0.2	4.8	6832.2
国联证券股份有限公司杭州中山北路证券营业部	浙江	杭州	11846.5	3428.6	63.9	0.0	57.5	8296.5
国海证券股份有限公司南宁友爱路证券营业部	广西	南宁	11836.8	8013.8	52.5	0.9	10.0	3759.6
世纪证券有限责任公司南京中山南路证券营业部	江苏	南京	11815.1	2920.8	18.6	0.0	1.9	8873.7
宏源证券股份有限公司乌鲁木齐友好路证券营业部	新疆	乌鲁木齐	11791.3	4779.4	17.5	0.0	12.6	6981.9
中国银河证券股份有限公司大连黄河路证券营业部	辽宁	大连	11790.2	5977.2	91.9	0.0	182.5	5538.7
新时代证券有限责任公司郑州红专路证券营业部	河南	郑州	11786.0	6564.6	26.6	0.0	1.4	5193.4
光大证券股份有限公司湛江民有路证券营业部	广东	湛江	11772.3	8049.3	9.3	0.0	2.2	3711.4
华安证券有限责任公司宿州汴河路证券营业部	安徽	宿州	11764.3	10941.5	25.7	5.3	17.2	774.7
财通证券股份有限公司淳安新安大街证券营业部	浙江	杭州	11749.0	7809.9	68.7	3.3	13.8	3853.3
海通证券股份有限公司上海南桥证券营业部	上海	上海	11748.4	7943.9	19.0	0.0	271.2	3514.3
东方证券股份有限公司南宁民主路证券营业部	广西	南宁	11729.1	7706.4	49.5	0.0	56.3	3917.0
华泰证券股份有限公司西安雁塔路证券营业部	陕西	西安	11720.8	5307.6	87.3	4.6	344.0	5977.4
国元证券股份有限公司广州体育东路证券营业部	广东	广州	11711.0	6578.0	10.9	0.0	84.0	5038.0
信达证券股份有限公司沈阳黑龙江街营业部	辽宁	沈阳	11692.5	7703.2	56.7	0.3	134.4	3797.9
世纪证券有限责任公司北京平安大街证券营业部	北京	北京	11680.7	4380.7	12.3	0.0	96.7	7190.9
东海证券股份有限公司苏州苏州大道西证券营业部	江苏	苏州	11680.1	5562.0	26.0	0.0	15.3	6076.8

注：营业部交易金额的单位为百万元。

证券营业部交易
Trading of Business Department

营业部名称 Business Department	省份 Province	城市 City	总计 Total	股票 Share	基金 Fund	政府债 G-Bond	公司债 C-Bond	债券回购 Repo
国金证券股份有限公司杭州庆春东路证券营业部	浙江	杭州	11660.2	4920.9	3.5	0.0	82.7	6653.1
红塔证券股份有限公司昆明环城南路证券营业部	云南	昆明	11658.5	7192.3	162.6	0.1	63.3	4240.3
中信证券股份有限公司沈阳市府大路营业部	辽宁	沈阳	11643.4	3836.4	61.0	0.0	5.4	7740.7
广发证券股份有限公司湛江海滨大道证券营业部	广东	湛江	11641.5	5185.9	38.5	0.0	9.4	6407.7
信达证券股份有限公司福州远洋路证券营业部	福建	福州	11640.1	9375.9	11.9	0.9	6.3	2245.1
华泰证券股份有限公司南京六合板门口证券营业部	江苏	南京	11636.2	8331.8	7.5	0.1	3.6	3293.3
大同证券经纪有限责任公司深圳南山南油大道营业部	深圳	深圳	11630.7	4720.1	126.7	0.0	7.3	6776.6
华西证券有限责任公司大连港湾街证券营业部	辽宁	大连	11629.6	7908.9	20.2	1.3	5.4	3693.8
中信证券（浙江）有限责任公司南昌贤士一路营业部	江西	南昌	11619.7	4451.4	30.6	0.0	5.2	7132.5
齐鲁证券有限公司北京百万庄大街证券营业部	北京	北京	11618.0	3974.7	28.5	0.0	55.1	7559.7
财通证券股份有限公司永康九铃东路证券营业部	浙江	永康	11613.1	8115.6	147.0	0.0	2515.5	835.0
西部证券股份有限公司西安莲湖路第一证券营业部	陕西	西安	11608.6	7836.1	15.0	0.2	31.9	3725.4
华泰证券股份有限公司连云港通灌南路证券营业部	江苏	连云港	11602.6	7853.9	199.9	0.1	14.5	3534.3
光大证券股份有限公司内江公园街证券营业部	四川	内江	11583.7	7614.6	366.6	0.0	6.3	3596.2
中银国际证券有限责任公司武汉武珞路证券营业部	湖北	武汉	11578.8	7603.1	40.0	0.1	8.3	3927.4
财达证券有限责任公司邯郸光明北大街证券营业部	河北	邯郸	11568.1	5091.2	12.0	0.0	70.1	6394.9
国泰君安证券股份有限公司武汉京汉大道证券营业部	湖北	武汉	11567.0	7711.9	69.8	1.8	15.4	3768.2
中国银河证券股份有限公司沈阳顺城证券营业部	辽宁	沈阳	11566.4	5656.1	23.5	1.9	22.4	5862.5
东莞证券有限责任公司东莞证券有限责任公司唐山新天地证券营业部	河北	唐山	11566.1	3021.8	2.0	0.1	177.1	8365.1
华宝证券有限责任公司北京朝阳建国门外大街营业部	北京	北京	11542.1	3678.9	51.0	0.0	580.6	7231.7
财达证券有限责任公司北京首体南路营业部	北京	北京	11541.2	7058.2	23.6	0.8	9.2	4449.4
广发证券股份有限公司南昌广场南路证券营业部	江西	南昌	11530.7	6278.4	35.6	0.0	19.6	5197.1
海通证券股份有限公司上海松江证券营业部	上海	上海	11514.4	7751.9	171.1	0.1	68.7	3522.6
华泰证券股份有限公司营口渤海大街证券营业部	辽宁	营口	11511.4	3927.7	2081.6	0.0	1.8	5500.3
申银万国证券股份有限公司宜昌西陵二路证券营业部	湖北	宜昌	11504.8	5867.2	2047.7	0.0	5.5	3584.4
华泰证券股份有限公司大连胜利路证券营业部	辽宁	大连	11502.3	7405.8	1673.0	0.0	80.5	2343.0
中国中投证券有限责任公司南通姚港路证券营业部	江苏	南通	11491.0	7583.5	152.3	0.3	150.8	3604.1
中国民族证券有限责任公司北京彩和坊路证券营业部	北京	北京	11485.1	9400.0	84.6	0.3	16.8	1983.3
渤海证券股份有限公司天津大沽北路证券营业部	天津	天津	11484.1	4485.0	35.2	0.2	11.8	6951.9
国泰君安证券股份有限公司余姚舜水南路证券营业部	浙江	余姚	11480.9	8522.4	48.2	0.0	4.1	2906.2
中航证券有限公司赣州红旗大道证券营业部	江西	赣州	11468.4	7125.7	9.1	0.2	10.0	4323.4
中航证券有限公司天津万东路证券营业部	天津	天津	11447.9	6737.2	79.3	2.7	289.7	4339.0
华泰证券股份有限公司成都梓潼桥西街证券营业部	四川	成都	11436.3	6822.9	217.7	0.4	67.9	4327.4
江海证券有限公司哈尔滨友谊路证券营业部	黑龙江	哈尔滨	11426.0	6923.6	15.1	0.2	4.2	4482.9
财富证券有限责任公司湘潭韶山中路证券营业部	湖南	湘潭	11403.2	10191.7	26.3	0.2	8.7	1176.3
光大证券股份有限公司烟台胜利路证券营业部	山东	烟台	11394.3	3452.9	180.4	0.0	1.5	7759.5
海通证券股份有限公司兰州武都路证券营业部	甘肃	兰州	11384.5	6991.9	166.5	0.8	0.8	4224.5
光大证券股份有限公司乌鲁木齐解放北路证券营业部	新疆	乌鲁木齐	11382.8	9113.9	10.5	0.0	1.7	2256.6
中信证券（浙江）有限责任公司嘉善晋阳西路营业部	浙江	嘉兴	11378.9	7337.6	354.8	0.0	68.1	3618.4
兴业证券股份有限公司石狮八七路证券营业部	福建	石狮	11370.5	7297.8	28.5	0.0	9.4	4034.9
宏信证券有限责任公司南充涪江路证券营业部	四川	南充	11357.2	9280.9	11.9	1.1	8.8	2054.6
安信证券股份有限公司武汉中北路证券营业部	湖北	武汉	11356.7	5308.6	29.1	0.3	18.2	6000.5
银泰证券有限责任公司深圳福华三路证券营业部	深圳	深圳	11336.6	7726.4	49.1	0.0	39.6	3521.5
首创证券有限责任公司石家庄中山东路证券营业部	河北	石家庄	11304.4	7608.6	21.2	0.1	24.0	3650.5
国盛证券有限责任公司吉安阳明东路证券营业部	江西	吉安	11301.2	8990.2	21.8	0.7	14.3	2274.2
光大证券股份有限公司上海蒙山路证券营业部	上海	上海	11294.2	4915.1	17.1	1.1	1159.2	5201.7
国海证券股份有限公司北海北海大道证券营业部	广西	北海	11286.6	8591.4	25.4	0.7	14.4	2654.7
中国中投证券有限责任公司仪征大庆北路证券营业部	江苏	扬州	11283.2	9092.7	38.2	0.1	14.1	2138.0
中国银河证券股份有限公司郑州山河证券营业部	河南	郑州	11279.1	7959.8	61.9	0.1	3.4	3254.0
西南证券股份有限公司昆明北京路证券营业部	云南	昆明	11276.1	7799.7	79.1	0.0	114.6	3282.7

注：营业部交易金额的单位为百万元。

证券营业部交易
Trading of Business Department

营业部名称 Business Department	省份 Province	城市 City	总计 Total	股票 Share	基金 Fund	政府债 G-Bond	公司债 C-Bond	债券回购 Repo
华安证券有限责任公司合肥润安大厦证券营业部	安徽	合肥	11254.5	5761.4	215.1	1.4	18.1	5258.5
平安证券有限责任公司广州机场路证券营业部	深圳	深圳	11232.2	8594.9	79.9	0.4	17.7	2539.3
厦门证券有限公司厦门莲前东路证券营业部	福建	厦门	11231.9	6627.5	19.8	0.0	3.1	4581.5
南京证券股份有限公司昆明丹霞路证券营业部	云南	昆明	11222.3	6721.3	35.0	0.7	83.5	4381.9
中国中投证券有限责任公司深圳龙华和平路证券营业部	深圳	深圳	11216.5	3041.6	10.6	0.0	3.6	8160.7
广发证券股份有限公司杭州钱江路证券营业部	浙江	杭州	11205.1	4864.3	1646.4	0.0	4.9	4689.5
中国银河证券股份有限公司汕头澄海证券营业部	广东	汕头	11192.2	7832.3	65.2	0.1	7.4	3287.2
宏源证券股份有限公司北京丰北路证券营业部	北京	北京	11145.9	6457.4	95.5	0.0	12.6	4580.4
方正证券股份有限公司宁波解放北路证券营业部	浙江	宁波	11145.5	5946.5	69.1	0.5	7.3	5122.1
太平洋证券股份有限公司曲靖麒麟南路证券营业部	云南	曲靖	11128.2	10011.0	11.4	0.0	8.5	1097.4
国元证券股份有限公司佛山季华五路证券营业部	广东	佛山	11072.3	6392.6	46.8	0.1	16.4	4616.5
国元证券股份有限公司芜湖文化路证券营业部	安徽	芜湖	11063.3	7863.2	17.3	0.1	2.0	3180.8
方正证券股份有限公司广州兴盛路证券营业部	广东	广州	11037.2	6918.8	286.1	2.7	52.7	3777.0
西南证券股份有限公司重庆胜利路证券营业部	重庆	重庆	11029.2	9293.8	32.1	2.0	28.9	1672.3
申银万国证券股份有限公司吉林吉林大街证券营业部	吉林	吉林	11025.8	2300.8	27.7	0.0	3.9	8693.5
中天证券有限责任公司沈阳长江街证券营业部	辽宁	沈阳	11023.4	5563.7	13.7	0.3	146.8	5299.0
中信建投证券股份有限公司泸州迎晖路证券营业部	四川	泸州	11021.3	6633.2	74.5	0.5	23.8	4289.4
财富证券有限责任公司郴州八一南路证券营业部	湖南	郴州	11020.3	9744.4	10.4	0.1	3.3	1262.1
长江证券股份有限公司北京百万庄大街证券营业部	北京	北京	11015.7	6074.3	1298.9	0.0	2.7	3639.8
太平洋证券股份有限公司温州汤家桥路证券营业部	浙江	温州	11005.2	3663.1	13.4	3.4	275.0	7050.3
齐鲁证券有限公司菏泽中华路证券营业部	山东	菏泽	10994.3	8730.8	37.7	0.3	11.7	2213.8
海通证券股份有限公司南宁新民路证券营业部	广西	南宁	10985.2	7397.3	23.0	0.0	61.5	3503.4
上海证券有限责任公司嘉定证券营业部	上海	上海	10970.3	7035.0	35.2	11.4	30.5	3858.2
光大证券股份有限公司江门新会冈州大道东证券营业部	广东	江门	10969.0	6438.5	58.7	0.2	16.6	4455.0
海通证券股份有限公司上海南翔镇证券营业部	上海	上海	10948.7	6597.6	9.3	0.1	4.4	4337.3
中信建投证券股份有限公司重庆涪陵广场路证券营业部	重庆	重庆	10948.2	3896.6	10.9	0.0	0.6	7040.1
国元证券股份有限公司阜阳临泉路证券营业部	安徽	阜阳	10942.3	9582.3	131.8	0.1	4.3	1223.8
财达证券有限责任公司唐山新华西道证券营业部	河北	唐山	10941.7	5359.5	34.2	0.5	6.5	5541.0
浙商证券股份有限公司厦门文康路证券营业部	福建	厦门	10913.1	4047.6	6.1	0.0	11.1	6848.4
安信证券股份有限公司清远金碧路证券营业部	广东	清远	10903.9	7029.5	191.7	0.0	23.3	3659.5
方正证券股份有限公司西安南大街证券营业部	陕西	西安	10902.0	3444.9	17.9	0.0	16.7	7422.5
西部证券股份有限公司宝鸡中山东路证券营业部	陕西	宝鸡	10886.7	4632.4	9.4	0.0	278.7	5966.2
东兴证券股份有限公司龙海公园路证券营业部	福建	龙海	10880.5	6443.3	27.1	0.2	15.0	4394.9
中国银河证券股份有限公司中山古镇证券营业部	广东	中山	10877.4	7012.2	87.1	0.0	1.0	3777.2
华林证券有限责任公司开平东兴大道证券营业部	广东	江门	10872.4	6104.8	42.7	0.0	11.8	4713.0
华龙证券有限责任公司兰州东岗西路证券营业部	甘肃	兰州	10869.9	7429.0	11.2	4.4	11.4	3413.9
华融证券股份有限公司上海周家嘴路证券营业部	上海	上海	10868.5	4400.6	37.3	0.1	5.5	6425.1
上海证券有限责任公司乐清柳市惠丰路证券营业部	浙江	乐清	10861.4	7638.1	40.6	0.0	6.9	3175.8
国盛证券有限责任公司南昌洪都大道证券营业部	江西	南昌	10859.1	5808.2	6.3	0.3	5.1	5039.4
国泰君安证券股份有限公司吉林松江路证券营业部	吉林	吉林	10858.7	8067.3	74.5	0.1	1.8	2715.1
东海证券股份有限公司杭州江南大道证券营业部	浙江	杭州	10855.1	5584.9	10.9	0.0	11.6	5247.7
国联证券股份有限公司无锡新区长江北路证券营业部	江苏	无锡	10849.3	5235.0	16.0	0.0	2.6	5595.7
中邮证券有限责任公司西安电子二路证券营业部	陕西	西安	10843.1	5509.1	7.8	0.0	3.9	5322.3
东方证券股份有限公司南京进香河路证券营业部	江苏	南京	10842.7	5544.9	74.0	0.0	6.8	5217.1
财通证券股份有限公司深圳新湖路证券营业部	深圳	深圳	10839.1	7268.1	20.6	0.0	8.6	3541.9
西部证券股份有限公司西安长安中路证券营业部	陕西	西安	10837.0	8679.9	29.1	0.2	9.0	2118.9
齐鲁证券有限公司深圳深南大道证券营业部	深圳	深圳	10829.5	7744.1	22.6	0.0	4.6	3058.2
东北证券股份有限公司常州花园街证券营业部	江苏	常州	10813.4	2079.4	47.3	0.0	21.4	8665.4
宏信证券有限责任公司德阳凉山路证券营业部	四川	德阳	10809.3	6856.9	6.0	0.3	26.5	3919.6
安信证券股份有限公司韶关西堤北路证券营业部	广东	韶关	10806.1	5876.0	26.6	0.0	17.4	4886.1

注：营业部交易金额的单位为百万元。

证券营业部交易
Trading of Business Department

营业部名称 Business Department	省份 Province	城市 City	总计 Total	股票 Share	基金 Fund	政府债 G-Bond	公司债 C-Bond	债券回购 Repo
新时代证券有限责任公司宜昌东山大道证券营业部	湖北	宜昌	10805.2	8668.1	7.4	0.0	12.6	2117.1
方正证券股份有限公司怀化芷江路证券营业部	湖南	怀化	10759.0	9845.2	48.5	0.8	41.7	822.8
长江证券股份有限公司仙桃仙桃大道证券营业部	湖北	仙桃	10755.4	8620.4	314.5	0.6	23.6	1796.3
华安证券有限责任公司安庆龙山路证券营业部	安徽	安庆	10751.3	9877.5	24.1	0.9	83.9	764.8
海通证券股份有限公司淮北相山路证券营业部	安徽	淮北	10748.5	10300.5	10.8	0.0	65.7	371.5
湘财证券有限责任公司武汉友谊大道证券营业部	湖北	武汉	10742.9	5549.3	14.5	0.0	626.2	4552.8
东北证券股份有限公司杭州凯旋路证券营业部	浙江	杭州	10741.0	5206.3	17.7	0.0	5.1	5511.9
中国中投证券有限责任公司淮安淮海东路证券营业部	江苏	淮安	10718.4	7842.6	53.7	0.1	22.0	2799.9
信达证券股份有限公司湛江海滨大道南证券营业部	广东	湛江	10713.1	7501.6	31.9	2.0	6.3	3171.3
广州证券有限责任公司杭州建国北路证券营业部	浙江	杭州	10679.8	6367.8	2.1	0.0	2.2	4307.7
第一创业证券股份有限公司廊坊建设路证券营业部	河北	廊坊	10676.4	7615.3	37.0	0.0	70.9	2953.2
华泰证券股份有限公司南通海安长江中路证券营业部	江苏	南通	10665.8	7328.5	1010.8	7.1	29.8	2289.6
海通证券股份有限公司泰安岱宗大街营业部	山东	泰安	10658.1	7879.1	101.6	0.2	23.7	2653.6
国盛证券有限责任公司赣州红旗大道赣龙商厦证券券营业部	江西	赣州	10642.3	8293.2	37.6	0.0	9.9	2301.5
东北证券股份有限公司福州东街证券营业部	福建	福州	10637.1	6849.8	17.5	0.0	0.7	3769.0
渤海证券股份有限公司天津奉化道证券营业部	天津	天津	10622.5	5937.9	42.5	0.0	47.2	4594.9
江海证券有限公司哈尔滨花园街证券营业部	黑龙江	哈尔滨	10616.0	4225.3	34.4	2.9	125.4	6227.9
安信证券股份有限公司肇庆端州四路证券营业部	广东	肇庆	10596.2	6683.4	74.0	0.1	6.5	3832.1
上海证券有限责任公司崇明证券营业部	上海	上海	10592.3	7947.5	11.0	0.2	45.7	2587.9
信达证券股份有限公司天津复康路证券营业部	天津	天津	10590.8	4292.4	46.3	3.5	135.3	6113.4
财通证券股份有限公司绍兴县钱清镇前路证券营业部	浙江	绍兴	10585.5	5970.9	1.0	0.0	6.6	4607.0
爱建证券有限责任公司上海兰溪路证券营业部	上海	上海	10578.1	4710.1	51.8	0.0	21.7	5794.6
华龙证券有限责任公司天水广场证券营业部	甘肃	天水	10577.7	8306.5	6.6	0.0	4.5	2260.1
海通证券股份有限公司大庆经三街证券营业部	黑龙江	大庆	10577.0	6977.9	41.1	0.0	3.0	3555.0
国泰君安证券股份有限公司深圳海岸城海德三道证券营业部	深圳	深圳	10568.4	7207.9	45.4	0.2	56.6	3258.2
方正证券股份有限公司平顶山建设路证券营业部	河南	平顶山	10565.9	8694.2	28.3	0.0	7.6	1835.8
西部证券股份有限公司上海西江湾路证券营业部	上海	上海	10563.3	3161.9	36.0	0.0	18.7	7346.7
华西证券有限责任公司自贡五星街证券营业部	四川	自贡	10562.3	8512.0	16.4	0.2	17.9	2015.7
东吴证券股份有限公司福州五四路证券营业部	福建	福州	10545.6	5021.0	3.2	0.0	186.5	5334.9
湘财证券有限责任公司海口证券交易营业部	海南	海口	10530.5	6243.4	70.9	0.0	7.8	4208.5
广发证券股份有限公司石家庄友谊南大街证券营业部	河北	石家庄	10525.4	5881.4	20.8	1.7	18.8	4602.8
中国银河证券股份有限公司南昌沿江中路证券营业部	江西	南昌	10525.2	7454.0	10.9	1.7	44.7	3014.0
东北证券股份有限公司广州东风东路证券营业部	广东	广州	10519.4	5820.4	166.8	0.4	29.8	4502.0
中国银河证券股份有限公司龙泉新华街证券营业部	浙江	丽水	10519.4	5388.9	1726.5	0.0	304.2	3099.8
华安证券有限责任公司芜湖新芜路证券营业部	安徽	芜湖	10515.2	7935.7	21.2	0.4	8.3	2549.7
国泰君安证券股份有限公司宜昌珍珠路证券营业部	湖北	宜昌	10513.0	6853.2	22.5	0.5	25.2	3611.6
万联证券有限责任公司衡阳证券营业部	湖南	衡阳	10507.4	8069.6	10.0	2.8	142.9	2282.1
中信证券股份有限公司海门人民西路证券营业部	江苏	海门	10497.1	5529.2	11.9	0.0	8.1	4947.9
山西证券股份有限公司长治长兴南路证券营业部	山西	长治	10497.0	6915.7	48.3	0.9	5.3	3526.8
中信建投证券股份有限公司连云港市通灌北路证券营业部	江苏	连云港	10487.5	7140.3	1485.5	0.0	5.3	1856.4
民生证券股份有限公司周口七一路证券营业部	河南	周口	10486.8	9644.1	22.1	0.2	9.3	811.2
新时代证券有限责任公司北京马家堡西路证券营业部	北京	北京	10485.3	1728.4	3023.7	0.0	94.6	5638.6
华泰证券股份有限公司济南山大南路证券营业部	山东	济南	10484.1	3782.8	111.6	11.2	144.9	6433.7
东兴证券股份有限公司南京洪武路证券营业部	江苏	南京	10483.1	3793.0	13.9	0.0	48.3	6627.9
民生证券股份有限公司鹤壁淇滨大道证券营业部	河南	鹤壁	10482.4	8028.1	141.8	0.0	35.9	2276.6
中国银河证券股份有限公司扬州文昌中路证券营业部	江苏	扬州	10481.4	5932.1	179.0	0.1	92.4	4277.7
平安证券有限责任公司武汉建设大道证券营业部	湖北	武汉	10473.3	8079.4	23.1	0.0	11.4	2359.4
广发证券股份有限公司海口和平大道证券营业部	海南	海口	10470.0	5849.9	25.6	0.1	7.5	4586.9
广发证券股份有限公司珠海情侣中路证券营业部	广东	珠海	10465.9	5626.4	16.0	0.0	16.3	4807.2
国联证券股份有限公司镇江南门大街证券营业部	江苏	镇江	10464.7	6523.8	168.2	0.4	67.8	3704.6

注：营业部交易金额的单位为百万元。

证券营业部交易
Trading of Business Department

营业部名称 Business Department	省份 Province	城市 City	总计 Total	股票 Share	基金 Fund	政府债 G-Bond	公司债 C-Bond	债券回购 Repo
中国中投证券有限责任公司哈尔滨赣水路证券营业部	黑龙江	哈尔滨	10456.9	7082.2	87.7	0.4	2.7	3283.9
厦门证券有限公司厦门观日路证券营业部	福建	厦门	10456.4	5313.3	50.3	0.2	7.8	5084.8
国泰君安证券股份有限公司常德武陵大道证券营业部	湖南	常德	10435.9	9457.2	27.9	1.5	2.7	946.6
信达证券股份有限公司湛江中山一路证券营业部	广东	湛江	10433.0	8415.7	25.1	3.6	19.0	1969.6
上海证券有限责任公司平顺路证券营业部	上海	上海	10419.6	4310.9	88.0	0.0	28.7	5992.0
中银国际证券有限责任公司牡丹江西平安街证券营业部	黑龙江	牡丹江	10417.6	7859.8	40.3	1.2	20.2	2496.2
中信建投证券股份有限公司鞍山市五一路证券营业部	辽宁	鞍山	10415.8	5086.7	62.8	0.0	413.0	4853.3
山西证券股份有限公司山西证券股份有限公司太原上肖墙路证券营业	山西	太原	10414.3	7459.6	275.3	0.3	2.4	2676.7
广发证券股份有限公司沈阳北二中路证券营业部	辽宁	沈阳	10411.3	4859.0	25.6	0.0	127.6	5399.1
众成证券经纪有限公司上海中山西路证券营业部	上海	上海	10408.6	3138.6	26.5	0.1	7.4	7236.0
江海证券有限公司厦门吕岭路证券营业部	福建	厦门	10406.5	6300.9	44.1	0.0	95.5	3966.0
国泰君安证券股份有限公司济南解放路证券营业部	山东	济南	10400.4	6872.8	96.8	2.9	30.0	3397.9
海通证券股份有限公司淮安淮海北路证券营业部	江苏	淮安	10388.8	8888.4	38.8	3.5	12.8	1445.3
广发证券股份有限公司无锡清扬路证券营业部	江苏	无锡	10386.7	7522.7	46.6	0.0	38.6	2778.8
国泰君安证券股份有限公司唐山建华西道证券营业部	河北	唐山	10374.5	6208.7	2305.5	0.6	9.6	1850.2
中国中投证券有限责任公司上海淞沪路证券营业部	上海	上海	10373.7	4650.6	16.7	3.7	7.3	5695.4
西南证券股份有限公司重庆涪陵滨江路证券营业部	重庆	重庆	10364.8	9283.0	14.6	0.3	4.8	1062.1
国泰君安证券股份有限公司长春西安大路证券营业部	吉林	长春	10360.4	7614.8	37.4	0.0	40.8	2667.4
东北证券股份有限公司南京标营路证券营业部	江苏	南京	10345.3	5680.1	50.0	0.3	18.3	4596.6
中信建投证券股份有限公司哈尔滨上京大道证券营业部	黑龙江	哈尔滨	10343.4	5733.3	3835.1	0.0	2.3	772.7
东海证券股份有限公司南京长江路证券营业部	江苏	南京	10340.6	5698.6	2.2	0.0	55.7	4584.2
湘财证券有限责任公司合肥长江中路证券营业部	安徽	合肥	10336.9	6861.2	14.0	3.4	7.6	3450.7
世纪证券有限责任公司新余仙来中大道证券营业部	江西	新余	10289.9	7312.3	13.1	0.0	2.4	2962.1
南京证券股份有限公司张家港步行街证券营业部	江苏	张家港	10285.6	6956.8	6.8	0.0	277.5	3044.5
华福证券有限责任公司石狮福辉路证券营业部	福建	石狮	10263.8	5802.0	10.3	0.0	2.6	4448.9
国金证券股份有限公司长沙芙蓉中路证券营业部	湖南	长沙	10260.7	5743.3	7.8	0.0	5.5	4504.1
广发证券股份有限公司北京安立路证券营业部	北京	北京	10247.5	6279.0	61.7	0.1	22.5	3884.3
东吴证券股份有限公司常熟商城中路证券营业部	江苏	常熟	10245.4	4250.6	24.7	0.0	72.3	5897.8
中信万通证券有限责任公司平度人民路证券营业部	山东	青岛	10238.8	8297.3	121.2	0.0	33.9	1786.4
渤海证券股份有限公司福州营迹路证券营业部	福建	福州	10238.7	6451.6	69.6	0.0	19.1	3698.3
安信证券股份有限公司汕头中山路证券营业部	广东	汕头	10231.5	6940.2	69.0	0.8	15.0	3206.6
中信证券股份有限公司襄阳解放路证券营业部	湖北	襄樊	10200.9	1901.3	28.6	0.0	1.8	8269.2
西部证券股份有限公司上海漕东支路证券营业部	上海	上海	10189.8	3479.0	23.1	0.0	18.6	6669.1
民生证券股份有限公司北京工体北路证券营业部	北京	北京	10186.8	3237.1	2.1	3.2	36.3	6908.2
东兴证券股份有限公司长沙韶山北路证券营业部	湖南	长沙	10176.3	4027.2	1.6	0.0	0.0	6147.5
新时代证券有限责任公司青岛福州南路证券营业部	山东	青岛	10160.2	5415.2	3.0	0.1	8.8	4733.3
西部证券股份有限公司上海开鲁路证券营业部	上海	上海	10145.0	4452.8	24.9	0.2	32.7	5634.4
海通证券股份有限公司盐城建军中路证券营业部	江苏	盐城	10115.4	7323.5	216.1	0.0	4.5	2571.3
东吴证券股份有限公司苏州木渎镇证券营业部	江苏	苏州	10111.0	6826.7	55.7	0.0	5.0	3223.6
中原证券股份有限公司杭州新华路证券营业部	浙江	杭州	10076.4	6275.1	9.0	0.1	34.9	3757.4
国信证券股份有限公司郑州商务内环路证券营业部	河南	郑州	10022.2	7655.6	21.0	0.0	11.3	2334.4
东海证券股份有限公司杭州秋涛北路证券营业部	浙江	杭州	10014.7	3013.4	14.5	0.0	30.0	6956.8
爱建证券有限责任公司上海广中路证券营业部	上海	上海	10013.9	3965.1	83.8	0.0	113.7	5851.3
申银万国证券股份有限公司乌鲁木齐人民路证券营业部	新疆	乌鲁木齐	10013.4	7673.9	101.2	0.0	2.9	2235.4
五矿证券有限公司杭州中山北路证券营业部	浙江	杭州	10013.3	5712.8	11.5	0.0	38.0	4251.1
华西证券有限责任公司达州朝阳中路证券营业部	四川	达州	10002.6	8590.7	24.7	0.1	11.2	1375.9
山西证券股份有限公司太原并州南路证券营业部	山西	太原	10000.0	7650.7	148.4	2.0	3.2	2195.7
兴业证券股份有限公司莆田学园中街证券营业部	福建	莆田	9988.4	6924.1	21.3	0.0	12.6	3030.3
开源证券有限责任公司北京开阳路证券营业部	北京	北京	9975.3	726.3	23.4	0.0	4.8	9220.8
东方证券股份有限公司苏州临顿路证券营业部	江苏	苏州	9972.2	3949.1	15.7	0.0	2.0	6005.4

注：营业部交易金额的单位为百万元。

证券营业部交易
Trading of Business Department

营业部名称 Business Department	省份 Province	城市 City	总计 Total	股票 Share	基金 Fund	政府债 G-Bond	公司债 C-Bond	债券回购 Repo
东海证券股份有限公司天津友谊路证券营业部	天津	天津	9956.8	5032.3	14.6	0.1	7.7	4902.1
申银万国证券股份有限公司泸州酒城大道证券营业部	四川	泸州	9956.3	3458.8	1010.7	0.0	6.2	5480.5
齐鲁证券有限公司济南民生大街证券营业部	山东	济南	9955.6	4160.9	2230.1	0.2	8.4	3555.9
第一创业证券股份有限公司北京阜石路证券营业部	北京	北京	9955.1	331.3	3.7	0.1	95.3	9524.8
海通证券股份有限公司哈尔滨西大直街证券营业部	黑龙江	哈尔滨	9952.3	6035.5	22.5	19.7	165.9	3708.7
万联证券有限责任公司荆门长宁大道证券营业部	湖北	荆门	9947.6	7087.2	6.3	0.0	4.2	2849.9
上海证券有限责任公司延长西路证券营业部	上海	上海	9944.8	2974.3	65.4	1.2	13.7	6890.2
海通证券股份有限公司鸡西中心大街证券营业部	黑龙江	鸡西	9938.4	5344.7	1355.2	0.2	13.2	3225.2
广发证券股份有限公司唐山友谊路证券营业部	河北	唐山	9934.4	3311.4	29.6	0.0	104.7	6488.7
申银万国证券股份有限公司江西九江浔阳路营业部	江西	九江	9930.0	7638.3	54.8	0.0	7.3	2229.6
中国民族证券有限责任公司延吉友谊路证券营业部	吉林	延吉	9919.4	5722.9	10.5	0.2	6.8	4179.1
民生证券股份有限公司新密青屏大街证券营业部	河南	新密	9915.4	9169.3	5.2	0.1	10.0	730.8
海通证券股份有限公司哈尔滨东直路证券营业部	黑龙江	哈尔滨	9910.8	8527.9	6.1	0.0	0.5	1376.3
东兴证券股份有限公司三明崇宁路证券营业部	福建	三明	9908.2	8534.5	30.8	0.0	3.3	1339.6
国盛证券有限责任公司上海南丹东路证券营业部	上海	上海	9904.4	4350.7	32.0	9.5	11.1	5501.1
宏源证券股份有限公司南宁英华路证券营业部	广西	南宁	9901.5	6436.8	13.4	0.0	7.6	3443.6
中信建投证券股份有限公司厦门杏东路证券营业部	福建	厦门	9896.6	3709.4	347.2	0.0	54.1	5785.9
华安证券有限责任公司六安梅山路证券营业部	安徽	六安	9888.5	8125.3	75.0	2.1	47.0	1639.1
国盛证券有限责任公司抚州赣东大道证券营业部	江西	抚州	9888.2	6591.6	5.9	0.0	2077.7	1213.0
大同证券经纪有限责任公司晋城凤台西街证券营业部	山西	晋城	9888.0	5795.8	12.5	54.2	18.8	4006.8
华龙证券有限责任公司兰州民主东路证券营业部	甘肃	兰州	9887.3	5581.9	5.5	0.0	3.4	4296.6
恒泰证券股份有限公司包头钢铁大街证券营业部	内蒙	包头	9866.3	5395.3	2.0	0.0	13.2	4455.8
海通证券股份有限公司兰州天水路证券营业部	甘肃	兰州	9861.9	2764.8	8.6	0.0	4.5	7083.9
华泰证券股份有限公司扬州宝应叶挺东路证券营业部	江苏	扬州	9860.1	6526.9	15.4	0.0	360.3	2957.5
中国银河证券股份有限公司中山小榄证券营业部	广东	中山	9854.4	6826.7	24.3	0.7	3.5	2999.2
广发证券股份有限公司济南泺源大街证券营业部	山东	济南	9840.4	5589.0	12.1	0.9	63.1	4175.2
华鑫证券有限责任公司上海浦雪路证券营业部	上海	上海	9818.0	5574.3	8.0	0.1	151.8	4083.8
国元证券股份有限公司芜湖黄山西路证券营业部	安徽	芜湖	9817.0	8121.5	95.6	0.6	104.4	1494.9
金元证券股份有限公司天津大沽南路证券营业部	天津	天津	9816.0	4076.9	14.4	0.0	5.3	5719.3
山西证券股份有限公司石家庄槐安东路证券营业部	河北	石家庄	9808.5	3050.0	10.8	0.0	564.2	6183.5
中航证券有限公司景德镇珠山东路证券营业部	江西	景德镇	9808.3	7785.1	23.4	0.7	4.5	1994.6
国信证券股份有限公司深圳海德三道证券营业部	深圳	深圳	9802.0	6605.9	58.1	0.0	11.4	3126.5
广发证券股份有限公司廊坊新开路营业部	河北	廊坊	9801.8	4987.2	96.2	0.1	11.9	4706.4
宏源证券股份有限公司桂林漓江路证券营业部	广西	桂林	9797.0	7850.8	18.8	0.1	11.5	1915.9
渤海证券股份有限公司北京大兴三中西巷证券营业部	北京	北京	9791.0	8019.8	105.6	0.3	10.6	1654.9
财通证券有限责任公司上虞市民大道证券营业部	浙江	绍兴	9789.8	5430.7	11.0	0.0	34.7	4313.5
中国银河证券股份有限公司遂昌北街证券营业部	浙江	丽水	9783.0	8927.0	19.0	0.0	1.1	835.9
山西证券股份有限公司太原平阳路证券营业部	山西	太原	9780.3	4718.0	177.9	0.0	3.1	4881.3
财富证券有限责任公司邵阳红旗路营业部	湖南	邵阳	9769.6	9160.8	11.5	0.1	27.4	569.9
渤海证券股份有限公司西安劳动南路证券营业部	陕西	西安	9757.6	5447.2	30.0	0.0	13.8	4266.6
中信建投证券股份有限公司郴州解放路证券营业部	湖南	郴州	9747.7	6664.1	34.8	1.1	712.4	2335.3
西南证券股份有限公司温州江滨西路证券营业部	浙江	温州	9733.5	8007.7	68.7	0.0	4.8	1652.4
财富证券有限责任公司北京阜外大街证券营业部	北京	北京	9728.3	6597.5	6.2	0.0	9.0	3115.6
安信证券股份有限公司海口滨海大道证券营业部	海南	海口	9721.0	4855.9	71.1	0.0	12.9	4781.1
中国银河证券股份有限公司武汉汉阳大道证券营业部	湖北	武汉	9708.2	5256.5	23.2	104.3	8.7	4315.5
财达证券有限责任公司衡水人民东路证券营业部	河北	衡水	9703.9	7942.6	31.6	2.2	12.4	1715.2
东北证券股份有限公司吉林遵义东路证券营业部	吉林	吉林	9700.5	5788.9	20.9	0.1	42.5	3848.1
万和证券有限责任公司成都蜀汉路证券营业部	四川	成都	9693.9	6059.7	15.9	0.0	11.4	3606.9
天风证券股份有限公司大连天河路证券营业部	辽宁	大连	9691.3	7049.9	65.3	0.0	3.4	2572.7
广发证券股份有限公司珠海情侣南路证券营业部	广东	珠海	9675.5	5140.4	5.5	0.0	51.9	4477.7

注：营业部交易金额的单位为百万元。

证券营业部交易
Trading of Business Department

营业部名称 Business Department	省份 Province	城市 City	总计 Total	股票 Share	基金 Fund	政府债 G-Bond	公司债 C-Bond	债券回购 Repo
英大证券有限责任公司福州五四路证券营业部	福建	福州	9667.2	5687.2	13.5	0.0	1.4	3965.2
中天证券有限责任公司上海武夷路证券营业部	上海	上海	9664.3	3769.4	14.9	0.0	12.5	5867.5
光大证券股份有限公司重庆永川营业部	重庆	重庆	9656.3	7068.0	14.4	0.1	3.8	2570.1
山西证券股份有限公司运城河东街证券营业部	山西	运城	9649.0	7701.0	740.0	0.2	4.5	1203.2
东海证券股份有限公司青岛香港中路证券营业部	山东	青岛	9647.5	5097.4	106.0	0.0	15.7	4428.5
信达证券股份有限公司广州中山大道证券营业部	广东	广州	9645.6	6115.6	11.7	0.0	10.9	3507.4
齐鲁证券有限公司泰安升平街证券营业部	山东	泰安	9643.2	8198.5	622.7	0.0	5.7	816.3
安信证券股份有限公司广州花都凤凰北路证券营业部	广东	广州	9636.4	4153.8	20.2	0.0	3.5	5458.9
万和证券有限责任公司成都建设路证券营业部	四川	成都	9626.9	6094.9	5.0	14.4	14.2	3498.5
国元证券股份有限公司青岛源头路证券营业部	山东	青岛	9613.5	9100.8	8.9	0.0	2.6	501.2
齐鲁证券有限公司厦门城南路证券营业部	福建	厦门	9612.6	4606.9	21.1	0.0	5.8	4978.8
长江证券股份有限公司深圳莲塘聚福路证券营业部	深圳	深圳	9610.7	5843.4	224.2	0.3	12.6	3530.2
联讯证券有限责任公司沈阳大西路证券营业部	辽宁	沈阳	9607.2	6674.1	10.5	0.1	3.6	2919.0
海通证券股份有限公司阜阳清河东路证券营业部	安徽	阜阳	9603.2	3104.9	238.9	0.0	3.8	6255.5
信达证券股份有限公司葫芦岛连山大街证券营业部	辽宁	葫芦岛	9592.5	8243.6	29.0	0.0	11.8	1308.1
安信证券股份有限公司东莞樟木头证券营业部	广东	东莞	9580.6	5063.5	63.5	0.0	11.0	4442.6
海通证券股份有限公司海口龙昆北路营业部	海南	海口	9578.7	6702.4	33.6	34.9	15.8	2792.0
西部证券股份有限公司西安朱雀大街证券营业部	陕西	西安	9521.1	3166.2	20.9	0.0	2.9	6331.0
南京证券股份有限公司南京中山南路证券营业部	江苏	南京	9483.2	6457.5	10.9	97.9	8.7	2908.3
广发证券股份有限公司佛山高明跃华路证券营业部	广东	佛山	9461.3	6702.6	114.3	1.0	408.1	2235.3
光大证券股份有限公司东莞厚街证券营业部	广东	东莞	9442.5	7011.3	52.2	0.0	4.6	2374.4
宏信证券有限责任公司西昌胜利路证券营业部	四川	西昌	9441.8	4855.4	4.0	3.3	3.8	4575.3
国泰君安证券股份有限公司常德桃源漳江南路证券营业部	湖南	常德	9428.6	2515.3	51.5	0.0	703.6	6158.1
西部证券股份有限公司宝鸡经二路证券营业部	陕西	宝鸡	9425.8	6776.6	8.5	0.7	5.3	2634.7
中国银河证券股份有限公司青岛热河路证券营业部	山东	青岛	9424.5	4915.0	25.7	0.2	176.3	4307.3
国信证券股份有限公司青岛香港中路证券营业部	山东	青岛	9423.7	6540.2	177.6	0.2	16.0	2689.6
渤海证券股份有限公司广州天河东路证券营业部	广东	广州	9416.9	5833.2	46.8	0.0	36.2	3500.6
中国银河证券股份有限公司重庆建新东路证券营业部	重庆	重庆	9412.9	6858.6	104.5	0.3	46.3	2403.4
山西证券股份有限公司离石滨河北西路证券营业部	山西	吕梁	9410.6	3966.6	55.9	0.6	17.5	5370.1
齐鲁证券有限公司滕州善国中路证券营业部	山东	滕州	9407.9	6370.2	22.2	1.0	4.4	3010.1
中国银河证券股份有限公司沈阳南八马路证券营业部	辽宁	沈阳	9388.8	5478.8	87.2	22.8	22.2	3777.8
浙商证券股份有限公司嘉兴梅湾街证券营业部	浙江	嘉兴	9385.2	5686.6	15.2	0.0	3.7	3679.7
中国民族证券有限责任公司吉首人民北路证券营业部	湖南	吉首	9379.3	8936.5	4.1	0.0	1.0	437.7
东兴证券股份有限公司长乐郑和路证券营业部	福建	福州	9379.0	7663.3	19.5	0.0	12.4	1683.9
海通证券股份有限公司马鞍山湖东中路证券营业部	安徽	马鞍山	9369.3	6984.8	20.4	0.0	21.2	2342.9
中信证券（浙江）有限责任公司衢州新桥街证券营业部	浙江	衢州	9369.0	6314.5	294.8	0.0	11.4	2748.4
上海证券有限责任公司杭州文二路证券营业部	浙江	杭州	9352.0	5325.4	43.4	0.0	10.3	3972.9
东海证券股份有限公司北京西三环北路证券营业部	北京	北京	9346.9	5567.4	7.1	0.0	40.3	3732.0
申银万国证券股份有限公司本溪解放北路证券营业部	辽宁	本溪	9339.8	5361.4	44.1	0.0	62.6	3871.8
东兴证券股份有限公司永安牺和路证券营业部	福建	三明	9329.9	6628.4	12.4	0.0	1.3	2687.9
中国银河证券股份有限公司北京学清路证券营业部	北京	北京	9328.2	4695.4	341.1	0.0	26.7	4264.8
中国民族证券有限责任公司哈尔滨东大直街证券营业部	黑龙江	哈尔滨	9321.5	6019.7	14.3	0.2	232.3	3055.1
红塔证券股份有限公司苏州人民路证券营业部	江苏	苏州	9316.0	4434.6	23.3	0.0	4.3	4853.8
方正证券股份有限公司深圳别墅路证券营业部	深圳	深圳	9315.4	5844.7	43.2	0.0	2.8	3424.7
财富证券有限责任公司深圳红桂路证券营业部	深圳	深圳	9312.1	6695.3	8.1	0.0	2.2	2606.5
国盛证券有限责任公司杭州萧绍路证券营业部	浙江	杭州	9307.1	5577.6	47.7	0.0	2.0	3679.8
国元证券股份有限公司铜陵义安南路证券营业部	安徽	铜陵	9297.1	7116.4	16.8	0.4	2.9	2160.5
广发证券股份有限公司合肥长江中路证券营业部	安徽	合肥	9295.7	4829.0	10.9	0.2	20.5	4435.1
财达证券有限责任公司石家庄新华路证券营业部	河北	石家庄	9289.1	5374.7	55.7	2.3	11.7	3844.7
华泰证券股份有限公司南京中央路第二证券营业部	江苏	南京	9285.7	5941.3	43.5	0.4	23.4	3277.1

注：营业部交易金额的单位为百万元。

证券营业部交易
Trading of Business Department

营业部名称 Business Department	省份 Province	城市 City	总计 Total	股票 Share	基金 Fund	政府债 G-Bond	公司债 C-Bond	债券回购 Repo
海通证券股份有限公司上海嘉定区福海路证券营业部	上海	上海	9282.1	3842.5	26.2	1.6	192.1	5219.6
宏源证券股份有限公司昌吉延安路证券营业部	新疆	昌吉	9270.8	7637.0	9.6	0.0	0.6	1623.6
平安证券有限责任公司珠海园林路证券营业部	广东	珠海	9246.8	6490.2	18.5	0.3	6.3	2731.5
东北证券股份有限公司南京中山北路证券营业部	江苏	南京	9246.3	5033.5	39.8	0.1	6.0	4166.8
信达证券股份有限公司朝阳五一街证券营业部	辽宁	朝阳	9245.1	7558.1	31.2	0.3	4.4	1651.0
新时代证券有限责任公司广州环市东路证券营业部	广东	广州	9243.2	3880.6	3347.4	0.0	89.5	1925.6
东兴证券股份有限公司武汉台北一路证券营业部	湖北	武汉	9239.1	5295.7	23.2	0.1	14.4	3905.8
中国民族证券有限责任公司北京丰台东大街证券营业部	北京	北京	9234.9	6939.6	120.5	15.6	21.4	2137.7
光大证券股份有限公司珠海海滨南路证券营业部	广东	珠海	9233.6	4519.7	74.7	0.0	22.6	4616.6
西部证券股份有限公司西安未央路第一证券营业部	陕西	西安	9231.8	7341.8	4.8	0.2	10.8	1874.3
国盛证券有限责任公司北京知春路证券营业部	北京	北京	9228.8	4261.4	61.6	0.0	48.8	4857.0
国信证券股份有限公司深圳龙华证券营业部	深圳	深圳	9218.6	4882.4	5.3	0.0	18.6	4312.3
国都证券有限责任公司天津永安道证券营业部	天津	天津	9215.7	5218.5	113.1	0.0	60.4	3823.7
财通证券股份有限公司瑞安塘河北路证券营业部	浙江	温州	9213.2	5799.7	9.7	0.0	0.6	3403.2
安信证券股份有限公司宜宾民主路证券营业部	四川	宜宾	9207.9	7434.5	22.2	2.9	69.0	1679.3
浙商证券股份有限公司永嘉双塔路证券营业部	浙江	温州	9204.4	5847.9	29.2	0.1	19.2	3308.0
广发证券股份有限公司乌鲁木齐北京南路证券营业部	新疆	乌鲁木齐	9195.7	4144.1	9.6	0.0	3.0	5039.0
上海证券有限责任公司杭州解放路证券营业部	浙江	杭州	9194.4	2681.0	19.9	0.0	73.3	6420.2
中原证券股份有限公司郑州纬二路证券营业部	河南	郑州	9190.6	6832.6	30.2	0.0	2.9	2324.9
中国银河证券股份有限公司武汉积玉桥证券营业部	湖北	武汉	9184.7	4586.9	15.3	0.2	14.7	4567.5
中信证券（浙江）有限责任公司富阳迎宾路证券营业部	浙江	杭州	9183.6	5708.8	3.5	0.0	0.1	3471.3
中原证券股份有限公司三门峡六峰路证券营业部	河南	三门峡	9173.8	7989.8	18.7	1.9	69.8	1093.6
爱建证券有限责任公司嘉兴斜西街证券营业部	浙江	嘉兴	9171.9	6608.1	45.0	0.1	45.1	2473.6
方正证券股份有限公司天津新华路证券营业部	天津	天津	9168.6	5682.3	37.8	1.1	13.1	3434.3
国金证券股份有限公司都江堰都江大道证券营业部	四川	成都	9142.8	7649.8	10.9	0.0	8.3	1473.8
宏源证券股份有限公司克拉玛依天山路证券营业部	新疆	克拉玛依	9140.5	6525.2	16.2	0.1	11.0	2588.1
国泰君安证券股份有限公司海口龙昆南路证券营业部	海南	海口	9137.0	6776.9	21.9	0.0	14.8	2323.4
华宝证券有限责任公司深圳新闻路证券营业部	深圳	深圳	9136.5	7848.3	11.8	0.0	1.0	1275.4
长江证券股份有限公司荆门白庙路证券营业部	湖北	荆门	9132.7	7147.0	30.5	0.1	7.5	1947.6
财通证券股份有限公司江山中山路证券营业部	浙江	衢州	9126.0	6926.5	6.8	0.0	7.3	2185.5
安信证券股份有限公司广州番禺繁华路证券营业部	广东	广州	9114.4	5025.9	151.0	0.4	7.9	3929.3
安信证券股份有限公司大连中山路证券营业部	辽宁	大连	9114.2	6130.1	40.0	0.0	11.7	2932.4
德邦证券有限责任公司北京光华路证券营业部	北京	北京	9109.4	5579.1	42.7	6.1	1897.3	1584.2
安信证券股份有限公司潮州潮安证券营业部	广东	潮州	9106.7	5072.4	361.9	0.0	3.3	3669.1
华泰证券股份有限公司张家港金港镇长江中路证券营业部	江苏	张家港	9100.3	4852.2	56.9	0.0	30.3	4160.9
南京证券股份有限公司宁波锦寓路证券营业部	浙江	宁波	9088.2	5911.9	11.4	0.0	1.9	3163.1
财达证券有限责任公司邯郸人民路证券营业部	河北	邯郸	9087.6	7087.6	34.7	0.1	1.3	1964.0
宏信证券有限责任公司上海中华新路证券营业部	上海	上海	9085.4	2312.1	9.9	0.0	14.9	6748.5
第一创业证券股份有限公司广州猎德大道证券营业部	广东	广州	9083.3	1471.5	10.5	1.4	352.2	7247.7
财达证券有限责任公司唐山南堡开发区证券营业部	河北	唐山	9078.5	1051.6	1.3	0.0	0.0	8025.6
中国民族证券有限责任公司天津三马路证券营业部	天津	天津	9065.8	6255.3	7.5	1.2	4.9	2796.8
申银万国证券股份有限公司永嘉双塔路证券营业部	浙江	温州	9038.0	7390.7	27.9	0.2	4.5	1614.8
中原证券股份有限公司驻马店解放路证券营业部	河南	驻马店	9017.9	6514.5	100.8	0.1	7.3	2395.3
中国民族证券有限责任公司石家庄谈固西街证券营业部	河北	石家庄	9010.9	5697.0	14.4	0.4	25.7	3273.4
华泰证券股份有限公司重庆春晖路证券营业部	重庆	重庆	9004.5	8042.8	36.9	0.4	54.7	869.7
国金证券股份有限公司成都龙泉驿区龙都南路证券营业部	四川	成都	9003.8	5218.6	77.0	0.6	11.0	3696.6
华泰证券股份有限公司牡丹江长安街证券营业部	黑龙江	牡丹江	9000.3	5628.5	90.4	0.3	321.1	2959.9
万联证券有限责任公司内江交通路证券营业部	四川	内江	8999.7	5895.0	9.1	0.8	32.8	3062.1
中国民族证券有限责任公司鞍山人民路证券营业部	辽宁	鞍山	8998.9	7392.6	13.9	0.1	5.1	1587.2
南京证券股份有限公司深圳蛇口南海大道证券营业部	深圳	深圳	8989.8	6341.9	14.7	0.0	3.6	2629.6

注：营业部交易金额的单位为百万元。

证券营业部交易
Trading of Business Department

营业部名称 Business Department	省份 Province	城市 City	总计 Total	股票 Share	基金 Fund	政府债 G-Bond	公司债 C-Bond	债券回购 Repo
东吴证券股份有限公司沈阳滂江街证券营业部	辽宁	沈阳	8987.2	5172.8	9.3	28.0	18.5	3758.7
齐鲁证券有限公司沈阳五爱街证券营业部	辽宁	沈阳	8986.2	5228.4	28.2	2.2	16.9	3710.5
平安证券有限责任公司重庆红金街证券营业部	重庆	重庆	8969.8	7489.2	10.9	0.7	103.4	1365.6
东北证券股份有限公司长春同志街证券营业部	吉林	长春	8960.6	5376.5	19.9	0.2	11.9	3552.1
广发证券股份有限公司吉林珲春街证券营业部	吉林	吉林	8953.6	4827.4	11.7	0.5	34.3	4079.7
招商证券股份有限公司佛山顺德云良路证券营业部	广东	佛山	8953.1	4271.8	21.0	0.0	7.4	4652.9
齐鲁证券有限公司芜湖镜湖路证券营业部	安徽	芜湖	8950.5	4465.0	685.4	0.0	2.1	3798.1
中国民族证券有限责任公司漳州胜利东路证券营业部	福建	漳州	8939.7	7092.4	12.0	0.0	14.4	1820.9
西南证券股份有限公司武汉中北路证券营业部	湖北	武汉	8939.5	1344.6	6.5	926.5	11.1	6650.7
信达证券股份有限公司铁岭光荣街营业部	辽宁	铁岭	8928.1	4799.9	33.2	9.3	398.2	3687.4
光大证券股份有限公司济南经十路证券营业部	山东	济南	8925.9	6051.2	12.0	0.5	17.5	2844.8
宏源证券股份有限公司柳州解放南路证券营业部	广西	柳州	8920.8	6327.4	40.1	0.0	6.2	2547.0
东北证券股份有限公司深圳百花四路证券营业部	深圳	深圳	8919.7	4544.4	0.4	0.1	7.1	4367.7
首创证券有限责任公司石家庄新华路证券营业部	河北	石家庄	8908.3	5022.0	27.0	0.1	1.8	3857.5
华泰证券股份有限公司成都双流县正东中街证券营业部	四川	成都	8907.7	5264.1	20.5	1.1	28.4	3593.7
广发证券股份有限公司烟台环山路证券营业部	山东	烟台	8907.2	6611.4	143.8	0.0	13.0	2139.1
西部证券股份有限公司西安东大街证券营业部	陕西	西安	8901.1	6583.9	6.9	0.7	6.9	2302.8
湘财证券有限责任公司北京顺义站前街证券营业部	北京	北京	8887.2	6822.0	16.7	0.7	22.4	2025.4
东北证券股份有限公司重庆科园一路证券营业部	重庆	重庆	8862.6	4842.8	19.3	0.0	1.4	3999.2
中信证券（浙江）有限责任公司丽水寿尔福路证券营业部	浙江	丽水	8862.5	6922.3	47.1	0.0	5.9	1887.2
华林证券有限责任公司合肥金寨路证券营业部	安徽	合肥	8854.5	6637.2	41.1	0.1	8.0	2168.1
方正证券股份有限公司冷水江锑都中路证券营业部	湖南	娄底	8853.0	8132.1	13.9	0.0	23.4	683.7
中信万通证券有限责任公司莱州文化东路证券营业部	山东	烟台	8843.7	5475.7	13.6	0.3	3.7	3350.5
华龙证券有限责任公司上海长宁路证券营业部	上海	上海	8832.0	3118.8	23.6	0.2	27.6	5661.8
中国银河证券股份有限公司荆门证券营业部	湖北	荆门	8831.0	7778.4	56.4	0.0	7.3	988.9
长城证券有限责任公司郑州文化路证券营业部	河南	郑州	8824.5	6313.0	39.1	0.1	9.6	2462.7
华融证券股份有限公司常德武陵大道证券营业部	湖南	常德	8823.7	8009.1	8.7	0.0	0.9	805.0
东莞证券有限责任公司厦门枋湖东路证券营业部	福建	厦门	8818.7	3511.4	10.9	0.0	6.0	5290.5
招商证券股份有限公司上海牡丹江路证券营业部	上海	上海	8811.4	3518.7	25.4	0.8	29.5	5237.0
华泰证券股份有限公司黄冈赤壁大道证券营业部	湖北	黄冈	8807.8	6239.1	1089.1	0.0	2.4	1477.2
大通证券股份有限公司杭州庆春路证券营业部	浙江	杭州	8796.1	864.8	0.4	0.0	0.0	7930.8
湘财证券有限责任公司北京建国门内大街证券营业部	北京	北京	8784.8	4892.4	107.5	0.0	13.1	3771.8
海通证券股份有限公司大庆经六街营业部	黑龙江	大庆	8775.8	7031.6	201.8	0.5	19.8	1522.1
山西证券股份有限公司太原坞城路证券营业部	山西	太原	8768.3	6293.3	74.6	0.2	0.5	2399.8
江海证券有限公司大连五四路证券营业部	辽宁	大连	8766.5	5001.0	9.1	0.0	3.1	3753.2
兴业证券股份有限公司合肥肥西路证券营业部	安徽	合肥	8761.7	3863.2	33.4	0.0	5.7	4859.4
齐鲁证券有限公司潍坊北海路证券营业部	山东	潍坊	8755.0	6563.1	1292.7	0.3	31.6	867.3
国泰君安证券股份有限公司沧州沧县交通北大道证券营业部	河北	沧州	8746.5	7540.0	47.5	0.0	5.4	1153.6
中国中投证券有限责任公司长春人民大街证券营业部	吉林	长春	8733.2	4864.9	53.4	0.0	1.1	3813.8
光大证券股份有限公司厦门集源路证券营业部	福建	厦门	8731.3	5279.7	45.5	0.0	4.5	3401.6
上海证券有限责任公司瑞安塘下大道证券营业部	浙江	瑞安	8729.1	6739.6	179.8	0.0	2.5	1807.1
天源证券有限公司福州交通路证券营业部	福建	福州	8718.6	5776.6	3.4	0.0	1.0	2937.6
华泰证券股份有限公司长春民康路证券营业部	吉林	长春	8717.0	6701.3	144.2	0.0	13.3	1858.2
华泰证券股份有限公司岳阳五里牌证券营业部	湖南	岳阳	8711.1	7092.1	98.1	1.7	24.8	1494.4
华安证券有限责任公司池州东湖南路证券营业部	安徽	池州	8706.5	6788.2	28.7	1.3	8.1	1880.3
国盛证券有限责任公司景德镇珠山中路证券营业部	江西	南昌	8705.6	5818.9	9.8	0.0	8.3	2868.6
浙商证券股份有限公司福州华林路证券营业部	福建	福州	8703.1	4528.2	128.6	0.0	4.1	4042.2
中山证券有限责任公司南通姚港路证券营业部	江苏	南通	8699.4	4179.4	12.9	0.0	6.5	4500.7
国泰君安证券股份有限公司东莞体育路证券营业部	广东	东莞	8694.5	6718.1	47.8	0.0	178.2	1750.3
海通证券股份有限公司牡丹江牡丹街证券营业部	黑龙江	牡丹江	8680.3	6522.8	81.1	9.0	46.5	2020.9

注：营业部交易金额的单位为百万元。

证券营业部交易
Trading of Business Department

营业部名称 Business Department	省份 Province	城市 City	总计 Total	股票 Share	基金 Fund	政府债 G-Bond	公司债 C-Bond	债券回购 Repo
齐鲁证券有限公司邹城东滩路证券营业部	山东	济宁	8665.9	5725.2	21.2	0.2	4.7	2914.7
浙商证券股份有限公司武义中兴街证券营业部	浙江	金华	8663.7	7729.5	37.4	0.0	22.7	874.1
大同证券经纪有限责任公司大同迎宾街证券营业部	山西	大同	8662.7	6325.1	18.7	2.7	8.4	2307.8
光大证券股份有限公司泉州田安路证券营业部	福建	泉州	8654.7	4134.9	14.9	0.0	7.0	4497.9
国泰君安证券股份有限公司天津环湖中路营业部	天津	天津	8652.1	4015.5	9.6	5.0	8.1	4613.9
齐鲁证券有限公司济宁运河路证券营业部	山东	济宁	8650.5	5908.4	39.7	0.3	8.5	2693.6
山西证券股份有限公司太原西矿街证券营业部	山西	太原	8644.2	6015.4	66.1	0.6	4.7	2557.5
海通证券股份有限公司泰州鼓楼南路证券营业部	江苏	泰州	8633.3	5483.4	60.9	0.0	9.8	3079.2
安信证券股份有限公司茂名高州证券营业部	广东	高州	8619.7	5924.7	32.9	0.0	5.1	2657.1
中国银河证券股份有限公司长春东南湖大路证券营业部	吉林	长春	8615.5	5874.2	23.9	0.0	28.5	2688.9
开源证券有限责任公司榆林航宇路证券营业部	陕西	榆林	8615.3	5740.7	2.1	0.0	3.0	2869.5
东莞证券有限责任公司东莞证券有限责任公司南京玉兰路证券营业部	江苏	南京	8613.0	4161.6	169.8	0.0	24.3	4257.2
广发证券股份有限公司珠海九洲大道证券营业部	广东	珠海	8600.2	5453.2	8.1	0.0	3.5	3135.4
国元证券股份有限公司合肥芜湖路证券营业部	安徽	合肥	8594.4	6903.2	15.5	0.1	14.6	1661.0
中原证券股份有限公司焦作解放中路证券营业部	河南	焦作	8588.8	6051.9	16.5	0.2	2.6	2517.7
中国中投证券有限责任公司武汉香港路证券营业部	湖北	武汉	8583.4	5283.8	86.4	0.0	26.4	3186.8
东海证券股份有限公司金坛西门大街证券营业部	江苏	金坛	8572.3	5427.3	33.7	0.0	6.8	3104.5
中天证券有限责任公司锦州延安路证券营业部	辽宁	锦州	8567.2	2560.6	7.3	0.0	0.8	5998.5
广发证券股份有限公司重庆凤天大道证券营业部	重庆	重庆	8567.2	6507.1	58.0	0.0	5.5	1996.6
中国民族证券有限责任公司集安黎明街证券营业部	吉林	集安	8566.5	1570.9	8.5	0.0	34.9	6952.3
东兴证券股份有限公司太原亲贤北街证券营业部	山西	太原	8566.1	2183.4	95.5	0.0	0.4	6286.8
南京证券股份有限公司福州华林路证券营业部	福建	福州	8561.9	4532.9	25.1	0.0	4.2	3999.7
国泰君安证券股份有限公司中山中山三路证券营业部	广东	中山	8545.8	6096.4	35.3	0.0	19.3	2394.9
东兴证券股份有限公司佛山汾江南路证券营业部	广东	佛山	8541.7	2706.7	6.8	0.0	3.4	5824.7
华泰证券股份有限公司大连解放路证券营业部	辽宁	大连	8536.1	4846.7	1956.8	0.0	8.4	1724.2
国泰君安证券股份有限公司抚州赣东大道证券营业部	江西	抚州	8533.0	7016.5	79.1	0.0	2.9	1434.4
长城证券有限责任公司昆明西昌路证券营业部	云南	昆明	8524.1	5424.5	40.7	0.0	11.5	3047.4
宏源证券股份有限公司成都蜀金路证券营业部	四川	成都	8514.3	4551.9	9.8	0.0	103.6	3849.0
兴业证券股份有限公司厦门杏林北路证券营业部	福建	厦门	8506.3	4440.9	44.8	0.0	14.7	4006.0
光大证券股份有限公司上海塔城路证券营业部	上海	上海	8496.0	3565.5	67.5	0.1	33.2	4829.8
中信证券股份有限公司汕头海滨路证券营业部	广东	汕头	8490.1	2602.5	29.1	0.0	5.6	5852.9
方正证券股份有限公司贵阳中华中路证券营业部	贵州	贵阳	8489.8	5029.0	11.2	0.2	5.7	3443.6
新时代证券有限责任公司深圳深南东路证券营业部	深圳	深圳	8483.9	6766.0	50.8	0.0	0.0	1667.0
广发证券股份有限公司重庆新南路证券营业部	重庆	重庆	8480.6	3358.4	9.7	0.0	2.4	5110.1
南京证券股份有限公司银川民族北街证券营业部	宁夏	银川	8478.2	7171.8	14.8	0.3	10.9	1280.5
渤海证券股份有限公司天津南门外大街证券营业部	天津	天津	8468.3	5895.5	31.0	0.3	6.0	2535.5
中国银河证券股份有限公司郑州经三路证券营业部	河南	郑州	8466.2	5465.3	25.8	4.9	77.8	2892.5
齐鲁证券有限公司龙口环城北路证券营业部	山东	烟台	8464.7	6607.3	41.5	4.2	3.7	1808.0
国联证券股份有限公司北京建材城西路证券营业部	北京	北京	8462.5	3773.6	40.3	0.1	25.1	4623.4
太平洋证券股份有限公司昆明金碧路证券营业部	云南	昆明	8448.0	5236.0	26.9	0.1	4.8	3180.2
民生证券股份有限公司福州华林路证券营业部	福建	福州	8446.3	5110.9	9.2	0.0	25.2	3301.0
浙商证券股份有限公司海宁水月亭西路证券营业部	浙江	嘉兴	8443.8	4984.7	26.1	0.0	99.4	3333.7
中国银河证券股份有限公司苏州三香路证券营业部	江苏	苏州	8437.9	4375.2	28.2	0.3	41.5	3992.6
西南证券股份有限公司太原长治路证券营业部	山西	太原	8434.2	4764.2	135.2	1.8	6.7	3526.3
国泰君安证券股份有限公司长春人民大街证券营业部	吉林	长春	8433.3	6327.9	26.5	0.8	7.0	2071.1
平安证券有限责任公司合肥芜湖路证券营业部	安徽	合肥	8431.4	3444.1	23.1	0.0	0.6	4963.7
中国民族证券有限责任公司大连五四路证券营业部	辽宁	大连	8426.7	5194.9	23.7	2.6	9.2	3196.3
西部证券股份有限公司潍坊东风东街证券营业部	山东	潍坊	8425.1	6333.0	22.7	0.1	14.5	2054.7
广发证券股份有限公司葫芦岛龙湾大街证券营业部	辽宁	葫芦岛	8418.7	6369.5	27.2	0.0	14.2	2007.8
江海证券有限公司哈尔滨中央大街证券营业部	黑龙江	哈尔滨	8417.4	4485.4	11.4	0.1	1.6	3918.9

注：营业部交易金额的单位为百万元。

证券营业部交易
Trading of Business Department

营业部名称 Business Department	省份 Province	城市 City	总计 Total	股票 Share	基金 Fund	政府债 G-Bond	公司债 C-Bond	债券回购 Repo
东方证券股份有限公司沈阳长江南街证券营业部	辽宁	沈阳	8408.2	5751.4	7.7	0.4	11.6	2637.1
安信证券股份有限公司广州东风东路第二证券营业部	广东	广州	8400.3	4421.2	40.3	3.8	22.3	3912.6
东兴证券股份有限公司深圳中兴路证券营业部	深圳	深圳	8398.2	5502.0	12.4	0.0	3.8	2880.0
中信证券股份有限公司合肥濉溪路证券营业部	安徽	合肥	8396.4	6437.0	12.7	0.0	9.6	1937.1
信达证券股份有限公司深圳深南东路证券营业部	深圳	深圳	8388.7	5973.3	198.6	0.0	170.3	2046.5
新时代证券有限责任公司福州台江路证券营业部	福建	福州	8383.2	4870.7	12.3	0.7	21.9	3477.6
华泰证券股份有限公司成都晋阳路证券营业部	四川	成都	8379.0	4848.4	10.7	3.1	4.7	3512.1
国元证券股份有限公司巢湖团结东路证券营业部	安徽	巢湖	8376.9	6488.0	28.0	0.0	7.5	1853.5
首创证券有限责任公司北京雍和宫证券营业部	北京	北京	8369.2	4105.4	4.4	0.0	33.0	4226.5
第一创业证券股份有限公司宁波镇海清川路证券营业部	浙江	宁波	8368.9	961.3	16.1	1.7	425.7	6964.1
华福证券有限责任公司长乐吴航路证券营业部	福建	长乐	8366.4	7146.0	29.2	0.0	1.7	1189.5
华创证券有限责任公司南京和燕路证券营业部	江苏	南京	8357.2	5791.2	4.9	0.0	48.8	2512.4
方正证券股份有限公司保定朝阳北大街证券营业部	河北	保定	8350.3	3998.1	88.1	1.3	216.8	4046.0
东北证券股份有限公司宁波人民路证券营业部	浙江	宁波	8343.0	3869.8	20.0	0.0	66.3	4386.9
兴业证券股份有限公司南昌二七南路证券营业部	江西	南昌	8342.3	4801.6	40.5	0.0	16.0	3484.2
财达证券有限责任公司保定朝阳南大街证券营业部	河北	保定	8336.8	6306.9	47.6	1.0	7.1	1974.3
中信万通证券有限责任公司潍坊四平路证券营业部	山东	潍坊	8334.8	6106.2	15.4	1.2	42.5	2169.4
中国民族证券有限责任公司杭州中河北路证券营业部	浙江	杭州	8329.8	5528.1	46.4	0.2	11.9	2743.2
东北证券股份有限公司延吉光明街证券营业部	吉林	延吉	8328.4	5618.1	12.5	0.0	3.8	2694.0
太平洋证券股份有限公司昆明人民中路证券营业部	云南	昆明	8320.0	5063.7	31.5	0.1	12.0	3212.8
大通证券股份有限公司柳州中山东路证券营业部	广西	柳州	8316.6	4678.3	33.6	0.0	1.2	3603.5
首创证券有限责任公司石家庄和平东路证券营业部	河北	石家庄	8309.7	5597.9	135.4	3.0	31.4	2542.0
齐鲁证券有限公司南昌叠山路证券营业部	江西	南昌	8307.5	4369.5	16.6	0.0	5.6	3915.8
安信证券股份有限公司娄底春园路证券营业部	湖南	娄底	8300.2	6689.0	20.2	0.0	50.5	1540.4
宏源证券股份有限公司中山中山四路证券营业部	广东	中山	8296.8	2347.5	5.9	0.0	38.5	5905.0
国元证券股份有限公司蚌埠胜利西路证券营业部	安徽	蚌埠	8291.0	6746.8	40.5	0.4	45.3	1458.0
湘财证券有限责任公司成都西一环路证券营业部	四川	成都	8285.2	4963.3	12.4	0.0	35.3	3274.2
光大证券股份有限公司南京中山东路证券营业部	江苏	南京	8283.4	6016.8	29.9	0.2	43.6	2192.9
万联证券有限责任公司广州花蕾路证券营业部	广东	广州	8283.2	4269.3	8.9	2.3	16.9	3985.9
方正证券股份有限公司重庆新南路证券营业部	重庆	重庆	8276.3	5949.9	61.9	0.0	124.7	2139.8
金元证券股份有限公司宁波灵桥路证券营业部	浙江	宁波	8270.3	5741.0	14.6	1.9	62.9	2450.1
山西证券股份有限公司解放北路证券营业部	山西	太原	8249.6	5170.6	649.9	0.0	3.7	2425.4
华鑫证券有限责任公司北京阜成门外大街证券营业部	北京	北京	8246.9	3511.3	12.3	0.0	21.7	4701.5
国泰君安证券股份有限公司宁波镇海庄市兴庄路证券营业部	浙江	宁波	8244.1	3004.3	45.5	0.4	4.2	5189.7
中信证券股份有限公司惠州麦地东路证券营业部	广东	惠州	8234.0	4111.5	57.0	0.0	0.7	4064.8
华安证券有限责任公司宁国津河东路证券营业部	安徽	宁国	8231.9	4093.8	2.5	0.0	42.6	4093.0
华泰证券股份有限公司深圳宝安海秀路证券营业部	深圳	深圳	8224.7	1536.3	9.6	0.0	1913.9	4764.9
西部证券股份有限公司北京德胜门外大街证券营业部	北京	北京	8222.2	3160.4	2.1	0.0	27.8	5031.9
国泰君安证券股份有限公司重庆新南路证券营业部	重庆	重庆	8217.9	5035.6	9.4	5.0	119.2	3048.7
国泰君安证券股份有限公司宜春中山中路证券营业部	江西	宜春	8217.2	6754.0	151.4	1.9	10.2	1299.7
万联证券有限责任公司绍兴中兴南路证券营业部	浙江	绍兴	8215.1	5615.6	9.2	0.1	9.8	2580.4
广发证券股份有限公司云浮星岩路证券营业部	广东	云浮	8212.1	5993.4	19.5	0.2	5.6	2193.4
华创证券有限责任公司北京东三环中路证券营业部	北京	北京	8211.0	668.8	1.1	0.1	0.3	7540.7
信达证券股份有限公司沈阳市府大路证券营业部	辽宁	沈阳	8207.4	5927.2	20.2	1.6	3.6	2254.8
安信证券股份有限公司云浮新兴新洲大道南证券营业部	广东	云浮	8203.4	4926.6	18.6	0.0	4.8	3253.3
东莞证券有限责任公司揭阳黄岐山大道证券营业部	广东	揭阳	8194.4	5371.5	4.5	0.0	1.7	2816.7
新时代证券有限责任公司嘉兴梅湾街证券营业部	浙江	嘉兴	8193.0	5203.3	12.5	0.4	53.0	2923.7
东兴证券股份有限公司西安沣镐东路证券营业部	陕西	西安	8186.2	2620.5	3.7	0.0	0.4	5561.6
国元证券股份有限公司宿州汴河路证券营业部	安徽	宿州	8186.1	7558.6	22.1	0.1	3.7	601.5
中国民族证券有限责任公司沈阳沈洲路证券营业部	辽宁	沈阳	8181.6	3793.3	24.7	0.3	7.3	4356.1

注：营业部交易金额的单位为百万元。

证券营业部交易
Trading of Business Department

营业部名称 Business Department	省份 Province	城市 City	总计 Total	股票 Share	基金 Fund	政府债 G-Bond	公司债 C-Bond	债券回购 Repo
国泰君安证券股份有限公司哈尔滨尚志大街证券营业部	黑龙江	哈尔滨	8173.3	4642.9	99.0	0.0	30.3	3401.1
首创证券有限责任公司天津大港振兴路证券营业部	天津	天津	8163.8	5824.5	19.3	0.5	1.6	2318.0
江海证券有限公司深圳宝安南路证券营业部	深圳	深圳	8158.6	4613.1	15.6	0.0	13.7	3516.3
中国民族证券有限责任公司深圳高新南一道证券营业部	深圳	深圳	8157.7	4267.1	8.1	0.4	152.2	3729.8
华西证券有限责任公司攀枝花大河北路证券营业部	四川	攀枝花	8156.3	6633.7	17.2	1.4	24.9	1479.2
东莞证券有限责任公司东莞东坑证券营业部	广东	东莞	8144.0	5528.7	13.7	0.0	11.2	2590.4
东海证券股份有限公司洛阳中州东路证券营业部	河南	洛阳	8140.2	7138.8	22.3	0.7	4.7	973.7
国都证券有限责任公司郑州花园路证券营业部	河南	郑州	8136.5	5851.1	31.1	0.0	90.6	2163.6
财通证券股份有限公司安吉体育场证券营业部	浙江	湖州	8129.9	6469.5	10.9	0.0	13.0	1636.5
大通证券股份有限公司丹东财神庙街证券营业部	辽宁	丹东	8115.1	5145.5	11.4	0.6	10.8	2946.9
东莞证券有限责任公司东莞证券有限责任公司青岛东海西路证券营业	山东	青岛	8114.2	2717.0	4.3	0.0	1.9	5391.0
众成证券经纪有限公司平顶山建设中路证券营业部	河南	平顶山	8111.9	6686.6	8.4	0.8	4.1	1412.0
宏源证券股份有限公司海口龙昆北路证券营业部	海南	海口	8106.1	4979.3	27.0	0.0	1.1	3098.7
东方证券股份有限公司沈阳大北关街证券营业部	辽宁	沈阳	8076.1	4547.2	39.0	3.0	0.6	3486.2
华融证券股份有限公司武汉解放大道证券营业部	湖北	武汉	8066.3	5480.3	13.0	0.3	5.9	2566.9
长江证券股份有限公司佛山普澜二路证券营业部	广东	佛山	8064.2	4935.1	47.0	0.0	0.0	3082.0
上海证券有限责任公司德都路证券营业部	上海	上海	8063.8	5411.6	60.2	27.7	15.8	2548.6
安信证券股份有限公司哈尔滨果戈里大街证券营业部	黑龙江	哈尔滨	8059.8	4633.5	108.1	0.0	3.8	3314.4
中国银河证券股份有限公司兰州庆阳路证券营业部	甘肃	兰州	8057.9	4377.2	2.4	0.0	7.5	3670.8
山西证券股份有限公司深圳华富路证券营业部	深圳	深圳	8047.0	4046.8	173.1	0.0	10.3	3816.8
齐鲁证券有限公司济南济泺路证券营业部	山东	济南	8038.0	4893.6	55.9	0.3	9.2	3078.9
山西证券股份有限公司阳泉德胜东街证券营业部	山西	阳泉	8028.4	6319.0	82.2	0.1	5.7	1621.3
东莞证券有限责任公司梅州彬芳大道证券营业部	广东	梅州	8023.9	5591.7	5.9	0.0	3.0	2423.2
海通证券股份有限公司淮南田大路证券营业部	安徽	淮南	8000.2	3896.2	212.0	0.0	4.1	3887.9
恒泰证券股份有限公司赤峰哈达街证券营业部	内蒙	赤峰	7984.7	7072.7	99.8	0.3	7.9	804.1
中信建投证券股份有限公司重庆青枫北路证券营业部	重庆	重庆	7981.4	5840.6	23.8	0.2	8.7	2108.2
财达证券有限责任公司深圳滨河路证券营业部	深圳	深圳	7976.3	4639.6	9.4	0.0	5.7	3321.6
财富证券有限责任公司深圳深南大道证券营业部	深圳	深圳	7970.0	5728.5	25.1	0.3	3.2	2212.9
浙商证券股份有限公司诸暨艮塔路证券营业部	浙江	绍兴	7969.4	6516.3	107.7	0.0	1.7	1343.7
海通证券股份有限公司兰州东岗东路证券营业部	甘肃	兰州	7962.0	6165.7	101.5	0.6	8.9	1685.4
厦门证券有限公司成都星辉中路证券营业部	四川	成都	7961.6	3910.3	10.0	1.0	6.1	4034.1
华安证券有限责任公司武汉沿江大道证券营业部	湖北	武汉	7953.0	3283.2	9.3	0.0	17.5	4643.0
安信证券股份有限公司长春解放大路证券营业部	吉林	长春	7949.1	2528.2	118.0	0.0	0.6	5302.4
上海证券有限责任公司青浦证券营业部	上海	上海	7944.9	3720.8	15.4	0.8	9.5	4198.4
信达证券股份有限公司大连中山路证券营业部	辽宁	大连	7944.3	3509.9	16.5	0.1	7.9	4409.9
山西证券股份有限公司上海浦东大道证券营业部	上海	上海	7928.6	3958.5	77.1	0.0	8.1	3884.9
平安证券有限责任公司太原南内环街证券营业部	山西	太原	7921.2	5480.5	1.0	0.0	16.5	2423.2
华宝证券有限责任公司舟山普陀东港兴普大道营业部	浙江	舟山	7906.7	6609.0	30.2	0.2	12.1	1255.3
信达证券股份有限公司茂名迎宾路证券营业部	广东	茂名	7902.9	3895.3	7.4	0.0	1.0	3999.2
国元证券股份有限公司绍兴县金柯桥大道证券营业部	浙江	绍兴	7901.1	4677.1	16.6	0.0	10.1	3197.3
招商证券股份有限公司温州新城大道证券营业部	浙江	温州	7897.6	5304.3	4.4	0.0	0.3	2588.6
湘财证券有限责任公司邵阳宝庆东路证券营业部	湖南	邵阳	7885.7	4116.1	22.8	0.2	793.6	2953.1
方正证券股份有限公司南昌南京西路证券营业部	江西	南昌	7873.2	6035.3	119.3	0.5	5.8	1712.3
东莞证券有限责任公司东莞桥头证券营业部	广东	东莞	7870.2	4545.3	3.5	0.1	8.5	3312.8
中信万通证券有限责任公司邹平黛溪三路证券营业部	山东	滨州	7856.2	4346.6	30.0	1.2	1.6	3476.8
上海证券有限责任公司周浦证券营业部	上海	上海	7854.8	5059.4	28.6	1.2	11.7	2753.9
东海证券股份有限公司长沙韶山北路证券营业部	湖南	长沙	7841.2	5364.9	10.4	0.0	2.2	2463.7
国元证券股份有限公司亳州魏武大道证券营业部	安徽	亳州	7824.1	4145.9	13.8	0.0	4.7	3659.7
广发证券股份有限公司昆明人民西路证券营业部	云南	昆明	7814.9	3728.6	14.9	0.0	9.3	4062.1
广发证券股份有限公司济南经七路证券营业部	山东	济南	7808.6	4685.8	7.8	0.0	1.8	3113.2

注：营业部交易金额的单位为百万元。

证券营业部交易
Trading of Business Department

营业部名称 Business Department	省份 Province	城市 City	总计 Total	股票 Share	基金 Fund	政府债 G-Bond	公司债 C-Bond	债券回购 Repo
海通证券股份有限公司哈尔滨果戈里大街证券营业部	黑龙江	哈尔滨	7808.4	4490.3	567.4	0.0	7.1	2743.7
上海证券有限责任公司深圳南山大道证券营业部	深圳	深圳	7808.4	4541.9	5.9	0.0	2.1	3258.5
广发证券股份有限公司佛山南海西樵证券营业部	广东	佛山	7807.3	5221.8	46.3	0.0	12.7	2526.5
西部证券股份有限公司宝鸡红旗路证券营业部	陕西	宝鸡	7804.9	6004.0	5.2	1.4	3.9	1790.5
宏源证券股份有限公司昆明祥云街证券营业部	云南	昆明	7804.1	4569.1	7.4	0.0	18.9	3208.7
国海证券股份有限公司南宁东葛路证券营业部	广西	南宁	7800.1	5504.3	15.4	0.0	16.7	2263.7
山西证券股份有限公司大同新建南路证券营业部	山西	大同	7799.4	6295.6	43.7	4.1	13.4	1442.7
中信建投证券股份有限公司北京怀柔府前街证券营业部	北京	北京	7794.9	31.8	0.2	0.0	2.6	7760.3
齐鲁证券有限公司深圳红荔路银荔大厦证券营业部	深圳	深圳	7794.5	5869.5	6.6	0.0	163.8	1754.6
东莞证券有限责任公司东莞黄江证券营业部	广东	东莞	7791.1	6475.3	3.3	0.0	0.9	1311.5
中国中投证券有限责任公司深圳龙岗清林中路营业部	深圳	深圳	7769.4	5481.5	86.1	0.0	33.1	2168.7
东北证券股份有限公司辽源人民大街证券营业部	吉林	辽源	7752.7	5525.4	8.3	0.0	67.8	2151.3
华龙证券有限责任公司杭州杭大路证券营业部	浙江	杭州	7748.7	3971.9	7.7	0.0	0.2	3768.9
国金证券股份有限公司成都青白江青江东路营业部	四川	成都	7748.2	5910.9	9.7	7.9	168.5	1651.3
红塔证券股份有限公司大理人民路证券营业部	云南	大理	7740.7	7346.0	11.6	0.5	2.4	380.2
新时代证券有限责任公司包头广场西道证券营业部	内蒙	包头	7735.7	6109.7	6.4	0.0	611.0	1008.6
浙商证券股份有限公司绍兴金柯桥大道证券营业部	浙江	绍兴	7730.4	3385.6	100.8	0.0	1.7	4242.3
方正证券股份有限公司长沙宁乡沿河北路证券营业部	湖南	长沙	7723.3	6249.9	39.4	0.0	8.9	1425.1
中国银河证券股份有限公司呼和浩特新华东街营业部	内蒙	呼和浩特	7721.2	4851.8	287.1	0.0	15.0	2567.3
天源证券有限公司盘锦泰山路证券营业部	辽宁	盘锦	7719.0	5019.4	16.9	0.1	10.9	2671.7
航天证券有限责任公司北京万柳中路证券营业部	北京	北京	7713.6	2604.4	3.3	0.0	23.4	5082.5
天风证券股份有限公司成都武侯祠大街证券营业部	四川	成都	7702.4	5895.7	11.6	0.0	8.9	1786.1
华福证券有限责任公司连江八一六北路证券营业部	福建	福州	7700.7	5214.3	10.9	0.0	26.9	2448.6
财达证券有限责任公司上海黄浦区九江路证券营业部	上海	上海	7687.6	3007.8	4.7	0.0	13.2	4661.9
齐鲁证券有限公司潍坊东风东街证券营业部	山东	潍坊	7686.2	5262.2	42.9	0.2	20.9	2360.0
浙商证券股份有限公司温岭人民东路证券营业部	浙江	台州	7686.1	5915.1	124.6	0.0	2.7	1643.7
中航证券有限公司厦门沧虹路证券营业部	福建	厦门	7683.7	1090.6	0.7	0.0	0.0	6592.4
中天证券有限责任公司中天证券有限责任公司沈阳南京北街证券营业	辽宁	沈阳	7668.9	3521.8	39.9	41.1	55.1	4011.0
华融证券股份有限公司西安小寨西路证券营业部	陕西	西安	7660.3	6562.6	10.2	0.0	9.6	1077.9
华西证券有限责任公司广安兴安中街证券营业部	四川	广安	7639.7	7342.3	14.1	0.0	3.3	280.1
新时代证券有限责任公司武汉球场路证券营业部	湖北	武汉	7635.9	3014.0	8.7	0.0	3.9	4609.2
华融证券股份有限公司娄底春园路证券营业部	湖南	娄底	7630.7	7582.2	10.4	0.5	1.3	36.4
齐鲁证券有限公司潍坊四平路证券营业部	山东	潍坊	7628.4	6177.1	355.3	0.0	12.9	1083.2
安信证券股份有限公司天津南开三马路证券营业部	天津	天津	7626.5	4566.4	26.1	0.0	18.7	3015.4
浙商证券股份有限公司青岛香港东路证券营业部	山东	青岛	7619.7	3924.9	7.4	0.0	0.1	3687.3
德邦证券有限责任公司抚顺东四路营业部	辽宁	抚顺	7613.2	6538.6	25.5	0.6	22.7	1025.8
华泰证券股份有限公司宿迁洪泽湖路证券营业部	江苏	宿迁	7608.0	4584.5	762.2	0.0	1.5	2259.8
广发证券股份有限公司佛山顺德南国东路证券营业部	广东	顺德	7600.6	4163.5	67.6	0.0	11.2	3358.2
华福证券有限责任公司上杭北环路证券营业部	福建	龙岩	7596.6	5515.0	116.3	0.0	53.7	1911.6
中信建投证券股份有限公司广元市利州东路营业部	四川	广元	7594.7	7136.0	17.2	0.0	1.6	439.9
中国银河证券股份有限公司北京方庄南路证券营业部	北京	北京	7575.3	4177.6	27.7	0.0	16.3	3353.7
安信证券股份有限公司佛山南海罗村证券营业部	广东	佛山	7573.9	2985.2	29.3	0.0	3.3	4556.0
中航证券有限公司宜春东风大街证券营业部	江西	宜春	7572.6	5977.1	6.9	0.0	4.0	1584.6
湘财证券有限责任公司天津大沽北路证券营业部	天津	天津	7567.9	4326.2	15.6	0.0	9.3	3216.9
华泰证券股份有限公司永嘉阳光大道证券营业部	浙江	温州	7562.7	3837.1	22.0	0.0	275.5	3428.2
华西证券有限责任公司雅安朝阳街证券营业部	四川	雅安	7561.8	6299.4	23.8	10.7	9.4	1218.6
安信证券股份有限公司青岛四流南路证券营业部	山东	青岛	7559.1	4922.8	16.0	0.5	12.4	2607.4
恒泰证券股份有限公司呼和浩特新城北街证券营业部	内蒙	呼和浩特	7555.1	6296.3	13.6	0.3	1.9	1243.0
浙商证券股份有限公司临安万马路证券营业部	浙江	杭州	7552.7	5677.9	8.8	0.0	41.2	1824.7
华龙证券有限责任公司白银四龙路证券营业部	甘肃	白银	7543.4	5677.8	1013.6	0.6	0.6	850.7

注：营业部交易金额的单位为百万元。

证券营业部交易
Trading of Business Department

营业部名称 Business Department	省份 Province	城市 City	总计 Total	股票 Share	基金 Fund	政府债 G-Bond	公司债 C-Bond	债券回购 Repo
齐鲁证券有限公司烟台宁海大街证券营业部	山东	烟台	7542.8	4302.3	902.7	0.0	2.2	2335.6
光大证券股份有限公司佛山顺德北滘证券营业部	广东	佛山	7540.0	4571.6	34.0	0.0	42.2	2892.2
齐鲁证券有限公司招远温泉路证券营业部	山东	烟台	7529.4	5546.7	396.9	0.0	4.7	1581.1
齐鲁证券有限公司深圳吉祥路证券营业部	深圳	深圳	7520.4	6176.4	623.9	0.0	1.4	718.7
广发证券股份有限公司黄石颐阳路证券营业部	湖北	黄石	7515.3	4534.5	25.3	52.2	120.0	2783.4
财达证券有限责任公司唐山翔云道证券营业部	河北	唐山	7504.5	4364.7	56.7	0.1	5.8	3077.2
东莞证券有限责任公司东莞大朗证券营业部	广东	东莞	7501.3	5410.3	11.5	0.0	20.9	2058.6
安信证券股份有限公司深圳沙头角证券营业部	深圳	深圳	7487.9	6159.4	7.4	0.0	1.5	1319.5
中国国际金融有限公司重庆洪湖西路证券营业部	重庆	重庆	7487.1	4876.3	8.6	0.0	14.2	2588.1
华融证券股份有限公司长沙韶山路证券营业部	湖南	长沙	7484.5	6620.7	27.8	0.1	2.3	833.7
东方证券股份有限公司北海北海大道证券营业部	广西	北海	7482.9	6132.9	15.7	0.0	11.0	1323.4
中国中投证券有限责任公司阳江阳东证券营业部	广东	阳江	7471.9	4907.9	27.6	0.1	38.6	2497.7
西部证券股份有限公司西安康乐路证券营业部	陕西	西安	7470.1	5046.2	8.1	0.0	5.0	2410.7
国泰君安证券股份有限公司北京亦庄宏达北路证券营业部	北京	北京	7465.1	2816.6	4.4	0.0	18.7	4625.4
江海证券有限公司哈尔滨珠江路证券营业部	黑龙江	哈尔滨	7462.4	4894.5	27.9	0.4	65.8	2473.8
上海证券有限责任公司金山证券营业部	上海	上海	7460.1	4019.0	36.6	0.2	2.6	3401.6
红塔证券股份有限公司上海曲阳路证券营业部	上海	上海	7458.1	2440.2	135.8	0.0	12.0	4870.1
世纪证券有限责任公司南昌井岗山大道证券营业部	江西	南昌	7455.3	5751.0	5.7	0.6	14.9	1683.1
长城证券有限责任公司深圳宝安海秀路证券营业部	深圳	深圳	7438.3	4364.7	9.6	68.0	4.6	2991.4
财达证券有限责任公司廊坊新华路证券营业部	河北	廊坊	7429.1	5627.1	21.6	0.7	8.2	1771.6
西南证券股份有限公司兰州南昌路证券营业部	甘肃	兰州	7428.7	5843.1	8.6	0.0	11.0	1566.0
财达证券有限责任公司唐山新城道证券营业部	河北	唐山	7420.3	5154.0	12.9	0.0	15.7	2237.6
信达证券股份有限公司阜新解放大街证券营业部	辽宁	阜新	7416.9	6515.9	8.0	3.1	21.1	868.7
华安证券有限责任公司合肥花园街证券营业部	安徽	合肥	7414.7	5285.6	47.4	0.1	42.8	2038.8
齐鲁证券有限公司荣成成山大道证券营业部	山东	威海	7413.9	4121.5	16.5	0.1	7.3	3268.5
财达证券有限责任公司唐山车站路证券营业部	河北	唐山	7410.8	4697.7	16.0	0.0	1.7	2695.4
南京证券股份有限公司南京中山北路证券营业部	江苏	南京	7409.9	5311.3	18.0	0.0	22.8	2057.9
中国中投证券有限责任公司马鞍山花园路证券营业部	安徽	马鞍山	7406.6	1405.1	10.7	0.0	8.5	5982.3
宏源证券股份有限公司南京汉中路证券营业部	江苏	南京	7405.1	4458.1	414.3	0.0	6.0	2526.6
上海证券有限责任公司深圳福虹路证券营业部	深圳	深圳	7396.1	6395.6	57.5	0.0	5.3	937.7
长江证券股份有限公司大庆东风路证券营业部	黑龙江	大庆	7392.5	4583.5	103.6	0.0	42.1	2663.4
广发证券股份有限公司珠海敬业路证券营业部	广东	珠海	7389.9	4105.6	10.5	2.0	14.7	3257.1
上海证券有限责任公司乐清虹桥飞虹南路证券营业部	浙江	乐清	7387.8	5973.3	12.4	0.1	0.4	1401.6
华鑫证券有限责任公司常州晋陵中路证券营业部	江苏	常州	7387.4	4578.7	3.0	0.0	38.3	2767.4
西部证券股份有限公司西安雁塔路证券营业部	陕西	西安	7367.9	5147.7	6.5	0.0	8.4	2205.2
中信证券股份有限公司唐山建设北路证券营业部	河北	唐山	7360.6	3912.5	31.2	0.0	45.0	3372.0
国海证券股份有限公司成都神仙树北路证券营业部	四川	成都	7356.4	4214.4	18.3	0.0	11.1	3112.6
广发证券股份有限公司东莞中堂证券营业部	广东	东莞	7355.9	4479.0	112.6	0.0	8.8	2755.6
渤海证券股份有限公司天津芥园道证券营业部	天津	天津	7351.1	4794.6	13.0	1.1	57.7	2484.7
财达证券有限责任公司邢台郭守敬北路证券营业部	河北	邢台	7349.3	6029.5	28.2	1.0	4.3	1286.4
信达证券股份有限公司本溪解放北路证券营业部	辽宁	本溪	7348.5	6284.5	19.7	12.4	9.7	1022.2
信达证券股份有限公司常州延陵中路证券营业部	江苏	常州	7336.5	5129.0	19.8	2.0	26.7	2159.0
中信建投证券股份有限公司重庆合川柏树街证券营业部	重庆	合川	7336.3	4341.2	1679.1	0.2	5.3	1310.6
财达证券有限责任公司石家庄裕华路证券营业部	河北	石家庄	7335.4	5999.7	57.4	0.2	20.5	1257.6
财通证券股份有限公司诸暨暨阳路证券营业部	浙江	绍兴	7333.1	6552.4	2.8	0.0	5.5	772.4
华安证券有限责任公司安庆人民路证券营业部	安徽	安庆	7333.1	6845.9	10.0	0.7	2.1	474.4
中信建投证券股份有限公司上饶赣东北大道证券营业部	江西	上饶	7332.6	5898.6	12.8	0.0	2.8	1418.4
中信证券股份有限公司南宁科园大道证券营业部	广西	南宁	7316.9	1840.4	1.2	0.0	2.8	5472.4
江海证券有限公司沈阳朝阳街证券营业部	辽宁	沈阳	7312.9	4347.1	40.9	0.2	2.0	2922.6
财达证券有限责任公司北京花园路证券营业部	北京	北京	7307.4	3741.5	7.8	0.0	31.3	3526.8

注：营业部交易金额的单位为百万元。

证券营业部交易
Trading of Business Department

营业部名称 Business Department	省份 Province	城市 City	总计 Total	股票 Share	基金 Fund	政府债 G-Bond	公司债 C-Bond	债券回购 Repo
中山证券有限责任公司沈阳文艺路证券营业部	辽宁	沈阳	7300.6	2716.5	8.5	0.0	1.3	4574.3
第一创业证券股份有限公司长沙韶山中路证券营业部	湖南	长沙	7292.2	5081.0	8.5	0.0	25.0	2177.7
中国中投证券有限责任公司天津大丰路证券营业部	天津	天津	7286.4	6080.0	29.7	0.0	7.3	1169.3
中信万通证券有限责任公司郑州商务内环路证券营业部	河南	郑州	7280.6	2310.7	232.2	0.0	10.4	4727.4
财通证券股份有限公司南京中山北路证券营业部	江苏	南京	7267.3	3726.1	8.7	0.3	7.2	3525.0
中国银河证券股份有限公司娄底月塘街证券营业部	湖南	娄底	7265.1	3169.0	905.2	0.0	2.3	3188.6
海通证券股份有限公司哈尔滨通江街证券营业部	黑龙江	哈尔滨	7262.5	3963.1	8.8	0.0	3.8	3286.8
大通证券股份有限公司天津解放南路证券营业部	天津	天津	7245.5	3897.2	54.3	0.0	29.2	3264.8
国泰君安证券股份有限公司沈阳黄河南大街证券营业部	辽宁	沈阳	7242.5	6160.7	27.9	0.8	90.8	962.4
南京证券股份有限公司南昌洪城路证券营业部	江西	南昌	7238.8	2974.9	3.2	0.0	23.6	4237.1
华泰证券股份有限公司荆州北京中路证券营业部	湖北	荆州	7229.7	5036.8	60.8	0.8	78.1	2053.3
浙商证券股份有限公司重庆中山一路证券营业部	重庆	重庆	7228.4	5875.7	5.9	0.0	3.7	1343.1
安信证券股份有限公司梅州五华证券营业部	广东	梅州	7228.3	4992.8	25.5	1.7	0.7	2207.7
厦门证券有限公司北京远大路证券营业部	北京	北京	7216.0	4279.3	6.5	0.5	7.3	2922.4
湘财证券有限责任公司台州市府大道证券营业部	浙江	台州	7200.5	699.4	2.1	0.4	185.0	6313.6
中国中投证券有限责任公司长沙建湘路证券营业部	湖南	长沙	7194.4	5346.0	69.9	0.6	45.0	1732.9
西部证券股份有限公司深圳深南大道证券营业部	深圳	深圳	7187.7	3681.8	8.7	0.0	1.3	3495.9
恒泰证券股份有限公司东胜鄂尔多斯大街证券营业部	内蒙	东胜	7178.4	4925.6	1.8	0.1	1.0	2249.8
西部证券股份有限公司渭南东风街证券营业部	陕西	渭南	7172.5	6803.9	12.0	1.5	0.9	354.1
宏信证券有限责任公司泸州江阳中路证券营业部	四川	泸州	7162.7	4193.6	3.6	0.1	4.8	2960.6
方正证券股份有限公司杭州下沙证券营业部	浙江	杭州	7158.8	4462.1	70.2	0.0	4.8	2621.8
齐鲁证券有限公司洛阳南昌路证券营业部	河南	洛阳	7157.4	4993.8	13.8	0.0	18.0	2131.8
新时代证券有限责任公司扬州维扬路证券营业部	江苏	扬州	7155.2	5080.9	17.3	0.3	10.1	2046.7
中国银河证券股份有限公司揭阳望江北路证券营业部	广东	揭阳	7154.9	3019.9	7.7	0.0	2.0	4125.3
川财证券有限责任公司成都中新街证券营业部	四川	成都	7154.6	3317.6	10.0	0.0	70.7	3756.3
湘财证券有限责任公司温州车站大道证券营业部	浙江	温州	7145.9	1935.2	111.8	8.1	149.0	4941.8
民生证券股份有限公司郑州济源路证券营业部	河南	郑州	7145.8	4893.0	8.5	0.8	8.6	2234.9
中原证券股份有限公司平顶山新华路证券营业部	河南	平顶山	7144.8	6056.3	22.6	0.6	16.3	1049.0
渤海证券股份有限公司北京慧忠里证券营业部	北京	北京	7139.4	4464.0	47.0	0.0	32.4	2596.0
方正证券股份有限公司永州清桥路证券营业部	湖南	永州	7124.4	5365.0	14.2	0.4	22.8	1722.1
广发证券股份有限公司罗定人民南路证券营业部	广东	罗定	7124.2	4052.6	16.4	0.0	19.8	3035.4
齐鲁证券有限公司重庆西郊路证券营业部	重庆	重庆	7119.8	3153.8	8.4	0.2	15.3	3942.1
财达证券有限责任公司邯郸丛台路证券营业部	河北	邯郸	7107.2	5415.0	28.5	0.1	31.7	1631.9
申银万国证券股份有限公司嘉善体育南路证券营业部	浙江	嘉兴	7097.3	4811.8	805.8	0.6	4.1	1475.1
国联证券股份有限公司无锡洛社镇人民南路证券营业部	江苏	无锡	7094.9	3294.1	21.1	0.0	3.9	3775.8
中国中投证券有限责任公司佛山顺德勒流证券营业部	广东	佛山	7094.8	4875.0	13.0	0.0	1.8	2204.9
天风证券股份有限公司南京建邺路证券营业部	江苏	南京	7094.1	3763.4	32.2	0.2	8.6	3289.7
齐鲁证券有限公司烟台南大街中心广场证券营业部	山东	烟台	7093.2	4327.8	60.8	0.1	4.9	2699.6
齐鲁证券有限公司泰安东岳大街证券营业部	山东	泰安	7077.5	5159.8	702.4	0.3	6.4	1208.7
中国民族证券有限责任公司石家庄水源街证券营业部	河北	石家庄	7077.2	4561.9	21.5	0.5	5.6	2487.7
新时代证券有限责任公司北京天通苑证券营业部	北京	北京	7075.1	3628.0	3.0	0.0	0.6	3443.5
东北证券股份有限公司长春红旗街证券营业部	吉林	长春	7072.0	3595.0	20.0	0.0	3.6	3453.4
中山证券有限责任公司武汉新华下路证券营业部	湖北	武汉	7069.0	3830.6	3.9	0.0	34.7	3199.8
兴业证券股份有限公司厦门嘉禾路证券营业部	福建	厦门	7067.9	5476.6	24.9	0.0	4.5	1561.9
国泰君安证券股份有限公司深圳龙华梅龙中路证券营业部	深圳	深圳	7064.5	5997.4	27.9	0.0	19.6	1019.5
方正证券股份有限公司长沙韶山南路证券营业部	湖南	长沙	7057.2	6498.4	6.3	0.1	20.4	532.0
众成证券经纪有限公司平顶山中兴路证券营业部	河南	平顶山	7055.8	6221.6	9.9	0.0	3.0	821.3
长江证券股份有限公司重庆八一路证券营业部	重庆	重庆	7040.9	5221.2	35.7	0.4	21.1	1762.6
国泰君安证券股份有限公司天津新开路证券营业部	天津	天津	7035.2	5187.7	86.2	0.0	40.1	1721.1
国泰君安证券股份有限公司湘潭建设南路证券营业部	湖南	湘潭	7030.0	3760.2	20.2	11.8	30.8	3207.0

注：营业部交易金额的单位为百万元。

证券营业部交易
Trading of Business Department

营业部名称 Business Department	省份 Province	城市 City	总计 Total	股票 Share	基金 Fund	政府债 G-Bond	公司债 C-Bond	债券回购 Repo
广发证券股份有限公司鹤山新城路证券营业部	广东	鹤山	7021.5	4508.2	12.3	0.0	1.3	2499.7
华龙证券有限责任公司兰州合水路证券营业部	甘肃	兰州	7020.5	5288.3	8.9	0.1	14.6	1708.5
华融证券股份有限公司成都青龙街证券营业部	四川	成都	7020.4	2903.4	0.7	0.0	0.5	4115.7
东方证券股份有限公司沈阳惠工街证券营业部	辽宁	沈阳	7016.3	3263.5	3.5	0.0	1.9	3747.3
金元证券股份有限公司北京新外大街证券营业部	北京	北京	7012.9	3403.9	52.1	0.0	3.2	3553.7
银泰证券有限责任公司济南市大纬二路证券营业部	山东	济南	7009.0	5620.5	11.9	1.4	107.0	1268.1
中国民族证券有限责任公司鞍山胜利北路证券营业部	辽宁	鞍山	7002.5	5432.7	8.6	0.6	52.5	1508.0
安信证券股份有限公司沈阳北京街证券营业部	辽宁	沈阳	7000.4	3958.3	11.2	75.5	493.1	2462.3
国元证券股份有限公司宣城叠嶂西路证券营业部	安徽	宣城	6988.9	6356.8	18.1	0.0	0.9	613.2
诚浩证券有限责任公司沈阳兴华南街证券营业部	辽宁	沈阳	6981.2	3957.9	3.8	2.2	0.6	3016.7
东北证券股份有限公司长春前进大街证券营业部	吉林	长春	6971.4	3707.1	8.2	0.0	332.5	2923.7
齐鲁证券有限公司奉化南山路证券营业部	浙江	宁波	6966.9	4105.1	74.4	0.0	44.2	2743.3
中国民族证券有限责任公司西安高新路证券营业部	陕西	西安	6958.1	4159.5	14.5	0.0	45.1	2739.0
国海证券股份有限公司深圳宝安裕安路证券营业部	深圳	深圳	6957.3	4898.8	10.0	0.0	6.5	2042.0
华安证券有限责任公司广州东湖西路证券营业部	广东	广州	6956.7	3517.0	57.8	0.0	79.6	3302.3
华泰证券股份有限公司启东人民中路证券营业部	江苏	启东	6948.4	3279.4	38.5	0.0	6.8	3623.8
国泰君安证券股份有限公司兰州酒泉路证券营业部	甘肃	兰州	6944.4	5248.6	24.2	0.0	3.1	1668.4
中航证券有限公司吉安中山西路证券营业部	江西	吉安	6943.4	5987.5	6.3	0.0	4.2	945.3
长城证券有限责任公司北京通胡大街证券营业部	北京	北京	6940.3	567.0	4.0	0.0	0.8	6368.6
浙商证券股份有限公司缙云溪滨北路证券营业部	浙江	丽水	6929.0	6233.8	20.2	0.8	4.1	670.0
信达证券股份有限公司南京汉中门大街证券营业部	江苏	南京	6917.9	3605.6	64.2	0.1	3.9	3244.2
申银万国证券股份有限公司眉山彭山县紫薇路证券营业部	四川	眉山	6916.2	5058.6	83.1	0.0	7.5	1767.0
华泰证券股份有限公司恩施施州大道证券营业部	湖北	恩施	6911.0	4112.7	1058.4	0.9	14.3	1724.7
德邦证券有限责任公司沈阳三好街证券营业部	辽宁	沈阳	6909.7	4350.6	8.4	0.0	13.3	2537.3
中航证券有限公司上饶滨江西路证券营业部	江西	上饶	6907.6	6387.9	20.6	0.2	5.9	493.0
太平洋证券股份有限公司昆明白塔路证券营业部	云南	昆明	6904.7	3675.3	13.0	106.7	15.3	3094.4
华龙证券有限责任公司兰州永昌路证券营业部	甘肃	兰州	6899.0	5377.8	7.7	0.1	3.3	1510.0
国元证券股份有限公司合肥胜利路证券营业部	安徽	合肥	6898.5	3904.9	49.8	0.1	6.0	2937.7
国盛证券有限责任公司九江市孤溪埂证券营业部	江西	九江	6895.9	6338.0	20.0	0.4	19.2	518.3
安信证券股份有限公司梅州丰顺证券营业部	广东	梅州	6888.6	3758.4	96.5	0.0	1.5	3032.2
华泰证券股份有限公司梧州蝶山二路证券营业部	广西	梧州	6875.5	6030.3	31.5	0.0	42.0	771.7
中国银河证券股份有限公司天津开华道证券营业部	天津	天津	6870.8	3948.2	37.0	17.7	29.4	2838.6
中山证券有限责任公司鞍山南胜利路证券营业部	辽宁	鞍山	6865.1	4779.3	18.9	8.7	20.0	2038.2
财达证券有限责任公司石家庄广安大街证券营业部	河北	石家庄	6860.9	2949.7	96.4	0.5	2.0	3812.3
新时代证券有限责任公司深圳益田路证券营业部	深圳	深圳	6860.7	5593.7	33.9	0.0	4.4	1228.7
华泰证券股份有限公司扬中扬子中路证券营业部	江苏	镇江	6852.5	6245.3	17.2	0.0	27.2	562.8
中信万通证券有限责任公司滨州黄河二路证券营业部	山东	滨州	6849.9	5910.4	18.3	2.8	11.9	906.5
浙商证券股份有限公司湖州双子大厦证券营业部	浙江	湖州	6839.4	2693.2	554.2	0.0	9.0	3583.0
渤海证券股份有限公司天津京津路第一证券营业部	天津	天津	6839.2	2602.0	79.6	0.1	135.3	4022.2
华鑫证券有限责任公司西安科技路证券营业部	陕西	西安	6828.2	3588.6	14.0	0.0	1.0	3224.6
海通证券股份有限公司江都龙城路证券营业部	江苏	江都	6817.8	4888.5	61.9	0.2	3.2	1864.0
江海证券有限公司齐齐哈尔站前大街证券营业部	黑龙江	齐齐哈尔	6816.7	4934.7	4.0	0.5	2.4	1875.1
浙商证券股份有限公司三门南山路证券营业部	浙江	台州	6811.0	6319.4	24.0	0.0	9.8	457.8
国泰君安证券股份有限公司北京怀柔府前街证券营业部	北京	北京	6789.6	4633.3	10.1	0.1	2.7	2143.4
中信建投证券股份有限公司张家界市紫舞东路证券营业部	湖南	张家界	6783.3	5839.8	8.4	0.0	3.1	932.0
中航证券有限公司武汉新华路证券营业部	湖北	武汉	6780.0	5297.9	7.9	0.2	3.0	1471.0
中原证券股份有限公司信阳中山路证券营业部	河南	信阳	6763.5	4526.2	26.2	0.6	1.7	2208.8
湘财证券有限责任公司东莞莞太路证券营业部	广东	东莞	6756.8	846.3	1.3	1.6	589.2	5318.5
西南证券股份有限公司徐州二环西路证券营业部	江苏	徐州	6728.3	6131.4	12.8	0.1	1.3	582.7
方正证券股份有限公司太原新建南路证券营业部	山西	太原	6719.6	4671.6	19.4	0.0	46.0	1982.6

注：营业部交易金额的单位为百万元。

证券营业部交易
Trading of Business Department

营业部名称 Business Department	省份 Province	城市 City	总计 Total	股票 Share	基金 Fund	政府债 G-Bond	公司债 C-Bond	债券回购 Repo
国元证券股份有限公司芜湖九华山路证券营业部	安徽	芜湖	6716.5	4901.0	23.4	0.1	12.1	1779.9
华西证券有限责任公司彭州西大街证券营业部	四川	成都	6715.9	5429.3	71.5	0.8	12.2	1202.1
齐鲁证券有限公司东营东三路证券营业部	山东	东营	6712.9	5632.5	30.8	0.0	2.3	1047.3
国联证券股份有限公司南通工农路证券营业部	江苏	南通	6711.9	3209.1	26.7	0.0	3.7	3472.4
中国银河证券股份有限公司重庆江南大道证券营业部	重庆	重庆	6708.7	4198.2	14.5	0.0	1.8	2494.2
东方证券股份有限公司沈阳南八中路证券营业部	辽宁	沈阳	6705.2	4271.5	18.8	0.5	3.1	2411.2
爱建证券有限责任公司上海龙水北路证券营业部	上海	上海	6702.4	2837.8	65.8	1.9	6.9	3790.1
长江证券股份有限公司深圳龙华民旺路证券营业部	深圳	深圳	6699.9	5247.6	90.9	0.0	12.2	1349.1
新时代证券有限责任公司包头少先路证券营业部	内蒙	包头	6698.8	4555.8	4.3	0.2	1.2	2137.2
中国中投证券有限责任公司溧阳平陵中路证券营业部	江苏	溧阳	6689.6	4594.3	12.7	0.0	0.3	2082.3
国泰君安证券股份有限公司邯郸人民东路证券营业部	河北	石家庄	6689.0	5856.7	48.6	0.3	1.7	781.7
广发证券股份有限公司吉林吉林大街证券营业部	吉林	吉林	6680.2	3311.9	7.0	0.6	51.9	3308.7
国信证券股份有限公司长春解放大路证券营业部	吉林	长春	6674.0	4998.3	18.3	0.0	70.4	1587.0
中信万通证券有限责任公司荣成成山大道证券营业部	山东	荣成	6668.0	917.0	7.7	0.0	18.9	5724.3
华创证券有限责任公司德阳泰山南路证券营业部	四川	德阳	6659.7	5088.0	13.1	0.4	8.1	1550.2
华安证券有限责任公司铜陵淮河路证券营业部	安徽	铜陵	6649.6	5445.6	14.5	4.5	103.0	1082.1
浙商证券股份有限公司舟山人民南路证券营业部	浙江	舟山	6649.0	3270.4	16.7	0.2	2.1	3359.7
广州证券有限责任公司番禺大石证券营业部	广东	广州	6645.1	4774.4	55.1	0.1	4.5	1811.0
海通证券股份有限公司常德朗州路证券营业部	湖南	常德	6643.9	1296.0	4.2	0.0	0.1	5343.6
新时代证券有限责任公司天津营口道证券营业部	天津	天津	6641.0	4069.3	7.9	0.0	52.7	2511.1
财达证券有限责任公司秦皇岛迎宾路证券营业部	河北	秦皇岛	6638.3	4549.3	28.5	0.0	1.4	2059.1
华龙证券有限责任公司兰州七里河证券营业部	甘肃	兰州	6637.7	5043.6	3.7	0.1	6.0	1584.3
东方证券股份有限公司武汉三阳路证券营业部	湖北	武汉	6632.3	4363.9	21.6	0.0	3.9	2243.0
平安证券有限责任公司海口国贸大道证券营业部	海南	海口	6629.3	5882.0	11.1	1.8	18.3	716.1
广发证券股份有限公司佛山三水广海大道证券营业部	广东	佛山	6617.5	4106.9	33.5	1.0	9.3	2466.8
中银国际证券有限责任公司福州五四路证券营业部	福建	福州	6617.3	3966.9	14.8	0.0	150.6	2485.0
东北证券股份有限公司武汉香港路证券营业部	湖北	武汉	6615.5	3930.3	17.4	0.0	6.5	2661.3
华西证券有限责任公司遂宁遂州南路证券营业部	四川	遂宁	6610.5	6370.1	8.8	0.2	6.0	225.5
光大证券股份有限公司大连民主广场证券营业部	辽宁	大连	6606.8	2855.6	14.2	0.7	33.3	3703.0
中原证券股份有限公司濮阳中原路证券营业部	河南	濮阳	6603.5	5483.7	24.0	0.3	13.3	1082.2
中国中投证券有限责任公司青岛山东路证券营业部	山东	青岛	6601.5	4221.8	40.8	0.0	10.6	2328.4
光大证券股份有限公司黑河东兴路证券营业部	黑龙江	黑河	6592.8	4029.3	4.5	0.0	2.2	2556.7
中信证券（浙江）有限责任公司长兴金陵中路证券营业部	浙江	湖州	6587.2	4673.8	28.4	0.1	19.0	1865.9
齐鲁证券有限公司枣庄泰山路证券营业部	山东	枣庄	6586.8	3988.6	134.8	0.7	1.1	2461.6
安信证券股份有限公司汕尾香洲西路证券营业部	广东	汕尾	6585.5	4465.9	8.8	0.0	2.7	2108.0
中国银河证券股份有限公司杭州古墩路证券营业部	浙江	杭州	6583.6	4188.5	9.8	0.0	9.3	2376.1
东北证券股份有限公司长春东盛大街证券营业部	吉林	长春	6579.1	3227.3	19.2	1.4	42.3	3289.0
国元证券股份有限公司青岛四流中路证券营业部	山东	青岛	6564.6	5419.2	38.0	0.1	11.5	1095.8
信达证券股份有限公司青岛麦岛路证券营业部	山东	青岛	6552.1	3449.6	356.2	3.0	17.5	2725.8
国海证券股份有限公司梧州西江路证券营业部	广西	梧州	6546.6	4558.5	14.8	0.0	52.8	1920.6
华融证券股份有限公司天津鞍山西道证券营业部	天津	天津	6543.4	3598.6	10.3	0.0	25.3	2909.2
华安证券有限责任公司合肥长江中路证券营业部	安徽	合肥	6532.1	4823.8	34.0	0.8	30.5	1643.0
中国民族证券有限责任公司广州环市东路证券营业部	广东	广州	6531.1	4726.9	4.4	0.0	3.5	1796.3
齐鲁证券有限公司贵阳瑞金北路证券营业部	贵州	贵阳	6531.1	4566.2	42.0	0.0	12.4	1910.5
东莞证券有限责任公司中山华柏路证券营业部	广东	中山	6530.9	4088.0	13.2	0.0	0.2	2429.5
长江证券股份有限公司咸宁淦河大道证券营业部	湖北	咸宁	6523.6	4987.9	34.2	1.3	1.1	1499.2
兴业证券股份有限公司青岛东海东路证券营业部	山东	青岛	6517.7	2019.0	46.0	0.2	13.6	4439.1
天风证券股份有限公司大连中山路证券营业部	辽宁	大连	6517.6	4436.5	173.4	0.1	1.3	1906.4
海通证券股份有限公司哈尔滨长江路证券营业部	黑龙江	哈尔滨	6513.9	5050.1	13.8	0.0	4.3	1445.7
安信证券股份有限公司绵阳翠花街证券营业部	四川	绵阳	6493.8	4409.9	18.2	2.4	169.7	1893.5

注：营业部交易金额的单位为百万元。

证券营业部交易
Trading of Business Department

营业部名称 Business Department	省份 Province	城市 City	总计 Total	股票 Share	基金 Fund	政府债 G-Bond	公司债 C-Bond	债券回购 Repo
东方证券股份有限公司抚顺新华大街证券营业部	辽宁	抚顺	6493.6	5286.8	10.7	0.1	2.5	1193.4
国金证券股份有限公司成都温江区柳城商业新街证券营业部	四川	成都	6484.8	5656.8	9.3	0.0	9.6	809.1
财达证券有限责任公司涿州东兴北街证券营业部	河北	石家庄	6483.5	5078.0	14.1	0.3	151.4	1239.8
山西证券股份有限公司宁波惊驾路证券营业部	浙江	宁波	6471.8	2818.7	0.4	0.0	7.5	3645.1
申银万国证券股份有限公司沈阳白山路证券营业部	辽宁	沈阳	6464.7	3156.0	34.6	0.1	25.0	3249.1
江海证券有限公司大庆龙凤大街证券营业部	黑龙江	大庆	6461.4	3814.3	20.5	0.2	10.8	2615.7
国金证券股份有限公司成都新都区马超西路证券营业部	四川	成都	6461.4	5115.5	8.4	3.2	13.1	1321.2
东海证券股份有限公司武汉建设大道证券营业部	湖北	武汉	6460.8	3671.8	6.0	0.1	185.9	2597.1
广发证券股份有限公司长沙荷花路证券营业部	湖南	长沙	6455.7	4832.7	32.6	0.0	17.6	1572.8
西部证券股份有限公司北京学院南路证券营业部	北京	北京	6455.3	4594.0	7.1	0.0	3.9	1850.3
华福证券有限责任公司厦门仙岳路证券营业部	福建	厦门	6447.3	1058.1	1.2	0.0	1.3	5386.7
浙商证券股份有限公司大连中山路证券营业部	辽宁	大连	6443.9	1936.0	15.0	0.0	1.0	4491.9
齐鲁证券有限公司青州海岱中路证券营业部	山东	潍坊	6433.0	4128.2	922.0	0.0	36.6	1346.2
华创证券有限责任公司贵阳都司路证券营业部	贵州	贵阳	6431.3	3368.1	6.3	0.2	2.6	3054.0
国都证券有限责任公司西安长安北路证券营业部	陕西	西安	6428.1	4730.7	139.1	0.0	0.7	1557.6
开源证券有限责任公司西安纺织城正街证券营业部	陕西	西安	6420.9	3701.7	4.4	0.0	17.7	2697.0
中国民族证券有限责任公司乐山大桥证券营业部	四川	乐山	6410.9	5675.1	7.5	1.0	46.0	681.4
财通证券股份有限公司丽水北苑路证券营业部	浙江	丽水	6410.4	5113.8	14.7	0.0	0.2	1281.8
恒泰长财证券有限责任公司长春北京大街证券营业部	吉林	长春	6403.6	3595.4	19.1	0.0	0.4	2788.7
华泰证券股份有限公司大丰金丰南大街证券营业部	江苏	盐城	6398.3	4237.0	5.4	6.3	165.7	1983.9
广发证券股份有限公司武汉鹦鹉大道证券营业部	湖北	武汉	6392.9	3908.3	39.3	0.4	9.2	2435.7
银泰证券有限责任公司沈阳市十一纬路证券营业部	辽宁	沈阳	6385.2	3997.3	9.8	1.7	1.2	2375.3
长江证券股份有限公司武汉吴家山二雅路证券营业部	湖北	武汉	6374.3	1278.6	2.6	0.0	10.9	5082.2
浙商证券股份有限公司广州体育东路证券营业部	广东	广州	6371.5	2578.6	5.6	0.0	41.5	3745.8
第一创业证券股份有限公司杭州金城路证券营业部	浙江	杭州	6368.0	3195.1	1.9	0.1	53.8	3117.1
安信证券股份有限公司苏州人民路证券营业部	江苏	苏州	6356.6	1825.9	26.9	0.1	5.5	4498.1
民生证券股份有限公司巩义桐本路证券营业部	河南	巩义	6351.7	4572.7	10.1	0.4	1.4	1767.0
齐鲁证券有限公司哈尔滨红专街证券营业部	黑龙江	哈尔滨	6327.6	1229.5	253.3	0.0	25.9	4818.9
中国银河证券股份有限公司中山黄圃证券营业部	广东	中山	6324.7	3325.4	122.0	0.0	144.7	2732.6
齐鲁证券有限公司寿光公园北街证券营业部	山东	寿光	6318.4	5219.2	32.6	4.0	6.7	1055.8
方正证券股份有限公司长沙桐梓坡路证券营业部	湖南	长沙	6311.6	5236.4	53.6	51.7	73.3	896.6
东北证券股份有限公司长沙芙蓉中路证券营业部	湖南	长沙	6305.2	3044.9	9.0	0.0	107.3	3144.0
齐鲁证券有限公司莱芜府前大街证券营业部	山东	莱芜	6295.2	4106.8	1484.8	1.3	174.3	528.0
东吴证券股份有限公司太仓人民南路证券营业部	江苏	太仓	6285.6	3441.9	5.5	0.0	14.6	2823.6
中山证券有限责任公司鞍山二道街证券营业部	辽宁	鞍山	6283.3	4396.3	6.0	0.0	3.5	1877.5
中信建投证券股份有限公司乌鲁木齐湖北路证券营业部	新疆	乌鲁木齐	6280.2	2654.9	5.4	0.0	1.7	3618.2
中国银河证券股份有限公司成都成飞大道证券营业部	四川	成都	6277.8	3555.4	6.1	0.2	66.4	2649.7
东北证券股份有限公司深圳南山大道证券营业部	深圳	深圳	6269.5	1614.0	11.6	0.0	1.8	4642.1
申银万国证券股份有限公司石家庄翟营南大街证券营业部	河北	石家庄	6258.4	2212.9	26.1	4.3	59.5	3955.7
中原证券股份有限公司周口七一路证券营业部	河南	周口	6250.7	5378.8	170.8	0.4	12.5	688.2
川财证券有限责任公司乐山五通桥文化街证券营业部	四川	乐山	6244.2	4128.6	10.5	0.9	6.3	2098.0
国联证券股份有限公司无锡华夏南路证券营业部	江苏	无锡	6243.9	1765.7	5.0	0.1	0.2	4472.8
长江证券股份有限公司慈溪新城大道证券营业部	浙江	宁波	6243.5	2978.2	70.2	0.0	9.8	3185.3
山西证券股份有限公司西安高新二路证券营业部	陕西	西安	6241.4	4082.9	16.3	0.3	8.9	2133.0
国泰君安证券股份有限公司兰州东岗西路证券营业部	甘肃	兰州	6241.3	4897.8	24.3	0.0	5.0	1314.2
申银万国证券股份有限公司武汉田园大道证券营业部	湖北	武汉	6225.3	3351.0	1239.6	0.0	0.1	1634.6
光大证券股份有限公司大庆金融街证券营业部	黑龙江	大庆	6224.0	4392.0	47.3	0.0	4.0	1780.7
华融证券股份有限公司沈阳同泽北街证券营业部	辽宁	沈阳	6221.3	2786.1	3.0	0.0	0.4	3431.8
新时代证券有限责任公司成都西安中路证券营业部	四川	成都	6208.2	4347.8	28.0	0.2	15.0	1817.2
大同证券经纪有限责任公司大同新建南路证券营业部	山西	大同	6207.2	4965.7	10.9	1.5	9.4	1219.7

注：营业部交易金额的单位为百万元。

证券营业部交易
Trading of Business Department

营业部名称 Business Department	省份 Province	城市 City	总计 Total	股票 Share	基金 Fund	政府债 G-Bond	公司债 C-Bond	债券回购 Repo
中天证券有限责任公司沈阳南六东路证券营业部	辽宁	沈阳	6206.7	3274.0	9.1	0.2	7.5	2915.9
方正证券股份有限公司岳阳巴陵东路证券营业部	湖南	岳阳	6203.8	3659.9	60.4	0.0	189.3	2294.2
中信建投证券股份有限公司重庆万州高笋塘营业部	重庆	重庆	6202.3	5430.3	38.1	0.0	21.1	712.9
民生证券股份有限公司河南分公司	河南	郑州	6200.5	4129.1	14.3	0.0	2.7	2054.4
南京证券股份有限公司无锡五爱北路证券营业部	江苏	无锡	6196.3	3358.3	19.5	0.0	0.8	2817.7
申银万国证券股份有限公司上海汾西路证券营业部	上海	上海	6186.9	2536.9	19.2	0.1	8.8	3622.0
宏源证券股份有限公司石河子西环路证券营业部	新疆	石河子	6185.5	5417.4	6.5	0.0	1.8	759.8
东北证券股份有限公司四平爱民路证券营业部	吉林	四平	6176.7	4255.5	18.1	0.4	101.6	1801.2
万联证券有限责任公司乐山柏杨路证券营业部	四川	乐山	6171.4	4572.1	5.3	0.1	9.5	1584.5
新时代证券有限责任公司重庆上清寺路证券营业部	重庆	重庆	6168.4	3522.0	25.7	0.0	118.9	2501.8
国元证券股份有限公司临沂八一路证券营业部	山东	临沂	6164.6	3706.4	3.2	0.0	1.2	2453.8
第一创业证券股份有限公司福州六一南路证券营业部	福建	福州	6157.6	1580.7	34.6	0.0	299.0	4243.3
渤海证券股份有限公司天津华苑路证券营业部	天津	天津	6155.5	4203.9	44.0	0.6	3.0	1904.0
广发证券股份有限公司广州市广州大道南证券营业部	广东	广州	6150.3	3177.5	34.9	0.0	7.2	2930.7
东莞证券有限责任公司东莞鸿福路第一国际营业部	广东	东莞	6148.6	4504.4	8.8	0.2	2.7	1632.5
山西证券股份有限公司绍兴鲁讯西路证券营业部	浙江	绍兴	6131.5	3691.5	12.7	0.0	1.5	2425.8
东莞证券有限责任公司惠州演达大道证券家营业部	广东	惠州	6131.0	3151.0	11.6	0.0	4.9	2963.5
长江证券股份有限公司武汉鹦鹉大道证券营业部	湖北	武汉	6130.2	2955.2	35.0	0.0	19.4	3120.6
齐鲁证券有限公司新泰府前街证券营业部	山东	泰安	6130.0	4127.7	816.5	0.0	7.4	1178.5
渤海证券股份有限公司天津滨海新区大港世纪大道证券营业部	天津	天津	6126.2	4927.1	46.7	0.6	20.7	1131.1
国开证券有限责任公司深圳龙华证券营业部	深圳	深圳	6118.3	5552.9	3.1	1.1	27.9	533.4
中信证券股份有限公司镇江电力路证券营业部	江苏	镇江	6102.1	5088.3	5.2	0.2	11.3	997.1
长江证券股份有限公司台州市府大道证券营业部	浙江	台州	6099.6	4758.1	109.1	0.0	1.2	1231.2
财达证券有限责任公司石家庄平安北大街证券营业部	河北	石家庄	6092.4	3585.4	8.4	0.0	29.0	2469.6
中信证券（浙江）有限责任公司奉化桥东岸路营业部	浙江	奉化	6089.8	2709.1	6.6	0.0	78.3	3295.8
东兴证券股份有限公司成都锦东路证券营业部	四川	成都	6087.1	5242.3	17.6	1.2	14.5	811.5
东北证券股份有限公司长春人民大街证券营业部	吉林	长春	6077.8	3526.0	11.3	0.0	4.9	2535.7
中国银河证券股份有限公司赣州客家大道证券营业部	江西	赣州	6075.1	3482.7	199.5	1.2	250.3	2141.5
中信建投证券股份有限公司昆明人民东路证券营业部	云南	昆明	6071.4	1001.8	11.4	3.7	95.7	4958.8
方正证券股份有限公司湘潭建设路证券营业部	湖南	湘潭	6066.0	4825.7	27.0	0.3	16.4	1196.6
国元证券股份有限公司滁州琅琊东路证券营业部	安徽	滁州	6056.1	5613.2	11.9	0.8	35.4	394.8
太平洋证券股份有限公司宁波中山东路证券营业部	浙江	宁波	6055.4	4450.7	13.2	0.0	144.6	1446.9
东兴证券股份有限公司沙县府西路证券营业部	福建	三明	6054.9	5530.4	25.4	0.3	0.9	497.9
华泰证券股份有限公司太仓太平南路证券营业部	江苏	太仓	6051.1	3068.1	338.9	0.0	2.4	2641.7
华福证券有限责任公司仙游鲤城街证券营业部	福建	莆田	6047.7	5669.7	5.6	0.3	5.0	367.1
山西证券股份有限公司晋中迎宾路证券营业部	山西	晋中	6046.6	3014.7	32.1	0.0	10.2	2989.6
中信万通证券有限责任公司滨州黄河五路证券营业部	山东	滨州	6045.0	5374.2	15.3	0.0	0.9	654.6
国海证券股份有限公司昆明人民中路证券营业部	云南	昆明	6039.3	3052.5	7.4	0.0	1.4	2978.0
第一创业证券股份有限公司第一创业证券有限责任公司梅州彬芳大道	广东	梅州	6033.4	1174.3	1.5	0.0	141.0	4716.7
齐鲁证券有限公司蓬莱钟楼北路证券营业部	山东	蓬莱	6029.4	4251.4	14.0	0.0	0.4	1763.6
华鑫证券有限责任公司西安闫良红安路证券营业部	陕西	西安	6025.2	4250.5	24.3	0.0	12.6	1737.8
国盛证券有限责任公司南昌洪城路证券营业部	江西	南昌	6021.8	4811.7	23.4	0.0	7.9	1178.8
南京证券股份有限公司南通姚港路证券营业部	江苏	南通	6020.2	4308.7	36.3	0.2	3.7	1671.4
南京证券股份有限公司银川文化东街证券营业部	宁夏	银川	6018.6	3775.2	5.9	0.0	0.5	2237.0
新时代证券有限责任公司开封西大街证券营业部	河南	开封	6012.3	5775.5	56.3	0.7	10.3	169.6
中国银河证券股份有限公司惠州惠沙堤路证券营业部	广东	惠州	6003.7	1473.1	8.4	0.0	0.3	4521.8
西部证券股份有限公司西安未央路第二证券营业部	陕西	西安	6000.7	4391.6	6.7	0.0	3.6	1598.8
中国中投证券有限责任公司嘉兴中山西路证券营业部	浙江	嘉兴	5985.1	633.6	50.0	0.0	316.6	4985.0
申银万国证券股份有限公司瑞安安盛路证券营业部	浙江	瑞安	5984.6	3571.0	2.7	0.0	1.0	2409.9
宏源证券股份有限公司奎屯乌鲁木齐东路证券营业部	新疆	乌鲁木齐	5976.8	3822.7	13.8	0.0	0.8	2139.6

注：营业部交易金额的单位为百万元。

证券营业部交易
Trading of Business Department

营业部名称 Business Department	省份 Province	城市 City	总计 Total	股票 Share	基金 Fund	政府债 G-Bond	公司债 C-Bond	债券回购 Repo
国泰君安证券股份有限公司北京鲁谷路证券营业部	北京	北京	5975.5	3577.2	26.8	0.0	15.7	2355.8
方正证券股份有限公司株洲新华路证券营业部	湖南	株洲	5973.3	5137.0	35.5	0.2	20.8	779.9
湘财证券有限责任公司广州大道北证券营业部	广东	广州	5966.7	3703.0	10.6	0.0	27.4	2225.8
中信万通证券有限责任公司青岛山东路证券营业部	山东	青岛	5965.4	4449.3	7.1	0.1	2.1	1506.9
宏源证券股份有限公司博乐北京路证券营业部	新疆	博乐	5965.1	2047.0	5.3	0.0	0.6	3912.2
华安证券有限责任公司宣城鳌峰西路证券营业部	安徽	宣城	5956.0	4551.5	6.6	0.1	3.8	1394.1
爱建证券有限责任公司宁波兴宁路证券营业部	浙江	宁波	5955.3	4338.6	11.1	0.0	5.6	1600.0
齐鲁证券有限公司日照昭阳路证券营业部	山东	日照	5947.8	4953.4	16.5	2.6	2.4	972.9
华西证券有限责任公司乐山嘉定南路证券营业部	四川	乐山	5939.2	4824.6	5.3	0.0	34.4	1075.0
齐鲁证券有限公司章丘山泉路证券营业部	山东	济南	5929.4	4185.8	1374.8	0.0	1.3	367.5
国海证券股份有限公司福州五四路证券营业部	福建	福州	5929.3	4353.9	15.8	0.0	75.2	1484.4
华泰证券股份有限公司天津福山路证券营业部	天津	天津	5922.7	5045.2	37.8	0.0	1.8	837.9
方正证券股份有限公司衡阳祁东民生街证券营业部	湖南	衡阳	5920.7	5414.7	18.8	0.1	1.2	485.9
兴业证券股份有限公司云霄云平路证券营业部	福建	漳州	5914.6	3669.6	10.3	0.0	10.6	2224.1
财达证券有限责任公司石家庄槐北路证券营业部	河北	石家庄	5904.5	3994.5	38.8	0.0	1.2	1870.0
申银万国证券股份有限公司上海普陀区金沙江路证券营业部	上海	上海	5897.8	1777.7	1273.8	0.0	14.9	2831.5
安信证券股份有限公司潮州饶平证券营业部	广东	潮州	5894.0	3795.7	17.6	0.0	13.3	2067.4
齐鲁证券有限公司南京太平南路证券营业部	江苏	南京	5892.1	3210.1	3.8	0.0	42.2	2635.9
上海证券有限责任公司北京和平里北街证券营业部	北京	北京	5888.0	1723.6	55.8	24.6	2.1	4081.9
兴业证券股份有限公司莆田涵华西路证券营业部	福建	莆田	5884.9	4335.4	6.1	0.0	1.8	1541.6
中山证券有限责任公司海城海州大街证券营业部	辽宁	海城	5870.3	5392.7	3.7	0.7	0.1	473.1
日信证券有限责任公司通辽和平路证券营业部	内蒙	通辽	5853.0	5412.2	10.1	0.1	1.4	429.2
华林证券有限责任公司江门恩平证券营业部	广东	恩平	5840.9	2998.2	51.5	0.0	10.3	2780.9
上海证券有限责任公司南昌民德路证券营业部	江西	南昌	5840.7	3493.6	6.5	0.0	3.9	2336.7
海通证券股份有限公司哈尔滨新阳路证券营业部	黑龙江	哈尔滨	5833.7	3280.7	7.4	0.0	15.9	2529.7
财通证券股份有限公司大连黄浦路证券营业部	辽宁	大连	5829.5	3543.1	106.4	0.0	561.5	1618.5
宏源证券股份有限公司克拉玛依准噶尔路证券营业部	新疆	克拉玛依	5828.3	3935.7	22.2	0.0	4.1	1866.3
中国中投证券有限责任公司潜江江汉路证券营业部	湖北	潜江	5822.7	4813.9	76.3	0.3	13.5	918.7
南京证券股份有限公司吴忠迎宾大街证券营业部	宁夏	吴忠	5818.2	4538.6	12.5	0.7	5.2	1261.2
齐鲁证券有限公司淄博青年路证券营业部	山东	淄博	5816.9	4823.4	313.2	0.0	0.5	679.8
招商证券股份有限公司玉林广场东路证券营业部	广西	玉林	5808.3	4550.7	6.2	0.0	3.6	1247.7
国信证券股份有限公司海口世贸北路证券营业部	海南	海口	5808.2	3373.3	7.7	0.0	19.1	2408.1
华龙证券有限责任公司兰州农民巷证券营业部	甘肃	兰州	5800.0	4494.7	2.0	0.1	48.8	1254.4
申银万国证券股份有限公司江西上饶中山西路营业部	江西	上饶	5797.8	5125.4	7.0	0.0	2.7	662.8
国泰君安证券股份有限公司襄阳襄城西街证券营业部	湖北	襄樊	5793.8	4823.3	27.0	0.8	5.8	936.9
华龙证券有限责任公司兰州静宁路证券营业部	甘肃	兰州	5792.2	4695.7	4.8	0.0	1.6	1090.1
齐鲁证券有限公司东营西四路证券营业部	山东	东营	5791.7	4601.0	17.4	0.2	23.0	1150.1
宏源证券股份有限公司伊宁斯大林街证券营业部	新疆	伊宁	5785.2	5213.1	45.8	0.2	0.1	526.0
光大证券股份有限公司西宁长江路证券营业部	青海	西宁	5778.6	4156.7	21.6	0.0	0.7	1599.7
上海证券有限责任公司南京胜太路证券营业部	江苏	南京	5777.4	3416.4	94.1	0.0	2.1	2264.8
宏源证券股份有限公司喀什克孜都维路证券营业部	新疆	喀什	5777.0	5470.7	4.7	1.0	0.7	299.9
东方证券股份有限公司长春同志街证券营业部	吉林	长春	5776.8	3150.2	21.6	0.0	2.4	2602.6
广发证券股份有限公司张家口建设东街证券营业部	河北	张家口	5746.9	4254.2	21.0	0.1	2.3	1469.3
中国中投证券有限责任公司遂宁遂州南路证券营业部	四川	遂宁	5746.2	5381.7	12.0	0.0	10.9	341.6
中国银河证券股份有限公司天津鼓楼东街证券营业部	天津	天津	5735.6	3759.6	2.8	3.7	2.3	1967.2
安信证券股份有限公司重庆中华路证券营业部	重庆	重庆	5734.4	4178.5	14.7	0.0	2.8	1538.4
广发证券股份有限公司长春民康路证券营业部	吉林	长春	5733.0	3192.2	11.6	3.2	4.0	2522.0
齐鲁证券有限公司漳州延安北路证券营业部	福建	漳州	5731.9	3349.8	33.1	0.0	30.3	2318.7
齐鲁证券有限公司德州东方红路证券营业部	山东	德州	5731.1	3380.3	1936.2	0.1	79.4	335.1
华泰证券股份有限公司溧水珍珠南路证券营业部	江苏	南京	5730.1	335.8	4.5	0.0	0.5	5389.3

注：营业部交易金额的单位为百万元。

证券营业部交易
Trading of Business Department

营业部名称 Business Department	省份 Province	城市 City	总计 Total	股票 Share	基金 Fund	政府债 G-Bond	公司债 C-Bond	债券回购 Repo
海通证券股份有限公司兰州万新南路证券营业部	甘肃	兰州	5730.0	4602.0	131.0	0.2	14.6	982.1
广发证券股份有限公司邢台公园东街证券营业部	河北	邢台	5722.6	1828.4	52.9	0.0	1.7	3839.5
中国银河证券股份有限公司汕头潮阳证券营业部	广东	汕头	5714.7	3785.5	3.5	0.0	4.6	1921.2
财达证券有限责任公司邢台西门里证券营业部	河北	邢台	5714.1	4878.0	9.1	0.1	4.7	822.2
中天证券有限责任公司盘锦兴隆街证券营业部	辽宁	盘锦	5704.1	1197.4	2.5	0.0	4.9	4499.4
浙商证券股份有限公司杭州体育场路证券营业部	浙江	杭州	5690.4	2056.0	1984.9	0.0	0.9	1648.5
广州证券有限责任公司广州花都狮岭证券营业部	广东	广州	5682.5	1839.6	55.0	0.0	10.7	3777.2
广发证券股份有限公司珠海市珠海大道证券营业部	广东	珠海	5680.1	3504.9	3.8	0.1	8.4	2163.0
安信证券股份有限公司深圳科发路证券营业部	深圳	深圳	5678.3	3657.7	223.1	0.0	0.5	1797.1
中山证券有限责任公司广州花城大道证券营业部	广东	广州	5664.8	3050.1	3.8	0.0	0.3	2610.7
申银万国证券股份有限公司泰兴府前街证券营业部	江苏	泰兴	5661.6	3487.6	1397.5	0.0	5.9	770.5
华安证券有限责任公司马鞍山江东大道证券营业部	安徽	马鞍山	5657.7	4081.9	7.8	0.0	3.1	1564.9
海通证券股份有限公司鹤岗东解放路证券营业部	黑龙江	鹤岗	5652.2	4725.0	22.3	2.3	2.1	900.4
川财证券有限责任公司南充人民北路证券营业部	四川	南充	5647.2	3497.7	6.0	0.4	1.3	2141.9
齐鲁证券有限公司胶南珠海中路证券营业部	山东	青岛	5646.3	5073.3	13.1	0.3	1.6	557.9
东莞证券有限责任公司东莞凤岗证券营业部	广东	东莞	5637.7	4544.5	13.5	0.2	5.4	1074.1
红塔证券股份有限公司温州大士门证券营业部	浙江	温州	5633.4	3708.2	100.5	0.0	0.2	1824.6
山西证券股份有限公司朔州开发路证券营业部	山西	朔州	5632.9	3277.8	40.9	0.1	2.7	2311.4
长城证券有限责任公司佛山三水张边路证券营业部	广东	佛山	5630.6	2350.7	12.9	0.6	7.2	3259.1
长江证券股份有限公司无锡政和大道证券营业部	江苏	无锡	5624.6	1304.4	37.1	0.0	27.3	4255.8
民生证券股份有限公司北京顺义府前东街证券营业部	北京	北京	5620.3	4477.5	1.9	0.0	38.4	1102.6
新时代证券有限责任公司汕头金砂东路证券营业部	广东	汕头	5617.5	3463.2	6.9	0.0	2.3	2145.1
西南证券股份有限公司金华丹溪路证券营业部	浙江	金华	5616.8	5265.4	36.9	0.0	0.0	314.5
齐鲁证券有限公司宝鸡联盟路证券营业部	陕西	宝鸡	5597.3	3638.9	78.5	0.3	2.6	1877.0
中国中投证券有限责任公司西宁胜利路证券营业部	青海	西宁	5596.1	4531.6	44.1	0.0	37.9	982.5
华西证券有限责任公司眉山湖滨路证券营业部	四川	眉山	5590.3	3739.3	5.0	0.3	6.1	1839.7
民生证券股份有限公司济南千佛山路证券营业部	山东	济南	5589.9	4102.2	3.4	0.2	11.9	1472.2
民生证券股份有限公司深圳深南中路证券营业部	深圳	深圳	5588.9	4076.1	1.1	0.0	2.0	1509.6
安信证券股份有限公司济南泉城路证券营业部	山东	济南	5583.6	1828.0	4.6	0.1	38.2	3712.8
中国银河证券股份有限公司贵阳金阳观山西路证券营业部	贵州	贵阳市	5582.1	4729.4	0.5	0.0	0.0	852.2
华西证券有限责任公司郫县东大街证券营业部	四川	成都	5579.7	4171.1	8.1	0.4	0.5	1399.6
西部证券股份有限公司宝鸡公园路证券营业部	陕西	宝鸡	5567.4	4542.0	10.4	4.7	1.8	1008.6
大通证券股份有限公司大连车家村证券营业部	辽宁	大连	5566.4	4870.0	27.7	0.6	4.4	663.7
广发证券股份有限公司江门台山南门西路证券营业部	广东	台山	5565.9	3609.9	50.2	4.0	1.0	1900.8
华泰证券股份有限公司东台望海西路证券营业部	江苏	盐城	5562.0	4533.5	5.8	0.6	62.2	959.9
浙商证券股份有限公司杭州滨江威陵大厦证券营业部	浙江	杭州	5550.0	3334.2	3.0	0.0	0.7	2212.1
浙商证券股份有限公司瑞安罗阳大道证券营业部	浙江	温州	5549.9	4868.5	21.0	0.5	2.0	658.0
信达证券股份有限公司辽阳武圣路证券营业部	辽宁	辽阳	5545.6	4722.8	19.7	0.7	24.4	777.9
宏源证券股份有限公司郑州商务外环路证券营业部	河南	郑州	5534.8	1764.0	10.4	0.0	3.1	3757.2
华泰证券股份有限公司姜堰东大街证券营业部	江苏	泰州	5531.8	4947.4	146.7	0.0	13.1	424.7
中国民族证券有限责任公司乐山小十字证券营业部	四川	乐山	5524.0	4271.5	6.7	0.5	29.4	1215.9
国元证券股份有限公司武汉常青花园花园中路证券营业部	湖北	武汉	5505.7	3261.6	33.7	0.0	0.3	2210.1
华鑫证券有限责任公司西安西大街证券营业部	陕西	西安	5504.7	3751.7	14.2	0.0	7.7	1731.1
国元证券股份有限公司安庆人民路证券营业部	安徽	安庆	5503.6	5238.6	12.0	0.0	6.6	246.4
华福证券有限责任公司漳浦朝阳路证券营业部	福建	漳州	5503.4	670.6	0.4	0.0	0.0	4832.5
江海证券有限公司伊春繁荣路证券营业部	黑龙江	伊春	5501.2	4843.5	6.5	0.0	0.9	650.3
西部证券股份有限公司丹阳丹凤北路证券营业部	江苏	丹阳	5498.8	3995.4	19.7	0.0	0.2	1483.6
东方证券股份有限公司济南经七路证券营业部	山东	济南	5497.0	3785.9	6.8	0.0	12.6	1691.7
财达证券有限责任公司邯郸铁西北大街证券营业部	河北	邯郸	5492.6	4005.3	70.0	0.0	1.8	1415.5
红塔证券股份有限公司楚雄鹿城北路证券营业部	云南	楚雄	5492.6	5392.4	9.9	0.1	1.1	89.1

注：营业部交易金额的单位为百万元。

证券营业部交易
Trading of Business Department

营业部名称 Business Department	省份 Province	城市 City	总计 Total	股票 Share	基金 Fund	政府债 G-Bond	公司债 C-Bond	债券回购 Repo
航天证券有限责任公司上海怒江北路证券营业部	上海	上海	5488.3	2032.6	29.4	0.2	16.2	3410.0
华林证券有限责任公司江门台山证券营业部	广东	台山	5478.9	4365.6	13.1	0.1	1.2	1098.8
中天证券有限责任公司沈阳大南街证券营业部	辽宁	沈阳	5478.0	3443.9	8.2	0.5	0.8	2024.6
天源证券有限公司辽阳新华路证券营业部	辽宁	辽阳	5474.8	4384.2	12.0	0.0	7.4	1071.2
齐鲁证券有限公司诸城繁荣东路证券营业部	山东	潍坊	5465.3	5017.7	102.3	1.7	5.5	338.1
开源证券有限责任公司西安锦业三路证券营业部	陕西	西安	5464.0	1624.3	0.1	0.0	3.2	3836.4
国信证券股份有限公司东莞胜和路证券营业部	广东	东莞	5462.3	3452.2	240.7	0.0	2.1	1767.2
东方证券股份有限公司合肥望江西路证券营业部	安徽	合肥	5459.6	5204.2	4.4	0.0	1.5	249.5
中国中投证券有限责任公司潜江广华大道证券营业部	湖北	潜江	5459.0	3361.3	121.0	0.0	2.8	1973.9
华融证券股份有限公司上海张杨路证券营业部	上海	上海	5456.6	1782.5	13.6	0.0	29.8	3630.6
广州证券有限责任公司广州增城新塘证券营业部	广东	增城	5456.4	3247.0	38.9	0.0	0.8	2169.7
华安证券有限责任公司巢湖市巢湖路证券营业部	安徽	巢湖	5455.4	4459.9	5.9	0.5	1.5	987.6
信达证券股份有限公司义乌宾王路证券营业部	浙江	义乌	5452.7	4311.6	2.2	0.0	527.9	611.0
财达证券有限责任公司石家庄工农路证券营业部	河北	石家庄	5446.5	4889.7	14.1	0.0	0.7	542.0
华西证券有限责任公司江油东大街证券营业部	四川	绵阳	5446.2	4048.3	10.2	0.1	26.3	1361.4
湘财证券有限责任公司娄底春园路证券营业部	湖南	娄底	5438.9	3874.3	251.6	0.0	43.0	1270.0
西部证券股份有限公司汉中东大街证券营业部	陕西	汉中	5425.9	4850.6	11.5	0.0	15.7	548.1
西藏同信证券有限责任公司拉萨市北京中路证券营业部	西藏	拉萨	5425.0	4665.1	2.8	0.0	2.7	754.5
中国中投证券有限责任公司北京丽泽路证券营业部	北京	北京	5417.8	2883.1	38.4	0.0	19.1	2477.2
华泰证券股份有限公司高邮通湖路证券营业部	江苏	高邮	5417.2	3137.7	1230.0	0.0	32.6	1016.9
恒泰证券股份有限公司济南解放路证券营业部	山东	济南	5410.7	4808.5	22.4	0.0	1.5	578.3
金元证券股份有限公司中山兴中道证券营业部	广东	中山	5395.2	3051.1	6.7	0.0	1.5	2335.8
中原证券股份有限公司洛阳凯旋西路证券营业部	河南	洛阳	5387.2	4257.5	9.9	0.0	2.9	1116.8
齐鲁证券有限公司武汉文馨街证券营业部	湖北	武汉	5381.0	2509.4	47.1	0.0	2.7	2821.8
海通证券股份有限公司重庆中山三路证券营业部	重庆	重庆	5373.5	4516.0	12.5	0.1	10.3	834.7
华宝证券有限责任公司杭州玉古路证券营业部	浙江	杭州	5368.3	3508.2	11.6	0.0	5.3	1843.2
国信证券股份有限公司济南泺源大街证券营业部	山东	济南	5366.2	3455.0	10.1	0.0	79.7	1821.5
国盛证券有限责任公司鹰潭胜利西路证券营业部	江西	鹰潭	5360.4	4482.9	4.6	0.1	2.9	869.8
申银万国证券股份有限公司莱西烟台路证券营业部	山东	青岛	5353.4	4279.5	133.7	0.0	1.0	939.2
华融证券股份有限公司长沙五一西路证券营业部	湖南	长沙	5349.7	4119.5	2.9	7.3	7.6	1212.4
光大证券股份有限公司汕头华山路证券营业部	广东	汕头	5342.9	2017.8	88.3	0.0	107.5	3129.2
中国银河证券股份有限公司长兴县前西街证券营业部	浙江	湖州	5340.0	3528.6	34.6	2.0	5.1	1769.7
财达证券有限责任公司邯郸水院北路证券营业部	河北	邯郸	5336.8	4116.1	12.0	0.3	21.8	1186.6
中信万通证券有限责任公司东营济南路证券营业部	山东	东营	5335.7	4081.7	10.3	0.0	2.9	1240.8
光大证券股份有限公司重庆李家沱证券营业部	重庆	重庆	5333.4	3632.4	1150.0	0.1	4.7	546.2
中国银河证券股份有限公司西宁长江路证券营业部	青海	西宁	5330.8	4499.3	9.8	0.0	2.2	819.5
太平洋证券股份有限公司厦门嘉禾路证券营业部	福建	厦门	5329.7	2983.6	107.7	0.0	7.6	2230.8
中国民族证券有限责任公司通化新华大街证券营业部	吉林	通化	5329.6	4670.0	8.7	0.1	2.0	648.8
海通证券股份有限公司双鸭山五马路证券营业部	黑龙江	双鸭山	5327.6	4801.7	24.6	0.0	1.6	499.7
国海证券股份有限公司南宁星光大道证券营业部	广西	南宁	5325.5	4255.2	9.6	0.0	0.9	1059.9
齐鲁证券有限公司东营永安路证券营业部	山东	东营	5324.3	4190.0	40.7	1.1	17.7	1074.8
安信证券股份有限公司内江西林大道证券营业部	四川	内江	5320.2	4455.7	101.4	0.1	0.7	762.2
华鑫证券有限责任公司西安群贤路证券营业部	陕西	西安	5313.5	3356.5	5.7	0.2	17.8	1933.4
华泰证券股份有限公司当阳长坂路证券营业部	湖北	当阳	5313.2	3810.5	702.4	0.0	12.7	787.6
银泰证券有限责任公司大连市五五路证券营业部	辽宁	大连	5311.1	3578.8	10.3	0.3	1.5	1720.2
信达证券股份有限公司营口光华路证券营业部	辽宁	营口	5309.5	2713.8	203.6	0.2	17.9	2374.0
万联证券有限责任公司广州番禺清河东路证券营业部	广东	广州	5309.1	2979.7	15.3	0.4	42.1	2271.7
中国中投证券有限责任公司西宁西关大街新宁广场证券营业部	青海	西宁	5308.0	854.4	1.1	0.0	249.2	4203.2
中国民族证券有限责任公司济南历山路证券营业部	山东	济南	5294.1	3090.2	11.7	0.0	13.6	2178.5
方正证券股份有限公司深圳福永大道证券营业部	深圳	深圳	5291.1	4557.8	60.1	0.0	19.8	653.4

注：营业部交易金额的单位为百万元。

证券营业部交易
Trading of Business Department

营业部名称 Business Department	省份 Province	城市 City	总计 Total	股票 Share	基金 Fund	政府债 G-Bond	公司债 C-Bond	债券回购 Repo
海通证券股份有限公司牡丹江平安街证券营业部	黑龙江	牡丹江	5288.4	4268.0	71.5	0.1	4.0	944.8
长江证券股份有限公司天门接官路证券营业部	湖北	天门	5287.8	3345.0	30.9	0.1	10.3	1901.6
兴业证券股份有限公司南宁金浦路证券营业部	广西	南宁	5284.0	2981.9	31.3	0.0	184.3	2086.5
恒泰证券股份有限公司呼和浩特中山西路证券营业部	内蒙	呼和浩特	5280.3	4338.9	13.6	0.0	5.7	922.1
华西证券有限责任公司自贡丹桂街证券营业部	四川	自贡	5263.8	4369.7	14.0	0.4	4.1	875.6
中国国际金融有限公司成都滨江东路证券营业部	四川	成都	5262.2	635.3	0.1	0.0	2.3	4624.6
国泰君安证券股份有限公司个旧金湖西路证券营业部	云南	个旧	5260.3	3219.8	13.3	1.7	1.9	2023.6
光大证券股份有限公司重庆鱼洞巴县大道证券营业部	重庆	重庆	5258.8	4140.8	4.5	0.2	1.8	1111.5
宏信证券有限责任公司成都一环路西三段证券营业部	四川	成都	5251.5	2160.5	2.8	0.4	34.1	3053.8
中国民族证券有限责任公司成都沙湾路证券营业部	四川	成都	5249.8	4313.4	2.5	0.3	11.3	922.4
国泰君安证券股份有限公司上海嘉定塔城路证券营业部	上海	上海	5249.4	2753.2	47.2	0.0	6.2	2442.9
广发证券股份有限公司东营济南路证券营业部	山东	东营	5247.0	4574.4	25.9	0.4	7.0	639.3
中天证券有限责任公司沈阳八王寺街证券营业部	辽宁	沈阳	5245.3	3583.8	27.4	0.9	1.2	1632.1
长江证券股份有限公司合肥长江西路证券营业部	安徽	合肥	5244.1	2298.3	44.1	0.4	1.8	2899.6
中国民族证券有限责任公司鞍山二道街证券营业部	辽宁	鞍山	5238.7	4194.1	5.5	0.0	9.8	1029.3
中银国际证券有限责任公司唐山新华道证券营业部	河北	唐山	5237.0	1348.1	33.3	0.1	12.1	3843.4
华福证券有限责任公司福鼎河乾路证券营业部	福建	福鼎	5220.3	4456.3	2.5	0.0	5.9	755.6
新时代证券有限责任公司成都一环路证券营业部	四川	成都	5219.8	3175.1	2.2	0.0	6.8	2035.7
广发证券股份有限公司东莞长安证券营业部	广东	东莞	5211.0	4373.3	29.8	0.6	15.2	792.2
国都证券有限责任公司北京三元西桥证券营业部	北京	北京	5208.2	2956.0	22.0	0.0	1.5	2228.7
中原证券股份有限公司开封大梁路证券营业部	河南	开封	5208.0	4661.6	5.1	0.0	27.0	514.4
上海证券有限责任公司苏州干将西路证券营业部	江苏	苏州	5207.6	3806.7	9.3	0.0	1.6	1390.0
广发证券股份有限公司营口学府路证券营业部	辽宁	营口	5206.6	4343.9	37.2	0.0	0.3	825.2
方正证券股份有限公司武汉中南二路证券营业部	湖北	武汉	5206.2	2469.3	3.6	0.0	193.3	2539.9
西南证券股份有限公司重庆荣昌证券营业部	重庆	重庆	5205.2	2782.3	4.6	0.1	4.7	2413.5
大通证券股份有限公司广州天河路证券营业部	广东	广州	5204.8	4517.9	36.8	0.0	0.9	649.3
海通证券股份有限公司齐齐哈尔和平路证券营业部	黑龙江	齐齐哈尔	5203.7	4558.2	6.8	0.2	6.6	631.9
安信证券股份有限公司汕尾海丰证券营业部	广东	汕尾	5200.0	4328.6	5.3	0.0	1.3	864.8
大同证券经纪有限责任公司运城人民北路证券营业部	山西	运城	5194.8	3986.0	7.2	0.0	5.5	1196.1
中国民族证券有限责任公司长沙车站北路证券营业部	湖南	长沙	5192.0	3903.3	85.0	0.0	4.4	1199.3
财通证券股份有限公司金华兰溪街证券营业部	浙江	金华	5189.4	3394.3	51.7	0.0	51.0	1692.4
安信证券股份有限公司合肥长江西路证券营业部	安徽	合肥	5181.8	2860.4	53.2	0.0	0.0	2268.2
金元证券股份有限公司乌鲁木齐黄河路证券营业部	新疆	乌鲁木齐	5179.8	3924.6	16.0	0.0	0.5	1238.7
海通证券股份有限公司齐齐哈尔卜奎大街证券营业部	黑龙江	齐齐哈尔	5176.7	4598.7	9.0	0.2	4.6	564.2
东北证券股份有限公司白山通江路证券营业部	吉林	白山	5176.6	3841.8	7.7	0.0	0.6	1326.6
民生证券股份有限公司天津福安大街证券营业部	天津	天津	5175.1	3613.6	0.6	0.0	0.1	1560.8
东兴证券股份有限公司天津航天道证券营业部	天津	天津	5173.3	3658.0	9.2	0.1	1.2	1504.9
国海证券股份有限公司郑州商务外环路证券营业部	河南	郑州	5165.5	1827.0	4.4	0.0	431.2	2902.9
南京证券股份有限公司重庆较场口营业部	重庆	重庆	5160.5	3032.0	6.6	0.6	105.3	2016.0
华泰证券股份有限公司哈尔滨民益街证券营业部	黑龙江	哈尔滨	5158.3	2293.7	1510.9	1.2	2.5	1349.9
金元证券股份有限公司深圳文心二路证券营业部	深圳	深圳	5146.4	3802.2	8.6	0.0	0.1	1335.5
财达证券有限责任公司张家口明德南街证券营业部	河北	张家口	5142.9	4268.2	7.1	0.1	2.3	865.1
中国银河证券股份有限公司重庆江津证券营业部	重庆	重庆	5142.3	4554.6	8.0	2.5	9.8	567.4
山西证券股份有限公司重庆红黄路证券营业部	重庆	重庆	5139.5	2821.6	52.0	0.0	14.8	2251.2
海通证券股份有限公司辽源人民大街证券营业部	吉林	辽源	5138.6	4703.2	4.8	40.4	0.5	389.7
齐鲁证券有限公司淄博沂源证券营业部	山东	淄博	5137.0	3347.5	1436.6	0.0	0.7	352.2
海通证券股份有限公司嘉兴中山西路证券营业部	浙江	嘉兴	5128.4	3389.4	36.9	0.0	24.3	1677.8
德邦证券有限责任公司丹东锦山大街营业部	辽宁	丹东	5124.5	4569.7	56.1	0.8	4.2	493.7
天源证券有限公司唐山卫国路证券营业部	河北	唐山	5120.4	4090.1	4.8	0.5	20.0	1005.0
招商证券股份有限公司烟台长江路证券营业部	山东	烟台	5110.8	4246.3	6.5	0.0	1.1	856.9

注：营业部交易金额的单位为百万元。

证券营业部交易
Trading of Business Department

营业部名称 Business Department	省份 Province	城市 City	总计 Total	股票 Share	基金 Fund	政府债 G-Bond	公司债 C-Bond	债券回购 Repo
兴业证券股份有限公司上杭二环路证券营业部	福建	龙岩	5110.0	2075.8	47.5	0.0	25.8	2960.9
东北证券股份有限公司大连七七街证券营业部	辽宁	大连	5109.3	3793.1	18.5	0.1	10.4	1287.3
中国银河证券股份有限公司廊坊银河北路证券营业部	河北	廊坊	5104.6	3886.3	12.8	0.0	10.1	1195.3
大同证券经纪有限责任公司临汾平阳南街证券营业部	山西	临汾	5103.7	859.6	3.0	0.0	14.4	4226.7
东兴证券股份有限公司惠安建设南路证券营业部	福建	泉州	5101.4	4353.1	8.6	0.1	2.0	737.6
安信证券股份有限公司石家庄建设北大街证券营业部	河北	石家庄	5100.6	2648.8	34.3	0.0	2.1	2415.4
浙商证券股份有限公司天台劳动路证券营业部	浙江	台州	5095.4	4503.7	83.1	0.6	1.9	506.2
西部证券股份有限公司汉中兴汉路证券营业部	陕西	汉中	5089.4	4774.9	13.0	0.1	1.7	299.7
华福证券有限责任公司安溪民主路证券营业部	福建	泉州	5087.1	3973.7	3.7	0.0	0.5	1109.2
财达证券有限责任公司衡水新华中路证券营业部	河北	衡水	5086.7	4218.2	8.5	1.9	10.9	847.2
财通证券股份有限公司北京成府路证券营业部	北京	北京	5086.6	3575.9	9.9	0.8	13.5	1486.5
大通证券股份有限公司大连瓦房店西长春路证券营业部	辽宁	大连	5072.5	4528.3	15.6	0.0	13.9	514.6
第一创业证券股份有限公司第一创业证券有限责任公司重庆北城天街	重庆	重庆	5069.6	1093.5	44.3	0.0	569.2	3362.6
红塔证券股份有限公司重庆江南大道证券营业部	重庆	重庆	5056.7	2067.8	72.2	0.0	20.4	2896.2
华融证券股份有限公司重庆中山三路证券营业部	重庆	重庆	5049.8	2483.7	5.1	0.2	3.8	2557.0
恒泰长财证券有限责任公司长春东盛大街证券营业部	吉林	长春	5048.9	2959.0	7.3	0.1	2.1	2080.4
信达证券股份有限公司本溪市府南街证券营业部	辽宁	本溪	5042.8	3972.6	16.4	0.7	2.5	1050.7
中国中投证券有限责任公司天津武清雍阳西道证券营业部	天津	天津	5038.5	1777.9	12.9	0.0	0.9	3246.8
华龙证券有限责任公司平凉西大街证券营业部	甘肃	平凉	5030.0	4065.4	6.4	0.2	4.3	953.7
财通证券股份有限公司兰溪人民南路证券营业部	浙江	兰溪	5013.9	4002.1	4.8	0.0	3.0	1004.1
第一创业证券股份有限公司东莞元美路证券营业部	广东	东莞	5013.5	1015.9	1.2	1.8	244.2	3750.4
恒泰证券股份有限公司临河胜利北路证券营业部	内蒙	巴彦淖尔	5012.1	3909.5	55.8	0.0	1.7	1045.1
中国民族证券有限责任公司乐山柏杨路证券营业部	四川	乐山	5011.4	3424.1	4.5	0.4	38.8	1543.6
齐鲁证券有限公司昆明拓东路证券营业部	云南	昆明	5008.2	2235.8	12.9	0.0	19.3	2740.2
华融证券股份有限公司重庆新南路证券营业部	重庆	重庆	4998.3	3643.6	1.2	0.0	4.5	1349.0
齐鲁证券有限公司汕头榕江路证券营业部	广东	汕头	4995.9	1757.6	5.7	0.0	0.0	3232.6
天源证券有限公司本溪东明路证券营业部	辽宁	本溪	4988.1	3838.3	17.3	0.8	1.2	1130.4
渤海证券股份有限公司天津泉旺路证券营业部	天津	天津	4988.1	3404.0	16.1	0.1	2.8	1565.1
齐鲁证券有限公司徐州民主南路证券营业部	江苏	徐州	4985.6	4017.1	110.5	0.0	0.3	857.6
国信证券股份有限公司石家庄广安大街证券营业部	河北	石家庄	4983.9	2631.3	36.6	0.0	285.1	2030.9
国都证券有限责任公司北京九棵树街证券营业部	北京	北京	4979.0	3909.8	9.5	0.9	10.5	1048.3
信达证券股份有限公司杭州莫干山路证券营业部	浙江	杭州	4969.7	3466.8	6.6	0.0	1.0	1495.4
宏信证券有限责任公司成都西御街证券营业部	四川	成都	4964.6	1894.2	5.1	0.0	111.5	2953.8
光大证券股份有限公司上海环城南路证券营业部	上海	上海	4959.8	3168.2	36.7	0.0	8.6	1746.3
国元证券股份有限公司黄山新街证券营业部	安徽	黄山	4958.5	4420.8	12.1	0.1	34.1	491.4
中航证券有限公司丰城东方红大街证券营业部	江西	丰城	4955.8	4191.8	13.7	0.0	31.0	719.3
西部证券股份有限公司深圳金田路证券营业部	深圳	深圳	4951.2	2002.3	1.4	0.0	11.8	2935.7
华安证券有限责任公司滁州天长路证券营业部	安徽	滁州	4950.7	4617.9	10.7	0.1	5.9	316.1
大通证券股份有限公司新余仙来中大道证券营业部	江西	新余	4949.7	4073.7	10.6	0.0	5.3	860.1
宏信证券有限责任公司西昌顺城街证券营业部	四川	西昌	4947.7	4392.1	10.5	1.7	17.1	526.3
信达证券股份有限公司盘锦红旗大街证券营业部	辽宁	盘锦	4945.3	4501.1	10.6	2.9	51.5	379.2
安信证券股份有限公司茂名电白证券营业部	广东	茂名	4941.2	2830.1	10.3	0.0	0.9	2099.8
民生证券股份有限公司北京航丰路证券营业部	北京	北京	4939.2	1574.6	0.3	0.0	3.1	3361.2
南京证券股份有限公司广州先烈中路证券营业部	广东	广州	4935.0	4093.7	66.5	0.2	3.4	771.2
东北证券股份有限公司中央西路证券营业部	吉林	四平	4924.8	3115.0	1.1	0.0	0.6	1808.1
方正证券股份有限公司新乡中同大街证券营业部	河南	新乡	4916.0	3595.5	15.6	0.2	1.3	1303.4
新时代证券有限责任公司天津解放南路证券营业部	天津	天津	4911.8	2757.2	18.7	0.0	0.9	2135.0
广发证券股份有限公司宜昌东山大道证券营业部	湖北	宜昌	4910.4	3584.9	33.7	0.0	18.8	1273.1
中信证券股份有限公司武汉关山大道证券营业部	湖北	武汉	4904.9	1696.4	3.4	0.0	5.4	3199.7
中信万通证券有限责任公司日照北京路证券营业部	山东	日照	4874.9	3935.0	5.9	1.4	10.0	922.6

注：营业部交易金额的单位为百万元。

证券营业部交易
Trading of Business Department

营业部名称 Business Department	省份 Province	城市 City	总计 Total	股票 Share	基金 Fund	政府债 G-Bond	公司债 C-Bond	债券回购 Repo
大同证券经纪有限责任公司邯郸人民东路证券营业部	河北	邯郸	4863.3	3745.3	8.1	0.0	1.9	1108.1
光大证券股份有限公司长沙金星中路证券营业部	湖南	长沙	4861.1	4088.8	9.2	2.2	10.4	750.5
国元证券股份有限公司六安人民路证券营业部	安徽	六安	4860.1	4538.0	19.3	0.1	47.1	255.7
方正证券股份有限公司醴陵胜利路证券营业部	湖南	株洲	4842.5	3676.1	36.2	1.7	6.6	1122.0
中国银河证券股份有限公司庆元濛洲街证券营业部	浙江	丽水	4834.6	4184.5	436.0	0.0	1.7	212.5
新时代证券有限责任公司包头南门外大街证券营业部	内蒙	包头	4833.9	4154.5	4.7	0.0	10.2	664.5
太平洋证券股份有限公司广州金穗路证券营业部	广东	广州	4831.0	2356.6	17.6	0.0	15.3	2441.5
信达证券股份有限公司佛山季华七路证券营业部	广东	佛山	4831.0	2971.6	16.0	0.0	34.1	1809.3
东莞证券有限责任公司东莞清溪证券营业部	广东	东莞	4829.1	3833.3	10.5	0.0	2.8	982.5
方正证券股份有限公司益阳五一路证券营业部	湖南	益阳	4817.4	4106.0	11.9	0.4	2.8	696.4
海通证券股份有限公司淄博桓台东岳路证券营业部	山东	淄博	4814.5	4554.5	24.2	0.1	12.1	223.7
国都证券有限责任公司长春人民大街证券营业部	吉林	长春	4800.1	2281.5	14.6	0.2	0.6	2503.2
申银万国证券股份有限公司宜昌夷兴大道证券营业部	湖北	宜昌	4792.8	2504.9	16.7	0.0	1.1	2270.1
上海证券有限责任公司台州东环大道证券营业部	浙江	台州	4778.4	3728.1	61.7	0.0	2.6	986.0
南京证券股份有限公司银川凤凰北街证券营业部	宁夏	银川	4765.1	4642.4	10.0	0.0	0.8	111.9
光大证券股份有限公司惠州平山证券营业部	广东	惠州	4759.0	4208.2	31.8	0.0	0.9	518.0
宏源证券股份有限公司天津滨海新区黄海路证券营业部	天津	天津	4757.5	2887.1	38.6	0.0	0.7	1831.0
中国中投证券有限责任公司成都新都桂湖东路证券营业部	四川	成都	4753.6	4311.7	16.3	0.0	2.7	422.8
江海证券有限公司牡丹江绥芬河文化街证券营业部	黑龙江	绥芬河	4752.2	586.9	25.1	0.0	0.0	4140.3
华泰证券股份有限公司莱阳昌山路证券营业部	山东	烟台	4748.7	3207.0	187.6	0.1	12.9	1341.2
中信万通证券有限责任公司枣庄文化中路证券营业部	山东	枣庄	4745.7	2794.7	11.0	0.0	11.9	1928.1
湘财证券有限责任公司广州番禺禺山大道证券营业部	广东	广州	4744.5	3213.8	48.3	0.0	39.0	1443.4
东吴证券股份有限公司三亚凤凰路证券营业部	海南	三亚	4736.1	3720.9	0.0	0.0	0.9	1014.3
中天证券有限责任公司沈阳十三纬路证券营业部	辽宁	沈阳	4734.7	3488.6	22.3	0.4	3.5	1220.0
国元证券股份有限公司郑州金水东路证券营业部	河南	郑州	4732.1	3782.3	29.7	0.0	1.5	918.7
宏源证券股份有限公司哈密天山北路证券营业部	新疆	哈密	4721.7	4662.2	9.7	0.0	2.8	47.0
中航证券有限公司昆明北京路证券营业部	云南	昆明	4721.3	3342.4	5.2	0.0	9.1	1364.5
申银万国证券股份有限公司南昌县向阳路证券营业部	江西	南昌	4716.2	4190.5	7.4	0.0	2.0	516.4
安信证券股份有限公司茂名信宜证券营业部	广东	信宜	4711.6	4207.0	17.9	0.1	25.9	460.6
宏信证券有限责任公司成都人民南路证券营业部	四川	成都	4705.4	2967.4	1.5	0.0	13.9	1722.6
华西证券有限责任公司天津友谊路证券营业部	天津	天津	4704.7	3245.3	102.4	0.0	13.3	1343.7
浙商证券股份有限公司龙游太平西路证券营业部	浙江	衢州	4702.8	4345.4	14.2	0.0	1.6	341.7
中原证券股份有限公司青岛仙霞岭路证券营业部	山东	青岛	4701.9	3354.3	11.8	0.0	2.7	1333.1
山西证券股份有限公司天津长江道证券营业部	天津	天津	4697.3	3112.5	23.7	0.0	0.2	1560.9
中国银河证券股份有限公司侯马浍滨街证券营业部	山西	侯马	4690.4	4209.0	21.8	0.0	4.1	455.5
海通证券股份有限公司丹阳丹金路证券营业部	江苏	丹阳	4671.5	3616.8	53.7	0.1	10.7	990.3
方正证券股份有限公司怀化迎丰路证券营业部	湖南	怀化	4665.9	4060.3	24.6	0.1	0.9	580.0
国信证券股份有限公司温州黎明东路证券营业部	浙江	温州	4662.7	3852.2	22.4	0.0	0.7	787.4
方正证券股份有限公司邵阳邵东红岭路证券营业部	湖南	邵阳	4658.5	4504.4	7.4	0.0	2.4	144.2
国金证券股份有限公司成都天府大道证券营业部	四川	成都	4657.1	2913.0	19.9	0.0	1.4	1722.9
恒泰证券股份有限公司乌海海拉南路证券营业部	内蒙	乌海	4656.0	3341.0	5.2	0.0	1.0	1308.9
东莞证券有限责任公司江门迎宾大道证券营业部	广东	江门	4654.5	1934.3	3.6	0.0	121.8	2594.7
中信建投证券股份有限公司重庆开县证券营业部	重庆	重庆	4647.7	4072.5	14.7	0.0	7.0	553.4
信达证券股份有限公司营口营港路证券营业部	辽宁	营口	4647.7	3361.9	5.9	0.2	0.3	1279.4
东吴证券股份有限公司盐城大庆中路证券营业部	江苏	盐城	4645.9	4296.2	1.9	0.1	12.7	335.0
广发证券股份有限公司广州康王中路证券营业部	广东	广州	4640.8	2356.5	7.8	1.6	8.1	2266.8
华泰证券股份有限公司吴江盛泽镇市场路证券营业部	江苏	吴江	4634.5	2733.9	93.6	0.0	1.5	1805.5
齐鲁证券有限公司揭阳普宁长春路证券营业部	广东	普宁	4632.8	2769.8	23.8	0.0	1.3	1837.9
安信证券股份有限公司重庆洪湖东路证券营业部	重庆	重庆	4630.5	2957.2	67.9	0.0	3.4	1602.0
国泰君安证券股份有限公司济源济水大街证券营业部	河南	济源	4624.8	3544.9	31.4	0.0	0.8	1047.7

注：营业部交易金额的单位为百万元。

证券营业部交易
Trading of Business Department

营业部名称 Business Department	省份 Province	城市 City	总计 Total	股票 Share	基金 Fund	政府债 G-Bond	公司债 C-Bond	债券回购 Repo
海通证券股份有限公司绥化康庄路证券营业部	黑龙江	绥化	4619.5	3686.8	11.7	0.3	3.4	917.3
厦门证券有限公司厦门后江埭路证券营业部	福建	厦门	4618.4	2486.7	24.6	0.0	9.9	2097.3
方正证券股份有限公司玉环长治路证券营业部	浙江	台州	4617.7	2258.3	24.3	1.4	0.2	2333.5
中国民族证券有限责任公司鞍山湖南街证券营业部	辽宁	鞍山	4613.7	3599.4	3.7	0.2	5.4	1005.0
中国中投证券有限责任公司铁岭银州路证券营业部	辽宁	铁岭	4602.0	3548.2	8.3	0.1	107.9	937.5
齐鲁证券有限公司文登市香山路证券营业部	山东	威海	4601.5	3805.0	40.5	0.1	4.0	752.0
上海证券有限责任公司福州五四路证券营业部	福建	福州	4599.6	2635.9	9.2	0.0	8.6	1945.9
大通证券股份有限公司无锡建筑路证券营业部	江苏	无锡	4594.9	2790.9	12.6	0.3	3.4	1787.8
渤海证券股份有限公司烟台北马路证券营业部	山东	烟台	4589.3	1760.5	21.5	0.0	264.0	2543.4
西部证券股份有限公司安康巴山中路证券营业部	陕西	安康	4588.9	3537.4	4.9	0.1	3.3	1043.2
万联证券有限责任公司永州湘永路证券营业部	湖南	永州	4583.9	4133.6	9.4	0.0	24.0	416.9
中原证券股份有限公司安阳文峰大道证券营业部	河南	安阳	4583.6	4133.3	28.3	0.1	3.0	419.0
大通证券股份有限公司大连黑石礁街证券营业部	辽宁	大连	4581.8	3218.3	4.7	0.0	3.2	1355.6
长江证券股份有限公司公安荆江大道证券营业部	湖北	荆州	4581.6	3370.1	22.9	0.0	0.8	1187.8
恒泰证券股份有限公司南京水西门大街证券营业部	江苏	南京	4580.2	2734.1	26.2	0.1	0.9	1818.9
长江证券股份有限公司潜江东风路证券营业部	湖北	潜江	4574.9	2154.7	82.6	0.0	2.6	2335.0
广发证券股份有限公司广州从化河滨南路证券营业部	广东	广州	4573.3	3556.3	2.8	0.0	14.9	999.3
华鑫证券有限责任公司深圳深南东路证券营业部	深圳	深圳	4570.2	3698.7	1.8	0.0	0.9	868.8
长江证券股份有限公司新乡人民路证券营业部	河南	新乡	4564.1	2912.2	19.2	0.0	14.6	1618.1
湘财证券有限责任公司佛山祖庙路证券营业部	广东	佛山	4552.4	2493.7	82.6	0.0	39.2	1936.9
国元证券股份有限公司福州五一南路证券营业部	福建	福州	4549.2	2088.2	67.7	0.0	7.5	2385.8
第一创业证券股份有限公司第一创业证券有限责任公司大连五一路证	辽宁	大连	4548.0	1087.1	40.5	0.2	441.5	2978.6
华龙证券有限责任公司兰州民主西路证券营业部	甘肃	兰州	4545.1	2964.0	2.9	0.0	2.0	1576.1
安信证券股份有限公司南宁朱槿路证券营业部	广西	南宁	4543.0	1477.0	1358.2	0.0	4.7	1703.1
华安证券有限责任公司兰州金昌路证券营业部	甘肃	兰州	4532.4	1285.1	3.6	0.0	20.8	3223.0
华福证券有限责任公司惠安建设南路证券营业部	福建	泉州	4528.4	1533.1	0.6	0.0	0.0	2994.7
财通证券股份有限公司台州黄岩横街证券营业部	浙江	台州	4528.1	3151.4	27.7	0.0	0.4	1348.7
中天证券有限责任公司沈阳枫杨路证券营业部	辽宁	沈阳	4526.8	3614.6	4.9	0.0	12.9	894.4
恒泰长财证券有限责任公司长春人民大街证券营业部	吉林	长春	4524.8	3197.8	15.1	0.0	0.3	1311.5
太平洋证券股份有限公司沈阳市府大路证券营业部	辽宁	沈阳	4521.0	1908.7	18.6	0.0	23.2	2570.6
上海证券有限责任公司妙境路证券营业部	上海	上海	4513.2	3569.1	33.7	0.1	9.0	901.2
民生证券股份有限公司太原长风街证券营业部	山西	太原	4511.9	1419.0	1.7	0.0	0.1	3091.1
太平洋证券股份有限公司深圳福中路证券营业部	深圳	深圳	4499.1	4112.9	0.7	0.0	2.7	382.8
中天证券有限责任公司沈阳天坛一街证券营业部	辽宁	沈阳	4496.9	2410.4	5.6	2.0	0.8	2078.1
华融证券股份有限公司广州林和西路证券营业部	广东	广州	4493.8	2001.1	22.2	0.0	1.3	2469.3
国信证券股份有限公司宜昌沿江大道证券营业部	湖北	宜昌	4489.1	3088.7	226.4	0.0	52.7	1121.4
新时代证券有限责任公司长沙芙蓉南路证券营业部	湖南	长沙	4477.6	3554.6	4.7	0.0	1.6	916.8
兴业证券股份有限公司郑州商务外环路证券营业部	河南	郑州	4477.5	2470.9	15.4	0.0	12.4	1978.9
宏信证券有限责任公司上海崂山东路证券营业部	上海	上海	4474.4	2217.3	50.4	0.0	9.3	2197.4
东兴证券股份有限公司邵武五一九路证券营业部	福建	南平	4473.6	4307.9	22.5	0.0	2.5	140.7
国盛证券有限责任公司深圳红荔路证券营业部	深圳	深圳	4467.4	2133.8	9.8	0.0	1.7	2322.2
光大证券股份有限公司惠州淡水证券营业部	广东	惠州	4465.9	2955.9	21.9	0.0	1.4	1486.7
浙商证券股份有限公司杭州余杭朝阳东路证券营业部	浙江	杭州	4465.7	2006.5	2.0	0.0	0.2	2457.1
华泰证券股份有限公司南通如东人民路证券营业部	江苏	南通	4462.6	1164.3	28.1	0.0	1.3	3269.0
渤海证券股份有限公司北京广顺北大街证券营业部	北京	北京	4455.6	2808.8	24.3	0.2	2.0	1620.3
民生证券股份有限公司长沙晚报大道证券营业部	湖南	长沙	4455.3	2669.0	1.4	0.0	0.2	1784.7
华福证券有限责任公司福州金环路证券营业部	福建	福州	4455.0	2833.0	4.9	0.0	5.1	1612.0
长城证券有限责任公司天台中山东路证券营业部	浙江	台州	4451.6	543.0	287.1	0.0	7.7	3613.8
海通证券股份有限公司南昌广场北路证券营业部	江西	南昌	4450.9	2643.9	775.5	0.0	12.9	1018.6
广发证券股份有限公司惠州博罗证券营业部	广东	惠州	4449.5	3256.9	57.0	0.0	11.7	1124.0

注：营业部交易金额的单位为百万元。

证券营业部交易
Trading of Business Department

营业部名称 Business Department	省份 Province	城市 City	总计 Total	股票 Share	基金 Fund	政府债 G-Bond	公司债 C-Bond	债券回购 Repo
财达证券有限责任公司沧州任丘建设中路营业部	河北	沧州	4443.0	3641.9	20.7	0.0	11.3	769.1
民生证券股份有限公司商丘神火大道证券营业部	河南	商丘	4442.2	3740.4	6.9	0.0	1.0	693.9
华福证券有限责任公司厦门悦华路证券营业部	福建	厦门	4439.3	3280.4	3.5	0.0	2.0	1153.4
国泰君安证券股份有限公司长沙芙蓉中路证券营业部	湖南	长沙	4437.3	3878.7	17.3	0.0	0.7	540.5
招商证券股份有限公司青岛开发区长江中路证券营业部	山东	青岛	4436.9	2131.0	111.1	0.0	36.5	2158.3
第一创业证券股份有限公司第一创业证券有限责任公司青岛南京路证	山东	青岛	4432.6	543.2	0.8	0.0	58.3	3830.3
华福证券有限责任公司福安新华中路证券营业部	福建	福安	4431.5	4263.6	5.7	0.0	3.8	158.4
金元证券股份有限公司南京广州路证券营业部	江苏	南京	4427.3	3049.9	2.3	0.0	5.4	1369.7
恒泰长财证券有限责任公司长春迎春南路证券营业部	吉林	长春	4427.1	2609.5	3.0	0.0	0.2	1814.4
财通证券股份有限公司海盐秦山路证券营业部	浙江	嘉兴	4421.2	2447.9	5.2	0.0	13.2	1954.9
太平洋证券股份有限公司开远灵泉东路营业部	云南	开远	4409.7	3956.9	24.7	0.2	100.4	327.5
东北证券股份有限公司郑州众意路证券营业部	河南	郑州	4406.2	2301.0	46.4	0.0	7.9	2050.9
广发证券股份有限公司随州舜井大道证券营业部	湖北	随州	4404.9	3654.3	19.9	0.2	7.8	722.8
国海证券股份有限公司钦州永福西大街证券营业部	广西	钦州	4403.7	4125.3	25.6	0.0	18.2	234.6
江海证券有限公司佳木斯永安街证券营业部	黑龙江	佳木斯	4403.4	3228.4	6.6	0.0	1.3	1167.1
海通证券股份有限公司七台河大同街证券营业部	黑龙江	七台河	4399.9	4080.8	8.1	1.3	2.8	306.9
申银万国证券股份有限公司成都崇州市蜀州北路证券营业部	四川	成都	4396.2	3547.3	226.0	1.0	4.9	617.1
华鑫证券有限责任公司西安解放路证券营业部	陕西	西安	4394.8	2846.8	6.5	0.0	23.8	1517.7
齐鲁证券有限公司长春亚泰大街证券营业部	吉林	长春	4390.3	2804.1	15.7	0.1	0.1	1570.4
华龙证券有限责任公司酒泉西文化街证券营业部	甘肃	酒泉	4387.1	3797.4	63.5	0.5	0.2	525.5
国信证券股份有限公司深圳布吉证券营业部	深圳	深圳	4384.4	3144.4	6.6	0.0	1.7	1231.7
华西证券有限责任公司什邡东顺城街证券营业部	四川	什邡	4381.9	3480.7	54.3	1.5	0.7	844.7
中信建投证券股份有限公司简阳新民街证券营业部	四川	简阳	4380.5	4082.5	21.4	0.5	14.3	261.8
中国银河证券股份有限公司平湖解放西路证券营业部	浙江	平湖	4374.0	2310.2	27.9	0.2	1.6	2034.2
世纪证券有限责任公司赣州金钻广场证券营业部	江西	赣州	4367.3	3011.9	1.5	0.0	0.1	1353.9
方正证券股份有限公司永州南津中路证券营业部	湖南	永州	4365.6	3802.1	41.6	0.0	0.2	521.7
湘财证券有限责任公司衡阳先锋路证券营业部	湖南	衡阳	4361.6	3772.8	2.8	1.2	0.4	584.4
宏信证券有限责任公司江油金轮干道证券营业部	四川	江油	4357.2	3344.8	1.9	0.1	1.7	1008.8
安信证券股份有限公司汕尾陆丰证券营业部	广东	汕尾	4354.8	3566.4	5.5	0.0	0.6	782.3
华安证券有限责任公司南昌子安路证券营业部	江西	南昌	4352.6	1860.2	10.7	0.0	0.0	2481.7
招商证券股份有限公司深圳宝兴路证券营业部	深圳	深圳	4351.4	2862.5	22.8	0.0	1.3	1464.8
天风证券股份有限公司资阳西门桥街证券营业部	四川	资阳	4341.6	3661.9	13.7	0.2	15.4	650.4
渤海证券股份有限公司济南英雄山路证券营业部	山东	济南	4340.2	3345.9	22.4	0.2	2.0	969.6
方正证券股份有限公司新昌鼓山中路证券营业部	浙江	绍兴	4338.1	3847.7	20.1	0.0	2.3	468.0
中信建投证券股份有限公司兴化建设路证券营业部	江苏	兴化	4336.3	4043.6	12.9	0.0	12.1	267.8
宏信证券有限责任公司成都福兴街证券营业部	四川	成都	4334.3	3119.7	1.9	0.1	5.7	1206.8
海通证券股份有限公司新余分宜府前路证券营业部	江西	新余	4334.0	3821.6	39.6	0.0	3.7	469.1
东北证券股份有限公司南昌阳明路证券营业部	江西	南昌	4329.7	2712.5	9.3	0.0	1.4	1606.5
中国银河证券股份有限公司昆明民航路证券营业部	云南	昆明市	4325.8	2667.0	10.0	0.5	0.3	1648.0
东吴证券股份有限公司昆明春城路证券营业部	云南	昆明	4315.7	1521.2	20.4	0.0	0.0	2774.1
东吴证券股份有限公司泰州海陵南路证券营业部	江苏	泰州	4315.4	3122.8	2.4	0.0	0.2	1190.0
第一创业证券股份有限公司南京营苑北路证券营业部	江苏	南京	4314.0	375.0	18.7	0.0	185.7	3734.6
中天证券有限责任公司沈阳黑龙江街证券营业部	辽宁	沈阳	4310.0	2860.7	31.7	0.0	2.9	1414.8
太平洋证券股份有限公司保山保岫东路证券营业部	云南	保山	4302.7	3384.1	4.0	0.1	1.2	913.2
财通证券股份有限公司福州长乐北路证券营业部	福建	福州	4300.5	2396.8	1.6	0.0	6.8	1895.2
东北证券股份有限公司前郭松江大街证券营业部	吉林	松原	4297.6	3276.9	14.6	0.0	2.8	1003.3
长城证券有限责任公司杭州世纪大道证券营业部	浙江	杭州	4284.6	3406.5	7.5	0.0	41.7	828.9
财达证券有限责任公司上海浦东大道证券营业部	上海	上海	4283.2	2176.6	2.4	0.6	4.6	2099.0
厦门证券有限公司福州五一北路证券营业部	福建	福州	4279.4	2335.7	24.7	0.0	0.3	1918.8
南京证券股份有限公司石嘴山大武口证券营业部	宁夏	石嘴山	4276.0	3929.6	2.7	0.0	0.0	343.6

注：营业部交易金额的单位为百万元。

证券营业部交易
Trading of Business Department

营业部名称 Business Department	省份 Province	城市 City	总计 Total	股票 Share	基金 Fund	政府债 G-Bond	公司债 C-Bond	债券回购 Repo
华融证券股份有限公司福州乌山路证券营业部	福建	福州	4274.3	2448.9	3.9	0.0	0.0	1821.5
恒泰长财证券有限责任公司沈阳奉天街证券营业部	辽宁	沈阳	4268.0	2881.0	3.6	0.0	6.4	1377.0
民生证券股份有限公司西安长乐东路证券营业部	陕西	西安	4267.7	2137.1	2.0	0.0	15.2	2113.5
安信证券股份有限公司郑州花园路证券营业部	河南	郑州	4262.5	3806.9	4.1	0.0	5.0	446.5
德邦证券有限责任公司长春工农大路证券营业部	吉林	长春	4260.8	3093.4	4.2	0.0	5.5	1157.7
天源证券有限公司广州华夏路证券营业部	广东	广州	4260.4	2068.7	4.3	0.0	33.6	2153.8
国泰君安证券股份有限公司上海松江中山东路证券营业部	上海	上海	4247.2	2933.6	17.6	0.0	6.2	1289.8
华泰证券股份有限公司太原体育路证券营业部	山西	太原	4246.4	2562.3	50.3	0.0	51.5	1582.3
海通证券股份有限公司衡阳蒸阳南路证券营业部	湖南	衡阳	4245.6	131.5	3.0	0.0	0.0	4111.1
齐鲁证券有限公司乳山胜利街证券营业部	山东	乳山	4233.5	3120.9	16.5	0.4	3.2	1092.5
方正证券股份有限公司温州黎明西路证券营业部	浙江	温州	4230.0	3576.2	20.8	0.0	2.8	630.2
东北证券股份有限公司天津西市大街证券营业部	天津	天津	4224.3	2282.7	22.7	0.8	45.5	1872.6
中信万通证券有限责任公司威海青岛北路证券营业部	山东	威海	4223.3	2598.2	16.6	0.1	4.6	1603.9
德邦证券有限责任公司杭州环城北路营业部	浙江	杭州	4222.8	1832.1	2.0	0.0	2.9	2385.8
齐鲁证券有限公司胶州福州南路证券营业部	山东	胶州	4221.8	2276.3	612.0	0.0	1.7	1331.8
东北证券股份有限公司通化新华大街证券营业部	吉林	通化	4219.4	2935.2	5.6	0.0	0.5	1278.1
华泰证券股份有限公司深圳龙岗黄阁北路证券营业部	深圳	深圳	4219.4	3412.5	35.0	0.0	81.9	690.1
上海证券有限责任公司温州永强大道证券营业部	浙江	温州	4209.7	3493.3	54.7	1.8	26.9	633.0
东兴证券股份有限公司合肥芜湖路证券营业部	安徽	合肥	4207.5	2626.5	9.6	0.2	0.1	1571.1
申银万国证券股份有限公司株洲珠江北路证券营业部	湖南	株洲	4195.2	2664.9	2.8	10.7	5.4	1511.4
中国国际金融有限公司中国国际金融有限公司长沙车站北路证券营业	湖南	长沙	4192.9	540.6	101.3	0.0	0.0	3551.0
光大证券股份有限公司西宁五四大街证券营业部	青海	西宁	4192.0	3555.8	13.7	0.5	0.8	621.3
光大证券股份有限公司扬州文昌西路证券营业部	江苏	扬州	4190.6	709.7	113.7	0.0	248.1	3119.1
华龙证券有限责任公司乌鲁木齐扬子江路证券营业部	新疆	乌鲁木齐	4180.6	1724.8	12.6	0.0	0.0	2443.2
联讯证券有限责任公司潮州潮州大道证券营业部	广东	潮州	4169.6	2533.0	2.9	0.0	0.6	1633.1
华泰证券股份有限公司金坛东门大街证券营业部	江苏	金坛	4165.6	1338.7	1376.1	0.0	15.1	1435.6
方正证券股份有限公司衡阳东风北路证券营业部	湖南	衡阳	4165.0	3875.7	12.2	0.2	10.8	266.3
中国民族证券有限责任公司峨眉金顶南路证券营业部	四川	峨眉山	4159.6	3521.7	4.5	0.0	3.6	629.8
华融证券股份有限公司阿克苏东大街证券营业部	新疆	阿克苏	4157.2	4020.5	1.8	0.0	0.4	134.4
恒泰证券股份有限公司呼和浩特乌兰察布东街证券营业部	内蒙	呼和浩特	4156.6	3513.7	4.3	0.1	1.3	637.2
华英证券有限责任公司华英证券有限责任公司总部(非对外营业部)	江苏	无锡	4152.4	0.0	0.0	0.0	747.7	3404.7
中原证券股份有限公司鹤壁兴鹤大街证券营业部	河南	鹤壁	4146.5	2944.1	10.3	0.0	2.4	1189.6
光大证券股份有限公司丹阳东方路证券营业部	江苏	丹阳	4141.8	1552.7	12.1	0.0	2.8	2574.3
中信建投证券股份有限公司金昌公园路证券营业部	甘肃	金昌	4129.4	1956.6	495.2	0.0	0.5	1677.2
联讯证券有限责任公司惠州江北证券营业部	广东	惠州	4129.2	3152.5	5.6	0.0	2.0	969.1
海通证券股份有限公司济南洪家楼南路证券营业部	山东	济南	4124.2	3124.6	18.4	0.0	44.7	936.5
西南证券股份有限公司重庆长寿证券营业部	重庆	重庆	4120.1	3551.0	7.5	0.1	3.7	557.8
中天证券有限责任公司葫芦岛泰康路证券营业部	辽宁	葫芦岛	4116.3	3487.5	5.6	0.5	2.4	620.4
海通证券股份有限公司赣州红旗大道证券营业部	江西	赣州	4113.7	1819.9	163.1	0.0	0.5	2130.2
国泰君安证券股份有限公司包头证券营业部	内蒙	包头	4113.1	1896.1	0.4	0.0	0.8	2215.9
金元证券股份有限公司沈阳青年大街证券营业部	辽宁	沈阳	4099.1	3008.4	17.9	0.1	3.1	1069.6
海通证券股份有限公司齐齐哈尔安顺路证券营业部	黑龙江	齐齐哈尔	4097.4	3905.2	6.3	0.0	1.7	184.2
浙商证券股份有限公司富阳文教路证券营业部	浙江	杭州	4092.5	2915.5	4.2	0.7	1.3	1170.8
财达证券有限责任公司石家庄自强路证券营业部	河北	石家庄	4092.0	3273.4	11.2	0.0	22.4	785.0
恒泰长财证券有限责任公司长春工农大路证券营业部	吉林	长春	4091.1	2342.4	8.5	1.4	10.3	1728.5
平安证券有限责任公司长沙五一大道证券营业部	湖南	长沙	4086.6	3102.0	11.3	0.0	138.4	834.9
宏信证券有限责任公司乐山嘉定中路证券营业部	四川	乐山	4075.6	2483.8	10.0	0.1	12.0	1569.7
宏源证券股份有限公司哈尔滨汉水路证券营业部	黑龙江	哈尔滨	4071.0	2776.6	7.6	0.0	1.6	1285.1
南京证券股份有限公司银川中山北街证券营业部	宁夏	银川	4064.9	3851.4	1.7	0.0	2.6	209.2
联讯证券有限责任公司成都永陵路证券营业部	四川	成都	4062.9	2098.8	2.4	0.0	1.8	1960.0

注：营业部交易金额的单位为百万元。

证券营业部交易
Trading of Business Department

营业部名称 Business Department	省份 Province	城市 City	总计 Total	股票 Share	基金 Fund	政府债 G-Bond	公司债 C-Bond	债券回购 Repo
宏信证券有限责任公司内江公园街证券营业部	四川	内江	4061.9	3458.8	5.8	4.3	6.4	586.6
山西证券股份有限公司忻州七一北路证券营业部	山西	忻州	4061.4	3469.7	10.3	0.0	0.7	580.7
东吴证券股份有限公司无锡东亭中路证券营业部	江苏	无锡	4054.6	2998.3	9.2	0.0	2.1	1045.0
华泰证券股份有限公司汉川仙女大道证券营业部	湖北	汉川	4053.6	3111.3	2.2	0.1	13.8	926.3
世纪证券有限责任公司广州天河路证券营业部	广东	广州	4052.2	2314.8	20.8	0.0	0.3	1716.3
中信建投证券股份有限公司南宁金湖路证券营业部	广西	南宁	4048.2	1628.2	146.3	0.0	63.9	2209.8
安信证券股份有限公司韶关乐昌乐城证券营业部	广东	韶关	4044.6	2918.1	10.9	0.3	0.8	1114.5
兴业证券股份有限公司太原双塔寺街证券营业部	山西	太原	4040.4	1862.0	14.3	0.0	3.9	2160.2
华宝证券有限责任公司福州八一七北路证券营业部	福建	福州	4039.9	3030.9	205.0	0.0	17.7	786.4
广发证券股份有限公司梅州蕉岭证券营业部	广东	梅州	4029.1	3116.2	11.2	0.0	1.5	900.2
世纪证券有限责任公司景德镇新厂林荫路证券营业部	江西	景德镇	4027.7	2793.8	11.5	0.0	4.9	1217.5
国泰君安证券股份有限公司重庆万州太白岩证券营业部	重庆	重庆	4023.7	3632.0	10.1	0.2	24.7	356.8
兴业证券股份有限公司安溪中山街证券营业部	福建	泉州	4021.4	358.1	2.7	0.0	0.0	3660.6
兴业证券股份有限公司重庆珊瑚路证券营业部	重庆	重庆	4019.6	1603.6	43.5	0.0	0.3	2372.2
光大证券股份有限公司曲靖南宁西路证券营业部	云南	曲靖	4009.4	2696.3	17.2	0.0	3.2	1292.7
山西证券股份有限公司河津泰兴东路证券营业部	山西	河津	4007.2	3194.5	33.6	0.0	6.3	772.8
湘财证券有限责任公司贵阳毓秀路证券营业部	贵州	贵阳	4007.2	2802.7	27.9	0.0	10.4	1166.2
华龙证券有限责任公司合肥亳州路证券营业部	安徽	合肥	4006.4	2427.5	3.7	0.0	30.9	1544.3
国泰君安证券股份有限公司襄阳东风汽车大道证券营业部	湖北	襄阳	4005.6	3021.7	12.1	0.7	10.5	960.7
光大证券股份有限公司遵义中华南路证券营业部	贵州	遵义	4003.8	3148.2	5.3	0.0	5.7	844.6
华安证券有限责任公司合肥桐城南路证券营业部	安徽	合肥	4000.7	977.1	0.5	0.0	147.4	2875.7
申银万国证券股份有限公司长沙芙蓉中路证券营业部	湖南	长沙	3999.8	2646.3	16.3	0.3	1.9	1335.0
华泰证券股份有限公司中山小榄证券营业部	广东	中山	3995.5	1908.0	4.5	0.1	70.1	2012.8
中国中投证券有限责任公司登封少林大道证券营业部	河南	登封	3991.1	3700.6	18.8	0.0	26.8	244.9
中信建投证券股份有限公司衡阳解放西路证券营业部	湖南	衡阳	3989.3	2657.6	9.2	0.0	12.9	1309.6
财富证券有限责任公司湘潭芙蓉路证券营业部	湖南	湘潭	3989.1	3353.9	18.7	0.0	5.3	611.3
东海证券股份有限公司栾川君山中路证券营业部	河南	洛阳	3987.6	1019.4	5.6	0.0	0.0	2962.6
大通证券股份有限公司大连开发区金马路证券营业部	辽宁	大连	3984.0	1553.3	7.9	0.0	0.4	2422.4
东北证券股份有限公司长春东风大街第二证券营业部	吉林	长春	3979.6	2322.7	10.6	0.0	2.9	1643.3
财达证券有限责任公司承德都统府大街证券营业部	河北	承德	3977.6	3195.0	12.0	0.1	1.9	768.6
中国银河证券股份有限公司南京龙蟠中路证券营业部	江苏	南京	3967.2	528.9	1.4	0.5	54.4	3382.0
大同证券经纪有限责任公司大同站北街证券营业部	山西	大同	3956.6	3105.9	2.4	0.6	5.8	842.0
方正证券股份有限公司杭州滨江通和路证券营业部	浙江	杭州	3950.5	507.6	54.1	0.0	0.5	3388.3
东北证券股份有限公司白城中兴西大路证券营业部	吉林	白城	3948.7	3296.3	12.1	0.0	57.4	582.9
华泰证券股份有限公司郫县犀浦下街证券营业部	四川	成都	3939.2	1800.5	3.7	0.0	0.8	2134.3
渤海证券股份有限公司天津滨海新区杭州道证券营业部	天津	天津	3938.8	596.7	7.2	0.0	0.0	3334.9
众成证券经纪有限公司济南经七路证券营业部	山东	济南	3937.4	2484.2	6.1	0.7	1.0	1445.4
上海证券有限责任公司重庆南城大道证券营业部	重庆	重庆	3933.1	2961.7	8.1	0.0	3.6	959.7
华西证券有限责任公司峨眉山名山路证券营业部	四川	乐山	3905.1	3077.6	9.9	0.0	4.5	813.0
国元证券股份有限公司厦门钟林路证券营业部	福建	厦门	3904.2	3123.1	22.8	0.0	0.0	758.3
海通证券股份有限公司沈阳大西路证券营业部	辽宁	沈阳	3903.3	3333.0	12.5	0.0	4.4	553.4
华龙证券有限责任公司无锡北大街证券营业部	江苏	无锡	3897.8	1817.7	17.1	0.0	74.9	1988.1
信达证券股份有限公司锦州解放路证券营业部	辽宁	锦州	3896.3	2427.6	11.7	0.0	13.2	1443.9
湘财证券有限责任公司重庆学府大道证券营业部	重庆	重庆	3892.2	585.6	0.8	0.0	185.2	3120.6
天源证券有限公司长沙三一大道证券营业部	湖南	长沙	3873.4	2917.0	1.4	0.0	1.1	954.0
海通证券股份有限公司北京密云鼓楼东大街证券营业部	北京	北京	3871.9	3081.1	31.4	0.0	2.4	756.9
长江证券股份有限公司随州烈山大道证券营业部	湖北	随州	3869.2	3188.4	25.0	0.0	2.6	653.3
安信证券股份有限公司阳江阳春广场路证券营业部	广东	阳春	3857.4	3133.4	14.5	0.0	4.5	705.0
兴业证券股份有限公司石家庄中山西路证券营业部	河北	石家庄	3856.2	2214.8	8.9	0.0	5.3	1627.3
东海证券股份有限公司重庆新华路证券营业部	重庆	重庆	3849.0	2821.8	1.0	0.0	0.3	1026.0

注：营业部交易金额的单位为百万元。

证券营业部交易
Trading of Business Department

营业部名称 Business Department	省份 Province	城市 City	总计 Total	股票 Share	基金 Fund	政府债 G-Bond	公司债 C-Bond	债券回购 Repo
中信建投证券股份有限公司重庆綦江双龙路证券营业部	重庆	綦江	3843.7	1943.4	763.8	0.0	2.2	1134.3
厦门证券有限公司广州华利路证券营业部	广东	广州	3841.8	2345.1	1.2	0.0	21.4	1474.0
国泰君安证券股份有限公司衡阳县证券营业部	湖南	衡阳	3838.2	3165.0	23.6	0.4	499.9	149.3
国信证券股份有限公司北京亚运村证券营业部	北京	北京	3827.1	2312.2	65.2	0.8	7.0	1441.9
招商证券股份有限公司漳州胜利西路证券营业部	福建	漳州	3825.0	2343.8	7.8	0.0	9.0	1464.4
恒泰长财证券有限责任公司长春普阳街证券营业部	吉林	长春	3803.9	2163.9	1.4	0.2	3.1	1635.3
东北证券股份有限公司东北证券股份有限公司上海南奉公路证券营业	上海	上海	3802.2	2188.8	4.9	0.0	8.7	1599.8
国海证券股份有限公司贺州建设中路证券营业部	广西	贺州	3798.2	3163.1	13.0	0.0	4.5	617.6
中信建投证券股份有限公司老河口东启街证券营业部	湖北	老河口	3795.5	2648.8	595.3	0.0	1.9	549.5
华安证券有限责任公司南京中华路证券营业部	江苏	南京	3790.4	1743.8	9.7	0.0	43.0	1993.9
恒泰证券股份有限公司集宁光明街证券营业部	内蒙	集宁	3788.2	2405.1	7.0	0.4	3.6	1372.2
广发证券股份有限公司邯郸陵园路证券营业部	河北	邯郸	3776.9	2749.5	35.1	0.1	0.2	992.1
大同证券经纪有限责任公司台州西街证券营业部	浙江	台州	3774.4	1353.6	4.8	0.0	0.2	2415.8
英大证券有限责任公司重庆渝鲁大道证券营业部	重庆	重庆	3773.3	2700.3	2.6	0.0	7.5	1062.9
联讯证券有限责任公司揭阳临江北路证券营业部	广东	揭阳	3772.8	1728.7	2.8	0.0	0.1	2041.2
齐鲁证券有限公司高密创业街证券营业部	山东	潍坊	3772.4	2838.8	633.3	0.0	1.3	299.0
华融证券股份有限公司衡阳东风南路证券营业部	湖南	衡阳	3768.6	3475.9	1.7	0.0	0.7	290.2
安信证券股份有限公司资阳雁城路证券营业部	四川	资阳	3768.2	3090.6	49.0	4.9	19.3	604.4
大通证券股份有限公司深圳深南中路证券营业部	深圳	深圳	3763.6	2716.9	1.7	0.0	2.8	1042.2
方正证券股份有限公司岳阳华容城北路证券营业部	湖南	岳阳	3761.2	3127.7	14.7	0.0	15.1	603.6
财通证券股份有限公司德清中兴南路证券营业部	浙江	德清	3761.0	2398.3	0.7	0.0	0.0	1362.0
华安证券有限责任公司淮南蔡新中路证券营业部	安徽	淮南	3757.1	3068.0	7.6	0.0	3.0	678.5
东北证券股份有限公司太原迎泽大街证券营业部	山西	太原	3752.1	2614.9	7.8	0.1	0.1	1129.3
宏源证券股份有限公司重庆华一路证券营业部	重庆	重庆	3750.0	2449.0	6.6	0.0	0.1	1294.3
万和证券有限责任公司海口南沙中路证券营业部	海南	海口	3738.1	1889.2	0.5	0.0	2.5	1845.9
恒泰证券股份有限公司海拉尔河西开发区证券营业部	内蒙	呼伦贝尔	3737.2	3617.6	14.4	0.0	0.2	104.9
诚浩证券有限责任公司沈阳西顺城街证券营业部	辽宁	沈阳	3736.5	2201.5	1.5	1.4	33.0	1499.1
国联证券股份有限公司常州通江大道证券营业部	江苏	常州	3736.2	2192.2	12.1	0.0	1.9	1530.0
国联证券股份有限公司广州滨江东路证券营业部	广东	广州	3735.6	2400.3	8.2	0.0	14.0	1313.1
浙商证券股份有限公司成都董家湾北街证券营业部	四川	成都	3727.4	2124.7	10.3	0.0	15.8	1576.5
齐鲁证券有限公司日照圣岚路证券营业部	山东	日照	3717.4	1345.7	2308.7	0.0	0.3	62.7
兴业证券股份有限公司建瓯中山路第一证券营业部	福建	南平	3717.1	3319.2	5.6	0.0	0.6	391.6
广发证券股份有限公司张家口宣府大街证券营业部	河北	张家口	3712.6	2686.4	8.1	0.0	0.5	1017.6
东兴证券股份有限公司龙岩九一北路证券营业部	福建	龙岩	3711.7	3017.6	10.6	0.0	0.7	682.7
江海证券有限公司牡丹江爱民街证券营业部	黑龙江	牡丹江	3711.6	1568.3	6.9	0.0	15.6	2120.8
大同证券经纪有限责任公司玉溪南北大街证券营业部	云南	玉溪	3704.6	1659.1	2.3	0.2	0.3	2042.8
海通证券股份有限公司肥城新城路证券营业部	山东	肥城	3701.9	3500.3	15.3	0.1	3.5	182.7
万联证券有限责任公司广州花都公益路证券营业部	广东	广州	3701.5	2624.0	42.9	0.0	5.8	1028.8
申银万国证券股份有限公司句容华阳东路证券营业部	江苏	句容	3697.0	2894.1	505.8	0.0	6.3	290.8
宏信证券有限责任公司成都一环路西二段证券营业部	四川	成都	3695.2	2402.4	15.0	0.0	9.1	1268.7
广发证券股份有限公司德庆康城大道证券营业部	广东	肇庆	3691.4	1142.6	3.9	0.0	1.9	2543.0
兴业证券股份有限公司福州工农路证券营业部	福建	福州	3681.2	2295.0	18.3	0.0	13.1	1354.8
中国中投证券有限责任公司深圳坪山和平路证券营业部	深圳	深圳	3657.6	1110.3	9.8	0.0	0.6	2536.9
财富证券有限责任公司株洲建设南路证券营业部	湖南	株洲	3656.5	2975.5	9.0	3.7	3.4	665.0
广州证券有限责任公司珠海银桦路证券营业部	广东	珠海	3655.4	2050.0	6.4	0.0	3.3	1595.7
国开证券有限责任公司北京南滨河路证券营业部	北京	北京	3654.3	205.4	0.3	0.0	21.6	3427.1
国盛证券有限责任公司武汉京汉大道证券营业部	湖北	武汉	3652.0	1258.5	30.2	0.0	1.2	2362.1
东吴证券股份有限公司北京大兴兴华大街证券营业部	北京	北京	3650.9	2280.7	8.9	0.0	1.4	1359.8
国海证券股份有限公司贵港桂平市杏花街证券营业部	广西	桂平	3650.8	3590.6	5.9	0.5	0.1	53.8
中国银河证券股份有限公司天津新城西路证券营业部	天津	天津	3650.3	3010.9	43.9	0.0	1.4	594.2

注：营业部交易金额的单位为百万元。

证券营业部交易
Trading of Business Department

营业部名称 Business Department	省份 Province	城市 City	总计 Total	股票 Share	基金 Fund	政府债 G-Bond	公司债 C-Bond	债券回购 Repo
西部证券股份有限公司宝鸡金台大道证券营业部	陕西	宝鸡	3647.4	2223.9	1.9	0.0	0.6	1421.0
万和证券有限责任公司福州江滨西大道证券营业部	福建	福州	3643.5	1973.5	1.3	0.0	48.7	1620.0
日信证券有限责任公司赤峰临潢大街证券营业部	内蒙	赤峰	3637.9	2592.3	20.3	0.0	1.6	1023.8
华融证券股份有限公司合肥宁国南路证券营业部	安徽	合肥	3637.6	2340.5	1.3	0.5	2.9	1292.5
第一创业证券股份有限公司金华施光南音乐广场证券营业部	浙江	金华	3634.8	1326.9	0.1	0.0	22.0	2285.9
东吴证券股份有限公司上海奉贤环城东路证券营业部	上海	上海	3629.8	2838.7	8.2	0.4	2.8	779.7
华龙证券有限责任公司兰州酒泉路证券营业部	甘肃	兰州	3621.2	3051.9	3.3	0.2	0.4	565.4
南京证券股份有限公司吴江松陵镇流虹路证券营业部	江苏	苏州	3620.1	2416.0	327.8	0.0	15.6	860.7
财富证券有限责任公司常德武陵大道证券营业部	湖南	常德	3617.6	2610.3	16.7	0.0	0.3	990.3
新时代证券有限责任公司三门峡崤山路证券营业部	河南	三门峡	3617.4	3440.5	4.9	0.8	83.5	87.7
申银万国证券股份有限公司武汉珞瑜路证券营业部	湖北	武汉	3616.6	2186.8	673.7	0.0	2.5	753.6
大同证券经纪有限责任公司忻州七一北路证券营业部	山西	忻州	3615.6	2584.5	6.0	0.0	1.6	1023.5
安信证券股份有限公司招远河西路证券营业部	山东	招远	3608.2	61.3	0.5	0.0	0.0	3546.4
国泰君安证券股份有限公司儋州中兴大道证券营业部	海南	儋州	3606.0	2336.7	6.8	0.0	29.0	1233.5
国都证券有限责任公司南京牌楼巷证券营业部	江苏	南京	3605.6	2408.8	11.3	0.0	52.9	1132.6
中国银河证券股份有限公司西宁西大街证券营业部	青海	西宁	3605.5	2979.1	7.7	0.0	2.3	616.4
东方证券股份有限公司上海金沙路证券营业部	上海	上海	3605.0	169.5	13.3	0.0	0.0	3422.2
东莞证券有限责任公司河源建设大道证券营业部	广东	河源	3602.9	2720.7	2.6	0.0	8.0	871.6
中国中投证券有限责任公司宿迁黄河南路证券营业部	江苏	宿迁	3599.3	3403.9	13.8	0.0	19.3	162.2
信达证券股份有限公司石家庄裕华东路证券营业部	河北	石家庄	3599.0	1899.6	15.3	0.0	2.6	1681.6
海通证券股份有限公司安庆湖心北路证券营业部	安徽	安庆	3596.9	3096.6	112.1	0.0	0.6	387.6
东莞证券有限责任公司佛山顺德南国东路证券营业部	广东	佛山	3584.7	1711.2	11.4	0.0	31.5	1830.6
南京证券股份有限公司银川怀远西路证券营业部	宁夏	银川	3583.9	3480.1	1.5	0.9	10.0	91.3
齐鲁证券有限公司宁波北仑恒山路证券营业部	浙江	宁波	3582.2	3173.0	2.7	0.0	2.0	404.5
西南证券股份有限公司长沙韶山南路证券营业部	湖南	长沙	3575.9	3284.5	2.8	0.0	1.5	287.1
长江证券股份有限公司保定五四中路证券营业部	河北	保定	3575.3	1378.9	11.1	0.0	16.3	2169.1
江海证券有限公司大庆中央大街证券营业部	黑龙江	大庆	3574.9	2780.8	4.2	0.0	2.7	787.3
山西证券股份有限公司济南华龙路证券营业部	山东	济南	3559.6	2320.5	22.1	0.1	0.2	1216.7
广发证券股份有限公司上海新松江路证券营业部	上海	上海	3555.5	918.4	6.0	0.0	1.2	2630.0
安信证券股份有限公司茂名化州证券营业部	广东	化州	3553.8	2594.7	6.1	0.1	0.8	952.2
南京证券股份有限公司连云港墟沟中华西路证券营业部	江苏	连云港	3550.6	3007.0	15.7	0.3	1.8	525.7
东吴证券股份有限公司常州通江中路证券营业部	江苏	常州	3548.4	2221.7	8.8	0.0	5.2	1312.7
财达证券有限责任公司沧州泊头红旗北街证券营业部	河北	沧州	3547.0	777.9	1.7	0.0	0.1	2767.4
国泰君安证券股份有限公司桂林空明西路证券营业部	广西	桂林	3545.8	2937.9	38.7	0.0	2.7	566.5
财通证券股份有限公司宁海中山西路证券营业部	浙江	宁波	3545.3	3241.1	2.9	0.0	1.8	299.6
海通证券股份有限公司太原兴华街证券营业部	山西	太原	3544.9	2183.5	17.5	0.0	0.4	1343.5
东兴证券股份有限公司晋江和平路证券营业部	福建	泉州	3542.1	2170.1	2.6	1.3	0.4	1367.8
中天证券有限责任公司天津新开路证券营业部	天津	天津	3535.4	2821.3	3.4	0.0	0.4	710.3
海通证券股份有限公司太原长风西街证券营业部	山西	太原	3532.0	2783.1	22.2	0.0	0.7	726.0
齐鲁证券有限公司海口人民大道证券营业部	海南	海口	3525.9	1811.1	74.1	0.0	0.0	1640.7
国泰君安证券股份有限公司天津静海县胜利北路证券营业部	天津	天津	3523.9	1623.4	1.2	0.0	0.5	1898.8
大同证券经纪有限责任公司长治东大街证券营业部	山西	长治	3521.7	1219.7	3.8	0.0	1.7	2296.5
长城证券有限责任公司莆田荔城大道证券营业部	福建	莆田	3521.3	2443.4	4.9	0.0	20.3	1052.7
国信证券股份有限公司深圳龙岗龙城大道营业部	深圳	深圳	3511.7	2044.1	6.6	0.0	0.6	1460.4
湘财证券有限责任公司怀化人民路证券营业部	湖南	怀化	3508.0	3215.1	5.6	0.0	1.4	285.8
财达证券有限责任公司沧州解放中路证券营业部	河北	沧州	3506.6	3223.7	6.8	0.0	0.7	275.3
国泰君安证券股份有限公司哈尔滨上海街证券营业部	黑龙江	哈尔滨	3500.6	2637.1	16.8	0.0	2.6	844.1
广发证券股份有限公司贵阳延安中路证券营业部	贵州	贵阳	3498.5	3078.7	11.9	0.0	9.8	398.1
东海证券股份有限公司泉州丰泽街证券营业部	福建	泉州	3495.5	2628.9	26.5	0.0	0.6	839.5
齐鲁证券有限公司珠海情侣中路证券营业部	广东	珠海	3494.9	3034.6	40.5	0.0	6.1	413.6

注：营业部交易金额的单位为百万元。

证券营业部交易
Trading of Business Department

营业部名称 Business Department	省份 Province	城市 City	总计 Total	股票 Share	基金 Fund	政府债 G-Bond	公司债 C-Bond	债券回购 Repo
安信证券股份有限公司揭阳惠来证券营业部	广东	揭阳	3494.4	2870.3	17.8	0.0	0.1	606.2
齐鲁证券有限公司包头钢铁大街证券营业部	内蒙	包头	3490.4	2955.8	1.1	0.0	0.1	533.5
红塔证券股份有限公司深圳深南中路证券营业部	深圳	深圳	3485.3	1650.6	5.3	0.0	0.8	1828.6
宏源证券股份有限公司石河子北四路证券营业部	新疆	石河子	3481.8	2494.9	4.5	0.0	56.0	926.4
国联证券股份有限公司泰州济川东路证券营业部	江苏	泰州	3478.3	1615.5	5.9	0.0	0.1	1856.8
国泰君安证券股份有限公司南昌进贤岚湖路证券营业部	江西	南昌	3469.2	3318.8	16.1	0.0	0.3	133.9
招商证券股份有限公司鞍山胜利北路证券营业部	辽宁	鞍山	3468.5	1638.6	10.4	0.0	6.8	1812.8
南京证券股份有限公司银川新华东街证券营业部	宁夏	银川	3464.8	2927.7	2.7	0.0	0.8	533.7
华安证券有限责任公司无为人民广场证券营业部	安徽	巢湖	3458.3	3228.5	2.7	0.0	1.7	225.4
中国中投证券有限责任公司济宁供销路证券营业部	山东	济宁	3453.6	599.8	3.4	0.0	1.1	2849.4
东北证券股份有限公司石家庄民生路证券营业部	河北	石家庄	3447.4	2189.7	43.2	0.0	6.8	1207.6
国泰君安证券股份有限公司宜春高安桥北路证券营业部	江西	宜春	3437.1	3101.6	4.6	0.4	1.7	328.9
齐鲁证券有限公司东营河口商场街证券营业部	山东	东营	3436.6	3068.4	27.4	0.2	5.2	335.5
东北证券股份有限公司敦化证券营业部	吉林	敦化	3436.1	2373.9	2.7	0.0	0.1	1059.5
中国民族证券有限责任公司呼和浩特锡林南路证券营业部	内蒙	呼和浩特	3434.2	3162.9	3.2	0.2	1.9	266.0
大同证券经纪有限责任公司大同新平旺证券营业部	山西	大同	3430.1	2984.1	10.7	0.1	7.4	427.8
湘财证券有限责任公司益阳桃花仑西路证券营业部	湖南	益阳	3427.3	2253.2	14.2	0.7	90.4	1068.7
东吴证券股份有限公司长沙人民中路证券营业部	湖南	长沙	3426.7	2229.4	0.7	0.0	0.7	1195.9
瑞银证券有限责任公司深圳深南东路证券营业部	深圳	深圳	3424.0	1421.9	9.2	0.0	0.5	1992.4
国海证券股份有限公司百色中山二路证券营业部	广西	百色	3420.4	2762.3	16.5	0.0	1.1	640.6
太平洋证券股份有限公司昭通西街证券营业部	云南	昭通	3419.6	3069.4	3.4	10.4	0.9	335.5
兴业证券股份有限公司武夷山崇阳路证券营业部	福建	武夷山	3411.0	2612.5	9.3	0.0	0.6	788.7
上海证券有限责任公司温州兴海路证券营业部	浙江	温州	3405.8	2613.8	13.5	0.0	3.2	775.3
申银万国证券股份有限公司成都温江鱼凫路证券营业部	四川	成都	3403.5	2934.6	8.1	0.0	7.8	453.0
世纪证券有限责任公司昆明青年路证券营业部	云南	昆明	3396.7	2376.5	2.8	1.7	31.6	984.0
国泰君安证券股份有限公司萍乡跃进南路证券营业部	江西	萍乡	3392.6	2878.4	15.0	0.0	2.8	496.3
国泰君安证券股份有限公司邵阳西湖路证券营业部	湖南	邵阳	3386.9	3264.2	23.1	0.4	8.1	91.3
东北证券股份有限公司青岛山东路证券营业部	山东	青岛	3366.6	1547.1	6.2	0.0	0.3	1813.1
金元证券股份有限公司长沙人民东路证券营业部	湖南	长沙	3366.6	3046.6	6.8	0.0	0.4	312.8
华泰证券股份有限公司应城东大街证券营业部	湖北	应城	3362.9	2603.8	60.1	0.1	1.9	697.1
上海证券有限责任公司九亭证券营业部	上海	上海	3355.2	2201.3	19.5	0.0	16.1	1118.3
财富证券有限责任公司衡阳解放西路证券营业部	湖南	衡阳	3355.1	2504.7	5.7	0.1	9.3	835.3
宏源证券股份有限公司乌鲁木齐深圳街证券营业部	新疆	乌鲁木齐	3354.3	1833.7	14.5	0.0	24.2	1481.9
中原证券股份有限公司长葛八七路证券营业部	河南	长葛	3347.2	3217.9	9.6	0.1	0.2	119.5
恒泰证券股份有限公司通辽中心大街证券营业部	内蒙	通辽	3343.6	3296.6	4.1	0.0	0.7	42.2
申银万国证券股份有限公司昆明东风东路证券营业部	云南	昆明	3338.4	1464.4	15.2	0.0	0.0	1858.9
宏源证券股份有限公司唐山光明路证券营业部	河北	唐山	3337.5	1630.7	29.3	0.0	106.0	1571.5
华西证券有限责任公司重庆万州高笋塘证券营业部	重庆	重庆	3335.6	3188.1	2.1	0.0	0.8	144.5
东北证券股份有限公司济南解放路证券营业部	山东	济南	3334.8	1589.9	33.7	0.0	1.7	1709.5
大同证券经纪有限责任公司阳泉桃河北路证券营业部	山西	阳泉	3324.0	913.8	4.5	25.6	1450.5	929.7
东北证券股份有限公司重庆铜梁证券营业部	重庆	重庆	3316.8	2481.9	7.6	0.1	18.1	809.1
中信建投证券股份有限公司武汉兴新街证券营业部	湖北	武汉	3315.2	1621.1	130.5	0.0	0.4	1563.2
安信证券股份有限公司福州八一七北路证券营业部	福建	福州	3314.2	1888.3	12.6	0.0	0.1	1413.2
中原证券股份有限公司北京广安门外大街证券营业部	北京	北京	3310.6	1510.1	2.6	0.2	22.5	1775.2
华泰证券股份有限公司徐州沛县汤沐路证券营业部	江苏	徐州	3306.1	1523.6	128.3	0.0	0.3	1653.8
华安证券有限责任公司长沙人民东路证券营业部	湖南	长沙	3295.8	2371.5	8.8	0.0	7.0	908.5
中信万通证券有限责任公司龙口实验路证券营业部	山东	烟台	3288.5	1117.7	1.8	0.0	0.0	2169.0
首创证券有限责任公司岳阳南湖大道证券营业部	湖南	岳阳	3282.6	2761.7	2.7	0.0	19.7	498.5
国泰君安证券股份有限公司沙县滨河路证券营业部	福建	福州	3278.0	2147.2	3.5	0.0	0.1	1127.2
国联证券股份有限公司长沙芙蓉中路证券营业部	湖南	长沙	3275.7	2583.4	26.8	0.0	4.9	660.6

注：营业部交易金额的单位为百万元。

证券营业部交易
Trading of Business Department

营业部名称 Business Department	省份 Province	城市 City	总计 Total	股票 Share	基金 Fund	政府债 G-Bond	公司债 C-Bond	债券回购 Repo
民生证券股份有限公司沈阳大东路证券营业部	辽宁	沈阳	3265.9	2265.0	0.0	0.0	0.1	1000.8
国海证券股份有限公司济南济安街证券营业部	山东	济南	3257.3	2092.3	6.8	0.0	0.3	1157.9
新时代证券有限责任公司郑州商务内环路证券营业部	河南	郑州	3255.6	3132.3	0.3	0.0	3.9	119.0
海通证券股份有限公司嘉峪关新华中路证券营业部	甘肃	嘉峪关	3255.5	2562.8	39.0	0.0	0.2	653.5
长城证券有限责任公司贵阳珠江路证券营业部	贵州	贵阳	3252.8	2034.0	0.1	0.0	0.0	1218.7
中国民族证券有限责任公司昆明东风西路证券营业部	云南	昆明	3249.2	1345.6	11.3	0.2	0.9	1891.2
第一创业证券股份有限公司第一创业证券有限责任公司郑州农业东路	河南	郑州	3239.0	810.0	11.1	0.0	28.7	2389.1
金元证券股份有限公司南通青年中路证券营业部	江苏	南通	3234.8	2056.5	13.1	0.1	0.5	1164.6
宏信证券有限责任公司德阳南街证券营业部	四川	德阳	3233.2	2171.3	3.6	0.8	4.2	1053.3
世纪证券有限责任公司九江庐山区长虹大道营业部	江西	九江	3231.2	2371.6	4.1	0.0	0.5	855.0
中国民族证券有限责任公司通化新站路证券营业部	吉林	通化	3230.7	2878.3	7.3	0.0	2.2	342.9
国海证券股份有限公司广州华就路证券营业部	广东	广州	3228.1	1968.6	17.0	0.0	5.1	1237.5
西南证券股份有限公司福州井大路证券营业部	福建	福州	3227.4	1392.3	3.9	0.0	9.0	1822.2
国信证券股份有限公司深圳松岗证券营业部	深圳	深圳	3225.7	2664.6	8.6	0.0	1.1	551.5
国元证券股份有限公司宁国宁城中路证券营业部	安徽	宁国	3223.4	2869.0	23.9	0.3	0.0	330.2
国海证券股份有限公司太原体育路证券营业部	山西	太原	3221.0	344.3	1.7	58.1	0.0	2816.8
国泰君安证券股份有限公司张掖西大街证券营业部	甘肃	张掖	3218.0	3120.6	11.5	0.1	11.8	74.1
财达证券有限责任公司石家庄晋州市府路证券营业部	河北	石家庄	3215.9	1005.2	3.4	0.1	0.0	2207.1
恒泰长财证券有限责任公司吉林中兴街证券营业部	吉林	吉林	3210.8	2097.2	4.2	1.3	26.7	1081.5
国联证券股份有限公司苏州解放西路证券营业部	江苏	苏州	3210.6	1616.0	8.9	0.7	6.4	1578.7
广发证券股份有限公司揭阳环市北路证券营业部	广东	揭阳	3209.0	1065.7	62.1	0.0	0.0	2081.2
华融证券股份有限公司重庆天星桥正街证券营业部	重庆	重庆	3203.8	2730.4	5.8	0.0	1.2	466.4
西南证券股份有限公司重庆金渝大道证券营业部	重庆	重庆	3199.0	2112.7	5.3	0.0	2.2	1078.9
华龙证券有限责任公司兰州雁滩路证券营业部	甘肃	兰州	3198.6	2289.1	1.6	0.1	8.0	899.8
中天证券有限责任公司沈阳小西路证券营业部	辽宁	沈阳	3191.7	2530.5	3.2	0.0	0.8	657.2
中国银河证券股份有限公司太原并州南路证券营业部	山西	太原	3186.9	1149.0	18.9	0.0	21.5	1997.6
东海证券股份有限公司长春西安大路证券营业部	吉林	长春	3184.5	1891.1	3.3	0.0	0.6	1289.5
中国中投证券有限责任公司吴江盛泽东方大街营业部	江苏	苏州	3183.5	1791.3	3.8	0.0	1.1	1387.3
新时代证券有限责任公司佛山南海大道证券营业部	广东	佛山	3179.5	2355.9	5.8	0.0	2.5	815.3
海通证券股份有限公司义乌新马路证券营业部	浙江	义乌	3173.4	2074.7	40.4	0.0	14.6	1043.8
江海证券有限公司鸡西东风路证券营业部	黑龙江	鸡西	3171.8	912.8	0.7	0.0	0.1	2258.2
世纪证券有限责任公司樟树富通街证券营业部	江西	樟树	3167.9	2640.8	0.8	0.0	0.4	525.8
东吴证券股份有限公司深圳宝安大道证券营业部	深圳	深圳	3159.7	2108.1	0.0	0.2	0.1	1051.3
金元证券股份有限公司三亚河东路证券营业部	海南	三亚	3150.3	2607.8	43.2	0.0	11.4	488.0
财富证券有限责任公司吉首人民北路证券营业部	湖南	吉首	3142.0	3115.9	2.7	0.0	5.6	17.8
平安证券有限责任公司银川进宁北街证券营业部	宁夏	银川	3136.6	2609.4	0.8	0.0	1.0	525.4
国信证券股份有限公司宜宾航天路证券营业部	四川	宜宾	3136.5	3043.2	3.8	0.0	3.0	86.5
联讯证券有限责任公司佛山南海大道证券营业部	广东	佛山	3132.3	1095.6	4.2	0.0	6.2	2026.3
南京证券股份有限公司高淳淳溪镇宝塔路证券营业部	江苏	南京	3131.5	2783.3	0.5	0.2	0.4	347.1
国金证券股份有限公司成都大邑县晋原镇南街营业部	四川	成都	3130.9	2809.7	5.2	0.1	30.7	285.2
海通证券股份有限公司景洪嘎兰中路证券营业部	云南	景洪	3122.5	2173.7	26.9	0.0	1.5	920.4
中航证券有限公司西安未央路证券营业部	陕西	西安	3121.7	2032.9	1.6	0.0	2.4	1084.8
浙商证券股份有限公司长沙芙蓉中路证券营业部	湖南	长沙	3116.3	2471.7	43.2	0.0	43.2	558.2
大同证券经纪有限责任公司鄂尔多斯天骄路营业部	内蒙	鄂尔多斯	3115.9	1230.9	2.2	0.8	31.7	1850.2
广发证券股份有限公司北京鲁谷路证券营业部	北京	北京	3115.3	794.5	312.9	0.4	63.5	1944.1
中原证券股份有限公司深圳民田路证券营业部	深圳	深圳	3115.2	1815.3	3.5	0.0	0.3	1296.1
浙商证券股份有限公司江门建设二路证券营业部	广东	江门	3112.0	1405.6	4.8	0.0	2.4	1699.2
中原证券股份有限公司永城中原路证券营业部	河南	商丘	3106.0	3083.0	3.6	0.0	1.8	17.6
浙商证券股份有限公司象山靖南大街证券营业部	浙江	宁波	3096.9	2991.7	5.4	0.0	0.1	99.6
国信证券股份有限公司南宁金浦路证券营业部	广西	南宁	3090.9	2673.8	4.0	0.0	5.9	407.2

注：营业部交易金额的单位为百万元。

证券营业部交易
Trading of Business Department

营业部名称 Business Department	省份 Province	城市 City	总计 Total	股票 Share	基金 Fund	政府债 G-Bond	公司债 C-Bond	债券回购 Repo
大同证券经纪有限责任公司晋城矿务局证券营业部	山西	晋城	3090.4	1733.9	1.8	9.6	38.5	1306.5
大通证券股份有限公司天津滨海新区塘沽春风路证券营业部	天津	天津	3076.0	2849.9	9.7	0.1	0.7	215.5
申银万国证券股份有限公司重庆金开大道证券营业部	重庆	重庆	3075.3	1575.8	2.9	0.0	124.2	1372.4
长江证券股份有限公司武汉黄陂大道证券营业部	湖北	武汉	3073.6	1282.8	9.5	0.0	0.2	1781.1
安信证券股份有限公司佛山南海大沥证券营业部	广东	佛山	3065.2	2331.1	17.9	0.9	5.5	709.9
新时代证券有限责任公司郑州经八路证券营业部	河南	郑州	3059.9	2451.4	11.8	0.0	8.6	588.1
国盛证券有限责任公司天津西园道证券营业部	天津	天津	3055.8	1507.7	14.0	0.0	1.9	1532.2
国泰君安证券股份有限公司丽江福慧路证券营业部	云南	丽江	3051.1	2719.3	3.4	0.0	0.1	328.2
华安证券有限责任公司杭州建国北路证券营业部	浙江	杭州	3045.0	2272.7	10.1	0.0	0.0	762.2
中国民族证券有限责任公司乌鲁木齐人民路证券营业部	新疆	乌鲁木齐	3039.6	2553.1	1.9	0.0	0.1	484.5
安信证券股份有限公司常熟北门大街证券营业部	江苏	常熟	3029.0	1205.2	4.1	0.0	1.8	1817.9
西部证券股份有限公司铜川体育路证券营业部	陕西	铜川	3020.7	2887.5	2.8	0.1	28.7	101.6
东海证券股份有限公司洛阳太康路证券营业部	河南	洛阳	3018.9	2431.5	3.2	0.0	0.6	583.7
中航证券有限公司中航证券有限公司烟台迎春大街证券营业部	山东	烟台	3012.2	984.8	0.3	0.0	0.0	2027.1
方正证券股份有限公司郴州宜章宜兴路证券营业部	湖南	郴州	3011.9	2574.9	7.0	0.3	2.5	427.3
长江证券股份有限公司东莞鸿福路证券营业部	广东	东莞	3011.9	2395.0	53.7	0.0	64.3	498.9
浙商证券股份有限公司松阳长松路证券营业部	浙江	丽水	3011.4	389.8	18.5	0.0	0.0	2603.1
长江证券股份有限公司京山轻机大道证券营业部	湖北	荆门	3000.4	1912.8	228.3	0.2	3.5	855.6
世纪证券有限责任公司宜春上高和平路证券营业部	江西	宜春	2999.5	2588.3	17.4	0.0	4.1	389.8
国泰君安证券股份有限公司广州南华中路证券营业部	广东	广州	2996.2	1107.1	1.3	0.0	12.5	1875.3
国信证券股份有限公司南通跃龙路证券营业部	江苏	南通	2996.0	2107.5	6.4	0.0	0.3	881.8
金元证券股份有限公司西安和平路证券营业部	陕西	西安	2989.4	2400.2	18.7	0.0	0.8	569.7
东莞证券有限责任公司大连白山路证券营业部	辽宁	大连	2984.8	1562.0	3.8	0.0	1.0	1418.0
国海证券股份有限公司河池西环路证券营业部	广西	河池	2984.7	2833.2	9.1	0.0	0.2	142.2
宏源证券股份有限公司阿克苏新华东路证券营业部	新疆	阿克苏	2979.6	2673.0	4.5	0.0	0.1	302.1
申银万国证券股份有限公司贵阳中华北路证券营业部	贵州	贵阳	2975.4	1852.4	1.3	0.0	185.0	936.7
西南证券股份有限公司合肥长江中路证券营业部	安徽	合肥	2974.9	2682.4	9.3	0.0	2.3	280.8
信达证券股份有限公司郑州文化路证券营业部	河南	郑州	2971.9	2628.2	8.0	0.0	3.3	332.4
广发证券股份有限公司韶关曲江证券营业部	广东	韶关	2971.3	2039.2	4.5	0.0	2.1	925.5
众成证券经纪有限公司郑州文化路证券营业部	河南	郑州	2971.1	2140.6	8.2	0.1	2.9	819.4
国泰君安证券股份有限公司长乐朝阳中路证券营业部	福建	长乐	2970.9	2656.3	10.6	0.0	0.1	304.0
西南证券股份有限公司重庆万州高笋塘证券营业部	重庆	重庆	2970.2	2034.0	92.9	0.0	38.2	805.1
华融证券股份有限公司株洲天台路证券营业部	湖南	株洲	2967.1	1934.2	2.1	0.0	6.6	1024.1
联讯证券有限责任公司惠州惠阳体育路证券营业部	广东	惠州	2966.2	2564.7	6.4	0.0	0.1	395.0
中国中投证券有限责任公司南通如东人民南路营业部	江苏	南通	2965.3	1972.9	9.7	0.0	0.1	982.5
恒泰长财证券有限责任公司长春珠江路证券营业部	吉林	长春	2964.6	2224.6	1.7	0.0	1.7	736.5
华安证券有限责任公司桐城和平路证券营业部	安徽	安庆	2963.5	2439.9	4.0	0.0	2.4	517.1
国泰君安证券股份有限公司邳州解放东路证券营业部	江苏	邳州	2960.6	2752.7	34.1	0.0	2.1	171.7
中天证券有限责任公司辽阳新运大街证券营业部	辽宁	辽阳	2954.8	2033.0	5.2	0.0	0.1	916.4
上海证券有限责任公司广州员村二横路证券营业部	广东	广州	2942.2	2221.8	11.8	0.0	12.3	696.4
国元证券股份有限公司太和人民路证券营业部	安徽	阜阳	2941.4	2050.6	7.7	0.0	3.5	879.5
华安证券有限责任公司濉溪淮海路证券营业部	安徽	淮北	2940.8	2764.1	4.8	0.0	2.0	169.9
国盛证券有限责任公司济南济安路证券营业部	山东	济南	2940.4	596.1	336.7	0.0	1.0	2006.7
兴业证券股份有限公司宁德蕉城南路证券营业部	福建	宁德	2939.5	1766.5	2.2	0.0	0.2	1170.6
中信证券（浙江）有限责任公司苍南龙港大道营业部	浙江	温州	2936.9	2233.3	0.4	0.0	0.2	703.0
海通证券股份有限公司大庆乘风大街证券营业部	黑龙江	大庆	2935.4	2376.7	8.5	0.0	29.6	520.6
财达证券有限责任公司秦皇岛东经路证券营业部	河北	秦皇岛	2932.4	1984.7	46.1	0.0	4.7	897.0
大通证券股份有限公司鞍山胜利南路证券营业部	辽宁	鞍山	2928.1	1795.8	0.5	0.0	9.9	1121.9
中信建投证券股份有限公司连云港东海海陵西路证券营业部	江苏	连云港	2918.8	2459.3	3.3	0.0	0.6	455.6
国泰君安证券股份有限公司南京溧水中大街营业部	江苏	南京	2917.6	1995.7	3.5	0.1	0.0	918.3

注：营业部交易金额的单位为百万元。

证券营业部交易
Trading of Business Department

营业部名称 Business Department	省份 Province	城市 City	总计 Total	股票 Share	基金 Fund	政府债 G-Bond	公司债 C-Bond	债券回购 Repo
中国银河证券股份有限公司黄山新园东路证券营业部	安徽	黄山	2916.6	2564.1	31.0	0.0	14.8	306.6
光大证券股份有限公司内江威远县南大街证券营业部	四川	内江	2915.1	2901.5	2.6	0.0	3.4	7.7
财达证券有限责任公司石家庄中华北大街证券营业部	河北	石家庄	2914.9	2708.4	4.5	1.3	2.7	198.1
中国中投证券有限责任公司天津宝坻新苑北街证券营业部	天津	天津	2912.8	2359.5	11.7	0.0	6.8	534.8
国泰君安证券股份有限公司荥阳万山路证券营业部	河南	荥阳	2910.4	2708.8	5.9	0.1	0.0	195.6
国元证券股份有限公司台州世纪大道证券营业部	浙江	台州	2908.6	2235.9	93.1	0.0	2.2	577.4
长城证券有限责任公司合肥马鞍山路证券营业部	安徽	合肥	2908.3	1821.3	3.8	0.0	0.5	1082.7
华西证券有限责任公司夹江迎春东路证券营业部	四川	乐山	2907.0	2811.0	2.9	0.4	6.6	86.2
厦门证券有限公司成都蜀汉路证券营业部	四川	成都	2906.3	2077.4	1.8	0.0	0.2	826.9
首创证券有限责任公司成都天府大道证券营业部	四川	成都	2895.2	1879.8	6.8	0.1	3.0	1005.6
华福证券有限责任公司晋江新华街证券营业部	福建	泉州	2891.9	2109.5	17.2	0.0	0.4	764.8
国泰君安证券股份有限公司郴州国庆北路证券营业部	湖南	郴州	2890.3	2257.8	2.2	0.1	3.3	626.9
诚浩证券有限责任公司沈阳泉园街证券营业部	辽宁	沈阳	2889.8	1584.5	1.4	0.1	5.5	1298.3
天源证券有限公司西宁西关大街第二证券营业部	青海	西宁	2889.8	1569.0	3.3	0.0	0.1	1317.4
大同证券经纪有限责任公司淄博柳泉路证券营业部	山东	淄博	2889.1	1120.1	29.8	0.0	11.7	1727.5
中原证券股份有限公司新乡华兰大道证券营业部	河南	新乡	2887.2	2293.2	0.7	0.0	0.0	593.3
爱建证券有限责任公司深圳深南中路证券营业部	深圳	深圳	2885.2	1630.7	1031.5	0.0	10.1	213.0
光大证券股份有限公司海门长江路证券营业部	江苏	海门	2885.1	1886.5	12.4	0.0	0.8	985.5
上海证券有限责任公司大连同心街证券营业部	辽宁	大连	2882.0	1571.0	14.1	0.0	0.4	1296.5
海通证券股份有限公司金昌长春路证券营业部	甘肃	金昌	2880.7	2659.4	12.9	0.2	0.7	207.5
华安证券有限责任公司涡阳站前路证券营业部	安徽	亳州	2879.9	2650.0	7.9	0.0	0.1	221.9
信达证券股份有限公司海口金贸西路证券营业部	海南	海口	2879.3	2220.7	0.3	0.1	0.6	657.7
东吴证券股份有限公司太仓沙溪镇白云中路营业部	江苏	太仓	2877.1	1763.1	5.6	0.0	2.7	1105.7
红塔证券股份有限公司广州冼村路证券营业部	广东	广州	2869.2	1196.2	25.2	0.0	2.7	1645.1
中信建投证券股份有限公司宝鸡经二路证券营业部	陕西	宝鸡	2859.0	175.1	0.2	0.0	0.0	2683.6
山西证券股份有限公司孝义迎宾路证券营业部	山西	孝义	2857.4	1514.2	42.8	0.0	2.5	1297.9
中国银河证券股份有限公司武汉沌口宁康路营业部	湖北	武汉	2854.3	1763.8	5.8	0.0	1.7	1083.0
招商证券股份有限公司铜陵石城大道证券营业部	安徽	铜陵	2852.9	2198.4	3.1	0.3	0.7	650.3
中原证券股份有限公司灵宝长安路证券营业部	河南	三门峡	2850.8	2600.6	26.0	0.2	0.7	223.3
联讯证券有限责任公司盘锦市府大街证券营业部	辽宁	盘锦	2846.2	1756.2	2.8	1.4	0.7	1085.1
广发证券股份有限公司攀枝花攀枝花大道证券营业部	四川	攀枝花	2837.6	2121.1	16.7	0.0	3.2	696.7
长江证券股份有限公司武汉蔡甸大街证券营业部	湖北	武汉	2837.2	1930.6	21.7	0.0	1.9	883.0
恒泰证券股份有限公司包头友谊大街证券营业部	内蒙	包头	2834.0	2048.7	0.8	0.0	8.3	776.3
恒泰证券股份有限公司呼和浩特锡林南路证券营业部	内蒙	呼和浩特	2833.8	2095.6	0.6	0.0	0.4	737.2
国联证券股份有限公司盐城解放南路证券营业部	江苏	盐城	2830.7	2267.8	2.9	0.0	0.3	559.6
申银万国证券股份有限公司常山定阳北路证券营业部	浙江	衢州	2822.4	2274.0	11.8	0.0	1.6	535.0
日信证券有限责任公司乌兰浩特兴安北大路营业部	内蒙	乌兰浩特	2820.6	1725.1	11.1	0.0	0.3	1084.2
齐鲁证券有限公司太原并州南路证券营业部	山西	太原	2814.9	1911.4	7.0	0.0	0.4	896.0
中信证券股份有限公司海口国兴大道证券营业部	海南	海口	2808.8	1599.6	185.8	0.0	0.5	1022.9
华泰证券股份有限公司盘锦石油大街证券营业部	辽宁	盘锦	2803.6	2246.0	8.1	0.0	9.2	540.3
中信建投证券股份有限公司清远清新清新大道营业部	广东	清远	2802.2	2056.8	33.2	0.3	47.2	664.7
财富证券有限责任公司怀化红星路证券营业部	湖南	怀化	2795.0	2689.9	2.5	0.0	1.4	101.2
国信证券股份有限公司呼和浩特石东路营业部	内蒙	呼和浩特	2794.4	1199.9	15.4	0.0	0.4	1578.7
东兴证券股份有限公司将乐府前东路证券营业部	福建	三明	2791.8	2680.5	·12.7	3.6	1.8	93.3
长江证券股份有限公司北京广渠门内大街证券营业部	北京	北京	2790.1	658.7	37.5	0.0	277.4	1816.4
华泰证券股份有限公司舟山滨港路证券营业部	浙江	舟山	2789.3	839.6	498.9	0.0	0.3	1450.5
湘财证券有限责任公司株洲建设路证券营业部	湖南	株洲	2788.6	2486.5	8.6	0.0	5.4	288.2
华泰证券股份有限公司兰州酒泉路证券营业部	甘肃	兰州	2786.8	1976.8	114.5	0.0	3.3	692.2
方正证券股份有限公司唐山兴源道证券营业部	河北	唐山	2786.3	1234.1	14.5	0.0	35.3	1502.5
西部证券股份有限公司西安高新路证券营业部	陕西	西安	2780.3	1372.5	1.3	1.7	1.9	1402.9

注：营业部交易金额的单位为百万元。

证券营业部交易
Trading of Business Department

营业部名称 Business Department	省份 Province	城市 City	总计 Total	股票 Share	基金 Fund	政府债 G-Bond	公司债 C-Bond	债券回购 Repo
中原证券股份有限公司天津西康路证券营业部	天津	天津	2772.6	989.2	11.3	0.0	87.4	1684.8
中信万通证券有限责任公司菏泽中华路证券营业部	山东	菏泽	2769.5	1680.5	4.7	0.0	0.2	1084.1
安信证券股份有限公司深圳龙岗龙翔大道证券营业部	深圳	深圳	2768.0	2078.3	23.7	0.0	2.0	664.0
广发证券股份有限公司韶关新华南路证券营业部	广东	韶关	2762.0	2085.8	9.3	0.1	1.9	664.9
太平洋证券股份有限公司大理建设路证券营业部	云南	大理	2760.5	963.9	8.6	0.4	8.2	1779.3
上海证券有限责任公司徐泾证券营业部	上海	上海	2758.0	1324.2	19.7	0.0	0.3	1413.8
长城证券有限责任公司唐山新华西道证券营业部	河北	唐山	2757.8	1529.3	5.1	0.0	0.0	1223.4
日信证券有限责任公司重庆天陈路证券营业部	重庆	重庆	2753.3	2493.2	0.1	0.0	0.1	259.9
安信证券股份有限公司梅州梅县证券营业部	广东	梅州	2752.1	2047.4	7.3	0.0	0.1	697.4
华泰证券股份有限公司枝江马店路证券营业部	湖北	枝江	2750.6	2520.7	6.4	0.1	1.1	222.3
江海证券有限公司黑河中央街证券营业部	黑龙江	黑河	2742.2	1194.0	2.3	0.0	0.7	1545.2
西部证券股份有限公司西安北长安街证券营业部	陕西	西安	2736.2	2122.2	1.2	0.1	1.4	611.3
天风证券股份有限公司新津武阳中路证券营业部	四川	成都	2734.9	2534.2	7.6	0.2	0.4	192.5
财通证券股份有限公司财通证券有限责任公司重庆邹容路证券营业部	重庆	重庆	2731.6	2022.8	3.7	0.0	0.2	704.9
中国中投证券有限责任公司天津滨海新区汉沽东风南路证券营业部	天津	天津	2729.0	2579.5	4.7	0.0	1.5	143.3
中信建投证券股份有限公司郑州商务外环路营业部	河南	郑州	2725.5	571.7	301.7	0.0	0.4	1851.6
国元证券股份有限公司马鞍山华飞路证券营业部	安徽	马鞍山	2725.1	1622.4	142.5	0.0	67.9	892.3
湘财证券有限责任公司浏阳金沙路证券营业部	湖南	浏阳	2721.5	2325.2	3.9	0.0	2.4	390.0
宏信证券有限责任公司峨眉山绥山路证券营业部	四川	峨眉山	2712.7	1903.8	0.8	0.0	2.1	806.0
中国民族证券有限责任公司常德朗州路证券营业部	湖南	常德	2710.7	2649.5	1.5	0.0	2.1	57.5
国泰君安证券股份有限公司潍坊东风东街证券营业部	山东	潍坊	2707.5	1897.6	1.8	0.0	24.3	783.8
国泰君安证券股份有限公司齐齐哈尔中环广场营业部	黑龙江	齐齐哈尔	2705.8	2515.2	3.6	0.0	1.6	185.5
东北证券股份有限公司南宁双拥路证券营业部	广西	南宁	2705.3	1136.8	33.3	0.0	124.4	1410.8
中航证券有限公司九江浔阳路证券营业部	江西	九江	2704.6	2597.6	6.1	0.0	2.9	98.1
民生证券股份有限公司安阳永明路证券营业部	河南	安阳	2701.9	2031.0	4.9	0.0	1.1	664.9
广发证券股份有限公司湛江廉江市廉江大道营业部	广东	湛江	2698.6	1588.4	4.3	0.0	0.3	1105.6
财达证券有限责任公司唐山遵化文化北路证券营业部	河北	唐山	2697.8	2296.9	46.2	0.0	122.5	232.2
华西证券有限责任公司遂宁射洪证券营业部	四川	遂宁	2693.8	2520.4	4.1	2.7	2.1	164.6
广发证券股份有限公司揭阳揭西证券营业部	广东	揭阳	2691.5	1846.8	4.9	0.0	0.0	839.8
渤海证券股份有限公司重庆建新东路证券营业部	重庆	重庆	2690.1	2280.8	3.3	0.0	11.7	394.4
新时代证券有限责任公司绵阳绵兴东路证券营业部	四川	绵阳	2684.5	2599.3	0.4	0.0	1.8	83.0
国泰君安证券股份有限公司临沂双月湖路证券营业部	山东	临沂	2673.8	2208.7	5.6	0.0	0.4	459.1
中国银河证券股份有限公司厦门同安祥平证券营业部	福建	厦门	2669.1	1865.0	33.7	0.0	0.2	770.1
中信证券（浙江）有限责任公司宜春高士路证券营业部	江西	宜春	2661.3	1687.5	27.0	0.0	10.7	936.0
宏信证券有限责任公司成都红庙子证券营业部	四川	成都	2659.7	1372.3	0.8	0.0	0.6	1286.0
长江证券股份有限公司成都人民南路证券营业部	四川	成都	2658.6	2544.8	113.9	0.0	0.0	0.0
山西证券股份有限公司高平友谊西街证券营业部	山西	高平	2654.3	241.3	2.1	0.0	0.0	2410.9
华创证券有限责任公司贵阳小河长江路证券营业部	贵州	贵阳	2652.4	1048.1	2.0	0.0	0.6	1601.7
中航证券有限公司南阳建设中路证券营业部	河南	南阳	2644.1	2346.5	6.4	0.0	1.3	290.0
世纪证券有限责任公司吉安井冈山大道证券营业部	江西	吉安	2643.2	1502.4	3.3	0.0	5.2	1132.4
财达证券有限责任公司保定瑞安路证券营业部	河北	保定	2640.3	737.8	0.3	0.0	0.0	1902.3
华福证券有限责任公司闽侯街心路证券营业部	福建	福州	2640.0	763.6	1.5	0.0	0.0	1874.9
华泰证券股份有限公司德阳中江县凯丰北路证券营业部	四川	德阳	2638.9	1678.6	1.2	0.0	33.3	925.8
方正证券股份有限公司长沙枫林三路证券营业部	湖南	长沙	2637.7	2420.0	0.6	0.0	0.9	216.3
西藏同信证券有限责任公司青岛即墨嵩山一路证券营业部	山东	青岛	2635.6	1365.0	0.5	0.0	0.0	1270.2
宏源证券股份有限公司济南纬九路证券营业部	山东	济南	2635.4	1996.0	3.0	0.0	7.4	629.0
齐鲁证券有限公司海阳海河路证券营业部	山东	烟台	2635.3	1627.8	152.6	0.0	0.1	854.9
中航证券有限公司萍乡跃进南路证券营业部	江西	萍乡	2635.3	1842.0	0.1	0.0	0.3	792.9
国元证券股份有限公司池州青阳路证券营业部	安徽	池州	2631.7	2338.1	3.8	0.0	4.6	285.2
东吴证券股份有限公司大连中山路证券营业部	辽宁	大连	2630.6	2166.7	5.4	0.0	0.0	458.4

注：营业部交易金额的单位为百万元。

证券营业部交易
Trading of Business Department

营业部名称 Business Department	省份 Province	城市 City	总计 Total	股票 Share	基金 Fund	政府债 G-Bond	公司债 C-Bond	债券回购 Repo
国泰君安证券股份有限公司龙岩华莲路证券营业部	福建	龙岩	2627.7	1784.5	13.2	0.0	362.9	467.1
红塔证券股份有限公司昆明金源大道证券营业部	云南	昆明	2627.4	1411.3	14.7	0.0	0.8	1200.6
大同证券经纪有限责任公司泉州刺桐路证券营业部	福建	泉州	2625.9	1910.2	0.9	0.0	27.0	687.8
西藏同信证券有限责任公司新郑中华路证券营业部	河南	新郑	2623.7	222.5	0.0	0.0	0.0	2401.2
华安证券有限责任公司大连会展路证券营业部	辽宁	大连	2622.2	1637.4	9.0	0.0	0.7	975.1
渤海证券股份有限公司郑州东明路证券营业部	河南	郑州	2621.7	2138.0	15.9	0.0	0.2	467.6
安信证券股份有限公司韶关曲江韶钢大道证券营业部	广东	韶关	2621.1	1634.3	7.3	0.0	3.8	975.7
众成证券经纪有限公司郑州丰产路证券营业部	河南	郑州	2612.0	1608.6	3.2	0.0	6.7	993.5
华泰证券股份有限公司宜都清江大道证券营业部	湖北	宜都	2605.0	1949.5	1.3	0.0	4.1	650.1
万和证券有限责任公司万和证券经纪有限公司广州中山大道西证券营	广东	广州	2601.1	1655.9	4.8	0.0	6.9	933.5
中信万通证券有限责任公司莱芜花园北路证券营业部	山东	莱芜	2599.9	2185.7	27.8	0.1	5.2	381.2
中邮证券有限责任公司西安阎良人民路证券营业部	陕西	西安	2599.8	2229.5	2.6	0.0	1.1	366.7
华西证券有限责任公司南京雨花东路证券营业部	江苏	南京	2588.0	1333.1	1.9	0.0	2.2	1250.8
财达证券有限责任公司廊坊建设路证券营业部	河北	廊坊	2584.4	1670.6	2.6	0.0	1.6	909.7
天风证券股份有限公司大连普兰店商业大街营业部	辽宁	大连	2577.6	2156.6	3.1	0.0	2.0	415.9
国泰君安证券股份有限公司贵溪建设路证券营业部	江西	贵溪	2574.0	2373.8	8.1	0.0	0.5	191.6
财达证券有限责任公司唐山丰南青年路证券营业部	河北	唐山	2571.3	2148.5	12.3	0.0	0.0	410.5
海通证券股份有限公司成都温江区杨柳东路营业部	四川	成都	2568.6	1553.5	72.7	0.1	0.8	941.5
方正证券股份有限公司永州道县红星东路证券营业部	湖南	永州	2565.7	2445.4	4.7	0.2	2.0	113.5
中国中投证券有限责任公司湛江吴川证券营业部	广东	湛江	2563.0	2364.5	20.8	0.0	0.1	177.7
红塔证券股份有限公司昆明北京路证券营业部	云南	昆明	2558.8	1581.3	66.9	0.0	0.8	909.9
财富证券有限责任公司邵阳武冈陶侃路证券营业部	湖南	邵阳	2558.1	2513.3	3.1	0.1	3.5	38.1
中信建投证券股份有限公司石家庄辛集新开街营业部	河北	辛集	2557.6	2298.9	7.0	0.0	2.2	249.5
国泰君安证券股份有限公司安庆人民路证券营业部	安徽	安庆	2555.0	2295.6	19.9	0.4	14.2	224.9
国泰君安证券股份有限公司文山普阳路证券营业部	云南	文山	2554.6	2056.9	21.2	0.0	0.0	476.4
申银万国证券股份有限公司南通建设路证券营业部	江苏	南通	2541.8	1791.1	587.7	0.1	2.2	160.8
中信万通证券有限责任公司胶南石桥路证券营业部	山东	青岛	2536.7	1036.0	2.8	0.0	0.2	1497.7
中天证券有限责任公司天津中山路证券营业部	天津	天津	2533.9	1373.4	3.4	0.0	1.8	1155.3
长江证券股份有限公司丹江口人民路证券营业部	湖北	丹江口	2531.7	1025.4	14.1	0.0	0.9	1491.2
东北证券股份有限公司合肥祁门路证券营业部	安徽	合肥	2529.8	1338.3	417.1	0.0	36.3	738.2
东海证券股份有限公司常州延政中路证券营业部	江苏	无锡	2529.4	996.0	3.5	0.0	0.0	1529.9
东兴证券股份有限公司重庆邹容路证券营业部	重庆	重庆	2526.0	1385.3	5.5	0.0	0.5	1134.7
齐鲁证券有限公司泰安宁阳证券营业部	山东	泰安	2522.3	1611.8	861.7	0.0	0.0	48.8
长江证券股份有限公司泉州温陵南路证券营业部	福建	泉州	2522.0	1131.5	29.2	0.0	0.2	1361.1
中国国际金融有限公司中国国际金融有限公司天津南京路证券营业部	天津	天津	2519.5	447.1	1.1	0.0	0.0	2071.2
广发证券股份有限公司清远英德峰光路证券营业部	广东	英德	2519.1	2483.8	9.1	0.2	2.7	23.3
民生证券股份有限公司漯河人民西路证券营业部	河南	漯河	2510.0	2107.0	1.3	0.2	12.0	389.6
广发证券股份有限公司深圳新安二路证券营业部	深圳	深圳	2510.0	1544.9	26.6	0.0	12.8	925.8
华泰证券股份有限公司靖江人民中路证券营业部	江苏	靖江	2509.9	1710.6	2.2	0.0	1.9	795.2
华创证券有限责任公司兴义北京路证券营业部	贵州	兴义	2507.8	2180.2	1.0	0.0	35.2	291.4
华西证券有限责任公司三台恒昌路证券营业部	四川	绵阳	2499.5	1970.3	4.2	0.0	0.2	524.9
宏源证券股份有限公司乌鲁木齐绿洲街证券营业部	新疆	乌鲁木齐	2497.7	1471.7	4.3	0.0	0.4	1021.3
东海证券股份有限公司洛阳大庆路证券营业部	河南	洛阳	2497.1	2023.5	8.7	0.0	0.6	464.3
中信证券（浙江）有限责任公司泉州安吉路证券营业部	福建	泉州	2491.7	725.9	34.1	0.0	0.1	1731.5
国泰君安证券股份有限公司遵义香港路证券营业部	贵州	遵义	2487.5	2118.4	1.9	0.0	4.3	362.9
联讯证券有限责任公司清远人民二路证券营业部	广东	清远	2478.2	957.3	3.3	0.0	0.1	1517.5
山西证券股份有限公司大连黄河路证券营业部	辽宁	大连	2472.7	1264.7	42.6	0.0	2.3	1163.1
东莞证券有限责任公司潮州潮州大道证券营业部	广东	潮州	2470.5	1761.2	5.4	0.0	1.5	702.4
海通证券股份有限公司徐州中山北路证券营业部	江苏	徐州	2468.9	1394.1	6.9	0.0	2.5	1065.4
国海证券股份有限公司玉林北流市永安路证券营业部	广西	玉林	2468.0	2364.8	3.4	0.1	3.2	96.4

注：营业部交易金额的单位为百万元。

证券营业部交易
Trading of Business Department

营业部名称 Business Department	省份 Province	城市 City	总计 Total	股票 Share	基金 Fund	政府债 G-Bond	公司债 C-Bond	债券回购 Repo
广发证券股份有限公司沧州沧县千童南大道营业部	河北	沧州	2466.9	1883.0	9.5	0.0	0.8	573.6
中国中投证券有限责任公司肥东龙泉中路证券营业部	安徽	合肥	2466.4	1333.3	66.4	0.0	91.4	975.4
西部证券股份有限公司延安北关街证券营业部	陕西	延安	2464.3	2321.7	3.2	0.0	3.3	136.2
国联证券股份有限公司重庆建新东路证券营业部	重庆	重庆	2460.1	1017.2	0.9	0.0	0.8	1441.2
恒泰证券股份有限公司满洲里树林路证券营业部	内蒙	呼伦贝尔	2457.7	2002.9	2.8	0.0	1.3	450.7
联讯证券有限责任公司佛山顺德清晖路证券营业部	广东	佛山	2454.6	1311.4	7.1	0.0	0.2	1135.9
东吴证券股份有限公司张家港金港镇证券营业部	江苏	张家港	2445.4	2021.2	1.2	0.0	0.1	422.8
财达证券有限责任公司秦皇岛关城南路证券营业部	河北	秦皇岛	2440.8	1551.9	1.8	0.0	0.7	886.3
广发证券股份有限公司湛江遂溪证券营业部	广东	湛江	2440.1	1137.5	16.2	0.0	4.8	1281.7
华龙证券有限责任公司西安太白南路证券营业部	陕西	西安	2438.3	1455.3	1.3	0.0	2.0	979.7
海通证券股份有限公司北京平谷金乡路证券营业部	北京	北京	2436.6	2091.7	14.2	0.0	2.6	328.1
渤海证券股份有限公司天津津塘路证券营业部	天津	天津	2432.6	2175.3	7.3	0.0	0.1	250.0
上海证券有限责任公司鳌江兴敖中路证券营业部	浙江	温州	2431.1	2012.5	36.5	0.0	0.3	381.8
兴业证券股份有限公司连江玉荷东路证券营业部	福建	福州	2424.6	1653.5	4.9	0.0	2.7	763.6
齐鲁证券有限公司曲阜大同路证券营业部	山东	济宁	2424.0	2152.8	5.8	1.1	0.6	263.6
中信证券股份有限公司昆明滇池路证券营业部	云南	昆明	2423.4	596.9	0.2	0.0	3.3	1823.0
湘财证券有限责任公司库尔勒人民东路证券营业部	新疆	库尔勒	2419.3	1820.3	1.8	0.9	1.0	595.2
华龙证券有限责任公司兰州安宁东路证券营业部	甘肃	兰州	2417.9	439.8	0.7	0.0	0.1	1977.3
大同证券经纪有限责任公司安阳人民大道证券营业部	河南	安阳	2415.2	2101.7	2.6	0.0	0.2	310.7
民生证券股份有限公司洛阳凯旋路证券营业部	河南	洛阳	2414.2	1972.4	1.3	0.0	0.8	439.6
第一创业证券股份有限公司广州翠宝路证券营业部	广东	广州	2408.6	621.0	0.9	0.0	117.4	1669.3
民生证券股份有限公司杭州江晖路证券营业部	浙江	杭州	2404.4	1552.4	11.8	0.0	0.0	840.2
海通证券股份有限公司牡丹江绥芬河山城路营业部	黑龙江	牡丹江	2404.0	1912.5	4.6	0.0	0.8	486.2
华创证券有限责任公司六盘水钟山中路证券营业部	贵州	六盘水	2399.1	2317.9	4.8	0.1	0.6	75.7
齐鲁证券有限公司济南会展西路证券营业部	山东	济南	2397.0	1864.2	4.3	0.0	0.6	528.0
方正证券股份有限公司资兴东江中路证券营业部	湖南	郴州	2393.9	2245.9	21.5	0.0	8.6	118.0
中信建投证券股份有限公司上饶广丰永丰大道营业部	江西	上饶	2392.0	2049.9	8.2	0.0	4.3	329.6
华安证券有限责任公司庐江牌楼中路证券营业部	安徽	巢湖	2391.0	1568.4	5.2	0.0	12.2	805.2
中信建投证券股份有限公司温州车站大道证券营业部	浙江	温州	2388.2	328.1	37.9	0.0	0.2	2022.0
华融证券股份有限公司克拉玛依独山子证券营业部	新疆	克拉玛依	2383.6	1967.8	1.9	0.1	0.2	413.7
中国中投证券有限责任公司天津蓟县中昌北路营业部	天津	天津	2383.1	2090.6	48.5	0.0	3.3	240.7
东莞证券有限责任公司东莞证券有限责任公司珠海九洲大道证券营业	广东	珠海	2382.7	1650.2	2.7	0.0	2.3	727.6
东吴证券股份有限公司张家港锦丰镇证券营业部	江苏	张家港	2379.5	1440.7	0.6	0.0	0.3	937.9
中信建投证券股份有限公司合肥长江西路证券营业部	安徽	合肥	2376.9	1204.2	32.6	0.1	69.7	1070.4
长江证券股份有限公司钟祥王府大道证券营业部	湖北	荆门	2375.0	2236.6	5.6	0.1	2.1	130.8
光大证券股份有限公司淮安河南东路证券营业部	江苏	淮安	2372.8	709.5	815.7	0.0	0.0	847.6
联讯证券有限责任公司茂名高凉中路证券营业部	广东	茂名	2365.3	1218.4	4.6	0.0	0.1	1142.3
海通证券股份有限公司保定东风东路证券营业部	河北	保定	2364.1	898.8	17.0	0.0	64.6	1383.6
方正证券股份有限公司湘乡桑梅路证券营业部	湖南	湘潭	2358.9	2302.4	7.9	0.0	0.0	48.6
华泰证券股份有限公司石首笔架山路证券营业部	湖北	石首	2356.9	1875.1	91.9	0.0	2.3	387.6
方正证券股份有限公司娄底涟源交通路证券营业部	湖南	娄底	2353.7	2266.6	12.8	0.0	2.4	71.9
世纪证券有限责任公司抚州东乡恒安东路证券营业部	江西	抚州	2349.1	1994.7	2.7	0.0	11.2	340.5
联讯证券有限责任公司梅州彬芳大道证券营业部	广东	梅州	2343.4	1178.0	6.2	0.0	8.2	1151.0
民生证券股份有限公司青岛海尔路证券营业部	山东	青岛	2341.7	1671.2	0.6	0.0	46.8	623.2
日信证券有限责任公司上海长江西路证券营业部	上海	上海	2336.4	1544.2	4.2	0.0	1.1	786.9
华安证券有限责任公司太和人民南路证券营业部	安徽	阜阳	2334.1	1639.1	71.3	0.3	2.7	620.8
国元证券股份有限公司贵阳金阳碧海南路证券营业部	贵州	贵阳	2333.6	814.4	1.1	2.3	5.0	1510.8
德邦证券有限责任公司广州体育西路证券营业部	广东	广州	2331.1	1296.1	9.2	0.0	102.2	923.6
国泰君安证券股份有限公司洛阳中州中路证券营业部	河南	洛阳	2328.3	1862.0	11.5	0.0	10.1	444.7
申银万国证券股份有限公司浠水丽文大道证券营业部	湖北	黄冈	2327.6	2115.9	37.2	0.0	3.1	171.5

注：营业部交易金额的单位为百万元。

证券营业部交易
Trading of Business Department

营业部名称 Business Department	省份 Province	城市 City	总计 Total	股票 Share	基金 Fund	政府债 G-Bond	公司债 C-Bond	债券回购 Repo
中国中投证券有限责任公司广州开创大道北证券营业部	广东	广州	2325.7	969.3	19.0	0.0	4.4	1333.0
国泰君安证券股份有限公司赣州章江南大道证券营业部	江西	赣州	2323.9	2083.2	7.2	0.0	0.7	232.8
齐鲁证券有限公司潍坊滨海经济开发区府前街营业部	山东	潍坊	2320.3	2160.1	11.5	0.0	1.3	147.4
南京证券股份有限公司盐城建湖县人民路证券营业部	江苏	盐城	2302.3	1956.8	2.5	0.0	0.4	342.6
方正证券股份有限公司常德津市澹津路证券营业部	湖南	常德	2298.8	2261.4	9.5	0.7	0.4	26.8
中原证券股份有限公司安阳中华路证券营业部	河南	安阳	2292.9	1964.3	4.3	0.0	1.4	322.9
国泰君安证券股份有限公司芒市阔时路证券营业部	云南	潞西	2291.1	1787.7	6.1	0.1	0.6	496.6
西藏同信证券有限责任公司临沂双桥街证券营业部	山东	临沂	2289.5	1436.7	6.8	0.0	0.4	845.6
招商证券股份有限公司中山中山四路证券营业部	广东	中山	2288.2	961.3	4.2	0.0	5.5	1317.3
华泰证券股份有限公司麻城融辉路证券营业部	湖北	麻城	2285.9	1660.2	76.6	0.0	2.7	546.4
民生证券股份有限公司成都航空路证券营业部	四川	成都	2284.8	1735.3	1.3	0.3	12.3	535.7
宏源证券股份有限公司昌吉延安北路证券营业部	新疆	昌吉	2284.7	1721.4	6.4	0.0	2.7	554.1
中信建投证券股份有限公司南康蓉江西路证券营业部	江西	南康	2281.3	2056.9	5.0	0.0	4.3	215.1
长江证券股份有限公司南宁民族大道证券营业部	广西	南宁	2276.6	1175.1	11.2	0.0	1.1	1089.2
东兴证券股份有限公司郑州商务外环路证券营业部	河南	郑州	2274.7	1440.0	30.2	0.0	0.0	804.5
国泰君安证券股份有限公司酒泉南大街证券营业部	甘肃	酒泉	2273.8	2122.3	2.6	0.0	0.0	148.8
财达证券有限责任公司沧州黄骅平安大街证券营业部	河北	沧州	2269.6	2014.5	0.3	0.0	0.4	254.4
广州证券有限责任公司惠州麦地路证券营业部	广东	惠州	2268.8	2037.2	3.0	0.0	1.1	227.6
国元证券股份有限公司长沙芙蓉中路证券营业部	湖南	长沙	2268.1	2008.5	4.4	0.0	2.2	253.0
华融证券股份有限公司太原长治路证券营业部	山西	太原	2265.5	2038.8	4.8	2.4	1.3	218.3
海通证券股份有限公司加格达奇人民路证券营业部	黑龙江	加格达奇	2265.3	1531.2	8.0	0.0	5.3	720.9
中信建投证券股份有限公司重庆黔江证券营业部	重庆	重庆	2263.7	2043.2	6.6	0.0	0.3	213.6
长江证券股份有限公司南昌洪都中大道证券营业部	江西	南昌	2260.7	1253.7	0.8	0.1	1.3	1004.7
中国银河证券股份有限公司上虞王充路证券营业部	浙江	上虞	2257.0	1078.8	13.7	0.0	2.5	1161.9
东兴证券股份有限公司广州天河路证券营业部	广东	广州	2256.7	2002.8	1.1	0.0	1.7	251.2
方正证券股份有限公司邵阳洞口桔城路证券营业部	湖南	邵阳	2248.5	2239.5	3.7	0.0	0.3	5.0
东兴证券股份有限公司成都都江堰市迎宾路营业部	四川	成都	2247.2	2156.7	29.6	0.0	0.1	60.8
中原证券股份有限公司禹州府东路证券营业部	河南	许昌	2246.3	2209.6	9.4	0.0	0.1	27.3
大通证券股份有限公司保定恒祥北大街证券营业部	河北	保定	2244.0	1281.9	2.2	0.0	1.6	958.3
西部证券股份有限公司济南经十路证券营业部	山东	济南	2242.0	698.4	1.5	0.0	0.0	1542.1
中信万通证券有限责任公司邹城太平东路证券营业部	山东	济宁	2241.9	1510.8	12.0	0.0	13.9	705.2
众成证券经纪有限公司西安兴庆南路证券营业部	陕西	西安	2239.0	1829.5	3.0	0.0	0.2	406.3
中信建投证券股份有限公司北京亦庄荣华中路营业部	北京	北京	2237.8	969.0	78.3	0.0	6.7	1183.7
东海证券股份有限公司偃师华夏路证券营业部	河南	偃师	2236.3	1586.1	61.5	0.0	0.3	588.4
华西证券有限责任公司南充阆中天马寺街证券营业部	四川	南充	2231.2	2120.0	2.8	0.0	0.3	108.1
信达证券股份有限公司凌源朝阳路证券营业部	辽宁	凌源	2230.3	2019.0	3.1	0.0	3.0	205.2
太平洋证券股份有限公司扬州运河西路证券营业部	江苏	扬州	2228.5	1618.7	5.3	0.0	13.9	590.6
渤海证券股份有限公司太原双塔西街证券营业部	山西	太原	2217.6	1990.5	5.0	0.0	0.1	222.0
齐鲁证券有限公司临沂费县证券营业部	山东	临沂	2216.2	1923.4	146.0	0.0	0.9	145.9
恒泰证券股份有限公司包头青山区自由路证券营业部	内蒙	包头	2214.0	2113.7	0.9	0.0	0.0	99.5
大同证券经纪有限责任公司衡阳解放大道证券营业部	湖南	衡阳	2207.1	1058.3	9.7	0.0	0.0	1139.1
华安证券有限责任公司亳州三曹路证券营业部	安徽	亳州	2202.5	1969.3	2.4	0.0	0.2	230.6
江海证券有限公司哈尔滨学府路证券营业部	黑龙江	哈尔滨	2201.4	549.1	2.8	0.0	31.5	1618.0
兴业证券股份有限公司长乐会堂路证券营业部	福建	福州	2197.6	1316.0	4.3	0.0	10.3	867.1
诚浩证券有限责任公司锦州和平路证券营业部	辽宁	锦州	2192.2	1255.2	8.8	0.0	5.4	922.9
国元证券股份有限公司蚌埠兴业街证券营业部	安徽	蚌埠	2191.8	2043.1	6.2	0.0	0.1	142.5
渤海证券股份有限公司天津联盟大街证券营业部	天津	天津	2184.6	2048.5	0.4	0.0	0.2	135.5
光大证券股份有限公司深圳罗田路证券营业部	深圳	深圳	2178.7	1490.4	3.0	0.0	0.2	685.0
华安证券有限责任公司郑州商都路证券营业部	河南	郑州	2177.6	1748.2	7.5	0.0	0.3	421.6
万联证券有限责任公司内江隆昌县跃进街证券营业部	四川	内江	2176.8	1687.8	4.5	0.5	53.4	430.5

注：营业部交易金额的单位为百万元。

证券营业部交易
Trading of Business Department

营业部名称 Business Department	省份 Province	城市 City	总计 Total	股票 Share	基金 Fund	政府债 G-Bond	公司债 C-Bond	债券回购 Repo
太平洋证券股份有限公司太原解放南路证券营业部	山西	太原	2175.6	1439.0	13.2	0.0	0.0	723.4
财达证券有限责任公司唐山迁安惠宁大街证券营业部	河北	唐山	2171.2	1784.4	2.3	0.0	0.9	383.6
山西证券股份有限公司长治太行西路证券营业部	山西	长治	2170.3	1770.8	3.6	0.4	1.6	393.9
华创证券有限责任公司都匀广惠路证券营业部	贵州	都匀	2167.8	1989.3	4.3	0.0	0.0	174.2
南京证券股份有限公司石嘴山富强西路证券营业部	宁夏	石嘴山	2166.5	1869.8	2.0	0.1	0.0	294.7
齐鲁证券有限公司齐鲁证券有限公司沂水长安中路证券营业部	山东	临沂	2166.2	2141.2	9.5	0.0	0.4	15.1
华安证券有限责任公司阜阳文峰路证券营业部	安徽	阜阳	2166.0	1562.0	19.6	0.0	1.3	583.1
诚浩证券有限责任公司沈阳启工街证券营业部	辽宁	沈阳	2161.6	1418.4	1.9	0.1	0.2	741.0
财通证券股份有限公司临海靖江中路证券营业部	浙江	临海	2161.5	1874.5	2.5	0.0	0.2	284.3
中国银河证券股份有限公司合肥祁门路证券营业部	安徽	合肥	2159.2	1608.2	11.8	0.6	34.6	504.0
中国国际金融有限公司宁波杨帆路证券营业部	浙江	宁波	2158.6	285.0	0.0	0.0	0.0	1873.6
南京证券股份有限公司中卫证券营业部	宁夏	中卫	2157.1	2143.7	7.0	0.0	0.2	6.3
海通证券股份有限公司太原迎泽西大街证券营业部	山西	太原	2156.4	1415.2	3.3	0.0	0.3	737.6
浙商证券股份有限公司济南和平路证券营业部	山东	济南	2153.2	1203.9	2.5	0.4	0.1	946.4
信达证券股份有限公司葫芦岛龙湾大街证券营业部	辽宁	葫芦岛	2152.7	1339.8	3.8	0.0	1.5	807.6
中银国际证券有限责任公司上海真金路证券营业部	上海	上海	2151.9	1869.2	0.0	0.0	5.2	277.5
日信证券有限责任公司长沙人民东路证券营业部	湖南	长沙	2150.9	1263.9	2.3	0.0	0.2	884.6
中国银河证券股份有限公司漳州水仙大街证券营业部	福建	漳州	2149.1	1095.5	5.0	0.0	0.3	1048.3
国泰君安证券股份有限公司温州江滨西路证券营业部	浙江	温州	2147.2	1006.6	2.5	0.0	53.8	1084.3
东兴证券股份有限公司宁德蕉城北路证券营业部	福建	宁德	2140.9	2052.8	3.6	0.0	15.4	69.1
东北证券股份有限公司松原建设街证券营业部	吉林	松原	2140.8	1230.3	9.3	0.1	0.4	900.8
中国银河证券股份有限公司北京石景山路证券营业部	北京	北京	2136.9	661.1	24.7	0.0	3.1	1447.9
中信证券股份有限公司广州番禺广华南路证券营业部	广东	广州	2136.3	1126.8	8.4	0.0	3.4	997.7
中信证券股份有限公司无锡太湖大道证券营业部	江苏	无锡	2131.7	1166.3	10.3	1.1	1.8	952.1
中国银河证券股份有限公司杭州余杭邱山大街证券营业部	浙江	杭州	2130.3	1570.0	27.7	0.0	6.8	525.8
国元证券股份有限公司南昌青山南路证券营业部	江西	南昌	2119.2	727.1	0.4	0.0	0.1	1391.6
齐鲁证券有限公司天津开发区第三大街证券营业部	天津	天津	2118.3	1432.2	1.9	0.0	36.5	647.7
浙商证券股份有限公司南京大光路证券营业部	江苏	南京	2113.5	1404.7	13.6	0.0	13.1	682.1
方正证券股份有限公司郴州桂阳芙蓉西路证券营业部	湖南	郴州	2110.1	1949.8	8.1	0.0	3.4	148.7
国金证券股份有限公司邛崃东星大道证券营业部	四川	成都	2105.7	1997.1	4.5	0.0	6.1	98.0
光大证券股份有限公司盐城人民南路证券营业部	江苏	盐城	2103.1	865.0	9.9	0.0	0.2	1228.0
川财证券有限责任公司射洪太和大道证券营业部	四川	遂宁	2102.6	1978.8	1.4	0.0	3.4	118.9
海通证券股份有限公司武威建国街证券营业部	甘肃	武威	2092.2	1881.9	6.4	0.0	0.1	203.8
新时代证券有限责任公司石家庄联盟路证券营业部	河北	石家庄	2089.3	1996.7	0.9	0.0	30.3	61.3
平安证券有限责任公司郑州经三路证券营业部	河南	郑州	2087.0	1571.2	3.9	0.0	0.5	511.3
齐鲁证券有限公司兖州建设路证券营业部	山东	兖州	2086.9	1712.4	58.5	0.0	0.1	315.9
华泰证券股份有限公司武穴永宁大道证券营业部	湖北	武穴	2084.4	1976.0	72.6	0.0	15.5	20.3
中国银河证券股份有限公司格尔木昆仑南路证券营业部	青海	格尔木	2083.5	1966.5	2.5	0.0	0.5	114.0
长江证券股份有限公司江门东华二路证券营业部	广东	江门	2077.3	1785.1	0.6	0.0	1.6	290.0
东北证券股份有限公司梅河口证券营业部	吉林	梅河口	2074.7	1503.4	2.8	0.0	0.4	568.2
方正证券股份有限公司北京回龙观西大街证券营业部	北京	北京	2072.6	1202.8	19.6	0.0	20.5	829.7
中信万通证券有限责任公司泰安长城路证券营业部	山东	泰安	2069.9	1564.5	1.5	0.0	0.0	503.9
方正证券股份有限公司郴州永兴干劲路证券营业部	湖南	郴州	2069.6	1964.5	3.8	0.8	4.7	95.8
中信万通证券有限责任公司南阳人民北路证券营业部	河南	南阳	2069.4	1226.9	1.6	0.0	0.0	840.9
国都证券有限责任公司洛阳南昌路证券营业部	河南	洛阳	2066.1	1022.0	62.4	0.0	339.0	642.7
信达证券股份有限公司大石桥交通街证券营业部	辽宁	大石桥	2063.3	1826.8	2.7	0.1	0.2	233.6
招商证券股份有限公司株洲天台路证券营业部	湖南	株洲	2063.3	1073.7	3.3	0.0	0.2	986.1
中信建投证券股份有限公司北京富丰路证券营业部	北京	北京	2056.6	1840.7	7.0	0.0	0.8	208.2
国泰君安证券股份有限公司重庆忠县证券营业部	重庆	重庆	2054.8	1501.9	17.7	0.0	0.5	534.8
国泰君安证券股份有限公司泸州纳溪区云溪东路证券营业部	四川	泸州	2047.1	1566.8	4.4	0.1	3.2	472.7

注：营业部交易金额的单位为百万元。

证券营业部交易
Trading of Business Department

营业部名称 Business Department	省份 Province	城市 City	总计 Total	股票 Share	基金 Fund	政府债 G-Bond	公司债 C-Bond	债券回购 Repo
财通证券股份有限公司无锡政和大道证券营业部	江苏	无锡	2047.0	488.0	4.8	0.0	1.9	1552.3
国海证券股份有限公司西安龙首北路证券营业部	陕西	西安	2042.4	769.6	1.5	0.0	23.4	1247.8
中国民族证券有限责任公司鞍山前进路证券营业部	辽宁	鞍山	2041.2	1685.0	1.5	0.0	1.0	353.7
平安证券有限责任公司佛山季华四路证券营业部	广东	佛山	2040.3	1247.9	21.8	0.0	4.4	766.2
世纪证券有限责任公司南昌安义前进大道证券营业部	江西	南昌	2040.1	1842.6	1.1	0.1	3.8	192.6
国泰君安证券股份有限公司嘉峪关新华中路证券营业部	甘肃	嘉峪关	2035.7	1825.1	9.8	0.3	1.5	199.1
浙商证券股份有限公司北京骡马市大街证券营业部	北京	北京	2035.4	1478.0	19.0	0.0	4.2	534.2
中原证券股份有限公司长沙车站北路证券营业部	湖南	长沙	2035.4	1208.5	1.9	0.0	1.7	823.3
国海证券股份有限公司崇左凭祥市北环路证券营业部	广西	凭祥	2032.6	1742.5	0.7	0.0	1.2	288.2
信达证券股份有限公司湛江坡头证券营业部	广东	湛江	2031.4	1698.8	7.4	0.0	1.6	323.6
海通证券股份有限公司贵阳同心西路证券营业部	贵州	贵阳	2029.2	1599.2	167.8	0.0	5.7	256.5
浙商证券股份有限公司浦江环城南路证券营业部	浙江	金华	2028.4	1550.0	25.6	0.0	0.0	452.8
广发证券股份有限公司韶关南雄新城证券营业部	广东	南雄	2026.3	1815.3	7.7	0.0	0.6	202.7
信达证券股份有限公司太原体育南路证券营业部	山西	太原	2021.5	1819.3	2.4	0.0	0.0	199.8
华宝证券有限责任公司成都天泰路证券营业部	四川	成都	2020.5	1019.5	14.8	0.0	0.1	986.1
国泰君安证券股份有限公司贵溪冶金大道证券营业部	江西	贵溪	2019.8	1841.1	14.7	0.0	8.0	156.0
光大证券股份有限公司西宁东关大街证券营业部	青海	西宁	2011.4	702.7	2.8	0.0	0.0	1305.9
东吴证券股份有限公司仪征真州西路证券营业部	江苏	仪征	2006.3	1124.2	3.5	0.0	0.3	878.2
西南证券股份有限公司重庆钢花路证券营业部	重庆	重庆	2002.5	1269.1	0.6	0.0	1.1	731.7
申银万国证券股份有限公司银川民族北街证券营业部	宁夏	银川	1998.4	866.2	39.8	0.0	0.0	1092.4
五矿证券有限公司广州环市东路证券营业部	广东	广州	1995.8	1155.3	0.0	0.0	5.6	834.8
大通证券股份有限公司抚顺新城路证券营业部	辽宁	抚顺	1994.1	1794.3	1.2	0.0	4.7	193.9
爱建证券有限责任公司重庆壁山证券营业部	重庆	重庆	1990.2	1906.1	0.5	0.0	5.9	77.6
广发证券股份有限公司大冶新冶大道证券营业部	湖北	大冶	1989.5	1749.3	3.5	0.0	0.8	235.9
齐鲁证券有限公司莒县振兴东路证券营业部	山东	日照	1989.1	1214.0	718.8	0.0	0.3	56.0
海通证券股份有限公司鞍山岫岩证券营业部	辽宁	鞍山	1988.9	1579.7	1.2	0.0	0.2	407.7
财富证券有限责任公司娄底清泉街证券营业部	湖南	娄底	1988.7	1640.3	1.5	0.3	1.1	345.7
华创证券有限责任公司凯里宁波路证券营业部	贵州	凯里	1983.9	1797.5	1.3	0.0	0.2	184.9
华安证券有限责任公司繁昌北门大道证券营业部	安徽	芜湖	1980.0	1662.7	2.2	0.2	2.9	312.1
华安证券有限责任公司合肥大通路证券营业部	安徽	合肥	1979.2	751.2	3.9	0.0	5.5	1218.5
安信证券股份有限公司西安南二环路证券营业部	陕西	西安	1978.5	1068.1	12.0	0.0	23.2	875.3
财达证券有限责任公司沧州河间新华北路证券营业部	河北	沧州	1977.3	1850.0	4.2	0.0	1.1	122.0
国泰君安证券股份有限公司济宁吴泰闸路证券营业部	山东	济宁	1976.6	1464.2	6.4	0.0	2.4	503.6
太平洋证券股份有限公司泰安东岳大街证券营业部	山东	泰安	1975.2	1298.1	5.2	0.0	0.0	671.8
太平洋证券股份有限公司宣威振兴街证券营业部	云南	宣威	1975.0	1842.8	4.1	0.1	0.0	128.1
中信建投证券股份有限公司佛山顺德大良证券营业部	广东	佛山	1973.5	1209.4	1.5	0.0	42.7	720.0
光大证券股份有限公司合肥南一环路证券营业部	安徽	合肥	1971.7	915.9	176.1	0.0	139.9	739.7
天风证券股份有限公司什邡蓥峰北路证券营业部	四川	德阳	1965.8	1522.4	1.9	0.0	1.4	440.0
申银万国证券股份有限公司呼和浩特兴安南路证券营业部	内蒙	呼和浩特	1963.3	1540.2	28.2	0.0	0.6	394.2
华泰证券股份有限公司烟台长江路证券营业部	山东	烟台	1955.7	777.2	0.7	0.0	63.8	1113.9
华创证券有限责任公司安顺塔山西路证券营业部	贵州	安顺	1946.8	1740.3	4.0	0.0	1.2	201.3
华泰证券股份有限公司绥化肇东正阳大街证券营业部	黑龙江	绥化	1940.7	1244.2	48.7	0.0	13.2	634.6
西部证券股份有限公司韩城龙门大街证券营业部	陕西	韩城	1940.2	892.8	2.2	0.1	0.5	1044.6
诚浩证券有限责任公司朝阳朝阳大街证券营业部	辽宁	朝阳	1939.3	1550.1	0.7	0.0	0.0	388.5
财富证券有限责任公司张家界回龙路证券营业部	湖南	张家界	1938.5	1831.2	1.1	0.0	0.1	106.1
方正证券股份有限公司嘉兴中环西路证券营业部	浙江	嘉兴	1936.3	1783.8	96.9	0.0	0.1	55.5
国联证券股份有限公司北京石景山路证券营业部	北京	北京	1929.9	619.9	6.0	0.0	1.7	1302.3
诚浩证券有限责任公司沈阳热闹路证券营业部	辽宁	沈阳	1927.7	1335.0	1.0	0.3	13.0	578.4
国海证券股份有限公司防城港贵州路证券营业部	广西	防城港	1925.9	1659.7	30.4	0.0	0.9	234.9
宏源证券股份有限公司吐鲁番文化路证券营业部	新疆	吐鲁番	1923.3	1638.7	2.8	0.0	2.3	279.5

注：营业部交易金额的单位为百万元。

证券营业部交易
Trading of Business Department

营业部名称 Business Department	省份 Province	城市 City	总计 Total	股票 Share	基金 Fund	政府债 G-Bond	公司债 C-Bond	债券回购 Repo
航天证券有限责任公司上海纪翟路证券营业部	上海	上海	1922.7	1648.0	4.3	0.0	4.3	266.2
广州证券有限责任公司佛山南海大道证券营业部	广东	佛山	1922.3	1253.2	84.1	0.1	0.7	584.2
华福证券有限责任公司龙海工农路证券营业部	福建	龙海	1918.4	1625.9	2.4	0.0	1.7	288.4
东莞证券有限责任公司韶关新华南路证券营业部	广东	韶关	1917.7	547.8	1.7	0.0	35.6	1332.5
东海证券股份有限公司无锡政和大道证券营业部	江苏	无锡	1916.8	997.2	1.5	0.0	5.0	913.1
华融证券股份有限公司乌鲁木齐石化总厂证券营业部	新疆	乌鲁木齐	1916.7	1220.7	0.9	0.0	0.8	694.3
财通证券股份有限公司衢州新桥街证券营业部	浙江	衢州	1915.5	1602.9	1.6	0.0	0.5	310.6
海通证券股份有限公司石家庄藁城胜利路证券营业部	河北	藁城	1915.0	1584.6	17.4	0.0	2.2	310.8
大通证券股份有限公司新沂南京路证券营业部	江苏	新沂	1914.8	1389.0	1.7	0.0	34.3	489.8
众成证券经纪有限公司沈阳文艺路营业部	辽宁	沈阳	1911.9	1041.4	6.5	0.0	4.8	859.2
方正证券股份有限公司南宁衡阳西路证券营业部	广西	南宁	1911.4	1123.0	4.9	0.0	0.0	783.4
齐鲁证券有限公司南宁金湖路证券营业部	广西	南宁	1904.8	1232.9	36.1	0.0	9.8	626.0
东吴证券股份有限公司嘉善证券营业部	浙江	嘉兴	1904.5	1106.6	3.2	0.0	0.0	794.7
国都证券有限责任公司北京双峪路证券营业部	北京	北京	1902.1	1507.4	18.2	0.0	1.6	375.0
广发证券股份有限公司凌海健康路证券营业部	辽宁	凌海	1901.2	1636.9	4.6	0.2	6.1	253.4
渤海证券股份有限公司天津柳霞路证券营业部	天津	天津	1900.9	1527.2	5.7	0.0	0.3	367.8
招商证券股份有限公司长春亚泰大街证券营业部	吉林	长春	1899.2	1029.2	0.4	0.0	3.0	866.6
华安证券有限责任公司石家庄青园街证券营业部	河北	石家庄	1898.4	890.2	33.5	0.0	3.7	971.0
民生证券股份有限公司武汉珞瑜路证券营业部	湖北	武汉	1897.6	725.0	1.7	0.0	0.2	1170.7
西部证券股份有限公司商洛北新街证券营业部	陕西	商洛	1892.7	1774.2	2.8	0.2	1.1	114.5
安信证券股份有限公司成都龙泉驿区江华路证券营业部	四川	成都	1891.1	1675.2	1.6	0.9	1.7	211.7
信达证券股份有限公司丹东振五街证券营业部	辽宁	丹东	1888.4	1645.5	9.8	2.1	13.8	217.3
宏源证券股份有限公司台州腾达路证券营业部	浙江	台州	1888.3	1625.3	2.3	0.0	0.7	260.0
兴业证券股份有限公司昆明东风东路证券营业部	云南	昆明	1888.0	989.7	23.8	0.0	0.1	874.4
恒泰证券股份有限公司鄂尔多斯薛家湾准格尔路证券营业部	内蒙	鄂尔多斯	1885.3	1266.1	0.9	0.1	0.0	618.2
西南证券股份有限公司重庆垫江证券营业部	重庆	重庆	1879.7	1845.6	0.3	0.0	0.5	33.3
华泰证券股份有限公司溧阳南大街证券营业部	江苏	常州	1878.8	1835.4	4.6	0.0	0.1	38.7
华泰证券股份有限公司如皋福寿路证券营业部	江苏	南通	1877.3	1184.6	0.3	0.0	0.0	692.3
华西证券有限责任公司泸州龙南路证券营业部	四川	泸州	1872.5	573.8	0.2	0.0	0.0	1298.5
平安证券有限责任公司南宁民族大道证券营业部	广西	南宁	1869.0	1424.6	1.3	0.0	0.1	443.1
中航证券有限公司抚州赣东大道证券营业部	江西	抚州	1869.0	1366.2	0.4	0.0	0.5	501.9
民生证券股份有限公司合肥东流路证券营业部	安徽	合肥	1868.3	1052.8	0.1	0.0	0.2	815.2
华安证券有限责任公司六安大别山路证券营业部	安徽	六安	1862.0	1528.5	8.5	0.0	11.3	313.7
南京证券股份有限公司重庆义学路证券营业部	重庆	重庆	1859.9	1857.5	1.5	0.0	0.4	0.5
申银万国证券股份有限公司太原云路街证券营业部	山西	太原	1858.3	1041.5	100.6	0.0	14.5	701.8
长江证券股份有限公司库尔勒人民东路证券营业部	新疆	库尔勒	1858.2	955.7	7.4	0.0	0.4	894.7
申银万国证券股份有限公司广汉中山大道证券营业部	四川	广汉	1855.6	897.2	63.0	0.0	2.5	892.9
浙商证券股份有限公司玉环长兴路证券营业部	浙江	台州	1853.9	1279.8	4.9	0.0	0.1	569.1
渤海证券股份有限公司沈阳北站路证券营业部	辽宁	沈阳	1850.6	1243.2	13.3	0.2	0.1	593.9
诚浩证券有限责任公司沈阳宁山中路证券营业部	辽宁	沈阳	1848.9	1442.5	1.3	1.3	5.1	398.7
东莞证券有限责任公司清远连江路证券营业部	广东	清远	1848.3	1197.0	1.3	0.0	0.0	650.0
厦门证券有限公司厦门沧虹路证券营业部	福建	厦门	1846.6	677.7	16.2	0.0	0.1	1152.6
国泰君安证券股份有限公司抚州南丰橘都大道证券营业部	江西	抚州	1835.0	1827.0	0.4	0.0	0.6	6.9
中信建投证券股份有限公司广州云城南三路证券营业部	广东	广州	1834.4	513.5	1.6	0.0	0.0	1319.3
国元证券股份有限公司桐城龙眠中路证券营业部	安徽	桐城	1834.2	1786.2	5.1	0.0	0.2	42.7
光大证券股份有限公司广州番禺环城东路证券营业部	广东	广州	1828.6	727.7	7.7	0.0	0.8	1092.5
广发证券股份有限公司焦作解放中路证券营业部	河南	焦作	1826.8	899.2	6.7	0.0	0.3	920.6
宏源证券股份有限公司合肥马鞍山路证券营业部	安徽	合肥	1823.5	1202.4	8.3	0.0	0.2	612.7
诚浩证券有限责任公司沈阳崇山东路证券营业部	辽宁	沈阳	1819.4	1136.6	3.3	10.9	1.5	667.2
华西证券有限责任公司自贡富顺钟秀街证券营业部	四川	自贡	1819.1	1646.5	15.0	0.0	0.7	156.9

注：营业部交易金额的单位为百万元。

证券营业部交易
Trading of Business Department

营业部名称 Business Department	省份 Province	城市 City	总计 Total	股票 Share	基金 Fund	政府债 G-Bond	公司债 C-Bond	债券回购 Repo
齐鲁证券有限公司安丘兴安路证券营业部	山东	潍坊	1817.7	1312.8	8.0	0.0	1.1	495.7
财达证券有限责任公司唐山建设北路证券营业部	河北	唐山	1816.3	925.5	0.4	0.0	4.6	885.8
宏源证券股份有限公司阜康天池南街证券营业部	新疆	阜康	1815.7	1529.4	3.3	0.0	0.1	282.9
民生证券股份有限公司唐山大里路证券营业部	河北	唐山	1807.6	1171.9	1.3	0.0	0.1	634.3
长江证券股份有限公司南阳八一路证券营业部	河南	南阳	1806.9	1350.3	3.9	0.0	0.1	452.6
国盛证券有限责任公司福州福马路证券营业部	福建	福州	1802.8	1221.4	2.2	0.0	0.1	579.2
恒泰证券股份有限公司赤峰平庄哈河街证券营业部	内蒙	赤峰	1801.7	1361.2	2.7	0.0	0.4	437.4
长江证券股份有限公司武汉古驿道证券营业部	湖北	武汉	1801.3	1362.9	14.3	0.0	2.1	422.1
华泰证券股份有限公司济南灵岩路证券营业部	山东	济南	1801.1	1710.1	3.9	0.0	0.1	86.9
恒泰证券股份有限公司锡林浩特团结大街证券营业部	内蒙	锡林浩特	1800.8	1617.4	5.8	0.0	17.2	160.5
国联证券股份有限公司宜兴阳羡东路证券营业部	江苏	宜兴	1795.6	1357.6	2.5	0.0	1.8	433.7
华西证券有限责任公司资阳广厦路证券营业部	四川	资阳	1794.4	1639.1	13.4	0.0	2.2	139.7
中国银河证券股份有限公司枣阳襄阳路证券营业部	湖北	枣阳	1793.3	1576.8	7.2	0.0	0.1	209.2
江海证券有限公司哈尔滨埃德蒙顿路证券营业部	黑龙江	哈尔滨	1791.0	1122.1	2.6	0.0	0.0	666.2
方正证券股份有限公司浏阳金沙路证券营业部	湖南	浏阳	1790.6	1218.0	2.7	0.0	4.0	565.9
华安证券有限责任公司蚌埠涂山路证券营业部	安徽	蚌埠	1786.6	1465.9	2.9	0.0	0.1	317.6
中原证券股份有限公司孟州西韩愈大街证券营业部	河南	焦作	1783.1	1292.1	1.6	0.1	0.1	489.2
山西证券股份有限公司介休裕华路证券营业部	山西	介休	1777.9	1393.3	12.9	0.0	0.2	371.5
海通证券股份有限公司洛阳体育场路证券营业部	河南	洛阳	1777.4	1579.1	1.4	0.0	2.2	194.6
国元证券股份有限公司天长园林路证券营业部	安徽	天长	1776.6	1742.8	2.1	0.0	1.0	30.8
华西证券有限责任公司巴中江北大道证券营业部	四川	巴中	1776.5	1499.8	1.8	0.0	0.7	274.1
国泰君安证券股份有限公司赤峰钢铁街证券营业部	内蒙	赤峰	1776.3	1750.7	3.2	0.6	0.7	21.1
招商证券股份有限公司宜昌胜利四路证券营业部	湖北	宜昌	1775.9	1055.6	6.1	0.0	3.7	710.6
宏源证券股份有限公司乌鲁木齐古牧地中路证券营业部	新疆	乌鲁木齐	1774.0	1620.4	21.4	0.4	0.2	131.6
财通证券股份有限公司青田前路街证券营业部	浙江	丽水	1771.8	1241.0	0.6	0.0	0.0	530.1
国泰君安证券股份有限公司九江十里大道证券营业部	江西	九江	1769.7	1408.8	5.6	0.0	0.0	355.3
大通证券股份有限公司南宁金湖路证券营业部	广西	南宁	1767.0	833.1	0.8	0.0	0.3	932.9
申银万国证券股份有限公司南京浦口凤凰大街证券营业部	江苏	南京	1765.3	1432.0	6.3	0.0	2.3	324.8
申银万国证券股份有限公司芜湖利民西路证券营业部	安徽	芜湖	1764.2	1126.0	183.2	0.0	0.0	455.0
招商证券股份有限公司太原平阳路证券营业部	山西	太原	1762.7	883.2	12.2	0.0	0.0	867.2
平安证券有限责任公司泉州安吉南路证券营业部	福建	泉州	1758.0	1077.8	2.2	0.0	1.2	676.8
国海证券股份有限公司桂林荔浦县荔柳路证券营业部	广西	桂林	1757.0	1733.5	1.4	0.0	0.4	21.7
中原证券股份有限公司石家庄新华路证券营业部	河北	石家庄	1756.4	494.5	19.7	0.0	0.7	1241.5
中天证券有限责任公司深圳深南东路证券营业部	深圳	深圳	1746.0	1568.5	0.3	0.0	9.4	167.9
国盛证券有限责任公司广州东风中路证券营业部	广东	广州	1745.3	802.9	2.5	0.0	2.0	937.9
齐鲁证券有限公司昌邑天水路证券营业部	山东	潍坊	1740.8	705.7	630.7	0.0	0.1	404.3
长城证券有限责任公司仙桃钱沟路证券营业部	湖北	仙桃	1738.4	1341.2	6.7	0.0	5.8	384.8
民生证券股份有限公司大连松江路证券营业部	辽宁	大连	1737.9	860.6	1.3	0.0	3.4	872.5
渤海证券股份有限公司天津津沽路证券营业部	天津	天津	1737.4	1602.4	1.1	0.0	0.6	133.3
中信万通证券有限责任公司安丘向阳路证券营业部	山东	安丘	1734.9	591.5	1.6	0.0	0.1	1141.7
国联证券股份有限公司深圳海秀路证券营业部	深圳	深圳	1734.2	1324.3	0.0	0.0	0.0	409.9
中邮证券有限责任公司宝鸡高新大道证券营业部	陕西	宝鸡	1733.4	630.8	0.3	0.0	0.1	1102.3
广发证券股份有限公司梅州大埔证券营业部	广东	梅州	1732.2	1591.6	5.4	0.0	2.8	132.4
广发证券股份有限公司清远连州番禺路证券营业部	广东	清远	1730.1	1625.7	33.5	0.0	3.2	67.7
财达证券有限责任公司邯郸武安中兴路证券营业部	河北	邯郸	1723.5	795.2	3.3	0.0	0.3	924.8
中邮证券有限责任公司咸阳学道门巷证券营业部	陕西	咸阳	1723.2	768.5	0.0	0.0	0.0	954.7
南京证券股份有限公司固原证券营业部	宁夏	固原	1722.9	1332.0	3.6	0.0	0.0	387.2
万联证券有限责任公司衡阳解放大道证券营业部	湖南	衡阳	1720.7	1363.9	3.3	0.0	0.7	352.8
国泰君安证券股份有限公司成都金堂县复兴街证券营业部	四川	成都	1718.1	1187.5	22.9	1.0	4.1	502.7
万联证券有限责任公司耒阳五一东路证券营业部	湖南	衡阳	1717.7	1456.0	1.7	0.0	2.6	257.4

注：营业部交易金额的单位为百万元。

证券营业部交易
Trading of Business Department

营业部名称 Business Department	省份 Province	城市 City	总计 Total	股票 Share	基金 Fund	政府债 G-Bond	公司债 C-Bond	债券回购 Repo
山西证券股份有限公司永济河东大道证券营业部	山西	永济	1717.0	1128.0	10.9	0.0	0.2	577.9
中航证券有限公司鞍山解放东路证券营业部	辽宁	鞍山	1715.5	900.1	0.2	0.0	0.1	815.1
金元证券股份有限公司琼海爱华路证券营业部	海南	琼海	1715.4	309.7	9.5	0.0	0.0	1396.2
山西证券股份有限公司无锡五爱路证券营业部	江苏	无锡	1712.0	1013.2	6.8	0.0	4.1	688.0
中银国际证券有限责任公司合肥滨湖新区证券营业部	安徽	合肥	1709.9	1282.4	16.3	0.0	1.7	409.5
海通证券股份有限公司佛山顺德新宁路证券营业部	广东	佛山	1708.9	533.0	4.4	0.0	0.5	1171.1
山西证券股份有限公司沧州朝阳大街证券营业部	河北	沧州	1708.6	876.5	7.8	0.0	0.0	824.3
中国银河证券股份有限公司邢台清河运河大街证券营业部	河北	邢台	1704.7	1527.2	6.7	0.0	6.3	164.5
西部证券股份有限公司咸阳兴平证券营业部	陕西	咸阳	1699.5	1415.8	1.8	0.0	0.3	281.6
中信建投证券股份有限公司萍乡建设东路证券营业部	江西	萍乡	1698.6	1224.7	52.2	0.1	13.5	408.1
红塔证券股份有限公司曲靖麒麟东路证券营业部	云南	曲靖	1698.2	1221.2	128.5	0.0	3.9	344.6
中信证券（浙江）有限责任公司上虞王充路证券营业部	浙江	绍兴	1697.5	890.2	17.8	0.0	0.0	789.6
华安证券有限责任公司和县陋室西街证券营业部	安徽	巢湖	1694.3	1239.7	1.7	1.0	300.0	151.9
兴业证券股份有限公司漳浦大亭路证券营业部	福建	漳州	1691.8	735.4	2.8	0.0	0.0	953.6
方正证券股份有限公司怀化溆浦警予东路证券营业部	湖南	怀化	1690.5	1420.3	6.3	0.0	4.5	259.4
国元证券股份有限公司珠海金湾南翔路证券营业部	广东	珠海	1685.3	812.3	6.3	0.0	1.2	865.5
国泰君安证券股份有限公司梅州新中路证券营业部	广东	梅州	1680.6	1325.9	2.6	0.0	1.1	351.1
国盛证券有限责任公司宜春袁山中路证券营业部	江西	宜春	1674.3	1269.1	1.9	0.0	0.4	403.0
西南证券股份有限公司重庆大石坝七村证券营业部	重庆	重庆	1672.9	1559.6	0.8	0.0	1.5	111.0
中国国际金融有限公司武汉解放大道证券营业部	湖北	武汉	1672.4	369.7	0.0	0.0	2.1	1300.6
方正证券股份有限公司三门中海路证券营业部	浙江	台州	1668.5	1654.8	1.6	0.0	0.1	12.0
湘财证券有限责任公司南宁中柬路证券营业部	广西	南宁	1662.8	520.3	1.6	0.0	0.6	1140.3
广发证券股份有限公司四会市四会大道证券营业部	广东	四会	1662.6	990.0	7.4	0.0	0.2	665.1
东北证券股份有限公司晋江泉安中路证券营业部	福建	晋江	1661.0	1133.7	14.9	0.0	0.0	512.4
信达证券股份有限公司辽阳健康路证券营业部	辽宁	辽阳	1660.5	1095.5	5.1	0.0	2.2	557.7
华福证券有限责任公司南安普莲路证券营业部	福建	泉州	1659.8	1541.0	3.2	0.0	4.9	110.7
西部证券股份有限公司西安临潼证券营业部	陕西	西安	1659.5	1343.1	2.5	0.0	39.3	274.5
方正证券股份有限公司永州祁阳民生路证券营业部	湖南	永州	1656.0	1512.6	7.0	0.0	2.1	134.3
财达证券有限责任公司唐山古冶新林道证券营业部	河北	唐山	1655.8	1396.5	1.1	0.1	0.8	257.3
中信万通证券有限责任公司莱西青岛路证券营业部	山东	青岛	1652.5	847.6	8.8	0.0	0.1	795.9
爱建证券有限责任公司玉林一环东路证券营业部	广西	玉林	1644.5	1258.3	0.5	0.0	0.1	385.6
东北证券股份有限公司珲春证券营业部	吉林	珲春	1641.0	790.2	3.4	0.0	8.9	838.5
联讯证券有限责任公司中山博爱路证券营业部	广东	中山	1636.7	769.7	1.0	0.0	0.0	866.0
长江证券股份有限公司长沙晚报大道证券营业部	湖南	长沙	1635.0	1623.2	11.8	0.0	0.0	0.0
中银国际证券有限责任公司哈尔滨安定街证券营业部	黑龙江	哈尔滨	1631.0	1480.3	150.7	0.0	0.0	0.0
江海证券有限公司七台河景丰路证券营业部	黑龙江	七台河	1629.1	1372.1	3.4	0.0	23.3	230.3
太平洋证券股份有限公司景洪市景洪宣慰大道证券营业部	云南	景洪	1627.9	760.2	2.7	0.0	0.2	864.7
华西证券有限责任公司乐山沙湾石龙街证券营业部	四川	乐山	1627.2	1600.1	2.0	0.0	0.1	25.0
中国银河证券股份有限公司宜良人民路证券营业部	云南	昆明	1624.5	1504.0	5.6	0.0	0.1	114.8
方正证券股份有限公司东莞万道路证券营业部	广东	东莞	1619.1	1193.5	39.1	0.0	0.0	386.5
东海证券股份有限公司郑州经七路证券营业部	河南	郑州	1617.7	910.9	3.7	0.0	1.4	701.7
华龙证券有限责任公司临夏红园路证券营业部	甘肃	临夏	1615.2	1067.4	0.2	0.0	0.0	547.6
广发证券股份有限公司柳州广场路证券营业部	广西	柳州	1614.8	687.8	1.3	0.0	0.3	925.4
国海证券股份有限公司玉林容县兴容街证券营业部	广西	玉林	1614.2	1610.7	1.7	0.0	0.1	1.7
中信建投证券股份有限公司瑞金中山路证券营业部	江西	瑞金	1613.0	1553.0	52.4	0.0	1.8	5.8
天风证券股份有限公司江油金轮干道证券营业部	四川	绵阳	1609.1	1132.4	2.0	0.3	7.8	466.6
方正证券股份有限公司怀化靖州渠阳中路证券营业部	湖南	怀化	1606.2	1566.7	3.0	0.0	2.1	34.4
国泰君安证券股份有限公司金华环城东路证券营业部	浙江	金华	1600.9	1345.2	0.7	0.0	0.0	255.0
山西证券股份有限公司汾阳汾酒厂证券营业部	山西	吕梁	1595.7	1486.1	1.5	0.0	0.3	107.7
华安证券有限责任公司西安西长安街证券营业部	陕西	西安	1594.8	1014.8	3.3	0.1	0.1	576.5

注：营业部交易金额的单位为百万元。

证券营业部交易
Trading of Business Department

营业部名称 Business Department	省份 Province	城市 City	总计 Total	股票 Share	基金 Fund	政府债 G-Bond	公司债 C-Bond	债券回购 Repo
中银国际证券有限责任公司上海畹町路证券营业部	上海	上海	1594.1	1445.8	7.0	0.0	5.9	135.4
国泰君安证券股份有限公司敦煌阳关中路证券营业部	甘肃	敦煌	1592.8	1566.0	24.5	0.0	0.1	2.2
东北证券股份有限公司公主岭证券营业部	吉林	公主岭	1591.9	1171.9	3.9	0.0	0.2	415.9
恒泰证券股份有限公司赤峰临潢大街证券营业部	内蒙	赤峰	1591.1	1488.0	2.5	0.0	62.9	37.7
广发证券股份有限公司大连中华西路证券营业部	辽宁	大连	1589.5	927.1	2.3	0.0	6.6	653.5
江海证券有限公司鹤岗东解放路证券营业部	黑龙江	鹤岗	1588.4	1281.4	0.7	0.0	1.2	305.1
财达证券有限责任公司保定安国药都北大街营业部	河北	保定	1580.7	1204.1	0.6	0.1	2.3	373.6
南京证券股份有限公司扬中江洲南路证券营业部	江苏	镇江	1578.0	1460.0	0.9	0.0	1.6	115.4
华泰证券股份有限公司南京高淳宝塔路证券营业部	江苏	南京	1573.0	443.3	0.1	0.0	0.0	1129.5
国联证券股份有限公司南昌北京东路证券营业部	江西	南昌	1572.6	970.5	4.2	0.0	7.7	590.2
华安证券有限责任公司舒城桃溪路证券营业部	安徽	六安	1572.4	1368.2	2.2	0.0	0.1	201.9
财达证券有限责任公司廊坊霸州迎宾道证券营业部	河北	廊坊	1568.2	1039.6	25.8	0.0	0.0	502.8
华福证券有限责任公司福州排尾路证券营业部	福建	福州	1560.5	1027.5	1.2	0.0	0.0	531.8
东海证券股份有限公司郴州五岭大道证券营业部	湖南	郴州	1559.7	1270.5	4.6	0.0	4.5	280.1
中原证券股份有限公司济南解放路证券营业部	山东	济南	1558.8	772.2	3.6	0.6	0.0	782.3
国金证券股份有限公司成都蒲江县桫椤路证券营业部	四川	成都	1558.7	1526.0	14.4	0.0	0.0	18.2
长江证券股份有限公司松滋乐乡大道证券营业部	湖北	松滋	1555.8	1300.7	16.4	0.0	1.0	237.7
江海证券有限公司齐齐哈尔和平大街证券营业部	黑龙江	齐齐哈尔	1549.0	854.9	0.7	0.0	0.0	693.4
中国国际金融有限公司青岛香港中路证券营业部	山东	青岛	1547.3	1046.9	0.4	0.0	29.2	470.9
大同证券经纪有限责任公司徐州解放北路证券营业部	江苏	徐州	1544.0	976.2	33.5	0.0	0.7	533.6
国元证券股份有限公司太原新建南路证券营业部	山西	太原	1539.0	702.0	27.9	0.0	1.6	807.5
浙商证券股份有限公司重庆北城天街证券营业部	重庆	重庆	1537.5	1168.4	0.0	0.0	0.0	369.0
东北证券股份有限公司德惠德惠路证券营业部	吉林	德惠	1534.7	1236.0	10.7	0.0	0.0	288.0
第一创业证券股份有限公司合肥东流路证券营业部	安徽	合肥	1532.3	560.8	3.4	0.4	30.1	937.6
国泰君安证券股份有限公司银川解放西街证券营业部	宁夏	银川	1525.6	844.6	1.9	0.1	14.0	665.1
长江证券股份有限公司赤壁河北大道证券营业部	湖北	赤壁	1520.2	1241.2	6.3	0.0	5.2	267.5
国联证券股份有限公司扬州文汇西路证券营业部	江苏	扬州	1519.5	1020.8	0.5	0.0	1.1	497.1
诚浩证券有限责任公司营口体育馆路证券营业部	辽宁	营口	1511.9	1002.2	0.0	0.0	0.5	509.2
民生证券股份有限公司南京雨花西路证券营业部	江苏	南京	1508.2	451.8	19.1	0.2	0.2	1037.0
国联证券股份有限公司连云港通灌北路证券营业部	江苏	连云港	1506.7	1445.2	0.4	0.0	0.0	61.0
浙商证券股份有限公司台州市府大道证券营业部	浙江	台州	1506.0	1291.7	1.9	0.0	0.1	212.3
长江证券股份有限公司鄂州南浦路证券营业部	湖北	鄂州	1505.4	1055.7	31.2	0.0	0.2	418.4
开源证券有限责任公司西安锦业路证券营业部	陕西	西安	1500.7	21.0	0.6	0.0	0.0	1479.2
国泰君安证券股份有限公司株洲长江南路证券营业部	湖南	株洲	1495.3	1456.9	20.4	0.1	0.8	17.2
华安证券有限责任公司广德景贤街证券营业部	安徽	宣城	1485.0	1467.5	4.4	0.0	0.0	13.1
中信建投证券股份有限公司北京回龙观西大街营业部	北京	北京	1483.6	515.2	19.6	0.0	16.9	931.9
长江证券股份有限公司银川北京中路证券营业部	宁夏	银川	1480.7	426.7	2.4	0.0	0.0	1051.6
东海证券股份有限公司东海证券股份有限公司扬州文汇路证券营业部	江苏	扬州	1479.4	535.9	305.1	0.0	157.9	480.5
齐鲁证券有限公司齐鲁证券有限公司潍坊昌乐新昌路证券营业部	山东	潍坊	1478.6	559.8	4.4	0.0	0.1	914.3
光大证券股份有限公司石家庄建华南大街证券营业部	河北	石家庄	1477.7	533.3	461.6	0.0	0.0	482.8
国泰君安证券股份有限公司琼海人民路证券营业部	海南	琼海	1476.0	1236.8	1.6	0.0	0.2	237.5
国泰君安证券股份有限公司哈尔滨尚志中央大街证券营业部	黑龙江	尚志	1475.5	1291.6	30.1	0.0	0.2	153.5
信达证券股份有限公司东港东港路证券营业部	辽宁	东港	1469.4	943.7	7.3	0.0	1.7	516.7
国泰君安证券股份有限公司晋城凤台西街证券营业部	山西	晋城	1469.0	1281.0	5.5	8.6	4.0	169.9
方正证券股份有限公司宁波长寿南路证券营业部	浙江	宁波	1455.7	429.7	0.0	0.0	57.6	968.4
中原证券股份有限公司西安未央路证券营业部	陕西	西安	1454.2	1301.0	3.2	0.0	0.5	149.6
国泰君安证券股份有限公司雅安东大街证券营业部	四川	雅安	1451.8	814.1	2.5	0.0	1.2	634.0
申银万国证券股份有限公司茂名油城六路证券营业部	广东	茂名	1450.0	905.6	3.0	0.0	0.5	540.9
南京证券股份有限公司银川正源南街证券营业部	宁夏	银川	1449.0	904.9	0.5	0.0	0.0	543.6
海通证券股份有限公司佳木斯保卫路证券营业部	黑龙江	佳木斯	1448.9	601.7	12.3	0.0	0.1	834.9

注：营业部交易金额的单位为百万元。

证券营业部交易
Trading of Business Department

营业部名称 Business Department	省份 Province	城市 City	总计 Total	股票 Share	基金 Fund	政府债 G-Bond	公司债 C-Bond	债券回购 Repo
宏源证券股份有限公司哈密吐哈石油证券营业部	新疆	哈密	1439.0	1384.6	3.0	0.0	6.9	44.6
海通证券股份有限公司黑河北安交通路证券营业部	黑龙江	黑河	1438.9	1237.8	1.6	0.0	0.1	199.5
宏信证券有限责任公司乐山嘉州大道证券营业部	四川	乐山	1437.2	989.5	0.2	5.0	12.8	429.7
信达证券股份有限公司盖州红旗大街证券营业部	辽宁	盖州	1437.1	1371.7	2.1	0.0	1.3	62.0
天源证券有限公司大连庄河市新华路证券营业部	辽宁	大连	1425.5	1293.8	4.1	0.0	0.1	127.6
华龙证券有限责任公司张掖西大街证券营业部	甘肃	张掖	1424.7	1097.6	1.8	0.0	1.5	323.8
国盛证券有限责任公司兴国凤凰大道证券营业部	江西	赣州	1423.2	1276.9	11.5	0.0	0.8	134.0
国泰君安证券股份有限公司天水建设路营业部	甘肃	天水	1423.0	1232.5	1.8	0.0	0.2	188.5
联讯证券有限责任公司湛江海滨大道证券营业部	广东	湛江	1422.4	993.9	3.4	0.0	0.1	425.1
财达证券有限责任公司廊坊万庄友好街证券营业部	河北	廊坊	1417.9	1004.8	10.5	0.1	0.7	401.8
华创证券有限责任公司贵阳纪念塔证券营业部	贵州	贵阳	1417.1	471.0	21.1	0.0	1.6	923.4
东莞证券有限责任公司东莞证券有限责任公司徐州淮海西路证券营业	江苏	徐州	1414.6	1054.1	7.8	0.1	5.1	347.5
东海证券股份有限公司厦门祥福路证券营业部	福建	厦门	1412.7	754.8	10.3	0.0	0.3	647.3
长江证券股份有限公司哈尔滨东大直街证券营业部	黑龙江	哈尔滨	1407.9	1157.2	250.7	0.0	0.0	0.0
华安证券有限责任公司歙县鸿基商城证券营业部	安徽	黄山	1400.5	1384.6	1.7	0.0	0.0	14.2
东吴证券股份有限公司镇江黄山北路证券营业部	江苏	镇江	1397.6	617.6	0.6	0.2	1.0	778.4
湘财证券有限责任公司郴州人民东路证券营业部	湖南	郴州	1397.1	995.3	3.5	0.0	3.2	395.1
宏源证券股份有限公司库车天山东路证券营业部	新疆	阿克苏	1396.1	1081.3	2.1	0.2	0.0	312.6
财达证券有限责任公司秦皇岛昌黎学院路证券营业部	河北	秦皇岛	1390.8	1171.1	6.8	0.0	0.0	212.8
开源证券有限责任公司榆林神木证券营业部	陕西	榆林	1390.6	634.5	0.5	0.0	0.0	755.6
厦门证券有限公司厦门环城西路证券营业部	福建	厦门	1386.0	816.1	1.3	0.0	0.5	568.1
第一创业证券股份有限公司深圳海城西路证券营业部	深圳	深圳	1385.9	440.6	0.1	1.0	85.6	858.7
大通证券股份有限公司来宾北二路证券营业部	广西	来宾	1385.5	1250.0	7.8	0.0	1.2	126.5
厦门证券有限公司晋江东华街证券营业部	福建	晋江	1381.2	1153.0	65.3	0.0	0.3	162.6
齐鲁证券有限公司阳谷运河东路证券营业部	山东	聊城	1378.9	191.3	1032.3	0.0	0.0	155.2
海通证券股份有限公司牡丹江东宁繁荣街证券营业部	黑龙江	牡丹江	1378.8	1119.1	34.9	0.1	0.2	224.5
民生证券股份有限公司佛山祖庙路证券营业部	广东	佛山	1376.4	324.8	0.2	0.0	0.0	1051.4
齐鲁证券有限公司齐鲁证券有限公司大连开发区金马路证券营业部	辽宁	大连	1374.2	708.8	6.9	0.0	45.7	612.8
西南证券股份有限公司重庆南川河滨南路证券营业部	重庆	重庆	1373.1	1306.1	23.0	0.0	0.9	43.1
广发证券股份有限公司辽阳朝阳大街证券营业部	辽宁	辽阳	1371.4	1051.8	0.4	0.7	1.9	316.6
西部证券股份有限公司兰州东岗东路证券营业部	甘肃	兰州	1370.6	1065.0	0.2	0.0	1.2	304.2
中国银河证券股份有限公司白银人民路证券营业部	甘肃	白银	1367.8	1064.9	4.9	0.0	0.4	297.6
齐鲁证券有限公司佛山影荫路证券营业部	广东	佛山	1354.0	438.7	0.1	0.0	9.9	905.3
万联证券有限责任公司永州芝山路证券营业部	湖南	永州	1353.8	1023.3	0.7	0.0	0.9	328.9
西藏同信证券有限责任公司潍坊东方路证券营业部	山东	潍坊	1352.2	900.7	0.2	0.0	0.0	451.3
华安证券有限责任公司当涂振兴中路证券营业部	安徽	马鞍山	1345.6	1309.2	4.9	0.0	0.4	31.1
广发证券股份有限公司普洱振兴路证券营业部	云南	普洱	1345.3	1298.3	3.7	1.4	4.5	37.4
国泰君安证券股份有限公司九江滨江东路证券营业部	江西	九江	1345.3	1108.6	1.1	0.0	7.3	228.3
中原证券股份有限公司洛阳开元大道证券营业部	河南	洛阳	1343.5	1243.5	0.3	0.0	4.4	95.2
国开证券有限责任公司天津围堤道证券营业部	天津	天津	1341.6	492.1	1.0	0.0	0.4	848.2
财达证券有限责任公司唐山曹妃甸证券营业部	河北	唐山	1339.8	977.7	7.0	0.0	0.1	355.0
南京证券股份有限公司靖江骥江路证券营业部	江苏	泰州	1336.9	1078.7	1.5	0.0	0.0	256.8
国泰君安证券股份有限公司重庆巫山证券营业部	重庆	重庆	1336.4	1202.1	3.5	0.0	1.4	129.3
国泰君安证券股份有限公司桦甸人民路证券营业部	吉林	桦甸	1336.2	1266.5	4.4	0.0	0.5	64.9
国海证券股份有限公司贵港平南县朝阳大街证券营业部	广西	贵港	1331.1	1200.2	3.1	0.0	0.0	127.8
国海证券股份有限公司重庆建新北路证券营业部	重庆	重庆	1328.5	1022.1	0.7	0.0	0.0	305.7
华西证券有限责任公司西昌长安东路证券营业部	四川	西昌	1324.3	1114.8	15.1	0.0	1.0	193.4
中银国际证券有限责任公司常州花园街证券营业部	江苏	常州	1323.4	883.0	0.6	0.0	0.0	439.8
广州证券有限责任公司东莞东城中路证券营业部	广东	东莞	1320.7	804.0	3.2	0.0	0.3	513.2
国联证券股份有限公司烟台迎春大街证券营业部	山东	烟台	1320.7	840.0	1.7	0.0	0.1	478.8

注：营业部交易金额的单位为百万元。

证券营业部交易
Trading of Business Department

营业部名称 Business Department	省份 Province	城市 City	总计 Total	股票 Share	基金 Fund	政府债 G-Bond	公司债 C-Bond	债券回购 Repo
中国银河证券股份有限公司桐庐富春路证券营业部	浙江	杭州	1320.3	712.3	482.1	0.0	0.0	126.0
宏源证券股份有限公司塔城新华路证券营业部	新疆	塔城	1319.7	1187.9	5.8	0.0	1.2	124.9
恒泰长财证券有限责任公司吉林解放东路证券营业部	吉林	吉林	1314.0	513.3	0.1	0.0	3.0	797.5
华安证券有限责任公司绩溪南大街证券营业部	安徽	宣城	1313.0	1115.7	2.6	0.0	0.1	194.6
财达证券有限责任公司唐山开平新苑路证券营业部	河北	唐山	1308.8	853.6	2.2	0.0	2.0	451.0
华安证券有限责任公司泾县云岭路证券营业部	安徽	宣城	1308.7	1280.5	3.0	0.0	2.1	23.0
中国银河证券股份有限公司洪洞车站街证券营业部	山西	临汾	1305.5	1244.4	2.9	0.0	0.5	57.7
渤海证券股份有限公司汉中略阳证券营业部	陕西	汉中	1303.9	1147.6	16.7	0.0	0.4	139.2
东方证券股份有限公司上海南亭公路证券营业部	上海	上海	1303.3	723.8	1.0	0.0	0.0	578.5
财达证券有限责任公司廊坊文安西环路证券营业部	河北	廊坊	1300.0	924.1	3.6	0.0	0.0	372.4
齐鲁证券有限公司临朐朐山路证券营业部	山东	潍坊	1298.5	732.7	4.9	0.0	189.3	371.6
国泰君安证券股份有限公司重庆奉节证券营业部	重庆	重庆	1295.4	1220.2	2.1	0.0	0.3	72.8
中信证券（浙江）有限责任公司赣州长征大道营业部	江西	赣州	1291.4	706.8	13.4	0.0	0.7	570.4
兴业证券股份有限公司呼和浩特鄂尔多斯路营业部	内蒙	呼和浩特	1284.6	945.2	2.6	0.0	0.1	336.7
西南证券股份有限公司重庆合川希尔安大道营业部	重庆	合川	1284.1	902.1	3.1	0.0	1.1	377.8
东莞证券有限责任公司湛江观海北路证券营业部	广东	湛江	1279.8	845.1	5.5	0.1	0.0	429.1
财达证券有限责任公司秦皇岛峨眉山南路证券营业部	河北	秦皇岛	1279.4	243.1	0.1	0.0	0.0	1036.2
山西证券股份有限公司焦作工业路证券营业部	河南	焦作	1278.7	1084.9	9.4	0.0	0.0	184.5
长江证券股份有限公司太原府西街证券营业部	山西	太原	1277.8	790.7	1.6	10.8	29.6	445.2
齐鲁证券有限公司枣庄林运路证券营业部	山东	枣庄	1274.5	695.8	12.8	0.1	0.5	565.3
海通证券股份有限公司镇江中山西路证券营业部	江苏	镇江	1271.3	898.2	8.0	0.0	1.3	363.8
东北证券股份有限公司九台站前路证券营业部	吉林	九台	1269.7	1259.7	6.6	0.0	0.0	3.4
华安证券有限责任公司灵璧凤河路证券营业部	安徽	宿州	1265.3	1145.9	5.0	0.3	81.0	33.1
中航证券有限公司中航证券有限公司柳州三中路证券营业部	广西	柳州	1264.0	1077.7	1.1	0.0	0.0	185.1
中信建投证券股份有限公司北京良乡拱辰南大街证券营业部	北京	北京	1263.8	602.5	11.8	0.0	28.2	621.4
长江证券股份有限公司西安太白北路证券营业部	陕西	西安	1260.3	1252.9	5.8	0.0	0.0	1.7
宏源证券股份有限公司阿勒泰文化路证券营业部	新疆	阿勒泰	1260.0	1244.2	4.7	0.0	0.0	11.0
湘财证券有限责任公司水富团结路证券营业部	云南	水富	1258.9	967.4	1.3	0.0	0.1	290.1
天源证券有限公司西宁七一路证券营业部	青海	西宁	1252.6	869.4	0.2	0.0	0.0	383.0
日信证券有限责任公司深圳宝民路证券营业部	深圳	深圳	1250.6	877.1	1.3	0.0	0.2	372.1
华泰证券股份有限公司昆明宝善街证券营业部	云南	昆明	1250.4	415.8	10.3	0.0	8.3	816.0
广发证券股份有限公司驻马店雪松大道证券营业部	河南	驻马店	1248.8	1042.5	0.6	0.0	0.1	205.5
长城证券有限责任公司汕头德政路证券营业部	广东	汕头	1245.0	683.6	9.4	0.0	0.1	551.9
浙商证券股份有限公司江山南市街证券营业部	浙江	衢州	1242.8	1006.8	58.1	0.0	0.1	177.8
西部证券股份有限公司柳州海关路证券营业部	广西	柳州	1241.1	916.3	9.0	0.0	0.3	315.5
海通证券股份有限公司庆阳西大街证券营业部	甘肃	庆阳	1240.8	1237.5	0.3	0.0	0.5	2.4
长江证券股份有限公司泰州迎春西路证券营业部	江苏	泰州	1233.6	1227.7	5.8	0.0	0.1	0.0
中国银河证券股份有限公司衢州荷花中路证券营业部	浙江	衢州	1233.1	833.7	196.6	0.0	0.2	202.6
东莞证券有限责任公司扬州兴城西路证券营业部	江苏	扬州	1232.5	432.7	7.7	0.0	0.1	792.0
海通证券股份有限公司牡丹江海林林海路证券营业部	黑龙江	海林	1225.8	772.9	2.0	0.0	0.3	450.6
海通证券股份有限公司伊春新兴中路证券营业部	黑龙江	伊春	1223.6	914.3	6.6	0.0	0.1	302.6
东莞证券有限责任公司东莞证券有限责任公司海城永安路证券营业部	辽宁	海城	1220.6	784.1	2.7	0.0	0.2	433.7
中天证券有限责任公司朝阳友谊大街证券营业部	辽宁	朝阳	1220.3	606.5	7.9	0.0	0.1	605.8
中邮证券有限责任公司汉中西环路证券营业部	陕西	汉中	1219.5	770.8	1.2	0.0	17.1	430.4
长江证券股份有限公司天津宏达街证券营业部	天津	天津	1218.8	1199.5	19.3	0.0	0.0	0.0
东海证券股份有限公司徐州建国东路证券营业部	江苏	徐州	1212.8	835.9	10.7	0.0	0.0	366.2
山西证券股份有限公司柳林贺昌大街证券营业部	山西	吕梁	1211.6	768.4	10.4	0.0	0.8	432.0
招商证券股份有限公司北京顺义仓上街证券营业部	北京	北京	1209.6	1059.4	8.2	0.0	0.9	141.1
天源证券有限公司唐山滦南县中大街证券营业部	河北	唐山	1208.1	990.6	1.0	0.1	0.0	216.4
长江证券股份有限公司昆明白龙路证券营业部	云南	昆明	1206.3	289.1	2.8	0.0	0.1	914.3

注：营业部交易金额的单位为百万元。

证券营业部交易
Trading of Business Department

营业部名称 Business Department	省份 Province	城市 City	总计 Total	股票 Share	基金 Fund	政府债 G-Bond	公司债 C-Bond	债券回购 Repo
财达证券有限责任公司廊坊三河泃阳西大街营业部	河北	廊坊	1200.2	1137.2	5.6	0.0	0.2	57.2
中信证券（浙江）有限责任公司永康金城路证券营业部	浙江	金华	1197.0	968.7	5.7	0.0	0.2	222.4
西藏同信证券有限责任公司东营垦利振兴路营业部	山东	东营	1192.9	273.3	0.4	0.0	0.0	919.1
华西证券有限责任公司广安武胜宏武大道证券营业部	四川	广安	1189.7	1106.5	2.8	0.0	0.1	80.3
国盛证券有限责任公司海口五指山路证券营业部	海南	海口	1189.5	676.5	8.3	0.0	0.4	504.4
中信建投证券股份有限公司银川湖滨西街证券营业部	甘肃	银川	1188.7	466.2	141.3	0.0	0.0	581.3
财达证券有限责任公司邯郸峰峰滏源堤路证券营业部	河北	邯郸	1188.5	1130.4	1.0	0.0	0.0	57.0
长城证券有限责任公司厦门凤山路证券营业部	福建	厦门	1178.4	739.2	1.4	0.0	0.0	437.8
华创证券有限责任公司上海青湖路证券营业部	上海	上海	1178.2	384.7	0.0	0.0	0.1	793.3
信达证券股份有限公司本溪本溪证券营业部	辽宁	本溪	1178.0	390.9	0.4	0.0	0.4	786.4
太平洋证券股份有限公司安宁晓塘东路证券营业部	云南	安宁	1176.9	875.2	9.8	0.0	0.6	291.4
国信证券股份有限公司延安枣园路证券营业部	陕西	延安	1176.5	547.0	1.8	0.0	1.2	626.5
华融证券股份有限公司南京北京东路证券营业部	江苏	南京	1171.6	405.0	2.9	0.0	0.0	763.6
广发证券股份有限公司广州黄埔东路证券营业部	广东	广州	1169.2	839.3	4.5	0.0	0.7	324.8
广发证券股份有限公司监利江城路证券营业部	湖北	荆州	1167.8	979.2	1.2	0.0	0.4	186.9
东海证券股份有限公司东海证券有限责任公司咸阳人民东路证券营业	陕西	咸阳	1166.7	1163.6	1.5	0.0	0.0	1.6
光大证券股份有限公司常州武宜北路证券营业部	江苏	常州	1165.3	687.0	27.0	0.0	6.0	445.3
大同证券经纪有限责任公司高平友谊西街证券营业部	山西	高平	1163.9	201.0	0.1	0.0	0.0	962.8
山西证券股份有限公司汾阳英雄中路证券营业部	山西	汾阳	1161.4	995.2	6.1	0.0	0.0	160.1
平安证券有限责任公司贵阳金阳南路证券营业部	贵州	贵阳	1160.5	818.9	1.8	0.0	0.2	339.7
华福证券有限责任公司漳平和平中路证券营业部	福建	龙岩	1158.8	922.2	0.6	0.0	0.2	235.9
华安证券有限责任公司怀远禹王路证券营业部	安徽	蚌埠	1158.1	1104.4	4.6	0.3	0.7	48.1
兴业证券股份有限公司宜昌平云二路证券营业部	湖北	宜昌	1157.6	287.6	1.4	0.0	0.1	868.5
华创证券有限责任公司铜仁北关路证券营业部	贵州	铜仁	1157.5	1115.3	0.7	0.0	0.1	41.4
财达证券有限责任公司邢台沙河温泉街证券营业部	河北	邢台	1157.3	987.7	6.1	0.0	0.0	163.5
海通证券股份有限公司湖州南浔证券营业部	浙江	湖州	1155.9	1014.9	4.2	0.0	1.3	135.4
长城证券有限责任公司上海德丰路证券营业部	上海	上海	1155.4	531.5	2.2	0.0	0.0	621.7
兴业证券股份有限公司永安国民路证券营业部	福建	永安	1153.2	977.3	2.7	0.0	0.3	173.0
大通证券股份有限公司吉林汉阳南街证券营业部	吉林	吉林	1146.3	715.6	3.2	0.0	0.3	427.3
华龙证券有限责任公司武威胜利街证券营业部	甘肃	武威	1144.6	1129.9	0.2	0.0	0.1	14.3
华泰证券股份有限公司安陆碧涢路证券营业部	湖北	安陆	1143.6	892.4	230.8	0.1	0.1	20.2
浙商证券股份有限公司青田华庭街证券营业部	浙江	丽水	1143.2	1066.4	0.3	0.0	0.0	76.5
恒泰证券股份有限公司牙克石迎宾西街证券营业部	内蒙	呼伦贝尔	1138.4	950.6	1.8	0.0	0.2	185.9
江海证券有限公司双鸭山西平行路证券营业部	黑龙江	双鸭山	1138.0	879.8	1.2	0.0	0.0	257.0
海通证券股份有限公司盘锦人民路证券营业部	辽宁	盘锦	1137.9	1065.6	2.3	0.0	28.6	41.5
大同证券经纪有限责任公司晋中迎宾西街证券营业部	山西	晋中	1137.7	848.7	5.5	0.1	4.7	278.7
财达证券有限责任公司莆田福屿街证券营业部	福建	莆田	1136.3	753.7	0.2	0.0	0.0	382.4
申银万国证券股份有限公司上饶万年六零北大道证券营业部	江西	上饶	1132.8	1095.5	37.1	0.0	0.2	0.0
国海证券股份有限公司桂林全州县中心北路营业部	广西	桂林	1132.1	1119.4	3.9	0.0	0.2	8.6
信达证券股份有限公司调兵山市府路证券营业部	辽宁	调兵山	1131.1	1117.2	1.4	0.1	0.1	12.4
齐鲁证券有限公司齐鲁证券有限公司临清红星路证券营业部	山东	临清	1127.7	414.9	508.3	0.0	0.0	204.5
华创证券有限责任公司重庆龙山一路证券营业部	重庆	重庆	1126.8	784.0	0.6	0.3	1.5	340.4
东莞证券有限责任公司东莞证券有限责任公司杭州丹枫路证券营业部	浙江	杭州	1126.3	738.1	5.6	0.0	0.3	382.3
信达证券股份有限公司开原新华路证券营业部	辽宁	开原	1125.0	1077.8	1.4	1.1	0.3	44.5
广发证券股份有限公司洪湖宏伟南路证券营业部	湖北	荆州	1124.8	951.2	2.7	0.0	0.6	170.2
山西证券股份有限公司南宁长湖路证券营业部	广西	南宁	1124.4	625.1	2.7	0.0	0.0	496.5
国元证券股份有限公司南陵青铜路证券营业部	安徽	芜湖	1117.3	982.3	0.5	0.0	0.5	134.1
东吴证券股份有限公司合肥黄山路证券营业部	安徽	合肥	1117.2	633.4	1.7	0.0	6.0	476.1
华安证券有限责任公司天长新河北路证券营业部	安徽	滁州	1115.2	886.5	1.9	0.0	63.7	163.1
华安证券有限责任公司界首人民路证券营业部	安徽	阜阳	1114.4	1049.8	3.2	0.0	5.2	56.1

注：营业部交易金额的单位为百万元。

证券营业部交易
Trading of Business Department

营业部名称 Business Department	省份 Province	城市 City	总计 Total	股票 Share	基金 Fund	政府债 G-Bond	公司债 C-Bond	债券回购 Repo
华西证券有限责任公司广元利州东路证券营业部	四川	广元	1112.8	891.8	4.7	0.0	0.0	216.3
海通证券股份有限公司鸡西密山东安街证券营业部	黑龙江	鸡西	1111.9	1023.4	0.8	0.3	0.8	86.5
华泰证券股份有限公司淮安涟水常青西路证券营业部	江苏	淮安	1110.7	1001.3	64.1	0.0	6.2	39.1
华龙证券有限责任公司定西永定东路证券营业部	甘肃	定西	1110.2	1095.7	0.5	0.0	0.0	14.1
华西证券有限责任公司上海九亭大街证券营业部	上海	上海	1099.8	547.8	12.0	0.0	1.8	538.2
华泰证券股份有限公司武汉民族大道证券营业部	湖北	武汉	1099.7	740.8	1.8	0.0	4.4	352.7
国泰君安证券股份有限公司四平中央东路证券营业部	吉林	四平	1097.5	831.5	0.8	0.0	0.0	265.1
中信证券股份有限公司芜湖新时代商业街证券营业部	安徽	芜湖	1096.9	567.8	1.8	0.0	13.0	514.3
国泰君安证券股份有限公司漳州水仙大街证券营业部	福建	漳州	1095.3	635.8	41.7	0.6	4.1	413.1
齐鲁证券有限公司乌鲁木齐南湖南路证券营业部	新疆	乌鲁木齐	1095.1	777.5	2.7	0.0	0.0	314.9
国海证券股份有限公司桂林兴安县三台路证券营业部	广西	桂林	1093.5	1071.3	3.2	0.0	0.3	18.7
华西证券有限责任公司重庆云阳证券营业部	重庆	重庆	1093.1	1063.1	1.8	0.0	0.0	28.2
华安证券有限责任公司宿松人民西路证券营业部	安徽	安庆	1092.3	1058.9	1.6	0.0	1.4	30.4
国信证券股份有限公司兰州北滨河路证券营业部	甘肃	兰州	1091.0	417.6	2.9	0.0	0.2	670.3
华安证券有限责任公司凤台望淮路证券营业部	安徽	淮南	1089.3	1072.6	1.9	0.0	0.6	14.2
长江证券股份有限公司济南花园路证券营业部	山东	济南	1085.6	1069.9	15.6	0.0	0.1	0.0
国海证券股份有限公司桂林临桂县人民路证券营业部	广西	桂林	1084.1	1047.5	8.1	0.0	0.9	27.7
红塔证券股份有限公司长沙中意一路证券营业部	湖南	长沙	1081.6	612.9	0.3	0.0	2.0	466.4
华安证券有限责任公司枞阳湖滨路证券营业部	安徽	安庆	1080.8	950.7	3.8	0.2	0.3	125.9
华创证券有限责任公司毕节桂花路证券营业部	贵州	毕节	1079.3	994.4	2.5	0.0	0.2	82.2
国元证券股份有限公司盐城解放南路证券营业部	江苏	盐城	1076.0	948.2	0.7	0.0	1.5	125.6
华泰证券股份有限公司重庆红锦大道证券营业部	重庆	重庆	1073.7	258.8	0.1	0.0	0.1	814.7
中信建投证券股份有限公司成都邛崃永丰路证券营业部	四川	邛崃	1072.4	1017.2	33.1	0.0	0.4	21.8
财达证券有限责任公司唐山乐亭大钊路证券营业部	河北	唐山	1071.0	954.8	4.8	0.0	0.6	110.9
华安证券有限责任公司青阳木镇路证券营业部	安徽	池州	1068.0	1055.0	3.7	0.0	0.0	9.3
平安证券有限责任公司南昌红谷中大道证券营业部	江西	南昌	1065.2	569.9	0.1	0.0	0.1	495.1
中国银河证券股份有限公司镇江黄山南路证券营业部	江苏	镇江	1062.7	352.7	5.7	0.0	0.1	704.2
东海证券股份有限公司焦作山阳路证券营业部	河南	焦作	1061.5	876.6	2.4	0.0	19.6	162.9
中信万通证券有限责任公司洛阳九都东路证券营业部	河南	洛阳	1060.3	214.7	0.4	0.1	0.1	845.0
中信万通证券有限责任公司昌邑北海路证券营业部	山东	昌邑	1058.6	795.0	9.1	0.0	0.6	253.9
国都证券有限责任公司北京西直门外大街证券营业部	北京	北京	1058.2	787.4	4.5	0.0	8.2	258.1
西部证券股份有限公司洛阳安徽路证券营业部	河南	洛阳	1055.7	442.8	12.4	0.0	0.0	600.5
东吴证券股份有限公司姜堰人民中路证券营业部	江苏	姜堰	1053.7	692.1	21.5	0.0	0.1	339.9
浙商证券股份有限公司仙居环城南路证券营业部	浙江	台州	1051.3	636.1	0.9	0.0	0.0	414.3
中国中投证券有限责任公司信阳民权路证券营业部	河南	信阳	1050.4	702.3	14.8	0.0	0.0	333.2
联讯证券有限责任公司惠州惠东平山证券营业部	广东	惠州	1049.9	377.4	1.5	0.5	0.3	670.2
方正证券股份有限公司吉首人民北路证券营业部	湖南	吉首	1049.4	963.2	4.3	0.0	1.2	80.7
财通证券股份有限公司长兴金陵北路证券营业部	浙江	湖州	1049.4	709.2	10.3	0.1	1.2	328.7
光大证券股份有限公司桂林中山中路证券营业部	广西	桂林	1047.4	509.6	10.0	0.0	0.1	527.8
海通证券股份有限公司弥勒冉翁路证券营业部	云南	红河	1045.9	832.1	0.4	0.0	1.1	212.2
齐鲁证券有限公司东营广饶新城大道证券营业部	山东	东营	1043.4	657.4	1.1	0.5	2.8	381.6
国元证券股份有限公司佛山顺德新桂北路证券营业部	广东	佛山	1038.8	704.7	1.9	0.0	0.0	332.2
山西证券股份有限公司太原康宁西街证券营业部	山西	太原	1038.2	668.8	31.4	0.0	0.0	338.0
海通证券股份有限公司鸡西虎林红旗街证券营业部	黑龙江	鸡西	1037.2	849.4	1.8	0.0	2.1	184.0
湘财证券有限责任公司汨罗建设路证券营业部	湖南	岳阳	1036.6	950.5	0.4	0.0	1.2	84.5
山西证券股份有限公司太原桃园二巷证券营业部	山西	太原	1030.8	815.7	5.2	0.0	0.1	209.8
恒泰证券股份有限公司阿拉善盟巴彦浩特和硕特南路证券营业部	内蒙	阿拉善盟	1027.3	1016.6	0.3	0.0	0.2	10.2
信达证券股份有限公司新民辽河大街证券营业部	辽宁	新民	1026.4	865.7	3.2	0.1	2.8	154.5
东吴证券股份有限公司重庆洋河一村证券营业部	重庆	重庆	1026.4	529.5	0.1	0.0	0.0	496.8
华安证券有限责任公司肥西巢湖中路证券营业部	安徽	合肥	1023.0	1016.9	2.5	0.0	3.0	0.6

注：营业部交易金额的单位为百万元。

证券营业部交易
Trading of Business Department

营业部名称 Business Department	省份 Province	城市 City	总计 Total	股票 Share	基金 Fund	政府债 G-Bond	公司债 C-Bond	债券回购 Repo
南京证券股份有限公司金坛东门大街证券营业部	江苏	常州	1018.5	971.5	2.9	0.0	0.0	44.0
浙商证券股份有限公司云和解放东街证券营业部	浙江	丽水	1016.9	462.9	0.1	0.0	0.8	553.1
华安证券有限责任公司厦门钟林路证券营业部	福建	厦门	1013.8	909.7	5.4	0.0	0.0	98.8
长城证券有限责任公司晋中中都北路证券营业部	山西	晋中	1011.9	311.7	2.7	0.0	0.1	697.5
中信建投证券股份有限公司北京时代花园南路证券营业部	北京	北京	1011.3	489.0	9.0	0.0	3.3	510.0
长江证券股份有限公司谷城银城大道证券营业部	湖北	襄樊	1011.3	848.6	3.8	0.0	0.7	158.1
长江证券股份有限公司重庆红黄路证券营业部	重庆	重庆	1010.9	987.3	23.6	0.0	0.0	0.0
华泰证券股份有限公司岳阳平江天岳大道证券营业部	湖南	岳阳	1008.9	840.7	57.2	0.0	0.0	111.0
南京证券股份有限公司银川燕鸽湖证券营业部	宁夏	银川	1008.1	737.0	2.8	0.0	2.7	265.5
安信证券股份有限公司深圳宝安人民路证券营业部	深圳	深圳	1007.1	853.5	3.9	0.0	0.4	149.3
长江证券股份有限公司宿州淮海北路证券营业部	安徽	宿州	1005.5	799.5	20.7	0.0	1.1	184.2
国联证券股份有限公司徐州中山北路证券营业部	江苏	徐州	1005.4	356.1	0.2	0.0	0.1	649.0
华泰证券股份有限公司泰兴国庆西路证券营业部	江苏	泰州	1003.3	753.6	5.2	0.0	1.6	242.8
方正证券股份有限公司兰溪丹溪大道证券营业部	浙江	兰溪	1000.2	964.2	3.4	0.0	0.0	32.5
西部证券股份有限公司榆林常乐路证券营业部	陕西	榆林	997.0	959.6	6.1	0.0	0.0	31.2
财达证券有限责任公司衡水胜利东路证券营业部	河北	衡水	995.0	839.6	15.1	0.0	2.8	137.5
国联证券股份有限公司南宁民族大道证券营业部	广西	南宁	994.9	766.5	0.3	0.0	1.0	227.1
国泰君安证券股份有限公司嘉兴中山西路证券营业部	浙江	嘉兴	987.9	547.3	6.3	0.0	29.3	405.1
财达证券有限责任公司廊坊三河迎宾南路证券营业部	河北	廊坊	987.9	917.4	4.6	0.0	1.3	64.6
西部证券股份有限公司杨凌会展路证券营业部	陕西	杨凌	984.6	896.4	1.1	0.0	0.2	86.9
国海证券股份有限公司贵阳金阳南路证券营业部	贵州	贵阳	982.9	621.3	0.6	0.0	0.0	361.0
华泰证券股份有限公司云梦朝阳路证券营业部	湖北	孝感	982.7	729.5	239.1	0.0	1.9	12.1
国元证券股份有限公司无为十字街证券营业部	安徽	巢湖	980.4	954.5	0.1	0.0	1.0	24.9
华泰证券股份有限公司利川公园路证券营业部	湖北	利川	974.8	635.3	254.1	0.3	19.0	66.1
海通证券股份有限公司厦门乐海北里证券营业部	福建	厦门	974.7	649.8	2.7	0.0	0.0	322.2
齐鲁证券有限公司泰安东平证券营业部	山东	泰安	970.8	378.3	560.5	0.0	0.1	31.8
安信证券股份有限公司云浮郁南证券营业部	广东	云浮	970.6	907.4	11.6	0.0	1.0	50.6
安信证券股份有限公司宜宾南溪区文化路证券营业部	四川	宜宾	970.1	858.3	4.6	0.0	0.1	107.2
开源证券有限责任公司佛山顺德新宁路证券营业部	广东	顺德	967.3	776.8	0.0	0.0	16.6	173.9
华安证券有限责任公司东至尧北路证券营业部	安徽	池州	963.2	884.6	2.5	0.0	0.0	76.0
海通证券股份有限公司大庆红岗北路东街证券营业部	黑龙江	大庆	960.7	932.5	5.5	0.0	0.1	22.6
中航证券有限公司中航证券有限公司兰州庄浪西路证券营业部	甘肃	兰州	956.8	418.7	0.3	0.0	0.0	537.9
江海证券有限公司济南经十路证券营业部	山东	济南	956.2	889.5	0.1	0.0	0.0	66.6
中信万通证券有限责任公司城阳春城路证券营业部	山东	青岛	954.9	786.2	3.0	0.0	0.1	165.5
联讯证券有限责任公司河源建设大道证券营业部	广东	河源	951.2	524.4	6.2	0.0	0.0	420.6
西部证券股份有限公司咸阳人民东路证券营业部	陕西	咸阳	950.4	730.0	0.4	0.0	1.2	218.8
海通证券股份有限公司柳州桂中大道证券营业部	广西	柳州	949.3	728.0	9.3	0.0	0.2	211.8
日信证券有限责任公司鄂尔多斯伊金霍洛证券营业部	内蒙	鄂尔多斯	948.4	167.4	0.0	0.0	0.0	780.9
华安证券有限责任公司太原新建路证券营业部	山西	太原	947.7	481.0	6.4	0.0	0.0	460.2
东莞证券有限责任公司中山三乡证券营业部	广东	中山	946.8	548.6	0.4	0.0	0.1	397.8
招商证券股份有限公司潍坊通亭街证券营业部	山东	潍坊	945.2	709.0	3.0	0.0	0.1	233.2
平安证券有限责任公司芜湖江北证券营业部	安徽	芜湖	944.8	748.3	0.2	0.0	0.0	196.3
中银国际证券有限责任公司佛山城门头路证券营业部	广东	佛山	943.9	413.5	10.8	0.0	1.9	517.7
东北证券股份有限公司农安兴华路证券营业部	吉林	长春	939.5	786.1	7.4	0.0	0.0	146.0
华龙证券有限责任公司陇南建设路证券营业部	甘肃	陇南	935.7	710.3	0.3	0.1	0.1	224.8
华安证券有限责任公司济南英贤街证券营业部	山东	济南	935.1	817.3	7.8	0.0	14.6	95.4
东吴证券股份有限公司南京迈化路证券营业部	江苏	南京	929.8	454.0	2.2	0.1	0.1	473.4
海通证券股份有限公司绥化安达北四道街证券营业部	黑龙江	绥化	927.1	891.1	17.6	0.0	0.2	18.2
恒泰长财证券有限责任公司白山浑江大街证券营业部	吉林	白山	924.4	543.5	0.1	0.0	0.0	380.8
浙商证券股份有限公司磐安文溪南路证券营业部	浙江	金华	922.2	517.5	0.1	0.0	0.0	404.6

注：营业部交易金额的单位为百万元。

证券营业部交易
Trading of Business Department

营业部名称 Business Department	省份 Province	城市 City	总计 Total	股票 Share	基金 Fund	政府债 G-Bond	公司债 C-Bond	债券回购 Repo
华宝证券有限责任公司武汉解放大道证券营业部	湖北	武汉	921.5	577.8	19.5	0.0	14.6	309.6
国元证券股份有限公司嘉兴洪兴路江南摩尔证券营业部	浙江	嘉兴	919.8	806.0	0.9	0.0	0.4	112.4
宏源证券股份有限公司鞍山胜利路证券营业部	辽宁	鞍山	916.4	282.1	0.6	0.0	6.9	626.9
宏源证券股份有限公司乌苏北京西路证券营业部	新疆	乌苏	914.2	487.8	0.5	0.0	0.0	425.9
华泰证券股份有限公司牡丹江新华路证券营业部	黑龙江	牡丹江	911.1	562.2	122.5	0.1	4.6	221.7
申银万国证券股份有限公司宜城龙门路证券营业部	湖北	宜城	909.0	894.5	3.4	0.0	0.2	10.9
海通证券股份有限公司成县东大街证券营业部	甘肃	陇南	907.9	853.5	1.0	0.0	0.6	52.8
长城证券有限责任公司长春铁北四路证券营业部	吉林	长春	906.5	656.7	1.2	0.0	0.0	248.7
西部证券股份有限公司宝鸡岐山证券营业部	陕西	宝鸡	906.1	589.3	1.5	0.0	0.0	315.3
西部证券股份有限公司汉中勉县证券营业部	陕西	汉中	903.7	846.6	1.2	0.0	1.4	54.6
财达证券有限责任公司保定蠡县永盛南大街营业部	河北	保定	903.1	572.8	0.4	0.0	0.1	329.9
太平洋证券股份有限公司普洱人民东路证券营业部	云南	普洱	902.5	743.0	3.1	0.0	0.1	156.2
东北证券股份有限公司长春丹江街证券营业部	吉林	长春	900.9	704.5	1.4	0.0	0.0	195.0
国海证券股份有限公司长沙中意一路证券营业部	湖南	长沙	900.7	824.8	10.9	0.0	0.0	65.0
长江证券股份有限公司宜都长江大道证券营业部	湖北	宜都	899.6	724.6	6.4	0.0	0.2	168.3
中原证券股份有限公司伊川豫港大道证券营业部	河南	洛阳	892.5	725.1	0.5	0.0	10.5	156.3
中国银河证券股份有限公司广州番禺南郊路营业部	广东	广州	890.7	732.7	1.8	0.3	1.3	154.6
中国中投证券有限责任公司镇江中山西路证券营业部	江苏	镇江	888.3	589.4	6.7	0.0	3.6	288.5
新时代证券有限责任公司许昌许继大道证券营业部	河南	许昌	883.5	801.1	0.5	0.0	3.7	78.2
中国银河证券股份有限公司太谷康源路证券营业部	山西	晋中	883.4	733.4	1.3	0.3	3.0	145.4
华安证券有限责任公司潜山舒台路证券营业部	安徽	安庆	881.7	869.9	6.4	0.0	0.3	5.1
华西证券有限责任公司雅安荥经康宁路证券营业部	四川	雅安	877.9	607.4	2.3	0.0	0.0	268.3
华西证券有限责任公司北京通州北苑南路证券营业部	北京	北京	876.9	627.1	1.5	0.0	0.2	248.1
广发证券股份有限公司文昌谷鸿大道证券营业部	海南	文昌	875.4	623.8	14.2	0.0	0.1	237.2
宏源证券股份有限公司海口琼州大道证券营业部	海南	海口	875.2	737.7	9.4	0.0	0.1	128.1
国信证券股份有限公司贵阳黄河路证券营业部	贵州	贵阳	873.5	275.9	3.0	0.2	0.9	593.5
光大证券股份有限公司重庆碚峡西路证券营业部	重庆	重庆	872.7	643.8	1.1	0.0	0.0	227.9
山西证券股份有限公司太原迎新路证券营业部	山西	太原	871.4	583.9	45.4	0.0	0.0	242.1
宏信证券有限责任公司成都金堂县幸福路证券营业部	四川	成都	870.0	785.7	1.0	0.0	8.2	75.1
国信证券股份有限公司南充嘉陵区耀目路证券营业部	四川	南充	869.8	576.5	1.6	0.0	0.2	291.5
国海证券股份有限公司河池宜州市城中中路营业部	广西	宜州	867.5	709.4	1.1	0.0	0.0	157.0
爱建证券有限责任公司宁波环城北路证券营业部	浙江	宁波	866.9	596.9	1.1	0.0	0.0	268.9
山西证券股份有限公司侯马新田路证券营业部	山西	侯马	863.2	796.2	13.7	0.0	1.6	51.7
中国银河证券股份有限公司潍坊福寿西街证券营业部	山东	潍坊	859.2	586.9	1.2	0.0	0.2	270.9
万联证券有限责任公司永州东安龙溪路证券营业部	湖南	永州	858.8	789.7	0.3	0.0	0.0	68.7
渤海证券股份有限公司天津空港经济区西四道营业部	天津	天津	858.4	269.0	0.0	0.0	0.9	588.5
海通证券股份有限公司哈尔滨呼兰北二道街营业部	黑龙江	哈尔滨	857.0	809.9	1.7	0.1	7.3	38.0
信达证券股份有限公司湛江徐闻证券营业部	广东	湛江	854.2	829.0	1.4	0.1	0.5	23.2
宏源证券股份有限公司五家渠振兴街证券营业部	新疆	五家渠	849.8	486.2	0.4	0.0	0.3	362.9
民生证券股份有限公司重庆沙南街证券营业部	重庆	重庆	848.1	375.4	0.0	0.0	0.8	471.9
华西证券有限责任公司南充营山正西街证券营业部	四川	南充	847.1	807.7	6.7	0.0	0.0	32.7
金元证券股份有限公司海口海秀路证券营业部	海南	海口	846.5	260.4	0.2	0.0	0.5	585.5
日信证券有限责任公司乌海海吉街证券营业部	内蒙	乌海	846.4	494.0	2.0	0.0	0.0	350.4
申银万国证券股份有限公司襄阳航空路证券营业部	湖北	襄樊	844.3	824.1	0.7	0.0	0.0	19.5
银泰证券有限责任公司唐山学院北路证券营业部	河北	唐山	842.7	758.4	1.5	0.0	1.0	81.9
华泰证券股份有限公司徐州睢宁中山南路证券营业部	江苏	徐州	840.6	782.8	0.1	0.0	0.6	57.1
东方证券股份有限公司上海卫清西路证券营业部	上海	上海	840.2	475.2	0.4	0.0	0.0	364.6
海通证券股份有限公司哈尔滨双城昌盛街证券营业部	黑龙江	哈尔滨	838.0	819.4	1.6	0.0	0.0	17.0
宏源证券股份有限公司鄯善新城路证券营业部	新疆	鄯善	837.8	813.0	3.5	0.0	0.1	21.2
华福证券有限责任公司马尾罗星西路证券营业部	福建	福州	837.3	693.8	0.3	0.0	0.0	143.3

注：营业部交易金额的单位为百万元。

证券营业部交易
Trading of Business Department

营业部名称 Business Department	省份 Province	城市 City	总计 Total	股票 Share	基金 Fund	政府债 G-Bond	公司债 C-Bond	债券回购 Repo
诚浩证券有限责任公司丹东江城大街证券营业部	辽宁	丹东	835.9	431.7	1.6	0.0	0.2	402.4
南京证券股份有限公司南京铁心桥大街证券营业部	江苏	南京	835.8	413.4	5.3	0.3	41.0	375.8
兴业证券股份有限公司天津大沽南路证券营业部	天津	天津	832.7	276.0	7.3	0.0	0.3	549.1
东北证券股份有限公司抚松小南街证券营业部	吉林	白山	832.5	810.2	0.3	0.0	0.1	22.0
华泰证券股份有限公司徐州铜山同昌街证券营业部	江苏	徐州	832.5	647.5	2.2	0.0	1.0	181.8
江海证券有限公司伊春铁力正阳大街证券营业部	黑龙江	伊春	825.7	721.0	1.3	0.0	0.2	103.2
光大证券股份有限公司贵阳花溪民主路证券营业部	贵州	贵阳	825.1	177.6	0.3	0.0	58.8	588.4
财达证券有限责任公司唐山滦县燕山北大街证券营业部	河北	唐山	822.7	557.9	1.0	0.0	0.0	263.9
华福证券有限责任公司长汀环中路证券营业部	福建	龙岩	822.5	806.5	0.7	0.0	0.0	15.3
国开证券有限责任公司总部（非对外营业部）	北京	北京	818.9	0.0	0.0	0.0	818.9	0.0
中航证券有限公司新余胜利北路证券营业部	江西	新余	818.8	564.1	0.0	0.0	0.0	254.6
西部证券股份有限公司汉中城固证券营业部	陕西	汉中	817.3	789.3	4.2	0.0	0.5	23.4
招商证券股份有限公司北海市北海大道证券营业部	广西	北海	816.3	673.8	1.2	0.0	1.5	139.8
长城证券有限责任公司呼和浩特五塔寺东街证券营业部	内蒙	呼和浩特	815.1	474.5	11.3	0.0	0.0	329.3
华西证券有限责任公司青白江新河街证券营业部	四川	成都	813.3	530.4	15.3	0.0	1.4	266.2
恒泰长财证券有限责任公司辽源丰寿路证券营业部	吉林	辽源	811.5	653.0	0.5	0.0	0.0	158.0
申银万国证券股份有限公司泉州丰泽街证券营业部	福建	泉州	809.5	392.3	12.7	0.0	0.0	404.5
西藏同信证券有限责任公司达县鸿雁街证券营业部	四川	达州	809.2	764.5	1.0	1.0	1.4	41.3
中信证券（浙江）有限责任公司南昌红谷中大道证券营业部	江西	南昌	808.1	389.5	144.6	0.0	13.9	260.1
太平洋证券股份有限公司通海南街证券营业部	云南	玉溪	805.6	737.6	5.0	0.0	0.6	62.4
中信建投证券股份有限公司宿迁恒山路证券营业部	江苏	宿迁	804.5	243.5	0.3	0.0	0.0	560.7
申银万国证券股份有限公司济南泺源大街证券营业部	山东	济南	800.9	252.0	6.2	0.0	5.5	537.2
中国中投证券有限责任公司青海油田证券营业部	甘肃	酒泉	800.1	774.3	3.6	0.0	0.1	22.1
瑞银证券有限责任公司杭州教工路证券营业部	浙江	杭州	797.6	5.8	0.0	0.0	0.0	791.8
太平洋证券股份有限公司腾冲光华东路证券营业部	云南	保山	797.3	691.9	1.7	0.0	0.1	103.6
宏源证券股份有限公司玛纳斯团结路证券营业部	新疆	昌吉	796.6	721.1	0.8	0.0	0.0	74.8
申银万国证券股份有限公司佛山季华五路证券营业部	广东	佛山	792.8	349.8	6.5	0.0	13.3	423.2
齐鲁证券有限公司菏泽东明证券营业部	山东	菏泽	791.5	615.1	2.2	0.0	0.0	174.2
开源证券有限责任公司咸阳世纪大道证券营业部	陕西	咸阳	790.4	422.7	0.0	0.0	0.0	367.7
华龙证券有限责任公司庆阳西大街证券营业部	甘肃	庆阳	790.1	745.9	0.1	0.0	0.0	44.1
西部证券股份有限公司渭南杜化路证券营业部	陕西	渭南	788.5	471.0	0.1	0.0	0.8	316.6
中国银河证券股份有限公司重庆银桦路证券营业部	重庆	重庆	788.2	583.0	5.8	0.0	0.0	199.4
中国中投证券有限责任公司北京鲁谷路证券营业部	北京	北京	786.5	723.9	0.3	0.0	0.1	62.2
西藏同信证券有限责任公司东营广饶孙武路证券营业部	山东	东营	786.3	546.2	0.3	0.0	0.0	239.8
海通证券股份有限公司东丰东风路证券营业部	吉林	辽源	780.3	761.4	1.2	0.0	0.1	17.6
第一创业证券股份有限公司深圳龙城大道证券营业部	深圳	深圳	772.2	225.0	0.0	0.0	4.7	542.4
华安证券有限责任公司广州广华南路证券营业部	广东	广州	772.2	635.5	1.6	0.0	0.4	134.7
五矿证券有限公司成都龙泉驿区北泉路证券营业部	四川	成都	770.6	283.8	0.1	0.0	0.0	486.7
方正证券股份有限公司合肥黄山路证券营业部	安徽	合肥	768.4	318.4	2.4	0.0	0.1	447.5
华西证券有限责任公司重庆梁平证券营业部	重庆	重庆	766.1	765.3	0.2	0.0	0.4	0.2
金元证券股份有限公司东莞长安证券营业部	广东	东莞	765.7	545.9	4.8	0.0	0.1	214.9
华泰证券股份有限公司镇江丹徒谷阳大道证券营业部	江苏	镇江	764.5	435.2	0.1	0.0	0.1	329.1
国盛证券有限责任公司长沙万家丽路证券营业部	湖南	长沙	763.7	672.6	2.0	0.0	0.3	88.9
华安证券有限责任公司宿州淮海路证券营业部	安徽	宿州	761.8	572.9	3.0	0.0	0.0	185.9
开源证券有限责任公司渭南朝阳大街证券营业部	陕西	渭南	757.8	365.2	0.0	0.0	38.0	354.5
西部证券股份有限公司西安科技路证券营业部	陕西	西安	757.1	692.4	0.2	0.0	0.0	64.5
中国银河证券股份有限公司蚌埠东海大道证券营业部	安徽	蚌埠	754.8	611.9	0.4	0.0	0.0	142.5
东方证券股份有限公司上海公园东路证券营业部	上海	上海	751.9	409.6	0.3	0.0	0.0	342.0
财达证券有限责任公司石家庄新乐鲜虞街证券营业部	河北	石家庄	750.0	504.8	1.2	0.0	0.0	244.0
江海证券有限公司伊春南岔中纬路证券营业部	黑龙江	伊春	748.0	703.7	2.0	0.0	0.0	42.3

注：营业部交易金额的单位为百万元。

证券营业部交易
Trading of Business Department

营业部名称 Business Department	省份 Province	城市 City	总计 Total	股票 Share	基金 Fund	政府债 G-Bond	公司债 C-Bond	债券回购 Repo
大通证券股份有限公司柳州鹿寨县民生路证券营业部	广西	柳州	747.3	713.5	3.1	0.0	2.9	27.8
中原证券股份有限公司漯河长江路证券营业部	河南	漯河	744.2	690.8	1.3	0.0	0.1	52.0
江海证券有限公司江海证券有限公司哈尔滨五常前进街证券营业部	黑龙江	哈尔滨	744.0	480.4	0.5	0.0	1.7	261.4
平安证券有限责任公司湛江海滨大道证券营业部	广东	湛江	741.2	623.2	0.4	0.0	0.0	117.6
江海证券有限公司哈尔滨三合路证券营业部	黑龙江	哈尔滨	739.5	380.1	1.7	0.0	5.6	352.1
华创证券有限责任公司六盘水钟山西路证券营业部	贵州	六盘水	738.7	720.0	1.1	0.0	0.2	17.4
国信证券股份有限公司揭阳揭东证券营业部	广东	揭东	735.5	388.4	1.4	0.0	0.1	345.7
太平洋证券股份有限公司临沧南塘街证券营业部	云南	临沧	734.5	526.1	1.4	0.0	0.0	207.0
方正证券股份有限公司湘潭县凤凰中路证券营业部	湖南	湘潭	733.8	558.8	30.7	0.0	0.1	144.1
国信证券股份有限公司乌鲁木齐南湖东路证券营业部	新疆	乌鲁木齐	733.7	328.8	0.4	0.0	0.0	404.5
华西证券有限责任公司达州渠县人民街证券营业部	四川	达州	731.0	720.3	0.9	0.2	0.2	9.5
长江证券股份有限公司孝感乾坤大道证券营业部	湖北	孝感	730.8	726.5	4.3	0.0	0.0	0.0
平安证券有限责任公司哈尔滨东大直街证券营业部	黑龙江	哈尔滨	729.6	493.9	0.1	0.0	0.0	235.5
广发证券股份有限公司河源沿江东路证券营业部	广东	河源	725.1	499.9	5.5	0.0	0.0	219.8
东海证券股份有限公司靖江车站路证券营业部	江苏	靖江	723.5	712.4	3.1	0.0	0.2	7.7
华创证券有限责任公司贵阳乌当新添大道证券营业部	贵州	贵阳	723.4	496.1	0.9	0.0	2.2	224.2
中国银河证券股份有限公司芜湖利民西路证券营业部	安徽	芜湖	722.0	321.5	9.5	0.0	9.2	381.7
渤海证券股份有限公司汕头金砂路证券营业部	广东	汕头	719.7	249.1	15.2	0.0	0.2	455.2
长江证券股份有限公司兰州万新南路证券营业部	甘肃	兰州	718.5	315.9	4.7	0.0	0.0	397.9
财达证券有限责任公司商丘神火大道证券营业部	河南	商丘	717.4	505.4	2.7	0.0	0.4	208.9
中国银河证券股份有限公司祁县新建北路证券营业部	山西	晋中	713.3	673.2	2.5	0.0	0.2	37.4
齐鲁证券有限公司齐鲁证券有限公司栖霞霞光路证券营业部	山东	栖霞	708.5	526.0	1.3	0.0	0.0	181.2
信达证券股份有限公司沈阳辽中证券营业部	辽宁	沈阳	707.8	647.3	2.0	0.1	0.0	58.5
民生证券股份有限公司上海谷阳北路证券营业部	上海	上海	707.3	375.9	0.0	0.0	0.0	331.4
联讯证券有限责任公司韶关惠民南路证券营业部	广东	韶关	704.2	480.4	0.4	0.0	0.0	223.4
浙商证券股份有限公司南宁民生路证券营业部	广西	南宁	702.4	498.5	5.9	0.0	0.1	197.9
天源证券有限公司兰州雁滩路证券营业部	甘肃	兰州	702.0	474.7	0.9	0.0	0.0	226.3
宏信证券有限责任公司泸州合江县少岷路证券营业部	四川	泸州	695.0	650.9	2.7	0.0	0.0	41.4
财达证券有限责任公司佳木斯富锦向阳路证券营业部	黑龙江	佳木斯	694.8	690.1	1.5	0.0	2.5	0.7
湘财证券有限责任公司岳阳湘阴县江东路证券营业部	湖南	岳阳	691.0	605.1	0.1	0.0	0.0	85.8
太平洋证券股份有限公司蒙自天马路证券营业部	云南	蒙自	689.9	637.7	11.8	0.0	0.4	40.0
华泰证券股份有限公司淮安淮阴北京东路证券营业部	江苏	淮安	686.0	524.0	3.9	0.0	0.8	157.2
长江证券股份有限公司枣阳大南街证券营业部	湖北	枣阳	684.9	408.6	34.8	0.0	0.2	241.2
中原证券股份有限公司固始红苏路证券营业部	河南	信阳	684.2	530.6	1.2	0.0	0.0	152.3
江海证券有限公司绥化福和街证券营业部	黑龙江	绥化	684.1	638.3	1.6	0.0	1.1	43.1
山西证券股份有限公司清徐美锦北大街证券营业部	山西	太原	684.0	534.1	2.3	0.0	0.1	147.5
齐鲁证券有限公司平阴黄河路证券营业部	山东	济南	681.3	47.5	633.8	0.0	0.0	0.0
中国中投证券有限责任公司哈尔滨牌路大街证券营业部	黑龙江	哈尔滨	680.0	482.5	1.5	0.0	0.2	195.8
中国银河证券股份有限公司大庆东风路证券营业部	黑龙江	大庆	679.7	99.5	3.4	0.0	320.9	255.8
浙商证券股份有限公司开化芹南路证券营业部	浙江	衢州	678.8	471.4	1.2	0.0	0.1	206.0
宏源证券股份有限公司泽普石油基地证券营业部	新疆	喀什	678.0	624.5	1.2	0.0	0.1	52.3
海通证券股份有限公司天水大众路证券营业部	甘肃	天水	677.1	647.0	12.6	0.0	0.0	17.5
长城证券有限责任公司哈尔滨爱建路证券营业部	黑龙江	哈尔滨	676.8	305.2	0.2	0.0	0.4	371.0
中国民族证券有限责任公司辉南工农街证券营业部	吉林	通化	674.5	672.6	0.7	0.0	0.0	1.3
财达证券有限责任公司保定徐水振兴西路证券营业部	河北	保定	673.2	359.9	0.0	0.0	0.1	313.2
华泰证券股份有限公司汕头长平东路证券营业部	广东	汕头	672.5	201.7	342.6	0.0	0.0	128.2
华福证券有限责任公司建阳民主南路证券营业部	福建	南平	672.1	539.2	0.5	0.0	0.0	132.4
长江证券股份有限公司胶州福州南路证券营业部	山东	青岛	670.0	302.3	1.5	0.0	0.0	366.2
华融证券股份有限公司北京太平桥路证券营业部	北京	北京	668.0	249.6	0.4	0.0	0.0	418.0
华创证券有限责任公司遵义南京路证券营业部	贵州	遵义	667.2	534.3	0.0	0.0	0.0	132.9

注：营业部交易金额的单位为百万元。

证券营业部交易
Trading of Business Department

营业部名称 Business Department	省份 Province	城市 City	总计 Total	股票 Share	基金 Fund	政府债 G-Bond	公司债 C-Bond	债券回购 Repo
南京证券股份有限公司徐州民主北路证券营业部	江苏	徐州	666.1	561.2	0.3	0.0	0.1	104.5
安信证券股份有限公司佛山金澜北路证券营业部	广东	佛山	664.0	466.7	2.3	0.1	0.1	194.9
开源证券有限责任公司商洛名人街证券营业部	陕西	商洛	662.8	363.4	2.5	0.1	1.3	295.5
国信证券股份有限公司中山中山四路证券营业部	广东	中山	662.2	257.9	1.1	0.0	2.7	400.6
华泰证券股份有限公司大悟西岳大道证券营业部	湖北	孝感	662.2	451.8	83.3	2.4	0.0	124.7
开源证券有限责任公司汉中南郑证券营业部	陕西	汉中	662.2	491.5	0.0	0.0	1.4	169.3
国泰君安证券股份有限公司鄂尔多斯证券营业部	内蒙	鄂尔多斯	662.0	555.1	18.8	0.0	4.1	84.0
大同证券经纪有限责任公司吕梁八一街证券营业部	山西	吕梁	661.6	324.1	0.8	0.0	0.0	336.8
财达证券有限责任公司保定定州中山中路证券营业部	河北	保定	657.6	562.4	0.8	0.0	0.1	94.3
国泰君安证券股份有限公司龙井繁荣路证券营业部	吉林	龙井	657.3	546.8	0.9	0.0	0.0	109.6
国信证券股份有限公司银川北京中路证券营业部	宁夏	银川	657.2	374.1	0.3	0.0	0.2	282.6
恒泰长财证券有限责任公司延吉局子街证券营业部	吉林	延吉	656.5	210.2	1.2	0.0	0.0	445.1
山西证券股份有限公司常德建设东路证券营业部	湖南	常德	655.7	580.1	0.7	0.0	0.4	74.4
长江证券股份有限公司武汉新洲大街证券营业部	湖北	武汉	655.3	586.3	6.3	0.0	0.1	62.6
东吴证券股份有限公司济南纬十二路证券营业部	山东	济南	650.7	631.2	0.2	0.0	0.0	19.3
招商证券股份有限公司十堰公园路证券营业部	湖北	十堰	649.0	438.4	8.4	0.0	0.1	202.1
民生证券股份有限公司深圳新湖路证券营业部	深圳	深圳	648.8	473.4	0.5	0.0	1.1	173.8
宏源证券股份有限公司阿图什帕米尔路证券营业部	新疆	阿图什	645.6	480.5	1.0	0.0	0.0	164.1
日信证券有限责任公司呼伦贝尔巴彦托海路营业部	内蒙	呼伦贝尔	642.6	606.3	0.6	0.0	3.2	32.5
中国银河证券股份有限公司淄博临淄大道证券营业部	山东	淄博	637.2	466.8	1.7	0.0	0.0	168.7
财通证券股份有限公司建德新安东路证券营业部	浙江	杭州	637.1	313.6	2.6	0.0	0.0	320.9
华泰证券股份有限公司建始业州大道证券营业部	湖北	恩施	635.6	343.8	206.7	0.0	1.1	84.0
南京证券股份有限公司南宁竹溪大道证券营业部	广西	南宁	634.9	433.5	48.7	0.0	0.2	152.4
上海证券有限责任公司鼓浪路证券营业部	上海	上海	634.6	409.6	6.1	0.0	0.4	218.5
山西证券股份有限公司长治延安中路证券营业部	山西	长治	632.8	504.4	1.2	0.0	2.5	124.7
招商证券股份有限公司烟台莱州市府前街证券营业部	山东	烟台	630.1	145.4	0.7	0.0	0.0	484.0
财达证券有限责任公司石家庄石化证券营业部	河北	石家庄	626.0	513.4	0.8	0.0	0.4	111.5
海通证券股份有限公司韶关文化街证券营业部	广东	韶关	622.7	306.0	1.8	0.0	0.1	314.8
山西证券股份有限公司盂县秀水东街证券营业部	山西	阳泉	620.2	457.6	1.1	0.0	0.7	160.7
东莞证券有限责任公司东莞大岭山证券营业部	广东	东莞	616.8	500.3	0.0	0.0	0.0	116.5
东莞证券有限责任公司阳江西平北路证券营业部	广东	阳江	614.4	545.1	0.7	0.0	0.3	68.3
山西证券股份有限公司长治长北漳泽东街证券营业部	山西	长治	614.3	495.3	0.4	0.7	0.0	117.9
国海证券股份有限公司百色平果县教育路证券营业部	广西	百色	613.5	602.6	0.9	0.0	0.0	10.0
中信证券（浙江）有限责任公司厦门沧林路证券营业部	福建	厦门	613.1	408.7	2.1	0.0	0.0	202.3
招商证券股份有限公司大庆西宾路证券营业部	黑龙江	大庆	610.6	192.3	1.5	0.0	0.0	416.8
日信证券有限责任公司包头钢铁大街证券营业部	内蒙	包头	607.9	275.2	0.0	0.0	0.7	332.0
财达证券有限责任公司邯郸磁县朝阳北大街营业部	河北	邯郸	606.4	566.7	0.5	0.0	0.0	39.2
华龙证券有限责任公司敦煌鸣山路证券营业部	甘肃	敦煌	604.8	577.5	1.3	0.0	23.0	3.0
厦门证券有限公司厦门南山路证券营业部	福建	厦门	602.9	297.6	0.0	0.0	0.0	305.3
中国中投证券有限责任公司遂宁蓬溪映月街营业部	四川	遂宁	601.2	571.9	1.4	0.0	0.0	27.9
中国民族证券有限责任公司哈尔滨阿城延川大街证券营业部	黑龙江	哈尔滨	599.8	499.4	1.3	0.0	0.0	99.1
江海证券有限公司哈尔滨宾县中心街证券营业部	黑龙江	哈尔滨	598.9	263.2	0.3	0.0	16.1	319.2
上海证券有限责任公司新站路证券营业部	上海	上海	598.3	240.9	6.4	0.0	2.4	348.6
华泰证券股份有限公司漳州九龙大道证券营业部	福建	漳州	598.1	289.5	0.3	0.0	0.4	307.9
中信建投证券股份有限公司太原迎泽大街证券营业部	山西	太原	597.1	336.4	35.1	0.0	8.5	217.1
恒泰证券股份有限公司临河五一街证券营业部	内蒙	巴彦淖尔	587.0	462.4	0.4	0.0	0.0	124.1
五矿证券有限公司重庆中山三路证券营业部	重庆	重庆	586.8	437.1	0.0	0.0	0.0	149.7
国信证券股份有限公司天津滨海新区黄海路营业部	天津	天津	585.6	402.1	0.0	0.0	0.8	182.7
中信证券股份有限公司北京丰管路证券营业部	北京	北京	584.8	434.3	1.9	0.0	1.5	147.1
广发证券股份有限公司东莞塘厦证券营业部	广东	东莞	584.3	273.7	6.9	0.0	0.0	303.7

注：营业部交易金额的单位为百万元。

证券营业部交易
Trading of Business Department

营业部名称 Business Department	省份 Province	城市 City	总计 Total	股票 Share	基金 Fund	政府债 G-Bond	公司债 C-Bond	债券回购 Repo
大同证券经纪有限责任公司河津新耿北街证券营业部	山西	河津	582.2	349.7	2.3	0.0	14.6	215.6
财达证券有限责任公司承德宽城金山街证券营业部	河北	承德	580.1	168.3	14.1	0.0	0.0	397.7
海通证券股份有限公司绵阳游仙证券营业部	四川	绵阳	578.6	479.2	0.6	0.0	21.8	77.0
财达证券有限责任公司石家庄鹿泉向阳大街证券营业部	河北	石家庄	577.9	570.8	0.3	0.0	0.0	6.8
华福证券有限责任公司莆田为民路证券营业部	福建	莆田	577.3	399.8	0.2	0.0	0.0	177.3
国海证券股份有限公司崇左沿山路证券营业部	广西	南宁	567.4	403.0	2.0	0.0	0.0	162.4
开源证券有限责任公司成都天府大道证券营业部	四川	成都	565.7	261.7	0.0	0.0	0.0	304.0
财达证券有限责任公司玉田北环路证券营业部	河北	唐山	565.1	502.3	0.9	0.0	0.0	61.9
方正证券股份有限公司北京通朝大街证券营业部	北京	北京	564.7	307.5	30.2	0.0	5.6	221.4
财达证券有限责任公司衡水冀州金鸡大街证券营业部	河北	衡水	564.5	407.8	0.9	0.0	0.2	155.6
西南证券股份有限公司重庆潼南证券营业部	重庆	重庆	560.8	515.0	17.1	0.0	0.0	28.6
爱建证券有限责任公司北京朝阳门内大街证券营业部	北京	北京	558.5	514.5	2.7	0.0	0.0	41.2
海通证券股份有限公司咸宁潜山路证券营业部	湖北	咸宁	557.0	477.6	1.6	0.0	0.0	77.8
恒泰长财证券有限责任公司通化东昌路证券营业部	吉林	通化	554.4	492.9	0.9	0.0	0.6	60.0
中信建投证券股份有限公司安康解放路证券营业部	陕西	安康	553.0	398.3	4.5	0.0	0.2	150.0
中原证券股份有限公司巩义嵩山路证券营业部	河南	郑州	549.7	246.3	0.0	0.0	0.5	302.9
信达证券股份有限公司丹东宽甸证券营业部	辽宁	营口	549.5	519.2	1.5	0.7	0.4	27.8
中国国际金融有限公司中国国际金融有限公司佛山季华五路证券营业	广东	佛山	547.0	84.6	0.0	0.0	4.2	458.2
平安证券有限责任公司金华金瓯路证券营业部	浙江	金华	542.7	479.6	0.3	0.0	0.0	62.8
东海证券股份有限公司如皋中山东路证券营业部	江苏	如皋	541.2	190.4	1.4	0.0	0.0	349.4
西部证券股份有限公司银川新华东街证券营业部	宁夏	银川	540.0	505.6	0.1	0.0	0.0	34.4
中原证券股份有限公司张家港人民中路证券营业部	江苏	张家港	539.9	476.4	0.0	0.0	0.0	63.5
华西证券有限责任公司自贡贡井长征大道证券营业部	四川	自贡	539.1	460.3	0.6	0.0	0.7	77.5
中银国际证券有限责任公司西安未央路证券营业部	陕西	西安	537.8	532.9	4.5	0.0	0.4	0.0
中信万通证券有限责任公司青岛李沧书院路证券营业部	山东	青岛	535.1	99.5	0.0	0.0	1.9	433.7
齐鲁证券有限公司肥城龙山路证券营业部	山东	泰安	535.1	24.9	510.2	0.0	0.0	0.0
世纪证券有限责任公司东莞长安证券营业部	广东	东莞	535.0	442.9	3.7	0.0	0.0	88.4
华泰证券股份有限公司广州花都迎宾大道证券营业部	广东	广州	534.3	303.8	0.3	0.0	7.3	223.0
东北证券股份有限公司临江临江大街证券营业部	吉林	临江	532.3	380.5	2.4	0.0	0.2	149.3
海通证券股份有限公司桂林漓江路证券营业部	广西	桂林	531.7	282.9	0.0	0.0	0.3	248.5
信达证券股份有限公司本溪桓仁证券营业部	辽宁	本溪	530.4	502.0	0.2	0.0	1.3	27.0
海通证券股份有限公司黑河中央街证券营业部	黑龙江	黑河	528.2	434.8	0.4	0.0	0.0	93.0
宏信证券有限责任公司峨眉山车箭路证券营业部	四川	峨眉山	527.9	451.9	0.1	0.0	0.1	75.8
财达证券有限责任公司张家口怀来县证券营业部	河北	张家口	525.6	499.2	3.1	0.0	0.9	22.4
华西证券有限责任公司德阳南街证券营业部	四川	德阳	524.7	292.3	2.2	0.0	0.2	230.0
中原证券股份有限公司林州兴林街证券营业部	河南	安阳	524.3	225.2	0.5	0.0	0.1	298.6
宏源证券股份有限公司南通工农北路证券营业部	江苏	南通	522.8	360.7	1.1	0.0	0.0	161.0
财达证券有限责任公司邯郸永年新洺路证券营业部	河北	邯郸	522.2	364.6	0.3	0.0	0.0	157.3
宏源证券股份有限公司呼图壁东风路证券营业部	新疆	昌吉	515.7	510.2	1.4	0.0	0.0	4.2
中信证券（浙江）有限责任公司上饶县七六路证券营业部	江西	上饶	515.6	484.0	8.3	0.0	0.1	23.2
华西证券有限责任公司宜宾珙县滨河西街证券营业部	四川	宜宾	514.8	431.0	2.6	0.0	0.2	81.1
国联证券股份有限公司淄博淄城路证券营业部	山东	淄博	510.4	453.1	0.6	0.0	0.2	56.6
华龙证券有限责任公司天水麦积区证券营业部	甘肃	天水	510.2	464.5	0.4	0.0	0.0	45.4
西藏同信证券有限责任公司中牟商都大街证券营业部	河南	郑州	508.0	337.0	0.5	0.0	0.6	169.9
国海证券股份有限公司桂林辅星路证券营业部	广西	桂林	503.3	332.4	2.0	0.0	0.2	168.7
华福证券有限责任公司泉港南山中路证券营业部	福建	泉州	502.8	302.8	5.2	0.0	0.1	194.8
东海证券股份有限公司常州延陵东路证券营业部	江苏	常州	501.5	198.1	22.1	0.7	9.1	271.5
宏信证券有限责任公司马尔康达尔玛街证券营业部	四川	阿坝州	499.8	465.4	0.2	0.0	0.0	34.2
国海证券股份有限公司玉林人民中路证券营业部	广西	玉林	498.5	260.6	0.2	0.0	0.0	237.6
财达证券有限责任公司秦皇岛抚宁迎宾路证券营业部	河北	秦皇岛	494.2	474.4	1.2	0.0	0.2	18.4

注：营业部交易金额的单位为百万元。

证券营业部交易
Trading of Business Department

营业部名称 Business Department	省份 Province	城市 City	总计 Total	股票 Share	基金 Fund	政府债 G-Bond	公司债 C-Bond	债券回购 Repo
广发证券股份有限公司阳江东风一路证券营业部	广东	阳江	493.0	294.2	4.5	0.0	3.7	190.5
招商证券股份有限公司梧州冬湖路证券营业部	广西	梧州	491.6	359.9	8.5	0.0	0.2	123.0
国盛证券有限责任公司重庆大坪正街证券营业部	重庆	重庆	490.6	305.5	0.0	0.0	0.0	185.1
华福证券有限责任公司永春留安路证券营业部	福建	泉州	488.2	364.8	1.6	0.0	0.3	121.5
广发证券股份有限公司吴江仲英大道证券营业部	江苏	苏州	485.4	480.2	0.0	0.0	0.0	5.2
华创证券有限责任公司贵阳白云同心路证券营业部	贵州	贵阳	484.8	300.4	0.0	0.0	0.0	184.4
天源证券有限公司东莞胜和路证券营业部	广东	东莞	483.9	380.6	0.0	0.0	0.0	103.3
山西证券股份有限公司原平前进西街证券营业部	山西	忻州	483.3	331.2	6.8	0.2	0.2	144.9
海通证券股份有限公司黑河嫩江嫩兴路证券营业部	黑龙江	黑河	482.3	441.7	1.6	0.0	0.1	39.0
方正证券股份有限公司温州丽岙中路证券营业部	浙江	温州	482.2	284.3	0.0	0.0	0.0	197.9
华泰证券股份有限公司泰州高港金港南路证券营业部	江苏	泰州	480.0	345.8	0.0	0.0	1.0	133.2
华福证券有限责任公司平潭西航路证券营业部	福建	福州	479.7	442.9	0.4	0.0	0.1	36.3
华创证券有限责任公司都匀斗篷山路证券营业部	贵州	都匀	478.2	396.8	0.4	0.0	0.2	80.8
山西证券股份有限公司朔州神头振兴东街证券营业部	山西	朔州	475.8	435.0	0.5	0.0	0.0	40.2
国金证券股份有限公司德阳岷江东路证券营业部	四川	德阳	475.7	375.8	0.0	0.0	0.1	99.8
齐鲁证券有限公司滨州邹平黄山三路证券营业部	山东	滨州	474.3	424.5	1.0	0.0	1.8	47.0
平安证券有限责任公司南通外环北路证券营业部	江苏	南通	470.1	189.6	0.1	0.0	0.0	280.5
兴业证券股份有限公司闽侯入城路证券营业部	福建	福州	467.4	133.1	8.0	0.0	0.0	326.3
西部证券股份有限公司汉中西乡证券营业部	陕西	汉中	467.1	466.7	0.3	0.0	0.0	0.0
中信证券（浙江）有限责任公司三明新市中路证券营业部	福建	三明	465.9	335.9	1.8	0.0	0.0	128.2
恒泰证券股份有限公司扎兰屯中央路证券营业部	内蒙	呼伦贝尔	464.1	437.2	0.6	0.0	0.1	26.3
广发证券股份有限公司咸阳世纪大道证券营业部	陕西	咸阳	463.7	373.6	1.3	0.0	0.0	88.8
中国银河证券股份有限公司灵石新建街证券营业部	山西	晋中	462.6	350.5	9.3	0.0	4.7	98.2
东海证券股份有限公司珠海吉大路证券营业部	广东	珠海	462.6	444.8	0.8	0.0	0.1	16.9
华龙证券有限责任公司金昌上海路证券营业部	甘肃	金昌	462.3	293.2	0.1	0.0	0.1	168.9
大同证券经纪有限责任公司朔州开发南路证券营业部	山西	朔州	458.0	351.8	6.5	0.0	0.2	99.6
光大证券股份有限公司广州宝岗大道证券营业部	广东	广州	457.6	327.8	10.0	0.0	0.0	119.8
国信证券股份有限公司天津滨海新区滨海科技园日新道证券营业部	天津	天津	457.3	277.2	0.2	0.0	0.2	179.7
东方证券股份有限公司抚顺清原证券营业部	辽宁	抚顺	453.2	451.7	0.8	0.2	0.5	0.0
中航证券有限公司南通城港路证券营业部	江苏	南通	452.8	173.9	0.3	0.0	0.0	278.6
广州证券有限责任公司广州长堤大马路证券营业部	广东	广州	452.6	255.2	0.4	0.0	0.2	196.8
安信证券股份有限公司绵阳绵山路证券营业部	四川	绵阳	448.2	313.5	0.6	0.0	1.3	132.8
西藏同信证券有限责任公司淄博东街证券营业部	山东	淄博	447.0	289.4	0.0	0.0	0.0	157.5
华泰证券股份有限公司沭阳北京北路证券营业部	江苏	宿迁	446.4	409.3	3.7	0.0	0.7	32.7
申银万国证券股份有限公司淮安淮海南路证券营业部	江苏	淮安	445.3	244.4	0.7	0.0	0.2	200.0
华泰证券股份有限公司贵阳金阳南路证券营业部	贵州	贵阳	444.7	401.3	0.1	0.0	3.2	40.2
国信证券股份有限公司上海荣乐东路证券营业部	上海	上海	443.5	261.0	0.4	0.0	0.0	182.1
东海证券股份有限公司盐城建军东路证券营业部	江苏	盐城	441.6	279.0	0.1	0.0	0.0	162.5
华福证券有限责任公司古田解放路证券营业部	福建	宁德	437.3	435.9	1.2	0.0	0.0	0.2
天源证券有限公司大通人民路证券营业部	青海	西宁	437.0	122.1	0.0	0.0	0.0	314.9
南京证券股份有限公司江苏省赣榆县黄海路证券营业部	江苏	连云港	437.0	430.8	0.3	0.0	0.0	5.9
中原证券股份有限公司沁阳沁园南路证券营业部	河南	焦作	437.0	394.9	1.5	0.0	0.0	40.6
长江证券股份有限公司沙洋荆河路证券营业部	湖北	荆门	436.7	305.2	5.3	0.0	0.4	125.8
西藏同信证券有限责任公司伊通正阳路证券营业部	吉林	四平	436.0	42.3	0.0	0.0	0.0	393.7
财达证券有限责任公司佳木斯长安路证券营业部	黑龙江	佳木斯	434.1	255.7	0.0	0.0	0.0	178.4
恒泰证券股份有限公司二连浩特新华大街证券营业部	内蒙	二连浩特	429.0	401.4	11.0	0.0	0.0	16.6
财达证券有限责任公司石家庄无极光明南街证券营业部	河北	石家庄	426.1	421.2	0.1	0.0	0.0	4.8
财达证券有限责任公司邢台宁晋兴宁街证券营业部	河北	邢台	425.3	364.1	4.0	0.0	0.1	57.1
海通证券股份有限公司榆林榆阳证券营业部	陕西	榆林	424.4	389.6	0.1	0.0	0.0	34.7
华安证券有限责任公司芜湖九华南路证券营业部	安徽	芜湖	424.1	302.1	1.7	0.0	0.0	120.3

注：营业部交易金额的单位为百万元。

证券营业部交易
Trading of Business Department

营业部名称 Business Department	省份 Province	城市 City	总计 Total	股票 Share	基金 Fund	政府债 G-Bond	公司债 C-Bond	债券回购 Repo
齐鲁证券有限公司滕州新兴中路证券营业部	山东	滕州	423.4	50.5	0.3	0.0	0.0	372.6
财达证券有限责任公司邢台巨鹿新华南街证券营业部	河北	邢台	423.2	365.0	0.9	0.0	0.1	57.2
西藏同信证券有限责任公司廊坊光明西道证券营业部	河北	廊坊	421.8	421.7	0.0	0.0	0.0	0.0
国联证券股份有限公司淮安淮海北路证券营业部	江苏	淮安	420.8	285.8	1.2	0.0	0.0	133.8
长城证券有限责任公司连云港海棠中路证券营业部	江苏	连云港	419.8	350.8	0.6	0.0	0.0	68.4
开源证券有限责任公司铜川正阳路证券营业部	陕西	铜川	418.8	293.3	0.1	0.0	0.0	125.4
华创证券有限责任公司赤水市校园街证券营业部	贵州	赤水	418.7	417.3	0.5	0.0	0.3	0.6
华创证券有限责任公司清镇云岭西路证券营业部	贵州	清镇	416.7	105.1	0.1	0.0	0.1	311.4
国元证券股份有限公司定远东城路证券营业部	安徽	滁州	416.0	413.8	1.8	0.0	0.2	0.2
广州证券有限责任公司江门冈州大道证券营业部	广东	江门	415.3	208.1	0.1	0.0	19.2	188.0
中航证券有限公司鹰潭交通路证券营业部	江西	鹰潭	414.7	374.6	0.0	0.0	0.1	40.0
宏源证券股份有限公司奇台东大街证券营业部	新疆	昌吉	413.7	401.0	0.5	0.0	0.0	12.2
方正证券股份有限公司株洲攸县大巷路证券营业部	湖南	株洲	413.3	126.5	0.0	0.0	0.0	286.8
宏源证券股份有限公司湛江人民大道中证券营业部	广东	湛江	409.1	303.3	1.4	0.0	0.1	104.2
东海证券股份有限公司南宁民主路证券营业部	广西	南宁	408.2	179.3	0.3	0.0	0.9	227.8
长江证券股份有限公司石首绣林大道证券营业部	湖北	石首	407.3	328.1	2.6	0.0	0.0	76.6
中国银河证券股份有限公司柳州友谊路证券营业部	广西	柳州	406.1	83.8	4.2	0.0	0.0	318.1
长江证券股份有限公司枝江迎宾大道证券营业部	湖北	枝江	405.4	336.6	1.1	0.0	0.0	67.7
东北证券股份有限公司双辽辽河路证券营业部	吉林	四平	400.6	330.6	0.2	0.0	0.0	69.8
东莞证券有限责任公司东莞证券有限责任公司德清武源街证券营业部	浙江	德清	399.5	246.8	1.3	0.0	0.0	151.4
中信证券（浙江）有限责任公司天台县后巷证券营业部	浙江	台州	397.9	227.7	0.7	0.0	0.0	169.5
众成证券经纪有限公司长沙芙蓉中路证券营业部	湖南	长沙	397.7	317.3	0.0	0.0	0.4	80.0
中原证券股份有限公司西峡世纪大道证券营业部	河南	南阳	394.2	297.2	0.1	0.0	0.3	96.6
财达证券有限责任公司邯郸雪驰路证券营业部	河北	邯郸	394.0	353.0	0.2	0.0	0.0	40.8
西部证券股份有限公司廊坊广阳道证券营业部	河北	廊坊	393.8	269.1	1.6	0.0	0.0	123.1
广发证券股份有限公司中山三乡证券营业部	广东	中山	390.9	245.1	3.8	0.0	0.0	142.0
华福证券有限责任公司闽清解放大街证券营业部	福建	福州	390.2	312.8	0.6	0.0	0.0	76.9
华福证券有限责任公司尤溪建设东街证券营业部	福建	三明	385.9	360.7	0.1	0.0	0.0	25.1
华泰证券股份有限公司马鞍山华飞路证券营业部	安徽	马鞍山	385.8	250.8	4.2	0.0	0.1	130.7
兴业证券股份有限公司上海谷阳北路证券营业部	上海	松江	385.7	141.9	1.3	0.0	0.3	242.2
华泰证券股份有限公司泰州兴化长安中路证券营业部	江苏	兴化	384.2	178.7	19.3	0.0	0.0	186.2
中信证券（浙江）有限责任公司景德镇昌南大道证券营业部	江西	景德镇	382.4	237.3	4.0	0.0	0.0	141.1
华泰证券股份有限公司常州华丰路证券营业部	江苏	常州	381.8	340.3	1.2	0.0	0.0	40.3
日信证券有限责任公司满洲里中苏街证券营业部	内蒙	满洲里	379.1	348.2	1.0	0.0	0.0	30.0
国海证券股份有限公司桂林阳朔县蟠桃路证券营业部	广西	桂林	378.8	306.0	0.6	0.0	0.0	72.2
华泰证券股份有限公司来凤凤翔大道证券营业部	湖北	恩施	378.5	324.2	45.1	0.2	0.2	8.8
中国银河证券股份有限公司成都人民南路证券营业部	四川	成都	375.2	13.0	0.0	0.0	0.0	362.2
金元证券股份有限公司广州番禺大道北证券营业部	广东	广州	374.9	201.9	0.0	0.0	0.0	173.0
国金证券股份有限公司国金证券股份有限公司攀枝花攀枝花大道证券	四川	攀枝花	374.0	173.0	0.4	0.0	0.0	200.6
方正证券股份有限公司磐安壶厅东路证券营业部	浙江	金华	373.8	277.2	0.1	0.0	0.0	96.6
长江证券股份有限公司阳新陵园大道证券营业部	湖北	黄石	371.9	292.0	1.1	0.0	0.0	78.8
广发证券股份有限公司佛山南海大沥证券营业部	广东	佛山	371.0	234.4	1.8	0.0	8.3	126.5
中国银河证券股份有限公司江门东海路证券营业部	广东	江门	366.3	153.7	4.1	0.0	0.5	208.0
申银万国证券股份有限公司湘潭建设北路证券营业部	湖南	湘潭	366.1	144.1	1.9	0.0	0.0	220.0
大同证券经纪有限责任公司孝义迎宾北路证券营业部	山西	孝义	365.8	112.1	0.0	0.0	0.0	253.7
财富证券有限责任公司岳阳花板桥路证券营业部	湖南	岳阳	361.7	333.9	0.0	0.0	0.0	27.8
五矿证券有限公司沈阳滂江街证券营业部	辽宁	沈阳	357.2	139.5	0.0	0.0	0.0	217.7
财达证券有限责任公司保定易县朝阳西路证券营业部	河北	保定	355.5	241.4	0.4	0.0	0.0	113.7
恒泰长财证券有限责任公司前郭哈萨尔路证券营业部	吉林	松原	355.4	287.4	0.0	0.0	0.0	68.0
华泰证券股份有限公司伊宁市解放西路证券营业部	新疆	伊宁	353.8	155.5	0.7	0.0	0.4	197.2

注：营业部交易金额的单位为百万元。

证券营业部交易
Trading of Business Department

营业部名称 Business Department	省份 Province	城市 City	总计 Total	股票 Share	基金 Fund	政府债 G-Bond	公司债 C-Bond	债券回购 Repo
国盛证券有限责任公司太原新建南路证券营业部	山西	太原	351.4	231.8	0.3	0.0	0.0	119.3
招商证券股份有限公司咸阳人民东路证券营业部	陕西	咸阳	348.3	204.3	1.7	0.0	71.1	71.3
民生证券股份有限公司南宁民族大道证券营业部	广西	南宁	346.7	231.6	0.0	0.0	0.0	115.1
海通证券股份有限公司齐齐哈尔讷河中心大街证券营业部	黑龙江	齐齐哈尔	345.0	341.1	1.9	0.0	0.0	2.0
海通证券股份有限公司温州锦绣路证券营业部	浙江	温州	344.0	56.5	0.1	0.0	0.0	287.5
恒泰证券股份有限公司鄂尔多斯达拉特旗证券营业部	内蒙	鄂尔多斯	343.0	332.0	0.0	0.0	0.0	11.0
财富证券有限责任公司长沙银盆南路证券营业部	湖南	长沙	342.9	133.0	0.0	0.0	0.0	209.9
财达证券有限责任公司石家庄井陉建设南路证券营业部	河北	石家庄	340.6	301.0	0.5	0.0	0.0	39.1
中国银河证券股份有限公司渭南朝阳大街证券营业部	陕西	渭南	339.3	221.0	1.0	0.0	1.6	115.6
大同证券经纪有限责任公司文水则天大街证券营业部	山西	吕梁	338.3	61.6	0.0	0.0	7.3	269.4
齐鲁证券有限公司禹城汉槐街证券营业部	山东	德州	338.2	152.5	73.5	0.0	0.0	112.2
西藏同信证券有限责任公司石家庄正定府西街证券营业部	河北	石家庄	337.8	331.5	0.0	0.0	0.0	6.3
开源证券有限责任公司咸阳兴平证券营业部	陕西	咸阳	337.3	292.4	0.2	0.0	0.0	44.7
招商证券股份有限公司青岛即墨市蓝鳌路证券营业部	山东	青岛	337.2	244.5	0.1	0.0	0.2	92.4
财达证券有限责任公司唐山迁西喜峰路证券营业部	河北	唐山	335.7	303.2	0.2	0.0	0.0	32.3
东方证券股份有限公司上海沪宜公路证券营业部	上海	上海	332.9	212.6	0.0	0.0	0.0	120.3
财达证券有限责任公司沧州新华中路证券营业部	河北	沧州	328.8	307.1	1.6	0.0	0.0	20.1
红塔证券股份有限公司建水朝阳北路证券营业部	云南	建水	328.8	301.9	3.7	0.0	0.0	23.2
财达证券有限责任公司石家庄栾城丰泽大街营业部	河北	石家庄	322.6	262.3	2.2	0.0	0.1	58.0
中信建投证券股份有限公司泉州丰泽街证券营业部	福建	泉州	315.0	74.2	0.1	0.0	14.4	226.2
恒泰长财证券有限责任公司白城民生东路证券营业部	吉林	白城	314.6	281.2	0.6	0.0	0.0	32.8
华泰证券股份有限公司镇江句容华阳东路证券营业部	江苏	句容	314.4	144.5	0.1	0.0	0.0	169.8
中国银河证券股份有限公司翼城红旗街证券营业部	山西	临汾	314.1	313.4	0.7	0.0	0.0	0.0
长城证券有限责任公司潍坊玄武街证券营业部	山东	潍坊	313.6	120.9	1.3	0.0	0.0	191.5
联讯证券有限责任公司广州东风中路证券营业部	广东	广州	313.2	196.3	0.1	0.0	0.0	116.7
山西证券股份有限公司寿阳朝阳街证券营业部	山西	晋中	311.8	86.1	0.2	0.0	0.0	225.4
大通证券股份有限公司大连西南路证券营业部	辽宁	大连	310.7	241.0	0.0	0.0	0.3	69.4
财达证券有限责任公司宿迁沭阳深圳东路证券营业部	江苏	宿迁	310.0	309.1	0.7	0.0	0.2	0.1
国海证券股份有限公司来宾桂中大道证券营业部	广西	来宾	309.2	305.8	0.3	0.0	0.0	3.1
万和证券有限责任公司三亚解放二路证券营业部	海南	三亚	308.3	206.8	0.1	0.0	0.0	101.4
宏源证券股份有限公司库尔勒利民路证券营业部	新疆	库尔勒	308.2	252.9	1.2	0.0	0.0	54.2
东莞证券有限责任公司东莞道滘证券营业部	广东	东莞	307.3	219.5	0.6	0.0	0.1	87.1
中信建投证券股份有限公司南通工农北路证券营业部	江苏	南通	306.4	27.7	199.9	0.0	17.2	61.6
浙商证券股份有限公司泰顺爱国路证券营业部	浙江	温州	305.4	264.2	1.6	0.0	0.0	39.6
东方证券股份有限公司上海崇明东门路证券营业部	上海	上海	305.0	60.8	0.0	0.0	0.0	244.2
宏信证券有限责任公司阿坝汶川县岷江路证券营业部	四川	阿坝州	303.8	292.3	0.5	0.0	0.0	11.0
中邮证券有限责任公司渭南朝阳路证券营业部	陕西	渭南	303.0	242.3	0.0	0.0	0.0	60.7
华福证券有限责任公司长泰人民西路证券营业部	福建	漳州	298.1	178.9	8.2	0.0	6.8	104.2
长江证券股份有限公司洪湖文泉大道证券营业部	湖北	洪湖	295.1	226.2	34.7	0.0	0.0	34.2
国信证券股份有限公司西安浐灞大道证券营业部	陕西	西安	294.3	206.0	7.4	0.0	0.2	80.7
国海证券股份有限公司防城港东兴市北仑大道营业部	广西	东兴	289.8	231.7	0.2	0.0	0.0	57.9
西部证券股份有限公司汉中宁强证券营业部	陕西	汉中	288.0	287.9	0.0	0.0	0.0	0.0
华福证券有限责任公司浦城兴浦路证券营业部	福建	南平	286.3	219.1	0.5	0.0	0.0	66.6
浙商证券股份有限公司淳安明珠路证券营业部	浙江	杭州	285.3	137.3	0.1	0.0	0.0	148.0
长江证券股份有限公司黄冈八一路证券营业部	湖北	黄冈	284.9	283.4	1.4	0.0	0.0	0.0
中信建投证券股份有限公司北京太平桥路证券营业部	北京	北京	283.8	169.4	1.2	0.0	2.0	111.1
日信证券有限责任公司鄂尔多斯天骄路证券营业部	内蒙	鄂尔多斯	282.0	28.6	0.0	0.0	0.0	253.4
恒泰长财证券有限责任公司吉林磐石东宁街营业部	吉林	磐石	281.1	262.6	0.2	0.0	0.0	18.3
方正证券股份有限公司长沙望城宝粮路证券营业部	湖南	长沙	280.6	266.3	11.0	0.0	0.0	3.3
中银国际证券有限责任公司长沙新韶路证券营业部	湖南	长沙	276.8	276.8	0.0	0.0	0.0	0.0

注：营业部交易金额的单位为百万元。

证券营业部交易
Trading of Business Department

营业部名称 Business Department	省份 Province	城市 City	总计 Total	股票 Share	基金 Fund	政府债 G-Bond	公司债 C-Bond	债券回购 Repo
联讯证券有限责任公司惠州博罗罗阳证券营业部	广东	惠州	275.9	210.5	0.5	0.0	2.0	62.9
招商证券股份有限公司榆林新建南路证券营业部	陕西	榆林	275.2	225.5	0.7	0.0	0.1	48.9
中原证券股份有限公司新密东大街证券营业部	河南	郑州	272.7	225.3	0.7	0.0	0.0	46.8
光大证券股份有限公司抚顺东四路证券营业部	辽宁	抚顺	272.7	18.7	0.0	0.0	0.0	254.0
财达证券有限责任公司石家庄平山柏坡东路证券营业部	河北	石家庄	271.2	74.3	4.5	0.0	0.0	192.4
开源证券有限责任公司安康石泉证券营业部	陕西	安康	270.4	224.7	0.0	0.0	0.8	44.9
东莞证券有限责任公司东莞寮步证券营业部	广东	东莞	270.2	181.2	0.2	0.0	1.2	87.6
中国中投证券有限责任公司平潭西航路证券营业部	福建	福州	268.8	230.6	4.8	0.0	0.0	33.4
华福证券有限责任公司大田建山路证券营业部	福建	三明	268.7	255.5	0.0	0.0	0.0	13.2
恒泰证券股份有限公司呼和浩特新华大街证券营业部	内蒙	呼和浩特	268.6	161.7	0.0	0.0	0.0	106.9
华安证券有限责任公司郎溪中港路证券营业部	安徽	宣城	262.7	208.0	0.4	0.0	0.0	54.3
东吴证券股份有限公司南宁朝阳路证券营业部	广西	南宁	260.9	206.8	0.1	0.0	0.0	54.0
信达证券股份有限公司阜新阜蒙证券营业部	辽宁	阜新	258.8	257.1	0.5	0.4	0.0	0.9
大通证券股份有限公司宜春袁山中路证券营业部	江西	宜春	258.2	216.3	0.0	0.0	0.0	41.9
东吴证券股份有限公司海口金贸西路证券营业部	海南	海口	257.8	236.7	0.0	0.0	0.2	20.9
国金证券股份有限公司南充江东中路证券营业部	四川	南充	256.0	140.2	69.7	0.0	0.2	45.9
东北证券股份有限公司江源城墙街证券营业部	吉林	白山	253.6	226.1	0.0	0.0	0.0	27.4
中信建投证券股份有限公司贵阳黄河路证券营业部	贵州	贵阳	253.3	105.4	3.0	0.0	0.0	144.9
中信建投证券股份有限公司北京昌平昌崔路营业部	北京	北京	251.6	65.0	0.1	0.0	0.0	186.6
华泰证券股份有限公司神农架常青路证券营业部	湖北	神农架林区	251.5	220.0	31.2	0.0	0.0	0.2
东吴证券股份有限公司徐州北京北路证券营业部	江苏	徐州	250.9	98.8	0.1	0.0	0.0	152.0
华西证券有限责任公司仁寿阳光路证券营业部	四川	眉山	248.1	235.8	0.7	0.0	0.3	11.3
方正证券股份有限公司娄底双峰复兴路证券营业部	湖南	娄底	247.1	222.3	1.4	0.0	0.0	23.4
海通证券股份有限公司邵阳戴家路证券营业部	湖南	邵阳	245.2	191.4	0.2	0.0	0.0	53.7
国金证券股份有限公司国金证券股份有限公司广安岳池县滨河东路证	四川	广安	244.3	243.3	0.6	0.0	0.1	0.3
华泰证券股份有限公司巴东楚天路证券营业部	湖北	恩施	242.0	201.2	33.8	0.0	0.0	7.0
西南证券股份有限公司唐山新华西道证券营业部	河北	唐山	241.2	230.0	0.0	0.0	0.0	11.2
方正证券股份有限公司临海巾山东路证券营业部	浙江	台州	241.1	82.5	114.4	0.0	4.8	39.4
财达证券有限责任公司涿州甲秀路证券营业部	河北	保定	240.6	193.5	0.4	0.0	0.8	46.0
红塔证券股份有限公司呈贡环城西路证券营业部	云南	昆明	240.1	232.1	5.1	0.0	0.0	2.9
开源证券有限责任公司韩城盘河路证券营业部	陕西	韩城	237.7	58.7	0.0	0.0	0.0	179.0
广发证券股份有限公司佛山顺德文海西路证券营业部	广东	佛山	237.0	95.0	4.4	0.0	0.6	136.9
华融证券股份有限公司昆明春城路证券营业部	云南	昆明	236.0	108.6	0.0	0.0	0.0	127.4
山西证券股份有限公司闻喜牌楼东街证券营业部	山西	运城	235.0	217.5	2.6	0.0	0.1	14.9
金元证券股份有限公司三亚迎宾大道证券营业部	海南	三亚	233.3	152.8	0.0	0.0	0.0	80.5
渤海证券股份有限公司天津东一环路证券营业部	天津	蓟县	232.3	124.0	9.1	0.0	3.9	95.3
华龙证券有限责任公司甘谷广场证券营业部	甘肃	天水	228.4	75.6	0.3	0.0	0.3	152.1
招商证券股份有限公司银川宁安大街证券营业部	宁夏	银川	228.4	146.3	0.1	0.0	0.1	81.9
东北证券股份有限公司大安人民路证券营业部	吉林	大安	227.7	36.9	0.5	0.0	0.0	190.3
中信建投证券股份有限公司安吉天荒坪路证券营业部	浙江	湖州	226.9	119.5	0.6	0.0	0.0	106.8
中国中投证券有限责任公司拉萨林廓西路证券营业部	西藏	拉萨	221.4	218.0	1.2	0.0	0.3	1.9
华创证券有限责任公司黔西水西大道证券营业部	贵州	黔西	220.2	103.3	0.0	0.0	0.1	116.9
新时代证券有限责任公司北京兴华大街证券营业部	北京	北京	219.6	88.8	0.0	0.0	0.0	130.8
西藏同信证券有限责任公司石家庄槐安东路营业部	河北	石家庄	219.1	80.5	0.8	0.0	0.0	137.8
东吴证券股份有限公司瑞丽人民路证券营业部	云南	瑞丽	218.1	116.4	0.0	0.0	0.0	101.7
国联证券股份有限公司桂林滨江路证券营业部	广西	桂林	217.8	214.2	1.4	0.0	0.0	2.2
华西证券有限责任公司荣县望景路证券营业部	四川	自贡	216.4	214.7	0.4	0.0	0.0	1.4
招商证券股份有限公司荆州荆中路证券营业部	湖北	荆州	210.7	161.5	0.3	0.0	0.1	48.7
民生证券股份有限公司深圳龙翔大道证券营业部	深圳	深圳	206.5	205.2	0.0	0.0	0.0	1.3
招商证券股份有限公司马鞍山湖南西路证券营业部	安徽	马鞍山	203.7	83.8	0.9	0.0	0.1	118.9

注：营业部交易金额的单位为百万元。

证券营业部交易 Trading of Business Department

营业部名称 Business Department	省份 Province	城市 City	总计 Total	股票 Share	基金 Fund	政府债 G-Bond	公司债 C-Bond	债券回购 Repo
大同证券经纪有限责任公司闻喜西湖南路证券营业部	山西	运城	199.4	48.8	0.0	0.0	0.0	150.6
西藏同信证券有限责任公司武汉蔡甸街证券营业部	湖北	武汉	199.2	83.2	0.0	0.0	0.0	116.0
东海证券股份有限公司泰兴济川路证券营业部	江苏	泰兴	196.7	159.0	2.2	0.0	0.1	35.4
华西证券有限责任公司南充南部幸福路证券营业部	四川	南充	195.9	136.2	0.8	0.0	0.0	58.9
平安证券有限责任公司沈阳广宜街证券营业部	辽宁	沈阳	194.6	180.7	0.6	0.0	0.1	13.3
中国国际金融有限公司大连金马路证券营业部	辽宁	大连	193.3	170.6	0.2	0.0	0.0	22.4
天风证券股份有限公司武汉唐家墩路证券营业部	湖北	武汉	191.6	29.9	0.4	0.0	0.0	161.2
西藏同信证券有限责任公司衢州振兴东路证券营业部	浙江	衢州	191.2	157.1	0.1	0.0	0.0	34.0
西藏同信证券有限责任公司廊坊香河府前街证券营业部	河北	廊坊	191.1	180.1	0.0	0.0	0.0	11.0
中银国际证券有限责任公司南宁金湖路证券营业部	广西	南宁	188.8	188.8	0.0	0.0	0.0	0.0
海通证券股份有限公司枣庄泰山南路证券营业部	山东	枣庄	188.1	79.1	0.1	0.0	0.8	108.2
财富证券有限责任公司长沙县星沙北路证券营业部	湖南	长沙	188.0	187.8	0.0	0.0	0.0	0.2
大同证券经纪有限责任公司阳城新阳东街证券营业部	山西	晋城	187.3	34.2	0.2	0.0	2.1	150.7
安信证券股份有限公司保山保岫东路证券营业部	云南	保山	186.6	100.6	0.2	0.0	0.0	85.9
华福证券有限责任公司永泰南湖路证券营业部	福建	福州	185.7	120.0	0.0	0.0	0.0	65.7
东海证券股份有限公司东海证券有限责任公司大连黄埔路证券营业部	辽宁	大连	180.8	172.3	4.9	0.0	0.0	3.6
红塔证券股份有限公司昭通青年路证券营业部	云南	昭通	179.0	121.5	0.6	0.0	0.0	56.9
华福证券有限责任公司永定沿河南路证券营业部	福建	龙岩	178.3	178.0	0.1	0.0	0.0	0.2
安信证券股份有限公司贵阳富水北路证券营业部	贵州	贵阳	176.4	111.7	8.2	0.0	0.0	56.5
财达证券有限责任公司沧州青县新华路证券营业部	河北	沧州	176.2	148.9	1.9	0.0	0.0	25.4
方正证券股份有限公司益阳南县兴盛大道证券营业部	湖南	益阳	175.6	123.5	20.0	0.0	0.0	32.1
中天证券有限责任公司鞍山民生西路证券营业部	辽宁	鞍山	174.5	124.3	0.0	0.0	0.0	50.1
日信证券有限责任公司锡林浩特团结大街证券营业部	内蒙	锡林浩特	173.6	51.6	15.8	0.0	0.0	106.2
天源证券有限公司乐都河门街证券营业部	青海	乐都	171.8	169.9	0.1	0.0	0.0	1.8
长江证券股份有限公司当阳长坂路证券营业部	湖北	当阳	168.3	154.7	1.5	0.0	0.0	12.1
华创证券有限责任公司盘县胜境大道证券营业部	贵州	盘县	167.1	166.4	0.1	0.0	0.6	0.0
联讯证券有限责任公司东莞莞太路证券营业部	广东	东莞	164.7	115.2	0.3	0.0	0.0	49.2
五矿证券有限公司长沙芙蓉中路证券营业部	湖南	长沙	163.9	125.5	0.0	0.0	0.0	38.4
海通证券股份有限公司大兴安岭漠河振兴路证券营业部	黑龙江	大兴安岭	162.1	161.5	0.7	0.0	0.0	0.0
华融证券股份有限公司华融证券股份有限公司南昌绿茵路证券营业部	江西	南昌	161.4	5.3	0.0	0.0	0.0	156.1
东北证券股份有限公司松原松江大街证券营业部	吉林	松原	158.2	82.4	3.8	0.0	0.0	72.0
华创证券有限责任公司凯里文化北路证券营业部	贵州	凯里	157.7	157.6	0.0	0.0	0.0	0.1
日信证券有限责任公司呼和浩特中山西路证券营业部	内蒙	呼和浩特	156.1	98.5	0.2	0.0	0.0	57.3
西部证券股份有限公司西安高陵证券营业部	陕西	西安	150.6	90.1	0.0	0.0	0.1	60.5
恒泰长财证券有限责任公司蛟河民主街证券营业部	吉林	蛟河	149.6	142.3	0.0	0.0	0.0	7.3
财达证券有限责任公司佳木斯富锦建三江站前路证券营业部	黑龙江	佳木斯	149.1	146.8	0.0	0.0	0.0	2.3
华泰证券股份有限公司临沂罗六路证券营业部	山东	临沂	148.3	141.4	0.2	0.0	0.9	5.9
华泰证券股份有限公司襄阳长虹北路证券营业部	湖北	襄阳	147.4	100.8	2.4	0.0	0.0	44.2
广发证券股份有限公司大庆纬六路证券营业部	黑龙江	大庆	146.9	77.6	0.0	0.0	0.0	69.3
中信建投证券股份有限公司北京顺义站前街证券营业部	北京	北京	146.3	81.7	0.2	0.0	0.0	64.3
财富证券有限责任公司永州零陵中路证券营业部	湖南	永州	145.8	145.8	0.0	0.0	0.0	0.0
东方证券股份有限公司临沂解放东路证券营业部	山东	临沂	145.5	113.5	0.1	0.0	0.0	31.9
长江证券股份有限公司恩施东风大道证券营业部	湖北	恩施	145.3	143.6	1.7	0.0	0.0	0.0
长城证券有限责任公司广州长堤大马路证券营业部	广东	广州	144.7	118.7	0.2	0.0	0.0	25.7
红塔证券股份有限公司红塔证券股份有限公司玉溪凤凰路证券营业部	云南	玉溪	141.8	30.8	1.0	0.0	0.0	110.0
方正证券股份有限公司常德澧县澧浦路证券营业部	湖南	常德	140.2	128.6	0.1	0.0	0.0	11.5
大同证券经纪有限责任公司大同新开北路证券营业部	山西	大同	138.1	86.3	0.0	0.0	0.0	51.8
财达证券有限责任公司承德双滦滨河大街证券营业部	河北	承德	136.6	97.4	0.1	0.0	0.0	39.1
华泰证券股份有限公司佛山顺德新桂中路证券营业部	广东	佛山	135.0	46.6	0.1	0.0	9.8	78.5
华融证券股份有限公司北京石景山路证券营业部	北京	北京	134.9	72.5	0.1	0.0	0.0	62.3

注：营业部交易金额的单位为百万元。

证券营业部交易 Trading of Business Department

营业部名称 Business Department	省份 Province	城市 City	总计 Total	股票 Share	基金 Fund	政府债 G-Bond	公司债 C-Bond	债券回购 Repo
华安证券有限责任公司成都高升桥路证券营业部	四川	成都	134.6	42.9	0.6	0.0	1.0	90.1
国海证券股份有限公司钦州灵山县江南路证券营业部	广西	钦州	132.9	128.9	0.8	0.0	0.0	3.2
国金证券股份有限公司内江资中县苌弘路证券营业部	四川	内江	132.6	78.7	0.0	0.0	0.0	53.9
西藏同信证券有限责任公司济阳开元大街证券营业部	山东	济南	132.1	130.1	0.1	0.0	0.0	1.9
大同证券经纪有限责任公司长治侯堡证券营业部	山西	长治	131.6	7.3	0.0	0.0	0.0	124.3
国信证券股份有限公司蓬莱钟楼东路证券营业部	山东	蓬莱	131.3	82.6	0.2	0.0	0.0	48.5
海通证券股份有限公司中山悦来南路证券营业部	广东	中山	129.8	112.9	0.4	0.0	0.0	16.6
齐鲁证券有限公司淄博桓台渔洋街证券营业部	山东	淄博	128.8	120.0	0.1	0.0	0.0	8.7
财达证券有限责任公司石家庄正定燕赵南大街证券营业部	河北	石家庄	126.9	102.4	0.2	0.0	0.0	24.3
华创证券有限责任公司福泉洒金路证券营业部	贵州	福泉	126.3	16.3	0.0	0.0	0.0	110.0
西藏同信证券有限责任公司济南经十路证券营业部	山东	济南	125.9	124.5	0.0	0.0	0.0	1.4
华创证券有限责任公司黎平五开南路证券营业部	贵州	黎平	124.6	120.2	0.0	0.0	0.0	4.4
西藏同信证券有限责任公司信阳平西路证券营业部	河南	信阳	123.0	103.7	0.0	0.0	2.0	17.3
安信证券股份有限公司梅州平远证券营业部	广东	梅州	122.7	95.4	0.2	0.0	0.1	27.0
财富证券有限责任公司浏阳劳动中路证券营业部	湖南	长沙	122.5	122.3	0.0	0.0	0.2	0.0
华福证券有限责任公司罗源罗川中路证券营业部	福建	福州	121.4	68.9	0.1	0.0	0.0	52.4
华西证券有限责任公司绵阳安县恒源大道证券营业部	四川	绵阳	119.2	20.3	0.7	0.0	0.0	98.2
宏源证券股份有限公司深圳深南大道证券营业部	深圳	深圳	118.7	70.4	0.0	0.0	0.0	48.3
宏源证券股份有限公司克拉玛依友谊路南证券营业部	新疆	克拉玛依	117.8	28.4	0.0	0.0	0.0	89.4
平安证券有限责任公司北京知春路证券营业部	北京	北京	117.6	82.2	0.0	0.0	0.0	35.4
长城证券有限责任公司如皋福寿路证券营业部	江苏	如皋	117.4	48.7	0.1	0.0	0.0	68.6
中原证券股份有限公司长垣人民路证券营业部	河南	新乡	116.7	107.9	0.0	0.0	0.0	8.8
国泰君安证券股份有限公司岳阳求索西路证券营业部	湖南	岳阳	116.4	49.4	0.0	0.0	0.0	67.0
安信证券股份有限公司太原新晋祠路证券营业部	山西	太原	115.4	87.3	16.8	0.0	0.0	11.3
中信万通证券有限责任公司禹城行政街证券营业部	山东	禹城	115.3	14.7	0.0	0.0	0.0	100.6
国信证券股份有限公司泉州德泰路证券营业部	福建	泉州	114.6	101.1	0.5	0.0	0.0	13.1
齐鲁证券有限公司临邑瑞园路证券营业部	山东	德州	110.1	54.1	0.2	0.0	0.0	55.8
财富证券有限责任公司湘乡市大正街证券营业部	湖南	湘潭	109.6	101.5	0.0	0.0	0.0	8.1
安信证券股份有限公司清远佛冈证券营业部	广东	清远	109.1	108.4	0.5	0.0	0.0	0.1
国信证券股份有限公司北京通朝大街证券营业部	北京	北京	108.4	95.9	0.3	0.0	0.3	12.0
国信证券股份有限公司深圳沙头角证券营业部	深圳	深圳	108.4	98.1	0.1	0.0	0.0	10.1
大同证券经纪有限责任公司永济舜都大道证券营业部	山西	运城	108.0	51.8	0.1	0.0	0.0	56.1
光大证券股份有限公司宁波北仑梅山证券营业部	浙江	宁波	107.9	81.7	0.0	0.0	0.0	26.2
光大证券股份有限公司宿迁西湖东路证券营业部	江苏	宿迁	106.8	39.0	0.0	0.0	0.0	67.8
东吴证券股份有限公司淮安淮海南路证券营业部	江苏	淮安	106.7	93.8	0.0	0.0	0.0	12.9
华龙证券有限责任公司秦安证券营业部	甘肃	天水	105.7	38.4	0.0	0.0	0.0	67.3
恒泰证券股份有限公司包头萨拉齐大西街证券营业部	内蒙	包头	104.7	43.2	0.0	0.0	0.0	61.5
中信证券股份有限公司盐城人民南路证券营业部	江苏	盐城	103.4	48.8	0.0	0.0	0.0	54.6
财富证券有限责任公司益阳康富北路证券营业部	湖南	益阳	103.3	102.4	0.2	0.0	0.0	0.7
西藏同信证券有限责任公司阳泉北大街证券营业部	山西	阳泉	103.2	74.4	0.0	0.0	0.0	28.8
长江证券股份有限公司武汉关山大道证券营业部	湖北	武汉	102.7	102.7	0.0	0.0	0.0	0.0
大通证券股份有限公司大连普兰店文化路证券营业部	辽宁	大连	102.4	75.2	0.5	0.0	0.0	26.7
山西证券股份有限公司怀仁怀贤街证券营业部	山西	朔州	102.0	41.4	8.1	0.0	0.0	52.5
国海证券股份有限公司百色田东县朝阳路证券营业部	广西	百色	100.5	94.8	4.7	0.0	0.0	1.1
南京证券股份有限公司盱眙淮河北路证券营业部	江苏	淮安	99.3	98.3	0.1	0.0	1.0	0.0
恒泰证券股份有限公司集宁建设路证券营业部	内蒙	乌兰察布	98.9	50.9	0.0	0.0	0.0	48.0
山西证券股份有限公司襄垣新建西街证券营业部	山西	长治	98.8	92.3	0.2	0.0	0.0	6.2
齐鲁证券有限公司招远文体路证券营业部	山东	烟台	96.6	25.8	10.5	0.0	0.0	60.4
中信万通证券有限责任公司青岛威海路证券营业部	山东	青岛	96.1	8.1	0.0	0.0	0.0	88.0
中银国际证券有限责任公司北京北四环西路证券营业部	北京	北京	95.9	95.8	0.1	0.0	0.0	0.0

注：营业部交易金额的单位为百万元。

证券营业部交易
Trading of Business Department

营业部名称 Business Department	省份 Province	城市 City	总计 Total	股票 Share	基金 Fund	政府债 G-Bond	公司债 C-Bond	债券回购 Repo
兴业证券股份有限公司仙游鲤城街证券营业部	福建	莆田	95.8	95.8	0.0	0.0	0.0	0.0
恒泰证券股份有限公司乌海乌达区巴音赛街证券营业部	内蒙	乌海	94.9	60.8	0.0	0.0	0.0	34.1
浙商证券股份有限公司温州西山东路证券营业部	浙江	温州	91.8	84.1	0.0	0.0	0.0	7.7
招商证券股份有限公司重庆涪陵广场路证券营业部	重庆	重庆	91.1	18.1	0.0	0.0	0.1	73.0
中国银河证券股份有限公司三亚解放四路证券营业部	海南	三亚	89.9	74.9	4.8	0.0	4.5	5.6
安信证券股份有限公司阳江阳西证券营业部	广东	阳江	89.5	77.5	0.5	0.0	0.0	11.5
大通证券股份有限公司大连金州斯大林路证券营业部	辽宁	大连	89.3	78.7	0.1	0.0	0.0	10.5
齐鲁证券有限公司济南东关大街证券营业部	山东	济南	88.6	74.7	0.2	0.0	0.0	13.7
国泰君安证券股份有限公司咸宁咸宁大道证券营业部	湖北	咸宁	86.5	29.0	0.0	0.0	0.0	57.5
中天证券有限责任公司抚顺新华大街证券营业部	辽宁	抚顺	83.9	37.6	0.0	0.0	0.0	46.3
西藏同信证券有限责任公司堆龙德庆县柳梧证券营业部	西藏	拉萨	81.9	56.8	0.0	0.0	0.0	25.1
广发证券股份有限公司东莞大朗证券营业部	广东	东莞	81.1	56.0	0.0	0.0	0.0	25.1
宏源证券股份有限公司南昌新建长麦路证券营业部	江西	南昌	80.9	75.8	0.6	0.0	0.0	4.5
红塔证券股份有限公司个旧金湖西路证券营业部	云南	个旧	80.5	69.9	2.8	0.0	3.2	4.6
宏源证券股份有限公司银川上海西路证券营业部	宁夏	银川	78.9	78.0	0.9	0.0	0.0	0.1
招商证券股份有限公司大连新开路证券营业部	辽宁	大连	78.9	20.6	0.7	0.0	0.0	57.6
华西证券有限责任公司达州大竹县北大街证券营业部	四川	达州	76.9	32.6	0.3	0.0	0.0	44.0
新时代证券有限责任公司北京永安路证券营业部	北京	北京	75.0	53.7	0.0	0.0	0.0	21.3
齐鲁证券有限公司烟台迎春大街证券营业部	山东	烟台	75.0	71.3	0.1	0.0	0.0	3.6
广发证券股份有限公司东莞厚街证券营业部	广东	东莞	74.5	5.3	0.0	0.0	0.0	69.2
齐鲁证券有限公司滨州惠民西门大街证券营业部	山东	滨州	74.5	70.9	0.7	0.0	0.0	2.8
财富证券有限责任公司长沙宁乡花明北路证券营业部	湖南	长沙	74.4	68.0	0.0	0.0	0.0	6.4
齐鲁证券有限公司青州河滨路证券营业部	山东	青州	74.4	39.4	0.2	0.1	0.5	34.2
华泰证券股份有限公司三亚榆亚路证券营业部	海南	三亚	73.8	25.7	0.0	0.0	0.0	48.1
浙商证券股份有限公司乐清柳青南路证券营业部	浙江	温州	73.5	63.5	0.0	0.0	2.8	7.2
中银国际证券有限责任公司长春同志街证券营业部	吉林	长春	73.4	73.4	0.0	0.0	0.0	0.0
齐鲁证券有限公司济宁微山奎文东路证券营业部	山东	济宁	72.6	61.2	0.1	0.0	0.0	11.4
安信证券股份有限公司河源龙川证券营业部	广东	河源	72.6	71.1	0.9	0.0	0.0	0.6
新时代证券有限责任公司北京首都国际机场证券营业部	北京	北京	71.4	67.4	0.1	0.0	0.1	3.9
中信证券（浙江）有限责任公司安溪民主路证券营业部	福建	泉州	70.6	70.5	0.2	0.0	0.0	0.0
齐鲁证券有限公司寿光正阳路证券营业部	山东	寿光	70.3	63.3	0.6	0.0	0.0	6.4
海通证券股份有限公司福安阳头广场北路证券营业部	福建	福安	69.5	69.4	0.0	0.0	0.0	0.1
齐鲁证券有限公司新泰新建二路证券营业部	山东	泰安	68.0	43.7	24.3	0.0	0.0	0.0
光大证券股份有限公司温州划龙桥路证券营业部	浙江	温州	67.2	62.4	0.0	0.0	0.0	4.8
方正证券股份有限公司诸暨东二路证券营业部	浙江	绍兴	67.1	51.1	0.0	0.0	0.0	16.0
南京证券股份有限公司镇江句容宝塔路证券营业部	江苏	句容	64.6	50.5	0.0	0.0	0.0	14.1
齐鲁证券有限公司蓬莱黄海路证券营业部	山东	烟台	61.9	50.5	0.0	0.0	0.0	11.3
安信证券股份有限公司芜湖九华南路证券营业部	安徽	芜湖	61.7	28.5	0.6	0.0	0.0	32.6
安信证券股份有限公司黄冈蕲春证券营业部	湖北	黄冈	60.4	47.7	1.1	0.0	0.0	11.6
东北证券股份有限公司和龙文化路证券营业部	吉林	延吉	60.2	41.6	0.0	0.0	0.0	18.6
方正证券股份有限公司常宁群英西路证券营业部	湖南	衡阳	58.9	58.0	0.0	0.0	0.0	0.9
华西证券有限责任公司内江太白路证券营业部	四川	内江	58.6	53.9	0.1	0.0	0.0	4.5
西藏同信证券有限责任公司林芝县八一大街证券营业部	西藏	林芝	56.9	55.3	0.6	0.0	0.0	0.9
西部证券股份有限公司铜川鸿基路证券营业部	陕西	铜川	56.0	56.0	0.0	0.0	0.0	0.0
华西证券有限责任公司资阳安岳县柠都大道证券营业部	四川	资阳	55.8	55.8	0.0	0.0	0.0	0.0
新时代证券有限责任公司上海陆家嘴证券营业部	上海	上海	55.2	19.3	0.0	0.0	0.0	35.9
第一创业证券股份有限公司广州增城解放北路证券营业部	广东	广州	54.2	37.5	0.0	0.0	0.9	15.8
国泰君安证券股份有限公司离石滨河北东路证券营业部	山西	吕梁	53.0	31.6	0.0	0.0	0.0	21.3
浙商证券股份有限公司厦门港务大厦证券营业部	福建	厦门	52.6	0.9	0.0	0.0	0.0	51.7
广发证券股份有限公司惠州文明一路证券营业部	广东	惠州	51.8	7.1	0.0	0.0	0.0	44.7

注：营业部交易金额的单位为百万元。

证券营业部交易
Trading of Business Department

营业部名称 Business Department	省份 Province	城市 City	总计 Total	股票 Share	基金 Fund	政府债 G-Bond	公司债 C-Bond	债券回购 Repo
中信证券（浙江）有限责任公司厦门湖滨南路证券营业部	福建	厦门	51.2	51.1	0.1	0.0	0.0	0.0
东莞证券有限责任公司东莞证券有限责任公司北京黄村东大街证券营	北京	北京	49.9	24.4	0.0	0.0	0.0	25.5
安信证券股份有限公司上海年家浜路证券营业部	上海	上海	49.9	32.9	0.0	0.0	0.0	17.0
中信证券股份有限公司揭阳环市北路证券营业部	广东	揭阳	46.6	26.6	0.0	0.0	0.0	20.0
中原证券股份有限公司汝州风穴路证券营业部	河南	平顶山	46.5	46.5	0.0	0.0	0.0	0.0
天风证券股份有限公司襄阳长征路证券营业部	湖北	襄阳	46.3	16.2	0.0	0.0	0.0	30.1
齐鲁证券有限公司临沭中山北路证券营业部	山东	临沂	46.0	42.8	0.1	0.0	0.0	3.1
南京证券股份有限公司北京南大街证券营业部	北京	北京	44.9	44.9	0.0	0.0	0.0	0.0
红塔证券股份有限公司红塔证券股份有限公司香格里拉坛城广场证券	云南	迪庆州	44.5	22.4	0.0	0.0	0.0	22.0
南京证券股份有限公司石嘴山平罗团结西路证券营业部	宁夏	石嘴山	44.4	43.3	0.0	0.0	0.0	1.1
中信建投证券股份有限公司绍兴胜利东路证券营业部	浙江	绍兴	44.2	20.7	0.0	0.0	0.0	23.5
华西证券有限责任公司广安邻水县东临路证券营业部	四川	广安	43.7	43.4	0.1	0.0	0.0	0.2
山西证券股份有限公司襄汾振兴路证券营业部	山西	临汾	43.0	29.9	0.1	0.0	0.0	13.0
山西证券股份有限公司平定府新街证券营业部	山西	阳泉	43.0	29.9	0.1	0.0	0.0	13.1
齐鲁证券有限公司郯城人民路证券营业部	山东	临沂	42.3	24.8	17.1	0.0	0.0	0.4
长城证券有限责任公司佛山顺德容奇大道证券营业部	广东	佛山	42.2	21.3	0.0	0.0	0.0	20.8
西藏同信证券有限责任公司合肥黄山路证券营业部	安徽	合肥	41.5	41.5	0.0	0.0	0.0	0.0
华西证券有限责任公司宜宾县宜建路证券营业部	四川	宜宾	40.9	36.4	0.8	0.0	0.4	3.3
长江证券股份有限公司麻城将军北路证券营业部	湖北	麻城	40.8	40.8	0.0	0.0	0.0	0.0
西部证券股份有限公司西安阎良证券营业部	陕西	西安	40.7	24.1	0.0	0.0	0.0	16.6
华龙证券有限责任公司陇西证券营业部	甘肃	定西	40.3	37.7	0.0	0.0	0.0	2.6
财富证券有限责任公司长沙万芙路证券营业部	湖南	长沙	40.2	15.9	0.0	0.0	0.0	24.3
国海证券股份有限公司梧州岑溪市义洲大道证券营业部	广西	梧州	39.7	39.6	0.1	0.0	0.0	0.0
广发证券股份有限公司汕头潮阳棉城证券营业部	广东	汕头	39.7	0.4	0.0	0.0	0.0	39.3
方正证券股份有限公司南阳人民路证券营业部	河南	南阳	38.3	35.8	0.0	0.0	0.0	2.5
中信建投证券股份有限公司汕头海滨路证券营业部	广东	汕头	38.3	27.8	1.7	0.0	0.5	8.3
广发证券股份有限公司宝鸡火炬路证券营业部	陕西	宝鸡	38.0	9.6	0.0	0.0	0.0	28.4
国联证券股份有限公司无锡安镇锡东大道证券营业部	江苏	无锡	37.4	1.3	0.0	0.0	0.0	36.1
恒泰证券股份有限公司赤峰宁城大宁路证券营业部	内蒙	赤峰	37.0	35.2	1.8	0.0	0.0	0.0
浙商证券股份有限公司石家庄中山东路证券营业部	河北	石家庄	36.8	12.5	0.0	0.0	0.0	24.3
中信建投证券股份有限公司北京方庄路证券营业部	北京	北京	36.3	27.8	0.2	0.0	2.3	6.0
万联证券有限责任公司成都天府二街证券营业部	四川	成都	36.0	36.0	0.0	0.0	0.0	0.0
广发证券股份有限公司昆山前进东路证券营业部	江苏	苏州	34.6	20.3	0.1	0.0	0.0	14.2
华泰证券股份有限公司西宁五四西路证券营业部	青海	西宁	34.3	8.2	0.0	0.0	10.4	15.7
新时代证券有限责任公司青岛香港中路证券营业部	山东	青岛	33.2	10.0	0.0	0.0	0.0	23.2
国信证券股份有限公司曲靖寥廓北路证券营业部	云南	曲靖	33.0	10.1	0.0	0.0	0.0	22.9
国信证券股份有限公司杭州分公司	浙江	杭州	31.5	8.7	0.0	0.0	0.0	22.8
方正证券股份有限公司宁波彩虹北路证券营业部	浙江	宁波	30.1	28.7	0.0	0.0	0.0	1.4
西南证券股份有限公司西宁西大街证券营业部	青海	西宁	30.1	5.0	0.0	0.0	0.0	25.1
国联证券股份有限公司无锡马山梅梁路证券营业部	江苏	无锡	29.4	0.2	0.0	0.0	0.0	29.2
广发证券股份有限公司诸暨暨东路证券营业部	浙江	诸暨	28.0	15.4	0.0	0.0	0.0	12.6
齐鲁证券有限公司章丘鲁宏大道证券营业部	山东	章丘	27.9	27.6	0.0	0.0	0.0	0.3
财富证券有限责任公司郴州临武文昌中路证券营业部	湖南	郴州	27.9	24.1	0.0	0.0	0.0	3.8
安信证券股份有限公司宁波长阳东路证券营业部	浙江	宁波	27.5	5.7	0.0	0.0	0.4	21.5
开源证券有限责任公司沈阳大南街证券营业部	辽宁	沈阳	27.1	25.1	0.0	0.0	0.0	2.0
华安证券有限责任公司合肥高新区证券营业部	安徽	合肥	27.1	24.5	0.1	0.0	0.0	2.5
金元证券股份有限公司儋州中兴大道证券营业部	海南	儋州	26.6	21.3	5.0	0.0	0.3	0.0
国信证券股份有限公司德阳长江西路证券营业部	四川	德阳	26.6	25.3	0.2	0.0	0.1	1.0
国都证券有限责任公司荆门象山大道证券营业部	湖北	荆门	25.2	9.9	0.0	0.0	0.0	15.3
西南证券股份有限公司运城学苑路证券营业部	山西	运城	24.8	2.8	0.0	0.0	0.0	22.0

注：营业部交易金额的单位为百万元。

证券营业部交易
Trading of Business Department

营业部名称 Business Department	省份 Province	城市 City	总计 Total	股票 Share	基金 Fund	政府债 G-Bond	公司债 C-Bond	债券回购 Repo
财富证券有限责任公司长沙望城郭亮北路证券营业部	湖南	长沙	24.7	24.7	0.0	0.0	0.0	0.0
广发证券股份有限公司云浮新兴新洲大道证券营业部	广东	云浮	24.6	3.1	0.0	0.0	0.0	21.5
方正证券股份有限公司舟山环城西路证券营业部	浙江	舟山	24.5	6.0	0.0	0.0	0.0	18.5
西部证券股份有限公司宝鸡陈仓证券营业部	陕西	宝鸡	23.6	7.4	0.0	0.0	0.0	16.2
山西证券股份有限公司大同矿区文化街证券营业部	山西	大同	21.9	15.7	0.0	0.0	0.1	6.1
财通证券股份有限公司桐乡世纪大道证券营业部	浙江	嘉兴	21.9	20.9	0.0	0.0	0.0	1.0
华创证券有限责任公司兴仁县振兴大道证券营业部	贵州	兴仁	21.6	21.6	0.0	0.0	0.0	0.0
齐鲁证券有限公司诸城东关大街证券营业部	山东	诸城	21.2	20.7	0.4	0.0	0.0	0.1
国海证券股份有限公司南宁横县茉莉花大道证券营业部	广西	南宁	21.2	21.1	0.0	0.0	0.0	0.0
东海证券股份有限公司晋中正太路证券营业部	山西	晋中	21.1	20.1	1.1	0.0	0.0	0.0
国信证券股份有限公司江苏阜宁新城北京路证券营业部	江苏	盐城	21.0	7.2	0.0	0.0	3.1	10.7
国联证券股份有限公司无锡梅村镇锡义路证券营业部	江苏	无锡	20.6	3.1	0.0	0.0	0.0	17.5
方正证券股份有限公司苍南站前大道证券营业部	浙江	温州	20.3	18.5	0.0	0.0	0.0	1.8
山西证券股份有限公司长治县迎宾西街证券营业部	山西	长治	20.1	19.6	0.5	0.0	0.0	0.0
方正证券股份有限公司临湘河西南路证券营业部	湖南	临湘	19.1	19.1	0.0	0.0	0.0	0.0
国联证券股份有限公司宜兴丁蜀镇解放路证券营业部	江苏	无锡	18.6	0.2	0.0	0.0	0.0	18.4
长江证券股份有限公司武汉解放大道汉西证券营业部	湖北	武汉	18.0	18.0	0.0	0.0	0.0	0.0
渤海证券股份有限公司天津滨海新区大港光明大道证券营业部	天津	天津	17.9	10.3	0.4	0.0	0.0	7.2
西藏同信证券有限责任公司山南乃东县湖南路证券营业部	西藏	山南	17.3	17.3	0.0	0.0	0.0	0.0
中信建投证券股份有限公司西宁北大街证券营业部	青海	西宁	16.4	4.5	0.0	0.0	0.0	11.9
东北证券股份有限公司敦化胜利街证券营业部	吉林	敦化	15.7	15.7	0.0	0.0	0.0	0.0
西南证券股份有限公司重庆秀山证券营业部	重庆	重庆	15.1	15.1	0.0	0.0	0.0	0.0
财富证券有限责任公司邵阳邵东金龙大道证券营业部	湖南	邵阳	15.0	14.4	0.0	0.0	0.0	0.6
齐鲁证券有限公司文登环山路证券营业部	山东	威海	14.9	11.4	0.1	0.0	0.0	3.3
招商证券股份有限公司石家庄裕华东路证券营业部	河北	石家庄	14.4	8.7	0.0	0.0	0.0	5.7
华龙证券有限责任公司平凉崆峒东路证券营业部	甘肃	平凉	14.3	11.3	0.0	0.0	0.0	3.0
中国银河证券股份有限公司温州锦绣路证券营业部	浙江	温州	14.3	14.3	0.0	0.0	0.0	0.0
长城证券有限责任公司高邮文游中路证券营业部	江苏	高邮	13.6	12.3	0.0	0.0	0.0	1.3
方正证券股份有限公司安阳文峰大道证券营业部	河南	安阳	12.6	11.2	0.0	0.0	0.0	1.4
中信建投证券股份有限公司杭州余杭南大街证券营业部	浙江	杭州	12.3	0.0	0.0	0.0	0.0	12.3
山西证券股份有限公司古交义学路证券营业部	山西	太原	12.1	12.1	0.0	0.0	0.0	0.0
安信证券股份有限公司潮州枫溪凤新西路证券营业部	广东	潮州	11.7	1.1	0.0	0.0	0.0	10.6
财通证券股份有限公司金华浦江人民东路证券营业部	浙江	金华	11.1	11.1	0.0	0.0	0.0	0.0
安信证券股份有限公司潮州潮安金石大道证券营业部	广东	潮州	10.6	3.2	0.0	0.0	0.0	7.4
安信证券股份有限公司深圳宝安中心路证券营业部	深圳	深圳	10.3	3.1	0.0	0.0	0.0	7.2
国联证券股份有限公司无锡玉祁镇湖西路证券营业部	江苏	无锡	10.1	7.6	0.0	0.0	0.0	2.5
南京证券股份有限公司南京尧佳路证券营业部	江苏	南京	9.8	8.2	0.0	0.0	0.0	1.6
中信建投证券股份有限公司榆林肤施路证券营业部	陕西	西安	9.0	0.1	0.0	0.0	0.0	8.9
西藏同信证券有限责任公司昌都聚盛路证券营业部	西藏	昌都	9.0	1.0	0.0	0.0	0.0	8.0
南京证券股份有限公司上海浦东新区下南路证券营业部	上海	上海	8.6	4.5	0.0	0.0	0.0	4.1
国联证券股份有限公司江阴申港路证券营业部	江苏	无锡	8.4	8.4	0.0	0.0	0.0	0.0
厦门证券有限公司龙岩龙川西路证券营业部	福建	龙岩	8.3	6.7	0.0	0.0	0.0	1.6
天风证券股份有限公司武汉佳园路证券营业部	湖北	武汉	8.2	5.1	0.0	0.0	0.0	3.1
华安证券有限责任公司金寨金顾路证券营业部	安徽	六安	8.1	2.0	0.0	0.0	0.0	6.1
安信证券股份有限公司东莞常平大道证券营业部	广东	东莞	7.9	3.2	0.0	0.0	0.0	4.7
国金证券股份有限公司衡阳蒸阳南路证券营业部	湖南	衡阳	7.9	7.8	0.0	0.0	0.0	0.1
广发证券股份有限公司宜兴解放路证券营业部	江苏	宜兴	7.7	7.7	0.0	0.0	0.0	0.0
安信证券股份有限公司诸暨苎萝东路证券营业部	浙江	绍兴	7.6	7.4	0.0	0.0	0.0	0.2
光大证券股份有限公司南通工农路证券营业部	江苏	南通	7.6	0.7	0.0	0.0	0.1	6.8
西南证券股份有限公司重庆万盛大道证券营业部	重庆	重庆	7.5	3.9	0.0	0.0	0.0	3.6

注：营业部交易金额的单位为百万元。

证券营业部交易
Trading of Business Department

营业部名称 Business Department	省份 Province	城市 City	总计 Total	股票 Share	基金 Fund	政府债 G-Bond	公司债 C-Bond	债券回购 Repo
广发证券股份有限公司莆田文献西路证券营业部	福建	莆田	7.3	7.2	0.0	0.0	0.1	0.0
南京证券股份有限公司绍兴新昌人民西路证券营业部	浙江	绍兴	7.2	5.5	0.0	0.0	0.0	1.7
齐鲁证券有限公司金乡奎星路证券营业部	山东	济宁	7.1	2.0	0.0	0.0	0.0	5.1
广发证券股份有限公司衡水中心街证券营业部	河北	衡水	7.0	4.0	0.6	0.0	0.0	2.4
天风证券股份有限公司京山轻机大道证券营业部	湖北	荆门	6.9	6.9	0.0	0.0	0.0	0.0
中信建投证券股份有限公司北京远大路证券营业部	北京	北京	6.5	4.7	0.0	0.0	0.0	1.8
中信建投证券股份有限公司北京青年路证券营业部	北京	北京	6.5	5.4	0.0	0.0	0.0	1.1
华龙证券有限责任公司廊坊和平路证券营业部	河北	廊坊	6.4	3.4	0.0	0.0	0.0	3.0
华泰证券股份有限公司常州延政中大道证券营业部	江苏	常州	6.2	1.1	0.0	0.0	0.0	5.1
大同证券经纪有限责任公司浑源恒山路证券营业部	山西	大同	6.1	6.1	0.0	0.0	0.0	0.0
财通证券股份有限公司丽水景宁人民中路证券营业部	浙江	丽水	6.0	0.1	0.0	0.0	0.0	5.9
国都证券有限责任公司济源文昌中路证券营业部	河南	济源	5.5	5.5	0.0	0.0	0.0	0.0
开源证券有限责任公司宝鸡清姜路证券营业部	陕西	宝鸡	5.4	5.4	0.0	0.0	0.0	0.0
华龙证券有限责任公司榆中栖云北路证券营业部	甘肃	兰州	5.3	4.9	0.0	0.0	0.0	0.4
国都证券有限责任公司尉氏人民路证券营业部	河南	开封	5.3	5.3	0.0	0.0	0.0	0.0
国都证券有限责任公司上海崇明新河镇证券营业部	上海	上海	5.2	3.3	0.0	0.0	0.0	1.9
南京证券股份有限公司南京溧水中大街证券营业部	江苏	南京	5.2	5.2	0.0	0.0	0.0	0.0
浙商证券股份有限公司天津中北大道证券营业部	天津	天津	4.9	0.6	0.5	0.0	0.0	3.9
方正证券股份有限公司成都高升桥路证券营业部	四川	成都	4.8	0.4	0.0	0.0	0.0	4.4
安信证券股份有限公司韶关翁源建设一路证券营业部	广东	韶关	4.5	0.8	0.0	0.0	0.0	3.7
安信证券股份有限公司河源紫金香江中路证券营业部	广东	河源	4.4	4.4	0.0	0.0	0.0	0.0
宏信证券有限责任公司广州华明路证券营业部	广东	广州	4.3	1.3	0.0	0.0	0.0	3.0
南京证券股份有限公司临沂通达路证券营业部	山东	临沂	4.3	4.3	0.0	0.0	0.0	0.0
安信证券股份有限公司北京政通路证券营业部	北京	北京	4.1	1.0	0.1	0.0	0.0	3.0
广发证券股份有限公司佛山顺德三乐路证券营业部	广东	佛山	3.9	2.7	0.0	0.0	0.0	1.2
华福证券有限责任公司西安唐延路证券营业部	陕西	西安	3.9	3.2	0.0	0.0	0.0	0.7
华创证券有限责任公司开阳开州大道证券营业部	贵州	贵阳	3.9	3.9	0.0	0.0	0.0	0.0
南京证券股份有限公司长沙韶山北路证券营业部	湖南	长沙	3.7	3.5	0.0	0.0	0.0	0.2
广发证券股份有限公司佛山南海狮山证券营业部	广东	佛山	3.6	3.3	0.0	0.0	0.0	0.3
浙商证券股份有限公司昆明武成路证券营业部	云南	昆明	3.4	0.7	0.0	0.0	0.0	2.7
渤海证券股份有限公司天津东疆保税港区美洲路证券营业部	天津	天津	3.4	3.4	0.0	0.0	0.0	0.0
广发证券股份有限公司西安未央路证券营业部	陕西	西安	3.4	0.8	0.0	0.0	0.0	2.6
国金证券股份有限公司福州乌山西路证券营业部	福建	福州	3.4	0.9	0.0	0.0	0.0	2.5
国都证券有限责任公司许昌建设路证券营业部	河南	许昌	3.4	3.4	0.0	0.0	0.0	0.0
国都证券有限责任公司通化龙泉路证券营业部	吉林	通化	3.3	0.1	0.5	0.0	0.0	2.7
浙商证券股份有限公司郑州黄河路证券营业部	河南	郑州	3.3	2.1	0.0	0.0	0.0	1.2
南京证券股份有限公司宜兴教育西路证券营业部	江苏	宜兴	3.1	2.7	0.0	0.0	0.0	0.4
财通证券股份有限公司台州路桥邮电路证券营业部	浙江	台州	3.1	0.5	0.0	0.0	0.0	2.6
浙商证券股份有限公司衢州衢化南一道证券营业部	浙江	衢州	3.1	3.1	0.0	0.0	0.0	0.0
中信建投证券股份有限公司长沙星沙证券营业部	湖南	长沙	3.0	3.0	0.0	0.0	0.0	0.0
天风证券股份有限公司荆门军马场一路证券营业部	湖北	荆门	3.0	3.0	0.0	0.0	0.0	0.0
西南证券股份有限公司攀枝花临江路证券营业部	四川	攀枝花	3.0	2.1	0.0	0.0	0.0	0.9
广发证券股份有限公司汕头澄海澄江路证券营业部	广东	汕头	2.8	2.4	0.4	0.0	0.0	0.0
国都证券有限责任公司自贡紫薇路证券营业部	四川	自贡	2.7	2.7	0.0	0.0	0.0	0.0
国金证券股份有限公司天津南马路证券营业部	天津	天津	2.7	2.7	0.0	0.0	0.0	0.0
广发证券股份有限公司佛山顺德建设南路证券营业部	广东	佛山	2.7	2.6	0.0	0.0	0.0	0.1
南京证券股份有限公司南京柳洲南路证券营业部	江苏	南京	2.4	2.4	0.0	0.0	0.0	0.0
方正证券股份有限公司娄底新化梅苑南路证券营业部	湖南	娄底	2.4	2.4	0.0	0.0	0.0	0.0
南京证券股份有限公司南京新亭路证券营业部	江苏	南京	2.1	0.9	0.0	0.0	0.0	1.2
方正证券股份有限公司株洲田红路证券营业部	湖南	株洲	2.1	0.0	0.0	0.0	0.0	2.1

注：营业部交易金额的单位为百万元。

证券营业部交易
Trading of Business Department

营业部名称 Business Department	省份 Province	城市 City	总计 Total	股票 Share	基金 Fund	政府债 G-Bond	公司债 C-Bond	债券回购 Repo
浙商证券股份有限公司保定朝阳北大街证券营业部	河北	保定	2.1	0.2	0.0	0.0	0.0	1.9
新时代证券有限责任公司汕头德政路证券营业部	广东	汕头	2.0	2.0	0.0	0.0	0.0	0.0
财通证券股份有限公司杭州下沙证券营业部	浙江	杭州	1.9	0.6	0.0	0.0	0.0	1.3
方正证券股份有限公司六盘水青峰路证券营业部	贵州	六盘水	1.9	1.9	0.0	0.0	0.0	0.0
南京证券股份有限公司上海普陀区桃浦路证券营业部	上海	上海	1.8	0.2	0.0	0.0	0.0	1.6
广发证券股份有限公司广州花都紫薇路证券营业部	广东	广州	1.8	1.8	0.0	0.0	0.0	0.0
广发证券股份有限公司盘锦石油大街证券营业部	辽宁	盘锦	1.7	1.7	0.0	0.0	0.0	0.0
中信建投证券股份有限公司北京西翠路证券营业部	北京	北京	1.5	0.2	0.4	0.0	0.0	0.9
中信建投证券股份有限公司长乐吴航路证券营业部	福建	长乐	1.5	0.7	0.0	0.0	0.0	0.8
中国银河证券股份有限公司沧州永安南大道证券营业部	河北	沧州	1.4	1.4	0.0	0.0	0.0	0.0
方正证券股份有限公司邵阳隆回桃花路证券营业部	湖南	邵阳	1.4	1.4	0.0	0.0	0.0	0.0
光大证券股份有限公司宜兴阳羡西路证券营业部	江苏	宜兴	1.3	0.5	0.0	0.0	0.0	0.8
齐鲁证券有限公司莒南十泉路证券营业部	山东	临沂	1.3	1.2	0.0	0.0	0.0	0.0
国都证券有限责任公司周口光荣路证券营业部	河南	周口	1.2	0.4	0.0	0.0	0.0	0.8
南京证券股份有限公司楚雄双建路证券营业部	云南	楚雄	1.2	1.1	0.0	0.0	0.0	0.1
太平洋证券股份有限公司水富团结路证券营业部	云南	昭通	1.2	1.2	0.0	0.0	0.0	0.0
财通证券股份有限公司杭州瓜沥友谊路证券营业部	浙江	杭州	1.2	0.6	0.0	0.0	0.0	0.6
安信证券股份有限公司东莞花园街证券营业部	广东	东莞	1.1	0.3	0.0	0.0	0.0	0.8
西南证券股份有限公司重庆永川红河大道证券营业部	重庆	永川	1.1	1.1	0.0	0.0	0.0	0.0
安信证券股份有限公司云浮罗定兴华二路证券营业部	广东	云浮	1.0	0.6	0.0	0.0	0.0	0.4
南京证券股份有限公司宿迁黄河路证券营业部	江苏	宿迁	1.0	1.0	0.0	0.0	0.0	0.0
方正证券股份有限公司温岭安平东路证券营业部	浙江	温州	0.9	0.9	0.0	0.0	0.0	0.0
广发证券股份有限公司龙岩市龙岩大道证券营业部	福建	龙岩	0.9	0.2	0.0	0.0	0.0	0.7
齐鲁证券有限公司荣成石岛黄海中路证券营业部	山东	威海	0.9	0.9	0.0	0.0	0.0	0.0
天风证券股份有限公司钟祥王府大道证券营业部	湖北	荆门	0.9	0.9	0.0	0.0	0.0	0.0
国联证券股份有限公司宜兴官林镇官新街证券营业部	江苏	无锡	0.9	0.9	0.0	0.0	0.0	0.0
国都证券有限责任公司德州东方红路证券营业部	山东	德州	0.9	0.9	0.0	0.0	0.0	0.0
浙商证券股份有限公司路桥南官大道证券营业部	浙江	台州	0.9	0.9	0.0	0.0	0.0	0.0
浙商证券股份有限公司横店万盛北街证券营业部	浙江	金华	0.8	0.8	0.0	0.0	0.0	0.0
广发证券股份有限公司汕头潮南峡山证券营业部	广东	汕头	0.8	0.8	0.0	0.0	0.0	0.0
中信建投证券股份有限公司厦门观日路证券营业部	福建	厦门	0.8	0.0	0.8	0.0	0.0	0.0
光大证券股份有限公司无锡金融一街证券营业部	江苏	无锡	0.7	0.3	0.0	0.0	0.0	0.4
中国银河证券股份有限公司湛江廉江环市北路证券营业部	广东	湛江	0.7	0.7	0.0	0.0	0.0	0.0
南京证券股份有限公司榆林定边献忠路证券营业部	陕西	榆林	0.7	0.6	0.0	0.0	0.0	0.1
开源证券有限责任公司安康巴山东路证券营业部	陕西	安康	0.7	0.3	0.0	0.0	0.0	0.4
南京证券股份有限公司宁德福鼎天湖路证券营业部	福建	宁德	0.7	0.7	0.0	0.0	0.0	0.0
中信建投证券股份有限公司西安科技路证券营业部	陕西	西安	0.6	0.0	0.0	0.0	0.0	0.6
中信建投证券股份有限公司北京太阳宫中路证券营业部	北京	北京	0.6	0.0	0.0	0.0	0.0	0.6
西南证券股份有限公司重庆开县证券营业部	重庆	重庆	0.6	0.4	0.0	0.0	0.0	0.2
广发证券股份有限公司上海青浦华青南路证券营业部	上海	上海	0.6	0.3	0.0	0.0	0.0	0.3
广发证券股份有限公司朝阳新华路证券营业部	辽宁	朝阳	0.6	0.6	0.0	0.0	0.0	0.0
齐鲁证券有限公司日照五莲富强路证券营业部	山东	日照	0.6	0.6	0.0	0.0	0.0	0.0
齐鲁证券有限公司菏泽郓城东门街证券营业部	山东	菏泽	0.6	0.6	0.0	0.0	0.0	0.0
安信证券股份有限公司肇庆怀集城中路证券营业部	广东	肇庆	0.6	0.5	0.0	0.0	0.0	0.0
广发证券股份有限公司荣成石岛证券营业部	山东	荣成	0.5	0.5	0.0	0.0	0.0	0.0
安信证券股份有限公司宜春高安高安大道证券营业部	江西	宜春	0.5	0.5	0.0	0.0	0.0	0.0
安信证券股份有限公司中山东海二路证券营业部	广东	中山	0.5	0.0	0.0	0.0	0.0	0.5
西藏同信证券有限责任公司福建分公司	福建	福州	0.5	0.5	0.0	0.0	0.0	0.0
国联证券股份有限公司宜兴光明西路证券营业部	江苏	无锡	0.5	0.5	0.0	0.0	0.0	0.0
西藏同信证券有限责任公司太原平阳路证券营业部	山西	太原	0.4	0.4	0.0	0.0	0.0	0.0

注：营业部交易金额的单位为百万元。

证券营业部交易
Trading of Business Department

营业部名称 Business Department	省份 Province	城市 City	总计 Total	股票 Share	基金 Fund	政府债 G-Bond	公司债 C-Bond	债券回购 Repo
广发证券股份有限公司临沂新华路证券营业部	山东	临沂	0.4	0.4	0.0	0.0	0.0	0.0
西藏同信证券有限责任公司泉州宝洲路证券营业部	福建	泉州	0.4	0.4	0.0	0.0	0.0	0.0
南京证券股份有限公司九江九龙街证券营业部	江西	九江	0.4	0.4	0.0	0.0	0.0	0.0
方正证券股份有限公司益阳安化新开路证券营业部	湖南	益阳	0.4	0.4	0.0	0.0	0.0	0.0
太平洋证券股份有限公司江川新市街证券营业部	云南	玉溪	0.4	0.3	0.0	0.0	0.0	0.1
中信建投证券股份有限公司杭州萧山市心中路证券营业部	浙江	杭州	0.4	0.4	0.0	0.0	0.0	0.0
广发证券股份有限公司抚顺雷锋路证券营业部	辽宁	抚顺	0.3	0.3	0.0	0.0	0.0	0.0
南京证券股份有限公司重庆铝城正街证券营业部	重庆	重庆	0.3	0.3	0.0	0.0	0.0	0.0
西南证券股份有限公司苏州仲英大道证券营业部	江苏	苏州	0.3	0.3	0.0	0.0	0.0	0.0
华龙证券有限责任公司宝鸡中山东路证券营业部	陕西	宝鸡	0.3	0.3	0.0	0.0	0.0	0.0
广发证券股份有限公司江门恩平证券营业部	广东	恩平	0.3	0.3	0.0	0.0	0.0	0.0
信达证券股份有限公司北京朝阳门证券营业部	北京	北京	0.3	0.3	0.0	0.0	0.0	0.0
开源证券有限责任公司延安中心街证券营业部	陕西	延安	0.2	0.2	0.0	0.0	0.0	0.0
光大证券股份有限公司汉中东大街证券营业部	陕西	汉中	0.2	0.2	0.0	0.0	0.0	0.0
安信证券股份有限公司肇庆封开红卫路证券营业部	广东	肇庆	0.2	0.2	0.0	0.0	0.0	0.0
华泰证券股份有限公司宿迁泗洪体育北路证券营业部	江苏	宿迁	0.2	0.2	0.0	0.0	0.0	0.0
国联证券股份有限公司宜兴和桥镇西横街证券营业部	江苏	无锡	0.1	0.1	0.0	0.0	0.0	0.0
南京证券股份有限公司镇江丹阳水关路证券营业部 1	江苏	南京	0.1	0.1	0.0	0.0	0.0	0.0
太平洋证券股份有限公司文山普阳西路证券营业部	云南	文山	0.1	0.1	0.0	0.0	0.0	0.0
华福证券有限责任公司济南经四路证券营业部	山东	济南	0.1	0.0	0.0	0.0	0.0	0.1
宏信证券有限责任公司成都天府大道北段营业部	四川	成都	0.1	0.1	0.0	0.0	0.0	0.0
东海证券股份有限公司徐州徐海路证券营业部	江苏	徐州	0.1	0.1	0.0	0.0	0.0	0.0
太平洋证券股份有限公司泸水人民路证券营业部	云南	泸水	0.1	0.1	0.0	0.0	0.0	0.0
广发证券股份有限公司呼和浩特昭乌达路证券营业部	内蒙	呼和浩特	0.1	0.1	0.0	0.0	0.0	0.0
国都证券有限责任公司四川乐山柏杨中路证券营业部	四川	乐山	0.0	0.0	0.0	0.0	0.0	0.0
方正证券股份有限公司河池新建路证券营业部	广西	河池	0.0	0.0	0.0	0.0	0.0	0.0
国金证券股份有限公司嵩明南街证券营业部	云南	昆明	0.0	0.0	0.0	0.0	0.0	0.0
方正证券股份有限公司永州宁远泠江东路证券营业部	湖南	永州	0.0	0.0	0.0	0.0	0.0	0.0
华泰证券股份有限公司镇江丹阳丹金路证券营业部	江苏	丹阳	0.0	0.0	0.0	0.0	0.0	0.0
中信建投证券股份有限公司天津滨海新区展望路证券营业部	天津	天津	0.0	0.0	0.0	0.0	0.0	0.0
广发证券股份有限公司珠海高新软件园路证券营业部	广东	珠海	0.0	0.0	0.0	0.0	0.0	0.0
红塔证券股份有限公司弥勒庆来路证券营业部	云南	弥勒	0.0	0.0	0.0	0.0	0.0	0.0
首创证券有限责任公司北京长阳昊天北大街证券营业部	北京	北京	0.0	0.0	0.0	0.0	0.0	0.0
海通证券股份有限公司诸暨艮塔东路证券营业部	浙江	诸暨	0.0	0.0	0.0	0.0	0.0	0.0
广发证券股份有限公司佛山南海里水证券营业部	广东	佛山	0.0	0.0	0.0	0.0	0.0	0.0
光大证券股份有限公司江阴澄江中路证券营业部	江苏	江阴	0.0	0.0	0.0	0.0	0.0	0.0
国联证券股份有限公司宜兴张渚镇桃溪路证券营业部	江苏	无锡	0.0	0.0	0.0	0.0	0.0	0.0
广发证券股份有限公司新余春龙商业街证券营业部	江西	新余	0.0	0.0	0.0	0.0	0.0	0.0
国金证券股份有限公司深圳深南大道证券营业部	深圳	深圳	0.0	0.0	0.0	0.0	0.0	0.0
广发证券股份有限公司慈溪慈甬路证券营业部	浙江	慈溪	0.0	0.0	0.0	0.0	0.0	0.0
中信建投证券股份有限公司北京北辰西路证券营业部	北京	北京	0.0	0.0	0.0	0.0	0.0	0.0
万联证券有限责任公司东莞簪花路证券营业部	广东	东莞	0.0	0.0	0.0	0.0	0.0	0.0
华泰证券股份有限公司南通上海东路证券营业部	江苏	南通	0.0	0.0	0.0	0.0	0.0	0.0
众成证券经纪有限公司济宁洸河路证券营业部	山东	济宁	0.0	0.0	0.0	0.0	0.0	0.0
海通证券股份有限公司揭阳普宁新河东路证券营业部	广东	揭阳	0.0	0.0	0.0	0.0	0.0	0.0
安信证券股份有限公司嘉兴嘉善施家南路证券营业部	浙江	嘉兴	0.0	0.0	0.0	0.0	0.0	0.0
中国银河证券股份有限公司介休振兴街证券营业部	山西	晋中	0.0	0.0	0.0	0.0	0.0	0.0
华鑫证券有限责任公司北京菜市口大街证券营业部	北京	北京	0.0	0.0	0.0	0.0	0.0	0.0
众成证券经纪有限公司咸阳秦皇路证券营业部	陕西	咸阳	0.0	0.0	0.0	0.0	0.0	0.0
众成证券经纪有限公司舞钢市舞钢路证券营业部	河南	平顶山	0.0	0.0	0.0	0.0	0.0	0.0

注：营业部交易金额的单位为百万元。

证券营业部交易
Trading of Business Department

营业部名称 Business Department	省份 Province	城市 City	总计 Total	股票 Share	基金 Fund	政府债 G-Bond	公司债 C-Bond	债券回购 Repo
红塔证券股份有限公司昆明海源中路证券营业部	云南	昆明市	0.0	0.0	0.0	0.0	0.0	0.0
太平洋证券股份有限公司昆明东川古铜路证券营业部	云南	昆明	0.0	0.0	0.0	0.0	0.0	0.0
首创证券有限责任公司青岛东海西路证券营业部	山东	青岛	0.0	0.0	0.0	0.0	0.0	0.0
方正证券股份有限公司都匀云鹤路证券营业部	贵州	都匀	0.0	0.0	0.0	0.0	0.0	0.0
方正证券股份有限公司深圳华侨城证券营业部	深圳	深圳	0.0	0.0	0.0	0.0	0.0	0.0
方正证券股份有限公司济南顺河东街证券营业部	山东	济南	0.0	0.0	0.0	0.0	0.0	0.0
广州证券有限责任公司肇庆古塔北路证券营业部	广东	肇庆	0.0	0.0	0.0	0.0	0.0	0.0
国都证券有限责任公司汉中前进路证券营业部	陕西	汉中	0.0	0.0	0.0	0.0	0.0	0.0
广州证券有限责任公司东莞石龙证券营业部	广东	东莞	0.0	0.0	0.0	0.0	0.0	0.0
广发证券股份有限公司台州市府大道证券营业部	浙江	台州	0.0	0.0	0.0	0.0	0.0	0.0

注：营业部交易金额的单位为百万元。

会员信用交易
Credit Trading of Member Companies

会员公司 Company	融资买入	卖券还款	融券卖出	买券还券	融资余额	融券余额
安信证券股份有限公司	41125.78	36060.24	2355.41	2281.97	5770.79	38.48
渤海证券股份有限公司	7374.90	7370.31	0.00	0.00	659.37	0.00
财达证券有限责任公司	5267.52	2015.27	0.00	0.00	535.38	0.00
财富证券有限责任公司	6406.14	2217.77	3.58	0.00	684.42	0.00
财通证券股份有限公司	15878.00	5422.94	1021.50	1005.85	1871.83	5.89
长城证券有限责任公司	13956.91	13514.74	323.94	284.62	1522.54	6.12
长江证券股份有限公司	35096.84	13619.36	1920.29	1334.45	3634.21	17.06
大通证券股份有限公司	7173.81	1779.21	204.08	192.38	674.84	3.68
大同证券经纪有限责任公司	0.48	0.00	0.00	0.00	0.48	0.00
德邦证券有限责任公司	2147.75	1050.05	92.91	84.27	175.41	1.05
第一创业证券股份有限公司	2151.16	1613.77	0.00	0.00	459.65	0.00
东北证券股份有限公司	12283.26	4998.41	382.66	360.22	1466.29	8.10
东方证券股份有限公司	21914.05	6388.81	1503.27	1339.45	1922.12	1.13
东海证券股份有限公司	5524.57	2181.66	16.75	11.95	1068.50	0.63
东吴证券股份有限公司	14460.02	5504.11	1450.37	806.60	1641.69	7.19
东兴证券股份有限公司	26361.92	4240.51	184.14	176.88	1907.85	1.70
东莞证券有限责任公司	10037.85	1901.38	0.00	0.00	1223.63	0.00
方正证券股份有限公司	49151.71	26690.53	3261.67	1794.32	4870.31	24.13
光大证券股份有限公司	82219.69	21131.39	19428.15	8145.44	7932.11	125.53
广发证券股份有限公司	114161.81	61735.06	22170.60	8895.24	13067.33	147.23
广州证券有限责任公司	3441.87	2788.88	36.03	35.07	542.01	0.67
国都证券有限责任公司	9140.79	8641.73	107.13	42.47	1167.17	0.59
国海证券股份有限公司	13186.01	7173.14	343.99	332.22	1304.10	4.69
国金证券股份有限公司	6717.36	2130.14	260.91	167.21	933.35	6.83
国开证券有限责任公司	142.04	74.27	0.00	0.00	53.03	0.00
国联证券股份有限公司	7865.50	2924.79	486.05	434.91	670.99	1.30
国盛证券有限责任公司	5031.11	5205.82	37.77	35.37	376.04	0.01
国泰君安证券股份有限公司	141379.98	135251.45	37650.16	17950.96	16307.86	236.60
国信证券股份有限公司	91309.02	28880.44	9032.90	8319.63	10230.40	97.85
国元证券股份有限公司	33122.57	32827.98	2985.63	2744.43	2697.06	10.19
海通证券股份有限公司	117751.96	31752.82	81279.55	13922.31	14680.97	224.57
恒泰证券股份有限公司	8432.48	5228.32	91.64	84.03	838.53	0.63
宏信证券有限责任公司	22.11	4.34	0.00	0.00	15.06	0.00
宏源证券股份有限公司	33360.06	33249.59	3108.25	1972.52	3862.19	13.04
红塔证券股份有限公司	2357.32	2155.55	0.79	0.76	400.62	0.09
华安证券有限责任公司	12421.65	7478.24	0.00	0.00	1112.92	0.00
华宝证券有限责任公司	2840.81	892.87	59.31	55.84	245.86	1.70
华创证券有限责任公司	2742.74	1013.00	75.87	79.49	245.87	0.41
华福证券有限责任公司	15518.70	4229.35	0.00	0.00	1072.90	0.00
华林证券有限责任公司	161.96	110.35	0.00	0.00	67.39	0.00
华龙证券有限责任公司	5776.91	5661.86	0.92	0.94	499.44	0.02
华融证券股份有限公司	6843.39	6487.48	111.43	94.42	677.88	5.68
华泰证券股份有限公司	186419.37	86140.33	77105.69	43857.20	12494.17	173.43
华西证券有限责任公司	18716.76	19238.50	164.52	146.15	1786.02	3.96
华鑫证券有限责任公司	4380.29	1621.73	26.98	24.69	294.55	1.38
江海证券有限公司	3255.78	1507.77	0.00	0.00	486.40	0.00
金元证券股份有限公司	8267.86	2971.46	69.44	33.93	854.10	1.00
开源证券有限责任公司	684.70	411.21	0.00	0.00	76.67	0.00
民生证券股份有限公司	8418.78	8376.34	8.12	8.05	765.58	0.26
南京证券股份有限公司	11737.68	3693.80	221.98	218.06	976.48	1.97

注：单位均为百万元。

会员信用交易
Credit Trading of Member Companies

会员公司 Company	融资买入	卖券还款	融券卖出	买券还券	融资余额	融券余额
平安证券有限责任公司	17606.98	16706.62	9.94	9.82	2082.83	0.27
齐鲁证券有限公司	45869.20	45207.43	5598.27	3156.07	4644.59	60.96
日信证券有限责任公司	1221.97	476.07	3.78	0.00	144.55	0.00
山西证券股份有限公司	6905.15	2937.49	31.71	30.72	1032.89	0.68
上海证券有限责任公司	15451.66	3158.77	140.08	124.26	1426.62	2.58
申银万国证券股份有限公司	143072.31	40415.41	6695.82	3237.03	10065.14	37.40
首创证券有限责任公司	3127.19	1195.10	151.73	142.59	303.84	0.64
天风证券股份有限公司	689.99	400.88	26.26	19.82	156.96	0.58
万联证券有限责任公司	2981.96	1610.90	0.00	0.00	488.54	0.00
五矿证券有限公司	893.21	832.79	0.00	0.00	95.69	0.00
西部证券股份有限公司	5431.63	3368.40	14.04	18.55	757.27	0.00
西南证券股份有限公司	14780.11	7387.63	2051.39	1724.36	1519.80	7.85
湘财证券股份有限公司	11101.75	3858.14	11.01	10.75	1245.49	0.32
新时代证券有限责任公司	10857.21	4735.61	252.26	248.44	1071.41	0.05
信达证券股份有限公司	14642.80	13253.23	141.35	140.48	1652.85	1.01
兴业证券股份有限公司	23235.37	10105.01	324.42	293.11	2829.34	4.24
银泰证券有限责任公司	1335.72	735.64	0.00	0.00	284.26	0.00
英大证券有限责任公司	460.69	170.26	0.00	0.00	108.42	0.00
招商证券股份有限公司	110086.77	31295.91	33023.67	17080.49	12862.09	199.20
浙商证券股份有限公司	20980.57	6478.12	1897.87	569.56	1940.83	2.78
中国国际金融有限公司	4567.94	3107.55	152.23	39.10	1098.34	0.00
中国民族证券有限责任公司	10759.93	4392.03	0.13	0.13	1867.26	0.01
中国银河证券股份有限公司	108316.73	72451.53	12496.20	7472.03	11914.66	93.62
中国中投证券有限责任公司	45829.28	44630.39	1118.67	1023.35	4626.36	16.26
中航证券有限公司	5877.45	1459.82	0.00	0.00	559.17	0.00
中山证券有限责任公司	1191.94	775.09	0.00	0.00	244.51	0.00
中天证券有限责任公司	980.75	57.08	0.00	0.00	129.43	0.00
中信建投证券股份有限公司	84114.49	37890.86	13752.31	5290.49	9765.93	94.57
中信万通证券有限责任公司	13506.08	4477.55	0.15	0.14	1995.13	0.00
中信证券（浙江）有限责任公司	31666.07	10438.27	183.26	149.74	5170.86	0.00
中信证券股份有限公司	63694.33	25269.20	81315.78	14516.29	16293.76	240.11
中银国际证券有限责任公司	12144.37	4517.82	0.00	0.00	1336.89	0.00
中邮证券有限责任公司	209.19	54.68	0.00	0.00	51.62	0.00
中原证券股份有限公司	13157.76	7202.30	126.04	119.86	1387.15	3.79

注：单位均为百万元。

B 股券商
B Share Brokers

公司名称 Company	公司地址 Address	B 股交易金额 Trading Val	排名 Rank
申银万国证券股份有限公司	上海市徐汇区长乐路 989 号世纪商贸广场 45 层	16497.0	1
国泰君安证券股份有限公司	上海市浦东新区银城中路 168 号	9804.1	2
海通证券股份有限公司	上海市黄浦区广东路 689 号海通证券大厦	9667.1	3
中国银河证券有限责任公司	北京市西城区金融大街 35 号国际企业大厦 C 座	8537.6	4
华泰证券股份有限公司	江苏省南京市中山东路 90 号华泰证券大厦	7229.6	5
招商证券股份有限公司	深圳市福田区益田路江苏大厦 38-45 层	5662.8	6
广发证券股份有限公司	广州市天河北路 183 号大都会广场 42 楼	5368.0	7
国信证券股份有限公司	深圳市罗湖区红岭中路 1012 号国信证券大厦	4187.8	8
东方证券股份有限公司	上海市中山南路 318 号 2 号楼 22 层、23 层、25 层—29 层	4150.1	9
中信建投证券股份有限公司	北京市东城区朝内大街 188 号	3884.9	10
中信证券股份有限公司	深圳市深南大道 7088 号招商银行大厦 A 层(518040)	3753.0	11
方正证券股份有限公司	长沙市芙蓉区芙蓉中路二段华侨国际大厦 22-24 层	3436.2	12
光大证券股份有限公司	上海市静安区新闸路 1508 号	3184.8	13
中国中投证券有限责任公司	深圳市福田区益田路与福中路交界处荣超商务中心 A 栋第 18-21 层及第 04 层	3080.3	14
中国国际金融有限公司	中国北京建国门外大街 1 号国贸大厦 2 座 28 层	2881.3	15
中银国际证券有限责任公司	上海市浦东银城中路 200 号中银大厦 39 楼	2561.7	16
中信证券（浙江）有限责任公司	浙江省杭州市滨江区江南大道 588 号恒鑫大厦主楼 19、20 楼	2463.8	17
长江证券股份有限公司	湖北省武汉市江汉区新华路特 8 号	2027.8	18
上海证券有限责任公司	上海市黄浦区西藏中路 336 号	1921.4	19
湘财证券有限责任公司	中国湖南省长沙市天心区湘府中路 198 号新南城商务中心 A 栋 11 楼	1592.1	20
齐鲁证券有限公司	山东省济南市市中区经七路 86 号	1518.4	21
新鸿基投资服务有限公司(Sun Hung Kai)	上海南京西路 338 号天安中心 1902 室	1462.5	22
东吴证券股份有限公司	苏州市工业园区星阳街 5 号	1345.8	23
国元证券股份有限公司	合肥市寿春路 179 号	1337.8	24
渤海证券股份有限公司	天津市南开区宾水西道 8 号	1261.0	25
华鑫证券有限责任公司	深圳市福田区金田路 4018 号安联大厦 28 层 A01、B01（b）单元	1140.7	26
宏源证券股份有限公司	乌鲁木齐文艺路 233 号	1110.0	27
平安证券有限责任公司	深圳市福田区金田路大中华国际交易广场 8 层	1063.8	28
兴业证券股份有限公司	福建省福州市湖东路 268 号证券大厦	1035.5	29
凯基证券亚洲有限公司	上海仙霞路 317 号 2502 室	952.2	30
中国民族证券有限责任公司	北京市朝阳区北四环中路 27 号盘古大观 A 座 40-43 层	910.6	31
华安证券有限责任公司	合肥市政务文化新区天鹅湖路 198 号	873.7	32
长城证券有限责任公司	深圳市深南大道 6008 号特区报业大厦 14、16、17 楼	868.0	33
东北证券股份有限公司	长春市自由大路 1138 号	824.4	34
国联证券股份有限公司	无锡市滨湖区太湖新城金融一街 8 号国联金融大厦 7-9 楼	780.3	35
中信万通证券有限责任公司	青岛市崂山区深圳路 222 号天泰金融广场 21 层	712.7	36
恒泰证券股份有限公司	内蒙古呼和浩特市新城区新华东街 111 号	655.9	37
西南证券股份有限公司	重庆市江北区桥北苑 8 号西南证券大厦	562.5	38
南京证券股份有限公司	南京市大钟亭 8 号	559.1	39
民生证券股份有限公司	北京市东城区建国门内大街 28 号民生金融中心 A 座 16、17、18 层	529.6	40
华西证券有限责任公司	四川省成都市陕西街 239 号	500.8	41
里昂证券有限公司(Credit Lyonnais)	香港金钟道 88 号太古广场 1 期 18 楼	498.0	42
汇富金融服务有限公司	香港	490.4	43
德邦证券有限责任公司	上海市福山路 500 号城建国际中心 26 楼	440.8	44
广州证券有限责任公司	广州市天河区珠江西路 5 号广州国际金融中心主塔 19 层、20 层	435.9	45
国海证券股份有限公司	南宁市滨湖路 46 号	424.8	46
山西证券股份有限公司	太原市府西街 69 号山西国贸中心	415.1	47
首创证券有限责任公司	北京市西城区德胜门外大街 115 号德胜尚城 E 座	347.8	48
法国兴业证券(香港)有限公司	香港中环皇后大道中十五号公爵大厦四十一楼	295.5	49
英大证券有限责任公司	深圳市福田区深南中路华能大厦三十、三十一层	274.0	50

注：B 股券商交易金额的单位为百万元。

B 股券商
B Share Brokers

公司名称 Company	公司地址 Address	B 股交易金额 Trading Val	排名 Rank
大华继显(香港)有限公司	香港中环皇后大道中 29 号怡安华人行 15 楼	267.1	51
大通证券股份有限公司	大连市沙河口区会展路 129 号期货大厦 38、39 层	262.2	52
西部证券股份有限公司	西安市东新街 232 号陕西信托大厦	232.4	53
华林证券有限责任公司	深圳市福田区民田路 178 号华融大厦 5-6 楼	232.1	54
万联证券有限责任公司	广州市天河区珠江东路 11 号 18、19 楼全层	231.7	55
第一创业证券股份有限公司	深圳市罗湖区笋岗路 12 号中民时代广场 B 座 25、26 层	204.7	56
红塔证券股份有限公司	昆明市北京路 155 号附 1 号红塔大厦 7-11 楼	202.9	57
东莞证券有限责任公司	广东省东莞市莞城区可园南路 1 号金源中心	170.0	58
世纪证券有限责任公司	深圳市深南大道 7088 号招商银行大厦 41 层	159.4	59
国盛证券有限责任公司	南昌市北京西路 88 号江信国际金融大厦	159.4	60
华龙证券有限责任公司	甘肃省兰州市东岗西路 638 号	157.5	61
华创证券有限责任公司	贵州省贵阳市中华北路 216 号华创大厦	145.4	62
财富证券有限责任公司	长沙市芙蓉中路中路二段 80 号顺天国际财富中心 26 层	130.3	63
京华山一国际(香港)有限公司	香港中环大道中 183 号新纪元广场中远大厦 36 楼	114.3	64
航天证券有限责任公司	上海市普陀区曹杨路 430 号	61.2	65
西藏同信证券有限责任公司	上海市闸北区永和路 118 弄东方环球企业园 24 号楼	57.3	66
华宝证券有限责任公司	浦东世纪大道 100 号 57 层	36.8	67
群益证券(香港)有限公司	上海浦东南路 360 号新上海国际大厦 18 楼	18.1	68
万和证券有限责任公司	深圳市福田区深南大道 7028 号时代科技大厦 20 层西厅	7.1	69
华泰联合证券有限责任公司	深圳市福田区深南大道 4011 号香港中旅大厦 25 层	0.0	70

注：B 股券商交易金额的单位为百万元。

现券 Spot Bond　　债券交易排名 Ranking of Bond Trading

机构名称	现券交易金额 (万元)	排名
中信证券股份有限公司	22948448.00	1
国泰君安证券股份有限公司	14732572.30	2
海通证券股份有限公司	12178890.10	3
中信建投证券股份有限公司	11892335.10	4
广发证券股份有限公司	9339438.50	5
中国银河证券股份有限公司	8625967.90	6
华泰证券股份有限公司	8522420.10	7
富国基金管理公司	8160640.40	8
招商证券股份有限公司	6463080.90	9
工银瑞信基金管理有限公司	6374827.20	10

回购 Bond Repurchase

机构名称	回购交易金额 (万元)	排名
中信证券股份有限公司	436652560.00	1
海通证券股份有限公司	407751964.80	2
新华资产管理股份有限公司	362422910.00	3
国泰君安证券股份有限公司	361483126.00	4
博时基金管理有限公司	310748180.00	5
中信建投证券股份有限公司	298513922.00	6
鹏华基金管理公司	293441270.00	7
华泰证券股份有限公司	282245176.80	8
招商证券股份有限公司	274333000.00	9
中银基金管理有限公司	262081140.00	10

会员新股承销排名
Member Underwriting

承销商 Underwriter	承销股票数 Underwriting Share	承销股数(亿) Underwriting Vol(100M)	承销金额总计(亿) Underwriting Val(100M)
中国国际金融有限公司	1	10.72	0

注：联合承销股数和金额分别计算到每个会员。

交易地区分布
Regional Distribution by Turnover Ranking

地区 Area	营业部 Number	排名 Rank	交易金额(百亿)Trading Val(10B)					
			总计 Total	股票 Stock	基金 Fund	政府债 G-Bond	公司债 C-Bond	债券回购 Bond Repo
上海	501	1	443290.96	85878.95	3475.59	767.15	7488.56	345680.72
广东	769	2	332065.94	77089.59	2853.14	178.20	6445.13	245499.88
北京	287	3	256057.67	46820.23	2403.44	366.96	5743.49	200723.55
浙江	436	4	96351.76	47163.41	1862.84	26.07	962.77	46336.67
江苏	445	5	90449.02	33320.38	1598.95	30.21	1714.01	53785.47
福建	256	6	57006.74	20935.79	332.87	16.34	803.63	34918.11
湖北	204	7	39078.37	12798.76	448.75	14.41	452.99	25363.46
山东	315	8	38168.18	16053.91	1556.53	13.76	541.29	20002.69
四川	242	9	36575.30	14471.93	605.45	10.44	445.40	21042.08
辽宁	228	10	30097.02	11179.54	270.30	9.18	542.18	18095.82
黑龙江	122	11	24239.27	5409.95	217.42	24.46	565.85	18021.59
江西	124	12	21837.01	7918.08	90.63	11.10	326.53	13490.68
湖南	209	13	19864.33	10204.32	358.25	2.24	553.67	8745.83
天津	108	14	18630.60	5809.60	348.34	5.67	457.93	12009.07
广西	101	15	14582.87	4451.95	41.59	3.69	214.09	9871.55
河南	170	16	14474.71	9615.40	75.91	2.13	105.21	4676.05
重庆	119	17	14310.95	5839.88	85.47	8.30	214.84	8162.46
安徽	165	18	13243.32	7615.21	116.17	1.66	183.84	5326.44
云南	101	19	12829.30	3204.78	36.07	3.96	87.94	9496.54
陕西	140	20	12370.55	5756.60	132.53	6.12	135.82	6339.49
河北	175	21	11760.42	5731.58	300.37	1.07	117.14	5610.27
吉林	104	22	8316.40	3453.18	41.70	2.47	74.72	4744.34
山西	130	23	7908.10	4050.82	165.46	2.55	35.37	3653.91
海南	40	24	6917.04	2020.48	33.30	0.99	87.21	4775.05
新疆	62	25	6887.63	2827.18	52.47	0.40	36.05	3971.52
内蒙	66	26	6626.23	1824.01	8.98	1.41	275.58	4516.24
贵州	54	27	4464.44	1329.94	10.92	0.09	29.12	3094.37
甘肃	66	28	3524.55	2036.68	37.38	0.10	8.00	1442.40
宁夏	24	29	873.16	601.46	2.28	0.03	0.92	268.47
青海	16	30	635.24	300.49	1.43	0.00	3.04	330.27
西藏	6	31	193.93	54.36	0.06	0.00	20.73	118.77

Shareholder

投资者

投资者历年开户
Historical Data of Shareholder's Accounts

股票投资者历年开户累计
Shareholder's Accounts

年份 Year	开户总数 Total Account			A股开户总数 A Share Account		B股开户总数 B Share Account		信用交易开户总数 Credit Account		
	总数 Total	自然人 Individual	机构 institution	自然人 Individual	机构 institution	自然人 Individual	机构 institution	总数 Total	自然人 Individual	机构 institution
1992	111.2	110.5	0.7	110.2	0.7	0.0	0.0	--	--	--
1993	423.5	421.9	1.6	421.1	1.4	0.8	0.2	--	--	--
1994	574.9	572.6	2.3	571	2.0	1.6	0.3	--	--	--
1995	685.2	682.3	2.9	680.0	2.5	2.3	0.4	--	--	--
1996	1207.9	1204.1	3.8	1200.0	3.3	4.1	0.5	--	--	--
1997	1713.3	1708.1	5.2	1702.2	4.6	5.9	0.6	--	--	--
1998	1999.4	1993.1	6.3	1986.1	5.6	7.1	0.7	--	--	--
1999	2281.1	2272.8	8.3	2264.7	7.6	8.1	0.8	--	--	--
2000	2957.8	2944.9	13.0	2931.2	12.1	13.7	0.8	--	--	--
2001	3419.8	3403.1	16.8	3311.1	15.9	92.0	0.9	--	--	--
2002	3556.0	3536.9	19.1	3441.4	18.1	95.5	1.0	--	--	--
2003	3632.1	3612.1	20.0	3515.1	19.0	97.1	1.0	--	--	--
2004	3703.1	3682.4	20.7	3584.2	19.5	98.2	1.1	--	--	--
2005	3747.9	3726.6	21.3	3628.0	20.1	98.6	1.2	--	--	--
2006	3901.5	3878.8	22.8	3778.5	21.4	100.3	1.3	--	--	--
2007	5817	5788.2	28.8	5645.9	27.3	142.4	1.5	--	--	--
2008	6542.6	6510.9	31.7	6365.4	30.1	145.5	1.6	--	--	--
2009	7405.4	7370.3	35.1	7221.6	33.4	148.6	1.7	--	--	--
2010	8154.2	8116.5	37.8	7965.5	36.0	151.0	1.8	2.1	2.1	0.0
2011	8705.0	8664.9	40.1	8512.7	38.1	152.2	2.0	17.6	17.5	0.1
2012	8996.4	8954.9	41.5	8802.1	39.5	152.8	2.1	50.0	49.8	0.2
2013	9253.4	9210.1	43.3	9056.5	41.2	153.6	2.2	134.8	134.5	0.4

单位:万。

股票投资者历年新开户
New Shareholder' s Accounts

投资者历年开户
Historical Data of Shareholder's Accounts

年份 Year	新开户总数 New			A 股新开户数 New(A Share)		B 股新开户数 New(B Share)		信用交易新开户数 New(Credit Account)		
	总数 Total	自然人 Individual	机构 institution	自然人 Individual	机构 institution	自然人 Individual	机构 institution	总数 Total	自然人 Individual	机构 institution
1992	100.2	99.5	0.7	99.5	0.7	0.0	0.0	--	--	--
1993	312.3	311.4	0.9	310.6	0.7	0.8	0.0	--	--	--
1994	151.4	150.7	0.7	149.9	0.6	0.7	0.2	--	--	--
1995	110.3	109.8	0.6	109.0	0.5	0.8	0.1	--	--	--
1996	522.7	521.8	0.9	520.0	0.8	1.8	0.1	--	--	--
1997	502.8	501.4	2.2	499.6	2.0	1.8	0.1	--	--	--
1998	286.1	285.1	1.0	283.9	1.0	1.2	0.2	--	--	--
1999	281.7	279.7	2.1	278.6	2.0	1.0	0.1	--	--	--
2000	676.7	672.1	4.6	666.5	4.6	5.6	0.1	--	--	--
2001	462.0	458.2	3.8	379.9	3.8	78.3	0.1	--	--	--
2002	136.1	133.8	2.3	130.4	2.2	3.5	0.0	--	--	--
2003	76.1	75.2	0.9	73.6	0.9	1.6	0.0	--	--	--
2004	71.0	70.3	0.7	69.1	0.6	1.2	0.1	--	--	--
2005	44.8	44.2	0.6	43.8	0.5	0.4	0.1	--	--	--
2006	153.6	152.1	1.5	150.5	1.4	1.6	0.1	--	--	--
2007	1915.5	1909.5	6.0	1867.4	5.9	42.1	0.1	--	--	--
2008	725.6	722.7	2.9	719.5	2.8	3.2	0.1	--	--	--
2009	862.8	859.3	3.4	856.2	3.4	3.1	0.1	--	--	--
2010	748.9	746.2	2.7	743.9	2.6	2.3	0.1	2.1	2.1	0.0
2011	550.8	548.5	2.3	547.2	2.2	1.3	0.1	15.5	15.4	0.1
2012	291.4	290.0	1.4	289.4	1.3	0.6	0.1	32.4	32.3	0.1
2013	257.0	255.3	1.8	254.4	1.7	0.8	0.1	84.9	84.7	0.2

注：开户单位为万。

投资者构成
Investor Structure

年龄分布
Distribution by Age

年龄段 Age	30 岁以下 Under 30	30-40 岁 30-40	40-50 岁 40-50	50-60 岁 50-60	60 岁以上 Up 60
人数	3218.83	2845.35	1714.68	711.04	422.15
比例(%)	36.12	31.93	19.24	7.98	4.74

学历分布
Distribution by Academic Background

学历 Academic	中专以下 Under Middle Education	中专 Middle Education	大专 Higher Education	大学本科 Bachelor	硕士及以上 Master
人数	2381.75	2258.29	2256.15	1441.11	319.34
比例(%)	27.51	26.09	26.06	16.65	3.69

性别分布
Distribution by Sex

性别 Sex	男性 Male	女性 Female
人数	4908.28	4002.58
比例(%)	55.08	44.92

注：投资者数为万人。

投资者交易和盈利状况
Inverstor's Trading and profits

年度各类投资者买卖净额情况
Balance of Inverstors in 2013

	买卖净额(亿元)	交易占比(%)
自然人投资者	2024.67	82.24
一般法人	-583.32	2.46
专业机构	-1441.35	15.3
其中：投资基金	-1870.67	6.18

年末各类投资者持股情况
Share Hold of Investors by 2013

	持股市值(亿) Hold Value(100M)	占比(%) Ratio(%)	持股账户数(万户) Hold Account	占比(%) Ratio(%)
自然人投资者	29609.52	21.78	2954.88	99.78
其中：10 万元以下	5435.57	4.00	2490.95	84.11
10-30 万元	5180.36	3.81	307.70	10.39
30-100 万元	6095.23	4.48	119.18	4.02
100-300 万元	4545.93	3.34	28.20	0.95
300-1000 万元	3612.39	2.66	7.27	0.25
1000 万元以上	4740.04	3.49	1.58	0.05
一般法人	86517.26	63.64	3.89	0.13
专业机构	19817.31	14.58	2.73	0.09
其中：投资基金	6176.54	4.54	0.09	0.00

年度各类投资者盈利情况
Profits of Inverstors in 2013

投资者分类	盈利金额(亿元)
自然人投资者	2962.27
一般法人	-7426.92
专业机构	-2096.89
合计	-6561.55

投资者开户逐月信息
Open Account of Investor in 2013

日期 Date	总数 Total	A 股 A Share	B 股 B Share	基金 Fund
2013.01	41.66	23.91	0.15	17.60
2013.02	36.53	19.91	0.11	16.51
2013.03	67.38	39.28	0.09	28.02
2013.04	32.59	15.37	0.06	17.17
2013.05	45.40	21.83	0.07	23.49
2013.06	31.27	19.01	0.05	12.21
2013.07	31.11	18.63	0.05	12.43
2013.08	33.24	17.87	0.05	15.32
2013.09	35.53	20.07	0.09	15.37
2013.10	34.43	18.64	0.08	15.72
2013.11	42.03	21.35	0.05	20.62
2013.12	43.12	20.25	0.06	22.80
2013 年合计	474.29	256.12	0.92	217.25
累计总户数	11444.19	9097.69	155.75	2190.75

注：开户单位为万户。

年末分行业持股信息
Hold Distribution by 2013

行业代码 Industry Code	行业名称 Industry Name	自然人 Individual		专业机构 Institution		一般法人 Corporation	
		持股市值	比例(%)	持股市值	比例(%)	持有市值	比例(%)
A	农、林、牧、渔业	369.57	55.45	29.47	4.42	267.46	40.13
B	采矿业	1910.55	7.93	513.90	2.13	21655.94	89.93
C	制造业	12470.60	34.96	4957.82	13.90	18239.94	51.14
D	电力、热力、燃气及水生产和供应业	1398.87	28.50	309.00	6.30	3200.17	65.20
E	建筑业	1131.36	31.57	315.03	8.79	2137.40	59.64
F	批发和零售业	2027.07	45.26	409.95	9.15	2041.89	45.59
G	交通运输、仓储和邮政业	1573.93	23.64	400.38	6.01	4683.42	70.35
H	住宿和餐饮业	25.50	25.64	8.46	8.51	65.48	65.85
I	信息传输、软件和信息技术服务业	1037.92	36.25	461.82	16.13	1363.55	47.62
J	金融业	5285.49	11.63	3240.06	7.13	36914.29	81.24
K	房地产业	1668.83	36.97	400.17	8.87	2444.78	54.16
L	租赁和商务服务业	195.31	27.99	94.48	13.54	407.99	58.47
M	科学研究和技术服务业	46.94	60.31	2.97	3.82	27.91	35.87
N	水利、环境和公共设施管理业	135.05	37.31	17.09	4.72	209.87	57.97
P	教育	7.16	34.26	2.69	12.84	11.06	52.90
Q	卫生和社会工作	16.82	32.77	12.82	24.98	21.69	42.26
R	文化、体育和娱乐业	300.64	34.08	44.90	5.09	536.71	60.83
S	综合	560.30	59.76	80.14	8.55	297.15	31.69

注：持股市值单位为亿元。

年末个股股东持股情况
Distribution of Shareholder by 2013

证券代码 Code	证券简称 Name	合计持股数 Total Hold	自然人 Individual		一般法人 Corporation		专业机构 Institution	
			持有股数	比例(%)	持有股数	比例(%)	持有股数	比例(%)
600000	浦发银行	1492277.71	527413.44	35.34	660228.32	44.24	304635.95	20.41
600004	白云机场	115000.00	36585.84	31.81	74405.81	64.70	4008.35	3.49
600005	武钢股份	1009377.98	292941.17	29.02	711458.97	70.49	4977.84	0.49
600006	东风汽车	200000.00	77106.67	38.55	120729.00	60.36	2164.33	1.08
600007	中国国贸	100728.25	11115.35	11.04	82800.61	82.20	6812.29	6.76
600008	首创股份	220000.00	78024.96	35.47	135901.51	61.77	6073.53	2.76
600009	上海机场	109347.64	40966.27	37.47	28001.96	25.61	40379.42	36.93
600010	包钢股份	642364.37	217760.51	33.90	402289.01	62.63	22314.84	3.47
600011	华能国际	1050000.00	64542.91	6.15	908950.01	86.57	76507.08	7.29
600012	皖通高速	116560.00	26378.11	22.63	88546.17	75.97	1635.72	1.40
600015	华夏银行	648768.68	115280.71	17.77	486712.93	75.02	46775.04	7.21
600016	民生银行	2258820.99	552025.42	24.44	1351853.91	59.85	354941.66	15.71
600017	日照港	263063.17	90275.88	34.32	167027.37	63.49	5759.91	2.19
600018	上港集团	2099080.01	187040.18	8.91	1880564.74	89.59	31475.10	1.50
600019	宝钢股份	1647172.49	230139.84	13.97	1338920.50	81.29	78112.16	4.74
600020	中原高速	224737.18	77377.75	34.43	146614.71	65.24	744.73	0.33
600021	上海电力	213973.93	47637.03	22.26	152036.06	71.05	14300.84	6.68
600022	山东钢铁	534315.82	140551.62	26.31	393344.77	73.62	419.43	0.08
600023	浙能电力	60817.70	58237.74	95.76	2525.93	4.15	54.04	0.09
600026	中海发展	210855.60	48115.51	22.82	159349.86	75.57	3390.23	1.61
600027	华电国际	588005.62	112977.26	19.22	437589.08	74.42	37439.28	6.37
600028	中国石化	9105187.52	305785.66	3.36	8603473.77	94.49	195928.10	2.15
600029	南方航空	702265.00	219109.25	31.20	461788.25	65.76	21367.50	3.04
600030	中信证券	981466.17	398354.33	40.59	408035.74	41.57	175076.11	17.84
600031	三一重工	759370.61	281583.44	37.08	445206.95	58.63	32580.22	4.29
600033	福建高速	133974.75	119051.17	88.86	12676.97	9.46	2246.61	1.68
600035	楚天高速	93165.25	31791.98	34.12	59509.72	63.88	1863.55	2.00
600036	招商银行	2062894.44	369600.26	17.92	1406376.76	68.18	286917.43	13.91
600037	歌华有线	106036.81	52258.35	49.28	51928.53	48.97	1849.93	1.75
600038	哈飞股份	33735.00	9280.76	27.51	21554.44	63.89	2899.81	8.60
600039	四川路桥	54720.00	33925.82	62.00	20395.23	37.27	398.94	0.73
600048	保利地产	713799.44	178224.51	24.97	390754.94	54.74	144820.00	20.29
600050	中国联通	2119659.64	593251.54	27.99	1374436.89	64.84	151971.20	7.17
600051	宁波联合	30240.00	19598.05	64.81	10385.22	34.34	256.73	0.85
600052	浙江广厦	87178.91	39808.65	45.66	46659.69	53.52	710.57	0.82
600053	中江地产	43354.08	11430.75	26.37	31641.26	72.98	282.07	0.65
600054	黄山旅游	11762.00	9430.00	80.17	782.39	6.65	1549.61	13.18
600055	华润万东	21645.00	9624.60	44.47	11886.78	54.92	133.62	0.62
600056	中国医药	44222.93	13483.30	30.49	28106.28	63.56	2633.35	5.96
600057	象屿股份	42984.00	23680.02	55.09	18390.85	42.79	913.13	2.12
600058	五矿发展	107191.07	36814.35	34.35	67988.57	63.43	2388.15	2.23
600059	古越龙山	63485.64	28903.80	45.53	29740.26	46.85	4841.58	7.63
600060	海信电器	130848.12	44290.64	33.85	64013.11	48.92	22544.38	17.23
600061	中纺投资	42908.29	23428.71	54.60	19453.01	45.34	26.58	0.06
600062	华润双鹤	57169.60	9513.28	16.64	33357.43	58.35	14298.89	25.01
600063	皖维高新	149785.33	102555.75	68.47	46041.92	30.74	1187.66	0.79
600064	南京高科	51621.88	30211.15	58.52	20498.41	39.71	912.32	1.77
600066	宇通客车	122264.96	18922.44	15.48	48931.43	40.02	54411.10	44.50
600067	冠城大通	119055.81	60787.07	51.06	50715.11	42.60	7553.63	6.35
600068	葛洲坝	348745.90	167786.68	48.11	172158.49	49.37	8800.73	2.52

注：合计持股数包含 F 类账户；单位为万股。

年末个股股东持股情况
Distribution of Shareholder by 2013

证券代码 Code	证券简称 Name	合计持股数 Total Hold	自然人 Individual		一般法人 Corporation		专业机构 Institution	
			持有股数	比例(%)	持有股数	比例(%)	持有股数	比例(%)
600069	银鸽投资	82537.41	53041.78	64.26	28654.09	34.72	841.55	1.02
600070	浙江富润	18287.85	12587.24	68.83	5611.05	30.68	89.55	0.49
600071	凤凰光学	23747.25	14265.57	60.07	9460.46	39.84	21.22	0.09
600072	中船股份	47842.96	27185.75	56.82	19640.57	41.05	1016.64	2.13
600073	上海梅林	77580.01	28902.34	37.26	32206.71	41.51	16470.96	21.23
600074	*ST 中达	66124.08	42734.02	64.63	23377.27	35.35	12.79	0.02
600075	新疆天业	43859.20	24350.24	55.52	19345.98	44.11	162.98	0.37
600076	青鸟华光	36553.60	30634.05	83.81	5420.57	14.83	498.98	1.37
600077	宋都股份	48662.95	25614.59	52.64	17759.05	36.49	5289.31	10.87
600078	澄星股份	66257.29	38002.14	57.36	27920.66	42.14	334.48	0.51
600079	人福医药	46135.01	9006.09	19.52	12721.60	27.58	24407.31	52.90
600080	金花股份	30529.59	20179.55	66.10	9387.06	30.75	962.97	3.15
600081	东风科技	31356.00	10476.23	33.41	20781.34	66.28	98.43	0.31
600082	海泰发展	62998.89	42717.87	67.81	20234.79	32.12	46.22	0.07
600083	博信股份	22598.08	21976.56	97.25	503.34	2.23	118.18	0.52
600084	中葡股份	80991.93	39432.98	48.69	41272.81	50.96	286.14	0.35
600085	同仁堂	131109.73	24785.41	18.91	78736.66	60.05	27587.66	21.04
600086	东方金钰	35228.17	15314.97	43.47	17540.73	49.79	2372.47	6.74
600087	*ST 长油	298918.92	147984.93	49.51	150668.97	50.41	265.02	0.09
600088	中视传媒	33142.20	13716.68	41.39	19260.39	58.11	165.13	0.50
600089	特变电工	263555.98	113873.88	43.21	68822.46	26.11	80859.65	30.68
600090	啤酒花	36791.67	24695.99	67.12	11969.35	32.53	126.33	0.34
600091	ST 明科	33652.60	24604.39	73.11	8939.50	26.56	108.70	0.32
600093	禾嘉股份	32244.75	21745.95	67.44	10263.01	31.83	235.79	0.73
600094	大名城	19937.80	17531.35	87.93	1985.81	9.96	420.64	2.11
600095	哈高科	36126.36	29217.45	80.88	6806.45	18.84	102.45	0.28
600096	云天化	36419.25	27238.97	74.79	5144.47	14.13	4035.82	11.08
600097	开创国际	11544.99	7633.00	66.12	3420.24	29.63	491.75	4.26
600098	广州发展	245339.97	39367.75	16.05	199465.15	81.30	6507.07	2.65
600099	林海股份	21912.00	12258.08	55.94	9465.47	43.20	188.45	0.86
600100	同方股份	198770.11	129847.76	65.33	53510.97	26.92	15411.38	7.75
600101	明星电力	32417.90	21616.80	66.68	10610.85	32.73	190.26	0.59
600103	青山纸业	106184.16	76260.03	71.82	28692.70	27.02	1231.43	1.16
600104	上汽集团	924242.17	56875.90	6.15	749799.92	81.13	117566.35	12.72
600105	永鼎股份	38095.47	25514.08	66.97	12552.06	32.95	29.33	0.08
600106	重庆路桥	90774.20	62576.89	68.94	27598.99	30.40	598.33	0.66
600107	美尔雅	36000.00	24722.32	68.67	8901.58	24.73	2376.10	6.60
600108	亚盛集团	194691.51	115402.04	59.27	57095.82	29.33	22193.65	11.40
600109	国金证券	129407.17	26956.39	20.83	83143.43	64.25	19307.36	14.92
600110	中科英华	115031.21	101076.87	87.87	7145.37	6.21	6808.97	5.92
600111	包钢稀土	147946.99	108492.32	73.33	27628.22	18.67	11826.44	7.99
600112	天成控股	50920.49	29121.64	57.19	18621.11	36.57	3177.73	6.24
600113	浙江东日	31860.00	15892.35	49.88	15811.49	49.63	156.16	0.49
600114	东睦股份	10767.80	7612.61	70.70	1140.15	10.59	2015.04	18.71
600115	东方航空	778221.39	137299.75	17.64	631319.93	81.12	9601.70	1.23
600116	三峡水利	26753.32	15506.08	57.96	10903.72	40.76	343.52	1.28
600117	西宁特钢	74121.93	34871.88	47.05	38587.88	52.06	662.17	0.89
600118	中国卫星	118248.91	33500.22	28.33	66836.11	56.52	17912.59	15.15
600119	长江投资	30740.00	17475.25	56.85	13220.82	43.01	43.94	0.14
600120	浙江东方	50547.35	25463.33	50.38	23311.42	46.12	1772.59	3.51

注：合计持股数包含 F 类账户；单位为万股。

年末个股股东持股情况
Distribution of Shareholder by 2013

证券代码 Code	证券简称 Name	合计持股数 Total Hold	自然人 Individual		一般法人 Corporation		专业机构 Institution	
			持有股数	比例(%)	持有股数	比例(%)	持有股数	比例(%)
600121	郑州煤电	62914.00	24167.56	38.41	38205.36	60.73	541.08	0.86
600122	宏图高科	113278.96	69622.98	61.46	42530.72	37.55	1125.25	0.99
600123	兰花科创	114240.00	54810.90	47.98	53677.92	46.99	5751.18	5.03
600125	铁龙物流	130552.19	73108.02	56.00	50933.12	39.01	6511.05	4.99
600126	杭钢股份	83893.88	23881.90	28.47	56857.11	67.77	3154.87	3.76
600127	金健米业	54445.96	44770.84	82.23	9658.62	17.74	16.50	0.03
600128	弘业股份	24676.75	17414.59	70.57	7215.33	29.24	46.83	0.19
600129	太极集团	42689.40	23687.56	55.49	17351.38	40.65	1650.46	3.87
600130	波导股份	76800.00	46280.37	60.26	30432.12	39.63	87.51	0.11
600131	岷江水电	39736.69	23832.94	59.98	15889.81	39.99	13.94	0.04
600132	重庆啤酒	48397.12	15751.29	32.55	32179.15	66.49	466.68	0.96
600133	东湖高新	42661.67	35591.90	83.43	4107.33	9.63	2962.44	6.94
600135	乐凯胶片	34200.00	21051.02	61.55	12671.45	37.05	477.53	1.40
600136	道博股份	10429.40	5719.06	54.84	4688.14	44.95	22.20	0.21
600137	浪莎股份	9721.76	5341.94	54.95	4355.62	44.80	24.21	0.25
600138	中青旅	41535.00	12022.22	28.95	8811.63	21.22	20701.15	49.84
600139	西部资源	62971.48	31410.93	49.88	30396.54	48.27	1164.01	1.85
600141	兴发集团	36548.00	20246.14	55.40	11834.90	32.38	4466.97	12.22
600143	金发科技	263440.00	227402.19	86.32	21131.54	8.02	14906.27	5.66
600145	国创能源	37768.50	31805.93	84.21	5830.83	15.44	131.74	0.35
600146	大元股份	20000.00	16907.35	84.54	2526.57	12.63	566.08	2.83
600148	长春一东	14151.65	5460.74	38.59	8594.62	60.73	96.29	0.68
600149	廊坊发展	33011.00	31230.82	94.61	1015.06	3.08	765.12	2.32
600150	中国船舶	137811.76	26128.66	18.96	100013.49	72.57	11669.61	8.47
600151	航天机电	120469.53	55843.30	46.36	53695.38	44.57	10930.85	9.07
600152	维科精华	29349.42	16710.95	56.94	12599.92	42.93	38.55	0.13
600153	建发股份	223775.07	59439.69	26.56	124846.52	55.79	39488.87	17.65
600155	*ST 宝硕	41250.00	26286.68	63.73	14894.44	36.11	68.88	0.17
600156	华升股份	40211.07	23054.73	57.33	17084.69	42.49	71.65	0.18
600157	永泰能源	143394.76	81296.18	56.69	52825.33	36.84	9273.24	6.47
600158	中体产业	65749.54	58199.31	88.52	3854.21	5.86	3696.02	5.62
600159	大龙地产	83000.32	42047.63	50.66	40243.34	48.49	709.35	0.86
600160	巨化股份	179146.80	60441.24	33.74	113279.56	63.23	5425.99	3.03
600161	天坛生物	51546.69	16628.79	32.26	31952.82	61.99	2965.08	5.75
600162	香江控股	76781.26	27805.42	36.21	43290.63	56.38	5685.22	7.40
600163	福建南纸	72142.00	42261.90	58.58	29219.66	40.50	660.43	0.92
600165	新日恒力	19395.35	13225.00	68.19	6117.58	31.54	52.77	0.27
600166	福田汽车	253810.02	86097.40	33.92	154613.16	60.92	13099.46	5.16
600167	联美控股	21100.00	6855.94	32.49	13147.04	62.31	1097.02	5.20
600168	武汉控股	44115.00	17640.69	39.99	25719.49	58.30	754.82	1.71
600169	太原重工	242395.50	137738.58	56.82	96751.18	39.92	7905.74	3.26
600170	上海建工	84589.45	68945.51	81.51	11480.07	13.57	4163.86	4.92
600171	上海贝岭	67380.78	37275.73	55.32	20758.80	30.81	9346.25	13.87
600172	黄河旋风	49667.84	33471.36	67.39	15916.03	32.05	280.46	0.57
600173	卧龙地产	72505.75	39668.12	54.71	32642.86	45.02	194.77	0.27
600175	美都控股	137127.93	122962.60	89.67	10973.19	8.00	3192.14	2.33
600176	中国玻纤	64108.80	21903.05	34.17	37151.09	57.95	5054.67	7.89
600177	雅戈尔	214360.50	117082.91	54.62	85629.76	39.95	11647.83	5.43
600178	东安动力	46208.00	20769.44	44.95	25400.51	54.97	38.05	0.08
600179	黑化股份	39000.00	18704.05	47.96	20259.22	51.95	36.73	0.09

注：合计持股数包含 F 类账户；单位为万股。

年末个股股东持股情况
Distribution of Shareholder by 2013

证券代码 Code	证券简称 Name	合计持股数 Total Hold	自然人 Individual		一般法人 Corporation		专业机构 Institution	
			持有股数	比例(%)	持有股数	比例(%)	持有股数	比例(%)
600180	瑞茂通	25099.01	20348.31	81.07	1316.14	5.24	3434.56	13.68
600182	S 佳通	17000.00	16275.57	95.74	162.79	0.96	561.64	3.30
600183	生益科技	140050.75	59432.32	42.44	70766.72	50.53	9851.71	7.03
600184	光电股份	11765.11	3521.91	29.94	6503.30	55.28	1739.91	14.79
600185	格力地产	57759.44	18009.43	31.18	35681.53	61.78	4068.49	7.04
600186	莲花味精	106202.43	74695.41	70.33	31288.15	29.46	218.87	0.21
600187	国中水务	106806.25	66095.23	61.88	34000.03	31.83	6710.99	6.28
600188	兖州煤业	296000.00	30581.30	10.33	260789.20	88.10	4629.51	1.56
600189	吉林森工	31050.00	15223.62	49.03	14889.35	47.95	937.03	3.02
600190	锦州港	133898.04	31716.63	23.69	102024.08	76.20	157.34	0.12
600191	华资实业	48493.20	21260.75	43.84	27070.01	55.82	162.44	0.34
600192	长城电工	34174.80	18507.19	54.16	15638.45	45.76	29.17	0.09
600193	创兴资源	42537.30	32571.27	76.57	9827.93	23.10	138.11	0.33
600195	中牧股份	39000.00	10923.01	28.01	25344.26	64.99	2732.73	7.01
600196	复星医药	190439.24	41827.14	21.96	102262.20	53.70	46349.89	24.34
600197	伊力特	44100.00	17987.71	40.79	23837.83	54.05	2274.46	5.16
600198	大唐电信	45086.37	29310.01	65.01	14460.43	32.07	1315.93	2.92
600199	金种子酒	55577.50	34635.91	62.32	18403.22	33.11	2538.38	4.57
600200	江苏吴中	52208.92	49036.07	93.92	2597.36	4.98	575.50	1.10
600201	金宇集团	28081.49	17440.73	62.11	7433.26	26.47	3207.50	11.42
600202	哈空调	38334.07	25082.77	65.43	13245.63	34.55	5.67	0.02
600203	福日电子	24054.41	14248.30	59.23	9753.09	40.55	53.03	0.22
600206	有研硅股	21750.00	12644.84	58.14	9058.79	41.65	46.37	0.21
600207	安彩高科	44000.00	22363.18	50.83	21314.90	48.44	321.93	0.73
600208	新湖中宝	625725.76	107986.89	17.26	459667.88	73.46	58070.99	9.28
600209	罗顿发展	37529.76	28203.62	75.15	8906.56	23.73	419.57	1.12
600210	紫江企业	143673.62	103590.19	72.10	34704.68	24.16	5378.75	3.74
600211	西藏药业	11410.90	5187.74	45.46	4522.00	39.63	1701.17	14.91
600212	江泉实业	51169.72	40979.35	80.09	10037.13	19.62	153.24	0.30
600213	亚星客车	22000.00	8945.93	40.66	13004.05	59.11	50.01	0.23
600215	长春经开	46503.29	32159.46	69.16	14211.57	30.56	132.26	0.28
600216	浙江医药	93610.37	41516.67	44.35	45565.18	48.68	6528.52	6.97
600217	秦岭水泥	66080.00	39105.88	59.18	26969.23	40.81	4.89	0.01
600218	全柴动力	28340.00	14420.14	50.88	13420.51	47.36	499.36	1.76
600219	南山铝业	193416.91	99203.62	51.29	87608.35	45.30	6604.94	3.42
600220	江苏阳光	178334.03	148020.13	83.00	28588.88	16.03	1725.02	0.97
600221	海南航空	1181206.42	246812.85	20.90	872363.94	73.85	62029.63	5.25
600222	太龙药业	41239.84	30922.18	74.98	8497.54	20.61	1820.12	4.41
600223	鲁商置业	100096.80	23060.70	23.04	72958.20	72.89	4077.90	4.07
600225	天津松江	56702.51	16103.02	28.40	40544.31	71.50	55.18	0.10
600226	升华拜克	40554.93	23891.11	58.91	16528.64	40.76	135.18	0.33
600227	赤天化	95039.25	65204.98	68.61	29636.57	31.18	197.70	0.21
600228	昌九生化	24132.00	19513.40	80.86	4610.44	19.11	8.16	0.03
600229	青岛碱业	39578.62	24585.94	62.12	14273.89	36.07	718.79	1.82
600230	沧州大化	25933.16	10656.12	41.09	15221.16	58.69	55.88	0.22
600231	凌钢股份	80400.22	35090.86	43.65	44287.68	55.08	1021.68	1.27
600232	金鹰股份	36471.85	19215.42	52.69	15422.57	42.29	1833.86	5.03
600233	大杨创世	16500.00	8779.36	53.21	6762.22	40.98	958.43	5.81
600234	*ST 天龙	20244.59	16933.47	83.64	3279.56	16.20	31.56	0.16
600235	民丰特纸	26340.00	12130.60	46.05	14114.83	53.59	94.57	0.36

注：合计持股数包含 F 类账户；单位为万股。

年末个股股东持股情况
Distribution of Shareholder by 2013

证券代码 Code	证券简称 Name	合计持股数 Total Hold	自然人 Individual		一般法人 Corporation		专业机构 Institution	
			持有股数	比例(%)	持有股数	比例(%)	持有股数	比例(%)
600236	桂冠电力	112823.02	57499.06	50.96	50825.52	45.05	4498.45	3.99
600237	铜峰电子	40000.00	28836.96	72.09	10663.47	26.66	499.57	1.25
600238	海南椰岛	44203.16	28948.40	65.49	15051.23	34.05	203.53	0.46
600239	云南城投	82342.92	50682.11	61.55	29735.62	36.11	1925.19	2.34
600240	华业地产	142425.36	53268.62	37.40	73565.71	51.65	15591.03	10.95
600241	时代万恒	18020.00	7131.16	39.57	10802.66	59.95	86.18	0.48
600242	中昌海运	26683.96	16114.06	60.39	10558.89	39.57	11.01	0.04
600243	青海华鼎	23685.00	17492.10	73.85	5717.82	24.14	475.08	2.01
600246	万通地产	121680.00	63604.29	52.27	57560.01	47.30	515.70	0.42
600247	成城股份	33644.16	30298.64	90.06	3243.67	9.64	101.85	0.30
600248	延长化建	29127.42	13237.32	45.45	15003.38	51.51	886.72	3.04
600249	两面针	45000.00	31197.00	69.33	13503.00	30.01	300.00	0.67
600250	南纺股份	25869.25	12339.45	47.70	12942.17	50.03	587.63	2.27
600251	冠农股份	36210.00	16099.03	44.46	19468.34	53.77	642.62	1.78
600252	中恒集团	109174.75	46200.92	42.32	31935.69	29.25	31038.14	28.43
600255	鑫科材料	44950.00	29101.26	64.74	14805.63	32.94	1043.12	2.32
600256	广汇能源	304605.29	186666.83	61.28	46011.23	15.11	71927.23	23.61
600257	大湖股份	42705.00	38200.17	89.45	4341.18	10.17	163.65	0.38
600258	首旅酒店	23140.00	8661.17	37.43	14346.97	62.00	131.86	0.57
600259	广晟有色	24940.00	10468.62	41.98	13727.17	55.04	744.20	2.98
600260	凯乐科技	52764.00	38994.73	73.90	13139.22	24.90	630.05	1.19
600261	阳光照明	64537.91	13329.42	20.65	29107.69	45.10	22100.80	34.25
600262	北方股份	6600.00	6277.35	95.11	311.69	4.72	10.96	0.17
600265	*ST 景谷	12980.00	6342.12	48.86	6591.53	50.78	46.35	0.36
600266	北京城建	88920.00	22126.23	24.88	47139.55	53.01	19654.23	22.10
600267	海正药业	83970.91	22339.11	26.60	51698.30	61.57	9933.50	11.83
600268	国电南自	63524.64	23533.38	37.05	36333.26	57.20	3658.01	5.76
600269	赣粤高速	233540.70	103948.38	44.51	126728.34	54.26	2863.99	1.23
600270	外运发展	33084.39	24574.87	74.28	4657.88	14.08	3851.65	11.64
600271	航天信息	92340.00	32439.51	35.13	49419.19	53.52	10481.31	11.35
600272	开开实业	16000.00	8438.31	52.74	7417.58	46.36	144.12	0.90
600273	华芳纺织	31500.00	15197.73	48.25	16256.21	51.61	46.06	0.15
600275	武昌鱼	50883.72	38766.25	76.19	11771.44	23.13	346.03	0.68
600276	恒瑞医药	136022.12	8058.65	5.93	86757.75	63.78	41205.72	30.29
600277	亿利能源	153328.95	21584.26	14.08	131361.16	85.67	383.53	0.25
600278	东方创业	41600.00	14904.38	35.83	26207.79	63.00	487.84	1.17
600279	重庆港九	34209.23	12485.70	36.50	21681.07	63.38	42.45	0.12
600280	中央商场	57416.74	34078.28	59.35	17875.19	31.13	5463.27	9.52
600281	太化股份	51440.20	33435.08	65.00	17792.24	34.59	212.89	0.41
600282	南钢股份	387575.25	60779.43	15.68	326466.90	84.23	328.91	0.09
600283	钱江水利	28533.00	14420.59	50.54	13888.02	48.67	224.39	0.79
600284	浦东建设	49824.00	28987.67	58.18	18284.99	36.70	2551.34	5.12
600285	羚锐制药	30108.00	24001.97	79.72	4605.37	15.30	1500.66	4.98
600287	江苏舜天	43679.61	20295.87	46.47	22731.13	52.04	652.60	1.49
600288	大恒科技	43680.00	28596.34	65.47	14998.71	34.34	84.95	0.19
600289	亿阳信通	56737.87	38533.83	67.92	17546.99	30.93	657.04	1.16
600290	华仪电气	51518.37	26747.86	51.92	24276.34	47.12	494.17	0.96
600291	西水股份	38400.00	21848.29	56.90	14952.34	38.94	1599.38	4.17
600292	中电远达	33450.00	8772.64	26.23	17062.97	51.01	7614.39	22.76
600293	三峡新材	34450.26	28463.71	82.62	5932.46	17.22	54.09	0.16

注：合计持股数包含 F 类账户；单位为万股。

年末个股股东持股情况
Distribution of Shareholder by 2013

证券代码 Code	证券简称 Name	合计持股数 Total Hold	自然人 Individual		一般法人 Corporation		专业机构 Institution	
			持有股数	比例(%)	持有股数	比例(%)	持有股数	比例(%)
600295	鄂尔多斯	61200.00	17911.31	29.27	42700.85	69.77	587.84	0.96
600297	美罗药业	35000.00	17792.81	50.84	17050.77	48.72	156.42	0.45
600298	安琪酵母	31544.45	13146.13	41.68	16210.65	51.39	2187.68	6.94
600299	蓝星新材	52270.76	22029.33	42.15	29972.11	57.34	269.31	0.52
600300	维维股份	167200.00	68515.24	40.98	97103.83	58.08	1580.93	0.95
600301	*ST 南化	23514.81	15303.35	65.08	8194.03	34.85	17.43	0.07
600302	标准股份	34600.98	17691.25	51.13	16644.53	48.10	265.20	0.77
600303	曙光股份	57450.60	40085.17	69.77	13719.45	23.88	3645.97	6.35
600305	恒顺醋业	25430.00	9596.06	37.74	9840.72	38.70	5993.23	23.57
600306	商业城	17311.78	8754.56	50.57	8228.19	47.53	329.03	1.90
600307	酒钢宏兴	409135.74	60352.38	14.75	345537.49	84.46	3245.88	0.79
600308	华泰股份	116756.14	73877.98	63.28	41922.56	35.91	955.60	0.82
600309	万华化学	216233.47	22304.66	10.32	127163.40	58.81	66765.42	30.88
600310	桂东电力	27592.50	11715.43	42.46	15822.06	57.34	55.01	0.20
600311	荣华实业	66560.00	54041.86	81.19	11862.65	17.82	655.49	0.99
600312	平高电气	81896.62	41451.93	50.62	26856.62	32.79	13588.07	16.59
600313	中农资源	30420.00	19330.31	63.55	10915.22	35.88	174.48	0.57
600315	上海家化	64967.77	9358.88	14.41	23251.81	35.79	32357.08	49.81
600316	洪都航空	71711.45	27779.42	38.74	38655.92	53.91	5276.12	7.36
600317	营口港	109757.16	43568.81	39.70	65846.54	59.99	341.81	0.31
600318	巢东股份	24200.00	10289.86	42.52	12345.06	51.01	1565.08	6.47
600319	*ST 亚星	31559.40	15976.28	50.62	15563.45	49.32	19.67	0.06
600320	振华重工	276833.14	146000.04	52.74	129343.01	46.72	1490.10	0.54
600321	国栋建设	118088.00	81436.14	68.96	36022.11	30.50	629.75	0.53
600322	天房发展	110570.00	73064.96	66.08	36858.92	33.34	646.12	0.58
600323	瀚蓝环境	48792.32	22779.27	46.69	17740.59	36.36	8272.46	16.95
600325	华发股份	81704.56	51141.09	62.59	24261.91	29.70	6301.56	7.71
600326	西藏天路	54720.00	35289.74	64.49	19404.39	35.46	25.87	0.05
600327	大东方	52171.18	25412.94	48.71	26651.87	51.09	106.37	0.20
600328	兰太实业	35911.80	19632.63	54.67	16269.75	45.31	9.42	0.03
600329	中新药业	53343.37	15964.03	29.93	35122.95	65.84	2256.40	4.23
600330	天通股份	58881.84	46806.35	79.49	11052.89	18.77	1022.60	1.74
600331	宏达股份	103200.00	69860.91	67.70	32056.88	31.06	1282.21	1.24
600332	白云山	103660.10	35152.36	33.91	57755.44	55.72	10752.30	10.37
600333	长春燃气	46151.98	21228.42	46.00	24637.83	53.38	285.73	0.62
600335	国机汽车	27595.72	8434.87	30.57	13467.32	48.80	5693.54	20.63
600336	澳柯玛	68007.20	37980.35	55.85	30006.41	44.12	20.44	0.03
600337	美克股份	63268.04	22692.69	35.87	33086.87	52.30	7488.48	11.84
600338	西藏珠峰	15833.33	11315.14	71.47	4461.96	28.18	56.23	0.36
600339	天利高新	57815.47	33782.12	58.43	23562.11	40.75	471.24	0.82
600340	华夏幸福	52316.88	17767.57	33.96	16114.38	30.80	18434.93	35.24
600343	航天动力	23968.32	9123.54	38.07	12349.86	51.53	2494.93	10.41
600345	长江通信	19800.00	8899.92	44.95	10037.13	50.69	862.95	4.36
600346	大橡塑	21000.00	11204.36	53.35	9740.37	46.38	55.27	0.26
600348	阳泉煤业	240500.00	88991.02	37.00	143000.90	59.46	8508.08	3.54
600350	山东高速	336380.00	60262.18	17.92	275084.37	81.78	1033.45	0.31
600351	亚宝药业	63295.20	40945.32	64.69	17827.42	28.17	4522.46	7.15
600352	浙江龙盛	151586.59	84054.31	55.45	8358.24	5.51	59174.04	39.04
600353	旭光股份	25824.63	15004.44	58.10	10693.40	41.41	126.80	0.49
600354	敦煌种业	43680.21	32170.00	73.65	11243.89	25.74	266.32	0.61

注：合计持股数包含 F 类账户；单位为万股。

年末个股股东持股情况
Distribution of Shareholder by 2013

证券代码 Code	证券简称 Name	合计持股数 Total Hold	自然人 Individual		一般法人 Corporation		专业机构 Institution	
			持有股数	比例(%)	持有股数	比例(%)	持有股数	比例(%)
600355	精伦电子	24604.46	23071.77	93.77	1139.12	4.63	393.57	1.60
600356	恒丰纸业	25232.82	11673.95	46.26	13400.27	53.11	158.61	0.63
600358	*ST 联合	43200.00	24807.19	57.42	18379.96	42.55	12.86	0.03
600359	新农开发	32100.00	15568.91	48.50	16484.82	51.36	46.27	0.14
600360	华微电子	67808.00	47927.16	70.68	19665.75	29.00	215.09	0.32
600361	华联综超	48480.79	25087.89	51.75	21811.19	44.99	1581.71	3.26
600362	江西铜业	207524.74	66977.87	32.27	130585.42	62.93	9961.45	4.80
600363	联创光电	42280.68	27600.75	65.28	12297.43	29.09	2382.49	5.64
600365	通葡股份	14000.00	9490.48	67.79	2080.89	14.86	2428.63	17.35
600366	宁波韵升	51449.78	27630.01	53.70	20886.26	40.60	2933.51	5.70
600367	红星发展	29120.00	15714.73	53.97	13372.12	45.92	33.15	0.11
600368	五洲交通	83380.15	37601.32	45.10	45673.44	54.78	105.40	0.13
600369	西南证券	232255.46	30231.97	13.02	191122.82	82.29	10900.66	4.69
600370	三房巷	31889.77	15434.38	48.40	16322.29	51.18	133.10	0.42
600371	万向德农	20460.00	9684.19	47.33	10761.81	52.60	14.00	0.07
600372	中航电子	90282.91	17277.06	19.14	56568.30	62.66	16437.55	18.21
600373	中文传媒	56724.50	11398.41	20.09	44052.33	77.66	1273.76	2.25
600375	华菱星马	18748.13	10576.61	56.41	6870.39	36.65	1301.13	6.94
600376	首开股份	224201.25	56872.86	25.37	147612.46	65.84	19715.93	8.79
600377	宁沪高速	379275.54	17027.80	4.49	344682.25	90.88	17565.48	4.63
600378	天科股份	29719.33	14733.81	49.58	14510.67	48.83	474.85	1.60
600379	宝光股份	23585.83	11489.12	48.71	11730.04	49.73	366.67	1.56
600380	健康元	154583.59	51037.07	33.02	101587.04	65.72	1959.48	1.27
600381	*ST 贤成	118398.76	115032.81	97.16	3092.47	2.61	273.48	0.23
600382	广东明珠	34174.66	25979.55	76.02	8100.51	23.70	94.61	0.28
600383	金地集团	447150.86	108508.24	24.27	216700.53	48.46	121942.09	27.27
600385	*ST 金泰	14277.38	10057.08	70.44	4220.30	29.56	0.01	0.00
600386	北巴传媒	40320.00	16978.47	42.11	23198.85	57.54	142.69	0.35
600387	海越股份	38571.00	19848.45	51.46	13593.18	35.24	5129.37	13.30
600388	龙净环保	42407.40	26493.20	62.47	13013.54	30.69	2900.67	6.84
600389	江山股份	19800.00	4777.95	24.13	11314.25	57.14	3707.80	18.73
600390	金瑞科技	32010.00	18227.24	56.94	13751.79	42.96	30.97	0.10
600391	成发科技	33012.94	14131.16	42.81	18530.68	56.13	351.11	1.06
600392	盛和资源	15660.00	13119.99	83.78	2313.36	14.77	226.65	1.45
600393	东华实业	28950.50	14405.77	49.76	14540.98	50.23	3.75	0.01
600395	盘江股份	165505.19	32059.70	19.37	129653.15	78.34	3792.34	2.29
600396	金山股份	34060.00	20251.46	59.46	13555.51	39.80	253.03	0.74
600397	安源煤业	64533.30	33945.42	52.60	29798.96	46.18	788.92	1.22
600398	凯诺科技	64660.41	40270.87	62.28	17673.72	27.33	6715.83	10.39
600399	抚顺特钢	45184.91	23241.44	51.44	21784.12	48.21	159.35	0.35
600400	红豆股份	56039.96	28421.12	50.72	27489.37	49.05	129.47	0.23
600401	海润光伏	30872.33	17204.06	55.73	5151.62	16.69	8516.65	27.59
600403	大有能源	97844.65	16617.97	16.98	77094.33	78.79	4132.35	4.22
600405	动力源	25421.18	21149.94	83.20	2433.08	9.57	1838.15	7.23
600406	国电南瑞	220575.36	38256.00	17.34	99919.70	45.30	82399.66	37.36
600408	安泰集团	100680.00	99346.96	98.68	448.90	0.45	884.14	0.88
600409	三友化工	166971.90	54939.57	32.90	105053.54	62.92	6978.79	4.18
600410	华胜天成	63744.55	58556.30	91.86	4560.09	7.15	628.16	0.99
600415	小商品城	272160.71	91307.98	33.55	173595.12	63.78	7257.61	2.67
600416	湘电股份	60848.45	34394.56	56.53	22199.10	36.48	4254.80	6.99

注：合计持股数包含 F 类账户；单位为万股。

年末个股股东持股情况
Distribution of Shareholder by 2013

证券代码 Code	证券简称 Name	合计持股数 Total Hold	自然人 Individual		一般法人 Corporation		专业机构 Institution	
			持有股数	比例(%)	持有股数	比例(%)	持有股数	比例(%)
600418	江淮汽车	106903.76	39881.27	37.31	27987.35	26.18	39035.15	36.51
600419	新疆天宏	8016.00	4230.16	52.77	3770.77	47.04	15.08	0.19
600420	现代制药	28773.34	9389.97	32.64	14731.94	51.20	4651.43	16.17
600421	*ST 国药	19560.00	14325.84	73.24	5164.11	26.40	70.06	0.36
600422	昆明制药	34057.11	5013.39	14.72	13389.72	39.32	15654.00	45.96
600423	柳化股份	39934.75	24349.20	60.97	14918.40	37.36	667.15	1.67
600425	青松建化	137879.01	48163.27	34.93	86443.91	62.70	3271.84	2.37
600426	华鲁恒升	95362.50	36491.59	38.27	46348.82	48.60	12522.08	13.13
600428	中远航运	169044.64	67166.11	39.73	88362.86	52.27	13515.67	8.00
600429	三元股份	88500.00	26843.96	30.33	58025.47	65.57	3630.57	4.10
600432	吉恩镍业	81112.15	31371.70	38.68	49353.97	60.85	386.49	0.48
600433	冠豪高新	110628.00	63381.26	57.29	45545.18	41.17	1701.56	1.54
600435	北方导航	74466.00	34504.15	46.34	39248.85	52.71	713.00	0.96
600436	片仔癀	16088.46	3868.71	24.05	10278.26	63.89	1941.49	12.07
600438	通威股份	68752.00	21376.54	31.09	40021.61	58.21	7353.86	10.70
600439	瑞贝卡	94332.12	48305.01	51.21	37267.89	39.51	8759.22	9.29
600444	*ST 国通	10500.00	6602.36	62.88	3895.17	37.10	2.47	0.02
600446	金证股份	26260.50	22086.54	84.11	1788.37	6.81	2385.59	9.08
600448	华纺股份	31980.00	19114.96	59.77	12595.57	39.39	269.48	0.84
600449	宁夏建材	25076.78	22998.62	91.71	1458.52	5.82	619.64	2.47
600452	涪陵电力	16000.00	7190.54	44.94	8554.46	53.47	255.00	1.59
600455	博通股份	4971.78	4449.37	89.49	502.81	10.11	19.60	0.39
600456	宝钛股份	43026.57	17149.02	39.86	25128.40	58.40	749.16	1.74
600458	时代新材	66142.21	31587.79	47.76	32391.02	48.97	2163.41	3.27
600459	贵研铂业	19553.69	10347.54	52.92	8979.86	45.92	226.29	1.16
600460	士兰微	86816.00	45041.42	51.88	40659.46	46.83	1115.12	1.28
600461	洪城水业	33000.00	15804.48	47.89	15454.13	46.83	1741.39	5.28
600462	石岘纸业	53378.00	30519.63	57.18	20525.72	38.45	2332.65	4.37
600463	空港股份	25200.00	9660.06	38.33	15516.51	61.57	23.42	0.09
600466	迪康药业	43900.59	37039.27	84.37	6772.11	15.43	89.21	0.20
600467	好当家	72001.68	37886.32	52.62	30438.47	42.28	3676.89	5.11
600468	百利电气	45619.20	14418.64	31.61	30759.14	67.43	441.42	0.97
600469	风神股份	37494.22	18577.94	49.55	18591.80	49.59	324.47	0.87
600470	六国化工	52160.00	35244.19	67.57	16554.45	31.74	361.36	0.69
600475	华光股份	25600.00	11279.48	44.06	12005.05	46.90	2315.47	9.05
600476	湘邮科技	16107.00	7944.30	49.32	8056.32	50.02	106.37	0.66
600477	杭萧钢构	46345.82	44481.23	95.98	1767.59	3.81	97.00	0.21
600478	科力远	31482.35	22626.85	71.87	8383.00	26.63	472.50	1.50
600479	千金药业	30481.92	16680.95	54.73	10401.38	34.12	3399.59	11.15
600480	凌云股份	36171.48	20616.95	57.00	15128.09	41.82	426.45	1.18
600481	双良节能	81010.39	27723.79	34.22	48848.17	60.30	4438.44	5.48
600482	风帆股份	46100.00	28605.40	62.05	17222.16	37.36	272.44	0.59
600483	福建南纺	28848.37	16673.12	57.80	12080.10	41.87	95.16	0.33
600485	中创信测	13858.60	9679.70	69.85	2349.54	16.95	1829.36	13.20
600486	扬农化工	17216.61	5419.85	31.48	7699.96	44.72	4096.79	23.80
600487	亨通光电	16612.00	10336.34	62.22	5976.89	35.98	298.77	1.80
600488	天药股份	81433.50	40881.40	50.20	39892.22	48.99	659.87	0.81
600489	中金黄金	294322.88	116427.07	39.56	162797.26	55.31	15098.55	5.13
600490	鹏欣资源	49500.00	31578.12	63.79	15382.63	31.08	2539.25	5.13
600491	龙元建设	94760.00	89834.50	94.80	4186.86	4.42	738.65	0.78

注：合计持股数包含 F 类账户；单位为万股。

年末个股股东持股情况
Distribution of Shareholder by 2013

证券代码 Code	证券简称 Name	合计持股数 Total Hold	自然人 Individual		一般法人 Corporation		专业机构 Institution	
			持有股数	比例(%)	持有股数	比例(%)	持有股数	比例(%)
600493	凤竹纺织	27200.00	16348.56	60.11	10838.85	39.85	12.59	0.05
600495	晋西车轴	30223.80	17511.60	57.94	12178.08	40.29	534.12	1.77
600496	精工钢构	58656.60	32456.27	55.33	22604.21	38.54	3596.12	6.13
600497	驰宏锌锗	166756.09	68860.78	41.29	87202.10	52.29	10693.21	6.41
600498	烽火通信	96571.96	38355.45	39.72	52553.72	54.42	5662.79	5.86
600499	科达机电	64093.67	50993.06	79.56	3168.21	4.94	9932.40	15.50
600500	中化国际	143758.96	51111.13	35.55	89118.57	61.99	3529.25	2.46
600501	航天晨光	38928.36	20166.41	51.80	18734.43	48.13	27.52	0.07
600502	安徽水利	50193.00	36409.41	72.54	8799.66	17.53	4983.93	9.93
600503	华丽家族	109947.67	95777.96	87.11	12144.60	11.05	2025.12	1.84
600505	西昌电力	36456.75	18318.93	50.25	14090.06	38.65	4047.76	11.10
600506	香梨股份	14770.69	10455.01	70.78	4080.14	27.62	235.54	1.60
600507	方大特钢	131072.12	37969.47	28.97	90193.19	68.81	2909.46	2.22
600508	上海能源	72271.80	24802.16	34.32	46456.65	64.28	1012.99	1.40
600509	天富热电	65569.66	43699.98	66.65	19839.25	30.26	2030.43	3.10
600510	黑牡丹	79552.27	23335.85	29.33	54469.00	68.47	1747.42	2.20
600511	国药股份	27764.34	7148.93	25.75	6681.18	24.06	13934.24	50.19
600512	腾达建设	73694.07	73124.73	99.23	401.23	0.54	168.10	0.23
600513	联环药业	15210.00	8913.22	58.60	6253.60	41.12	43.18	0.28
600515	海岛建设	29556.00	21800.34	73.76	7640.47	25.85	115.19	0.39
600516	方大炭素	153489.35	66109.59	43.07	82994.23	54.07	4385.53	2.86
600517	置信电气	61870.50	23476.69	37.95	32967.21	53.28	5426.60	8.77
600518	康美药业	219871.45	44427.32	20.21	86726.43	39.44	88717.70	40.35
600519	贵州茅台	103818.00	13848.94	13.34	73662.28	70.95	16306.78	15.71
600520	中发科技	11304.00	6884.74	60.91	4361.69	38.59	57.57	0.51
600521	华海药业	78087.80	65674.62	84.10	4699.43	6.02	7713.74	9.88
600522	中天科技	70450.42	47703.35	67.71	19658.97	27.91	3088.10	4.38
600523	贵航股份	28860.33	11233.91	38.93	15771.80	54.65	1854.62	6.43
600525	长园集团	86351.01	29027.70	33.62	30048.21	34.80	27275.11	31.59
600526	菲达环保	14000.00	8567.95	61.20	5330.24	38.07	101.81	0.73
600527	江南高纤	80208.94	50297.63	62.71	4941.09	6.16	24970.22	31.13
600528	中铁二局	145920.00	66052.82	45.27	76263.91	52.26	3603.27	2.47
600529	山东药玻	25738.01	16508.26	64.14	7213.01	28.03	2016.75	7.84
600530	交大昂立	31200.00	15287.04	49.00	15887.39	50.92	25.57	0.08
600531	豫光金铅	29525.08	15194.63	51.46	14182.71	48.04	147.74	0.50
600532	宏达矿业	16510.25	11254.30	68.17	3048.26	18.46	2207.69	13.37
600533	栖霞建设	105000.00	61816.29	58.87	38698.27	36.86	4485.43	4.27
600535	天士力	103284.27	13055.04	12.64	56384.59	54.59	33844.64	32.77
600536	中国软件	22569.39	6031.76	26.73	14561.72	64.52	1975.90	8.76
600537	亿晶光电	23003.40	19649.21	85.42	2845.82	12.37	508.37	2.21
600538	*ST 国发	27921.60	20560.28	73.64	6550.08	23.46	811.24	2.91
600539	ST 狮头	16043.59	12902.83	80.42	3121.66	19.46	19.10	0.12
600540	新赛股份	30270.85	14882.40	49.16	15315.37	50.59	73.08	0.24
600543	莫高股份	32112.00	22742.22	70.82	9355.24	29.13	14.54	0.05
600545	新疆城建	67578.58	46887.36	69.38	20240.43	29.95	450.79	0.67
600546	山煤国际	198245.61	60563.80	30.55	129073.12	65.11	8608.69	4.34
600547	山东黄金	142307.24	57191.07	40.19	77170.95	54.23	7945.23	5.58
600548	深高速	143327.03	19811.77	13.82	123132.86	85.91	382.41	0.27
600549	厦门钨业	68198.00	24644.28	36.14	40374.84	59.20	3178.88	4.66
600550	天威保变	137299.09	61104.69	44.51	74566.37	54.31	1628.04	1.19

注：合计持股数包含 F 类账户；单位为万股。

年末个股股东持股情况
Distribution of Shareholder by 2013

证券代码 Code	证券简称 Name	合计持股数 Total Hold	自然人 Individual		一般法人 Corporation		专业机构 Institution	
			持有股数	比例(%)	持有股数	比例(%)	持有股数	比例(%)
600551	时代出版	50582.53	14413.89	28.50	35926.31	71.03	242.33	0.48
600552	方兴科技	17550.00	7460.68	42.51	6746.90	38.44	3342.42	19.05
600555	*ST 九龙	97350.00	48682.40	50.01	48337.73	49.65	329.87	0.34
600556	*ST 北生	25943.67	25056.50	96.58	884.16	3.41	3.01	0.01
600557	康缘药业	30710.71	8671.72	28.24	4849.62	15.79	17189.38	55.97
600558	大西洋	20623.56	12533.99	60.78	8056.42	39.06	33.16	0.16
600559	老白干酒	14000.00	3890.35	27.79	6265.33	44.75	3844.32	27.46
600560	金自天正	22364.55	11288.35	50.47	10950.43	48.96	125.76	0.56
600561	江西长运	18572.40	7443.07	40.08	11109.77	59.82	19.56	0.11
600562	国睿科技	6614.98	4958.55	74.96	894.65	13.53	761.78	11.52
600563	法拉电子	22500.00	5767.19	25.63	12687.51	56.39	4045.30	17.98
600565	迪马股份	72000.00	41206.60	57.23	29726.36	41.29	1067.04	1.48
600566	洪城股份	13820.04	5327.91	38.55	4462.90	32.29	4029.24	29.16
600567	山鹰纸业	149851.71	137263.60	91.60	12293.98	8.20	294.13	0.20
600568	中珠控股	18802.65	16881.43	89.78	547.18	2.91	1374.05	7.31
600569	安阳钢铁	239368.45	93554.38	39.08	145284.04	60.70	530.02	0.22
600570	恒生电子	61780.52	19705.40	31.90	15277.19	24.73	26797.94	43.38
600571	信雅达	20016.24	8870.26	44.32	7314.09	36.54	3831.89	19.14
600572	康恩贝	70095.61	21120.82	30.13	32896.60	46.93	16078.20	22.94
600573	惠泉啤酒	25000.00	10171.77	40.69	14512.59	58.05	315.64	1.26
600575	芜湖港	142320.00	66683.41	46.85	65800.81	46.23	9835.78	6.91
600576	万好万家	21809.31	11785.91	54.04	10013.36	45.91	10.04	0.05
600577	精达股份	70956.56	40672.98	57.32	25698.76	36.22	4584.82	6.46
600578	京能电力	153477.37	44201.40	28.80	108098.27	70.43	1177.69	0.77
600579	*ST 黄海	25560.00	13653.77	53.42	11899.35	46.56	6.88	0.03
600580	卧龙电气	68772.88	48098.21	69.94	13624.92	19.81	7049.75	10.25
600581	八一钢铁	76644.89	32550.80	42.47	41837.97	54.59	2256.12	2.94
600582	天地科技	121392.00	33910.12	27.93	80788.40	66.55	6693.48	5.51
600583	海油工程	388944.00	110222.11	28.34	228334.61	58.71	50387.28	12.96
600584	长电科技	85313.36	55241.69	64.75	21836.21	25.60	8235.46	9.65
600585	海螺水泥	399970.26	50966.69	12.74	244171.48	61.05	104832.09	26.21
600586	金晶科技	96710.94	83465.65	86.30	11497.10	11.89	1748.20	1.81
600587	新华医疗	17405.31	1395.73	8.02	6555.02	37.66	9454.57	54.32
600588	用友软件	95924.62	19368.41	20.19	57795.06	60.25	18761.15	19.56
600589	广东榕泰	60173.00	36212.58	60.18	23313.26	38.74	647.17	1.08
600590	泰豪科技	50032.57	28602.60	57.17	20857.04	41.69	572.93	1.15
600592	龙溪股份	30000.00	15294.04	50.98	14345.84	47.82	360.12	1.20
600593	大连圣亚	9200.00	3168.74	34.44	4847.70	52.69	1183.56	12.87
600594	益佰制药	35591.02	16594.12	46.63	1898.03	5.33	17098.87	48.04
600595	中孚实业	151487.38	69332.51	45.77	81076.16	53.52	1078.72	0.71
600596	新安股份	67918.46	43271.71	63.71	17166.33	25.28	7480.42	11.01
600597	光明乳业	122238.61	11188.47	9.15	73722.62	60.31	37327.51	30.54
600598	北大荒	177767.99	57581.41	32.39	116095.81	65.31	4090.78	2.30
600599	熊猫烟花	12600.00	9214.71	73.13	3373.59	26.77	11.71	0.09
600600	青岛啤酒	69591.36	4056.73	5.83	48087.55	69.10	17447.08	25.07
600601	方正科技	219489.12	213166.26	97.12	4273.52	1.95	2049.34	0.93
600602	仪电电子	87957.26	50316.07	57.21	36895.94	41.95	745.26	0.85
600603	*ST 兴业	19464.19	17885.04	91.89	1562.05	8.03	17.10	0.09
600604	市北高新	33352.42	9623.60	28.86	23710.68	71.09	18.14	0.05
600605	汇通能源	14734.46	7511.30	50.98	7178.65	48.72	44.51	0.30

注：合计持股数包含 F 类账户；单位为万股。

年末个股股东持股情况
Distribution of Shareholder by 2013

证券代码 Code	证券简称 Name	合计持股数 Total Hold	自然人 Individual		一般法人 Corporation		专业机构 Institution	
			持有股数	比例(%)	持有股数	比例(%)	持有股数	比例(%)
600606	金丰投资	51832.01	30866.16	59.55	20674.44	39.89	291.41	0.56
600608	上海科技	30954.01	24942.48	80.58	5843.48	18.88	168.05	0.54
600609	金杯汽车	109266.71	56637.03	51.83	52557.66	48.10	72.03	0.07
600610	S 中纺机	2574.08	2538.06	98.60	17.34	0.67	18.68	0.73
600611	大众交通	104221.09	62227.43	59.71	33733.25	32.37	8260.41	7.93
600612	老凤祥	31710.96	3574.80	11.27	23052.76	72.70	5083.41	16.03
600613	神奇制药	10227.86	3895.48	38.09	6316.87	61.76	15.51	0.15
600614	鼎立股份	44675.96	20054.29	44.89	24288.17	54.37	333.49	0.75
600615	丰华股份	18681.00	12747.97	68.24	5925.75	31.72	7.28	0.04
600616	金枫酒业	43867.15	20370.32	46.44	19125.40	43.60	4371.44	9.97
600617	*ST 联华	10263.64	7622.09	74.26	2157.78	21.02	483.77	4.71
600618	氯碱化工	74984.00	14590.60	19.46	60237.67	80.33	155.72	0.21
600619	海立股份	31857.45	9661.68	30.33	22093.16	69.35	102.61	0.32
600620	天宸股份	45778.47	29009.33	63.37	16334.62	35.68	434.52	0.95
600621	华鑫股份	52408.24	35440.17	67.62	16738.13	31.94	229.94	0.44
600622	嘉宝集团	51430.38	35470.91	68.97	15705.26	30.54	254.21	0.49
600623	双钱股份	64636.77	5879.60	9.10	58609.88	90.68	147.29	0.23
600624	复旦复华	34515.50	26075.16	75.55	8394.37	24.32	45.97	0.13
600626	申达股份	71024.28	46398.65	65.33	24413.53	34.37	212.10	0.30
600628	新世界	53179.93	35377.92	66.53	17060.07	32.08	741.93	1.40
600629	棱光实业	34799.98	8331.89	23.94	26425.09	75.93	43.00	0.12
600630	龙头股份	42486.16	28268.35	66.54	13733.22	32.32	484.59	1.14
600633	浙报传媒	15205.08	5607.93	36.88	8486.83	55.82	1110.33	7.30
600634	ST 澄海	8720.73	6813.98	78.14	1905.84	21.85	0.91	0.01
600635	大众公用	164486.98	113682.03	69.11	47908.97	29.13	2895.97	1.76
600636	三爱富	38195.06	24694.76	64.66	13178.23	34.50	322.07	0.84
600637	百视通	83551.57	24495.77	29.32	35386.01	42.35	23669.79	28.33
600638	新黄浦	56116.40	36075.42	64.29	16502.24	29.41	3538.74	6.31
600639	浦东金桥	65664.89	19437.83	29.60	44454.39	67.70	1772.67	2.70
600640	号百控股	20640.63	15044.70	72.89	4452.47	21.57	1143.46	5.54
600641	万业企业	80615.88	39008.28	48.39	41512.32	51.49	95.28	0.12
600642	申能股份	455203.83	180769.84	39.71	263473.72	57.88	10960.27	2.41
600643	爱建股份	81792.33	60910.64	74.47	18784.93	22.97	2096.77	2.56
600644	乐山电力	32648.01	21273.98	65.16	10870.63	33.30	503.41	1.54
600645	中源协和	32480.74	19589.67	60.31	11649.64	35.87	1241.43	3.82
600647	同达创业	13914.36	7432.83	53.42	6404.24	46.03	77.29	0.56
600648	外高桥	81022.34	15110.69	18.65	65213.90	80.49	697.75	0.86
600649	城投控股	298752.35	74675.86	25.00	179596.21	60.12	44480.28	14.89
600650	锦江投资	39056.01	13758.63	35.23	22904.53	58.65	2392.84	6.13
600651	飞乐音响	73906.53	56550.18	76.52	14573.85	19.72	2782.50	3.77
600652	爱使股份	55700.26	48481.43	87.04	6504.59	11.68	714.24	1.28
600653	申华控股	174638.03	141599.27	81.08	32755.82	18.76	282.95	0.16
600654	飞乐股份	75504.32	59610.97	78.95	15147.56	20.06	745.78	0.99
600655	豫园商城	143732.20	68452.07	47.63	68788.11	47.86	6492.03	4.52
600656	博元投资	19032.83	14965.29	78.63	3885.58	20.42	181.97	0.96
600657	信达地产	152426.04	45296.55	29.72	105876.59	69.46	1252.91	0.82
600658	电子城	58009.74	13325.28	22.97	44517.98	76.74	166.48	0.29
600660	福耀玻璃	200298.63	59684.65	29.80	92606.10	46.23	48007.89	23.97
600661	新南洋	17367.68	5949.97	34.26	9187.56	52.90	2230.15	12.84
600662	强生控股	54904.32	53704.94	97.82	333.71	0.61	865.67	1.58

注：合计持股数包含 F 类账户；单位为万股。

年末个股股东持股情况
Distribution of Shareholder by 2013

证券代码 Code	证券简称 Name	合计持股数 Total Hold	自然人 Individual		一般法人 Corporation		专业机构 Institution	
			持有股数	比例(%)	持有股数	比例(%)	持有股数	比例(%)
600663	陆家嘴	135808.40	20501.77	15.10	113748.64	83.76	1557.99	1.15
600664	哈药股份	105338.95	62964.62	59.77	37597.86	35.69	4776.48	4.53
600665	天地源	86412.25	34543.13	39.98	51402.40	59.49	466.73	0.54
600666	西南药业	29014.63	16869.51	58.14	11473.83	39.55	671.30	2.31
600667	太极实业	119127.43	72668.91	61.00	45965.81	38.59	492.71	0.41
600668	尖峰集团	34372.41	26567.42	77.29	7622.83	22.18	182.16	0.53
600671	天目药业	12172.05	7459.93	61.29	4648.81	38.19	63.32	0.52
600673	东阳光铝	82261.23	24412.87	29.68	57316.57	69.68	531.79	0.65
600674	川投能源	205987.67	72631.53	35.26	116627.04	56.62	16729.11	8.12
600675	中华企业	155588.28	91082.03	58.54	59860.49	38.47	4645.77	2.99
600676	交运股份	78214.11	34147.56	43.66	43881.85	56.11	184.69	0.24
600677	航天通信	32617.24	24901.12	76.34	7658.97	23.48	57.14	0.18
600678	四川金顶	34899.00	23508.91	67.36	11309.61	32.41	80.48	0.23
600679	金山开发	18201.97	6108.20	33.56	12092.53	66.44	1.24	0.01
600680	上海普天	25742.53	5711.57	22.19	19957.63	77.53	73.34	0.29
600681	万鸿集团	22123.28	16848.10	76.16	5156.83	23.31	118.35	0.54
600682	南京新百	35739.02	11919.73	33.35	23726.72	66.39	92.57	0.26
600683	京投银泰	74077.76	28038.88	37.85	44959.39	60.69	1079.49	1.46
600684	珠江实业	47414.49	29893.95	63.05	16613.15	35.04	907.38	1.91
600685	广船国际	43846.35	15354.51	35.02	24786.35	56.53	3705.49	8.45
600686	金龙汽车	44259.71	12247.33	27.67	17521.08	39.59	14491.30	32.74
600687	刚泰控股	12688.86	9714.51	76.56	2699.93	21.28	274.42	2.16
600688	上海石化	162000.00	142683.60	88.08	6600.01	4.07	12716.40	7.85
600689	上海三毛	15220.41	9429.70	61.96	5786.47	38.02	4.25	0.03
600690	青岛海尔	272083.59	40103.15	14.74	148674.81	54.64	83305.63	30.62
600691	阳煤化工	90260.90	34202.42	37.89	55464.10	61.45	594.38	0.66
600692	亚通股份	25501.05	23414.10	91.82	2025.80	7.94	61.16	0.24
600693	东百集团	29901.19	13739.75	45.95	14004.02	46.83	2157.43	7.22
600694	大商股份	29371.87	13928.17	47.42	9949.03	33.87	5494.67	18.71
600695	大江股份	32957.29	16196.78	49.14	16702.59	50.68	57.92	0.18
600696	多伦股份	34056.56	28999.42	85.15	5047.44	14.82	9.70	0.03
600697	欧亚集团	15515.60	3371.98	21.73	4934.49	31.80	7209.13	46.46
600698	ST 轻骑	42873.97	41279.43	96.28	1464.71	3.42	129.83	0.30
600699	均胜电子	18572.37	9361.75	50.41	5237.54	28.20	3973.08	21.39
600701	工大高新	49878.19	37887.01	75.96	11530.50	23.12	460.68	0.92
600702	沱牌舍得	33730.00	17814.79	52.82	12468.97	36.97	3446.24	10.22
600703	三安光电	134950.84	13483.17	9.99	74103.04	54.91	47364.63	35.10
600704	物产中大	79051.57	28115.05	35.57	34998.17	44.27	15938.35	20.16
600705	中航投资	74464.22	47469.01	63.75	14470.28	19.43	12524.93	16.82
600706	曲江文旅	8501.74	6052.92	71.20	1841.28	21.66	607.55	7.15
600707	*ST 彩虹	73471.77	37684.19	51.29	34990.32	47.62	797.26	1.09
600708	海博股份	50838.27	29216.33	57.47	21153.92	41.61	468.02	0.92
600710	常林股份	64028.40	41250.14	64.43	22066.12	34.46	712.14	1.11
600711	盛屯矿业	17666.78	11076.49	62.70	3029.05	17.15	3561.24	20.16
600712	南宁百货	53772.91	30815.50	57.31	20421.58	37.98	2535.83	4.72
600713	南京医药	69358.07	42098.97	60.70	21886.61	31.56	5372.49	7.75
600714	金瑞矿业	27340.45	8373.10	30.63	18899.34	69.13	68.02	0.25
600715	松辽汽车	22425.60	16295.86	72.67	5957.58	26.57	172.17	0.77
600716	凤凰股份	74060.06	21656.47	29.24	51977.55	70.18	426.04	0.58
600717	天津港	167476.91	68406.50	40.85	98043.74	58.54	1026.68	0.61

注：合计持股数包含 F 类账户；单位为万股。

年末个股股东持股情况
Distribution of Shareholder by 2013

证券代码 Code	证券简称 Name	合计持股数 Total Hold	自然人 Individual		一般法人 Corporation		专业机构 Institution	
			持有股数	比例(%)	持有股数	比例(%)	持有股数	比例(%)
600718	东软集团	122759.43	32490.67	26.47	64999.89	52.95	25268.86	20.58
600719	大连热电	20229.98	11316.42	55.94	8734.38	43.18	179.19	0.89
600720	祁连山	77616.27	51712.31	66.63	23305.72	30.03	2598.24	3.35
600721	百花村	11995.85	6183.66	51.55	5798.58	48.34	13.61	0.11
600722	金牛化工	42142.00	27137.08	64.39	14888.75	35.33	116.18	0.28
600723	首商股份	31787.58	24559.55	77.26	6969.26	21.92	258.78	0.81
600724	宁波富达	144494.27	24581.87	17.01	116139.82	80.38	3772.58	2.61
600725	云维股份	61623.50	33634.63	54.58	27873.89	45.23	114.98	0.19
600726	华电能源	72058.05	61528.78	85.39	9919.97	13.77	609.31	0.85
600727	鲁北化工	35092.66	22074.21	62.90	11197.07	31.91	1821.38	5.19
600728	佳都新太	36280.03	17850.86	49.20	16134.01	44.47	2295.16	6.33
600729	重庆百货	37214.14	5028.21	13.51	25907.48	69.62	6278.45	16.87
600730	中国高科	29332.80	23032.42	78.52	6153.62	20.98	146.76	0.50
600731	湖南海利	25557.66	15914.79	62.27	7400.49	28.96	2242.37	8.77
600732	上海新梅	44638.31	34211.81	76.64	10414.68	23.33	11.83	0.03
600733	S 前锋	7560.00	7466.84	98.77	75.68	1.00	17.48	0.23
600734	实达集团	29890.17	19600.03	65.57	9939.20	33.25	350.93	1.17
600735	新华锦	20899.75	11087.97	53.05	9795.28	46.87	16.49	0.08
600736	苏州高新	105788.16	57698.12	54.54	47155.66	44.58	934.38	0.88
600737	中粮屯河	80560.42	36089.48	44.80	41571.85	51.60	2899.09	3.60
600738	兰州民百	26210.72	18881.32	72.04	7301.76	27.86	27.65	0.11
600739	辽宁成大	136470.98	83160.59	60.94	30838.68	22.60	22471.72	16.47
600740	山西焦化	45683.28	35727.33	78.21	9494.84	20.78	461.11	1.01
600741	华域汽车	258320.02	38990.94	15.09	169072.63	65.45	50256.45	19.46
600742	一汽富维	21152.34	15082.31	71.30	5780.32	27.33	289.72	1.37
600743	华远地产	181766.10	38042.63	20.93	142918.69	78.63	804.79	0.44
600744	华银电力	47438.45	44324.74	93.44	3054.68	6.44	59.03	0.12
600745	中茵股份	32737.49	16401.02	50.10	16087.41	49.14	249.06	0.76
600746	江苏索普	30466.20	16562.11	54.36	13902.99	45.63	1.11	0.00
600747	大连控股	106432.84	90715.37	85.23	14066.84	13.22	1650.63	1.55
600748	上实发展	108337.09	32890.91	30.36	74352.13	68.63	1094.05	1.01
600749	西藏旅游	18913.79	13189.11	69.73	5624.99	29.74	99.70	0.53
600750	江中药业	31115.00	14042.64	45.13	15199.33	48.85	1873.03	6.02
600751	天津海运	23761.66	23486.99	98.84	261.35	1.10	13.32	0.06
600753	东方银星	12800.00	7919.61	61.87	4491.79	35.09	388.60	3.04
600754	锦江股份	44724.07	7371.94	16.48	32215.91	72.03	5136.22	11.48
600755	厦门国贸	133083.59	89533.91	67.28	41799.07	31.41	1750.61	1.32
600756	浪潮软件	27874.73	18681.85	67.02	7797.83	27.98	1395.05	5.01
600757	长江传媒	35848.50	26010.53	72.56	8260.99	23.04	1576.98	4.40
600758	红阳能源	11505.03	10341.63	89.89	1114.58	9.69	48.82	0.42
600759	正和股份	121602.26	69643.72	57.27	46874.72	38.55	5083.82	4.18
600760	*ST 黑豹	34494.51	25344.58	73.47	9149.79	26.53	0.15	0.00
600761	安徽合力	51401.45	18433.10	35.86	20850.87	40.57	12117.47	23.57
600763	通策医疗	16032.00	5253.17	32.77	6774.59	42.26	4004.25	24.98
600764	中电广通	32972.70	14200.78	43.07	17941.12	54.41	830.80	2.52
600765	中航重机	77800.32	37346.97	48.00	38268.94	49.19	2184.42	2.81
600766	园城黄金	22359.80	14163.56	63.34	7522.15	33.64	674.09	3.02
600767	运盛实业	34091.02	22283.46	65.37	11663.38	34.21	144.18	0.42
600768	宁波富邦	13374.72	7535.71	56.34	5808.20	43.43	30.81	0.23
600769	*ST 祥龙	37497.72	24854.51	66.28	12356.14	32.95	287.08	0.77

注：合计持股数包含 F 类账户；单位为万股。

年末个股股东持股情况
Distribution of Shareholder by 2013

证券代码 Code	证券简称 Name	合计持股数 Total Hold	自然人 Individual		一般法人 Corporation		专业机构 Institution	
			持有股数	比例(%)	持有股数	比例(%)	持有股数	比例(%)
600770	综艺股份	108210.00	64304.01	59.43	41869.39	38.69	2036.60	1.88
600771	广誉远	18976.02	15010.50	79.10	3103.37	16.35	862.14	4.54
600773	西藏城投	53963.90	18929.80	35.08	34719.83	64.34	314.27	0.58
600774	汉商集团	17289.15	8225.35	47.58	9031.20	52.24	32.60	0.19
600775	南京熊猫	41301.50	7701.70	18.65	33574.71	81.29	25.10	0.06
600776	东方通信	95600.01	29032.39	30.37	61625.48	64.46	4942.14	5.17
600777	新潮实业	62542.33	51165.07	81.81	10354.83	16.56	1022.43	1.64
600778	友好集团	30939.01	16245.95	52.51	13842.42	44.74	850.64	2.75
600779	水井坊	29532.35	26592.63	90.05	604.44	2.05	2335.29	7.91
600780	通宝能源	87294.10	39491.90	45.24	46943.40	53.78	858.79	0.98
600781	上海辅仁	17759.29	11735.57	66.08	5606.88	31.57	416.83	2.35
600782	新钢股份	139344.81	17997.62	12.92	119435.89	85.71	1911.30	1.37
600783	鲁信创投	74435.93	18693.33	25.11	54125.49	72.71	1617.11	2.17
600784	鲁银投资	49661.38	39739.79	80.02	9653.21	19.44	268.38	0.54
600785	新华百货	20743.13	11452.09	55.21	8166.65	39.37	1124.39	5.42
600787	中储股份	84010.28	40211.46	47.87	41840.51	49.80	1958.31	2.33
600789	鲁抗医药	58157.55	34704.19	59.67	23451.05	40.32	2.31	0.00
600790	轻纺城	61877.62	44119.10	71.30	17254.37	27.89	504.15	0.82
600791	京能置业	45231.37	20600.61	45.55	23250.74	51.40	1380.02	3.05
600792	云煤能源	12622.50	5781.22	45.80	6779.04	53.71	62.24	0.49
600793	ST 宜纸	10530.00	4796.76	45.55	5726.51	54.38	6.73	0.06
600794	保税科技	42783.20	17207.99	40.22	23939.40	55.96	1635.81	3.82
600795	国电电力	1539505.42	471548.73	30.63	950193.60	61.72	117763.10	7.65
600796	钱江生化	30140.21	24671.30	81.86	5368.90	17.81	100.02	0.33
600797	浙大网新	82171.20	67274.62	81.87	13423.19	16.34	1473.39	1.79
600798	宁波海运	87117.45	39554.28	45.40	47412.99	54.42	150.19	0.17
600800	天津磁卡	60767.48	39214.29	64.53	21287.85	35.03	265.34	0.44
600801	华新水泥	55621.19	15965.67	28.71	32107.18	57.73	7548.34	13.57
600802	福建水泥	38187.37	21372.96	55.97	16760.41	43.89	54.00	0.14
600803	威远生化	18888.43	13574.59	71.87	3023.02	16.01	2290.82	12.13
600804	鹏博士	133851.25	75254.80	56.22	35550.13	26.56	23046.32	17.22
600805	悦达投资	84920.22	55873.13	65.80	22247.30	26.20	6799.79	8.01
600806	昆明机床	39018.63	19714.99	50.53	19268.74	49.38	34.90	0.09
600807	天业股份	30788.76	14137.09	45.92	16455.86	53.45	195.80	0.64
600808	马钢股份	596775.12	199613.66	33.45	390299.73	65.40	6861.73	1.15
600809	山西汾酒	86584.83	14784.88	17.08	63410.00	73.24	8389.94	9.69
600810	神马股份	44228.00	17762.03	40.16	24669.62	55.78	1796.35	4.06
600811	东方集团	166680.54	108338.22	65.00	51286.10	30.77	7056.22	4.23
600812	华北制药	102857.76	61358.91	59.65	32687.49	31.78	8811.35	8.57
600814	杭州解百	31038.30	20141.89	64.89	10678.91	34.41	217.50	0.70
600815	厦工股份	93970.96	47483.10	50.53	45389.10	48.30	1098.75	1.17
600816	安信信托	45386.93	28633.59	63.09	15597.90	34.37	1155.44	2.55
600817	ST 宏盛	11432.49	10834.90	94.77	578.71	5.06	18.88	0.17
600818	中路股份	23795.79	9530.75	40.05	12431.67	52.24	1833.38	7.71
600819	耀皮玻璃	54375.01	8781.80	16.15	45426.70	83.54	166.51	0.31
600820	隧道股份	88573.66	43214.06	48.79	43909.08	49.57	1450.52	1.64
600821	津劝业	41626.82	27316.46	65.62	13934.74	33.48	375.62	0.90
600822	上海物贸	39614.79	15381.02	38.83	24161.48	60.99	72.29	0.18
600823	世茂股份	117059.53	24171.49	20.65	90395.87	77.22	2492.17	2.13
600824	益民集团	87835.59	50150.96	57.10	35370.85	40.27	2313.78	2.63

注：合计持股数包含 F 类账户；单位为万股。

年末个股股东持股情况
Distribution of Shareholder by 2013

证券代码 Code	证券简称 Name	合计持股数 Total Hold	自然人 Individual		一般法人 Corporation		专业机构 Institution	
			持有股数	比例(%)	持有股数	比例(%)	持有股数	比例(%)
600825	新华传媒	104488.79	39110.87	37.43	62109.80	59.44	3268.12	3.13
600826	兰生股份	42064.23	18829.28	44.76	22679.43	53.92	555.52	1.32
600827	友谊股份	124038.28	37573.58	30.29	67488.67	54.41	18976.03	15.30
600828	成商集团	56898.33	16362.38	28.76	39331.51	69.13	1204.45	2.12
600829	三精制药	57988.86	14144.77	24.39	43495.97	75.01	348.12	0.60
600830	香溢融通	45432.28	28107.43	61.87	16927.75	37.26	397.10	0.87
600831	广电网络	56343.85	33466.45	59.40	21833.12	38.75	1044.28	1.85
600832	东方明珠	318633.49	104369.56	32.76	200799.52	63.02	13464.40	4.23
600833	第一医药	22308.64	11331.08	50.79	10942.07	49.05	35.49	0.16
600834	申通地铁	47738.19	17896.38	37.49	29796.68	62.42	45.14	0.10
600835	上海机电	80650.43	11448.29	14.20	50136.15	62.17	19066.00	23.64
600836	界龙实业	31356.34	22717.21	72.45	8637.11	27.55	2.02	0.01
600837	海通证券	809213.12	278106.54	34.37	400556.76	49.50	130549.82	16.13
600838	上海九百	40088.20	27305.82	68.12	12678.46	31.63	103.91	0.26
600839	四川长虹	460999.78	317097.20	68.78	129113.59	28.01	14788.99	3.21
600841	上柴股份	49217.49	5156.01	10.48	43894.66	89.19	166.82	0.34
600843	上工申贝	20494.30	8672.31	42.32	11727.39	57.22	94.60	0.46
600844	丹化科技	58482.70	43727.52	74.77	13427.89	22.96	1327.29	2.27
600845	宝信软件	22651.73	2921.42	12.90	19504.60	86.11	225.72	1.00
600846	同济科技	62476.15	46994.50	75.22	15320.62	24.52	161.03	0.26
600847	万里股份	8866.00	2861.16	32.27	4824.74	54.42	1180.11	13.31
600848	自仪股份	29214.56	11115.16	38.05	17746.46	60.75	352.94	1.21
600850	华东电脑	17103.15	6086.80	35.59	10398.66	60.80	617.69	3.61
600851	海欣股份	73820.61	53699.12	72.74	19031.68	25.78	1089.82	1.48
600853	龙建股份	53680.77	34202.69	63.72	19234.43	35.83	243.65	0.45
600854	春兰股份	51945.85	27375.29	52.70	24260.03	46.70	310.53	0.60
600855	航天长峰	23320.20	16109.93	69.08	3942.92	16.91	3267.36	14.01
600856	长百集团	23483.16	16245.26	69.18	6706.41	28.56	531.49	2.26
600857	工大首创	22431.99	10761.74	47.98	11654.97	51.96	15.28	0.07
600858	银座股份	51754.80	14574.40	28.16	25357.22	49.00	11823.18	22.85
600859	王府井	41764.19	10935.44	26.18	22123.09	52.97	8705.67	20.85
600860	北人股份	32200.00	11059.78	34.35	21104.16	65.54	36.05	0.11
600861	北京城乡	31680.50	17557.20	55.42	13655.88	43.11	467.42	1.48
600862	南通科技	63792.85	38449.79	60.27	25022.14	39.22	320.92	0.50
600863	内蒙华电	175940.29	102542.53	58.28	50354.82	28.62	23042.94	13.10
600864	哈投股份	54637.82	29614.69	54.20	24726.68	45.26	296.44	0.54
600865	百大集团	37624.03	21652.20	57.55	15954.57	42.41	17.27	0.05
600866	星湖科技	54453.53	40480.24	74.34	13786.19	25.32	187.09	0.34
600867	通化东宝	93145.50	29454.30	31.62	37996.87	40.79	25694.33	27.59
600868	梅雁吉祥	189814.87	189185.65	99.67	421.02	0.22	208.20	0.11
600869	远东电缆	99004.34	28882.81	29.17	69446.58	70.15	674.95	0.68
600870	厦华电子	37081.88	23566.92	63.55	10232.51	27.59	3282.44	8.85
600871	仪征化纤	45000.00	43950.11	97.67	873.13	1.94	176.77	0.39
600872	中炬高新	79663.72	30096.10	37.78	14298.86	17.95	35268.76	44.27
600873	梅花集团	160754.85	104717.97	65.14	47939.47	29.82	8097.42	5.04
600874	创业环保	108722.84	33030.46	30.38	75017.19	69.00	675.19	0.62
600875	东方电气	166386.00	55034.11	33.08	106285.22	63.88	5066.66	3.05
600876	洛阳玻璃	25001.82	8761.59	35.04	16065.18	64.26	175.06	0.70
600877	中国嘉陵	68728.20	48022.15	69.87	20649.12	30.05	56.94	0.08
600879	航天电子	103953.70	58806.32	56.57	31310.54	30.12	13836.84	13.31

注：合计持股数包含 F 类账户；单位为万股。

年末个股股东持股情况
Distribution of Shareholder by 2013

证券代码 Code	证券简称 Name	合计持股数 Total Hold	自然人 Individual		一般法人 Corporation		专业机构 Institution	
			持有股数	比例(%)	持有股数	比例(%)	持有股数	比例(%)
600880	博瑞传播	41407.12	34051.67	82.24	3187.74	7.70	4167.71	10.07
600881	亚泰集团	189473.21	139171.45	73.45	43185.98	22.79	7115.78	3.76
600882	华联矿业	28209.88	16818.51	59.62	10986.79	38.95	404.58	1.43
600883	博闻科技	23608.80	12240.46	51.85	9985.13	42.29	1383.21	5.86
600884	杉杉股份	41085.83	24893.10	60.59	15448.65	37.60	744.08	1.81
600885	宏发股份	23741.25	6735.89	28.37	10608.21	44.68	6397.15	26.95
600886	国投电力	678602.34	161737.31	23.83	386124.25	56.90	130740.78	19.27
600887	伊利股份	158816.85	20989.49	13.22	29209.09	18.39	108618.27	68.39
600888	新疆众和	62742.37	29650.93	47.26	31647.21	50.44	1444.23	2.30
600889	南京化纤	30706.93	17627.62	57.41	13033.12	42.44	46.19	0.15
600890	中房股份	57919.49	23225.37	40.10	28909.45	49.91	5784.68	9.99
600891	秋林集团	26619.21	19581.13	73.56	6035.88	22.68	1002.20	3.77
600892	宝诚股份	6282.31	4882.59	77.72	1383.18	22.02	16.54	0.26
600893	航空动力	108622.40	31801.76	29.28	63287.93	58.26	13532.70	12.46
600894	广日股份	77693.24	12259.81	15.78	52660.38	67.78	12773.05	16.44
600895	张江高科	154868.96	65444.51	42.26	85463.89	55.19	3960.56	2.56
600896	中海海盛	58131.58	40042.93	68.88	18027.77	31.01	60.88	0.11
600897	厦门空港	29781.00	7479.13	25.11	21598.05	72.52	703.82	2.36
600898	三联商社	25252.38	16940.15	67.08	7938.46	31.44	373.77	1.48
600900	长江电力	974594.15	199311.37	20.45	675819.74	69.34	99463.04	10.21
600960	渤海活塞	21167.06	10411.52	49.19	10577.21	49.97	178.32	0.84
600961	*ST 株冶	52745.79	23915.54	45.34	28827.98	54.66	2.27	0.00
600962	国投中鲁	25402.00	12653.09	49.81	12695.33	49.98	53.58	0.21
600963	岳阳林纸	84315.92	60557.63	71.82	22667.92	26.89	1090.37	1.29
600965	福成五丰	27940.32	18281.14	65.43	9310.06	33.32	349.13	1.25
600966	博汇纸业	50461.95	31895.80	63.21	18207.89	36.08	358.26	0.71
600967	北方创业	42946.00	15733.06	36.64	17793.56	41.43	9419.38	21.93
600969	郴电国际	21026.77	8596.28	40.88	11081.76	52.70	1348.74	6.41
600970	中材国际	109329.73	34296.81	31.37	71165.02	65.09	3867.91	3.54
600971	恒源煤电	100000.41	31822.70	31.82	63467.47	63.47	4710.24	4.71
600973	宝胜股份	40660.85	21933.29	53.94	17475.95	42.98	1251.61	3.08
600975	新五丰	23436.01	13981.03	59.66	9367.06	39.97	87.92	0.38
600976	武汉健民	15329.86	6138.73	40.04	5177.18	33.77	4013.96	26.18
600978	宜华木业	114483.27	66397.79	58.00	34397.12	30.05	13688.37	11.96
600979	广安爱众	59289.22	25434.78	42.90	30459.98	51.38	3394.46	5.73
600980	*ST 北磁	13000.00	7638.56	58.76	5348.59	41.14	12.86	0.10
600981	汇鸿股份	51610.65	22559.37	43.71	28766.73	55.74	284.55	0.55
600982	宁波热电	16800.00	8758.87	52.14	7891.71	46.97	149.42	0.89
600983	合肥三洋	53280.00	13451.57	25.25	34576.08	64.90	5252.36	9.86
600984	建设机械	14155.60	8671.05	61.25	5406.42	38.19	78.13	0.55
600985	雷鸣科化	12960.00	6394.74	49.34	6484.46	50.03	80.80	0.62
600986	科达股份	33526.97	21717.36	64.78	11720.11	34.96	89.50	0.27
600987	航民股份	63531.00	26489.00	41.70	36264.06	57.08	777.94	1.23
600988	赤峰黄金	14050.32	13607.45	96.85	101.41	0.72	341.46	2.43
600990	四创电子	11760.00	3765.05	32.02	6247.66	53.13	1747.29	14.86
600992	贵绳股份	16437.00	9230.27	56.16	7102.87	43.21	103.86	0.63
600993	马应龙	33087.71	13556.82	40.97	15118.27	45.69	4412.63	13.34
600995	文山电力	47852.64	32075.32	67.03	15663.93	32.73	113.39	0.24
600997	开滦股份	123464.00	44394.14	35.96	75235.35	60.94	3834.52	3.11
600998	九州通	142051.58	16270.61	11.45	115950.65	81.63	9830.32	6.92

注：合计持股数包含 F 类账户；单位为万股。

年末个股股东持股情况
Distribution of Shareholder by 2013

证券代码 Code	证券简称 Name	合计持股数 Total Hold	自然人 Individual		一般法人 Corporation		专业机构 Institution	
			持有股数	比例(%)	持有股数	比例(%)	持有股数	比例(%)
600999	招商证券	466109.98	75742.17	16.25	359984.67	77.23	30383.14	6.52
601000	唐山港	203035.15	41468.07	20.43	151212.16	74.48	10354.92	5.10
601001	大同煤业	167370.00	56869.99	33.98	102151.06	61.03	8348.96	4.99
601002	晋亿实业	73847.00	29140.25	39.46	43471.00	58.87	1235.74	1.67
601003	柳钢股份	256279.32	43711.75	17.06	212243.32	82.82	324.25	0.13
601005	重庆钢铁	119500.00	39292.44	32.88	80144.13	67.07	63.43	0.05
601006	大秦铁路	1486679.15	142419.05	9.58	1065082.24	71.64	279177.86	18.78
601007	金陵饭店	30000.00	13286.12	44.29	16437.23	54.79	276.65	0.92
601008	连云港	75659.93	35386.81	46.77	38815.89	51.30	1457.23	1.93
601009	南京银行	296893.32	89955.75	30.30	184417.31	62.12	22520.26	7.59
601010	文峰股份	18420.00	16157.67	87.72	1958.52	10.63	303.81	1.65
601011	宝泰隆	12460.67	11820.48	94.86	233.73	1.88	406.45	3.26
601012	隆基股份	31102.74	14072.23	45.25	5375.03	17.28	11655.49	37.47
601018	宁波港	1280000.00	168296.60	13.15	1079395.22	84.33	32308.18	2.52
601028	玉龙股份	9660.00	4446.63	46.03	584.63	6.05	4628.74	47.92
601038	一拖股份	15000.00	14758.77	98.39	193.26	1.29	47.98	0.32
601058	赛轮股份	19562.04	11449.39	58.53	5689.46	29.08	2423.19	12.39
601088	中国神华	1649103.80	101583.74	6.16	1479034.89	89.69	68485.16	4.15
601098	中南传媒	179600.00	26559.02	14.79	139828.67	77.86	13212.32	7.36
601099	太平洋	165364.47	75359.46	45.57	77711.74	46.99	12293.28	7.43
601100	恒立油缸	15750.00	6065.87	38.51	1215.27	7.72	8468.87	53.77
601101	昊华能源	119999.83	37207.26	31.01	80230.21	66.86	2562.36	2.14
601106	中国一重	653800.00	188082.39	28.77	437273.27	66.88	28444.34	4.35
601107	四川成渝	216274.00	51185.44	23.67	164898.54	76.25	190.02	0.09
601111	中国国航	832927.13	124303.54	14.92	686515.31	82.42	22108.28	2.65
601113	华鼎锦纶	30400.00	26721.71	87.90	3159.60	10.39	518.69	1.71
601116	三江购物	6000.00	5721.14	95.35	271.49	4.53	7.37	0.12
601117	中国化学	493300.00	69579.38	14.11	363877.07	73.76	59843.55	12.13
601118	海南橡胶	98500.00	86846.86	88.17	7084.93	7.19	4568.21	4.64
601126	四方股份	40484.30	5687.19	14.05	29551.66	73.00	5245.45	12.96
601137	博威合金	9500.00	5120.46	53.90	4373.11	46.03	6.43	0.07
601139	深圳燃气	190457.93	20144.58	10.58	165394.82	86.84	4918.54	2.58
601158	重庆水务	480000.00	39757.96	8.28	427051.41	88.97	13190.64	2.75
601166	兴业银行	1617961.67	385135.27	23.80	981926.63	60.69	250899.78	15.51
601168	西部矿业	238300.00	139235.34	58.43	88134.54	36.99	10930.12	4.59
601169	北京银行	747307.43	213001.14	28.50	460490.66	61.62	73815.63	9.88
601177	杭齿前进	40006.00	11818.67	29.54	27355.01	68.38	832.32	2.08
601179	中国西电	435700.00	114802.30	26.35	303101.92	69.57	17795.79	4.08
601186	中国铁建	1001624.55	166814.13	16.65	769363.64	76.81	65446.79	6.53
601188	龙江交通	121320.00	39302.41	32.40	81496.97	67.18	520.62	0.43
601199	江南水务	8044.03	6210.73	77.21	1779.87	22.13	53.43	0.66
601208	东材科技	31707.34	23747.52	74.90	5074.65	16.01	2885.17	9.10
601216	内蒙君正	49836.00	46463.33	93.23	603.49	1.21	2769.18	5.56
601218	吉鑫科技	30718.60	29747.78	96.84	913.37	2.97	57.46	0.19
601222	林洋电子	11975.40	5212.58	43.53	600.14	5.01	6162.68	51.46
601231	环旭电子	10680.00	2940.27	27.53	1647.78	15.43	6091.95	57.04
601233	桐昆股份	52576.24	20305.44	38.62	26601.80	50.60	5669.00	10.78
601238	广汽集团	60431.64	9632.85	15.94	38678.14	64.00	12120.64	20.06
601258	庞大集团	71344.00	44408.43	62.25	16170.87	22.67	10764.71	15.09
601268	*ST 二重	169000.00	34629.18	20.49	134231.29	79.43	139.53	0.08

注：合计持股数包含 F 类账户；单位为万股。

年末个股股东持股情况
Distribution of Shareholder by 2013

证券代码 Code	证券简称 Name	合计持股数 Total Hold	自然人 Individual		一般法人 Corporation		专业机构 Institution	
			持有股数	比例(%)	持有股数	比例(%)	持有股数	比例(%)
601288	农业银行	28416352.92	332422.61	1.17	27600913.38	97.13	483016.93	1.70
601299	中国北车	1032005.63	170204.35	16.49	711564.01	68.95	150237.28	14.56
601311	骆驼股份	30185.05	20525.98	68.00	1544.05	5.12	8115.03	26.88
601313	江南嘉捷	28190.68	24138.71	85.63	2114.69	7.50	1937.28	6.87
601318	中国平安	478640.96	116904.64	24.42	204024.52	42.63	157711.80	32.95
601328	交通银行	3270905.34	438235.34	13.40	2596619.50	79.39	236050.50	7.22
601333	广深铁路	565223.70	231791.36	41.01	291589.22	51.59	41843.12	7.40
601336	新华保险	110058.08	14373.12	13.06	77859.48	70.74	17825.48	16.20
601339	百隆东方	18700.00	14004.69	74.89	4510.75	24.12	184.57	0.99
601369	陕鼓动力	163877.02	36159.51	22.07	119933.21	73.19	7784.31	4.75
601377	兴业证券	207936.00	46988.49	22.60	149270.12	71.79	11677.39	5.62
601388	怡球资源	17118.50	11233.27	65.62	5713.81	33.38	171.42	1.00
601390	中国中铁	1709251.00	404263.65	23.65	1212003.67	70.91	92983.68	5.44
601398	工商银行	26459438.28	478557.19	1.81	25667244.56	97.01	313636.52	1.19
601515	东风股份	8465.00	2145.29	25.34	3242.68	38.31	3077.03	36.35
601518	吉林高速	121320.00	39502.32	32.56	81689.08	67.33	128.60	0.11
601519	大智慧	65149.40	51843.39	79.58	12781.92	19.62	524.08	0.80
601555	东吴证券	122138.00	57025.65	46.69	53100.67	43.48	12011.68	9.84
601558	华锐风电	42040.00	39181.82	93.20	2405.33	5.72	452.85	1.08
601566	九牧王	12463.72	9860.48	79.11	823.58	6.61	1779.66	14.28
601567	三星电气	13428.00	12257.81	91.29	994.01	7.40	176.18	1.31
601588	北辰实业	266000.00	109349.57	41.11	148763.99	55.93	7886.44	2.97
601599	鹿港科技	16491.45	15502.12	94.00	766.77	4.65	222.57	1.35
601600	中国铝业	958052.19	185349.12	19.35	748516.12	78.13	24186.95	2.53
601601	中国太保	620828.73	53427.54	8.61	469190.54	75.58	98210.65	15.82
601607	上海医药	192293.50	37108.27	19.30	125415.89	65.22	29769.34	15.48
601608	中信重工	75268.30	52103.01	69.22	22103.33	29.37	1061.96	1.41
601616	广电电气	55335.42	45678.52	82.55	6344.52	11.47	3312.38	5.99
601618	中国中冶	1623900.00	351886.81	21.67	1254550.83	77.26	17462.36	1.08
601628	中国人寿	2082353.00	81572.49	3.92	1956866.52	93.97	43913.99	2.11
601633	长城汽车	30424.30	3845.71	12.64	3144.67	10.34	23433.93	77.02
601636	旗滨集团	17050.00	15097.09	88.55	380.34	2.23	1572.57	9.22
601666	平煤股份	236116.50	83381.43	35.31	146289.45	61.96	6445.61	2.73
601668	中国建筑	2985322.00	584208.81	19.57	1921254.65	64.36	479858.55	16.07
601669	中国水电	300300.00	176208.64	58.68	52899.94	17.62	71191.42	23.71
601677	明泰铝业	10825.00	10322.53	95.36	256.59	2.37	245.88	2.27
601678	滨化股份	66000.00	49911.89	75.62	14849.04	22.50	1239.07	1.88
601688	华泰证券	559767.24	108422.68	19.37	415929.21	74.30	35415.36	6.33
601699	潞安环能	230108.40	60711.92	26.38	156602.66	68.06	12793.82	5.56
601700	风范股份	16380.00	14130.17	86.27	1107.68	6.76	1142.15	6.97
601717	郑煤机	137788.78	62976.74	45.71	62874.27	45.63	11937.77	8.66
601718	际华集团	385700.00	108079.88	28.02	261454.76	67.79	16165.35	4.19
601727	上海电气	985071.47	66078.77	6.71	916702.13	93.06	2290.57	0.23
601766	中国南车	1011689.63	165653.97	16.37	703560.96	69.54	142474.70	14.08
601777	力帆股份	95144.51	22186.38	23.32	72634.78	76.34	323.35	0.34
601788	光大证券	341800.00	76361.19	22.34	262161.45	76.70	3277.36	0.96
601789	宁波建工	11197.98	10057.27	89.81	979.17	8.74	161.54	1.44
601798	蓝科高新	11600.00	7216.33	62.21	4322.17	37.26	61.49	0.53
601799	星宇股份	7030.51	5786.68	82.31	905.60	12.88	338.24	4.81
601800	中国交建	134973.54	72976.62	54.07	29586.44	21.92	32410.48	24.01

注：合计持股数包含 F 类账户；单位为万股。

年末个股股东持股情况
Distribution of Shareholder by 2013

证券代码 Code	证券简称 Name	合计持股数 Total Hold	自然人 Individual		一般法人 Corporation		专业机构 Institution	
			持有股数	比例(%)	持有股数	比例(%)	持有股数	比例(%)
601801	皖新传媒	91000.00	13491.93	14.83	76499.64	84.07	1008.43	1.11
601808	中海油服	291046.80	22546.04	7.75	244492.44	84.01	24008.32	8.25
601818	光大银行	3985059.00	450634.10	11.31	3330951.68	83.59	203473.23	5.11
601857	中国石油	16192207.78	251979.83	1.56	15830778.82	97.77	109449.13	0.68
601866	中海集运	793212.50	218542.66	27.55	543016.03	68.46	31653.81	3.99
601872	招商轮船	377673.75	125938.02	33.35	249693.85	66.11	2041.87	0.54
601877	正泰电器	100801.80	18874.82	18.73	66736.03	66.21	15190.95	15.07
601880	大连港	336340.00	74843.40	22.25	245795.40	73.08	15701.20	4.67
601886	江河创建	52066.84	31025.15	59.59	20798.33	39.95	243.36	0.47
601888	中国国旅	88000.00	7359.01	8.36	66152.03	75.17	14488.96	16.47
601890	亚星锚链	46800.00	46280.78	98.89	420.48	0.90	98.75	0.21
601898	中煤能源	900697.72	113799.11	12.63	774917.19	86.04	11981.41	1.33
601899	紫金矿业	1580380.37	576030.45	36.45	944492.19	59.76	59857.72	3.79
601901	方正证券	349677.16	215270.47	61.56	104181.26	29.79	30225.43	8.64
601908	京运通	20751.92	18223.82	87.82	1373.79	6.62	1154.31	5.56
601918	国投新集	259054.18	72484.61	27.98	178780.63	69.01	7788.94	3.01
601919	*ST 远洋	747595.03	172998.92	23.14	559972.89	74.90	14623.22	1.96
601928	凤凰传媒	65900.00	52022.92	78.94	2801.40	4.25	11075.67	16.81
601929	吉视传媒	86621.88	30761.54	35.51	49102.33	56.69	6758.01	7.80
601933	永辉超市	153580.00	88900.13	57.89	23643.51	15.40	41036.37	26.72
601939	建设银行	959365.76	355315.74	37.04	453664.20	47.29	150385.83	15.68
601958	金钼股份	322660.44	62487.72	19.37	248587.06	77.04	11585.66	3.59
601965	中国汽研	19200.00	7183.19	37.41	1180.76	6.15	10836.05	56.44
601988	中国银行	19574227.60	456767.94	2.33	19014086.04	97.14	103373.62	0.53
601989	中国重工	1210479.70	266886.54	22.05	795309.38	65.70	148283.78	12.25
601991	大唐发电	989436.00	58442.07	5.91	910521.62	92.02	20472.31	2.07
601992	金隅股份	126655.02	31246.04	24.67	72420.29	57.18	22988.69	18.15
601996	丰林集团	19619.40	17467.94	89.03	2078.74	10.60	72.72	0.37
601998	中信银行	3190516.41	184641.63	5.79	2941018.30	92.18	64856.48	2.03
601999	出版传媒	55091.47	15681.65	28.47	37813.35	68.64	1596.48	2.90
603000	人民网	11152.28	3869.92	34.70	4633.08	41.54	2649.28	23.76
603001	奥康国际	11694.90	8701.05	74.40	710.03	6.07	2283.82	19.53
603002	宏昌电子	19000.00	17076.30	89.88	1583.29	8.33	340.41	1.79
603003	龙宇燃油	6411.14	5397.54	84.19	999.14	15.59	14.45	0.23
603008	喜临门	18702.19	8063.81	43.12	3306.20	17.68	7332.17	39.21
603077	和邦股份	15000.00	9310.42	62.07	4176.36	27.84	1513.22	10.09
603123	翠微股份	11246.00	7664.06	68.15	3578.37	31.82	3.58	0.03
603128	华贸物流	16000.00	11861.94	74.14	4100.13	25.63	37.93	0.24
603167	渤海轮渡	30451.62	12748.42	41.86	17219.87	56.55	483.33	1.59
603333	明星电缆	19450.50	17268.14	88.78	1003.32	5.16	1179.04	6.06
603366	日出东方	14140.00	9835.48	69.56	2154.24	15.24	2150.29	15.21
603399	新华龙	8947.00	8551.69	95.58	386.11	4.32	9.20	0.10
603766	隆鑫通用	39262.40	16350.71	41.65	16137.55	41.10	6774.14	17.25
603993	洛阳钼业	196842.11	19338.80	9.83	175855.15	89.34	1648.15	0.84
900901	仪电 B 股	29337.05	29337.05	100.00	0.00	0.00	0.00	0.00
900902	市北 B 股	23292.50	23292.50	100.00	0.00	0.00	0.00	0.00
900903	大众 B 股	53387.10	53387.10	100.00	0.00	0.00	0.00	0.00
900904	神奇 B 股	4562.64	4562.64	100.00	0.00	0.00	0.00	0.00
900905	老凤祥 B	20600.81	20600.81	100.00	0.00	0.00	0.00	0.00
900906	中纺 B 股	12012.00	12012.00	100.00	0.00	0.00	0.00	0.00

注：合计持股数包含 F 类账户；单位为万股。

年末个股股东持股情况
Distribution of Shareholder by 2013

证券代码 Code	证券简称 Name	合计持股数 Total Hold	自然人 Individual		一般法人 Corporation		专业机构 Institution	
			持有股数	比例(%)	持有股数	比例(%)	持有股数	比例(%)
900907	鼎立 B 股	12064.31	12064.31	100.00	0.00	0.00	0.00	0.00
900908	氯碱 B 股	40656.00	40656.00	100.00	0.00	0.00	0.00	0.00
900909	双钱 B 股	24310.00	24310.00	100.00	0.00	0.00	0.00	0.00
900910	海立 B 股	28416.96	28416.96	100.00	0.00	0.00	0.00	0.00
900911	金桥 B 股	27217.62	27217.62	100.00	0.00	0.00	0.00	0.00
900912	外高 B 股	20055.75	20055.75	100.00	0.00	0.00	0.00	0.00
900913	*ST 联华 B	6455.84	6455.84	100.00	0.00	0.00	0.00	0.00
900914	锦投 B 股	16105.00	16105.00	100.00	0.00	0.00	0.00	0.00
900915	中路 B 股	8349.00	8349.00	100.00	0.00	0.00	0.00	0.00
900916	金山 B 股	17160.00	17160.00	100.00	0.00	0.00	0.00	0.00
900917	海欣 B 股	46885.06	46885.06	100.00	0.00	0.00	0.00	0.00
900918	耀皮 B 股	18750.00	18750.00	100.00	0.00	0.00	0.00	0.00
900919	大江 B 股	34673.29	34673.29	100.00	0.00	0.00	0.00	0.00
900920	上柴 B 股	34479.73	34479.73	100.00	0.00	0.00	0.00	0.00
900921	丹科 B 股	19379.36	19379.36	100.00	0.00	0.00	0.00	0.00
900922	三毛 B 股	4878.72	4878.72	100.00	0.00	0.00	0.00	0.00
900923	友谊 B 股	17971.82	17971.82	100.00	0.00	0.00	0.00	0.00
900924	上工 B 股	24394.38	24394.38	100.00	0.00	0.00	0.00	0.00
900925	机电 B 股	21623.50	21623.50	100.00	0.00	0.00	0.00	0.00
900926	宝信B股	11440.00	11440.00	100.00	0.00	0.00	0.00	0.00
900927	物贸 B 股	9982.50	9982.50	100.00	0.00	0.00	0.00	0.00
900928	自仪 B 股	10714.56	10714.56	100.00	0.00	0.00	0.00	0.00
900929	锦旅 B 股	6600.00	6600.00	100.00	0.00	0.00	0.00	0.00
900930	沪普天 B	12480.00	12480.00	100.00	0.00	0.00	0.00	0.00
900932	陆家 B 股	50960.00	50960.00	100.00	0.00	0.00	0.00	0.00
900933	华新 B 股	32800.00	32800.00	100.00	0.00	0.00	0.00	0.00
900934	锦江 B 股	15600.00	15600.00	100.00	0.00	0.00	0.00	0.00
900935	阳晨 B 股	10560.00	10560.00	100.00	0.00	0.00	0.00	0.00
900936	鄂资 B 股	42000.00	42000.00	100.00	0.00	0.00	0.00	0.00
900937	华电 B 股	43200.00	43200.00	100.00	0.00	0.00	0.00	0.00
900938	天海 B	32614.87	32614.87	100.00	0.00	0.00	0.00	0.00
900939	汇丽 B	8800.00	8800.00	100.00	0.00	0.00	0.00	0.00
900940	大名城 B	19872.01	19872.01	100.00	0.00	0.00	0.00	0.00
900941	东信 B 股	30000.00	30000.00	100.00	0.00	0.00	0.00	0.00
900942	黄山 B 股	15600.00	15600.00	100.00	0.00	0.00	0.00	0.00
900943	开开 B 股	8000.00	8000.00	100.00	0.00	0.00	0.00	0.00
900945	海航 B 股	36944.64	36944.64	100.00	0.00	0.00	0.00	0.00
900946	ST 轻骑 B	23000.00	23000.00	100.00	0.00	0.00	0.00	0.00
900947	振华 B 股	162196.32	162196.32	100.00	0.00	0.00	0.00	0.00
900948	伊泰 B 股	132800.00	132800.00	100.00	0.00	0.00	0.00	0.00
900950	新城 B 股	64278.72	64278.72	100.00	0.00	0.00	0.00	0.00
900951	大化 B 股	10000.00	10000.00	100.00	0.00	0.00	0.00	0.00
900952	锦港 B 股	22280.70	22280.70	100.00	0.00	0.00	0.00	0.00
900953	凯马 B	24000.00	24000.00	100.00	0.00	0.00	0.00	0.00
900955	*ST 九龙 B	33000.00	33000.00	100.00	0.00	0.00	0.00	0.00
900956	东贝 B 股	11500.00	11500.00	100.00	0.00	0.00	0.00	0.00
900957	凌云 B 股	18400.00	18400.00	100.00	0.00	0.00	0.00	0.00

注：合计持股数包含 F 类账户；单位为万股。

Events

大事记

上海证券交易所大事记

1 月 1 日 《上海证券交易所风险警示板股票交易暂行办法》正式施行。上线首日 43 家公司的 46 只股票进入该板交易，全月交易平稳。

1 月 7 日 《上海证券交易所上市公司现金分红指引》发布。

2 月 28 日 转融券试点平稳启动，首批包括 11 家会员和 90 只标的证券。

3 月 25 日 启动 ETF 日内回转交易和纳入质押式回购试点。国内首只债券 ETF 产品——国泰上证 5 年期国债 ETF 在本所上市交易。

4 月 2 日 《上海证券交易所上市公司募集资金管理办法（2013 年修订）》发布实施。

6 月 19 日 《上海证券交易所股票质押式回购交易业务会员指南》发布，股票质押式回购交易正式启动。

7 月 1 日 本所上市公司信息披露直通车正式实施。

7 月 5 日 “上证 e 互动”网络平台上线试运行。

7 月 29 日 本所首批两只黄金 ETF——华安易富黄金 ETF 和国泰黄金 ETF 顺利上市。

8 月 16 日 本所配合证监会对光大证券“8·16”异常交易事件采取实时监控、应急处置等措施。

8 月 本所成立个股期权业务推进小组，全面启动全真模拟交易各项准备工作。

9 月 16 日 沪市融资融券标的股票范围扩大至 400 只

10 月 首只国债预发行交易成功试点，顺利完成清算交收。

12 月 23 日 中国证监会就《优先股试点管理办法》公开征求意见。

12 月 27 日 《国务院办公厅关于进一步加强资本市场中小投资者合法权益保护工作的意见》对外发布。

图书在版编目(CIP)数据

上海证券交易所统计年鉴. 2014 卷 / 上海证券交易所 编.

—上海: 上海三联书店, 2014.9

ISBN 978-7-5426-4876-1

Ⅰ.①上… Ⅱ.①上… Ⅲ.①证券交易所－统计资料－上海市－2014－年鉴

Ⅳ.①F832.51-54

中国版本图书馆 CIP 数据核字(2014)第 153278 号

上海证券交易所统计年鉴（2014 卷）

主　　编/上海证券交易所

责任编辑/ 杜　鹃
装帧设计/ 桑吉芳
监　　制/ 李　敏
责任校对/ 张大伟

出版发行/ 上海三联书店
(201199)中国上海市都市路 4855 号 2 座
网　　址/ www.sjpc1932.com

设计制作/ 陈家欢
印　　刷/ 上海望新印刷有限公司

版　　次/ 2014 年 9 月第 1 版
印　　次/ 2014 年 9 月第 1 次印刷
开　　本/ 889×1194　1/16
字　　数/ 400 千字
印　　张/ 31.5
印　　数/ 1-300
书　　号/ ISBN 978-7-5426-4876-1/ F · 692
定　　价/ 300.00 元